Europa 1914

ÖRDLICHES EIS MEER
Nowaja Semlja
Nord Kap
Halbinsel Kola
Archangelsk
Tundra
Ural Gebirge
Jekaterinburg
Ob
SCHWEDEN
NORWEGEN
FINNLAND
Christiania
Stockholm
Helsingfors
Finn. Meerbusen
St. Petersburg
OSTSEE
Kopenhagen
Riga
Danzig
Königsbg.
Berlin
Wilna
Warschau
Moskau
Nischni Nowgorod
Kasan
Wolga
RUSSLAND
SIBIRIEN
Saratow
Dnepr
Don
Donez
Kiew
Astrachan
Aral See
KASPISCHES MEER
Alexandrowsk
Baku
Tiflis
Kaukasus
Armenien
Erzerum
Täbris
Teheran
PERSIEN
Kurdistan
Mesopotamien
Bagdad
Basra
Euphrat
Persischer Golf
Dresden
Prag
Wien
Brünn
Krakau
Lemberg
Czernowitz
ÖSTERREICH
UNGARN
Budapest
Triest
Pola
Sarajevo
Kronstadt
Jassy
Odessa
RUMÄNIEN
Bukarest
Belgrad
SERBIEN
MONTENEGRO
Cetinje
Cattaro
ALBANIEN
Tirana
BULGARIEN
Sofia
Donau
Adrianopel
Konstantinopel
Saloniki
Monastir
Marmara M.
GRIECHEN LAND
Athen
Morea
ÄGÄISCHES MEER
Smyrna
Rhodos (ital.)
Kreta
Cypern
Angora
KLEINASIEN
Aleppo
Damaskus
Jerusalem
Krim
Sewastopol
Asowsches Meer
SCHWARZES MEER
ADRIATISCHES MEER
Palermo
MITTELLÄNDISCHES MEER
YRTEN MEER
POLIS (ital.)
Alexandria
Kairo
Sues
Nil
ÄGYPTEN
Rotes Meer
ARABIEN
TÜRKEI

Manfried
Rauchensteiner

Der Tod des Doppeladlers

Manfried
Rauchensteiner

Der Tod des Doppeladlers

Österreich-Ungarn
und der
Erste Weltkrieg

VERLAG STYRIA

Die Deutsche Bibliothek – CIP-Einheitsaufnahme

Rauchensteiner, Manfried:
Der Tod des Doppeladlers :
Österreich-Ungarn und der Erste Weltkrieg /
Manfried Rauchensteiner. – 2. Aufl. –
Graz ; Wien ; Köln : Verl. Styria, 1994
ISBN 3-222-12116-8

2. Auflage, 1994

Gesamtherstellung:
Druck- und Verlagshaus Styria, Graz
ISBN 3-222-12116-8

Inhaltsverzeichnis

SKIZZEN

Die Anordnung der Skizzen ist nicht streng chronologisch, sondern dergestalt, daß die für das Verständnis eines Abschnitts notwendige Beilage herausgeklappt bleiben kann.

Einleitung

„So lange vorher und so oft man vom ‚kommenden Krieg' gesprochen hatte – als er als Weltkrieg da war, überkam die öffentliche Meinung der Welt das Bewußtsein eines ungeheuren, alles erschütternden Ereignisses, und jeder einzelne mußte sich mit ihm auseinandersetzen. Trotz aller Kriegspsychose der nun folgenden Monate und Jahre: kein geistig eingestellter Mensch, der nicht eine innere Krise durchzumachen gehabt hätte. Kampf und Not der Zeit standen einem Streben nach objektiver Erkenntnis dessen, was geschah, entgegen; man rang darum, das Erlebnis des Krieges vor sich selbst zu rechtfertigen oder wenigstens erträglich zu machen."

So leitete der Schweizer Historiker Werner Näf um 1930 eine Vorlesung über den Ausbruch des Ersten Weltkriegs ein. Er tat das etwas mehr als zehn Jahre nach dem Ende des Großen Kriegs und zu einer Zeit, als man eben darangegangen war, den Weltkrieg in seinen Zusammenhängen zu erforschen und in die Geschichte einzuordnen. Damals begannen Historiker in Frankreich, England, Amerika und anderswo damit, sich mit jenen Grundaussagen der Pariser Vororteverträge des Jahres 1919 auseinanderzusetzen, in denen Österreich-Ungarn, Deutschland und ihren ehemaligen Verbündeten die Schuld und Alleinschuld am Krieg zugewiesen worden war – und sie in Frage zu stellen, wie das bei den Besiegten schon lange der Fall war.

Im Friedensvertrag von St. Germain vom 10. September 1919 hatte es in Teil VIII „Wiedergutmachung", Abschnitt 1 (das war gleichzeitig der Artikel 177 des Gesamtvertrags), geheißen: „Die alliierten und assoziierten Regierungen erklären und Österreich erkennt an, daß Österreich und seine Verbündeten als Urheber für die Verluste und Schäden verantwortlich sind, die die alliierten und assoziierten Regierungen und ihre Staatsangehörigen infolge des ihnen durch den Angriff Österreich-Ungarns und seiner Verbündeten aufgezwungenen Krieges erlitten haben."

Im Artikel 231 des Versailler Vertrags hatte es im Falle Deutschlands ähnlich geheißen, ebenso im Artikel 161 des Vertrags von Trianon für Ungarn, im Artikel 231 des Vertrags von Sèvres für die Türkei und im Artikel 121 des Vertrags von Neuilly sur Seine im Falle Bulgariens, nur daß der jeweilige Adressat des Vertrags an erster Stelle und gewissermaßen als Hauptschuldiger genannt wurde.[1]

Zunächst hatte es bei der Erörterung dessen, wer nun schuld am Weltkrieg war, unerheblich geschienen, welche Ursachen dieser Krieg gehabt und welchen Verlauf er genommen hatte. Mehr noch: Die längerfristigen Ursachen, die Rolle der Siegermächte in der Vorgeschichte und auch die unterschiedlichen Gewichtungen der Staaten der Mittelmächte innerhalb ihres Bündnisses blieben unberücksichtigt. Die jeweiligen Artikel in den Friedensverträgen orientierten sich an dem Gutachten einer von der Friedenskonferenz eingesetzten Kommission unter dem Vorsitz des amerikanischen Außenministers Robert Lansing, in dem es abschließend geheißen hatte: „Der Krieg ist durch die Mittelmächte zusammen mit ihren Alliierten, Türkei und Bulgarien, vorsätzlich herbeigeführt worden und war das Ergebnis von Handlungen, die ganz bewußt so gesetzt worden waren, daß eine Verhinderung des Krieges nicht mehr möglich war."[2]

Es ist klar, daß ein Krieg, der rund viereinhalb Jahre gedauert, weltweit rund acht Millionen Soldaten das Leben gekostet und weitere 20 Millionen als Verwundete gesehen hatte, von denen ein Teil schwere Schäden behielt; ein Krieg, der Zigtausende zivile Tote gefordert hatte und drei Millionen Menschen, die an Krankheiten und Seuchen starben, der riesige Landstriche vor allem Europas verwüstet hatte, die Frage nach sich zog: Wer war denn schuld? Und wie so häufig wurde getrachtet, die Schuld ausschließlich dem ehemaligen Feind zuzuschieben. Sieger, noch dazu, wenn sie die Bedingungen des Friedens diktieren können, neigen dazu, die wenig differenzierende Sicht der Kriegspropaganda fortzusetzen. Und es bedarf so gut wie immer der Zeit, bis dann im Abstand von Jahren, Jahrzehnten oder Jahrhunderten und häufig nicht nur mit einer vollständigeren Quellenkenntnis, sondern wiederum aus einem bestimmten, vielleicht politischen Bedürfnis heraus die Frage nach Schuld oder Unschuld, nach mehr oder weniger Verantwortung oder bloßer Geworfenheit andere Antworten nach sich zog als unmittelbar nach dem Krieg. Vor allem aber ist die Frage nach der Verantwortung für einen Schritt, der zum Krieg führte, ja nur eine von vielen Fragen. Weitere Fragen ergaben sich aus dem Verlauf des Kriegs, und schließlich war nach den Schritten zu fragen, mit denen dieser Krieg beendet werden sollte und letztlich beendet wurde. Daß schon 20 Jahre später ein zweiter Weltkrieg begann, ließ den Friedensschlüssen nach dem ersten großen Krieg den Charakter von Waffenstillstandsverträgen zukommen. Und daß der Zerfall Österreich-Ungarns sowie die Revolutionierung und Bolschewisierung Rußlands wesentliche Voraussetzungen für den Zweiten Weltkrieg schufen, liegt auf der Hand. Es ist wohl auch kein Zufall, daß zur gleichen Zeit, da die Ergebnisse der bolschewistischen Revolution in Rußland sukzessive verschwinden, die Staaten, die auf dem Boden der Donaumonarchie entstanden sind, ihre Verhältnisse zueinander neu zu ordnen beginnen. Dabei ist es fast unvermeidlich, daß man zeitlich dorthin zurückkehrt, als es noch eine andere europäische Ordnung gab: in die letzten Jahre der Donaumonarchie.

Diesen letzten Jahren haftet so manches an: die Brüchigkeit einer kaum mehr regierbaren Großmacht, der Versuch des Ausgleichens zwischen elf Nationalitäten, das Labor für Weltuntergänge und die ungeheure Kreativität, die in diesen Jahren vor und im Ersten Weltkrieg freigesetzt wurde.

Wenn wir den von Martin Broszat für die Zeit des Nationalsozialismus verwendeten Begriff der „Historisierung" auch für den Ersten Weltkrieg geltend machen wollen, dann insofern, als festzustellen sein wird, daß unsere Historisierung an einem entscheidenden Punkt angelangt ist. Dabei geht es nicht um Probleme der Restauration, Reaktion oder welche direkte Bezugnahme auch immer. Es ist anderes, das diese Zäsur markiert: Die Letzten, die den Ersten Weltkrieg nicht nur unwissend erlebt, sondern handelnd bestimmt oder zumindest wissentlich miterlebt haben, sind tot. Es gibt fast niemanden mehr, den man fragen kann und der sich dann nach der beliebten Methode der „oral history“ Antworten dazu einfallen läßt. Es gibt aber auch kaum mehr jemanden, der wirklich und aus eigenem Erleben und Empfinden jene Atmosphäre schildern kann, die bei Kriegsausbruch und irgendwann einmal während des Kriegs geherrscht hat. Auch Hunger und Sorgen sind nicht mehr authentisch zu beschwören, sondern können nur mehr nachempfunden werden. Was aber läßt sich eigentlich wirklich nachempfinden? Vom Schmerz wissen wir, daß er nicht gespeichert werden kann, und mit dem Schmerzempfinden von Völkern scheint es nicht anders zu sein als mit dem subjektiven Schmerz.

Für die Nachlebenden rückt der Erste Weltkrieg in den Bereich des Längstvergangenen, das mit der Gegenwart kaum mehr in Berührung kommt. Wenn in der Erinnerung „der Krieg“ beschworen wird, wenn man sich mit Fragen des Kriegs, seines Beginns wie seines Endes und mit dem Leben im Krieg, mit Kriegszielpolitik oder anderen Fragen der jüngeren kriegerischen Vergangenheit auseinandersetzt, dann geht es wohl meistens um den Zweiten Weltkrieg. Der „Große Krieg“ aber, wie der Erste Weltkrieg genannt wurde, ehe es noch einen Zweiten Weltkrieg gab, den man zählen mußte, dieser Große Krieg ist endgültig zurückgesunken in die Geschichte. Er ist nicht mehr werdende Geschichte – und er zählt ja bekanntermaßen auch nicht zur Zeitgeschichte. Der Erste Weltkrieg markiert solcherart das Ende der Neuzeit.

1
Der Vorabend

Man hat vor allem im Zusammenhang mit dem Zweiten Weltkrieg die Semantik bemüht und gefragt, ob dieser Krieg ausgebrochen oder bewußt entfesselt worden ist. Verhältnismäßig einmütig wurde von Entfesselung gesprochen. Beim Ersten Weltkrieg ist das nicht so klar. Er ist wohl ebenso herbeigeführt und entfesselt worden, wie er ausgebrochen ist. Doch wer herbeiführte, auslöste, entfesselte oder auch nur nicht verhinderte, das ist meist eine Sache subjektiver Einschätzungen und Hervorhebungen. Jeder Standpunkt wurde bereits mit Vehemenz vorgetragen und mit Dokumenten untermauert.[3] Während aber für die meisten Mächte, die dann „Hauptkriegführende" wurden, in erster Linie deren Stärke, vielleicht auch nur die scheinbare Stärke und der Wunsch nach Gebietserweiterung und Machterhalt als Grund für den Kriegseintritt angegeben wurde, sind sich die meisten Historiker darin einig, daß für Österreich-Ungarn, eine – wie es so schön heißt – „stagnierende Großmacht"[4], die Schwäche eine der Hauptursachen für die Auslösung und Entfesselung des Kriegs gewesen ist.

Diese Schwäche der Monarchie wird mit ihren strukturellen Besonderheiten, dem komplizierten dualistischen Aufbau des Vielvölkerreichs, den besonderen und vor allem durch die Nationalitätenfrage ausgelösten Problemen, mit den vorhandenen Bündnissen und schließlich auch mit personellen Fragen in Verbindung gebracht. Es sind dies aber nur einige Aspekte für die meist nicht reflektierte Feststellung, die Monarchie hätte sich überlebt gehabt. Vielleicht ist sie an ihrem „Absolutismus" zugrunde gegangen, den der österreichische Sozialdemokrat Viktor Adler lediglich „durch Schlamperei gemildert" sah. Schon längst auch waren Staatsbesuche mit der Feststellung kommentiert worden, die ausländischen Gäste würden kommen, um sich Österreich noch einmal anzuschauen, „eh's zerfallt".[5]

Bei der Beschreibung dessen, was gerade die Habsburgermonarchie die Flucht in den Krieg antreten ließ, wird aber auch noch anderes berücksichtigt werden müssen. Das „Fin de siècle", jene Stimmung, die zunehmend und nicht zuletzt in der Kunst ihren Ausdruck fand, war wohl weniger Endstimmung als vielmehr ungeduldiges Aufbrechen in eine neue Zeit. Dieses Wegtrotzen stieß jedoch nicht nur in der Kunst an seine Grenzen. Es war wie eine Wiederholung des Biedermeier, nur daß weniger der staatliche Zwang als die Konvention die Zügel anlegte. Immer häufiger freilich wurde die Ansicht geäußert, nur ein Krieg könnte helfen, die anstehenden Probleme zu überwinden. Das glaubten nicht nur Außenpolitiker und „Präventivkrieger“, sondern viele und vor allem Intellektuelle. Jene noch zu beschreibende Stimmung in der Julikrise 1914, in der die Geistigkeit Europas mit wenigen Ausnahmen den Krieg begrüßte, und zwar nicht nur aus nationalen, sondern aus grundsätzlichen Erwägungen heraus, war in Österreich-Ungarn in hohem Maß vorhanden. Die Philosophie, Soziologie, Psychologie, Journalistik und nicht zu vergessen: die Geschichtswissenschaft leisteten das Ihre, um im Krieg etwas Selbstverständliches und Notwendiges zu sehen. Schließlich wurde auch seit der Jahrhundertwende international vorexerziert, wo der Krieg im Rahmen des politischen Verkehrs seinen Platz hatte. So gut wie kein Jahr verging, in dem es nicht irgendwo auf der Welt einen größeren Krieg gab, der die Mächte des sogenannten europäischen Konzerts militärisch forderte. Es gab folglich schon ausgeprägte Erwartungshaltungen und Voraussetzungen, die letztlich die Entfesselung des Weltkriegs zu einem einfachen Handgriff werden ließen. Und Österreich-Ungarn, das eine Art „Defizit an Krieg“ hatte, tat schließlich diesen Handgriff.

Der Ballhausplatz und das Defizit an Krieg

Bei der Frage, wie weit im Zusammenhang mit der Vorgeschichte des Weltkriegs zurückzugehen ist, spielt natürlich die Außenpolitik eine besondere Rolle. Die Zusammenhänge verleiten zwar dazu, immer noch zurückzugehen und schon weit zurückliegende Geschehnisse in die Darlegung der Kriegsursachen mit einzubeziehen. Denn wäre das oder jenes nicht gewesen, dann hätte dies und das nicht stattgefunden.[6]

Sucht man jedoch nach jenen Vorgängen, die die Außenpolitik Österreich-Ungarns im ausgehenden 19. und beginnenden 20. Jahrhundert am nachhaltigsten beeinflußten, dann stößt man sehr rasch auf den Machtverlust des Osmanischen Reichs. Dadurch, daß die Habsburgermonarchie an der Peripherie eines kollabierenden Großreichs lag, wurde seine Außenpolitik auf ganz bestimmte Räume gelenkt. Die Erbschaft, die hier angetreten wurde, schien aber alles einzuschließen, was auch den Türken zu schaffen gemacht hatte. Der Zerfall oder auch der drohende Zerfall eines Großreichs zieht ja immer gewaltige Probleme nach sich, denn jene, die stabilisierend wirken und das Reich erhalten wollen, stehen naturgemäß mit jenen im Konflikt, die eine Erbschaft antreten wollen. Das war im Fall des Osmanischen Reichs genauso der Fall wie dann später im Fall Österreich-Ungarns, der kollabierenden Großmacht im Donauraum. Noch unternahm die Habsburgermonarchie gezielte Anstrengungen, um dem Verfall entgegenzuwirken. Vielleicht war es aber gerade dieser Zwang, mit dem gesucht wurde, aus dem verhängnisvollen Kreis auszubrechen, der der österreichisch-ungarischen Politik etwas Hektisches und manchmal auch etwas Unberechenbares gab.[7]

Die Außenpolitik der Monarchie stieß dort an ihre Grenzen, wo es zu einer Interessenkollision mit jenen Mächten kam, die als dynamische imperialistische Großmächte auftraten, also vor allem dort, wo Großbritannien, Frankreich und das Deutsche Reich ins Spiel kamen; dort, wo sich der Rivale im Kampf um die türkische Erbschaft, nämlich das zaristische Rußland, zu Wort meldete und wo dynamische Mittel- und

Kleinstaaten auftraten, die ihre Forderungen durchzusetzen bestrebt waren. Das galt vor allem für Italien und schließlich für Serbien. Daß ihr Zusammenspiel und ihre Gegnerschaft bei der Darlegung der Gründe für den Ausbruch des Weltkriegs berücksichtigt werden müssen, ergibt sich von selbst. Wie sonst wollte man die Reaktionen auf bestimmte Vorgänge, die Bündnispolitik und schließlich die Kriegsziele verstehen?

Der Krieg bereitete sich in erster Linie auf dem Balkan vor. Zwar war immer wieder der Ausbruch eines Kriegs mit Rußland oder die Einbeziehung der Habsburgermonarchie in einen deutsch-französischen Krieg befürchtet worden, doch den Spannungen zwischen Österreich-Ungarn bzw. Deutschland und Rußland oder auch den Spannungen zwischen Deutschland und Frankreich fehlten jene spontane Aggressivität und das Irrationale, das auf dem Balkan ins Spiel kam. Dort war nichts festgefügt und gab es kein Gleichgewicht. Und als der österreichisch-ungarische Außenminister Baron Aloys Lexa von Aehrenthal 1908 die Monarchie auf eine aktivere Außenpolitik einschwor und damit eine Revision der Politik seines Vorgängers, des polnischen Grafen Agenor Gołuchowski, begann, kam das Gefüge auf dem Balkan noch zusätzlich und auf dramatische Weise in Unordnung.

Was Aehrenthal begann, schien zunächst weder besonders unlogisch noch besonders aufregend. Es kam bestenfalls überraschend. Der Berliner Kongreß hatte Österreich-Ungarn 1878 ein Mandat zur Okkupation Bosniens und der Herzegowina gegeben. Ebenso sollte ein schmaler Streifen zwischen Serbien und dem im Westen der Balkanhalbinsel gelegenen Fürstentum Montenegro, der sogenannte Sandschak von Novi Pazar, von Österreich besetzt werden. Österreich-Ungarn durfte im Okkupationsgebiet Truppen stationieren (in Bosnien und Herzegowina auch Soldaten ausheben) sowie administrative Angleichungen vornehmen und die Verkehrswege ausbauen, im übrigen aber sollte die nominelle Oberhoheit des Sultans erhalten bleiben. Doch Österreich-Ungarn sah in den beiden Provinzen eine Art Ersatzkolonie und hatte ja auch schon große Erfahrung in der „Europäisierung“ von mittel- und osteuropäischen Gebieten. Also wurden die Strukturen des Vielvölkerreichs auf das Okkupationsgebiet ausgedehnt. 1900 war darangegangen worden, von Wien nach Sarajevo, der Hauptstadt Bosniens, und von dort nach Mitrovica im Sandschak eine Bahnlinie zu bauen. Das hatte in Belgrad helle Empörung ausgelöst, denn Serbien fürchtete eine Festigung der österreichisch-ungarischen Herrschaft im Okkupationsgebiet. Rußland unterstützte Serbien. Der Bau der Bahnlinie wurde dennoch begonnen, allerdings kam man nicht sehr weit, und was fertiggestellt wurde, kann man noch heute als Aspangbahn bewundern und – falls man viel Zeit hat – von Wien bis in die Steiermark benützen.

Während des Russisch-Japanischen Kriegs 1904/05 fürchteten St. Petersburg genauso wie Belgrad, daß Österreich-Ungarn die Situation nützen und das Okkupationsgebiet annektieren würde. Doch in Wien wurden nicht einmal nennenswerte Erwägungen in diese Richtung angestellt. Wohl aber brachte Baron Aehrenthal, der während des Russisch-Japanischen Kriegs Botschafter in St. Petersburg gewesen war, im Januar 1908 das Sandschak-Bahnprojekt neuerlich zur Sprache. Er stellte das Einvernehmen mit der Türkei her und informierte den russischen Außenminister Izvolskij. Rußland verhielt sich gar nicht ablehnend. Es verfolgte eigene Ziele und wollte seine wegen des Kriegs unterbrochene Hinwendung nach Europa in der Weise wieder beginnen, daß es in der

Meerengenfrage, dem alten Problem der Beherrschung von Bosporus und Dardanellen, initiativ wurde. Es begann zu sondieren. Da ereignete sich in der Türkei die sogenannte jungtürkische Revolution. Das Osmanische Reich erhielt eine neue Verfassung, und es schien durchaus möglich, daß der Sultan aus innenpolitischen Zwängen die 1878 von Österreich-Ungarn okkupierten Provinzen zurückforderte. Auch wenn das Spekulation bleiben sollte, trieb es doch die Politik Aehrenthals voran. Er sah es als naheliegend an, daß sich Österreich-Ungarn mit Rußland verständigte und einen Abtausch von Interessen vornahm.[8] Am 16. September 1908 kam es zum berühmten Treffen Aehrenthals mit Izvolskij in Buchlau, wo darüber gesprochen wurde, daß Österreich-Ungarn Bosnien und die Herzegowina annektieren, den Sandschak aber an die Türkei zurückgeben würde. Im Gegenzug wollte die Donaumonarchie die russische Meerengenpolitik unterstützen.[9] Das Zögern des Zaren, auf diese Regelung einzugehen, und – was noch schlimmer war – der dumme Ehrgeiz und die Voreiligkeit eines österreichischen Diplomaten, des Botschafters in Paris, Rudolf Graf Khevenhüller-Metsch, der die Buchlauer Abmachung noch vor dem vereinbarten Termin bekannt machte, führten zum Eklat. Izvolskij erklärte, nur über die Möglichkeit eines neuen, dem Berliner Kongreß von 1878 ähnelnden Kongresses gesprochen zu haben. Dort hätte Österreich-Ungarn seine Wünsche vorbringen sollen und wäre des russischen Verständnisses sicher gewesen. Doch was die anderen Mächte dazu sagen würden, sei natürlich noch offen gewesen. Die Reaktionen aus London und Paris konnten aber an der Ablehnung dieser Staaten keinen Zweifel lassen. London widersetzte sich außerdem den russischen Wünschen in der Meerengenfrage. Folglich sah auch Rußland keine Notwendigkeit mehr, Österreich-Ungarn auf dem Balkan zu unterstützen.

Aehrenthal ging jedoch noch einen Schritt weiter und fand dabei die Zustimmung der Parlamente Österreich-Ungarns, aber auch jene Kaiser Franz Josephs und des Thronfolgers Erzherzog Franz Ferdinand: Am 7. Oktober 1908 erfolgte die kaiserliche Proklamation der Annexion Bosniens und der Herzegowina. Sie sollten künftig „normale" Provinzen der österreichisch-ungarischen Monarchie sein. Was damals „Anschluß" genannt wurde, spielte auf dem Balkan.

Mit der Türkei gab es bald wieder Einvernehmen, da Österreich-Ungarn für türkische Domänen in den annektierten Gebieten eine angemessene Entschädigung zahlen wollte; außerdem wurde der Sandschak von Novi Pazar zurückgegeben; weiters hatte das Osmanische Reich kein Interesse daran, es sich mit der Habsburgermonarchie auf Dauer zu verscherzen. Doch die Auseinandersetzung mit Rußland und vor allem mit Serbien, das die staatsrechtliche Veränderung auf dem Balkan als bedrohlich und vor allem auch als etwas ansah, das seiner eigenen Expansion hinderlich war, ging weiter. Zu guter Letzt sah sich Aehrenthal veranlaßt, die mit Rußland getroffenen Vereinbarungen auszugsweise zu publizieren, um über den aktuellen Anlaß hinausgehend deutlich zu machen, daß Rußland einer Annexion schon 1876 und 1877 zugestimmt hatte und daß auch die Vereinbarung mit Izvolskij bei weitem konkreter war, als es der Russe mittlerweile wahrhaben wollte.

Dieser Schritt wurde – berechtigt oder nicht – von St. Petersburg als Peinlichkeit empfunden und als Demütigung gesehen. Doch damit nicht genug: Da sich Serbien verbal überaus aggressiv zeigte, verlangte Aehrenthal von Belgrad eine Erklärung, in der es seine Bereitschaft bekunden sollte, mit Österreich-Ungarn wieder normale Beziehungen aufzunehmen. Serbien antwortete mit der Forderung nach einer Kompensation für den Länderzuwachs der Habsburgermonarchie. Das war nun wirklich schwer zu begründen und fand auch bei den Russen keine Unterstützung, ja St. Petersburg, bei dessen Politik man damals noch in Rechnung stellen mußte, daß Rußland die Folgen des Kriegs mit Japan bei weitem nicht überwunden hatte, ging sogar so weit, Österreich zu verstehen zu geben, daß die Donaumonarchie mit einem Eingreifen Rußlands nur dann zu rechnen hätte, wenn sie sich zu einer „Promenade militaire" nach Belgrad entschließen sollte.

Schließlich unternahm Großbritannien einen Vermittlungsversuch, der nach endlosem Hin und Her und nachdem sich auch das Deutsche Reich eingeschaltet hatte, von Österreich-Ungarn akzeptiert wurde. Serbien gab 1909 die Erklärung ab, die Beziehungen zu Österreich-Ungarn wieder positiv gestalten zu wollen. Auch wenn dieser Erklärung keine wirkliche Bedeutung zukam, war zweierlei zu registrieren: 1. Österreich-Ungarn hatte für die Annexion Bosniens und der Herzegowina sein Verhältnis zu Rußland und Serbien gewaltig strapaziert und hatte schließlich 2. beide Staaten diplomatisch gedemütigt. Und das sollte nie verziehen werden. Bestimmte Vorgänge im zwischenstaatlichen Bereich werden ja nicht deshalb zu entscheidenden Faktoren, weil sie unmittelbar wirksam werden. Wohl aber lassen Demütigungen oder schwere Schädigungen von als national angesehenen Interessen Aversionen und Rachegefühle wachsen, die zwar nichts in der Politik verloren haben, aber aus jenem Hintergrund, vor dem sich die Politik abspielt, nicht herauskopiert werden können. Dergleichen schlägt sich dem Konfliktpotential zu.

Aehrenthal hatte mit seiner konsequenten, aber auch risikoreichen Politik letztlich Erfolg gehabt. Es war nichts Mutwilliges an seinen Handlungen, die mit den österreichischen Entscheidungsträgern, aber auch mit dem Ausland abgestimmt waren. Doch das sollte nicht besagen, daß seine Politik nicht auch umstritten war. Weder die deutschen Parteien der Habsburgermonarchie noch die Ungarn waren über den Zuwachs an slawischen Gebieten erfreut. Die Folge war, daß die annektierten Provinzen jenes staatliche Niemandsland blieben, das sie seit Beginn der Okkupation waren. Der gemeinsame Finanzminister und nicht die Regierung einer der beiden Reichshälften Österreich-Ungarns war für die Verwaltung zuständig.

Kritisiert wurde das augenscheinliche Kriegsrisiko, das der Minister des Äußern eingegangen war. Es gab aber auch Stimmen, die bedauerten, daß die Annexion friedlich erfolgt war und sich daraus kein Krieg mit Serbien ergeben hatte. Exponent dieser Gruppe war der Chef des Generalstabs für die gesamte bewaffnete Macht, General Franz Conrad von Hötzendorf. Er machte kein Hehl daraus, daß er die Annexion gerne zum Anlaß genommen hätte, einen Präventivkrieg gegen Serbien und notfalls auch gegen Italien zu führen. Doch Aehrenthal hatte mehrmals unmißverständlich betont, daß an einen Angriffskrieg nicht zu denken wäre. Und er wußte sich der Zustimmung des Kaisers wie des Thronfolgers sicher. Das Verhältnis zwischen Conrad und Aehrenthal verschlechterte sich fast schlagartig. Conrad wollte auch in den Folgejahren einfach nicht wahrhaben, daß sich die für die Außenpolitik der Monarchie Verantwortlichen seinem Drängen nach Krieg widersetzten.

Außer Politikern, Diplomaten und einigen Parteien war noch eine Gruppe strikt gegen die Annexion gewesen, nämlich die österreichische Friedensbewegung, die unter der Führung Bertha von Suttners zu einer recht einflußreichen Schar geworden war. Massenbeitritte von Lehrervereinigungen und kirchlichen Organisationen ließen die Mitgliederzahl der österreichischen Friedensbewegung stark ansteigen. Allerdings wurde auch argumentativ eine Gratwanderung beschritten, da man in der Zeitschrift dieser Bewegung, der „Friedenswarte", zwischen Kulturnationen und rückständigen Völkern zu differenzieren begann und die Balkanvölker, aber auch Rußland unmißverständlich der letzteren Gruppe zurechnete.[10] Vorerst konnten sich aber auch Frau von Suttner und die Ihren darüber freuen, daß es doch noch nicht zum Krieg gekommen war.

Obwohl aber eine gefährliche Zuspitzung der Krise vermieden werden konnte, war man europaweit in Balkanfragen sensibilisiert. Da Krieg und Frieden so offensichtlich mit dem Balkan zusammenzuhängen schienen, trug denn auch jedes Ereignis, trug jede Veränderung des Status quo auf dem Balkan dazu bei, in den Staatskanzleien die Alarmglocken schrillen zu lassen.

Der Konflikt zwischen Conrad und Aehrenthal erreichte aber erst in den darauffolgenden Jahren seinen Höhepunkt, als sich Serbien und Bulgarien überraschend für eine gemeinsame Politik entschieden und mit russischer Zustimmung und Hilfe einen Balkanbund zu schaffen begannen. Conrad warf Aehrenthal vor, sich 1909 einem Präventivkrieg widersetzt zu haben. Am 18. Juli 1911 schrieb Conrad an den Minister des Äußern: „Ich kann nicht umhin, auf meine seit jeher vertretene Ansicht zurückzukommen, daß ein vor Jahren geführter Krieg unsere militärische Lage bei Balkanunternehmungen wesentlich günstiger gestaltet hätte, sowie daß die Führung des Kriegs gegen Serbien im Jahre 1909 mit einem Schlage die Monarchie in jene Position am Balkan gebracht hätte, die sie einnehmen muß, deren Erringung aber jetzt weit schwierigere Verhältnisse findet als damals."[11] In dieser Äußerung, der zahlreiche ähnliche folgen sollten, wurde nicht nur das Problem Serbien thematisiert, sondern das Defizit an Krieg schon überdeutlich zum Ausdruck gebracht.

Aehrenthal wollte nicht zuletzt wegen seines Konflikts mit Conrad mehrfach demissionieren. Der Kaiser lehnte das ab und versicherte den Minister seines Vertrauens. So blieb also der schon vom Tod gezeichnete, an schwerer Leukämie leidende Aehrenthal im Amt und stemmte sich weiterhin mit aller Vehemenz gegen die Präventivkriegswünsche der „Kriegspartei". Auch als Conrad vorübergehend vom Posten des Chefs des Generalstabs abberufen und für rund ein Jahr durch den General der Infanterie Blasius Schemua ersetzt wurde, änderte das nichts daran, daß Aehrenthal immer nachhaltiger kritisiert wurde. Unbeschadet dessen vertrat er konsequent die Auffassung, daß „eine aktive, auf Expansion gerichtete Außenpolitik das beste Heilmittel" gegen die innenpolitische Stagnation und die nationalen Zersetzungserscheinungen in der Habsburgermonarchie sei.[12] Aehrenthals Auffassung färbte auf seine engeren Mitarbeiter ab, von denen vor allem János Graf Forgách, der Kabinettschef des Ministers, Friedrich Graf Szápáry, Ottokar Graf Czernin oder auch Alexander Freiherr von Musulin und Alexander Graf Hoyos die Gedanken des Ministers fortspannen. Aehrenthals Politik wurde auch vom Thronfolger Erzherzog Franz Ferdinand unterstützt, allerdings mit einer vielleicht noch deutlicheren Verweisung auf die Vermeidung eines Kriegs.[13]

Mitte Februar 1912 wurden die Karten neu gemischt. Aehrenthal starb. Angesichts seiner schweren Krankheit war schon lange über einen Nachfolger gesprochen worden. Es sollte jemand sein, der Erfahrungen mit Rußland hatte. Deren gab es mehrere. Zum anderen aber sollte gewährleistet sein, daß die Aehrenthalsche Politik fortgesetzt würde und daß der neue Minister des Äußern und des kaiserlichen Hauses, der er ja gleichzeitig zu sein hatte, in die schwierige Konstellation bei Hof und in die Machtkreise hineinpaßte. Da gab es dann nur mehr wenige. Die Ernennung Leopold Graf Berchtolds, der 1908 die Annexionskrise in St. Petersburg als Botschafter erlebt hatte, schien angesichts dieser Prämissen eine logische Entscheidung zu sein.[14] Berchtold blieb keine Zeit der Gewöhnung und des Einarbeitens. Knapp einen Monat nach seiner Ernennung schlossen am 13. März 1912 Serbien und Bulgarien den Balkanbund, der sich zwar gegen die Türkei richtete, aber auch eine Spitze gegen Österreich-Ungarn enthielt. Serbien wollte sein Staatsgebiet im Südwesten vergrößern. Für Bulgarien war Mazedonien das Ziel. Zar Ferdinand von Bulgarien bekundete sein offenes Interesse an der Gewinnung Adrianopels und Salonikis. Im Vertrag hieß es aber auch, daß Bulgarien zur Entsendung von Truppen verpflichtet wäre, falls Österreich-Ungarn Serbien angreifen sollte.[15]

Die Generalstäbe hatten Hochbetrieb. Jene der Balkanstaaten genauso wie die Rußlands, Großbritanniens, Frankreichs oder Italiens. Nicht zu vergessen die Generalstäbe Deutschlands und Österreich-Ungarns, die genauso alarmiert waren. Gab es auf dem Balkan Krieg, dann war seine Begrenzbarkeit nicht so ohne weiteres gegeben. Es hatten sich ja auch schon längst die Stimmen gemehrt, die einen großen Krieg als unvermeidlich darstellten. Der Bericht des russischen Militärattachés in London vom Februar 1912, wonach ein Krieg zwischen dem Dreibund, also Österreich-Ungarn, Deutschland und Italien, einerseits und den Mächten der „Entente cordiale", England und Frankreich, aber auch Rußland, andererseits „wahrscheinlich unvermeidlich" sei, dessen Aufschiebung aber „wünschenswert" wäre, war nur eine von vielen ähnlichen Äußerungen.[16]

Im Oktober 1912 war es dann soweit: Griechenland und Montenegro schlossen sich dem Balkanbund an; Bulgarien und Serbien machten mobil.[17] Die Türkei richtete einen dringenden Appell an Österreich-Ungarn, ihr in der schwierigen Lage zu Hilfe zu kommen. Schließlich wurde direkt angefragt, ob die Donaumonarchie nicht wieder den Sandschak von Novi Pazar besetzen könnte. Doch Wien lehnte ab. In einer Reihe von Konferenzen zwischen dem 16. und dem 30. Oktober 1912 wurde festgelegt, daß Österreich-Ungarn nur dann militärische Maßnahmen ergreifen würde, sollte sich eine Großmacht am östlichen Adria-Ufer bzw. am Ionischen Meer festsetzen. Allenfalls wäre an kleine Grenzberichtigungen zu denken, wie die Verlegung der Grenze auf den Lovćen südlich von Cattaro oder die Inbesitznahme der Donauinsel Ada Kaleh in der Nähe des Eisernen Tores. Auch die Besetzung des Sandschaks durch Serbien oder Montenegro würde keine vitalen Interessen Österreich-Ungarns treffen, meinte man in Wien. Hingegen wäre die Schaffung eines autonomen albanischen Staates im Interesse der Monarchie gelegen, wofür auch militärische Mittel eingesetzt werden könnten.[18]

Mit dieser Haltung waren sicherlich nicht alle zufrieden, und es gab einen merklichen Einklang zwischen den Forderungen hoher Militärs und hoher Beamter des Ministeriums des Äußern, wie der Grafen Forgách, Szápáry und Hoyos, die sich auf die Seite der Kriegspartei schlugen.[19]

Die Staaten, die gegen die Türkei den Krieg begannen, errangen eine Reihe unschwerer Siege. Am weitesten stießen die Bulgaren vor. Serbien aber drängte zur Adria und wiegte sich in der Hoffnung, Rußland würde es in seinem Bestreben, Nordalbanien zu besetzen, unterstützen. Rußland aber winkte wieder ab. Großbritannien und Frankreich erklärten ebenfalls, sie würden nicht Krieg beginnen wollen, bloß weil Serbien ans Meer drängte und Österreich-Ungarn wiederum die Serben vom Meer abhalten wollte. Der russische Gesandte in Belgrad, Nikolaj Hartvig, ging jedoch über die Instruktionen St. Petersburgs hinaus und suggerierte Serbien die russische Unterstützung auch in einem Krieg mit der Donaumonarchie. Serbien und Montenegro behielten daher ihre Vormarschrichtung bei und riskierten den Krieg mit Österreich-Ungarn. Am 7. Dezember 1912 stimmte Kaiser Franz Joseph zu, die Truppen des XV. und XVI. Armeekorps in Bosnien, Herzegowina und Dalmatien auf den Kriegsstand zu bringen. Das war noch keine Mobilmachung, brachte aber eine Aufstockung der Truppen von rund 40.000 Mann Friedensstand auf 100.000 Mann.[20] Tags darauf gab es in Berlin den berühmten, vom deutschen Historiker Fritz Fischer so detailreich geschilderten „Kriegsrat", von dem ein amerikanischer Historiker meinte, im Vergleich mit dem, was parallel dazu in Wien gesprochen wurde, wäre der Berliner Kriegsrat ein „beinahe bedeutungsloses Geschwätz" gewesen.[21]

Am 11. Dezember lehnte es schließlich Kaiser Franz Joseph in einer erregten Diskussion ab, weitere militärische Schritte zu setzen, wie sie vor allem Conrad von Hötzendorf vorgeschlagen hatte. Der Kaiser wurde in seiner Haltung von Berchtold nachhaltigst unterstützt. Berchtold hatte wenige Tage später, am 24. Dezember 1912, einen neuerlichen Ansturm der Kriegspartei auszuhalten, als der Landeschef von Bosnien und Herzegowina, der höchste Militär- und Zivilbeamte beider Provinzen, Feldzeugmeister Oskar Potiorek, die Einberufung der Reservisten seiner beiden Korpsbereiche sowie der Landwehr und der Landsturmpflichtigen verlangte. Potiorek wurde bei dieser Forderung durch den k. u. k. Kriegsminister, Baron Moritz Auffenberg, und den Generalstabschef massiv unterstützt.[22]

Auch der für Bosnien-Herzegowina zuständige gemeinsame Finanzminister, Leon Ritter von Biliński, sprach sich für militärische Maßnahmen aus. Die Enttäuschung über die österreichische Zurückhaltung machte sich in drastischen Äußerungen Luft. „Die Monarchie hat in Europa ihre Rolle ausgespielt", meinte etwa der Wiener Staatsrechtsprofessor Josef Redlich. „Die Kaiser haben nicht einmal den Mut, andere für sich sterben zu lassen."[23] Doch wieder schmetterte Berchtold die Forderungen ab. Für Rußland war die Sache jedoch bei weitem nicht damit abgetan, daß der Auffüllung der k. u. k. Truppen in Bosnien und Herzegowina nichts Weiteres folgte. In St. Petersburg wurde eine antiösterreichische Stimmung genährt, die nur dadurch entschärft wurde, daß Kaiser Franz Joseph den ehemaligen österreichisch-ungarischen Militärattaché in St. Petersburg, Prinz Hohenlohe, mit einem persönlichen Schreiben an den Zaren schickte. Damit schien die Gefahr wieder einmal gebannt. Doch auf dem Balkan war noch kein Ende abzusehen. Montenegro machte Anstalten, seine Kriegsbilanz aufzubessern und Skutari zu besetzen. Doch mit Skutari stand und fiel das Albanienprojekt, also die Schaffung eines unabhängigen albanischen Staates. Über die endgültige Regelung entschied eine Botschafterkonferenz in London, die einen Frieden zwischen dem Osmanischen Reich und den Balkanstaaten herstellen sollte. Auf dieser Konferenz wurde am 11. März 1913 entschieden, daß einige von Montenegro bzw. Serbien beanspruchte Gebiete ethnisch zweifellos zu Albanien gehörten, also auch an das neu geschaffene Fürstentum abzutreten seien. Das betraf vor allem Skutari und Prizren sowie Teile des Kosovo.

Der russische Außenminister Sazonov versuchte nichtsdestoweniger, noch einiges für Serbien herauszuschlagen. Serben und Montenegriner, letztere bei Skutari, trachteten zudem durch äußerste Grausamkeit in den beanspruchten Gebieten die Lage zu ihren Gunsten herumzureißen und ein Fait accompli zu schaffen. Um dem Gemetzel ein Ende zu setzen, willigte Berchtold in die Zugehörigkeit Djakovas zu Serbien ein, wenn die Kampfhandlungen sofort eingestellt würden. Der Vorschlag fruchtete nichts. Doch im April nahm Serbien seine Truppen aus Albanien zurück, da sich ein Krieg mit dem früheren Bundesgenossen Bulgarien abzeichnete. Am 23. April fiel allerdings das von den Türken nach wie vor verteidigte Skutari den Montenegrinern in die Hände. Die Botschafterkonferenz machte daraufhin unmißverständlich klar, daß die Großmächte dieses Vorgehen nicht hinnehmen würden. Der Ballhausplatz drohte mit dem Einsatz von Gewalt. Ein bis dahin nicht ausgearbeiteter Operationsplan, der „Kriegsfall M" (für Montenegro), wurde entworfen. Die deutsche Unterstützung kam prompt und bedingungslos. Schließlich faßte der gemeinsame Ministerrat der ungarischen und der österreichischen Reichshälfte am 2. Mai 1913 den Entschluß zu Mobilmachungsmaßnahmen entlang der montenegrinischen Grenze. Dieses Vorgehen hatte Erfolg: Noch am selben Tag bot König Nikola von Montenegro die bedingungslose Räumung Skutaris an.

Doch der Balkan kam nicht zur Ruhe. Rumänien, das im Balkankrieg leer ausgegangen war, forderte von Bulgarien Silistria am Schwarzen Meer und etliche andere als „Kompensationen" bezeichnete Gebiete und Vorteile. Serbien, das mit Bulgarien um die Aufteilung des den Türken abgenommenen Mazedonien stritt, machte ebenfalls Front gegen Bulgarien. Von Österreich-Ungarn wurde erwartet, daß es das mit dem Deutschen Reich, Italien und der Donaumonarchie verbündete Rumänien unterstützte. Deutschland war zu einer solchen Unterstützung schon aus dynastischen Interessen bereit, da König Carol I. von Rumänien ein Prinz von Hohenzollern-Sigmaringen war.

Doch am Ballhausplatz in Wien versuchte man noch zu lavieren und gleichzeitig gegen die immer stärkeren russischen Einflußnahmen auf dem Balkan aufzutreten. In Wien konnte man kein besonderes Interesse daran haben, durch ein Eingreifen gegen Bulgarien letztlich Serbien zu unterstützen. Außerdem tat man sich bei der Behandlung Rumäniens schwer, da es im ungarischen Siebenbürgen rund drei Millionen Rumänen gab, die von Bukarest aus mehr oder weniger offen unterstützt wurden. In Ungarn war zwar die Meinung anzutreffen, die Rumänen in Transsylvanien hätten keinen Grund, sich zu beklagen, denn sie hätten seit Abschluß der Militärkonvention mit Rumänien erhebliche Besserstellungen erfahren.[24] Doch das beeindruckte Rumänien in keiner Weise und brachte vor allem auch Bukarest nicht dazu, sich vorbehaltlos an Österreich-Ungarn und Deutschland anzuschließen. Also blieb Rumänien ein unsicherer Kantonist und vermehrte die kaleidoskopartige politische Landschaft des Balkans um einige besonders bunte Facetten.

Da Bukarest keine wirkliche Unterstützung durch Wien bekam, wuchs in Rumänien eine massive antiösterreichische Stimmung. Als im Juli 1913 dann der zweite Balkankrieg ausbrach, wurde daher genauso gegen Sofia wie gegen Wien demonstriert und „Hoch Serbien!" gerufen.[25]

Es war wie während des Krimkriegs 1854/55: Österreich hatte sich zwischen zwei Stühle gesetzt und erhielt für seinen Versuch, sich aus den Querelen herauszuhalten, letztlich von niemandem Dank. Bulgarien aber, das im ersten Balkankrieg zum einen die Hauptlast getragen, zum anderen bedeutende Eroberungen gemacht hatte, unterlag dem gemeinsamen Angriff von Rumänen, Türken, Griechen und Serben. Es wurde territorial wieder stark beschnitten. Da sich Bulgarien aber vor allem von Rußland im Stich gelassen fühlte – denn von Österreich-Ungarn und Deutschland konnte es sich billigerweise nicht im Stich gelassen fühlen –, suchte es in der Folge Anlehnung an die großen mitteleuropäischen Mächte und sann auf Rache.

Noch etwas anderes hatte der zweite Balkankrieg bewirkt: Serbien, das bis 1913 davon auszugehen hatte, daß im Süden und Norden seines Staates serbische Minderheiten siedelten, hatte nunmehr im Süden so gut wie alle serbischen Territorien mit seinem Staat vereinigen können. Es war also abzusehen, daß es sich bei seinen nationalistischen Ambitionen verstärkt nach Norden gegen Österreich-Ungarn wenden würde. Der Balkankrieg hatte also wiederum nichts wirklich gelöst, sondern Spannungen nur verlagert und weiteren Explosivstoff angehäuft. Und die Wirren dieses Jahres waren noch immer nicht beendet.

Serbien hatte sich entgegen den auf der Londoner Botschafterkonferenz gegebenen Zusagen nicht zur Gänze aus Albanien zurückgezogen. Zwar drängte insbesondere Großbritannien auf Einhaltung des Vertrags, doch eine gemeinsame Demarche der an der Londoner Vereinbarung beteiligt gewesenen Staaten kam nicht zustande. Nur Wien versuchte ein ums andere Mal auf die serbische Regierung Druck auszuüben und bei den übrigen interessierten Mächten eine gemeinsame Vorgangsweise zu erreichen. Vergeblich. Es gab nur die Alternative nachzugeben oder noch weitergehende Maßnahmen zu beschließen. Wieder war es Conrad, der mit seinen radikalen Forderungen vorpreschte. Klare Verhältnisse müßten geschaffen werden, meinte er, besonders auch hinsichtlich Rumäniens. Er plädierte für eine Angliederung Serbiens an die Monarchie ähnlich der Bayerns an das Deutsche Reich. Wenn das nicht friedlich ginge, müßte man die Feindseligkeiten eben offen austragen. Die Gefahr für die südslawischen Gebiete der Monarchie durch eine serbische Irredenta sei aber so eminent, daß es keine andere Lösung mehr geben könnte, meinte Conrad.[26] Der ungarische Ministerpräsident István Graf Tisza widersprach ihm ganz entschieden. Er wollte keine weiteren Gebietszuwächse, noch dazu in der von Conrad dargelegten Art. Ebenso wandte sich der k. u. k. Finanzminister Biliński gegen diesen Vorschlag, obwohl auch er eine Auseinandersetzung mit Serbien für unausweichlich ansah; Österreich-Ungarn würde den Krieg nicht vermeiden können. Man müsse daher ungeachtet der schlechten Finanzlage des Staats die Armee verstärken. Wieder also kam das Defizit an Krieg zur Sprache.

Im Auftrag des Wiener Kabinetts hatte der österreichische Geschäftsträger in Belgrad, Baron Storck, am 18. Oktober 1913 in ultimativer Form den Rückzug serbischer Truppen aus den albanischen Gebieten zu fordern. Für den Fall der Nichterfüllung drohte Österreich-Ungarn „geeignete Schritte" an – wie das so schön hieß.[27] Das konnte alles einschließen. Berlin ließ Wien noch am selben Tag wissen, daß es die österreichische

Politik weiterhin voll unterstütze. Serbien, dem für die Erfüllung der österreichischen Forderungen eine Frist von acht Tagen gesetzt wurde, lenkte sofort ein und versprach, seine Truppen innerhalb der von Wien geforderten Frist von acht Tagen aus den albanischen Gebieten abzuziehen. Damit war Serbien abermals gedemütigt worden. Es hatte in den beiden Balkankriegen so gut wie alle unmittelbaren Ziele erreicht, nur den Ausgang zum Meer nicht. Auf der anderen Seite hatte Österreich-Ungarn zum zweitenmal erlebt, daß ein gehöriger Druck auf Serbien dieses zum Nachgeben zwang.

An dieser Stelle läßt sich somit nicht nur schon ein wenig Bilanz über die Vorgeschichte ziehen, sondern auch das Handlungsmuster verdeutlichen. Österreich-Ungarns Außenpolitik war weitgehend eine Balkanpolitik. Der Balkan und seine Probleme nahmen nicht nur die meisten Energien, sondern auch die meiste Aufmerksamkeit in Anspruch. Dort war alles in Umbildung, fast jeden Tag konnte ein neuer Konflikt ausbrechen, und wer dann gerade gegen wen stand und worum es im einzelnen ging, war letztlich eine Nebensächlichkeit. Österreich-Ungarn war indirekt an jedem Konflikt beteiligt gewesen, egal, ob es jetzt um Territorien der Monarchie ging oder darum, sich gegen die Ausdehnungsbestrebungen Serbiens zu wenden. Natürlich waren auch andere Mächte, wie Großbritannien, Frankreich oder Italien, auf dem Balkan präsent. Italien war auch besonders engagiert, da es in Albanien Fuß zu fassen bemüht war. Rußland war aktiv geworden, um Serbien und wechselweise Bulgarien bzw. Rumänien zu unterstützen. Dabei war schließlich die Glaubwürdigkeit des Zarenreichs ins Spiel gekommen, da es Serbien zweimal und Bulgarien einmal im Stich gelassen hatte.

Zu den Handlungsmustern gehörte auch, daß zunehmend Gewalt ins Spiel kam. Zwei Balkankriege hatte es schon gegeben – wann würde der dritte kommen? Die k. u. k. Truppen waren aufgefüllt, sie waren schließlich in Teilen mobil gemacht worden. Es wurde gedroht, das Deutsche Reich erklärte seine Unterstützung und sollte und wollte damit die anderen Großmächte von einem Eingreifen abhalten. Schließlich gab es Vermittlungsbemühungen. Und es fing alles wieder von vorne an.

Noch ein Detail aus der Oktoberkrise 1913 verdient erwähnt zu werden: Da Kaiser Franz Joseph einer militärischen Lösung unter der Voraussetzung, daß die Monarchie auf einer rechtlich einwandfreien Basis, also im Auftrag der Londoner Konferenz handelte, nicht abgeneigt war, machte der Minister des Äußern, Graf Berchtold, den Vorschlag, von Syrmien aus über die Save auf serbisches Gebiet vorzustoßen, die Stadt Šabac zu besetzen und so lange als Faustpfand zu behalten, bis Serbien nachgegeben hätte. Conrad von Hötzendorf konnte diesem Plan Berchtolds freilich nichts abgewinnen.[28] Er meinte: „... entweder wir wollen den Krieg oder wir wollen ihn nicht; wenn nicht, dann halten wir besser den Mund." Dem Kaiser gegenüber wurde er noch deutlicher: „Der jetzige Aufstand in Albanien wäre zu benutzen, um gegen Serbien vorzugehen, das heißt: den Krieg bis zur äußersten Konsequenz zu führen ... Jetzt ist vielleicht der letzte Moment gekommen, um einzugreifen." Was sollte da ein Faustpfand? Doch Conrad konnte nicht überzeugen.[29] Dann aber sprach er eine Warnung aus: „Noch einmal mobilisieren ohne ein Stück Land zu erwerben, verträgt die Armee nicht mehr."[30]

Es zeigte sich deutlich, wie sich die Situation seit 1908 zugespitzt hatte. Hatte Aehrenthal seine Schritte noch ohne Kriegsrisiko, ja noch ohne direkte Androhung von Gewalt setzen können, so war der Balkan seit 1911 nicht mehr zur Ruhe gekommen.

Kein Jahr, ja kaum ein Monat verging, in dem es nicht Krieg gab und in dem nicht der Einsatz von Militär in Aussicht genommen wurde. Nun kann man natürlich zu sinnieren beginnen und fragen, was gewesen wäre, wenn die Donaumonarchie Bosnien und die Herzegowina nicht annektiert oder aber tatsächlich 1913 ein Faustpfand genommen hätte. Wäre dadurch irgend etwas anders geworden? Hätte Serbien schneller den Schritt zu einer mittleren Macht getan, wäre es je zur Schaffung Albaniens gekommen? Wäre Serbien mit der Erreichung der adriatischen Küste saturiert gewesen? Hätte sich Italien vielleicht früher und nachhaltiger auf dem Balkan festzusetzen begonnen und wäre dann der Hauptkonflikt ein serbisch-italienischer gewesen? Es ist fast müßig, darüber nachzudenken! Eines wird freilich auszuschließen sein: daß Serbien seine Ambitionen hinsichtlich der südslawischen Gebiete der Donaumonarchie aufgegeben hätte.

Die ständigen Spannungen im Zusammenhang mit dem Balkan sensibilisierten aber nicht nur, sie stumpften auch ab. Es verging doch kaum ein Tag, da nicht über einen neuerlichen Zwischenfall geschrieben und gesprochen wurde, an dem es keinen Notenwechsel gab oder das Interesse gewissermaßen gebündelt wurde. Und gerade in Österreich-Ungarn sah man so gut wie ausschließlich auf den Balkan. Das erklärt auch zum Teil, weshalb dann in der Julikrise 1914 für die Donaumonarchie die europäische Kräftekonstellation keine Rolle zu spielen schien. Es war halt wieder einmal der Balkan, der zu schaffen machte und bei dem man nun endgültig eine Lösung nach Art des Gordischen Knotens suchte.

Beim Überdenken der österreichischen Rolle auf dem Balkan ergibt sich aber nicht nur die bereits erwähnte Parallele mit dem Krimkrieg, es existierte noch eine andere Ähnlichkeit, und zwar im Bereich der Finanzen. Nach der von Rußland im Oktober 1912 getroffenen Maßnahme, 375.000 Soldaten, die zum Übertritt in die Reserve herangestanden waren, nicht zu entlassen, erhöhte auch die Donaumonarchie ihre Friedensstände von zunächst rund 415.000 Mann auf 620.000 Mann. Während das aber für die meisten eine kurzfristige Maßnahme war, blieben die Reservisten in den beiden südlichsten Korpsbereichen, dem XV. (Sarajevo) und dem XVI. (Ragusa), rund ein dreiviertel Jahr eingereiht. Und das kostete Geld, viel Geld. 309 Millionen Kronen mußten dafür aufgewendet werden, das entsprach dem Militärbudget der Monarchie für neun Monate.[31] Um das Geld aufzutreiben, wurde im Dezember 1912 in New York zu überhöhten Bedingungen eine Anleihe mit einer Laufzeit von zwei Jahren aufgenommen.

Das Auffüllen der Friedensstände in den Jahren 1912 und 1913, noch mehr die Mobilmachungsmaßnahmen waren also nicht nur eine zweischneidige Sache, weil dadurch ein Nachziehen anderer Mächte ausgelöst werden konnte; sie waren auch immens kostspielig. Man konnte sich dergleichen nicht häufig leisten, weil es im Budget nicht unterzubringen war und eine Sonderfinanzierung verlangte. Dann aber war es auch zweischneidig, weil sich solche Maßnahmen nur allzuleicht abnützen. Wenn in kurzen Abständen eine Krieg-in-Sicht-Haltung eingenommen wird, verliert eine derartige Machtdemonstration sehr rasch an Gewicht.

Die Donaumonarchie betrieb ihre Balkanpolitik aber sicherlich nicht losgelöst von den anderen europäischen Mächten. Sie suchte den Kontakt zu ihnen und gab immer wieder zu verstehen, daß sie keine territorialen Zuwächse suchte. Doch man kann billigerweise nicht behaupten, daß die Monarchie ihre Balkanpolitik unter besonderer

Rücksichtnahme auf die Interessen anderer betrieben hätte. Gerade auf dem Balkan fühlte man sich unmittelbar betroffen und legitimiert, primär die eigenen Interessen im Auge zu behalten. Für das mit Österreich-Ungarn verbündete Deutsche Reich ergab sich dabei das kalkulierte Risiko, von der Donaumonarchie ins Schlepptau genommen zu werden. Denn es war den Verantwortlichen in Berlin wohl klar, daß auf dem Balkan nicht Politik für das Bündnis gemacht wurde, sondern eine Politik, die erst durch das Bündnis ermöglicht wurde. Der vom deutschen Historiker Fritz Fischer als kausal für die Herbeiführung des Kriegs genannte Umstand, daß Deutschland vermehrt auf dem Balkan Fuß zu fassen suchte[32], kann also auch so gesehen werden, daß man sich in Berlin mit der Rolle des ins Schlepptau Genommenen nicht mehr zufriedengeben wollte. Hier stellte sich eine Grundfrage für das Bündnis.

Am 14. Juni 1914 kam der Minister des Äußern, Graf Berchtold, nach Konopischt, südlich von Prag, um dort mit dem österreichisch-ungarischen Thronfolger in dessen Schloß die Situation auf dem Balkan zu besprechen.[33] Franz Ferdinand, ein konsequenter Vertreter einer friedlichen Lösung der Balkanfragen, regte ein ausführliches Memorandum über die Lage auf dem Balkan an, um die österreichische Einschätzung genau darzulegen. Dieses Memorandum sollte dann Gegenstand eines intensiven Meinungsaustausches mit Berlin werden. Am Ballhausplatz ging man sofort ans Werk. Es entstand eine aufwendige Bewertung. Da war zunächst der langfristige Konflikt mit Serbien darzustellen, die Rolle dieses Staates als südslawisches „Piemont" herauszustreichen, aber auch zu berücksichtigen, daß man mit Serbien gerade erfolgreiche Verhandlungen über den Verkauf von Aktien der Orient-Eisenbahngesellschaft führte, deren Mehrheitsanteile Österreich-Ungarn besaß und von denen nun einiges an Serbien verkauft werden sollte. Gefahr drohte von Gesprächen über eine Verschmelzung Serbiens und Montenegros, führte das Memorandum weiter aus, während das Verhältnis zu Rumänien wenig Spielraum lasse. Die Unterstützung für die in Ungarn lebenden Rumänen schloß eine Annäherung aus. Die Generalstabschefs Österreich-Ungarns und des Deutschen Reichs waren sich darin einig, daß mit Rumänien im Kriegsfall nicht zu rechnen wäre, und hätten sie gewußt, daß der rumänische König Carol gelegentlich des Besuchs von Zar Nikolaj II. von Rußland in Konstanza am 14. Juni 1914 gemeint hatte, Rumänien würde in keinen Krieg an der Seite Österreich-Ungarns eintreten, dann wäre zu noch mehr Pessimismus Anlaß gewesen.[34] Da war viel eher an Bulgarien zu denken, stellte das Memorandum fest, jenes Bulgarien, das zwar in der Vergangenheit kaum Sympathien für Österreich-Ungarn hatte erkennen lassen. Der deutsche Generalstabschef Helmuth Graf von Moltke meinte zwar, Bulgarien würde keinen Ersatz für den Ausfall Rumäniens darstellen, doch am Ballhausplatz und im k. u. k. Kriegsministerium am Wiener Stubenring war man da nicht so pessimistisch. Bulgarien brauchte infolge der Balkankriege dringend Geld, und Österreich machte sich zum Vermittler einer deutschen Kredithilfe. So weit schien da alles halbwegs in Ordnung. Gefahr drohte vor allem, falls sich eine neue Balkanliga herausbilden sollte, die mit russischem Rückhalt und französischem Geld gegen Österreich-Ungarn gerichtet sei. Wenn Rußland oder Serbien auch noch Parteigänger unter den Völkern Österreich-Ungarns finden sollte, dann mußte Krisenstimmung aufkommen. Und genau das war der Fall.

Die Sozialisierung der Gewalt

Wenige Jahre vor dem Ersten Weltkrieg wurde die Gleichberechtigung aller Nationen als das „stärkste Fundament des österreichischen Reichsgedankens" bezeichnet.[35] Doch was gleichermaßen als Feststellung wie als Programm gemeint war, was zudem verbürgtes Recht war, konnte nicht verhindern, daß sich die Völker des Reichs auseinanderlebten. Nach dem „Ausgleich" von 1867, mit dem die Habsburgermonarchie in zwei Hälften „zerlegt" worden war, die außer der Person des Herrschers nur mehr die Außen-, Verteidigungs- und Finanzpolitik gemeinsam hatten, war zwar eine gewisse Beruhigung eingetreten, doch für die Völker des Reichs war das auf Dauer zu wenig und zuviel gewesen: Die Reduktion der Gemeinsamkeit auf die Person des Monarchen, die äußeren Grenzen der Monarchie sowie die k. u. k. Minister des Äußern, des Kriegs und der Finanzen ließ das Gefühl der gemeinsam zu tragenden Verantwortung schwinden. Das immer stärkere Hervorheben der historischen Rechte der Volksgruppen andererseits, die sich nicht nach außen, sondern nach innen zu behaupten suchten, bot außerdem Anlaß für nicht enden wollende Reibereien. Innerhalb der Reichshälften gab es jeweils eine dominante Nation. In Cisleithanien, der österreichischen Reichshälfte, waren es die Deutschen der Monarchie, und in Transleithanien die Ungarn. Zwar vereinigten die Parlamente die Nationen der jeweiligen Reichshälfte, und auch die Regierungen Österreichs und Ungarns wurden zumeist von Vertretern aller Nationen gebildet. Doch es gab z. B. nie einen tschechischen Ministerpräsidenten in Wien, ebensowenig wie einen kroatischen oder slowakischen Ministerpräsidenten in Budapest.

Obwohl mehrere Laufmeter von Büchern über die Reichsreform geschrieben worden waren, führende Politiker und auch der Thronfolger Franz Ferdinand ein Ende des Dualismus durch eine stärker föderalistische Lösung anstrebten, war man bis 1914 nicht sehr viel weiter gekommen. Trotz mehrerer „Ausgleiche" zwischen einzelnen Volksgruppen hatte es keine wirklich große Lösung gegeben. Kein Wunder, daß sich zumindest Teile der Nationalitäten der Habsburgermonarchie jenen Nachbarstaaten verbunden fühlten, die Vorreiter des Nationalismus waren. Doch die Verbindung zwischen den Nationalitäten Österreich-Ungarns und ihren Konationalen außerhalb trug fast unweigerlich zur Destabilisierung des Reichs bei. Nationale Autonomien, wie sie immer häufiger angestrebt und auch erreicht wurden, entwickelten eine „unwiderstehliche Stoßkraft"[36], allerdings in zwei Richtungen: nach innen und nach außen.

Für die Haltung eines Teils der europäischen Kabinette hatte es bis zum Großen Krieg durchaus Bedeutung, daß die Habsburgermonarchie ein einigermaßen festgefügtes Ganzes war, ganz anders als das „kaleidoskopartig" angeordnete Gebiet jenseits der Südostgrenzen der Monarchie.[37] Das Herrscherhaus und der österreichische Adel waren mit zahllosen westlichen Herrscherhäusern und Aristokraten verwandt. Man schätzte die Länder der Monarchie wegen ihrer Weite, ihres Reichtums an Naturschönheiten, der Schlösser und Jagden. Die konservativen Kreise Frankreichs sahen hier noch etwas intakt, das in ihrem Land schon längst dahingegangen war. Die fortschrittlichen, liberalen Kreise des Westens nahmen Anteil am Geistesleben, würdigten die außerordentliche Qualität der führenden Zeitungen der Monarchie. Die Katholiken sahen in der katholisch dominierten Monarchie das Bollwerk des Glaubens, und jene, die das europäische

Gleichgewicht suchten, sahen in der Monarchie das Gegengewicht zu Rußland und bis zu einem gewissen Grad auch noch immer eines gegen die Hegemoniebestrebungen Deutschlands.[38] Aber niemand im Westen, ausgenommen ein paar Gelehrte, hatte ein besonderes Interesse an den inneren Problemen der Monarchie oder gar ein besonderes Verständnis für die Völkerschaften des Habsburgerreichs, geschweige denn, daß dessen Toleranz und die Sicherheit, die es für viele kleine Nationalitäten bot, gewürdigt worden wären. Das war aber auch bis zu einem gewissen Grad kein Wunder. Denn meistens hat man doch nur zu jenen Ländern eine unmittelbare Beziehung, an die der eigene Staat angrenzt.

Damit war eigentlich schon erklärt, warum Rußland und Serbien die Entwicklung der Monarchie ganz anders verfolgten als etwa England und Frankreich und daß vor allem das Zarenreich auch in die politischen Abläufe einzugreifen trachtete und die Monarchie zu destabilisieren suchte. Der Panslawismus trat dabei in mannigfacher Gestalt auf. In der Bukowina, bei den Ruthenen, wurden großrussische Ideen ins Spiel gebracht, vor allem Sprache, Religion und Kultur. Die russisch-orthodoxe Kirche machte sich zum Sachwalter der politischen Agitation und suchte im Umweg über die Konversion von Griechisch-Unierten zur russischen Orthodoxie für Rußland Stimmung zu machen. „Die Pfarren, die von prorussisch eingestellten Priestern betreut wurden – besonders in der Nähe der russischen Grenze –, wurden uneinnehmbare Bollwerke der orthodoxen Kirche."[39] Priester und allruthenische Funktionäre waren denn auch immer wieder und vor allem 1914 Angeklagte in Hochverratsprozessen.

In Böhmen und Mähren trat der Panslawismus in anderer Gestalt auf. Er mischte sich dort mit wesentlich komplexeren und historisch auch sehr viel weiter zurückreichenden Strömungen. Da war einmal jene auf die „Verneuerte Landesordnung" von 1627 zurückgehende und immer wieder frisch genährte Zurückdrängung, ja Zurücksetzung der Tschechen, die durch den Dualismus verewigt scheinende Form der deutschen und ungarischen Dominanz, die die Tschechen ausschloß. Dazu gesellten sich antihabsburgische Tendenzen, der Sprachenstreit und etliches andere auch, das einen Nährboden für Einflußnahmen von außen bot. Die Arbeiterparteien, das Kleinbürgertum und die jungtschechischen Intellektuellen waren führend im nationalen Kampf. Doch auch bei den Radikalen war eine merkwürdige Mischung von Loyalität und Sektierertum, Panslawismus und Russophilie zu beobachten, ohne daß schon konkret ein Ziel zu benennen gewesen wäre. Ein tschechischer Radikaler wie Karel Kramář hatte sich beispielsweise mehrfach darum bemüht, Minister des Äußern zu werden[40], was deutlich macht, daß er Einfluß haben, gestalten und umgestalten, zunächst aber sicherlich nicht zerstören wollte. Eines wollte er jedoch gewiß, nämlich die Bindung der Doppelmonarchie an das Deutsche Reich lockern und wenn möglich zugunsten einer Anlehnung an Rußland beenden. Erst als Kramář mit all dem scheiterte, wurde er radikaler und knüpfte immer engere Kontakte zu Rußland und den Russophilen.[41] Doch auch Kramář verurteilte schließlich das Attentat auf Franz Ferdinand schärfstens und gab ein Bekenntnis zur Monarchie ab, das mehr war als ein Lippenbekenntnis. Radikaler und prorussischer als Kramář waren die Nationalen Sozialisten Böhmens und Mährens unter der Führung von Vaclav Klofáč. Der richtete seine Politik nicht nur auf Rußland aus, sondern unterhielt auch besonders enge Kontakte zu den radikalen Südslawen der

Monarchie und zu Serbien. Bei einem Besuch in St. Petersburg im Januar 1914 sagte er dem russischen Generalstabschef zu, ein Agentennetz aufzuziehen und im Falle einer österreichischen Mobilmachung diese tunlichst zu stören.[42]

Außer der russophilen Gruppe gab es bei den Tschechen auch eine nach dem demokratischen Westen ausgerichtete Opposition. Deren prominentester Vertreter war Tomás G. Masaryk, Professor für Philosophie in Prag.[43] Doch vor dem Krieg fand Kramář wesentlich mehr Anhänger als Masaryk.[44]

Panslawistisch und antihabsburgisch waren auch etliche Kreise in den südslawischen Ländern der Monarchie. Dort verbanden sich diese Strömungen mit solchen, die vor allem in Serbien anzutreffen waren und in ebenso sektiererischer wie ernstzunehmender Weise auf das Ende der Monarchie spekulierten. Die südslawischen Radikalen waren aber nicht einfach dem Panslawismus und dem Großserbentum zuzurechnen; genauso fanden sich in ihren Reihen solche, die geistig mit den russischen Sozialrevolutionären in Verbindung standen und individuellen Terror planten. Dabei ging es nicht darum, ein verhältnismäßig kleines, angrenzendes Gebiet der Habsburgermonarchie zu destabilisieren, sondern die Serben ebenso wie die Kroaten, Bosnier und Slowenen in einen neuen Staat zu holen. Hier wurde konsequent auf das Ende der Monarchie spekuliert. Dieses Ende wurde als einzige Chance für die Aufrichtung eines großen Reichs der Südslawen gesehen. Die anderen Anrainerstaaten sollten sich dann nur an der Konkursmasse bedienen müssen. In diesem Bereich der Vorgeschichte des Krieges spielten also die Innen- und die Außenpolitik in besonderer Weise zusammen.

Das Südslawenproblem war gleichermaßen ein ungarisches wie ein österreichisches Sorgenkind, denn Kroatien gehörte zu Transleithanien, während Slowenien zu Cisleithanien zu zählen war. Ungarn hatte sich aber auch mit den Rumänen in Siebenbürgen herumzuschlagen und zeigte eine gewisse Uneinsichtigkeit beim Erkennen der Probleme. Insgesamt schien das Nationalitätenproblem in Ungarn aber nicht allzu schwer zu wiegen, vielleicht schon deshalb, da es dort weniger Nationalitäten als in Österreich gab und sich daher auch die Konflikthäufigkeit reduzierte.

Die deutschen Länder der Monarchie sind bei einem Resümee der innen- und nationalitätenpolitischen Vorgeschichte des Ersten Weltkriegs sicherlich nicht als jene zu nennen, die als Problemregionen des Nationalitätenkonflikts zu gelten hatten oder in denen Zerfallsmuster gezeichnet worden wären. Doch daß es deutschnationale Gruppen gab, die eine Lösung der Nationalitätenfrage in der Weise anstrebten, mit reichsdeutscher Hilfe die Deutschen der Habsburgermonarchie zu einer wirklich dominanten Gruppe werden zu lassen, war ebenso evident. Und selbstverständlich spielte der Nationalitätenkonflikt auch in die deutschen Länder herein. Dort etwa, wo eine kleine italienische Irredenta, die trotz der offiziellen Nähe zu dem seit 1882 mit Österreich-Ungarn und dem Deutschen Reich verbündeten Italien von der Abtretung der italienisch besiedelten Territorien der Monarchie träumte und damit das Gebiet um Triest sowie Trient und Südtirol meinte. Bei den Konflikten, die die Deutschen betrafen, wäre auch auf die Auseinandersetzungen mit den Slowenen zu verweisen, etwa in Cilli, Pettau oder Marburg, oder auf Konflikte im Mischungsbereich von Tschechen und Deutschen im niederösterreichisch-mährischen oder im oberösterreichisch-böhmischen Raum.

In Wien, wo der Nationalitätenkonflikt vor allem während der Sessionen des Reichsrats deutlich wurde, kam ein gewisser Brennglaseffekt dazu, da alles unmittelbarer zu verfolgen war, was sonst nur in Meldungen über Czernowitz, Mährisch-Trübau, Cilli oder Hermannstadt auftauchte. Man erlebte daher Auseinandersetzungen mit einer anderen Intensität als irgendwo sonst auf dem Gebiet der Monarchie. Dazu kamen jene Debatten, Auseinandersetzungen, Konflikte und Tumulte, die den „normalen" Parlamentarismus der „im Reichsrat vertretenen Königreiche und Länder" kennzeichneten. Was sich dabei abspielte, führte man in Ungarn auf ein Zuviel an Demokratie zurück.[45] Der Eindruck konnte aber nur entstehen, wenn man die halbdemokratischen Verhältnisse Transleithaniens zum Vergleich heranzog.

In der österreichischen Reichshälfte gab es rund 40 Parteien, die in 20 Klubs zusammengeschlossen waren und vor allem die nationalitätenmäßigen Gegebenheiten widerspiegelten. In den Klubs waren Parteien vereinigt, die konservative, klerikale, liberale, sozialistische oder auch nur kulturelle Interessen zu fördern bestrebt waren. Da waren Parteien des Großgrundbesitzes neben Parteien des Kleingewerbes und nach unserem heutigen Verständnis linke neben rechten Parteien in ein und demselben Klub. Sie fügten sich zusammen und lösten sich auf.[46]

Ungarn bot ein etwas anderes Bild, vor allem deshalb, da das Wahlrecht noch viel weniger weit entwickelt war als in Österreich und sich daher die Parteien anders zusammensetzten. Doch die Fluktuation war ähnlich. 1910 hatte die „Partei der nationalen Arbeit" die Majorität im Reichstag erobert. Ministerpräsident Lukács blieb im Amt, doch der Fraktionsführer der Partei der nationalen Arbeit, Graf István Tisza, war der Mann, der die Fäden in der Hand hielt. Am Tag nach seiner Ernennung zum Parlamentsvorsitzenden gab es am 23. Mai 1912 riesige Krawalle in Budapest. Sechs Demonstranten wurden getötet, 182 verwundet. Man versuchte, Tisza im Parlament zu ermorden. Im Abgeordnetenhaus wurde geschossen, und um die öffentliche Ruhe wiederherzustellen, wurde Militär eingesetzt. Mochten sich also die österreichische und die ungarische Reichshälfte hinsichtlich der Intensität des Nationalitätenkonflikts sowie der Demokratisierung durchaus unterscheiden, dann waren sie sich in einem gleich: in der Sozialisierung der Gewalt.

In Österreich hatte es um 1908 eine merkliche Entspannung in der Innenpolitik gegeben. Zwei große Probleme schienen befriedigend gelöst: die österreichische Wahlrechtsreform, die das allgemeine gleiche Wahlrecht bringen sollte, und die Erneuerung des Ausgleichs mit Ungarn. Rudolf Sieghart, damals Sektionschef im Ministerratspräsidium, ging in seinen Aufzeichnungen so weit, daß er meinte, der allgemeine Pessimismus hätte einer gewissen Hoffnungsfreudigkeit Platz gemacht. Die Doppelmonarchie wäre doch noch regenerationsfähig, und ein demokratisches, verjüngtes Staatswesen könnte einen Neubeginn setzen.[47] Doch die Euphorie hielt nicht lange an. Schon die ersten allgemeinen Wahlen in der österreichischen Reichshälfte, die im Mai 1907 einen komplett gewandelten Reichsrat ergeben hatten, in dem erstmals unter den 516 Abgeordneten auch 86 Sozialdemokraten vertreten waren, führten nicht zu der erhofften Demokratisierung und Entkrampfung der Innenpolitik. Die nationalen Parteien gruppierten sich nur neu, und nicht einmal die Sozialdemokraten, also eine Klassenpartei, waren imstande, ihre Gegensätze so zu überwinden, daß sie eine „Reichspartei" geworden wären. Die Sprachenfrage brach wieder auf. Und angesichts einer ständig steigenden

Kriegsgefahr kam es zu sehr nachhaltig wirkenden Verknüpfungen von Nationalismus, Bellizismus und Militarismus.

Der Militarismus hatte in Österreich-Ungarn im Vergleich mit anderen europäischen Staaten gewiß weniger Bedeutung erlangt, doch war er auch hier im Zunehmen begriffen. Dieser Militarismus hatte auch sicherlich eine andere Gestalt als im Deutschen Reich oder wo immer. Nichtsdestoweniger begegnen wir auch in Österreich-Ungarn dem, was dann Franz Carl Endres als Rüstungswettkampf beschrieb[48] oder Harold D. Lasswell in seinem „Kasernenstaat-Modell" „die Sozialisierung der Gewalt" nannte.[49] Die Nationalitäten und die Parteien praktizierten genauso eine Sozialisierung der Gewalt wie der Staat und gewöhnten sich daran, Konflikte gewaltsam zu lösen. Immer wieder wurden k. u. k. Truppen eingesetzt, um im Rahmen von innenpolitischen Assistenzen die Ruhe wiederherzustellen oder auch kurzzeitig die Zivilverwaltung zu übernehmen. Andererseits griff der Nationalitätenkonflikt auf das Militär über und führte vor allem bei den Ersatzreservisten, die jährlich zur Standeskontrolle versammelt wurden, immer wieder zu Konflikten.[50]

Mit diesen Erscheinungen kam man aber nicht bloß in den Randgebieten der Monarchie oder den klassischen Schauplätzen des „kalten Nationalitätenkriegs" in Berührung. Das war auch durchaus in den Herzogtümern, gefürsteten Grafschaften etc. der habsburgischen Kernlande zu beobachten. Peter Rosegger hat z. B. die Anwesenheit von bosnisch-herzegowinischen Truppen in Graz als „Türkenkrieg in der Steiermark, wie in alten Zeiten"[51] empfunden. Die immer konsequenter angewendete Praxis, Truppen außerhalb ihrer nationalen Siedlungs- und Ergänzungsbereiche zu stationieren, führte dazu, daß sich der Nationalitätenkonflikt nur noch ausweitete. Das Prager „Hausregiment", das Infanterieregiment Nr. 28, mußte schon 1893 Hals über Kopf nach Linz verlegt werden, weil es in Prag in nationale Ausschreitungen verwickelt gewesen war.

Die Verlegung von tschechischen Truppen in deutsche Länder, von Deutschen nach Böhmen, von Bosniaken in die Steiermark, von Polen und Tschechen nach Tirol, Ungarn oder nach Dalmatien diente im selben Maß dazu, die Mannschaften zu isolieren, wie es dort Reibungen hervorrief, wo die Truppen dann in Garnison lagen. Vorfälle in Innsbruck 1913 und 1914 belegen das nur zu gut.

Aber auch in der ungarischen Reichshälfte war der Einsatz des Militärs in der Innenpolitik eine häufige Erscheinung. 1906, also ein Jahr, nachdem der berühmte „Kriegsfall U" (Ungarn) ausgearbeitet worden war und die Donauflottille schon Befehl hatte, nach Budapest zu dampfen und notfalls in die Stadt zu schießen, wurde das ungarische Abgeordnetenhaus über Weisung des ungarischen Ministerpräsidenten durch ein Honvédbataillon aufgelöst. 1911 und in den Folgejahren mußte immer wieder eingeschritten werden. Und in Kroatien und Slawonien, also Ländern der ungarischen Krone, wurde wiederholt der Ausnahmezustand verhängt.[52]

Insgesamt war festzustellen, daß man mit dem Einsatz von Militär zu leichtfertig war, daß aber andererseits die Lösung von Problemen welcher Art auch immer mit Hilfe des Militärs als selbstverständlich, weil alltäglich, angesehen wurde. Ob das die schweren Hungerkrawalle in Wien 1911, die Wahlrechtsdemonstrationen in Prag, die Obstruktion im Budapester Reichstag oder was auch immer waren: Der Einsatz von Soldaten schien das Allheilmittel zu sein, und vielen schien nur mehr das Militär das

Funktionieren der staatlichen Organe und die öffentliche Ordnung zu garantieren. 1908 erschien anonym ein Buch mit dem einfachen Titel „Unser letzter Kampf". Der Autor war, wie man bald feststellen konnte, ein Generalstabsoffizier, der Hauptmann des Generalstabskorps Hugo Kerchnawe. Er faßte in diesem Buch die Krisensymptome fast seherisch zusammen. Wahlrechtsdemonstrationen und enorme innenpolitische Spannungen führten, so der Inhalt des Romans, zu einer Staatskrise, die vom Ausland genützt wurde. Es gab Krieg. Österreich bekam zwar Hilfe von seiten des Deutschen Reichs. Schließlich marschierten jedoch deutsche Truppen ein und beendeten damit die Existenz des alten Österreich. Ein utopischer Roman und eine Vision mit durchaus realem Hintergrund. Es war in manchem die Vorwegnahme dessen, was dann im Verlauf der nächsten 30 Jahre geschah. Kerchnawe hat möglicherweise auch andeutungsweise erfahren, daß für den Fall von großen inneren Unruhen die Verlegung deutscher Truppen nach Österreich-Ungarn erwogen worden sein soll.[53]

Die Vision vom letzten Kampf der Monarchie war eine allgegenwärtige, und es wurde gerade in politischen Kreisen häufig nur mehr darüber diskutiert, ob die Monarchie diesen Kampf überhaupt noch kämpfen konnte oder ob sie kampflos Stück für Stück zerbrechen würde. Diese immer wieder gestellte Frage, wie das mit der Monarchie weiter- oder auch nicht mehr weitergehen würde, hatte allerdings nur teilweise zur Folge, daß auf dieses Ende regelrecht spekuliert wurde.

Im November 1908 wurde der wahrscheinlich letzte bedeutende Ministerpräsident Cisleithaniens vor dem Krieg, Baron Max Vladimir Beck, gestürzt. Er hatte sich nicht nur den Thronfolger, sondern auch die Christlichsoziale Partei zu Gegnern gemacht und verlor seine mühsam zusammengehaltene Mehrheit im Reichsrat. Becks Nachfolger wurde Baron Bienerth. In Prag galt eine Zeitlang das Standrecht, und was zunächst gestoppt schien, nämlich der innere Zerfall der Monarchie und vor allem Cisleithaniens, nahm seinen Fortgang. Auf Bienerth folgte Gautsch. Im November 1911 wurde er abgelöst und durch Karl Graf Stürgkh ersetzt.[54] Als dessen ausgeprägteste Seite galten das Ausgleichen und Vermitteln.[55] Doch dabei waren ihm verhältnismäßig enge Grenzen gezogen. Denn wenn niemand mehr den Ausgleich wollte und seine Vermittlungsversuche zurückgewiesen wurden, dann konnte auch ein noch so konzilianter Ministerpräsident nichts ausrichten. An Intellekt und politischen Fähigkeiten reichte er an Beck bei weitem nicht heran, und als schließlich der Nationalitätenkonflikt eskalierte und die Session des österreichischen Reichsrats in Obstruktion und Schreiduellen endete, da wußte sich Stürgkh nicht anders zu behelfen, als den Reichsrat zu vertagen und mit Notverordnungen zu regieren. Ab März 1914 kamen die Gesetze Cisleithaniens nur mehr mit Hilfe des § 14 des Staatsgrundgesetzes von 1867, des Notverordnungsparagraphen, zustande. Doch die Sistierung des Reichsrats in Österreich wurde keinesfalls als Schock empfunden. Sie war schon längst, zumindest aber seit 1912 erwartet worden. Kaiser und Thronfolger hatten zu diesem Schritt geneigt, da die politischen Zustände immer chaotischer geworden waren.[56] Es zeigte sich eine Quasiunregierbarkeit der österreichischen Reichshälfte, die in einem deutlichen Gegensatz zur ungarischen Reichshälfte zu stehen schien. Kein Wunder, daß immer wieder nach dem Militär gerufen wurde. Auch und besonders die Zeitungen taten das.

Mit Hilfe der Presse wurde Politik gemacht. Parteien und Einzelpersonen hielten sich „ihre“ Organe und setzten sie als Sprachrohr ein. Der Einfluß der deutschen Zeitungen war dabei ein überragender, und nur einige ungarische Zeitungen konnten noch einigermaßen mithalten.[57] Die Zeitungen sind daher nicht nur deshalb zu nennen, weil sie praktisch die einzige Informationsquelle und das Medium schlechthin waren; sie hatten es auch in der Hand, Stimmung zu machen, Tendenzen der Politik erkennbar werden zu lassen und auch jenen Bellizismus zu verbreiten, der zur Vorgeschichte des Großen Kriegs gehörte. Denn schaffte die Außenpolitik den internationalen Bezugsrahmen für ein Leben mit der Kriegsgefahr, so begegnen wir auch im Inneren der Donaumonarchie einer stetigen Präsenz der Gewalt.

Der zukünftige Krieg war für alle Zeitungen ein ständig wiederkehrendes Thema. Sei es, daß die Wahrscheinlichkeit eines solchen erörtert wurde, konkrete Kriegsfälle supponiert wurden oder auch die Haltung zum Krieg grundsätzlich diskutiert wurde. Letzteres war vor allem auch in der „Arbeiter-Zeitung“ immer wieder der Fall. Und dabei zeigte sich, daß auch die Sozialdemokratie der Krieg-in-Sicht-Stimmung voll erlegen war. Doch das war kein österreichisches Phänomen. Als beim internationalen Sozialistenkongreß in Kopenhagen 1910 eine Resolution verabschiedet werden sollte, wonach im Fall eines Kriegs die sozialdemokratisch organisierte Arbeiterschaft einen Generalstreik beginnen sollte, war es der italienische Delegierte, der dies ablehnte und aussprach, was ebenso für die anderen nicht anders war: Falls es zum Krieg kommen würde, könnte sich auch die Sozialdemokratie nicht einem nationalen Konsens entziehen, da ihr dabei ihre eigene Basis nicht folgen würde. Der Beschluß zum solidarischen Generalstreik kam nicht zustande. Als sich im November 1912 die Lage auf dem Balkan zuspitzte und ein Eingreifen Österreich-Ungarns drohte, suchte das Internationale Sozialistische Büro einen Weg, um den Krieg zu verhindern und eine österreichische Teilnahme unmöglich zu machen. Doch der Kongreß war ein Fehlschlag. Wenige Tage darauf stimmten auch die österreichischen Sozialdemokraten im Reichsrat mit einigen Vorbehalten der Verabschiedung des Kriegsleistungsgesetzes zu und anerkannten ausdrücklich die Berechtigung zur Führung eines Verteidigungskrieges, vor allem gegen den Zarismus.[58]

Dieses Gesetz war in mancher Hinsicht eine Weichenstellung, und es zeigte, daß sich eigentlich niemand mehr der Notwendigkeit, kriegsbereit zu sein, entziehen konnte. Die parlamentarische Behandlung des Gesetzes war seit 1873 verschoben worden. Beim Kriegsleistungsgesetz ging es ja nicht darum, die ohnedies im Staatsgrundgesetz im Artikel 20 vorgesehene Beschneidung der Rechte der Staatsbürger im Kriegsfall noch näher auszuführen oder zu ergänzen. Vielmehr sollten im Kriegsfall konkrete Leistungen erzwungen werden können, wie die Einquartierung von Truppen, die Bereitstellung von Transportmitteln und die Militarisierung von Betrieben. Ein entsprechendes Gesetz war zwar ausgearbeitet, doch nie verabschiedet worden. 1908 wäre das Gesetz im Fall einer allgemeinen Mobilmachung als kaiserliche Verordnung hinausgegangen. Doch wieder bestand keine Notwendigkeit. Als das Gesetz bzw. die vorbereiteten Verordnungen 1912 überarbeitet wurden und auch ein entsprechendes Gesetz für die ungarische Reichshälfte Berücksichtigung fand, ergab sich eine wesentliche Veränderung. Bis dahin war vorgesehen gewesen, die Gemeinden für die geforderten Leistungen haftbar zu machen; nun aber wurde jeder einzelne Bürger haftbar gemacht. Mit Ausnahme weniger Gruppen sollten alle arbeitsfähigen, im wehrpflichtigen Alter stehenden Zivilpersonen bis zum vollendeten 50. Lebensjahr den Bestimmungen des Gesetzes unterliegen. Ähnliche Gesetze gab es im Deutschen Reich seit 1873, in Frankreich, Italien und den meisten anderen europäischen Staaten.

Nach einer nur wenige Wochen dauernden Beratung in den zuständigen Ausschüssen des Reichsrats und unter Bedachtnahme darauf, daß das zu beschließende Gesetz mit dem parallel in Beratung stehenden Gesetz der ungarischen Reichshälfte übereinstimmen mußte, wurde das Kriegsleistungsgesetz Ende Dezember 1912 beschlossen. Die Regierung hatte eine Reihe von Obstruktionsversuchen erfolgreich abgewehrt. Den Sozialdemokraten war zugesichert worden, daß bei den Durchführungsbestimmungen maßvoll vorgegangen würde. Auf diese Weise gelang es mit relativ geringen Abänderungen, die generelle Kriegsdienstpflicht vom 17. Lebensjahr aufwärts zu beschließen und auch die Aufhebung der Rechte der Arbeiterschaft in Kriegszeiten vorzusehen. Die Aussicht auf eine militärische Führung von kriegswichtigen Betrieben wurde von einem rechtsstehenden Sozialisten wie Karl Renner damit kommentiert, daß er bei seiner Wortmeldung in der Generaldebatte über das Gesetz meinte: Wollte die Sozialdemokratie einmal das bürgerliche Eigentum aufheben, sie müßte „einfach das Kriegsleistungsgesetz anwenden“ und könnte jeden Fabrikanten aus seiner Fabrik fortschicken. Statt dessen könnte man dann einen Korporal hineinsetzen, und die – frei nach Karl Marx – „Expropriation der Expropriateure vollzieht sich auf glatteste Weise“.[59] Die Zustimmung zu dem Gesetz begründete Renner für die Sozialdemokraten damit, daß er meinte: „Wenn wir – durch wessen Schuld immer – in einen Verteidigungskrieg gedrängt sind, so werden wir – und das haben wir und unsere Genossen in allen Ländern, auch Bebel im deutschen Reichstag, niemals im unklaren gelassen – selbstverständlich uns wehren und können nicht übersehen, daß unsere eigenen Leute am meisten bedroht sind ... Daß es den Sozialdemokraten – wenn das Unglück eines Krieges einmal da ist – einfallen könnte, den Soldaten die Möglichkeit der Verteidigung und der Ernährung zu versagen, wäre eine lächerliche Zumutung.“[60] Diese Zustimmung der deutsch-österreichischen Sozialdemokraten stand im Gegensatz zu der Haltung ihrer böhmischen Genossen, die das Gesetz bis zuletzt ablehnten, diese Ablehnung allerdings mit einer Loyalitätserklärung verknüpften.[61] Mit Hilfe des Kriegsleistungsgesetzes sollte es möglich sein, nicht nur die Arbeit kriegswichtiger Betriebe fortzuführen und die „Kriegsdienstleister“, wie der wenig schöne Begriff hieß, dort, wo es eine militärische Betriebsführung gab, auch unter militärische Disziplin und notfalls Militärstrafgewalt zu stellen. Das Gesetz diente auch zur Sicherstellung der für einen Aufmarsch notwendigen Arbeiten, die Durchführung von Transporten und andere den Truppen unmittelbar zugute kommenden Leistungen im Hinterland der Front. Da die Kriegsdienstleister aber keinen Kombattantenstatus haben sollten, waren sie nur außerhalb des engeren Frontbereichs zu verwenden. Auch dabei gab es freilich einen Graubereich, etwa wenn Landsturmmänner, also Angehörige der bewaffneten Macht, zu Leistungen in Entsprechung des Kriegsdienstleistungsgesetzes herangezogen wurden, denn die waren natürlich Kombattanten. Dann gab es auch einen eklatanten Unterschied in der Bezahlung, da ein militärischer Arbeiter erheblich weniger bezahlt bekam als ein ziviler Arbeiter.

Das Kriegsdienstleistungsgesetz war somit eine der wesentlichsten Voraussetzungen, nicht nur, um einen Krieg von längerer Dauer und großer Intensität zu führen, sondern auch zur Sensibilisierung der zivilen Umwelt. Sie sollte sich der Absichten und der Notwendigkeiten der Kriegführung bewußt werden. Im Lichte dieser Vorgangsweise stellt sich daher gar nicht mehr die Frage, ob ein funktionierender Reichsrat in Wien in der Julikrise 1914 anders reagiert hätte und ob ähnlich wie im Deutschen Reich die notwendigen Kredite beschlossen worden wären oder nicht: Seit Ende 1912 konnte davon ausgegangen werden, daß die Donaumonarchie kriegsbereit war und daß das nicht nur für das Militär, sondern auch für das zivile Umfeld galt.

Sollte es zum Krieg kommen, war davon auszugehen, daß die Menschen in Zwänge und Abläufe eingebunden sein würden, die weder einen Generalstreik noch ein Handeln nach dem so gern verstümmelt zitierten Brecht-Wort zuließen: „Stell dir vor, es ist Krieg und keiner geht hin." Was man machen konnte, war, noch vor dem Krieg in den Parlamenten zu agitieren, zu Arbeiterdemonstrationen aufzurufen und die Presse zu nützen. War der Krieg da, so half das alles nichts, in der österreichischen Reichshälfte genausowenig wie in Ungarn. Ganz im Gegenteil setzten sich die Sozialisierung der Gewalt und der autoritäre Regierungsstil durch.

Kaiser Franz Joseph schien eine Politik der starken Hand nicht unwillkommen zu sein. In Österreich steuerte man daher diesen Kurs recht unbeirrt, und nachdem am 10. Juni 1913 in Ungarn Graf Tisza zum Ministerpräsidenten gewählt worden war und damit jene Position einnahm, die ihm auf Grund seines politischen Einflusses schon längst zukam, machte auch er sehr rasch klar, daß er gesonnen war, sich durchzusetzen und in allen Sparten der Politik eine Rolle zu spielen. Das konnte er umso eher, als er sich auf eine solide parlamentarische Mehrheit abstützte. Der österreichische Ministerpräsident Graf Stürgkh hingegen sah in der Ausschaltung des Parlaments die einzige Möglichkeit, seine Regierung über die Runden zu bringen, und er war offensichtlich auch nicht erpicht, während der Zeit seiner Ministerpräsidentschaft das Parlament wieder zusammentreten zu lassen. Vielmehr wurde eine Liste von Materien angefertigt, auf die sich der Notverordnungsparagraph mehr oder weniger gut anwenden ließ, und in der Folge wurde mittels kaiserlicher Verordnungen regiert.[62] Es gab zwar einigen Widerstand dagegen, doch letztlich schien es, als wären alle Parteien und alle Landtage der österreichischen Reichshälfte über diesen autoritären Stil gar nicht so unglücklich. Unwillkürlich und unwissentlich hatte Graf Stürgkh mit der Sistierung des Reichsrats eine Weiche gestellt, die zumindest die österreichische Reichshälfte ungefragt in den Krieg schlittern ließ. Daß das Parlamentsgebäude an der Wiener Ringstraße kurz nach Kriegsbeginn in ein Lazarett umgewandelt wurde, schien nach dem faktischen Ende des Parlamentarismus keine wesentliche Zäsur mehr zu sein.

Wirtschaft zwischen Stagnation und Boom

Um die Juliwochen 1914 besser verstehen zu können, sollte auch noch die wirtschaftliche Situation der Doppelmonarchie gestreift werden. Die Hochfinanz und die Industrie befanden sich seit dem Ausbruch der Balkankriege in einer kritischen Lage.

Kapitalschwäche und zu geringe Konkurrenzfähigkeit machten sich überdeutlich bemerkbar, und als Ergebnis einer allgemeinen Rezession wurde Österreich in ein wirtschaftliches Tief geschleudert. Indikatoren gab es dafür etliche. Der Eisenverbrauch und die Eisenproduktion stagnierten; der Außenhandel nahm eine rückläufige Tendenz.[63] Die Balkankriege ruinierten ganze Wirtschaftszweige, die ausschließlich exportorientiert waren und für den Balkan gearbeitet hatten. Die Textil- und die Papierindustrie litten schwer.[64] 1906 hatte es zum letzten Mal eine aktive Handelsbilanz gegeben, von da an aber ständig steigende Defizite, die 1912 bereits 823 Millionen Kronen erreichten; das entsprach etwa einem Drittel der nichtmilitärischen Staatsausgaben.[65] Die Folgen waren mehrfacher Art. Im Bürgertum mehrten sich die Stimmen, die meinten, die Rezession und die mitunter ausweglos erscheinende Situation könnten durch einen Krieg überwunden werden. In Zeitungen konnte man die Frage lesen: „Steht Österreich-Ungarn nicht an der Schwelle eines völligen ökonomischen und finanziellen Zusammenbruchs?", und Fachleute wie z. B. der ungarische Nationalökonom P. Szende übertitelten ihre Ausführungen mit „Zusammenbruch oder Krieg".[66] Die Folgen der Wirtschaftskrise waren steigende Arbeitslosenzahlen und eine beträchtliche Teuerung. Die Steigerung der Lebenshaltungskosten hatte seit 1911 dazu geführt, daß es immer wieder zu Teuerungskrawallen kam. Die größte derartige Demonstration fand am 17. September 1911 in Wien statt. Es gab gewaltsame Ausschreitungen von bis dahin unbekannten Ausmaßen.

Über dem, was uns als „Welt der Geborgenheit" nostalgisch-verklärt überliefert wurde, lag ein Gefühl der Ausweglosigkeit. Die Provisorien und die Ausnahmeverfügungen, die von den Regierungen der beiden Reichshälften erlassen wurden, fanden auf der Ebene der Kronländer ihre Fortsetzung. Die meisten von ihnen konnten keinen geordneten Landeshaushalt mehr erstellen. Der Finanzhaushalt der Gemeinden brach teilweise zusammen.

Die allgemeinen Wirtschaftsdaten signalisierten erst 1914 eine geringfügige Erholung, doch es gab auch neuerliche Rückschläge. Beispielsweise war es nicht möglich, in Paris eine Anleihe aufzunehmen. Frankreich wollte, wie es hieß, nicht die österreichischen Aufrüstungsmaßnahmen finanzieren. Dabei hätte Österreich-Ungarn ohnedies keine besonderen Konditionen beanspruchen können, weil es mit sechs Prozent Anleihezinsen eher im oberen Bereich lag. Auch anderes war bemerkenswert. Deutschland stufte die Donaumonarchie im wirtschaftlichen Bereich ungefähr so ein wie in der politischen Sphäre: Es sei zwar ein notwendiger Handelspartner und als Verbündeter natürlich in einer besonderen Position, doch ebenso bremste die Habsburgermonarchie manchen deutschen Höhenflug und entpuppte sich notgedrungen auch immer wieder als Konkurrent. 50 Prozent der ausländischen Investitionen in Österreich wurden von deutschen Firmen getätigt, und 40 Prozent des Außenhandels der Habsburgermonarchie gingen in das Deutsche Reich.[67]

Waren somit die allgemeinen Wirtschaftsdaten Österreich-Ungarns nicht allzu rosig und kriselte es an allen Ecken und Enden, so gab es doch in einem Bereich Konjunktur, ja Hochkonjunktur, und zwar auf dem Sektor der Rüstungsindustrie. Sie war in wenigen wirtschaftlich und industriell besonders entwickelten Gebieten konzentriert. Um Pilsen und Kladno war die böhmische, in Kapfenberg, Donawitz und Mürzzuschlag die obersteirische und im Wiener Neustädter Raum, in Wöllersdorf, Felixdorf, Enzesfeld und

Hirtenberg die niederösterreichische Rüstungsindustrie beheimatet. Dazu kam dann noch als Großstandort Steyr. Daneben gab es eine ganze Reihe von weniger bedeutenden Standorten, die allerdings genauso wichtig waren und vor allem auch von der Konjunktur erfaßt worden waren. Triest etwa oder die erst im Aufbau begriffenen ungarischen Rüstungsbetriebe um Budapest oder in Magyaróvár. Die ungarische Rüstungsindustrie verzeichnete sogar Wachstumsraten, die einiges über den österreichischen lagen, doch deren Dominanz blieb insgesamt unbestritten.

Die Rüstungsindustrie kann als Paradebeispiel für eine kapitalistische Wirtschaft herangezogen werden. Sie war sehr kapitalabhängig und international verzweigt und zeichnete sich dadurch aus, daß sie nicht nur einen beträchtlichen Teil des verfügbaren Bankenkapitals beanspruchte, sondern auch gewaltige Gewinne machte. Die Rüstungswirtschaft war auch sehr stark exportorientiert, ja ohne den Export von Rüstungsgütern hätte sich dieser Wirtschaftszweig gar nicht so aufbauen lassen. Wie exportabhängig man war, läßt sich am Beispiel Steyr zeigen, das 1910 von der k. u. k. Heeresverwaltung keinen Auftrag bekam und daraufhin sofort Arbeiter entlassen mußte. Doch kurz darauf sprang der Export in nie dagewesenem Ausmaß an.

Hauptabnehmer von Steyr waren die Balkanstaaten, die Türkei und Südamerika sowie in den Jahren 1911 bis 1913 China, das von österreichischen Banken einen Rüstungskredit von 7,2 Millionen Kronen eingeräumt bekommen hatte. Noch im Frühjahr 1914 wanderten 200.000 Gewehre der Österreichischen Waffenfabriksgesellschaft Steyr und der mit ihr im Kartell befindlichen deutschen Firma Mauser nach Serbien.[68] Griechenland bestellte 1913 rund 200.000 Gewehre, Rumänien 230.000 usw. Demgegenüber waren die Bestellungen für das österreichisch-ungarische Heer vergleichsweise bescheiden und beliefen sich im ersten Jahrzehnt des 20. Jahrhunderts auf 324.346 Gewehre. 1911 wurden rund 6500 und 1912 2700 Stück Handfeuerwaffen für die heimische Heeresverwaltung geliefert. Für den Export wurden allerdings zum Teil andere Muster gefertigt als für die k. u. k. Armee. Daher benötigte die Umstellung auf den eigenen Bedarf bei Kriegsbeginn auch eine längere Zeitspanne.

Hirtenberg hatte – bedingt durch den Russisch-Japanischen Krieg und dann durch die Balkankriege – Hochkonjunktur. Wie gerade der Export florierte, läßt sich im einzelnen nicht mehr nachvollziehen, da es kein entsprechendes Firmenarchiv gibt. Die Ausschüttung von 15, 16 und schließlich 18 Prozent Dividende in den Jahren vor Kriegsausbruch (1914 stieg die Dividende auf 25 Prozent und erreichte 1916 44 Prozent) spricht jedoch eine recht deutliche Sprache.[69]

Škoda war zwar in Pilsen beheimatet, nahm aber erst in dem Augenblick seinen Aufschwung, als die Firmenleitung nach Wien übersiedelte.[70] Bis 1905 hatte Škoda, das hauptsächlich Maschinen herstellte, bei seinen militärischen Produkten Verluste gemacht. Außerdem hatte Škoda zunächst vor allem für die k. u. k. Kriegsmarine geliefert. Doch dann ging es steil aufwärts. In 57-Stunden-Wochen fertigten die Arbeiter Panzerkuppeln, Geschütze, Lafetten und anderes Rüstungsmaterial. Škoda hatte dabei den Vorteil, daß es schließlich auch von der k. u. k. Armee große Aufträge erhielt. Bei den Marinelieferungen errang das Unternehmen sogar eine Art Monopolstellung für Armierungen und Geschütze, und gerade das war wiederum dafür ausschlaggebend, daß Škoda zusammen mit dem französischen Rüstungsgiganten Schneider-Creuzot den Ausbau des größten russischen Rüstungsbetriebs übertragen bekam, der Putilov-Werke; dies in Konkurrenz zum deutschen Krupp-Konzern. Vielleicht hatte beim Auftrag zur Modernisierung und zum Ausbau der Putilov-Werke auch eine Rolle gespielt, daß sich jene Banken, die Aktionäre von Škoda waren, zu einem nicht unbeträchtlichen Teil in französischem und englischem Besitz befanden.

Es zeigt sich also das verwirrende, für die Zeit vor dem Ersten Weltkrieg aber charakteristische Bild einer ungeheuren Verzahnung von Kapital und Industrie, wo schließlich jene dominierten, die über mehr Geld und die aggressivere Exportpolitik verfügten. Und das war in den seltensten Fällen Österreich-Ungarn, das sich den Markt schließlich nur mit anderen teilen konnte. Doch die Feststellung liegt nahe, daß die Kriegführenden des Weltkriegs Interessen auf beiden Seiten der Front hatten. Französisches Geld arbeitete bei Škoda, und die dort gefertigten Geschütze, vor allem die 30,5-cm-Mörser, beschossen an der Westfront belgische und französische Forts. Die von Škoda ausgebauten Putilov-Werke produzierten jene Kriegsmittel, die gegen die österreichisch-ungarischen Truppen in Galizien eingesetzt wurden. Die Firma Whitehead in Fiume, die Kriegsschiffe baute und Torpedos herstellte, stand in enger Verbindung mit der englischen Rüstungsfirma „Vickers", und so ließe sich beliebig fortsetzen. Alle hatten weitgespannte Interessen, suchten Märkte und fanden diese auch. Aus jedem großen Rüstungsbetrieb, wie aus nahezu jedem großen Industrieunternehmen saßen ein oder mehrere Abgeordnete im österreichischen Reichsrat und im ungarischen Reichstag. Und wenn schon kein Firmenmitglied die Konzerninteressen direkt vertrat, so fand sich leicht ein anderer zur Wahrnehmung solcher Interessen bereit.

Man sollte aber nicht hergehen und die Verflechtungen dahingehend interpretieren, daß es schließlich eine Gruppe von Kapitalisten gewesen wäre, die die Entscheidung über Krieg oder Frieden herbeiführte oder auch nur maßgeblich beeinflußte. Es wäre doch zu billig, wollte man behaupten, die Herren Škoda und Mandl hätten einen Großabsatz gewittert und daher zum Krieg getrieben. Die Abläufe und Zufälle konnten sie zum wenigsten beeinflussen. Eher scheint für die Julikrise 1914 und den Krieg die pessimistische Äußerung des britischen Außenministers Sir Edward Grey zutreffend gewesen zu sein, der auf die Meldung vom unmittelbar bevorstehenden Kriegsausbruch meinte: „Wenn etwa vier europäische Großmächte, sagen wir Österreich, Frankreich, Rußland und Deutschland, zu Kriegführenden würden, müßte dies meiner Ansicht nach die Ausgabe so gewaltiger Summen nach sich ziehen und eine derartige Unterbrechung des Handels bewirken, daß der Krieg von einem vollständigen Zusammenbruch des europäischen Geldwesens und der Industrien begleitet oder gefolgt würde, und unbeschadet dessen, wer nun Sieger in dem Krieg wäre, würden viele ganz einfach fortgeschwemmt werden."[71]

2

Zwei Millionen Mann für den Krieg

Die „gesamte bewaffnete Macht"

Derselbe Hugo Kerchnawe, der mit seinem Buch vom „letzten Kampf" einen visionären Blick verraten hatte, schrieb 1932 einen Aufsatz, der gewissermaßen Bilanz zog: „Die unzureichende Rüstung der Mittelmächte als Hauptursache ihrer Niederlage."[72] Darin behandelte er freilich ein bereits etwas abgestandenes Thema, obwohl man durchaus und schier endlos darüber debattieren könnte, ob es für Österreich-Ungarn sinnvoll und möglich gewesen wäre, vor dem Krieg mehr für seine militärischen Einrichtungen zu tun, ob mehr Truppen und modernere Waffen alles andere ausgeglichen hätten und ob in der „unzureichenden Kriegsrüstung" tatsächlich die Hauptursache der Niederlage im Krieg gesehen werden kann. Eines ist sicherlich richtig: Die österreichisch-ungarische Wehrmacht, immerhin die Armee einer Großmacht im Spannungsfeld von Groß- und Mittelmächten, war bei weitem kleiner als die vergleichbarer Mächte, und sie hinkte auch bewaffnungsmäßig in etlichen Bereichen nach. Das fällt umso mehr auf, als man angesichts des „Defizits an Krieg" und der „Sozialisierung der Gewalt" vor 1914 wohl hätte meinen können, daß den Streitkräften besondere Aufmerksamkeit geschenkt worden wäre.

Der Ausgleich des Jahres 1867 hatte eine Dreiteilung der kaiserlich-königlichen Armee zur Folge gehabt. Das gemeinsame „kaiserliche und königliche" (k. u. k.) Heer wurde ab 1868 von beiden Reichshälften beschickt. Daneben gab es in der ungarischen Reichshälfte die königlich-ungarische (k. u.) Honvéd und in der österreichischen Reichshälfte die kaiserlich-königliche (k. k.) Landwehr. Das gemeinsame Heer war der Inbegriff der österreichisch-ungarischen Wehrmacht. Hier setzten sich die Traditionen vergangener Jahrhunderte fort, und es wurde in den Truppenkörpern die Erinnerung an zahllose Siege und militärische Erfolge wachgehalten. Vor allem aber wurde auch das Gefühl konserviert, eine europäische Ordnungsmacht ersten Ranges zu sein. Anspruch und Realität deckten sich aber nicht unbedingt, die Landwehren wiederum bauten ihre eigenen Traditionen auf.

Trotz allgemeiner Wehrpflicht leistete nur rund jeder vierte männliche Staatsbürger Österreich-Ungarns tatsächlich seinen Wehrdienst.[73] Die Hälfte fiel überhaupt durch den

Rost, war untauglich oder befreit. Von der wehrfähigen männlichen Bevölkerung der Monarchie wurde wiederum nur rund die Hälfte aller Tauglichen militärisch ausgebildet. Oder anders ausgedrückt: Von den Stellungspflichtigen wurden nur 22 bis 29 Prozent auch tatsächlich assentiert.[74] Das entsprach etwa dem Assentierungsgrad Italiens. Der Rußlands lag bei 37 Prozent, das Deutsche Reich erzielte rund 40 Prozent und Frankreich gar 86 Prozent.[75] In Frankreich kam auf 65 Staatsbürger ein Soldat, in Deutschland auf 98, in Österreich-Ungarn auf 128 einer. In Frankreich rückten 1914 rund 8 Prozent der Bevölkerung ins Feld, in Österreich-Ungarn 2,75 Prozent.[76] Dieses Mißverhältnis war aber zum wenigsten die Folge zahlreicher Ausnahmeregelungen. Vielmehr schlug der Umstand zu Buche, daß die Monarchie nicht die ausreichenden Mittel aufwendete, um ihre Wehrkraft in einem höheren Maß auszuschöpfen. Während der bis 1912 geltenden dreijährigen, dann aber nur mehr zweijährigen Dienstzeit nach der allgemeinen Wehrpflicht diente nur rund ein Drittel der tauglichen Wehrpflichtigen im k. u. k. Heer und bei der Kriegsmarine, die ebenfalls Teil der gemeinsamen Armee war. Die anderen dienten bei den beiden Landwehren oder wurden nach einer achtwöchigen Grundausbildung überhaupt zurückgestellt und zählten fortan zu den „Ersatzreservisten", aus denen im Kriegsfall der Landsturm formiert bzw. der Ersatz für das gemeinsame Heer und die Landwehren genommen werden sollte. Der k. u. k. Armee standen im letzten Friedensjahr 159.500 Rekruten zur Verfügung, dazu kamen noch 7260 Mann für die bosnisch-herzegowinischen Truppen, die separat ausgewiesen wurden, ferner jeweils rund 25.000 Mann, die der k. k. Landwehr bzw. der k. u. Honvéd zugeführt wurden.[77]

Die Habsburgermonarchie war in 16 Militärterritorialbezirke eingeteilt, die gleichzeitig Korpsbereiche waren und die obersten militärischen Ersatzbehörden darstellten. Die Korpskommanden waren somit für die Formierung des k. u. k. Heeres und der Landwehren innerhalb ihrer Befehlsbereiche zuständig. Auf Grund dieses organisatorischen Rahmens und mit den vorhandenen Mannschaften ließen sich 110 k. u. k. Infanterieregimenter und 30 k. u. k. Feldjägerbataillone bilden, ferner 40 k. k. Landwehr-Infanterieregimenter, 32 k. u. Honvéd-Infanterieregimenter, 42 k. u. k. Kavallerieregimenter, sechs k. k. Ulanenregimenter und zehn k. u. Husarenregimenter. Dazu kamen noch 56 Feld- und zehneinhalb Gebirgsartillerieregimenter des gemeinsamen Heeres, schwere und normale Haubitzendivisionen, Kanonendivisionen und -regimenter sowie reitende Artilleriedivisionen aller drei Heeresteile; alles in allem eine Großmachtarmee, die im Kriegsfall 17 Armeekorps mit 50 Infanterie- und elf Kavalleriedivisionen sowie 36 Landsturm- bzw. Marschbrigaden bilden sollte.[78] Die Artillerie zählte rund 2600 Geschütze aller Kaliber.

Eine noch recht bescheidene Rolle spielte die Heeresfliegerei. Es gab nur wenige Flugzeuge, vor allem die Lohner-„Pfeilflieger". Insgesamt verfügte die k. u. k. Armee aber nur über einige Dutzend kriegsbrauchbarer Flugzeuge (bei Kriegsbeginn 39 Maschinen) und 85 ausgebildete Piloten. Sie wurden im August 1914 in neun (Heeres-) Fliegerkompanien und eine Seefliegerabteilung gegliedert.[79] Die Bewaffnung beschränkte sich auf Handfeuerwaffen der Piloten und Beobachter sowie kleine Bomben, die händisch abgeworfen werden konnten. Zu den Flugzeugen kamen zwölf Ballonabteilungen, die der Festungsartillerie zugeteilt waren und von denen man sich dank ihrer Fähigkeit, lange in der Luft zu bleiben und eine kontinuierliche Beobachtung durchzuführen, mehr versprach als von den Flugzeugen, deren Einsatzmöglichkeiten noch kaum erkannt worden waren.

Beim Zusammenrechnen der militärischen Stärke der Habsburgermonarchie darf aber nicht nur auf das Heer gesehen werden. Ebenso verdient die Kriegsmarine Berücksichtigung. Sie hatte sich Jahrzehnte hindurch besonderer Förderung durch den Kronprinzen Rudolf und dann durch den Thronfolger Erzherzog Franz Ferdinand erfreut und hatte daher immer wieder überproportional Geldmittel aus dem Militärhaushalt bekommen. Allerdings verschlang der Flottenausbau auch enorme Summen. Verglichen mit der Flottenrüstung Großbritanniens und des Deutschen Reichs blieben die österreichisch-ungarischen Anstrengungen dennoch bescheiden. Organisatorisch gehörte die Kriegsmarine zu den gemeinsamen k. u. k. Streitkräften, hatte also keinen Landwehranteil. Als Zentralstelle war die dem k. u. k. Kriegsministerium zugehörende Marinesektion zuständig, deren Leitung 1913 nach Pola verlegt wurde. Bei der Kriegsmarine betrug die Dienstzeit vier Jahre. Der Friedensstand von rund 20.000 Mann wurde aus den drei See-Ergänzungsbezirken Triest, Fiume und Sebenico gedeckt. Kroaten, Ungarn und Italiener dominierten daher bei weitem die Mannschaft. 15 Schlachtschiffe, zwei Panzerkreuzer, vier geschützte Kreuzer, 48 Torpedoboote und sechs Unterseeboote, die aber nur zum Teil modernere Schiffsbauten waren, konnten damit bemannt werden. Weitere 10.000 Marineangehörige hielten die Hafeneinrichtungen und Werften in Betrieb.[80] Eine Flottille besonderer Art, die zum Stand der k. u. k. Kriegsmarine zählte, war auf der Donau stationiert. Mit ihren kurz nach Kriegsbeginn auf sechs gebrachten Monitoren und zahlreichen anderen Motorschiffen war die Donauflottille oberhalb des Eisernen Tores in der Lage, den Hauptstrom Mittel- und Südosteuropas, die Donau, zu beherrschen.[81] Sie hatte auf diesem Strom nichts Vergleichbares in anderen Armeen.

Die „Heerschau" läßt sich mit ganz wenigen Zahlen und Vergleichen beenden: Bei einer allgemeinen Mobilmachung sollte die Habsburgermonarchie 1,8 bis 2 Millionen Mann unter Waffen stellen können. Das Deutsche Reich rechnete in diesem Fall mit rund 2,4 Millionen und Rußland mit 3,4 Millionen Mann.

Natürlich war das gemeinsame Heer genauso wie die beiden Landwehren Gegenstand zahlreicher politischer Vorgänge. Das begann bei der Bewilligung der nötigen Budgetmittel und bei der Frage nach der Aufteilung derselben, setzte sich bei der Bewaffnung und Ausrüstung fort, wo eigentlich nur die Bewilligung der Mittel für die Kriegsmarine verhältnismäßig wenige Widerstände in den parlamentarischen Vertretungen hervorrief, hingegen die Beschaffung eines neuen Geschütztyps schon erregteste Debatten auslöste. Und hätte nicht z. B. 1912 der damals kurz amtierende Kriegsminister Ritter von Auffenberg das Nichtzusammentreten der Delegationen von Reichsrat und Reichstag, die über die Bewilligung der notwendigen Kredite zu befinden hatten, zum Anlaß genommen, auf eigene Verantwortung bei der Firma Škoda in Pilsen einen neuen Mörsertyp zu bestellen, Österreich-Ungarn wäre ohne seine berühmten 30,5-cm-Mörser in den Krieg gegangen.

Gegenstand politischer Auseinandersetzung war das Heer auch dann, wenn es um seine Rolle in der Nationalitätenfrage ging. Doch trotz aller Beachtung, die das Militär als Instrument der Politik fand, wurde es als Prärogativ der Krone eigentlich nicht angetastet. Die k. u. k. Armee kultivierte ein Gefühl, das ihr wohl auch suggeriert wurde, nämlich stärkstes und letztes einigendes Band des Reichs zu sein. Besonders innerhalb des Offizierskorps war dieses Gefühl häufig anzutreffen. Was hier zum Ausdruck kam, war aber nur teilweise zutreffend. Zum einen war es eine sentimentale Anwandlung und entsprach nicht den Tatsachen; dann aber war wohl auch davon auszugehen, daß die Beamtenschaft, der Großteil der Aristokratie, des Bürgertums und der Bauern treu zur Monarchie standen. Überhaupt wird keiner sozialen Gruppe generell die Treue zum Reich abzusprechen sein. Wir haben auch bereits festgestellt, daß selbst radikal-nationale Politiker kaum einmal regelrecht auf das Ende der Monarchie spekulierten. In einem freilich stimmte das Bild, das sich innerhalb des gemeinsamen Heeres festfraß: Die Armee war, da sie unzweifelhaft Gewalt besaß, besser und augenfälliger geeignet, den Willen zur Einheit der Monarchie und eine gewisse Stärke des Vielvölkerstaats zu verkörpern als andere. Integrative Tendenzen gingen freilich auch von anderswo aus.

Die Einstellung gegenüber dem Heer war sicherlich keine gleichmäßige und differierte vor allem auch nach Zeit und Ort. Dabei war man in der österreichischen Reichshälfte mit einem Problem so gut wie überhaupt nicht konfrontiert, das in der ungarischen Reichshälfte immer wieder für beträchtliche Aufregung sorgte, nämlich der Frage nach der Stellung der eigenen Landwehr. Ja, in Ungarn verdrängte zeitweilig der Kampf um die Ausgestaltung der Honvéd zu einer nationalen ungarischen Streitmacht alle anderen Fragen. Für das Selbstverständnis der Armee spielte daher in Österreich auch nicht die Landwehr, sondern das gemeinsame Heer die wichtigste Rolle.

Ein äußerlicher Befund des Verhältnisses von Armee und Gesellschaft kann von jenem Ausspruch des deutschen Botschafters in Wien, Heinrich von Tschirschky, ausgehen, der 1913 meinte, daß die Armee trotz der damaligen Erschütterungen durch den Fall Redl „kerngesund" sei, ja im Augenblick das „einzige gesunde Element der Monarchie".[82] Damit meinte von Tschirschky wohl, daß die Armee durch keine der tagespolitischen Entwicklungen in Mitleidenschaft gezogen worden wäre, eine Behauptung, die man durchaus bezweifeln kann. Doch an der Einsetzbarkeit des Militärs war nicht zu rütteln, und die Präsenz des Militärs war augenfällig: Soldaten gehörten zum Erscheinungsbild der meisten größeren Orte der Monarchie. Offiziere genossen ein außerordentliches Sozialprestige. Jeder Subalternoffizier konnte von sich sagen, daß er des Kaisers Rock trug und in einem besonderen Treueverhältnis zum Monarchen stand. Ein Oberst und Regimentskommandant verkörperten schon regelrechte Macht, und einem Feldmarschalleutnant und Korpskommandanten, der mit „Exzellenz" anzusprechen war, zollten auch Ministerpräsidenten Respekt. Wo es noch keine Garnison gab, wurde häufig von der Bürgerschaft und den Gewerbetreibenden versucht, dem Ärar den Bau einer Kaserne vorzufinanzieren, um der wirtschaftlichen Vorteile einer Garnison teilhaftig zu werden. Um Beamte bemühte man sich bei weitem nicht so. Der Vergleich mit den Beamten ist dabei aber nicht nur willkürlich angestellt, denn wie schon erwähnt entwickelte der Beamtenapparat mindestens ebensolche integrative Kraft wie die Armee. Und außerdem war er um einiges größer. Die österreichisch-ungarische Armee hatte einen Friedensstand von rund 415.000 Mann, gerechnet vom Feldmarschall bis zum Rekruten. Der Beamtenapparat der Monarchie zählte demgegenüber rund 550.000 Menschen.[83]

Was in den deutschen Ländern der Monarchie als selbstverständlich angenommen, außerhalb aber kritisch vermerkt wurde, war der deutsche Charakter der k. u. k. Armee. Dafür war aber zum wenigsten eine gezielte Personalpolitik verantwortlich zu machen als vielmehr der Umstand, daß der Bildungsgrad der Deutschen der Monarchie ein höherer war als jener anderer Nationalitäten und daß daher wesentlich mehr Deutsche die Anforderungen für die Aufnahme in die Kadettenanstalten und die Militär- bzw. Marineakademie erfüllten. Ferner daß mehr Deutsch-Österreicher eine Reserveoffiziersausbildung anstrebten als die Angehörigen anderer Nationalitäten. Die Deutschen der Monarchie machten rund 24 Prozent der Gesamtbevölkerung aus. Doch von den 98 Generälen und 17.811 Offizieren der k. u. k. Armee waren 1911, dem letzten Jahr, aus dem eine genaue Statistik vorliegt, 76,1 Prozent ihrer Nationalität nach deutsch. 10,7 Prozent waren Ungarn, 5,2 Prozent Tschechen. Kroaten, Slowaken, Ruthenen, Polen, Rumänen, Serben und Italiener spielten demgegenüber im gemeinsamen Heer keine besondere Rolle. Bei den Reserveoffizieren sah es nicht viel anders aus: 56,8 Prozent waren Deutsche, 24,5 Prozent Ungarn, 10,6 Prozent Tschechen. Nur bei den Chargen und Unteroffizieren entsprach ein Anteil von 25 Prozent Deutschen in allen Rängen dem tatsächlichen Bevölkerungsanteil. Beachtung verdient auch der Anteil der Juden, die ja keine eigene Nationalität bildeten, mit über 44.000 Mann oder drei Prozent aller Soldaten aber einen erheblich größeren Prozentsatz ausmachten als beispielsweise die Slowenen. Bei den Landwehren lagen die Dinge naturgemäß anders, da sie viel stärker als das gemeinsame Heer die Verhältnisse in den jeweiligen Ergänzungsbereichen widerspiegelten.[84]

Der deutsche Charakter des Heeres kam aber auch in einem Bereich zum Ausdruck, wo das nicht unbedingt der Fall sein mußte, nämlich im k. u. k. Kriegsministerium. Von den 614 Beamten, die vor dem Krieg in diesem Ministerium Dienst versahen, waren 419, das sind 68 Prozent, Deutsche, dann folgten als nächstgrößere Nationalität die Tschechen mit 91 Beamten oder 14 Prozent. (Auch der k. u. k. Kriegsminister der Jahre 1913 bis 1917, Baron Alexander Krobatin, galt als Tscheche.) Erst an dritter Stelle kamen die Ungarn mit 42 Personen oder sieben Prozent.[85]

Der somit zu konstatierende überproportionale Anteil der Deutschen bei den Offizieren, aber auch bei den Reserveoffizieren und bei der Beamtenschaft, trug dazu bei, daß sich die übrigen Nationalitäten in den Befehlsrängen oft kaum vertreten sahen. Allein ein Blick in den „Schematismus für das k. u. k. Heer und die Kriegsmarine" etwa des Jahres 1914 zeigt freilich, daß sich weder die Armee noch die Heeresverwaltung über einen bestimmten nationalen Leisten schlagen lassen.

Als Instrument der Außenpolitik spielten die österreichisch-ungarischen Truppen jahrelang nur dort eine Rolle, wo es zu drohen galt. Anders in der Innenpolitik; da wurden sie eingesetzt. Während in den nicht-deutschen Ländern die Verwendung von Militär im Zuge von politischen Assistenzen immer wieder und häufig im Zusammenhang mit dem Nationalitätenproblem erfolgte, geschahen dergleichen Einsätze in den deutschen Ländern primär zur Niederhaltung von politischen Parteien und ihren Anhängern. Bei dieser Form der Auseinandersetzung war wiederum jene mit der Sozialdemokratie die häufigste. Diese Auseinandersetzung spielte sich aber beileibe nicht nur auf der Straße ab, weil es gerade galt, eine Wahlrechtsdemonstration niederzuhalten oder gewaltsam zu beenden, sondern auch innerhalb der Truppenkörper und in den Kasernen.

Ab 1910 tauchten in den Kasernen immer häufiger gegen das Militär gerichtete Flugblätter auf. Die Soldaten wurden zur passiven Resistenz aufgefordert; der militärische Ausbildungsbetrieb sollte erschwert, wenn nicht unmöglich gemacht werden. Die Reaktion auf diese Agitation bestand darin, daß von den militärischen Behörden schärfstes Vorgehen gegen die Verbreiter solcher Flugblätter befohlen wurde. Das war z. B. in Graz und in Villach der Fall. Doch ganz offensichtlich wurde überreagiert, denn es gab schließlich keinen Anlaß zum Einschreiten. Nichtsdestoweniger spitzte sich die Auseinandersetzung zwischen Sozialdemokratie und Militär zu.[86] Sozialistischerseits wurde der Militarismus gegeißelt und entsprechend dem Parteiprogramm die Schaffung einer Volkswehr verlangt. Auf der anderen Seite schrieb Danzer's Armee-Zeitung 1913 ein Preisausschreiben aus, um die sozialdemokratische Irrlehre zu entlarven. Die Preise dazu sollten von einer Jury vergeben werden, an deren Spitze der damalige k. u. k. Gesandte in Bukarest, Ottokar Graf Czernin, stand.[87]

Es wäre sicherlich falsch, die Armee vor 1914 lediglich mit dem geflügelten Wort „Die große Schweigerin" zu versehen. Das war sie nicht! Zwar artikulierten sich die Soldaten in der Regel nicht, und bis zum Subalternoffizier kam den Äußerungen aus Armeekreisen kaum jemals Gewicht zu. Doch in den höheren Rängen und vor allem auch an der Spitze ließ man über Intentionen keine Zweifel. Vor allem aber auch kam der Armee das Epitheton von der Großen Schweigerin abhanden, als immer mehr Offiziere zur Feder griffen und das offiziöse Organ des Offizierskorps, Danzer's Armee-Zeitung, immer stärker mit politischen Äußerungen hervortrat. Man muß sich nur einmal die Jahrgänge 1912, 1913 und 1914 der Armeezeitung ansehen, um zu erkennen, wie hier antiparlamentarische, antisozialistische und Präventivkriegsgedanken verbreitet wurden. Gerade letzteres wurde regelrecht popularisiert.[88]

Sicherlich wird man den Begriff des Militarismus nur sehr vorsichtig mit der Vorkriegsgeschichte Österreich-Ungarns in Verbindung bringen dürfen.[89] Doch die für einen angepaßten Militarismusbegriff als verbindlich angesehenen Kriterien finden im Fall der Donaumonarchie und für die Zeit vor 1914 eine ganze Reihe von Entsprechungen: Der soziale Vorrang des Militärs war gegeben. Das Heer hatte auch zweifellos eine Reihe von Machtzentren besetzt und pochte darauf, daß es als einziges Instrument des Staats Garant der bestehenden Ordnung sei. Mehr noch: Die Armee brachte sich immer wieder als die einzige Alternative ins Spiel, die der Habsburgermonarchie noch verblieben wäre, wollte sie sich nicht dem Zerfall preisgeben.

Mit dieser Spielart des Militarismus unterschied sich Österreich-Ungarn zwar von den Militarismen anderer Länder, doch scheint die Anwendung des Begriffs zulässig, auch wenn damit noch nichts bewiesen wird. Denn viel stärker als jeglicher Militarismus, der ja eine dynamische Grundhaltung zur Voraussetzung hat, war gerade in den Reihen der bewaffneten Macht Österreich-Ungarns Resignation anzutreffen. Überall leuchtete den Menschen Ausweglosigkeit entgegen: Die Nationalitätenprobleme, die kaum mehr in den Griff zu bekommenden Schwierigkeiten der Innenpolitik, ein Zurückbleiben im militärischen Bereich und schließlich die sich dramatisch verschlechternde wirtschaftliche Situation ließen kaum mehr Hoffnung zu. Der deutsche Botschafter in Wien, Heinrich von Tschirschky, faßte das alles am 22. Mai 1914 in dem knappen Satz zusammen: „Österreich-Ungarn kracht in allen Fugen."[90] Professoren, Abgeordnete und Diplomaten wie Josef Redlich, Josef Maria Baernreither oder der österreichische Botschafter in St. Petersburg, Friedrich von Szápáry, urteilten ähnlich. Szápáry meinte auch schon 1912 im Hinblick auf die inneren Schwierigkeiten Österreich-Ungarns, sie würden durch einen siegreich verlaufenden Krieg „leicht und glücklich gebessert werden".[91] Und noch knapp zwei Wochen vor dem Attentat in Sarajevo notierte ein Anonymus in der „Österreichischen Rundschau": „Unsere innere Lage zwingt uns, unsere Kraft nach außen zu betonen."

Wie es um diese Kraft bestellt war, ist jedoch nicht so leicht festzustellen. Bei jeglicher Beurteilung spielt eine Rolle, von wem sie ausging und zu welcher Zeit sie erfolgte. Zu vieles ist auch durch die dann während des Kriegs deutlich gewordenen Schwächen überlagert worden, und schließlich haben literarische wie filmische Produkte immer wieder dazu beigetragen, das Bild zu verzerren. Generell läßt sich feststellen, daß das Heer zwar kleiner war, als es hätte sein können, und daß es in seiner Bewaffnung mehrere Lücken aufwies. Doch es konnte zweifellos mehr tun als drohen. Mit einer Mobilmachungs- und Aufmarschzeit von etwa drei Wochen war die österreichisch-ungarische Armee wohl deutlich langsamer als etwa Deutsche oder Franzosen, jedoch noch immer gleich rasch und sogar etwas schneller als Russen und Serben. Wenn es etwas gab, das nicht nur eine Eigenart, sondern eine regelrechte Schwäche der k. u. k. Armee war, dann eine gewisse Überalterung und vor allem eine zu geringe Leistungsfähigkeit und geistige Flexibilität der höheren Offiziere.

Dabei hätte man gerade nach den tiefgreifenden Veränderungen, die Conrad von Hötzendorf im Offizierskorps bewirkt hatte, meinen können, es sei nicht nur auf der Höhe der Zeit, sondern würde sogar eine gewisse Überlegenheit aufweisen. Die taktischen und operativen Übungsreisen, die zahlreichen Manöver sollten die Führbarkeit des Heeres sicherstellen und auch Auskunft darüber geben, wer am ehesten Großverbände in einem lediglich vorauszudenken gesuchten Krieg führen könnte. Doch vieles ließ sich auch durch eine noch so harte Ausbildung nicht simulieren, und über die Auswahl der höchsten Führung entschied letztlich auch nicht immer nur die „Papierform", sondern ein Sammelsurium von Kriterien, unter denen jenes, ob der vorzuschlagene Herr die Sympathie des Thronfolgers Erzherzog Franz Fedinand genoß, nicht das geringste war. Conrad selbst war 1913 wegen eines Mißtons bei der 100-Jahr-Feier der Völkerschlacht von Leipzig von Franz Ferdinand über seine 1914 bevorstehende Ablöse informiert worden.

Da es in Friedenszeiten als höchste organisatorische Einheit des Heeres nur die 16 Armeekorps des gemeinsamen Heeres gab, war die Ernennung von Armeekommandanten etwas, dem besondere Bedeutung zukam. Sie hatten mit ad hoc zu bildenden Armeegeneralstäben die Operationen zu leiten. Am Beginn eines Kriegs mußte es sich auch zeigen, ob die jährlich überarbeiteten Aufmarsch- und Feldzugselaborate der Operationsabteilung des Generalstabs von realistischen Annahmen ausgingen. Doch eines ließ sich auf jeden Fall sagen und wurde dann auch in der Julikrise 1914 zum Ausdruck gebracht: Die k. u. k. Armee stand Gewehr bei Fuß. Und immer wieder wurde das Bismarckwort zitiert: „Wenn Kaiser Franz Joseph sein Pferd besteigt, werden ihm die Völker der Monarchie folgen."

Zweibund und Dreibund

Nun war der Kaiser schon zu alt, um sein Pferd zu besteigen. Doch andere würden es tun, und sie sollten sich darauf verlassen können, daß auch der deutsche Kaiser „sein Pferd“ bestieg. Die Grundlage für das militärisch-politische Verhältnis und das Zusammenspiel Österreich-Ungarns mit dem Deutschen Reich war im Grunde genommen noch immer der 1879 abgeschlossene Zweibund.[92] Der Vertrag war als Defensivbündnis für den Fall eines französischen Angriffs auf Deutschland oder eines russischen Angriffs auf Österreich-Ungarn konzipiert worden. In dieser Form hatte das Bündnis – das zunächst geheimgehalten worden war – nie aktiviert werden müssen. Über Initiative Italiens wurde der Zweibund um den Apenninenstaat erweitert und am 20. Mai 1882 der Dreibund ins Leben gerufen. Italien hatte aus mehreren Gründen ein Interesse daran gehabt, für den Fall eines Kriegs mit Frankreich einen kollektiven Schutz zu genießen. Das Deutsche Reich und Italien unterstützten sich also gegenseitig im Kriegsfall Frankreich, während Österreich-Ungarn von Italien nur eine Neutralitätszusage für den Fall eines Kriegs mit Rußland erhielt. Der Dreibundvertrag wurde jedoch mehrfach abgeändert. Ein zweiter und ein dritter Vertrag banden das Deutsche Reich und Italien noch enger aneinander und gaben ihnen gleichzeitig mehr Spielraum, während sich Österreich-Ungarn damit begnügen wollte, die nötigen Sicherheiten im Fall einer Bedrohung seiner Interessen vor allem auf dem Balkan zu bekommen.

In dem für Österreich-Ungarn mit Hinblick auf Italien wichtigen Zusatz zum zweiten Dreibundvertrag von 1887 hieß es im Artikel 1, daß sich beide Staaten verpflichteten, sich für die Erhaltung des Status quo im Orient einzusetzen und sich gegebenenfalls über die jeweiligen Intentionen zu informieren. Für den Fall einer territorialen Veränderung auf dem Balkan zugunsten des einen Partners sollte der andere entsprechende Kompensationen erhalten. Diese Passage war ohne eigentliche Notwendigkeit vom damaligen österreichisch-ungarischen Minister des Äußern, Gustav Graf Kálnoky, initiiert worden. Italien hatte nämlich zunächst nur an die Ostküste der Adria gedacht, während Kálnoky den ganzen Balkan zur Disposition gestellt hatte.[93]

Fritz Fellner, dessen Arbeit über den Dreibund noch immer verbindlich ist, meinte dazu, daß es zu den seltsamen Wendungen im Lauf der Geschichte gehörte, daß aus den gefährlichen, aggressive Tendenzen kaum verhüllenden Bestimmungen des deutsch-italienischen Abkommens allen Erwartungen zum Trotz keine Komplikationen erwachsen sind, während die „ausgesprochen konservativen, jede Veränderung mißtrauisch erschwerenden Formulierungen des österreichisch-ungarisch-italienischen Vertrags den Keim des Zerfalls des Bündnisses in sich tragen sollten“.[94]

Als Italien in den neunziger Jahren den Dreibund als Rückendeckung für seine kolonialen Aspirationen verwenden wollte, distanzierten sich Deutschland und vor allem Österreich-Ungarn. Der Dreibund sei keine „Erwerbsgesellschaft“, hieß es.[95] Die daraufhin eintretende Lockerung des Bündnisses führte dazu, daß jede der Dreibundmächte die Verwirklichung ihrer Interessen außerhalb des Bundes suchte. Das Verhältnis der Donaumonarchie zu Italien wurde dabei immer mehr von einem merklichen Mißtrauen geprägt, das dazu führte, daß auch verhältnismäßig leicht zu machende Konzessionen an Italien bei den routinemäßigen Erneuerungen des Vertrags zum Krampf ausarteten oder ganz unterblieben. Das war vor allem 1902 der Fall. Nach der Abklärung seiner Kolonialpolitik mit Frankreich und Großbritannien richtete Italien sein Interesse auf den Balkan. Bis dahin war Österreich-Ungarn – abgesehen von den dort vorhandenen Staaten – bei seiner Balkanpolitik nur auf das Interesse einer einzigen außenstehenden Macht gestoßen, nämlich Rußlands. Nun aber kam ein neuer Faktor ins Spiel: Italien. Und dieses verständigte sich 1909 im Vertrag von Racconigi mit dem Zarenreich, ohne daß Österreich-Ungarn oder Deutschland etwas von dieser Extratour des Dreibundpartners erfahren hätten.

Man sollte nun die ungeheuer vielen Verträge, Konferenzen, Militärkonventionen etc. nicht überbewerten, denn gerade in den Jahren zwischen 1902 und 1914 gab es auf diesem Sektor der internationalen Beziehungen eine gewaltige Inflation, die es auch den Staatskanzleien unmöglich werden ließ, die Geltung einzelner Bestimmungen immer klar herauszuarbeiten und zu belegen. Außerdem wurden Abkommen, Nebenabkommen, Zusatzabsprachen und ähnliches meist geheimgehalten. Das Nebeneinander und die Freizügigkeit gerade der Dreibundpartner, ihre Politik relativ frei zu gestalten, führten jedoch dazu, daß die Vertragswerke schon lang vor dem Ausbruch des Kriegs in ihrem Wert relativiert waren. Dem Dreibund erwuchs schließlich noch ein weiterer Partner, obwohl er dem Bündnis nicht formell beitrat, nämlich Rumänien. Es suchte Anlehnung an den Dreibund wegen seines zeitweilig sehr gespannten Verhältnisses zu Bulgarien und zu Rußland, ging aber selbst nur wenige Verpflichtungen ein.

Der zweite Balkankrieg verschlechterte freilich das Verhältnis der Donaumonarchie zu Rumänien in dramatischer Weise, und auch alle bis Mitte 1914 und schließlich bis 1916 laufenden Bemühungen, die Beziehungen zu verbessern, konnten substantiell nichts ändern. Das sichtbarste Zeichen für den österreichischen Wunsch nach Verbesserung der Beziehungen mit Rumänien war schließlich die Entsendung eines persönlichen Vertrauten des Thronfolgers Franz Ferdinand, des Grafen Ottokar Czernin, auf den Gesandtenposten in Bukarest. Nichtsdestoweniger sollte schon 1913 klar sein, daß im Fall eines Kriegs von Rumänien bestenfalls das Heraushalten aus dem Krieg, die Neutralität, zu erwarten war.[96]

Somit reduzierte sich der Dreibund immer wieder, und zwar nicht nur dadurch, daß Rumäniens Verhalten nicht mehr kalkulierbar war, sondern auch dadurch, daß der Dritte im Bunde, Italien, ausfiel bzw. von Deutschland und Österreich-Ungarn übergangen wurde. Das Bündnis fiel daher immer wieder und vor allem in den entscheidenden Augenblicken wie 1913 und dann 1914 auf den Status des Zweibunds zurück.

Angesichts der Niederlage 1918 wurden dann in Deutschland Stimmen laut, die das Bündnis mit Österreich-Ungarn dafür verantwortlich machten, daß das Deutsche Reich in „Nibelungentreue“ den Schritt in den Krieg getan hatte und dadurch mit in den Abgrund gerissen worden sei. Es wurden Widerstände Kaiser Wilhelms I. gegen den Zweibund ins Treffen geführt und der Vertragsabschluß Bismarck angelastet.[97] Doch diese Argumentation kann nicht überzeugen. Für Bismarck hatte die Erhaltung Österreich-Ungarns schwerer gewogen als alle anderen Argumente. Außerdem wurde solcherart einer möglichen Einigung Österreich-Ungarns und Rußlands vorgebaut. Und schließlich wird der Abschluß eines Bündnisses 35 Jahre vor Eintritt des Bündnisfalls auch nicht denen anzulasten sein, die ein Bündnis geschlossen haben, sondern denen, die ein Bündnis erneuerten – wenn überhaupt etwas anzulasten ist. Auch im Fall Italiens galt ja nicht zuletzt die Formel: Entweder man ist mit Italien verbündet oder es wandert in das Lager der Gegner ab.

Auch andere europäische Staaten hatten sich formiert. Vor allem das Bündnis von Frankreich und Großbritannien, die 1904 geschlossene „Entente cordiale", wäre hier zu nennen. Darüber hinaus gab es Vereinbarungen zwischen der Entente, Rußland und Italien.

Anfangs war das Bündnis mit dem Deutschen Reich in Österreich-Ungarn durchaus nicht oder nicht nur populär gewesen.[98] So wurde z. B. der frühere Reichskriegsminister Baron Kuhn, ein eingefleischter Liberaler, 1888 wegen seiner Kritik am Zweibund auf Befehl des Kaisers als Kommandant des III. Korps abgelöst und pensioniert. Anläßlich seiner zwangsweisen Versetzung in den Ruhestand wurden ihm jedoch von einer großen Zahl von Menschen, darunter viele Offiziere, Ovationen gebracht. Das waren die alten „1866er". Auch später wurden Einmischungsversuche Berlins in die Politik der Donaumonarchie als unangebracht kritisiert, etwa dann, wenn das Deutsche Reich eine stärkere Berücksichtigung der Interessen der slawischen Nationalitäten Österreich-Ungarns zu hintertreiben suchte.[99] Gerade von den Slawen der Monarchie hing es ja ab, welche Bedeutung der Zweibund bekam: Sahen die im Osten der Monarchie lebenden Slawen die Bedeutung des Vertrags darin, den russischen Expansionsdrang zu stoppen, dann wurden gerade sie zu Trägern des Bündnisgedankens. Sahen sie aber keinen Wert mehr im Zusammengehen mit dem Deutschen Reich, dann büßte es für sie seine Bedeutung ein und diente nur mehr dem Schutz der nichtslawischen Bevölkerung der Monarchie.

Doch das war nur eine Facette des deutsch-österreichischen Verhältnisses. Es gab immer wieder Verstimmungen. Der Handelsvertrag von 1906 wurde in Österreich-Ungarn kritisiert, weil er dem Deutschen Reich angeblich zu viel zugestand. Bei den wohlmeinend gedachten, aber oft auch überheblich wirkenden Ratschlägen aus Berlin konnte in Wien eine ausgesprochen deutschfeindliche Stimmung zum Durchbruch kommen, so z. B. im Winter 1912/13. Nach Ansicht des russischen Botschafters in Wien, Baron Giers, der im Fall des deutsch-österreichischen Verhältnisses als einigermaßen unverdächtiger Gewährsmann genannt werden kann, kam in Wien immer stärker ein Gefühl zur Geltung, das, wie Giers nach St. Petersburg meldete, „der schweren Bevormundung seitens Deutschland absolut feindlich ist".[100]

Der Zweibundvertrag wurde 1888 veröffentlicht – allerdings ohne die Passage über die Geltungsdauer. Danach mußte sich jeder über seine Bedeutung im klaren sein. Der Dreibundvertrag blieb geheim. Teile wurden wohl während des Kriegs bekanntgemacht, doch der volle Vertragstext wurde erst 1920 publiziert. Wichtiger aber fast als die Verträge an sich waren die Nebenabkommen und -absprachen, vor allem aber auch die Generalstabsabsprachen und militärischen Zusatzverträge.

Die militärischen Absprachen

Wenn man sich den Kriegsbeginn 1914 ansieht, hat es den Anschein, als ob nicht nur alles entsprechend der Bündnisautomatik und der vorher getroffenen Vereinbarungen vor sich gegangen, sondern daß auch die Militärstrategie bis ins letzte ausgeklügelt und im Detail abgesprochen gewesen wäre. Nichts dergleichen stimmt! Die militärischen Planungen waren überhaupt die Schwachstelle aller Bündnisse, da zwar der Rahmen abgesteckt wurde, letztlich aber immer so viel Mißtrauen bestehen blieb, daß keiner dem anderen einen auch nur einigermaßen vollständigen Einblick gewährte. Diese Feststellung trifft auf die Tripleentente Frankreich, Großbritannien und Rußland, auf die eigentliche Entente, also nur Frankreich und Großbritannien, und im besonderen Maß auf Dreibund und Zweibund zu.

Das Deutsche Reich gewährte Italien nur vage Einblicke in die deutschen Generalstabsplanungen für einen Krieg gegen Frankreich. Italien erhielt von Österreich-Ungarn keinen Einblick in dessen operative Konzeptionen und gewährte seinerseits keinen Einblick. Die Geheimhaltung ging aber noch weiter. Der Generalstabschef der k. u. k. Armee, Conrad von Hötzendorf, bekam z. B. den Dreibundvertrag nie zu Gesicht und erfuhr manche Details erst aus der erwähnten Veröffentlichung nach dem Krieg.[101] Doch auch der Zweibund war im militärischen Bereich lange Zeit durch beträchtliche Zurückhaltung gekennzeichnet, was dazu führte, daß man sich gegenseitig nur vage informierte. Weder Details der Aufmarsch- und Kriegsplanungen wurden bekanntgegeben noch Absprachen über Operationspläne vorgenommen. Insbesondere verschlossen die Zweibundpartner auch die Augen vor der Realität, und diese Realität besagte nicht mehr und nicht weniger, als daß ab 1907/08 den strategischen Veränderungen nicht mehr bloß mit einem kontinentalen Denken begegnet werden konnte.[102]

Die 1907 erfolgte Annäherung zwischen Rußland und dem britischen Empire, die in der Afghanistanfrage, bei den Meerengen, Persien und Tibet erfolgte, beseitigte den alten Gegensatz zwischen den beiden Mächten zumindest so weit, daß die Einbeziehung Rußlands in die Entente möglich wurde. Zweibund und Dreibund hatten daher mit der russischen Teilnahme im Fall eines Konflikts zwischen Deutschland und Frankreich und mit der britischen Teilnahme im Fall einer Auseinandersetzung der Zweibundmächte mit Rußland zu rechnen. Zu den neu zu kalkulierenden Faktoren gehörte auch die britische Flottenpräsenz im Mittelmeer, die vor allem für Italien Folgen haben mußte. Angesichts der britischen maritimen Macht war davon auszugehen, daß Italien alles tun würde, um nicht Großbritannien zum Gegner zu haben. Zu überlegen war auch, wie sich die Einbeziehung großer Kolonialreiche und die Beherrschung der internationalen Seewege auf einen großen europäischen Krieg auswirken würde. Diesen Fragen konnte man nicht mit althergebrachten Aufmarschplänen begegnen.[103] Die Konsequenz hätte eine umfassende strategische Bewertung sein müssen. Und genau das fand nicht statt! Gerade in Österreich-Ungarn blieb man in der traditionellen kontinentalen Denkweise stecken und konnte außer begrenzten Operationsfällen nichts anderes zur Grundlage der eigenen militärstrategischen Gedankengänge machen.[104]

Diese Feststellung hat aber nicht nur den für die militärische Planung Hauptverantwortlichen, den Chef des Generalstabs Conrad von Hötzendorf, zum Adressaten, sondern in noch höherem Maß die verantwortlichen Politiker, die eine rein kontinentale Sicht pflegten und für die die ohnedies seltenen Fahrten von Einheiten der k. u. k. Kriegsmarine aus dem Mittelmeer hinaus lediglich exotische Ausflüge waren, ebenso wie die diplomatische Präsenz in Überseeländern noch immer als Strafversetzung galt, so wie einst am Beginn des 19. Jahrhunderts der Posten in Washington.

Für das Deutsche Reich und Österreich-Ungarn waren die militärischen Probleme eines Kriegs zumindest seit dem Abschluß des französisch-russischen Bündnisses und einer ergänzenden Militärkonvention von 1892/93 so gut wie ausschließlich Probleme eines Zweifrontenkriegs. Dabei entstand in der Amtszeit des deutschen Generalstabschefs Graf Alfred von Schlieffen jener nach ihm benannte Plan, der für Deutschland das Problem dadurch lösen wollte, daß zunächst mit einem eindeutigen Schwergewicht im Westen Frankreich niedergerungen und gegen Rußland defensiv verfahren werden sollte, bis dann die im Westen wieder disponibel gewordenen Kräfte nach Osten verlegt werden konnten. Dieses in Österreich-Ungarn nicht verstandene Konzept, gegen das sich schon der Vorgänger Conrads als Chef des Generalstabs, General Friedrich von Beck-Rzikowsky, wandte, führte zu einem fast vollständigen Abreißen der militärischen Kontakte auf hoher Ebene.[105] Bis 1906 gab es keine auch nur einigermaßen konkreten, geschweige denn bindenden Absprachen zwischen dem deutschen und dem österreichisch-ungarischen Generalstabschef.

Erst am Beginn der neuen Ära, die in Deutschland durch Graf Helmuth von Moltke, den Neffen des „alten“ Moltke, und in Österreich-Ungarn durch Conrad von Hötzendorf geprägt wurde, kam es zu engeren Kontakten. Sie wurden sehr wesentlich durch die Annexionskrise gefördert. Die Initiative ging von Conrad aus. Er skizzierte Anfang 1909 die politische Situation des Zweibunds und zählte als voraussichtliche Gegner Frankreich, Rußland, Serbien und Montenegro auf.[106] Bulgarien, Griechenland und die Türkei seien bezüglich ihres Verhaltens nicht genau kalkulierbar, Italien würde neutral bleiben und Rumänien auf Seite des Dreibunds oder eigentlich Zweibunds in den Krieg eintreten, meinte Conrad damals.

Gegen wen aber sollte der Hauptschlag geführt werden? Vor allem wies Conrad auf das Problem hin, das dann entstünde, wenn Österreich-Ungarn in einen Krieg gegen Serbien verwickelt wäre und Rußland zu einem späteren Zeitpunkt in den Krieg eintreten würde. Moltke antwortete umgehend und verwies auf den geltenden Schlieffen-Plan. Er meinte aber, daß Österreich-Ungarn auch bei einer Bindung seiner Hauptkräfte auf dem Balkan imstande sein müßte, die Russen so lange in Schach zu halten, bis Serbien besiegt sei. Das war ja nun ganz informativ. Doch Conrad gab sich damit nicht zufrieden. Er schlug Präzisierungen vor und erreichte damit zweierlei: Zum einen signalisierte er die Bereitschaft der Habsburgermonarchie, sich dem Schlieffen- bzw. Moltke-Plan zu unterwerfen. Zum anderen sollte der Bündnisfall auch dann eintreten, wenn Deutschland oder Österreich-Ungarn der Angreifer wäre.[107] Das war ein ganz wesentliches Moment.

Das Kräfteparallelogramm verschob sich weiter. Zum einen überwand Rußland seine Schwäche nach der Niederlage im Russisch-Japanischen Krieg rascher als erwartet und nicht zuletzt dank kräftiger französischer Finanzhilfen. Dann konnte Serbien in den beiden Balkankriegen einen beträchtlichen Machtzuwachs für sich verbuchen. Und schließlich ergab die Veränderung im Verhältnis zu Rumänien zumindest den Ausfall von Fesselungskräften, also von Truppen, die lediglich durch ihr Vorhandensein, ohne selbst eingesetzt zu werden, gegnerische, also im speziellen Fall russische Truppen binden konnten, wenn nicht überhaupt Rumänien als Feind zu kalkulieren war. Trotz dieser Veränderungen blieb es bei den einmal getroffenen Absprachen, und es wurde deutscherseits nur vage in Aussicht gestellt, daß ein deutsches Ostheer im Fall eines raschen russischen Kriegseintritts zur Unterstützung einer österreichisch-ungarischen Offensive aus Galizien einen Stoß über den Narew führen würde. Doch letztlich war weder ein konkretes militärisches Ziel vorgegeben noch ein bestimmter politischer Zweck erkennbar, und damit verstießen jene, die sich immer wieder auf Clausewitz beriefen, gegen grundlegende Aussagen des preußischen Theoretikers.

Zweibund und Dreibund krankten aber noch an anderen und im Grunde genommen noch elementareren Dingen: Es gab keine auch nur einigermaßen vollständige Kenntnis vom Gefüge, von den Problemen, von Organisation, Ausbildung und Führungsdenken innerhalb der Armeen der Bündnispartner.[108]

In Wien war man über die in Aussicht genommene Kriegsgliederung der deutschen Truppen weniger informiert als über jene der voraussichtlichen Feindstaaten. Auch der deutsche Generalstab hatte nur unzureichende Kenntnisse über die Eigenart der österreichisch-ungarischen Heeresteile, geschweige denn, daß er über die Jahr für Jahr überarbeiteten Operationsstudien Bescheid gewußt hätte.[109] Der nachmalige Deutsche Bevollmächtigte General im k. u. k. Armeeoberkommando, General August von Cramon, faßte diese Unkenntnis in zwei Sätzen zusammen: „... es waren doch recht wenige in Deutschland, die über den Verbündeten und sein Heer auch nur einigermaßen Bescheid wußten. Daher denn auch die Überraschung, daß es Österreicher gab, die nicht Deutsch verstanden."[110] Diese Unkenntnis war bis zur Julikrise 1914 bedeutungslos. Dann aber schlug sie plötzlich gewaltig zu Buche.

Die Kontakte zwischen den Chefs des österreichisch-ungarischen und des deutschen Generalstabs, Conrad und Moltke, blieben trotz einer gewissen Annäherung oberflächlich. Denn zum einen waren beide nicht ausreichend über politische Vorgänge orientiert, und zum zweiten pflegten sie zwar die Absprachen in einem durch die kontinentalen Operationsfälle vorgegebenen Rahmen, aber nicht auf Grund einer wirklich strategischen Bewertung oder in vertrauensvoller Zusammenarbeit. Conrad wußte z. B. nichts davon, daß Deutschland im Fall eines Kriegs im Westen beabsichtigte, von Belgien die Preisgabe seiner Neutralität und den Durchmarsch erzwingen zu wollen. Die Rolle Großbritanniens, die mögliche Neutralität Italiens, das Ausgreifen des Kriegs auf außereuropäische Gebiete – all das wurde nie diskutiert. Der einzige konkrete Anhalt, der sich schließlich in den Kontakten der Generalstabschefs herauskristallisierte – und zwar ausgerechnet 1912, in dem Jahr, als Conrad kurzfristig durch den General Blasius Schemua ersetzt worden war –, waren etwas konkretere Angaben zum Schlieffen- bzw. zum Moltke-Plan, also dem deutschen Operationsplan gegen Frankreich, und analog dazu Angaben zur österreichisch-ungarischen Kräfteverteilung im Fall eines Kriegs mit Rußland bzw. auf dem Balkan.

Seit 1909 wurde deutscherseits in Rechnung gestellt, daß Rußland bei einem Krieg Österreich-Ungarns gegen Serbien eingreifen würde. Das sollte dann auf Grund des französisch-russischen Abkommens den Kriegseintritt Frankreichs zur Folge haben.

Damit wäre für Deutschland der Augenblick gekommen, den Schlieffen-Plan zur Anwendung zu bringen. Zur Deckung Ostpreußens sollten nur geringe Kräfte im Osten belassen, alles andere aber im Westen konzentriert werden, um dort mit einer Übermacht aufzutreten und die Franzosen in einem Blitzfeldzug niederwerfen zu können. Moltke rechnete 1909 damit, daß die Ausführung des Schlieffen-Plans nur rund vier Wochen dauern würde. Später wurde von sechs bis acht Wochen gesprochen.[111] Dann aber sollten die rasch aus der Front herauszulösenden Korps herumgeworfen werden, um die Österreicher, die bis dahin die Russen abzuwehren hätten, zu entlasten. Moltke versuchte, Conrad noch dadurch zu beruhigen, daß er meinte, die Russen würden wohl mit ihrem Schwergewicht gegen das Deutsche Reich operieren, schon um die Franzosen zu entlasten. Und das würde Österreich doch wohl schaffen: einen zwar sicherlich respektablen russischen linken Flügel, der aber nicht mit Übermacht angreife, für drei oder vier Wochen im Zaum zu halten.

Sieht man sich die deutsche strategische Planung an, dann bleibt eigentlich nur der Schluß übrig, daß sie eindimensional war. Denn für Schlieffen wie für Moltke gab es in allen denkbaren Fällen, in denen das Deutsche Reich in den Krieg eintreten konnte, nichts anderes als die Eröffnung eines Feldzugs gegen Frankreich, egal, ob Frankreich selbst überhaupt eine drohende Haltung einnahm oder nicht. Allein die bestehenden Bündnisse ließen im deutschen Generalstab nur den Schluß zu, daß, egal, ob der Krieg im Westen oder im Osten drohen würde, die andere Front auf jeden Fall eröffnet werden würde, also sollte der einzige ausgearbeitete Plan sofort und ungeschmälert zum Einsatz kommen. Es war, wie nachher immer wieder festgestellt worden ist, ein Glücksspiel mit verhältnismäßig geringen Erfolgsschancen.[112]

Demgegenüber erscheint die österreichische Planung nicht nur flexibler, sondern auch viel politischer. Da gab es zumindest drei große Kriegsfälle und Kombinationen derselben sowie eine Reihe von weiteren Elaboraten. Im Deutschen Reich schien man sich an den Grundsatz Scharnhorsts zu halten: Im Krieg hat nur das Einfache Bestand. In Österreich aber sollte auf den jeweiligen Kriegsfall jeweils unterschiedlich reagiert werden.

Conrad versuchte, die beiden Hauptkriegsfälle – Serbien und Rußland – in der Weise vorauszudenken, daß er die österreichisch-ungarische Streitmacht gedanklich zerlegte. Er bestimmte drei Teile: Der erste Teil, im großen und ganzen drei Armeen, sollte in jedem Fall für einen Kriegsfall „R“ (= Rußland) zur Verfügung stehen. Teil zwei, die sogenannte „Minimalgruppe Balkan“, sollte auf jeden Fall gegen Serbien und Montenegro eingesetzt werden. Und dann gab es noch einen dritten Teil, die sogenannte B-Staffel, als strategische Reserve. Sie umfaßte etwa eine Armee und sollte, je nachdem, ob es einen Krieg mit Rußland oder nur mit Serbien, den „Kriegsfall B“ (= Balkan), gab, an den russischen oder an den Balkankriegsschauplatz abgehen.[113] Natürlich wollte Conrad einem Mehrfrontenkrieg entgehen, daher insistierte er auf einem Präventivkrieg, einmal gegen Italien, immer stärker aber gegen Serbien. Zwischen 1908 und 1912 glaubte er umso mehr zum Präventivkrieg raten zu müssen, als er Rußland noch für zu wenig kriegsbereit hielt, um an der Seite Serbiens einzugreifen, aber voraussah, daß das Zarenreich infolge tiefgreifender Reformen seines Militärwesens und eines beschleunigten Ausbaus seiner Eisenbahnen rasch aufholen würde.

Doch Conrad drang mit seinen Argumenten nicht durch. In der Folge kam bei ihm eine Grundhaltung hoch, die zwischen Resignation und letztem Aufbäumen lag. Er sah die Erfolgsaussichten in einem Krieg rapid schwinden und meinte der Monarchie andererseits nur mehr dann eine Überlebenschance voraussagen zu können, wenn sie einen Kampf um Sein oder Nichtsein auf sich nehme. In diese zur fixen Idee gewordenen Überzeugung schlichen sich sozialdarwinistische Gedanken ein, daß nur der Staat überleben könne, der den Kampf auf sich nehme, der sich als der Stärkere erweise und den schwächeren Staat von der politischen Entscheidung ausschließe. Conrad hat sich aber wohl nachträglich als weitsichtiger, aber auch pessimistischer gezeichnet und wurde auch in der Historiographie zu sehr als Inbegriff eines Menschen dargestellt, der ein Schicksal auf sich nimmt, als dies der Wirklichkeit entsprach.[114] Sicherlich hatte Conrad immer wieder gedrängt und sicherlich sah er auch seine Chancen schwinden. Dank der Haltung Berlins und des deutschen Generalstabs rechnete er sich aber auch noch 1914 Chancen aus, daß die Monarchie einen Mehrfrontenkrieg siegreich bestehen könnte. Die deutsche Zuversicht war offenbar ansteckend und verlockend. Der deutsche Historiker Gerhard Ritter führte das auf die Formel zurück: „... mit politischen Zusagen wurde man in Berlin immer großzügiger – bis zur Leichtfertigkeit –, ... aber militärisch wurde die zugesagte Hilfe immer unsicherer und wertloser."[115]

Im Juli 1914 verlautete aus Berlin sogar, es würde nichts ausmachen, wenn die Monarchie sich hauptsächlich auf Serbien konzentriere und nur wenige Truppen gegen Rußland freimache, „Deutschland sei stark genug, um den Krieg an beiden Fronten allein führen zu können".[116] Doch Conrad wußte über die vom Deutschen Reich tatsächlich für den östlichen Kriegsschauplatz in Aussicht genommenen Kräfte nicht Bescheid. Seine Bemühungen, bindende Zusagen und ganz präzise fixierte Zahlen genannt zu bekommen, waren nicht von Erfolg begleitet. Wohl aber wurde er deutscherseits immer wieder zu beruhigen und zu ermutigen gesucht, da Moltke fürchtete, wenn Österreich-Ungarn über die Erfolgsaussichten im Osten wirklich Bescheid wüßte, würde es womöglich nicht offensiv werden, sondern sich in den Karpaten oder wo auch immer zur Defensive festsetzen. Ein offensives Vorgehen Österreich-Ungarns war aber notwendig, um möglichst viele russische Truppen zu binden und sie so lange zu beschäftigen, bis der Sieg im Westen errungen war. Daher meinte Moltke noch im August 1914 gegenüber dem österreichischen Verbindungsoffizier Josef Graf Stürgkh: „Sie haben ja eine gute Armee. Sie werden die Russen schlagen."[117] Conrad sollte ruhig eine „Offensive ins Blaue" führen.

Obwohl Conrad in den Jahren bis 1914 merkliche Zweifel an der Fähigkeit des deutschen Heeres kamen, im Osten rechtzeitig mit ausreichenden Kräften aufzutauchen, ging er von der Vereinbarung nicht grundsätzlich ab. Das einzige, was noch vor Ausbruch des Kriegs in den Grundzügen verändert wurde, war der Aufmarschplan für das österreichisch-ungarische Nordheer, da dessen Ausladeräume weit in das Innere Galiziens zurückverlegt wurden. Das schien sinnvoll und notwendig, um ein besseres Zusammenwirken mit den Kräften des deutschen Ostheeres zu ermöglichen.

Gerhard Ritter meinte, daß Conrad ohne die für ihn sehr weitgehend erscheinenden Vereinbarungen mit dem deutschen Generalstab keinen gleichzeitigen Krieg gegen Serbien und Rußland gewagt hätte.[118] Das muß jedoch bezweifelt werden. Conrad war, wie vorhin geschildert, so sehr von der Notwendigkeit des Kriegs überzeugt, und er war so sehr geneigt, diesen Krieg offensiv zu führen, daß er dem österreichisch-ungarischen Heer keine Alternative ließ. Der feste Wille, offensiv zu werden, hing mit zwei Überlegungen zusammen: Zum einen wollte Conrad durch einen raschen Übergang zur Offensive das Gesetz des Handelns an sich reißen und die Operationen so beginnen, daß seine Truppen das Geschehen diktierten. Zum anderen sah er in einer Offensive die Möglichkeit, einen erhofften Mobilmachungsvorsprung auszunützen und den Feind zu hindern, seinen Aufmarsch in Ruhe zu vollenden. Beides sollte auch dazu dienen, den Krieg auf das Territorium des Feindes zu führen. Bei ihren Absprachen und schließlich auch im Juli und August 1914 nahmen der österreichisch-ungarische wie der deutsche Generalstab aber einiges in Kauf, das beträchtliche Risken barg: Österreich-Ungarn akzeptierte, daß Deutschland die Masse seiner Truppen gegen Frankreich verwendete, in der Hoffnung, nach etwa sechs Wochen Frankreich niedergerungen zu haben. Und das Deutsche Reich stimmte zunächst zu, daß sich Österreich-Ungarn auf dem Balkan engagierte und dadurch nur geschwächt auf dem russischen Kriegsschauplatz auftreten konnte. Sollte also die – und das muß noch einmal betont werden – nicht im Detail abgesprochene operative Planung der Mittelmächte aufgehen, dann mußten das Deutsche Reich in Frankreich und Österreich-Ungarn in Serbien möglichst rasche Erfolge erzielen. Vor allem aber mußte die k. u. k. Armee verhindern, daß sie am nordöstlichen Kriegsschauplatz von den immer überlegener werdenden Russen eingekreist würde. Was aber, wenn das nicht gelang?

Im deutschen Generalstab verabsäumte man ebenso wie im k. u. k. Generalstab, Überlegungen anzustellen, was geschehen sollte, wenn der erhoffte Erfolg nicht einträte.[119] An diesem Punkt konnte dann nur mehr die Doktrin aller europäischen Heere Platz greifen, nämlich die, mit den Mitteln der Offensive immer wieder zu versuchen, dem anderen das Handeln zu diktieren. Schnelligkeit mußte in diesem Fall die vorausschauende Planung ersetzen. Darin glichen sich der „Plan 17" General Joseph Joffres in Frankreich, die Konzeptionen Schlieffens und des jüngeren Moltke im Deutschen Reich, die Überlegungen General Mihail Alekseevs in Rußland und die „Conrad-Schule" in Österreich-Ungarn.[120]

Auch wenn Conrad Zweifel gekommen sein mögen, daß der Moltke-Plan aufgehen würde, so hat er sich doch daran geklammert, und so weit es in seiner Macht lag, wollte er dazu beitragen, daß Österreich-Ungarn seinen Teil der Verpflichtungen erfüllte. Sahen die Generalstabsabsprachen folglich so aus, daß sich Österreich-Ungarn weitgehend den deutschen Planungen beugte, war die politische Situation durchaus nicht so eindeutig und läßt die Feststellung zu, daß Deutschland keineswegs dominierte. Im Gegenteil: Berlin geriet politisch in Abhängigkeit von seinem Hauptverbündeten, ein Umstand, den auch der deutsche Reichskanzler Theobald von Bethmann Hollweg anmerkte, freilich ohne ihm entgegenwirken zu können oder es auch nur zu wollen. Denn das Deutsche Reich wollte nicht riskieren, seinen einzigen wirklichen Verbündeten zu verlieren und dann gänzlich isoliert dazustehen. Also wollte auch Deutschland den Zweibundvertrag großzügig auslegen, auch wenn das das Risiko in sich barg, daß beide Staaten in einen großen Krieg hineingezogen würden.

Immer wieder freilich wurden in Deutschland auch Überlegungen angestellt, ob das

Bündnis mit Österreich-Ungarn sinnvoll sei. Österreichisches Kapital konkurrenzierte das deutsche auf dem Balkan und im Nahen Osten. Hatte es einen Sinn, sich an ein Reich zu ketten, das so offensichtlich mit schweren inneren Konflikten zu kämpfen hatte und das ja im Grunde genommen ein slawisch-magyarisches Reich war, dessen deutscher Bevölkerungsanteil gerade noch ein Viertel ausmachte? Hatte es einen Sinn, sich an eine stagnierende und vielleicht sterbende Großmacht zu ketten?

Das Deutsche Reich war in mancher Beziehung nicht weniger im Dilemma als Österreich-Ungarn. Aber hatten nicht alle Staaten ihre Probleme? Es war das Verdienst des deutschen Historikers Fritz Fischer, auf die erheblichen deutschen Ambitionen hingewiesen zu haben, die sich auf den Orient erstreckten und für die das deutsche Kapital den Weg über den Balkan und die Türkei nach dem Nahen und Mittleren Osten suchte.[121] Der „Griff nach der Weltmacht" war das nicht gerade, doch es waren ausgeprägte imperialistische Tendenzen, die dann unter dem Schlagwort Weltpolitik subsumiert wurden. Und diese deutsche Weltpolitik kreuzte sich mit der österreichischen Balkanpolitik, dem einzigen Bereich der Außenpolitik, in dem die Donaumonarchie aktiv wurde.[122] Zu diesen imperialistischen Interessen kamen nicht ganz davon zu trennende dynastische Interessen, die es Berlin immer wieder geraten scheinen ließen, Rumänien stärker an den Dreibund zu binden. Diesbezüglich wurde auf den Ballhausplatz einzuwirken versucht. Und ebenso war Kaiser Wilhelm an einer verstärkten Bindung an Griechenland interessiert und plädierte in diese Richtung, da seine Schwester mit dem griechischen König Konstantin I. verheiratet war.

Doch im großen und ganzen zeigte sich, daß der Zweibund dort, wo er seine dynamischen und nicht nur defensiven Momente hatte, nicht so funktionierte, daß Berlin den Ton angab. Berlin bestätigte, unterstützte und vollzog. Eine der wichtigsten Beobachtungen dabei ist wohl die, daß mit dem Sinken der Geltung des Deutschen Reichs – und das bezog sich auf seine Rolle im Vergleich mit Frankreich und Großbritannien – die entscheidende Stimme im Dreibund auf Wien übergegangen ist. Darin sah der österreichische Historiker Fritz Fellner die Ursache für den schrittweisen Zerfall des Bündnisses, denn in Wien habe man im Dreibund immer nur ein notwendiges Übel gesehen. Man stützte sich aber sehr wohl auf den alten Zweibundpartner und zog insbesondere den in die Balkanverwicklungen hinein.[123]

Das Deutsche Reich ließ sich aber auch ganz willig ziehen, da es den jahrelang angestrebten Ausgleich mit England, abgesehen von Abkommen zur Flottenrüstung, nicht schaffte, auf der anderen Seite aber vermeinte, im Vollbesitz militärischer Stärke sich dieser Stärke immer mehr zur Durchsetzung seiner Politik bedienen zu können. Dazu kam in Deutschland auch eine andere Grundstimmung als in Österreich-Ungarn. Der Rüstungswettlauf, das Gefühl des Eingekreistwerdens und diverse Pressehetzen trugen dazu bei, eine Gespanntheit zu schaffen und ein Gefühl, daß eine allgemeine europäische „Konflagration" in absehbarer Zeit unvermeidlich sein würde. Deutschland selbst befand sich – nach den Worten Moltkes – in einer „hoffnungslosen und immer hoffnungsloser werdenden Isolierung", glaubte aber die Kraft zu besitzen, ausbrechen zu können.

Vielleicht hat auch das Erlebnis des Dreibunds, der ja, wie gezeigt, deutliche Schwächen aufwies, dazu beigetragen, daß sich das Deutsche Reich über die Festigkeit der

„Entente cordiale“ zwischen Frankreich und England etlichen Illusionen hingab. Wohl aber wurde das Funktionieren der französisch-russischen Zusammenarbeit als sicher angenommen. Ein Krieg wurde daher fast ausschließlich als Zweifrontenkrieg gesehen, während man in Wien weiterhin einem isolierten Krieg auf dem Balkan die meiste gedankliche Arbeit widmete.

Deutsche Historiker meinten in diesem Zusammenhang, Deutschland sei gewissermaßen auf den Balkanzug aufgesprungen, um seine Hauptgegner, Frankreich und Rußland, entweder über diesen Umweg zu treffen oder aber so zu provozieren, daß es zum Krieg kommen müßte.[124] Dieses Ziel sei seit dem berühmten Kriegsrat vom 8. Juli 1912 festgestanden, und Berlin habe eigentlich nur mehr auf den Augenblick gewartet, um das zu realisieren, was bereits lange vorher geplant worden war. Die Gründe für diese Haltung wären vor allem in einer Reihe wirtschaftsstrategischer Niederlagen zu suchen, da sich das Deutsche Reich vom französischen Kapital sowohl beim Bau der Bagdadbahn wie auch bei der Vergabe von Krediten an Rußland ausgeschaltet sah. Daraus wurde geschlossen, daß die deutsche Ermunterung der österreichischen Balkanpolitik letztlich darauf hinauslief, hier jene Krise auszulösen, deren Herbeiführung in einer direkten Konfrontation mit Frankreich deshalb nicht ratsam schien, weil dies unweigerlich Großbritannien auf den Plan gerufen hätte. Dessen Neutralität in einer europäischen Auseinandersetzung war aber unbedingt anzustreben.[125] Dieser Auffassung wurde vehement widersprochen, denn die deutsche Politik sei ja nicht von ein paar Bankiers und Handelsherren gemacht worden.[126]

Das Gefühl des allmählichen Stagnierens führte aber auch in Deutschland zu Präventivkriegsgedanken. Dabei spielte wiederum nicht nur das eigene Land eine Rolle, sondern ebenso Österreich-Ungarn. Der deutsche Generalstabschef Helmuth von Moltke sah die militärische Kraft der beiden Zentralmächte als ein Ganzes. Mit Rücksicht auf die russischen Rüstungen, vor allem aber auch mit Rücksicht auf die so inhomogen scheinende k. u. k. Armee, sah Moltke die Verhältnisse für die Mittelmächte immer schlechter werden. Er sah es als durchaus fraglich an, ob Österreich-Ungarn in Kürze noch imstande sein würde, im Fall eines Kriegs eine kräftige Offensive nach Rußland zu führen. Und ohne eine derartige Offensive sah er die deutschen Kriegspläne und die zur Entwicklung der Hauptkraft gegen Frankreich notwendige Rückenfreiheit für gefährdet an. Angesichts der sich verschlechternden Situation forderte Moltke fast ultimativ in einem Immediatvortrag beim Kaiser die „Einstellung sämtlicher wehrfähigen Deutschen zum Waffendienst“. Und dem Staatssekretär im Auswärtigen Amt, Gottlieb von Jagow, empfahl er, jede Gelegenheit zu ergreifen, einen Präventivkrieg zu eröffnen, wollte Deutschland überhaupt noch Aussicht auf einen militärischen Erfolg haben.[127]

Präventivkrieg, ja oder nein?

Nun sollte man aber durchaus nicht meinen, nur Moltke und Conrad hätten Präventivkriegsgedanken gehegt. Auch die hohen Militärs und manche Politiker anderer Staaten wälzten Präventivkriegsideen und feilten an der Bündnisautomatik. Der Gleichklang der Ideen, der Gleichklang der Vorstellungen, daß ein Krieg unvermeidlich sei, sowie die Bereitschaft, Krieg zu führen, und zwar lieber heute als morgen, war europaweit vorhanden. Jeder hatte dabei anderes im Sinn.

Kaum einmal aber wird die Absicht eines Landes, durch einen Krieg die im Innern schwelenden Konflikte nach außen abzuleiten und zu überbrücken, so deutlich wie 1914 in Österreich-Ungarn. Doch die Präventivkrieger hatten nicht das Sagen. In Deutschland lehnte es Kanzler Bethmann Hollweg noch im Juni 1914 ab, einen Krieg zu provozieren[128], und in Österreich-Ungarn stand Graf Berchtold wie schon sein Vorgänger Aehrenthal den Präventivkriegsforderungen nicht minder ablehnend gegenüber. Und er hatte zumindest einen mächtigen Verbündeten: den Thronfolger. Das von Erzherzog Franz Ferdinand oft gezeichnete und durchaus ambivalente Bild wird wohl in einer ganzen Reihe von Punkten zu korrigieren sein. Insbesondere wäre es angebracht, Franz Ferdinands mitunter „eisenfresserische" Art und sein herrisches Wesen nicht mit dem gleichzusetzen, was er in Sachen Krieg und Frieden tatsächlich dachte.

Es ist schon früher darauf hingewiesen worden, daß er der vielleicht illusionären Vision einer Erneuerung des Dreikaiserbündnisses nachhing und damit das Verhältnis zu Rußland mit einem Schlag verbessern wollte. Seine Vorstellung vom Zusammenwirken der drei Kaiserreiche in Europa orientierte sich an der Heiligen Allianz genauso wie an Phasen gegenseitigen Verstehens und zumindest Respektierens im späteren Verlauf des 19. Jahrhunderts. Das ohnedies eingeschränkte Plädoyer Franz Ferdinands für einen Krieg gegen Serbien im November/Dezember 1912 war eine allein dastehende Abweichung von seiner vorher und nachher geübten Grundhaltung, denn auch für den Balkan hegte Franz Ferdinand die Vorstellung einer friedlichen Lösung. Im Verlauf des Jahres 1913 bedurfte es einiger Anstrengungen, seine Zustimmung zur Androhung von Gewalt zu erhalten. Die Gründe für diese Haltung waren gewiß keine pazifistischen[129], sondern lagen in der klaren Erkenntnis, daß Serbien so überdeutlich von Rußland unterstützt wurde, daß jedes Vorgehen gegen Serbien Rußland auf den Plan rufen mußte. Wollte man aber eine Einigung mit Rußland und eine Erneuerung des Dreikaiserbündnisses, dann durfte man nicht gewaltsam gegen Serbien vorgehen. Noch dazu gab es bei Franz Ferdinand deutliche Anzeichen dafür, daß er die Bindungen an das Deutsche Reich nicht allzu eng werden lassen wollte.

Im Verlauf des Jahres 1913 mehrten sich auch die Reibungen des Thronfolgers mit Conrad von Hötzendorf, den er lange protegiert hatte. Die Gründe dafür lagen im Persönlichen genauso wie im Fachlichen, was sich in verletzender Kritik des Erzherzogs am Generalstabschef während der Herbstmanöver 1913 äußerte. Conrad bot daraufhin seinen Rücktritt an. Doch Franz Ferdinand nahm ihn nicht an, nicht aber, weil er seine Äußerungen zurücknehmen wollte, sondern weil er meinte, es wäre nicht gut, wenn innerhalb von zwei Jahren dreimal ein Wechsel auf dem Posten des Generalstabschefs vorgenommen würde. Allgemein rechnete man aber damit, daß Conrad mit Jahresende 1914 eine andere Verwendung erhalten würde.[130]

War zu fragen, ob mit dem Abgang Conrads sehr viel andere Gedankengänge in die militärstrategischen Konzeptionen eingeflossen wären. Mit seiner Forderung nach Präventivkrieg stand Conrad ja nicht allein, sondern war ein „Kind seiner Zeit". Und viele, wenn nicht die meisten k. u. k. Generäle in führenden Stellungen waren Anhänger jener Interpretation von Clausewitz geworden, wonach ein Präventivkrieg dann zu führen sei, wenn ein Staat nur durch die militärische Offensive einer Verschlechterung seiner Zukunftsaussichten entgegenwirken könne.[131] Bei einem Wechsel auf dem Posten des Chefs des Generalstabs für die gesamte bewaffnete Macht Österreich-Ungarns hätte es sich nur ergeben können, daß ein Mann nachgefolgt wäre, der noch viel weniger als Conrad die politische Dimension in seine Überlegungen einbezogen hätte. Conrad sah sicherlich nur Teilaspekte, doch sein Amtskollege Blasius Schemua, aber auch Conrads Nachfolger ab 1917, General Arz von Straußenburg, verkörperten den zutiefst apolitischen Offizierstypus und glichen dem von Hans Ulrich Wehler für das deutsche Heer eindringlich beschriebenen Typ der lediglich in Kästchen denkenden Offiziere, die nur mehr technizistische Kriegslehren anzuwenden suchten.[132] Da sich die allermeisten Politiker scheuten, den Militärs in deren ureigenste Belange, wie z. B. die operative Planung, hineinzureden und ein derartiges Eingreifen obendrein gar nicht versucht wurde, weil das Militär zum Kaiser als dem „Allerhöchsten Kriegsherrn" ressortierte, gab es zwischen der obersten politischen und der obersten militärischen Führung Verständigungsprobleme. Der Generalstabschef wollte den Krieg, eingeengt zwar auf bestimmte Kriegsfälle, doch unmißverständlich. Die Ministerpräsidenten und Außenminister der letzten Dezennien vor 1914 wollten den Krieg hingegen möglichst vermeiden. Doch da auch sie nicht losgelöst von einer Krieg-in-Sicht-Stimmung lebten und losgelöst von Erwägungen, daß ein äußerer Konflikt innenpolitische Probleme lösen könnte, und auch nicht losgelöst von den wirtschaftlichen Problemen und militärischen Zwängen entscheiden konnten, mußte sich jeder bewußt sein, daß die nächste Krise zum Krieg führen konnte.

Während der ersten Jahreshälfte 1914 entwickelten sich die Dinge normal, d. h. es gab keine größeren Krisen und keine besonderen Spannungen zwischen den Kabinetten. Erst nachträglich, im Zug der historischen Aufarbeitung, wurden Äußerungen gefunden und Zusammenhänge nicht nur aufgedeckt, sondern geschaffen, die dieses Bild eines ruhigen Europas auf einem Pulverfaß veränderten und aufzeigen sollten, wie schon vor Sarajevo einmal der eine, dann der andere die Lunte an das Faß hielt oder sie gar anzündete. Bei allen Krisen, Verträgen, Abkommen, Verbalnoten und Einzeläußerungen wurden beständige Verschiebungen im Kräfteparallelogramm deutlich, doch die geometrische Figur hielt noch immer zusammen.

Im Auf und Ab der großen Politik ging 1914 wohl ein Ereignis unter, das uns, den Nachlebenden, Ironie des Schicksals und Symbol zugleich ist. In Wien sollte nach jahrelangen Vorgesprächen der 21. Weltfriedenskongreß stattfinden. Die Präsidentin der österreichischen Friedensgesellschaft, Bertha von Suttner, gleichzeitig auch eine der führenden Gestalten der deutschen und der ungarischen Friedensgesellschaften, hatte sich vom zweiten österreichischen Friedensnobelpreisträger, Alfred Hermann Fried, dazu überreden lassen, den Kongreß in Wien abzuhalten. Sie wollte ihn lange nicht, da ihr seine Vorbereitung zu viel Mühsal bereitete. Doch dann tat sie, was man von ihr erwartete, und spielte noch einmal den Motor der Bewegung.

Ihr und nur ihr war es zu verdanken, daß sich Angehörige des Hauses Habsburg sowie prominente Vertreter von Politik und Wissenschaft zur Teilnahme oder zumindest zur Übernahme des Ehrenschutzes bereitfanden. Daß das Ganze mehr deklamatorischen als tatsächlichen Wert hatte, spielte dabei keine Rolle. Und gerade jener Alfred Hermann Fried, der den Pazifismus von einer reinen Gefühlsbewegung dahin gebracht hatte, daß mit der bloßen Antikriegsagitation aufgehört und statt dessen eine Kriegsursachenforschung begonnen wurde, betonte die Attraktivität eines Wiener Friedenskongresses.

Wien war eben wirklich anders. Die bedeutendsten Exponenten des Präventivkriegs waren hier ebenso zu Hause wie die bedeutendsten Exponenten des Pazifismus. Doch am 21. Juni 1914 starb Bertha von Suttner. Nicht unerwartet. Sie hatte Krebs gehabt und war lange dahingesiecht. Die Vorbereitungen für den Kongreß gingen nichtsdestoweniger weiter, bis schließlich der Krieg den Friedenskongreß verhinderte.

3

Blutige Sonntage

Das Attentat

Während in Wien das Begräbnis der Bertha von Suttner vorbereitet wurde, begannen in Bosnien Manöver des k. u. k. XVI. Korps. Erzherzog Franz Ferdinand wollte ihrem Abschluß beiwohnen. Nach einem Treffen mit dem deutschen Kaiser in Konopischt, dem Schloß Franz Ferdinands südlich von Prag, fuhr er über Wien nach Bosnien. Seine Reise sollte nicht nur dazu dienen, den Truppen den Besuch des hohen Herrn zu bescheren. Er war vielmehr als Demonstration gedacht. Der Landesbefehlshaber von Bosnien-Herzegowina, Feldzeugmeister Oskar Potiorek, hatte sie erbeten, da er der Meinung war, man müßte etwas für das Ansehen der Monarchie tun und „Flagge zeigen". Im Frühjahr noch war der Besuch gar nicht recht zur Debatte gestanden, da damals der Kaiser im Sterben zu liegen schien. Doch dann hatte sich der greise Monarch noch einmal erholt, und die Reise wurde fixiert.

Es war durchaus nicht der erste Besuch einer hochgestellten Persönlichkeit in Bosnien oder der Herzegowina. Doch es hatte sicherlich auch seine Berechtigung, wenn darauf hingewiesen wurde, daß es gerade mit Hinblick auf die immer wiederkehrenden Krisen auf dem Balkan notwendig war, den beiden südlichsten Provinzen der Monarchie den Zusammenhang mit dem Reichsganzen und eine besondere Aufmerksamkeit augenscheinlich zu machen. Die Reise ließ sich also durchaus begründen. Und auch der Anlaß selbst, der Besuch eines Manövers durch den Erzherzog, der in seiner Eigenschaft als Generalinspektor seit 1909 anstelle des Kaisers derartige Truppenbesuche wahrnahm, war nichts Außergewöhnliches. Die Reise schien auch nicht gefährlicher zu sein als andere Fahrten des Erzherzogs. Allerdings mußten auf Grund der schon 1902, 1906 und 1910 versuchten Attentate sicherlich geeignete Sicherheitsmaßnahmen getroffen werden.[133] Von politischer oder militärischer Seite kam kein wirklicher Einwand gegen eine solche Reise. Weder der für Bosnien und die Herzegowina zuständige gemeinsame Finanzminister, Leon Ritter von Biliński, noch der Landeschef der beiden Provinzen, Feldzeugmeister Potiorek, machten zu irgendeiner Zeit Einwendungen. Ganz im Gegenteil, sie waren froh, daß sich der Erzherzog und seine Frau angesagt hatten.

Auch in diesem Fall wird festzustellen sein, daß es den Nachlebenden vorbehalten blieb, eine ganze Reihe von Augurenäußerungen zusammenzutragen. Es waren tatsächlich etliche Warnungen ausgesprochen worden, es hatte Meldungen über bevorstehende Attentatsversuche gegeben. Der Vizepräsident des bosnischen Nationalrats, Sunarić, hatte vor der feindseligen Stimmung der Serben gewarnt. Der Besuch in Sarajevo schien zu riskant. Der Chef des Evidenzbüros, August Urbánski von Ostrymiecz, hatte Bedenken gehabt. Ja sogar der Erzherzog selbst hegte einige Besorgnisse und hatte seinen Obersthofmeister, Karl Freiherrn von Rumerskirch, beauftragt, sich noch einmal mit dem Obersthofmeister des Kaisers, Fürst Alfred Montenuovo, zu beraten. Auch der hatte Einwendungen, allerdings ganz anderer Art: Montenuovo meinte, der Besuch des Erzherzogs, der ja „nur" als Generalinspektor käme, würde auf die orientalisch gesinnte Bevölkerung keinen guten Eindruck machen, da sie beim Besuch einer so hochgestellten Persönlichkeit von einer entsprechenden Prachtentfaltung ausgehe.[134] Als der Kaiser 1910 die Provinz besucht hatte, war nicht nur Pracht entfaltet, sondern auch Sicherheit vorgekehrt worden. Entlang der Straßen, durch die der Monarch gefahren war, waren Doppelreihen von Soldaten gestanden. Der Generalinspektor hätte nichts dergleichen zu erwarten.

Zählt man alles zusammen, gab es etliche Einwendungen und Sorgen. Manches wurde wohl auch erst im nachhinein bei der Abfassung von Memoiren zu Papier gebracht. Doch es stimmen alle nennenswerten Darstellungen über die letzte Reise Franz Ferdinands darin überein, daß sie nicht unumstritten war und daß es Warnungen gegeben hatte. Dergleichen war und ist aber immer wieder Begleitmusik von Besuchen prominenter Persönlichkeiten. Am Schluß galt das Wort des Erzherzogs: „... unter einen Glassturz lasse ich mich nicht stellen. In Lebensgefahr sind wir immer. Man muß nur auf Gott vertrauen."[135]

Fritz Würthle hat in seinem Buch „Die Spur führt nach Belgrad" die Warnungen und die geäußerten Bedenken auf ihre Stichhaltigkeit hin überprüft und kam zu der undramatischen Feststellung, daß sich Warnungen und Bedenken im vergleichsweise üblichen Rahmen gehalten haben. So gut wie vor jedem Besuch war gewarnt worden, und das bezog sich auch durchaus nicht auf Bosnien allein. Keiner der Warner war allerdings so deutlich geworden, daß daraus wirklich das Ausmaß der Gefahr hätte abgeleitet werden können.

Noch ein Zweites hat Würthle unmißverständlich klargestellt und ausreichend belegt: Es war ganz egal, wer nach Sarajevo kam. Im Grunde genommen sollte jeder aus Wien anreisende, einigermaßen prominente Besucher bei der nächsten sich bietenden Gelegenheit Ziel eines Attentatsversuchs werden. Es war auch egal, an welchem Tag er kam. Lediglich in der Interpretation der Nachwelt und vor allem beim Herausarbeiten der besonderen Zielstrebigkeit und Symbolträchtigkeit kam es dann dazu, daß der Besuch des Thronfolgers als allein auslösend für die Entsendung einer Gruppe von Attentätern und der 28. Juni, der „Vidovdan" (= Veitstag), der Jahrestag der serbischen Niederlage gegen die Osmanen auf dem Amselfeld 1389, als besondere Provokation hingestellt worden sind. Doch auch dabei regierte der Zufall und nicht die langfristige oder gar subtile Planung. Denn als man den Zeitpunkt für die Manöver des XVI. Korps festlegte, waren dabei lediglich die Jahreszeit, der Ausbildungsstand der Truppen und die Übungsannahme ausschlaggebend.

Ja, es kamen schließlich Momente ins Spiel, die das Attentat noch mehr zum Schicksal werden ließen. Franz Ferdinand zögerte ein letztes Mal, nach Sarajevo zu kommen. Doch der ihm vom Landesbefehlshaber Oskar Potiorek entgegengeschickte Oberstleutnant Merizzi stellte eine Absage des Besuchs im letzten Augenblick als eine solche Kränkung für den obersten Chef der Militär- und Zivilverwaltung hin und als Prestigeeinbruch, daß der Thronfolger sein Schwanken aufgab. Merizzi hatte allerdings nicht nur aus objektiven Gründen zu argumentieren gesucht, sondern auch deshalb, da er Potiorek, dem er in besonderer Weise freundschaftlich verbunden war, die Genugtuung des hohen Besuchs sichern wollte.[136] Doch auf der Fahrt zum Konak von Sarajevo erfolgte bereits das erste Attentat. Der Erzherzog konnte die gegen ihn geworfene Handgranate jedoch dadurch unschädlich machen, daß er sie vom Verdeck seines Wagens stieß. Der Sprengkörper explodierte unter einem dahinter fahrenden Wagen. Merizzi wurde leicht verletzt. Er wurde ins Krankenhaus gebracht. Der Erzherzog zeigte weniger Schock als Ärger. Jetzt war es Oskar Potiorek, der auf den Erzherzog-Thronfolger einwirkte und dann, als sich der erste Wirbel gelegt hatte, einen Besuch bei seinem Freund Merizzi vorschlug. Der Erzherzog stimmte zu und brach mit seiner Frau und der Begleitung vom Konak auf. Durch eine Verkettung von Umständen kam das Auto des Erzherzogs bei der „Lateinerbrücke" über die Miljačka genau bei einem weiteren der in der ganzen Stadt verteilten Attentäter, Gavrilo Princip, zum Stehen. Der erschoß den österreichisch-ungarischen Thronfolger und die Herzogin Sophie.

Der 28. Juni hatte als ein Tag wie jeder andere begonnen. Doch er sollte nicht so enden. Die Schüsse an der Lateinerbrücke in Sarajevo machten Weltgeschichte. Sechs der sieben in Sarajevo bereitstehenden Attentäter waren Bosnier serbischer Nationalität, einer war ein Moslem aus der Herzegowina. Sie waren durch die in Serbien bestehende Bewegung der „Mlada Bosna", die Bewegung „Jung-Bosnien", geprägt und radikalisiert worden und stimmten mit den Zielen der Bewegung, der Vernichtung des Habsburgerreichs, überein. Allerdings konnten sie nicht wissen, daß ihr Attentat und daß vor allem die Schüsse des Gavrilo Princip einen Weltkrieg auslösen und tatsächlich das Ende des Reichs vorbereiten sollten. Die Vorbereitung des Attentats erfolgte aber nicht durch die „Mlada Bosna", sondern durch den vom Chef des serbischen militärischen Geheimdienstes, Oberst Dragutin Dimitrijević, beeinflußten Geheimbund „Vereinigung oder Tod". Auch Dimitrijević konnte nicht davon ausgehen, daß ein gelungenes Attentat auf Franz Ferdinand zum Krieg führen würde. Sein Ziel war bescheidener. Er wollte ein Signal für die Südslawen der Monarchie geben und die serbische Regierung unter Druck setzen. Ein weiteres Nachgeben Belgrads gegenüber der Donaumonarchie würde Serbien seinen Einfluß auf die Südslawen der Monarchie kosten, meinte Dimitrijević. Daß eine härtere Politik gegenüber Wien irgendwann einmal Krieg bedeuten konnte, mußte aber gerade ihm klar sein.

Der 28. Juni 1914 war ein Sonntag. Immer wieder hat man versucht, die Atmosphäre dieses Tags fernab von Sarajevo und vor allem in Wien einzufangen. Ein schläfriger Sonntag war es wohl, doch im Gegensatz zu heute, wo an einem Sonntag kaum jemand in Wien anzutreffen ist, waren 1914 sehr viele Entscheidungsträger in der Stadt. Politiker, Beamte, Militärs. Nur der Kaiser und sein Hofstaat waren schon nach Bad Ischl übersiedelt. Der 29. Juni, Peter und Paul, war obendrein ein Feiertag. Man hatte sich also auf zwei ruhige Frühsommertage eingestellt. Doch knapp nach Mittag war die Ruhe plötzlich dahin. Telegramme und Telefongespräche schwirrten durch die Monarchie. Es war im Grunde genommen erstaunlich, wie schnell sich die Nachricht von der Ermordung des Thronfolgerpaares verbreitete. Den einen traf die Nachricht da, den anderen dort. Unberührt blieb wohl keiner. Erschütterung, Ratlosigkeit, Zorn, verbale Aggression machten sich Luft. Auch Freude soll es gegeben haben. Der damalige Gesandte in Bukarest und spätere Außenminister Ottokar Graf Czernin notierte in seinen Erinnerungen, in Wien und Budapest habe es mehr Freudige als Leidtragende gegeben.[137] Der schon erwähnte Josef Redlich, dessen Tagebuch eine der wichtigsten Quellen für diese Zeit ist, da es den Vorzug der Authentizität besitzt und keine nachträgliche Anfertigung ist, notierte die immer wieder zitierten Worte: „In der Stadt [Wien] herrscht keine Trauerstimmung, im Prater und hier draußen bei uns in Grinzing an beiden Tagen [gemeint der 28. und der 29. Juni] überall Musik."[138] Freude wird auch aus Ungarn berichtet. Und warum sollte nicht da und dort wirklich jemand einen freudigen Schreck erfahren haben? Der Thronfolger hatte ja durchaus nicht nur Freunde gehabt. Gerüchte machten die Runde und holten die bestätigten Nachrichten auch bald ein: Der Attentäter wäre ein Sohn des Kronprinzen Rudolf gewesen, der Franz Ferdinand ermordete, weil er ihn für den Mörder seines Vaters hielt; die Freimaurer kamen ins Spiel, der deutsche „Geheimdienst", Pater Anton Puntigam und schließlich der ungarische Ministerpräsident Graf Tisza, der mit dem Geheimdienstchef der serbischen Armee, Oberst Dragutin Dimitrijević („Apis"), unter einer Decke gesteckt sei.[139]

Die überwiegende Reaktion aber waren Entsetzen und Rachegefühl. Für die Verantwortlichen stand so gut wie vom ersten Augenblick fest, daß von Serbien Rechenschaft und Sühne verlangt werden müßte. Conrad von Hötzendorf, der bis zum 27. Juni in der Begleitung des Thronfolgers gewesen, dann aber nach Karlovac abgereist war, wo ihn die Nachricht vom Mord erreichte, drückte eine wohl weitverbreitete Meinung aus, wenn er meinte: „Der Mord von Sarajevo schloß eine lange Kette als letztes Glied. Er war nicht die Tat eines einzelnen Fanatikers, er war das Werk eines wohlorganisierten Anschlags, er war die Kriegserklärung Serbiens an Österreich-Ungarn. Sie konnte nur mehr mit dem Krieg erwidert werden."[140]

Auch als der Neuigkeitswert der Nachricht verblaßte, sich das Interesse dem Nachfolger, dem Erherzog Karl Franz Joseph, und vor allem der Haltung Österreichs unmittelbar nach dem Attentat zuwandte, war eine gewisse internationale Solidarität zu verspüren. Und es ist sicherlich nicht unrichtig, wenn dann zu wiederholten Malen bemerkt worden ist, die europäische Staatengemeinschaft hätte zunächst durchaus Verständnis für ein sofortiges Vorgehen Österreichs gegen Serbien gehabt. Doch bei diesen einfachen und von Solidarität getragenen Empfindungen sollte es nicht bleiben.

Als der Schock abgeflaut war und die Emotion der Ratio wich, also wieder vernünftig reagiert wurde, kam alles das zum Tragen, was sich in vielen Jahren vorbereitet hatte. Wie so oft wurde nach Analogien in der Geschichte gesucht und dabei der gesamte „Serbien-Akt" konsultiert. Vielleicht kam das daher, daß ein Teil der Entscheidungsträger Beamte waren, die es gewohnt waren, den „Vorakt" zu Rate zu ziehen, oder es war bloß die menschliche Neigung, schon früher getroffene Urteile zu wiederholen und sich damit selbst zu kopieren. Kurzum: Im Juni und Juli 1914 wurde der „Vorakt Serbien" von 1908 bis Oktober 1913 zu Rate gezogen. Serbien war der Missetäter. Es sollte zur

Verantwortung gezogen werden. Druck war auszuüben, Krieg zumindest anzudrohen, doch im Gegensatz zu früher sollte die Gewalt auch eingesetzt werden. Schließlich spielte die Faustpfandtheorie eine Rolle. Doch es sollte sich nichts wiederholen lassen. Es setzte ein kollektives Handeln ein, wobei sich jeweils in den Staatengruppen, die durch die Bündnisse gebildet worden waren, die Entscheidungen vorbereiteten.

In Wien, wo das Ministerium des Äußern schon am Tag nach dem Attentat fast vollzählig Dienst versah, gab es eine so gut wie einheitliche Auffassung über das, was zu tun war: Das Balkanproblem, konkret das Problem Serbien, sollte ein für allemal gelöst werden. Minister Berchtold zögerte noch kurz, doch seine Berater gewannen ihn im Handumdrehen für eine militärische Lösung.[141] Innerhalb von wenigen Stunden bereitete sich das vor, was dann als Julikrise bezeichnet wurde und die langsame Ausführung lange gehegter Erwägungen und längst vorbereiteter Entschlüsse brachte. Der Krieg wurde herbeigeführt. Mehr noch: Er wurde entfesselt. Und Österreich-Ungarn war es, das die Fesseln löste. Das Deutsche Reich aber führte ihm immer dann die Hand, wenn diese zittrig zu werden drohte. Es trug aber auch Rußland sein gerütteltes Maß zur Entfesselung bei, und auch alle anderen Staaten setzten Handlungen oder unterließen solche, die dann nachträglich zur Feststellung führten: Hätte ...!

Die Julikrise

Innerhalb von 48 Stunden hatte sich das Bild gewandelt. Und von da an läßt sich die langsame, fast bedächtige Vorgangsweise der Monarchie verfolgen, die den Großen Krieg entstehen ließ. Er wäre vielleicht aus einem anderen Grund auszulösen und zu entfesseln gewesen. Doch in diesem Fall hat man wirklich seine Phantasie zu zügeln und nur den konkreten Anlaß zu überdenken.

Am 29. Juni 1914, einem Feiertag, wie erwähnt, wurde noch getrachtet, jeden einigermaßen wichtigen Entscheidungsträger nach Wien zurückzurufen bzw. auf seinen Posten zurückkehren zu lassen. Es waren auch die protokollarischen Maßnahmen zu setzen, die dann zu der überhasteten und in vielen Belangen unwürdigen Beerdigung des ermordeten Thronfolgerpaares in Artstetten führten. Kurzzeitig schien alles von äußerster Hektik erfüllt zu sein. Doch die Hast galt nur den Toten. Bei entsprechender Vorbereitung hätten sich wahrscheinlich alle bedeutenden Staatsoberhäupter und Regierungschefs Europas und auch einige aus Übersee versammeln lassen. Kaum jemand, und am allerwenigsten die Monarchen, hätten einer Einladung nach Wien nicht Folge geleistet, wenn man ihnen den Mord als Anschlag auf das monarchische Prinzip nahegebracht hätte oder zumindest als etwas, das letztlich jedem widerfahren konnte, der Macht hatte oder sie repräsentierte. Daß eine derartige Fürstenversammlung nicht einberufen wurde, deutete schon darauf hin, daß die Absicht bestand, sich die Beschlüsse nicht von einer solchen Versammlung aufdrängen und auch nicht hinauszögern zu lassen.

Es waren also nicht nur die immer wieder erörterten intriganten Maßnahmen des kaiserlichen Obersthofmeisters, des Fürsten Alfred von Montenuovo, die das übertrieben schnelle und den protokollarischen Erfordernissen kaum genügende Begräbnis nach sich zogen. Auch das Ministerium des Äußern wird in die Verantwortung mit einzubinden sein, denn es wollte weder den Zaren noch den britischen König oder den französischen Staatspräsidenten in Wien haben. Während noch die Leichname nach Triest und von da nach Wien überführt wurden, wurde in Wien schon vom Krieg gegen Serbien gesprochen. Aus dem Blut Franz Ferdinands sollten „sehr kostbare Früchte für die Monarchie reifen", schrieb einer der jüngeren Mitarbeiter von Berchtold, Baron Leopold Andrian-Werburg, an den Vorsteher der Militärkanzlei des ermordeten Thronfolgers, Oberst Alexander Brosch von Aarenau.[142] Berchtold und der Kaiser stimmten allerdings darin überein, daß man nicht einfach über Serbien herfallen konnte, wie das Conrad wollte. Vielmehr wäre das Untersuchungsergebnis aus Sarajevo abzuwarten und das Vorgehen mit Deutschland abzustimmen.[143] Der österreichische Ministerpräsident Graf Stürgkh ergänzte das Kaleidoskop der Meinungen dahingehend, daß er meinte, man könne die Verbindung zwischen den Slawen der Monarchie und denen außerhalb der Monarchie nur durch einen Krieg zerschneiden, und das müsse getan werden, sonst werde die Unterlassung gefährliche Folgen haben.

Die Kriegsstimmung war eine so unmißverständliche, daß sich der ungarische Ministerpräsident Graf Tisza noch am 1. Juli genötigt sah, den Monarchen auf diese Stimmung aufmerksam zu machen und seine schwersten Bedenken zu äußern. An diesem Tag hatte ihm Berchtold gesagt, daß man die Morde von Sarajevo zum Anlaß für eine Abrechnung mit Serbien nehmen würde. Daraufhin telegrafierte Tisza an den Kaiser, um ihn darüber zu informieren, daß sich etwas vorbereitete. Doch der Kaiser war sich über die Stimmung wie über die vom Ballhausplatz eingeschlagene Politik wohl vollkommen im klaren – und er billigte sie. So wie er auch schon 1913 bereit gewesen war, gegen Serbien Krieg zu führen und damit einen europäischen Krieg auszulösen, wollte er sich auch jetzt den Empfehlungen seiner verantwortlichen Minister und Militärs nicht widersetzen. Robert Kann hat in seiner Studie über die Aufzeichnungen des Journalisten Dr. Heinrich Kanner ein Gespräch desselben mit dem gemeinsamen Finanzminister Ritter von Biliński wiedergegeben, in dem dieser den Beschluß zum Krieg zeitlich zu fixieren suchte. Biliński meinte: „Wir haben den Krieg schon ganz früh beschlossen, das war schon ganz am Anfang." Er wurde von Kanner nach dem präzisen Datum gefragt. Biliński nannte daraufhin den 3. Juli.[144]

Nun kann man billigerweise ausschließen, daß sich der Ballhausplatz in eine Art Blutrausch hineinsteigerte und Rachegefühle zur Grundlage seiner Erwägungen machte. Wohl aber beruhte die Entscheidung zur Herbeiführung des Kriegs mit Serbien auf einer Vielzahl von Erfahrungen, Mutmaßungen und Gefühlen. Wie denn sollte man einem Staat trauen, der immer wieder Versprechungen machte und sie dann nicht hielt, der Verträge schloß und sie dann brach, der ganz rücksichtslos Machtpolitik betrieb und dem mit Mitteln einer Politik ohne Krieg ganz einfach nicht beizukommen war? Wahrscheinlich spielte es auch eine Rolle, daß die wichtigsten Entscheidungsträger der Außenpolitik, der Minister, sein Kabinettschef, der erste Sektionschef, aber auch andere, ihre diplomatischen und politischen Erfahrungen weitgehend in Rußland, Serbien oder sonstwo auf dem Balkan gesammelt hatten, also seit Jahren und Jahrzehnten in den Mühlen der Balkanpolitik gemahlen worden waren. Berchtold war wegen seiner Rußlanderfahrung Minister geworden. Sein Kabinettschef Graf Alexander Hoyos, der Chef der

Präsidialsektion Graf Forgách und dessen engster Mitarbeiter, Gesandter Alexander Freiherr von Musulin, waren zudem durch die Annexionskrise geprägt worden. Und es spielte sicherlich eine Rolle, daß auch sie eine ganze Reihe von Handlungen der Annexionskrise wiederholen wollten, ohne dabei dieselben Fehler zu machen.

Für Berchtolds Entschlüsse spielte auch ein gerütteltes Maß an Enttäuschung eine Rolle. Er hatte ja gehofft, die Lage auf dem Balkan stabilisieren zu können, und er hatte sich bis in den Juni 1914 hinein in der Hoffnung gewiegt, daß ein Ausgleich mit Serbien zustande kommen könnte. Berchtold war gescheitert. Ja, er fühlte sich bloßgestellt. Seine bisherige Politik konnte als Schwäche ausgelegt werden; nochmals aber wollte er keine Schwäche zeigen.

Auch andere führten ihre Erfahrungen ins Treffen, Conrad beispielsweise. Für den Chef des Generalstabs barg der Balkan die Erinnerung an die einzige kriegerische Erfahrung, die er zu sammeln imstande gewesen war, denn er hatte als Leutnant den Okkupationsfeldzug 1878 mitgemacht. Conrad konnte folglich an seine Anfänge anknüpfen. Was jetzt vorging, sah er auch als eine Bestätigung dessen, was er schon jahrelang gepredigt hatte: Die Monarchie müßte zum ehestmöglichen Zeitpunkt Krieg gegen Serbien, Italien und – wenn es sich als notwendig erweisen sollte – auch noch einen Bürgerkrieg gegen Ungarn beginnen. Der Kriegsfall „U“ war mittlerweile zwar zu den Akten gelegt worden, doch die anderen Fälle waren nach wie vor aktuell. Conrad sah zwar den günstigsten Zeitpunkt für eine Abrechnung mit Serbien bereits verstrichen, doch auch jetzt mochte es gerade noch angehen. Für ihn war der springende Punkt der, ob sich Rußland bereits stark genug fühlte, um als Schutzmacht Serbiens in den Krieg einzutreten oder nicht. Denn bis 1913 hatte Conrad noch gehofft, ein Eingreifen Rußlands ausschließen zu können, während er in der Jahresdenkschrift für 1914 bereits ein Eingreifen des Zarenreichs in Rechnung stellte.[145] Daß Biliński und Potiorek für den Krieg plädierten, nimmt nicht wunder, denn beiden wurde ja eine Mitschuld am Gelingen des Sarajevoer Attentats angelastet. Vor allem Potiorek wurden ungeheure Versäumnisse beim Schutz des Thronfolgers vorgeworfen. Für den Minister wie für den Chef der Zivil- und Militärverwaltung hatten daher die Entschlüsse des Ballhausplatzes und des Kaisers über Krieg oder Frieden noch eine zusätzliche und sehr persönliche Qualität.

Man hat versucht, den psychologischen Faktoren der Julikrise nachzugehen, soweit sie auf Österreich zutrafen, und machte die nicht ganz überraschende Feststellung, daß die Verantwortlichen unter unerhörtem Streß gestanden seien.[146] Der Druck auf jeden einzelnen war sicherlich enorm, denn es ging darum, nicht nur etwas, sondern das Richtige zu machen. Es ging aber auch darum, den Erwartungen zu entsprechen. Und keiner war sich wohl so ganz im klaren darüber, wie der Kaiser die Morde nun wirklich aufgenommen hatte. Dazu kam der Druck der Öffentlichkeit, der sich allerdings in Grenzen hielt. Es war das eher eine Stimmung denn ein Druck. Es dürfte aber auszuschließen sein, daß es zu unkontrollierten Handlungen oder auch nur streßbedingten Fehlentscheidungen gekommen ist.

Bei der Frage nach dem Vorgehen gegenüber Serbien spielte natürlich nicht nur die innenpolitische Situation eine Rolle, denn angesichts der Ergebenheits- und Sympathiekundgebungen aus allen Teilen der Monarchie ließ sich sehr rasch ausschließen, daß der Doppelmord zur Auslösung von Unruhen genützt werden würde. In besonderer Weise mußte das Ausland berücksichtigt werden. Dabei erfuhren aber zunächst nicht die potentiellen Feinde Beachtung, sondern der wichtigste Verbündete. Schon in den ersten Besprechungen Berchtolds, Conrads, Stürgkhs und Tiszas war es um das Deutsche Reich gegangen. Aber auch abseits der Beratungen der Ministerpräsidenten und Minister ging es immer wieder um die Haltung Berlins.

Am 1. Juli faßte Berchtolds Kabinettschef Alexander Hoyos für seinen Minister ein Gespräch mit dem deutschen Journalisten Victor Naumann zusammen, einem Mann, der über hervorragende Verbindungen zum deutschen Reichskanzler Bethmann Hollweg sowie zum Staatssekretär im Berliner Auswärtigen Amt, Gottlieb von Jagow, verfügte. In diesem Gespräch waren bemerkenswerte Sätze gefallen. Naumann soll, den Notizen Hoyos' zufolge, gemeint haben, wenn man diesmal Kaiser Wilhelm in der richtigen Weise anrede, würde er Österreich-Ungarn jede Zusicherung geben und er werde „diesmal auch bis zum Krieg durchhalten", weil er die Gefahren für das monarchische Prinzip einsehe. Im Auswärtigen Amt in Berlin werde man dieser Stimmung sicherlich nicht entgegentreten, weil man den Augenblick für günstig halte, „um die große Entscheidung herbeizuführen".[147]

Es hätte eigentlich auffallen müssen, daß Naumann nicht einschränkend vom „Balkan" sprach, sondern „große Entscheidung" sagte. Damit war aber schon zum Ausdruck gebracht worden, daß Berlin in der Julikrise bereits in den allerersten Tagen an mehr als nur an Rückendeckung für Österreich-Ungarn in einem Krieg mit Serbien dachte. Und Naumann fügte hinzu, man müsse den vollen Ernst der Lage schildern und ganz klar sagen, welche Schlußfolgerungen man in Wien daraus ziehe. Mit „Leisetreterei", so Naumann, sei in Berlin nichts getan.[148]

Alexander Hoyos war für ein klärendes Gespräch mit Vertretern der deutschen Reichsregierung ein idealer Partner. Er war schon während der Annexionskrise nach Berlin geschickt worden und hatte damals die Mitteilung von der deutschen Rückendeckung heimgebracht. Auch Hoyos glaubte offenbar an die Wiederholbarkeit von Handlungen und schlug Berchtold vor, eine neuerliche Mission nach Berlin durchzuführen. Der Vorschlag kam dem Außenminister durchaus gelegen, denn der Minister stieß mit seinem Kriegswillen nicht nur auf den Widerstand des ungarischen Ministerpäsidenten; auch der Kaiser war nicht zuletzt infolge der Einflußnahme Graf Tiszas darauf bedacht, zusätzliche Sicherheiten zu erlangen. Da an diesem Tag ohnedies ein Kabinettskurier nach Berlin abgehen sollte, um der Berliner Regierung das schon früher ausgearbeitete, mittlerweile aber überarbeitete Memorandum über die Balkansituation und -politik sowie ein Handschreiben Kaiser Franz Josephs an den deutschen Kaiser zu übergeben, machte sich Hoyos erbötig, selbst nach Berlin zu fahren und die Schriftstücke zu überbringen.[149] Die Gelegenheit wollte er dann zu einer Reihe mündlicher Mitteilungen nützen, um so vollständig wie möglich über die aktuelle Einschätzung der Lage durch den Ballhausplatz zu informieren.

Über die Haltung Berlins wußte man in Wien bis dahin so gut wie nicht Bescheid. Der deutsche Botschafter Baron Heinrich von Tschirschky hatte merkliche Zurückhaltung gezeigt. Er war noch ohne Instruktionen gewesen und meinte nur gegenüber Berchtold, einen Krieg zu beginnen, ohne die Gewißheit zu haben, daß Italien und Rumänien nicht womöglich an der Seite Serbiens in den Krieg einträten, „schiene doch eine sehr bedenkliche Sache".[150] Nach Berlin berichtete von Tschirschky, daß er jeden sich bietenden Anlaß dazu benütze, „um ruhig, aber sehr nachdrücklich und ernst vor übereilten Schritten zu warnen". Es gab aber auch in Deutschland etliche und gewichtige Stimmen, die mäßigend wirken wollten. Doch sie blieben in der Minderzahl, und die Kritik der „Frankfurter Allgemeinen Zeitung" an der Kriegshysterie der Wiener Presse war eine Ausnahme.[151] Auf die „Frankfurter" wurde denn auch sofort Einfluß genommen, und ab dem 4. Juli schlug die gesamte deutsche bürgerliche Presse einen scharfen, serbenfeindlichen Ton an.[152]

Hoyos kam am Sonntag, dem 5. Juli, in Berlin an. Er übergab das Mitgebrachte zunächst einmal dem österreichisch-ungarischen Botschafter, Graf László Szögyény, und informierte diesen. Als nächstes kam er mit dem Unterstaatssekretär im deutschen Auswärtigen Amt, Arthur Zimmermann, zusammen, der gemeint haben soll, die Wahrscheinlichkeit für einen Krieg stehe bei 90 Prozent, wenn die Monarchie etwas gegen Serbien unternehmen wollte.[153]

Hoyos versicherte Zimmermann, daß die Monarchie die Ermordung des Thronfolgers keineswegs tatenlos hinzunehmen bereit sei. Darauf Zimmermann wörtlich: „... gefürchtet haben wir dies doch etwas." Am Nachmittag wurden Kaiser Wilhelm die vorbereiteten Schriftstücke übergeben. Dann gab es noch Zusammenkünfte mit dem Reichskanzler Bethmann Hollweg, mit dem nach Berlin zurückgekehrten Staatssekretär im Auswärtigen Amt, von Jagow, und wiederum mit Zimmermann. Bei dieser Gelegenheit wurde die Balkandenkschrift diskutiert, die einen für das Deutsche Reich deshalb überraschenden Inhalt hatte, da in ihr so unmißverständlich an der Zuverlässigkeit Rumäniens als Partner des Dreibunds gezweifelt wurde. Doch die wichtigste Frage war natürlich die, ob es Krieg geben würde. In Deutschland hatte man aber offensichtlich auch schon weiter gedacht und sich über Kriegsziele den Kopf zerbrochen. Auf die Frage an Hoyos, was mit Serbien nach einem Sieg der österreichisch-ungarischen Waffen geschehen sollte, leistete sich Hoyos eine Eigenmächtigkeit, die dann vor allem von Tisza schärfstens gerügt wurde. Entweder er extemporierte oder gab das wieder, was am Ballhausplatz so dahingeplaudert worden war. Auf jeden Fall meinte Hoyos gegenüber Reichskanzler Bethmann Hollweg, Herrn von Jagow und Herrn Zimmermann, Serbien wäre zweckmäßigerweise zwischen Rumänien und Bulgarien aufzuteilen!

Hoyos sagte später, es wäre ganz egal gewesen, welches Ziel er genannt hätte, die Deutschen wollten nur überhaupt ein klar formuliertes Ziel genannt bekommen. Im weiteren Verlauf will Hoyos die Frage des Zeitpunkts eines Kriegsbeginns offengelassen haben. Früher oder später, soll er gesagt haben. Darauf Bethmann Hollweg: Es sei nicht Sache des Deutschen Reichs, Österreich-Ungarn Ratschläge bezüglich seiner Politik gegenüber Serbien zu erteilen. Deutschland werde aber mit seiner ganzen Macht der Donaumonarchie den Rücken decken und seine Bündnispflicht in jeder Weise erfüllen. In seinem nachträglich angefertigten Bericht hielt Hoyos fest: „Wollte ich seine", also Bethmann Hollwegs, „persönliche Ansicht hinsichtlich der Opportunität des Zeitpunktes wissen, so könne er mir sagen, wenn der Krieg unvermeidlich wäre, sei der jetzige Zeitpunkt besser als ein späterer." Mit diesen Worten variierte Bethmann Hollweg nur das, was der deutsche Kaiser dem k. u. k. Botschafter Szögyény ohnedies schon gesagt hatte.

Im Bericht Szögyénys liest sich die entscheidende Passage wie folgt: Nach Kaiser Wilhelms Auffassung müsse mit einer Aktion gegen Serbien nicht zugewartet werden. „Rußlands Haltung werde jedenfalls feindselig sein, doch sei er hierauf schon seit Jahren vorbereitet, und sollte es sogar zu einem Krieg zwischen Österreich-Ungarn und Rußland kommen, so könnten wir davon überzeugt sein, daß Deutschland in gewohnter Bundestreue an unserer Seite stehen würde. Wenn wir aber wirklich die Notwendigkeit einer kriegerischen Aktion gegen Serbien erkannt hätten, so würde er es bedauern, wenn wir den jetzigen, für uns so günstigen Moment ungenützt ließen."[154] Damit war zweierlei zum Ausdruck gebracht worden: Deutschland würde Rückendeckung geben und erachtete den frühestmöglichen Zeitpunkt für einen Krieg als opportun. Diese Zusagen Kaiser Wilhelms und Bethmann Hollwegs wurden später als „Blankoscheck" bezeichnet und auch als das gewertet. Hoyos kehrte, wie er schrieb, „in gehobener Stimmung" nach Wien zurück. Wieder einmal konnte man sagen: Die Würfel sind gefallen!

En passant hatte Hoyos seinen Gesprächspartnern noch etwas anderes mitzuteilen. Er mußte im Auftrag des Ballhausplatzes Berlin begreiflich machen, daß Österreich den Dreibundpartner Italien über die Pläne gegen Serbien nicht informieren wollte, da man Indiskretionen befürchtete und außerdem mit italienischen Kompensationsforderungen rechnete.

In den darauffolgenden Tagen liefen in Wien und Berlin Denk- und Handlungsprozesse ab, die isoliert wie parallel vor sich gingen und schließlich miteinander verknüpft wurden. Die politische und vor allem die militärstrategische Sicht blieb in Wien auf das Problem Serbien konzentriert, und es wurde lediglich der Frage des russischen Verhaltens noch einige Aufmerksamkeit geschenkt. In Berlin hingegen wurde über den großen Krieg nachgedacht, der durchaus in europäischen Dimensionen erschien und daher mit ganz anderen Vorzeichen herbeigeführt werden sollte als der isolierte „dritte Balkankrieg", den die k. u. k. Verantwortlichen führen wollten.

Im Deutschen Reich wurden die politischen Entscheidungen maßgeblich vom Reichskanzler Bethmann Hollweg bestimmt. In Österreich-Ungarn war es Berchtold, dem die Schlüsselrolle zukam. Beide waren natürlich alles andere als frei in ihren Entschlüssen, Berchtold vielleicht noch viel weniger als Bethmann Hollweg, doch beide wollten eine Entscheidung herbeiführen. Deutsche Historiker, vor allem Fritz Fischer, Imanuel Geiß, Egmont Zechlin, Karl-Friedrich Erdmann und Andreas Hillgruber, haben auf die Rolle des engen Vertrauten Bethmann Hollwegs, Kurt Riezler, hingewiesen.[155] Seine Tagebücher wurden als Schlüsseldokumente für den Ablauf der Entscheidungsfindung in der Umgebung des deutschen Reichskanzlers gewertet. An Riezler war und ist auch zu demonstrieren, welche Gedankenwelt im Juli 1914 bestimmend wurde: Der Deutsche war von der Schicksalhaftigkeit des Kriegs überzeugt und ließ damit einen Akkord anklingen, der ganz in die Gedankenwelt der Sozialdarwinisten paßte. Und sozialdarwinistische Grundhaltungen spielten bei der Julikrise eine nicht zu unterschätzende Rolle, in Deutschland wie in Österreich-Ungarn, wo die Grundformel vom Stärkeren, der den Schwächeren frißt, und von der Unausweichlichkeit des Entscheidungskampfes denkbar weit verbreitet war.

Der „Präventivkriegsklub" war aus Sozialdarwinisten zusammengesetzt. Es könnte daher auch von Conrad stammen, was Riezler über die Notwendigkeit von Rüstungen schrieb, die nichts anderes seien als die „moderne Form des Aufschubes" kriegerischer Auseinandersetzungen.[156] „Die Überlegenheit wird erstrebt, weniger um siegreiche Kriege kämpfen zu können, als um sie zu denken und vom Gegner denken lassen zu können." Der Bluff werde zum Hauptrequisit der Diplomatie. Insbesondere stagnierende Großmächte müßten ihre Gegner durch diplomatische Züge aufhalten und mit der Blufftheorie Zeit gewinnen. Wenn eine Gruppe, die durch eine stehengebliebene Großmacht gehemmt sei, jedem Kriegsrisiko ausweiche, werde der Triumph jener Mächte, die die Zeit für sich arbeiten lassen können, unvermeidlich sein.[157]

Riezler versuchte aber dann eine ganz andere Beweisführung als Conrad oder irgendein österreichischer Sozialdarwinist. Er meinte, die Dynamik des russischen Machtzuwachses mache einen Kampf des Slawentums gegen das Germanentum unausweichlich. Damit gab er das wieder, was in einer breiten Schicht des deutschen Bildungs- und Unbildungsbürgertums gedacht wurde, und schlug damit auch einen Grundton an, der dann von Bethmann Hollweg und Kaiser Wilhelm in sehr ähnlicher Weise formuliert wurde: Der Krieg, der schon unausweichlich schien, würde eine Auseinandersetzung zwischen Slawentum und Germanentum sein. Regionale Erfolge Deutschlands und Österreichs in einem Krieg würden den russischen Triumph nur verzögern. Dergleichen Stellvertreterkriege kämen letztlich nur Rußland zugute. Österreich-Ungarn hätte daher nicht mehr die Möglichkeit, die Auseinandersetzung auf dem Balkan als Stellvertreterkrieg zu führen. Jetzt gehe es ums Ganze. Und dabei gebe es eine Chance: Ein Krieg auf dem Balkan würde letztlich wohl nur die Interessen Rußlands tangieren und nicht jene des Westens. Warum also nicht auch den Krieg gegen Rußland aus gegebenem Anlaß führen? Wenn aber die Interessen einer westeuropäischen Macht tangiert würden, dann nur die Frankreichs, also müsse auch dieses niedergerungen werden. Der Krieg, so die deutsche Rechnung, würde zwar noch nicht Deutschlands Hegemonie herbeiführen, doch das Reich zu einer mit England und Rußland vergleichbaren Macht werden lassen und zugleich die Habsburgermonarchie innerlich und nach dem Balkan hin konsolidieren.[158] Träume mit realen Hintergründen? Nackter Militarismus und Imperialismus? Wunschdenken, sträflicher Leichtsinn, politisches Unvermögen, logische Fortsetzung eines einmal eingeschlagenen Wegs, Unausweichlichkeit ... – was war es, was hier gesagt wurde? Jedenfalls wurde eine weltgeschichtliche Weichenstellung vorgenommen.

Wie immer man das bewertet, was Hoyos aus Berlin mitbrachte, es war zumindest eine derartige Ermunterung, daß unter Berufung darauf die weiteren Schritte gesetzt werden konnten – und wurden. Da man Wien so deutlich gemacht hatte, daß man in Deutschland eine nicht nur zielgerichtete Politik, sondern auch eine solche ohne Zurückweichen betrieben sehen wollte und dabei durchaus bereit war, das Risiko eines europäischen Kriegs einzugehen, sahen sich die Verantwortlichen am Ballhausplatz nicht nur ermuntert, sondern auch schon ein wenig gedrängt. Es ging ja auch darum, vor dem Bundesgenossen als konsequent handelnd dazustehen.

Unmittelbar nach der Rückkehr Hoyos' aus Berlin begann die nächste Runde in der Entscheidungsfindung. Am 7. Juli tagte der gemeinsame Ministerrat. Davor hatte Berchtold noch ein Gespräch mit dem deutschen Botschafter in Wien, von Tschirschky. Der Botschafter war zwar ursprünglich sehr zurückhaltend gewesen und hatte durchaus nicht die Kriegsstimmung angeheizt; ja manche Äußerungen deuteten auf ein regelrechtes Bremsen und Kalmieren hin. Doch mittlerweile war er von Berlin mit neuen Instruktionen versehen worden. Kurzum: auch von Tschirschky plädierte nachhaltigst für ein „jetzt oder nie".

Im gemeinsamen Ministerrat, an dem auch der Generalstabschef Conrad eine Zeitlang teilnahm, gab es einen einzigen, der noch gegen den Krieg sprach, das war Graf Tisza. Allerdings vertrat auch er bereits eine gegenüber dem 1. Juli, dem Tag, als er den Kaiser noch eindringlichst vor der gezielten Kriegspolitik des Ballhausplatzes gewarnt hatte, modifizierte Haltung. Wie aus Untersuchungen von Norman Stone und F. R. Bridge hervorgeht, war für das allmähliche Einschwenken Tiszas auf die Linie Berchtolds das Ergebnis der Hoyos-Mission maßgeblich.[159] Bei allen anderen gemeinsamen Ministern, beim österreichischen Ministerpräsidenten Stürgkh und bei Conrad stand aber ohnedies nur mehr das Ob und nicht mehr das Wie zur Debatte.

Berchtold etwa wies auf die diplomatischen Erfolge hin, die die Donaumonarchie in der Vergangenheit gegen Serbien errungen hätte, doch das hätte alles nichts gefruchtet. „Eine radikale Lösung der durch systematische, von Belgrad aus betriebene großserbische Propaganda aufgeworfenen Frage, deren zersetzende Wirkung bei uns bis nach Agram und Zara gespürt werde, sei wohl nur durch ein energisches Eingreifen möglich." Graf Stürgkh sah eine Situation eingetreten, „die ... unbedingt zu einer kriegerischen Auseinandersetzung mit Serbien hindränge". Finanzminister Biliński assistierte: „Der Serbe ist nur der Gewalt zugänglich, ein diplomatischer Erfolg würde in Bosnien gar keinen Eindruck machen und wäre eher schädlich als etwas anderes." Und Kriegsminister Baron Krobatin sagte unverblümt: „Vom militärischen Standpunkt müsse er betonen, daß es günstiger wäre, den Krieg sogleich als zu einem späteren Zeitpunkt zu führen."[160] Bei Durchsicht der Protokolle dieses gemeinsamen Ministerrats fällt auf, daß die Forderung nach einem Krieg gegen Serbien schon unmißverständlich erhoben wurde, bevor noch Conrad die von ihm verlangten militärstrategischen und operativen Auskünfte gegeben hatte, die allerdings nicht protokolliert werden durften. Eines ist ebenso unmißverständlich aus diesem Protokoll zu ersehen: Nach dem Vortrag Conrads mußte sich jeder Sitzungsteilnehmer darüber im klaren sein, daß es sich mit höchster Wahrscheinlichkeit nicht um einen isolierten österreichisch-serbischen, sondern um einen europäischen Krieg handeln würde.

Conrad hatte zu drei Problemen Stellung zu nehmen: Ob es möglich sei, gegen Serbien und erst nachträglich gegen Rußland zu mobilisieren. Die Antwort war: Ja, wenn die vollständige Mobilmachung nicht später als am 5. Tag des Aufmarsches gegen Serbien erfolgt. Die zweite Frage ging dahin, ob es möglich sei, zur Einschüchterung Rumäniens größere Truppenkontingente in Siebenbürgen zu belassen. Das war eine Frage, an der der ungarische Ministerpräsident interessiert war. Conrad bejahte ebenfalls. Die dritte Frage war, wo man den Kampf mit Rußland aufnehmen könne. Conrad erläuterte den Kriegsfall „R". Das Fazit des gemeinsamen Ministerrats war: „Es entspinnt sich auf Grund dieser Aufklärungen eine längere Debatte über die Kräfteverhältnisse und den wahrscheinlichen Verlauf eines europäischen Krieges." Am Schluß riet nur Tisza dazu, nichts zu überstürzen, und er war es, der durchsetzte, daß eine Mobilmachung und im weiteren ein Krieg gegen Serbien erst in Erwägung gezogen werden sollten, wenn, wie es im Protokoll dieser Sitzung hieß, „konkrete Forderungen an

Serbien gerichtet und dieselben zurückgewiesen sowie ein Ultimatum gestellt worden war". Allerdings waren sich alle Teilnehmer des Ministerrats darin einig, daß die konkreten Forderungen an Serbien so formuliert werden sollten, daß sich eine Ablehnung voraussehen ließ und damit eine „radikale Lösung im Wege militärischen Eingreifens angebahnt würde".[161]

Tisza sah sich trotz seiner prinzipiellen Zustimmung zur Absendung einer Demarche an Serbien veranlaßt, dem Kaiser tags darauf nochmals seine Haltung zu erläutern. Die Demarche könnte nur den Zweck haben, die Schuld an einem Krieg Serbien zuzuschieben, „welches die Kriegsgefahr dadurch auf sich gewälzt hätte, daß es sich selbst nach der Sarajevoer Greueltat geweigert habe, die Pflichten eines anständigen Nachbarn ehrlich zu erfüllen". Tisza dachte aber noch weiter: „Um jedoch Verwicklungen mit Italien aus dem Wege zu gehen, die Sympathie Englands zu sichern und es Rußland überhaupt zu ermöglichen, Zuschauer des Krieges zu bleiben, müßte unsererseits in entsprechender Zeit und Form die Erklärung abgegeben werden, daß wir Serbien nicht vernichten, noch weniger annektieren wollen. Nach einem glücklichen Kriege nämlich wäre meines Erachtens Serbien durch Abtretung seiner eroberten Gebiete an Bulgarien, Griechenland und Albanien zu verkleinern, für uns aber höchstens gewisse strategisch wichtige Grenzregulierungen zu fordern. Freilich hätten wir Anspruch auf Entschädigung der Kriegskosten, was uns Handhabe bieten würde, Serbien für lange Zeit in fester Hand zu behalten."[162] Trotz oder gerade in Kenntnis dieser Meinung konnte das Wiener Außenamt konsequent weitermachen.

Der österreichische Gesandte in Belgrad, Wladimir Freiherr von Giesl, war zur Zeit des Attentats gerade in Frankreich gewesen. Er reiste aber zunächst nach Wien, um Instruktionen zu bekommen, und meldete sich schließlich nach dem gemeinsamen Ministerrat vom 7. Juli bei Berchtold ab. Dabei bekam er die bündige Weisung mit auf den Weg: „Wie immer die Serben reagieren – Sie müssen die Beziehungen abbrechen und abreisen; es muß zum Krieg kommen."[163]

Am Tag nach dem gemeinsamen Ministerrat überraschte Berchtold den Generalstabschef mit dem Vorschlag, er und der gemeinsame Kriegsminister Krobatin sollten einige Zeit auf Urlaub fahren, um in der Öffentlichkeit den Anschein zu erwecken, daß nichts vorgehe. Der Kaiser war zwar anderer Ansicht und verlangte die Verschiebung der Urlaube, doch ab dem 12. Juli war die militärische Spitze nicht mehr in Wien. „Fidele Krisenstimmung" schrieb die ausländische Presse.[164]

Immer deutlicher zeichnete sich ab, daß die Haltung in der Donaumonarchie und jene im Deutschen Reich übereinstimmten und daß idente Erwartungen die Menschen da wie dort beherrschten. Die Kongruenz dieser Haltung und die Einstellung der deutschen Eliten kam in einem Schreiben des Legationsrats an der k. u. k. Botschaft in Berlin, Franz Freiherrn von Haymerle, überdeutlich zum Ausdruck. Haymerle schrieb am 8. Juli an Hoyos: „Hier im Auswärtigen Amt wurden wir allseits zu einer Aktion gedrängt. Die Stimmung ist großartig für uns, wenn wir losgehen, sonst dürfte man uns wohl als hoffnungslos, hätte ich fast gesagt, aufgeben."[165] Haymerle wies in seinem Schreiben aber noch besonders auf einen Mann hin, von dem, wie nicht nur er meinte, jetzt viel abhing, den schon erwähnten Präsidialchef im k. u. k. Ministerium des Äußern, Graf Forgách. Haymerle schrieb: „... denn will er wirklich, so tut es der Minister und vor allem auch Tisza." Und Forgách wollte! Vielleicht ist in diesem Wollen und den sehr zielstrebigen Handlungen des Sektionschefs Forgách auch die Erklärung für das UmschwenkenTiszas zu sehen. Er war ja der einzige gewesen, der regelrecht „umgepolt" werden mußte.

Für die jüngeren Beamten des Außenministeriums, jedoch auch für viele andere stand ohnedies unumstößlich fest, daß die Monarchie einen entschlossenen Schritt setzen mußte, um die Grenzen und den Bestand des Reichs zu sichern. Würde man das nicht tun, würde die Monarchie zerfallen, Berlin würde an Wien verzweifeln und sich womöglich einen neuen Bundesgenossen suchen. Die so dachten, wollten auch nicht verstehen, warum Berchtold so bedächtig vorging und so viel Zeit verstreichen ließ, statt den Krieg gegen Serbien rasch zu entfesseln. Berchtold aber wollte eine Begrenzung des Kriegs und meinte, dies am ehesten damit zu erreichen, daß er den europäischen Mächten die schändliche Rolle Serbiens vor Augen führte.

Dabei kam sicherlich auch ein gerütteltes Maß an Wunschdenken ins Spiel und die schon mehrfach erwähnte eingeengte Sicht der Machtverhältnisse und der Interessen in Europa. Die isolierte Sicht ging so weit, daß zwar immer wieder Rußland als möglicher Kriegsgegner genannt wurde, ein sofortiges Eingreifen aber als zumindest fraglich galt und nicht einmal als eine 50 : 50-Eventualität in Rechnung gestellt wurde. Rußland, Frankreich, Großbritannien, Italien und wer immer sollten mit einem Dossier über die Schuld Serbiens informiert und damit ruhiggestellt werden. Denn, so hoffte man am Ballhausplatz, wenn die Beteiligung der serbischen Regierung am Thronfolgermord zweifelsfrei nachgewiesen würde, dann konnte doch kaum jemand hergehen und die österreichischen Maßnahmen als übertrieben ansehen. Dann würde Rußland Serbien wohl noch verbal unterstützen, es aber an einer tatsächlichen Hilfe fehlen lassen, da ja auch Frankreich und Großbritannien diese Unterstützung als nicht angebracht unterlassen müßten. Das britische Empire spielte in den österreichischen Überlegungen kaum eine Rolle, ja selbst Frankreich wurde nur als marginal eingestuft; notwendig bei der diplomatischen Aktion, doch ansonsten nicht wirklich zu berücksichtigen.

So wurde also in Wien an einem Dossier gearbeitet, das die Schuld Serbiens am Fürstenmord und überhaupt an der antiösterreichischen Agitation zweifelsfrei nachweisen sollte. Schließlich hatte Serbien ja 1909 ausdrücklich Wohlverhalten gelobt. In das Dossier sollten alle jene Anklagen und Beweise einfließen, die in Wien im Lauf der Zeit gesammelt worden waren, zudem aber auch alle Ergebnisse der Untersuchung der Hintergründe des Sarajevoer Attentats. Um die Untersuchung abzuschließen und die Beweisführung an Ort und Stelle so voranzutreiben, daß der vom Ballhausplatz erwartete unumstößliche Beweis der Schuld Serbiens erbracht werden konnte, wurde schließlich der ehemalige Staatsanwalt und nunmehrige Legationsrat Friedrich Wieser nach Sarajevo in Marsch gesetzt. Doch er erfüllte die in ihn gesetzten Hoffnungen nur teilweise. Seine telegrafische Meldung nach Wien: „Mitwisserschaft der serbischen Regierung an Leitung des Attentats oder dessen Vorbereitung oder Bestellung der Waffen durch nichts erwiesen oder auch nur zu vermuten. Es bestehen vielmehr Anhaltspunkte, dies als ausgeschlossen anzusehen ...", wurde vor allem nach dem Krieg dazu verwendet, um den Nachweis zu führen, wie unbegründet der österreichische Verdacht gegen Serbien gewesen sei und welch infames Spiel da getrieben worden war.

Doch die Sache verhielt sich keineswegs so. Die entscheidenden Passagen des Telegramms Ritter von Wiesers wurden nämlich nach dem Krieg von der neuen südslawischen Regierung bewußt verfälscht bzw. verstümmelt wiedergegeben. Die erwähnte Passage war das Ende des ersten Teils des Telegramms. Am Anfang des zweiten Teils hieß es: „Durch Aussagen Beschuldigter kaum anfechtbar festgestellt, daß Attentat in Belgrad beschlossen und unter Mitwirkung serbischer Staatsbahnbeamten ... vorbereitet. Ursprung Bomben aus serbischem Armeemagazin Kragujevac ..." Offen blieb bei Wiesner die Mitwirkung anderer serbischer Verantwortlicher, vor allem von Regierungsmitgliedern oder hohen Militärs, sowie die Frage, ob die Bomben, Brownings und die Munition aus dem Armeemagazin Kragujevac erst jüngst entnommen worden waren oder schon vor längerer Zeit. Wiesner ließ alles offen, wofür er noch keine eindeutigen Beweise bekam, doch er plädierte im zweiten Teil seines Telegramms durchaus für die Erweiterung der österreichisch-ungarischen Forderungen gegenüber Serbien.[166]

Der Kenntnisstand serbischer Spitzenpolitiker und Militärs im Zusammenhang mit den Vorbereitungen des Attentats war allerdings wirklich nicht im einzelnen nachweisbar. Diese Dinge wurden erst 1917 im sogenannten Salonikiprozeß teilweise offenbar. Mittlerweile ist die Auswertung der serbischen Dokumente freilich so weit möglich gewesen, daß an dieser Kenntnis und auch Mitverantwortung kein Zweifel mehr besteht.[167]

Die serbische Regierung insgesamt hatte allerdings keine Ahnung, und selbstverständlich hatte sie das Attentat auch nicht befohlen. Doch daß der Ministerpräsident, daß einzelne Minister und Militärs, vor allem auch der Chef des serbischen militärischen Nachrichtendienstes, Oberst Dimitrijević, in voller Kenntnis der Vorgänge waren, ist mittlerweile unumstößlich bewiesen.

Fritz Würthle hat an seine Darstellung der Zusammenhänge, die den beziehungsreichen Titel „Die Spur führt nach Belgrad" erhielt, Überlegungen geknüpft, weshalb damals der österreichischen Beweisführung kein Glauben geschenkt wurde. Zwei Vorfälle könnten dabei eine Rolle gespielt haben, nämlich der Friedjung-Prozeß und die sogenannte Prochaska-Affäre. Beide hatten die Glaubwürdigkeit Österreich-Ungarns erschüttert, da dem Wiener Ministerium des Äußern im einen Fall, 1909, die leichtgläubige Verwendung gefälschter serbischer Dokumente nachgewiesen und im anderen Fall der österreichisch-ungarischen Presse maßlose Übertreibung bei der Schilderung von Vorfällen rund um den k. u. k. Konsul in Prizren 1912, Prochaska, vorgeworfen werden konnte. Dabei waren bestenfalls Ungeschicklichkeit und eine gelenkte Kampagne an dieser Einbuße von Prestige und Glaubwürdigkeit schuld gewesen.

Doch es wurde vom Ausland nicht nur deshalb immer wieder auf die Friedjung- und die Prochaska-Affäre hingewiesen, weil man meinte, die Hintergründe von Sarajevo ähnlich einstufen zu müssen; es war auch eine bewußte Ablenkung. Wahrscheinlich hätten die unumstößlichsten Beweise nichts gefruchtet, da den österreichischen Darlegungen grundsätzlich widersprochen werden sollte. Man sah sich in dieser Haltung auch dadurch bestärkt, daß von Wien zunächst ja keinerlei Forderung an Serbien erging. Doch die Auguren wußten es anders, und vor allem auch jene Leute, die von den Kryptographen profitierten. In St. Petersburg etwa, wo sich der italienische Botschafter als Augur betätigte und am 16. Juli die gezielte Indiskretion fallen ließ, Österreich-Ungarn plane einen Schritt gegen Serbien und glaube, Rußland würde es bei einem verbalen Protest belassen. Doch die Russen wurden auch anderweitig gut bedient. Sie hatten den österreichisch-ungarischen diplomatischen Code geknackt und wußten zumindest gleichzeitig mit dem k. u. k. Botschafter, welche Weisungen Wien an seinen Vertreter in St. Petersburg ergehen ließ.[168]

Mittlerweile wurden weitere gedankliche Kriegsspiele angestellt. Der stellvertretende k. u. k. Generalstabschef, General von Höfer, der Conrad während dessen Urlaub zu vertreten hatte, ging die Operationsplanung gegen Serbien durch und befürchtete, die Serben könnten in den südlichen Landesteilen versammelt bleiben, „was das Allerschlimmste wäre".[169] „Dann könnte es erst vielleicht drei Wochen nach Ausspruch der Mobilmachung zu entscheidenden Kämpfen kommen." Sollten die Serben aber nachgeben, wäre das Dilemma noch größer, denn „ein Bezahlenlassen der Mob[ilmachungs]Kosten und wieder Kehrtmachen, das hieße kaum halbe Arbeit verrichten." Und so spekulierte man weiter.

Es summierten sich die Tage zu Wochen und die Wochen schließlich zu einem Monat. Nun konnte man natürlich fragen, warum ein Land, das seiner Sache so sicher war, so lange zuwartete. Am Ballhausplatz hatte man zwar weitergearbeitet, doch der Termin für ein „Hervortreten" schien immer wieder ungünstig zu sein. In der „Hexenküche" des Ballhausplatzes war auch schon eine Note an Serbien entworfen worden, die in ultimativer Form Aufklärung und Sühne für den Doppelmord fordern sollte. Gesandter Baron Musulin hatte die Note entworfen und ausgefeilt.[170] Er tat dies unter Anleitung des Präsidialchefs Graf Forgách. An Musulin wurde seine stilistische Gewandtheit gerühmt, sprachlicher Ausdruck in höchster Vollendung. Diese Sucht nach sprachlicher Perfektion ließ ihn schließlich, wie der Musulin zugeteilte Emanuel Urbas noch 1951 in seinem Erinnerungsbuch „Schicksale und Schatten" zu berichten wußte, die volle ihm zur Verfügung stehende Zeit nützen, und er feilte an seiner Note „wie an einem Edelstein".[171]

Im ersten Entwurf Musulins lasen sich die Forderungen an Serbien noch vergleichsweise harmlos. Zunächst wurde gesagt, daß die k. u. k. Regierung davon ausgehe, daß die serbische Regierung den Mord am Thronfolger und seiner Gemahlin genauso verurteilte wie die ganze Kulturwelt. Um aber den guten Willen zu demonstrieren, wäre eine Reihe von Maßnahmen nötig. Die Note schloß mit dem Ersuchen um gefällige Rückäußerung. Forgách baute den Entwurf Musulins um und fügte vor allem den Punkt 6 ein, der wie folgt lautete: „Die königlich serbische Regierung verpflichtet sich, eine Untersuchung gegen jene Teilnehmer des Komplottes vom 28. Juni einzuleiten, die sich auf serbischem Territorium befinden; von der k. u. k. Regierung hierzu delegierte Organe werden an den bezüglichen Erhebungen teilnehmen." Es ging also nicht darum, österreichische Organe an der serbischen Rechtsprechung teilnehmen zu lassen, wie das dann die Serben in ihrer Antwortnote anklingen ließen, sondern um die Teilnahme an der Untersuchung. Dabei wäre sogar ein Präzedenzfall anzuführen gewesen, denn Österreich-Ungarn hatte es 1868 nach dem Mord am serbischen Fürsten Mihailo serbischen Funktionären ermöglicht, auch auf dem Gebiet der Donaumonarchie Vorerhebungen zu pflegen.[172] Dennoch: Die Note war so scharf wie möglich abgefaßt worden, und aus der „gefälligen Rückäußerung" wurde eine 48-Stunden-Frist. Wie schrieb doch Emanuel

Urbas Jahrzehnte später so bildhaft: „Ein Dokument sollte geschaffen werden, das durch die unerhörte Wucht und Knappheit seiner Sprache die Welt bezwingen mußte. Wir waren doch Zeitgenossen des Karl Kraus ... So hatten wir gelernt, an die autonome Magie des Wortes als des Schoßes des Gedankens und der Tat zu glauben.“[173]

Forgách hatte Sorge gehabt, sein Minister könnte womöglich nachgeben wollen. Doch Berchtold bewegte ganz anderes, da er dem Kaiser gegenüber mutmaßte, daß eine „schwächliche Haltung unsere Stellung Deutschland gegenüber diskreditieren könnte“ und daß es im Grunde genommen darauf ankäme, die praktische Kontrolle über Serbien ausüben zu können.[174] Jeder fürchtete, der andere könnte nachgeben und „weich werden“ wollen. Weiterhin wurde nur an Krieg gedacht, und auch das Deutsche Reich drängte unentwegt. Botschafter Tschirschky wurde nunmehr zum stetigen Mahner und Übermittler von Botschaften Berlins, die in zahllosen Varianten von Wien forderten: Krieg, so schnell wie möglich!

Mittlerweile war auch der Widerstand des prominentesten Kriegsgegners, des ungarischen Ministerpräsidenten Graf Tisza, geschwunden. Er stimmte im gemeinsamen Ministerrat vom 19. Juli der Absendung der Begehrnote an Serbien zu und wollte nur sichergestellt wissen, daß an Serbien keine territorialen Forderungen gestellt würden. Auch dabei zeigte Tisza Flexibilität, wenn er z. B. die Abtrennung der Donauinsel Ada Kaleh in der Nähe des Eisernen Tores und andere kleine, als strategisch bezeichnete Grenzberichtigungen für durchaus angebracht hielt. Offen blieb im gemeinsamen Ministerrat vom 19. Juli, ob Serbien zwischen anderen Balkanstaaten aufgeteilt werden sollte, wie dies auch schon Graf Hoyos überlegt hatte. Und der österreichische Ministerpräsident Graf Stürgkh sprach davon, daß die serbische Dynastie abgesetzt werden könnte. Wie dem auch sei: Einig war man darüber, die Begehrnote an Serbien zum ehestmöglichen Zeitpunkt abzusenden und sie so zu redigieren, daß sie von Belgrad abgelehnt werden müßte.[175]

Wieder war man bei der Herbeiführung des Kriegs um einen Schritt weitergekommen, doch nach außen hatte sich so gut wie nichts verändert. Nur war mittlerweile endgültig die Chance vertan, den Schock des Fürstenmordes auszunützen und in einer Spontanreaktion über Serbien herzufallen. In Berlin hatte man zunächst überlegt, daß Österreich-Ungarn bei einem raschen Losschlagen gegen Serbien infolge der ja augenfälligen militärischen Übermacht in kürzester Zeit die Kapitulation Serbiens herbeiführen könnte, ohne daß Rußland und Frankreich überhaupt in der Lage wären, einzugreifen. Dann wäre es an Deutschland gelegen, zu vermitteln und Wien an den Verhandlungstisch zu bringen. Auf diese Weise wäre das kalkulierte Risiko aufgegangen und im Sinne der Riezlerschen Bluffthcorie ein begrenztes Ziel erreicht worden, ohne den großen Krieg ausgelöst zu haben. Die zurückgebliebene, stagnierende Großmacht Österreich-Ungarn hätte damit möglicherweise auch einen Punkt erreicht, bei dem sie ihre Schwäche überwinden und zusammen mit dem Deutschen Reich dynamisch voranschreiten konnte. Doch die Überraschung war dahin, und damit wuchs die Wahrscheinlichkeit eines Eingreifens Rußlands und Frankreichs.

Im Augenblick aber, da man in Berlin zur Überzeugung kam, daß sich Rußland vom Schock erholt hatte und zu seiner früheren Politik der Unterstützung Serbiens zurückkehrte, kamen die alten Überlegungen über den Zusammenhang einer Ost- und einer

Westfront wieder zur Geltung. Kam es zum Krieg, dann sollte der operativen Planung des deutschen Generalstabs zufolge zuerst Frankreich mit Macht angegriffen und gegenüber Rußland nur hinhaltend gekämpft werden. Um gegen Frankreich einen raschen Erfolg zu haben, sollte mit einem starken rechten Flügel, über Belgien ausholend, nach Nordfrankreich operiert werden. Der Einmarsch in das neutrale Belgien drohte freilich Großbritannien auf den Plan zu rufen, jenes Empire, das aus dem Krieg herauszuhalten zwar Ziel der deutschen Politik war – doch dann hätte es den Schlieffen- und den Moltke-Plan gar nicht geben dürfen. Das Dilemma konnte kaum perfekter sein. Die militärische Führung des Deutschen Reichs rechnete sich gute Chancen aus, einen Zweifrontenkrieg führen – und auch erfolgreich führen – zu können, immer vorausgesetzt, Großbritannien griff nicht ein. Die politische Führung wollte auch alles tun, um England herauszuhalten, doch sie geriet in eine solche Abhängigkeit von der militärischen Planung, daß man nur mehr einer Illusion nachjagte.

Da die deutsche operative Planung der Politik keinen Spielraum ließ, sondern sie bis zu einem gewissen Grad zwang, den großen Krieg zu führen, und zwar mit allen Konsequenzen, bekam die Entwicklung eine Eigendynamik und geriet schließlich vollends außer Kontrolle. Darin liegt die eigentliche tragische Rolle des Deutschen Reichs in der Julikrise: Nicht daß es Österreich-Ungarn Unterstützung zusagte und ein bedingungsloses Mitgehen signalisierte, sondern darin, daß es in einer Parallelaktion den drohenden Krieg von vornherein mit den Dimensionen eines Weltkriegs ausstattete. Was in Berlin gedacht und vorbereitet wurde, unterschied sich auch wesentlich von jener eingeschränkten – und wohl ein wenig beschränkten – Sicht, die man in Wien pflegte. Denn die Vorstellung, man würde ein bißchen Krieg führen können, zeigte nur zu deutlich die eingeengte, kontinentale, ja mehr noch: nur auf ganz wenige Räume Europas abgestimmte Sicht der Dinge, die in keinem wie immer gearteten Einklang mit der Realität der Bündnisse stand.

Auch anderswo gab man sich Illusionen hin. In Bukarest, wo man sich zwar schon recht schlüssig geworden war, in einem ausbrechenden Krieg nicht an der Seite des Deutschen Reichs und Österreich-Ungarns aufzutreten, wurde sogar eine diplomatische Aktion gestartet, um Serbien zum Nachgeben zu veranlassen. König Carol und der rumänischen Regierung schien dies der beste Weg zu sein, um aus einem Dilemma herauszufinden, das dadurch entstanden war, daß Deutschland deutlich machte, es würde sich verstärkt Bulgarien zuwenden und Rumänien bei einer feindlichen Haltung dadurch bloßstellen, daß es den geheimen Bündnisvertrag publiziere.[176] Die rumänische Regierung schickte Nicolae Cantacuzino als Gesandten in besonderer Mission nach Belgrad und gab ihm den Auftrag, die serbische Regierung zu überreden, „in extremis“ die drohende Note aus Wien anzunehmen, um den Krieg zu vermeiden.[177]

Aus St. Petersburg berichtete der österreichische Botschafter, daß sich offenbar auch Rußland noch nicht so ganz sicher war, ob nicht doch ein gewisser Druck auf Serbien ausgeübt werden sollte. Das veranlaßte schließlich den russischen Außenminister Sergej Sazonov, dem Grafen Friedrich von Szápáry zu sagen, daß „Europa Österreich bei seiner Auseinandersetzung mit Serbien nicht in den Arm fallen“ sollte. „Auf jeden Fall müsse den Provokationen Serbiens, durch welche Europa nun schon zum dritten Mal innerhalb von fünf Jahren an die Schwelle des Kriegs gebracht wurde“, ein für allemal Einhalt geboten werden.[178] Was man mit derlei Äußerungen anfangen sollte, war jedoch schwer einzuschätzen, immer vorausgesetzt, Szápáry oder wer auch immer gab sie wirklich korrekt wieder. Denn wenn man sich die diplomatische Berichterstattung während der Julikrise durchsieht, dann kommt darin alles vor: grenzenlose Friedensliebe ebenso wie martialisches Gehabe und die Bereitschaft, eine diplomatische Lösung um jeden Preis anzustreben, sowie die resignative Feststellung, daß nichts mehr zu machen war.

In London wollte man nicht nur vermitteln und weiter diplomatische Wege beschreiten, sondern griff die damals offenbar weitverbreitete Faustpfandtheorie auf. Wenn Österreich-Ungarn schon Serbien angreifen würde, dann wäre es doch genug, meinte man in London, wenn sich die k. u. k. Armeen eines Faustpfandes, etwa Belgrads, versicherten, um dann aus einer Position der Stärke heraus verhandeln und Serbien die Bedingungen für den Frieden diktieren zu können. Der „Halt in Belgrad“ wurde zu einem bestimmenden Faktor in der britischen Politik.[179] Was man in London nicht wissen konnte, waren zum einen die Funktionsmechanismen des Zweibundes, zum anderen ahnte man in London nicht, daß in der Operationsabteilung des k. u. k. Generalstabs der „Kriegsfall Balkan“ in einer Weise ausgearbeitet worden war, der den klassischen Operationen widersprach: Waren seit Ludwig von Baden und Prinz Eugen die kaiserlichen Truppen immer über die Donau vorgestoßen, um rasch Belgrad in Besitz zu nehmen, so war der Kriegsfall „B“ nunmehr so konzipiert worden, daß der Angriff der Hauptkräfte aus Bosnien und der Herzegowina heraus erfolgen sollte, quer zu allen natürlichen Bewegungslinien. Damit aber war eine rasche Inbesitznahme von Belgrad eine Illusion. Der Halt in Belgrad war nicht möglich, weil die Besetzung der serbischen Hauptstadt in der operativen Planung erst nach der Besetzung sehr großer Teile Serbiens vorgesehen war. Überhaupt aber waren endgültige Entschlüsse über die Stärke der Truppen, die gegen Serbien zum Einsatz kommen sollten, erst dann möglich, wenn klar war, ob es einen wirklich isolierten Krieg auf dem Balkan oder auch einen solchen gegen Rußland geben würde. Dann war wieder alles anders.

Das also war das Dilemma der Habsburgermonarchie. Dazu kam, daß die Mobilmachung noch nicht einmal ansatzweise eingeleitet worden war, denn noch war ja nicht einmal die diplomatische Aktion voll angelaufen, von der es abhing, ob die Beziehungen abzubrechen waren und ob es Krieg geben würde. Eine frühere Mobilmachung verbot sich jedoch aus einer Reihe von Gründen, nicht zuletzt aus finanziellen Erwägungen. Nach zwei Mobilmachungen innerhalb kürzester Zeit war die Grundaussage die, daß es hieß: Mobilmachung nur dann, wenn danach auch wirklich Krieg geführt wird.

Die gelegentlich erhobene Kritik, der k. u. k. Generalstab hätte bei Kriegsbeginn komplett versagt, weil er zwar immer für Präventivkriegsmaßnahmen eingetreten war und gewaltig mit dem Säbel rasselte[180], dann aber, als es darauf ankam, bei Kriegsbeginn, nochmals 14 Tage verlangte, um auch wirklich operationsbereit zu sein, übersieht eine ganze Reihe von Punkten. Conrad konnte von sich aus keine Mobilmachungsmaßnahmen einleiten. Als es dann soweit war, benötigten die Armeen ihre Zeit, um die Reservisten einzuberufen und einzureihen und um in die Operationsgebiete abzugehen. Aber die Zeit war, wie man noch sehen sollte, kein wirklich alles entscheidender Faktor. Man kann den Kriegsbeginn 1914 nicht mit den Maßstäben von 1939, 1967 oder wann auch immer danach messen.

Im Juli 1914 war ein Teil der aktiv dienenden Mannschaften auf Ernteurlaub, sicherlich eine Besonderheit der k. u. k. Armee. Allein die Rückberufung dieser Mannschaften hätte schon Aufsehen erregt und wahrscheinlich auch unverzüglich Gegenmaßnahmen aller potentiellen Kriegsgegner nach sich gezogen. Im Licht der späteren Ereignisse hätte dies vielleicht nicht viel ausgemacht, auf jeden Fall muß dabei aber berücksichtigt werden, daß mit Hilfe der Soldaten eine Ernte eingebracht wurde, die sonst zum Teil nicht mehr einbringbar gewesen wäre. Folglich wurde kein Soldat zurückbeordert und wurden nur weitere Ernteurlaube gestrichen.

Kaum war dieses Problem überdacht und entschieden, tauchte ein anderes auf. Der Präsident der französischen Republik, Raymond Poincaré, sollte nach St. Petersburg reisen, um dort einen schon längere Zeit vereinbarten Staatsbesuch zu absolvieren. Nun wurde in Wien überlegt, daß es besser wäre, die Zeit dieses Besuchs noch verstreichen zu lassen, um Frankreich und Rußland die Gelegenheit zu nehmen, sich unmittelbar und auf höchster Ebene über gemeinsam zu ergreifende Maßnahmen zu verständigen. Das war zwar geradezu einfältig gedacht, denn es verhinderte ja keineswegs, daß man sich bei Gelegenheit des Besuchs von Poincaré aller jener Zusagen versicherte, die für einen wann auch immer in näherer Zukunft ausbrechenden Krieg vonnöten waren. Der gemeinsame Ministerrat vom 19. Juli, bei dem wiederum Conrad gehört wurde, legte schließlich den 23. Juli als Tag der Überreichung des Ultimatums an Serbien fest. Wieder verging Zeit. Und es gab eigentlich nur mehr zwei Dominanten in der öffentlichen Meinung: Die eine war die, daß man glaubte, die Kriegsgefahr sei vorbei. Die andere ließ schon Enttäuschung und Zorn ob der scheinbar vertanen Chance erkennen. Am 23. Juli ging Poincaré an Bord der „Jean Bart“, jenes Schiffes, das ihn wieder nach Frankreich zurückbringen sollte. Gegen Mittag dieses Tages wurde dem österreichischen Gesandten in Belgrad, Baron Giesl, ein verschlossenes Kuvert übergeben, das er nicht vor dem Nachmittag öffnen sollte. Als er es tat, fand er darin eine Demarche, die er nicht vor 18 Uhr der serbischen Regierung zu überreichen hatte. Es war die schon rund zwei Wochen vorher entworfene Begehrnote. Der serbischen Regierung wurde zur vollständigen Annahme eine Frist von 48 Stunden zugestanden.

Streifen wir noch einmal den Zeitfaktor. Die Demarche war im wesentlichen am 12. Juli fertig gewesen und gleich darauf mit ihrer allerdings noch nicht endgültigen Textierung Berlin mitgeteilt worden. Angesichts des Terminkalküls wurde damals schon darauf hingewiesen, daß die Note – wegen des Besuchs Poincarés in St. Petersburg – erst um den 25. Juli übergeben werden sollte. Kaiser Wilhelm schrieb auf die diesbezügliche Nachricht eine seiner vielen Randbemerkungen. Sie lautete „schade“.[181] In den Folgetagen wurde an der Note gefeilt. Parallel dazu liefen die vielschichtigsten diplomatischen Aktionen.

In den Tagen nach der Übermittlung des Notenentwurfs an Berlin glaubten deutsche Diplomaten sogar ein Weichwerden Österreich-Ungarns beobachten zu können. Graf Berchtold hatte nämlich die Befürchtung geäußert, Serbien könnte das Ultimatum annehmen. Was dann? Daher plädierte Berlin nochmals für harte Bedingungen, und zwar solche, die Serbien einfach nicht annehmen konnte. Das deutsche Drängen zum Krieg hing natürlich damit zusammen, daß man selbst die Situation nützen wollte und sich in Überschätzung der eigenen Möglichkeiten durchaus imstande sah, Frankreich und Rußland in Schach zu halten. Außerdem seien diese beiden Mächte, meinte man in Berlin, noch nicht schlagfertig.[182] Im Deutschen Reich war auch schon die Ernte eingebracht. Worauf also noch warten? Die deutsche Artillerie war überlegen, die deutschen Gewehre besser als die französischen und russischen. Frankreich, so meinte man im deutschen Generalstab, hätte die Umstellung von der zwei- auf die dreijährige Dienstzeit noch nicht verkraftet. Daher, so folgerte der Staatssekretär im Auswärtigen Amt, von Jagow: „Läßt sich die Lokalisierung nicht erreichen und greift Rußland Österreich-Ungarn an, so tritt der casus foederis ein."[183]

Auch das Deutsche Reich erweckte den Eindruck des Einlullens. Kaiser Wilhelm hatte seine geplante Nordlandreise angetreten, kaum daß die Kieler Segelwochen vorüber waren. Politiker und Militärs waren auf Urlaub, doch gerade letztere erklärten, es sei ohnedies alles so vorbereitet, daß die militärische Aktion jederzeit unverzüglich gestartet werden könne. Auch in Österreich-Ungarn waren viele hohe Militärs, Politiker und Spitzenbeamte auf Urlaub gegangen, manch einer mit der Bemerkung, wer weiß, für wie lange dies der letzte Urlaub sein würde. Man tat es dem Kaiser nach, der nach der Überführung des Thronfolgers und dessen Verabschiedung in Wien wieder nach Ischl zurückgekehrt war, um seinen Sommeraufenthalt fortzusetzen.

Es war aber wohl nicht so sehr diese Politik des Ablenkens und Einlullens, die vor allem in Frankreich und Großbritannien Wirkung gezeigt hätte. Hier war man vielmehr von den eigenen Angelegenheiten so sehr in Anspruch genommen, daß schließlich weder Sarajevo noch den Entwicklungen des Juli nennenswerte Aufmerksamkeit geschenkt wurde. Für Frankreich hatte der politisch heikle Prozeß gegen Madame Caillaux Vorrang vor allem anderen, und soweit es das offizielle Frankreich betraf, versicherte man sich gegenseitig, daß der ermordete Erzherzog Franz Ferdinand in Österreich-Ungarn äußerst unbeliebt gewesen sei – was sollte daraus schon für eine besondere Krise resultieren?[184] Das damals neugebildete Kabinett Viviani hatte auch noch keinen Überblick und wurde schließlich die längste Zeit durch die Reise des Staatspräsidenten Poincaré nach Rußland in Anspruch genommen, auf der nicht zuletzt auch das Vergnügen nicht zu kurz kommen sollte. Für den Sommer 1915 wurde der Gegenbesuch Zar Nikolajs II. in Frankreich vorgesehen. London wiederum war durch das Irlandproblem in Anspruch genommen. Dort drohte der Ausbruch eines Bürgerkriegs; Irland beschäftigte Politiker wie Militärs daher im höchsten Maß. Daneben schien es kaum etwas von Bedeutung zu geben.[185] Doch das sollte sich rasch ändern.

Am 22. Juli wurde der endgültige Text des österreichisch-ungarischen Ultimatums Berlin zur Kenntnis gebracht. Dort war man damit einverstanden, wußte freilich auch, daß sich die Abfahrt des französischen Staatsbesuchs aus Kronstadt um etwa eine Stunde verschieben würde. Graf Berchtold wurde daher informiert, er solle dem österreichischen Gesandten in Belgrad als Zeitpunkt der Übergabe der Demarche den 23. Juli, sechs Uhr nachmittag, nennen. Im übrigen war man auch in Berlin der Auffassung, daß die österreichische Note von Serbien kaum angenommen werden konnte.

Die Übergabe der österreichischen Note wirkte wie ein Schock. Vielleicht war wirklich nicht mehr daran geglaubt worden, daß Österreich-Ungarn so vorgehen würde. Die Kommentare drückten größtenteils Entsetzen aus. In Belgien nannte man die Note „unqualifizierbar". Der britische Außenminister Sir Edward Grey sprach von dem „übelsten Schriftstück", das ihm in seinem Leben in die Hand gekommen war. Italien ließ in St. Petersburg verlauten, daß Österreich „unannehmbare" Bedingungen gestellt habe. Und der russische Außenminister Sazonov quittierte die Demarche mit den Worten: „Das ist der Krieg."[186] Offenbar hatte sich jeder Leiter einer Staatskanzlei schon passende Worte überlegt, um sie für die Nachwelt überliefern zu lassen – Zeit genug hatte ja jeder gehabt! Es gibt daher so gut wie niemanden, von dem nicht ein zitierbarer Ausspruch überliefert wäre, mit dem er auf die Höhepunkte der Julikrise reagiert hatte.

Belgrad wurde zum Hexenkessel. Ministerpräsident Nikola Pašić, der auf einer Wahlreise gewesen war, kehrte Hals über Kopf in die Hauptstadt zurück. Es wurde konferiert, konsultiert und depeschiert. Rumänien brachte seinen Sonderbotschafter zum Einsatz und dürfte als einziges Serbien zur bedingungslosen Annahme der Wiener Demarche geraten haben.[187] Welche innenpolitischen Probleme eine bedingungslose Annahme aber haben mußte und welche Risken jene eingingen, die zur Kapitulation rieten, glaubte der französische Gesandte in Belgrad absehen zu können, der meinte, der König würde in diesem Fall kurzerhand ermordet werden.[188] Frankreich riet dazu, so viele österreichische Bedingungen anzunehmen, wie es die Ehre Serbiens zuließe. Im übrigen vertrat aber gerade Staatspräsident Poincaré die Auffassung, angesichts der deutschen Unterstützung für Österreich-Ungarn dürfe man gegenüber Berlin keine Nachgiebigkeit zeigen. Rußland ließ an seiner Bereitschaft, Serbien zu unterstützen, keinen Zweifel. Das wurde auch dem Ballhausplatz umgehend mitgeteilt. In Wien konnte man freilich nicht abschätzen, ob dies nicht nur ein Bluff war, jedenfalls herrschte „volle Entschlossenheit, auch mit Rußland Krieg zu führen, wenn es sein müsse".[189]

Von den Großmächten zeigte nur Großbritannien, daß es bereit war, zu vermitteln. Im Anschluß an die erste Kabinettssitzung, die sich seit dem Attentat von Sarajevo überhaupt mit außenpolitischen Fragen beschäftigte, regte der britische Außenminister an, daß vier am Konflikt nicht unmittelbar beteiligten Mächte, nämlich Großbritannien, das Deutsche Reich, Frankreich und Italien, eine gemeinsame Aktion starten sollten. Da Sir Edward aber wohl wußte, daß ihm die Zeit davonlief, schlug er gleichzeitig vor, daß Österreich-Ungarn die Frist für die Beantwortung des Ultimatums verlängern sollte. Nachdem im Verlauf des 24. Juli keine der angesprochenen Mächte eine positive Reaktion zeigte, ließ Sir Edward in Berlin anfragen, ob man sich in Wien für die Annahme der serbischen Antwortnote verwenden würde. Doch Berlin dachte nicht daran. Ganz im Gegenteil schrieb Kaiser Wilhelm auf eine Meldung über das Zusammentreffen von Außenminister Berchtold mit dem russischen Geschäftsträger: „Gänzlich überflüssig."[190]

Da Berlin aber daran interessiert sein mußte, Großbritannien aus dem Krieg zu halten, ging es zumindest nach außen hin auf die britischen Mediationsvorschläge ein und reagierte auf den Konferenzvorschlag positiv. Doch aus St. Petersburg und aus Paris kamen ohnedies Ablehnungen, daher blieb die deutsche Zusage ohne Folgen. Kaiser Wilhelm machte ein ums andere Mal deutlich, daß er nur mehr auf den Ausbruch des Kriegs wartete. Als in Berlin die Meldung eintraf, Österreich-Ungarn hätte deutlich gemacht, daß es keine territorialen Erwerbungen gegenüber Serbien wollte, eine Forderung, die Ministerpräsident Tisza im gemeinsamen Ministerrat vom 19. Juli durchgesetzt hatte, schrieb der deutsche Kaiser an den Rand der diesbezüglichen Note: „Schwächlich.“ Eine Verschiebung der Machtverhältnisse „muß kommen. Österreich muß auf dem Balkan präponderant werden.“[191]

Am Samstag, dem 25. Juli, war der Krieg praktisch da. Serbien lehnte in einer wenige Minuten vor Ablauf der 48-Stunden-Frist übergebenen Note die österreichischen Forderungen zwar nicht rundweg ab, doch wurde eine Reihe von Einschränkungen gemacht, die deutlich machen sollten, daß an eine Preisgabe der serbischen Souveränität, nur um Österreich die Verfolgung der Hintermänner des Attentats auch auf serbischem Territorium zu ermöglichen, nicht gedacht wurde. Die diesbezügliche Passage in der serbischen Antwortnote vom 25. Juli besagte, daß die Mitwirkung von k. u. k. Organen an der Untersuchung „eine Verletzung der Verfassung und des Strafprozeßgesetzes“ wäre. Damit war die österreichische Forderung nach Mitwirkung bei der Untersuchung gegen die Hintermänner des Sarajevoer Attentats sinngemäß dahingehend interpretiert worden, daß Österreich-Ungarn die serbischen Behörden bei der Untersuchung ausschalten wollte. Daß es sich dabei um eine willkürliche Auslegung handelte, war freilich auch den serbischen Verantwortlichen bewußt.[192] Doch sie waren sich der Rückendeckung Rußlands sicher, hatten vorsorglich die Ententemächte vom Inhalt der Antwort informiert und meinten schließlich auch, man könnte über den einen oder anderen Punkt der Demarche vielleicht noch verhandeln.

Die Antwortnote war – das war die übereinstimmende Meinung der allermeisten Staatskanzleien – sehr geschickt abgefaßt. Sie war noch bis unmittelbar vor der Überreichung verändert worden. Daher weist sie – was für ein Dokument dieser Bedeutung vollkommen unüblich ist – Streichungen auf, die Pašić noch im letzten Augenblick vorgenommen hatte. Doch von einer bedingungslosen Annahme konnte keine Rede sein. Da dem österreichischen Gesandten in Belgrad kein Spielraum gelassen worden war und er nur die vollinhaltliche Annahme der österreichischen Demarche akzeptieren durfte, hatte er seiner Instruktion gemäß die Gesandtschaft zu verlassen, den Zug zu besteigen und auf diese Weise den Abbruch der diplomatischen Beziehungen deutlich zu machen. In Serbien hatte man schon Stunden vor der Überreichung der Antwortnote mit der Mobilmachung begonnen.

4
Die Entfesselung des Kriegs

„Der 25. Juli 1914 war ein fürchterlich heißer Tag." So begann Wladimir Freiherr von Giesl, der letzte k. u. k. Gesandte in Belgrad, die Schilderung seiner Abreise aus dieser Stadt.[193] Er hatte nach der Aushändigung der befristeten Demarche zwei Varianten für seine persönliche Reaktion auf die serbische Antwort ausarbeiten lassen. Die eine für den Fall der vorbehaltlosen Annahme und die andere für eine nicht vorbehaltlose Annahme, wobei es keine Rolle spielte, ob die Demarche in Teilen oder auch fast vollständig angenommen würde. Seine Instruktion lautete unmißverständlich auf „vollständige Annahme".

Tagsüber am 25. Juli durfte auf Geheiß Giesls kein Angehöriger der Gesandtschaft das Gebäude verlassen. Dann aber ging es Hals über Kopf. Nach dem Besuch des serbischen Ministerpräsidenten in der k. u. k. Gesandtschaft und der Übergabe der Antwortnote galten die diplomatischen Beziehungen als abgebrochen. Eine Viertelstunde später war Giesl mit den Mitgliedern der Gesandtschaft bereits zum Bahnhof unterwegs. Auf den Straßen hörte er Schmährufe. Am Bahnhof waren alle in Belgrad akkreditierten diplomatischen Vertreter versammelt, nur jener Rußlands fehlte. Ein serbischer Offizier rief noch: „Au revoir à Budapest!" Dann dampfte der fahrplanmäßige Zug ab. Nach dem Überqueren der Donaubrücke und damit der Reichsgrenze wurde Giesl am Bahnhof von Semlin ans Telefon gerufen. Es war Tisza, der ihn fragte: „Mußte es denn sein?" Giesl bejahte.

Die Soldaten der Garnison von Semlin waren entlang des Saveufers in Stellung gegangen, doch sonst zeigte sich naturgemäß noch nichts, denn die österreichisch-ungarische Mobilmachung begann erst drei Tage später. Auf der weiteren Fahrt wurde der Zug mit Giesl auf allen Stationen von jubelnden Menschen begrüßt. Um 3 Uhr früh holte man den Gesandten in Szabadka aus dem Zug, um ihn eine begeisterte Ansprache hören zu lassen. In Budapest traf er mit Tisza zusammen. Weiter ging die Fahrt über Raab nach Wien. Überall Jubel und Erleichterung. Am 26. berichtete Giesl dem Außenminister und am 27. in Bad Ischl dem Kaiser. Der soll zu Giesl gemeint haben: „Sie haben nicht anders handeln können ... ich muß auch das noch auf mich nehmen." Nach Wien zurückgekehrt, meldete sich Giesl bei dem als Kommandanten der Balkanstreitkräfte vorgesehenen Erzherzog Friedrich. Hier wurde ihm seine neue Bestimmung mitgeteilt: Der Baron war als Vertreter des Ministeriums des Äußern beim Oberkommando vorgesehen.

Die Schilderung Giesls von seiner Fahrt durch Ungarn und bis Wien in der Nacht zum 26. Juli und in den darauffolgenden Stunden zeigt aber nur einen winzigen Ausschnitt von der Wirklichkeit jener Tage. Verständlich, daß nichts mehr von der Erschütterung der Morde von Sarajevo zu spüren war. Es war eine andere Art der Erregung, die jetzt um sich griff und alles Frühere in den Schatten stellte. Österreichische Zeitungen wie die „Reichspost" hatten schon Stunden vor Bekanntgabe des Abbruchs der diplomatischen Beziehungen mit Serbien davon geschrieben, daß Serbien das Ultimatum nicht erfüllen würde. Die Bekanntgabe aus St. Petersburg, daß Rußland „in dem österreichisch-serbischen Konflikt nicht indifferent zu bleiben vermöge", wurde richtigerweise so gedeutet, daß Rußland Serbien den Rücken stärken werde und daß es in der Folge mehr als fraglich wäre, ob sich der Krieg auf Serbien und eventuell Montenegro lokalisieren ließe. Doch wen kümmerte das? Am Abend des 25. Juli wurde in Wien und den großen Städten der Monarchie gefeiert, und auch in Berlin zogen Scharen zur österreichisch-ungarischen Botschaft und sangen: „Gott erhalte, Gott beschütze ..."

„Wir haben den Krieg angefangen, nicht die Deutschen und noch weniger die Entente – das weiß ich", schrieb Leopold von Andrian-Werburg, der die Julikrise am Ballhausplatz mitgemacht hatte.[194] Aber er war auch Jahre später noch zutiefst überzeugt davon, daß man im Juli 1914 richtig gehandelt hätte und daß man gar nicht anders habe handeln können. Ebenso wird Conrad von Hötzendorf zuzustimmen sein, der meinte: „Im Übrigen war der Weltkrieg eine jener Katastrophen, die durch einen Einzelnen weder herbeigeführt noch aufgehalten werden können."[195] Die Wurzeln des Kriegs reichten weit zurück, und er hätte auch schon früher ausgelöst werden können. In allen Krisen seit 1908 spielte Österreich-Ungarn eine wichtige Rolle. Es war immer wieder der Balkan, der zu explodieren drohte und die Intervention der Großmächte nach sich zog. Jeder fühlte sich berufen, einzugreifen und die Interessen seines Landes deutlich zu machen. Auch Österreich hatte Interessen, und es hatte sicherlich auch eine größere Betroffenheit geltend zu machen als eine der von außen her intervenierenden Mächte. In den Handlungen der österreichischen Verantwortlichen spiegelte sich denn auch die Erfahrung einer sehr viel längeren Zeit wider als nur die von wenigen Wochen im Juli 1914. Darin spiegelte sich die Überzeugung, eingekreist und überall verwundbar zu sein sowie nur mehr der Auflösung entgegenzudämmern. Die Morde von Sarajevo waren eine Demütigung gewesen. Es war der Umstand der faktischen Unregierbarkeit, der mitspielte, und die Hoffnung, dem allen ein Ende zu setzen. Schließlich kam mehrfach die Ehre des Reichs ins Spiel, und daraus resultierte wohl der von Kaiser Franz Joseph überlieferte Ausspruch, daß das Land, wenn überhaupt, „in Ehren" untergehen sollte.

Doch trotz der serbischen Mobilmachung schien sich die österreichisch-ungarische Militärmaschinerie noch immer nicht zu rühren. Dieses Unvermögen, rasch zu reagieren, führte bis in die jüngste Zeit zu scharfen Kommentaren. „Dilettantischer ist noch nie ein Krieg vom Zaun gebrochen worden, als der Krieg gegen Serbien im Juli 1914", schrieb Fritz Fellner, und „dieses harte Urteil sollte endlich durch eine militärgeschichtliche Untersuchung von österreichischer Seite erläutert werden. Man wußte seit dem 7. Juli, daß man den Krieg führen wolle ... am 27. Juli erbittet Außenminister Berchtold vom

Kaiser die Unterzeichnung der Kriegserklärung, ... der Generalstabschef jedoch erklärt sich außerstande, den seit drei Wochen geplanten Krieg vor einer weiteren Frist von 14 Tagen tatsächlich beginnen zu können."[196] Nun wollen wir diese Behauptung aber doch auf ihre Haltbarkeit hin untersuchen.

Sieht man vom Okkupationsfeldzug 1878 ab, der wirklich ein isoliertes und militärisch eng umgrenztes Ereignis gewesen war, dann schickte sich die Habsburgermonarchie zum erstenmal seit 1866 wieder an, einen regelrechten Krieg zu führen. Die meisten anderen Staaten hatten mittlerweile mehr oder weniger große Kriege geführt. Alle hatten einen Krieg vorauszudenken versucht und sich auf die Erfordernisse einer großen militärischen Auseinandersetzung vorbereitet. Doch im Grund genommen sahen sich alle innerhalb kürzester Zeit mit einer ganz anderen als der gedachten Realität konfrontiert. Der Weltkrieg sprengte praktisch vom ersten Tag an die Dimensionen des Überlieferten und Vorausgedachten.

Bei der Frage nach der Vorgangsweise gegenüber Serbien, bei der Wahl des Zeitpunkts der Absendung der befristeten Demarche, bei jener nach der Ausweitung des Kriegs zu einem Krieg, der zumindest Rußland erfassen, sich aber möglicherweise zu einem europäischen und Weltkrieg ausweiten konnte, spielten naturgemäß militärische Überlegungen eine große Rolle, doch sie sind nur aus dem strategischen Zusammenhang verständlich. Die k. u. k. Militärverwaltung konnte erst unter ganz bestimmten Voraussetzungen Mobilmachungsmaßnahmen einleiten, da nicht nur vorauszusetzen war, daß diese Mobilmachung eine Entwicklung nach sich ziehen mußte, die Gegenmaßnahmen der betroffenen oder verwickelten Staaten zur Folge hatte, sondern die auch unter Zugrundelegung ganz bestimmter Kriegsfälle ablaufen mußte.

Conrad soll es auch abgelehnt haben, vorbereitende Mobilmachungsmaßnahmen einzuleiten, da ihm wie vielen Armeeangehörigen noch zu gut erinnerlich war, welche Folgen die Mobilmachung 1912 gehabt hatte. Der Generalstabschef erklärte, „die Armee sei so erbittert infolge der ergebnislosen Mobilisierung von 1912, daß jetzt nur mehr eine Mobilisierung angeordnet werden könne, wenn der Krieg sicher sei".[197] Erst am Nachmittag des 23. Juli wurde den für einen Krieg mit Serbien vorgesehenen Armeekorps befohlen, alle Übungen abzubrechen und die Regimenter bis spätestens 25. Juli abends in ihren Friedensgarnisonen zu versammeln.[198] Damit waren aber erst Vorbereitungen für eine Teilmobilmachung getroffen worden.

Doch jetzt wurde die Auslösung des Kriegs mit aller Konsequenz betrieben. Wie konsequent dabei vorgegangen wurde und wie sehr sich die Gewißheit, daß es Krieg geben würde, breitgemacht hatte, läßt sich am besten anhand einiger österreichischer Schlüsseldokumente nachvollziehen.[199]

Zwei Dokumente bzw. Dokumentengruppen können hier herangezogen werden. Das eine Dokument ist die Proklamation des Kaisers „An Meine Völker". Dieses Manifest ist parallel zur serbischen Begehrnote im Ministerium des Äußern ausgearbeitet worden. Es war bereits vor dem 20. Juli fertiggestellt und wurde am 21. Juli zur streng vertraulichen Kenntnisnahme den beiden Ministerpräsidenten, Stürgkh und Tisza, zugeleitet. Stürgkh sandte daraufhin Berchtold einen im Büro des k. k. Ministerpräsidenten auch schon längst ausgearbeiteten eigenen Entwurf für eine solche Proklamation zu. Wie sich aus einem Textvergleich ergibt, wurde der Entwurf Stürgkhs vom Außenministerium jedoch nicht berücksichtigt. Anders im Fall Tiszas, der seine Textwünsche am 25. Juli nach Ischl depeschierte, wo Berchtold wartete, um nach Ablauf der Serbien eingeräumten 48-Stunden-Frist beim Kaiser alle weiteren Schritte zu betreiben. Tisza schlug zwei Änderungen vor, die auch berücksichtigt wurden. Schließlich erfolgten noch zwei Änderungen auf Wunsch des Kaisers. Damit war die Proklamation fertig. Mit Ausnahme dieser eher geringfügigen Veränderungen war aber die Kriegsproklamation schon lange vor Absendung des Ultimatums an Serbien fertiggestellt gewesen. Noch vor dem 20. Juli 1914 war formuliert worden: „Es war Mein sehnlichster Wunsch, die Jahre, die Mir durch Gottes Gnade noch beschieden sind, Werken des Friedens zu weihen und Meine Völker vor den schweren Opfern und Lasten des Krieges zu bewahren. Im Rate der Vorsehung ward es anders beschlossen ... Mit rasch vergessendem Undank hat das Königreich Serbien, das von den ersten Anfängen seiner staatlichen Selbständigkeit bis in die neueste Zeit von Meinen Vorfahren und Mir gestützt und gefördert worden war, schon vor Jahren den Weg offener Feindseligkeiten gegen Österreich-Ungarn betreten ... Diesem unerträglichen Treiben muß Einhalt geboten werden, den unaufhörlichen Herausforderungen Serbiens ein Ende bereitet werden ... Vergebens hat Meine Regierung noch einen letzten Versuch unternommen, dieses Ziel mit friedlichen Mitteln zu erreichen, Serbien durch eine ernste Mahnung zur Umkehr zu bewegen ... So muß ich denn daran schreiten, mit Waffengewalt die unerläßlichen Bürgschaften zu schaffen, die Meinen Staaten die Ruhe im Innern und den dauernden Frieden nach Außen sichern sollen." Und der Kaiser hatte ohne die vom Außenamt vorgeschlagene Bezugnahme auf die „Überlieferung einer ruhmreichen Vergangenheit" am Schluß formuliert: „Ich vertraue auf Österreich-Ungarns tapfere und von hingebungsvoller Begeisterung erfüllte Wehrmacht. Und Ich vertraue auf den Allmächtigen, daß Er unseren Waffen den Sieg verleihen werde."[200]

Nun kann diese Proklamation sicherlich so gesehen werden, daß man eben auf die Ablehnung des Ultimatums durch Serbien vorbereitet sein wollte. Doch von denen, die daran feilten, glaubte wohl niemand daran, daß man sich eine unnötige Arbeit antat. Auf jeden Fall aber widerspricht die Genesis dieser Proklamation jener immer wieder anzutreffenden Auffassung, der Abbruch der diplomatischen Beziehungen hätte ja nicht schon Krieg bedeuten müssen, und vor allem der Kaiser hätte – so sein Adjutant Oberst Albert Margutti – gemeint, daß es diese Konsequenz nicht geben müsse.[201] Der Kaiser war sich dessen durchaus bewußt.

Noch ein zweites Indiz deutete unmißverständlich auf die Gewißheit des kommenden Kriegs hin: Am Tag der Überreichung der Begehrnote, am 23. Juli 1914 also, begann bei den hohen militärischen Kommanden die Tagebuchführung. Das ist auch deshalb von Interesse, weil sich mit Hilfe dieser Tagebücher bereits ab dem 23. Juli die militärischen Abläufe im Detail nachvollziehen lassen. Am 25. Juli wurde der bereits Tage zuvor zur „Allerhöchsten Disposition" gestellte Erzherzog Friedrich zum Oberkommandanten der Balkanstreitkräfte ernannt.[202] Die Festlegung der Befugnisse des Oberkommandanten und seines Wirkungskreises waren auch schon Tage vorher erfolgt. Man mußte also nur auf etwas warten, das dann die Kriegserklärung nach sich zu ziehen hatte.

Es wußten auch nur ganz wenige, daß der Kaiser bereits am Abend des 25. Juli die Weisung zur Mobilisierung für den „Kriegsfall Balkan" unterschrieben hatte. Lediglich die Tatsache, daß das an einem Samstagabend geschah und man glaubte, am Sonntag angesichts der teilweise nicht besetzten Landpostämter nicht überallhin durchkommen zu können, verhinderte es, daß die Alarmierung bereits am 26. Juli erfolgte. Sie sollte erst am 27., am Montag, vor sich gehen.[203]

Statt dessen übermittelte am 26. Juli der deutsche Botschafter in London, Fürst Lichnowsky, noch einmal ein britisches Vermittlungsangebot. Es kam von König George V. und der britischen Regierung.[204] Man versprach, Österreich-Ungarn auf einer Botschafterkonferenz Genugtuung zu verschaffen, und fügte hinzu, daß sich ein Krieg nicht lokalisieren lassen würde. Es würde einen allgemeinen Krieg geben. Serbien würde sich gewiß nicht dem österreichischen Druck, wohl aber dem vereinigten Willen der Mächte fügen. Wäre aber einmal serbisches Gebiet von österreichisch-ungarischen Truppen betreten worden, dann sei, so der berichtende Botschafter Lichnowsky, „der Weltkrieg unabwendbar". Damit rückte London offenbar von der Idee eines „Halts in Belgrad" ab. Dabei war diese Variante auch in Gesprächen des britischen Botschafters in Wien, Sir Maurice Bunsen, mit seinem russischen Kollegen Nikolaj Šebeko zur Sprache gekommen, wobei der Russe sogar gemeint haben soll, die k. u. k. Truppen könnten noch etwas weiter nach Süden vorrücken.[205] Das Deutsche Reich lehnte eine Intervention in Wien im Sinne der britischen Vorschläge sofort mit der Begründung ab, es könne sich nicht dafür hergeben, „Österreich in seinem Serbenhandel vor ein europäisches Gericht zu ziehen".[206] In der Ablehnung des britischen Vermittlungsangebots wird aber wiederum deutlich, daß Berlin die Julikrise genauso als ein Vehikel für seine eigene Politik ansah, wie man in Wien Politik unter Zugrundelegung der deutschen Rückendeckung machte.

Am selben 26. Juli entwarf der deutsche Generalstabschef, Graf Helmuth von Moltke, die sogenannte „Sommation" an Belgien, in der ein Durchmarsch gegen Frankreich gefordert wurde. Deutschland rechnete fix mit dem großen Krieg. Für Großbritannien lag die Sache klar. Es läge an Deutschland und ausschließlich an Deutschland, Österreich-Ungarn von einer, wie es in London hieß, „tollen Politik" abzuhalten.[207] Aus London und Paris verlautete, wenn Berlin auf Wien mäßigend einwirke, dann würden auch die französische und die britische Regierung auf St. Petersburg einwirken. Rußland aber hatte schon Tage zuvor mit Vorbereitungen für eine Mobilmachung begonnen, und das nicht nur in einigen seiner westlichen Militärbezirke, sondern, wie dann behauptet wurde, aus „unvermeidlichen militärtechnischen Gründen" im ganzen Reich.[208] Auch in Frankreich wurde am 26. Juli die Mobilmachung eingeleitet, und in Großbritannien wurde die Konzentration der First und der Second Fleet befohlen. Jetzt noch verhandeln zu wollen, war fast unmöglich; die Entwicklung war zu weit gediehen. Weder in Wien noch in Berlin, St. Petersburg oder Paris wollte man einen Schritt zurück machen. Statt dessen legte Graf Berchtold am 27. Juli Kaiser Franz Joseph die Kriegserklärung an Serbien zur Unterzeichnung vor. Er begründete das damit, daß er meinte, auf Grund der serbischen Antwortnote könnte vielleicht doch noch ein Vermittlungsversuch stattfinden.[209] Dem sei dadurch auszuweichen, daß man vollendete Tatsachen schaffe. Jedem Interventionsversuch sollte der Boden entzogen werden.

Das „Gefecht“ bei Temes Kubin

Das Zustandekommen der österreichisch-ungarischen Kriegserklärung kann freilich nur als eine Art Kabinettstück der Diplomatiegeschichte bezeichnet werden. Auf dem Aktenbogen, der die Kriegserklärung enthält, nämlich dem „Alleruntertänigsten Vortrag“ Graf Berchtolds an den Kaiser, findet sich folgender Text: „Mit Rücksicht auf die … Antwortnote der serbischen Regierung, welche inhaltlich zwar ganz wertlos, der Form nach aber entgegenkommend ist, halte ich für nicht ausgeschlossen, daß die Tripleententemächte noch einen Versuch machen könnten, eine friedliche Beilegung des Konfliktes zu erreichen, wenn nicht durch die Kriegserklärung eine klare Situation geschaffen wird. Einer Meldung des 4. Korpskommandos zufolge haben serbische Truppen von Donaudampfern bei Temes Kubin gestern unsere Truppen beschossen, und es entwickelte sich auf die Erwiderung des Feuers hin ein größeres Geplänkel. Die Feindseligkeiten sind hiemit tatsächlich eröffnet worden, und es erscheint daher umsomehr geboten, der Armee in völkerrechtlicher Hinsicht jene Bewegungsfreiheit zu sichern, welche sie nur bei Eintritt des Kriegszustandes besitzt … Ich erlaube mir zu erwähnen, daß Seine k. u. k. Hoheit der Oberkommandant der Balkanstreitkräfte, Erzherzog Friedrich, sowie der Chef des Generalstabes gegen die Absendung der Kriegserklärung morgen Vormittag nichts einzuwenden hätten.“[210]

Der Hinweis auf das Gefecht bei Temes Kubin wurde auch in den Text der Kriegserklärung aufgenommen, und mit diesen Passagen wurde das Dokument von Kaiser Franz Joseph genehmigt.

Doch es hatte sich um eine Falschmeldung gehandelt. Bei Temes Kubin, heute Kovin, einem kleinen Ort am Nordufer der Donau gegenüber von Smederevo, hatte es kein Gefecht gegeben. Einige nervöse Leute hatten vielleicht ihre Gewehre abgefeuert, mehr nicht. Im Tagebuch bzw. in den Operationsakten der k. u. k. 7. Infanteriedivision liest sich der Vorfall vom 26. Juli wie folgt: Die 14. Infanteriebrigade (Oberst Baumgartner) meldet: „Bei Kevevara (= Temes Kubin) serbische Dampfer durch eigenes Feuer angehalten; nach vorgenommener Untersuchung wieder freigelassen. Eigene Dampfer von Semendria aus angeschossen, doch ohne Schaden.“[211]

Das war alles. Die Originalmeldung über dieses Gefecht soll vom Kommando des IV. Korps (Budapest) an den k. u. k. Generalstab nach Wien gegangen sein. In dieser Meldung soll es aber ganz anders geheißen haben: „Temes Kubin: Serbische Soldaten auf Schiff auf eigene Truppen Feuer eröffnet, großes Geplänkel, Anzahl Tote und Verwundete nicht bekannt.“[212] Der Text der Meldung läßt auf ein Telegramm schließen, das wohl aus Budapest eingelangt sein mußte. Auch wenn keine genauen Verlustzahlen genannt wurden, wurde suggeriert, daß es nicht unerhebliche Verluste gegeben hatte. Das Büro des Chefs des Generalstabs soll daraufhin das Ministerium des Äußern informiert haben. Erst nachdem die Meldung an Berchtold weitergegeben worden war, soll seitens des Generalstabs eine Bestätigung versucht worden sein. Zuerst wohl in Budapest, dann in Temesvár beim Kommando des VII. Korps, zu dem die 7. Infanteriedivision gehörte.[213] In Temesvár aber war von einem Gefecht bei Temes Kubin nichts bekannt. Daraufhin wurde Berchtold informiert, daß es das Gefecht nicht gegeben hatte. Wann diese Berichtigung erfolgte, ist jedoch nicht eindeutig festzustellen. Zu

Mittag des 27. wurde jedenfalls noch das österreichisch-ungarische Korrespondenzbüro über das Gefecht bei Temes Kubin informiert, dann fuhr Berchtold nach Ischl und legte dem Kaiser die Kriegserklärung vor. Der Monarch unterschrieb. Berchtold kam nach Wien zurück. Sollte er erst jetzt über die unblutige Schießerei bei Temes Kubin informiert worden sein? Spätestens am Morgen des 28. Juli wußte er jedenfalls, daß nichts passiert war, und strich die Passage über Temes Kubin ganz einfach aus der vom Kaiser unterschriebenen Kriegserklärung hinaus.

Mittlerweile war freilich unter Bezugnahme auf die von serbischer Seite erfolgte Eröffnung der Feindseligkeiten große Politik gemacht worden. Schon am 27. Juli hatte man dem russischen Botschafter Šebeko, der zu größter Zurückhaltung aufgefordert hatte, geantwortet, daß dies schwer möglich sein werde, da auf der Donau bereits ein Scharmützel stattgefunden hätte und Serbien die Feindseligkeiten eröffnet habe. Der Russe versprach, sofort auf Serbien einwirken zu wollen, damit es auf jegliche Gewaltanwendung verzichte. Außerdem teilte er mit, die Serben würden sich sogar bei einem österreichischen Vormarsch zurückziehen, um so lange wie möglich Kampfhandlungen zu vermeiden.[214] Doch es war nichts mehr aufzuhalten. Kaiser Franz Joseph telegrafierte am 28. Juli König Carol von Rumänien, daß er gezwungen sei, die Feindseligkeiten gegen die serbischen Streitkräfte zu eröffnen, nachdem Serbien nicht nur die österreichisch-ungarischen Forderungen nicht erfüllt, sondern auch „ohne vorhergegangene Kriegserklärung ein Gefecht provoziert“ habe.[215] Ähnlich wurde auch der britische Botschafter in Wien informiert, der am 28. Juli bei Berchtold vorsprach und dem u. a. gesagt wurde, daß Serbien nicht zu den Kulturnationen zählte. Im übrigen kämen alle Bemühungen, den Krieg zu verhindern, zu spät, da, wie Berchtold dem Botschafter sagte und es dann auch dem k. u. k. Vertreter nach London depeschierte, „gestern bereits serbischerseits auf unsere Grenzsoldaten geschossen“ worden sei.[216] Dabei kamen Berchtold die Daten durcheinander, denn das Gefecht bei Temes Kubin sollte ja bereits am 26. Juli stattgefunden haben. Berchtold erwähnte Temes Kubin allerdings namentlich ebensowenig, wie es das Telegramm des Kaisers an König Carol von Rumänien tat. Der Minister verschwieg überhaupt genaue Daten und vermengte auch die Ereignisse recht auffällig.

Nun stellt sich die Frage, was es mit dem „Gefecht“ bei Temes Kubin auf sich hatte. Daß es nicht stattgefunden hat, ist evident. Daß es sich um eine mysteriöse Meldung gehandelt hat, wurde bereits vor Jahrzehnten festgestellt, weil die Meldung über das Gefecht von einem Korpskommando gekommen sein soll, das gar nicht in jenem Raum lag. Rudolf Kiszling, der mehrere Aufsätze über Temes Kubin geschrieben hat, belegte seine Darstellungen lediglich damit, daß er einen Akt des österreichischen Kriegsarchivs angab, dessen Zahl er allerdings nicht anführte.[217] Eine jüngst erfolgte genaue Nachschau der Archivare im Wiener Kriegsarchiv führte jedoch zu der überraschenden Feststellung, daß dieses Telegramm nicht auffindbar ist. Weder bei den Akten der Militärkanzlei des Kaisers noch bei den Generalstabsakten, den Operationsakten oder in anderen Beständen der sogenannten Neuen Feldakten ist ein derartiges Telegramm vorhanden. Es gibt aber auch keine diesbezügliche Eintragung in irgendeiner Registratur. Nichts! Und das bei einem für den Kriegsbeginn zweifellos historischen Dokument.

Sehr wahrscheinlich muß man um einen Schritt weitergehen und bezweifeln, daß es dieses Telegramm je gegeben hat. Wenn es aber tatsächlich existierte, dann wurde es wohl mit gutem Grund vernichtet. Kiszling will es gesehen haben, doch er nannte weder eine Akten- noch eine Geschäftszahl. Gustav Hubka, einer der Mitarbeiter des Generalstabswerks über den Ersten Weltkrieg, meinte, daß die Meldung lediglich telefonisch durchgegeben worden wäre.[218] Doch irgendwann einmal muß die Meldung schriftlich vorgelegen sein, sonst hätte man ja nicht ihren Wortlaut zitieren können. Wenn also je etwas Dergleichen aus dem Bereich des IV. Korps nach Wien gemeldet worden war, dann war es eine Falschmeldung. Und sie kam wohl auch nicht von ungefähr! Möglicherweise war sie bestellt worden und wurde – nach Zweckerfüllung – vernichtet.

Der Hinweis darauf, daß serbische Truppen ohne Kriegserklärung das Feuer eröffnet hatten, ließ sich vorzüglich dazu verwenden, Serbien als Aggressor erscheinen zu lassen, was im Hinblick auf die Haltung Italiens und Rumäniens von Wichtigkeit war. Denn wenn die beiden überhaupt zum Dreibund standen, dann ja nur im Fall eines Kriegs, der Österreich-Ungarn wie Deutschland nicht als Angreifer sah. Auch anderen, wie z. B. den Briten, wurde mit der Meldung über das Gefecht Serbien als Angreifer präsentiert.

Darüber hinaus diente das nicht stattgefundene Gefecht dazu, nach innen deutlich zu machen, daß die Monarchie einen Verteidigungskrieg begann. Das war nicht nur eine Frage der Optik, denn dazu hätte es dieser Mystifikation nicht bedurft. Das war noch viel mehr eine Maßnahme, die sicherstellen sollte, daß alle jene, die vielleicht nicht bereit waren, einen Angriffskrieg zu führen, die Notwendigkeit zur Verteidigung vor Augen geführt bekamen. Das war im Hinblick auf die Slawen der Monarchie wichtig, aber auch im Hinblick auf jene politischen Gruppen, die, wie die österreichischen Sozialdemokraten, bei der Beratung über das Kriegsleistungsgesetz deutlich gemacht hatten, daß sie die Berechtigung, einschneidende Maßnahmen zu erlassen, nur im Fall eines Verteidigungskriegs akzeptierten.

Offenbar hat aber 48 Stunden hindurch in Österreich niemand daran gedacht, den Allerhöchsten Kriegsherrn darüber zu informieren, daß die von ihm unterschriebene Kriegserklärung nachträglich manipuliert worden war. Erst einen Tag nach Absendung der Kriegserklärung, also am 29. Juli, meldete Berchtold dem Kaiser den Sachverhalt. Er tat es wieder in einem „Alleruntertänigsten Vortrag", in dem es hieß: „Nachdem die Nachrichten von einem Gefecht bei Temes Kubin keine Bestätigung erfahren haben, hingegen bloß eine Einzelmeldung über ein geringfügiges Geplänkel bei Gradište vorlag, die wohl nicht geeignet erschien, zur Begründung eines gewichtigen Staatsaktes herangezogen zu werden, habe ich es in Anhoffung der nachträglichen Allerhöchsten Genehmigung Euer Majestät auf mich genommen, aus der an Serbien gerichteten Kriegserklärung den Satz über den Angriff serbischer Truppen bei Temes Kubin zu eliminieren."[219]

Einer Äußerung des Flügeladjutanten des Kaisers, Freiherrn von Catinelli, zufolge soll der Monarch ungehalten gewesen sein, daß er von Berchtold nicht sofort unterrichtet worden war.[220] Wenn das überhaupt stimmt, dann war der Kaiser aber keineswegs so entrüstet, daß er Berchtold zumindest gerügt hätte. Er war sich wohl nur zu sehr der Notwendigkeit bewußt, den Krieg, den er vorzubereiten geholfen hatte, auch zu entfesseln.

Als schon alles im Laufen schien, kam plötzlich und von einer Seite, von der man das keineswegs erwartet hatte, ein Einwand. Als Kaiser Wilhelm von seiner Nordlandreise zurückkehrte und den Text der serbischen Antwortnote las, soll er gesagt haben: „Aber damit fällt jeder Kriegsgrund weg." Und an den Rand des Berichts aus Wien notierte er: „Da hätte Giesl ja in Belgrad bleiben können."[221] Plötzlich tendierte jener Mann, der bis dahin konsequent auf den Krieg hingearbeitet und dazu gedrängt hatte, der jede österreichisch-ungarische Regung, die Kriegsziele zu minimieren, mit hämischen Worten versehen hatte, zum Nachgeben. Warum er das tat, ist schwer zu sagen. War er sich plötzlich des vollen Risikos bewußt geworden, hatte er zum erstenmal den Eindruck, daß auch Großbritannien zu den Gegnern des Zweibunds zählen könnte, oder war das Ganze überhaupt nur dazu gedacht, nach außen getragen zu werden und den Friedenswillen des deutschen Kaisers zu zeigen? Es läßt sich nicht wirklich schlüssig beantworten. Doch Wilhelm fand plötzlich den britischen Vorschlag eines Halts in Belgrad überlegenswert. Für die deutsche Reichsführung war damit eine merkwürdige Situation entstanden. Der Reichskanzler und der Staatssekretär im Auswärtigen Amt hatten ihre Politik auf den Kaiser abgestimmt gehabt und die Herbeiführung des Kriegs zur Grundlage ihrer Politik gemacht. Der britische Konferenzvorschlag war abgelehnt worden. Und jetzt plötzlich zauderte der Kaiser, und alles schien in Frage gestellt. Würde es vielleicht wirklich nur ein dritter Balkankrieg werden?

Wer nun gemeint hätte, damit wäre auch schon das letzte Quentchen Dramatik deutlich geworden, der irrt. Am 28. Juli informierte der italienische Außenminister Sonnino den britischen Botschafter in Rom, Sir Ronald Rodd, daß soeben der serbische Geschäftsträger vorgesprochen und berichtet habe, daß die serbische Regierung im Fall der Punkte 5 und 6 der österreichischen Demarche durchaus noch nicht das letzte Wort gesagt haben wollte. Die Forderung nach Teilnahme von k. u. k. Organen sei vielmehr „willentlich falsch interpretiert" worden, indem man darin das Mitwirken von Behörden und die Ausschaltung der serbischen Justiz als einen massiven Eingriff in die Souveränität des Landes hinstellte, wohingegen Österreich-Ungarn wohl tatsächlich nicht mehr als vielleicht die Mitwirkung von Kriminalorganen gewollt hatte.[222] Auf jeden Fall deponierte der Geschäftsträger, daß man noch weiterverhandeln könnte. Doch zu diesem Zeitpunkt war die Kriegserklärung bereits unterwegs.

Am Nachmittag des 28. Juli wurde Belgrad die Kriegserklärung übermittelt. Da Österreich-Ungarn keine diplomatische Vertretung mehr in Serbien hatte, geschah dies telegrafisch und im Umweg über Rumänien. Die Kriegserklärung wurde übergeben, obwohl Rußland noch einmal deutlich gemacht hatte, daß es nicht abseits stehen würde. Daraus ergab sich vor allem ein militärisches Problem. Würde es wirklich nur zu einem Krieg mit Serbien kommen, dann hatte das Gros der mobilzumachenden k. u. k. Streitkräfte gegenüber Serbien aufzumarschieren. Würde Rußland ebenfalls in den Krieg eintreten, mußte ein anderer Kriegsfall ausgelöst und die Masse der Truppen in Galizien zum Aufmarsch gebracht werden. Conrad hatte mehrfach deutlich gemacht, daß er bis zum fünften Mobilmachungstag darüber Bescheid wissen mußte, ob es nur einen Kriegsfall B(alkan) oder auch einen Kriegsfall R(ußland) gebe. Bis dahin waren die Transporte noch anzuhalten bzw. ohne nennenswerten Zeitverlust umzudirigieren.

Die österreichisch-ungarische Kriegserklärung wurde von Rußland mit dem Befehl zur Teilmobilmachung beantwortet. Nun begann sich die Mechanik der operativen Planung endgültig breitzumachen. Die Bündnisautomatik und die Aufmarschelaborate bedingten, daß eines immer das andere nach sich zog, lediglich automatisch gehandelt wurde und der manische Zwang des Zuvorkommenmüssens jeden militärischen Führer darauf drängen ließ, unverzüglich den nächsten Schritt zu setzen. Berchtold hielt, wohl unter dem Einfluß Conrads, als Antwort auf die russische Teilmobilmachung, die zunächst nur die westlichen Militärbezirke zu erfassen schien, die vollständige Mobilisierung Österreich-Ungarns und des Deutschen Reichs für unerläßlich. Moltke setzte am 29. Juli dem deutschen Reichskanzler nochmals die Bündnismechanismen auseinander. Und er endete damit, daß er meinte, eine deutsche und österreichisch-ungarische Mobilmachung würde ein Hineinziehen Frankreichs unausweichlich machen. Würde Rußland zu seinem Bündnis mit Frankreich stehen, gebe es den Zweifrontenkrieg. Jetzt wollte man Klarheit von Rußland.[223] Bethmann Hollweg wandte sich fast ultimativ an St. Petersburg und verlangte Auskunft darüber, ob Rußland vollständig mobilmachen und in den Krieg eingreifen würde. Parallel dazu wurde nochmals versucht, die Briten zu beruhigen, doch da erlitt Bethmann Hollweg einen ersten Schock: London ließ verlauten, daß es nicht abseits stehen könne, wenn aus der Mächtekonferenz nichts würde, der Konflikt zum Krieg eskaliere und Frankreich hineingezogen werde.[224]

Damit brach die wesentlichste Annahme für einen Krieg des Zweibunds in sich zusammen. Denn alle Planungen und schließlich die Herbeiführung des Kriegs waren unter der Voraussetzung geschehen, daß Österreich Serbien auf sich nehmen und einen Teil der Russen in Schach halten sollte, während das Deutsche Reich Frankreich besiegen und sich dann mit Macht gegen die Russen wenden wollte. Jetzt aber kam Großbritannien ins Spiel. Plötzlich sprach wirklich Sorge aus den deutschen Depeschen. Österreich-Ungarn sollte doch unbedingt einen Meinungsaustausch mit St. Petersburg pflegen. „Wir sind zwar bereit", depeschierte Bethmann Hollweg nach Wien, „unsere Bündnispflicht zu erfüllen, müssen es aber ablehnen, uns von Wien leichtfertig und ohne Beachtung der Ratschläge in einen Weltbrand hineinziehen zu lassen."[225]

Jetzt war es wieder Kaiser Wilhelm, der die deutsche Reichsregierung auf ihren alten Kurs riß. Er war enttäuscht, daß sich Großbritannien nicht neutral halten ließ, und sah das als persönlichen Affront an, zumal er sich im Fall England selbst stark engagiert hatte und auch die Verwandtschaft der beiden regierenden Häuser auszuspielen bemüht gewesen war. Ergebnislos, wie es schien. Also sollte mit wilder Entschlossenheit gehandelt werden. Noch am 30. Juli erging ein Bündnisangebot an die Türkei, der man eine beträchtliche Erweiterung ihres territorialen Besitzstandes aus dem britischen Kolonialreich offerierte. Auf diese Weise wären die Gebietsverluste des Osmanischen Reichs seit 1878 auszugleichen gewesen.

Es waren überhaupt Stunden, in denen viel versprochen und in Gedanken viele Territorien verschoben wurden. Conrad von Hötzendorf hatte schon am 25. Juli von Graf Berchtold verlangt, es sollte doch alles darangesetzt werden, und sei es durch Versprechungen oder größere Geldsummen, den König von Montenegro zu bewegen, sein Land aus dem Krieg herauszuhalten. Kaiser Wilhelm bemühte sich um Rumänien und ließ in Wien ausrichten, man solle den Rumänen doch für ein Eingreifen auf Seite der Mittelmächte Bessarabien versprechen. Bukarest wollte sich jedoch noch nicht in den Krieg hineinziehen lassen. Auch Großbritannien hatte mit seinem Vorschlag, Österreich sollte sich Belgrad samt Umgebung von Serbien nehmen und so lange besetzt halten, bis

Serbien alle Forderungen erfüllt hätte, eine Hauptstadt zur Disposition gestellt. Da die Mittelmächte hofften, Italien auch ohne Diskussion über territoriale Zugeständnisse zum Kriegseintritt bewegen zu können, schickte Kaiser Wilhelm seinen Flügeladjutanten Oberstleutnant von Kleist nach Rom, um zu schildern, welch ungeheuren Eindruck das Auftauchen einer italienischen Armeegruppe in Verbindung mit deutschen Truppen auf dem französischen Kriegsschauplatz machen würde.[226] Österreich-Ungarn suchte einen anderen Weg zu gehen. Statt wie bis dahin nur mit kleinen Summen die italienische Presse zu beeinflussen, wollte Berchtold nunmehr im großen Stil bestechen. Zehn Millionen Kronen schienen ihm dafür nicht zu viel zu sein.[227] Doch auch Italien erklärte seine Neutralität und wollte sich nicht an die Seite der Mittelmächte stellen.

Am selben 30. Juli ließ Moltke Conrad dringend mahnen, sofort gegen Rußland mobil zu machen, wobei es allerdings nur um die notwendigen Gegenmaßnahmen zur russischen Teilmobilmachung ginge. Denn sowohl aufgrund des Dreibundvertrags als auch für die Augen der Weltöffentlichkeit war es notwendig, Rußland als Aggressor dastehen zu lassen. Das „Durchhalten" der europäischen Krise, so Moltke, sei das letzte Mittel zur Sicherung Österreich-Ungarns.[228] Gleichzeitig drängte Moltke auf größtmögliche Konzessionen gegenüber Italien, da der deutsche Generalstabschef den Dreibund komplett zur Aktion bringen wollte. Dann war vielleicht auch Großbritannien in Schach zu halten. Gleichzeitig machte das Deutsche Reich gegen Frankreich mobil. Jetzt ging es auch da nur mehr um die Kriegserklärung.

Aber war es wirklich noch von Bedeutung, wer formell wem den Krieg erklärte? Alle machten mobil, keiner wollte ins Hintertreffen geraten und jeder womöglich um ein paar Tage mit seinem Aufmarsch früher fertig sein als der andere. Als sich in Wien der gemeinsame Ministerrat am 31. Juli mit dem britischen Vermittlungsvorschlag beschäftigte, war der Tenor der, daß die Vermittlung in höflicher Form, aber bestimmt zurückgewiesen werden sollte.[229] Es ging nicht mehr. Vor allem, und das hatte der Kaiser Berchtold ausdrücklich gesagt, sollten der Aufmarsch gegen Serbien und der Krieg gegen dieses Land wie vorgesehen weitergehen. Am 1. August erklärte das Deutsche Reich Rußland den Krieg, zwei Tage später, am 3. August, erging die Kriegserklärung an Frankreich. Großbritannien teilte dem Deutschen Reich tags darauf mit, daß es sich als im Kriegszustand betrachte. Österreich-Ungarn wartete mit seiner Kriegserklärung an Rußland noch bis zum 6. August, da Conrad mit seinen Mobilmachungsvorbereitungen und mit dem Aufmarsch bis zur Hinausgabe der Kriegserklärung schon möglichst weit sein wollte. Am 5. August erklärte Montenegro Österreich-Ungarn den Krieg. Zu diesem Zeitpunkt standen nicht mehr Einzelstaaten, sondern bereits Bündnisse im Krieg. Während aber die Entente ihre Gruppierung voll zum Einsatz brachte, fielen für den Dreibund sowohl Italien als auch das de facto verbündete Rumänien aus.

Österreich-Ungarn sah freilich keinerlei Notwendigkeit, Großbritannien und Frankreich den Krieg zu erklären, doch diese beiden Staaten, die ja bereits mit dem Deutschen Reich im Krieg waren, zeigten sich davon wenig beeindruckt. Trotz der fast täglich gegebenen Versicherungen, daß die Habsburgermonarchie keine feindlichen Absichten gegenüber der Entente hege, ja überhaupt nur von Serbien Genugtuung fordere und für den Fall, daß der Krieg auf Serbien beschränkt bliebe, auch gegenüber dem Balkanstaat keine territorialen Forderungen erheben würde, war vor allem Frankreich entschlossen, den Krieg auf die Donaumonarchie auszuweiten. Am 8. August beschuldigte der amtierende französische Außenminister Gaston Doumergue Österreich-Ungarn, Truppentransporte an die französische Grenze durchgeführt zu haben. Das ganze XIV. Korps (Innsbruck) sei dort in Stellung gegangen.[230] Trotz der gegenteiligen Versicherungen des k. u. k. Botschafters in Paris, Graf Szécsen, erklärte Herr Doumergue am 10. August die diplomatischen Beziehungen für abgebrochen. Ab dem 11. August herrschte auch Kriegszustand zwischen Frankreich und Österreich-Ungarn. Das hatte natürlich auch seine Logik, da eben Bündnisse in den Krieg gebracht wurden. Die Donaumonarchie hatte wohl ohnedies wenig Hoffnungen gehabt, den Krieg mit den Ententemächten vermeiden zu können, da Conrad von Hötzendorf bereits am 6. August der Deutschen Obersten Heeresleitung zugesagt hatte, zwei Batterien 30,5-cm-Mörser an die Westfront zu entsenden, um die französischen Sperrforts niederzukämpfen. Die Geschütze, die aus Krakau und aus Görz kamen, wurden am 12. und 13. August einwaggoniert und gelangten ab dem 20. August zunächst bei Namur zum Einsatz.[231]

Die französische Kriegserklärung wurde, da die direkten Beziehungen bereits abgebrochen waren, dem österreichisch-ungarischen Botschafter in London durch den britischen Außenminister Sir Edward Grey ausgehändigt. Das Vereinigte Königreich machte es seinerseits recht kurz: Obwohl der britische Botschafter in Wien, Sir Maurice Bunsen, dem Foreign Office gegenüber die französische Darstellung eines Eingreifens österreichisch-ungarischer Truppen im Westen bezweifelt hatte[232], teilte die Londoner Regierung am 12. August mit, daß sich auch Großbritannien mit Österreich-Ungarn im Krieg befände, da die Donaumonarchie Rußland den Krieg erklärt und Truppen gegen Frankreich geschickt habe. Die Diplomaten fanden allenthalben noch besonders liebenswürdige Worte für ihre Gastländer, wie z. B. Sir Maurice, der seiner Hoffnung Ausdruck verlieh, der „bedauerliche Kriegszustand zwischen England und der Monarchie“ würde nicht von langer Dauer sein, da es zwischen den beiden Ländern doch „keinen Gegensatz gebe, welcher auch nur im entferntesten den Konflikt rechtfertigen könnte“.[233]

Am 28. August, nach langem Zögern und einigen Kapriolen, sich im Fall Belgien neutral verhalten zu wollen, mußte der österreichisch-ungarische Gesandte in Brüssel, Graf Clary, auch der belgischen Regierung den Kriegszustand notifizieren. Zu diesem Zeitpunkt waren Teile Belgiens nicht nur bereits von deutschen Armeen überrannt worden, sondern wurden auch die vom k. u. k. Armeeoberkommando zur Verfügung gestellten Mörser samt ihren Bedienungsmannschaften über Lüttich nach Namur transportiert. Wenig später zerstörten diese Geschütze die Forts von Antwerpen.[234]

Die Einbeziehung des britischen Empire sowie der westeuropäischen Staaten in den Krieg hatte eine weitere Folge, von der Österreich-Ungarn zunächst wohl nur indirekt betroffen war, nämlich das Ausgreifen des Kriegs auf außereuropäische Gebiete. Aus dem europäischen war ein Weltkrieg geworden. Auch Japan meldete sich mit Forderungen und verlangte vom Deutschen Reich die Räumung des gepachteten Territoriums von Kiao-Chou in China sowie den Abzug sämtlicher Kriegsschiffe aus japanischen und chinesischen Gewässern. Das deutsche Außenamt teilte dem japanischen Geschäftsträger in Berlin mit, daß es nicht die Absicht habe, die Note zu beantworten. Die diplomatischen Beziehungen wurden abgebrochen.[235] Auch jene zwischen Österreich-Ungarn und Japan. Das k. u. k. Kriegsministerium befahl dem vor Tsingtau liegenden

Kreuzer „Kaiserin Elisabeth“ und den Begleitschiffen, sich auf Seekriegshandlungen vorzubereiten. Danach wußte man aber monatelang nicht, ob sich Österreich-Ungarn und Japan tatsächlich miteinander im Krieg befänden. Laut einer britischen Meldung vom 8. November 1914, wonach sich Tsingtau den Japanern ergeben hätte, wurde im Wiener Ministerium des Äußern messerscharf geschlossen: Durch die Teilnahme S[einer] M[ajestät] Schiff „Kaiserin Elisabeth“ am Kampf um Tsingtau, „bei welchem die Japaner jedenfalls die Angreifer waren, ist der Kriegszustand zwischen uns und Japan eingetreten. An welchem Tage dies erfolgte, ist nicht genau bekannt, allem Anschein nach geschah dies vor dem 6. Oktober.“[236] Zum Schluß hatten nur mehr Mechanismen und Interessen gewirkt. Das Rationale schien so gut wie ausgeschaltet; und das Humane erst recht. Nachdem einen Monat lang der Krieg herbeigeführt worden war, erfolgte sein Ausbruch innerhalb von drei Tagen.

Österreich wollte das Problem Serbien ein für allemal beseitigen. Der Krieg mit Rußland wurde in Kauf genommen. Das Deutsche Reich hoffte, zur dominierenden europäischen Macht zu werden. Für Frankreich ging es um Elsaß-Lothringen und darum, Deutschland entscheidend zu schwächen. Rußland wollte sich gegenüber der Habsburgermonarchie ausdehnen und auf dem Balkan die einzig vorherrschende Macht werden. Großbritannien dachte zwar an das europäische Gleichgewicht, das aber im wohlverstandenen eigenen Interesse, denn ein in Europa dominierendes Deutsches Reich mußte zu einer elementaren Gefahr für das Vereinigte Königreich werden und es auch in seinen Kolonien bedrohen. Es ging um Macht, Machterhalt, Einfluß und Prestige, Dinge, die wie nichts anderes die Weltgeschichte beeinflußten und ebenso die Weltgegenwart bestimmen.

Keine einzige der betroffenen Regierungen aber konnte sich 1914 auch nur einigermaßen sicher sein, wie der Entschluß zum Krieg von der eigenen Bevölkerung aufgenommen würde.[237] In Frankreich war man alles andere denn darauf vorbereitet, daß die Soldaten begeistert einrücken würden, und hatte die Verhaftung linker Politiker vorbereitet.[238] In Großbritannien sorgte man sich, ob die fast unausweichlich scheinenden Verknappungen und eine auch nur kurze Blockade der Britischen Inseln nicht zu Arbeitslosigkeit, Hungerkrawallen und Revolution führen würden – es kam nicht dazu.[239] In Österreich-Ungarn sorgte man sich naturgemäß wegen der Nationalitäten und war gewärtig, daß ein Teil der Einberufenen den Dienst verweigern würde, doch so gut wie alle eilten zu den Fahnen. Im Deutschen Reich wurde Widerstand der politischen Linken befürchtet – statt dessen stimmten sie für die Kriegskredite. In Rußland gab es zwar einige Unruhen, doch sie fielen nicht ins Gewicht. Jene, die den Krieg begannen, waren davon überzeugt, ihn siegreich beenden zu können. Für die Menschen war es zwar nicht selbstverständlich, daß es Krieg gab, aber es schien ihnen auch nichts besonders Erschreckendes zu sein; Krieg gehörte zur menschlichen Existenz und war etwas ungemein Aufregendes. Das große Abenteuer des 20. Jahrhunderts!

Erlösung durch den Krieg

Wenn man die Vorträge des Kriegsbeginns 1914 verfolgt, dann stechen zwar die politischen und militärischen Ereignisse heraus, und folglich hat das Ganze auch den Charakter einer von Politikern und Militärs getragenen Entscheidung. Doch dieses Bild ist zweifellos ergänzungsbedürftig. Und man wird dem Ende der Julikrise und vor allem der Entfesselung des Kriegs wohl nur dann wirklich gerecht werden, wenn man über die bezeichneten Gruppen weit hinaussieht. Dabei heben sich die Unterschiede zwischen den europäischen Staaten auch weitgehend auf. Es waren im Grunde überall dieselben Kreise, die den Krieg dachten, ihn fürchteten oder herbeisehnten. Ja, es war den allermeisten ganz egal, wie dann das Unausweichliche zustande kam, und mehr noch: Es war wie eine Erleichterung, als der Krieg endlich ausgelöst worden war.

Dem, was der deutsche Generalstabschef Helmuth von Moltke im Verlauf des schon erwähnten Kriegsrats im Dezember 1912 in Berlin gesagt hatte, daß er den Krieg für unvermeidlich halte, und je früher er komme, desto besser sei es, können unzählige Äußerungen zur Seite gestellt werden, die genau dasselbe ausdrückten. Nur über den Zeitpunkt mochte es Differenzen geben, da etwa Rußland seine Aufrüstung erst 1917 beendet haben wollte, während in Österreich-Ungarn der Zeitpunkt für die Auslösung eines Kriegs als längst überfällig angesehen wurde.

Bei dem, was dann Ende Juli und Anfang August 1914 geschah, spielte auch eine erhebliche Rolle, daß es nicht nur die oben beschriebene Sozialisierung der Gewalt gegeben hatte, daß der Krieg im Schulunterricht eine erhebliche Rolle spielte und sich militärische Führer, vor allem die hohe Generalität, generell eines erheblichen Ansehens erfreuten. Der Krieg schien der ideale Ausweg zu sein, um Politik zu machen, weniger im Sinne der Fortsetzung als der Ersetzung.

Die Staatsmänner Österreich-Ungarns hatten sich in der Julikrise verbal sehr stark zurückgehalten. Umso mehr wurde in Zeitungen geschrieben, in Vorträgen diskutiert und auf den Straßen besprochen. Die angesehensten Zeitungen der Monarchie, die „Neue Freie Presse“ und der „Pester Lloyd“, schlugen dabei von Anfang an recht harsche Töne an und verlangten eine „Klärung der Verhältnisse zu Serbien“. Andere Zeitungen, die liberale „Zeit“, das „Neue Politische Volksblatt“ und die „Arbeiter-Zeitung“ blieben zunächst noch abwartend, ja teilweise ablehnend. Doch dann zwang die befristete Demarche an Serbien zu klaren Stellungnahmen, und es kann wohl davon ausgegangen werden, daß die Zeitungsmacher die Stimmung ihrer Leser recht genau kannten und dieser Stimmung Rechnung trugen. Jetzt ging es nur mehr darum, eine einheitliche und klare Haltung an den Tag zu legen. Es habe eine Metamorphose stattgefunden, meinte vor wenigen Jahren ein amerikanischer Historiker, von der Passivität über den Pazifismus zum Patriotismus.[240] Als der Krieg da war, wurde der Sieg beschworen. Pflicht, Unvermeidlichkeit, Verteidigungskrieg, Einigkeit und Gott waren die Schlagworte, an denen auch beispielsweise die ungarische Opposition nicht vorbeikam.[241] Die „Arbeiter-Zeitung“ schrieb vom Weltkrieg des Zaren und von der „heiligen Sache des deutschen Volkes“.[242]

Der Kriegsbeginn war aber vor allem auch etwas, das die Intellektuellen herausforderte und schließlich zu einem intellektuellen Ereignis ersten Ranges wurde. Nichts wäre verfehlter, als davon ausgehen zu wollen, daß Einheitsmeinungen verbreitet, Stimmungen gelenkt und vor allem propagandistisch auf die Leute eingehämmert worden wäre. Das allermeiste ergab sich von selbst. Alle Stände, Berufs- und sozialen Schichten wurden durch dieses Ereignis gleichermaßen aufgewühlt. Was hier passierte, wurde unschwer als das wichtigste Ereignis für diese Generationen erkannt und dementsprechend eingestuft. Und keiner wollte dabei fehlen. Denn die Faszination war eine gleichmäßige, und es bewahrheitete sich, was Raymond Aron später so einprägsam in die Formulierung kleidete: Der Mensch macht Geschichte und merkt nicht, daß die Geschichte ihn macht. Gerade der intellektuelle Anstoß zum Krieg ließ jene ungeheure Kriegsbegeisterung hochkommen, die ein Phänomen dieses Jahrhunderts werden sollte. Studenten, Professoren, Künstler, Philosophen, Dichter, Schriftsteller, Priester, Atheisten, Anarchisten, politische Aktivisten, Radikale: Alle wollten dabei sein, wenn die Pax Europa zu Ende ging. Man kann sie eigentlich unterschiedslos aufzählen: Romain Rolland, Henri Bergson, Max Scheler, Ernst Haeckel, Frederic Harrison, Sigmund Freud, Georgi Plechanov ..., sie alle sahen im Krieg nicht das Entsetzliche, sondern die Veränderung, und nur ganz wenige konnten sich der Suggestion entziehen und anderes als den Aufbruch, nämlich auch das Ende eines europäischen Jahrhunderts sehen.[243]

Sicherlich hielt dieser Sturm auf das menschliche Bewußtsein nicht an, doch während der ersten Wochen wurden auch jene mitgerissen, die zunächst noch gezögert hatten. Die Dichter, Philosophen und Intellektuellen formulierten oft als erste zentrale Aussagen über den Sinn dieses Kriegs und seine Ziele. Das sogenannte „Deutsche Manifest" wurde u. a. von Max Reinhardt und Fritz Haber unterzeichnet. Einem österreichischen Komitee zur Befreiung der russischen Juden gehörte der junge Religionsphilosoph Martin Buber an. Chaim Weizmann, später einmal israelischer Staatspräsident, unterstützte fanatisch die Ententemächte.[244]

Auch bei Stefan Zweig, der diese Stimmung in „Die Welt von Gestern" ungeheuer einprägsam beschrieb und in dessen Biographie die Flucht aus dem Krieg und in die Schweiz ein selbstverständlicher Bestandteil der Literaturgeschichte ist, muß nachgetragen werden, daß er vorerst der Faszination des Kriegsausbruchs voll erlag. Erst das Gefühl des Nichtgebrauchtwerdens ließ ihn emigrieren. Zunächst aber schrieb er an das „Hochlöbliche Ministerium des Inneren", um sich über eine Kriegsproklamation zu äußern. Sie sei in einem Stil abgefaßt, der beispielsweise schon in Wien-Floridsdorf nicht mehr verstanden würde. Es kämen darin Fremdwörter vor, die von den Vorstadtbewohnern der Reichs-Haupt- und Residenzstadt nicht verstanden würden. Um diesem Übelstand abzuhelfen, daß nämlich kriegswichtige Proklamationen sprachlich unzulänglich abgefaßt wären, bot Zweig seine Dienste auf Kriegsdauer unentgeltlich an. Seine Hilfe wurde zweimal ohne Angabe von Gründen zurückgewiesen. Erst daraufhin legte sich bei Zweig die Kriegsbegeisterung.[245]

Ein Freund Hugo von Hofmannsthals, Graf Keßler, schrieb an Zweig vom „geistigen Erwachen". Die Transformation des ganzen Volkes wurde konstatiert. Und das erlebt zu haben, wurde als das bedeutendste Ereignis im Leben der eigenen Generation empfunden. Hugo von Hofmannsthal suchte die Atmosphäre des Kriegsbeginns in einem Brief mit wenigen Worten zu schildern: „Glauben Sie mir und sagen es allen unsern Freunden, daß wir alle hier, bis zum letzten Holzknecht, in diese Sache und in alles, was daraus werden möge, mit einer Entschlossenheit, ja einer Freude hineingehen, wie ich sie nie erlebt habe, ja nie für möglich gehalten hätte."[246]

Sigmund Freud notierte: „Ich fühle mich vielleicht zum ersten Mal seit 30 Jahren als Österreicher und möchte es noch einmal mit diesem wenig hoffnungsvollen Reich versuchen ... Die Stimmung ist überall eine ausgezeichnete. Das Befreiende der mutigen Tat, der sichere Rückhalt an Deutschland tut auch viel dazu."[247]

In Ungarn rissen Dichter und Schriftsteller wie Zsigmond Móricz, Gyulá Juhász und Géza Gyóni die Massen mit. Der österreichische Arbeiterdichter Alfons Petzold dichtete: „Nun gilt's nicht mehr, ob schwarz ob rot, ob Pfaffe oder Genosse ..." Die „Arbeiter-Zeitung" pries den „Tag der deutschen Nation". Friedrich Austerlitz schrieb in der Ausgabe vom 5. August, daß es um die Bewahrung des „staatlichen und nationalen Daseins" des deutschen Volkes gehe. Damit nahm er einen Teil jener von Kaiser Wilhelm II. ausgegebenen Parole auf, wonach dies ein Krieg der Germanen gegen die Slawen wäre. Ein anderer sozialdemokratischer Vordenker, Wilhelm Ellenbogen, konstruierte ein gemeinsames Interesse des internationalen Proletariats. Und er ortete auch rasch den Hauptgegner, nämlich den Imperialismus und vor allem den Zarismus. „Diesem barbarischen Ungeheuer verschlägt es nichts, die ganze Menschheit in das grauenvolle Elend eines Weltkrieges zu stürzen."[248] Otto Bauer, später einer der weit links stehenden Theoretiker der österreichischen Sozialdemokratie, eilte zu den Fahnen. Karl Renner wies zwingend nach, daß ein Sieg der Ententemächte ein Sieg für den Monopolkapitalismus und Imperialismus wäre, während ein Sieg der Mittelmächte einen solchen des Sozialismus bringen müßte.[249]

Ernst Karl Winter, später ein ebenso katholischer wie „linker" Vordenker, schrieb am 19. Juli 1914 in der Zeitschrift „Groß-Österreich": „Weil wir wissen, daß erst aus einem Krieg das neue und große Österreich, das glückliche, seine Völker befriedigende Großösterreich geboren werden kann, darum wollen wir den Krieg."[250] Der Publizist und Historiker Richard Charmatz wiederum ließ verlauten: Erst unserer Generation ist es beschieden, „das Wunderbare" und diese „große Stimmung" zu erleben, jene Geschlossenheit, Zuversicht und das „Bewußtsein der eigenen Sendung". August Fournier, Oswald Redlich, Ludo Moritz Hartmann, Heinrich Friedjung und viele andere bedeutende und bekannte Historiker schrieben Leitartikel und Abhandlungen oder begannen Vortragszyklen, um die Hintergründe des Kriegs zu erklären. Dabei ging man selbstverständlich davon aus, daß dieser Krieg ein Verteidigungskrieg sei, folglich der einzige Krieg, der, wie Fournier schrieb, gerecht sei „und den auch der große Moralist und Friedensfreund gelten läßt, und wir müssen ihn durchfechten, da es – niemand möge sich täuschen – um unsere Ehre, unsere Wohlfahrt, um unsere Existenz geht".[251]

Der Wiener Kardinal Friedrich Gustav Piffl soll gesagt haben: „Geht hin und bekämpft die Feinde Gottes."[252] Die Friedensbewegung wurde von der Julistimmung fast hinweggefegt. Bertha von Suttner war tot. Ihr Adlatus und konsequentester Denker des österreichischen Pazifismus, Alfred Hermann Fried, kapitulierte vor den Schwierigkeiten, die man ihm bei der Herausgabe der Zeitschrift der österreichischen und deutschen Friedensbewegung, der „Friedenswarte", machte, und emigrierte in die Schweiz. Dort aber wartete der nächste Schock auf ihn, als er feststellen mußte, daß führende Gestalten des internationalen Pazifismus ihm nicht einmal mehr auf seine Briefe antworteten.

Baron D'Estournelle schickte ihm von Zeit zu Zeit Zeitungsartikel, in denen besonders starke Ausfälle gegen die Mittelmächte mit Bleistift angestrichen waren. Von einem anderen Bekannten aus der französischen Bewegung erhielt Fried kommentarlos ein Foto, das den Franzosen in Uniform als Hauptmann zeigte.[253]

Später und bis in die jüngste Zeit ist das, was im Sommer und Herbst 1914 gesagt und geschrieben worden ist, scharf kritisiert und als ungeheure Entgleisung des menschlichen Geistes gebrandmarkt worden. Hans Weigel schrieb von der „Schande des Geistes in Deutschland und Österreich"[254] und übersah dabei vollkommen, daß der intellektuelle Aufschrei 1914 nichts war, das auf diese Länder beschränkt geblieben wäre. Hier muß mit der Erklärung doch erheblich tiefer angesetzt werden.

Man hat versucht, die Todessehnsucht ins Spiel zu bringen, und hat Sigmund Freud zur Erklärung herangezogen. Vielleicht ist auch das zu einfach oder eigentlich zu kompliziert, ja falsch. Eher scheint es doch möglich, mit Viktor Frankl und der dritten Wiener Schule der Psychiatrie eine befriedigende Erklärung beizubringen. Man war auf der Suche nach dem Sinn des Lebens, und für viele war das ein verzweifeltes Ringen. Daher wollte auch kaum einer fehlen, meldeten sich Scharen von Intellektuellen freiwillig als Soldaten oder wollten zumindest – wie Stefan Zweig – im Hinterland für die eigene Sache wirken. Trakl, Wittgenstein, der degradierte Arzt Arthur Schnitzler, Maler, Denker, Natur- und Geisteswissenschaftler, Juristen, Reiche, Arme, Genies und Toren – sie alle waren gleichermaßen erregt und wollten dabeisein, wenn die Welt von gestern zu Grabe getragen wurde.

Ein Reich macht mobil

Es ist nicht leicht, die Stimmung der breiten Bevölkerungsschichten im Juli 1914 zu erfassen. Die Zeitungen geben wohl nur einen Teil dieser Stimmung wieder. Die Polizeiberichte einen anderen. Allerdings darf man die Juliwochen nicht mit heutigen Maßstäben messen. Die Mehrheit der Bevölkerung der Habsburgermonarchie ging wie selbstverständlich ihrer normalen Beschäftigung nach und ließ sich zunächst darin nicht stören. Josef Redlich hatte noch zum 28. und 29. Juni von Wien geschrieben: „In der Stadt herrscht keine Trauerstimmung." Doch dann begann das Warten, und die Stimmung schlug um. Redlich am 5. Juli: „In Wien herrscht Apathie."[255] Am 15. Juli sickerten Kriegsgerüchte durch, doch sie erreichten vorderhand nicht die breite Öffentlichkeit. Redlich berichtet von „drei Krachtagen" an der Börse, also von Kursstürzen. Doch die Banken blieben ruhig. Am 23. Juli meinte auch Friedrich Austerlitz von der „Arbeiter-Zeitung", die Monarchie müsse „gegen Serbien losgehen". Dann wurde gewartet und eigentlich gebangt, daß Serbien dem Krieg entkommen könnte. In dem Fall, so Redlich, „wäre der Enthusiasmus der Bevölkerung Wiens umsonst gewesen".[256] Der mußte sich aber irgendwo hinter der „Apathie" versteckt gehabt haben. Dann endlich löste sich die Spannung. Als Redlich am 28. Juli die Nachricht von der erfolgten Kriegserklärung erhielt, stürzte er zum Telefon. Als er das Wort „Krieg" aussprach, schnitt ihm das Fräulein vom Amt nach „§ 4 der Telephonvorschriften" die Verbindung ab.[257] In der

Wiener Innenstadt gab es große Demonstrationen. Hochrufe, Volkshymne, vor dem Stephansdom eine große Menge „offenbar christlichsozialer Arbeiter, die für den Krieg demonstrieren".[258]

Seit dem 27. Juli waren in allen Orten der Monarchie Plakate mit dem Manifest des Kaisers „An Meine Völker" affichiert worden. In elf Sprachen war zu lesen, was im Ministerium des Äußern entworfen und vom Kaiser unterschrieben worden war. Es war in dieser Proklamation allerdings nur von Serbien die Rede. Daß die Monarchie wenige Tage später auch mit Rußland im Krieg war, erfuhr man durch keine kaiserliche Proklamation mehr. Ebensowenig den Kriegszustand mit Frankreich und Großbritannien. Was hätte man auch in einer weiteren Proklamation schon sagen können?

Von der Auslösung des „Kriegsfalls B" war jeder Bewohner der Monarchie direkt oder indirekt betroffen, da Überwachungs- und Lenkungsmaßnahmen einsetzten, die für jeden einzelnen Auswirkungen hatten. Das reichte vom Pferdeausfuhrverbot und den schlagartig einsetzenden Zensurmaßnahmen bis hin zur Festlegung des rückwärtigen Kriegsgebiets. Bei letzterem konnte man sich noch im Inneren der Monarchie der Illusion hingeben, daß der Krieg irgendwo in der Ferne stattfände. Anderes, wie die fast augenblickliche Verteuerung von Lebensmitteln, da und dort Verknappungen, insbesondere auch die Verknappung von Geldmitteln, ließ dieses Gefühl des fernen Kriegs, der da irgendwo auf dem Balkan und in Galizien seinen Anfang nahm, von vornherein zur Illusion werden. Von den militärischen Maßnahmen waren die Gebiete der Monarchie allerdings wirklich nicht gleichmäßig betroffen. Das hing damit zusammen, daß für den „Kriegsfall B" zunächst ja nur ungefähr zwei Fünftel der Truppen mobilgemacht werden sollten. Erst nach dem Hinzukommen des „Kriegsfalls R" lief die vollständige Mobilmachung an. Auf Grund der Zusammensetzung der k. u. k. 2., 5. und 6. Armee, die für den „Kriegsfall B" mobilisiert wurden, erging an den größeren Teil der Aktiven und Reservisten von Heer und Landwehren zunächst keine Mobilmachungsorder. Die kam erst mit dem 31. Juli. Bis dahin war aber bereits eine ungeheure Erregung zu beobachten. Das Ganze hatte massenpsychotische Züge unvergleichlichen Ausmaßes. In allen Ländern, die von der Mobilmachung erfaßt wurden, ähnelten sich die Bilder auch mitunter aufs Haar. Der eine riß den anderen mit fort, und von Tag zu Tag bis zum Ausmarsch der Regimenter steigerte sich dieses kollektive Empfinden und Handeln.

Wenn wir uns ansehen, wie sich diese Tage in Wien, Budapest oder Prag, in Oberösterreich, Slowenien oder der Bukowina abspielten, dann haften den Bildern bestenfalls regionale und mentalitätsmäßige Unterschiede an. Alles drängte auf die Straße, die Zeitungsredaktionen und Telegrafenschalter waren belagert. Kaffeehäuser hatten die Nacht hindurch offen, nicht aber wegen des Geschäfts, sondern um die Möglichkeit zu bieten, auch in der Nacht sofort das Neueste zu erfahren und zu besprechen. Gruppen, die immer wieder rasch anwuchsen, zogen durch die Straßen; es wurden Märsche gespielt und Lieder gesungen, das „Gott erhalte" genauso wie das „Deutschlandlied". Vor den Wohnungen der jeweiligen Regiments-, Brigade-, Korps- oder Armeekommandanten wurden Ovationen gebracht. Die Huldigungen galten auch den Verbündeten. In Wien wurde daher nicht nur vor der deutschen, sondern auch vor der italienischen Botschaft spontan demonstriert. Bei den Italienern soll allerdings das Ministerium des Äußern ein wenig Regie geführt haben. Hüte- und Tücherschwenken, Jubel,

Hurra, Begeisterung – Bilder, wie sie aus so gut wie jedem Ort gemeldet wurden. Am 31. Juli, anläßlich der allgemeinen Mobilmachung, erfuhr diese Stimmung eine nochmalige Steigerung. Die Plakate mit der allgemeinen Mobilmachungsorder wurden am 31. Juli und am 1. August affichiert. Nicht jeder verstand sie. In die „Hurras" mischten sich aber auch schon Tränen. Am Land läuteten die Glocken Sturm. Boten auf Rädern und zu Fuß suchten auch die entlegensten Ortschaften und Gehöftgruppen auf. In Ungarn jagten gelegentlich übereifrige Gendarmen die Männer von den Feldern und in die Kasernen, nur damit sie ja rasch einrückten.[259] Am Sonntag, dem 2. August, hielten die meisten Geschäfte offen, um den einrückenden Reservisten noch die Möglichkeit zum Einkauf zu bieten. Von den am selben Tag einsetzenden Beschränkungen im Personen- und Güterverkehr waren die Mobilgemachten ausgenommen; sie waren bevorzugt zu transportieren. Von den Bahnhöfen zogen die Scharen in Richtung Kasernen. Ein Teil von ihnen konnte dort nicht untergebracht werden. Sämtliche Schulen, Theater, Säle und etliche Fabriken wurden zu provisorischen Truppenunterkünften umfunktioniert. Tausende warteten auf den Straßen, Plätzen und im offenen Gelände. Jene, die mit ihren Pferden gestellungspflichtig waren, kamen selbstverständlich auch mit ihren Tieren, denn schließlich sollte ein k. u. k. Infanterieregiment nach Mobilmachung etwa 270 Pferde, ein k. u. k. Feldkanonenregiment 70 und ein Kavallerieregiment 1250 Pferde zählen. Feldküchen speisten die Reservisten und Landsturmpflichtigen ab. Da und dort brandete aber auch der Nationalitätenkonflikt hoch. In Oberösterreich wurden etliche Tschechen verprügelt, es gab in Linz sogar einen Toten und mehrere Verletzte, da man bei einigen Tschechen den Ruf „Hoch Serbien!" gehört haben wollte.[260]

Für die Länder der Habsburgermonarchie schien es gar keine Frage zu sein, daß es Krieg gegen Serbien geben mußte und daß man siegen würde. An Rußland dachte man freilich weniger. Als dann die Mobilmachung verlautbart wurde, vollzog sich das Einrücken reibungslos bis übereilig. Manch einer wollte den ersten Mobilmachungstag nicht zur Ordnung seiner Privatangelegenheiten nutzen. Die waren schon geregelt. Der Tag hatte auch mehr für die aktiv dienenden Soldaten Sinn als für die Reservisten. Auch die Ausweitung der Mobilmachung auf sämtliche Korpsbereiche und die Aufbietung des Landsturms bis 42 Jahren ging planmäßig vor sich. Jetzt kamen

a) die Rekruten des Jahrgangs 1893, die noch nicht ausgebildet waren,
b) die Beurlaubten und Ersatzreservisten der gerade aktiv dienenden Jahrgänge 1890 bis 1892,
c) die Reservisten und Ersatzreservisten der Jahrgänge 1882 bis 1889,
d) die Angehörigen des Landsturms der Jahrgänge 1872 bis 1881.[261]

Zu einem k. u. k. Infanterieregiment mit seinen vier Bataillonen rückten solcherart bis zu 10.000 Soldaten zusätzlich ein, von denen etwa die Hälfte in Ersatzkompanien zurückbleiben sollte. Auch die Landwehr- und Honvéd-Infanterieregimenter und natürlich alle anderen Truppenkörper erwarteten jeweils Tausende an Reservisten und Ersatzreservisten sowie Hunderttausende Pferde. Die Männer mußten nach Vorweis ihrer gelben Einberufungsscheine eingewiesen, ärztlich untersucht, gemäß ihrem Wehrpaß den Einheiten zugeteilt, eingekleidet, ausgerüstet und bewaffnet werden. Dann begannen Exerzier- und Gefechtsübungen, jagten sich Unterrichts- und Instruktionsstunden, in denen ebenso die Bestimmungen des Standrechts wie die Verwendung des

Verbandszeugs in Erinnerung gerufen wurden. Doch das alles geschah zum wenigsten in einer geordneten Abfolge, sondern in einem mehr oder weniger wilden Durcheinander, das innerhalb weniger Tage die 115.000 Mann des präsenten Heeres wie die 1,5 Millionen Mobilgemachten erfaßte.

Die Offiziere, deren Familien in frontnahen Garnisonsorten wohnten, bekamen Befehl, ihre Angehörigen in Sicherheit zu bringen. Da wurden dann in kürzester Zeit Haushalte aufgelöst und Hausrat verladen und verschickt.[262] Auf den Bahnhöfen kam es zu endlosen und immer wiederkehrenden Abschiedsszenen. Josef Redlich schrieb: „... weinende Mütter, Frauen und Bräute: welcher Jammer wird erst kommen." Und an anderer Stelle: „Heute früh nach Wien" (er kam von Göding). „In allen Stationen rührende Szenen, das Volk ist großartig, tapfer, willig, gut österreichisch."[263] Einer der zahlreichen russischen Emigranten, der sich den Decknamen Lev Trockij gegeben hatte, äußerte sich über das in Österreich Gesehene zwar sarkastisch, doch die Spontaneität und die Kriegsbegeisterung fielen auch ihm auf.[264] (Dreieinhalb Jahre später sollte er über einen Frieden zwischen Österreich-Ungarn und Rußland verhandeln.)

Wien war natürlich nicht die Monarchie. Doch Böhmen, Galizien, Bosnien oder Ungarn waren vom Kriegsbeginn genauso aufgewühlt, mitgerissen und begeistert. Die Haltung Graf Tiszas war klar gewesen. Doch am 28. Juli brachte auch Graf Apponyi seitens der Opposition im ungarischen Reichstag deren Solidarität mit der getroffenen Entscheidung zum Ausdruck.[265] In Agram, der Hauptstadt des zu Ungarn gehörenden Königreichs Kroatien, wurde für den Krieg demonstriert und der Krieg gegen Serbien bejubelt. In Prag veranstalteten Tschechen und Deutsche eine gemeinsame Demonstration für den Krieg, und auch wenn dabei vom Statthalter, Heinrich Graf Clam-Martinic, ein wenig nachgeholfen worden sein soll, um nur ja jeden Mißton auszuschließen, war das Votum eindeutig und eindrucksvoll.[266] Erst einige Wochen später gab es versteckte und auch offene Sympathiekundgebungen für Serbien und Rußland. In den südslawischen Gebieten, wo es vor allem in Bosnien zu wilden Ausschreitungen gegen Serben gekommen war, hielt sich die serbenfreundliche Bevölkerung zurück, so daß auch da der Eindruck einer geschlossenen patriotischen Einstellung entstand. Es wurde in Österreich-Ungarn freilich auch alles getan, um jene in Deutschland kolportierten Äußerungen zu unterdrücken, die den beginnenden Krieg als eine Auseinandersetzung zwischen dem Germanentum und dem Slawentum zu charakterisieren bemüht waren. Dergleichen Unsinn paßte nun wirklich nicht in die österreichisch-ungarische Monarchie. Dieser Staat war ja angetreten, seine Vielvölkerstruktur, in der die Slawen eine beträchtliche Rolle spielten, zu verteidigen und zu festigen. Daß dieser Krieg eine Auseinandersetzung mit dem Slawentum sein würde, mochte vielleicht der eine oder andere Deutschnationale so empfinden. Doch der Gesamtstaat hatte sich auf das Gemeinsame einzustellen. Nichtsdestoweniger wurde mißtrauisch Umschau gehalten.

Es häuften sich Verhaftungen und Anhaltungen. Veteranen und Bürgerkorps bewachten unaufgefordert Straßen und wichtige Objekte. Militärpatrouillen durchstreiften die Orte. Es gab Schießereien, bei denen wohl kaum jemand verletzt wurde, die aber die Erregung noch steigerten.[267] Sie flaute dann ab und machte sich erst wieder beim Ausmarsch der Truppen Luft. Dann konnte auch das plötzlich zum Hinterland gewordene Gebiet dazu übergehen, sich für den Kriegsalltag einzurichten.

Jetzt traten auch alle Vorbereitungen in Kraft, die seit 1867 für den Ausnahmezustand getroffen worden waren. Und eine größere Ausnahmesituation als einen Krieg konnte es nicht geben. Gemäß dem Gesetz vom 5. Mai 1869 über die „Suspension der Grundrechte und den Ausnahmezustand“ wurden Gesetze und Vorschriften über Verhaftungen, Ausweisungen, die Unverletzlichkeit des Hausrechts und des Briefgeheimnisses, Versammlungsrecht und Pressefreiheit aufgehoben. Eine Ergänzung fand dieses Ausnahmegesetz in den Bestimmungen über die Militärgerichtsbarkeit, die sich auch auf Zivilpersonen erstrecken konnte, sofern diese in irgendeiner Funktion an militärischen Operationen teilnahmen. Es traten die Bestimmungen des Kriegsleistungsgesetzes in Kraft. Die wichtigste Konsequenz daraus war die Arbeitspflicht, denn sie erfaßte theoretisch alle nicht wehrpflichtigen Männer, die das 50. Lebensjahr noch nicht vollendet hatten. Gerätschaften und Tiere, vor allem Pferde, wurden vom Ärar angefordert. Autos, Fuhrwerke, Baulichkeiten jeglicher Art im Frontbereich und im Hinterland wurden angemietet oder abgelöst, kriegswichtige Betriebe bis hin zu Großindustrien militarisiert. Verstöße gegen das Kriegsleistungsgesetz wurden nach dem Militärstrafgesetz geahndet. Der Staat sicherte sich solcherart diktatorische Rechte und stellte sicher, daß die Rechte der Staatsbürger bei Geltendmachung militärischer Notwendigkeiten so gut wie aufgehoben waren.

Das Überreagieren und die praktisch mit dem Tag der Mobilmachung einsetzenden Übergriffe finden ihre Erklärung zwar darin, daß so gut wie jede Erfahrung fehlte, auch wenn die k. u. k. Armee zwar eine Reihe von Teilmobilmachungen mitgemacht und 1878 einen kriegsähnlichen Einsatz erlebt hatte. Doch allen war klar, daß man in einen ganz anderen Krieg ging und daß niemand imstande war, dessen Dimensionen abzuschätzen. Beim Neuüberdenken der administrativen Vorsorgen wurde vor allem darauf Rücksicht genommen, daß der Aufmarsch eines großen Heeres nur unter der Voraussetzung erfolgen konnte, daß die Verkehrsverbindungen gesichert und daß Kommunikationsmittel wie Fernsprechleitungen intakt bleiben mußten. Man rechnete mit Sabotage und natürlich auch mit Widerständen einzelner nationalistischer Gruppen oder ganzer Nationalitäten. Doch das Besondere in der österreichischen Reichshälfte war, um wieder Redlich zu zitieren, „... daß hier der Gedanke der Diktatur von vornherein weit über das technische Moment der bloßen Sicherung der Mobilisierung hinausging und von Anbeginn als eine politische Maßnahme im höchsten Sinn des Wortes von den entscheidenden Faktoren nicht nur der Armee, sondern auch der Zivilregierung, der Bürokratie, aufgefaßt wurde“.[268]

Will man hier ein besonderes Verschulden suchen, so wird man alle österreichischen und ungarischen Regierungen seit dem Beginn der konstitutionellen Ära, zumindest aber seit 1867, nennen müssen, denn jede hat an der Ausnahmegesetzgebung zumindest festgehalten oder sie auch da und dort ergänzt. Es lag aber an den gerade im Amt befindlichen Regierungen, sich des gesamten Instrumentariums zu bedienen und es anzuwenden. Dabei mußte sich aber auch jeder einzelne darüber im klaren sein, daß die anzuwendenden Maßregeln eine deutliche Minderung der ohnedies geringen staatsbürgerlichen Freiheiten bringen mußte sowie für die nicht-deutschen und nicht-ungarischen Nationalitäten eine Zeit der Reaktion. Der Tod Franz Ferdinands ließ Bemühungen um eine trialistische Lösung im Rahmen der Verfassung der Gesamtmonarchie unaktuell werden. Ausgleichsverhandlungen, wie sie mit den Ruthenen gepflogen worden waren, konnten nicht mehr wirksam werden, und quer durch die Monarchie setzten Mißtrauen und Bespitzelung ein. Denn darin unterschied sich die Habsburgermonarchie von den anderen Staaten: Es blieb nicht einfach bei der Feststellung der Kriegsbereitschaft und -begeisterung. Bald setzte das Mißtrauen des einen Volks in die anderen ein, ob sie auch wirklich ähnlich bereitwillig für Gott, Kaiser und Vaterland in den Krieg zogen oder ob da nicht nur der Schein gewahrt wurde.

Die Ausnahmeverfügungen wurden in einem „Orientierungsbehelf über Ausnahmeverfügungen für den Kriegsfall für die im Reichsrat vertretenen Königreiche und Länder" und in einer Parallelaktion in Ungarn nur den obersten Militär- und Verwaltungsorganen im vollen Umfang, und das geheim, bekanntgemacht. Der „Orientierungsbehelf" sah auch schon die Schaffung einer neuen Zentralbehörde, des „Kriegsüberwachungsamtes", vor. Dieses wurde als leitende Stelle für die Handhabung der Ausnahmeverfügungen beim k. u. k. Kriegsministerium errichtet und hatte die Aufgabe, durch permanente und konsequente Überwachung des Lebens im Hinterland alles auszuschalten, was negative Auswirkungen auf die Front und die Wehrmacht in Kriegszeiten haben konnte. Die Durchführungsbestimmungen des „Orientierungsbehelfs über Ausnahmeverfügungen" nannten dann im Detail die Gegenstände, die von dieser zumindest vom Anspruch her vollständigen Militarisierung des täglichen Lebens erfaßt werden sollten.

Die Ausnahmeverfügungen sollten allerdings zeitlich begrenzt sein und waren außerdem an die Zustimmung des Gesamtministeriums und an die Genehmigung des Kaisers gebunden. Doch für Österreich wurde der Ausnahmezustand zur Permanenz. Das war vor allem auf die faktische Unregierbarkeit Cisleithaniens zurückzuführen. In Wien gab es zwar während der Julikrise Überlegungen, den Reichsrat wieder zusammentreten zu lassen. Die deutschen Parteien waren jedoch strikt dagegen gewesen, und auch das Kabinett des Ministerpräsidenten Stürgkh befürchtete, daß die nicht-deutschen Parlamentarier während eines gegen Serbien und Rußland geführten Kriegs ein noch nicht dagewesenes Maß an Obstruktion an den Tag legen würden. Die Angst vor kriegsfeindlichen Kundgebungen oder vor Demonstrationen war nicht von der Hand zu weisen. Es war auch durchaus naheliegend, daß alle Slawophilen im Krieg gegen das Zarenreich einen Anschlag gegen ihre Ideale sehen würden. Was war mit den Südslawen? Würden sie bereit sein, gegen Serbien und Montenegro zu marschieren? Was war mit den Tschechen und Ruthenen? Würden sie Krieg gegen Russen führen wollen? Nun konnte man natürlich voraussetzen, daß das militärische Gefüge und die jedem Militär innewohnende Gewalt ausreichen sollten, um die Disziplin aufrechtzuerhalten und die Durchsetzung von Befehlen zu erzwingen. Gewählte Abgeordnete von Landtagen, Reichsrat oder Reichstag ließen sich jedoch keineswegs in ähnlicher Weise gefügig machen. Ihnen konnte man notfalls nur das Forum nehmen – oder sie verhaften. Der Entschluß, das österreichische Parlament nicht einzuberufen, ließ sich also wohl begründen. Nachträglich muß jedoch sehr bezweifelt werden, daß es zu offenem Widerstand gekommen wäre. Gerade das Beispiel eines funktionierenden Parlamentarismus in der ungarischen Reichshälfte konnte zum Gegenbeweis herangezogen werden. Schließlich wurde festgestellt, daß die Nichteinberufung des österreichischen Parlaments eine verheerende Wirkung hatte, da das so verstanden wurde, als ob die Regierung kein Vertrauen in die Völker des Reichs gehabt hätte.[269] „Damit war", wie dann Redlich nach dem Krieg schrieb, „der kaiserlichen Regierung, dem Beamtenministerium, vollkommen freie Hand gelassen, den Ausnahmezustand genau nach den früher geschaffenen Entwürfen durchzuführen."[270]

Am 25. Juli waren zugleich mit der Weisung zur Mobilmachung gegen Serbien auch die kaiserlichen Entschließungen über die Suspendierung der staatsbürgerlichen Rechte unterschrieben worden. Und am selben Tag wurden mittels kaiserlicher Verordnung die nicht unmittelbar der staatlichen, sondern der Selbstverwaltung unterstehenden Länder, Bezirke und Gemeinden in die zentralistische Kriegsverwaltung eingebunden. Jede Gemeinde war fortan verpflichtet, an der Durchführung der Ausnahmegesetze mitzuwirken und an allen anderen Gesetzen und Verordnungen, die sich auf die Kriegführung bezogen. Jeder öffentliche Bedienstete hatte dann, wenn er mit einem der Kriegführung der Monarchie dienenden Geschäft betraut war, dieses so lange fortzuführen, bis er von seiner vorgesetzten Behörde von seinen Aufgaben entbunden wurde. Damit fielen die Pensionierungsgrenzen weg. Eine Sonderregelung bestand für die Eisenbahnverwaltungen, die nicht nur sämtliche materiellen Einrichtungen, sondern auch das gesamte Personal der Kriegsverwaltung zur Verfügung zu stellen hatten. Die Leitung des gesamten Eisenbahnwesens der Monarchie wurde vom ersten Mobilmachungstag an militarisiert.

Manche im eigentlichen Kriegsgebiet verständlichen und kriegsbedingt notwendigen Maßnahmen, wie etwa die Abschaffung der Geschworenengerichte, wurden auf die ganze Monarchie ausgeweitet. Für das im weitesten Sinn als Kriegsgebiet geltende Territorium und dessen Hinterland wurde überhaupt eine gesonderte kaiserliche Verordnung wirksam, mit der die zivile Verwaltung in eine militärische umgewandelt wurde. Am 25. Juli war für Bosnien-Herzegowina, Dalmatien und das Banat die Erweiterung der Befugnisse der militärischen Landesbefehlshaber verfügt worden.[271] Sechs Tage später wurde dem Armeeoberkommando die Befugnis erteilt, in den Königreichen Galizien und Lodomerien samt dem Großherzogtum Krakau, ferner im Herzogtum Bukowina, dem Gebiet der Bezirkshauptmannschaften Bielitz, Freistadt, Fridek und Teschen sowie in den Stadtgemeinden Bielitz und Fridek des Herzogtums Schlesien zur Wahrung der militärischen Interessen „innerhalb des dem politischen Landeschef zustehenden amtlichen Wirkungskreises" Verordnungen zu erzwingen.[272]

Alle hier nur angedeuteten absolutistischen Maßnahmen sollten sicherstellen, daß die österreichische wie die ungarische Kriegsregierung die innere Ordnung im gesamten Staatsgebiet aufrechterhalten, alle politischen und nationalistischen Äußerungen unterdrücken und der Arbeit der Kriegsverwaltung einschließlich der gesamten Kriegswirtschaft, Ernährung und Ausrüstung des Heeres zum Erfolg verhelfen konnten.[273] Redlich meinte, daß man in keinem Staat mit der Militarisierung so weit gegangen wäre wie in Österreich, und das vor allem, um besonders die nicht-deutsche Bevölkerung mit aller zur Verfügung stehenden Härte für die Monarchie in Dienst und Pflicht zu nehmen. Ein quantifizierender Vergleich mit anderen Ländern fällt – mit Ausnahme Rußlands – auch sehr wahrscheinlich zuungunsten Österreich-Ungarns aus.

Die Maßnahmen, die zur absoluten Herrschaft der militärischen Stellen führen sollten und großenteils auch führten, fanden nur dort ihre Grenzen, wo sie auf entschlossenen Widerstand stießen – vor allem in Ungarn. Der ungarische Ministerpräsident widersetzte sich erfolgreich den Bestrebungen des Kriegsüberwachungsamtes, diese Behörde als eine auch für die ungarische Reichshälfte zuständige Zentralbehörde anzuerkennen. Die Begründung dafür, daß es sich ja um eine Dienststelle des gemeinsamen k. u. k. Kriegsministeriums handelte, war zwar formal richtig, doch Tisza verhalf dem Kriegsüberwachungsamt zu keiner praktischen Wirksamkeit. Das hieß freilich nicht, daß die für die ungarische Reichshälfte getroffenen Maßnahmen nicht im Endeffekt mit jenen der österreichischen Reichshälfte ident gewesen wären. Es war nur die gemeinsame Behörde, die abgelehnt wurde, und nicht die Maßnahme an sich. Ungarn fand seine eigene Form der Steuerung und Kontrolle der zivilen Verwaltung durch militärische Organe.

In Cisleithanien aber sah Ministerpräsident Graf Stürgkh in der Unterordnung der zivilen Verwaltung unter die militärischen Behörden und vor allem unter das Armeeoberkommando eine selbstverständliche Maßnahme. In einem Rundschreiben, das er Ende Juli 1914 an die ihm unterstehenden Landeschefs in Österreich erließ, hieß es: „... Über den eigentlichen Bereich der im besonderen Pflicht- und Treueverhältnis zum Staate stehenden Beamtenschaft wird es Aufgabe Euer ... sein, auch die Bevölkerung ohne Unterschied des Standes, der Nation und des Bekenntnisses im Geiste der Sammlung der Kräfte aller gutgesinnten patriotischen Elemente zur Bekundung ihrer Vaterlandsliebe in Wort und Tat zu ermutigen und sie zur bereitwilligen und opferfreudigen Mitwirkung an allen Maßnahmen anzuspornen, die der Sicherung der Entfaltung und wirksamen Verwendung der Wehrmacht zu dienen bestimmt sind. Mit ebenso zielbewußtem Nachdruck wird aber gegen jene Elemente Stellung zu nehmen und ihr zerrüttender Einfluß zu vernichten sein, die aus politischen oder was immer für sonstigen Gründen in diesen für das Vaterland so entscheidenden und schicksalsschweren Zeiten eine gleichgültige oder gar feindliche Haltung gegen die Wehrmacht und den Staat einnehmen ... In dieser Beziehung sowie überhaupt auf dem gesamten Verwaltungsgebiet der Staatsverwaltung treten alle jene Gesichtspunkte und Rücksichten, die unter normalen Verhältnissen ihre selbständige Berechtigung haben mögen, vollkommen zurück hinter den großen Zwecken, deren Erreichung jetzt mit der Gewalt der Waffen unternommen wird und damit eben auch hinter den Interessen der Wehrmacht, die zur Vollstreckung des Staatswillens aufgeboten ist.“[274]

Stürgkh vertrat auch die Ansicht, daß Regierung und Verwaltung in diesem Krieg dem Allerhöchsten Kriegsherrn unbedingt zur Verfügung stehen müßten, und bedauerte es sehr, daß Kaiser Franz Joseph nicht in der Lage war, den Oberbefehl persönlich auszuüben.[275] Der Monarch war dazu aber ganz einfach zu alt und physisch nicht mehr in der Lage. Schon vor der Annexionskrise war Erzherzog Franz Ferdinand als Armeeoberkommandant in Aussicht genommen worden. Im Juli 1914 hieß es dann, einen neuen Kommandanten zu suchen. Die Wahl fiel auf Erzherzog Friedrich. Am Abend des 25. Juli war das kaiserliche Handschreiben hinausgegangen, das ihn zum Oberkommandanten der Balkanstreitkräfte bestimmte. Auch das konnte nicht ein spontaner Entschluß sein, sondern war reiflich überlegt und vorbereitet worden. Zwei Erzherzöge, zwei Brüder, waren zur Auswahl gestanden, die beide durch ihr Alter und durch ihre militärische Erfahrung in Frage kamen, Eugen und Friedrich. Dabei mußte als erstes auffallen, daß nicht der neue Thronfolger, Erzherzog Karl, den Oberbefehl führen sollte. Seine Jugend und Unerfahrenheit standen dem wohl zunächst und am meisten im Weg. Er hatte noch zu wenig Autorität und wäre so offensichtlich von anderen abhängig gewesen, daß nicht einmal die Fiktion eines persönlich ausgeübten Oberkommandos aufgebaut hätte werden können. Doch darüber hinaus gab es sicherlich zusätzlich dynastische Erwägungen. Nahm der Krieg keinen solchen Verlauf, wie man es sich erhoffte, dann stand der Thronfolger automatisch mit dem Mißerfolg und mit der Niederlage in Verbindung. Das hätte ihn womöglich mit einer gewaltigen Hypothek belastet. Ein weiteres Moment lag darin, daß der k. u. k. Oberkommandant womöglich Gleichwertigkeit gegenüber dem deutschen obersten Befehlshaber demonstrieren mußte. Da Kaiser Wilhelm II. den Oberbefehl über die deutschen Streitkräfte tatsächlich ausübte, wäre Erzherzog Karl kein wirkliches Pendant gewesen.

Bei den zur Auswahl stehenden Erzherzögen Eugen und Friedrich, beide Enkel jenes Erzherzogs Carl, der als Sieger von Aspern legendären Ruhm genoß, und Adoptivsöhne jenes Sohns von Erzherzog Carl, der es militärisch am weitesten gebracht hatte, nämlich Erzherzog Albrecht, des Siegers von Custoza, war festzustellen, daß Eugen der militärisch wohl weitaus Fähigere war. Er war allerdings der Jüngere der beiden. Und schließlich kam noch eine letzte Erwägung ins Spiel. Der Armeeoberkommandant sollte zwar Autorität haben, letztlich aber jenem Mann die Führung der Operationen überlassen, der als unbestrittene militärische Autorität galt: der Chef des Generalstabs für die gesamte bewaffnete Macht Österreich-Ungarns, Franz Conrad von Hötzendorf. Von Erzherzog Friedrich wurde erwartet, daß er sich mit repräsentativen Aufgaben zufriedengeben und die notwendigen Unterschriften leisten würde, im übrigen aber Conrad agieren ließe. Der Generaladjutant des Erzherzogs und frisch gekürten Oberkommandanten, Graf Herbert Herberstein, dem gewiß nicht mangelnde Loyalität gegenüber der kaiserlichen Hoheit vorgeworfen werden kann, brachte die Situation auf den einfachen Nenner, „... daß der sehr passive und leicht einzuschüchternde Charakter des hohen Herrn die sichere Gewähr eines guten Auskommens mit dem Chef des Generalstabes zu bieten schien. Conrad war schon jetzt beim Kriegsausbruch nicht unberechtigter Weise der Held des Tages. Jedermann glaubte an seine Feldherrntugenden, und er selbst und seine engere Umgebung waren am meisten davon überzeugt, daß er der einzige Mann sei, der das Oberkommando führen könne, während der tatsächliche Oberkommandant Erzherzog Friedrich mehr oder weniger als ‚Null‘ betrachtet wurde.“[276] Friedrich war insofern keine schlechte Wahl, als er die nötige Ruhe hatte, um den impulsiven, hektischen und ausgesprochen schwer zu behandelnden Conrad zu ertragen und zu ihm ein Gegengewicht zu bilden. Friedrich war ungeheuer reich, galt persönlich als recht anspruchslos und sah sich gern als Mäzen.[277] Er schien ein vorbildlicher Familienvater zu sein und wurde gerne als „k. u. k. Großpapa“ bezeichnet.

Der Erzherzog war zunächst nur als Befehlshaber der Balkanstreitkräfte vorgesehen gewesen. Doch nach der Ausweitung der Mobilmachung und dem Eintritt des Kriegsfalls Rußland wurde Friedrich am 31. Juli mit dem Oberkommando sämtlicher k. u. k. Streitkräfte zu Wasser, zu Lande und in der Luft betraut. Die Balkanstreitkräfte kamen nach einem kurzen Intermezzo unter den Befehl des bisherigen Landesbefehlshabers für Bosnien und Herzegowina, Feldzeugmeister Oskar Potiorek.

Für Conrad und die Angehörigen des Generalstabsbüros war es eine ausgemachte Sache, daß das Armeeoberkommando (AOK) seinen Sitz nicht in Wien oder in der Umgebung von Wien nehmen würde, denn dann wäre es zu sehr dem Einfluß der Zentralstellen, aber auch der sehr tätigen Hofkamarilla unterworfen gewesen. Auch militärische Gründe sprachen dafür, das AOK näher an die Front zu rücken, da ein Führen über große Distanzen noch unmöglich schien.

Von da an gab es jene für den Krieg typische Scheidung in zwei unabhängig voneinander existierende Bereiche: die Front und die Heimat. Damit verbunden war aber auch die Bildung neuer Machtzentren und die Verschiebung anderer. War vor dem Krieg Wien ein einheitliches Machtzentrum, in dem die Politik für beide Reichshälften, die Außenpolitik und die Militärpolitik der Monarchie, gemacht wurde und selbstverständlich die Verwaltung Cisleithaniens ihren Mittelpunkt hatte, so verblieben in Wien zwar die bestehenden Einrichtungen, doch auf dem Balkan und vor allem am Sitz des Armeeoberkommandos bildeten sich neue Machtzentren heraus, in denen auch der Machtmißbrauch vom ersten Tag an eine Rolle spielte.

Dem Armeeoberkommando wie dem Balkanoberkommando wurden Vertreter des Ministeriums des Äußern und der beiden Ministerien für Inneres beigegeben. Der Vertreter des k. k. Innenministeriums beim AOK, Baron Eichhoff, beschrieb die Situation folgendermaßen: „Was diese Stellung zu bedeuten hatte, wußte damals niemand, wenigstens niemand von uns Zivilisten. Die Stellung war im geheimnisvollen Dienstbuch für höhere Kommandanten vorgesehen. Dieses Dienstbuch hatten die Generalstäbler verbrochen, aber auch sie wußten nicht recht, was sie mit mir anfangen sollten."[278]

Sollte Eichhoff tatsächlich keine ausreichenden Instruktionen mitbekommen haben, dann war das zunächst Schuld seines Innenministers, des Barons Heinold. Der Minister des Äußern hatte seinem Vertreter beim AOK, Baron Giesl, sehr wohl eine ausführliche Instruktion mitgegeben. Seine Aufgabe sollte sein: Berichterstattung an das Ministerium des Äußern über die allgemeine militärische Lage und die wesentlichsten militärischen Ereignisse sowie wesentliche politische Vorkommnisse. Er sollte vom AOK in allen völkerrechtlichen Fragen und vor allem dann gehört werden, wenn sich die Ausübung der Gewalt auf okkupiertes Gebiet erstrecken sollte.[279] Giesl machte sich allerdings sehr rasch und sehr nachhaltig unbeliebt, denn er berichtete sowohl früher als auch ausführlicher über die militärischen Ereignisse, als dies das AOK in seinen Meldungen nach Wien und an den Kaiser tat. Und was noch mehr Probleme aufwarf: Giesl berichtete zutreffender. Zutreffende Informationen über das, was in den ersten Kriegswochen vorging, waren aber alles andere als leicht zu bekommen, schon gar nicht in Wien.

5

„Gott sei Dank, das ist der große Krieg!"

Das Marienbader Kurorchester spielte bis Mitte August 1914 am Ende seines Programms neben der obligaten österreichischen Kaiserhymne, deren Melodie ja gleichzeitig die des Deutschlandlieds war, noch die italienische Hymne. Es war daher eine hörbare Reaktion auf die Neutralitätserklärung Italiens, daß dessen Hymne aus dem Repertoire gestrichen wurde. Statt dessen wurde „Die Wacht am Rhein" gespielt. Auch bei den Kurgästen gab es merkbare Veränderungen. Je nachdem, mit welchem Staat sich die Habsburgermonarchie von einem Tag auf den anderen im Krieg befand, konnten Angehörige bestimmter Nationalitäten nicht mehr abreisen. Serben, Russen, Franzosen und vor allem Engländer, die Marienbad besonders gerne besucht hatten, wurden fremdenpolizeilich behandelt und schließlich danach geschieden, ob sie jung und gesund oder älter als vierzig Jahre bzw. krank waren. Letztere konnten mit einiger Verzögerung abreisen, während die anderen in und um Eger interniert wurden.[280]

Währenddessen wurde in den Büros der Generalstäbe fieberhaft gearbeitet. Obwohl es am Höhepunkt der Julikrise geheißen hatte, die hohen Militärs könnten bedenkenlos auf Urlaub gehen, es sei alles vorbereitet, hatte das in der Praxis nichts zu bedeuten. Zunächst hieß es, die Mobilmachung vorzubereiten und die Aufmarschelaborate auf ihre Realisierbarkeit durchzusehen. Und dann, ab dem 28. Juli, mußte mit den Verlegungen und Zuschüben begonnen und eine ja unerprobte Maschinerie zum Funktionieren gebracht werden. Jetzt ging es darum, den oder die Kriegsfälle auszulösen.

Aufmarsch nach Staffeln und Paketen

Die Kenntnis der eigenen militärischen Verhältnisse sowie die Informationen, die das Evidenzbüro des k. u. k. Generalstabs von den voraussichtlichen Feindmächten gesammelt hatte, waren die Voraussetzung dafür gewesen, daß die Operationsabteilung des Generalstabs Jahr für Jahr in der Lage gewesen war, die Aufmarschplanungen auf einigermaßen realistischen Grundlagen durchzuführen. Wo nicht eigene Informanten die notwendigen Nachrichten beibrachten, lieferte der deutsche Generalstab das Benötigte.[281] Doch letztlich ging es ja nicht nur darum, die Stärke der eigenen Truppen und jene der Gegner zu berechnen; es ging um Zeitkalküls, und es ging vor allem auch darum, die Operationen so einzuleiten, daß sich möglichst rasch ein Erfolg einstellte. Das Schwierigste dabei war es, die Kriegsfälle aufeinander abzustimmen.

Die größte Sorgfalt war auf die Planung eines Kriegs mit Rußland verwendet worden. Allerdings ergaben sich auch dabei von Jahr zu Jahr erhebliche Veränderungen. Legte man den Aufmarsch ganz an die Reichsgrenze vor, statt ihn an der San-Dnjestr-Linie durchzuführen, liefen die k. u. k. Armeen Gefahr, daß ihnen ein plötzlich feindliches Rumänien in die Flanke fiel. Verlegte man zurück, gab es keinen Raum zur Entfaltung und wurde sofort Gebiet preisgegeben. Entscheidend war auch die Berechnung der Eisenbahnfachleute, daß die k. u. k. Truppen ab dem 15. Tag der Mobilmachung gegenüber Rußland immer mehr ins Hintertreffen gelangen müßten, da die Russen mit ihren Kräften dank der besser ausgebauten Eisenbahnlinien immer überlegener würden. Als Unabwägbarkeit kam dazu, daß wohl nicht abzuschätzen war, inwieweit sich die von Oberst Alfred Redl in den Jahren 1901 bis 1913 an die Russen verratenen Planungen des k. u. k. Generalstabs auf deren Kriegsvorbereitungen ausgewirkt hatten. Tatsächlich basierten die von Zar Nikolaj II. genehmigten „Grundlegenden Erwägungen für den Aufmarsch unserer bewaffneten Macht in einem Kriege gegen den Dreibund" zum Teil auf diesen Informationen.[282]

Auch die operativen Planungen gegenüber Serbien waren von einer Reihe von Unwägbarkeiten ausgegangen. Da im Operationsbüro des Generalstabs nicht damit gerechnet wurde, daß Serbien eine Offensive über die Donau beginnen würde, wohl aber von Višegrad und Užice aus Bosnien im Griff hatte, wurden Überlegungen einer Massierung der k. u. k. Truppen an der Donau zugunsten eines Aufmarsches im südlichen Kroatien und in Bosnien revidiert. Allerdings hatte es immer wieder starke Einwendungen gegeben. An der k. u. k. Kriegsschule, der Ausbildungsstätte des Generalstabs, waren beispielsweise im Mai 1913 Studien über den „Einfluß der geographischen Verhältnisse auf eine Offensive nach Serbien" besprochen worden. Die Kernaussage dabei war gewesen, daß eine Offensive aus der österreichisch-ungarischen Monarchie nach Serbien nur bei Belgrad alle Voraussetzungen für einen raschen Erfolg bot. „Belgrad ist das offene Tor Serbiens", hieß es.[283] Diese Aussage war nicht zuletzt auch vom damaligen Kommandanten der Kriegsschule und später erfolgreichen Heerführer im Weltkrieg, Generalmajor Alfred Krauß, getroffen worden. Doch Conrad und der Landesbefehlshaber von Bosnien und Herzegowina, Feldzeugmeister Potiorek, hatten sich auf die Massierung südlich der Save von Mitrovica bis Sarajevo festgelegt. Dabei hatte es sein Bewenden.

Schon früh hatte sich die Auffassung durchzusetzen begonnen, man müßte Vorbereitungen für einen raschen Schlag gegen Serbien treffen und dürfe dabei keine Rücksicht auf ein russisches oder italienisches Eingreifen nehmen.[284] Dieser Gedanke der raschen Niederwerfung Serbiens, ungeachtet der Entwicklung der Ostfront, hielt sich, und in den Elaboraten für den „Kriegsfall B" wie auch in jenen für kombinierte Kriegsfälle wurden zusätzliche Truppen für den Balkan vorgesehen. Natürlich war auch ausgiebig darüber nachgedacht worden, was sein würde, wenn nach Beginn eines Kriegs mit Serbien plötzlich auch der „Kriegsfall R" eintreten würde. Dann sollte die sogenannte B-Staffel, die im Fall eines ausschließlichen Balkankonflikts die „Minimalgruppe Balkan“ zu verstärken hatte, herumgeworfen und nach Galizien verschoben werden. Die eisenbahntechnischen Abläufe waren skizziert und auch das Zeitkalkül erstellt worden. Am günstigsten, so hatte Conrad von Hötzendorf dem Kaiser am 2. April 1914 gemeldet, wäre es in einem solchen Fall, wenn die B-Staffel mit der k. u. k. 2. Armee „vor dem 5. Mobilmachungstag gegen Norden transportiert“ würde. Die Verlegung müßte aber „mindestens vor dem 16. Mobilmachungstag B[alkan] erfolgen“.[285] Conrad nahm weder Bedenken anderer Generalstabsoffiziere über die Operationsrichtung in einem Krieg mit Serbien noch solche des Eisenbahnbüros des k. u. k. Generalstabs über die tatsächliche Durchführbarkeit eines „Uminstradierens“ für den Fall einer nachträglichen russischen Kriegserklärung zur Kenntnis. Bis Ende Juli 1914.

Von der Kriegserklärung an Serbien waren zunächst jene Truppen betroffen, die zur „Minimalgruppe Balkan“ zählten. Da aber zu diesem Zeitpunkt ein Krieg mit Rußland an den Rand des politischen und militärischen Denkens gerückt wurde, erfolgte auch die Mobilmachung der B-Staffel, also der strategischen Eventualgruppe, mit dem Ziel, sie auf dem Balkan zu verwenden. Von dieser Mobilisierung wurden insgesamt sieben Korps mit zusammen 20 Infanterie- und drei Kavalleriedivisionen sowie sechs Landsturminfanteriebrigaden erfaßt. Um nur ja einen Kräfteüberschuß zu haben, ließ die Heeresleitung überdies das Grazer III. Korps mobilmachen, zumal befürchtet wurde, es könnte bei tschechischen Truppenkörpern zu Meutereien kommen. In diesem Fall wäre der Einsatz der für den Balkan vorgesehenen Truppen des VIII. Korps (Prag) oder des IX. Korps (Leitmeritz) vielleicht erschwert oder nur mit Teilen möglich gewesen. Außerdem war sich Conrad über die Haltung Italiens nicht im klaren, ja, mehr noch: Er mißtraute Italien gründlichst und wollte kein Risiko eingehen. Das III. Korps machte noch zusätzlich drei Infanteriedivisionen und zwei Landsturminfanteriebrigaden verfügbar.

Aus dem Machtaufgebot von sieben Korps – wenn man das III. Korps einmal beiseite läßt – und aus Truppen böhmischer, deutscher, ungarischer, kroatischer und anderer Provenienz wurden drei Armeen, die 5., die 6. und die 2. Armee, formiert.[286] Sie sollten auch dann ausreichen, wenn es, wie erwartet, zu einer Kriegserklärung Montenegros an die Habsburgermonarchie käme. Doch mit diesen Heereskörpern waren bereits unverhältnismäßig viele Truppen für den Balkankriegsschauplatz aufgeboten worden. Was aber, wenn es doch zum Krieg mit Rußland kam? Jetzt zeigte es sich ganz deutlich, daß die k. u. k. Armee, wie so viele andere Bereiche des Staates auch, stagniert hatte. In absoluten Zahlen nahm sich das, was aufzubieten war, nämlich rund 1,8 bis 2 Millionen Mann, recht imponierend aus. Doch man kann nicht nur in absoluten Zahlen denken. Ob ein Staat über das notwendige Maß an militärischer Macht verfügt, zeigt sich erst im Vergleich. Österreich-Ungarn verfügte 1914 über weniger Bataillone als 1866, und das, obgleich die Bevölkerung um rund 20 Millionen größer war als 1866.[287] Damit hinkte es im Vergleich mit dem Deutschen Reich, Frankreich und Rußland gewaltig nach. Und auch wenn man dann zu den Linientruppen der k. u. k. Armee, Landwehr und Honvéd die auf den Landsturm zählenden Wehrpflichtigen vom 32. bis zum 42. Lebensjahr zählte: Bei einem Zweifrontenkrieg war die k. u. k. Armee ihren Gegnern zahlenmäßig unterlegen. Absolute Zahlen sagen freilich noch nicht alles über Stärke, Schlagkraft und vor allem Moral der Truppen aus. Und gerade bei letzterer gab es während Mobilmachung und Ausmarsch kaum Klagen. Aus einer ungeheuer großen Zahl von Berichten lassen sich nur wenige heraussuchen, die von aufflackernden Demonstrationen berichteten. Die Masse der an die Ministerien des Innern gesandten Berichte meldeten Ruhe, patriotisches Verhalten und Begeisterung. Wenn es dazu kam, daß Murren laut wurde oder auch Aufschriften gegen den Krieg angebracht wurden, dann betraf das fast ausschließlich tschechische Truppen, und die Vorfälle ereigneten sich vornehmlich bei der Einwaggonierung und beim oft viele Tage währenden Transport an die Front. Man muß diese dann berichteten Fälle mit jenen Hunderttausenden vergleichen, über die es nichts zu berichten gab, und damit relativieren sich diese Vorfälle des August 1914. Über den Transport all der Bataillone und Eskadronen in ihre frontnahen Ausladeräume sagt es daher nicht allzuviel aus, wenn auf einem Waggon vielleicht „Hoch Prag" stand. Auf den meisten Waggons prangten vielmehr Aufschriften wie „Serbien muß sterbien" oder eine ähnliche Sentenz aus dem autosuggestiven Reimschatz österreichisch-ungarischen Soldatentums. Bei anderen Armeen las man anderes, und es diente demselben Zweck – nur die Ziele variierten.

Der Transport von Menschen, Waffen und Material war aber zunächst aus einem ganz anderen Grund interessant, denn dabei fiel de facto die Entscheidung über den militärischen Kriegsbeginn. Die Truppen, die ja größtenteils in ihren Friedensgarnisonen lagen oder von Übungsplätzen dorthin zurückbeordert worden waren, sollten mit der Eisenbahn in die Aufmarschräume verbracht werden. In allen Aufmarschelaboraten war berücksichtigt worden, daß es bald nach Beginn eines Kriegs mit Serbien notwendig werden könnte, bei einem späteren feindlichen Auftreten der Russen die „B-Staffel" möglichst rasch auf den nördlichen Kriegsschauplatz zu verschieben. Daher ging es darum, den Aufmarsch gegen Serbien durchzuführen, jenen gegen Rußland vorzubereiten und das variable Element zeitgerecht als strategische Reserve dahin oder dorthin zu schicken. Daß das Eisenbahnbüro des Generalstabs keine geringe Arbeit zu leisten hatte, erhellt aus den nüchternen Zahlen. Für die drei Teile des österreichisch-ungarischen Heeres waren bei einem Aufmarsch – egal, mit welchem Schwergewicht – rund eineinhalb Millionen Mann, eine Million Pferde, 200.000 Tonnen Vorräte und noch die gesamte Bewaffnung zu transportieren. Allein für den Transport der für den galizischen Kriegsschauplatz vorgesehenen Truppen, Waffen und Anstalten wurden rund 4000 Militärzüge zu je 50 Waggons benötigt. Auf Grund des vorhandenen uneinheitlichen Lokomotivmaterials und der zum Großteil nicht mit Durchgangsbremsen ausgerüsteten Waggons war aber davon auszugehen, daß die Züge nur mit rund 25 km/h fahren konnten.[288] Das logistische Problem wurde zudem in mehrfacher Weise durch das Terminproblem überlagert. Denn es genügte ja nicht, die Soldaten einfach zum Bahnhof zu schicken und abfahren zu lassen. Da mußten Lokomotiven und Waggons bereitgestellt werden, die aber zum wenigsten als Reserve irgendwo vorhanden waren. Das mußte alles dem normalen Personen- und Güterverkehr entnommen werden. Dabei war jeder Tag genau zu kalkulieren, denn ab diesem Tag mußte für Wochen der zivile Personen- und Güterverkehr erlahmen. Es war auch nicht nur der Fahrplan, der den Aufmarsch bestimmte; es waren die bereits skizzierten Besonderheiten „Kakaniens".

Man hätte glauben können, daß mit der Einleitung der Mobilmachung auch tatsächlich darangegangen worden wäre, die Personalstände zu komplettieren, die Ausrüstung zu ergänzen und dann zu sammeln und abzurücken. Nicht doch! Der Mobilmachungsbefehl für den Krieg gegen Serbien war am 25. Juli ergangen, doch als Beginn der Mobilmachung war erst der 28. Juli genannt worden. Dazwischen lag nämlich ein Wochenende. Außerdem mußte vor der Einberufung der Reservisten innerhalb einer sogenannten „Alarmperiode“ eine verstärkte Grenz- und vor allem Verkehrsüberwachung eingerichtet werden. Laut Vorschrift sollte dieser Alarm mindestens 24 Stunden vor der eigentlichen Mobilmachung ausgelöst werden.[289] Statt aber nun den knappsten Zeitraum zu wählen, wurde dieser noch erstreckt. Damit nicht genug: Der erste Mobilmachungstag galt als freier Tag, an dem die gesamte mobilzumachende Mannschaft noch Gelegenheit hatte, ihre Privatangelegenheiten zu regeln. Diese zweifellos sehr vernünftige und soziale Maßnahme kostete abermals 24 Stunden und führte fallweise zu Verwirrung, da die Reservisten schon einrücken wollten, in die Kasernen drängten, dort aber noch keine Unterkünfte fanden und daher vor den Kasernen lagerten. Die Infanterie war dann verhältnismäßig rasch marschbereit. Der Kavallerie wurde zugestanden, die Marschbereitschaft innerhalb von fünf, und der Artillerie, dieselbe innerhalb von sieben Tagen herzustellen. Das bedeutete, daß – die Zeiten für den Eisenbahntransport schon eingerechnet –, die Heereskörper erst zwischen dem 15. und dem 18. Mobilmachungstag ihre Operationsbereitschaft erreichten. Alles das kam natürlich nicht überraschend, sondern war in jedem Aufmarschelaborat nachzulesen, und Dinge wie die Alarmperiode oder der freie Tag waren Handbuchwissen. Es wurde seinerzeit auch keineswegs kritisiert, daß die k. u. k. Armeen so lange brauchten, um ihre Operationsbereitschaft herzustellen, denn im Vergleich waren sie noch immer schneller als ihre Gegner. Erst uns erscheinen die genannten Fristen lange, ja zu lange. Es lag auch sicherlich nicht in der Hand Conrads oder wessen immer in der militärischen Hierarchie, die Mobilmachung früher einzuleiten. Eine Verknappung der Alarmzeit wäre aber beispielsweise ebenso möglich gewesen wie eine raschere Durchführung des Eisenbahnaufmarsches.

Nach der Mobilisierung der Minimalgruppe Balkan und der B-Staffel geschah zunächst nichts weiteres, da die A-Staffel noch nicht mobil machen sollte. Am 30. Juli verdichteten sich die Nachrichten, daß Rußland mit der Mobilmachung begonnen habe. Conrad von Hötzendorf beantragte daraufhin bei Kaiser Franz Joseph die allgemeine Mobilisierung aller Teile der k. u. k. Armee. Doch es sollte noch immer zugewartet werden. Wohl aber begann man im Deutschen Reich am 31. Juli nicht nur damit, die Mobilmachung des Heeres einzuleiten, sondern forderte auch von Österreich-Ungarn die vollständige Mobilmachung. Sie wurde auch prompt verfügt. Aus eisenbahntechnischen Gründen wurde der erste Mobilmachungstag für den „Kriegsfall R“ aber erst mit dem 4. August festgelegt.[290] Zur selben Zeit wurde klar, daß nicht Serbien, sondern Rußland der Hauptgegner sein würde, daß folglich die Masse der k. u. k. Armeen, nämlich die A-Staffel sowie die strategische Reserve, die B-Staffel, an der Nordostfront aufmarschieren müßten.

Conrad erwog daher am 31. Juli, die Truppen der B-Staffel nach Galizien umzudirigieren. Bis gegen Mitternacht wurde überlegt und insbesondere auch das Drängen des deutschen Generalstabs in Rechnung gestellt, der vehement dafür plädierte, den Balkan zum reinen Nebenkriegsschauplatz werden zu lassen. Conrad mußte entscheiden. Doch er schob die Technokraten vor. Nach Auskunft des Chefs des Eisenbahnbüros des Generalstabs, Oberst Johann Straub, wäre ein sofortiges Abbrechen des Aufmarsches auf dem Balkan und ein Herumwerfen der k. u. k. 2. Armee aus eisenbahntechnischen Gründen nicht mehr möglich gewesen. Nicht einmal die noch nicht abtransportierten Truppenteile könnten direkt nach Galizien geführt werden, da dadurch taktische Verbände zerrissen worden wären, also beispielsweise das eine Regiment einer Brigade in Serbien angekommen wäre, während das andere Regiment nach Galizien rollte. Nur mehr Teile von zwei Divisionen ließen sich umdirigieren. Doch die Masse der B-Staffel müsse, so das Eisenbahnbüro, nach dem Balkan abgehen. Und so geschah es auch, obwohl bis zum 31. Juli erst ganz wenige Transporte durchgeführt worden waren.

Man wird nun sicherlich nicht davon ausgehen können, daß ein Regiment, das bereits verladen worden war, wieder in seine Friedensgarnison zurückgeholt werden konnte, um neuerlich verladen zu werden. Das wäre nicht nur ein transportmäßiges Unding gewesen, auch aus Gründen der Moral und der Stimmung der eigenen Bevölkerung war es nicht möglich, ganze Heereskörper wieder umkehren zu lassen. Schließlich war der Ausmarsch der Truppen mit Fahnen, Blumen und Blasmusik unter begeisterter Anteilnahme der Bevölkerung erfolgt. Doch ebenso sicher gab es die Möglichkeit, Transporte anzuhalten und umzudirigieren. Dabei ging es ja nicht nur darum, die Transporte ohne den Umweg über den Balkan durchzuführen und dabei ein paar Millionen Kilogramm Kohle zu sparen. Vor allem ging es darum, an der Nordostfront gegen die Russen früher operationsbereit zu sein; es ging um mindestens eine Woche und, wie sich nachträglich zeigte, um weitaus mehr. Doch niemand riet zur Umkehr – am wenigsten das Eisenbahnbüro. Und Conrad beugte sich dem Urteil des Obersten Straub und seines Stellvertreters, Major Emil Ratzenhofer. Folglich begann ein Aufmarsch, der so gar nicht zu einem modernen Krieg passen wollte, ein Aufmarsch, der zwar in das belächelte Bild der guten alten Armee paßte, bei dem es aber letztlich um die Existenz der Monarchie ging. Es war der Aufmarsch zum Untergang.

Auch manch anderes paßte nicht recht in das Bild eines modernen und schon gar nicht in das eines mit rücksichtsloser Entschlossenheit zu führenden Kriegs. Zumindest ein Vorfall ist hinlänglich bekannt. Am 25. Juli war in Budapest der serbische Generalstabschef und vorgesehene Leiter der Operationen des serbischen Heeres, der Vojvode Radomir Putnik, verhaftet worden. Er kam aus Gleichenberg, wo er zur Kur gewesen war, und wollte nach Serbien zurück. Putnik war seit Anfang Juli in Gleichenberg gewesen und paßte sich damit jener „fröhlichen Krisenstimmung“ an, die auch anderswo herrschte. Allerdings gab seine Anwesenheit in der Steiermark doch zu zahlreichen Gerüchten Anlaß.[291] Erst am Tag der Überreichung der serbischen Antwortnote auf die österreichisch-ungarische Demarche reiste Putnik ab. In Budapest aber hatte man auf ihn schon regelrecht gewartet. Der Kommandant des IV. Korps, General der Kavallerie Carl Tersztyánszky, hatte Ministerpräsident Tisza verständigt, daß man beabsichtige, Putnik zu verhaften, was für die k. u. k. Armee einige Vorteile bringen sollte. Tisza war damit wohl einverstanden, wollte aber noch die Meinung des Ministeriums des Äußern einholen. Die kam nicht mehr rechtzeitig an. Also wurde der Vojvode im Budapester Militärkasino festgesetzt. Damit verfügte Österreich-Ungarn zweifellos über eine besondere Geisel. Doch bei Berchtold setzte am darauffolgenden Tag ein Meinungsumschwung ein, der damit begründet wurde, daß am 26. Juli zwischen Österreich-Ungarn und Serbien ja noch kein Kriegszustand herrschte. Entscheidend dürfte freilich die Haltung des Monarchen gewesen sein. Kaiser Franz Joseph veranlaßte die sofortige Freilassung des serbischen Generalstabschefs. Damit nicht genug, er richtete an Kriegsminister Krobatin ein Schreiben, in dem es unter anderem hieß: Gleichgültig, von wem der Befehl zur Anhaltung ausgegangen sei, „werden Sie demselben Meine vollste Mißbilligung sofort zu bekunden haben. Ich erwarte von allen in hohen Stellungen befindlichen Generalen ein selbständiges, rasches, aber stets taktvolles und niemals unbedachtes Handeln."[292]

Noch ein anderes Beispiel unterstrich die einem besonderen Ehrenkodex verpflichtete Haltung des Monarchen: Am 25. August wollte das Kriegsministerium wissen, ob jene Truppenkörper der k. u. k. Armee, bei denen Regenten oder Familienmitglieder der herrschenden Dynastien jener Staaten, mit denen sich die österreichisch-ungarische Monarchie im Kriegszustand befand, als Oberstinhaber fungierten, weiterhin mit ihren bisherigen Namen zu bezeichnen seien. Da gab es ja das Infanterieregiment Nr. 27 „Leopold II. König der Belgier", das Dragonerregiment Nr. 12 „Nikolaus Nikolajewitsch Großfürst von Rußland" oder auch das Husarenregiment Nr. 12 „Eduard VII. König von Großbritannien und Irland, Kaiser von Indien". Tags darauf lag die Entscheidung des Kaisers vor: Er verfügte umgehend, daß die Regimenter ihre Namen weiter zu führen hatten.

Doch zurück zum Eisenbahnaufmarsch: Um stets einen Gesamtüberblick über den Transportablauf zu haben, hatten die Züge mit etwa der gleichen Geschwindigkeit zu fahren. Selbst die Transporte auf sehr gut ausgebauten und doppelgleisigen Strecken durften im Grunde genommen nicht anders fahren als jene auf einer schmalspurigen Bergbahn. Alle Transporte hatten ihre Geschwindigkeit jener der schwächsten Lokomotiven und den ältesten Bremsvorrichtungen anzupassen.[293] Daher durften die Züge nicht einmal mit den errechneten 25 km/h, sondern nur mit 18 km/h fahren – Radfahrergeschwindigkeit! Der deutsche Eisenbahnaufmarsch erfolgte demgegenüber mit durchschnittlich 30 km/h.[294] Weiters durfte kein Zug mehr als 100 Achsen (= 50 Waggons) haben, obwohl auf manchen Strecken doppelt so lange Züge hätten fahren können. Dabei spielten wieder die Entladevorrichtungen eine Rolle, die eben nicht länger waren. Doch die Verzögerungen des Transports gingen nicht nur auf die mäßigen Geschwindigkeiten und kurzen Züge sowie auf die Trennung von Zügen bei gebirgigen Strecken zurück, sondern auch auf jene durchschnittlich sechs Stunden „Verköstigungs- und Verwässerungsaufenthalte", die einzuhalten waren. Und das, obwohl die Truppen Fahrküchen mithatten und auch das „Verwässern" nicht hätte so lange brauchen müssen. Norman Stone, der sich intensiv mit dem Aufmarsch des k. u. k. Heeres 1914 beschäftigt hat, arbeitete am Beispiel des Kommandos der 3. Armee des Generals der Kavallerie Rudolf von Brudermann heraus, daß es für die Strecke von Preßburg nach Sambor in Galizien volle fünf Tage brauchte, ein Zeitraum, in dem auch ein gesunder Fußgänger die Strecke bewältigt hätte. Das Kommando des IX. Korps (Leitmeritz), das sich im Raum Ruma im Banat zu versammeln hatte, fuhr auf ebenfalls sehr gut ausgebauten Strecken und brauchte dafür drei Tage und drei Nächte.[295] „Wo möglich, suchten wir Offiziere die Bahnhofsrestaurationen auf und überließen unsere Mahlzeiten aus der Fahrküche unseren Dienern und Pferdewärtern", notierte Generalmajor Zanantoni. „Oft war dies nur mit Schwierigkeiten möglich, denn die Züge, meist sehr lang, blieben öfters weit ab von den Restaurationsräumlichkeiten stehen ..." In Kolin, Brünn, Gänserndorf, Preßburg und Szabadka konnten die Herren Offiziere aber „die Mahlzeiten in den Restaurations-Lokalitäten einnehmen". Dennoch kam der Stab des IX. Korps „sehr verwahrlost" in Ruma an. Den Soldaten, die ihre Mahlzeiten weniger angenehm zu sich nahmen, war es in der Regel egal, wie lange die Reise dauerte, wenngleich kaum jemand einen tagelangen Eisenbahntransport besonders schätzte. Sie waren verständlicherweise neugierig, wohin die Reise ging; doch gerade das erfuhren sie erst nach dem Ausladen, denn es war ja militärisches Geheimnis.

Versucht man, diesem Eisenbahnaufmarsch nachzugehen, so stößt man sehr rasch auf eine ganze Reihe von Ungereimtheiten, vor allem aber auf ein beträchtliches Verschleierungsmanöver, das Conrad und die beiden Eisenbahnfachleute, Oberst Straub und Major Ratzenhofer, nach dem Krieg in Szene setzten. Die beiden letzteren sollten aber zumindest teilweise exkulpiert werden, denn daß sie den Aufmarsch und den Transport in Staffeln und Paketen sowie den Zwang zur Beibehaltung des einmal begonnenen Aufmarsches so nachdrücklich verteidigten, geschah nicht zuletzt aus Loyalität gegenüber Conrad. Der aber hatte da nichts wirklich übersehen. Wohl aber beging er einen gewaltigen strategischen Irrtum.

Damit landen wir nochmals bei der Überlegung, weshalb die Aufmärsche in Richtung Balkan und Rußland so wenig aufeinander abgestimmt schienen, warum Conrad zu einem Zeitpunkt, da er vom Ausbruch des Kriegs auch gegen Rußland wußte, tatsächlich nichts unternahm, um die B-Staffel rechtzeitig umzudirigieren und den Aufmarsch gegen Rußland zu beschleunigen und effektiver zu machen. Mehr noch: Conrad behielt die Priorität für den Balkan bei. Er verwendete die Auskunft von Oberst Straub und Major Ratzenhofer, daß ein Umdirigieren der B-Staffel nicht mehr möglich sei, dazu, den Aufmarsch weiter so durchzuführen, als ob Rußland nicht tatsächlich in den Krieg eingreifen würde oder wenn, erst viel später.

Die hohe militärische Führung hatte sich genauso wie die politische Führung so sehr in die Vorstellung verrannt, es würde einen lokalisierbaren Krieg auf dem Balkan geben, daß an dieser Illusion noch zu einem Zeitpunkt festgehalten wurde, als die Dinge schon klar sein mußten. Am 29. Juli hatte Conrad dem Kaiser berichtet, daß „morgen, spätestens übermorgen mit dem Eintritt des Krieges gegen die Großmächte zu rechnen sein wird", und am 31. Juli teilte derselbe Conrad seinem deutschen Gegenüber Moltke mit: „Bei uns steht heute noch nicht fest, ob Rußland nur droht, daher dürfen wir uns vom Vorgehen gegen Serbien nicht abdrängen lassen."[296]

Dabei konnte ab dem 28. Juli niemand, der auch nur einigermaßen informiert war, bezweifeln, daß Rußland in den Krieg eingreifen würde. Am frühen Nachmittag des 31. Juli verbreitete sich die Nachricht von der allgemeinen Mobilmachung in Windeseile, und der als Kommandant der k. u. k. 1. Armee vorgesehene General der Kavallerie Viktor Freiherr von Dankl notierte in Innsbruck: „Gott sei Dank, das ist der große Krieg!"[297] Am Nachmittag zog bereits die Musik aus, um diesen großen Krieg auch gehörig zu feiern. Conrad aber befahl, den Balkanaufmarsch wo nötig mitten durch den Rußlandaufmarsch laufen zu lassen: Während das Prager VIII. Korps auf den Balkan dirigiert wurde, fuhr das Innsbrucker XIV. Korps nach Galizien. Wenn es zu Verknotungen und Transportschwierigkeiten kam, dann sollten die „B-Transporte" ausdrücklich Vorrang vor den „R-Transporten" haben. Dabei wurde Conrad an eben diesem 31. Juli bestürmt, nicht zu viele Truppen auf den Balkan zu entsenden. Der Balkan sei nun Nebenkriegsschauplatz geworden. Moltke, Bethmann Hollweg und Jagow schalteten sich ein. Schließlich telegrafierte Kaiser Wilhelm an Kaiser Franz Joseph, nur ja die Hauptmacht auf dem galizischen Kriegsschauplatz zu verwenden. Graf Tisza kam mit dem Argument, ein Eingreifen Rumäniens an der Seite Rußlands und Serbiens sei nur zu verhindern, wenn Österreich-Ungarn möglichst nachhaltig an der russischen Front auftrete. Der deutsche Militärattaché in Wien, Oberst Graf Kageneck, regte an, ein Delegierter der deutschen Aufmarschabteilung sollte unverzüglich nach Wien kommen und sich die österreichisch-ungarischen Maßnahmen ansehen. Der Besuch wurde aber bis zum 7. August hinausgezögert.[298] Franz Joseph befahl den Armeeoberkommandanten, Erzherzog Friedrich, und den Chef des Generalstabs zu sich. Nach der Audienz sagte Erzherzog Friedrich zwar sehr wenig über den Inhalt des Besprochenen, er gab aber doch zu erkennen, daß der Kaiser dem Wunsch Wilhelms II. entsprechen wollte. Conrad habe sich gefügt.[299] Doch eben, als sich Conrad dem Druck zu beugen schien, kamen seine Eisenbahnfachleute und brachten ihre Einwände vor. Und Conrad ließ sich, scheint's, ganz gerne eines Besseren belehren. Auf diese Weise konnte der Aufmarsch gegen Serbien wie geplant ablaufen; konnte vielleicht mit einer ja bedeutenden Macht Serbien niedergerungen oder zumindest die serbische Hauptmacht so dezimiert werden, daß sie für längere Zeit als operative Größe ausfiel. Und dann konnte man immer noch mit einer größeren Macht gegen Rußland vorgehen. Im Grunde genommen bietet das die einzige Erklärung für Conrads scheinbare Inkonsequenz, einmal hier, einmal da etwas verändern zu wollen, etwas einmal zeitlich vor-, dann wieder zurückzuverlegen und einmal dem einen, dann dem anderen recht zu geben. Bis ihm bewußt wurde, daß er sich geirrt hatte, war es zu spät. Schließlich wollte Conrad auch dem deutschen Bundesgenossen in besonderer Weise entgegenkommen. Statt, wie er es im Frühjahr und auch noch Mitte Juli 1914 beabsichtigt hatte[300], den Aufmarsch in das Landesinnere Galiziens zurückzuverlegen und defensiv zu bleiben, beugte er sich den deutschen Vorhaltungen und auch seiner eigenen Doktrin, ließ den Aufmarsch im letzten Augenblick doch noch in den grenznahen Räumen erfolgen und wollte zu einem möglichst frühen Zeitpunkt auch im Osten mit der Offensive beginnen. Am 31. Juli 1914 war alles im Grunde genommen unwiderruflich geworden: der überkomplette Aufmarsch gegen Serbien, der verzögerte Aufmarsch gegen Rußland und die Absicht, in Serbien wie in Rußland so bald wie möglich anzugreifen.

Erzherzog „Fritzl" geht an die Front

Am Anfang des Kriegs gab es auch einige Verwirrung um die Befehlsführung im großen. Der Aufmarsch der Balkanstreitkräfte war schon voll im Gang, als noch immer keine Klarheit über die oberste Kommandostruktur bestand, ja, mehr noch: Auch die Mobilmachung der A-Staffel, also der Hauptmacht, war bereits angelaufen und die Kriegserklärung an Rußland übergeben worden, ohne daß die Befehlsverhältnisse wirklich geregelt gewesen wären. Mit der Schaffung des Armeeoberkommandos (AOK) war zwar eine erkennbare militärische Führung installiert worden, doch es gab ja noch andere hohe Kommanden, vor allem das erst nachzubesetzende Balkanoberkommando. Des weiteren bedurfte es einer Entscheidung, welche Rolle die österreichische und die ungarische Regierung spielen würden. Sollten sie darauf beschränkt sein, gelegentlich informiert zu werden, oder konnten sie sich auch im Rahmen der Befehlsführung geltend machen? Zunächst herrschte also einige Verwirrung. Das AOK dachte aber gar nicht daran, andere an der Befehlsführung zu beteiligen, und wollte auch den Informationsfluß drastisch beschränken. Selbst die Ministerpräsidenten sollten nicht mehr informiert werden. Daraufhin beschwerte sich Tisza bei der Militärkanzlei des Kaisers und verlangte, täglich durch den Chef des Generalstabs oder durch die Militärkanzlei über die Lage informiert zu werden. Conrad erklärte, eher demissionieren zu wollen, als diesem Wunsch zu entsprechen. Am Chef der Militärkanzlei, Feldzeugmeister Arthur von Bolfras, lag es, Tisza zu beruhigen.

Als nächstes wurde die Befehlsführung auf dem Balkan geregelt. Am 6. August wurde Feldzeugmeister Oskar Potiorek zum Kommandanten der k. u. k. 6. Armee und gleichzeitig zum Kommandanten aller Balkanstreitkräfte ernannt. Das war aber eine durchaus problematische Entscheidung. Potiorek, Jahre hindurch Conrads Konkurrent für den Posten des Generalstabschefs und wie Conrad als „Genie" eingestuft, konnte zwar mit Kenntnissen aufwarten, die er sich als Landesbefehlshaber in Bosnien erworben hatte; er kannte den künftigen Kriegsschauplatz. Doch reichte das wirklich schon aus? Bis Anfang August war er wohl für die Durchführung der Aufmarschmaßnahmen auf dem Balkan verantwortlich gewesen, ohne aber noch zu wissen, ob und wie er an der Befehlsführung beteiligt sein würde. Nichtsdestoweniger hatte er vorgesorgt, um zum frühestmöglichen Zeitpunkt mit der Offensive gegen Serbien zu beginnen. Der Umstand, daß auch die strategische Reserve nach dem Süden transportiert wurde, konnte in Potioreks Augen nur bedeuten, daß der Feldzug auf dem Balkan mit drei Armeen geführt werden sollte. Noch dazu hatte es in einem Befehlsschreiben vom 31. Juli geheißen: „Die für den Kriegsfall B getroffenen Anordnungen des Kriegsministeriums sowie speziell die Instradierung für den Kriegsfall B bleiben in Kraft."[301] Potiorek entwarf daraufhin einen Operationsplan unter voller Einbindung der 2. Armee des Generals der Infanterie Böhm-Ermolli, die an der Donau und in Syrmien aufmarschieren sollte. Alles das teilte er dem Armeeoberkommando mit. Potiorek nannte als Tag des Operationsbeginns den 12. August.

Am 6. August jedoch, jenem Tag, da ihm das Kommando über die Balkanstreitkräfte übertragen wurde, teilte ihm das AOK mit, daß die 2. Armee an den russischen Kriegsschauplatz abzugehen hätte.[302] Potiorek empfand nun zwar zum einen Befriedigung darüber, daß es ihm gelungen war, das Kommando über den Kriegsschauplatz übertragen zu bekommen, doch er wollte seinen Operationsplan nicht umstoßen. Bei ihm kam ja noch anderes ins Spiel. Das sollte „sein“ Krieg werden, seine Strafexpedition, mehr noch: sein Rachefeldzug für Sarajevo. Denn natürlich trug er schwer an dem Vorwurf einer Mitschuld an der Ermordung des Thronfolgerpaares. Für ihn hatte daher der Krieg einen ganz anderen Charakter als etwa für Conrad, der ihn aus kühler Berechnung heraus und eingesponnen in sozialdarwinistische Gedankengänge führen wollte. Da kam Rache nicht vor. Bei Potiorek wohl. Und das machte die vor allem vom Chef der Militärkanzlei des Kaisers betriebene Ernennung des Feldzeugmeisters zum Oberbefehlshaber der k. u. k. Balkanstreitkräfte mehr als fragwürdig.

Während an der serbischen Grenze bereits die ersten Geplänkel stattfanden und die Bereitstellung der Truppen für den Beginn der Offensive im Gang war, wurden auch die für die Nordostfront bestimmten Truppen und ihre Kommandanten feierlich verabschiedet. Auf den Bahnhöfen marschierten abermals Ehrenkompanien auf, Volksmassen drängten zu den Perrons, Bürgermeister und Honoratioren bestiegen Rednertribünen, um letzte Ansprachen zu halten und letzte Wünsche auszusprechen. Ein Hoch auf den Kaiser. „Alles stimmt ein“, notierte der Kommandant der 1. Armee, Freiherr von Dankl. „Ein erhebender Moment.“[303]

Am Sonntag, dem 2. August, waren die für den galizischen Kriegsschauplatz vorgesehenen Kommandanten zum erstenmal im Kriegsministerium zusammengekommen: General der Kavallerie Viktor Freiherr von Dankl, der Kommandant der k. u. k. 1. Armee; General der Kavallerie Rudolf Ritter von Brudermann, Kommandant der k. u. k. 3. Armee, sowie der frühere Kriegsminister General der Infanterie Moritz Ritter von Auffenberg, der nunmehrige Kommandant der k. u. k. 4. Armee. Conrad von Hötzendorf übergab ihnen Cahiers, in denen sie ihre Instruktionen fanden. Wenn es Unklarheiten gab, sollten sie im Operationsbüro anfragen. Dazu erhielten sie noch die Ermahnung, sich von niemandem operative Vorschläge oder Ansichten „aufschwätzen zu lassen“. Alles sei wohldurchdacht und somit: „Gott befohlen!“ Anschließend formierten sich die Hauptquartiere noch in Wien, ehe sie nach Galizien abgingen. Als es dann soweit war, meinte Freiherr von Dankl, es wäre eine herrliche Zeit. Lüttich war schon von den Deutschen genommen, Belgien wurde überrannt, jetzt konnte der Stoß auf Paris erfolgen. Es wurde also Zeit, daß man auch im Osten vorankam.[304]

Das Armeeoberkommando kam in die Festung Przemyśl. Der Zug, mit dem der Armeeoberkommandant Erzherzog Friedrich, der Chef des Generalstabs und die Abteilungen des AOK nach Przemyśl verlegt wurden, fiel nicht weiter auf. Er verlor sich zwischen den rund 7000 Waggons, die täglich in den Aufmarschraum rollten.[305]

Przemyśl, Österreich-Ungarns bedeutendste Festung, war von Conrad ausgewählt worden, da es nahe dem Kriegsschauplatz lag, eine sichere Unterbringung gewährleistete und vor allem auch jene Infrastruktur enthielt, die für die Führungsaufgaben des höchsten Kommandos unverzichtbar war. Als Festung im eigentlichen Sinn hatte sie Conrad freilich vernachlässigt. Er hatte für Festungen, vor allem für die großen Lagerfestungen im Osten, wie Lemberg und Krakau, nichts übrig gehabt. Die größte von ihnen, Przemyśl, war von ihm nach 1911 ohne Mittel für den Ausbau gelassen worden. Przemyśl wurde lediglich als Depotplatz von gewaltigen Ausmaßen gesehen, von wo aus der Front Rückhalt gegeben und vor allem personeller und materieller Nachschub zugeschickt werden sollte. Als dann die Arbeiten begannen, um die Festung kriegsbereit zu machen, fielen die Versäumnisse auf, daher kamen innerhalb kürzester Zeit 27.000 Arbeiter zum Einsatz. Die Gürtellinien wurden ausgestaltet, Gräben, Schanzen, Batteriestellungen und Hindernisse errichtet, Depots, Baracken und Magazine wurden gebaut. Im Vorfeld wurden 1000 Hektar Wald abgeholzt, und zwar vor allem durch Umsägen, da das Abbrennen infolge der starken Regenfälle nicht möglich war. 21 Ortschaften wurden geschleift, um ein freies Glacis zu haben. In der Festung aber sammelte sich ein gewaltiges Heerlager. Zu den rund 22 Bataillonen Landsturminfanterie, der Kavallerie, 35 Kompanien Festungsartillerie, Sappeuren, Landsturmartillerie etc. kamen die nach und nach eintreffenden Truppenkörper, die die Besatzung auf über 80.000 Mann anwachsen ließen.[306] Doch sie sollten ja nicht in der Festung bleiben, sondern mit dem Beginn des Vormarsches wieder abziehen. Das Armeeoberkommando sollte freilich in der Festung bleiben.

Für Erzherzog Friedrich wurde aber noch ein zusätzliches Hauptquartier eingerichtet, das Kriegshofquartier, das etwas später nach Galizien in Marsch gesetzt wurde. Es sollte nicht am Sitz des eigentlichen Oberkommandos, sondern in Chyrów, etwa 35 km entfernt, untergebracht werden. In der Nacht zum 20. August wurde der Hofstaat verladen. Dem Armeeoberkommandanten sollte es nicht an Bequemlichkeit fehlen. Der Zug fuhr sehr langsam. Am 21. war eine Sonnenfinsternis zu beobachten. In Jaroslau erzählte ein Dragoner von einem Kampf „irgendwo oben an der Grenze, eher wirres Zeug", wie Graf Herberstein, der Obersthofmeister seiner k. u. k. Hoheit, des Armeeoberkommandanten, notierte. In Przemyśl, wohin man nach zwei Tagen Bahnfahrt kam, bot sich aber schon ein kriegerischer Anblick. Hunderte Landsturmleute schanzten, Feldbäckereien wurden errichtet, Truppen marschierten. Auch die „Säuberung des Kriegsschauplatzes" war bereits im vollen Gang. Täglich wurden Leute aufgegriffen, die der Spionage verdächtigt wurden. Unsichere Kantonisten wurden aus den Aufmarschräumen deportiert. Bei einer der polizeilichen Säuberungen des Aufmarschgebietes in Galizien wurde in Poronin in der Nähe von Zakopane auch ein gewisser Vladimir Il'ič Uljanov, genannt Lenin, aufgegriffen.[307] Da für ihn aber der sozialdemokratische Reichsratsabgeordnete Viktor Adler intervenierte, der darauf verwies, daß Lenin Emigrant und Feind des zaristischen Rußlands sei, der „Österreich gute Dienste leisten werde", wurde er wieder freigelassen und konnte über Wien nach Zürich reisen.[308] Andere, die keine Protektion hatten, kamen bei weitem nicht so glimpflich davon.

Plötzlich schlug die Stimmung um. Vom Balkan traf eine Hiobsbotschaft ein. Die Armee Frank, die k. u. k. 5. Armee, hieß es, sei an der Drina geschlagen worden. Im Norden hatte eine Honvéd-Kavalleriedivision nach anfänglichen Erfolgen eine Niederlage erlitten. Bekannte Namen wurden als verwundet oder getötet genannt. Dem Erzherzog Friedrich wurde ein Kodizill zu seinem Testament vorgelegt und von ihm und Zeugen unterschrieben.[309] Erst dann ging es nach Chyrów, wo das Kriegshofquartier im Jesuitenkonvikt untergebracht wurde. Alle möglichen Leute waren mitgekommen, keiner wollte und sollte offenbar fehlen, wenn es Krieg gab. Da saß z. B. in Przemyśl der Obersthofmeister der Erzherzogin Maria Theresia, der an fortschreitender Gehirnerweichung litt und dennoch als Delegierter des Deutschen Ritterordens dem Armeeoberkommando beigegeben war.[310] Es kamen Erzherzog Leopold Salvator mit seinem Kammervorsteher, dem Prinzen August Lobkowitz, mit zugeteilten Offizieren, Dienerschaft und Schreibern, ferner Prinz Zdenko Lobkowitz, Kammervorsteher des Erzherzog-Thronfolgers Karl Franz Joseph, und viele andere mehr. Am 23. August, nach einer Messe im Chyrówer Jesuitenkonvikt, wurde im Ort „mit großer Feierlichkeit“ das Standrecht publiziert, und zwar in drei Sprachen: deutsch, polnisch und ruthenisch. Tags darauf gab es eine Messe für den am 20. August verstorbenen Papst Pius X. und am 25. schließlich eine Messe für den in Rom verstorbenen Jesuitengeneral. „Es fängt an, langweilig zu werden, dieses zwecklose Dasein“, meinte Graf Herberstein.[311] Aber es gab doch einiges zu beobachten. Pausenlos fuhren Militärzüge durch. Daß so viele Landsturmformationen aus älteren Jahrgängen gebildet worden waren, die an der Front eingesetzt werden sollten, wurde mit Verwunderung registriert. Daß Landwehr-Infanterieregimenter alte Werndl- und Mausergewehre trugen, zeigte auch, daß man nicht nur mit modernen Waffen in den Krieg ging. Es ließ sich auch manches beobachten, was offenbar in Wien und Umgebung nicht alltäglich war: viele polnische Juden in Uniform etwa. Sie hatten sich ihre Beies abschneiden müssen, waren aber an ihren Bärten erkennbar.[312] Unendlich lange Trains von vielen Hunderten Landesfuhrwerken mit Fourage, Feldspitälern, Sanitätsanstalten und Munitionskolonnen zogen in Hitze und Staub dahin. Gelegentlich klang ein Lied auf. Tiroler Landesschützen wirkten in ihrer Gebirgsausrüstung etwas deplaziert. Eher paßten schon die ungarischen Landsturminfanteriebrigaden her: „Ältere Leute mit großen Schnurrbärten, ungarische Pfeifen rauchend, meist in der alten Honvéd-Uniform.“[313] Alles in allem ein verwirrendes Bild.

In Przemyśl, beim Armeeoberkommando, wußte man natürlich, wie das Geschehen zusammenhing. Aber auch da hatte der Krieg offenbar noch nicht sehr viel von seinem Charakter als riesiges Schauspiel eingebüßt. Zudem wurde er als eine besondere Erziehungsschule der Nation angesehen. Das war wohl auch der Grund, weshalb der nunmehrige Thronfolger, Erzherzog Karl Franz Joseph, „zur Allerhöchsten Disposition gestellt“, nach Przemyśl kam. In der Folge sah man ihn mit Flügeladjutanten, Stallmeister, Detektiven und Herren der Leibgarde-Reitereskadron promenieren und auf Nachrichten aus der Operationskanzlei warten.

Das Reitergefecht von Jaroslawice

Entsprechend den längerfristigen Planungen sollten die österreichisch-ungarischen Armeen die Rückendeckung für das Deutsche Reich übernehmen, bis dann das Reichsheer nach dem geplanten Sieg im Westen mit Macht im Osten auftreten konnte. Das Hauptproblem war jedoch die numerische Unterlegenheit der Donaumonarchie. Um sie auszugleichen, sollte angegriffen werden, sollte das Gesetz des Handelns von allem Anfang an bei den k. u. k. Armeen liegen. Niemand konnte freilich behaupten, diese Strategie wäre aus der Not der Stunde geboren worden und die österreichisch-ungarischen Truppen hätten bei annähernder Gleichheit mit den Russen vielleicht mit dem Angriff zugewartet. Dann wäre wohl erst recht offensiv vorgegangen worden. Die drei

k. u. k. Armeen, die an der Weichsel, am San, ostwärts von Lemberg, am Dnjestr und bei Czernowitz aufmarschierten, sollten zwischen dem 23. und dem 26. August ihre Operationsbereitschaft erlangen. Doch es waren zunächst eben nur drei Armeen und zwei Armeegruppen (Armeegruppe Kummer, 1., 4. und 3. Armee, sowie Armeegruppe Kövess), die zur Verfügung standen. Erst wenn die zunächst in Slawonien aufmarschierte k. u. k. 2. Armee am Südflügel der Ostfront eingeschoben werden konnte, waren alle vorgesehenen Kräfte versammelt. Insgesamt verfügte das Armeeoberkommando im Osten wohl über mehr als doppelt so viele Bataillone als das Balkanoberkommando, über das Gros der Kavallerie und rund 2000 Geschütze, zusammen etwa 1,2 Millionen Mann. Doch angesichts der zu erwartenden russischen Kräfte, die mit 1,8 Millionen Mann anzunehmen waren, sprang die Unterlegenheit ins Auge. Aber, so konnte sich Conrad sagen, wenn die Deutschen erst Frankreich niedergeworfen haben würden, mußte sich auch die Situation an der Ostfront schlagartig ändern.

Die nicht zu beseitigenden Unklarheiten über den russischen Aufmarsch zwangen die k. u. k. Armee, zum frühestmöglichen Zeitpunkt mit der eigenen Fernaufklärung durch Kavallerie, Ballons und Flugzeuge zu beginnen. Die Reiter sollten überdies auch die russische Kavallerie und überhaupt die russischen Spitzen zum Stehen bringen und bis zum Herankommen der großen Infanterieverbände festhalten.

Ab dem 4. August waren die Kavallerieregimenter in die Sicherung der Reichsgrenze eingebaut worden und so gut wie ständig alarmiert. Sie patrouillierten allerdings nur entlang der Grenze und stellten fest, daß auch die russische Kavallerie bereits mit der Aufklärung begonnen hatte. Da und dort gab es Scharmützel mit österreichischer Gendarmerie und Finanzwachposten.[314] Zwei Tage später erhielten die zu Kavalleriedivisionen zusammengefaßten Regimenter den Befehl, mit der Fernaufklärung zu beginnen. Am 8. August begann die Fernaufklärung in großem Stil. Alle Kavalleriedivisionen wurden dazu eingesetzt. Unmittelbar davor bekamen sie noch eine Belehrung über die russische Kavallerietaktik. Und dann wurde geritten, geritten und geritten. Viele Reiterregimenter hatten neue Sättel, die noch schlecht angepaßt waren und die Rücken der Pferde wundrieben. Oft mußte abgesessen werden. Doch es ging unaufhaltsam weiter durch das wellige, von großen Wäldern durchzogene Land. Als es dann zu den ersten Gefechten mit den Russen kam, waren die österreichischen Pferde abgehetzt und die Reiter übermüdet. Ihre Ziele lagen rund 100 km von der Reichsgrenze entfernt. Die 7. Kavalleriedivision etwa ritt vom 6. bis zum 13. August nach Norden, ehe sie bei Kielce auf Russen stieß und zum Rückzug gezwungen wurde. Manche Regimenter, wie z. B. die Dragonerregimenter Nr. 9 und 15, waren seit der Mobilmachung schon 400 km geritten. Beim Zusammentreffen mit den Russen entwickelten sich meist nur kurze Gefechte, ehe die k. u. k. Kavalleriedivisionen wieder umkehrten. So wurde vor jeder Armee möglichst intensiv aufgeklärt, doch in der Regel kamen die Kavalleriedivisionen nicht sehr weit voran. Nur wenige Abteilungen erzielten auch nur einigermaßen brauchbare Aufklärungsergebnisse. Sie litten oft unter Verpflegungsschwierigkeiten, da sie nur Mundvorrat mitgenommen hatten. Die Zivilbevölkerung aber war geflohen und hatte alles Eßbare mitgenommen. Am 20. August durchritt die 4. Kavalleriedivision, die vor der k. u. k. 3. Armee aufzuklären hatte, eine große Waldzone, um zu erkunden, was jenseits des Waldes war. Ihr war, wie den meisten Kavalleriedivisionen, Linieninfanterie und Artillerie mitgegeben worden; doch wenn die Truppenkörper beisammen blieben, konnten die Reiter ihre Geschwindigkeit nicht ausnützen. Also ritten sie vorneweg. Sie trafen auf russische Kavallerie, vor allem Kosaken, die ebenso zur Aufklärung vorgeschickt worden waren. Tags darauf kam es bei Jaroslawice zu einem Reitergefecht, das letztlich nur deshalb nicht mit einer schweren Niederlage für die traditionsbewußten Dragoner- und Ulanenregimenter der österreichisch-ungarischen Armee endete, da rechtzeitig Infanterie herankam. Doch die Verluste waren beträchtlich. Die Gewehre und vor allem Maschinengewehre der russischen Begleitinfanterie wüteten unter den Kavallerieregimentern. Sie mußten schleunigst zurück. Das Reitergefecht von Jaroslawice, das größte Kavallerietreffen für die k. u. k. Truppen in Österreich-Ungarns letztem Krieg, war aber nicht nur eine Schlappe für die traditionsreiche Kavallerie; hier war das Ende einer Waffengattung deutlich geworden.

Die Kavallerie, aristokratische Waffe schlechthin, mit einem sehr starken Kastengeist ausgestattet, hatte wie keine andere Waffengattung Traditionen zu konservieren gesucht und taktische wie waffenmäßige Entwicklungen negiert. Es ging zwar allen Kavallerien der kriegführenden Mächte sehr ähnlich. So gut wie keine aber erlebte das Ende der Rösserherrlichkeit so plötzlich und mit solchen Verlusten wie die österreichisch-ungarische. Die vorherige Überbeanspruchung und die Fernaufklärung hatten den Pferdebestand auf die Hälfte absinken lassen. Die russische Kavallerie und Infanterie taten das Ihrige. Conrad urteilte nachträglich sehr hart über die kavalleristischen Unternehmungen zu Kriegsbeginn: „Von wenigen Ausnahmen abgesehen sind unsere braven Kavalleriedivisionen gleich bei Beginn der Operationen durch ihre unfähigen Führer zugrunde gerichtet worden. Die ganze unpraktische Adjustierung und Ausbildung sowie die stets mehr als doppelte Übermacht haben das Ihrige dazugetan.“[315] Das war jedoch eine späte Einsicht, denn bis zum Krieg hatte Conrad durchaus nichts Grundsätzliches an der Kavallerie auszusetzen gehabt. Die Kavallerie konservierte das Reitergefecht, übte vor allem die Attacke, hatte sich auch erfolgreich einer modernen Uniformierung widersetzt, verabscheute das Gefecht zu Fuß und war nur gänzlich ungenügend mit Maschinengewehren ausgestattet. Im Grund genommen hätte man aber nur in das „Exerzierreglement für die k. u. k. Fußtruppen“ hineinschauen müssen, um zu sehen, was die eigene Führung von der Kavallerie erwartete. Darin wurde der Kampf gegen eine Kavallerie als etwas geschildert, das so gut wie immer zugunsten der Infanterie ausgehen mußte.

Zwar hatten auch die Russen Verluste erlitten, doch sie hatten weder so viel riskiert noch hatten sie so viel geopfert. Und ihre Aufklärungsergebnisse waren womöglich besser. Sie bedienten sich eines ausgedehnten und schon lange im Frieden aufgebauten Konfidentennetzes. Genauso wie die Serben.[316]

Die Einleitungsfeldzüge

Während die österreichisch-ungarischen Kavalleriedivisionen noch im Osten aufklärten, griffen die k. u. k. Armeen auf dem südlichen Kriegsschauplatz bereits an. Der am 6. August zum Befehlshaber über alle k. u. k. Truppen auf dem Balkan ernannte Feldzeugmeister Oskar Potiorek durchhieb damit eine Art von Gordischem Knoten, denn immer wieder hatte es den Anschein gehabt, als würde Conrad doch noch einmal alles herumwerfen. Am 31. Juli hatte er den auf den serbischen Kriegsschauplatz zu verlegenden Korps Vorrang gegenüber den nach Galizien rollenden Verbänden gegeben. Am 1. August wollte er aber nicht nur die 2. Armee, die an die Donau kommen sollte, gleich wieder umdirigieren, sondern Potiorek auch Teile der 5. und der 6. Armee nehmen.[317] Zwei Tage später legte Potiorek dem Armeeoberkommando seinen Operationsplan vor. Am 6. hieß es dann definitiv, daß die 2. Armee wieder abgezogen werden würde. Die verbleibenden Armeen bekamen als „Mindestaufgabe" genannt, daß sie Einbrüche auf das Gebiet der Monarchie verhindern sollten. Was aber war die maximale Aufgabe? Schließlich blieb alles dem Ermessen des Befehlshabers auf dem Kriegsschauplatz überlassen, und es wurde ihm auch freigestellt, die 2. Armee bis zu deren Abtransport zu verwenden. Sie sollte nur nicht die Donau überqueren. Eine so vage, in sich gegensätzliche Befehlsgebung konnte nun wirklich nichts anderes als restlos verwirren. Ja, es war eigentlich gar keine Befehlsgebung, es war eine Einladung, dieses oder jenes zu tun, sollten nicht vielleicht irgendwelche Gründe dagegensprechen.

Als Potiorek noch Leiter der Operationsabteilung im Generalstab gewesen war, vor seiner Ernennung zum Landesbefehlshaber von Bosnien und Herzegowina, da hatte er eine erste Bearbeitung des Operationsfalls Balkan vorgenommen. Diese Planung ging davon aus, daß jeweils aus Bosnien und aus der Herzegowina mit einer Armee gegen Serbien bzw. Montenegro vorgegangen werden sollte. Von Norden her aber sollte eine weitere Armee Serbien in die Zange nehmen. Der Erfolg mußte sich bald einstellen. Nun aber, als dieser Plan in die Tat umgesetzt werden sollte, drohte die nördliche Armee – eben die 2. Armee – auszufallen, d. h. sie sollte nur bis zum 18. August zur Verfügung stehen. Für diesen Tag waren ihre Herauslösung und der Abtransport befohlen worden. Somit verminderten sich die Erfolgsaussichten auf dem Balkankriegsschauplatz erheblich, denn Potiorek hatte nach Abgang der k. u. k. 2. Armee mit wenig mehr als zwei Armeen 900 km Front zu decken, wozu ihm samt den Sicherheitsbesatzungen in den diversen Festungen rund 280.000 bis 290.000 Mann zur Verfügung standen, gegenüber 370.000 bei Verbleib der kompletten 2. Armee.[318] Von diesen Großverbänden konnte jeweils rund die Hälfte zu den Gefechtsständen gerechnet werden. Die Serben wiederum wurden mit 210.000 bis 350.000 Mann veranschlagt, je nachdem, ob man die Reserven dazurechnete. Dazu kamen noch die Montenegriner mit 40.000 bis 60.000 Mann. Trotz dieser zahlenmäßig für die k. u. k. Truppen nicht wirklich eindeutigen Situation wurde in dem schon erwähnten Befehlsschreiben von einer Offensive mit raschen Siegen gesprochen.[319] Potiorek wollte das Seine dazu tun und dabei vor allem noch die Anwesenheit der 2. Armee ausnützen. Sie sollte an der Donau demonstrieren und so viele serbische Truppen binden, daß den beiden anderen Armeen ein Erfolg möglich wäre. Darüber hinaus fand er aber, daß es „sehr erwünscht wäre", wenn die 2. Armee über die Donau

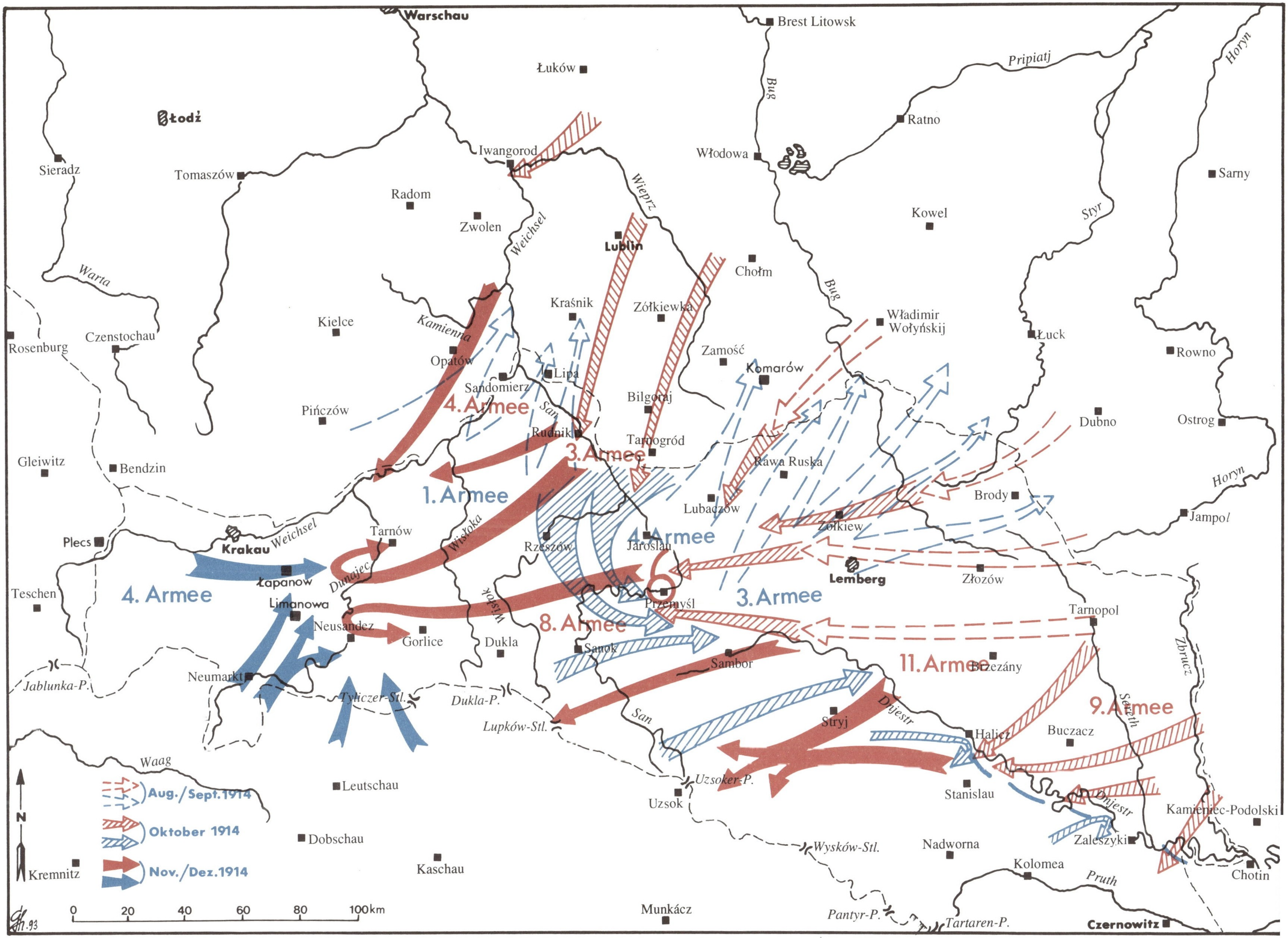
Warschau
Brest Litowsk
Łuków
Pripiatj
Horyn
Bug
Łodź
Ratno
Sieradz
Tomaszów
Iwangorod
Włodowa
Sarny
Radom
Wieprz
Zwolen
Kowel
Styr
Weichsel
Lublin
Chołm
Warta
Kraśnik
Żółkiewka
Bug
Kielce
Władimir Wołyńskij
Kamienna
Czenstochau
Łuck
Rosenburg
Zamość
Rowno
Opatów
Komarów
Lipa
Sandomierz
4. Armee
Bilgoraj
Pińczów
San
Dubno
Ostrog
Rudnik
Tarnogród
3. Armee
Gleiwitz
Bendzin
Rawa Ruska
1. Armee
Brody
Horyn
Lubaczów
Jampol
Tarnów
Wisłoka
Żółkiew
Plecs
4. Armee
Rzeszów
Jarosław
Krakau
Weichsel
Łapanow
Dunajec
Lemberg
Złozów
Teschen
4. Armee
Wisłok
Przemyśl
3. Armee
Limanowa
Tarnopol
Neusandez
8. Armee
Gorlice
Dukla
Sanok
Sambor
11. Armee
Brzezány
Zbrucz
Neumarkt
Jablunka-P.
Tyliczer-Stl.
Dukla-P.
Dniestr
9. Armee
Seret
San
Stryj
Lupków-Stl.
Halicz
Buczacz
Waag
Uzsoker-P.
Stanislau
Leutschau
Aug./Sept. 1914
Uzsok
Dniestr
Kamieniec-Podolski
N
Oktober 1914
Dobschau
Zaleszyki
Wysków-Stl.
Nadworna
Nov./Dez. 1914
Kremnitz
Kaschau
Kolomea
Chotin
Pruth
Munkácz
0
20
40
60
80
100 km
Pantyr-P.
Tartaren-P.
Czernowitz

DIE OSTFRONT 1914

setzen und Belgrad erobern würde.[320] Das stand allerdings eindeutig im Gegensatz zu den Befehlen des Armeeoberkommandos. Doch Potiorek kümmerte das nicht sehr. Er wollte künftig nicht mehr viel anfragen oder beantragen, „sondern nach bestem Wissen und Können führen und kommandieren". Er dachte auch keineswegs daran, defensiv zu bleiben, sondern wollte zum frühestmöglichen Zeitpunkt angreifen. Daher lehnte er auch eine vom Kommandanten seiner 5. Armee, General Frank, gewünschte Verschiebung des Beginns der Offensive um zwei Tage ab. Sie mußte, wie geplant, am 12. August begonnen werden und war ein klares Wagnis. Doch da galt, was der Chef der kaiserlichen Militärkanzlei dem Oberkommandanten der k. u. k. Balkanstreitkräfte schrieb: „Viel Feind', viel Ehr'!"[321] Die k. u. k. 5. Armee trat pünktlich an. Die 2. Armee unterstützte die Offensive, und zunächst einmal gelang es, Drina und Save zu übersetzen.

Man darf sich aber nicht nur die eher operativ-technischen und logistischen Probleme einer Offensive vergegenwärtigen, die begonnen wurde, noch ehe alle Truppen ihre Bereitstellungsräume erreicht hatten. Die lange ungeklärte Befehlssituation und noch mehr das merkwürdige Hin- und Herschicken der 2. Armee hatten beträchtliche Unsicherheit hervorgerufen. Zeitweilig schien man nicht mehr zu wissen, welcher Befehl galt. Das AOK ließ General Böhm-Ermolli wissen, daß er seine Armee zum Abtransport nach Galizien bereithalten sollte, während Potiorek ihm telegrafierte, er sollte über Donau und Save setzen und Belgrad nehmen. Böhm-Ermolli hatte erwartet, daß mit der Offensive der Balkanstreitkräfte zugewartet würde, bis die 2. Armee wieder abgefahren wäre, denn damit hätte man es seinen Soldaten erspart, befehlsgemäß Zuschauer zu spielen – da die Armee ja nicht in die Kämpfe eingreifen durfte –, gleichzeitig aber zu demonstrieren und Ablenkungsmanöver zu inszenieren, die nur zu leicht beträchtliche eigene Verluste nach sich ziehen konnten. Ein ums andere Mal fragte Böhm-Ermolli beim AOK an, welcher Befehl nun gelte. Die Antwort lautete stereotyp: Armee zum Abmarsch bereithalten, nicht in Kampfhandlungen verwickeln lassen, wohl aber mit der 5. Armee zur Ablenkung der Serben durch glaubhafte Demonstrationen zusammenwirken.[322] Keiner wußte mehr, was er nun wirklich sollte, und dabei erhielt der Glauben an die Kompetenz der eigenen obersten Kommanden einen ersten Sprung.

Es gab auch andere Probleme, nämlich solche der Menschenführung. Es war Mitte August, also sehr heiß. Man griff quer zu den Flußläufen und Höhenrücken an, mußte sie alle mühsam überwinden. Die Kolonnen quälten sich durch Busch- und Waldgelände und durch zwei Meter hohen Mais. Und die Serben waren zähe und geschickte Verteidiger. Der Kommandant des VIII. Korps, General der Kavallerie Arthur Giesl von Gieslingen, der Bruder jenes Baron Giesl, der bis zum 25. Juli Gesandter in Belgrad gewesen war, bemühte sich in seinen Aufzeichnungen, auch diesen Aspekten gerecht zu werden. Giesl brachte das allerdings nicht in dem Bestreben zu Papier, den Feldzug zu glorifizieren, sondern über Aufforderung der nach dem Krieg vom österreichischen Parlament eingesetzten Kommission zur Erhebung militärischer Pflichtverletzungen im Krieg, die gegen Potiorek ermittelte.[323] Giesl, dem – wie vielen anderen auch – später schwere Vorwürfe gemacht wurden, notierte: Die Truppen waren von der langen Eisenbahnfahrt ermüdet, hatten starke Märsche in großer Hitze zurückzulegen. Des weiteren waren die Verpflegs- und Munitionskolonnen sowie Sanitätsanstalten noch nicht vollzählig eingetroffen. Die Drina sollte an zwei Stellen überschritten werden, es war aber nur Übersetzmaterial für eine Brücke vorhanden. Als das Korps das andere Ufer bereits unter schwerem serbischen Feuer in Besitz genommen hatte, wurde vom Armeekommando und vom Delegierten des Kommandos der Balkanstreitkräfte „ohne Rücksicht auf die tactische Situation nach vorwärts gehetzt". „Befehle folgten auf Befehle; hinterher wieder Gegenbefehle. Es war der reinste Narrenthurm", notierte der kurz darauf zum Kommandanten der 29. Infanteriedivision ernannte Generalmajor Zanantoni am 13. August.[324] Valjevo sollte bis zum 18. August erreicht werden, da an diesem Tag der Abtransport der an Save und Donau aufmarschierten Korps der 2. Armee nach Galizien erfolgen sollte. Außerdem liebäugelten manche Kommandanten und wohl auch Potiorek mit diesem Tag, denn das war ja des Kaisers Geburtstag. Und an dem sollte dem Monarchen ein erster großer Erfolg zu Füßen gelegt werden. Statt dessen begannen die Serben bei Šabac mit Gegenangriffen, die den Einsatz des zur 2. Armee gehörenden IV. Korps erforderlich machten. Ja, das Korps, das eigentlich schon nach Galizien rollen sollte, wurde von der 5. Armee sogar dafür verantwortlich gemacht, sollte es wegen zu geringer Unterstützung zu einer Niederlage kommen.[325] Nach mehrtägigen Kämpfen kam es bei der 21. Landwehrinfanteriedivision des VIII. Korps zu Auflösungserscheinungen. Am 19. August wurde der Rückzug eingeleitet. Das Versagen der 21. Landwehrinfanteriedivision hatte eine Untersuchung und die Verhängung des Standrechts zur Folge. Giesl wurde zwei Wochen später abgelöst. Doch letztlich trugen er und seine Soldaten am wenigsten die Schuld an den ersten Mißerfolgen.

Die Verluste der österreichisch-ungarischen Truppen waren vom ersten Tag an sehr hoch. Nun ist es ein Kennzeichen aller Kriegsanfänge, daß die Truppen auf beiden Seiten besonders hohe Verluste haben. Das nimmt erst im Verlauf eines Kriegs ab, um sich dann gegen Ende eines Kriegs bei einer klaren Scheidung in Sieger und Besiegte wieder zu Lasten der letzteren zu steigern. Die hohen Verluste fanden ihren Niederschlag in Verlustlisten, die ab Mitte August auf dem Gebäude des Kriegsministeriums in Wien angeschlagen und in den Zeitungen verlautbart wurden. Und diese Listen sprachen sehr häufig eine viel deutlichere Sprache als die Berichte des Kriegspressequartiers, dessen dürftige Kommuniqués Mißerfolge als bewußt herbeigeführte operative Maßnahmen erscheinen ließen.

Die Serben erkannten die Angriffsrichtung der k. u. k. Balkanstreitkräfte, Valjevo, und begannen dieses einzukreisen. Das machte den immer stärkeren Einsatz der 2. Armee notwendig und führte dazu, daß die Korps dieser Armee genau zu dem Zeitpunkt, als sie nach Galizien abgehen sollten, in schweren Gefechten gebunden waren. Doch auch das konnte die 5. Armee nicht mehr retten. Sie trat ihren Rückzug an und wurde auf die Grenzen der Monarchie zurückgeworfen. Bis zum 24. August war sie wieder in ihren Ausgangsstellungen. In nicht einmal zwei Wochen hatte die Armee einen Verlust von 600 Offizieren und über 22.000 Mann an Toten, Verwundeten und Gefangenen gehabt. Die 6. Armee südlich von ihr hatte infolge von Geländeschwierigkeiten erst am 20. August die Offensive aufnehmen können, wurde von Potiorek auch bewußt zurückgehalten, um dann einen operativen Flankenstoß gegen die serbische Armee auszuführen. Doch es kam nicht dazu. Auch die 6. Armee wurde zum Stehen gebracht und mußte sich vier Tage später dem allgemeinen Rückzug anschließen. Innerhalb weniger Tage war also die Vorstellung vom Rachefeldzug in nichts zerronnen. Zwischen dem Kommando der Balkanstreitkräfte und dem AOK aber war es zu einem schweren Zerwürfnis gekommen, bei dem es sich zeigte, daß auch die Militärkanzlei des Kaisers in dem Kräfteparallelogramm eine Rolle zu spielen bereit und bemüht war. Es ging dabei um die Frage, ob das Armeeoberkommando uneingeschränkte Machtvollkommenheit haben oder ob es noch eine zweite und eine dritte Kraft geben würde.

Conrad, der sich wohl schon Anfang August seines strategischen Irrtums bewußt geworden war, hatte ab der Monatsmitte in geharnischten Telegrammen den Abtransport der k. u. k. 2. Armee urgiert und verlangt, daß abgesehen vom Budapester IV. Korps und der 29. Infanteriedivision kein Verband dieser Armee mehr auf dem Balkan in die Schlacht geworfen werden dürfte. Es fruchtete nichts. Potiorek meldete ein ums andere Mal, daß es unverzichtbar sei, die Truppen der 2. Armee zu verwenden, wenn man nicht eine Niederlage in Kauf nehmen wollte. Am 20. August verlangte er schließlich den kompletten Einsatz der Armee. Wenn nicht sofort alle Teile der 2. und der 6. Armee offensiv vorgingen, um die von den Serben errungenen Erfolge auszugleichen, sei mit katastrophalen Auswirkungen auf die von Serben bewohnten Gebiete der Monarchie zu rechnen. Die Antwort des Armeeoberkommandos lautete lapidar, daß der Vorschlag wegen einer Verwendung der 2. Armee auf dem Balkan nicht durchführbar sei und auch das IV. Korps und die 29. Infanteriedivision nur vorübergehend zur Verfügung stehen könnten.[326]

Doch das Armeeoberkommando vermochte sich gegenüber dem Balkanoberkommando nicht durchzusetzen. Da das AOK aber so merklich auf Widerstand stieß und in seinen Befugnissen beschränkt blieb, sich ganz offensichtlich auch die Wiener Zentralstellen nicht auf die Seite des AOK stellten, wuchs bei Conrad die Entschlossenheit, alle Widerstände auszuschalten. Und in Erzherzog Friedrich fand er einen recht willigen Erfüllungsgehilfen. Das konnte allerdings die Probleme mit dem Balkanoberkommando vorerst auch nicht beseitigen.

Potiorek gelang es nach einer heftigen Auseinandersetzung mit Conrad am 21. August, den Chef der kaiserlichen Militärkanzlei, Bolfras, dazu zu bringen, daß Bolfras dem Kaiser ein Befehlsschreiben zur Unterzeichnung gab, in dem festgelegt wurde, daß Potiorek fortan ein selbständiges Kommando führen konnte. Das mochte für Potiorek eine Genugtuung sein, hatte auch einige sachliche Richtigkeit, da bei den damaligen Führungsmitteln ein Eingreifen des AOK und die rasche Reaktion auf Entwicklungen auf dem Balkankriegsschauplatz von Przemyśl aus nicht möglich war. Ebenso sicher kann aber gesagt werden, daß mit diesem Augenblick die einheitliche Kriegführung zumindest für einige Zeit verlorenging.

Potiorek fand für seine Klagen über das Armeeoberkommando und vor allem über den Chef des Generalstabs aber nicht nur in der Militärkanzlei des Kaisers Gehör. Er fand auch kräftige Unterstützung bei Berchtold und Tisza, die es durchzusetzen versuchten, daß die k. u. k. 2. Armee nicht nur mit Teilen, sondern mit ihrem Gros weiterhin am Balkan verwendet werden konnte. Tisza war naturgemäß daran interessiert, sowohl Serben als auch Russen von Ungarn fernzuhalten und notfalls auch Kräfte gegen Rumänien verfügbar zu haben. Berchtold aber brachte den außenpolitischen Komplex ins Spiel und wies seinen Vertreter in Przemyśl, Baron Giesl, an, dem AOK folgenden Standpunkt zur Kenntnis zu bringen: „Es liegt mir gänzlich ferne“, schrieb Berchtold am 20. August an Giesl, „einen auch nur indirecten Einfluß auf die militärischen Operationen nehmen zu wollen. Vom Standpunkt meines Ressorts müsse ich jedoch darauf aufmerksam machen, daß, falls durch den Abtransport der engagierten Truppen die im Zuge befindlichen Operationen der V. und VI. Armee auch nur zum Stillstand kämen und dies im Auslande bekannt werden sollte, die allerungünstigste Rückwirkung auf das Verhalten sämtlicher Balkanstaaten – eventuell auch Italiens – im gegenwärtigen Konflikte zu besorgen stehe und ich für das Eintreten einer solchen, in ihren Konsequenzen unabsehbaren Wendung die Verantwortung ablehnen müßte."[327] Giesl informierte getreulich den Chef des Generalstabs, der aber meinte, es wäre „unverantwortlich", auf dem Balkan mehr Kräfte als unbedingt notwendig zu belassen. Giesl begnügte sich aber damit noch nicht, sondern ging auch zu Erzherzog Friedrich. Er tat dies, weil er, wie er dann an Berchtold telegrafierte, nicht sicher war, „daß Höchstderselbe durch den Generalstab einwandfrei unterrichtet wird". Erzherzog Friedrich konnte aber auch nichts zusagen und stellte nur in Aussicht, den Kommandanten der 5. Armee, General Frank, zur Verantwortung zu ziehen bzw. zu entheben.[328]

Conrad war hin und her gerissen. Er wußte, daß er für den russischen Kriegsschauplatz die 2. Armee brauchte. Sie sollte am Südflügel der Front nördlich der rumänischen Grenze einrücken. Auf der anderen Seite konnte sich gerade Conrad nicht dem Argument verschließen, daß man mit Rücksicht auf Rumänen, Bulgaren und Türken einen Erfolg gegen die Serben brauchte. Im Fall eines Mißerfolgs war mit einer Kriegserklärung Rumäniens zu rechnen, das bei Kriegsbeginn ja neutral geblieben war, aber deutlich in das Lager der Gegner der Mittelmächte tendierte. Bulgarien aber und die Türkei sollten nicht nur in das Lager der Mittelmächte gezogen werden, sondern es sollte zu ihnen auch eine Verbindung geben. Und solange Serbien dazwischen lag, konnte von einem Übergehen der Bulgaren in das Lager der Mittelmächte keine Rede sein, und das Bündnis mit der Türkei, das Ende Juli abgeschlossen worden war, ließ sich erst dann effektivieren, wenn es auch zur Türkei eine Landverbindung gab. Der Gedanke, die k. u. k. Flotte in das Schwarze Meer zu entsenden, der am 6. August ventiliert wurde, war dabei nicht weiter verfolgt worden, da noch am selben Tag die Erfolgsaussicht als gleich null eingestuft wurde.[329]

Bei alledem war Conrad auch ein Gefangener seiner selbst, denn er war es ja gewesen, der zunächst und mit aller Macht für einen raschen Schlag auf dem Balkan eingetreten war. Das war allerdings zu einer Zeit gewesen, als er noch viel zu wenig darüber Bescheid wußte, wie rasch sich die Lage auf dem nordöstlichen Kriegsschauplatz zum Nachteil Österreich-Ungarns entwickeln würde. Dann war er vielleicht auch überzeugt gewesen, die Serben würden dem Ansturm der k. u. k. 5. und der 6. Armee nicht standhalten können und sofort weit nach Serbien zurückweichen. Der Rest sollte dann kein Problem mehr sein. Doch es kam ganz anders. Und die politischen Auswirkungen waren auch sofort abzulesen: Rumänien war weiter denn je davon entfernt, an der Seite der Mittelmächte und der Türkei in den Krieg einzutreten, und der bulgarische Zar Ferdinand I. sagte dem von Berlin in einer Sondermission nach Sofia entsandten deutschen Oberst von Leipzig unverhohlen, daß er jetzt nach der österreichisch-ungarischen Niederlage nicht daran denken könne, sein Volk in den Kampf gegen Serbien zu führen.[330] Auch die Türkei wurde plötzlich zurückhaltender und stellte fast demonstrativ die Arbeiten zur Sperrung der Dardanellen ein.[331] Conrad sah das aber nicht primär als eine Konsequenz der militärischen Ereignisse, obwohl er sonst keine Gelegenheit vorübergehen ließ, die Kriegführung Potioreks zu kritisieren. Vielmehr telegrafierte er am 25. August an Berchtold: „Die bedauerlichen diplomatischen Mißerfolge, welche zwei Verbündete, Italien und Rumänien, zum Abfall kommen ließen, ohne Bulgarien an die Seite der Monarchie zu bringen, haben eine militärische Lage geschaffen, welche dazu zwingt, möglichst viele Kräfte auf den Hauptkriegsschauplatz zu bringen, umso mehr als der deutsche Mißerfolg in Ostpreußen unsere Lage erschwert und die Stellungnahme Japans dazu geführt hat, daß Rußland seine ostasiatischen Truppen heranzieht. General Potiorek verfügt über ausreichende Kräfte, um einem serbischen Einbruch begegnen zu können."[332]

Potiorek sah das insofern anders, als er weiterhin nicht nur defensiv bleiben und einem Einbruch vorbeugen, sondern abermals offensiv werden wollte. Es war ihm gelungen, das Scheitern der ersten Offensive der mangelnden Unterstützung durch die 2. Armee und damit dem Armeeoberkommando anzulasten. Der Kaiser glaubte ihm, und so plante der Feldzeugmeister abermals eine Operation in Richtung Valjevo.[333] Er suchte auch die Zustimmung Conrads zu erlangen, der nach einigem Zögern in die Offensive einwilligte und nur dringend riet, den Fehler der Einleitungskämpfe nicht zu wiederholen und die Armeen ohne die Möglichkeit der gegenseitigen Unterstützung zu lassen. Es war das letztemal bis zum Jahresende, daß Conrad in die Operationsplanung und Befehlsführung auf dem Balkan eingriff. Mitten in die österreichischen Angriffsvorbereitungen hinein wurden allerdings zunächst die Serben offensiv, drangen bei Pancsova ins Banat ein und übersetzten mit ihrer „Timok"-Division die Save. Sie wurden zurückgeworfen. Doch die kurz darauf einsetzende zweite Offensive Potioreks wollte wieder nicht gelingen.

Wieder war es der k. u. k. 5. Armee nicht möglich, die gesetzten Ziele zu erreichen. Ab dem 12. September häuften sich die Hiobsbotschaften. Potiorek reagierte mit Kommandoenthebungen, verhängte über die 21. Landwehrinfanteriedivision abermals das Standrecht. In den Saveniederungen der Mačva blieben die Divisionen nach tagelangen Regenfällen im Morast stecken, und in den wegelosen Gebirgszügen an der Grenze Bosniens, vor allem auf dem Höhenrücken der Jagodnja, erschöpften sich die Soldaten, wurden hin und her gehetzt und nach und nach von den Serben dezimiert. Dann trat Munitionsmangel auf, und schließlich mußten sich die Truppen eingraben, um ihre Stellungen wenigstens notdürftig halten zu können. Ende September war auch die zweite Offensive auf dem Balkan definitiv gescheitert. Doch Potioreks Ansehen hatte noch immer nicht nennenswert gelitten, und in Wien sah man viel eher Conrad als den Schuldigen, da er für den Balkan zu wenig vorgesorgt hätte.

Conrad und Berchtold, Antagonisten noch aus Friedenszeiten, konnten sich über die strategischen Ziele nicht einigen. Berchtold wurde zum Vorwurf gemacht, er hätte kein Verständnis für die Lage im großen gehabt. Er, der es vor dem Krieg verabsäumt hatte, zuverlässige Bundesgenossen auf dem Balkan zu gewinnen, hätte nur Serbien im Auge gehabt und überhaupt nicht begriffen, was es bedeuten würde, wenn die Russen in Galizien durchbrechen würden. Die Parteigänger Conrads meinten, vor allem auf die militärstrategische Ignoranz Berchtolds hinweisen zu müssen. „Die Zeiten des alten

Thugut schienen wieder auferstanden zu sein."[334] So „wie damals die Politik die operativen Befehle an die verschiedenen Armeen auf den einzelnen Kriegsschauplätzen ausgab, so sollte anscheinend auch jetzt Politik, die selbst auf Irrwegen herumhinkte, noch die Feldzüge im Norden und Süden leiten. Aber dem Grafen Berchtold lag nur der serbische Kriegsschauplatz am Herzen. Für den Norden hatte er gar nichts übrig." Die Politik stellte den Krieg vor falsche politische Aufgaben. Nicht die Vorgänge in Serbien entschieden über Sein oder Nichtsein Österreich-Ungarns. „Das wurde bei Lemberg entschieden"[335], hieß es. Dem wäre nun vieles anzufügen. Über das Verhalten Bulgariens und der Türkei, auch über das Rumäniens und Italiens fielen beispielsweise die Entscheidungen sicherlich nicht nur auf den Schlachtfeldern Serbiens und Polens. Das wurde genauso in der Schlacht an der Marne entschieden und lag damit weit außerhalb der österreichischen Verantwortlichkeit. Das Angreifen in Serbien war von Conrad ebenso gewünscht worden wie von Berchtold. Und der Mißerfolg war weder in der militärischen noch in der politischen Planung einkalkuliert gewesen.

Das Schwanken Conrads war zum Teil freilich dadurch bedingt, daß gerade er weit in die politische Sphäre vorgedrungen war, und daher war für seine Entscheidungen nicht nur maßgeblich, was gerade militärstrategisch richtig und operativ erforderlich war. Für ihn hatte genauso zu gelten, was der Kaiser, was die beiden Ministerpräsidenten, vor allem Tisza, was der Minister des Äußern und – in besonderem Maß – was der deutsche Bundesgenosse aus politischen Gründen und solchen der Gesamtkriegführung verlangten. Dabei zeigte sich sehr rasch, daß der Koalitionskrieg seine besonderen Probleme hatte und daß der schwächere Partner in einem solchen Krieg einen besonders schweren Stand hat.

Der Krieg begann als Mehrfrontenkrieg, bei dem beide Mittelmächte ihren Prioritäten nachjagten. Das Deutsche Reich sah in Frankreich auch einen emotionalen Gegner. Österreich-Ungarn sah einen solchen in Serbien. Dort aber, wo man auf einem Kriegsschauplatz zusammenwirken konnte und sollte, nämlich gegenüber Rußland, da gab es anfänglich nichts, was wirklich auf eine gemeinsame Kriegführung hindeutete. Wiederum zeigte es sich, wie vage die Generalstabsabsprachen gewesen waren, denn Conrad ließ verlauten, die österreichisch-ungarischen Armeen würden von Süden in den Raum Siedlce durchstoßen, und erwartete seinerseits, die deutschen würden dasselbe von Norden her tun. Damit würde es möglich sein, die Russen in Polen abzuschneiden und einen eindrucksvollen Sieg zu erringen. Doch nichts dergleichen ließ sich realisieren. Die Deutschen setzten zu dem von Conrad erhofften Stoß nicht einmal an. Und die österreichisch-ungarischen Armeen waren zu schwach, um eine so gewaltige Einkreisungsoperation durchzuführen und währenddessen auch noch die von Osten angreifenden russischen Armeen abzuwehren. Doch der Beginn sah verheißungsvoll aus.

Während die Kavallerie bereits ausschwärmte, aufklärte, abschirmte und auch schon schwere Verluste erlitt, trafen die letzten Transporte der A-Staffel in Galizien ein. Die Hauptquartiere bezogen ihre Unterkünfte und begannen sich zu orientieren. Noch herrschte die Sorge, daß die Russen ihren Aufmarsch rascher beenden könnten als die Truppen der Mittelmächte. Doch ab dem 11. August wuchs die Zuversicht. Man könnte nun viele Regimenter in ihre Ausladeräume und beim Vormarsch verfolgen. Greifen wir wieder nur eines heraus: Alle vier Tiroler Kaiserjägerregimenter kamen nach Galizien.

Das 2. Regiment wurde am 7. August von Tirol aus in Marsch gesetzt. Über Salzburg, Linz, Wien, Preßburg, Budapest, Miskolc, Sátoralja-Ujhely, den Lubkower Paß und Sanok ging es nach Rudki. Auf halber Strecke zwischen Przemyśl und Lemberg wurde das Regiment ausgeladen. Dann wurde marschiert. „Ein Mords-Dreck", schrieb einer der vielen hundert Subalternoffiziere[336], „schwärzlich, klebrig, es nieselt. – Durch Rudki marschiert, eine Anzahl von Juden, schauderhaft. Überhaupt nichts als Juden. Weiter bis Lubjenuv Marsch – 26 km marschiert ... Weitermarsch auf der endlosen, immer schnurgeraden Landstraße."

In der ursprünglichen Planung für einen Krieg mit Rußland waren auf österreichisch-ungarischer Seite 40 Divisionen vorgesehen gewesen, die in vier Armeen ihre Einteilung finden sollten. Statt 40 Divisionen hatte Conrad zunächst nur rund 34 zur Verfügung, und das gegenüber 52 russischen. In der operativen Planung war vorgesehen, daß zwei Armeen des linken Flügels, die 1. und die 4. Armee, einen massiven Stoß nach Norden ausführen sollten, um in das nördlich von Galizien weit nach Westen reichende Russisch-Polen einzudringen. Da die Kräfte der Hauptarmee aber zu schwach waren und außerdem die ganze Aufklärungstätigkeit keine Kenntnis des russischen Schwerpunkts erbracht hatte, setzte Conrad seine Armeen zum Stoß nach Norden nur andeutungsweise an. Statt 30 Divisionen kamen mit der 1. und der 4. Armee nur deren 18 zum Einsatz.[337] Die 3. und die dann allmählich eintreffende 2. Armee sollten nach Osten vorgehen.

Am 23. August überschritt die k. u. k. 1. Armee des Generals Viktor Freiherr von Dankl die Waldzone nördlich des San und begann ihren Vormarsch. Er begann, obwohl Conrad schon genau wußte, daß von Norden keine deutschen Truppen nach Siedlce vorstoßen würden. Aber es sollte auch keine größere Offensive werden, denn noch am Abend des 22. August befahl Conrad, mit dem Vormarsch zuzuwarten, bis auch die 3. Armee bei Lemberg voll aufmarschiert sei. Rechts neben der 1. Armee General Dankls sollte allerdings auch die 4. Armee unter dem Kommando von General Auffenberg ihren Vormarsch beginnen. Und nach 24 Stunden sollte man sich an den erreichten Linien auch schon wieder festsetzen. Daran war nichts Kühnes; das war lediglich ein Vorschieben der Linien. Dankl hatte seit dem 17. August über russische Konzentrationen im Raum Kraśnik gehört. Vor allem eine Fliegermeldung deutete auf größere russische Kräfte hin.[338] Seine Truppen erreichten das gesteckte Tagesziel, und obwohl man eigentlich noch zuwarten wollte, entwickelte sich am 24. August bei der 1. Armee die sogenannte Schlacht bei Kraśnik, die zu einem Erfolg der österreichisch-ungarischen Truppen gegenüber der russischen 4. Armee wurde. Nichts wirklich Spektakuläres, aber doch etwas, das sich recht gut verwenden ließ, um die wenige Tage zuvor gemeldete Niederlage der k. u. k. Armeen auf dem Balkan vergessen zu machen. Auch die 4. Armee kam planmäßig voran, doch hier im Norden lag nicht das russische Schwergewicht. Dieses lag weiter südlich und traf die 3. Armee des Generals Brudermann, die ostwärts von Lemberg stand. Auch das sukzessive Einfügen der 2. Armee in die Front und Versuche, die eintreffenden Teile dieser Armee sofort zur Unterstützung der 3. Armee zu verwenden, fruchteten nichts. Noch war Lemberg „fest in unserer Hand", wie es in den Meldungen des Kriegspressequartiers hieß. Doch nicht mehr lange! Da half es nicht viel, daß schließlich auch die k. u. k. 4. Armee bei Komarów einen Sieg über die russische 5. Armee errang. Das führte nur zur weiteren Aufsplitterung der österreichischen Kräfte, denen gerade jetzt die größtmögliche Konzentration anzuempfehlen gewesen wäre. Die Angriffskraft der k. u. k. Armeen an der Nordostfront erlahmte bereits am 30. August. Conrad schob die Schuld dem Ausbleiben der deutschen Unterstützung zu. „Dadurch tragen wir“, schrieb er an den Chef der Militärkanzlei des Kaisers, „die ganze Last allein und haben östlich Lemberg einen überlegenen Feind am Hals. Zu besonderem Dank sind wir den Deutschen also nicht verpflichtet.“[339] Während schon die Schlacht um Lemberg tobte, ersuchte Conrad ein erstes Mal um deutsche Truppenhilfe. Zwei Korps sollten in Richtung Przemyśl in Bewegung gesetzt werden. Am 2. September erneuerte Erzherzog Friedrich dieses Ersuchen und telegrafierte diesbezüglich direkt an den deutschen Kaiser. Auch das fruchtete nichts. Und schließlich führten die täglichen Bitten um deutsche Truppenunterstützung bei Deutschen wie Österreichern dazu, Abneigung entstehen zu lassen. Bei Conrad kam diese Stimmung besonders rasch hoch. Am 5. September schrieb er Bolfras: „Vollkommen stimme ich Deiner Ansicht zu, daß die Deutschen ihre Siege auf unsere Kosten erfechten; sie haben uns ... im Stich gelassen.“[340]

Die österreichisch-ungarischen Armeen befanden sich auf dem Rückzug. Das alles war zum wenigsten Schuld der örtlichen Befehlshaber oder gar der Soldaten, die ihr Letztes gaben und mit einer ungeheuren Opfer- und Leidensbereitschaft kämpften. Linieninfanterie, Kavallerie, Artillerie und andere Truppen des gemeinsamen Heeres, dazu k. k. Landwehr und k. u. Honvéd sowie Landsturmformationen hatten innerhalb von Stunden ihre prägenden Erlebnisse gehabt. Die ersten Toten, das Entnervende des Artilleriefeuers, das ihnen sehr zu schaffen machte, da die Russen mit moderneren, weiter tragenden Geschützen ausgerüstet waren als die k. u. k. Truppen. Die Russen besaßen auch mehr Maschinengewehre. Und sie waren zahlenmäßig überlegen. Der Fall der galizischen Hauptstadt Lemberg am 30. August war militärisch nicht so sehr bedeutend. Doch es war ein Ereignis, das seine Fernwirkung hatte und auch den letzten Träumer wecken mußte.

Jedermann konnte erkennen, daß sich da nicht nur ein großer, sondern vor allem auch ein verlustreicher Krieg entwickelt hatte. Wie verlustreich, blieb wohl den allermeisten zunächst verborgen. Ebenso wie ihnen verborgen blieb, daß sich sehr rasch Mängel in der österreichischen Ausrüstung und vor allem bei der Bewaffnung zeigten. Mängel, die zu beheben eines der Hauptanliegen der Rüstungsindustrie war. Deren Konjunktur war unaufhaltsam und ebenso das Zurückstellen aller anderen Bereiche.

6
Die Umstellung auf den langen Krieg

Die Kriegswirtschaft beherrscht den Alltag

1914 ließ sich zunächst von keiner europäischen Macht sagen, daß ihre Industrie und Wirtschaft wirklich auf den Krieg eingestellt gewesen wären. Es hatte zwar Aufrüstungsschübe gegeben und einen forcierten Ausbau strategischer Eisenbahnlinien. So gut wie alle Staaten hatten auch Ausnahmeverfügungen für den Kriegsfall vorbereitet, die den Übergang zur Kriegswirtschaft sicherstellen sollten. Doch ob und wie das funktionieren würde, war ebenso eine Unbekannte wie die Frage, ob sich irgendeine der operativen Planungen würde realisieren lassen. Der britische Militärhistoriker John F. C. Fuller gebrauchte in seinem Buch „The Conduct of War"[341] folgenden anschaulichen Vergleich: „Wäre am 4. August ein Zuschauer um den Kriegsspieltisch herumgeschlendert und hätte sich die Karten der Spieler angeschaut, so hätte er mit zehn zu eins auf einen Sieg Deutschlands gewettet. Aber fünf Wochen danach, nachdem die Karten gespielt waren, hatten alle Spieler strategischen Bankrott erlitten." Man könnte fortsetzen und fragen, von welchem Spieler der unbeteiligte Zuschauer gemeint hätte, daß er das schlechteste Blatt habe – und ich würde eine Wette anbieten, daß er auf den österreichisch-ungarischen Spieler gezeigt hätte. Der aber hatte nach den erwähnten fünf Wochen weder schlechter noch besser abgeschnitten als die anderen auch. Was passiert war, ließ sich auf die einfache Formel bringen, daß die Operationstheorien von falschen Voraussetzungen ausgegangen waren. Es hatte sich gezeigt, daß eine buchstäbliche und zumeist vordergründige Interpretation wessen auch immer, ob Clausewitz', Jominis, Ardant du Picqs oder auch Erzherzog Carls in einem Blutbad ihr Ende fanden. Um nochmals Fuller zu zitieren, der sich vor allem mit Schlieffen und General Ferdinand Foch, dem Oberbefehlshaber der französischen Nordfront und nachmaligem Marschall von Frankreich, beschäftigte: Foch glich am Anfang des Kriegs einem „taktisch verblödeten Napoleon", weil er – obwohl seine Gefechte auf den Waffen seiner Zeit basierten – diese Waffen ignorierte. Er hielt sich mit geringen Abweichungen Schritt für Schritt an Napoleon, und dies angesichts von Selbstladegewehren und Schnellfeuerkanonen etc., als ob es sich bei diesen um die Musketen und Kanonen von Jena und

Friedland gehandelt hätte. Der französische „Plan XVII", seiner Bedeutung nach dem Schlieffen-Plan vergleichbar, forderte, „dem Feind gerade und ohne Zögern entgegenzumarschieren … Allein die Offensive entspricht dem Temperament unserer Soldaten."[342] Das Entgegenmarschieren kostete die Franzosen in nicht einmal zwei Wochen 300.000 Soldaten an Toten, Verwundeten und Vermißten. Doch es wäre unbillig, nur Foch herauszugreifen. Ihm wären Moltke, der russische Generalstabschef Januškievič, Conrad und etliche andere an die Seite zu stellen, die ebenso glaubten, bestimmten Operationsverfahren um jeden Preis zum Durchbruch verhelfen zu müssen, auch wenn dieser Preis in Zigtausenden Toten, Verwundeten und Verstümmelten bestand.

Menschen schien man 1914 freilich genug zu haben. Kaum einer sorgte sich darum, daß das sogenannte „Menschenmaterial" ausgehen könnte. Der Mensch marschierte und kämpfte selbst mit wenig und mitunter gar keinem Essen. Auch Pferde konnte man bis zur Erschöpfung antreiben. Maschinen aber ließen sich ohne Kohle und Treibstoff nicht bewegen, Kanonen schossen nicht ohne Munition, und der Verbrauch der Millionenheere war enorm. Eigentlich hätte das nicht unerwartet kommen müssen, denn schon der Russisch-Japanische Krieg hatte die Bedeutung der Industrie für die Kriegführung in aller Eindringlichkeit gezeigt. Und der „fabrikliche Krieg", wie ihn dann André Beaufre nannte, unterlag anderen Gesetzlichkeiten als der – wiederum nach Beaufre – primitive Krieg.[343] Ein Russe, der Staatsrat Ivan I. Bloch, hatte das vorausgedacht und 1898 in einem fünfbändigen Werk, „Der Krieg der Zukunft", niedergeschrieben. Ein Krieg, hatte Bloch gemeint, würde den Mächten, die ihn angezettelt haben, die Gelegenheit nehmen, von den Produkten derjenigen Staaten zu profitieren, gegen die sie kämpfen. Der Soldat geht unter, während der Volkswirtschaftler aufsteigt. Und weiter: „Im nächsten Krieg wird es kein glanzvolles Marschieren und Kämpfen nach napoleonischem Vorbild geben, sondern ein zunehmendes Gemetzel so furchtbaren Ausmaßes, daß es den Truppen nicht mehr möglich sein wird, die Schlacht zu entscheiden … Darin liegt die Zukunft des Krieges: Nicht im Töten von Menschen, sondern im Bankrott der Staaten und im Zerfall des gesamten sozialen Gefüges."[344]

Wie Bloch es beschrieben hatte, waren in allen Armeen die entsprechenden technischen Neuerungen eingeführt worden. Sicherlich gab es Unterschiede, doch sie waren nicht so eminent, daß die Armeen hinsichtlich ihres Waffenbestands und ihres Technisierungsgrades nicht vergleichbar gewesen wären. In diesem Detail war die eine, in jenem die andere überlegen. Doch das dann einsetzende Problem war ein ganz anderes, nämlich ein solches der Logistik. Nach den Einleitungsschlachten kam es darauf an, wer besser in der Lage war, den „fabriklichen Krieg" zu führen, und wer eher in der Lage war, das immense Nachschubproblem zu lösen. Ein durchschnittliches Armeekorps benötigte täglich etwa 130 Tonnen an Lebensmitteln und Futter. Eine Armee brauchte an die 500 Tonnen. Lebensmittel und Futter ließen sich gerade in Serbien und in Galizien aber nur zum Teil in Frontnähe aufbringen. Das meiste mußte zugeschoben werden. Fehlte das Futter, wurden die Pferde schwächer, verlangsamte sich der Marsch der Artillerieabteilungen und ebenso der Nachschub mittels bespannter Transportkolonnen. Doch wichtiger noch war, daß die Waffen ersetzt, Munition und Rüstungsgüter zugeschoben wurden, und dabei zeigte es sich, daß die Habsburgermonarchie eher in der Lage war, den Anforderungen eines fabriklichen Kriegs zu entsprechen als Rußland und

Serbien. Doch die Umstellung auf die Kriegswirtschaft erforderte ihre Zeit und vor allem auch beträchtliche Opfer.

Der Faktor Mensch spielte allenthalben eine besondere Rolle, an der Front wie in der Heimat. Der Kriegsausbruch hatte die Arbeiterschaft Österreich-Ungarns ebenso mitgerissen wie den Großteil der übrigen Bevölkerung. Da gab es kaum Unterschiede zwischen den Arbeitern Böhmens, Mährens, Niederösterreichs oder Kroatiens, das ging quer durch. Es gab aber auch keinen Unterschied zwischen der organisierten und der nichtorganisierten Arbeiterschaft, zwischen Christlichsozialen und Sozialdemokraten. Redlich schilderte die Demonstration junger christlichsozialer Arbeiter am Tag der Kriegserklärung vor dem Wiener Stephansdom, und die österreichische sozialdemokratische Partei richtete an ihre Mitglieder den Appell, „... zu zeigen, daß es in unseren Reihen keine Fahnenflucht gibt; daß die dem Klassenkampf verschriebenen Männer auch bis zum letzten Atemzug hinter ihrer Fahne stehen".[345]

Nur am äußersten linken Flügel hatte es Absonderungsbewegungen gegeben, vor allem jene Friedrich Adlers, der am 8. August 1914 seine Parteifunktionen und Redakteursaufgaben zurückgelegt hatte. Er war zutiefst deprimiert, daß die Sozialdemokratie ihren Internationalismus sang- und klanglos aufgegeben hatte und es nur mehr einen nationalen Sozialismus zu geben schien, für den er, wie er meinte, nicht tauge. Er schämte sich für das, was die „Arbeiter-Zeitung" schrieb.[346] Und in einem Memorandum für den Parteivorstand der österreichischen Sozialdemokraten hielt er fest: „Der Griff in die Herzen ist gelungen! ... Es ist unseren Feinden gelungen, die Arbeiter in den Dienst der Kriegsbegeisterung zu stellen, sie schießen auf ihre Brüder, und nicht, wie wir es vorausgesehen haben, bloß als willenlose Werkzeuge der Machthaber. Die nationale Ekstase hat überwältigt das internationale proletarische Bewußtsein ..."[347]

Damit haben wir abermals einen recht unverdächtigen Zeugen, daß die nationale Begeisterung des Kriegsbeginns auf alle Gruppen, auch auf die links stehende Arbeiterschaft, übergegriffen hatte. Dazu kam die Loyalität der allermeisten gegenüber ihrem Land im engeren Sinn sowie gegenüber dem Monarchen. Daran hätte wohl auch eine straffer organisierte und größere Gewerkschaftsbewegung nichts geändert. Zudem hätten die von der Regierung ergriffenen Sondermaßnahmen einen eventuell aufkeimenden Widerstand wohl bereits im Ansatz erstickt. Doch es mußte nirgends eingeschritten werden. In Österreich-Ungarn war es sogar – anders als etwa in Deutschland, Frankreich oder Großbritannien – nicht einmal nötig, mit der Arbeiterschaft zu verhandeln, um Unruhen zu vermeiden. Damit kam es auch zunächst zu keinerlei Aufwertung einer gewerkschaftlichen Führung, die so wenig in Erscheinung trat, daß sie von der Arbeiterschaft auch gar nicht besonders beachtet wurde.[348] Die innere Bereitschaft und das Fügen in das Unvermeidliche ließen die Durchführung so gut wie aller Maßnahmen des Kriegsleistungsgesetzes zu, obwohl das weitgehende Eingriffe in das Leben von Millionen bedeutete. Schließlich konnten mit Hilfe dieses Gesetzes alle für den Waffendienst untauglichen Männer bis 50 Jahre zwangsweise für die Industrie rekrutiert werden. Ähnlich rigorose Maßnahmen gab es beispielsweise im Deutschen Reich nicht.

Die Mobilmachung hatte auch ungeheure Auswirkungen auf den Arbeitsmarkt. Zahlreiche Angestellte verloren ihre Arbeitsplätze, ebenso zahlreiche Arbeiter. Die Arbeitslosenzahlen sprangen in die Höhe. Es gab Massenentlassungen im Handel, weil der Export fast schlagartig aufhörte. In einigen Gewerbezweigen,vorübergehend aber auch in etlichen Industriebereichen, schienen Firmenzusammenbrüche unvermeidlich. Obwohl – oder eigentlich: weil – Hunderttausende ihre Arbeitsplätze verließen, um einzurücken, setzten gleichzeitig Massenentlassungen ein. Während aber die Angestellten häufig arbeitslos blieben, sah es bei den Arbeitern ganz anders aus. Im Juli 1914 lag die Arbeitslosenrate bei knapp 5 Prozent, im August bei 18,3 Prozent, im September bei 17,8 Prozent und im Dezember bei 8,1 Prozent. Dann sank die Arbeitslosenrate bei der Industrie praktisch auf Null und wich einem permanenten Arbeitskräftemangel der Kriegsindustrie. Um die benötigten Arbeitskräfte zu bekommen, begannen die Rüstungsfabrikanten den Arbeitern höhere Löhne zu zahlen. Das hatte fast schlagartig Auswirkungen auf andere Betriebe und Firmen, die mit den Löhnen der Rüstungsindustrie nicht mithalten konnten und daher keine Arbeitskräfte mehr fanden. In der Wöllersdorfer Munitionsfabrik etwa verfünffachte sich die Zahl der männlichen Arbeiter von August bis Ende Dezember 1914, doch eine Baufirma, die in Wiener Neustadt Neubauten für eine Flugmotorenhalle durchführen sollte, mußte sich an das Kriegsministerium wenden, da die Firma keine Arbeiter mehr fand.[349]

Ein arger Mißgriff war freilich, daß bei Kriegsbeginn so viele qualifizierte Arbeiter eingezogen wurden. Die Zahl der Arbeiter in der Metallindustrie schrumpfte gebietsweise um mehr als ein Drittel. Die „Alpine Montan-Gesellschaft" berichtete beispielsweise, daß man über 18 Prozent ihrer Arbeitskräfte bei Kriegsbeginn eingezogen habe, und in Wien allein sperrten wegen kriegsbedingter Knappheiten 566 kleinere Verarbeitungsbetriebe zu. Statt aber nun die durch die Sperrungen freigesetzten Arbeiter stärker bei den Einberufungen zu berücksichtigen, dafür Facharbeiter in kriegswichtigen Sparten vom Militärdienst zu befreien, wurde gleichmäßig verfahren. Wahrscheinlich wäre ein selektiveres Verfahren, da es nicht vorbereitet war, zu zeitaufwendig gewesen, und schließlich wären diese gesamtwirtschaftlichen Überlegungen auch kaum auf besonderes Verständnis gestoßen. Wir dürfen ja nicht vergessen, daß die allermeisten in der Landwehr, beim Landsturm und als Ersatzreservisten Eingeteilten bei Kriegsbeginn meinten, sie würden etwas versäumen. Daher drängten sie auch unterschiedslos von ihren Betrieben weg. Erst allmählich schwand die Attraktion des Kriegs und wurde seitens der Militärverwaltung überlegter bei den Einberufungen vorgegangen. Doch die Betriebe, die einen explodierenden Auftragsstand hatten, konnten ihren Arbeitskräftebedarf weiterhin kaum decken. Bei Škoda sollen am Höhepunkt des Kriegs Arbeiter auf bis zu 110 Wochenstunden gekommen sein[350], was rund 16 Stunden Arbeit an sieben Tagen der Woche bedeutete. 80 Stunden zu arbeiten war durchaus nichts Außergewöhnliches.

Ausnahmen von der generellen Verfügung zur zwangsweisen Arbeitsverpflichtung gab es nur für geistig oder körperlich Behinderte, Staatsbeamte, Geistliche und Bauern sowie Geschäftsinhaber ohne Angestellte. Für die Arbeit in der Industrie konnten die für den Militärdienst Untauglichen, aber auch Landsturmpflichtige rekrutiert werden, die noch keine Einteilung in Marschbataillone gefunden hatten, wohl aber für den Einsatz an der Front vorgesehen waren. Bei einer derartigen „Militarisierung" wurden die Betroffenen „Heeresarbeiter" und damit gleichzeitig von den wesentlich besseren Arbeitslöhnen auf militärische Löhnung herabgesetzt.[351]

Widerstand der Gewerkschaften gab es auch in diesem Fall nicht, ja in jenen Gebieten, die direkt der Militärverwaltung unterstellt wurden, war die Organisierung der Arbeiter schon deshalb unmöglich geworden, da es ihnen sogar verboten war, Versammlungen abzuhalten. Die militärische Leitung eines unter Kriegsleistungsgesetz stehenden Betriebs konnte den Status eines Arbeiters vom Zivilisten zum Landsturmmann ändern, den Arbeitslohn herabsetzen, ja sogar in das Privatleben eingreifen, wenn z. B. der Besuch von Gaststätten und Kaffeehäusern nach 20 Uhr verboten wurde.[352] Das Ganze wurde nach dem Grundsatz gehandhabt, daß die Soldaten an der Front auch keine Wahl hatten und überdies ständig am Leben bedroht waren. Auch dabei gilt es zu berücksichtigen, daß vorgezogene Sperrstunden und Verbote von Alkoholausschank auch in England oder Frankreich galten, um dem Alkoholkonsum der Arbeiter vorzubeugen und die Leistung zu steigern.

Das österreichische System des Arbeitszwangs war offenbar sogar geeignet, den Neid deutscher Industrieführer hervorzurufen, die von der Reichsregierung die Angleichung an die österreichische Praxis forderten, um die Arbeitsleistung stabil zu erhalten.[353]

Die geschilderten Zwangsmaßnahmen und die rigorose Handhabung der Ausnahmegesetzgebung zeigen mehreres: Zum einen wird daraus der unerhörte Druck ersichtlich, dem die Arbeiterschaft, aber auch die übrige Bevölkerung unterworfen waren und dem sie sich mehr oder weniger willig beugten. Damit lassen sich manche Erscheinungen in den späteren Kriegsjahren und vor allem gegen Kriegsende erklären. Zum anderen sind gerade die dargestellten Maßnahmen geeignet, das vor allem im Deutschen Reich insbesondere nach dem Krieg genährte Urteil über den „Kameraden Schnürschuh" – oder wie es dann um einiges später hieß: den „schlappen Ostmärker" – gründlich zu revidieren. Die österreichische Kriegswirtschaft hielt dem Vergleich mit anderen durchaus stand. Die Frage war nur: Wie lange?

Die Umstellung der Wirtschaft der Doppelmonarchie vom Frieden auf den Krieg führt uns wieder zu jenem „Orientierungsbehelf über Ausnahmsverfügungen für den Kriegsfall" zurück, den wir schon bei der Darstellung der politischen Verhältnisse und jener der Verwaltung bei Kriegsbeginn heranzuziehen hatten. In diesem Orientierungsbehelf war auch eine Reihe nachhaltiger Eingriffe in die Wirtschaft vorgesehen. Dazu zählte einmal das Verbot von Einfuhr, Ausfuhr und Durchfuhr bestimmter Waren. Die Liste der Dinge, die nicht mehr eingeführt werden sollten, war verhältnismäßig kurz. Es waren dies Waffen, Munition und – Tauben, wohl damit sich niemand eine Zucht „Wiener Tümmler" anlegen konnte und damit Nachrichten in das Ausland bringen ließ. Die Listen über Aus- und Durchfuhrverbote waren sehr viel länger und erreichten in der Aufzählung mehrere Seiten. Schlacht- und Zugtiere, Sättel und Schubkarren zählten ebenso dazu wie Waffen, Brückenkonstruktionen, Lokomotiven, Autos, Flaschenzüge, Güter- und Personenwagen, Operngucker, Salpeter, Glyzerin oder Kleie. In einer zweiten Verbotsliste schienen dann auf: Häute, Garne, Pelze, Anker, Schraubenschlüssel, Sauerstoff, Aspirin, Strychnin, Veronal … und vieles, vieles andere. Allerdings meinte noch der Orientierungsbehelf, daß das Verbot der Aus- und Durchfuhr nur befristet sei und in dem Maß aufgehoben würde, „als die ersten großen Bedürfnisse der bewaffneten Macht gedeckt seien und die Kriegsereignisse es ermöglichen würden". Auch für die

Einhaltung dieser Bestimmungen war das Kriegsüberwachungsamt zuständig. Ungarn anerkannte aber, wie erwähnt, die Zuständigkeit des Kriegsüberwachungsamtes für die ungarische Reichshälfte nicht an, daher blieb dessen Tätigkeit auch im Rahmen der Kontrolle der wirtschaftlichen Maßnahmen der Monarchie auf die österreichische Reichshälfte beschränkt. Damit entfiel allerdings eine Zentralstelle für die Kriegswirtschaft. Ungarn beharrte darauf, seine eigenen Kontrollinstanzen zu etablieren und die Absprachen mit der österreichischen Reichshälfte in der Zoll- und Handelskonferenz, einem vom Ausgleich 1867 geschaffenen Instrumentarium, vorzunehmen.[354]

Bei Kriegsausbruch waren die Ein-, Aus- und Durchfuhrverbote sukzessive in Kraft gesetzt worden, zunächst gegenüber Serbien und dann gegen Rußland und die Ententemächte. Damit brach fast schlagartig der Warenaustausch zusammen. Denn innerhalb des Dreibunds war für den Warenverkehr im Kriegsfall nichts vorgesorgt worden, ja nicht einmal zwischen Österreich-Ungarn und dem Deutschen Reich gab es Abmachungen, die einen Warenaustausch sichergestellt hätten. Alles lief plötzlich nur mehr binnenwirtschaftlich ab.

Rohstoffe und Nahrungsmittel, die vor dem Krieg aus anderen Staaten bezogen worden waren, blieben aus, da natürlich auch diese ihre Ausfuhrverbote hatten. Nur über neutrale Länder, vor allem über die Schweiz und über Italien, konnten dringend benötigte Waren bezogen werden. Triest spielte vor allem als Speditionshafen eine Rolle und barg beispielsweise auf Monate hinaus die Kaffeevorräte der Monarchie. Es war allerdings weder von der Lage noch von den Einrichtungen her imstande, als zentraler Umschlagplatz zu dienen. Rohstoffe wiederum, die schon gekauft und verladen waren, aber in Hamburg oder Bremen lagen, konnten plötzlich nicht mehr nach Österreich weitergeleitet werden. Das Deutsche Reich, das britische Blockademaßnahmen früher und stärker spürte als Österreich-Ungarn, konnte seinerseits zunächst aus der Habsburgermonarchie kein Holz, keine Häute, pharmazeutische Produkte u. a. beziehen.

Dieser an sich groteske Zustand wurde erst mit der Unterzeichnung eines Abkommens über die Behandlung der gegenseitigen Ausfuhr vom 24. September 1914 beendet.[355] Eine unmittelbare Folge dieses Abkommens war, daß für eine Reihe strategischer Güter sogenannte „Zentralen" eingerichtet wurden: Wollzentrale, Metallzentrale, später Öl- und Fettzentrale, Futtermittelzentrale etc. Sie sollten eine einheitlich gelenkte Bewirtschaftung ihrer Warengruppe vom Rohstoff bis zum fertigen Produkt vornehmen und vor allem auch die Sicherstellung des Heeresbedarfs garantieren. Eine weitere Wirkung dieser Kriegslenkungsmaßnahmen bestand in der Verminderung des privaten Konsums. Rohstoffe und Fertigprodukte, aber auch Nahrungsmittel sollten dem allgemeinen Verbrauch entzogen und für öffentliche Zwecke bereitgehalten werden. Es gab daher niemanden, der in der Folge nicht vielerlei Engpässe verspürte.[356]

Noch vor Einrichtung der Zentralen kam es zu anderen Steuerungsmaßnahmen und Eingriffen. Die ersten galten der Preispolitik. Schon unmittelbar nach Ausbruch des Kriegs traten Befürchtungen wegen eines Lebensmittelmangels auf. Die Preise der Nahrungsmittel wurden oft willkürlich in die Höhe gesetzt, es wurde gehamstert. Eine kaiserliche Verordnung vom 1. August 1914 sollte die Versorgung der Bevölkerung mit unentbehrlichen Bedarfsgütern sicherstellen. Darunter waren nicht nur Nahrungsmittel zu verstehen. Doch die Sorge galt in erster Linie ihnen. Es gab Vorschriften über eine

Vorratserhebung und Strafbestimmungen gegen Preistreiberei. Doch die Wirkung blieb aus. Nahrungsmittel wurden in den folgenden Wochen und Monaten merklich knapper und ebenso merklich teurer. Die Streckung der Vorräte, das Festsetzen von Höchstpreisen u. a. m. waren die Folge. Ein weiteres eminentes Problem verschärfte die Situation noch zusätzlich: Es verkehrten kaum mehr Züge im Hinterland, mit denen der Warentransport sichergestellt werden konnte. Wie wenig durchdacht das war und wie sehr das Bestreben der totalen Mobilmachung durchgeschlagen hatte, bei der es galt, schneller zu sein als die Gegner und die eigenen Truppen an die Front zu werfen, erhellte schon am 25. August 1914 aus einem Brief Berchtolds an Conrad, in dem der Minister des Äußern etwas mitteilte, das ihm vom k. k. Minister des Innern, Baron Heinold, gesagt worden war. Heinold war der Ansicht, daß eine schwere industrielle Krise bevorstünde, falls der Kohlenfuhr- und der Lastzugsverkehr nicht binnen kurzem wenigstens teilweise wieder ermöglicht würde. Auf Grund der Engpässe seien in Wien in Kürze 180.000 Arbeitslose zu erwarten, die erhalten werden müßten, wenn nicht die Betriebe wieder mit dem Notwendigsten versorgt würden. Dazu käme das Problem, daß das Getreide wohl geerntet worden sei, aber nicht in die Mühlen gebracht werden konnte. Die Versorgung der großen Städte sei in Gefahr. In Triest beispielsweise lagerten 5000 Waggons Reis im Wert von 15 Millionen Kronen, die den Jahresbedarf der Monarchie darstellten.[357] Sie konnten aber nicht fortgebracht werden.

Die Sache war besonders heikel und drängte nach einer Lösung, da aus außen- wie innenpolitischen Überlegungen zunächst davon ausgegangen worden war, daß die Regierung keine Maßnahme setzen sollte, die zu einer Beunruhigung der Bevölkerung wegen möglicher Engpässe in der Lebensmittelversorgung führen konnte. Doch bereits wenige Monate später mußte man sich eingestehen, daß diese Haltung zwar insofern Erfolg gezeitigt hatte, als es wirklich zu keiner Beunruhigung der Bevölkerung gekommen war. Die Nebenwirkung war allerdings die, daß die Menschen bei ihren Lebensgewohnheiten verblieben waren und trotz steigender Preise nicht damit begannen, stärker hauszuhalten. Das konnte aber nur dann funktionieren, wenn die Importe weitergingen und Ungarn weiterhin alles lieferte, was die österreichische Reichshälfte an Nahrungsmitteln benötigte.[358] Beides war nicht vorauszusetzen. Mehr noch: Die zwar begründbare, aber dennoch unsinnige Haltung des „Der König soll so Krieg führen, daß es der Landmann nicht merkt", führte dazu, daß die Vorräte rasch zu Ende gingen. Ab Oktober machten sich die Auswirkungen der zu geringen Importe bemerkbar.[359] Und es gab erste Schwierigkeiten bei der Beschaffung von Nahrungsmitteln aus Ungarn. Dort, hieß es, wäre die Ernte nicht sehr gut ausgefallen, daher wurde um ein Viertel weniger nach Österreich geliefert, als die cisleithanische Reichshälfte benötigte. In Galizien ging ein Teil der Ernte verloren, weil mittlerweile schon Krieg war. Die Heeresverwaltung kaufte auf, was zu bekommen war, und die zwei Millionen Soldaten aßen wesentlich mehr Brot, als das ebenso viele Zivilpersonen getan hätten.

Als sich die Getreideknappheit im Oktober abzuzeichnen begann, wurde versucht, in Rumänien und Italien Getreide zuzukaufen. Doch mittlerweile hatten diese Länder Ausfuhrverbote erlassen. Die Folge war, daß Brot und Getreideprodukte knapp und teuer wurden. Im Dezember 1914 waren bessere Mehlsorten in Wien nicht mehr erhältlich.[360] Außerdem gab es kein einheitliches Preisgefüge. In Wien war Weizen im Dezember um

47 Prozent teurer als im Juli, in Prag um 61 Prozent und in Linz um 71 Prozent.[361] Ab Oktober wurden u. a. von den österreichischen Sozialdemokraten die Festsetzung von Höchstpreisen und eine Rationierung von Lebensmitteln gefordert.[362] Sobald aber Höchstpreise festgesetzt waren, verschwanden die entsprechenden Produkte vom Markt und waren nur mehr auf dem Schwarzmarkt erhältlich.

Die Ernährungskrise ließ sich jedoch soweit beschränken, daß man mit den Verordnungen über Brotgetreide und Mahlprodukte zunächst das Auslangen gefunden zu haben glaubte. Bei Fleisch war erst 1915 eine Verordnung nötig, um die Nachzucht zu regeln und den Fleischkonsum zu begrenzen. Erst Anfang 1915 wurde festgelegt, daß es zwei fleischlose Tage in der Woche geben sollte. Allerdings darf man dabei nicht übersehen, daß Fleisch in der Ernährung damals noch keine so bedeutende Rolle spielte. Mit 29,9 kg Fleischverbrauch pro Kopf und Jahr hatte Österreich-Ungarn in der Vorkriegszeit auch andere Gegebenheiten als etwa Deutschland, wo vor dem Krieg pro Kopf der Bevölkerung 52,8 kg Fleisch gegessen wurden.[363]

Die Ernährungsprobleme ließen aber auch einen beträchtlichen Gegensatz zwischen der österreichischen und der ungarischen Reichshälfte entstehen, der sich schließlich zu schweren Konflikten ausweitete. Ungarn errichtete zur Verhinderung des Abflusses von Agrarprodukten aus Transleithanien rigorose Grenzsperren. Die Freigabe von Kontingenten und die Kompensation, die unabhängig von der Bezahlung zu verhandeln war, brachten von allem Anfang an Mißstimmung auf. Und während der ungarische Ministerpäsident Graf Tisza auch von der Nachkriegshistoriographie Österreichs hinsichtlich seines politischen Weitblicks und seiner geschickten Führung der ungarischen Reichshälfte sehr viel Zustimmung erfuhr, wurde und wird er wegen seiner Ungarn ungeheuer bevorzugenden Politik auf dem Ernährungssektor heftig kritisiert. Die Verschärfung der ungarischen Exportrestriktionen für Agrarprodukte führte schließlich zur kompletten Monopolisierung der Getreidewirtschaft in Cisleithanien durch den Staat. Schon vorher war eine rigorose Erhebung der Vorräte durchgeführt worden, da man überhaupt nur dann eine Chance hatte, die ausgebbaren Mengen zu berechnen, wenn man über das Vorhandene Bescheid wußte. In Linz beispielsweise, wo es Ende 1914 17.000 Haushalte, 65 Bäcker, 552 Gemischtwarenhandlungen und einige Mehlhandlungen gab, war die Aufnahme der Getreide- und Mehlbestände binnen drei Tagen durchzuführen. 400 Kommissionen zu je zwei Personen (Lehrer, Gemeinderäte, Vereinsmitglieder etc.) hatten die Feststellungen vorzunehmen. Das Fazit war die Erkenntnis, daß eine größere Stadt wie Linz nur rund 50 Prozent ihres Bedarfs bis zur nächsten Ernte decken konnte und daß die Rechnung noch dadurch verschlechtert wurde, da zusätzliche Bedürfnisse durch die Lazarette und Spitäler, die Kriegsgefangenenlager und die Anforderungen des Ärars zu decken waren.[364] Die Folge war eine abermalige Herabsetzung der Pro-Kopf-Quoten von Mehl und Brot. Bis zur Einführung von Brot- und Mehlkarten war es dann nur mehr ein kleiner Schritt.

Nun waren sich so gut wie alle Verantwortlichen darüber einig, daß rasch gehandelt werden mußte. Die Unternehmer, die Staatsverwaltung und besonders die militärischen Stellen wollten das, denn es sollte ja nicht zu Hungerkrawallen oder zu Lohnkämpfen kommen. Schon Ende September 1914 wurden daher von den Innen-, Handels- und Ackerbauministerien beider Reichshälften Beratungen aufgenommen, um ein gesetz-

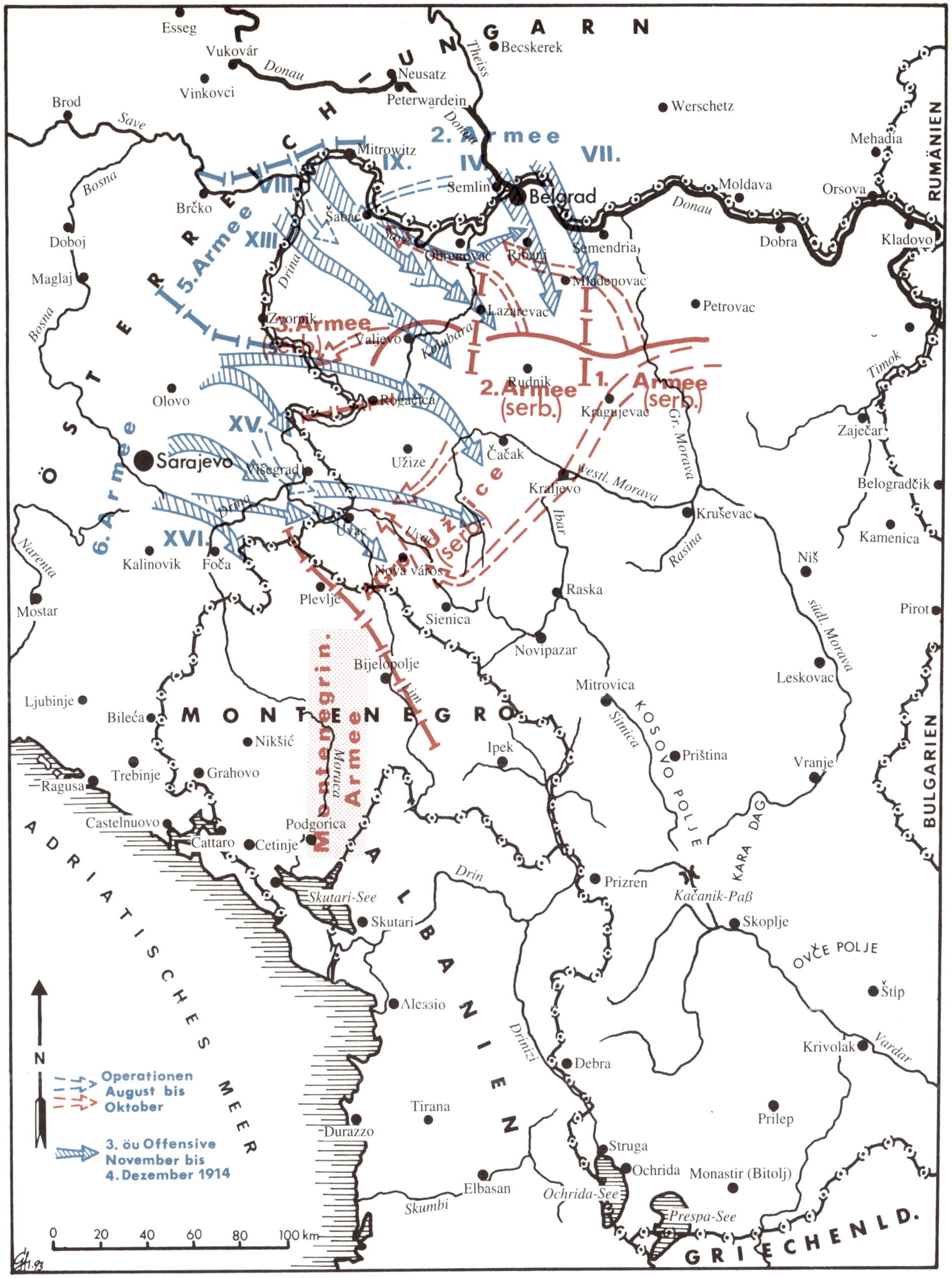

UNGARN
ÖSTERREICH-UNGARN
RUMÄNIEN
BULGARIEN
MONTENEGRO
ALBANIEN
GRIECHENLD.
ADRIATISCHES MEER
2. Armee
5. Armee
6. Armee
VII.
IV.
IX.
VIII.
XIII.
XV.
XVI.
3. Armee (serb.)
2. Armee (serb.)
1. Armee (serb.)
Užice (serb.)
Montenegrin. Armee
Esseg
Vukovár
Vinkovci
Neusatz
Peterwardein
Becskerek
Werschetz
Brod
Mitrowitz
Semlin
Belgrad
Brčko
Šabac
Obrenovac
Ripanj
Semendria
Mladenovac
Moldava
Orsova
Mehadia
Kladovo
Dobra
Petrovac
Doboj
Maglaj
Zvornik
Valjevo
Lazarevac
Rudnik
Kragujevac
Olovo
Rogačica
Užice
Čačak
Kraljevo
Kruševac
Zaječar
Belogradčik
Kamenica
Sarajevo
Višegrad
Kalinovik
Foča
Uvac
Nova varos
Plevlje
Sienica
Raska
Novipazar
Niš
Pirot
Leskovac
Mostar
Bijelopolje
Mitrovica
Ljubinje
Bileća
Nikšić
Trebinje
Grahovo
Ragusa
Castelnuovo
Cattaro
Cetinje
Podgorica
Ipek
Priština
Vranje
KOSOVO POLJE
KARA DAG
Kačanik-Paß
Prizren
Skoplje
OVČE POLJE
Štip
Skutari-See
Skutari
Alessio
Debra
Krivolak
Tirana
Durazzo
Prilep
Struga
Ochrida
Monastir (Bitolj)
Elbasan
Ochrida-See
Prespa-See
Donau
Save
Theiss
Bosna
Drina
Kolubara
Timok
Gr. Morava
westl. Morava
Ibar
Rasina
südl. Morava
Lim
Uvac
Narenta
Morača
Drin
Sitnica
Vardar
Drinizi
Skumbi
N
Operationen August bis Oktober
3. öu Offensive November bis 4. Dezember 1914
0 20 40 60 80 100 km

DER BALKANKRIEGSSCHAUPLATZ
(August – Dezember 1914)

liches Fundament für staatliche Eingriffe auf ökonomischem Gebiet zu schaffen. Das war vor allem in Österreich nötig. Also wurde eine kaiserliche Verordnung vorbereitet, da ja die Erlassung eines Gesetzes mangels des Zusammentretens einer gesetzgebenden Körperschaft nicht möglich war. Geregelt werden sollten die binnenwirtschaftlichen Probleme, der Warenverkehr mit dem Ausland und wirtschaftliche Vergeltungsmaßnahmen gegen das feindliche Ausland. Das k. k. Innenministerium wollte in die Verordnung noch Maßnahmen zur Arbeitspflicht aufgenommen wissen, doch dieser Gegenstand wurde dann fallengelassen. Am 10. Oktober unterschrieb der Kaiser die Ermächtigungsverordnung.[365] Sie galt bis 1917, ehe sie dann durch das kriegswirtschaftliche Ermächtigungsgesetz abgelöst wurde. Die Ermächtigungsverordnung wurde also noch zu einem Zeitpunkt erlassen, als zwar Gefahr im Verzug, aber noch keine Krise ausgebrochen war. Was aber würde geschehen, wenn die Versorgung mit Lebensnotwendigem ernsthaft litt und wirklich Not ausbrach? Und noch etwas Weiteres war zu fragen: Würden sich die einschneidenden Maßnahmen der Kriegsverwaltung und würde sich die Militarisierung des Hinterlands über eine längere Zeit aufrechterhalten lassen? Mit welchen Auswirkungen auf die Wirtschaft und das soziale Gefüge war zu rechnen, wenn der Krieg länger andauern sollte und wenn die Bedürfnisse weiter eingeschränkt werden mußten?

Nach der Verlautbarung der Ermächtigungsverordnung erließ das k. k. Handelsministerium erste Vorschriften zur Streckung der Mehlvorräte. Dem Brot mußten billigere Getreidesorten beigemischt werden. Schon im November wurde versucht, dem drohenden Mangel durch weitere Streckungs- und Ausmahlungsvorschriften zu begegnen, doch daß der Winter kritisch würde, war schon vorauszusehen. Krisensymptome zeigten sich auch im Handel, bei Gewerbe und Industrie. Allerdings ließ dort etwas ganz anderes die Alarmglocken schrillen, denn jetzt war die Kriegskonjunktur angesprungen.

Die kriegswichtigen Industrien kamen mit den Aufträgen nicht mehr nach. Konsortien, die bis dahin die Heereslieferungen durchgeführt hatten, gaben Aufträge weiter, da sie schon bald überfordert waren. Es gab Agenten, die Aufträge ergatterten und dann versuchten, diese Aufträge unter Einstreichen einer fetten Provision bei Firmen unterzubringen, die noch Kapazitäten frei hatten. Bald gab es Rohstoffmangel. Um dem zu begegnen, griffen die Militärbehörden unter Anwendung des Kriegsleistungsgesetzes ein und beschlagnahmten alles, was sich von der Rüstungsindustrie verarbeiten ließ und sonst nicht mehr beschafft werden konnte. Die Folge war die zwangsweise Aufbringung inländischer Rohstoffe.

Nachträglich wurde festgestellt, daß es besser gewesen wäre, radikal durchzugreifen, statt die Bewirtschaftungsmaßnahmen zögernd, vorsichtig und schrittweise einzuführen. Man hätte vom ersten Kriegstag an eine systematische Bewirtschaftung beginnen sollen.[366] Doch im Gegensatz zur Sicherung etwa der Eisenbahnlinien und des Postverkehrs, die schon im Detail vorausgedacht und nur mehr durchzuführen waren, hatte man auf wirtschaftlichem Gebiet wenig vorgesorgt und fehlte jede konkrete Vorstellung, ja auch nur eine Ahnung von dem, was ein Weltkrieg an schwerwiegenden Einschnitten in allen Lebensbereichen bringen konnte. Die Heeresverwaltung hatte im Frieden mit Unternehmen und Konsortien Verträge abgeschlossen, die die Lieferung von Sachgütern für das Ärar sicherstellten. Die Preise, die gezahlt wurden, setzten sich aus fixen Lohn- und

Gewinnanteilen und variablen Rohstoffpreisen zusammen. Jetzt, im Krieg, als das Ärar einen dringenden Bedarf hatte, fand es sich bereit, auch zu weit überhöhten Preisen zu kaufen.

Doch auch dabei wird man feststellen müssen, daß die Habsburgermonarchie keineswegs eine Sonderrolle spielte. Im Deutschen Reich waren sehr ähnliche Maßnahmen ergriffen worden, allerdings wurde in der Folge viel konsequenter rationiert und reglementiert; in Großbritannien wurden die Rüstungsindustrie und zahllose andere Industriebetriebe unter die Kontrolle von Regierungsämtern gestellt; in Rußland versuchte man eine zentrale Wirtschaftskontrolle. Deutschland und Frankreich zentralisierten und kontrollierten. Ein Unterschied lag freilich darin, daß in den genannten Ländern, auch im Deutschen Reich, zivile Behörden für diese Steuerungs- und Überwachungsmaßnahmen verantwortlich waren, während in Österreich-Ungarn die militärische Kontrolle bei weitem überwog. Doch es war nicht nur so, daß die Militärbehörden die Überwachungsaufgaben an sich rissen, sie wurden ihnen vor allem durch Ministerpräsident Graf Stürgkh, aber auch von manchen Firmen förmlich aufgedrängt. Das k. k. Handelsministerium, das dem Kriegsausbruch lediglich mit Ad-hoc-Maßnahmen begegnet war, gewann erst allmählich einen Überblick und konnte sich demgemäß erst mit einiger Verzögerung in die Wirtschaftslenkung einschalten. Doch als es soweit war, ließen sich die vom Handelsministerium für erforderlich gehaltenen Maßnahmen nur mehr in geringem Umfang durchsetzen. Überall dort, wo mittlerweile die Wirtschaft der direkten Kontrolle durch das Armeeoberkommando unterstand, konnte das Handelsministerium keine Kompetenz mehr erlangen.[367]

Es verdient aber auch festgehalten zu werden, daß Kriegsminister Baron Krobatin dann bei der Einrichtung der Zentralen den zivilen Organisationen den Vorzug gab, da er meinte, die Industrie würde leichter und lieber mit einer zivilen als mit einer militärischen Stelle zusammenarbeiten. Nichtsdestoweniger hatten sich die Zentralen mit den zuständigen Abteilungen des Kriegsministeriums abzustimmen; in der Abteilung 7 wurde eine Kontrollinstanz für die Inspizierung und Überwachung der metallverarbeitenden Firmen eingerichtet. Wieder freilich ließ sich diese Kontrolle nur in der österreichischen Reichshälfte handhaben. Auf Grund des Kriegsleistungsgesetzes und der Ausnahmeverfügungen war im Kriegsministerium aber auch eine Bergbauinspektion eingerichtet worden. Durch sie wurden die nicht der militärischen Kontrolle unterstehenden Bergbaubetriebe regelmäßig kontrolliert. Und im übrigen wurden schon längst stillgelegte Bergbaubetriebe reaktiviert, da sie plötzlich wieder interessant geworden waren. Auch über die Zuteilung von Arbeitskräften und Geldmitteln entschied das Kriegsministerium.[368] Im großen und ganzen bewährten sich diese Maßnahmen durchwegs und wurden schließlich 1917, als eine radikale Entmilitarisierung und ein Abbau der militärischen Kontrolle erfolgten, im Prinzip beibehalten.

Die Hauptanstrengung der Industrie galt, wie nicht anders zu erwarten, der Erhaltung der Schlagkraft der k. u. k. Truppen. Sie waren 1914 nicht mit jener Ausrüstung in den Krieg geschickt worden, die sie hätten haben können. Es ist jedoch nicht sinnvoll, die österreichisch-ungarischen Truppen mit französischen zu vergleichen, da sich ja nicht Österreicher und Franzosen, sondern Österreicher und Russen, Serben und Montenegriner gegenüberstanden. Und da waren die Unterschiede nicht so kraß. Eine russische Infanteriedivision wurde mit 59 Geschützen angenommen, eine serbische mit 40. Demgegenüber hatten die k. u. k. Divisionen am nördlichen Kriegsschauplatz zwischen 40 und 50 und auf dem Balkan rund 30 Geschütze. Was ins Gewicht fiel war, daß die Russen in absoluten Zahlen mehr Geschütze hatten als die österreichisch-ungarischen Verbände. Die Munitionsausstattung war ausreichend, ja am Anfang durchaus gut. Manch einer der in den Folgewochen auftretenden Engpässe war jedoch darauf zurückzuführen, daß eine Kettenreaktion einsetzte.

Bei Kriegsbeginn lag die Bergbau- und Hüttenindustrie darnieder. Daher waren für diese Industriezweige keine Freistellungen vom Militärdienst wirksam geworden; die Männer rückten ein. Doch kurz darauf, als die kriegsbedingte Konjunktur ansprang, waren zu wenige Knappen und Arbeiter vorhanden, und es kam zu Engpässen und Lieferverzögerungen. Doch auch in anderen Schlüsselindustrien, wo man hätte meinen können, es würde jeder geschulte Arbeiter gebraucht werden, kam es Ende Juli und im August 1914 zu großen Personalabgängen, da die Männer einzurücken hatten. Die größte Munitionsfabrik der Monarchie, jene in Wöllersdorf bei Wiener Neustadt, war ein beredtes Zeugnis für diese wenig durchdachte Verfahrensweise.[369] Der Abgang an Arbeitern ließ sich nur schwer ersetzen. Dann mußten noch hastig Zu- und Neubauten errichtet werden, ehe mit der Erzeugung in großem Stil begonnen werden konnte. Doch insgesamt gelang es der Rüstungsindustrie nicht nur ungemein rasch, die kriegsbedingten Verluste, vor allem auch die großen Einbußen an Geschützen und schwerem Kriegsgerät am russischen Kriegsschauplatz auszugleichen. Ebenso rasch wurde auch eine Modernisierung der Bewaffnung in Gang gesetzt, wurden neue Geschütztypen gefertigt und in Großserien zu bauen begonnen.[370] Folglich wird festzuhalten sein, daß für die österreichischen Mißerfolge sowohl am serbischen als auch am russischen Kriegsschauplatz die geringeren Mannschaftsstärken und Schwachstellen in der Bewaffnung sicherlich eine Rolle spielten und daß bei den gescheiterten Offensiven und Rückzügen ungeheuer viel verlorenging, daß aber letztlich die Führungsfehler weit schwerer wogen als das Fehlen von Rüstungsgütern, Waffen und Munition.

Die Industrie war natürlich nicht auf den Krieg vorbereitet gewesen, daher reichten ihre Kapazitäten auch nicht aus. Die Waffenerzeugung war vornehmlich auf die Škoda-Werke in Pilsen, das Artillerie-Arsenal in Wien, die österreichische Waffenfabriks-Ges. m. b. H. in Steyr, die Manfred-Weiß-Werke in Budapest-Csepel sowie Fabriken in Preßburg, Pest-Szentlörincz und einige kleinere Standorte konzentriert. Munition wurde in Enzesfeld, Pilsen, Wöllersdorf und wieder in Ungarn hergestellt. Nach Kriegsbeginn wandelte jedoch das Kriegsministerium viele Fabriken in reine Rüstungsbetriebe um: Böhler in Kapfenberg, Arthur Krupp in Berndorf, die Hirtenberger Patronenhülsen- und Metallwarenfabrik und andere mehr. Schließlich waren Hunderte Betriebe in die Waffen- und Munitionsfertigung eingebunden, sieht man von den Zulieferern ab. Da viele Betriebe aber zu Konzernen gehörten, belief sich die Zahl der Heereslieferanten zunächst nur auf einige Dutzend und erreichte erst 1915 die Zahl von siebzig. Die in der Liste der Heereslieferanten geführten Firmen waren auf Grund des Kriegsleistungsgesetzes verpflichtet, fast ausschließlich für die k. u. k. Heeresverwaltung zu arbeiten, und mußten für jede sonstige Lieferung eine besondere Bewilligung einholen. Diese Militarisierung der Betriebe zeigte sehr rasch Wirkung.

Im August 1914 waren in Österreich-Ungarn rund 2,5 Millionen Gewehre vorhanden. Die Jahresproduktion von knapp 150.000 Stück konnte die ersten Verluste keineswegs ausgleichen, daher entstand ein beträchtlicher Engpaß.[371] Doch dann schnellte die Produktion hinauf und erreichte schon Anfang 1915 mehr als 60.000 Gewehre monatlich. Der Grund dafür war zum einen darin zu finden, daß die Fabriken ja vorhanden waren, daß sie auch Großserien produzierten, allerdings, wie wir aus der Vorgeschichte des Weltkriegs wissen, primär für den Export gearbeitet hatten – und da bestanden Unterschiede in System und Kaliber. Nach der Umstellung auf die österreichischen Muster ließen sich diese Kapazitäten voll für die k. u. k. Armeen nutzen. Zum anderen waren diese Fabriken naturgemäß die ersten, die unter eine militärische Führung gestellt wurden und deren Anforderungen immer Priorität hatten.

Der größte Nachholbedarf bestand bei Maschinengewehren, von denen es bei Kriegsbeginn nur 2761 Stück gegeben hatte. Knapp 1200 wurden noch 1914 gefertigt; ab da gab es eine kräftige Steigerung.[372] Von Mitte September 1914 an konnten den Armeen im Felde täglich 3,5 bis 4 Millionen Gewehrpatronen und 9500 Schuß Artilleriemunition zugeschoben werden, eine Woche später wurden täglich schon fast 15.000 Schuß Artilleriemunition laboriert, und auch diese Kurve zeigte steil nach oben. Das Armeeoberkommando war auch zunächst mit dem Zuschub zufrieden und kritisierte nur, daß die dem Balkanoberkommando unterstehenden Armeen wesentlich besser mit Munition ausgestattet wären als die Armeen der Nordostfront. In den diesbezüglichen Bemerkungen Conrads spiegelte sich aber nicht nur der Konflikt mit Potiorek, sondern auch der Umstand wider, daß vor dem Krieg davon ausgegangen worden war, daß die Truppen in Bosnien, Herzegowina und Dalmatien wegen der schlechten Eisenbahnverbindungen dorthin von vornherein reichlicher mit Munition ausgestattet sein mußten als die übrigen. Das Kriegsministerium bekannte auch offen ein, daß man nicht mit einem Krieg von langer Dauer gerechnet hatte. (Dieses Eingeständnis kam nach dem ersten Kriegsmonat!) Zudem wies das Kriegsministerium darauf hin, daß eine Reihe von Geschützen „Auslaufmodelle“ waren und vor allem die 7-cm-Gebirgsgeschütze und die 10-cm-Feldhaubitzen gegen modernere Geschütze ausgetauscht werden sollten. Daher war die Munitionsproduktion für diese Geschütze bereits stark gedrosselt gewesen. Die Serienproduktion neuer Geschütze aber war um ein Jahr verzögert worden, da im einen Fall Potiorek, im anderen Fall Conrad Einwände gehabt hatten. Aber so ist der Krieg einmal: Er bricht unvermutet aus. Doch auch in diesem Fall lief die Fertigung in Großserien und parallel dazu die Entwicklung neuer Geschützmuster sehr rasch an. Lastwagen und Zugmaschinen wurden zum Teil in neuen Fabriken hergestellt, von denen die Daimler-Werke in Wiener Neustadt, die zum Škoda-Konzern gehörten, die bedeutendsten wurden. Hier konstruierte Ferdinand Porsche Mörserschlepper, die imstande sein sollten, die 30,5-cm-Mörser, aber auch die später gefertigten 38-cm-Haubitzen über große Entfernungen auf Straße und Schiene zu transportieren. Die zwölf Automobilfabriken Österreich-Ungarns fertigten ebenso nach kürzester Zeit fast nur mehr für den militärischen Bedarf. Schließlich galt es auch, den Schiffsbau voranzutreiben und die noch gering entwickelte Flugzeugindustrie auszubauen. Bei Kriegsausbruch verfügte das österreichisch-ungarische Heer ja nur über 39 diensttaugliche Flugapparate. Doch bis Jahresende 1914 wurden nicht nur 91 weitere gebaut, sondern auch neue Fabriken errichtet.[373]

Wenn etwas die Rüstungsindustrie anfänglich hemmte, dann waren es – abgesehen vom Arbeitskräftemangel – die Verknappung der Rohstoffe und Ausgangsmaterialien sowie die beträchtlichen Schwierigkeiten, einen Transport der Güter sicherzustellen. Während der ersten beiden Kriegsmonate erließ die Regierung zwar strenge Beschränkungen für den Transport von Industriegütern, da die Militärbehörden alle nur irgendwie verfügbaren Zugsgarnituren für den Transport von Soldaten, Waffen und Ausrüstungsgütern in die Aufmarschräume und an die Fronten benötigten. Doch als der Winter näherrückte, trat ein unvermeidlicher und nicht mehr annähernd zu deckender Bedarf an Transportkapazität für Kohle auf.[374]

Ein besonderes, durch den Krieg hervorgerufenes Phänomen war das Anwachsen des Geldumlaufs und eine vom Ärar ausgehende Großzügigkeit im Umgang mit den Finanzmitteln. Um die Rüstungsindustrie anzukurbeln, aber auch um die Sanitätsvorsorge zu verbessern, um Kriegsgefangenenlager anzulegen und zu betreiben, vor allem aber um den riesigen materiellen Bedarf der Front zu decken, wurden enorme Geldsummen benötigt. Dabei kamen Sparsamkeit wie Kameralistik zu kurz und wurde mit dem Verweis auf die Kriegsnotwendigkeiten alles in kürzester Zeit bewilligt. Es darf auch nicht übersehen werden, daß die Rückschläge auf dem galizischen Kriegsschauplatz einen plötzlichen Flüchtlingsstrom einsetzen ließen und die Unterbringung dieser Zig- und schließlich Hunderttausenden ein administratives und ein finanzielles Problem war.[375] Um die benötigten Summen zu bekommen, wurde sehr bald mit dem Deutschen Reich über eine österreichisch-ungarische Anleihe verhandelt. Doch der deutsche Kapitalmarkt war zurückhaltend, die Reichsregierung machte Schwierigkeiten, und so wurde schließlich im November 1914 nur ein Teil jener Summe als Anleihe gewährt, um die ersucht worden war.

Allerdings muß nochmals unterstrichen werden: Der Krieg wurde von allen mit der mehr oder weniger fixen Vorstellung begonnen, daß er nur von kurzer Dauer sein würde. Kaum jemand, der daran gezweifelt hätte, Österreich würde nicht durch Serbien spazieren und die Serben und Montenegriner zu Paaren treiben. Kaum jemand in den Generalstäben Österreich-Ungarns und des Deutschen Reichs, der nicht gemeint hatte, die Niederwerfung Frankreichs würde in sechs bis acht Wochen gelingen, dann käme Rußland daran und, wie Kaiser Wilhelm meinte: „Zu Weihnachten seid ihr wieder bei Muttern." Alles das erwies sich als Schimäre. Doch dann begann eine Phase, in der gerade die Habsburgermonarchie immer stärker wurde und ihren Gegnern tatsächlich nicht nur nicht unter-, sondern teilweise überlegen war. Der lange Krieg schien sich also durchaus zum Vorteil der Mittelmächte auszuwachsen – wären da nicht auch noch andere Zeichen an der Wand gestanden.

Die Situation der Monarchie im Inneren war zunächst dadurch gekennzeichnet, daß sich die Reichsteile auseinanderbewegten. Cis- und Transleithanien waren auffallend unterschiedlich in den Krieg gegangen: Die ungarische Reichshälfte mit einem funktionierenden Parlament und einem Ministerpräsidenten, der seine Politik mit besonderem Geschick auf dieses Parlament abstützte. Dadurch erhielten seine Schritte auch ein anderes Gewicht, wurden sichtlich von einer Volksvertretung und von Parteien mitgetragen. Anders in Cisleithanien. Graf Stürgkh hatte es abgelehnt, bei Kriegsausbruch das Parlament wieder einzuberufen, und er dachte auch im weiteren nicht daran, wieder zu parlamentarischen Formen zurückzukehren. Er führte ein Beamtenkabinett, dessen Umbildungen, beginnend mit 1915, zwar immer wieder andere Personen hervortreten ließen, dessen Legitimität aber dadurch um nichts größer wurde. Regiert wurde mittels kaiserlicher Verordnungen, und die österreichische Kriegsregierung des Grafen Stürgkh bot damit, wie Josef Redlich formulierte, „das seltsame Bild der Gesamtregierung eines Staates von 30 Millionen Einwohnern, welche als Regierung sozusagen dauernd politisch ‚denaturiert' war".[376]

Die Folge der ausschließlich von der Krone hergeleiteten Legitimation war, daß sich die österreichischen Minister auch nur dem Monarchen verpflichtet fühlten. Daher fanden zwar im ungarischen Reichstag Debatten über die Kriegsziele statt, während in Österreich eine vergleichbare Diskussion unterblieb, und es gab nichts, woraus sich die Auffassung der Gesamtregierung hätte ablesen lassen, geschweige denn, daß ein vernehmbares Votum zur Beendigung des Kriegs abgegeben worden wäre. Wenn sich ein Minister mit der Führung der Monarchie im Krieg nicht einverstanden erklären wollte, blieb ihm nur die Demission, „um sich der persönlichen Verantwortung zu entziehen und vielleicht durch einen solchen Akt doch schließlich die öffentliche Meinung zu beeinflussen", wie Redlich meinte.[377] Doch Demissionen gab es nur dann, wenn der jeweilige Minister ohnedies schon eine Zeitlang im Kreuzfeuer der Kritik gestanden war, und vor allem, wenn sich die militärische Führung gegen ihn stellte. Daher haftete dem nichts Demonstratives an, sondern wurde meist als längst fällig angesehen.

Hier schlug sich auch eine ganz bestimmte Auffassung von den im Krieg notwendigen Maßnahmen und Verhaltensweisen nieder: Graf Stürgkh und sein Ministerium, aber auch die Hochbürokratie und die Generalität sahen die Aufhebung der Grundrechte und teilweise sogar der persönlichen Freiheiten als etwas Selbstverständliches an. Und diese Sicht der Dinge und die entsprechenden Verfahrensweisen wurden zunächst keineswegs in Frage gestellt. Nur ganz wenige Abgeordnete des Reichsrats machten Einwendungen gegen die permanente Ausschaltung des Parlaments. Sie waren es zunächst zufrieden, gelegentlich persönlich verständigt zu werden, mit dem Ministerpräsidenten und Ministern in informellen Kontakten zusammenzukommen, und mehr wurde zunächst auch gar nicht verlangt.

Stürgkh umriß in vertraulichen Schreiben an die Landesstatthalter der österreichischen Reichshälfte die Aufgaben der Kriegszeit: „Erwägungen administrativer Opportunität, Rücksichten auf Stimmungen der Parteien, Bedachtnahmen auf gegenwärtige oder künftige Verhältnisse der Politik, all das hat aufgehört; es gibt nur eines: Orientierung aller Kräfte im Staate auf die sichere, rasche und vollkommene Erreichung des Kriegszweckes."[378] Die Presse hatte sich auf die Zensurmaßnahmen eingestellt. Innenpolitische Vorgänge wurden kaum berührt, und wenn das einmal der Fall war, so wurden sie nicht kommentiert. Mit den Ausnahmeverordnungen hatten alle zu leben begonnen, die Beamten, Angestellten, Arbeiter und Bauern, und es war eigentlich verblüffend, wie schnell der Krieg und die durch ihn bedingte Ausnahmesituation zum Alltag wurden. Man ordnete sich unter.

Über die Entwicklung innerhalb der Länder und Gemeinden wurde ebenfalls nicht allzuviel bekannt. Jene Landtage der österreichischen Reichshälfte, die bis Juli 1914 funktioniert hatten, nämlich die von Dalmatien, Krain, Görz, Mähren, Ober- und Niederösterreich, Schlesien und Steiermark, waren wie die anderen sistiert worden. Die Beratungen der kommunalen Körperschaften fanden unter Ausschluß der Öffentlichkeit statt. Doch wenigstens auf dieser Ebene funktionierte der Pluralismus noch ein wenig, denn die Gemeindevertretungen hielten noch regelmäßige Sitzungen ab, und hier kam es nicht nur zur Erledigung der auf unterster Ebene anfallenden Aufgaben; es fand auch ein zumindest minimaler Interessenausgleich statt. Hier war auch ansatzweise etwas von jener durch die Kriegsnotwendigkeiten lediglich zugedeckten Divergenz der Meinungen und von Klassengegensätzen zu spüren, dann etwa, wenn über Abschöpfung von Kriegsgewinnen, eine besondere Belastung der Reichen, Abschaffung der Zensur oder Maßnahmen gegen den Lebensmittelwucher gesprochen wurde.[379] Auch die Achse vom Ministerium des Innern über die Landesstatthalter zu den Landeshauptleuten funktionierte einigermaßen. Doch darüber regierten die Ausnahmegesetze und die Verordnungen. Bei einigen Ministerien gab es eine beträchtliche Vermehrung der Agenden; andererseits blieb auch die Zentralverwaltung nicht von den unmittelbaren Auswirkungen des Kriegs verschont, da ein beträchtlicher Teil der niederen und mittleren Beamtenschaft eingezogen wurde, die Administration auf ältere Beamte überging und diese dem vermehrten Anfall an Geschäftsstücken oft nicht mehr gewachsen waren. Dadurch wurde auch eine Verlangsamung des ganzen Verwaltungsablaufs bewirkt[380], was wirklich nichts mit Gemütlichkeit zu tun hatte, sondern eine schon nach wenigen Monaten zu beobachtende Kriegsfolge gewesen ist.

Es wäre also wohl angebracht, den Begriff des „totalen Kriegs" als etwas zu nehmen, das auch auf den Ersten Weltkrieg und im Grunde genommen von allem Anfang an anwendbar war. Für das Hinterland gab es zwar nicht die unmittelbare Lebensbedrohung wie dann im Zweiten Weltkrieg, wohl aber konnte gerade in Österreich-Ungarn, für das der Krieg schließlich noch viel existenzbedrohender war als für das Deutsche Reich, von den ersten Kriegswochen an niemand sagen, daß das Kriegsgeschehen keinen Einfluß auf sein Leben gehabt hätte.

Sah man dann noch die Verwundeten ankommen und die ersten Krüppel auftauchen, dann relativierte sich der Alltag des Hinterlands zwar bis zu einem gewissen Grad, doch nur so lange, als man bereit war, außer der eigenen auch noch andere Realitäten wahrzunehmen.

Verwundete, Kranke und Tote

Der Krieg hatte das gesamte Gebiet der Monarchie nicht nur dadurch erfaßt, daß Industrien vor allem für den Bedarf der Armee im Felde produzierten, Einschränkungen jeglicher Art bemerkbar waren und Verknappungen auftraten. Noch viel deutlicher wurde der Umstand, daß letztlich alle Betroffene und Mitleidende waren, wenn man mit den Verwundeten, Kranken, Krüppeln und Toten zusammenkam.

Die ärztliche Versorgung des Heeres und der Zivilbevölkerung war in beiden Hälften des Habsburgerreichs ein kaum zu bewältigendes Problem. Bei Kriegsbeginn gab es im gemeinsamen Heer und in den Landwehren insgesamt 1500 Militärärzte.[381] Trotz der fast sofortigen Einberufung der meisten Reserve- und landsturmpflichtigen Mediziner herrschte im Frontbereich Ärztemangel. Ein Infanterieregiment sollte fünf Ärzte haben, meistens waren es aber nur drei, und zumindest zeitweilig war oft kein einziger Arzt vorhanden.[382] Nicht nur, daß die Anzahl der Verwundeten die Leistungsfähigkeit der Verbandsplätze, Garnisonsspitäler, Truppenspitäler und Reservespitäler bald überstieg, waren auch die Ärzte Verwundung und Tod ausgesetzt bzw. gerieten sie in Kriegsgefangenschaft.[383] Der Bewegungskrieg stellte immer wieder das ausgeklügelte System der ersten und zweiten „Hilfslinie“ in Frage, wo die Verwundeten von den Hilfsplätzen im unmittelbaren Frontbereich über die Verbandsplätze der Divisionssanitätsanstalten in Feldmarodenhäuser bzw. im Fall schwerer Verwundungen in Feldspitäler, mobile Reservespitäler und schließlich mit „Permanenten Krankenzügen“ zu den „Stabilen“ und den „Freiwilligen Sanitätsanstalten“ gebracht werden sollten.[384] Entgegen der Genfer Konvention von 1906 kam es auch häufig vor, daß Sanitätsanstalten beschossen wurden. Traten dann schwere Rückschläge auf und mußte die Front überstürzt zurückgenommen werden, war von einem geordneten Sanitätsdienst gar keine Rede mehr.[385] Außerdem wurden für die Operationen immer mehr Chirurgen gebraucht. Kein Mangel herrschte an Apothekern, und auch das Sanitätsmaterial, das vom k. u. k. Kriegsministerium dem Etappenoberkommando zugeschoben wurde, entsprach durchaus dem damaligen Stand der Medizin und Pharmakologie. War man aber vor dem Krieg davon ausgegangen, daß Truppen, die 25 bis 30 Prozent ihrer Mannschaften durch Tod und Verwundung verloren, nicht mehr gefechtsfähig wären, blieben bereits im ersten Kriegsjahr Regimenter und Divisionen, die mehr als 50 Prozent eingebüßt hatten, in den vordersten Linien.[386] Man mußte auch lernen, mit Verwundungen fertig zu werden, die bis zum Krieg kaum behandelt werden mußten, so vor allem mit Kopf- und Bauchschüssen.

Die Militärsanitätsanstalten hatten laut Mobilisierungsplan in 191 Anstalten lediglich 16.708 Betten vorgesehen gehabt. Das war lächerlich gering, sieht man sich die Verwundeten- und Krankenzahlen der Armeen im Felde an. Es mußte daher eine fast schlagartige Vermehrung der Spitalseinrichtungen und spitalsähnlichen Institutionen geben. Sie wurden nach und nach auf 567 und schließlich 874 Anstalten mit zusammen knapp 95.000 Betten gebracht. Ein großer Teil der Spitäler im Hinterland der Front und die Kliniken im gesamten Bereich der Monarchie wurden zur Versorgung der Verwundeten und Kranken herangezogen. Daneben entstanden große Barackenspitäler. Bei dieser Ausweitung der militärischen Sanitäts- und Pflegeeinrichtungen war es kein Wunder, daß die zivilen Bedürfnisse mehr und mehr zurückstehen mußten. Das Hauptaugenmerk galt den Soldaten. Sie sollten – wenn möglich – geheilt und wieder einsetzbar werden; alles andere war weniger wichtig. Auch die sozialen und karitativen Einrichtungen arbeiteten in erster Linie für die Front.

Beim Pflegepersonal hatte es einen weiteren Engpaß in der medizinischen Versorgung gegeben. Zu Beginn des Kriegs waren Krankenpflegerinnen nur für die permanenten Spitäler des Etappenraums vorgesehen gewesen. Mit den „Armeeschwestern“, die den Feldformationen zugewiesen wurden, erhielten auch die Feldsanitätsanstalten zumindest chirurgisch geschulte Helferinnen und Pflegerinnen.[387] Der größte Teil der Krankenschwestern waren jedoch nicht ausgebildete Frauen und Mädchen, die sich zunächst aus Kriegsbegeisterung, Nächstenliebe und schließlich immer mehr aus der Notwendigkeit, sich einen Lebensunterhalt zu verdienen, freiwillig meldeten. Zahlreiche private Hilfsorganisationen, vor allem aber das Rote Kreuz, der Souveräne Malteser-Ritterorden und der Deutsche Ritterorden beteiligten sich an der Versorgung und Pflege der Verwundeten und Kranken und stellten auch ihre Infrastruktur und Hilfsmittel zur Verfügung. So gehörten zu jeder Maltesergruppe drei Autos, die Schwerverwundete aus den vorderen Stellungen abholten.

Die Verwundetentransporte, die es in den Reservespitälern und den vom Ärar beanspruchten Krankenanstalten unterzubringen galt, waren neben den Verlustlisten das beredteste Zeugnis dafür, daß der Krieg nicht nur irgendwo „draußen" stattfand. Er war buchstäblich in jede Stadt, in jedes Dorf und jeden Hof eingedrungen. Männer mit Krücken, Prothesen und Verstümmelungen begannen immer mehr zum Straßenbild zu gehören. Die Einrichtung eines orthopädischen Spitals in Wien und von Invalidenschulen sollte die Kriegsinvaliden wieder an ein Leben unter geänderten und oft kaum zu bewältigenden Umständen gewöhnen.[388] Doch weder die körperlichen noch die mentalen Schäden konnten wirklich bewältigt werden.

Im Hinterland aber war durch den großen Bedarf an Militärärzten schon zu Kriegsbeginn eine ärztliche Unterversorgung eingetreten. Es mußten daher die älteren landsturmpflichtigen Ärzte daheimbleiben bzw. wieder aus der Armee entlassen werden, sollte nicht die ganze medizinische Betreuung zusammenbrechen.

Der Krieg strahlte auch mit manchem direkt und weit in das Hinterland aus. Schon im Herbst 1914 brachen die sogenannten „Heeresseuchen" aus, Cholera, Ruhr und andere epidemische Krankheiten.[389] Zunächst am nordöstlichen Kriegsschauplatz, gegen Jahresende auch auf dem Balkan. Um eine Ausbreitung zu verhindern, wurden in der Etappe Quarantänestationen und Epidemiespitäler eingerichtet. Dabei erwies sich nun das rigorose Durchgreifen des Armeeoberkommandos als positiv. Denn die Quarantäne- und Beobachtungsstationen erfüllten ihren Zweck und verhinderten, daß sich die Heeresseuchen über die ganze Monarchie ausbreiteten.[390] Sie konnten auch im Frontbereich relativ rasch eingedämmt werden, immer vorausgesetzt, die von Ansteckung Gefährdeten verhielten sich nicht regelrecht dumm und verweigerten die Impfung.[391]

Gehörten also die Verwundeten, Genesenden und Krüppel sehr bald zum Alltag des Hinterlands, so kam man fernab der Front mit den Toten sehr viel weniger in Berührung. Die Gefallenen wurden meist an Ort und Stelle begraben. Die an ihren Verwundungen Gestorbenen sowie diejenigen, die durch Seuchen und andere Krankheiten dahingerafft wurden, kamen auf Friedhöfe in der Nähe der diversen Sanitätsanstalten. Aus dem, was sich meist aus der Not der Stunde ergab, wurde schließlich eine regelrechte Ordnung: Offiziere sollten grundsätzlich in Einzelgräbern beigesetzt werden; Soldaten, die sich durch besondere und erwiesene Heldentaten ausgezeichnet hatten, waren desgleichen in Einzel- oder Reihengräbern zu bestatten; in allen übrigen Fällen war die Bestattung in Massengräbern vorgesehen.[392] Mit den gefallenen Gegnern wurde zunächst denkbar rüde verfahren. Es wurden keine Versuche zur Identifizierung gemacht, sondern die allermeisten als „Unbekannte" begraben. Erst die Erkenntnis, daß die Russen den Gefallenen der k. u. k. Armee viel mehr Obsorge angedeihen ließen, die Offiziere tunlichst in Einzelgräbern bestatteten und den Mannschaften ihre Legitimationen beließen, führte zu einer Änderung und einem auch auf die gefallenen Gegner ausgeweiteten sorgsamen Begräbniswesen.[393] Exhumierungen und Rückführungen waren während des Kriegs Seltenheiten, daher begannen auch noch 1914 Überlegungen Platz zu greifen, wie man den Tod der bereits Unzähligen versinnbildlichen und vor allem auch den Angehörigen ein Gedenken ermöglichen sollte.

Damit war der Augenblick gekommen, die Bedeutung von Kriegerdenkmälern neu zu definieren und mit deren Errichtung zu beginnen.[394] Es gab die ersten Projekte für Kriegerdenkmäler. Der Größe des Kriegs entsprechend, plagten sich Architekten mit den Entwürfen für gigantische Totenburgen auf dem Kahlenberg bei Wien, in der Wachau und anderswo. Da Kriegerdenkmäler auch als Ersatzgräber gesehen wurden, war es nicht weiter verwunderlich, daß schon 1914 erste kleinere Denkmäler für diesen Krieg errichtet wurden, bis sich die Meinung durchsetzte, man sollte doch mit den Denkmalbauten bis nach dem Krieg warten und sich statt dessen mehr um die Kriegerwitwen und -waisen kümmern, als das Geld für Monumente aufzuwenden. Aber auch ohne Totenburgen gab es vorderhand viel zu bauen.

Das Hinterland wird zur Festung

Wer vielleicht noch im Juli 1914 geglaubt hatte, da würde eben irgendwo weit weg „batailliert" werden, der sah sich auch aus anderen Gründen schon im August von der Realität überrollt. Denn der Krieg hatte auch zur Folge, daß jene wohl schon lange vorbereiteten baulichen Maßnahmen zur Landesdefension verwirklicht wurden, die nicht nur der Sicherung von Grenzräumen, sondern auch der des Hinterlands dienten. Am 3. August ermächtigte Kaiser Franz Joseph das Armeeoberkommando, die Festungen Krakau und Przemyśl sowie die „festen Plätze" Lemberg, Jaroslav, Sieniawa, Mikolajów und Hálicz-Jezupol in den Kriegszustand zu versetzen. Auch bei Zaleszczyki und bei Martynów waren feldmäßige Befestigungen anzulegen.[395] Damit wurden die wichtigsten Übergänge über den San und über den Dnjestr gesichert. Die größten Anstrengungen wurden wohl unternommen, um in Przemyśl die Gürtelhauptwerke mit und ohne Panzer, die Gürtelzwischenwerke, die permanenten Noyau-Haupt- und -Zwischenwerke sturmfrei zu machen, noch zusätzlich Schanzen und Schützendeckungen anzulegen, die Batterien feuerbereit zu machen, die Beobachtungs- und Schußbereiche abzuholzen, Millionen Meter an Stacheldrahthindernissen zu errichten und Minenfelder auszulegen.[396] Krakau mit seinen teilweise veralteten Befestigungen wurde bei weitem weniger aufwendig ausgerüstet, und den anderen Städten bzw. Festungen blieb nicht sehr viel Zeit, um umfangreiche Verteidigungsvorbereitungen zu treffen. Doch wenn man die annähernd 30.000 Offiziere, Soldaten und Arbeiter zum Vergleich heranzieht, die Przemyśl kriegsbereit machten, kann man ermessen, daß allein die Befestigungsarbeiten in Galizien hunderttausend Mann und mehr erforderten. Für die Polen, Ruthenen, Deutschen und Juden Galiziens waren die Befestigungsarbeiten aber lediglich eines von vielen Zeichen des Kriegs und auch der Sorge, daß sich die feindlichen Armeen nicht an der Grenze würden aufhalten lassen.

Im Süden der Monarchie war die Situation insofern anders, als bei allen Befestigungsvorhaben bis 1914 geringe Prioritäten geherrscht hatten und daher der Ausbau teilweise zur Gänze unterblieben war. Es wurde ja zum wenigsten davon ausgegangen, daß es Serben und Montenegrinern vielleicht gelingen könnte, auf österreichisch-ungarisches Territorium vorzustoßen. Sarajevo, Mostar, Bileća und Trebinje hatten kleine Gürtelfestungen, bei Višegrad an der Drina war ein Turmhaubitzwerk erst im Bau, und Peterwardein, das wohl eine alte Festung aufwies, wurde nur durch Teile einer modernen Gürtelbefestigung zusätzlich geschützt. Teilweise waren die während des zweiten Balkankriegs verstärkten Forts sogar wieder rückgebaut worden.[397] Nicht so die Befestigungen, die dem Küstenschutz dienten. Bei ihnen kam gleich mehreres ins Spiel. Sie waren ja nicht nur wegen einer möglichen Bedrohung von Balkanmächten angelegt worden, auch wenn man natürlich auf Montenegro zu achten oder auch Maßnahmen zur Rundumverteidigung einzuplanen hatte, sollte es wieder, wie 1869 oder 1882, zu Aufständen der „Bocchesen", wie die Bewohner des Hinterlands der Bocche di Cattaro hießen, kommen. Zudem war die Befestigung entlang der Küste und vor allem auch der Kriegshäfen mit Blickrichtung Italien vorgenommen worden. Immer mehr hatte dabei freilich die Tragweite moderner Geschütze zu schaffen gemacht. Das galt vor allem für den Haupthafen der k. u. k. Kriegsmarine, Pola, aber auch für Ragusa und vor allem für Cattaro, dessen innerste Buchten innerhalb der Tragweite von Geschützen lagen, die auf dem die Bucht überragenden montenegrinischen Lovćen in Stellung gebracht werden konnten. Daher war schließlich vor allem während der Balkankriege dem Ausbau der Befestigungen an der Landseite größere Aufmerksamkeit gewidmet worden als jener der Seeseite. Dort sollten Minensperren und vor allem eigene Flotteneinheiten eine Annäherung verhindern. Vor der ersten Offensive gegen Serbien konnte an den bestehenden Werken nicht mehr sehr viel verbessert werden, doch wie sich dann zeigen sollte, waren ohnedies nur einige Befestigungen und Defensionskasernen entlang der montenegrinischen Grenze stärker gefährdet. Immerhin brauchte man zur Besetzung der wenigen Forts und Kasernen abseits der Küste immer noch 17.800 Mann.

Doch auch weit im Hinterland wurde an Befestigungen gebaut. Erfahrungen aus mehreren Jahrhunderten hatten gelehrt, daß es immer wieder zu tiefen Einbrüchen feindlicher Armeen gekommen war, und spätestens seit den Napoleonischen Kriegen wußte man, daß der zentrale Operationsgedanke aller Generalstäbe darauf hinauslief, zuerst die gegnerische Armee zu besiegen und dann auf die Hauptstadt des Feindes loszumarschieren. Dieses Wissen um die möglichen Abläufe hatte daher in Österreich-Ungarn dazu geführt, vor allem der Befestigung der Donaulinie besonderes Augenmerk zu widmen. Wien und Budapest liegen nun einmal an der Donau. Doch auch andere große Städte und wichtige Orte an der Donau sollten befestigt werden. Krems sollte einen befestigten Gürtel beiderseits der Donau erhalten, ebenso Tulln, bei dem es auch eine befestigte Kernzone (Noyau) geben sollte. Wien sollte als Brückenkopf beiderseits der Donau mit einem Noyau nördlich des Stromes ausgebaut werden, während Preßburg einen befestigten Nordgürtel und ein Noyau südlich der Donau, Komorn einen Nordgürtel und Budapest einen kompletten Gürtel, aber kein Noyau erhalten sollte.

Am 22. August 1914 befahl Kaiser Franz Joseph, sofort mit dem Bau von feldmäßigen Befestigungen zu beginnen. In Wien war dieser Befehl aber gar nicht abgewartet, sondern noch vor der Kriegserklärung an Rußland mit den Arbeiten begonnen worden.[398] Zunächst sollten die Erdarbeiten durchgeführt, Eindeckungen gebaut und

Hindernisse angelegt werden. Später erst war an die Vorfeldeinrichtungen gedacht. Doch auch für einen Ausbau in Etappen machten sich sehr rasch Engpässe bemerkbar, und man mußte an Menschen und Material sparen. Die russischen Erfolge in Galizien ließen aber befürchten, daß es den Armeen des Zaren gelingen könnte, tatsächlich in kurzer Zeit an die Donau durchzustoßen. Also wurde mit Nachdruck gearbeitet. Die Brückenkopfbesatzungen, Arbeitsbataillone und zivilen Firmen sahen jedoch keine Möglichkeit, bis Mitte Oktober 1914 die geforderten Deckungen zu bauen, die auch gegen den Beschuß durch schwere russische Artillerie schützen sollten. Wie viele Menschen am Ausbau der Donaulinie gearbeitet haben, läßt sich nicht einmal annähernd feststellen. Doch wenn man den Brückenkopf Wien mit seinen elf Abschnitten hernimmt, von denen die Hälfte mehr oder weniger gut ausgebaut wurde, die vorbereiteten Stellungen, Kavernen, Infanterielinien mit Kopfschutz, Mannschaftsunterkünfte, Munitionsmagazine, Beobachtungsstände, Telefonzentralen und vieles mehr Revue passieren läßt, kann man zumindest den Umfang der Arbeiten ermessen. In Wien waren damit bis zu 30.000 Mann beschäftigt. Die Geschützausstattung war allerdings nicht nur uneinheitlich, sondern teilweise anachronistisch, da auch noch die Geschützmuster 1861 und 1875 Verwendung fanden. Insgesamt waren es viele Hunderte Geschütze. Zur Sicherung der Donaulinie wurden auch Hunderte Kilometer Telefonleitungen verlegt.

In den Städten und Ortschaften, die solcherart von der Landesbefestigung erfaßt wurden, konnte man „Krieg schauen" gehen. Allerdings nicht zu intensiv. Die Gebiete, in denen Befestigungen und militärische Anlagen gebaut wurden, waren Sperrgebiet. Aussichtswarten und Kirchtürme durften nicht mehr bestiegen werden. Fotografieren war selbstverständlich verboten, ja sogar Wegmarkierungen durften nicht aufgefrischt oder neu angebracht werden.[399]

Es gab aber noch ein viertes Gebiet, in dem über den momentanen Bedarf an Feldstellungen hinaus langfristig gebaut wurde, das war entlang der italienischen Grenze und vor allem in Südtirol. Da ja schon bei der Mobilmachung gegen Serbien Zweifel an der italienischen Haltung aufgetaucht waren, wurde seitens der k. u. k. Heeresverwaltung nicht gezögert, die baulichen Schutzmaßnahmen zu überprüfen und, wo das für notwendig erachtet wurde, weitere Ausbauten vorzunehmen. Die noch in den sechziger Jahren des 19. Jahrhunderts erbauten Blockhäuser waren wertlos; auch die Panzerwerke aus den achtziger Jahren konnten keinen längeren Beschuß überstehen, ebensowenig wie die um die Jahrhundertwende erbauten Werke. Doch die Sperrforts am Tonalepaß, bei Ladaro und vor allem jene auf der Hochfläche von Folgaria und Lavarone, südöstlich von Trient, zählten zu den modernsten Befestigungen überhaupt.[400] Die Grenzabschnitte gegenüber Italien wurden in sechs Rayons geteilt. Im Rayon I, ganz im Westen, lagen die Sperren Nauders und Gomagoi, im Rayon II das Fort Tonale und das Werk Presanella. Der Rayon III aber, der sich in die Unterabschnitte Judicarien und Riva gliederte, erfordete die höchste Aufmerksamkeit. Trient war durch das Panzerwerk Romagnano und kleinere Werke geschützt. Die Etsch-Arsa-Sperre wurde durch das Werk Valmorbia gewährleistet. In den Judicarien gab es eine Reihe alter Werke, vor allem jenes von Carriola; im Abschnitt Riva wurde die Linie Altissimo – Corni Zugna – Pasubio feldmäßig ausgebaut. Außerdem konnte sich der Abschnitt am Nordufer des Gardasees um Riva auf das Panzerwerk Tombio, ein Kasemattwerk und kleinere Forts abstützen. Das Kernstück des

Rayons III aber waren die Sperrforts auf der Hochfläche der Sieben Gemeinden, nämlich Serrada, Sommo, Sebastiano, Gschwendt, Lusern, Verle und Cima di Vezzena. Sie waren so angelegt worden, daß sie den zahlreicheren italienischen gepanzerten Forts zumindest ebenbürtig waren. Geschickt dem Gelände angepaßt, tief in den Felsen hineinreichend und mit stellenweise meterdicken Betonwänden und vor allem massiven Decken ausgestattet, waren die Werke außen noch mit dicken Steinverkleidungen versehen. Allerdings waren die österreichisch-ungarischen Sperrforts artilleristisch relativ schwach bestückt. Und was so gut wie niemand wußte, war, daß man nicht abschätzen konnte, wie sich die Besatzungen bei einem tagelangen schweren Beschuß mit Tausenden Granaten der Kaliber 21 cm, 28 cm und 30,5 cm verhalten würden. Noch aber war man ja am Ausrüsten und Planen.

Der Rayon IV in den Fassaner Alpen hatte nur drei veraltete und teilweise desarmierte Werke aufzuweisen, nämlich Albuso, Dosaccio und Moena. Schließlich wurde die Tiroler Grenze mit dem Rayon V abgeschlossen, in dem sich die Werke Buas, Corte, Plätzwiese, Landro, Haideck und Mitterberg befanden.

Zu guter Letzt kam noch der Rayon Kärnten mit seinen allerdings total veralteten Forts und Blockhäusern im Fella- und Seebachtal sowie im Raum der Flitscher Klause.

Rechnet man alle diese Bauten zusammen, die die Monarchie nach außen sichern und auch die Kernzonen schützen sollten, dann erweckte das Reich den Eindruck einer großen, zur Rundumverteidigung eingerichteten Festung. Hunderttausende waren zur Besetzung dieser Festung aufgeboten worden. Doch wie man dann bei Przemyśl sah, ließen sich auch die mächtigsten Bollwerke einschließen und zerstören.

Der befürchtete Durchbruch in Galizien fand allerdings nicht statt, wenngleich die Befestigungen im Osten und Norden mit Ausnahme Krakaus verlorengingen. Doch für den Großteil der Donaumonarchie schwand die Gefahr eines Kampfes um die Zentralräume sehr bald. Damit blieb der Krieg irgendwo „da draußen". Wo genau, suchte man aus den Heeresberichten zu erfahren.

Grundlage für den Heeresbericht, der täglich in der Operationsabteilung des Armeeoberkommandos zusammengestellt wurde, waren die Meldungen von den einzelnen Frontabschnitten. Diese Meldungen waren meist ungeschminkte Lagedarstellungen und Beurteilungen. Doch in dieser Form wurde der Heeresbericht nicht weitergegeben. Schon der an den Kaiser gelangende „Kaiserbericht" war zeitlich nicht mehr ganz aktuell und vor allem auch in seiner Aussage zurechtgezimmert. Ebenso der Bericht, der an das Kriegsministerium und an die beiden Ministerpräsidenten ging. Eine Paraphrase des Heeresberichts wurde schließlich dem Kriegspressequartier geschickt, das wohlweislich nicht am Sitz des Armeeoberkommandos, sondern möglichst weit entfernt untergebracht war. Dort konnten dann österreichische, ungarische und deutsche Journalisten sowie solche aus verbündeten und neutralen Ländern ihr Talent erproben, zwischen den Zeilen zu lesen. Karl Hans Strobl, der im Kriegspressequartier arbeitete, beschrieb in seinem Buch „Das Igelhaus" die Arbeit in dieser Nachrichtenzentrale sehr anschaulich: „Ellenbogen an Ellenbogen saßen sie da, jeder bemüht, den Lapidarstil (des dürftigen Rohberichts) mit den Ornamenten höchstpersönlicher Ansichten auszuschmücken. Was dabei herauskam, waren verblüffende Einzelheiten über Vorgänge an der Front, Eindrücke eines Dabeigewesenen, Schilderungen von so gegenständlicher Treue, als seien sie unmittelbar auf dem Schauplatz selbst aufgenommen. Es war ein emsiger Betrieb. Es gab Virtuosen des Faches, die mit nichts anderem als dem Hartleben'schen Reiseführer durch Galizien und der Landkarte ausgerüstet ein großes Szenarium für die ... [vom AOK] gelieferten dramatischen Handlungen schufen."[401] Die Liste der dem Kriegspressequartier zugeteilten Dichter und Schriftsteller las sich zeitweilig wie die Mitgliederliste eines renommierten Literaturzirkels: Robert Musil, Alexander Roda Roda, Ferenc Molnár, Friedrich Heydenau, Karl Hans Strobl und viele andere arbeiteten an Berichten und literarischen Überhöhungen des Kriegs. Mindestens so wichtig wie die literarische Abteilung war die Kunstgruppe, der unter anderen Maler und Graphiker wie Albin Egger-Lienz, Oskar Laske, Ferdinand Staeger, Luigi Kasimir, Fritz Schönpflug, Carl Leopold Hollitzer oder Ludwig Hesshaimer angehörten. Etwas später wurden auch Foto und Film erhöhte Aufmerksamkeit gewidmet, wobei letzterer von Oberleutnant Graf Alexander („Sascha") Kolowrat-Krakowski betreut wurde. Der Grundsatz des Armeeoberkommandos war jedoch, Kriegsberichterstatter erst dann an der Front zuzulassen, wenn irgendwo ein wahrnehmbarer Erfolg zu verzeichnen gewesen war. „Aus strategischen Gründen" wurden weder Berichterstatter noch Künstler in die Nähe der Kampflinien gelassen, vor allem dann nicht, wenn es über keine Erfolge zu berichten gab. Die erfolglosen Fronten waren „tabu".[402] An welchen Fronten aber konnte ein Kriegsberichterstatter im September und vor allem in den letzten Monaten des Jahres 1914 noch Informationen aus erster Hand bekommen? Nicht einmal am Sitz des Armeeoberkommandos wußten sehr viele über die Vorgänge an der Front vollständig Bescheid. Vermutungen und gelegentliche Beobachtungen mußten das konkrete Wissen ersetzen. Doch manch anderes prägte sich umso eindringlicher ein. Da kamen die ersten Verwundeten zurück, Hunderte, Tausende. Die leichter Verwundeten waren meist guten Mutes, nicht weil sie vom Schlachtfeld wegkamen, sondern weil sie hofften, bald wieder kuriert zu sein. Man war stolz, „dabeigewesen zu sein", und erging sich in Redensarten wie: „Denen haben wir's ordentlich gegeben"; die Russen haben die Waffen weggeworfen „und die Händ' in die Höh' gstreckt oder san's wegglaufen, nirgends ham's standghalten".[403] Dann kamen auch Scharen von Flüchtlingen mit ein wenig Hausrat. Aber wie der Generaladjutant des Erzherzogs Friedrich, Graf Herbert Herberstein, schrieb: „Alles in Ordnung. Alles planmäßig, nichts überstürzt und von panikartigen Zuständen keine Spur."[404] In Wirklichkeit aber war kaum mehr etwas „planmäßig"!

Die Meldungen über Niederlagen, die Ablösung von hohen Kommandanten und vor allem von exorbitanten Verlusten häuften sich. Das XII. Korps sollte rund 40 Prozent seiner Offiziere eingebüßt haben, eine Gebirgseinheit hatte von ihren 36 Geschützen 32 verloren. Aus dem von den Russen eroberten Lemberg hörte man, daß junge Mädchen den Russen Blumen gestreut hätten. Grodek brannte. Dann regnete es tagelang, und es wurde bereits Anfang September empfindlich kalt. Am 3. September begann die Verlegung des österreichisch-ungarischen Armeeoberkommandos. Es sollte von Przemyśl nach Neusandez kommen, das Kriegshofquartier des Erzherzogs-Oberkommandanten gar nach Nowy Targ. Es galt auszuweichen und sich auf Rückschläge einzustellen.

7
Das Ende der Euphorie

Es ist schwer zu sagen, wann die Euphorie des Kriegsausbruchs und der ersten Kriegswochen ihr Ende fand. Die anfänglichen Siegesmeldungen konservierten die zuversichtliche, ja überschäumende Stimmung. Rückschläge blieben nicht verborgen, doch sie wurden noch von der anhaltenden Spannung verdrängt. Unzählige Gerüchte bauten Hoffnungen auf und ließen sie wieder in sich zusammenfallen. Dann kam Beharrungs- und Durchhaltestimmung auf. Es war aber keine Feststellung, die von einem Österreicher getroffen wurde, sondern die eines Deutschen, des Bevollmächtigten der Deutschen Obersten Heeresleitung beim k. u. k. Armeeoberkommando, General August von Cramon, daß sich sehr bald ein wesentlicher Unterschied in den Meldungen über den Krieg zeigte: Die Deutschen übersteigerten ihre Siegesmeldungen, während die österreichisch-ungarischen Heeresberichte nüchtern und zurückhaltend waren, selbst dann, wenn es Erfolge gab. Conrad wollte es so, meinte Cramon; gerade in Wien hätte man aber hinter der Zurückhaltung alles mögliche andere gewittert.[405]

Wenn Cramon „Wien" sagte, meinte er sicherlich nicht das Wien jener zwei Millionen, die lernen mußten, im und mit dem Krieg zu leben, und die mit der beträchtlichen Teuerung fertig werden mußten. Er meinte das Wien des Kaiserhofs, der Ministerien und obersten Behörden, die dem Heeresbericht mit Skepsis begegneten. Deren Zurückhaltung rührte daher, daß wohl alle über zusätzliche Informationen verfügten und vielleicht auch von Amts wegen mißtrauisch waren. Für sie war der Heeresbericht letztlich Grundlage der Politik. Doch natürlich hoffte man auch „in Wien", steigerte die Nachrichten von den ersten Erfolgen, heroisierte Dankl, Auffenberg, Potiorek und vor allem Conrad, aber irgendeinmal brauche man Handfestes und vor allem mehr verwertbare Informationen.

Berchtold, Stürgkh, die Militärkanzlei des Kaisers, aber auch Graf Tisza verlangten daher nachdrücklichst, daß die Presse der Monarchie mit zutreffenden Nachrichten von den Kriegsschauplätzen versorgt würde. Dabei wäre nichts zu verraten, denn alles sollte sich auf bereits Geschehenes beziehen. Rückschläge sollten nicht verheimlicht werden.[406] Stürgkh fügte bei der Sitzung des gemeinsamen Ministerrats, in der dieses Problem Mitte August 1914 erstmals zur Sprache kam, hinzu, man sollte an die Veröffentlichungen von Details einzelner Ruhmestaten denken, denn „es handle sich darum, die Phantasie des Volkes zu befriedigen und so die gute Stimmung zu erhalten".[407]

Das war kein leichtes Unternehmen, denn Conrad war nicht dazu zu bewegen, die restriktive Informationspolitik des Armeeoberkommandos zu lockern. Die Vertreter des Außenministeriums beim AOK hatten wiederholt anzufragen, ob man nicht Pressemeldungen des Auslands dementieren sollte. Conrad ließ jedoch stereotyp ausrichten, er würde es das Ministerium des Äußern schon wissen lassen, wenn er ein Dementi wünschte.[408] Der Chef des Generalstabs tat auch alles, um sich das Kriegspressequartier vom Leib zu halten. Er hatte überhaupt kein Verständnis für eine geschickte Pressepolitik, obwohl er dazu über alle Möglichkeiten verfügt hätte. Statt dessen wurde nur Tag für Tag ein Heeresbericht verfaßt, der mitunter nicht einmal die selbstverständlichsten Informationen enthielt.

Eines konnte man Conrad und den Verfassern des Heeresberichts allerdings nicht zum Vorwurf machen: Daß sie allzu optimistisch formuliert und Mißerfolge in Erfolge verkehrt hätten. Das hatte auch sein Gutes. Wenigstens mußten bei Niederlagen keine aufwendigen Kehrtwendungen gemacht werden.

Die Festung am San

Der russische Aufmarsch hatte etwas länger gebraucht als der österreichisch-ungarische und der deutsche. Nichtsdestoweniger war er, wie dann auch der k. u. k. Kriegsminister Baron Krobatin im September zugab[409], rascher als erwartet vonstatten gegangen. Die Reservedivisionen waren schon Ende August mobilisiert gewesen, was darauf schließen ließ, daß die Russen bereits Anfang Juli ihre Mobilmachung eingeleitet und sich systematisch auf den Krieg vorbereitet hatten. Wenn etwas den russischen Aufmarsch zu verzögern mochte, dann der Eisenbahntransport. Am 15. Mobilmachungstag, das war der 15. August, war ein Drittel der russischen Truppen konzentriert gewesen. Am 30. Tag, also erst nach dem Beginn des Vormarsches der österreichisch-ungarischen Truppen, waren zwei Drittel versammelt. Zwischen dem 30. und dem 60. Mobilmachungstag begannen Kavallerie und Infanterie des zweiten Aufgebots aus den westlichen Militärbezirken einzutreffen. Und schließlich, nach dem 60. Mobilmachungstag, also ab Oktober, trafen die Truppen aus Sibirien ein.[410] Erst jetzt waren die Russen wirklich versammelt. Während sie aber bei ihrem Vormarsch nach Ostpreußen bald zum Stehen gebracht und zurückgeworfen wurden, kamen sie in Galizien immer weiter voran.

Schon Ende August drängten die russische 3. und die 8. Armee über Brody und Tarnopol gegen Lemberg, Zloczów wurde eingenommen. Und was österreichischerseits zunächst als eine Operation in die russische Flanke gedacht gewesen war, entwickelte sich als eine weit ausgedehnte, verlustreiche Frontalschlacht, in der die Russen ihre mittlerweile beträchtliche zahlenmäßige Überlegenheit voll ausspielen konnten. Die k. u. k. 3. Armee des Generals Brudermann stand dabei im Brennpunkt der Kämpfe und wurde schwer bedrängt. Im Armeeoberkommando war man mit der Führung dieser Armee nicht im mindesten einverstanden. Deren Generalstabschef, Generalmajor Rudolf Pfeffer, wurde abgelöst. Conrad bezeichnete ihn schlicht als „Confusionsrat".[411] Dem Armeekommandanten General Brudermann wurden „Schwäche, Kopflosigkeit und Ungehorsam" vorgeworfen. Am 2. September ging Lemberg, die Hauptstadt Galiziens, verloren. Im Armeeoberkommando in Przemyśl behauptete man, das alles wäre unnötig und nur auf das kampflose Zurückziehen der 3. Armee zurückzuführen gewesen. Westlich Lemberg, bei den Grodeker Teichen, entwickelte sich die nächste Schlacht. Zum erstenmal hatte man das Gefühl, daß nur mehr das Chaos regierte. Die zurückgehenden Trains verkeilten sich. Die Vorratslager wurden über Befehl des Kommandos der 3. Armee mit Petroleum übergossen und angezündet. Die zurückgehenden Fronttruppen fanden statt Nachschub und vor allem Verpflegung schwelende Trümmer vor. „Wir brauchen vor allem Männer. Die alten Weiber und Neurastheniker in Uniform bringen uns um", schrieb dazu der Kommandant des XII. Korps, General Hermann von Kövess.[412] Conrad warf seine 4. Armee herum und wollte durch eine rasche Verschiebung von Großverbänden die zahlenmäßige Unterlegenheit ausgleichen und die Krise der Schlacht im Osten meistern. Es folgte die sogenannte zweite Schlacht von Lemberg, doch das russische Vordringen konnte nur verlangsamt werden. Die Verbände der k. u. k. 3. Armee wurden dezimiert und waren schließlich nur mehr halb so stark wie die angreifenden Russen der 8. Armee. Am 5. September wurde der Kommandant der 3. Armee abgelöst. General Brudermann, bis 1914 Kavallerieinspektor, hatte sich über Aufforderung Erzherzog Friedrichs krank zu melden.[413] Ihm wurde nicht so sehr der Rückzug zum Vorwurf gemacht als zu geringe Einflußnahme auf seine Korpskommandanten. Er wäre niedergeschlagen, langsam und – was nicht sein sollte – zu nachsichtig gewesen.[414] Doch nicht nur die Armeespitze wurde weggejagt. Ebenso wurde damit begonnen, die Kommandanten von Korps, Divisionen und Brigaden rücksichtslos auszutauschen. Dann traf endlich die vom Balkan abgezogene Verstärkung, die 2. Armee, ein.

Mittlerweile drückten die Russen auch vom Norden gegen die österreichisch-ungarischen Linien und führten neue Truppen heran, die sie in ihre Front einfügten. Dort, wo zunächst der Nordstoß Dankls erfolgreich gewesen war, setzten die russische 4. und 5. Armee nun zum Gegenstoß an. Ganz offensichtlich war der erste Erfolg Dankls in der Schlacht von Kraśnik überschätzt worden. Es war, als ob die Toten wieder auferstanden wären. Die Spaltung der österreichisch-ungarischen Front an der Nahtstelle von 1. und 4. Armee rückte in greifbare Nähe. Am 11. September sah sich das AOK gezwungen, den Befehl zum allgemeinen Rückzug hinter den San zu geben. Das war sicherlich ein bitterer Entschluß, der jedoch nicht nur unvermeidlich war, sondern auch erst gegeben wurde, nachdem sämtliche operativen Möglichkeiten erschöpft waren.

Die Truppen waren an der Grenze ihrer Leistungsfähigkeit angelangt. Die Soldaten der 4. Armee Ritter von Auffenbergs hatten bis Mitte September von den 21 Tagen, die sie an der Front eingesetzt waren, 18 Tage im Gefecht gestanden. Doch wenn etwas die Kämpfe von August bis zur Septembermitte kennzeichnete, dann waren es Zähigkeit und Ausdauer. Nicht zuletzt glaubte man ja, daß es nur mehr gelte, kurze Zeit auszuharren und hohe Verluste in Kauf zu nehmen, bis dann die Deutschen da sein würden. Doch genau das war zur selben Zeit bereits in Frage gestellt, ja eigentlich unmöglich geworden. Fünf deutsche Armeen waren durch Belgien und Nordfrankreich vorgestürmt und hatten zwischen dem 18. August und dem 5. September die französischen und britischen Armeen an die Marne zurückgeworfen. Französische Offensiven nach Elsaß und Lothringen waren abgewehrt worden, doch für ein Vorstoßen nach Paris und eine noch weiter nach Westen ausholende Umfassung der französischen Hauptstadt fehlten dem deutschen Westheer die Kräfte. Noch dazu waren Ende August zwei Korps abgezogen worden, um den Russen in Ostpreußen entgegengeworfen zu werden. Angesichts einer äußerst kritischen Situation brachen die deutsche 1. und 2. Armee die Schlacht an der Marne ab. Die Niederwerfung Frankreichs war gescheitert. Das deutsche Westheer wurde zum Rückzug gezwungen.

Es nützte freilich nichts, wenn man auf den deutschen Bundesgenossen verwies und mit trauriger Genugtuung feststellte, daß auch bei ihm vieles, eigentlich alles anders war, als noch Anfang August 1914 angenommen. Die Folgen waren nicht zuletzt in Galizien zu spüren. In Przemyśl richtete man sich auf eine Belagerung ein. Die Festung am San war schon längst keine bloße galizische Mittelstadt mehr, da die Zivilbevölkerung größtenteils aus der Stadt gebracht worden war, sondern nur mehr ein gewaltiges Arsenal, durch das sich drei österreichisch-ungarische Armeen auf dem Rückzug durchzudrängen suchten. Und es regnete. Die Straßen weichten auf, die Fuhrwerke blieben stecken, ein Umgehen Przemyśls war wegen der schlechten Straßenverhältnisse kaum mehr möglich, also mußte der Train der Armeen durch die Festung. Die Verwundeten blieben zurück. Dann, am 16. September, befahl das Armeeoberkommando den Abzug der Feldarmeen, Przemyśl blieb sich selbst überlassen und war „auf das Äußerste zu halten", wie es in vergleichbaren Befehlen eigentlich immer heißt.

Festungskommandant der San-Festung Przemyśl war Feldmarschalleutnant Hermann Kusmanek von Burgneustädten. Was ihm zur Verfügung stand, las sich ganz imponierend: Im Umkreis von 48 Kilometern waren sieben neue Gürtelzwischenwerke, 24 Stützpunkte, 200 neue Batteriestellungen, 50 Kilometer gedeckte Gräben, Depots, Magazine, Ställe und vieles mehr gebaut worden. 1000 Kilometer Stacheldraht erschwerten die Annäherung. Die Festung verfügte über rund 1000 Geschütze, davon allerdings fast ein Drittel Kanonen des Musters 1861, die von den Russen schließlich als Scheinbatterien angesprochen wurden, da es ihnen offenbar nicht einging, wie man 50 Jahre alte Kanonen noch verwenden konnte. Doch es gab auch modernere und ganz moderne Geschütze. Die Nachrichtenverbindungen, die ebenfalls nicht nur für den Bedarf der Festungsbesatzung ausgelegt worden waren, sondern auf den viel größeren des Armeeoberkommandos, stellten ein besonderes Plus dar. Doch das alles änderte nichts daran, daß die Festung sich selbst überlassen war.

Mit Ausnahme der k. u. k. 1. Armee, die am Gegner blieb, lösten sich die anderen Armeen von den Russen und gingen hinter den San und in das Karpatenvorland zurück. Sie mußten aufgefrischt werden, denn es waren nicht nur schwere Verluste an Toten, Verwundeten und Gefangenen auszugleichen. Fast noch mehr fiel der Verlust an Geschützen ins Gewicht, den zu ersetzen Zeit erforderte. Der Rückzug machte auch Probleme, denn Conrad hatte so sehr auf die Möglichkeit der Erneuerung der Offensive gebaut und aus psychologischen Gründen keinerlei Vorbereitungen für den Rückzug getroffen, daß er überhastet begonnen werden mußte.[415] Doch die Russen nützten das nicht aus, sondern sahen im Rückzug der Österreicher eine willkommene Operationspause. Sie wollten das eroberte Gebiet sichern, die veralteten Befestigungen von Lemberg instand setzen, die Belagerung von Przemyśl, wo rund 100.000 Österreicher eingeschlossen waren, bis zum Sturmangriff vorantreiben und ebenso die eigenen Verluste ausgleichen. Von den 800.000 Österreichern, die in drei und schließlich vier Armeen mit den Operationen am nordöstlichen Kriegsschauplatz begonnen hatten, waren rund 400.000 verlorengegangen, darunter 100.000 als Kriegsgefangene. Die Russen hatten 250.000 Mann verloren, davon 40.000 Gefangene. Am Abend des 10. September wurde im Armeeoberkommando ein Telegramm an den deutschen Generalstabschef von Moltke entworfen, in dem die Lage der k. u. k. Armeen ungeschminkt dargestellt und gebeten wurde, die ersten im Westen freiwerdenden deutschen Kräfte unverzüglich auf den galizischen Kriegsschauplatz zu werfen. Doch das Telegramm ging nicht ab.[416] Noch wollte man dem Bundesgenossen die eigene Schwäche nicht direkt eingestehen.

Die schweren Rückschläge, die die österreichisch-ungarischen Truppen hinnehmen mußten, führten zu weiteren Kommandoenthebungen. Brudermann war nur das erste prominente Opfer gewesen. Statt ihm übernahm Feldzeugmeister Svetozar Boroević das Kommando über die 3. Armee. Der Kommandant der 4. Armee, Auffenberg, der Sieger in der Schlacht von Komarów, beantragte die Entfernung des Kommandanten seines XVII. Korps, des Generals der Kavallerie, Graf Huyn. Er hatte, wie es hieß, die Nerven verloren. In der zweiten Septemberhälfte verlangte Auffenberg auch die Ablösung des Kommandanten des Wiener II. Korps, des Generals der Infanterie Blasius Schemua, der 1911/12 kurze Zeit Chef des Generalstabs gewesen war. Schemua wurden energielose Führung und Versagen vorgeworfen.[417] Generalstabschefs und Divisionskommandanten wurden von einem Tag auf den anderen zur Disposition gestellt. Der Kaiser aber war mit der Vorgangsweise des Armeeoberkommandos nicht einverstanden und verlangte mehr Zurückhaltung. Die Enthebung vom Kommando und Entfernung vom Kriegsschauplatz sollten, wie der Monarch dem Kriegsministerium und dem AOK mitteilen ließ, nur als äußerstes Mittel angewendet werden. „Damit soll aber über das fernere Schicksal dieser Unglücklichen nicht in allen Fällen endgiltig entschieden sein." Jeder Fall sollte untersucht werden. „Derart wird nicht allein dem Betreffenden Gelegenheit zur Äußerung über sein Verhalten gegeben, sondern auch durch Beurteilung des Einzelfalles im Zusammenhalte mit den Nebenereignissen und ihren Folgen der Weg der Gerechtigkeit eröffnet und gewährleistet sein."[418] In der zurückhaltenden Reaktion des Kaisers wurden weit zurückreichende Traditionen deutlich. Im Grunde genommen war kaum einmal über einen Feldherrn, der versagte, sofort der Stab gebrochen worden. Diese Vorgangsweise stellte wohl auch in Rechnung, daß in jedem Fall jene eine Mitverantwortung trugen, die einen Mann in eine so verantwortliche Stellung gebracht hatten, und das war letztlich der Monarch selber.

Der Kaiser hatte am 12. September sogar den Stellvertretenden Chef seiner Militärkanzlei, Feldmarschalleutnant Ferdinand Ritter von Marterer, nach dem mittlerweile von Przemyśl nach Neusandez übersiedelten Armeeoberkommando geschickt, um nicht nur einen authentischen Bericht über die Verfassung der Armee zu bekommen, sondern auch darauf aufmerksam zu machen, daß der Kaiser die vielen Enthebungen von höheren Führern für bedenklich halte.[419] Doch wie die darauf folgenden Wochen und Monate bewiesen, bewirkten die Vorhaltungen nichts. Schon am 29. September hatte der Kommandant der k. u. k. 4. Armee, General Auffenberg, um seine Enthebung vom Kommando zu bitten – wieder krankheitshalber, wie es Conrad und – nominell – Erzherzog Friedrich von ihm verlangt hatten.[420] Conrad war gewillt, jeden General ersetzen zu lassen, der nicht das brachte, was Conrad von ihm erwartete. Rücksichtnahmen waren so ziemlich das letzte, woran er dachte. Denn für ihn galt es, die Krise der Schlacht in Galizien zu überwinden, die Stellung des Armeeoberkommandos unangefochten zu erhalten und wenn möglich auszubauen, operative Freiheit zu gewinnen und wieder zur Offensive überzugehen.

Das Schwergewicht der Kriegführung der k. u. k. Truppen hatte sich nun wirklich auf den nordöstlichen Kriegsschauplatz verlagert. Aus der Sicht des Armeeoberkommandos wie aus der des Gesamtstaats war der Balkan zum Nebenkriegsschauplatz geworden. Es hatte sich aber auch anderes verändert. Die Euphorie der ersten Wochen, die Hoffnungen auf einen kurzen Krieg hatten sich als Schimäre erwiesen, und bereits im September wurde vorsichtig davon gesprochen, daß es auch einen Krieg im und über den Winter hinaus geben könnte. Am 7. September meinte der gemeinsame Kriegsminister, Feldzeugmeister Baron Krobatin, für die Bekleidung der Armee auch für den Fall eines Winterkriegs sei gesorgt. So habe er bereits 915.000 Stück Pelzleibchen vorrätig und habe weitere 216.000 Stück bestellt.[421] Als ob das schon etwas über die tatsächlichen Möglichkeiten zur Führung eines Winterkriegs ausgesagt hätte! Doch eines wird aus dieser eher nebenbei gemachten Äußerung klar: Der Traum vom kurzen Krieg war endgültig ausgeträumt. Das ließ sich im allgemeinen und im Detail belegen. Und auch in Deutschland war man ernüchtert.

Mit dem „Wunder an der Marne“ war die Hoffnung geschwunden, Frankreich in sechs bis acht Wochen niederzuringen. Britische Korps verstärkten die französischen Armeen. Das deutsche Heer aber mußte nach Nordosten zurückweichen und sich von der Kanalküste in Flandern bis zur Schweizer Grenze zur Verteidigung einrichten. Im Norden der deutschen Ostfront hingegen hatte General von Hindenburg die Russen bei Tannenberg und bei den Masurischen Seen zurückschlagen können. Damit war für diesen Abschnitt der Ostfront, dem man mit einer gewissen Sorge entgegengesehen hatte, eigentlich unerwartet die unmittelbare Bedrohung weggefallen. Doch insgesamt war das gesamte strategische Kalkül der deutschen Führung nicht aufgegangen und auch alles hinfällig geworden, was zwischen den deutschen und österreichisch-ungarischen Generalstäben in Jahrzehnten erdacht worden war. Es galt also, ein neues Konzept zu entwickeln.

Der deutsche Generalstabschef Graf Moltke wurde abgelöst. Sein Nachfolger, General Erich von Falkenhayn, zeigte sich aber einer Verlagerung des deutschen Schwergewichts nach Polen durchaus aufgeschlossen. Angesichts des Ausbleibens der erwarteten schnellen Siege wurde es jedoch auch auf politischer Ebene notwendig, sich auf einen längeren Krieg einzurichten. Um den Druck auf die Mittelmächte durch politische Maßnahmen zu verringern, schlug Berlin vor, Österreich-Ungarn sollte doch umfangreiche territoriale Zugeständnisse gegenüber Rumänien und Italien machen und auf diese Weise den Dreibund endlich voll zum Funktionieren bringen. Dasselbe Deutsche Reich also, das noch zwei Monate zuvor die Donaumonarchie zum Waffengang gegen Serbien ermuntert hatte, um ihr langfristig die Existenz zu sichern, gebrauchte jetzt seine Überlegenheit, um die Regierung in Wien zu territorialen Verzichten zu überreden.[422]

Doch auch Österreich-Ungarn war in der Wahl seiner Mittel nicht zimperlich. Es entwickelte jene sprichwörtliche Art von armen Verwandten, die meinen, die anderen wären schließlich da, um ihnen zu helfen, sonst würde die ganze Familie in ein schiefes Licht geraten. Schon am 8. September ließ Conrad den Minister des Äußern, Graf Berchtold, wissen, daß das Unvermögen Deutschlands, seine Vorkriegszusagen einzulösen und Frankreich tatsächlich in kürzester Zeit zu besiegen, schuld daran sei, daß die Doppelmonarchie in Galizien eine Schlappe erlitten habe. Würde sich Kaiser Wilhelm mehr um den Krieg im Osten und weniger um seine Jagdreviere in Ostpreußen kümmern, stünden die Dinge wohl anders.[423] Berchtold schien auf einen derartigen Anstoß nur gewartet zu haben und ließ durch den österreichischen Botschafter in Berlin, Prinz Gottfried zu Hohenlohe-Schillingsfürst, ausrichten, daß das Deutsche Reich die Verantwortung für die Niederlage im Osten trage und daß die Monarchie gezwungen sein könnte, einen Sonderfrieden zu schließen. Der deutsche Einmarsch in Belgien hätte Großbritannien auf den Plan gerufen und die Neutralität Italiens und Rumäniens bewirkt. Alles andere sei nur eine Folge dieses wenig überlegten Vorgehens.

Spätestens jetzt begann Österreich-Ungarn einen Kampf um seine Selbstbehauptung gegenüber dem Deutschen Reich. Die deutschen Forderungen abzuwehren, gleichzeitig aber von Deutschland Unterstützung zu verlangen, entwickelte sich sehr rasch zu einem der beherrschenden Handlungsmuster. Damit erhielten auch die militärischen Maßnahmen einen zusätzlichen Aspekt: Einmal führte man Krieg, um den Gegner zu besiegen und ihm das politische Handeln aufzwingen zu können. Dann führte man Krieg mit dem Ziel, die noch nicht Kriegführenden und die Neutralen von einem Kriegseintritt abzuhalten und ihnen die Überlegenheit der Mittelmächte vor Augen zu führen. Drittens aber entwickelte sich die österreichisch-ungarische Kriegführung auch unter dem Gesichtspunkt, sich gegenüber dem Deutschen Reich behaupten zu wollen. Doch war da nicht überreagiert worden? Schon am 23. September ließ die Deutsche Oberste Heeresleitung verlauten, daß sie gegen einen allzu engen Anschluß an die k. u. k. Armeen sei, da die Deutschen sonst keine Operationsfreiheit hätten. Und überhaupt die Österreicher! Wie bei Königgrätz 1866![424] Dennoch mußte man mit ihnen zusammenarbeiten.

Zunächst einigten sich die Generalstäbe darauf, ihre Operationen auf dem russischen Kriegsschauplatz besser aufeinander abzustimmen. Die k. u. k. 1. und die 4. Armee sollten abermals nach Norden vordringen und den Deutschen entgegenoperieren, während die 3. Armee wieder über den San vorrücken sollte. Im Zusammenwirken mit der neugebildeten deutschen 9. Armee (Hindenburg), die aus Schlesien in Richtung Warschau anzugreifen hatte, wurde zumindest ein Zurückdrängen der Russen auf Weichsel und San angestrebt. Auch die k. u. k. 2. Armee des Generals Eduard Böhm-Ermolli, die mittlerweile mit Masse auf dem nordöstlichen Kriegsschauplatz eingetroffen war, sollte erstmals geschlossen zum Einsatz gebracht werden und von den Karpaten in Richtung Przemyśl operieren.

Den Russen blieb also nicht mehr viel Zeit, um Przemyśl zu erobern. Der Befehlshaber der vor der Festung liegenden russischen 8. Armee, General Brusilov, täuschte sich aber über die Stärke der Besatzung. Denn durch weiteren Personalzuschub und durch das Zurückbleiben von Fronttruppen war die Besatzung zum einen rund 130.000 Mann stark geworden, und zum anderen war die Festungsartillerie der Belagerungsartillerie zahlen- und teilweise auch qualitätsmäßig um einiges überlegen.

Brusilov versuchte es mit Bluff und forderte Kusmanek zur Übergabe auf. Der gab dem russischen Parlamentär nur wenige Zeilen mit, in denen es hieß: „Ich finde es unter meiner Würde, auf Ihr schimpfliches Ansinnen eine meritorische Antwort zu erteilen." Als nächstes wurde die Beschießung verstärkt. Russische Infanterie arbeitete sich gegen die Festung vor. Da die Russen mit ihrer Artillerie keine Chance hatten, sollten Sappeure die Befestigungen sprengen und so eine Gasse für den Einbruch in den inneren Festungsbereich schaffen. Dergleichen war aber bei Burgen und mittelalterlichen Stadtbefestigungen noch möglich gewesen, in Przemyśl tat es keine Wirkung. Und jetzt waren wieder die Mittelmächte am Zug.

Abermals setzte sich rund eine halbe Million österreichisch-ungarischer Soldaten in Bewegung. Drei Wochen Kampfpause hatten genügt, um die österreichisch-ungarischen Verbände wieder aufzufrischen. Der Nachschub an Menschen spielte sich verhältnismäßig leicht ein. In der Heimat, in den Garnisonsbereichen der Regimenter, hatte die Ersatzorganisation voll zu arbeiten begonnen. Aus den zunächst nicht ausgerückten Mannschaften und Ersatzreservisten wurden sogenannte Marschbataillone und -eskadronen zusammengestellt. Jeder Ersatztruppenkörper konnte verhältnismäßig rasch zwei Marschformationen an die Front abgehen lassen. Damit war es gelungen, die Truppenkörper wieder voll aufzufüllen. Nur bei der Kavallerie gab es Probleme, nicht aber weil es zu wenig Ersatz für die Kavallerie gegeben oder weil man bereits Zweifel in den Wert der Kavallerie gesetzt hätte, sondern weil es an Pferden mangelte. Sie wurden größtenteils zu Vorspanndiensten gebraucht, um die Artillerie fortzubewegen, um den Troß zu bespannen und alle die Transporte durchzuführen, die in einer Armee nötig waren. Da die Kavallerie aber nicht nur einfach Pferde benötigte, sondern gut zugerittene, eben echte Kavalleriepferde, mangelte es an Reiterei. Dennoch: Die Gesamtstärke an der russischen Front vor dem Beginn der Herbstoffensive war respektabel: 477.000 – wie es damals noch hieß – Feuergewehre, 26.800 Reiter, 1578 Geschütze, darunter die erstmals an der Nordostfront zum Einsatz kommenden 30,5-cm-Mörser, die wohl berühmtesten österreichisch-ungarischen Geschütze des Ersten Weltkriegs.

In dieser Phase bewährte sich, wie auch schon in der Sommerschlacht, der österreichische Nachrichtendienst bzw. war den k. u. k. Truppen das Glück hold. Sie konnten einen Operationsbefehl erbeuten, der die russischen Absichten zur Gänze aufdeckte. Abgesehen davon konnte der dem AOK zugeteilte Sprachoffizier, Oberleutnant Victor Marchesetti, mit der einzigen fahrbaren Funkstation der k. u. k. Armee, die ihr von einem Millionär geschenkt worden war, so viele russische Funksprüche auffangen, daß es ihm schließlich sogar gelang, die russischen Codes zu knacken.[425]

Zwischen 7. und 12. Oktober gelang es der k. u. k. 3. Armee des Generals Svetozar Boroević, der nachmals als „Löwe vom Isonzo" bekannt wurde, Przemyśl zu entsetzen. Bald darauf trafen auch die 4. und die 2. Armee in der Nähe der riesigen Festungsstadt ein. Da die Armeen alles andere als ausreichend versorgt waren, wurde die kaum entsetzte Festung zum Lieferanten für drei Armeen. Die Offensive entwickelte sich aber nicht so, wie das Conrad in Neusandez erwartet hatte, denn die Russen leisteten schon am San heftigen Widerstand, und die 3. Armee kam aus dem Festungsbereich nicht hinaus. Abermals scheiterten die k. u. k. Truppen beim direkten Angriff nach Osten. Sie stießen auf das, was dann mit einem geflügelten Wort des Weltkriegs „russische Dampfwalze" genannt wurde. Nicht nur die 2., 3. und 4. Armee blieben hängen. Auch die 1. Armee erlitt schließlich bei ihrem Vorstoß über die Weichsel in der Schlacht von Ivangorod enorm schwere Verluste in der Höhe von 40.000–50.000 Mann. Damit war die zweite Offensive der k. u. k. Armeen in Galizien gescheitert.

Für Conrad von Hötzendorf war dies der Anlaß, die Operationen der deutschen 9. Armee schärfstens zu kritisieren. Voll Bitterkeit schrieb er am 17. Oktober an den Chef der kaiserlichen Militärkanzlei, General von Bolfras: „Ich habe dieses Auseinanderlaufen und Wettrennen an die Weichsel, speziell nach Warschau, sofort als groben Mißgriff bezeichnet; aber da die deutsche 9. Armee nicht unserem Armeeoberkommando, sondern direkt dem deutschen Großen Hauptquartier in Mézières untersteht, so hatten wir keinen Einfluß darauf; jetzt aber bleibt uns nichts über, als zur Degagierung der Deutschen einzugreifen ... Alles krankt daran, daß die Deutschen in Frankreich keinen entscheidenden Erfolg haben und daher den östlichen Kriegsschauplatz vernachlässigen – vielleicht wird aber bei ihnen die Reue zu spät kommen."[426] Und zehn Tage später: „Die Hindenburg-Ludendorffische abenteuerliche Operation an die Weichsel, durch die wir auch hineingezogen wurden, hat nun das Resultat ergeben, welches ich voraussah – nämlich das Zurückgehen ... Ich kann nicht beurteilen, inwieweit es angängig erschiene, daß Seine Majestät sich in dieser entscheidenden Stunde an Kaiser Wilhelm wendet; aber vielleicht könnte ein solcher Schritt doch gute Früchte zeitigen."[427]

Zu den großen Verlusten der Kämpfe gesellten sich die Epidemien. Cholera und Ruhr griffen um sich. Die Gefahr einer Ausbreitung war enorm. Das besonders stark betroffene k. u. k. IV. Korps schlug eine sofortige Schutzimpfung vor. Das hätte jedoch zur Folge gehabt, daß das Korps durch zwei Wochen ausgefallen wäre. Der Kommandant der 2. Armee, General Böhm-Ermolli, lehnte ab. Es mußte durch Abschub der Kranken und Quarantänemaßnahmen versucht werden, die Cholera einzudämmen. In Mezölaborcz wurde ein Epidemiespital eingerichtet. Die Kranken wurden dichtgedrängt, in offenen Loren, zum Spital geschafft. Zehn Prozent der Kranken starben unterwegs.[428] Immer weitere Marschformationen glichen die Verluste aus. Die Soldaten waren weiterhin kampfbereit, doch das Ersuchen um deutsche Truppenhilfe, um eine Verlegung namhafter deutscher Kräfte vom Westen nach dem Osten, wurde Ende Oktober mit einer ganz anderen Dringlichkeit gestellt als bis dahin. Jetzt sollte alles regelrecht herumgeworfen werden.

Przemyśl wurde von den eigenen Truppen ausgebeutet und fast geplündert. Es half mit seinen Vorräten aus, stellte Munition für die Feldarmeen bereit und nahm die Verwundeten auf. Die Festung am San war daher bald nach ihrem Entsatz schlechter bevorratet als während der Belagerung. Da der Nachschub nur schleppend in Gang kam, fehlten enorme Mengen auf die normalerweise auf 90 Tage ausgelegten Vorräte. Daher stand durchaus zur Erwägung, Przemyśl aufzugeben. Da es aber auch nicht möglich war, die Depots in der zur Verfügung stehenden Zeit zu entleeren, die Geschütze abzutransportieren und die Anlagen wertlos zu machen, befahl das AOK zwar den Rückzug der 3. Armee; doch Przemyśl sollte eine zweite Belagerung aushalten. Zu dieser Entscheidung trugen auch politische und psychologische Erwägungen bei, denn Przemyśl war Symbol für den Widerstandswillen, für Hartnäckigkeit und auch die Fähigkeit der Feldarmeen, rasch wieder Entsatz zu bringen. Przemyśl „fest in unserer

Hand" war auch zu einem Politikum geworden. Wie konnte man die italienischen Forderungen nach Südtirol abwehren, wenn die bedeutendste Festung der Monarchie aufgegeben wurde? Wie konnte man dem Hinterland begreiflich machen, daß es zu hohen und immer höheren Opfern bereit sein müßte, wenn ein Symbol ohne Not aufgegeben wurde? Also mußte Kusmanek Przemyśl wieder kampfbereit machen.

Wie im August rückten die Arbeitsbataillone aus, um Beschädigungen auszubessern, russische Annäherungsgräben einzuebnen, Leichen zu bestatten, Stacheldraht zu ziehen und die Depots zu ergänzen. Wegen der umfangreichen Zerstörungen an den Eisenbahnen war es allerdings nur sechs Tage lang möglich, die Vorräte aufzustocken. Alle vierzig Minuten trafen Züge ein und brachten das Notwendigste. Schließlich glaubte das Armeeoberkommando die Festung wieder vollständig versorgt. Brot und Zwieback sollten für sechs Monate, Gemüse für sieben, Fleisch für fünf und Hafer für 17 Monate vorhanden sein. Was nicht mehr in die Festung gebracht werden konnte, wurde verbrannt. Doch zum einen gingen die Berechnungen des Armeeoberkommandos von einer erheblich kleineren Besatzung aus, als sie tatsächlich in Przemyśl zurückblieb, was auf bemerkenswerte Kommunikationsmängel schließen läßt. Und überdies wurde die wieder auf über 30.000 Menschen angewachsene Zivilbevölkerung nicht mitgezählt. Grob gerechnet waren in Przemyśl doppelt so viele Menschen wie das Armeeoberkommando glaubte. Statt der angenommenen 85.000 Mann zählte allein die Festungsbesatzung rund 130.000 Mann; und statt 3000 Pferden waren über 21.000 in der Festung. Die Soldaten aber waren nach wie vor auf den Sommer eingestellt, denn sie waren ja im August in den Krieg gegangen. Jetzt war es freilich November. Und die k. u. k. Armeen wichen immer weiter zurück.

Die deutschen Kommentare zu dieser Wendung waren alles andere denn zart und zum allerwenigsten für österreichische Augen und Ohren bestimmt. Der nachmalige preußische Kriegsminister, Adolf Wild von Hohenborn, brachte die Situation auf die sehr einfache Formel, „daß es im Osten wegen der jammervollen Haltung der Österreicher sehr windig steht".[429] „Die sind ja nicht besser als eine Miliz! Das ist der Fehler, daß kein Mensch erkannt hat, was für eine elende Armee das ist. Wir schlagen uns erfolgreich mit doppelter russischer Überlegenheit herum, die Österreicher reißen vor gleich starken Russen aus."[430] Wenig später drückte sich Erich Ludendorff, der Generalstabschef des deutschen Oberkommandos Ost, sehr ähnlich aus, wenn er an General von Moltke schrieb: „Die österreichische Truppe ist schlecht. Sie hat so viel von ‚übermächtiger Feind' gehört, daß sie ein Recht zum Weggehen zu haben glaubt, wenn ein stärkerer Feind ankommt."[431] Jetzt halfen nur mehr radikale Maßnahmen.

Das Heranbringen zusätzlicher deutscher Kräfte nach Polen geschah im letztmöglichen Augenblick, denn die Russen setzten gerade an, aus dem Raum Warschau nach Schlesien, also gegen Deutschland, vorzustoßen und dabei die österreichisch-ungarische Front im Norden weit zu überflügeln. Die deutsche 9. Armee wurde nördlich der österreichisch-ungarischen 1. Armee eingeschoben und sollte den nach Westen vordringenden Russen in die Flanke fallen. Aus den Karpaten sollte die k. u. k. 2. Armee abgezogen und zusammen mit dem deutschen Landwehrkorps Woyrsch zwischen Beuthen und Kreuzburg eingesetzt werden. Damit kam es erstmals zu einer Vermengung deutscher und österreichisch-ungarischer Großverbände, was sich natürlich auch als ein eminentes

Führungsproblem entpuppte. In diesem Zusammenhang wurde die Bildung eines gemeinsamen Oberkommandos überlegt. Das rührte allerdings an ein Grundproblem, das bis Kriegsende nicht mehr zum Verschwinden kam. Die deutsche Überlegung war die, daß man die Führung vor allem deutschen Generälen übertragen sollte. Erzherzog Friedrich hätte eventuell den nominellen Oberbefehl weiter führen können, und Conrad hätte die deutsche 9. Armee befehligen dürfen. Der Chef des k. u. k. Generalstabs konnte sich hingegen die Bildung eines gemeinsamen Kommandos für die Ostfront nur so vorstellen, daß die deutschen Truppen dem österreichisch-ungarischen Armeeoberkommando unterstellt werden sollten. Hier braute sich ein schwerer Konflikt zusammen.

Es begann am 18. Oktober 1914 mit einem Telegramm des deutschen Kaisers an Franz Joseph, in dem ersucht wurde, die k. u. k. 1. Armee Hindenburg zu unterstellen.[432] Das AOK, das noch am selben Tag zur Rückäußerung aufgefordert wurde, antwortete umgehend, daß eine Unterstellung der 1. Armee nicht in Frage käme. Schon am 29. Oktober verlangte jedoch Conrad, daß sich die Militärkanzlei des Kaisers an Wilhelm II. wende und um die Entsendung zusätzlicher deutscher Truppen ersuche. Kaiser Wilhelm antwortete prompt, wobei er mitteilte, es stünden außer Kavalleriekräften keine weiteren deutschen Truppen mehr zur Verfügung. Er wiederholte aber seinen Vorschlag nach Unterstellung der k. u. k. 1. Armee unter das Kommando Hindenburgs. Das Armeeoberkommando lehnte abermals ab. Jetzt wollten die Deutschen die Sache einmal gründlich durchbesprechen. Conrad wurde nach Berlin eingeladen. Er ließ ausrichten, er sei unabkömmlich, wollte aber seinen Adjutanten, Oberst Kundmann, schicken. Der Adjutant Conrads konnte aber lediglich informieren und Vorschläge entgegennehmen; er konnte nicht entscheiden. Auf diese Weise kam man also nicht weiter. Doch in der Umgebung von Kaiser Franz Joseph war man offenbar bereit, den deutschen Wünschen entgegenzukommen. General Bolfras schickte Conrad am 4. November ein Telegramm, in dem die Schaffung eines gemeinsamen Oberkommandos für die deutschen und österreichisch-ungarischen Truppen in Galizien und Polen angeregt wurde.[433] Damit reagierte Bolfras unmittelbar auf Gespräche, die der österreichisch-ungarische Botschafter in Berlin und Schwiegersohn Erzherzog Friedrichs, Prinz Gottfried Hohenlohe, mit dem deutschen Staatssekretär für Auswärtiges, von Jagow, geführt hatte. Jagow seinerseits hatte sich auf Vorschläge des Chefs des Generalstabs des Oberkommandos Ost, General Ludendorff, sowie seines eigenen Unterstaatssekretärs, Arthur Zimmermann, bezogen.[434]

Zimmermann hatte dabei eine „große Lösung“ im Sinn. Nach dem Scheitern des Schlieffen-Plans ergab seine strategische Bewertung, daß sich die europäische Welt für die Mittelmächte nur mehr von der Türkei und vom Balkan her aus den Angeln heben ließe.[435] Er war auch in der Julikrise ein klarer Befürworter des Kriegs gegen Serbien gewesen und glaubte nun die Gelegenheit gekommen, daß auch das Deutsche Reich auf dem Balkan in Erscheinung trete. Die Bildung eines gemeinsamen Oberbefehls sollte nur die Voraussetzungen dafür schaffen. Das nunmehr mutierte Projekt sah so aus, daß Erzherzog Friedrich mit General Ludendorff als Generalstabschef höchster Kommandant im Osten werden, Conrad aber die vier österreichischen Armeen und Hindenburg die deutsche 9. Armee führen sollte. Das hätte zwar die Einheitlichkeit der Befehlsführung auf dem Kriegsschauplatz bewirkt, Conrad wäre aber, da er zwischen das

Oberkommando und die vier Armeen gekommen wäre, fast schlagartig ohne wirklichen Einfluß auf die Operationsführung gewesen. Es wäre eine Entmachtung Conrads und des von ihm dominierten Armeeoberkommandos geworden, denn mit Ludendorff wären wohl auch noch etliche andere deutsche Offiziere eingezogen und hätten Erzherzog Friedrich, der ja nur den nominellen Oberbefehl führte, in der Hand gehabt. Der Umstand, daß dieser Vorschlag von der Militärkanzlei Kaiser Franz Josephs und natürlich mit voller Zustimmung des Monarchen an das Armeeoberkommando weitergegeben wurde, sprach für sich. Mehrere Gründe dürften dafür ausschlaggebend gewesen sein: 1. Unzufriedenheit und Sorge wegen der Befehlsführung des k. u. k. Generalstabschefs und 2. das Ausklammern aller Rücksichtnahmen und Empfindlichkeiten österreichischerseits, um den Erfolg zu garantieren. Gerade noch die dynastischen Interessen sollten gewahrt und Erzherzog Friedrich nicht vollständig demontiert werden.

Doch die Reaktion des Armeeoberkommandos blieb weiterhin negativ. Schon am 5. November lagen die Antworten sowohl Conrads als auch des Erzherzogs in Wien vor. Friedrich stimmte zwar der Schaffung eines einheitlichen Oberbefehls zu, keineswegs aber der Zuweisung eines deutschen Generalstabschefs. Eventuell schien ihm noch die Beigabe eines deutschen und eines österreichisch-ungarischen Generalstabschefs mit den dazugehörigen Stabseinrichtungen denkbar, wobei er als möglichen k. u. k. Chef Feldmarschalleutnant Alfred Krauß nannte. Conrad aber telegrafierte, daß er die Einschiebung eines Oberkommandos zwischen das Armeeoberkommando und die Armeen für unzweckmäßig hielte. In dem Vorschlag, Ludendorff zum Generalstabschef zu machen, sehe er des weiteren einen Fingerzeig, daß er das Vertrauen seiner Majestät verloren habe, und erklärte – ohne gekränkt sein zu wollen – seinen gänzlichen Rücktritt.

Kurze Zeit dürfte Kaiser Franz Joseph tatsächlich die Ablösung Conrads überlegt haben, er machte schließlich den Verbleib Conrads von der Stellungnahme Erzherzog Friedrichs abhängig. Der Thronfolger, Erzherzog Karl, spielte den Boten und wurde nach Neusandez geschickt. Friedrich aber ließ umgehend mitteilen, daß er Conrad behalten wollte.[436] Gordon A. Craig sieht in seinem Buch „Krieg, Politik und Diplomatie" für die Weigerung Conrads, in den gemeinsamen Oberbefehl zu willigen und notfalls auch seinen Posten zur Verfügung zu stellen, primär das Motiv, Conrad hätte das geringe Verständnis der Deutschen für die nichtdeutschen Truppen der Monarchie ins Kalkül gezogen. Die Deutschen hätten die Besonderheit des österreichisch-ungarischen Militärsystems nie verstanden und wären daher nicht imstande gewesen, die slawischen Truppen mit Klugheit und Verständnis, geschweige denn mit Sympathie und notwendiger Rücksichtnahme zu führen.[437] Das ist sicherlich ein überlegenswertes Argument, doch es gibt eigentlich keinen Hinweis darauf, daß Conrad dem tatsächlich auch nur einiges Gewicht gegeben hätte. Ihm ausschließlich persönliche Motive unterschieben zu wollen und ihn als machtgierigen General darstellen zu wollen, ist noch viel unsinniger. Am ehesten verbarg sich hinter Conrads Ablehnung des gemeinsamen Oberbefehls die Absicht, mit letzter Kraft zu versuchen, sich gegen die deutsche Dominanz zur Wehr zu setzen. Denn was nützte es, mit aller Macht einen Kampf um den Fortbestand der Monarchie zu führen und dann vor dem Deutschen Reich zu kapitulieren? Dabei kommt einem wieder das Buch Kerchnawes in den Sinn, das Conrad sicherlich gelesen hatte, „Unser letzter Kampf", der genau diese Entwicklung fast prophetisch schilderte. Da aber davon auszugehen ist, daß auch Kerchnawe nur die Zeichen der Zeit gedeutet hat, war dieses Ankämpfen gegen die deutsche Dominanz, der Kampf um die Selbstbehauptung etwas, das Österreich-Ungarns letztem Krieg von allem Anfang an innewohnte.

Am 6. November wurde die Affäre vorläufig beendet, als der Kaiser in einem Telegramm Erzherzog Friedrich und General Conrad das Allerhöchste Vertrauen aussprach und den Gedanken an die Schaffung eines gemeinsamen Oberkommandos fallen ließ. Damit ging auch die erste Führungskrise, die durch das komplizierte deutsch-österreichische Verhältnis heraufbeschworen worden war, zu Ende. Die Schaffung eines gemeinsamen Oberkommandos wurde erst wieder im Sommer 1916 aktuell.

Doch die schwierige Lage am nordöstlichen Kriegsschauplatz und das nicht minder schwierige Verhältnis zu den deutschen militärischen Spitzen hatten im Armeeoberkommando tiefe Spuren hinterlassen. Ein dem Kaiser vorgelegter und für das Ministerium des Äußern zusammengestellter Bericht von Anfang November läßt dies deutlich erkennen.[438] Conrad, um den fast alles kreiste, das Politische wie das Militärische, dualistische wie Bündnisfragen, war gegen Jahresende schwersten psychischen Belastungen ausgesetzt. Sein ältester Sohn war gefallen, die Kriegslage bedrohlich. Was die Monarchie an Kräften aufbringe, so Conrad, genüge nur, um die Lücken auszufüllen, nicht aber, um das Kräfteverhältnis gegenüber den Russen entscheidend zu verbessern ... Wenn die russischen Massen anstürmten, würden sie alles niederdrücken. „Ob dann Wien oder Berlin das Ziel sein werde, könne man nicht sagen; vielleicht sei Rußland unter günstigen Umständen in der Lage, beide Ziele zu verfolgen ..." Die Entsendung deutscher Verstärkungen sei daher unerläßlich, „eine Lebensfrage für Deutschland und Österreich-Ungarn gleichermaßen". Auch wenn z. B. die Deutschen Verdun in einigen Tagen erobern sollten, wäre damit noch lange keine Entscheidung im Westen möglich. Wohl aber könnte man mit zusätzlich 400.000 Mann im Osten die Niederlage Rußlands erreichen. Nur der Sieg über Rußland würde auf die Ereignisse im Südosten Einfluß haben. „Was nützt uns die voraussichtlich sehr langsame Entwicklung des russisch-türkischen Krieges, was nützt eine sich allmählich vorbereitende mohammedanische Bewegung in Indien, was frommt ein Vorstoß der Türkei gegen Ägypten, wenn Rußland inzwischen in Galizien einen ausschlaggebenden Erfolg erzielt?" Es war das erste Mal, daß Conrad über die rein kontinentale Kriegführung hinaus dachte, freilich nur, um sogleich nachzuweisen, daß alles in Galizien entschieden würde: Eine Niederlage Rußlands würde Italien und Rumänien veranlassen, weiterhin neutral zu bleiben, würde Bulgarien aber wahrscheinlich zum Losschlagen gegen Serbien bewegen. Alles das wäre im Westen nie zu erreichen. Deutschland aber „habe sich in so blindwütigem Zorn gegen England verrannt, daß es für alles übrige nicht mehr die notwendige ruhige Überlegung aufbringe, und es könne geschehen, daß Deutschland zu spät gewahr werde, daß es den gefährlichsten Gegner im Rücken hat".

Was Conrad zum Ausdruck brachte, war nicht nur die Reflexion der Kriegslage. Es war auch die Antwort auf die deutschen Bestrebungen, den Balkankriegsschauplatz nun doch wieder aufzuwerten, dabei aber auch stärker in die österreichisch-ungarische Kriegführung einzugreifen. Daß er bei seinen Äußerungen wenig Optimismus erkennen ließ, mag nicht weiter verwundern. Die mangelnde Siegeszuversicht teilte sich aber gewiß auch anderen mit und wurde von verschiedenen Seiten festgestellt. Franz Fürst Liechtenstein, der die Verhältnisse sowohl im deutschen Hauptquartier im Westen, in Mézières, wie beim k. u. k. Armeeoberkommando kennengelernt hatte und miteinander verglich, nannte als ersten Unterschied, daß der österreichisch-ungarische Generalstab keine genügende Zuversicht besitze. Es sei ganz offenkundig, daß er von der russischen Übermacht stark beeindruckt sei, und das Wort von der russischen Übermacht kehre in allen Konversationen wieder. Das einzige Kommando, wo Zuversicht zu finden sei, wäre das von Boroevićs 3. Armee gewesen. Dessen Selbstvertrauen strahle auf seine ganze Umgebung aus. Die anderen Armeekommandanten ließen diesbezüglich zu wünschen übrig. Die Truppe aber sei durchwegs intakt.

In diese Feststellung floß Richtiges und weniger Richtiges ein. Das mit der Truppe mochte stimmen. Auch da war allerdings nicht mit einem einheitlichen Maß zu messen. Über einzelne Truppenkörper war bereits das Standrecht verhängt worden, und die Berichte über die nicht immer gegebene Zuverlässigkeit mehrten sich. Die nationale Zusammensetzung, die Dauer der Ausbildung, die Kampferfahrung und vieles mehr spielten eine Rolle. Pauschal ließ sich weder sagen, daß die Regimenter des gemeinsamen Heeres, der k. k. Landwehr oder der k. u. Honvéd bzw. des Landsturms hervorragend oder weniger gut gewesen wären. Für alles ließen sich Beispiele beibringen. Doch daß die immer raschere Einreihung der Reservisten und die seit Kriegsbeginn nicht abreißende Aufstellung von Truppenkörpern des Landsturms keine allzu positiven Erscheinungen waren, lag auf der Hand. Wenn Landsturmsoldaten nach sechs Wochen Ausbildung bzw. Auffrischung zu Brigaden formiert wurden und sich dann herausstellte, daß es an Offizieren mangelte, Züge von älteren Gendarmen kommandiert wurden und fünferlei Muster von Handfeuerwaffen innerhalb einer Brigade verwendet wurden, dann war das sicherlich nicht Beweis für eine durchwegs intakte Truppe.[439] Doch wie schon erwähnt: Grosso modo mochte das Urteil des Fürsten Liechtenstein über „die Truppe" stimmen. Viel mehr mußte zu denken geben, was er über den Generalstab sagte. Mit „mangelnder Zuversicht" war wohl noch nicht alles gesagt. Niedergeschlagenheit machte sich breit.

Eine Konsequenz war, daß unter Verweis auf die schwierige Kriegslage und auf ihre weitere Verschlechterung immer rigorosere Maßnahmen gefordert wurden und sich auch die Militarisierung des Hinterlands stetig fortsetzte. Im Armeeoberkommando war man trotz der pessimistischen Sicht gewillt, durchzuhalten. Allerdings schottete sich das AOK immer mehr ab. Conrad ging dabei mit einer solchen Rücksichtslosigkeit vor, daß das mitunter nicht einmal mehr von seiner Umgebung verstanden wurde.

Der Armeekommandant Erzherzog Friedrich wurde an den Entscheidungen so gut wie nie beteiligt, und er wurde auch zunehmend flüchtig und auf eine mitunter schon regelrecht verletzende Art informiert. Doch er ließ sich das gefallen. Conrad sollte mittags um etwa 12 bis 12.30 Uhr zum Vortrag kommen, doch es wurde meistens 13 oder 14 Uhr. Dann wurde eine halbe Stunde rapportiert. Ebenso verlief der Abendvortrag. Er sollte um 20 Uhr sein, doch Conrad kam meist erst gegen 23 Uhr. Friedrich wurde bis dahin häufig durch Kartenspielen munter gehalten. Es kam wohl auch vor, daß er einschlief. Geweckt, konnte er den Vorträgen vielleicht nicht mit der nötigen Aufmerksamkeit folgen. Zwischenzeitlich vertrieb sich Erzherzog Friedrich den Tag mit dem Evidenthalten des Militärschematismus an Hand der Verordnungsblätter und der Verlustlisten. Das alles war der Funktion und dem Ansehen des Armeeoberkommandanten natürlich mehr als abträglich. Und auch sein Obersthofmeister Feldmarschalleutnant Herberstein meinte: „Ein Oberkommandant, der sich, wenn es viel ist, $^1/_2$ bis 1 Stunde mit dem Oberkommando beschäftigt und auch da nur den Zuhörer spielt, sonst aber den ganzen Tag nichts macht als Schematismus korrigieren, das ist doch kein Oberkommandant!“[440]

Dem Armeeoberkommando war auch der Thronfolger Erzherzog Karl Franz Joseph zugeteilt. Da Conrad offenbar Eingriffe des Thronfolgers befürchtete bzw. Auswirkungen einer detaillierten Berichterstattung nach Wien, suchte er ihn in einer schon fast verletzenden Art nicht nur von den Entscheidungen, sondern auch von den Informationen fernzuhalten. Er ignorierte ihn, hielt ihm keine Lagevorträge und sah es auch nicht gerne, wenn sich höhere Offiziere mit dem Thronfolger abgaben.[441] Das Beiseiteschieben des Erzherzogs ging umso leichter, als ihm auch von durchaus wohlmeinenden Leuten keine besonderen Fähigkeiten und kein entsprechendes Auftreten nachgesagt wurde. „Er ist noch gar nicht ausgereift, trotz seiner 27 Jahre“, meinte man in der Umgebung des Erzherzogs Friedrich.[442]

Nun rührte das Verhältnis zwischen Armeeoberkommando und Thronfolger aber nicht nur an eher nebensächliche Fragen, inwieweit etwa persönliche Animositäten eine Rolle spielten und ob Conrad vielleicht der Ansicht war, der Thronfolger wäre noch zu unerfahren. Da ging es doch wohl um ganz andere Probleme, und vor allem erhielt die Stellung des Thronfolgers zu den militärischen Spitzen ein ganz anderes Gewicht, sobald man sich vergegenwärtigte, warum überhaupt Erzherzöge die militärische Leitung von Operationen übernahmen. Das war nämlich nur zum Teil eine feudale Marotte, zum geringsten Teil allerdings. Vor allem hatte das auch in Österreich eine ganz andere Tradition als in anderen europäischen Ländern. Es stand nämlich nicht nur das Schicksal des Reichs, sondern auch das der Dynastie auf dem Spiel. Was lag also näher, als verstärkt Erzherzöge in die Befehlshierarchie einzubauen? Da sich zudem sehr bald Zerfallserscheinungen innerhalb dieser Hierarchie zeigten, gewährleisteten die Erzherzöge in einem beträchtlichen Maß den Fortbestand der Strukturen. Wo es ging, rückten die Agnaten des Hauses ein. Die Erzherzöge Friedrich, Joseph Ferdinand, Joseph, Eugen und andere, nicht zuletzt und schließlich in besonderer Weise der Thronfolger Erzherzog Karl, übernahmen hohe und höchste Kommanden. Was Wunder, daß es dann den Anschein haben mußte, als wäre das „ihr“ Krieg. Wohl waren ihre Funktionen zum Teil nominell; der Versuch Conrads, den Thronfolger abzudrängen, ihn nicht an den Entscheidungen zu beteiligen, mutete unter diesen Umständen aber in doppelter Weise merkwürdig an.

Das Armeeoberkommando erreichte es auch sehr rasch, daß der Vertreter des Außenministeriums, Baron Giesl, mattgesetzt und schließlich abgelöst wurde. Eineinhalb Monate hatte er eine unabhängige Berichterstattung an seinen Minister durchführen können. Dann wurde ihm vorgeworfen, er habe streng geheime Nachrichten über Planungen zu einer Offensive weitergegeben. Damit wäre gegen die militärische Geheimhaltung verstoßen worden. Giesl wurde abgemahnt und schließlich in seiner Wirksamkeit so beschränkt, daß er nur mehr den Heeresbericht abschreiben konnte. Berchtold konnte die Abhalfterung Giesls nicht verhindern. Der Minister wollte schließlich nur mehr sichergestellt wissen, daß er von Giesl wenigstens einmal wöchentlich in einem Privatschreiben informiert wurde, um auf diese Weise Giesls „Ansichten über die Lage der Armeen zu erfahren".[443] Das schien Berchtold umso wichtiger, als er ja möglichst umfassend informiert sein wollte und mußte. Da mit amtlichen Meldungen von den k. u. k. Fronten nicht sehr viel anzufangen war, wollte Berchtold zumindest die Berichterstattung für das Ausland in die eigene Hand nehmen und so psychologische Kriegführung betreiben. Er trug sich mit Plänen für eine propagandistische Offensive, die natürlich nur dann Erfolg versprach, wenn sie auch auf einer entsprechenden Faktenkenntnis aufbaute.

Die Berichterstattung und die Einflußnahme der Ententemächte bereiteten schon seit Kriegsbeginn Kopfzerbrechen. Daher reifte im Ministerium des Äußern die Idee, einige besonders angesehene Leute zur Aufklärung in das Ausland zu schicken. Und zwar nicht irgendwohin, sondern nach Amerika. Die Idee dürfte Berchtold selbst gekommen sein, der für diese Mission je einen Vertreter der ungarischen und der österreichischen Reichshälfte entsenden wollte. Für Ungarn sollte Graf Albert Apponyi reisen und für Österreich der meist nur mehr als Tagebuchschreiber bekannte Professor Josef Redlich. Sie sollten Vorträge halten und die öffentliche Meinung in Amerika im Sinne der Monarchie beeinflussen.[444] Stürgkh war von der Idee sehr angetan, Tisza wohl auch. Und auch die beiden Persönlichkeiten, die dafür herangezogen werden sollten, brachten gedämpften Enthusiasmus auf. Redlich hatte freilich Bedenken, daß die Überfahrt auf einem neutralen Schiff zu gefährlich sein könnte. Er fürchtete die vielen Seeminen. Außerdem würden Schiffe immer wieder von Briten angehalten und durchsucht. Und er schrieb an Graf Forgách im Ministerium des Äußern: „So sehr ich nun bereit bin, jede mir irgendwie mögliche Aufgabe zu übernehmen, die die gemeinsame oder österreichische Regierung für wichtig und erforderlich hält, so kann ich doch nicht umhin zu sagen, daß ich es sehr bedauern würde, während der vielleicht sehr langen Dauer des Krieges in England oder Frankreich ... nutzlos meine Tage als Kriegsgefangener zu verbringen. Es müßte also jedenfalls in dieser Richtung das Möglichste an Sicherung des mit meiner Mission verbundenen Zwecks geleistet werden."[445] Aus diesem Brief wurde doch ein beträchtliches Maß an Zurückhaltung deutlich. Nach und nach gesellten sich aber auch andere Einwände dazu. Eine Zeitlang wurde zwar weiter erwogen, die neutralen europäischen Länder und zusätzlich die USA in eine Propagandaoffensive einzubeziehen. Doch die Stimmen mehrten sich, daß eine derartig offene Propaganda kontraproduktiv sein könnte. Die Ententemächte hatten, wie es scheint, in diesem Punkt weniger Skrupel. Sie machten sehr wohl und ausgedehnt von den Mitteln der Propaganda Gebrauch. Österreich-Ungarn verzichtete aber schließlich auf eine entsprechende Offensive. Und damit überließ man den Feinden der Habsburgermonarchie und auch jenen Emigrantenkreisen, die sich auf die Seite der Entente geschlagen hatten, ein Feld, dessen Bedeutung zwar bereits erkannt worden war, das man aber dennoch komplett falsch einschätzte. Der Erfolg der österreichisch-ungarischen Waffen sollte offenbar als einzig überzeugendes Indiz herhalten, um dem neutralen Ausland zu beweisen, daß die Monarchie nicht nur nicht am Ende, sondern ganz im Gegenteil unerschütterlich sei. Der Verzicht auf eine eigene Propagandatätigkeit hatte aber auch zur Folge, daß man auch in diesem Fall das Feld Deutschland überließ und es verabsäumte, verstärkt eigenständig aufzutreten.

Die von Redlich als kausal für seine Weigerung zu einer Amerikareise gemachten Bemerkungen rückten unvermittelt auch den Seekrieg ins Blickfeld. Auch da war nicht alles gelaufen, wie es sich die Verantwortlichen der Donaumonarchie vorgestellt hatten.

Fleet in being

Schon am 16. August 1914 hatten französisch-britische Seestreitkräfte in der Adria zwei älteren kleinen Schiffen der k. u. k. Kriegsmarine, dem Kreuzer „Zenta“ und dem Torpedobootzerstörer „Ulan“, den Weg in die Bucht von Cattaro verlegt und schließlich die „Zenta“ versenkt. Für viele war dabei das Auftauchen von französischen und britischen Seestreitkräften überraschend gekommen.[446]

Die k. u. k. Kriegsmarine war viel mehr als das Heer auf die Existenz des Dreibunds ausgerichtet gewesen. Während sich Conrads Überlegungen hinsichtlich eines Präventivkriegs gegen Italien und eine gewisse Aversion gegen den Apenninenstaat in den Generalstabsbesprechungen mit Moltke und in den Planungen des Deutschen Reichs und Österreich-Ungarns schließlich so niederschlugen, daß eher Gegnerschaft zu Italien denn ein Bündnis zum Ausdruck kamen, war dies bei der Kriegsmarine doch anders gewesen.

Österreich-Ungarns Kriegsmarine war zusammen mit der italienischen Kriegsmarine als ein Instrument aufgebaut worden, das primär die Franzosen in Schach halten sollte. Rein kräftemäßig wäre es zweifellos möglich gewesen, gemeinsam die französischen und wohl auch britischen Seestreitkräfte im Mittelmeer aufzuwiegen. Die k. u. k. Kriegsmarine war außerdem verhältnismäßig modern und in einigen Schiffsklassen sogar überlegen. Die vier Schiffe der „Tegetthoff-Klasse“, von denen das vierte, die „Szent István“, zwar erst 1915 fertig werden sollte, waren Schlachtschiffe von durchaus imponierenden Ausmaßen und ebensolcher Bewaffnung. Mit 20.000 Tonnen, einer Gürtelpanzerung von 280 mm und 44 Geschützen, davon zwölf 30,5-cm-Kanonen, hielten sie den Vergleich mit den stärksten Einheiten im Mittelmeer aus. Der britische Kriegseintritt und die italienische Neutralität hatten aber im Juli 1914 die Situation von Grund auf verändert, da Österreich-Ungarns Kriegsmarine gegenüber der französisch-britischen Streitmacht im Mittelmeer und in der Adria deutlich unterlegen war. Damit fielen auch sämtliche Pläne ins Wasser, die darauf abgezielt hatten, die österreichisch-ungarischen, die italienischen und deutschen Mittelmeerstreitkräfte zu einer Flotte zu vereinigen, die unter dem Kommando des österreichisch-ungarischen Admirals und Flottenbefehlshabers Anton Haus hätte stehen sollen. So war Haus als Kommandant der k. u. k. Flotte lediglich in der Lage, eine „fleet in being“ darzustellen, zu drohen und den Küstenschutz in der Adria wahrzunehmen.

Haus lehnte es auch ab, auf deutsche Wünsche einzugehen, eine aktive Kriegführung in den Mittelmeergewässern zu beginnen und damit den Kriegseintritt der Türkei auf seiten der Mittelmächte zu beschleunigen. Vielmehr wies er sämtliche Überlegungen weit von sich, mit einem Teil der Flotte in das Schwarze Meer einzulaufen oder auch nur überhaupt stärker im Mittelmeer präsent zu sein.[447] Für Haus und die Marineleitung war die Straße von Otranto im großen und ganzen die südliche Begrenzung des eigenen Aktionsradius. Außerhalb der Adria war nur den U-Booten eine Rolle zugedacht. Das brachte der k. u. k. Kriegsmarine gleich zu Kriegsbeginn nicht nur scharfe Kritik des deutschen Verbündeten, sondern auch den Vorwurf ein, die Deutschen allein zu lassen. Die Versenkung der „Zenta" beseitigte dann den letzten Zweifel: Das Schiff war verlorengegangen, da es die für die Verteidigung der Küstenabschnitte zuständige 5. (Flotten-)Division im Golf von Cattaro unterlassen hatte, der „Zenta" zu Hilfe zu eilen.[448]

In Cattaro waren vorderhand nur Teile der schweren Überwasserstreitkräfte konzentriert, während die anderen Einheiten und vor allem die U-Boot-Flotte Pola als Heimathafen hatten. Das Beziehen der Bucht von Cattaro, die zwar einen großartigen natürlichen Hafen hatte, war aber deshalb als riskant anzusehen, da diese ganz im Süden Dalmatiens gelegene Bucht durch den etwa 2000 Meter hohen Lovćen, der zu Montenegro gehörte, überhöht wurde. Die Montenegriner hatten es also in der Hand, in den österreichisch-ungarischen Kriegshafen nicht nur hineinzusehen, sondern auch hineinzuschießen und ihn womöglich auch zu erobern. Derartige Pläne, die zusammen mit französischen Seestreitkräften hätten ausgeführt werden sollen, zerschlugen sich jedoch noch vor Jahresende 1914.

Die defensive Konzeption der k. u. k. Marineleitung und insbesondere des Flottenkommandanten Admiral Haus stieß aber nicht nur bei den Deutschen, sondern auch im österreichisch-ungarischen Armeeoberkommando auf Kritik. Haus beantwortete sie nicht ganz unzutreffend mit der Feststellung, daß die Herren, die vielleicht den Landkrieg recht gut beherrschen mochten, von seestrategischen und operativen Dingen keine Ahnung hätten.[449] Ganz im Gegenteil konnte der Marinekommandant sogar einen Erfolg im Landkrieg für die Kriegsmarine buchen, denn zweifellos war es nur der Flottenpräsenz in Cattaro zu verdanken, daß Montenegro in diesem Abschnitt völlig in Schach gehalten wurde. Die Skepsis gegenüber der defensiven Konzeption der Marine und die Kritik an ihren geringen Erfolgen blieben jedoch bestehen. Da in die k. u. k. Kriegsmarine erhebliche Geldmittel investiert worden waren und sie als Flotte zweifellos zu reüssieren vermochte, konnte und wollte es vielen nicht so recht einleuchten, warum dann die Marine im Kriegsfall so geringen Nutzen bringen sollte.

Einzig die U-Boote waren unter diesen Umständen zu einer offensiven Seekriegführung imstande. Doch Österreich-Ungarn besaß im Herbst 1914 lediglich sieben Boote, von denen wiederum nur fünf für den Seekrieg verwendet werden konnten. Auch in der Frage des Einsatzes der U-Boote herrschten freilich geteilte Meinungen vor. Haus, der die U-Boote gerne in die Straße von Otranto und weiter hinaus geschickt hätte, sah sich mit den Einwänden des Kommandanten der U-Boot-Flottille, Korvettenkapitän Franz Ritter von Thierry, konfrontiert, der vor allem auf die geringe Zahl hinwies. Haus erkundigte sich, wie lange der Neubau von U-Booten dauern würde. Als ihm die Antwort zuteil wurde: Zehn Monate, meinte er, bis dahin wäre der Krieg wohl schon vorbei.[450]

Das stärkste Argument, das Haus bei der Hand hatte, wenn er seine lediglich dem Küstenschutz dienenden Einsätze verteidigte, war, daß er hinsichtlich der weiteren Haltung Italiens unsicher war und die Flotte nicht einem Überraschungsschlag der Italiener aussetzen wollte. So dümpelten also die österreichisch-ungarischen Einheiten in den Buchten Dalmatiens und fuhren in den Küstengewässern. Der Schock der

1 Die Entfesselung des Weltkriegs löste in Österreich-Ungarn Begeisterung aus. In allen größeren Orten kam es zu Demonstrationen. In Prag schmückte man das Radetzky-Denkmal mit den Porträts von Kaiser Franz Joseph und Kaiser Wilhelm.

2 Zwei Tage nach der Kriegserklärung an Serbien kam Kaiser Franz Joseph am 30. Juli 1914 von Bad Ischl nach Schönbrunn zurück. Der Thronfolger Erzherzog Karl Franz Joseph und der Wiener Bürgermeister Richard Weiskirchner waren zur Begrüßung gestellt. Franz Joseph kehrte nie mehr nach Ischl zurück.

3 Ab Juli 1914 hatten die Musterungskommissionen, wie hier in Prag-Smíchov, Hochbetrieb. Jeden Monat sollte den Regimentern eine Ersatzformation zugeführt werden (links oben).

4 Die Truppen des k. u. k. XIV. Korps (Innsbruck), hier bei einem Halt in Kitzbühel, waren für die galizische Front bestimmt.

5 Der Armeeoberkommandant Erzherzog Friedrich (links) und der Chef des Generalstabs, General der Infanterie Franz Conrad von Hötzendorf, vor den Angehörigen des Armeeoberkommandos, das seinen Sitz zunächst in Przemyśl hatte.

6 Neben Waffen, Munition, Ausrüstungsgegenständen, Decken und Zelten wurde für jeden Soldaten auch eine Reserveuniform verladen.

7 Der Krieg gegen Rußland begann mit der Fernaufklärung der Kavallerie. Dragoner, Husaren (im Bild) und Ulanen ritten oft Hunderte Kilometer, ehe sie Feindberührung hatten.

8 Auf dem galizischen wie auf dem Balkankriegsschauplatz ging die Furcht vor Spionen um. Verdächtige, aber auch Unschuldige wurden zu Tausenden hingerichtet, wie hier irgendwo in Serbien.

9 Österreichisch-ungarische Truppen im Raum Przemyśl. Nach einigen Anfangserfolgen wurden die k. u. k. Armeen von den Russen zurückgeschlagen, versuchten sich noch bei Przemyśl zu halten, mußten die Festung aber schon am 16. September 1914 sich selbst überlassen. Mehr als 100.000 Mann wurden von den Russen eingeschlossen.

10 Seit dem Spätherbst 1914 gruben sich die Truppen ein, um – wie hier am San – Schutz vor dem Artillerie- und Maschinengewehrfeuer zu haben.

11 In den ersten fünf Kriegsmonaten betrugen die Verluste an Toten bei der k. u. k. Armee 155.000 (anderen Berechnungen zufolge 189.000) Mann. Das war fast die Hälfte des Friedensheeres.

12 Für die Kämpfe in den Karpaten (rechts oben) wurde errechnet, daß bis zum April 1915 die täglichen Verluste an Gefallenen, Erfrorenen, Verwundeten, Kranken und Vermißten 6600 Mann betrugen.

13 Nach der Durchbruchsschlacht von Tarnów-Gorlice im Mai 1915 kamen Hunderttausende Russen in österreichisch-ungarische Kriegsgefangenschaft.

15 Bei ihrem Rückzug im Mai 1915 setzten die Russen die Erdölanlagen bei Borysław in Brand.

16 Der Krieg mit Italien begann mit einer Beschießung der italienischen Küste durch die k. u. k. Kriegsmarine.

⇐ **14** Vor dem Pressebüro des k. u. k. Kriegsministeriums am Georg-Coch-Platz in Wien erfuhr man die neuesten Nachrichten von der Front und vor allem auch die Namen der Gefallenen, Verwundeten und Vermißten (vorhergehende Seite).

17 Auf dem Ortler (3902 m), dem höchsten Berg der Donaumonarchie, wurde eine 7-cm-Gebirgskanone in Stellung gebracht. Es war die höchste Gebirgsstellung des Ersten Weltkriegs.

18 Im Jahr 1915 fielen allein in den vier Isonzoschlachten rund 15.000 Angehörige der k. u. k. Armee, die zumeist in Massengräbern, wie hier bei San Gabriele, bestattet wurden.

19 Die zur k. u. k. Kriegsmarine gehörende Donauflottille unterstützte mit ihren Monitoren den Übergang deutscher und österreichisch-ungarischer Kräfte bei der vierten Offensive gegen Serbien im Oktober 1915.

20 Der österreichisch-ungarische Wachtposten am Kalemegdan, der Belgrader Festung am Zusammenfluß von Save und Donau, war auch ein Symbol der Niederwerfung Serbiens.

21 Die von der serbischen Armee zurückgelassenen Waffen wurden zu Beutesammelstellen gebracht und dann weiterverwendet (rechts unten).

22 Die Reste der serbischen Armee suchten über Montenegro und Albanien den Weg ans Meer. Tausende, darunter aber auch österreichisch-ungarische Kriegsgefangene, kamen dabei um.

23 Die Niederwerfung Serbiens öffnete den Mittelmächten eine Landverbindung in die Türkei. Österreich-Ungarn lieferte dem osmanischen Heer vor allem Artillerie, die in Konstantinopel verschifft und dann in Palästina und Mesopotamien eingesetzt wurde.

24 Nach der Eroberung des Lovćen am 11. Januar 1916 rückten k. u. k. Truppen gegen Cetinje, die Hauptstadt Montenegros, vor.

25 Kaiser Wilhelm II. (2. von links) besuchte unter der Führung des Kommandanten der k. u. k. 2. Armee, Generaloberst Böhm-Ermolli (3. von links), die galizische Hauptstadt Lemberg.

26 Der k. u. k. Armeeoberkommandant, Feldmarschall Erzherzog Friedrich (rechts), und der Generalstabschef, Generaloberst Conrad von Hötzendorf, erwarteten am 11. Februar 1916 am Bahnhof von Teschen den bulgarischen Zaren Ferdinand. Es ging um Besatzungsgebiete und Einflußsphären auf dem Balkan.

Versenkung der „Zenta“ saß so tief, daß sogar die zunächst begonnene Blockade der montenegrinischen Küste und vor allem der Seestation von Antivari aufgehoben wurde.

Die nachfolgenden Monate schienen jedoch der defensiven Konzeption des Flottenkommandanten recht zu geben. Den Franzosen gelang es zwar immer wieder, an der dalmatinischen Küste aufzutauchen und den Nachschub für Montenegro über See durchzuführen, doch sie setzten sich dabei zunehmend den österreichisch-ungarischen Seefliegern, Torpedobooten und U-Booten aus. Schließlich erlitten sie sogar einige empfindliche Verluste. Am 18. Dezember wurde das französische U-Boot „Curie“ entdeckt und versenkt, als es in den Kriegshafen von Pola einzudringen versuchte, und drei Tage später torpedierte „U 12“ (Egon Lerch) das französische Linienschiff „Jean Bart“. Doch wer gemeint hätte, diese Erfolge würden die Risikobereitschaft des Flottenkommandos gesteigert haben, irrte. Haus sah seine Aufgabe weiterhin im Schutz der kroatischen und dalmatinischen Küste. Es war ihm wohl auch egal, wie man im Armeeoberkommando seine Maßnahmen beurteilte und ob gerade in Zeiten schwerer Rückschläge für die k. u. k. Armeen ein Erfolg zur See einen propagandistischen Gegeneffekt gehabt hätte. Er war weder durch die Ereignisse in Galizien noch durch jene auf dem serbischen Kriegsschauplatz zu beeindrucken. Denn sein Geschäft war der Krieg zur See.

Im Schatten des Galgens

Die Wochen des Kriegsbeginns, das Bild der ausrückenden Truppenkörper, die nationale Begeisterung, das Wirksamwerden von Ausnahmegesetzen, die Maßnahmen zur psychologischen Kriegführung und die Umstellung der Monarchie auf die kriegswirtschaftlichen Bedürfnisse hatten zur Folge, daß man gar nicht recht dazu kam, alles zu überdenken oder auch nur alles zur Kenntnis zu nehmen, was es an Einzelerscheinungen gab. Das Armeeoberkommando hatte im August 1914 der politischen Verwaltung bereitwillig attestiert, daß sie vorzüglich arbeitete und daß es zu keinerlei innnenpolitisch bedingten Friktionen bei der Mobilmachung gekommen sei. Mit der Anwendung der kaiserlichen Verordnung über die innenpolitischen Befugnisse des AOK in bestimmten Gebieten, nämlich den nordöstlichen Teilen Mährens, der Bukowina und Galiziens sowie durch das Balkanoberkommando in der Batschka, den südlichen Komitaten Ungarns, in Kroatien, Bosnien, der Herzegowina und Dalmatien, war dann die Armee für die Anwendung der Ausnahmegesetze zuständig geworden und tat alles, um ihnen Geltung zu verschaffen. Die obersten Kommanden zögerten auch nicht, von dieser Ermächtigung Gebrauch zu machen. Die Armeen, Korps und Divisionen setzten die Intentionen dann perfekt um. Es wurden Geiseln ausgehoben, Geldstrafen und Kautionen verhängt, Häuser zerstört und schließlich unter Berufung auf das „Kriegsnotwehrrecht“ standrechtliche Erschießungen vorgenommen. Was sich an österreichfeindlichen Tendenzen im Juni und Juli 1914 gezeigt hatte, wurde solcherart vielfältigst geahndet. In Bosnien und der Herzegowina widersetzten sich Teile der serbischen Bevölkerung, nachdem sie sich vom ersten Schock erholt und vor allem auch durch die serbischen Erfolge ermutigt worden waren. Die Armee mußte alles daransetzen, um die Unruhen im

Keim zu ersticken.[451] In Böhmen und Mähren riefen radikale Tschechen zu einem Eisenbahnerstreik auf. Andere schalteten sich in die radikal-tschechische und prorussische Agitation ein. In wenigen Monaten wurden daher 121 Tschechen verhaftet, von denen 18 zum Tod verurteilt wurden.[452] Die nationalistischen Aufwallungen sagten wohl noch nichts über die grundsätzliche Einstellung der Bevölkerung aus, doch wurde deutlich, daß die „Erlösung durch den Krieg“ eben auch im nationalistischen Sinn verstanden werden konnte. Daher sollten gerade die Militärbehörden keinerlei Milde zeigen. Aus den Untersuchungen nach dem Krieg, bei denen militärischen Pflichtverletzungen nachgegangen werden sollte, wurde deutlich, daß mitunter jene Kommandanten, die entgegen den Erwartungen von Vorgesetzten Milde gezeigt oder auch nur die Freisprüche von Militärgerichten respektiert hatten, mitunter schikanös behandelt und abqualifiziert worden waren.[453]

Die österreichisch-ungarische Armee wollte aber auch im Feindesland Härte demonstrieren und mit allem Nachdruck drohen. Schon Mitte August 1914 ordnete das Balkanoberkommando die Aushebung serbischer Geiseln an. Sollten in den Ortschaften, in denen Geiseln ausgehoben worden waren, Aktionen gegen Angehörige der österreichisch-ungarischen Armee stattfinden, waren die Häuser der Geiseln anzuzünden. Nach dem Beginn der Kämpfe und an kritischen Punkten kam es zu regelrechten Massakern. So etwa in Šabac, wo die 29. Infanteriedivision an die 80 zivile Gefangene auf dem Kirchhof niedermachen ließ, die verdächtigt wurden, an den Kämpfen gegen die österreichisch-ungarischen Truppen beteiligt gewesen zu sein.[454] In weiten Kreisen Budapests war man durchaus zufrieden, daß zur Unterdrückung proserbischer Aktivitäten Tausende von Arreststrafen verhängt und Hunderte von Exekutionen durchgeführt wurden.[455] Graf Tisza aber erhob unverzüglich Beschwerde beim Kaiser und wies auf eklatante Übergriffe hin. Die Militärkanzlei des Kaisers machte eine gegenteilige Auffassung geltend, indem sie dieses Vorgehen als notwendig darstellte. Franz Joseph entschied jedoch im Sinne Tiszas.[456] Er wollte keine Barbarisierung der Kriegführung. Seinem Willen nach sollte die strenge Scheidung in „Kriegsraison“ und „Kriegssitte“ aufrechtbleiben, ganz im Sinne der auch für die k. u. k. Armee geltenden Rechtslehre, die „Strenge in der Durchführung des Kriegszweckes, jedoch gepaart mit tunlichster Schonung“ forderte.[457] Aber auf Dauer ließ sich natürlich schwer argumentieren und die Radikalität der Kriegsmaßnahmen eindämmen, wenn man erfuhr, daß auch von den Gegnern im Krieg Geiseln genommen und härteste Repressalien geübt wurden. So berichtete der Gendarmeriekommandant für Bosnien-Herzegowina, Generalmajor Lukas Šnjarić, daß österreichische Sanitätspatrouillen beschossen, die Gefangenen und Verwundeten „bestialisch gemartert und verstümmelt, ihnen die Nasen und Ohren abgeschnitten, dann die Augen ausgestochen“ wurden.[458] Der Versuch, den k. u. k. Truppen Mäßigung aufzuerlegen und sie zur Schonung Unschuldiger und Nichtbeteiligter aufzufordern, blieb letztlich ebenso erfolglos wie ähnliche Bemühungen auf serbischer und montenegrinischer Seite.

Die Gehenkten, Erdrosselten, Verstümmelten und Erschossenen, die man in Serbien und noch mehr in der Bukowina und in Galizien sah, trugen das Ihre dazu bei, den Krieg als etwas kenntlich zu machen, das er eigentlich schon seit den Kriegen gegen die Französische Revolution war: ein Krieg von Volk gegen Volk. Zu der Trostlosigkeit eines im Regen versinkenden Landes und eines Millionenheeres auf dem Rückzug kamen die verwüsteten und verbrannten Orte. Grodek war einer von ihnen. Die nach Westen zurückgehenden k. u. k. Truppen sahen auf den Marktplatz zahlreiche Gehenkte baumeln, die zum abschreckenden Beispiel als Spione hingerichtet worden waren. Der Bürgermeister war darunter.[459] Von Georg Trakl erfuhr sein Innsbrucker Freund Ludwig von Ficker, wie der Anblick der Gehenkten auf den zunächst kriegsbegeisterten Lyriker wirkte: Wenn er ins Freie trat, hatte er ein Bild des Grauens vor sich. „Da standen nämlich auf dem Platz, der wirr belebt und dann wieder wie ausgekehrt schien, Bäume. Eine Gruppe unheimlich regungslos beisammenstehender Bäume, an deren jedem ein Gehenkter baumelte. Ruthenen, justifizierte Ortsansässige.“[460] In Galizien und der Bukowina richtete sich der als Abschreckung gedachte Terror auch gegen die eigene Bevölkerung. Ruthenen wurden zwangsdeportiert und u. a. in ein Internierungslager nach Graz-Thalerhof gebracht. Und in den als russophil bezeichneten Orten wurden wie in Serbien Geiseln ausgehoben.

Die zahlreichen und willkürlichen Verhaftungen erregten Unmut und führten zu einer weiteren Intervention Tiszas bei Kaiser Franz Joseph.[461] Daraus resultierte das Befehlsschreiben des Kaisers vom 17. September 1914, das im Kern folgende Passage enthielt: „Es sind vielfach Klagen eingelaufen, daß in letzter Zeit neuerlich zahlreiche Verhaftungen von angeblich politisch Verdächtigen oder Unzuverlässigen in allen Teilen der Monarchie stattgefunden haben, Verhaftungen, welche fast lediglich auf Veranlassung oder über Aufforderung militärischer Kommandos und Behörden erfolgten. Ich befehle, daß alle militärischen Stellen strengstens angewiesen werden, derartige Maßnahmen nur auf Grund schwerwiegender Verdachtsmomente zu veranlassen. Ich will nicht, daß durch unberechtigte Verhaftungen auch loyale Elemente in eine staatsschädliche Richtung getrieben werden ...“ Dieser Vorwurf der Willkür militärischer Stellen traf wohl besonders dort zu, wo es sich um Tschechen, Polen, Ruthenen und Südslawen handelte. In Böhmen hatte der tschechenfreundliche Statthalter Franz Fürst Thun-Hohenstein alles darangesetzt, die Tschechen loyal zu erhalten und das deutsch-tschechische Verhältnis zu verbessern. Er tat es mit einer nicht unumstrittenen, aber wirksamen Methode, die der frühere Handelsminister Josef Maria Baernreither so beschrieb: „Die Tschechen ertragen den Krieg mit tiefem Groll. Es kann auch nicht anders sein ... Thun [aber] ist voll Rücksicht gegen die Tschechen, läßt sie in seinen Blättern ununterbrochen wegen ihres Patriotismus loben, ignoriert alles andere, damit es nur nach außen scheine, daß bei uns in Österreich alles in Ordnung sei. Man kann rebus sic stantibus gegen diese Methode nichts einwenden. Die Verschleierung der wirklichen Gesinnung der Slawen in Österreich ist eine äußerst wichtige Sache. Der Erfolg dieser Aktion hängt von den Erfolgen im Krieg ab.“[462]

Die Berichte über eine sinkende Stimmung mehrten sich, und das Kriegsüberwachungsamt faßte schließlich die Meldungen des Militärkommandos Prag vom Oktober zusammen und resümierte: Die panslawistischen Elemente hielten sich zwar weiterhin ruhig, doch die 2. und 3. Marschbataillone aus Prag hatten bei ihrem Ausmarsch schon etliche panslawistische Embleme getragen. Teile des Infanterieregiments Nr. 36 (Königgrätz) und des Landwehrinfanterieregiments Nr. 30 (Jungbunzlau) ergaben sich ohne besonderen Widerstand den Russen. Daran knüpfte das Armeeoberkommando die Frage, welchen Wert in Zukunft tschechische Ersatzformationen überhaupt noch hätten und was an Vorkehrungen getroffen werden müßte, um die russophile Agitation zu unterbinden. An dieser Frage entzündete sich erneut der Gegensatz zwischen AOK und Regierung. Denn der böhmische Statthalter beurteilte die Sache deutlich anders und meinte, es ginge nicht an, aus vereinzelten Vorfällen Rückschlüsse auf die Bevölkerung eines ganzen Königreichs zu ziehen. Auch der k. k. Innenminister Heinold vertrat ganz entschieden die Auffassung, man würde mit einem generellen Mißtrauen der gesamten tschechischen Nation Unrecht tun. Bevor aber noch Klarheit über die Ursachen der Zwischenfälle geschaffen werden konnte, traf in Wien ein Antrag des Armeeoberkommandos vom 26. November ein, in dem vorgeschlagen wurde, den Geltungsbereich der kaiserlichen Verordnung über die Ausnahmeverfügungen vom Juli auf ganz Böhmen und jene Teile Mährens und Schlesiens zu erstrecken, die davon noch nicht erfaßt worden waren, kurzum, es sollte in den Ländern der böhmischen Krone die Militärgerichtsbarkeit eingeführt werden, und zudem sollten auch in den Sudetenländern die Befugnisse der zivilen Landesbehörden teilweise an das Armeeoberkommando übergehen.[463] Ministerpräsident Graf Stürgkh lehnte diesen Antrag sofort ab. Er konnte sich zwar nicht der Argumentation verschließen, daß ein erheblicher Teil der tschechischen Intelligenz russophil sei, doch verhalte sie sich passiv. Und auf alle anderen träfen die Vorwürfe des AOK nicht zu, replizierte Stürgkh. Man könne Böhmen doch nicht als ein Gebiet bezeichnen, das in den Bereich der Armee im Felde fiele, da das Land vollkommen von kriegerischen Aktionen verschont geblieben sei. Der Kaiser lehnte schließlich die Anträge des Armeeoberkommandos ab. Doch es war klar, daß damit noch lange nicht alles gesagt worden war und daß sich der Gegensatz zwischen Armeeoberkommando und österreichischer Regierung immer dann verschärfen mußte, wenn wieder ein Fall von Hochverrat oder die Desertion von Truppen bekannt würde. Unbeschadet dessen wurden in Böhmen bis zum Jahresende 950 Personen wegen politischer Delikte verhaftet. 704 von ihnen wurden den Militärgerichten überwiesen und das, obgleich sich die Militärgerichtsbarkeit nur auf die unter militärische Leitung gestellten Betriebe erstreckte.

In Galizien gingen die Maßnahmen des AOK naturgemäß noch weiter, denn Galizien war tatsächlich Kriegsgebiet. Nach den Rückschlägen im September und der abermaligen Vorrückung der k. u. k. Truppen im Oktober erbeuteten österreichische Truppen ein russisches Dossier, in dem die Vertrauensmänner der Russen angeführt waren. Sie waren vorgesehen gewesen, den Russen den Weg durch das österreichische Galizien zu ebnen. Es war darüber hinaus eine größere Zahl von Fällen bekanntgeworden, bei denen vor allem Ruthenen den Russen direkte Hilfe zuteil werden ließen und Nachrichten über die Frontlinien zu bringen suchten.[464] Daß Conrad Befehl gab, unverzüglich gegen diese Leute vorzugehen, versteht sich von selbst. Doch das Armeeoberkommando wollte noch viel weitergehende Maßnahmen ergreifen und beantragte die Einsetzung eines Militärgouverneurs. Das wurde auch damit begründet, daß schon am 14. Oktober in einem Vortrag an den Kaiser ausgeführt wurde, die k. u. k. Armeen hätten im eigenen Land unter dem Verrat und unter der Spionage der russophilen Bevölkerung schwer zu leiden gehabt, während der Feind als „Befreier" begrüßt worden sei. Neben unnachsichtiger Unterdrückung staatsfeindlicher Bestrebungen müsse die Masse der Bevölkerung durch unparteiische Behandlung und durch materielle Unterstützung gewonnen werden. Das Vertrauen aller könne aber nur durch eine Wehrmacht, die seit Jahrzehnten das Prinzip der gleichmäßigen Behandlung aller Nationen verkörpere, gewonnen werden. Politische Beamte seien den Aufgaben kaum gewachsen, daher bedürfe es eines Militärgouverneurs.

Immer wieder wurden vom Armeeoberkommando Versuche gemacht, den Geltungsbereich des Kriegsrechts zu erweitern und das Standrecht zu verhängen. Auch die östlichen Komitate Ungarns sollten davon nicht ausgenommen werden. Es wurde detailliert angeführt, daß sich manche Obergespane geweigert hätten, die Zivilbevölkerung zum Straßenbau heranzuziehen, daß die Personenkontrollen mangelhaft durchgeführt würden, militärische Telefongespräche keine Priorität vor den zivilen Gesprächen besaßen, ja nicht einmal Verständnis dafür aufgebracht würde, daß man etwa in den Wartesälen des Bahnhofs Bártfa „Krankenhaltstationen" eingerichtet hatte. Um den Behörden und der Bevölkerung den vollen Ernst der militärischen Situation bewußt zu machen, sollte das Standrecht verkündet werden.[465]

Was sich im September, Oktober und bis Jahresende 1914 in den Ländern der böhmischen Krone, in Galizien und der Bukowina und schließlich auch in Ungarn herauszukristallisieren begann, war aber nur das Vorspiel für noch viel weitergehende Maßnahmen und Bestrebungen des Armeeoberkommandos, die dann in Versuchen gipfelten, den österreichischen Ministerpräsidenten zu stürzen und eine komplette Militärdiktatur aufzurichten. Bemerkenswert daran war, daß dies alles von einem Armeeoberkommando ausging, das wohl in Conrad seine treibende Kraft hatte und auch jemanden, der in innenpolitischen Angelegenheiten Kompromißlosigkeit demonstrierte, daß aber letztlich alles, was von diesem Kommando an den Ministerpräsidenten oder an den Kaiser herangetragen wurde, vom nominellen Armeeoberkommandanten, Erzherzog Friedrich, mitgetragen und unterschrieben wurde. Der ausgesprochen gemütliche Erzherzog Friedrich hatte allerdings persönlich weder Ambition noch Dynamik genug, um aus seiner mehr als ausbaufähigen Stellung als Armeeoberkommandant mehr zu machen. Daher ließ er sich von Conrad lange Zeit willig gebrauchen.

Friedrich übte auch eine Selbstverleugnung besonderer Art: Erzielten die k. u. k. Armeen Erfolge, dann wurde das Feldherrngenie Conrads gepriesen, und der Armeeoberkommandant ließ es sich gefallen, daß er nicht einmal erwähnt wurde. Erzielten die Truppen keine Erfolge und gab es Niederlagen, erinnerte man sich des Erzherzogs. Doch der stand zum Chef des Generalstabs und nahm ihn gegen seine Kritiker in Schutz.

Die Armeen mußten Anfang November weit zurückgenommen werden, und zwar in den Raum nördlich von Krakau, um wieder einigermaßen operative Freiheit zu erlangen. Das Armeeoberkommando übersiedelte am 10. November nach Teschen, das weiter hinter der Front lag und nicht zuletzt auch den Vorteil hatte, einen Besitz Erzherzog Friedrichs zu beherbergen, ein Schlößchen mit Stallungen, Wagenremise, Glashäusern und Gärten. An der Front aber setzte eine beträchtliche Kräfteverschiebung ein. Die k. u. k. 2. Armee unter Böhm-Ermolli gab einen Teil ihrer Truppen ab, die weit hinter der Front in den Raum Krakau geführt wurden. Die östlich der 1. Armee eingesetzte 4. Armee sollte ebenfalls mit größeren Teilen im Raum Krakau wirksam werden. Damit wurde aber nicht nur eine Operation eingeleitet, die der 1. Armee Luft verschaffen sollte, mehr noch wurde hier an einer Entlastung für die deutschen Truppen, die bis in den

Raum Thorn zurückgegangen waren, gearbeitet. Der deutsche Generalstabschef Erich von Falkenhayn zollte dem auch volle Anerkennung: „Das österreichisch-ungarische Heer hat schwer gelitten. Dessenungeachtet tut die dortige Heeresleitung alles, um die Operationen in bundesfreundlichem Sinn zu leiten. Sie hat drei Armeen auf das linke Weichselufer gezogen und in Galizien nur schwache Kräfte belassen. Es kommt dies einer Aufopferung gleich."[466]

Falkenhayns Aussage sollte wohl deshalb in Vormerkung genommen werden, weil auch diese Phase des Ersten Weltkriegs sehr stark von späteren überlagert worden ist, in denen deutscherseits der Eindruck vermittelt wurde, ohne deutsche Truppen würde es keinen Erfolg für die Mittelmächte gegeben haben. Da hatte der Bundesgenosse eben schon das gemacht, von dem es dann einfach hieß, es wäre schlichtweg seine Pflicht gewesen.

Vom 16. bis 20. November tobte dann die Schlacht von Krakau und Czenstochau, die nur insofern ein Erfolg für die k. u. k. Truppen wurde, als der russische Vormarsch aufgehalten werden konnte. Doch nördlich davon setzten die Russen ihren Vorstoß nach Westen fort. Die k. u. k. 3. Armee, die westlich von Przemyśl schwere Verluste erlitten hatte, mußte zurückgehen, und die eingeschlossene Festung weit zurücklassen. Die Russen standen in den Karpaten und bedrohten die Zugänge nach Ungarn. Tisza verlangte vom Armeeoberkommando Sofortmaßnahmen, um Ungarn zu schützen. Doch Conrad suchte die Entscheidung woanders und setzte buchstäblich alles auf eine Karte. Wenn er damit keinen Erfolg gehabt hätte, wäre er wohl sofort als Generalstabschef abgelöst worden. Abermals kriselte es innerhalb der österreichischen Führung. Vor allem bei der k. u. k. 4. Armee des Erzherzogs Joseph Ferdinand stieß Conrad auf Widerstand. Also stellte der Chef des Generalstabs mit dem Kommandanten des Innsbrucker XIV. Korps, Feldmarschalleutnant Roth, eine eigene Armeegruppe Roth auf, die einen gewagten Vorstoß in den Rücken der russischen 3. Armee durchführen sollte. Roth wurde auch eine deutsche Reservedivision beigegeben. Der Oberbefehlshaber der russischen Südwestfront aber, General Ivanov, täuschte sich über die österreichischen Absichten und glaubte die k. u. k. 4. Armee auf dem Rückzug nach Westen. Jetzt schien ihm sogar ein Einbruch nach Böhmen und Mähren möglich.

Die Armeegruppe Roth wurde bis an die Beskiden geführt und begann am 1. Dezember mit einer für die russische 3. Armee völlig überraschenden Operation bei Limanowa, in der die Russen nach Norden bis Łapanów zurückgeworfen wurden. Auf beiden Seiten wurden eilends Verstärkungen herangeführt, und die Russen konnten am 10. Dezember Roths nach dem Osten offene Flanke zurückdrängen. Doch Conrad hatte auch die k. u. k. 3. Armee zum Angriff befohlen. Aus den Karpaten drang die Gruppe Szurmay (38. Honvéd-Infanteriedivision und eine zusammengewürfelte „kombinierte" Division) allmählich gegen Neusandez vor. Nun setzte Roth das ihm unterstellte VI. Korps (Feldmarschalleutnant von Arz) ebenfalls nach Neusandez an. Das zwang die Russen endgültig zum Rückzug.

Conrad hatte mit seiner Disposition zur Schlacht von Limanowa-Łapanów und mit dem Ansatz der 3. Armee auf Neusandez sowie dank der klugen Auswahl der für die Durchführung der Operation verantwortlichen Kommandanten einen eindrucksvollen Sieg errungen. Es war ihm geglückt, die zahlenmäßige Unterlegenheit durch Manövrieren und die Ausnützung der inneren Linie auszugleichen. Er hatte sich auch gegenüber den Armeekommandanten in einer eindrucksvollen Weise durchgesetzt. Damit waren die Zweifel an seinen Führungsqualitäten gegenstandslos und auch die Führungskrise überwunden worden. Der Kaiser verlieh ihm das Militärverdienstkreuz I. Klasse. Gleichzeitig wurde Erzherzog Friedrich zum Feldmarschall befördert und erhielt die Erlaubnis, den Marschallstab seines Großvaters Erzherzog Carl und seines Adoptivvaters Erzherzog Albrecht zu tragen.[467]

Die Verfolgung der russischen 3. und 8. Armee ging noch einige Tage weiter. In der schließlich bis 20. Dezember dauernden Schlacht gelang es, sie bis in den Raum Tarnów zurückzuwerfen. Die k. u. k. 4. Armee kam dabei bis an den Dunajec. Die 3. Armee wurde zwar wieder auf die Karpaten zurückgedrängt, doch der russische Einbruch nach Schlesien und Ungarn war verhindert worden. Damit verloren auch die in Rußland, Frankreich und Serbien angestellten Überlegungen zur Teilung der Monarchie an Aktualität.[468]

Belgrad und das Scheitern auf dem Balkan

Am 14. November 1914 verkündete in Konstantinopel der Sultan-Kalif Mohammed V. den „Dschihad“, den Heiligen Krieg gegen Briten, Franzosen und Russen. Alle Moslems waren aufgerufen, sich an diesem Krieg an der Seite des Osmanischen Reichs und seiner Verbündeten, Deutschland und Österreich-Ungarn, zu beteiligen. Damit wurde nicht zuletzt auch den Moslems auf dem Balkan ein Fingerzeig gegeben, daß ihr Platz in diesem Krieg in den Reihen und an der Seite der k. u. k. Monarchie wäre.[469] Wer hätte das 1683 gedacht! Schon Ende August waren an die 7000 Bewohner des serbischen Sandschaks von Novi Pazar nach Bosnien übergetreten. Anfang November veranstalteten die mohammedanischen Bosnier Sympathiekundgebungen für die Habsburgermonarchie. Damit wurde unterstrichen, daß sich die Moslems als besonders verläßliche Untertanen des fernen Kaisers in Wien fühlten. Die Verkündung des Heiligen Kriegs durch den Sultan ermöglichte es den k. u. k. Truppen, diese Botschaft auf Flugblättern unter den mohammedanischen Soldaten der russischen Armee zu verbreiten, und auch der Landesbefehlshaber von Bosnien-Herzegowina und mittlerweile Befehlshaber der k. u. k. Streitkräfte auf dem Balkan, Feldzeugmeister Oskar Potiorek, zögerte nicht, eine „Fetwa“ des Scheich-ül-Islam mit dem Gebot zum Heiligen Krieg in den Moscheen des Landes verlesen zu lassen. Es war ein willkommenes und wohl auch schon notwendiges Mittel der psychologischen und ideologischen Kriegführung.

Ende September war die Front in Serbien zum Stillstand gekommen. Die Erfolge der österreichisch-ungarischen Truppen waren auch in der zweiten Offensive sehr gering geblieben, und die Verluste waren außergewöhnlich hoch. In Serbien kam zu den bei Kriegsbeginn an sich immer höheren Verlusten an Toten und Verwundeten durch die Kampfeinwirkung auch noch ein Element der Grausamkeit, das in Galizien weitgehend fehlte. Doch auch auf dem Balkan gelang es den Ersatzorganisationen des k. u. k. Heeres unschwer, die Menschenverluste auszugleichen. Nach fünf Wochen „Retablierung“, wie der k. u. k. Fachjargon lautete, waren die Truppen wieder aufgefrischt. Allerdings war die verhältnismäßige Ruhe nicht an allen Frontabschnitten zu verzeichnen gewesen. Die Serben hatten versucht, über die Romanja planina nach Sarajevo vorzudringen. Sie waren dabei gescheitert, hatten sich aber als weiterhin angriffsfähig erwiesen und geschickt kaschiert, daß ihre Situation immer schwieriger wurde. Serbien gelang es im Verlauf des Oktober nicht mehr, die Verluste der ersten Kriegswochen ähnlich vollständig auszugleichen, wie dies in Österreich-Ungarn der Fall war. Es zeigte sich bereits Munitionsmangel. Auch Lebensmittel waren knapp. Russen, Franzosen und Briten hatten sich mit Militärmissionen eingestellt und griffen auch aktiv in die Verteidigung Serbiens ein. Die Russen hatten Donau und Save vermint und damit tatsächlich am 23. Oktober einen der k. u. k. Monitore, die „Temes", das Flaggschiff der k. u. k. Donauflottille, zum Sinken gebracht.[470] Doch was viel wichtiger gewesen wäre, ein großzügiger Nachschub an Rüstungsgütern, Waffen und Munition, war ausgeblieben.

Seit Mitte Oktober regnete es, auf den Bergen fiel Schnee. Doch jetzt, am 31. Oktober, traten die österreichisch-ungarischen Truppen nochmals an; zum dritten Mal in drei Monaten. Die k. u. k. 5. und die 6. Armee sowie die in Syrmien aus den verbliebenen Teilen der 2. Armee und neu zugeführten Truppen gebildete Armeegruppe Krauß durchbrachen in mehrtägigen schweren Kämpfen Anfang November die serbische Front. Wieder war Valjevo das erste große Ziel. Und obwohl der Abstand zwischen den Kampftruppen und den auf grundlosen Wegen versinkenden Trains immer größer wurde, erreichten die 5. und die 6. Armee schließlich am 15. November die Kolubara und konnten in Valjevo einziehen. Mit einem Mal schienen alle Rückschläge vergessen zu sein. Potioreks Ruf stieg ins Unermeßliche. Er wurde vom Kaiser geehrt, von Städten zum Ehrenbürger gemacht, und in Sarajevo wurde eine Straße nach ihm benannt.[471] Das spornte den Kommandanten der Balkanstreitkräfte zusätzlich an: Er ließ seine Truppen sogleich weiter vorstoßen. Die Serben sollten vernichtet und Serbien besetzt werden. Die k. u. k. Truppen fanden keine Ruhe. Potiorek trieb sie unerbittlich an. „Die Unbilden der Witterung machten den Gesundheitszustand der noch immer in Sommerkleidern angezogenen Mannschaft sehr bedenklich", notierte der Kommandant der 29. Infanteriedivision, General Eduard Zanantoni. „Disziplin und Geist begannen darunter zu leiden. Vergeblich blieben alle Klagen; Potiorek verhielt sich gegenüber den berechtigten Vorstellungen der Unterführer taub und verlangte immer kategorischer: ‚Vorwärts, vorwärts!'"[472] Die Artillerie blieb zurück und hatte kaum noch Munition, also mußten umso mehr Menschen eingesetzt werden, um den serbischen Widerstand zu brechen. Die Truppen Potioreks erreichten den Ljig, wo vom 26. bis 28. November eine neuerliche Schlacht entbrannte. Die Serben wurden zum Rückzug auf Kragujevac gezwungen. Doch damit hatten die österreichisch-ungarischen Truppen das Äußerste an Leistungsfähigkeit überschritten. Sie hatten, weiterhin quer zu den natürlichen Bewegungslinien angreifend, von Mitte bis Ende November die Serben knapp an den Rand des Zusammenbruchs gebracht. Doch sie waren selbst ausgebrannt, hatten fast keine Munition mehr und konnten sich und ihre Waffen kaum noch mitschleppen. Potiorek aber wollte das nicht wahrhaben. Ihm fehlte auch eine Kontrolle, und so wurden lediglich die Erfolge der Truppen auf dem Balkan gesehen und nicht auch die ungeheuren Verluste. Potioreks Befehle waren immer in Worten der Superlative abgefaßt: „Es ist unbedingt zu halten",

„ehebaldigst" zu nehmen, „entschiedenes Vorgehen ohne Rücksicht auf Marschverluste", und dergleichen mehr. Oder der Feldzeugmeister erging sich in Gemeinplätzen wie: „Kriegführen heißt hungern" und „Ein Feldherr muß einsam sein".[473] Die seit dem Erreichen der Kolubara nicht mehr verstummenden Klagen der Korpskommandanten und deren Bitten nach Zuschub von Munition, Verpflegung, Schuhen sowie ihre immer dringender werdenden Forderungen nach einem Rasttag tat der Feldzeugmeister als „Gejammer" ab.[474] Die Folge davon war die totale Erschöpfung der Truppen, die sich nur mehr durch Morast und Schnee weiterkämpften und völlig apathisch waren. Nichts von dem findet sich in den Tagebuchaufzeichnungen Potioreks: Samstag, 28. November 1914: „Morgens teilweise bewölkt und Temperatur unter 0° R[eaumur]; tagsüber schön und in der Sonne über 0° R. Sehr angestrengt gearbeitet und da die Schlacht an der Kolubara sich sehr hartnäckig gestaltet, sehr nervös gewesen. Feldpostkarten expediert." Sonntag, 29. November: „Morgens Temperatur über 0° R; den ganzen Tag trüb und feuchtnebelig. Wie gewöhnlich gearbeitet." Dann folgt wieder die Auflistung der expedierten Karten. Montag, 30. November: „Morgens um 0° R und trübnebelig; dann bis 3 h Nachm. sehr schön und mild, später wieder teilweise bewölkt. Wie gewöhnlich gearbeitet. Um 11 h Vorm. den dekorierten Herren des Stabes ihre Dekorationen persönlich überreicht ..." Am 1. Dezember arbeitete Potiorek wieder „wie gewöhnlich" und hatte dann zwei nordamerikanische Offiziere als Gäste zum Essen.[475]

Auch wenn man den privaten Charakter des Tagebuchs in Rechnung stellt, läßt sich daraus außer an Hand weniger Worte nichts über die Vorgänge im Balkanoberkommando und vor allem nichts über die Wege der Entscheidungsfindung herauslesen. Noch viel weniger ist über den Zustand der Truppen vermerkt. Das Tagebuch war wie der Mann: nüchtern, kalt, bürokratisch, so als ob Krieg lediglich ein Verwaltungsakt wäre. Liest man dieselben Tage in den Aufzeichnungen eines der hohen Offiziere nach, dann ergeben sich meist ganz andere Einblicke und werden die ungeheuren Verluste, Strapazen und das menschliche Leid erkennbar. Einer derjenigen, die über diese Wochen auf dem Balkan schrieb, war auch Egon Erwin Kisch, der als Gefreiter beim VIII. Korps diente. Er notierte folgendes: 28. November: „Das Terrain ist gräßlich, wir haben gar keine Reserven, alle Soldaten denken an Selbstmord. Wenn man die Schwarmlinie wenigstens für acht Tage ablösen könnte. Das Korpskommando hat unseren Offizieren heute für eventuellen Bedarf zehn Flaschen Champagner gesandt, also scheint man höheren Orts den Sieg vorzubereiten." Sonntag, 29. November: „Am Abend schlief ich in einer der typischen Rakjatennen mit zwei Infanteristen. Links von mir lag H., Prokurist einer großen Spinnerei in Wien und geschulter Nationalökonom, rechts von mir D., Portier eines Kleinseitner Bordells und gewalttätiger Einbrecher, der eben sein siebentes Jahr als Infanterist abdient. Es war kalt und wir preßten uns fest aneinander ..." 30. November: „Man hat in Ermangelung eines geeigneten Eiskellers mit der Konsumierung des Champagners nicht bis zum endgültigen Sieg warten können. Am heutigen Tage, an dem die Nachricht kam, daß die Russen zum zweiten Mal über die Karpathen gedrungen sind, wurden die zehn ... Flaschen ausgetrunken ..." Dienstag, 1. Dezember 1914: „Der letzte Monat dieses grausamsten aller Jahre beginnt. Wird es der letzte Monat des Krieges sein? Viele Millionen wünschen es mit allen Fasern ihres Herzens ... Nirgends ist ein Ende abzusehen. Morgens marschierten wir via Lazaravac [sic!] ...

scharf nordwestlich, was das Gerücht verstärkte, daß wir mit dem 13. Korps und der Armee Krauß gegen Stadt und Festung Belgerad marschieren ...'"[476]

Das Überdehnen der Nachschublinien, das Vordringen in altserbisches Gebiet und das militärische Risiko eines so ungesicherten Vormarsches hatte wohl mehrere Ursachen. Zum einen war es das Gefühl, daß man nunmehr, bei der dritten Offensive, Erfolg haben würde. Es bedurfte offenbar nur mehr einer letzten Anstrengung, und Serbien war geschlagen. Der Ehrgeiz und der Aspekt der persönlichen Rache mochten bei Potiorek noch immer eine Rolle spielen. Und zudem gab es eine vage Hoffnung: Da ja schon lange nicht mehr auf Rumänien gezählt wurde, konzentrierten sich alle Überlegungen auf Bulgarien. Griff Bulgarien gegen Serbien in den Krieg ein, dann war der Ausgang des Feldzugs sicher. Und so trieb man den Bulgaren die fast geschlagenen Reste der serbischen Armee entgegen. Der bulgarische Ministerpräsident Radoslavov tat aber alles, um Bulgarien nicht auf die Mittelmächte festzulegen. Es war auch nicht auszuschließen, daß der bulgarische Zar Ferdinand lange gehegte Ressentiments gegenüber Österreich-Ungarn und vor allem gegenüber Kaiser Franz Joseph weiter pflegte.[477] Daher tat die bulgarische Armee nichts, um sich den Truppen Feldzeugmeister Potioreks zu nähern. Österreich-Ungarn mußte allein sehen, ob es die dritte Offensive gegen Serbien erfolgreich beenden konnte – oder nicht.

Das Oberkommando der Balkanstreitkräfte reagierte auf keine Klagen und auch nicht auf schon alarmierende Meldungen. Schließlich jagte Potiorek noch einem Prestigeziel nach und befahl dem linken Flügel der 5. Armee die Besetzung Belgrads. Sie erfolgte kampflos am 2. Dezember 1914, dem 66. Jahrestag der Thronbesteigung Kaiser Franz Josephs. Dazu die Eintragung bei Potiorek: „Wie gewöhnlich gearbeitet, doch war ich Mittags durch die überraschende Nachricht vom Falle Belgrads sehr erregt." Dann expediert er wieder Feldpostkarten. Das Wort „überraschend" in den privaten Aufzeichnungen Potioreks läßt ein wenig daran zweifeln, daß die Einnahme Belgrads am 2. Dezember um jeden Preis zu erfolgen hatte. Doch erhofft hatte er das sicherlich. Kisch drückte sich da viel drastischer aus: „Anläßlich des Regierungsjubiläums Kaiser Franz Josephs fand heute vormittags unter zahlreicher Beteiligung die Eroberung von Belgrad mit reichhaltigem Vergnügungsprogramm statt. Die Einnahme erfolgte durch den Ostflügel unserer Armee. Die Heeresleitung hat weder Kosten noch Mühen gescheut, um diese für den heutigen Tag anberaumte Veranstaltung rechtzeitig in alle Teile der Welt zu melden, und überall ‚spontane' Ovationen anläßlich dieses unvorhergesehenen, zufällig am Jubiläumstage erfolgten Ereignisses zu erwecken."[478]

Belgrad war damit zum vierten Mal von kaiserlich-österreichischen Truppen besetzt worden, Potiorek sah seinen Namen neben dem Prinz Eugens und Loudons. Erst jetzt gönnte er seinen Armeen eine Retablierungspause. Sie sollte bis zum 3. Dezember dauern. Doch mitten hinein erfolgte ein serbischer Großangriff. Die serbische Führung hatte es verstanden, die Moral ihrer Soldaten wieder aufzurichten. Sie kratzte buchstäblich alles zusammen, was noch in Serbien ein Gewehr tragen konnte. Schließlich erreichte Serbien auch ein umfangreicher französischer Munitionstransport, hauptsächlich Artilleriemunition. Damit konnten die schon katastrophalen Engpässe auf diesem Gebiet überwunden werden. Die Serben griffen mit rund 200.000 Mann die auf 80.000 Mann herabgesunkenen k. u. k. Armeen an. Zuerst mußte das XVI. Korps über die Kolubara zurückgehen. Dann brach die ganze Front zusammen. Am 15. Dezember wurde Belgrad wieder geräumt, und schließlich waren die k. u. k. Truppen da, wo sie auch im August gestanden waren: auf österreichisch-ungarischem Boden.

Die Meldung von der totalen Niederlage der Balkanstreitkräfte war ein Schock. Nichts hatte ahnen lassen, daß statt des Triumphs über die Serben eine Katastrophe drohte. Potiorek hatte ja ein ums andere Mal von Erfolgen und dem planmäßigen Voranschreiten der Operationen berichtet. Dann plötzlich, am 5. Dezember, meldete er, daß die Armeen zurückgenommen werden müßten und ohne sofortige Verstärkung eine komplette Niederlage drohte. Am 10. Dezember forderte ihn der Chef der kaiserlichen Militärkanzlei, Bolfras, im Namen des Kaisers auf, einen eingehenden Bericht über die Ursachen des Umschwungs einzusenden.[479] Am 13. Dezember wurde Potiorek angewiesen, ein Pressekommuniqué hinauszugeben, mit dem die Öffentlichkeit über die eingetretene Lage informiert werden sollte. Da in dem Entwurf der Aussendung die Situation enorm beschönigt wurde, verweigerte ihr der Kaiser die Zustimmung, und die Militärkanzlei gab ihrerseits ein Kommuniqué hinaus. Zwei Tage später fuhr der Stellvertretende Chef der Militärkanzlei, Feldmarschalleutnant Marterer, nach Peterwardein, um an Ort und Stelle Informationen zu besorgen und die Ursachen der Niederlage herauszufinden. Am 19. war Marterer zurück und wurde vom Kaiser gefragt, wer an der Niederlage schuld sei. Marterer antwortete knapp: Feldzeugmeister Potiorek.[480]

Offiziere und Soldaten hatten Ungeheures zu leisten und zu erdulden gehabt. Die Verluste der Balkanstreitkräfte beliefen sich seit Kriegsbeginn auf 273.000 Mann, davon über 30.000 Tote, rund 173.000 Verwundete und 70.000 Gefangene. Und das bei nach und nach eingesetzten rund 450.000 Mann.[481] Das war wesentlich mehr, als die serbischen Gesamtverluste ausmachten. Die Serben zählten 22.000 Gefallene und 91.000 Verwundete. An der Bevölkerung und an den Ressourcen gemessen war das freilich ein Vielfaches von dem, was Österreich-Ungarn zu verkraften hatte. Serbien war am Ende. Die serbischen Armeen hatten weder Mittel noch Kraft genug, um die Grenzflüsse und Berge nach Bosnien oder Syrmien und das Banat zu überwinden. Sie litten in der Folge unter grauenhaften sanitären Verhältnissen. Cholera, Ruhr und Fleckfieber breiteten sich aus. Doch die Serben hatten sich vorerst behaupten können, und damit entstand wie nichts das Bild von David und Goliath.

Auf österreichischer Seite gab es einen Kommandowechsel. Potiorek wurde abgelöst und in den Ruhestand versetzt. Am 21. Dezember erhielt der Feldzeugmeister ein Schreiben des Chefs der kaiserlichen Militärkanzlei, das allerdings noch ein wenig kryptisch abgefaßt war. Daraufhin erbat der Kommandant der Balkanstreitkräfte eine deutlichere Mitteilung. Doch da er sich über seine Situation wohl im klaren war, telegrafierte er noch am 22. an die Militärkanzlei und erbat seine Enthebung und Pensionierung. Noch ehe er aber formell enthoben war, hatte er dem Kommandanten der 5. Armee, General Frank, dessen Enthebung vom Kommando mitzuteilen. Der Feldzeugmeister sah seine Ablösung noch immer als unbillig an und notierte daher in sein Tagebuch: „Es wird mir also nicht gegönnt sein, das Unglück selbst gut machen zu können und es wird an meinem Namen haften bleiben." Er erbat Klagenfurt als Aufenthaltsort. Potiorek hatte aber außer dem Balkanoberkommando auch noch das Kommando über die 6. Armee innegehabt. Auch das wurde nunmehr vakant. Damit wurden also beide Armeekommandanten und der Kommandant des Kriegsschauplatzes abgelöst, was eine an sich deprimierende Bilanz ergab: Von sechs Armeekommandanten der österreichisch-ungarischen Streitkräfte waren 1914 vier enthoben worden. Statt Potiorek übernahm Erzherzog Eugen das Kommando über die Balkanstreitkräfte. Sein Generalstabschef wurde Feldmarschalleutnant Alfred Krauß. Kommandierender in Bosnien, Herzegowina und Dalmatien, also militärischer Landeschef, wurde Feldmarschalleutnant Stefan von Sarkotić. Damit war die Machtfülle Potioreks aufgeteilt worden. Doch nicht nur das. Das Balkanoberkommando, das Ende August unabhängig geworden war, büßte einen Teil seiner Selbständigkeit ein und wurde vom Armeeoberkommando abhängig, das nun von Teschen aus sowohl den russischen als auch den südöstlichen Kriegsschauplatz befehligte. Das war im Sinne der Einheitlichkeit der Befehlsführung sicherlich richtig und notwendig. Allerdings blieb das Problem der Entfernung weiterhin aktuell, vorausgesetzt freilich, daß die k. u. k. Truppen auf dem Balkan überhaupt wieder offensiv werden konnten oder sich eine serbische Offensive abzeichnete. Beides war jedoch vorerst nicht der Fall. Die Serben hatten sich total erschöpft. Für die österreichisch-ungarischen Truppen galt aber nun wirklich und erstmalig eine Rangordnung der Kriegsschauplätze. Der Balkan war zum Nebenkriegsschauplatz geworden, was er eigentlich gleich bei Kriegsbeginn hätte werden sollen.

Die gesamte Bilanz der ersten Kriegsmonate war erschütternd, und im nachhinein ließ sich sagen, daß die ungeheuren Verluste des Jahres 1914 nie wieder ausgeglichen werden konnten. (Freilich hat uns ein zweiter Weltkrieg gelehrt, daß dem Krieg der Deutschen Wehrmacht insgesamt rund zweimal so viele deutsche und österreichische Soldaten zum Opfer fielen als dem um eineinhalb Jahre kürzeren Ersten Weltkrieg.) Von Kriegsbeginn bis Jahresende 1914 waren 189.000 Offiziere und Soldaten gefallen, über 490.000 verwundet worden und an die 278.000 waren kriegsgefangen oder vermißt. Zusammen war das eine runde Million Menschen. Wenn man nur die unersetzbaren Verluste an Toten, Kriegsgefangenen und Vermißten nimmt und ihnen jene Verwundeten zuzählt, die invalid blieben, dann ist daraus der enorme Aderlaß leicht abzulesen. Innerhalb der Gesamtzahl machten die Offiziersverluste an Toten, Verwundeten und Kranken 26.500 aus. Darin war wohl auch eine große Zahl von Reserveoffizieren enthalten. Doch von der „alten Armee“ war eigentlich nicht mehr viel vorhanden. Der ungarisch-amerikanische Historiker István Deák hat darauf hingewiesen, daß die Habsburgerarmee um 1915 „zu einer Art Miliz geworden war“ und daß durch die immer stärkere Verwendung von Reserveoffizieren auch die Führung dieser Armee zunehmend von Berufssoldaten auf „Zivilisten in Uniform“ überging.[482] Dem ist eigentlich nichts mehr hinzuzufügen.

8
Der erste Kriegswinter

Über die Kriegsziele

Wie viele andere hatte sich auch Papst Benedikt XV. Hoffnungen gemacht, daß es noch vor Weihnachten gelingen würde, einen Waffenstillstand zustande zu bringen. Doch als beim k. u. k. Armeeoberkommando wegen einer derartigen Waffenruhe nachgefragt wurde, riet Conrad ab. Der Krieg könne auf derlei keine Rücksicht nehmen, die Russen würden sich nicht daran halten usw. Der Generalstabschef der österreichisch-ungarischen bewaffneten Macht hatte schon längst Abschied vom begrenzten Krieg genommen; der Krieg war für ihn bereits im August 1914 total geworden, und Anklänge an das 19. Jahrhundert, wo zu besonderen Gelegenheiten Waffenruhen vereinbart und im Winter eigentlich nie Krieg geführt worden war, hatte er aus seinem Denken verbannt. (Wie seine Amtskollegen auch!) Conrad hatte weiter zu planen und das zweite Kriegsjahr vorzubereiten. Es mußten aber auch eine moralische Niederlage verkraftet und ein stimmungsmäßiger Umschwung bewältigt werden.

Am 2. und 3. Dezember waren in allen größeren Orten der Monarchie Freudenkundgebungen wegen der Einnahme Belgrads abgehalten worden. Fahnen waren gehißt worden, die Regimentsmusiken spielten, es gab Fackelzüge und es wurde gefeiert. Wie weggefegt war die noch im November verbreitete Stimmung gewesen, von der Ludwig Thallóczy, der für Bosnien und Herzegowina zuständige Sektionschef im k. u. k. Finanzministerium, geschrieben hatte: „Das sogenannte intelligente Publikum sorgt sich außerordentlich. Die Angst hat die Menschen stark ergriffen ... Jetzt ist der Zustand grau, man sorgt sich wegen des Kriegsausganges. Sogar in den Tapfersten erklingt manchmal die Saite der Sorge und nur wenige bewahren ruhiges Blut. Leider fehlt der wirkliche Mann hier außerordentlich: alte Weiber, tratschende Alleswisser, Brunnenvergifter und dumme Schafe umringen den Menschen."[483] Dann hatte man plötzlich glauben müssen, daß der Sieg über Serbien errungen, das eigentliche Kriegsziel, Sarajevo zu rächen und Serbien zu bestrafen, erreicht worden sei.[484] Doch wieder war ein Umschwung gekommen, und in den ersten Jännertagen wurde eine Äußerung von Kaiser Franz Joseph kolportiert, wonach der Kaiser vor Scham und Trauer nicht mehr auf die Straße gehen wollte.[485] Die Niederlage auf dem Balkan wurde als viel nachhaltiger empfunden als irgend etwas, das bis dahin auf dem nordöstlichen Kriegsschauplatz geschehen war.

Die Stimmung schlug um, und für den Beobachter eines neutralen Staates, nämlich den Botschafter der USA in Wien, Frederic C. Penfield, ergab sich daraus die Feststellung: „Alle Bevölkerungsschichten scheinen zutiefst kriegsmüde zu sein und wünschen sich, der Krieg möge raschest enden, sofern ein Friedensschluß mit der nationalen Ehre in Einklang zu bringen sei."[486] Der amerikanische Diplomat hatte wohl keinen vollständigen Einblick in das Geschehen, doch ihm wurde sicherlich einiges zugetragen. In Wien wollte er festgestellt haben, daß Kriegsmüdigkeit als Majestätsbeleidigung empfunden würde, während man in Böhmen die Meinung antreffe, das Habsburgerreich würde sich nur vor den deutschen Karren spannen lassen. Das Straßenbild Wiens wurde von den Verwundeten geprägt und die Umgebung der Stadt von den Flüchtlingen aus Polen, Galizien und der Bukowina. Hunderttausende wären es, hatte man Herrn Penfield gesagt. Der prominenteste Flüchtling sei allerdings kein Balkanbewohner, sondern der Khedive von Ägypten, Seine Hoheit Abbas Pascha. In Galizien habe es sich gezeigt, gab der Amerikaner den Wiener Tratsch wieder, daß die k. u. k. Truppen gegenüber einer weit überlegenen Truppe nicht standhalten könnten, und in Serbien wäre augenfällig geworden, daß man unvorbereitet und viel zu zuversichtlich gewesen sei. Daher auch der Wunsch nach Frieden.

Wie nicht anders zu erwarten, bot der Jahreswechsel 1914/15 Gelegenheit, um Bilanz zu ziehen. Meist war es eine nüchterne und ernüchternde Bilanz. Der Anlaß war aber auch dazu geeignet, die Frage, welche Ziele die Habsburgermonarchie in diesem Krieg verfolgte, stärker, ja teilweise überhaupt erstmals hervortreten zu lassen. Wohl war schon in den letzten Tagen des Juli 1914 gefragt worden, mit welchen Zielen der Krieg eigentlich begonnen würde. Jeder einzelne, der dann Kriegführender wurde, mußte sich die Frage vorlegen und erste Antworten zu formulieren suchen. Aber was auch immer da gesagt und gedacht wurde: Es entbehrte der Realität. Niemand war in der Lage, an das Ende des Kriegs zu sehen, und es waren bestenfalls allgemeine Einschätzungen und Hoffnungen, die zur Grundlage der ersten konkreteren Angaben über Kriegsziele gemacht werden konnten. Abwehren und verhindern waren die dominanten Vokabel.

Österreich-Ungarn hatte sich beeilt, noch vor der Kriegserklärung an Serbien zu versichern, daß es keinerlei territoriale Eroberungen anstrebte. Damit sollten vor allem die Russen beruhigt, gleichzeitig aber auch Italien ein Signal gegeben werden, daß es auf dem Balkan keine Veränderungen geben würde, die Italien dann mit Verweisung auf den Dreibundvertrag zum Gegenstand von Kompensationsforderungen machen konnte. Doch selbstverständlich verhinderte das nicht, daß der Phantasie Tür und Tor geöffnet blieben und jeder darüber nachdenken konnte, was sein würde, wenn Serbien tatsächlich besiegt und vielleicht auch Rußland zum Einlenken oder zur Aufgabe bewogen werden könnte. An sich wäre es ja genug gewesen, wenn man Serbien tatsächlich dazu bringen konnte, daß es aufhörte, die Rolle eines südslawischen „Piemont" zu spielen. Wie es dazu gebracht werden sollte, war allerdings fraglich. Als eine der Möglichkeiten war schließlich auch die Aufteilung auf die Nachbarn genannt worden, immer vorausgesetzt, daß diese überhaupt ein Stück Serbien haben wollten. Doch das für Österreich-Ungarn Wichtigste war, daß der notorische Unruhestifter keinen Einfluß auf die Südslawen des eigenen Reichs mehr ausüben konnte. Ähnlich vorsichtig waren wohl auch die Kriegsziele gegenüber Rußland zu formulieren gewesen: Es sollte aufhören, die Panslawisten zu unterstützen und die Ruthenen und andere massiv zu beeinflussen. Doch das alles war noch sehr vage und vor allem nicht im mindesten absehbar.

Dem, was in Österreich-Ungarn spekuliert und an Kriegszielen formuliert wurde, wäre dann das gegenüberzustellen gewesen, was die anderen mit Hinblick auf die Habsburgermonarchie dachten. Und da beschränkte man sich durchaus nicht darauf, gedanklich hier oder dort ein Stück abzuzwicken und Grenzen nach militärischen Gesichtspunkten zu verschieben. Vielmehr verband sich diese Diskussion mit jenen längerfristigen Zielsetzungen, die auf die Auflösung der Monarchie hinausliefen. Dieser Gesichtspunkt erhielt noch dadurch Nahrung, daß sich plötzlich Leute zu Wort meldeten, die bis zum Sommer 1914 mitunter als loyale Untertanen der Habsburgermonarchie geschienen hatten und nun mit radikalen Phrasen aufhorchen ließen. Die meisten dieser Leute waren im Sommer und Herbst 1914 aus Österreich geflohen und suchten bei den nunmehrigen Feindmächten Österreich-Ungarns oder auch bei Neutralen Zuflucht, wo ihre Ideen plötzlich als wichtig eingestuft wurden.

Eine Handvoll tschechischer Emigranten unterbreitete schon am 4. August 1914 dem russischen Außenminister Sazonov den Vorschlag, Zar Nikolaj die Wenzelskrone anzubieten. Sazonov flocht denn auch in seine ersten Gespräche mit den Ententemächten über die Kriegsziele nicht nur die Möglichkeit des Erwerbs von ganz Polen ein, sondern überlegte die – wie er es nannte – „Befreiung" Böhmens.[487] Von den Botschaftern Frankreichs und Großbritanniens konkret angesprochen, meinte der russische Außenminister, daß es russisches Kriegsziel wäre, Galizien, Schlesien und Posen mit Russisch-Polen zu vereinigen. Serbien sollte Bosnien-Herzegowina, Dalmatien und Nordalbanien bekommen.

Für die Russen galt daher im weiteren, daß sie auch in ihrer Propaganda die Befreiung der Slawen von der ausländischen Herrschaft hervorkehrten. Aber wollten die überhaupt „befreit" werden? Nur wenige Tschechen und noch weniger Kroaten strebten eine nationale Unabhängigkeit außerhalb der Habsburgermonarchie an. Nichtsdestoweniger kam die Frage der vollständigen Auflösung Österreich-Ungarns bereits im Herbst 1914 aufs Tapet. Der russische Botschafter in Paris und frühere Außenminister, Aleksej Izvolskij, jener Mann, der mit Baron Aehrenthal die Annexion Bosniens und Herzegowinas ausgeheckt hatte, seither aber Österreich-Ungarn grollte, wollte den französischen Außenminister Théophile Delcassé auf möglichst weitgesteckte Kriegsziele festlegen. Er vermutete noch immer versteckte Sympathien Frankreichs für die Donaumonarchie, denen Izvolskij entgegenhielt, „daß mit der Habsburgermonarchie Schluß sein müßte, daß sie ein völliger Anachronismus sei und daß deren Völker, mit der Ausnahme von Polen, zu selbständigem politischem Leben erzogen werden müßten". Im Süden sollte ein serbisch-kroatischer Staat mit Istrien und Dalmatien ein Gegengewicht zu Italien, Ungarn und Rumänien bilden.[488] In diesem Punkt fand er zwar nicht bei den Franzosen, wohl aber bei einer Handvoll kroatischer Emigranten um Frano Šupilo vollste Zustimmung. In London formulierte der dortige russische Botschafter, Aleksej Benckendorff, ähnliche Gedanken und wurde darin, zumindest was die Zukunft Böhmens, Mährens und der Slowakei betraf, von dem zunächst in die neutralen Niederlande emigrierten Abgeordneten des österreichischen Reichsrats und Philosophieprofessor Tomás G. Masaryk unterstützt. Masaryk konnte sich aber nicht nur des russischen

Interesses sicher sein, sondern auch der Aufmerksamkeit seiner französischen und vor allem englischen Freunde. Das diente nicht zuletzt dazu, jenseits der Kriegszieldiskussion zu informieren und zu desinformieren. Denn was Masaryk im Oktober 1914 dem Universitätslehrer und Schriftsteller Robert Seton-Watson über die Verhältnisse in seinem Heimatland und vor allem in seiner Heimatstadt Prag erzählte, betraf einerseits die Kriegszieldiskussion, denn schließlich zeichnete Masaryk bereits einen tschecho-slowakischen Staat mit Böhmen, Mähren, Schlesien und der Slowakei, aber auch mit dem Hinweis auf notwendige Grenzkorrekturen zugunsten dieses Staates in den Räumen Budweis, Znaim und Gmünd. Andererseits schilderte er die Verhältnisse in Prag und ließ offenbar vergessen, daß manches recht weit hergeholt war. Er reduzierte die Verhältnisse darauf, daß er von einer tschechischen Bevölkerung auf der einen Seite und den Deutschen, die vornehmlich Juden seien, auf der anderen Seite sprach. Der Haß der Tschechen würde sich vor allem gegen die Juden richten, und es sei in Kürze mit einem Pogrom zu rechnen; das würde aber erst der Anfang sein.[489] Was Seton-Watson und der außenpolitische Redakteur der „Times“, Henry Wickham-Steed, von Masaryk vor allem bestätigt erhielten, war jedoch die Auffassung, jegliche tschechoslowakische Unabhängigkeit gründe auf einer Niederlage Deutschlands. Das freilich war trotz des Scheiterns der deutschen Offensive in Frankreich vorderhand eine kühne Annahme, und auch im Fall Österreich-Ungarns schien die Diskussion um weit gesteckte Kriegsziele und den Zerfall des Reichs nicht nur unzeitgemäß, sondern regelrecht unsinnig. Eines aber war evident geworden: Dort, wo Österreich vor dem Krieg Sympathien genossen hatte, in England etwa, in Frankreich oder in den USA, waren diese gewichen. Dort, wo die Monarchie gerade noch geachtet gewesen war, aber keine Sympathien genoß, in Rußland oder Serbien, war nur mehr Vernichtungswille vorhanden. Von beiden Stimmungen war die erstere im Grunde genommen die bedenklichere, denn hier wurde das Feld bereitet, auf dem die radikalen Gegner der Monarchie ihre Propaganda für das Auslöschen des alten Reichs betreiben konnten. Wie es dabei auch um die Stimmung in neutralen Ländern wie den USA bestellt war, erhellte aus einem Erlebnis des berühmten Geigers Fritz Kreisler, der, als er am Schluß eines Konzerts die österreichische Kaiserhymne spielte, der Propaganda bezichtigt wurde, während zur selben Zeit das Intonieren der Marseillaise in den USA allenthalben Begeisterungsstürme auslöste.[490]

Impressionen, wie sie gerade in den USA zu gewinnen waren, hätten durchaus dazu herhalten können, um die internationale Reputation Österreich-Ungarns besser und realistischer beurteilen zu können, doch die Berichte des österreichischen Botschafters, Constantin von Dumba, aus Washington führten am Wiener Ballhausplatz nur dazu, die USA wegen ihrer Munitionslieferungen an die Entente und ihrer Unterstützung für Großbritannien anzugreifen. Kein Wort davon, daß die USA in einer Reihe von Staaten, mit denen Österreich-Ungarn keine diplomatischen Beziehungen mehr unterhielt, die Interessen der Monarchie wahrnahmen oder daß verabsäumt worden war, eine Propagandamission wie jene von Redlich und Apponyi auch tatsächlich durchzuführen. Statt dessen sondierte Baron Dumba die Möglichkeit, die amerikanische Rüstungsindustrie durch Streiks zu lähmen, und verwickelte sich in alle möglichen Intrigen. Mehr fiel weder Graf Berchtold noch seinem Emissär in der amerikanischen Hauptstadt ein.[491]

Einige Monate Krieg, das Zusammenbrechen von Euphorie und weitgespannten

Hoffnungen führten aber doch dazu, daß man ausführlicher und vor allem realistischer über die Kriegsziele der Donaumonarchie nachzudenken begann. Da waren einmal die Überlegungen zur polnischen Frage. Von deutscher Seite verlautete noch Anfang August 1914, daß man bereits genügend polnische Staatsangehörige im Rahmen des Deutschen Reichs habe und den nationalen Charakter des Reichs nicht durch die Annexion zusätzlicher polnischer Gebiete verwässern wollte.[492] In Österreich zeigten die Polen Galiziens ein deutliches Interesse an der Wiederherstellung eines polnischen Staates, den sie sich in enger staatsrechtlicher Verbindung mit Österreich-Ungarn vorstellten. Und im Grunde genommen waren es diese Ideen, diese noch mehr als unscharfen Absichten, die eine ausführlichere Debatte über die Kriegsziele und mögliche territoriale Veränderungen auslösten. Denn was würde sein, falls – und nach den schweren Niederlagen des Herbstes 1914 war das mehr als hypothetisch – die Mittelmächte die Rückschläge wettmachen und Russisch-Polen erobern würden? Galt dann insgesamt, was das polnische Nationalkomitee Galiziens bei Kriegsbeginn so feierlich verkündet hatte: „Bei Dir, Majestät, stehen wir und wollen stehen bleiben"?[493] Doch auch in Wien war wenig Bereitschaft erkennbar, eine großpolnische Lösung unter österreichischen Vorzeichen zu suchen. Da dies auf Trialismus hinausgelaufen wäre, kam aus Ungarn ein klares Nein. Damit war freilich noch lange nicht das letzte Wort gesprochen, denn es geisterten ja auch andere Überlegungen durch den Raum. Die konkretesten hatte noch Ende August 1914 Baron Leopold von Andrian-Werburg angestellt mit seiner Denkschrift: „Die Frage österreichischen Gebietserwerbs im Nordosten im Falle eines glücklichen Krieges der Zentralmächte gegen Rußland".[494] Es war dies jener Leopold von Andrian, der sich als Dichter einen Namen gemacht, wegen einer Duellaffäre mit einem Bäcker aber einem wesentlich bedeutenderen Dichter, nämlich Arthur Schnitzler, den Stoff zu „Leutnant Gustl" geliefert hatte. Mit seiner Denkschrift, der noch andere folgen sollten, knüpfte Leopold von Andrian wohl bewußt an die berühmte, 1842/47 geschriebene Arbeit seines Vorfahren Viktor von Andrian-Werburg „Österreich und dessen Zukunft" an.

Andrian stellte über alle anderen Erwägungen als eigentliches Kriegsziel das Herausarbeiten eines „Leitgedankens der Habsburgischen Monarchie". Der wurde folgendermaßen beschrieben: Mission und Lebenszweck der Monarchie ist, „einerseits den kleinen Nationen, deren geographische Lage und numerische Schwäche es unmöglich macht, eine selbständige staatliche Existenz zu führen, die Vorteile einer freien nationalen Entwicklung, verbunden mit der Sicherheit, der Macht und den wirtschaftlichen Gedeihungsmöglichkeiten zu geben, welche die Zugehörigkeit zu einem der größten Reiche Europas verbürgen". Bei Wahrung aller nationalen Eigenart wäre es Aufgabe der Deutschen der Monarchie, den anderen Völkern die höhere Kultur zu vermitteln sowie die „Überlieferungen staatlicher und sozialer Gemeinarbeit in ihnen wachzurufen und zu festigen, wozu dank ihrer speziellen Veranlagung und ihrer mächtigen tausendjährigen Tradition die Magyaren besonders berufen sind". Nach dieser nicht ganz leicht zu verstehenden Einleitung ging Andrian um einen Schritt weiter und überlegte, wie Österreich zudem als katholische Vormacht auftreten müßte. Gerade der mögliche Sieg über Frankreich würde Österreich in diese Funktion drängen, und die nicht-deutschen Völker würden erwarten, daß die Monarchie bei aller Toleranz im Inneren nach außen hin die Rolle der katholischen Vormacht spiele.

Andrian ging aber noch weiter: Nach dem Krieg würde Österreich unter die Gruppe der Großmächte ersten Ranges fallen, in der es außer der Habsburgermonarchie nur Deutschland, England und Rußland geben könnte. Um dahin zu gelangen, müsse die Monarchie Gebietszuwächse erfahren, und damit wendete sich Andrian ausführlich der polnischen Frage zu. In Polen würde nichts mehr befürchtet als eine neuerliche Teilung. Russisch-Polen würde lieber bei Rußland bleiben als eine neuerliche Teilung hinnehmen. Eine Lösung wäre daher, das russische „Kongreßpolen" und das österreichische Galizien zu einem Staat zu vereinigen und ähnlich wie Ungarn in einer Realunion an das Haus Habsburg zu binden. Die Zugehörigkeit zu einem katholischen Reich würde vor allem für die vorwiegend katholischen Polen eine Attraktion darstellen. Im Fall eines Sieges über Rußland würde dieses wohl am leichtesten zu bewegen sein, seine polnischen Territorien abzutreten und dies auch der Zahlung einer Kriegsentschädigung vorziehen. Polen dürfe auch nicht zu Deutschland kommen, da dies die Machtverhältnisse Österreich-Ungarns zu Deutschland nachteilig beeinflussen müßte, sofern nicht ein Äquivalent in territorialer Hinsicht für Österreich gefunden werden könnte. Ein solches gebe es aber nirgends. Im „Neuen Wiener Tagblatt" vom 26. August war zwar die Bildung eines polnisch-litauisch-kurländischen Pufferstaates empfohlen worden, doch dem wollte Andrian nichts abgewinnen, „da ein so heteroklites Gebilde mit fünf chauvinistischen Nationalitäten den Keim schwerer innerer Kämpfe, künftiger auswärtiger Verwicklungen und des endlichen Verfalls in sich trüge". Auch eine selbständige Ukraine schien ihm nicht wünschenswert und ebenso nicht die Angliederung der Ukraine an die Monarchie. Eventuell wäre an die Angliederung eines Teils Rutheniens zu denken, nämlich der Gouvernements Podolien und Wolhynien. Auf jeden Fall aber wäre das Gouvernement Chelm anzugliedern.

Es kam also schon etwas zusammen in der Denkschrift dieses Dichter-Diplomaten. Nach der Darlegung der maximalen Ziele schränkte Andrian ein, daß es zum einen problematisch wäre, ein so großes polnisches Reich im Rahmen der Donaumonarchie zu haben, wie ihm auch auffiel, daß es wohl unrealistisch wäre, das Deutsche Reich leer ausgehen zu lassen. Also müßte Polen doch geteilt werden. Immer wieder aber kam Andrian auf die inneren Verhältnisse der Monarchie zu sprechen und betonte, daß man bei einem Zuwachs der slawischen Bevölkerung den nicht-slawischen und nicht-ungarischen Bevölkerungsteilen und vor allem den Deutschen eine besondere Stellung sichern müßte, damit sie sich nicht in einer Art „Reichsverdrossenheit" am Deutschen Reich orientierten.

Das war geschrieben worden, als sich die österreichisch-ungarischen Armeen gerade nach Norden in Bewegung setzten. Es war geschrieben worden, um etwas zu produzieren, das auch ein Ziel sein konnte. Dergleichen hypothetische Erwägungen können nun als Spintisiererei erscheinen, tatsächlich war es aber viel mehr, nämlich das Abgehen von der bloßen Rache für Sarajevo ebenso wie die Abkehr von jener vor dem Krieg dominierenden Stimmung, daß die Monarchie lediglich einen Kampf um ihre Existenz führen würde und daß nur auf dem Balkan oder in Italien Veränderungen Platz greifen könnten, um der Donaumonarchie Luft zu verschaffen. Jetzt ging es auf einmal um Polen.

Einige Monate später, zu Jahresende, ließ sich auch schon über diese Vorstellung Bilanz ziehen. Graf Forgách, engster Berater von Außenminister Graf Berchtold, stellte derartige Überlegungen an und faßte seine Konklusionen in den ersten Jännertagen des Jahres 1915 zusammen.[495] Er tat es, um sich selbst über die Entwicklung und die Zusammmenhänge klar zu werden und um mit Berchtold darüber zu sprechen. Doch da es im Januar 1915 zur Ablöse Berchtolds kam, wurde die Denkschrift nur mehr archiviert.

Die Niederlage der k. u. k. Truppen auf dem Balkan, so begann Forgách, hätte nicht wieder gutzumachende Konsequenzen für die Stellung der Monarchie in diesem Raum. Es könnte zwar sein, daß ein späterer Erfolg zumindest vorübergehend etwas verbessere, doch insgesamt würde es nie mehr so werden wie zuvor. Gegenüber Rußland habe man sich zwar behauptet, doch auch da sei die Situation nicht sehr rosig. „Immerhin ist die Lage am nördlichen Kriegsschauplatz nicht ganz ungünstig, da die Eroberung Warschaus durch die Deutschen erhofft werden darf, ebenso wie wir annehmen dürfen, daß wir in der Lage sind, einen größeren Einbruch der Russen nach Ungarn aufzuhalten. Dagegen wird es immer zweifelhafter, ob es uns möglich sein wird, das bis Mitte Februar verproviantierte Przemyśl zu entsetzen. Was der Fall dieser Festung in moralischer und das Freiwerden der Przemyśl zernierenden russischen sechs Divisionen in militärischer Hinsicht bedeuten würde, ist nicht nötig auszuführen.“ Durchschlagende Erfolge im Norden seien auszuschließen. Ebenso deutete alles darauf hin, daß es nicht möglich sein würde, ja auch gar nicht beabsichtigt sei, auf dem Balkan wieder offensiv zu werden. Italien und Rumänien aber warteten nur darauf, loszuschlagen. Beide hätten ihre Vorbereitungen so getroffen, daß ihre Armeen „ihre volle Bereitstellung bei Frühjahrsbeginn erreicht haben werden. Beide Staaten hoffen, daß bis dorthin die Monarchie durch den langen Krieg soweit geschwächt sein wird, daß diese beiden Nachbarn ohne jedes Risiko über dieselbe herfallen und auf Kosten Österreich-Ungarns ihre nationalen und territorialen Aspirationen werden befriedigen können.“ Italien suchte seine in der Geschichte beispiellose Felonie durch zynische Auslegung des Dreibundvertrags zu kaschieren. Rumänien aber habe seine bis an die Theiß reichenden Aspirationen ungeschminkt erkennen lassen. Bulgarien wiederum hätte infolge der Niederlage der k. u. k. Truppen im Dezember 1914 jede Aktionslust verloren, wie überhaupt immer höchst zweifelhaft gewesen wäre, ob Bulgarien je gegen die Entente Stellung nehmen würde, solange Rußland nicht entscheidend geschlagen wäre. „Letzteres ist aber, da Deutschland viel zu spät starke Kräfte nach dem Osten schickte, nicht mehr zu erwarten.“ Und dann sprach Forgách aus, was von Conrad nicht ausgesprochen worden war und was längst ausgesprochen hätte werden müssen: „Unter diesen so kritischen Umständen, bei den großen Gefahren der Fortsetzung des Krieges und der sehr geringen Wahrscheinlichkeit einer militärischen Besserung unserer Lage, muß an allen verantwortlichen Stellen die Frage auf das ernsteste erwogen werden, ob nicht der Abschluß des Friedens mit allen Mitteln anzustreben wäre. Es ist leider kein Zweifel, daß ein von uns angeregter Friede bei der jetzigen Lage nur ein ungünstiger sein kann. Jener Teil, welcher zuerst Friedenswünsche äußert, wird von den Gegnern als besiegt betrachtet werden und ihre Ansprüche werden entsprechend steigen.“

Forgách sah dennoch nur in einem sofortigen Friedensschluß eine Möglichkeit, noch einigermaßen glimpflich davonzukommen. Italien sollte eingeladen werden, als Vermittler zu fungieren, ein Italien, dem das Trentino abgetreten werden müßte. Serbien gegenüber wäre der Status quo anzustreben, ebenso im Fall Rußlands. Nach einer Kapitulation Przemyśls würde vielleicht noch Ostgalizien preisgegeben werden müssen. Um Gespräche in die Wege zu leiten, wäre eine sofortige Verständigung mit dem Deutschen Reich notwendig, um „die deutschen leitenden Faktoren zu überzeugen, daß der Friedensschluß für uns beide unbedingt notwendig sei und die Verschiebung viel mehr Gefahren als Vorteile in sich berge". Deutschlands Kriegslage sei auch nicht sehr rosig. „Bei den in Deutschland – nicht bei der bereits recht besorgten Regierung, sondern in den Volksschichten – hochgespannten Erwartungen wird es allerdings schwer sein, einen den gebrachten Opfern so wenig entsprechenden Frieden zu schließen. Unsererseits wird wohl eine entschiedene Sprache notwendig sein, mit deutlichen Hinweisen auf die katastrophalen Folgen eines eventuellen weiteren Widerstandes. Bei eventuellen deutschen Vorwürfen werden wir es nicht verschweigen dürfen, daß der unglückliche Ausgang sowohl politisch als auch militärisch nur Deutschlands Schuld ist."

Das war nun eine recht gewagte Formulierung und wohl nur so zu verstehen, daß Forgách dem Deutschen Reich die ausschließliche Verantwortung für die Entfesselung des Weltkriegs in die Schuhe schob. Österreich wollte ja nur mit Serbien Krieg führen. Deutschland aber habe England in den Krieg gezogen. Der Kriegseintritt Großbritanniens wiederum habe die Neutralität Italiens zur Folge gehabt usw. Schließlich notierte Forgách: „An dem Ausbleiben der militärischen Erfolge ist aber abermals nur Deutschland schuld. Militärisch hat die Monarchie bisher nur an einem Punkte, in Serbien, schlecht abgeschnitten. Aber auch hier war es nur der energischste deutsche Druck, welcher uns in voller politischer und militärischer Verkennung der Wichtigkeit des Balkankriegsschauplatzes zwang, gegen unsere bessere Überzeugung alles nach Norden zu werfen ... Der beschämende serbische Mißerfolg ist teilweise also auch den deutschen Ratschlägen zu verdanken ... Der große militärische Versager in diesem Weltkampf ist natürlich Deutschlands Krieg in Frankreich. Allgemein wurde erwartet, daß Frankreich in 2 bis 3 Monaten von dem übermächtigen Nachbarn würde niedergerungen werden. Tatsächlich haben die Deutschen eigentlich nur Belgien überrannt und mit Hilfe unserer Mörser-Batterien die überraschten, nicht ganz fertig gestellten belgischen und nordfranzösischen Festungen zusammengeschossen ..." Das, meinte Forgách, müßte ganz einfach angemerkt werden, um „die Behauptung zu begründen, daß auch Deutschland zufrieden sein muß, mit einem glimpflichen Frieden und unbesiegt den Krieg zu beenden ... Bei einem jetzt abzuschließenden Frieden wäre die Großmachtstellung – eine Weltmacht waren wir auch bisher nicht – noch zu erhalten. Die wirtschaftliche Erholung würde nach einigen Jahren auch eintreten. Dagegen könnte die Fortsetzung des Krieges bei der minimalen Wahrscheinlichkeit militärischer Erfolge, katastrophale Ergebnisse zeitigen. Das Ausmaß der eventuellen Gebietsabtretungen ist kaum absehbar, und bei der barbarischen modernen Kriegsweise würden die weitesten Teile der Monarchie von den nach Wien und Budapest vordringenden Feinden verwüstet, dem größten Elend und der Hungersnot preisgegeben sein ... Auch ist es eine offene Frage, auf welcher Basis die Reste der Monarchie reorganisiert werden könnten, wenn einmal die nach Mähren und Böhmen vorgedrungenen Russen von den Tschechen mit offenen Armen aufgenommen würden. Ähnliche Wirkungen des Vormarsches der Rumänen gegen Budapest und der Serben gegen Sarajevo und Agram hätten insoferne weniger Bedeutung, da im Fall einer vollkommenen Niederlage die von Südslawen und Rumänen bewohnten Landesteile ohnehin verloren gingen." Forgách machte wohl nur wenige mit seinen Gedankengängen vertraut, vor allem den ungarischen Ministerpräsidenten, bei dem er auch prompt auf Widerspruch und Ablehnung stieß. Zum Schluß wurde das Memorandum deshalb nicht gebraucht, da es nach Berchtolds Abgang keinen Adressaten mehr hatte; es wurde asserviert und archiviert.

Forgách sah die äußeren und die politisch-strategischen Komponenten recht klar, doch er dachte ausschließlich diplomatisch, kabinettskriegsmäßig, und so richtig wohl seine Forderung nach sofortigem Frieden war, so wenig realistisch wurden von ihm die Möglichkeiten eines Verzichtfriedens bzw. eines Verhandlungsfriedens auf der Basis des Status quo dargestellt. Das Neue an diesem Krieg war ja, daß er nicht nur als Volkskrieg geführt wurde; das waren vor ihm auch andere, oder daß er ein Weltkrieg war. Auch dafür gab es schon Beispiele. Das Besondere war seine fast unaufhaltsame Entwicklung hin zur Totalität, waren die ungeheuren Verluste und die Militarisierung aller Hinterländer, so daß sich die Möglichkeiten eines partiellen Friedens, eines Waffenstillstands und paralleler Verhandlungen auszuschließen begannen. Die Entwicklung eines Kriegs hin zur Totalität – das wäre bei Clausewitz nachzulesen gewesen – schließt nicht nur die Führung eines begrenzten Kriegs aus, sondern auch den Abschluß eines nicht von Totalität gekennzeichneten Friedens.

Trotz des Umstands, daß Forgách den Charakter des Kriegs nicht wirklich erkannte und daß er von Voraussetzungen ausging, die einfach nicht gegeben waren, hebt sich sein Memoire deutlich von jenen Denkschriften ab, die teilweise noch im Dezember 1914 entstanden waren und in minimalistischer und maximalistischer Manier die Ziele der Monarchie im Krieg bzw. nach einem Friedensschluß dargelegt hatten.[496] Die Minimalziele, so war in einer vom Ministerium des Äußern weit verbreiteten weiteren Denkschrift von Baron Andrian nachzulesen, würden territoriale Abtretungen Serbiens, die Auslieferung der serbischen schweren Waffen und eine Kriegsentschädigung von einer halben Milliarde Kronen sein. Gegenüber Rußland gab sich Andrian diesmal bescheiden. Italien sollte in Albanien entschädigt werden. Die maximalen Ziele, die nur nach einem deutschen Sieg im Westen verfolgbar geworden wären, hätten eine noch größere territoriale Erweiterung der Monarchie auf dem Balkan, in Russisch-Polen, große Kriegsentschädigungen, ja vielleicht Kolonien aus der britischen Konkursmasse zur Folge haben sollen. Ein Traumbild, gegen das aber offenbar niemand Einwände erhoben und vielleicht eindringlich auf die Realitäten hingewiesen hätte.

Doch in Deutschland schlug die Kriegszieldebatte noch viel höhere Wogen. Auch dort war der Diskurs über Polen voll entbrannt, und nach dem Zurückdrängen der Russen in den Schlachten und Gefechten von Łódź bis Gorlice entwickelte sich auch schon eine Auseinandersetzung mit Österreich, wer welchen Teil des polnischen Kuchenstücks bekommen sollte. Vor allem das an Schlesien angrenzende Industriegebiet wurde vom Deutschen Reich für sich reklamiert. Mehr wurde freilich nicht beansprucht. Das stand im Einklang mit der deutschen Kriegszieldebatte, wo zwar vereinzelt der Anschluß eines neuen polnischen Königreichs an das Deutsche Reich überlegt worden war. Doch die Mehrheit der Denkschriften über die deutschen Kriegsziele plädierte dafür, Polen zur Donaumonarchie zu schlagen.[497] Was war das auch im Vergleich zu dem, was sich die deutschen Außenpolitiker und vor allem Industriellen, was sich auch deutsche Intellektuelle an Wünschen, Hoffnungen und letztlich Forderungen von der Seele schrieben? Der Anschluß Belgiens an das Deutsche Reich schien das Selbstverständlichste zu sein, die Verkleinerung Frankreichs und der Gewinn britischer Kolonien und Dominien sollte nur die logische Folge eines ja noch immer als sicher angesehenen deutschen Siegs im Westen sein.

Mit Österreich-Ungarn kam es am 10. Januar 1915 zu einem ersten Kompromiß in der polnischen Frage. Im Posener Vertrag wurde eine Teilung des bis dahin eroberten polnischen Gebiets vereinbart, wobei allerdings das Deutsche Reich die wertvolleren Teile mit mehr Industrie erhielt. Damit war aber auch ein für den Krieg und seinen Ausgang unübersehbares annexionistisches Signal gesetzt worden. Weitere Maßnahmen ließen sich zwar noch nicht setzen, da ja die Kraft Rußlands bei weitem nicht gebrochen war. Doch ein Anfang war gemacht, und die Begründung dafür konnte nicht einmal so unsinnig klingen: Die Menschenverluste eines jeden Kriegführenden gingen bereits in die Hunderttausende. Die Annexion eroberter Gebiete wurde daher als selbstverständliches Mittel der Motivation und des Ausgleichs für die enormen Opfer gesehen.

Das Aufwerfen von Kriegszielfragen konnte aber auch ablenken, da sich das Interesse nicht mehr auf die unmittelbaren Kriegsereignisse, auf militärische Erfolge oder Mißerfolge konzentrierte, sondern auf ephemere Fragen, in denen der Phantasie keine Grenzen gesetzt waren. Solcherart wurde der Krieg weiterhin als ein militärisches und außenpolitisches Problem gesehen.

Andrian hatte im August 1914 zumindest einen Teil seiner Überlegungen den Auswirkungen von Gebietserwerbungen auf die innere Struktur der Habsburgermonarchie gewidmet. Doch dieser Faktor ging immer mehr verloren, und schon bei Forgách wurde mit so gut wie keinem Satz auf die innenpolitischen Faktoren verwiesen. Vielleicht war das eine Art Berufskrankheit, daß die für die Außenpolitik Verantwortlichen keinen Blick für die Verhältnisse im Inneren hatten. Das einzige Problem, das dann eher generalisierend behandelt wurde, war die Frage nach Zerfall oder Nichtzerfall der Monarchie. Forgách, der Serbenfeind, wies auf die Notwendigkeit eines sofortigen Friedens hin, um dem Zerfall der Monarchie zu begegnen. Doch sein Papier war ja einem kleinen Kreis vorbehalten geblieben. Jene, die sich mit der Andrian-Denkschrift auseinandersetzten, glaubten jedoch, dem Ziel, die Monarchie zu erhalten, nur durch die Fortsetzung des Kriegs näherkommen zu können.

Und diese Auffassung dominierte zweifellos. Damit war der Krieg tatsächlich zu dem geworden, als das er langfristig gesehen worden war: zum Ersatz für Politik und gewissermaßen die Umkehrung des berühmten Clausewitzschen Axioms. Politik sollte die logische Fortsetzung des Kriegs sein. In der Außenpolitik der Donaumonarchie und erst recht in der Innenpolitik wollte man zuwarten und die erhofften militärischen Erfolge zum Ausgangspunkt für die Umgestaltung des Reichs und die Lösung der Nationalitätenfrage nehmen. Dabei ging das Verständnis der Politik für die Kriegführung ebenso und vollends verloren, wie sich umgekehrt die militärische Führung über die Möglichkeiten der Politik und über die Situation und die Bedürfnisse des Hinterlandes nicht mehr im klaren war. Dort beherrschte nicht die Debatte um ein bestimmtes Kriegsziel und die jeweilige Lage an den Fronten die Gemüter, sondern die Notwendigkeit, den

Alltag zu bewältigen. Nur die größeren Ereignisse und die symbolhaften Kämpfe konnten noch Aufmerksamkeit beanspruchen.

Der Tod in den Karpaten

100 Kilometer vor den österreichischen Linien lag das von Russen eingeschlossene Przemyśl, in dem unter dem Kommando des Generals Kusmanek rund 130.000 Soldaten kämpften, hungerten und immer mehr froren. An die 30.000 Bewohner Przemyśls teilten das Schicksal der Besatzung. Nachdem es im Oktober 1914 gelungen war, die Festung zu entsetzen, war man zunächst guten Muts gewesen. Damals war der Belagerungsring der 8. Armee General Brusilovs gesprengt worden. Nunmehr hatte die 11. russische Armee des Generals Selivanov die Lagerfestung eingeschlossen.

Wer die Abschnürung schon zum zweiten Mal mitmachte, war mit dem gewissen Ritual vertraut: Am 3. November wurde befohlen, Abschiedsbriefe zu schreiben, denn tags darauf wurde die letzte Post abgefertigt. Dann hieß es wieder, den Telegrafen zu belagern, denn nur über ihn kamen Nachrichten von der k. u. k. Nordostfront. Und am 6. November war Przemyśl abermals von den Russen eingeschlossen. Da der Rückzug der österreichisch-ungarischen Truppen aber weiterging, lag die Festung bald weit im Hinterland der russischen Front. Die Russen konnten daher ganz anders als beim ersten Mal, nämlich langsam und systematisch, an die Belagerung gehen. Sie zeigten keinerlei Eile, und Gefangene, die von den Österreichern eingebracht wurden, sagten aus, daß das Aushungern der Festung beabsichtigt sei. Doch eine solche Meldung konnte vorderhand niemand ernst nehmen. Oder doch? Im Armeeoberkommando war man nicht allzu zuversichtlich, und der bissige Kommentar eines Stabsoffiziers, „die Österreicher haben sich seit Marengo nicht geändert. Sieg, Hurrastimmung, dann Prügel und Katzenjammer“, schien nicht allzuweit hergeholt zu sein.[498]

Feldmarschalleutnant Kusmanek tat jedoch wie schon im Oktober alles, um die Gefährlichkeit der Festung unter Beweis zu stellen. Denn wenn es überhaupt einen Sinn hatte, Przemyśl mit einer so großen Besatzung einschließen zu lassen, dann doch nur, wenn möglichst viele Russen durch die Festung gebunden wurden und daher nicht anderswo verwendet werden konnten.

Anfang Dezember mußte man in der Festung zur Kenntnis nehmen, daß das Fleisch knapp wurde. Die Rationen wurden verkleinert und die ersten Pferde geschlachtet. Noch bestand kein Anlaß zur Sorge. Ganz im Gegenteil, es schien nach dem Vorstoß der Gruppe Szurmay nach Neusandez und dem Anrennen der k. u. k. 3. Armee gegen die Russen Mitte Dezember nur mehr eine Frage von Tagen zu sein, ehe Przemyśl auch zum zweiten Mal entsetzt würde. Doch die österreichisch-ungarischen Truppen saßen in den Karpaten fest, und die rund 50 Kilometer, die schließlich die Belagerten und die k. u. k. 3. Armee voneinander trennten, waren immer noch zu viel, um überwunden zu werden. Mittlerweile hatte der Winter mit Macht eingesetzt. Die Hoffnung auf Entsatz schwand, nachdem auch ein Ausbruchversuch am 18. Dezember scheiterte. Die Festung blieb weiterhin eingeschlossen. Eine Woche später stand im Vorfeld des VI. Verteidigungsbezirks, beim Gürtelhauptwerk Salis-Soglio, eine von Russen gefertigte Tafel, auf der mit ungelenker Schrift geschrieben stand: „Wünschen von ganzem Herzen Ihnen allen, tapfere Verteidiger der Festung, ein ruhiges, fröhliches Weihnachtsfest. Friede, Friede auf Erden und den Menschen ein Wohlgefallen. Gott gebe die Erfüllung aller Ihrer Wünsche – das ist der aufrichtige Wunsch der Offiziere und der Mannschaft der Batterie Nr. 5 der X. Artilleriebrigade." Die k. u. k. Soldaten hinterlegten im Niemandsland Rauchzeug und Schnaps. Die Belagerer revanchierten sich mit frischem Brot und Fleisch. Doch der Weihnachtsfriede währte nur ganz kurz.

Gegen Jahresende begann eine große Pferdeschlachtaktion. Rund 10.000 Tiere wanderten zu den Schlachthöfen. Damit ließ sich die Fleischversorgung aufrechterhalten, und zudem konnten größere Futtermengen der Versorgung der Soldaten zugeführt werden. Man brauchte freilich weiterhin Pferde, um in dem ausgedehnten Festungsbereich Munition, Verpflegung, Kranke und Verwundete transportieren zu können. Verendete dann eine der geschundenen Kreaturen, wurden die Kadaver noch gehäutet. Nichts sollte ungenützt bleiben.

Für den Chef des Generalstabs, Conrad von Hötzendorf, konnte die Sache nicht verfahrener sein. Er, der sich vor dem Krieg vehement gegen einen weiteren Ausbau der San-Festung gewendet hatte, der den Wert dieser Gürtelfestung überhaupt nur dort sehen wollte, wo es darum ging, einen gedeckten Aufmarsch zu beginnen, war gezwungen gewesen, Przemyśl besetzt zu halten, weil es nicht mehr rechtzeitig zu räumen war, immense Werte bei der Zerstörung verlorengegangen wären und der politische wie psychologische Effekt einer Preisgabe gefürchtet wurde. Jetzt war in der Zitadelle am San eine komplette Armee eingeschlossen, und wenn man sie nicht einfach ihrem Schicksal überlassen wollte, mußte versucht werden, die Festung zu entsetzen. Die nächsten Operationen waren nicht so zu wählen, daß man dort angegriffen hätte, wo die meiste Aussicht auf Erfolg bestand, sondern in Richtung Przemyśl. Und bald hieß es: Koste es, was es wolle!

Die Russen hatten zwar im Dezember ihre Armeen über 100 Kilometer zurücknehmen müssen, doch dann kam die Front bei Gorlice zum Stehen. Der Befehlshaber der russischen Südwestfront, General Nikolaj J. Ivanov, verlagerte das Schwergewicht seiner Armeen nach Süden in den Raum der Karpaten, wo am 21. Dezember 1914 eine neue russische Offensive begann, die die k. u. k. 3. Armee (GdI Boroević) in das Gebirge und stellenweise auch über den Kamm desselben zurückdrängte. In den britischen und französischen Zeitungen konnte man lesen, daß es nur mehr eine Frage von Wochen sei, ehe der Zusammenbruch der österreichisch-ungarischen Front erfolgen müßte. Spätestens im Juni aber würden die Russen in Budapest sein.[499] Dieser Rückschlag nach Wochen einer erfolgreichen Bündniskriegführung der Mittelmächte ließ die Kritik am Verbündeten wieder lauter werden. Seit Kriegsbeginn war evident, daß die Russen den größeren Teil ihrer Truppen im Südabschnitt gegen die k. u. k. Armeen einsetzten. Auch wenn es Führungsfehler gegeben hatte, war die Tatsache der beträchtlichen zahlenmäßigen Überlegenheit der Russen nicht wegzuleugnen. Da Russisch-Polen schon 50 Kilometer nördlich von Krakau begann und die Russen Galizien in einem weiten Bogen umschlossen, hatten sie viel mehr operative Möglichkeiten als die k. u. k. Armeen. Im Dezember war die k. u. k. 2. Armee weit nach Norden gezogen worden und deckte

Preußisch-Schlesien. Wo aber war die deutsche Komponente in Abwehr und Angriff geblieben? Statt dessen bekamen das Armeeoberkommando und die Kommandanten der k. u. k. Armeen und Korps außer durchaus berechtigter Kritik sehr viel Unsachliches zu hören. So etwa hieß es Ende Dezember in einer Beurteilung des deutschen Oberkommandos Ost gegenüber der deutschen Heeresleitung: „Die österreichisch-ungarische Heeresleitung schwankt in ihren Entschlüssen hin und her und scheut den Kampf … Mehrfache Aufforderungen, energisch anzugreifen, hatten bisher keinen durchschlagenden Erfolg. Die österreichisch-ungarische Truppe, deren Gefüge gelockert ist, hat das Vertrauen der Führung verloren. Die Truppe leistet scheinbar nur mehr etwas im engsten Anschluß an deutsche Truppen oder unter deutscher Führung."[500] Und genau darum ging es!

Am 19. Dezember hatten sich Falkenhayn und Conrad am Bahnhof in Oppeln getroffen.[501] Hier sollte man einfügen, daß es zu den Besonderheiten der gemeinsamen Kriegführung der Mittelmächte gehörte, daß von Teschen, dem Sitz des Armeeoberkommandos, nach Posen, dem Sitz des deutschen Oberkommandos Ost, oder später dem 80 Kilometer entfernten Pleß, wo sich die Deutsche Oberste Heeresleitung eingerichtet hatte, so gut wie nie telefoniert wurde. Überhaupt nicht telefoniert wurde zwischen Conrad und Falkenhayn. Sie trafen sich lediglich zu Aussprachen. In Oppeln hatte der deutsche Generalstabschef Conrad anvertraut, daß er im Februar 1915 in Frankreich eine neue Offensive beginnen wollte. Bis dahin sollte die neue deutsche Heeresreserve stehen. Falkenhayn erteilte damit der Conradschen Konzeption, einen vernichtenden, kriegsentscheidenden Schlag gegen Rußland zu führen, eine Absage. Vielmehr wollte der deutsche Generalstabschef an der Weichsel eine „Chinesische Mauer" bilden.[502] Damit war man wieder bei der Moltke-Planung, und die unterschiedlichen operativen Ideen standen sich abermals scheinbar unversöhnlich gegenüber. Der deutsche Generalstabschef wollte den gefährlichsten und schlagkräftigsten Gegner, nämlich Frankreich, zuerst besiegen. Und Conrad wollte einen, wie er meinte, nach wie vor gefährlichen, aber in seiner Kraft bereits deutlich herabgeminderten Gegner entscheidend schwächen und besiegen: Rußland. Falkenhayn und Conrad fanden in Oppeln keinen Kompromiß. Nunmehr verlegte sich Conrad aufs Überreden und schaltete andere ein. Als ersten gewann er Berchtold dafür, sich in Berlin für deutsche Truppenverstärkungen im Osten zu verwenden. Conrad machte aber auch davor nicht halt, mit dem Abzug der vor Preußisch-Schlesien eingesetzten k. u. k. 2. Armee zu drohen, um sie in die Karpaten zu verlegen, wenn nicht ebendorthin deutsche Truppen entsandt würden. Zudem warf er generell das Problem der Vermengung deutscher und österreichisch-ungarischer Truppen auf, denn das war ja mittlerweile ein beliebtes Kleinkriegsthema geworden. Zu guter Letzt argumentierte Conrad gegenüber dem nach Teschen gekommenen k. u. k. Botschafter in Berlin, Prinz Hohenenlohe, damit, daß er meinte, es sei dies „vielleicht das letzte Mal, daß sich den verbündeten Heeren die Möglichkeit bietet, Rußland zu schlagen, bevor das Eingreifen heute noch neutraler Mächte die Idee, Rußland niederzuringen, überhaupt illusorisch macht".[503]

Für den Fall einer deutschen Truppenverstärkung wollte Conrad auch einem deutschen Wunsch entsprechen und eine begrenzte Offensive gegen Nordostserbien führen, um den Donauweg zum Schwarzen Meer zu öffnen und den Türken auf diese Weise die dringend benötigten Rüstungsgüter zukommen zu lassen. Wie das allerdings vor sich gehen sollte, war nicht klar, da Conrad wenig später drei Divisionen vom serbischen Kriegsschauplatz nach dem Norden zu verschieben begann und am 16. Januar auch den Abtransport des in Syrmien eingesetzten XIII. Korps anregte. Zu seiner eigenen Überraschung ging das ohne Schwierigkeiten, da der neue Kommandant der Balkantruppen, Erzherzog Eugen, einer Reduktion seiner Streitkräfte bereitwilligst zustimmte.[504] Mehr noch: Eugen bot auch das VIII. Korps an. Damit hatte er praktisch eine Armee abgegeben, und der Kaiser ließ fragen, was eine derartige Schwächung der Südarmee rechtfertige.[505] Doch Erzherzog Eugen war zutiefst überzeugt, daß die Serben so bald nicht angriffsfähig sein würden.

Falkenhayn zögerte jedoch weiterhin, die Offensive im Osten wiederaufzunehmen. Hindenburg und Ludendorff sahen allerdings die Probleme des nordöstlichen Kriegsschauplatzes in einem anderen Licht, als dies der Chef des Großen Generalstabs tat. Das war schließlich auch der Grund dafür, daß der Oberbefehlshaber Ost, Paul von Hindenburg, dem Plan Conrads für eine Offensive aus den Karpaten heraus soweit zustimmte, daß er ohne Rücksprache mit Falkenhayn eine Verstärkung der österreichisch-ungarischen durch deutsche Truppen anbot. Conrad wollte mit dieser Offensive vor allem den Entsatz von Przemyśl herbeiführen, um mit einem deutlichen Erfolg einen Kriegseintritt der Neutralen zu verhindern. Am 8. Januar 1915 stimmte auch der deutsche Kaiser der Verlegung deutscher Truppen in die Karpaten zu. Es sollte zur Aufstellung einer deutsch-österreichischen „Südarmee", der Armee Linsingen, kommen. Als ihr Generalstabschef war General Ludendorff vorgesehen. Damit hätte Falkenhayn wenigstens einen Teilerfolg erzielt, da er das Gespann Hindenburg und Ludendorff voneinander getrennt hätte. Doch für den Chef des deutschen Generalstabs war die Sache damit noch lange nicht ausgestanden – ganz im Gegenteil! Falkenhayn hatte sich in einem Augenblick gefügt, als sein eigener Sturz unmittelbar bevorzustehen schien.[506] Hindenburg hatte sich nämlich massiv für die Wiederberufung Moltkes eingesetzt und bot andernfalls sogar seinen Kommandoverzicht an. Kaiser Wilhelm reagierte äußerst heftig. Er verglich die Intrige, die da gesponnen worden war, und vor allem das Verhalten Hindenburgs mit den Allüren Wallensteins und wollte den Feldmarschall kurzerhand vor ein Kriegsgericht stellen. Nun schaltete sich auch der deutsche Reichskanzler Bethmann Hollweg ein und ließ den Kaiser wissen, daß er im Fall der Entlassung Hindenburgs die Verantwortung für die politische Führung des Deutschen Reichs nicht mehr tragen könne. Daraufhin wurde Feldmarschall Hindenburg gebeten, seinen obersten Kriegsherrn nicht im Stich zu lassen, auch wenn Falkenhayn bliebe. Hindenburg entsprach diesem Wunsch. Das Oberkommando Ost bekam vier Korps, und der schon zur Armee Linsingen kommandierte General Ludendorff wurde wieder als Generalstabschef in das deutsche Oberkommando Ost zurückberufen. Was daher vergleichsweise harmlos begonnen hatte, nämlich mit dem Wunsch Conrads nach zusätzlichen deutschen Truppen, hätte um ein Haar eine komplette Umbildung der deutschen obersten Führung nach sich gezogen. Letztlich aber hatte sich Conrad durchgesetzt, und es war nicht verständlich, weshalb er nur wenige Wochen später lamentierte: „Erfreut bin ich über das Zusammenarbeiten mit den Deutschen nicht; es gehört eine kolossale Selbstverleugnung dazu – und man muß sich stets vor Augen halten, daß man der großen Sache Opfer bringen muß. Sie haben den Mund immer voll, sind von einem brutalen Egoismus und arbeiten mit zielbewußter, schonungsloser Reklame ... Daß diese Leute durch ihre große Niederlage in Frankreich die ganze Grundlage des gemeinsamen Krieges zuschanden gemacht haben; daß sie durch ihre exzentrischen, offenbar nur die Deckung Ostpreußens im Auge habenden Operationen im Osten den Erfolg unserer Siege von Kraśnik, Tomaszów, Komarów zunichte machten; daß sie dann durch ihre geradezu hirnrissige Operation an die Weichsel, an die sie mit der Nase anrannten, unsere 1. Armee ins Verderben zogen und uns zum Aufgeben der Sanlinie zwangen – scheinen diese Herren vergessen zu haben, ebenso aber auch die Selbstlosigkeit, mit der wir, nur dem gemeinsamen Ganzen dienend, unsere 2. Armee nach Preußisch-Schlesien warfen."[507]

Anfang Januar wurden die vom Balkan abzuziehenden k. u. k. Divisionen einwaggoniert. Sie wußten nicht, wohin es ging. In Ungarn kreuzten sie sich mit deutschen Truppen, die nach Südosten fuhren. „Auch sie wissen nicht das Ziel der Fahrt", notierte der Kommandant der 29. Infanteriedivision, Feldmarschalleutnant Zanantoni. Erst bei der Auswaggonierung erfuhren Offiziere und Soldaten, welchen Armeen sie unterstellt worden waren und wohin es gehen sollte: nach Przemyśl![508]

Jetzt nahm der Winterkrieg in den Karpaten seinen Anfang. Am 23. Januar 1915 begann die Offensive. Sieht man sich die Truppenverteilung auf dem Kriegsschauplatz an, dann mutet die im Zusammenhang mit der Vorbereitung der Karpatenoffensive aufgeflammte Kontroverse um die Vermengung der österreichisch-ungarischen mit den deutschen Truppen sowie über die Befehlsführung merkwürdig an. Denn es war bereits zu einer so starken Vermengung der deutschen und der k. u. k. Truppen gekommen, daß es nicht nur mehr bei den Armeen und Korps, sondern auch bereits bei den Divisionen Vermischungen gab. Die für die Offensive gebildete „deutsche" Südarmee bestand dann aus drei deutschen Infanteriedivisionen, zwei k. u. k. Infanteriedivisionen sowie einer deutschen und einer österreichisch-ungarischen Kavalleriedivision. Dem deutschen General von Gallwitz unterstanden Ende Januar sogar ausschließlich österreichisch-ungarische Divisionen.

Gleichzeitig mit dem Beginn der Offensive in den Karpaten wollte Hindenburg auch in Ostpreußen angreifen. Dabei wurde nochmals die operative Schule Schlieffens deutlich, der sich ja seinerzeit unter Heranziehung einer von einem prominenten Historiker, nämlich Hans Delbrück, geschriebenen Arbeit über Cannae mit der beidseitigen Umfassung zu beschäftigen begonnen hatte. Das Oberkommando Ost wollte zu einer großen Zangenoperation ansetzen: Österreicher und Deutsche aus dem Süden und Deutsche aus dem Norden. Im Oberkommando Ost herrschte strahlende Zuversicht, doch bereits zwei Wochen später war evident geworden, daß die österreichisch-ungarische Karpatenoffensive ein Mißerfolg war.

Sie war bereits mit sehr schwachen Mannschaftsständen begonnen worden.[509] Österreichischerseits traten nur mehr 175.000 Mann Infanterie mit etwa 1000 Geschützen an. Doch diesmal war der Feind nicht nur der russische Soldat; diesmal mußte vor allem auch gegen die Kälte gekämpft werden. Bei minus 25 Grad in einem tief verschneiten, vereisten Gelände, wo die Berghänge kaum erklommen werden konnten und sich jeder Abhang in eine Eisbahn verwandelte, und während heftig tobender Schneestürme begann der Angriff. Die Soldaten erhielten tagelang keine warme Verpflegung, hatten keine Unterkünfte, und so gingen Tausende durch die Kälte zugrunde, Zehntausende trugen schwerste Erfrierungen davon. „Bis 100 km voneinander entfernt überschreiten Paßstraßen die vielen parallel liegenden Querrücken; dazwischen laufen wenige, im Winter im tiefsten Schnee begrabene schlechte Wege", beschrieb Feldmarschalleutnant Zanantoni den Angriffsraum.[510] „Siedlungen gab es nur wenige, und diese wenigen waren elend. Zumeist verzichteten wir auf diese und bauten uns, wenn noch so erschöpft, mit letzter Kraft lieber große Höhlen im Schnee, um Schutz vor der Kälte zu finden. Hinter jedem Einschlafen im Freien lauerte der Erfrierungstod. Gar mancher brave Soldat ist auf diese Weise von seinen Mühen in den Waldkarpathen erlöst worden. Dann kamen in der Nacht die Wölfe und befriedigten ihre Freßlust an den Eingeschlafenen ... So ähnlich mag es 1812 in Rußland ausgesehen haben." Doch man kam nicht voran. Dabei wurde aber nicht nur den Fronttruppen enorm zugesetzt. Fast noch nachhaltiger wirkte sich das Aufopfern der Ersatztruppen aus. Es galt zwar noch immer die Feststellung, daß es genügend Männer gab, die einberufen, ausgebildet, in Massentransporten an die Front gebracht und in die Kämpfe geworfen werden konnten. Dort verbrauchten sie sich rasant und schienen einen Vorgeschmack für das abzugeben, was dann im Zusammenhang mit Verdun so anschaulich „Blutpumpe" genannt worden ist. Auch die Russen verfuhren so: Massen wurden eingesetzt und in einem angeblich kalkulierten Risiko dezimiert. Insgesamt sanken die Kampfstände nicht ab, im Gegenteil: Es wurden mehr Soldaten in die Karpaten geführt als dort Verluste eintraten. Doch damit erschöpfte sich das Potential an ausgebildeten Soldaten ein erstes Mal auf besonders drastische Art. Durchschnittlich leistete ein Mann der Fronttruppen nur fünf bis sechs Wochen Frontdienst, bis er – statistisch – tot oder gefangen war bzw. verwundet oder krank nach hinten transportiert wurde.[511]

Die Korps und Divisionen wurden durch Schnee und Eis vorwärts getrieben, immer das Ziel Przemyśl vor Augen. Bis zur totalen Erschöpfung. Wie dann der Kommandant des k. u. k. VII. Korps, Erzherzog Joseph, zu berichten wußte: Daß auch das Feuer von rückwärts die Truppen nicht mehr abhalten konnte, ihre Stellungen zu verlassen, und daß „Leute in der Front aus vollster Erschöpfung Selbstmord begingen". Schließlich hieß es bei der 3. Armee zu Jahresende, „der Aufenthalt in den Schützengräben bei Przemyśl sei die letzte Erholung gewesen, seither habe man nicht mehr geschlafen". Die Entsatzschlachten hatten aber eigentlich erst begonnen, und verglichen damit ging es der eingeschlossenen Festung, die diesen militärischen Irrsinn ausgelöst hatte, besser. Doch auch in Przemyśl nahmen die Verluste zu. Weniger, weil russische Sturmversuche hätten abgewehrt werden müssen, als deshalb, da Kusmanek die Russen weiter bedrohen und beschäftigen wollte.

Der ersten folgte die zweite Karpatenschlacht. Jetzt war das Wetter wieder in das andere Extrem umgeschlagen. Am 8. Februar setzte Tauwetter ein, die Straßen wurden fast unpassierbar, und nur mehr Tragtiere konnten den notwendigsten Nachschub transportieren. Dann fielen wieder große Mengen von Schnee.[512] Der Kommandant der k. u. k. 2. Armee, General Böhm-Ermolli, bat um eine kurzfristige Verschiebung, doch Conrad beharrte darauf, so früh wie möglich zwischen dem Uszóker und dem Lupków-Paß anzugreifen. Da die schwere Artillerie nicht vorgebracht werden konnte, mußte sie zurückbleiben. Am 27. Februar begann das Unternehmen. Wieder erlitten die Russen schwere Verluste, doch schon nach wenigen Tagen begann General Brusilovs 8. Armee mit Gegenangriffen. Die Russen hatten genug Kräfte, um ihre Truppen in der Front immer wieder abzulösen und durch ausgeruhte Soldaten in trockenen Kleidern zu ersetzen. Doch letztlich kamen auch sie nur geringfügig voran. Am 12. März sanken die Temperaturen abermals auf minus 20 Grad. Ein teilnehmender Offizier schilderte die Situation in anschaulicher Weise: „Im ganzen Angriffsraum kein Quartier, kein Mann konnte durch Tage und Wochen aus den Kleidern, die den meisten hart anliegende Eispanzer bilden; der steinhart gefrorene Boden verhindert die Angreifenden, sich im feindlichen Feuer einzugraben, die Verluste steigern sich enorm. Die Verwundeten, deren Abschub aufs äußerste erschwert ist, gehen massenhaft elend zugrunde; der durch wochenlange Kämpfe und Entbehrungen erschöpfte Mann darf sich auch bei Nacht nicht dem Schlaf hingeben, der sofortigen Erfrierungstod bedeuten würde ... deckungslos und bewegungsunfähig steht die Infanterie vor den feindlichen Hindernissen, das Gros der Artillerie noch immer 3 bis 4 Märsche hinter der Front" ... „Daß all das physische Elend schließlich auch dem moralischen Niedergang die Wege ebnete, kann nicht wundernehmen."[513]

Die zweite Karpatenschlacht war zu Ende. Mitte März sollte noch ein dritter Versuch gemacht werden, der fast schon eine Verzweiflungstat war. Die Verluste stiegen ungeheuer an, und schließlich wurde bei den Unternehmungen des Karpatenwinters 1914/15 ein Vielfaches an Toten, Verwundeten und Kranken in Kauf genommen, als die Besatzung von Przemyśl insgesamt ausmachte. Doch ein Entsatz war um nichts wahrscheinlicher geworden. Wohl aber waren zu den eigentlichen Opfern der Entsatzschlachten die Massendesertionen gekommen, die als Alarmzeichen gewertet werden mußten, weil man hier erstmals die Bilder eines drohenden Zerfalls des Vielvölkerheeres sah.

Das Verzweifelte der Situation kommt im Tagebuch des Adjutanten des österreichisch-ungarischen Generalstabschefs, Oberstleutnant Kundmann, nur ganz entfernt zum Ausdruck: Die k. u. k. 2. Armee meldete am 14. März, daß sie von 95.000 Mann rund 40.000 verloren habe, davon aber nur 6000 durch Gefechtsverluste, alle anderen durch Krankheiten und Erfrierungen. „Was soll man machen? Das Jammern nützt nichts. Was ist die Konsequenz? Sollen sie weggehen? Dann gehen die Russen nach Budapest." Tage später: „Meldung über den Zustand der Truppen recht ungünstig lautend, totale Erschöpfung, Apathie. Warum ist der Russe nicht entkräftet?"[514] Ein besonderes und von Österreichern wie Deutschen als belastend empfundenes Problem waren die bei den österreichisch-ungarischen Truppen zunehmenden Desertionen, die man vor allem unter den Tschechen feststellte. Es hatte keinen Sinn, sie wegzuleugnen, sie waren einfach zu evident und erreichten Dimensionen, die wohl in jedem Heer jenseits der Toleranzgrenze gelegen wären. Schon im September 1914 waren Tschechen der k. u. k. 26. Infanteriedivision zu den Russen übergelaufen. Sie wußten wohl alle, daß sie dann, wenn sie das bekannte Lied „Hej Slovene!" sangen, von den Russen als Überläufer erkannt und nicht beschossen würden. Am 20. Oktober 1914 desertierten sechs Kompanien des k. u. k. Infanterieregiments Nr. 36 (Jungbunzlau), folglich wieder Tschechen.[515] Und so war es weiter gegangen, bis schließlich während der letzten Karpatenoffensive Teile des k. u. k. Infanterieregiments Nr. 28, des Prager „Hausregiments", überliefen. Jetzt schien das Maß voll. Vor allem deutsche Österreicher und Ungarn nährten zunehmend Vorbehalte gegen jene, die sie als unverläßlich einstuften, an erster Stelle eben die Tschechen. Besonders die Waffenstreckung und das Überlaufen eines Teils des Infanterieregiments Nr. 28 wurden als exemplarisch angesehen und zunächst überhaupt nicht nachgeforscht, welche Bewandtnis es damit hatte. Schließlich gesellten sich die wildesten Gerüchte dazu. Daß gerade in diesem Fall nicht nur überreagiert, sondern falsch und unrecht reagiert worden war, stellte sich erst viel später heraus, als evident wurde, daß die Soldaten großteils frisch zugeführt worden waren, erst Tage vor dem Einsatz Gewehre bekommen hatten, wegen der Kälte keine Deckungen hatten bauen können und beim ersten Ansturm der Russen einfach in Panik gerieten. Der Armeekommandant, General der Infanterie Boroević, griff zum drastischsten Mittel, nämlich der Auflösung des Regiments. Erst nachträglich wurde untersucht und festgestellt, daß hier nicht einfach Tschechen zu den Russen übergelaufen, sondern unerfahrene Truppen sich selbst überlassen worden waren. Das Regiment wurde schließlich wieder aufgestellt.[516]

Anfang März 1915 hoffte man zwar im Armeeoberkommando noch immer, daß es möglich sein würde, die Festung am San in letzter Minute zu entsetzen. Doch wie Conrad der Militärkanzlei des Kaisers mitteilte: „Widerstand des Feindes, Angriffskraft der eigenen Truppen, Wetter und sonstige Zufälligkeiten werden entscheiden, ob wir das Ziel erreichen – prophezeien läßt sich in dieser Hinsicht nichts.“ Conrad baute weiter vor und gab dem von Teschen nach Wien reisenden Thronfolger Erzherzog Karl eine Information für den Kaiser mit, in der der bevorstehende Fall Przemyśls angekündigt wurde. Was in der Folge zu tun wäre, war ebenfalls schon gesagt worden: weiterkämpfen!

Trotz der Radikalmaßnahme in Sachen Verpflegung wurde in Przemyśl bereits genau errechnet, bis wann die Festung zu halten war: bis zum 28. Februar 1915. Jetzt wurde der Verbrauch weiter eingeschränkt. Da die Soldaten ohnedies schon geschwächt waren, war es doppelt sinnvoll, die Ausbruchsversuche und lokalen Angriffe zu beenden und sich auf reine Verteidigungsaufgaben zu beschränken. Dann war die Munition für einige Geschützmuster ausgegangen, und die anderen Geschütze waren schon so ausgeschossen, daß ihre Reichweite abnahm. Weitere Pferde wurden geschlachtet. Schließlich wurde im Festungsrayon alles requiriert, was noch irgendwie gegessen oder verfüttert werden konnte. Rübenschnitzel wurden zu Dörrgemüse gemacht, Pferdefett erhöhte den Brennwert der menschlichen Nahrung, auch wenn der Unschlitt das Essen verdarb. Dem Brot wurde schließlich 20 Prozent Birkenmehl beigemengt. Diese Maßnahme erfolgte, wie der Kommandant notierte, „um wenigstens Hungergefühl bei Mannschaft, hervorgerufen durch zu geringes Quantum an Verpflegung, besonders an Brot, einigermaßen abzuschwächen, was umso mehr notwendig ist, als jetzt Mannschaft infolge der Pferdeschlachtungen neben ihrem sonstigen Dienst auch vielfach Dienst von Pferden versehen muß“.

Alle paar Tage wurde neuerlich errechnet, bis wann die Festung noch gehalten werden konnte; zuletzt ergab eine Berechnung am 10. März, daß man noch für genau 14 Tage Nahrungsmittel hatte.

Am 15. März gab das Armeeoberkommando Przemyśl endgültig verloren. Auch der Einsatz der k. u. k. 2. Armee mit rund 150.000 Mann war ohne Erfolg geblieben. Er scheiterte, wie Conrad schrieb, „an der Zähigkeit des Feindes, vor allem aber an dem ganz abnorm ungünstigen Wetter, tiefer Schnee, enorme Kälte (– 23 Grad), Schneestürme". Die Armee hatte vom 1. bis zum 15. März rund 51.000 Mann verloren. Von den über 10.000 Vermißten wurde angenommen, daß ein Großteil erfroren war und irgendwo unter dem Schnee lag.

Anfang März begannen die Russen damit, den Belagerungsring um Przemyśl enger zu ziehen und wurden aktiver, denn sie wußten aus Überläufermeldungen und aus den mit Hilfe einer russophilen Gruppe in der Stadt gesammelten Nachrichten über die Situation der Festung detailliert Bescheid. Wie man dann sah, kannten sie auch den letzten Ausbruchsplan Kusmaneks. Dem Festungskommandanten war von Conrad geraten worden, nach Südosten auszubrechen. Kusmanek erhielt aber die Freiheit, selbst darüber zu entscheiden, in welche Richtung es gehen sollte. Und er entschied sich für Osten. Er wollte Richtung Grodek und Lemberg ausbrechen, weil er es als aussichtslos ansah, die österreichischen Linien zu erreichen. Also sollte den Russen noch der größtmögliche Schaden zugefügt, Brücken und Verkehrsverbindungen gesprengt und ein Chaos im Hinterland angerichtet werden. Das AOK stimmte zu. Es hatte wohl keine wie immer geartete Hoffnung, daß der Ausbruch tatsächlich gelingen konnte. Auch in diesem Fall war es mehr die Psychologie, die Berücksichtigung fand, als die operative Planung. Kusmanek konnte gehen, wohin er wollte, Hauptsache, das Ende der gewaltigen Festung am San war heroisch.

„Sollte die Lage am 17. 3. erkennen lassen, daß ein Entsatz nicht rechtzeitig möglich sei, dann gebiete es die Waffenehre und die ruhmvolle bisherige Haltung der Festungsbesatzung, daß ein Durchbruchsversuch unternommen werde", telegrafierte das Armeeoberkommando; kurz darauf formierten sich die Truppen zum Ausbruch. Zwei Tage später sollte er stattfinden. Um sich an die Gürtellinien heranzuarbeiten, brauchten die Verbände bis zu sieben Stunden, da ein heftiger Schneesturm tobte. In welche Richtung es gehen sollte, wurde den Soldaten erst in dem Augenblick gesagt, als sie in die östlichen Forts abrückten. Gleichzeitig wurde ihnen ein Befehl des Festungskommandanten vorgelesen, in dem es pathetisch und falsch hieß: „Meine Soldaten ... Ich führe Euch hinaus, den eisernen Ring des Feindes um unsere Festung mit stählerner Faust zu zertrümmern und dann mit unwiderstehlicher Kraft immer weiter und weiter zu dringen, bis dahin, wo wir unsere Armeen erreichen, die im schweren Kampf schon nahe an uns vorgedrungen sind ... vorwärts, rücksichtslos vorwärts!" Was hätte ihnen Kusmanek aber sonst sagen sollen?

Die Russen erwarteten die ausbrechenden Divisionen, und nach einem mehrstündigen blutigen Gemetzel, bei dem vor allem die vorne eingesetzten Honvéd-Truppen dezimiert wurden, mußte das Unternehmen abgebrochen werden. Jetzt war es nur mehr eine Frage von Tagen, ehe die Festung kapitulierte. Das Armeeoberkommando forderte dazu auf, vor der Übergabe alles Kriegsmaterial zu vernichten. Das Festungskommando bestimmte den 22. März als Tag der Kapitulation. Zwar wäre die Festung noch zwei Tage länger zu halten gewesen, doch den Soldaten sollte ein Mundvorrat für zwei Tage gegeben werden, um sicherzustellen, daß sie auch die ersten Tage der Kriegsgefangenschaft überlebten.

Am 22. März um 5 Uhr früh begann die Sprengung der Geschütze. Eine halbe Stunde später wurden die Minen und geballten Ladungen in den Werken gezündet. Gleichzeitig zerschlugen die Soldaten ihre Gewehre, zerbrachen ihre Säbel, warfen die Patronen in den San oder traten sie in den Boden. Pferde wurden erschossen, Zaum und Sattelzeug zerschnitten. Dann wurden der letzte Funkspruch abgegeben und der Sendemast gekappt. Ein Flugzeug überbrachte die letzte Meldung Kusmaneks: „Przemyśl heute 7 h vorm. ohne Verhandlungen mit dem Feind nach Sprengung sämtlicher Objekte und Materialien preisgegeben."

Den Russen fiel Przemyśl ohne letzten Sturmversuch in den Schoß. Rund 120.000 Mann gingen in russische Gefangenschaft. In Österreich-Ungarn wie in Rußland sprach man gleichermaßen von heldenmütig. Die Russen hatten ein Prestigeobjekt in die Hand bekommen, und Österreich war um eine Verlegenheit ärmer geworden. Die ursprünglich 130.000 Mann der Festungsbesatzung hatte man ohnedies schon abgeschrieben gehabt. Die Pressekommuniqués über den Fall waren auch schon Tage vor dem 22. März verfaßt worden. Es wurde verbreitet, die belagernden Russen hätten im Lauf der Zeit eine ganze Armee vor Przemyśl eingebüßt. Schließlich formulierte der Chef der Rußland-Gruppe im Armeeoberkommando noch einen Armeebefehl, in dem es hieß, das AOK habe schon längere Zeit mit dem Fall der Festung gerechnet, alles sei durchaus in Übereinstimmung mit der operativen Planung im großen erfolgt – und tatsächlich: Jetzt konnte wieder unabhängig von dem „Klotz am Bein" geplant werden.

Immer wieder war die Kampfführung im Osten ja durch einen Blick auf die zeitgleich ablaufenden politischen Verhandlungen beeinflußt worden. Die Haltung Italiens gab zu äußerster Besorgnis Anlaß. Um der Türkei zu helfen und Rumänien einzuschüchtern, gleichzeitig aber Bulgarien auf die Seite der Mittelmächte zu ziehen, wäre eine Erneuerung des Feldzugs gegen Serbien notwendig gewesen, ja ihm wurde sogar eine gewisse Priorität beigemessen.[517] Doch ehe die Armeen der Mittelmächte nicht aus den Karpaten herauskamen, Przemyśl entsetzt und die Lage am nordöstlichen Kriegsschauplatz stabilisiert war, konnte man kaum an etwas anderes denken.

Die Auswirkungen der Rückschläge waren beträchtlich. Vor allem wurde das Deutsche Reich in seiner Beurteilung der österreichischen Verhältnisse nachdrücklich beeinflußt. Die gemeinsame Kriegführung hatte die Achtung voreinander keineswegs wachsen lassen. Da die Offensiven in den Karpaten mit Mißerfolgen geendet hatten, schob man sich die Schuld gegenseitig zu und bezichtigte einander des verfrühten Zurückweichens. Conrad benützte jede sich bietende Gelegenheit, um auch den Deutschen die Eignung, militärische Wunder zu vollbringen, abzusprechen. Außerdem wäre der Bündnispartner noch immer weit hinter dem zurückgeblieben, was man von ihm billigerweise erwarten konnte. „Wir sollten daher Deutschland gegenüber den Standpunkt der Ritterlichkeit endlich aufgeben und jenen des brutalen Geschäftsmannes einnehmen", schrieb Conrad an den Chef der kaiserlichen Militärkanzlei. „Müssen wir für das beiderseitige Wohl Opfer bringen, so muß auch Deutschland daran partizipieren … Man müßte ihnen sagen: Könnt ihr nicht, gut, dann geht ihr mit uns zugrunde."[518] Wie in den Karpaten.

Zwischen Österreichern und Deutschen brachen beträchtliche Differenzen bezüglich der Führung der Operationen aus. Diese Differenzen entwickelten sich schließlich zu bleibenden Antipathien, so daß schon im Verlauf des Kriegs manche Generäle nicht mehr gemeinsam mit den Verbündeten eingesetzt werden wollten, weil sie den anderen grundsätzlich mißtrauten und ihre Fähigkeiten herabminderten. Dieses Herabmindern fand in Dienststücken und Memoiren seinen Niederschlag. Generalmajor von Cramon etwa, der Bevollmächtigte der Deutschen Obersten Heeresleitung beim Armeeoberkommando, betonte in einem Bericht vom 6. April 1915, daß eine Weiterführung der Karpatenoffensive nur zielführend sei, wenn dem Kleinmut der österreichisch-ungarischen Führer begegnet würde. General der Kavallerie von Marwitz, der Kommandeur der deutschen 25. Reservedivision, überliefert in seinen Aufzeichnungen, daß er die Bedingung gestellt habe, seine „Truppen unter allen Umständen beisammen zu behalten, nicht unter österreichische zu vermengelieren, und wenn dies stellenweise der Fall sein müßte, auch über diese österreichischen zu kommandieren".[519] Besonders drastisch äußerte sich der Generalstabschef Hindenburgs, General Erich Ludendorff, in Briefen an den abgelösten deutschen Generalstabschef, Helmuth Graf Moltke. Er bezichtigte die Österreicher der Arroganz, mangelnden Widerstandswillens und militärischer „Inkompetenz". Dieses Volk hätte einfach nicht das Zeug zur Großmacht, und dem deutschen Militärattaché in Wien sei der Vorwurf zu machen, daß er den deutschen Stellen vor dem Krieg nicht rechtzeitig die Augen geöffnet habe.[520]

Es war gewiß recht einladend, die Schuld am Scheitern der Karpatenoffensiven bei den k. u. k. Truppen zu suchen, denn bei ihnen fand sich sehr vieles, was vor allem den Deutschen merkwürdig vorkommen mußte: die mangelnde Homogenität, die Tatsache, daß sich diese Truppen nicht mehr wie in den ersten Kriegswochen verwenden ließen, da sie schon zu große Verluste gegenüber der russischen Übermacht zu verzeichnen gehabt hatten. Und dann war wohl immer wieder auch zu sehen, daß deutsche Befehlshaber dann, wenn sie k. u. k. Truppen unter sich hatten, aus ihnen gelegentlich mehr „herauszuholen" imstande waren, als dies österreichisch-ungarische Offiziere vermochten. Vielleicht läßt sich das mit einer Art „Trainereffekt" erklären. Die k. u. k. Truppen wurden durch deutsche Kommandierende bewogen, ihr Allerletztes zu geben. Sie wollten sich gerade den Deutschen gegenüber nicht blamieren. Das führte dazu, daß sie noch bereitwilliger als unter österreichisch-ungarischen Kommandanten ihr Leben riskierten. Auf beiden Seiten wußte man freilich nicht, wie abfällig über den anderen geurteilt wurde. So notierte beispielsweise Hindenburg, die Österreicher hätten sehr tapfer die Übermacht der Russen aufgehalten, „solange bis – Militär [!] gekommen ist".

Das Unbehagen über den Verbündeten kam freilich kaum einmal wirklich zum Durchbruch; der Groll blieb heimlich. Und nach außen wurde er durch die Postkarten, Anstecknadeln, Kaffeehäferln, Bierkrüge und Pfeifenköpfe zugedeckt, auf denen jeder weithin lesen konnte: „Schulter an Schulter", „Wir halten fest und treu zusammen", „Gott mit uns!" und ähnliches. „Nibelungentreue" und „Bundestreue" wurden beschworen, es wurde gedichtet, gereimt, geschrieben, gemalt und getönt. Solcherart entstanden aber zwei Wahrheiten: Die eine, weitverbreitete, besagte, daß Deutschland und Österreich-Ungarn Verbündete seien, deren Treue und Opferbereitschaft jenseits allen Zweifels stünden. Die andere, lediglich von einigen Wissenden des „inneren Kreises" in diesem Bündnis vertretene Wahrheit sah in dem Zusammengehen eine Notgemeinschaft, die zwar logisch war und intakt bleiben sollte, wo die Herzlichkeiten aber eine bröckelige Fassade waren.

Diese besonderen Probleme der Bündniskriegführung gaben dem nach wie vor virulenten Problem der vom AOK praktizierten Kommandoenthebungen einen anderen, zusätzlichen Aspekt: Den Deutschen sollte wohl vor Augen geführt werden, daß das Armeeoberkommando gesonnen war, jeden Kommandanten, der nicht voll entsprach, rücksichtslos abzulösen. Ob das aber einen positiven Eindruck machte, muß bezweifelt werden. Auch die Auswirkungen auf die Truppe mochten nicht unbedingt positiv sein. Zwar konnte damit gezeigt werden, daß das AOK gewillt war, auch den hohen Offizieren das Letzte abzuverlangen, doch andererseits mußte man sich nur zu sehr fragen, wie es um dieses Offizierskorps generell bestellt war. Das AOK enthob nach den Karpatenkämpfen einen Divisions- und zwei Korpskommandanten, die Generäle von Meixner und Letovsky, ihres Kommandos.[521] Mit Bezugnahme darauf gab Erzherzog Friedrich eine Reihe von Befehlsschreiben hinaus, in denen es u. a. hieß, daß Kommandanten, die es an energischer Führung mangeln ließen, „unnachsichtlich zur Verantwortung zu ziehen, vom Kommando zu entheben beziehungsweise der gerichtlichen Behandlung zuzuführen" seien. „In gleich scharfer Weise ist gegen jene vorzugehen, welche durch zaghafte Reden, mattherzige Stimmung, pessimistisches Wesen, kleinmütiges Bedauern, Äußerungen von Friedenssehnsucht und Vertrauensmangel den Geist der Truppe untergraben und zur Ursache von Mißerfolgen werden."[522]

Ein Ergebnis der gescheiterten Offensiven in den Karpaten war auch, daß deutscherseits, und zwar von seiten des Reichskanzlers wie des Generalstabschefs, nochmals mit allem Nachdruck versucht wurde, Wien zu Zugeständnissen an Italien zu bewegen. Es sollte nicht auch noch Italien auf der Seite der Gegner in den Krieg eintreten. Doch bei diesen noch zu schildernden Versuchen, auf Wien Druck auszuüben, blieb dem Deutschen Reich jeglicher Erfolg versagt. Ab Mitte Februar begann sich daraufhin im Deutschen Auswärtigen Amt Resignation auszubreiten, und es wurde erwogen, Österreich-Ungarn fallenzulassen. Bethmann Hollweg griff Überlegungen auf, wie sie bereits in der Julikrise angestellt worden waren, nämlich die, Österrreich-Ungarn zwischen Deutschland und Rußland aufzuteilen. Und es war wieder nur das Argument, daß die öffentliche Meinung im Deutschen Reich dem unzugänglich wäre und daß sich auch nur neue schwere Probleme auftun würden, die den deutschen Reichskanzler bewogen, das Gedankenspiel nicht weiter zu verfolgen.[523] Abermals wurde vom deutschen Staatssekretär des Auswärtigen der Abschluß eines österreichisch-russischen Sonderfriedens befürchtet[524], was umso schwerer ins Gewicht zu fallen schien, als der Krieg mittlerweile eine neue, zusätzliche Dimension bekommen hatte. Der Beginn der britischen Blockademaßnahmen zur See und die Erklärung der ganzen Nordsee zum Kriegsgebiet hatten dazu geführt, daß die Deutsche Oberste Heeresleitung die Gewässer um Großbritannien und Irland sowie den Ärmelkanal zum Kriegsgebiet erklärte und den U-Boot-Krieg gegen die Handelsschiffahrt eröffnet hatte. Der Krieg näherte sich seiner Absolutheit.

Im Westen tobte schon seit Monaten der Stellungskrieg. Ypern war zum Begriff für die Schrecken dieses Belagerungskriegs im offenen Feld geworden. Die Franzosen hatten bereits gasförmige Kampfstoffe eingesetzt. Das Deutsche Reich seinerseits hatte mit der Vorbereitung des Gaskriegs mit Giftgas begonnen. Auf die Weise hoffte man, den Stellungskrieg wieder zum Bewegungskrieg werden zu lassen. Nun drohte auch im Osten der Grabenkrieg, und die serbische Front war ja ebenfalls seit dem Dezember nicht mehr in Bewegung gekommen. Falkenhayn und die Deutsche Oberste Heeresleitung dachten daran, das Schwergewicht wieder nach dem Westen zu verlagern, Bethmann Hollweg wollte einen deutsch-österreichischen Feldzug gegen Serbien beginnen, um vor allem auch auf Rumänien einwirken zu können und die Türken zu unterstützen. Doch das eine hatte ebensowenig Aussicht auf Realisierung wie das andere.

Tarnów-Gorlice

Am 4. April 1915 kam Conrad nach Berlin und einigte sich mit Falkenhayn darauf, im Osten, auf dem Balkan und notfalls gegenüber Italien mit den österreichisch-ungarischen Truppen defensiv zu bleiben.[525] Doch offenbar war von Falkenhayn nicht ganz mit offenen Karten gespielt worden. Wenige Tage vor der Unterredung mit Conrad hatte er befohlen, die Aufmarschmöglichkeiten im Raum westlich von Krakau zu studieren. Erst nach seiner Rückkehr nach Teschen wurde Conrad von Oberst Straub, dem Chef des Eisenbahnbüros, informiert, daß der deutsche Verbindungsoffizier beim Armeeoberkommando, General Cramon, offenbar als gezielte Indiskretion die Frage nach den Transportmöglichkeiten für deutsche Truppen südlich von Krakau erfragt hatte.[526] Aus all dem leitete Conrad ab, daß Falkenhayn nunmehr doch zur Entsendung deutscher Truppen bereit war. Conrad zögerte keinen Augenblick, und schon in der Nacht zum 6. April erreichte die Deutsche Oberste Heeresleitung ein Hilfeersuchen Conrads. Allerdings fiel das ganz anders aus, als dies Falkenhayn vielleicht im Sinn gehabt haben mochte. Denn das AOK ging davon aus, daß der Kriegseintritt Italiens unmittelbar bevorstehe, und verlangte die Entsendung von sieben Divisionen für den Einsatz gegen Italien und weiteren fünf, um Rumänien in Schach zu halten und die Karpatenfront zu stützen.

Wieder kam Falkenhayn in ein arges Dilemma. Er hatte zwischen West- und Ostlösung geschwankt. Für das Frühjahr 1915 war die Schwergewichtsverlagerung nach dem Westen vorgesehen gewesen. Der deutsche Generalstabschef hoffte, die Franzosen und Briten zu schlagen, bevor die vom britischen Kriegsminister Lord Kitchener aufgestellten neuen britischen Divisionen auf dem Kontinent eintrafen. Doch auch die Ostlösung war noch immer einer Erwägung wert. An eine Südlösung gegen Italien aber dachte Falkenhayn gewiß nicht. Doch offensichtlich neigte er aus nicht ganz erklärlichen Gründen plötzlich mehr der Ostlösung zu. Mag sein, daß dabei auch der Konflikt mit Hindenburg und Ludendorff eine Rolle spielte. Deren Offensive war ja im Januar gescheitert. Bei einem erfolgreichen Verlauf einer neuerlichen Offensive konnte Falkenhayn also nur an Prestige gewinnen.

Am 13. April wurde im Großen Hauptquartier in Berlin beschlossen, die neu aufgestellte deutsche 11. Armee im Raum Gorlice angreifen zu lassen. Das war weitaus mehr als Conrad verlangt oder auch nur gehofft hatte. Er hatte die Entsendung von vier Divisionen als wünschenswert genannt. Statt dessen wollte Falkenhayn vier Korps, also dreimal so viel, schicken. Am nächsten Tag trafen Falkenhayn und Conrad abermals zusammen. Letzterer war zutiefst befriedigt, daß seine Idee eines entscheidenden

Schlags im Osten auf deutsche Zustimmung gestoßen war und mehr geschehen sollte, als nur die k. u. k. 3. Armee in den Karpaten zu stärken. Conrad willigte auch in eine deutsche Kommandoführung über die vereinigten Truppen ein, obwohl die österreichisch-ungarischen Truppen in absoluten Zahlen naturgemäß größer sein würden. Schließlich bestimmte Falkenhayn aber nicht – wie vielleicht erwartet worden war – Hindenburg zum Kommandanten der neuen Armee, sondern Generaloberst August von Mackensen. Dessen Generalstabschef wurde Oberst Hans von Seeckt. Zudem verlegte Falkenhayn sein Hauptquartier nach Pleß in Schlesien und wertete damit Hindenburg optisch ab. Nun nahm der Aufmarsch für eine der gewaltigsten Durchbruchsschlachten des Ersten Weltkriegs seinen Anfang.

Die österreichisch-ungarischen Truppen reagierten auf die plötzlich sehr starke deutsche Präsenz überwiegend positiv. Die Zuversicht wuchs, und das nicht nur im unmittelbaren Bereich des deutschen Aufmarschraums, sondern entlang der ganzen Front. Als der Kommandant der schweizerischen Gebirgsbrigade 18, Oberst Bridler, im Rahmen einer der regelmäßigen Bereisungen der Kriegsschauplätze in die Karpaten kam, faßte er seine Eindrücke für den Schweizer Generalstab folgendermaßen zusammen: „In der Front herrscht eine zuversichtliche, siegesfrohe und sichere Stimmung; beim (deutschen) Beskidenkorps allerdings in höherem Maßstabe als bei den k. u. k. Truppen. Unter den letzteren zeichnen sich die ungarischen durch glühenden Patriotismus und Kampfbegeisterung aus. Sie erkennen in den reichsdeutschen Truppen die Beschützer und Befreier ihres Landes und machen von ihrer größeren Sympathie zu diesen als zu den Deutsch-Österreichern kein Hehl ... Als ungünstiger Faktor für den Kampf ist mir aufgefallen, daß weder der Ungar noch der Deutsch-Österreicher den Russen haßt und den Kampf gegen denselben sofort aufgibt, so wie er die Hände hochhält, auch wenn dies erst kurz vor dem Sturm geschieht ... In der k. u. k. österreichisch-ungarischen Monarchie wird zur Zeit nur der Italiener gehaßt, dieser aber grimmig ... Ich habe den Eindruck, daß in einem Krieg mit Italien mit mörderischer Lust gefochten würde.“[527]

Ab dem 21. April rollten die deutschen Verbände nach Galizien und in ihre Bereitstellungsräume. Die Geheimhaltung war ein besonderes Problem, und fast hat man den Eindruck, als ob das AOK die bevorstehende Offensive vor Wien geheimhalten wollte, während sich die Präsenz deutscher Truppenmassen an der Front nicht geheimhalten ließ und sowohl von der polnischen Bevölkerung des Aufmarschraums als auch von den Russen erkannt wurde. Die Russen wußten schließlich auch über den Tag des Angriffsbeginns, den 2. Mai, Bescheid.[528]

Der Plan zu dieser Offensive, die dann die Durchbruchsschlacht von Tarnów-Gorlice genannt wurde, hat zweifellos eine lange Vorgeschichte, und es ist fast müßig, sie in ihren Verästelungen ganz nachzeichnen zu wollen. Was als Quintessenz dabei herauskommt, ist wiederum die Darlegung einer österreichisch-ungarischen und deutschen Kontroverse, da sowohl Conrad als auch Falkenhayn die Idee zu diesem Plan für sich in Anspruch nahmen. Aber auch auf deutscher Seite wurde die „Napoleonische“ Idee zur Offensive von mehreren für sich reklamiert. So schrieb sich vor allem General Wild von Hohenborn das Verdienst zu, Falkenhayn dazu überredet zu haben, statt über die obere Weichsel im Karpatenvorland angreifen zu lassen.[529] Erfolge haben aber immer viele

Väter. Man wird der Provenienz des Plans wohl am ehesten dann gerecht werden, wenn man zwei Komponenten einbezieht, nämlich die schon auf den Sommer 1914 zurückgehende Operationsidee Conrads einer weiträumigen Umfassung in den Osten hinein und einer sie ergänzenden zweiten Komponente, nämlich der Planung Falkenhayns, der aus dem Raum Gorlice heraus zu einem direkten Stoß nach dem Osten ansetzen wollte. In diesen beiden operativen Konzeptionen war aber nicht nur etwas zu sehen, was aus der besonderen Situation des April 1915 und des Kriegsschauplatzes erwuchs; es war auch Grundsätzliches eingebracht worden. Für die österreichisch-ungarische Armee hatte schon vor der Ära Conrad die einseitige Umfassung in der Taktik wie in der Operation beinahe doktrinären Charakter angenommen, und ebenso war für die deutsche Operationsführung die Zangenoperation Doktrin geworden. Das Abgehen von der deutschen Konzeption kann somit als zusätzliches Indiz dafür gewertet werden, daß Conrad in der Planung für die Schlacht von Tarnów-Gorlice eine beträchtliche Rolle spielte, auch wenn Falkenhayn derjenige war, der sie maßgeblich in die Tat umsetzte.

Doch es ging wiederum nicht nur darum, einen gemeinsamen Operationsplan zu entwerfen, sondern schließlich ebenso darum, wie bei dieser Offensive die Befehlsführung aussehen würde. Das wurde zu einer Prestigeangelegenheit. Schließlich wurde als Kompromiß die k. u. k. 4. Armee dem Kommando der neu zu bildenden deutschen 11. Armee unterstellt, zum Ausgleich aber deren Kommandant Generaloberst Mackensen formell an die Befehle des österreichischen Armeeoberkommandos gebunden. Das AOK seinerseits wollte in allen wichtigen Entscheidungen die Übereinstimmung mit der Deutschen Obersten Heeresleitung suchen. Das hatte zu bedeuten, daß das AOK mit all seinen Plänen und Absichten an die Zustimmung der deutschen Heeresleitung gebunden war.

Auch die Zielsetzung der Offensive bereitete einige Schwierigkeiten.[530] Conrad forderte die Einnahme Lembergs, was Falkenhayn zu weit gesteckt schien. Noch dazu, da er nicht an eine endgültige Entscheidung in Rußland glaubte. So setzte man sich mit der Befreiung des mittleren Galizien, also des Gebiets bis zum San, ein relativ bescheidenes Ziel. Da man aus politischen Gründen großen Wert auf einen möglichst baldigen Erfolg legte, wartete Falkenhayn das Eintreffen des letzten deutschen Korps, des X. Armeekorps, gar nicht ab, sondern ließ die Offensive am 2. Mai 1915 beginnen.

Wieder, wie schon mehrfach in diesem Krieg, war damit eine Terminsetzung von anderen als ausschließlich militärischen Gründen beeinflußt worden. Wie am Balkan im August 1914 sollte ehebaldigst losgeschlagen werden, weil es galt, Rumänien, wenn nicht auch Italien, in Schach zu halten. Wieder, wie im Fall der österreichisch-ungarischen Offensive gegen Rußland Ende August 1914, wollte man den Russen zuvorkommen und auf keinen Fall abwarten, bis sie ihre volle Schlagkraft wiedererlangt hatten.

Die deutsche 11. Armee stieß zusammen mit dem k. u. k. VI. Korps bei Beginn des Angriffs auf eine schwache Stelle der russischen Front. Es war aber nicht nur die russische Schwäche, die sich ausnützen ließ; ebenso brachten die deutschen Korps Erfahrungen von der Westfront und ein anderes als das an der Ostfront übliche Kampfverfahren mit. Solcherart geriet diese Schlacht zum Schulbeispiel für weitere Durchbruchsversuche während des Kriegs.

Die Offensive wurde damit eingeleitet, daß ein vierstündiges Trommelfeuer nach einem genauen Feuerplan einsetzte, etwas, das die Ostfront bis dahin nicht gekannt hatte, was man aber im Westen mittlerweile allenthalben praktizierte. Schon der erste Tag der Offensive brachte einen unerwartet großen Erfolg: gewaltige Zahlen an Gefangenen und den Durchbruch in der erhofften Weise. Die russischen Befehlshaber hatten sich durchaus sicher und der Situation gewachsen gefühlt. Die Truppen hatten sich in der vordersten Linie eingegraben gehabt, Reserven standen bereit, was sollte also passieren? Doch die deutsche Artillerie zerstörte mit dem Trommelfeuer in kürzester Zeit die russischen Stellungen. Da die Reserven ungedeckt und nahe an der vordersten Linie aufgestellt waren, wurden sie gleich darauf durch Steilfeuer der Minenwerfer schwerstens dezimiert. Ein zweites Stellungssystem gab es nicht, und daher boten die Russen bei ihrem in eine Flucht ausartenden Rückzug über das offene Gelände ein leichtes Ziel für die Gewehre und Maschinengewehre. Innerhalb von sechs Tagen verloren die Russen im engeren Bereich des Durchbruchsraums von rund 250.000 Mann 210.000, darunter 140.000 als Kriegsgefangene.

Der Erfolg war so groß, daß sogar Falkenhayn mitgerissen wurde und den Antransport weiterer deutscher Divisionen befürwortete. Noch während der ersten Maihälfte traf die deutsche 56. Infanteriedivision in Neusandez ein, im Juni folgten fünf weitere Infanteriedivisionen und eine Kavalleriedivision, zugleich wurden Ende Mai drei deutsche Infanteriedivisionen an den serbischen Kriegsschauplatz transportiert, von denen aber noch im Juni zwei und im Juli die dritte nach Galizien rollten. Der Erfolg in der Durchbruchsschlacht von Tarnów-Gorlice bewirkte nach Monaten, in denen die Mittelmächte nur wenige Erfolge zu vermelden gehabt hatten, einen kompletten Umschwung. Am 3. Juni zogen bayerische Truppen in Przemyśl ein, und der Oberbefehlshaber der Heeresgruppe, der zum Generalfeldmarschall beförderte Mackensen, ließ es sich nicht nehmen, die wiedereroberte Festung Kaiser Franz Joseph „zu Füßen zu legen". Das minderte die Freude der Österreicher und führte sogar dazu, daß der k. u. k. 3. Armee zu verstehen gegeben wurde, man hätte eigentlich erwartet, Przemyśl würde durch österreichisch-ungarische Truppen rückerobert werden.[531] Eines war freilich durch die eindrucksvollen militärischen Erfolge der Mittelmächte und mit dem Übergang zum Bewegungskrieg an der Ostfront gelungen: Rumänien sah sich veranlaßt, seine Neutralität weiter zu wahren und nicht als Gegner der Mittelmächte in den Krieg einzutreten. Anders Italien. Hier waren die Würfel schon vor dem Beginn der Offensive von Tarnów-Gorlice gefallen. Und Italien war zumindest nicht so nachhaltig beeindruckt, daß es noch im letzten Moment seinen Entschluß zum Krieg revidiert hätte.

9
Der Kriegseintritt Italiens

Fast unweigerlich verbinden sich mit historischen Ereignissen, mit Völkern und Namen bestimmte Assoziationen. Da dominieren dann die Schlagworte. Das Vorurteil feiert fröhliche Urständ', und was 1915 dem einen der „Völkerkerker" Österreich-Ungarn, war dem anderen der „Verrat auf italienisch". Sieht man sich die österreichischen Primärquellen zum Kriegseintritt Italiens 1915 durch, dann sticht einem vor allem ein Wort in die Augen: „Perfidie". Bei Conrad kommt es fast in jedem Schreiben vor, doch auch die Beamten des Ministeriums des Äußern und die Minister verwendeten das Wort wie selbstverständlich. Schließlich fand es in die Proklamation Kaiser Franz Josephs vom 23. Mai 1915 Eingang, die mit dem lange vor dem Kriegseintritt Italiens vom Gesandten Matscheko[532] – andere meinen Musulin – geschriebenen Satz begann: „Der König von Italien hat Mir den Krieg erklärt."

Was den Deutschen das „perfide Albion", war den Österreichern das „perfide Italien". Damit war auch für lange Zeit bereits das Urteil gesprochen, und es bedurfte einiger Jahrzehnte, um den Beginn des Kriegs zwischen Österreich-Ungarn und Italien differenzierter zu sehen. Doch Italien war durchaus kein Einzelfall.

Bei allen Kriegführenden kam Emotionales ins Spiel. Für die „terrible simplificateurs" in Österreich-Ungarn war Serbien jener gefährliche Störenfried, der schließlich auch vor hinterhältigem Mord nicht zurückschreckte; daher mußte es bestraft werden. Rußland, das war jener Nimmersatt im Osten, der nicht nur den Panslawismus nährte, sondern auch lange Zeit mit dem großen Krieg gedroht hatte. Italien aber, das war jenes Land, das Österreich immer wieder in Kriege verwickelte, 1848/49 genauso wie 1859 und 1866, um seine territorialen Wünsche zu befriedigen, und das trotz aller Friedensschlüsse stets nur auf die nächste Gelegenheit lauerte. Diese Sicht ist gewiß zu einfach, aber 1914/15 war es wohl so, daß Italien im Krieg eine nicht wiederkehrende Gelegenheit sah und daß es seine Wünsche nach Arrondierung und konsequenter Durchsetzung der Nationalstaatlichkeit zur politischen Maxime schlechthin erhob.

Der Kriegseintritt Italiens auf seiten der Entente kann schließlich als jene Wende im Ersten Weltkrieg angesehen werden, die die Entscheidung im Krieg brachte. Was wäre gewesen, wenn Italien zum Dreibund gestanden wäre? Was wäre gewesen, wenn Italien weiter eine strikte Neutralität gewahrt hätte? Was wäre auch gewesen, wenn Österreich-

Ungarn frühzeitig die italienischen Gebietsforderungen erfüllt und Italien auf diese Weise zufriedengestellt hätte? Alexander Demandts Buch „Ungeschehene Geschichte. Ein Traktat über die Frage: Was wäre geschehen, wenn ...?“ könnte hier um ein beachtenswertes Kapitel erweitert werden. Doch beschränken wir uns auf die tatsächlichen Abläufe.[533]

Am 23. Juli 1914 wurde Italien davon in Kenntnis gesetzt, daß Österreich-Ungarn eine befristete Demarche an Serbien gerichtet hatte, 24 Stunden später wurde in Rom der Text der Demarche übergeben. Dieses lediglich nachträgliche Informieren machte deutlich, daß die Habsburgermonarchie wie schon während der gesamten Julikrise kein Interesse daran hatte, Italien in die Entscheidungsfindung der Donaumonarchie oder in jene des Deutschen Reichs einbezogen zu wissen. Die vom Ballhausplatz gegebene Erklärung, der k. u. k. Botschafter beim Quirinal, Kajetan von Mérey, sei gerade im ungeeignetsten Augenblick krank geworden und daher wäre die Panne der späten Übergabe passiert[534], war leicht zu durchschauen. Doch kaum war die Ablehnung der Demarche erfolgt und der Krieg „in Sicht“, meldete sich Italien mit der Forderung zu Wort, daß es für die auch nur temporäre Besetzung serbischen Territoriums Kompensationen erhalten wollte. Dabei berief sich Rom auf den Artikel VII des Dreibundvertrags. Graf Berchtold wies das italienische Ansinnen zurück. In Berlin aber war man der Ansicht, jetzt wäre nicht der Zeitpunkt, um sich über die Interpretation des Dreibundvertrags zu unterhalten – Österreich-Ungarn sollte Italien entgegenkommen. Das Verhältnis der Donaumonarchie, des Deutschen Reichs und Italiens entwickelte sich aber nicht erst dadurch zu einem ausgesprochen schwierigen Dreiecksverhältnis.

Das Deutsche Reich, das durch die Politik Italiens zum wenigstens betroffen war und dem auch letztlich die Wünsche und Forderungen Italiens erfüllbar scheinen mußten, da sie ja nicht an die Substanz Deutschlands gingen, machte von allem Anfang an klar, daß die Habsburgermonarchie gut daran tun würde, die Wünsche Italiens in einem höchstmöglichen Ausmaß zu erfüllen.[535] Es wurde mehr oder weniger unverhohlen gesagt, daß es Deutschland begrüßen würde, wenn sich Österreich-Ungarn dazu verstehen könnte, das Trentino an Italien abzutreten, um den Dreibundpartner auf diese Weise zum Kriegseintritt zu bewegen oder zumindest zu einer sehr freundlichen Neutralität. Kaiser Franz Joseph erklärte daraufhin, lieber abdanken zu wollen als das Trentino herzugeben.

Damit waren fürs erste einmal die Positionen abgesteckt. Bei der Darlegung seiner Wünsche und Forderungen wählte Rom aber nicht nur den direkten Weg des Gesprächs mit Wien, sondern mit Vorliebe auch den Umweg über Berlin. Daß sich die deutsche Reichsregierung die Auffassung Italiens zu eigen machte, wurde schon im gemeinsamen Ministerrat am 31. Juli 1914 kritisiert. Berchtold erwähnte, daß im Verlauf der vorangegangenen Woche fast täglich Demarchen der deutschen Regierung bei ihm eingegangen seien, „um zu erreichen, daß sich die k. u. k. Regierung der Auffassung der Kompensationsfrage der zwei anderen verbündeten Mächte anschließe“, also der Auffassung des Deutschen Reichs und Italiens.[536] Auch der Kriegsminister, Baron Krobatin, wußte zu berichten, daß man ihn diesbezüglich „weichzuklopfen“ versucht habe, und zwar niemand Geringerer als Kaiser Wilhelm persönlich. Graf Stürgkh aber meinte, Italien hätte überhaupt kein Anrecht darauf, irgendwelche Kompensationsforderungen zu erheben, „wenn es nach Ausbruch des großen Krieges seine Bundespflicht nicht erfülle“.[537]

Der gemeinsame Ministerrat in Wien war sich in der Ablehnung der italienischen Kompensationsforderungen einig, beauftragte aber schließlich Berchtold, für den Fall einer dauernden Besetzung serbischen Gebiets Italien einen territorialen Ausgleich in Aussicht zu stellen, allerdings nur dann, wenn Italien seine Bündnispflicht tatsächlich erfüllen sollte. Das lehnte Italien ab, und nachdem das Ultimatum des Deutschen Reichs an Rußland abgegangen war, erklärte sich Italien trotz entsprechender Appelle Kaiser Wilhelms und Kaiser Franz Josephs als neutral.

Die Mittelmächte und vor allem Österreich-Ungarn waren zwar zutiefst enttäuscht, mußten jedoch gute Miene zum bösen Spiel machen. Doch Gebietsabtretungen wurden weiterhin ausgeschlossen. Da galt, was der ungarische Ministerpräsident Graf Tisza so anschaulich formulierte: „Ein Staat, welcher, um einen zum Verrat hinneigenden Nachbarn von dem vollständigen Verrate abzuhalten, aus seinem eigenen Leibe Gebietsteile hergibt, degradiert sich vor der ganzen Welt.“[538] Doch man glaubte einen Ausweg gefunden zu haben: Wie, wenn man Italien anderswo Territorien anbot? Der Vorschlag verfing jedoch nicht. Am 3. August lehnte der italienische Außenminister Marchese Antonino di San Giuliano das Angebot ab, Nizza, Korsika, Tunesien und Albanien dem Apenninenstaat zuzuschlagen. Dabei handelte es sich, wie leicht festzustellen war, mit Ausnahme von Albanien um französische Besitzungen, die erst nach einer kompletten Niederwerfung Frankreichs verfügbar gewesen wären. Das von Italien erwartete Angebot, nämlich die Abtretung des österreichischen Trentino, kam hingegen nicht. Am 8. August befaßte sich der gemeinsame Ministerrat in Wien abermals mit Kompensationsforderungen Italiens. Dabei war geradezu auffallend, daß die Haltung der beiden Reichshälften, soweit diese Haltung in den Wortmeldungen der Ministerpräsidenten zum Ausdruck kam, in der Frage der Abtretung des Trentino völlig ident war und sich der ungarische Ministerpräsident mindestens so vehement gegen die italienischen Wünsche wendete wie Graf Stürgkh. Conrad von Hötzendorf hatte allerdings in der Sitzung dieses gemeinsamen Ministerrats und bevor er ins Feld abgegangen war, unmißverständlich angemerkt, daß Österreich-Ungarn im Fall eines italienischen Angriffs nichts aufzubieten hätte, um den Italienern gegenüberzutreten. Er wurde noch deutlicher und sagte: „Vom militärischen Standpunkt“ sei es so zwingend, Italien neutral zu erhalten, „daß er sich als Soldat sage, daß dafür kein Preis groß genug wäre“.[539]

Nun meinte Graf Stürgkh, er hätte für den Fall, daß die Italiener wirklich ernst machten und mit der Alternative Gebietsabtretungen oder Kriegseintritt drohen würden, überhaupt keine moralischen Bedenken, die Italiener zu hintergehen. Man könnte folgendes Spiel in Szene setzen: Das Deutsche Reich sollte hergehen und vorgeblich hinter dem Rücken Österreichs Italien die gewünschten territorialen Zusicherungen machen. Durch einen zweiten, zwischen Österreich-Ungarn und Deutschland abzuschließenden Vertrag würde aber der erstere hinfällig. Tisza und der ungarische „Minister am königlichen Hoflager“ in Wien, Stephan Graf Burián, sprachen sich jedoch dagegen aus. Italien, so meinten sie, würde sich wohl nicht so einfach hintergehen lassen.

In der Folge stiegen nicht nur die Befürchtungen wegen eines italienischen Angriffs so stark, daß die Befestigung Wiens, Budapests und der Donauübergänge auch unter diesem Gesichtspunkt erfolgte. Es wurden auch in einem möglichst unauffälligen Maß Grenzbeobachtungs- und Sicherungsmaßnahmen ergriffen. Die Sprache gegenüber

Italien blieb dennoch verbindlich. Es wurde darauf hingewiesen, daß die Monarchie keine territorialen Veränderungen auf dem Balkan anstrebte, also Serbien nicht verkleinern wollte, daher müßte es überhaupt keine entsprechenden Kompensationsvereinbarungen geben. Sollte es aber aus noch nicht absehbaren Gründen zu Veränderungen auf dem Balkan kommen, so würden selbstverständlich die Wünsche Italiens berücksichtigt werden. Das war der fast gleichbleibende Tenor der österreichisch-ungarischen Stellungnahmen.[540] Aber man stand ja erst am Anfang eines Lehrstücks machiavellistischer Außenpolitik.

Es blieb nicht nur bei den verbindlichen Äußerungen. Es gab auch anderes, das schon deutlicher darauf hinwies, daß die Haltung Italiens und Österreich-Ungarns militärische Faktoren einschloß. Wie erwähnt, war Conrad von Hötzendorf bei Beginn der Mobilmachung für einen Kriegsfall Balkan auch darangegangen, das III. Korps in Graz zu mobilisieren, nicht zuletzt, da er sich der Haltung Italiens nicht sicher war. Auch nach der Neutralitätserklärung Italiens und nachdem Österreich-Ungarn sowohl auf dem Balkan wie gegen Rußland voll engagiert war, wurde die italienische Grenze nicht aus den Augen gelassen.

Beide Staaten ergriffen an den Grenzen militärische Maßnahmen, die allerdings noch nicht sehr weitreichend waren. Eine Mobilmachung der italienischen Armee, wie sie vom italienischen Generalstabschef Luigi Conte Cadorna verlangt worden war, wurde von der italienischen Regierung abgelehnt. Noch hatten ja die Politiker und Diplomaten das Sagen. Am 19. August 1914, beim nächsten gemeinsamen Ministerrat in Wien, der vom Kaiser selbst geleitet wurde, kam der Beschluß zustande, die Konversation mit Italien fortzusetzen und den Bruch möglichst lange hinauszuschieben, in der Zwischenzeit allerdings die erforderlichen Maßnahmen an der italienischen Grenze zu treffen. Italien seinerseits begann ebenfalls mit militärischen Vorbereitungen, die der italienische Botschafter in Wien, Herzog Giuseppe von Avarna, ein Dreibundanhänger, der schließlich zum Briefträger der Politiker degradiert wurde, damit zu begründen hatte, daß er bekanntgab, diese Maßnahmen dienten zur Beruhigung der italienischen Öffentlichkeit und zur Aufrechterhaltung der Ordnung.

Dieses Argument, so vordergründig es vielleicht auch klingen mochte, hatte insofern einen realen Hintergrund, als sich in Italien tatsächlich eine antiösterreichische Stimmung herausbildete, die von der Regierung nicht ignoriert werden konnte. Österreich tat alles, um gegenzusteuern. Prominente österreichische Sozialisten fuhren nach Italien und suchten italienische Sozialdemokraten auf eine gemäßigte und dreibundfreundliche Linie einzuschwören. Geld floß nach dem Süden, um Zeitungen wie „Mattino", „Popolo Romano", „Il Giorno" und andere zu einer Schreibweise zu veranlassen, die zumindest dem Ideal einer italienischen Neutralität verpflichtet sein sollte.[541] Zehn Millionen Kronen stellte das k. u. k. Kriegsministerium dem Ministerium für Äußeres zu diesem Zweck zur Verfügung. Österreichischerseits, aber auch von italienischen Zirkeln wurde die katholische Macht Österreich herausgestrichen. Andere Gruppen waren freilich stärker und einflußreicher. Der „Corriere della Sera", der die vorhin genannten Zeitungen an Bedeutung und Verbreitung weit übertraf, stellte in einer Artikelserie schon im August 1914 die Neutralität Italiens in Frage und erzielte damit eine sogar noch viel weitergehende Wirkung als radikalere Blätter vom Zuschnitt eines „Il Popolo d'Italia", das ein gewisser Benito Mussolini redigierte.[542] Wirkungsvoller war, was derselbe Mussolini im sozialistischen „Avanti" im Oktober 1914 schrieb und wo er für eine Beteiligung Italiens am Krieg plädierte, um den Krieg so schnell wie möglich zu beenden. Später bezeichnete Mussolini den Tag des italienischen Kriegseintritts als den Beginn der faschistischen Ära.[543]

Die Haltung Italiens interessierte aber naturgemäß nicht nur die Länder des Zweibunds, sondern mindestens ebenso die Staaten der Entente. Auch hier entwickelten die Dinge eine gewisse Eigendynamik. Aus Gesprächen, die der italienische Botschafter in St. Petersburg, Marchese Andrea Carlotti, führte, der auch in der Julikrise und als Informant der Russen gelegentlich eine Rolle gespielt hatte, wurde schon deutlich, daß Rußland für den Fall eines Ententesiegs bereitwillig eine Abtretung des Trentino, aber auch anderer Territorien ins Auge faßte. Dabei wurde freilich nicht viel anders gehandelt als wenige Wochen zuvor in Österreich-Ungarn, als man Italien Nizza und Korsika offeriert hatte.

Weitgehend unabhängig davon entwickelten Frankreich und Großbritannien ihre Angebote, die ebenso das Trentino und überdies Valona in Albanien zum Gegenstand hatten. Der britische Außenminister Sir Edward Grey ging aber noch einen Schritt weiter und wollte noch Triest hinzugefügt wissen. Damit war das Schlagwort „Trento e Trieste" geboren. Der russische Außenminister Sazonov konnte da anscheinend nicht zurückstehen und bot Italien aus eigenem noch die Erwerbung Dalmatiens an und meinte, auch das müßte im Einvernehmen mit England und Frankreich möglich sein. Die anfänglichen militärischen Erfolge Deutschlands in Belgien und Frankreich ebenso wie die österreichisch-ungarischen auf dem Balkan und in Rußland ließen freilich die Gespräche zwischen Italien und den Ententemächten zunächst nicht so recht in Gang kommen, denn man war sich über den Verlauf des Kriegs zum damaligen Zeitpunkt noch mehr als unklar.

Doch die Dinge entwickelten sich ungemein rasch. Zunächst war aber ein Klärungsprozeß innerhalb der italienischen Regierung vonnöten, und der setzte noch Mitte August ein. Nachdem Außenminister San Giuliano am 9. August in einem Schreiben an den italienischen Ministerpräsidenten Salandra die Möglichkeit eines Kriegseintritts Italiens an der Seite der Entente angesprochen hatte, wurden einmal die Dimensionen deutlicher. San Giuliano verschwieg dem Ministerpräsidenten auch nicht seine persönliche Einschätzung der Folgen eines solchen Schritts, wenn er schrieb: „Wir dürfen uns jedoch nicht verhehlen, daß ein solcher Krieg ... in ganz Europa als ein Akt der Unehrlichkeit betrachtet würde ... auch von seiten jener, die unsere neuen Verbündeten werden könnten."[544] Nichtsdestoweniger begann Italien mit Sondierungen in London, und zwar bewußt in London, weil sowohl die Diskretion der Franzosen als auch die der Russen bezweifelt wurde.

Schon für die Aufnahme von Gesprächen verlangte Italien allerdings die Fortsetzung der britischen Kohlenlieferungen. Zusätzlich forderte San Giuliano einen unverzüglichen Angriff der britischen Seestreitkräfte auf die österreichisch-ungarischen Flottenverbände in der Adria. Als dieser Angriff ausblieb, sah San Giuliano darin einen sehr starken Grund zur Aufrechterhaltug der italienischen Neutralität.[545] Denn mit gutem Grund nahm der italienische Außenminister an, daß die Sicherheit Italiens zu einem nicht unerheblichen Teil von der Situation im Mittelmeer abhing. Solange aber die österreichisch-ungarische Kriegsmarine die Adria beherrschte, war Vorsicht angebracht.

Am 16. Oktober 1914 starb San Giuliano. Anfang November übernahm Baron Sidney Sonnino das Außenministerium. Seine halbenglische Abkunft wurde sofort kommentiert. Zwischenzeitlich hatte aber für zwei Wochen Ministerpräsident Salandra das Außenamt selbst geführt. Und er verwendete am 18. Oktober 1914 zwei Worte, die für Italien prägend werden sollten: „sacro egoismo“.[546] Fast unmerklich hatten sich die Akzente verschoben.

„Sacro egoismo“

Italien blieb in den Verhandlungen mit den Entente- wie mit den Mittelmächten ein sehr geduldiger Kontrahent und verfolgte unterdessen mit aller Aufmerksamkeit das Kriegsgeschehen. Es nützte zwischenzeitlich auch die Situation dazu aus, um seine Position zu verbessern. Als es von Epirus aus zu Einfällen von Epiroten in das südliche Albanien kam, Einfällen, von denen Italien seine eigenen Interessen im albanischen Raum bedroht sah, besetzte ein italienisches Detachement unter extensiver Auslegung des Londoner Vertrags über Albanien den Hafen von Valona und die vorgelegene Insel und hatte damit die Meerenge von Otranto unter seiner Kontrolle. Von Valona nach Otranto sind es nur etwa 60 Kilometer, und wer die Straße von Otranto beherrscht, hat eine strategische Position. Österreich nahm die Besetzung Valonas hin; das Deutsche Reich begrüßte sie ausdrücklich.

Mittlerweile hatte sich, wie wir wissen, die Lage der Mittelmächte nicht unbedingt zu deren Gunsten entwickelt. Der deutsche Vormarsch war in Frankreich ins Stocken geraten, die Westfront mußte zurückgenommen werden; der Stellungskrieg begann. Die ersten Offensiven gegen Serbien waren gescheitert, und im Osten fielen Teile Galiziens in russische Hände. Der Vormarsch der Russen schien unaufhaltsam. In dieser Situation machten Großbritannien, Frankreich und Rußland deutlich, daß sie nicht gesonnen waren, für den Fall ihres Siegs Italien territoriale Zugeständnisse auf Kosten der Besiegten zu machen, es sei denn, Italien wäre bereit, von sich aus hervorzutreten und den Mittelmächten den Krieg zu erklären. Italien seinerseits wies darauf hin, daß es seine Bedingungen für einen Kriegseintritt ja bereits gestellt habe, und eine dieser Bedingungen sei eine Flottenaktion gegen die k. u. k. Kriegsmarine. Italien fürchtete nämlich, die Last eines Kriegs gegen Österreich-Ungarn ganz allein tragen zu müssen, und das schien zu riskant. Da erhielt Italien fast unerwartet einen Verbündeten, nämlich Rumänien.

Der rumänische Ministerpräsident Ionel Bratianu nahm Gespräche mit dem italienischen Gesandten in Bukarest auf und ließ die rumänische Auffassung nach Rom weiterleiten: Beide Staaten, Italien und Rumänien, sollten gemeinsam an die Liquidierung Österreich-Ungarns schreiten.[547] Schon am 23. September 1914 unterzeichneten Rumänien und Italien einen Vertrag, der beide Staaten verpflichtete, sich wechselseitig zu konsultieren und nicht ohne achttägige Vorankündigung aus der Neutralität herauszutreten. Zudem sicherten sie sich die Wahrung der jeweiligen Interessen zu und verpflichteten sich ausdrücklich zur absoluten Geheimhaltung des Vertrags. Auch Rumänien hatte von den Ententemächten ein generöses Angebot bekommen. Für den Fall der Teilnahme Rumäniens am Krieg an der Seite der Ententemächte versprachen diese dem Balkanstaat nicht nur Siebenbürgen und die Bukowina, sondern auch das von Rumänen bewohnte Gebiet Ungarns zwischen Siebenbürgen und der Theiß.

Nun, nach der Einigung mit Rumänien, nahm Italien die Londoner Verhandlungen wieder auf. Allerdings spielte mittlerweile in den italienischen Überlegungen auch die Jahreszeit eine Rolle. Ministerpräsident Salandra konnte in einem Vortrag an den italienischen König nicht verhehlen, daß es der Zustand des italienischen Heeres noch nicht ermöglichte, sofort in den Krieg einzutreten. Insbesondere wäre es nicht für den Kampf im winterlichen Hochgebirge vorbereitet, daher wäre es – vorbehaltlich nicht vorherzusehender Ereignisse – erst im Frühling in der Lage, mit dem Krieg zu beginnen.[548]

Italien stieß in der Zwischenzeit jedoch bei den Ententemächten auf eine gewisse Reserviertheit. Sie hatten das Taktieren Italiens zu deutlich erkannt. Die Londoner Presse äußerte sich unverhohlen darüber, daß Italien nicht wegen des Formfehlers in den Krieg eintreten könne, daß es von Österreich-Ungarn über die Schritte gegenüber Serbien nicht auf dem laufenden gehalten worden sei. Wenn man die italienische Haltung mit jener Großbritanniens vergleiche, das erst nach der flagranten Verletzung der belgischen Neutralität in den Krieg eingegriffen habe, dann wären dies doch grundverschiedene Dinge. Ein einziger englischer Journalist förderte konsequent Italien und vertrat unverbrüchlich den italienischen Standpunkt, nämlich Henry Wickham-Steed, jener Mann, der sich auch zum Anwalt der Tschechen gemacht hatte.[549] Allerdings verband er damit die Aufforderung an Italien, einen Schritt zu setzen, an den es bis dahin offenbar noch nicht gedacht hatte, nämlich den, als Befreier der Slawen auf dem Balkan aufzutreten. Die Bevölkerung des Raums Triest und des Hinterlands wäre vor allem eine slawische, und Italien hätte nur dann eine Chance, mit seinen Wünschen hinsichtlich einer Abtretung Triests sowie der kroatischen und dalmatinischen Küste durchzudringen, wenn es als slawophile Macht auftrete.

Bewegung kam in diese an verschiedenen Orten geführten Gespräche in dem Augenblick, als die österreichisch-ungarischen Truppen im Verlauf ihrer dritten Offensive im November 1914 weit nach Serbien vorstießen. Das hielt Italien für den geeigneten Augenblick, um mit Österreich-Ungarn tatsächlich in Gespräche über Kompensationsforderungen einzutreten. Graf Berchtold reagierte in der bereits bekannten Art und meinte, Österreich-Ungarn hätte gegenüber Serbien keine territorialen Forderungen; außerdem könnten die Wechselfälle des Kriegs, die einmal einen Vormarsch und einmal einen Rückzug brächten, nicht als ausreichendes Argument ins Treffen geführt werden, um den Artikel VII des Dreibundvertrags zur Anwendung zu bringen. Italien spielte abermals die deutsche Karte aus und suchte wieder im Umweg über Berlin auf Wien einzuwirken, um territoriale Zugeständnisse zu erreichen.

Die italienischen Hoffnungen erhielten zusätzlichen Auftrieb, als der deutsche Botschafter in Rom, Baron Flotow, durch den früheren Reichskanzler Bernhard Fürst von Bülow abgelöst wurde, der mit einer Italienerin verheiratet war. Bülow führte sich damit ein, daß er meinte, über das Trentino könnte gesprochen werden, Triest aber sei die „Lunge Österreichs“ und müsse daher aus den Gesprächen ausgeklammert werden.[550]

Der Druck auf Österreich wegen der Abtretung des Trentino und zusätzlicher territorialer Zugeständnisse verstärkte sich. Graf Hoyos, noch von seiner Berliner Mission im Juli 1914 her bekannt, verglich schließlich die deutsche Vorgangsweise damit, daß er meinte, das wäre eine ebensolche Zumutung, wie wenn man Deutschland empfehlen würde, den Krieg mit Frankreich mit der Abtretung Lothringens zu beenden.[551] Was an diesem Vergleich so bildhaft und plausibel schien, hinkte sogar noch, denn Lothringen war wohl erst ab 1870 zum Deutschen Reich zu zählen, während es sich beim Trentino wie bei Triest um Gebiete handelte, die 500 und 600 Jahre bei der Habsburgermonarchie waren. Doch derartige Vergleiche mußten zum einen immer wieder herhalten, zum anderen waren sie nie sehr zielführend, und die Geschichte kann für alles Argumente und Gegenargumente liefern. Ethnographen verwiesen auf die Bevölkerungsstrukturen, andere argumentierten damit, daß diese Strukturen nur durch eine willkürliche und für eine Gruppe repressive Politik entstanden seien, und schon wieder wurde die Wissenschaft gebraucht und mißbraucht. Im Fall der Habsburgermonarchie konnte genauso mit der Reichsidee argumentiert werden, wie im Fall Italiens mit der Nationalstaatlichkeit. Das alles engte den Spielraum für Verhandlungen enorm ein. Österreich-Ungarn geriet freilich immer mehr in die politische Defensive.

Italien weitete mittlerweile den Begriff der Kompensation aus. Nach der Auffassung des neuen Außenministers Sidney Sonnino ging es nicht mehr nur darum, für etwaige territoriale Veränderungen zugunsten Österreichs Kompensationen zu verlangen; er forderte auch für Vorteile politischer, ökonomischer und moralischer Art[552] einen Ausgleich. Damit wurden Imponderabilien ins Spiel gebracht. Allerdings konnte sich Italien sagen, daß es für seine Forderungen auch aus oppositionellen Kreisen der Habsburgermonarchie Unterstützung erhielt. So redete der Führer der demokratischen Opposition in Ungarn, Graf Mihály Károlyi, einer Abtretung des Trentino durchaus das Wort. Auch Triest schien dem Grafen Károlyi eine logische und erfüllbare Forderung zu sein. Über das kroatische Fiume, das zur ungarischen Reichshälfte gehörte, wollte er allerdings nicht mit sich reden lassen, und letztlich sollte die Erfüllung der italienischen Forderungen überhaupt nur dazu dienen, den Apenninenstaat an die Seite der Mittelmächte zu bringen, damit sich nicht womöglich auch Rumänien ermuntert sah, in den Krieg auf seiten der Entente einzutreten und Ungarn in Siebenbürgen zu bedrohen.[553]

Das offizielle Österreich aber verwies Italien bei allen Vorbringungen auf Albanien. So meinte man, dort könnte Italien einen Ausgleich für seine Interessen finden. Doch das war Italien zu wenig. Es forderte immer wieder die Abtretung des Trentino, und das rührte an Grundfragen der Existenz der Monarchie. Diese war ja in den Krieg gegangen, um ihren territorialen Bestand und den inneren Zusammenhang zu erhalten und zu verteidigen, und jede Abtretung von Territorien, ob es das Trentino, Siebenbürgen oder die Bukowina waren, mußte als diesen Zielen genau entgegengesetzt erscheinen. Der Sektionsrat im Wiener Außenamt, Franz Freiherr von Matscheko, drückte diese Haltung am 21. Dezember 1914 folgendermaßen aus: „Durch eine Abtretung des Trentino an Italien würden wir das Grundprinzip, auf dem die Existenz Österreich-Ungarns beruht, selbst in Frage stellen. Die Existenzberechtigung der Monarchie liegt in der Tatsache, daß der Friede Europas unausgesetzten Erschütterungen unterworfen wäre, wenn in jenem Gebiete, wo die großen europäischen Rassen, Germanen, Romanen, Nord- und

Südslawen in wechselseitiger Durchdringung aneinandergrenzen, nicht eine starke Großmacht bestünde, die, im Laufe der Jahrhunderte entstanden und festgefügt, Teile aller angrenzenden Völker und mit ihnen den isolierten Block des Ungarntums umfaßt. Zugunsten dieser europäischen Notwendigkeit müssen alle benachbarten Staaten auf die völlige Realisierung ihrer nationalen Ideale verzichten, so wie auch die einzelnen Volksstämme in der Monarchie in nationaler Hinsicht Beschränkungen notwendigerweise unterliegen."[554] Das mochte als Interpretation der Reichsidee hingehen und goß die berühmten Worte von František Palacký aus dem Jahr 1848 in ein aktualisiertes Postulat. Es ging aber offenbar an den nationalistischen Realitäten schon weit vorbei.

Matscheko führte weiter aus, die Abtretung des Trentino würde auch die anderen Nachbarn der Monarchie zu Gebietsansprüchen verleiten. Zur staatlichen Existenz Italiens sei aber das Trentino ebensowenig unbedingt erforderlich wie der Tessin, Nizza, Savoyen oder Tunis. Italien müsse sich entscheiden, ob es die Existenz Österreich-Ungarns seinen sentimentalen Aspirationen auf das Trentino unterordnen wolle oder nicht.

Die Frage der Abtretung des Trentino führte schließlich zum Rücktritt von Außenminister Graf Berchtold. Man war sich dabei nicht ganz einig darüber, ob er deshalb zurücktrat, weil er schließlich Gebietsverluste als unumgänglich ansah oder weil er besonders kompromißlos war.[555] Er selbst sah den Rücktritt sehr undramatisch und meinte: „... ich sah, daß diese Situation einen Mann erfordert, der ihr mit seinen Nerven ganz gewachsen ist. Dazu gehört ein ‚sang froid', ja eigentlich eine Art Leichtherzigkeit, eine solche Situation durchzuhalten, daß auch der günstige Moment nicht versäumt wird, wie ich das nicht habe."[556]

Am 13. Januar 1915 wurde Berchtold abgelöst. Sein Nachfolger wurde Stephan Graf Burián von Rajecz, der bereits 1912 Minister des Äußern hätte werden sollen, damals aber wegen des Nationalitätenschlüssels zugunsten Berchtolds zurückstehen mußte. Er hatte aber als ungarischer Minister am königlichen Hoflager weiterhin Einfluß gehabt und galt als der verlängerte Arm Tiszas.

Auch Burián sah sich sofort deutschem Druck ausgesetzt, aber er wollte ihm ganz sicher nicht nachgeben. Allerdings gingen mittlerweile die Auffassungen von Politikern und Militärs völlig auseinander. Ein Mann wie Alexander Hoyos, der die Haltung des Außenministeriums wie der Hofkreise sicherlich sehr zutreffend wiedergeben konnte, machte deutlich, daß im Vorfeld der Hofkamarilla mit einer ungeheuren Leichtfertigkeit über die Möglichkeit eines italienischen Kriegseintritts gesprochen würde. Italien „soll's nur probieren"![557] Die Auffassung der Militärs lief auf das genaue Gegenteil dieser Ansicht hinaus. Ein weiterer Gegner würde eine militärische Katastrophe nach sich ziehen. Das hatte Conrad schon im August 1914 gesagt. Er wiederholte es mehrfach. Das Außenamt wiederum schob ein ganz anderes Argument vor. So begründete Berchtold am 27. Januar, also schon nach seinem Abgang, die Weigerung, das Trentino an Italien abzutreten, indem er sagte, ein derartiges Opfer wäre nur als ein Zeichen der Schwäche gesehen worden und hätte „deprimierend auf die Armee und die ganze Bevölkerung gewirkt".[558] Allmählich führte die „italienische" Krise dazu, daß man wie im Juli 1914 mit zunehmender Hektik, den Blick auf etwas unausweichlich Scheinendes geheftet, ein Karussell von Vorschlägen, Gegenvorschlägen und Lösungsvorschlägen in Gang setzte.

Conrad übermittelte Burián eine Idee Falkenhayns, daß man Italien zu Dreibundverhandlungen einladen sollte. Dieser Schritt sollte öffentlich getan werden, um weithin sichtbar die Zugehörigkeit Italiens zu zeigen.[559] Conrad ließ nicht erkennen, ob er glaubte, daß eine solche Vorgangsweise Erfolg haben könnte, wohl aber bereitete er selbst alles vor, um durch eine erfolgreiche Entsatzschlacht um Przemyśl die Stärke der k. u. k. Armeen zu demonstrieren. Er glaubte offenbar nicht an derartige Manöver. Die Konferenz kam auch nicht zustande.

Ende Januar tauchte im Deutschen Reich erstmals der Gedanke auf, Österreich-Ungarn für die Abtretung des Trentino an Italien durch das polnische Kohlengebiet um Sosnowice zu entschädigen.[560] War zu fragen, ob Österreich ein derartiges Angebot überhaupt als attraktiv genug ansehen würde. Am 3. Februar befaßte sich der erste von Burián geleitete gemeinsame Ministerrat mit Italien. Anschließend nahm der Minister die Gespräche mit dem italienischen Botschafter, dem Herzog von Avarna, wieder auf und verblüffte diesen mit einer Auflistung von Gegenforderungen; ebenfalls unter Bezugnahme auf den Artikel VII des Dreibundvertrags. Burián meinte, für die temporäre Okkupation des Dodekanes und Valonas durch Italien hätte Österreich das Recht, Kompensationen zu fordern. Das war eine Wendung, die man in Rom ganz sicher nicht erwartet hatte. Italien brach daraufhin die Gespräche mit Wien ab und begann erstmals zu drohen.[561] Obwohl dieser Abbruch nicht das Ende der Gespräche bedeutete, war dennoch deutlich geworden, daß man an einem Wendepunkt angelangt war. Der österreichische Botschafter in Rom, es war dies mittlerweile Karl Freiherr von Macchio, konnte in Erfahrung bringen, daß die militärischen Vorbereitungen Italiens erst Ende April 1915 beendet sein würden.[562] Dann aber sei mit dem Kriegseintritt zu rechnen.

Das Deutsche Reich verstärkte nun den Druck auf Österreich-Ungarn. Fürst Bülow, der deutsche Botschafter in Rom, der völlig ungehemmt für Konzessionen eintrat, gab in einem Privatschreiben an den Chefredakteur des „Hamburger Fremdenblattes", von Eckhard, seiner Auffassung Ausdruck, daß man verstärkt auf Wien einwirken müsse, denn „es wäre unerhört, daß Österreich, nachdem es uns in diesen Krieg gezogen hat, durch seine Unfähigkeit bei seinem Ausbruch und in den letzten zwei oder drei Jahren uns der Mitwirkung Italiens und Rumäniens beraubt, uns weitere zwei Millionen Feinde an den Hals hetzt".[563] So ließ sich's natürlich auch sehen. Tatsache war, daß sich immer mehr Rat- und Hilflosigkeit auszubreiten begann.

Seit Januar war immer wieder zu hören, Italien würde im April den Krieg erklären. Der eine riet zu Konzessionen und fügte im selben Atemzug hinzu, es wäre zweifelhaft, ob sich Italien durch Konzessionen vom Kriegseintritt abhalten ließe. Der andere riet zu machtvollem Auftreten und zur Einschüchterung, aber gerade zu Jahresbeginn gab es nichts, das Italien einschüchtern konnte. Es war aber zu fragen, was geschehen würde, wenn man die italienischen Wünsche befriedigte. Mußte man dann nicht auch billigerweise Rumänien seinen Wunsch nach Siebenbürgen erfüllen? In den Vorschlägen und Überlegungen kam alles vor, selbst ein Separatfrieden mit Rußland um den Preis der Abtretung Galiziens oder zumindest eines Teils dieses Kronlands; dafür sollte es Krieg um Südtirol geben.[564] Im selben Augenblick aber hieß es: Ja keine Abtretung von Galizien, denn Galizien ist das wichtigste Absatzgebiet für die österreichische Industrie.[565] Der eine apostrophierte die auf Profit ausgerichtete Politik Italiens und den

„sacro egoismo", der andere ortete die Wurzeln irgendwo in der Vergangenheit, wie etwa Franz Fürst Liechtenstein, der der Ansicht war, Österreich hätte während der vorangegangenen 30 Jahre eine falsche Italienpolitik betrieben und Italien immer von oben herab behandelt wie eine Art von „unanständiger Dame".[566]

Der Londoner Vertrag

Verfolgt man im Tagebuch Josef Redlichs die Monate von Januar bis Mai 1915, so gewinnt man den Eindruck einer beträchtlichen Konfusion. Worte wie „höchst bedenklich", „wenig erfreulich", „ganz verzweifelt" und natürlich „perfid" finden sich in kontinuierlicher Abfolge. Österreichs „regierende Kaste", meinte Redlich, sei aus „Schwächlingen und Dilettanten"[567] zusammengesetzt, das Außenamt sei „voller unbrauchbarer Leute oder Intriganten" usw. Jeder sah sich zu Kommentaren und Werturteilen über den Kaiser, den Hof, die Minister und so gut wie alle Entscheidungsträger berufen, und man gewinnt gerade bei Redlich den Eindruck, außer ihm selbst habe es lediglich Idioten gegeben. Bis schließlich der Kriegseintritt Italiens unabänderlich schien, so daß ihm nur mehr mit Fatalismus entgegengesehen wurde. Aber es war doch eine ganz andere Situation als in der Julikrise: Damals hatte man in Österreich-Ungarn dem Kriegsausbruch ja vor allem deshalb entgegengebangt, weil man meinte, es könnte vielleicht nicht zum Krieg kommen. Jetzt schien der „coup de grâce" zu drohen, doch er sollte dem Angreifer so schwer wie möglich gemacht werden.

Währenddessen setzte Italien seinen Preis hinauf. Es machte kein Hehl daraus, daß es gesonnen war, für seine Teilnahme oder Nichtteilnahme am Krieg das Meistmögliche herauszuschlagen.[568] Anfang März 1915 nahm Italien die Gespräche mit der Entente in London wieder auf. Die Forderungen Roms waren in mehreren Punkten zusammengefaßt: Die Entente sollte sich verpflichten, keinen Sonderfrieden mit den Mittelmächten zu schließen. Eine Militärkonvention sollte gewährleisten, daß Österreich-Ungarn nicht seine ganze Kraft gegen Italien konzentrieren könnte. Eine Flottenkonvention sollte sicherstellen, daß die britische und französische Flotte zusammen mit den Italienern bis zur Vernichtung der österreichisch-ungarischen Flotte im Mittelmeer kämpfen würde. Weiters wurde die Abtretung des Trentino an Italien und des cisalpinen Teils von Tirol gefordert, ebenso Triest, die Grafschaften Görz und Gradiska und das ganze Istrien bis zum Quarnero einschließlich Voloscas. Schließlich verlangte Außenminister Sonnino noch Dalmatien von seiner Nordgrenze bis zur Narenta. In weiteren elf Punkten wurden die übrigen italienischen Wünsche für einen Kriegseintritt zusammengefaßt, und es waren darin ebenso der Anteil an einer Kriegsentschädigung enthalten wie eine britische Garantie der Unabhängigkeit des Jemen, eine Neutralisierung der heiligen Stätten des Islam oder auch die Nichtzulassung des Papstes zu den Friedensverhandlungen.

Alles das sollte unter strengster Geheimhaltung, eine der Bedingungen Sonninos, zu Ende verhandelt werden. England und Frankreich waren angesichts der Entwicklung der Lage an der Westfront und des sich abzeichnenden Mißerfolgs im Krieg mit der Türkei, wo die Landungsoperation in den Dardanellen zu einem Debakel auf Gallipoli zu werden drohte, bereit, für ein Eingreifen Italiens fast jeden Preis zu zahlen. In der Praxis hieß das vor allem, daß Großbritannien seine Bedenken zurückstellte. Nicht so Rußland, das nach den Karpatenschlachten im März 1915 den Zusammenbruch der Donaumonarchie erwartete und zudem die serbischen Interessen ins Spiel brachte. Denn der italienische Wunsch nach Dalmatien berührte selbstverständlich Serbien und dessen südslawische Ambitionen. Der russische Außenminister Sazonov versuchte daher, die Italiener nach Albanien hin abzudrängen und den Serben Hoffnungen auf Teile Siebenbürgens zu machen. Doch das reizte weder die Italiener noch Serbien, das sich ja in Siebenbürgen mit Rumänien um die Vorherrschaft hätte streiten müssen. Daraufhin neigte der russische Außenminister dazu, den Kriegseintritt Italiens überhaupt nicht mehr zu betreiben.[569] Die Ententemächte, Großbritannien und Frankreich, glaubten freilich, nicht auf eine Teilnahme Italiens am Krieg verzichten zu können, und suchten daher nach einer Möglichkeit, den Begehrlichkeiten aller faktischen und potentiellen Verbündeten entgegenzukommen.

Nun ging es Schlag auf Schlag. Für die Ententemächte ging es dabei nicht um die ursprünglichen Kernfragen, nämlich die Abtretung des Trentino oder des Raums Triest, sondern ausschließlich um Dalmatien. Der britische Außenminister Grey schlug vor, Italien sollte zumindest auf Spalato verzichten. Dazu erklärte sich Sonnino am 27. März bereit. Schwierigkeiten ergaben sich auch bei der mit Serbien zu verhandelnden Aufteilung der Inseln, die Dalmatien vorgelagert waren, doch das waren letztlich nicht so eminente Probleme, denn gerade Serbien war natürlich an einem zusätzlichen Gegner Österreich-Ungarns ungeheuer interessiert. Am 14. April gelangte man zu einem endgültigen Wortlaut des die dalmatinischen Inseln betreffenden Artikels, da tauchten neue Schwierigkeiten wegen der Rechte Montenegros an der Adria auf. Schließlich war nur noch ein Punkt offen, nämlich das Datum des Kriegseintritts Italiens. Die Ententemächte forderten den 15. April. Die italienische Regierung aber konnte diesen Termin nicht akzeptieren, weil die militärischen Vorbereitungen bis dahin noch immer nicht abzuschließen waren. Jetzt ging es aber wirklich nur mehr um ein Datum und um nichts anderes mehr.

Während das alles unter Dach und Fach gebracht wurde, verhandelte Italien auch mit Wien weiter und ließ Österreich-Ungarn wie Deutschland im Glauben, daß eine dreibundkonforme, freundschaftliche Lösung noch möglich wäre. Es gelte, schrieb Ministerpräsident Salandra am 16. März an Außenminister Sonnino, Wien „glauben zu lassen, daß wir eine freundschaftliche Lösung für möglich halten. Dies um so mehr, je weniger wir daran glauben. Diese Haltung, wieviel Verstellungskraft sie Dich auch kosten mag, scheint mir gegenwärtig im Interesse des Landes unentbehrlich zu sein."[570]

Währenddessen war man in Wien dabei, die Haltung gegenüber Italien komplett zu revidieren. Im gemeinsamen Ministerrat am 8. März waren Burián, Tisza, Stürgkh und Ernest von Koerber, der Nachfolger Bilińskis als gemeinsamer Finanzminister, sowie Kriegsminister Krobatin von der Notwendigkeit der Abtretungen überzeugt. Conrad, der aus Teschen nach Wien geholt worden war, um an der Sitzung teilzunehmen, begann zunächst mit einer Reminiszenz und betonte, er sei wohl aus gutem Grund für einen Präventivkrieg gegen Italien gewesen. Die Bemerkung hatte kommen müssen, denn Conrad sah in dem Dilemma, in das die Monarchie durch den italienischen Erpressungsversuch geschlittert war, nichts anderes als eine Bestätigung dessen, was er seit seiner

Berufung zum Generalstabschef prophezeit hatte. Er äußerte sich daher auch ein um das andere Mal mit kaum zu überbietender Abfälligkeit über Aehrenthal, der eine – wie Conrad meinte – rechtzeitige Niederwerfung Italiens verhindert hätte. Die Abtretung des Trentino sei vom strategischen Standpunkt aus ein schwerer Verlust. Aber er müsse wohl in Kauf genommen werden. Auch Kaiser Franz Joseph, der an diesem gemeinsamen Ministerrat teilnahm, war zum Nachgeben bereit, was das Trentino betraf, nicht jedoch zu Konzessionen am Isonzo.

Burián glaubte also, mit einem größeren Spielraum verhandeln zu können. Er wußte auch, daß das Deutsche Reich einen österreichisch-ungarischen Verzicht gegenüber Italien noch dadurch versüßen wollte, daß es das Kohlengebiet von Sosnowice nordöstlich von Kattowitz und knapp jenseits der Reichsgrenze abzutreten bereit war. Der deutsche Zentrumsabgeordnete Mathias Erzberger hatte seine Kontakte zum Vatikan ausgenützt und erreicht, daß sich auch der Heilige Stuhl einschaltete und Wien zur Annahme riet. Der päpstliche Unterstaatssekretär Eugenio Pacelli, der spätere Papst Pius XII., sowie der Jesuitengeneral Graf Ledóchowski und der Wiener Erzbischof Kardinal Piffl waren im Auftrag des Vatikans tätig geworden. Über die Erzherzogin Zita wurde auch der Thronfolger informiert und hätte solcherart seine erste politische Rolle spielen sollen. Selbst die Freundin des alten Kaisers, Katharina Schratt, soll eingeschaltet worden sein. Kurzum: Nichts und niemand war ausgelassen worden. Doch der Ballhausplatz hatte keine Reaktion gezeigt. Knapp vor der Sitzung des gemeinsamen Ministerrats war jedoch in Wien ein Telegramm Kaiser Wilhelms an Kaiser Franz Joseph angekommen, das das sogenannte „schlesische Angebot“ enthielt, also die Rückgabe des von Friedrich II. eroberten schlesischen Gebiets an Österreich, wenn Österreich-Ungarn gegenüber Italien nachgab. Der deutsche Kaiser hatte in diesem von Bethmann Hollweg und von Jagow redigierten Telegramm Franz Joseph versichert, daß er gesonnen sei, Gutes und Böses mit dem österreichischen Monarchen zu teilen. Dem „schlesischen Angebot“ wurde noch ein anderes Lockmittel beigegeben, nämlich die Zusage Deutschlands, Österreich-Ungarn eine Anleihe in Gold zu geben. Das war deshalb so wichtig, da die bisher in Deutschland aufgenommenen Anleihen mittlerweile nicht einmal mehr für die fälligen Zinsen und Rückzahlungsraten reichten. Zudem glaubte man sich in Wien berechtigt, vom Deutschen Reich auch im finanziellen Bereich Großzügigkeit zu verlangen, da es Italien für den Fall der Aufrechterhaltung seiner Neutralität einen Milliardenkredit in Aussicht stellte.[571] Daher blieben auch Conrads Auslassungen gegen Italien völlig wirkungslos, und Tisza und Burián glaubten sogar, es würde möglich sein, mit der Abtretung Trients Italien wieder fest an den Dreibund zu binden.[572] Nur über Abtretungen im Isonzogebiet wollte man nicht verhandeln, da dann die italienische Grenze zu nahe an Triest herangerückt wäre. Außerdem war der Kaiser dagegen. Der Meinungsumschwung war ein so vollständiger, daß auch jegliches Spekulieren mit einer späteren Revision des Vorgangs strikt abgelehnt wurde. Die Monarchie würde sicherlich keinen späteren Rachekrieg gegen Italien führen, hieß es.

Burián ließ die Haltungsänderung des Wiener Kabinetts im Umweg über Berlin sofort in Rom bekanntmachen, verlangte jedoch, daß bei der Abtretung des Trentino die Sprachengrenze als äußerste Grenze für die italienischen Forderungen herangezogen werden müßte. Am 10. März erklärte sich Italien bereit, auf Basis der aus Wien gekommenen Vorschläge verhandeln zu wollen. Auch dafür wurde absolute Geheimhaltung verlangt, zudem aber auch das sofortige Wirksamwerden eines Zessionsvertrags, während Burián und die österreichische Regierung an eine Abtretung erst nach einem Friedensschluß gedacht hatten. Diese Forderung hatte insofern einen Pferdefuß, als es ja nicht nur darum ging, der Bevölkerung eines Jahrhunderte bei Österreich gewesenen Landstrichs begreiflich zu machen, daß sie sofort ihre Staatszugehörigkeit zu wechseln hatte. Es kämpften zudem in den Tiroler Regimentern auch Zehntausende Soldaten aus diesen Gebieten, so daß es zu einer Schwächung der k. u. k. Armee kommen mußte.

Jetzt begann man Karten zu studieren. Burián hatte eine solche parat, in der die Sprachengrenze eingezeichnet worden war, und demgemäß wollte der Minister des Äußern seine Verhandlungen führen. Der Minister und der für Italien zuständige Gesandte Pogatscher hofften, nach einer Abtretung des ethnisch italienischen Gebiets die bestehenden Differenzen mit Italien ein für allemal aus der Welt geschafft zu haben. Also sollte ein möglichst großzügiges Angebot gemacht werden. Der Chef der kaiserlichen Militärkanzlei, Arthur von Bolfras, hatte eine andere Karte gezeichnet, die nicht ganz so weit ging wie jene des Außenministers. In alle Karten waren aber nur neue Tiroler Grenzen eingezeichnet worden. Wegen des Friaul sollte also noch zugewartet werden. Von einem Professor Brückner war eine Studie vorgelegt worden, die über die ethnischen Verhältnisse Auskunft gab. Der Italienreferent des Armeeoberkommandos, Oberstleutnant Schneller, wurde nach Wien geschickt, um auch die militärischen Gesichtspunkte einer neuen Grenzziehung geltend zu machen.[573] Er wurde von Conrad sogar noch gesondert angewiesen, ja darauf zu achten, daß nur vom Trentino und nicht von Südtirol gesprochen werde. Im übrigen drückte er eine wohl gerade bei den Militärs weitverbreitete Ansicht aus, wenn er meinte, daß es ja wohl möglich sein sollte, das einmal „cedierte Land dem Feind sobald als möglich wieder abzunehmen".[574]

Wie tief bei Conrad der Stachel über das Nachgeben saß und wie sehr auch eine gewisse Ohnmacht die österreichischen Handelnden beherrschte, erhellt daraus, daß Conrad in einem ausführlichen Schreiben an Außenminister Burián am 2. April einen Sonderfrieden mit Rußland als machbarer ansah als das Verhindern des italienischen Kriegseintritts. Er wollte allerdings den Waffenstillstand mit Rußland nur mit dem Ziel abgeschlossen wissen, freie Hand für den Krieg mit Italien zu erhalten.[575] Da kam wieder Rache ins Spiel und sollte die Perfidie geahndet werden. Es war, als ahnte man in Wien, daß sich Italien von den Alliierten zur selben Zeit zusichern ließ, ja keinen Sonderfrieden abzuschließen.

Conrad meinte, es sei ausgeschlossen, gleichzeitig gegen Rußland, Serbien und Italien Krieg zu führen. Mit einem Gegner müsse man daher unverzüglich zu einer friedlichen Einigung kommen. Die Einigung mit Italien sah Conrad nicht mehr. Auch fand er Konzessionen gegenüber Rußland viel plausibler als solche gegenüber Italien. Rußland könnte in der Meerengenfrage entgegengekommen werden, und auch die Abtretung Ostgaliziens wäre ein weit geringeres Opfer als die Abtretung Tirols und der Küstenlande an Italien. Doch der Gedanke war bereits eine Illusion. Und das Dilemma konnte nicht perfekter sein. Anfang April sah sich Rußland auf der Höhe des Erfolgs und dachte nicht daran, einen Sonderfrieden zu schließen. Dann kam Tarnów-Gorlice. Rußland aber wußte, daß der Kriegseintritt Italiens unmittelbar bevorstand, und tat erst recht nichts, um Frieden zu schließen. Außerdem wurde österreichischerseits ja gar kein Versuch unternommen, mit den Russen ins Gespräch zu kommen. Das waren alles nur papierene Überlegungen, ebenso wie die wenig später von Conrad erhobene Forderung, mit Serbien eine Einigung zu erzielen, die er sich zwar nicht leicht, aber machbar vorstellte: „Ich habe", schrieb er an Bolfras, „stets die Lösung der südslawischen Frage als das wichtigste Problem der Monarchie bezeichnet und betont, daß der Zusammenschluß der Südslawen eine naturnotwendige Tatsache ist, die sich, wenn sie sich nicht innerhalb der Monarchie vollzieht, zum Nachteil der letzteren nach Außen hin erledigen wird. Den Anschluß Serbiens friedlich zu erreichen, hat man seinerzeit versäumt, ihn im Jahr 1909 gewaltsam herbeizuführen, wie ich dringend geraten habe, hat man unterlassen. Vielleicht bietet sich aber jetzt die Möglichkeit, wieder auf friedlichem Wege zum Ziel zu gelangen, da Serbien nicht sehr vertrauensvoll auf Italien blickt ... Ich denke mir, man müsse Serbien klipp und klar sagen, daß es seine Einigungsträume und seinen Seebesitz an der Adria nur erreichen könne in enger Vereinigung mit der Monarchie, also im Anschluß als Bundesstaat an diese, so wie Bayern im Deutschen Reich ..."[576]

Im Deutschen Großen Hauptquartier schien man davon nicht viel zu halten. Conrad wurde dringend nach Berlin gebeten, um ihm die Sache auszureden. Der preußische Kriegsminister General von Wild notierte zu den Überlegungen wegen eines Sonderfriedens: „Ich erblicke darin ein erstes schamhaftes Eingeständnis der Schwäche und die große Gefahr des Abschnappens unserer Bundesbrüder. Ich habe deshalb Falkenhayn eindringlich auf die Gefahr aufmerksam gemacht ... Ins Schlepptau dürfen wir uns von den Austerungarn doch nicht nehmen lassen ... Extratouren gibt es nicht. Das wird dem Conrad morgen klar gemacht werden müssen, und außerdem muß ihm überhaupt 'mal ein Licht aufgesteckt werden, das in seine phantastische politische Dunkelkammer gründlich 'reinleuchtet."[577]

In Wien wurde dem italienischen Botschafter, dem Herzog von Avarna, schließlich eine zwischen den Politikern und den Militärs abgestimmte Karte gezeigt, in welche die österreichischen Vorschläge zu Gebietsabtretungen eingezeichnet waren. Der Herzog verzog keine Miene. Dann, am 5. April, wußte man in Wien, daß Italien viel mehr verlangen würde, als man ihm zugestehen wollte. Die Brennergrenze, Friaul und das Gebiet um Triest wurden gefordert. Daraufhin reiste der Italienreferent des Armeeoberkommandos sofort nach Teschen zurück, denn dort würde er in den nächsten Wochen wahrscheinlich dringendst gebraucht werden.[578]

Das letzte Angebot

Die letzte Verhandlungsrunde war bereits dadurch gekennzeichnet, daß Nachrichten über umfangreiche italienische Truppentransporte bekannt wurden und gleichzeitig Gerüchte über englische Angebote an Italien durchsickerten. Der einzige Kompromiß, zu dem sich Sonnino in den Verhandlungen mit Österreich noch bereitfinden wollte, war der, daß Italien einwilligen wollte, den Raum Triest zu einer entmilitarisierten Zone und zu einem Freihafen werden zu lassen. Schließlich unterbreitete Italien noch einmal konkrete Forderungen, die sogar etwas unter jenen blieben, über die parallel dazu in London schon fast Einigung erzielt worden war.

Burián aber konnte und wollte bei der Erfüllung der italienischen Wünsche bei weitem nicht so viel zugestehen, wie gefordert wurde. Er war an die Entscheidung des Kaisers und an das gebunden, was immer wieder als öffentliche Meinung beschworen wurde. Aus Tirol trafen schärfste Proteste gegen jegliche Art von Nachgeben gegenüber Italien ein. Die unverzügliche Abtretung von Gebieten bezeichnete Burián als undurchführbar. Der Chef der kaiserlichen Militärkanzlei, Bolfras, unterbreitete den Vorschlag, man sollte die Italien zugestandenen Gebiete militärisch räumen und so die Friedfertigkeit Österreich-Ungarns ganz besonders unterstreichen. Erst wenn Italien weiter vorrücken sollte, wäre auch militärisch Widerstand zu leisten. Bolfras wurde sofort und vehement widersprochen.[579] Aber auch der Kaiser, bei dem Conrad am 21. April zur Audienz war, plädierte dafür, den Schacher mit abzutretenden Gebieten nicht fortzusetzen, sondern die Italiener notfalls einmarschieren zu lassen.[580] Conrad erkannte wohl, worauf diese Überlegung hinauslief: Trat man in den Verhandlungen ein Gebiet mehr oder weniger freiwillig ab, dann war das jedenfalls etwas anderes, als wenn man durch Waffengewalt zur Aufgabe gezwungen wäre. Würde Österreich das Eroberte wieder zurückgewinnen, wäre die Situation eine ganz andere als bei einem regelrechten Verzicht. Der Entschluß, etwas nicht freiwillig abzutreten, bedingte fast automatisch, daß man Widerstand leistete.

Jetzt wurde nochmals mit dem deutschen Generalstabschef verhandelt. Falkenhayn war zweifellos moderater in seiner Auffassung und Ausdrucksweise als der preußische Kriegsminister Wild von Hohenborn, der am 14. April an seine Frau schrieb: „An sich könnte es uns ja wurscht sein, ob Italien von dem sterbenden Kamel Österreich ein Stück Schwanz mehr abhackt oder nicht, aber die militärische Lage verschärft sich durch das Eingreifen Italiens doch bedenklich.“[581] Falkenhayn traf Conrad am 24. April in Teschen.[582] Er erzählte ihm, daß er dem italienischen Militärattaché in Berlin gesagt habe, das Deutsche Reich würde Österreich-Ungarn im Fall eines Kriegs mit Italien sofort mit 20 Divisionen zur Seite stehen. Ob der Italiener das geglaubt habe, wäre jedoch mehr als fraglich; die Realität sehe jedenfalls anders aus. Deutschland habe nichts, um zu Hilfe zu kommen. Mehr noch: Deutschland wollte auch gar nicht zu Hilfe kommen! Wie lange, fragte Falkenhayn, würde es brauchen, bis die Italiener Wien erreichten? Conrad antwortete: Fünf Wochen. Einschließlich der Aufmarschzeiten blieben von der absehbaren Kriegserklärung bis zum Fall Wiens nicht einmal sieben Wochen. Eine Horrorvision. Falkenhayn wußte da auch keinen Rat und meinte nur, man müßte einmal die Offensive in Galizien abwarten, dann würde man weitersehen. Außerdem gebe es noch die Hoffnung auf ein neues wirkungsvolles „Rauchmittel“, das gerade in Erprobung war und im Westen eingesetzt werden sollte. Gemeint war wohl das Chlorgas. Vielleicht half diese „Wunderwaffe“ auch gegen die Italiener.

Noch aber hatte Italien den Krieg nicht erklärt; es wurde weiter gepokert. Da Italien aber in den Parallelverhandlungen von den Ententemächten mehr zugestanden worden war, als sich Österreich im günstigsten Fall abringen ließ, war es weiter kein Wunder, daß nicht Österreich-Ungarn der Bestbieter war, sondern die Entente. Noch dazu hatte Italien allen Grund, gegenüber den österreichischen Angeboten mißtrauisch zu sein, da ja immer in Rechnung gestellt werden mußte, die Monarchie würde sich das Abgetretene bei passender Gelegenheit wieder zurückholen.

Auch im Deutschen Reich dachte man so, und Falkenhayn sandte Conrad am 29. April ein Telegramm mit der Bitte um Weiterleitung an Graf Burián, in dem es hieß: „Meiner Ansicht nach müssen für unser Handeln die einfachen Tatsachen maßgebend sein, daß das Eingreifen Italiens und Genossen den Krieg nach menschlichem Ermessen ungünstig für uns entscheidet, daß wir ohne das Eingreifen den Sieg mit großer Zuversicht erhoffen dürfen, daß der Sieger über das Bild Europas entscheiden wird und damit in der Lage ist, jedes Opfer für den Sieg wieder einzubringen, daß endlich der Geschlagene nicht nur etwa so gebrachte Opfer, sondern auch sein ganzes Reich verliert." Conrad sandte das Telegramm ohne Kommentar nach Wien weiter.[583]

In Italien gab es währenddessen Prügeleien und regelrechte Straßenschlachten zwischen Befürwortern und Gegnern der Intervention. 60 katholische Bischöfe unterzeichneten ein Manifest gegen eine Teilnahme Italiens am Krieg. Mussolini schrieb im „Popolo d'Italia": „Krieg oder Republik"[584], und der Interventionsgegner und frühere Ministerpräsident Giolitti wurde öffentlich beschimpft. Doch für die Geheimdiplomatie spielte weder das eine noch das andere eine Rolle.

Am 25. April war der endgültige Vertragstext fertiggestellt. Am Tag darauf wurde dieser „Londoner Vertrag" unterschrieben. Bekannt wurde er einer breiteren Öffentlichkeit allerdings erst fast zwei Jahre später, am 28. Februar 1917, als er von der „Izvestija", der neuen kommunistischen Zeitung in Rußland, veröffentlicht wurde. Der Londoner Vertrag von 1915 bildete die Grundlage für den Kriegseintritt Italiens. Italien verpflichtete sich, in möglichst naher Zukunft – und in jedem Fall nicht später als einen Monat nach Unterzeichnung des Vertrags – aktiv in den Krieg einzugreifen.[585]

In Wien wußte man natürlich nicht, daß es eigentlich nichts mehr zu verhandeln gab. Man hätte allerdings am 1. Mai mißtrauisch werden können, da es Außenminister Sonnino an diesem Tag ablehnte, den in einer Sondermission nach Rom entsandten früheren k. u. k. Minister des Äußern, Graf Agenor Gołuchowski, zu empfangen.[586] Ja, nicht einmal als an eben diesem Tag die k. u. k. Gesandtschaft in Athen meldete, daß ihren Informationen zufolge Italien am 26. April einen Vertrag mit der Entente abgeschlossen hätte, wollte man das am Ballhausplatz glauben.[587] Es galt weiter die Maxime, man sollte „vorerst nur Flöte blasen und noch nicht ins Horn stoßen".[588] Aus Teschen aber kamen Tag für Tag Telegramme Conrads nach Wien, in denen er forderte, den Krieg mit Italien unbedingt zu vermeiden. Notfalls wären sämtliche italienischen Forderungen zu erfüllen.[589] Man kann somit Conrad und den österreichisch-ungarischen Spitzenmilitärs alles mögliche vorwerfen, ihre Präventivkriegsforderungen genauso wie den schlampigen Umgang mit dem Verbündeten. Doch ebenso ist eines sicher: Seit Kriegsbeginn schien ihnen und besonders Conrad jedes Mittel und jede Konzession recht zu sein, um zumindest Italiens Neutralität zu erhalten.

Am 3. Mai übersandte Sonnino dem italienischen Botschafter in Wien, dem Herzog von Avarna, eine Note, mit der der Dreibundvertrag gekündigt wurde. Die Note wurde tags darauf Burián übergeben. Eine gleichlautende Note wurde drei Tage später auch in Berlin überreicht. Nun war es wohl jedem klar, daß der „Kriegsfall I" in Kürze eintreten mußte. Im Deutschen Reich war man geschockt und glaubte, Österreich-Ungarn schwere

Vorwürfe machen zu müssen, daß es zu spät und zu wenig Konzessionen gemacht habe. Auch Conrad stieß in dieses Horn und beklagte sich sogar beim Chef der Militärkanzlei, daß Burián die militärischen Machtmittel der Monarchie überschätzte. Der Krieg müßte ganz einfach vermieden werden. Conrad ließ in diesem Augenblick wieder einmal der Realitätssinn im Stich, und er reagierte nur mehr emotional. Denn selbst wenn man berücksichtigt, daß er sich sorgte, nach Italien würde auch Rumänien in den Krieg eintreten und die soeben erfolgreich begonnene Offensive bei Tarnów müßte womöglich vorzeitig abgebrochen werden, war es für Konzessionen und dramatische Demutsgesten gegenüber Italien zu spät. Ein interessanter Vorschlag kam vom ehemaligen österreichischen Ministerpräsidenten Max Vladimir Baron von Beck, der Burián vorschlug, in der Adria eine deutsche Flottenstation einzurichten, um den Italienern noch im letzten Augenblick den Mut zum Krieg zu nehmen.[590] Burián forderte auch sofortige militärische Vereinbarungen mit dem Deutschen Reich für den Fall eines italienischen Angriffs. Denn angesichts der Nachrichten über die militärischen Vorbereitungen Italiens und über die Angebote der Entente war man in Wien nun doch darauf vorbereitet, daß der Bruch mit Italien unmittelbar bevorstand. Doch der deutsche Staatssekretär des Auswärtigen Amtes, von Jagow, hatte ebenso einen Realitätsverlust zu verzeichnen und verlangte, die Verhandlungen mit Italien noch mindestens vier Wochen hinauszuziehen; erst dann wären deutsche Truppen gegen Italien verfügbar.[591]

Conrad und Falkenhayn trafen sich in immer kürzeren Abständen und zuletzt fast täglich. Es ging darum, die italienische Gefahr zu bewerten und das Kräfteverhältnis zu berechnen. Ließen sich, wie Falkenhayn meinte, an der russischen Front so viele Divisionen herauslösen, daß zumindest eine Defensive im Südwesten möglich wurde? Sollte die Tiroler Front nicht unter deutsches Kommando kommen?[592] Allerdings nur, um dort defensiv zu bleiben. Statt dessen wollte Falkenhayn alle irgendwo disponiblen Kräfte gegen Serbien verwendet wissen, um den Kriegseintritt Rumäniens und Bulgariens auf seiten der Mittelmächte zu erreichen und die Verbindung zur Türkei herzustellen. Conrad war sich da nicht so sicher, ja mehr noch, er bezeichnete derartige Gedankengänge, die auch noch Griechenland einbezogen, schlichtweg als „kindisch"[593] und wollte jeden verfügbaren Mann an die zukünftige Italienfront geschickt wissen. Das schien ihm viel wichtiger als ein möglicher Feldzug gegen Serbien. Noch dazu, da die Entschlossenheit zu gemeinsamem Handeln offenbar doch noch im letzten Moment Eindruck auf Italien zu machen schien. Tatsächlich gab es plötzlich eine kleine Chance.

Am 8. Mai kam es über deutschen Wunsch in Teschen zu einer Besprechung[594], an der der deutsche Kaiser, Reichskanzler Bethmann Hollweg, Falkenhayn, Burián, Tisza, Stürgkh, Conrad und andere teilnahmen.[595] Hauptthema war natürlich Italien. Kaiser Franz Joseph und Kaiser Wilhelm hatten an König Vittorio Emanuele geschrieben und an seine Ehre und die Moral appelliert. Es war darauf hinzuweisen, daß in der Presse der Mittelmächte die Frage Italien bis dahin nicht sehr ausführlich und vor allem nicht feindselig behandelt worden war. Es ging um die militärische Situation und um allerletzte Angebote und Einflußnahmen. Es wurde aber auch über die Möglichkeit gesprochen, in Italien nicht nur eine Regierungskrise auszulösen, sondern die Regierung zu stürzen und mit Hilfe des früheren Ministerpräsidenten Giolitti dem neutralistischen Flügel in der italienischen Politik zum Durchbruch zu verhelfen. Der Entschluß zum

Krieg war ja in Italien nicht einmütig gewesen. Vor allem die dreibundfreundliche, zumindest aber neutralistische Gruppe um Giolitti wollte noch nicht klein beigeben und hatte es in der Hand, einen dramatischen Schwenk zu bewirken.

Um der Konfrontation mit Giolitti auszuweichen, verschob Ministerpräsident Salandra das Zusammentreten der Kammer auf den 20. Mai. An diesem Tag sollte – nach Auskunft des italienischen Generalstabschefs – das Heer kriegsbereit sein. Salandra geriet aber auch noch von anderer Seite unter Druck. Der Ballhausplatz hatte alles darangesetzt, um über den österreichisch-ungarischen Botschafter beim Vatikan auf Papst Benedikt XV. einzuwirken. Tatsächlich konnte damit erreicht werden, daß der Heilige Stuhl zugunsten der Neutralisten in Italien eingriff. Die größere Zahl von Abgeordneten der Kammer und des Senats schien Giolitti zu unterstützen. Salandra mußte eine Abstimmungsniederlage gewärtigen. Österreich-Ungarn machte letzte Zugeständnisse: ganz Tirol, soweit es italienisch war, sowie Gradiska; volle Gemeindeautonomie in den bei Österreich verbleibenden gemischt italienischen Gebieten; italienische Universität und Freihafen für Triest, das schließlich freie Stadt werden sollte; Valona in Albanien; Desinteresse Österreich-Ungarns an Albanien; Schutz der nationalen Interessen der italienischen Untertanen Österreich-Ungarns; wohlwollende Prüfung der Wünsche Italiens betreffend Görz und die dalmatinischen Inseln; Garantien des Deutschen Reichs für die loyale Durchführung eines zwischen Italien und Österreich-Ungarn zu schließenden Vertrags. Der k. u. k. Botschafter in Rom, Baron Macchio, und der deutsche Botschafter, Fürst Bülow, gingen in ihren Angeboten schließlich noch über das hinaus, was sie in ihren Sprachregelungen und in ihren Unterlagen mitbekommen hatten.

Sonnino berief am 12. Mai einen Ministerrat ein. Die Lage war an diesem Tag für jene, die sich für einen Kriegseintritt Italiens einsetzten, nicht günstig. Die Russen waren bei Gorlice geschlagen, die Flotten- und Landungsaktion der Ententemächte in den Dardanellen so gut wie gescheitert, und auf dem Balkan war nichts zu hoffen. Die italienische Presse veröffentlichte das österreichisch-ungarische Angebot, das den Italienern, die ja über die Details des Londoner Vertrags nicht Bescheid wußten, als außerordentlich großzügig erscheinen mußte. Das Kabinett trat zurück. Die Interventionisten hatten eine Schlappe erlitten; die Neutralisten waren jedoch auf die Regierungsübernahme nicht vorbereitet. Der König nahm den Rücktritt der Regierung Salandra nicht an. Damit gab König Vittorio Emanuele II. den Ausschlag: Giolitti wollte nicht gegen den König auftreten und verließ Rom. Der neutralistische Kurs war gescheitert.

Die Sitzung des Parlaments fand, wie vorgesehen, am 20. Mai statt. Wesentlichster Punkt war die Übertragung außerordentlicher Vollmachten an die königliche Regierung im Kriegsfall. Der Senat stimmte fast einstimmig dafür, und auch in der Kammer fiel die Abstimmung mit 407 : 74 mehr als eindeutig aus. Es kann dies als ein Paradebeispiel angesehen werden, wie aus einer relativ unbedeutenden Gruppe von Interventionisten und Kriegsgegnern durch das Ausspielen der nationalen Karte schließlich ein Volk in den Krieg gerissen wurde. Weniger der Kriegsverlauf als dann das Ende des Kriegs gaben den Interventionisten und Nationalisten recht.

Österreich-Ungarn antwortete auf die Vorgänge in Italien nicht – wie man vielleicht in Rom erwartet hatte – mit der Kriegserklärung. Vielmehr antwortete Burián auf die Aufkündigung des Dreibundvertrags damit, daß er die angeführten Gründe als irrelevant zurückwies und vor allem auch anführte, daß der Dreibund 1912 über Vorschlag Italiens bis 1920 verlängert worden war. Eine Kündigung könne daher erst bei Ablauf dieses Termins ausgesprochen werden. Die Italiener veröffentlichten in einem „Grünbuch" einige Dokumente aus den Verhandlungen mit Österreich-Ungarn über Kompensations- und Abtretungsfragen, nicht aber die Dokumente zu den parallel dazu geführten Verhandlungen mit der Entente. Am 20. Mai wurde in Italien die Generalmobilmachung für den 23. verkündet. Allerdings hatte das nicht zu bedeuten, daß erst mit diesem Tag die Mobilmachung eingeleitet worden wäre. Sie lief schon durch Wochen und Monate. Tatsächlich waren die Italiener bereits am Tag nach der Mobilmachung operationsbereit.

Am Nachmittag des Pfingstsonntags, dem 23. Mai, wurde Baron Macchio in Rom die italienische Kriegserklärung an Österreich-Ungarn überreicht und parallel dazu Minister Burián in Wien durch den Herzog von Avarna. Darin hieß es mit entwaffnender Ehrlichkeit: „Fest entschlossen, mit allen Mitteln, über die sie verfügt, für die Wahrung der italienischen Rechte und Interessen Sorge zu tragen, kann die königliche Regierung sich nicht ihrer Pflicht entziehen, gegen jede gegenwärtige und zukünftige Bedrohung zum Zwecke der Erfüllung der nationalen Aspirationen jene Maßnahmen zu ergreifen, die ihr die Ereignisse auferlegen. Seine Majestät der König erklärt, daß er sich von morgen an als im Kriegszustand mit Österreich-Ungarn befindlich betrachtet."

Am 20. August 1915 erklärte Italien der Türkei und am 19. Oktober 1915 auch an Bulgarien den Krieg. Die italienische Kriegserklärung an das Deutsche Reich erfolgte jedoch erst im Jahr darauf, am 28. August 1916.

Österreich-Ungarn antwortete auf den italienischen Schritt mit einem kaiserlichen Manifest, das vom Gesandten Matscheko vorbereitet worden war und wieder ein Paradebeispiel für die Verwendung der Sprache als Mittel der Politik war, eine Art Literaturbeilage zum „Großen Krieg": „Der König von Italien hat Mir den Krieg erklärt. Ein Treuebruch, dessen die Geschichte nicht kennt, ist von dem Königreiche Italien an seinen beiden Verbündeten begangen worden ... Wir haben Italien nicht bedroht, sein Ansehen nicht geschmälert, seine Ehre und seine Interessen nicht angetastet ... Wir haben mehr getan: Als Italien seine begehrlichen Blicke über Unsere Grenzen sandte, waren Wir, um das Bundesverhältnis und den Frieden zu erhalten, zu schmerzlichen Opfern entschlossen ... Aber Italiens Begehrlichkeit ... war nicht zu stillen. Und so muß sich das Schicksal vollziehen ... Der neue heimtückische Feind im Süden ist kein neuer Gegner ... Novara, Mortara, Custoza und Lissa ... Ich grüße Meine kampfbewährten, siegerprobten Truppen, ich vertraue auf sie und ihre Führer! Ich vertraue auf Meine Völker, deren beispiellosem Opfermute Mein väterlicher Dank gebührt ... Franz Joseph m. p."

10
Die dritte Front

Italien lag dem Denken der deutschen Länder der Monarchie naturgemäß näher als andere Kriegsschauplätze, etwa der galizische oder auch der serbische. Man hatte mit allmählich abnehmender Anteilnahme die Geschehnisse um Limanowa, Przemyśl und in den Karpaten verfolgt. Ab Anfang 1915 aber rückte mehr und mehr Italien in das Zentrum des Interesses. Schließlich wurde die Betroffenheit zum emotionalen Qualitätssprung, und es wurde etwas deutlich, das auf Grund der Nähe zu einem Kriegsschauplatz von anderen früher verspürt worden war. Jetzt wurde auch für die westlichen Kronländer zum erstenmal deutlich, wie nahe man dem Geschehen war und wie sehr die Gefahr ausstrahlte.

Wie bei Serbien war der Gedanke der Rache etwas, das eine gewisse Rolle spielte. Noch wichtiger war die Erschütterung über ein Verhalten, das als Verrat gewertet wurde und als Treuebruch. Das Berechnende der italienischen Politik wurde herausgestrichen. Es kam aber auch eine gewisse Geringschätzung ins Spiel, denn Italien wurde in seiner Gegnerschaft und seiner Gefährlichkeit wohl hinter Rußland gereiht; vielleicht sogar hinter Serbien, das der k. u. k. Armee 1914 Achtung abgenötigt hatte.

Gegen Italien ließen sich freilich auch Kräfte mobilisieren, die anderswo nicht zur Verfügung standen. In Tirol etwa schien es nichts zu geben, das die Leistungs- und Opferbereitschaft einschränken konnte. Es war wie ein Wiederaufleben der Stimmung der Julikrise und des August 1914, etwas, das seit damals nicht mehr zu beobachten gewesen war. Wenn auch der Ausmarsch von Ersatzformationen für die Regimenter im Osten oder am Balkan immer noch mit Aufmerksamkeit und Anteilnahme verbunden war, brandete jetzt wieder etwas von der Kriegsbegeisterung hoch.

Der Krieg gegen Italien hatte auch andere Wurzeln als die Feldzüge gegen Serbien und Rußland, und er sah die Donaumonarchie in einer anderen Funktion. Denn der Krieg gegen Serbien war ja von Österreich-Ungarn ausgelöst worden. Der Konflikt mit Rußland war eine Folge des Wirksamwerdens der Bündnisse. Italien freilich war ausgeschert und hatte seine Verbündeten hingehalten. Die Initiative war keinesfalls bei Österreich-Ungarn, sondern vom Anfang an beim Apenninenstaat gelegen. „Kakanien" aber konnte nur Ohnmacht zeigen und mußte gute Miene machen. In den Monaten des Verhandelns und Taktierens war alles zurückgedrängt worden. Italien sollte keinesfalls durch eine kämpferische, hetzerische Sprache herausgefordert werden. Der Rückstau der Gefühle hatte dann im Mai ein plötzliches Ende, und jetzt wurde wenigstens die verbale Handlungsfähigkeit wieder zu erlangen gesucht. Die Kriegspropaganda erreichte in diesem Augenblick nicht nur einen Höhepunkt, sondern auch eine unvergleichliche Bedeutung. Denn jetzt durfte nicht Verzweiflung aufkommen, sondern mußte wilde Entschlossenheit gezeigt werden. Verstärkt wurde diese Haltung durch den großen Erfolg, den die Mittelmächte genau zur kritischen Zeit in der Durchbruchsschlacht von Tarnów-Gorlice errangen. Die Sensibilisierung für das italienische Problem war aber schon längst erfolgt. Seit am Ende der Julikrise demonstriert und neben der österreichischen und deutschen auch die italienische Hymne gespielt und gesungen worden war, war aus der Enttäuschung über die Haltung Italiens abseits der offiziellen Politik eine latente Antipathie geworden. Jetzt aber konnte sich das alles lösen und wurde zum Schulbeispiel für das Gesetz der intellektuellen Minderung, wenn es darum geht, Emotionen für ganz bestimmte politische Situationen zu nutzen.[596]

Die Bilder und Symbole für die Bewohner der Apenninenhalbinsel waren schon längst geprägt. Das ging von den üblichen wegwerfenden Bezeichnungen hin zu den neuen Stereotypen, die dann nur mehr zum eigenen Wertesystem in Bezug gesetzt werden mußten, um die Propaganda voll anlaufen zu lassen. Alles das funktionierte auch ohne zentrale Lenkung durch ein Propagandaministerium ganz hervorragend. Stereotypen und Symbole lagen gewissermaßen auf der Straße, und hinsichtlich der eigenen Wertvorstellungen ließ sich alles wiederholen, was auch schon bisher über den Sinn des Kriegs gesagt worden war. Ja, teilweise ließ sich noch viel zwingender argumentieren. Denn die Möglichkeiten Serbiens, sich Teile der Monarchie anzueignen, waren real nie sehr hoch angesetzt worden. Es mangelte im Fall Serbiens und Rußlands auch an der offen erhobenen Forderung nach der Annexion österreichischer und ungarischer Gebiete. Italien aber wollte Kernlande der Monarchie und sprach das offen aus. Wenn Italien Erfolg haben sollte, dann ging es um die Existenz des Reichs, dann war das Ende absehbar. Daher kam es zu einer Massenbewegung der Bedrohten, die mehr war als eine Massenbewegung der Rachsüchtigen. Auch in den Ländern der böhmischen Krone wurde Italien mehr als Feind empfunden als Serbien und Rußland, denn das waren letztlich Slawen. Für die Südslawen gab den Ausschlag, daß sich Italien südslawisches Territorium bis weit nach Dalmatien aneignen wollte. Italien war auch für die Ungarn ein Feind, der emotional bewertet wurde, wobei sicherlich eine Rolle spielte, daß man Italien mit Rumänien in einen Topf warf und mit der Abwehr der italienischen Forderungen gleichzeitig Signale in Richtung Rumänien senden wollte. Die deutschen Länder der Monarchie aber sahen sich unmittelbar bedroht und reagierten dementsprechend.

Bei den Stereotypen mußte man nicht weit gehen. Sie kamen in den Sitzungen des gemeinsamen Ministerrats, in privaten Aufzeichnungen und besonders ausführlich im Briefwechsel Conrads mit der Militärkanzlei vor. Conrad schrieb da unter anderem:

20. März 1915: „Schon als Brigadier in Triest habe ich auf die Notwendigkeit hingewiesen, dem Irredentismus Halt zu gebieten, als Divisionär in Innsbruck auf jene …, den Truppenstand in Südtirol zu erhöhen, die Befestigungen in großem Stil zu errichten – als Chef [des Generalstabs] habe ich dann, … was die Hauptsache war, dringend gebeten, mit Italien beizeiten, u. zw. schon im Jahre 1907 abzurechnen, zu einer Zeit, wo man

von Serbien und Rußland nichts zu fürchten hatte ... Mit dünkelhafter Hochnasigkeit erwiderte dagegen der große Aehrenthal: ‚Heutzutage führt man keine Präventivkriege.'"

10. Mai: „Ob es nun zum Krieg mit Italien oder nur zu Gebietsabtretungen kommt, traurig bleibt dies immer; wie ganz anders stünde es, wenn wir im Jahre 1907 diesen perfiden Nachbar[n] für 20 Jahre lahmgelegt hätten."

17. Mai: „Die Vorgänge in Italien zwingen uns jetzt schon endgültig, mit dem Krieg gegen diesen perfiden Staat zu rechnen ... Hervorheben möcht ich noch, daß es hinsichtlich der im Kriegsfall gegen Italien zu erlassenden Proklamation sehr darauf ankäme, daß diese in schärfster, die Perfidie Italiens vernichtend bloßstellenden und Italiens Vorgehen nicht als Krieg, sondern als feigen, gemeinen, wortbrüchigen Raubzug, beziehungsweise Diebstahl bezeichnenden Worten abgefaßt werde."

21. Mai: „Die italienische Perfidie trägt jetzt die Früchte, welche ich schon seit Jahren vorsah und noch in der Blüte vernichten wollte ... Ich finde wir sind [nicht wie Bolfras geschrieben hatte ‚drei Wochen', sondern] schon 30 Jahre diplomatisch düpiert worden, allerdings unter gründlicher diplomatischer Mitwirkung Deutschlands. Jeder Gendarmeriepostenführer hatte darüber klarere Einsicht als unsere Diplomaten ..."

2. Juni: „Wir setzen hier Alles an einen möglichst durchgreifenden Erfolg gegen Rußland; – zum Glück haben die Signori Italiani – wenigstens bis jetzt – noch nicht mit jener Offensive eingesetzt, welche man vernünftiger Weise von ihnen erwarten mußte. Wie sicher wäre es 1907 oder auch noch später gewesen, sie zu prügeln – man könnte weinen um diese versäumte glänzende Gelegenheit."[597]

Conrad kam offenbar gar nicht in den Sinn, daß sein Präventivkrieg gegen Italien auch nicht anders zu bewerten gewesen wäre als nun die Politik Italiens, die kaltblütig-machiavellistisch den eigenen Vorteil berechnete.

Das Prävenire

Schon im Januar 1915 waren abseits der diplomatischen und militärischen Bereiche erste Gerüchte über die italienischen Forderungen durchgesickert. Die Reaktion vor allem in Tirol war dementsprechend heftig. Aber noch war ja nichts wirklich bekannt geworden. Erst im März verlautete, Italien hätte die Abtretung des Trentino und eines Teils Südtirols unter Einschluß von Bozen gefordert.[598] Diese noch nicht wirklich gesicherten Nachrichten gingen Hand in Hand damit, daß das Kriegsministerium den Tiroler, Kärntner und küstenländischen Bezirkshauptmannschaften vorbereitende Maßnahmen zum Abtransport der unverläßlichen Bevölkerung auftrug. Die militärischen Stellen trugen sich mit dem Gedanken, alle Staatsangehörigen Italiens im Alarmfall – ob verdächtig oder nicht – abzuschieben, zu internieren oder zu verhaften. Alle anderen Verdächtigen sollten ähnlich behandelt werden. Schließlich wurde die Verhängung des Standrechts für die gesamte Monarchie in Aussicht genommen und erst im letzten Moment, am 27. April 1915, nach einer Intervention Minister Buriáns beim Kaiser aufgeschoben.[599] Wie in der Julikrise waren massive und letztlich unbegründete Zweifel an der Haltung der Bevölkerung auslösend gewesen. Zu guter Letzt machte das Kriegsüberwachungsamt aber doch beträchtliche Abstriche bei den Internierungsmaßnahmen und ließ nur jene Italiener internieren, für deren Illoyalität man einigermaßen handfeste Beweise hatte.[600] Nichtsdestoweniger wurden Listen angelegt und auf dem jeweils letzten Stand zu halten versucht. Über Zigtausenden Italienern der Habsburgermonarchie schwebte das Damoklesschwert der Aussiedlung und Internierung. Allein die Hinausgabe des vorbereitenden Erlasses hatte als Alarmzeichen genügt.

Die Sache hatte aber auch eine militärische Dimension, denn wenn den Italienern der Monarchie generell Mißtrauen entgegengebracht und sie zur Zwangsevakuierung gebracht werden sollten, wie war dann gegenüber den Italienern in der k. u. k. Armee und der Kriegsmarine zu verfahren? Mit 1,3 Prozent Anteil an der gesamten österreichisch-ungarischen Streitmacht schienen die Italiener nicht ins Gewicht zu fallen, doch bei näherem Hinsehen mußte es sich zeigen, daß beispielsweise das Tiroler Kaiserjägerregiment Nr. 2 zu 48 Prozent aus Italienern bestand; geringer war ihr Anteil bei den drei anderen Kaiserjägerregimentern. Das Feldjägerbataillon Nr. 20 zählte 31 Prozent Italiener, und bei der Kriegsmarine machte deren Anteil immerhin 18,3 Prozent bei den Mannschaften und 9,8 Prozent bei den Offizieren aus. Das sollte schon zu denken geben.[601] Zigtausende hatten bis dahin loyal im Rahmen der österreichisch-ungarischen Truppen gekämpft, und es gab eigentlich kein Anzeichen dafür, daß sie dies nicht auch weiterhin tun würden. Ebenso war jedoch zu bedenken, daß noch vor der italienischen Kriegserklärung Hunderte Italiener aus der Habsburgermonarchie flohen und daß sich schließlich rund 1000 Triestiner, ebenso viele aus dem adriatischen Küstenland und 700 aus der Grafschaft Tirol als Freiwillige in die italienische Armee einreihen ließen.[602] Daß es daher notwendig war, behutsam vorzugehen, lag auf der Hand.

Der Schock, den die Gerüchte über die drohende italienische Kriegsgefahr hervorriefen, genügte auch, um die schon seit dem Herbst 1914 laufenden Bemühungen um die Formierung von Freiwilligenverbänden und vor allem der Tiroler Standschützen zu verstärken. Schon 1913 war das Tiroler Schützenwesen zur landsturmpflichtigen Körperschaft erklärt und damit die Einbindung dieser Institution in die Landesverteidigung neu geregelt worden. Das war umso wichtiger, als der Landsturm zu Marschbataillonen formiert und auch außerhalb des jeweiligen Ergänzungsbereichs verwendet werden konnte. Solcherart kamen denn auch Landsturmformationen aus Tirol und Vorarlberg auf dem Balkan und in Galizien zum Einsatz.[603] Daraus erwuchs eine lange und heftig geführte Kontroverse zwischen den Landeshauptleuten von Tirol und Vorarlberg, Kathrein und Rhomberg, sowie dem Landesverteidigungsministerium der österreichischen Reichshälfte. Die zwar formal kaum anfechtbare Verwendung des Tiroler und Vorarlberger Landsturms und damit auch von Standschützen auf dem Balkan und in Galizien sowie die rasch steigenden Verluste der Tiroler Truppenkörper auf den beiden Kriegsschauplätzen hatten die Kriegsbegeisterung an Inn, Etsch und Bodensee fast schlagartig zum Verschwinden gebracht. Doch das Standschützenwesen erfreute sich weiterhin großen Zustroms, und der drohende italienische Kriegseintritt riß die Menschen wieder mit. Es war allerdings nicht mehr die Erlösung, die im Krieg gesucht wurde. Da ging es auch nicht um Sinnstiftung, sondern ganz einfach darum, den als Verrat, als Perfidie empfundenen Entschluß Italiens zu ahnden und vor allem die Abtrennung des von Italien geforderten Gebiets zu verhindern. Ein kaiserlicher Befehl vom 18. Mai 1915 ordnete die Aufstellung der Standschützenabteilungen von Tirol-Vorarlberg an. Am 19. Mai wurde der Militärkommandobereich Innsbruck alarmiert und damit auch die Standschützen. Allerdings gab es bereits Gerichtsbezirke, die nicht mehr imstande waren, wie vorgesehen, ein Bataillon zum Ausmarsch zu bringen; manche brachten nur mehr eine Kompanie zusammen.[604] In den Dörfern waren die Schützenzüge nicht mehr zu bilden, denn es waren schon zu viele zum Heer eingezogen worden oder gefallen. Dennoch kamen auf diese Weise etwa 30.000 Standschützen zusammen, von denen rund 18.000 an die neue Front abgingen.[605] Die ältesten Standschützen waren weit über 70 Jahre alt und Veteranen des längst vergangenen Kriegs gegen Italien 1866. Der jüngste Standschütze ist kaum zu eruieren, da von den Buben seinerzeit falsche Altersangaben gemacht wurden; es dürfte ein Dreizehnjähriger gewesen sein. Allerdings wurden die Standschützen ohne ärztliche Untersuchung eingereiht, daher gab es schon bei den Märschen in die Bereitstellungsräume und an die Grenze Ausfälle. Schließlich mußten viele Untaugliche wieder nach Hause geschickt werden.[606] Während die ersten Kompanien an die neue Front abgingen, gab es auch eine andere, gegenläufige Bewegung.

Am 20. Mai wurden die Bewohner des Grenzgebiets südlich von Lavis angewiesen, sich einen Lebensmittelvorrat für vier Monate anzuschaffen und sich zur Evakuierung bereitzuhalten. Ein, zwei Tage später erfaßten die vorbereitenden Evakuierungsmaßnahmen auch andere Grenzgebiete, nicht zuletzt jene Kärntens, und am 25. Mai begann die Evakuierung. Aus dem Trentino wurden 114.000 Menschen, rund ein Drittel der gesamten italienischen Bevölkerung Tirols, umgesiedelt. Unmittelbar an der Grenze war es eine regelrechte Entvölkerung. Vieh und Wagen mußten größtenteils an Ort und Stelle verbleiben; sie wurden vom Ärar zum Schätzwert angekauft. Die Menschen aber hatten sich nach Norden in Bewegung zu setzen, um sie aus den gefährdeten Gebieten wegzubekommen, um die Gefahr von Spionage zu verringern und Platz für die Truppen zu machen. Allein aus der Stadt und Festung Trient wurden über 10.000 Menschen nach Vorarlberg gebracht, und bis Juni war die Evakuierung praktisch in allen an Italien grenzenden Bereichen abgeschlossen.[607] Aus dem italienischen Tirol wurden die Evakuierten nach Nordtirol, Vorarlberg, aber auch nach Oberösterreich, Niederösterreich, Böhmen und Mähren gebracht.[608] Wo allerdings kein Zwang ausgeübt wurde, war die Bereitschaft, Haus und Hof oder auch nur eine Wohnung zu verlassen, äußerst gering. So wurden beispielsweise in Lienz zwei Züge bereitgestellt, die Evakuierungswillige aus dem Gefahrenbereich bringen sollten. Es soll aber nur ein zufällig in Lienz gastierender Schauspieler einen der Züge benützt haben.[609]

Anderswo war die Gefahr so augenfällig, wie zum Beispiel im Kanal- und im Gailtal, daß ab dem 24. Mai kaum Zwang ausgeübt werden mußte. Die Italiener begannen bereits an diesem Tag mit dem Artilleriebeschuß, und damit war die Notwendigkeit zur Flucht evident geworden. Flucht, Evakuierung, Abmarsch und Ankunft von Truppen gingen ineinander über, und damit veränderte sich für Hunderttausende, ja Millionen Menschen innerhalb von 72 bis 96 Stunden ihr Leben von Grund auf. Wieder waren die Orte beflaggt, die Züge geschmückt. Die Musikkapellen spielten, wenn evakuiert, wenn ausmarschiert oder einwaggoniert wurde. „Zu Mantua in Banden", der „Kaiserjägermarsch" oder der „Khevenhüllermarsch" waren die übliche Begleitmusik und wurden zu abgedroschenen Stücken. Für die Militärs galt es, wie immer, anderes zu kalkulieren als das Emotionale, die Begeisterung und die Angst. Seit dem August 1914 waren für den Fall eines italienischen Kriegseintritts militärische Vorbereitungen getroffen worden. Es war zunächst eine Art Katastrophenplanung gewesen. Am 13. August 1914 hatte General der Kavallerie Franz Freiherr von Rohr den Auftrag bekommen, die Situation an der Grenze zu überwachen und Vorbereitungen für eine rasche Alarmierung zu treffen. Rohr, in Arad geboren und vor dem Krieg Generalinspektor der Honvéd, stellte ein Gruppenkommando auf und versuchte, sich einigermaßen Klarheit über die militärischen Vorgänge in Italien zu verschaffen. Er sandte einen Bericht um den anderen an das Armeeoberkommando und an die Militärkanzlei des Kaisers, konnte aber insgesamt nur die fast hoffnungslose Unterlegenheit der k. u. k. Truppen im Fall eines italienischen Angriffs skizzieren. Denn es sah mehr als trist aus, wenn man ans Zusammenzählen ging.

Seit September 1914 standen für die fünf Tiroler Rayons 17 Bataillone und zwölf mobile Geschütze, für Kärnten und die Küstenlande 23 Bataillone und acht mobile Geschütze zur Verfügung. Der Tiroler Abschnitt hatte dabei noch den Vorteil, daß die Sperrforts auf der Hochfläche von Folgaria, die den Zugang von den Sieben Gemeinden nach Trient sperren sollten, sehr schnell abwehrbereit gemacht werden konnten und die artilleristische Stärke dieser Befestigungen natürlich in das Gesamtkalkül einzubeziehen war. Viel schlechter war es um den Kärntner bzw. den küstenländischen Abschnitt bestellt. Zu diesen sehr schwachen Kräften gesellten sich dann nach und nach die schon erwähnten Freiwilligenverbände. Kärnten stellte vier Regimenter Freiwillige mit zusammen 10.000 Mann, Salzburg sechs Bataillone, Oberösterreich vier Bataillone und Triest ein Jungschützenbataillon. Das waren zusammen 26.000 Freiwillige, von denen rund ein Viertel bei den Kampftruppen Verwendung finden konnte. In Tirol und Vorarlberg wurden die Standschützen aufgeboten. Bis zur Ankunft regulärer Truppen verfügte General Rohr daher Anfang Mai 1915 über 112 Bataillone, neun Eskadronen und 49 Batterien.

Die allmähliche Anbahnung dieses neuen Kriegs ermöglichte es aber dennoch, regelrechte Vorbereitungen zu treffen und vor allem die eben skizzierte Organisation von Freiwilligen und von Landsturmformationen vorzunehmen. Dazu kamen Grenzschutzmaßnahmen, die ausgesprochen zwiespältig anliefen. Zum einen galt bis zum April 1915, Italien nicht durch eine deutliche Steigerung der Sicherungsarbeiten und durch neue Befestigungsbauten bzw. die Ausgestaltung der bestehenden Fortifikationen einen Vorwand zum Kriegseintritt zu liefern. Zum anderen war es unumgänglich, wenigstens minimale Vorbereitungen zu treffen. Am 27. April begannen im oberen Bereich des Isonzo Arbeiten zur Geländeverstärkung, und am 11. Mai setzte die vollständige Armierung aller Befestigungen an der italienischen Grenze ein. Ab Mitte Mai übersiedelten die ersten Stäbe in ihre neuen Hauptquartiere.

Es wurde auch die Rolle der Kriegsmarine überdacht, die sich ja nicht zuletzt wegen der Möglichkeit eines Kriegs mit Italien nicht aus der Adria hinausgerührt hatte. Italien hatte die k. u. k. Flottenpräsenz auch mit einiger Sorge beobachtet und daher in London als britische Vorleistung auf eine Umkehr der Bündnisse einen Überfall auf die k. u. k. Hochseeflotte gefordert. Das wäre aber nicht nur riskant gewesen; es war letztlich unmöglich. Erst eine Vereinigung der britischen, französischen und italienischen Seestreit-

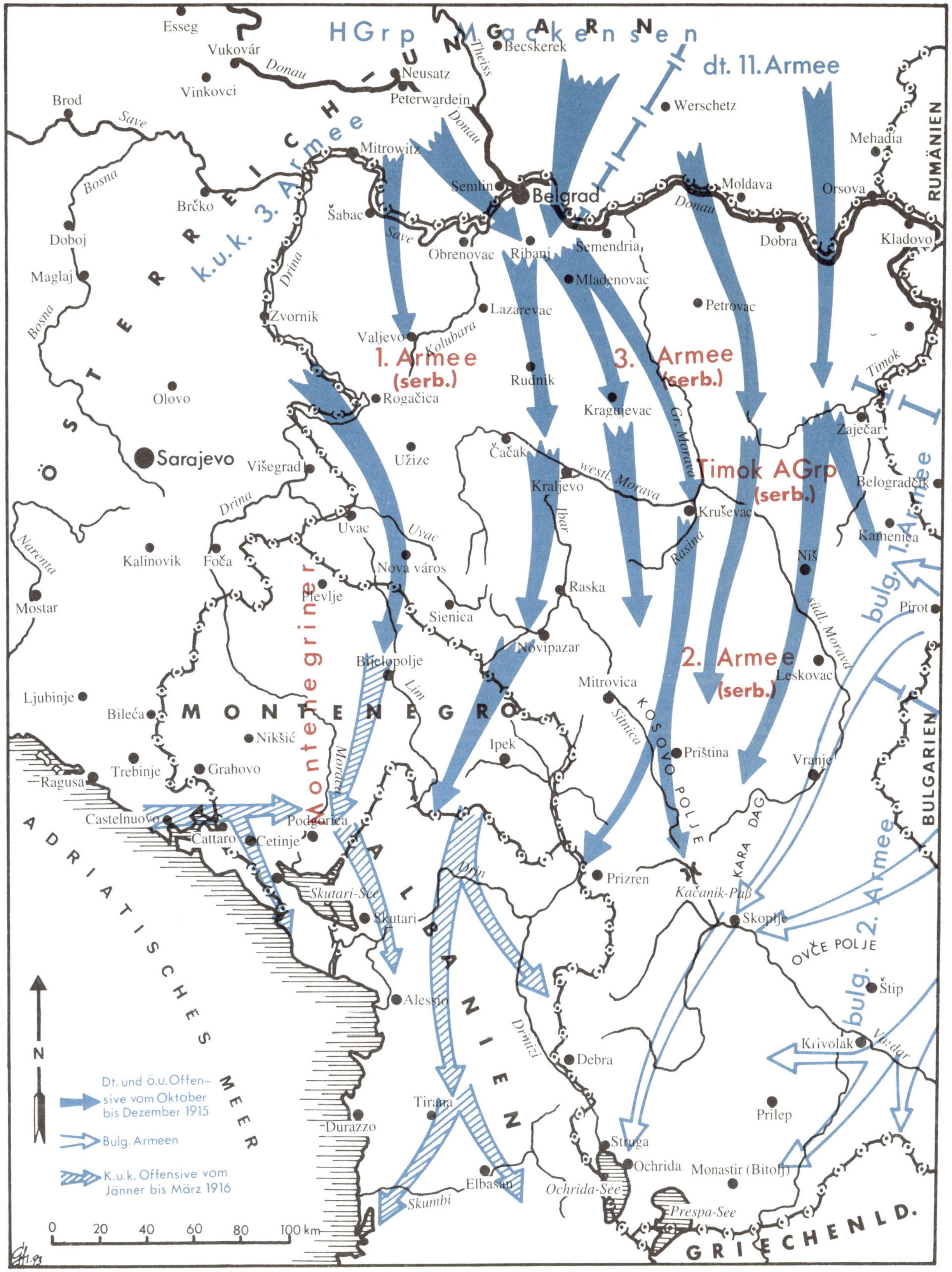
HGrp Mackensen
dt. 11. Armee
k.u.k. 3. Armee
1. Armee (serb.)
3. Armee (serb.)
Timok AGrp (serb.)
2. Armee (serb.)
Montenegriner
bulg. 1. Armee
bulg. 2. Armee
UNGARN
ÖSTERREICH
MONTENEGRO
ALBANIEN
RUMÄNIEN
BULGARIEN
GRIECHENLD.
ADRIATISCHES MEER
KOSOVO POLJE
KARA DAG
OVČE POLJE
Belgrad
Sarajevo
Esseg
Vukovár
Vinkovci
Neusatz
Peterwardein
Becskerek
Werschetz
Brod
Mitrowitz
Semlin
Brčko
Šabac
Doboj
Maglaj
Zvornik
Obrenovac
Ribanj
Semendria
Mladenovac
Moldava
Orsova
Mehadia
Dobra
Kladovo
Petrovac
Lazarevac
Valjevo
Rudnik
Kragujevac
Rogačica
Olovo
Užice
Čačak
Kraljevo
Kruševac
Zaječar
Belogradčik
Kamenica
Niš
Pirot
Višegrad
Uvac
Nova város
Foča
Kalinovik
Mostar
Plevlje
Sienica
Raska
Novipazar
Bijelopolje
Mitrovica
Leskovac
Ljubinje
Bileća
Nikšić
Ipek
Priština
Vranje
Trebinje
Grahovo
Ragusa
Castelnuovo
Cattaro
Cetinje
Podgorica
Prizren
Kačanik-Paß
Skoplje
Skutari
Skutari-See
Alessio
Štip
Krivolak
Debra
Prilep
Tirana
Durazzo
Elbasan
Struga
Ochrida
Ochrida-See
Monastir (Bitolj)
Prespa-See
Donau
Save
Theiss
Bosna
Drina
Kolubara
Timok
westl. Morava
Gr. Morava
Ibar
Rasina
Uvac
Narenta
südl. Morava
Lim
Sitnica
Moraca
Drin
Drinizi
Vardar
Skumbi
N
Dt. und ö.u. Offensive vom Oktober bis Dezember 1915
Bulg. Armeen
K.u.k. Offensive vom Jänner bis März 1916
0 20 40 60 80 100 km

DER BALKANKRIEGSSCHAUPLATZ
(Oktober 1915 – März 1916)

kräfte im Mittelmeer und in der Adria schuf jene Überlegenheit, mit der die k. u. k. Kriegsmarine in Schach gehalten werden konnte.

Überrascht war man also weder zu Lande noch zur See worden. In den neun Monaten seit August 1914 hatte sich der militärische Apparat im Hinterland so eingespielt, daß in kürzester Zeit jene Verfügungen getroffen werden konnten, die für das Hinterland des neuen Kriegsschauplatzes erforderlich waren. Am 25. Mai schließlich wurden die Bereiche der Militärkommanden Graz und Innsbruck mit Ausnahme von Oberösterreich als Bereich der Armee im Felde erklärt.[610] Damit waren Vorarlberg, Tirol, Salzburg, Kärnten, Krain, Istrien und Steiermark zu Frontbereichen geworden, und alle Maßnahmen, die bis dahin nur für Galizien und den Balkan gegolten hatten, kamen nun auch hier zur Anwendung.

Am Isonzo und in den Sieben Gemeinden

Italien wie Österreich-Ungarn hätten am Anfang des Kriegs über durchaus gleichwertige Kenntnisse voneinander verfügen sollen, denn der Dreibund hatte trotz allen Mißtrauens viele Einblicke ermöglicht. Auch dem neutralen Italien war es möglich gewesen, militärische Beobachter an den Kriegsschauplätzen zu haben; das Hinterland wurde ständig überwacht und mit Hilfe der italienischen Bevölkerung der Habsburgermonarchie ein stetiger Informationsfluß in Gang gehalten. Dennoch hinkte Italien mit seinem Kenntnisstand nach. Max Ronge, später Chef der Nachrichtenabteilung des AOK, führte die bald deutlich gewordene bessere Kenntnis Österreichs über die Italiener aber zum wenigsten auf ein aufwendigeres oder qualitativ besseres Agentennetz der Donaumonarchie zurück, sondern darauf, daß der italienische Generalstabschef Cadorna partout nichts von Spionage hielt.[611] Er vertraute, wie es schien, auf die numerische Überlegenheit der Italiener und auf die Überlegenheit ihrer Befestigungsanlagen.

Ab August 1914 waren die italienischen Befestigungen verstärkt und zusätzlich vorgeschobene Stellungen eingerichtet worden, da man sich nicht nur auf die Fernkampfwirkung der Artillerie verlassen wollte. Italien übte also durchaus nicht jene Zurückhaltung bei der Verstärkung seiner Landesbefestigungen wie Österreich-Ungarn. Zur artilleristischen Verstärkung wurden Geschütze aus aufgelassenen Festungen und aus Arsenalen an die italienische Grenze gebracht. Die Italiener rüsteten ihre Festungen auch mit moderneren Geschützen und größeren Kalibern aus. Schließlich hatten sie in und um die Sperrforts 844 Geschütze feuerbereit. Die Grenzschutztruppen aller Waffengattungen erreichten 142.000 Mann, und unter dem Schutz dieses beträchtlichen Aufgebots erfolgte die Mobilmachung des italienischen Heeres.[612]

Seit Januar 1915 war die mobile Miliz aufgestellt, und Ende April waren Brigade- und Divisionsstäbe gebildet worden. Vor allem der Mangel an Kohle und Erz war dafür verantwortlich zu machen, daß Italien nicht noch früher und noch stärker hervortreten konnte. Generalstabschef Cadorna hatte daher den Operationsbeginn langfristig auf Mai 1915 festgelegt. Mitte April begann der Transport in die Aufmarschräume. Am 23. April schließlich, wenige Tage vor dem Abschluß des Londoner Vertrags, begann die Mobilmachung der ersten acht Armeekorps, der dann bis Mai jene der restlichen sechs Korps folgte. Die offizielle Bekanntgabe der Mobilmachung war nur eine völkerrechtliche Formsache und ohne weitere Bedeutung.[613]

Das italienische Heer erreichte schon im Juni 1915 eine Stärke von über 31.000 Offizieren, 1,058.000 Unteroffizieren und Mannschaften und hatte auch sonst einiges vorzuweisen, dem Österreich-Ungarn nichts annähernd Gleichwertiges entgegenstellen konnte. Italien konnte sich bei seinen Kriegsvorbereitungen aber auch auf die Bestimmungen des Londoner Vertrags bzw. zusätzlich abgeschlossene Militärkonventionen stützen. Die wichtigste war die Marinekonvention zwischen den Ententemächten und Italien vom 4. Mai 1915. Darin war vereinbart worden, daß unter dem Oberkommando der italienischen Seestreitkräfte eine erste verbündete Flotte gebildet werden sollte, die außer den italienischen noch französische Einheiten umfassen sollte. Nach Beendigung der Operationen gegen die Türkei wollte auch Großbritannien vier leichte Kreuzer für diese erste Flotte beisteuern. Als Reserve sollte hinter dieser Adriaflotte eine zweite Flotte stehen, gebildet aus französischen und italienischen Schlachtschiffen sowie, später, zusätzlich vier englischen Panzerschiffen. Diese zweite Flotte sollte unter französischem Oberbefehl stehen. Alles das diente im wesentlichen nur dazu, die k. u. k. Kriegsmarine auszuschalten.

Ebenso gehörte noch die am 21. Mai 1915 in Baranoviči abgeschlossene Militärkonvention mit Rußland, der auch die Ententemächte beitraten, zu den vorbereitenden Maßnahmen auf strategischem Gebiet. Darin verpflichteten sich die Mächte, die italienische Front dadurch zu entlasten, daß sie die deutschen und österreichisch-ungarischen Truppen an ihren Abschnitten banden, so daß tunlichst keine Divisionen für die italienische Front freigemacht werden konnten. Eine von den Alliierten längere Zeit überlegte große Offensive auf dem Balkan, die beim Kriegseintritt Italiens eine zusätzliche Entlastung bringen sollte, ließ sich allerdings nicht verwirklichen. Der Gedanke war bereits im Januar im britischen Kriegskabinett aufgetaucht und mit der Frage verbunden worden, ob man die von Lord Kitchener in Großbritannien neu aufgestellten Armeen, eine halbe Million Mann, nicht statt nach Frankreich nach Serbien bringen könnte. Das hätte dann der indirekten Strategie der Briten und der Doktrin der Flankenbedrohung in besonderer Weise entsprochen.[614] Die Idee war aber rasch fallengelassen worden. Auch Versuche der Russen, Italiener und vor allem Briten, Serbien zum Angriff auf österreichisches Gebiet zu bewegen, blieben ergebnislos.[615] Von dieser Seite her würde es also keine Entlastung für Italien geben.

Cadorna hatte im Herbst 1914 mit der Ausarbeitung von Operationsplänen begonnen und unter drei Varianten zu wählen gehabt: einem Vorstoß nach Tirol, einem Vorstoß über die Laibacher Senke und das Grazer Becken nach Wien und einem Vorstoß über den Isonzo. Der Angriff auf Tirol wurde wegen der Schwierigkeit des Operierens im Hochgebirge und Mittelgebirge schon sehr rasch ausgeklammert. Hier sollten nur die österreichisch-ungarischen Kräfte gebunden werden. Das attraktivste Konzept, der Vorstoß über Laibach nach Graz und Wien, wurde wegen seiner nicht absehbaren Komponenten als zu weitgesteckt abgelehnt. Schließlich wählte Cadorna die dritte Möglichkeit eines Angriffs über den Isonzo. Das bot relativ rasch konkrete Ziele: Triest, Laibach und Marburg.

Zudem war bei einem Vorstoßen über den Isonzo eine Flankenbedrohung Österreichs möglich. Bis Mai 1915 war sich Cadorna allerdings seiner Sache so sicher geworden, daß er auch den anderen Armeen konkrete Operationsziele, und zwar weit im österreichischen Raum, zuwies. Er wollte also den Krieg keinesfalls defensiv, sondern offensiv beginnen. Alles andere hätte auch keinen Sinn gehabt. Man erklärt nicht von sich aus Krieg und zieht sich dann auf irgendwelche Stellungen zurück.

Bei den österreichisch-ungarischen Planungen für einen Krieg mit Italien spielten naturgemäß auch die deutschen Truppen eine Rolle. Conrad wollte sie zunächst nur demonstrativ verwendet wissen. Das Auftauchen deutscher Truppen allein, so hoffte er anfangs, müßte Italien doch vom Kriegseintritt abhalten. Eine diesbezügliche Anregung vom 21. Januar 1915 war aber auf die Ablehnung Falkenhayns gestoßen.[616] Anfang April 1915 glaubte Conrad schließlich, daß es nur mehr eine Chance gab, Italien aus dem Krieg herauszuhalten, nämlich dann, wenn das Deutsche Reich massiv auf Italien einwirkte. Es kam nicht dazu, da sich Falkenhayn gegenüber dem italienischen Militärattaché nur zu einem Bluff verstehen wollte.

Am selben 1. April, an dem Conrad eine letzte drohende Geste Deutschlands gesetzt wissen wollte, schrieb er an Außenminister Burián, der Eintritt Italiens in den Krieg würde militärisch wie politisch die Zertrümmerung der Monarchie zur Folge haben. Das war nicht nur Schwarzseherei, sondern ergab sich durch einen einfachen Kräftevergleich. Außerdem war damals noch nicht absehbar, wie sich die Schlacht in Galizien entwickeln würde. Vor allem mußte auch damit gerechnet werden, daß Rumänien sehr rasch dem Beispiel Italiens folgen würde.

Im Mai 1915 veränderte sich jedoch die Kriegslage in einer vorher kaum absehbaren Weise. Rußland schien zumindest zeitweilig aus dem Feld geschlagen, Rumänien machte keine Anstalten, gegen die Mittelmächte Front zu machen, und in Serbien blieb es beim Stillstand der Operationen. Daher konnte eine Kräfteverschiebung einsetzen, mit deren Hilfe zumindest einige fronterfahrene Heereskörper der k. u. k. Armee an die italienische Front geworfen werden konnten.

Am 11. Mai 1915 unterbreitete Erzherzog Friedrich dem Kaiser einen ersten Entwurf des AOK für einen Aufmarsch gegen Italien. Dabei konnte man sich auf die relativ genaue Kenntnis der italienischen Kräfteverteilung stützen. Cadorna seinerseits nahm die Österreicher als erheblich stärker an, als sie tatsächlich waren. Eines brauchte Cadorna freilich nicht zu besorgen: daß ihm auch namhafte deutsche Kräfte gegenüberstehen würden.

Schon bei den ersten Überlegungen über die Befehlsgliederung an der italienischen Front zeigte sich, daß mit deutschen Truppen eigentlich nicht zu rechnen war. Conrad hatte Falkenhayn vorgeschlagen, mit Kräften, die aus dem Osten abzuziehen seien, darunter zehn deutsche Divisionen, an der Südwestfront aufzumarschieren. Er wollte sich zwar zunächst defensiv verhalten, zumal ja mit einer gewaltigen Überlegenheit der Italiener zu rechnen war. Ebenso aber glaubte Conrad, nur dann eine wirkliche Chance zu haben, den Krieg an der neuen Front zu führen, wenn er auch Kräfte für Gegenoffensiven zur Verfügung hatte. Falkenhayn lehnte ab. Keinesfalls wollte er die 11. Armee Mackensens schwächen oder gar nach dem Südwesten hin abziehen. Wohl aber wollte er die Befehlsführung in Tirol einem deutschen General übertragen wissen, und das wegen der Nähe Bayerns. Das war aber nachgeradezu eine Zumutung und rührte, wie nicht anders zu erwarten, an Empfindlichkeiten Österreich-Ungarns und an das Prestige. Es gab keine Einigung. Conrad mußte seine Maßnahmen unverzüglich treffen und verschob daher vom Balkan stärkere Kräfte nach dem Südwesten. Er zog auch Truppen aus Galizien ab und schob sie in die beiden Landesverteidigungsbereiche Kärnten und Tirol ein. Den Oberbefehl sollte Generaloberst Erzherzog Eugen ausüben, und das unbeschadet dessen, daß er weiterhin das Kommando über die Balkanstreitkräfte zu führen hatte. Allerdings erhielt Eugen nicht den von ihm gewünschten General Stefan Sarkotić als Generalstabschef, sondern den etwas schwierigen, als militärischen Denker aber zweifellos bedeutenderen Feldmarschalleutnant Alfred Krauß. Conrad sah einen Zusammenhang zwischen dem Balkan und Italien. Denn wenn Italien bei seinen Vorstößen in den österreichischen Raum und insbesondere bei einem etwaigen Vormarsch nach Krain Erfolg haben sollte, dann wäre das zweifellos nicht ohne Auswirkungen auf den Balkan und die dort wohnenden Slawen geblieben. Die Kommandoführung sollte also so aussehen, daß General der Kavallerie Erzherzog Eugen den Oberbefehl ausübte und die beiden Landesverteidigungskommandos, nämlich Tirol unter General der Kavallerie Viktor Freiherr von Dankl und Kärnten unter General der Kavallerie Rohr, sowie die 5. Armee unter General der Infanterie von Boroević, die am Isonzo aufzumarschieren hatte, die benötigten Verbände zu stellen hatten. Eugen verlegte sein Hauptquartier von Peterwardein nach Marburg.

Man kann nicht behaupten, in Österreich-Ungarn hätte allzuviel Optimismus geherrscht. Eher schon wurde damit gerechnet, daß sich der Krieg an der neuen Front in kurzer Zeit zu einer Katastrophe auswachsen würde. Noch am 28. Mai 1915 schrieb Conrad an den Chef der kaiserlichen Militärkanzlei, daß „bei der numerischen Überlegenheit der Italiener und bei der großen Wirkungsfähigkeit ihrer ganz modernen Artillerie sehr bald damit gerechnet werden müsse, daß sie unsere Befestigungen demolieren und in unser Gebiet einrücken“.[617] Und wie es weitergehen konnte, hatte Conrad ja schon im April skizziert: In fünf Wochen würden die Italiener in Wien stehen. Man konnte folglich nur trachten, ihnen die Sache so schwer wie möglich zu machen.

„Alle möchten jetzt hinunter nach Italien“, schrieb Conrad am 7. Juni an Bolfras. „Ich begreife es, am liebsten ginge ich auch selbst, denn es erfaßt mich eine ungezügelte Wut, wenn ich daran denke, daß diese Schufte in unsere herrlichen Alpenländer eindringen wollen – und doch bin ich im Stillen froh, daß wir sie nicht freiwillig hereinlassen; allerdings hätten sie ihren Raub nicht lange gehabt, wenn er ihnen gewährt worden wäre, denn es wäre ein gründlicher Vergeltungskrieg über die Schurken hereingebrochen. Nun heißt es mit kühler Ruhe dem weiteren Lauf der Ereignisse entgegensehen.“[618]

Immer wieder war gefragt worden, ob das Deutsche Reich nicht doch mit namhafteren Kräften gegen Italien eingreifen könnte. Aber die Deutsche Oberste Heeresleitung fand sich nur bereit, zum Schutz Bayerns eine verstärkte Brigade, die dann als „Deutsches Alpenkorps“ bezeichnet wurde, zu entsenden, die auf rein defensive Aufgaben beschränkt bleiben sollte. Deutscherseits war an keine Kriegserklärung und daher auch an kein stärkeres Eingreifen auf österreichisch-ungarischer Seite gedacht. Die bis in den Herbst 1916 währende Fiktion vom Nicht-Krieg zwischen dem Deutschen Reich und Italien schuf somit eine merkwürdige Situation. Für Deutschland war der Krieg gegen

Italien wie schon seinerzeit der Feldzug gegen Serbien Österreich-Ungarns ureigenster Krieg. Das Deutsche Reich ließ sich die Option weiterer Gespräche, ja sogar die Möglichkeit eines Zusammenwirkens mit Italien offen und schuf damit Verhältnisse, die sicherlich nicht dazu beitrugen, das beiderseitige Verständnis von Deutschen und Österreichern zu fördern. Die Enttäuschung über diese deutsche Haltung gipfelte schließlich sogar in der vom Kommando der k. u. k. Südwestfront erhobenen Forderung, die Deutschen sollten doch auch das Alpenkorps abziehen.[619] Bezeichnenderweise verlegte die Deutsche Oberste Heeresleitung von vornherein keine Kräfte an den Isonzo, wo aller Voraussicht nach die Italiener einen Schwerpunkt bilden und in vielleicht kurzer Zeit weit auf österreichischen Boden vordringen konnten.

Conrad hatte ein aktives Eingreifen der Deutschen erwartet und schrieb noch am 11. Juni an Falkenhayn, daß man nach den Äußerungen des deutschen Reichskanzlers Bethmann Hollweg erwartet hätte, daß den Worten auch Taten folgen würden. Die noch am selben Tag von Falkenhayn übergebene Antwort sprühte geradezu vor Zorn. Er verwehrte sich gegen die Ausführungen Conrads und machte geltend, Österreich wäre überhaupt nur in die Lage gekommen, seine Grenzen gegenüber Italien nachhaltig schützen zu können, da das Deutsche Reich in Galizien ausgeholfen habe. „Die Tiroler haben allen Grund, dafür herzlich dankbar zu sein, statt ihre Glossen über die Bayern ... zu machen."[620] Conrad war zutiefst getroffen, denn Falkenhayn hatte ihn über den aktuellen Anlaß hinaus regelrecht abgekanzelt. Schon tags darauf schrieb Conrad neuerdings und benützte dies zu einer Art Generalabrechnung: Österreich-Ungarn hätte den Kopf hingehalten, als es 1914 galt, die Russen aufzuhalten. Die Tiroler Truppen wären Tausende Kilometer von ihrer Heimat entfernt in Galizien dezimiert worden. „Bei der Mentalität dieses Bergvolkes ist es demselben nicht zu verargen, wenn es jetzt nicht begreifen kann, daß die zu ihrer Hilfe gegen einen gleichfalls gemeinsamen Feind gekommenen Bayern hinsichtlich ihrer Kampfverwendung gebunden werden."[621]

Der Landesverteidigungskommandant von Tirol, General Dankl, glaubte sich allerdings über die dem deutschen Alpenkorps auferlegten Schranken hinwegsetzen zu können und wollte es im Raum der Marmolata offensiv einsetzen. Aus Teschen kam prompt eine Zurechtweisung, daraufhin wollte Dankl demissionieren.[622]

Auch Kaiser Franz Joseph war über die Haltung der Deutschen zutiefst empört und wies am 11. Juni die Militärkanzlei an, in Telegrammen an deutsche Stellen den Ausdruck „Waffenbrüderschaft" zu vermeiden.[623] Der Ausfall stärkerer deutscher Kräfte machte aber jeglichen Gedanken an eine Offensive illusorisch. Da Conrad nur an Defensive denken konnte, wurden alle verfügbaren Kräfte möglichst weit nach vorne, an die Grenze, gebracht. Dankl wurde bedeutet, daß er sein Kommando zu behalten und Anträge auf Verstärkung zu unterlassen habe.[624] Es gab keine strategische Reserve. Die Existenz des Alpenkorps wurde verschwiegen. Das ging so weit, daß das Armeeoberkommando auf dringlichen deutschen Wunsch das Kriegspressequartier anweisen mußte, die Existenz des Alpenkorps gänzlich zu ignorieren, obwohl es von den ersten Tagen an zu Kämpfen zwischen Italienern und Deutschen kam. Den Deutschen aber war es strikt verboten, italienischen Boden zu betreten. Ein diesbezüglicher Befehl des deutschen Kaisers vom 8. Juli ließ keine wie immer gearteten Zweifel mehr zu. Damit sollte vermieden werden, daß Deutschland gleichsam durch die Hintertür in den Krieg mit Italien gezwungen wurde, denn bei einem Vorgehen deutscher Truppen auf italienischem Boden wäre den Italienern wohl nichts anderes übrig geblieben, als auch dem Deutschen Reich den Krieg zu erklären. Und daran war Italien nicht gelegen. Ebensowenig wie dem Deutschen Reich, das schließlich zwar seinen Botschafter aus Rom abberief und Italien vor einem Vorstoß auf österreichisches Gebiet warnte, dann aber seine eigenen Truppen nicht in den italienischen Hauptangriffsbereich verlegte, sondern an der Tiroler Nebenfront zum Einsatz brachte.

Die k. u. k. 5. Armee mit dem XV. und XVI. Korps, die Armeegruppe Rohr zusammen mit dem VII. Korps sowie die Truppen des Landesverteidigungskommandos Tirol unter General Dankl brachten alles zusammengerechnet 224.000 Gewehrträger, 3000 Reiter und 640 mobile Geschütze zum Einsatz.[625] Italien wies eine rund drei- bis vierfache Überlegenheit auf, wobei vor allem die über 2000 mobilen Geschütze ins Gewicht fielen. Doch es gab auch erhebliche Schwachstellen. So hatten die italienischen Infanterieregimenter nur jeweils zwei Maschinengewehre, wohingegen die k. u. k. Truppen zwei Maschinengewehre pro Bataillon, also viermal so viele hatten. Die Italiener hatten bei Kriegsbeginn auch so gut wie keine Handgranaten, die Gewehrproduktion eines Musters 1891 betrug nur 2500 Stück pro Monat, weshalb ein Teil der italienischen Truppen noch mit veralteten Mustern bewaffnet war.[626] Auch in der Luft war das italienische Heer zunächst weit weniger präsent, als man befürchtet hatte. Es waren vor allem Lizenzbauten von britischen und französischen Maschinen, mit denen Aufklärungs-, Jagd- und Bombeneinsätze geflogen wurden.[627] Über dem Isonzo tauchten während der ersten Wochen lediglich ein Doppeldecker und zwei Eindecker auf, die der Artilleriebeobachtung dienten und wegen ihrer Harmlosigkeit von den Österreichern liebevoll „Franzl“, „Seppl“ und „Bombenschani“ genannt wurden.[628] Die k. u. k. Luftfahrtruppen hatten allerdings auch nicht sehr viel zu bieten und brachten nur vier Fliegerkompanien mit Aufklärern und zwei Jagdmaschinen pro Kompanie zum Einsatz. Allerdings lief gleichzeitig ein Neubauprogramm an, das Österreich-Ungarn eine relative Luftüberlegenheit verschaffen sollte. In einem Bereich war dies sogar schon gegeben, nämlich bei der Seefliegerei. Da hatte Italien überhaupt nur drei Maschinen, die für einen Luftkampf geeignet waren, während die k. u. k. Marineflieger mit ihren Flugbooten vom Typ „Lohner L“ von neun Stützpunkten an der Adriaküste starteten und den Luftraum über dem Meer und in den küstennahen Gebieten beherrschten.[629]

Beim Überdenken der Vor- und Nachteile ließ sich auch die Kriegserfahrung der k. u. k. Truppen ins Treffen führen, und es zeigte sich sehr bald, daß eine bereits erprobte Operationsführung nicht einfach durch Patriotismus, Tapferkeit und eiserne Disziplin ausgeglichen werden konnte. Moral gegen Maschinengewehre war immer ein unendlich verlustreiches Konzept. Wenn es daher schon nach kurzer Zeit eine Feststellung geben konnte, dann die, daß Italien aus seiner beträchtlichen Übermacht so gut wie nichts herauszuschlagen imstande war. Entsprechend enttäuscht zeigten sich die Verbündeten Italiens, die sich von einem voll aufgefüllten, ausgeruhten Heer eine entscheidungsuchende Offensive und damit eine zumindest nach und nach eintretende Entlastung für die alliierten Fronten versprochen hatten.

Es war aber nicht nur das Heer, das enttäuschte. Fast mehr noch mußte es den Ententemächten als unerwartete Schlappe erscheinen, daß die italienische Flotte zunächst nicht in Erscheinung trat. Sie hatte den Tag „X“ in den Kriegshäfen abgewartet. Ganz anders die k. u. k. Kriegsmarine. Sie war vom Flottenbefehlshaber für diesen Tag aufgehoben worden und sollte durch ein nachdrückliches Lebenszeichen ihre Existenz rechtfertigen. Haus hatte bereits am 19. Mai damit begonnen, die für einen Angriff der italienischen Flotte wahrscheinlichen Anmarschwege überwachen zu lassen. Die Flugstation in Kumbor hatte Bewegungen der Ententeflotten zu melden. Doch die Marineflieger konnten beruhigen: Briten und Franzosen hatten so sehr mit dem Dardanellenunternehmen bei Gallipoli zu tun, daß sie nicht überraschend in der Adria auftauchen konnten. Die großen Schiffe der k. u. k. Flotte wurden unter Dampf gehalten, und bereits wenige Stunden nach Abgabe der Kriegserklärung verließen die Schiffsabteilungen am Abend des 23. Mai Pola. Die Schlachtschiffe der Tegetthoff-Klasse waren allerdings nicht beteiligt. In den frühen Morgenstunden des 24. langten die Abteilungen vor Ancona, Rimini, Ravenna, Senigallia und der Potenzamündung ein und begannen die vorher festgelegten Ziele zu beschießen. Das war umso leichter, als die Städte noch friedensmäßig beleuchtet waren. Auch die k. u. k. Seeflieger fanden auf diese Weise leichter ihre Ziele. Das italienische Flottenkommando hatte zwar unverzüglich die Auslaufbereitschaft angeordnet, als das k. u. k. Geschwader vor Ancona gemeldet wurde. Doch ehe noch in Brindisi und Tarent die Auslaufmanöver abgeschlossen werden konnten, hatte die k. u. k. Flotte bereits den Rückmarsch angetreten. Die Einheiten hatten fast ohne Gegenwirkung Hafenanlagen, Brücken, Bahnhöfe, Küstenbatterien und Einheiten der italienischen Kriegsmarine beschossen. Einiges war zerstört worden, doch insgesamt war wohl die moralische Wirkung größer als der Schaden. Niemand konnte freilich ahnen, daß diese Aktion die zahlenmäßig bedeutendste der k. u. k. Kriegsmarine während des gesamten Kriegs bleiben würde, denn in der Folge wurden – von seltenen Ausnahmen abgesehen – nur mehr die U-Boote und kleinen Einheiten aktiv.

Mit dem Kriegseintritt Italiens schien sich jedoch die gesamte österreichisch-ungarische Seekriegführung in der Adria gewandelt zu haben. Kreuzer, Zerstörer und Torpedoboote unternahmen wiederholt Vorstöße gegen die italienische Küste. Dabei nahm man auch eigene Verluste in Kauf. Die k. u. k. Kriegsmarine stellte eine ständige Bedrohung der italienischen Schiffahrtswege und Häfen dar. Nachträglich schien die italienische Forderung nach einem britisch-französischen Schlag gegen die k. u. k. Kriegsmarine also nur zu berechtigt gewesen zu sein.

Der Umstand, daß zwar zwischen Österreich-Ungarn und Italien Krieg herrschte, nicht aber zwischen Italien und dem Deutschen Reich, führte auch zu mitunter recht merkwürdigen Situationen. Das k. u. k. Unterseeboot mit der Kennung U 11, das in Wirklichkeit das deutsche UB 50 und eine Art „Leih-U-Boot“ war und nur einen einzigen österreichischen Offizier an Bord hatte, versenkte am 1. Juni den italienischen Dampfer „Medusa“. Am 7. Juli versenkte ein deutsches U-Boot mit der Kennung U 26, das ebenfalls unter österreichischer Flagge und mit einem einzigen österreichischen Offizier unter einer sonst ausschließlich deutschen Besatzung fuhr, den schweren Kreuzer „Amalfi“. Auf See galt also offenbar die deutsche Zurückhaltung gegenüber Italien nicht, zumindest fand man nichts dabei, sich der österreichischen Farben zu bedienen. Die Deutschen waren auch offenbar unbeeindruckt von den schweren diplomatischen Problemen, die der U-Boot-Krieg seit dem 4. Mai heraufbeschworen hatte, nachdem U 20 den bewaffneten britischen Dampfer „Lusitania“ torpediert hatte.[630] Doch auch die k. u. k. Unterseeboote hatten Erfolge. Am 18. Juli torpedierte U 4 den italienischen Kreuzer „Garibaldi“.

Mittlerweile war auch der Landkrieg intensiver geworden. Falkenhayn behielt mit seiner Prognose, daß die Italiener in der Hauptangriffsrichtung des Landkriegs nur langsam vorgehen würden, recht, und Conrad mußte sich sagen, daß seine pessimistische Sicht zwar dazu geführt hatte, das Letzte zusammenzukratzen, das noch aufzubieten war, daß er aber entschieden zu düster gesehen hatte. Im Gegensatz zum „Russenschreck“, wie ihn der deutsche Verbindungsoffizier beim AOK, Cramon, beschrieb, hat es keinen „Italienschreck“ gegeben.[631] Allerdings kam keiner an der Tatsache vorbei, daß das Heer, das nun gegen Italien anzutreten hatte, nicht mehr jenes von 1914 war. Sämtliche vier Tiroler Kaiserjägerregimenter, die Kärntner „Khevenhüller“ (IR 7), die Salzburger „Rainer“ (IR 59) und andere alpenländische Regimenter waren in Galizien eingesetzt worden und hatten schwere Verluste erlitten. Es waren nicht mehr die alten Truppen. Zum anderen waren selbst die Ersatzmannschaften kriegsgewohnt, wußten über die Waffenwirkung Bescheid und hatten gelernt, alle technischen Hilfsmittel zu nutzen. Doch es fehlte an Artillerie, vor allem an schweren Geschützen, und es mußte sich bald zeigen, inwieweit die Italiener die Schwächen der k. u. k. Truppen zu ihren Gunsten ausnützen konnten.

Gegen die Tiroler Gebirgsfront gingen die Italiener nur sehr zögernd vor. In den einzelnen Rayons erstarrte die Front bald zu einem Stellungskrieg, und das in Höhen um und über 2000 bis 3000 Meter. Eine einigermaßen effiziente Kampfführung war an der Tiroler Front zunächst überhaupt nur im Bereich der Sperrforts zu beobachten, auf der Hochfläche von Folgaria-Lavarone, wo die italienische Infanterie nach einem einwöchigen Vorbereitungsfeuer angriff. In einigen Abschnitten konnten die Italiener zwar geringe Geländegewinne erzielen und jene Ortschaften besetzen, die von den Österreichern geräumt worden waren, weil sie sich auf besser zu verteidigende Stellungen zurückgezogen hatten. Dann aber rannten sich die Italiener an allen Abschnitten fest, und es begann entlang der gesamten Gebirgsfront ein Krieg um die Gipfel, jener „Krieg der Bergführer“, der bis 1916 und teilweise bis 1918 geführt wurde, bei dem es darum ging, den anderen zu überhöhen und in alpinistisch kühnen, ungeheuer opferreichen, aber begrenzten Operationen gegnerische Stellungen aus dem Berg herauszuschießen oder zu sprengen.

An der Isonzofront zeigten sich die Italiener vom ersten Tag an wesentlich angriffsfreudiger als in Tirol. Das entsprach auch der operativen Planung Cadornas, der ja in diesem Abschnitt nicht nur seine Hauptmacht konzentriert hatte, sondern auch Ziele ansprach, die gleichsam in Griffweite lagen. Bereits am 24. Mai früh überschritten die 2. und die 3. italienische Armee die Reichsgrenze, besetzten Karfreit und gelangten an den Isonzo. Am 25. Mai standen die Vorhuten beider Armeen beiderseits des von der k. u. k. 5. Armee gebildeten Brückenkopfs von Görz am Isonzo, und es entstand für kurze Zeit sogar eine kritische Situation, als die Rücknahme der k. u. k. Truppen und vor allem der Artillerie aus Görz befohlen wurde. Da das Kommando der 5. Armee erst dabei war, sich in Marburg einzurichten, mangelte es an einer direkten und straffen Führung. Außerdem wollte Boroević die Aufstellung seiner Armee hinter dem Isonzo vornehmen und mußte erst vom Kommando der Südwestfront angewiesen werden, mit der Mitte und dem Nordflügel seiner Armee auch die Höhen westlich des Flusses zu besetzen. Das Problem dabei war, daß durch die politischen Rücksichtnahmen bis in den Mai keine Stellungsbauten erfolgt waren und sich die Truppen gerade im Raum Görz und nördlich davon nur durch das Aufschichten von Steinen in kurzer Zeit Deckungen bauen konnten.[632] Doch der Artilleriereferent des Kommandos der Südwestfront, Oberstleutnant Richard von Körner, massierte die schwere Artillerie im Raum Görz neu, und ab dem 28. Mai war auch Görz abwehrbereit.[633] Erzherzog Eugen und General Krauß schalteten sich zunächst nur von Marburg aus in die Verteidigungsvorbereitungen ein, übten aber wiederholt massive Kritik an den getroffenen Maßnahmen, was Boroević regelrecht ausfallend werden ließ. Die höchsten österreichischen Kommanden schienen sich jedoch in ihrer Abneigung, Eindrücke direkt an der Front zu sammeln, ungeheuer ähnlich zu sein: Sie blieben weit hinten und oft auch ohne primäre Informationen. Conrad führte selbst den Krieg gegen Italien von Teschen aus. Das Problem war freilich auch, daß die untergeordneten Kommandos die Oberkommanden sehr rasch der Truppenferne ziehen, andererseits Inspizierungen und eingehendere Frontbesuche als unangebrachte Einmischung brandmarkten.

Nach verlustreichen Kämpfen um die Isonzoübergänge und nach der Wegnahme von Monfalcone stellte die italienische 3. Armee am 9. Juni ihren Angriff am Rand des Karstplateaus ein. Cadorna wollte nach einer kurzen Ruhepause seine Kräfte noch mehr konzentrieren, er wollte noch mehr Artillerie heranführen und das Angriffsverfahren ändern. Der italienische Generalstabschef wählte in der Folge zwei Schwerpunkte: Die 2. Armee sollte den Brückenkopf von Görz angreifen und die 3. Armee den Karstabfall zwischen Sagrado und Monfalcone, die sogenannte Hochfläche von Doberdó.

Auf österreichischer Seite brachte der Abwehrerfolg dieser ersten Tage wachsende Zuversicht hervor, die zeitweilig in einem Überlegenheitsgefühl ausartete, da man einem zahlenmäßig weitaus stärkeren Gegner in notdürftig vorbereiteten Stellungen und unter alles anderen denn idealen Bedingungen widerstanden hatte. Der Abwehrerfolg war offensichtlich auch geeignet, beim AOK die zunächst als fast absurd abgetanen Ideen einer Offensive gegen Italien aufleben zu lassen. Dabei wurde von einer ähnlichen operativ-strategischen Disposition ausgegangen wie im Fall Rußlands, dem man ja auch durch eine früh angesetzte Offensive das Gesetz des Handelns hatte aufzwingen wollen. Für eine Offensive waren die Truppen der k. u. k. Südwestfront aber auf jeden Fall zu schwach. Sie bedurften, um auch nur begrenzt angriffsfähig zu werden, der Verstärkung von der Ostfront. Damit tat sich für Österreich-Ungarn abermals jenes Dilemma auf, das mittlerweile vor allem den Deutschen zu schaffen machte, nämlich die Frage nach der Priorität der Kriegsschauplätze. In Österreich-Ungarn hatte man sich nach dem Scheitern der drei Offensiven gegen Serbien ganz klar für den russischen Kriegsschauplatz entschieden. Jetzt war die Frage der Priorität wieder da, und sie stellte sich drängender denn je.

Der Italienreferent des Armeeoberkommandos, Oberstleutnant Karl Schneller, notierte bereits am 11. Juni 1915 im Zusammenhang mit dem Angriff auf Lemberg, daß er ihn für unnütz hielte. Ganz im Gegenteil, es wäre zweckmäßiger, „sich auf den südlichen Gegner zu werfen, das heißt vor allem, den Italienern einen Vernichtungsschlag, der vier

Wochen nach beendetem Aufmarsch gelungen sein kann, zu versetzen".[634] Doch mit dieser Idee drang Schneller bei Conrad nicht durch. Die am 22. Juni erfolgte Einnahme Lembergs hatte aber doch zur Folge, daß dort Truppen und vor allem Artillerie verfügbar wurden, die umgehend nach dem Südwesten transportiert werden sollten. Schneller hatte dafür auch schon eine ganz bestimmte Vision, und notierte weiter: „Bespreche heute bereits mit Pflug [Artilleriereferent im AOK] die artilleristische Vorbereitung eines Angriffs von den Plateaus ausgehend gegen den Rücken der feindlichen Hauptmacht." Damit zeichnete sich bereits im Juni 1915 jene Idee ab, die erst ein Jahr später zur Ausführung gelangen sollte und zum Ziel hatte, aus dem Gebirge und von den Hochflächen der Sieben Gemeinden in den Rücken der Italiener zu operieren und die gesamte italienische Truppenmacht, die im Nordosten Italiens versammelt war, in einer riesigen Kesselschlacht zu schlagen.

Der Abnützungskrieg

Noch aber war das nicht mehr als eine recht vage Idee. Nach wie vor lag die Initiative bei den Italienern, die ihre Bemühungen zur Erreichung der gesteckten Ziele am Isonzo unvermindert fortsetzten. Vier Wochen nach der Kriegserklärung, am 23. Juni, leitete Cadorna den ersten Großangriff am Isonzo ein. Die Ziele waren bekannt. Die erste Isonzoschlacht kulminierte Anfang Juli in Kämpfen um die Karsthochfläche bei Redipuglia, beim Monte San Michele, auf der Podgora und am Monte Sabotino. Die italienische 2. Armee stürmte gegen den Brückenkopf von Görz an und brachte eine bis zu sechsfache Überlegenheit an Infanterie zur Geltung. Die Geländegewinne der ersten Isonzoschlacht waren dennoch äußerst dürftig und betrugen oft nur einige hundert Meter. Die Gesamtverluste der Italiener beliefen sich aber auf rund 15.000 Mann; die der Verteidiger auf 10.000 Mann. Offensichtlich war die Verteidigung genau die richtige Methode, um die Schwäche der österreichischen Südwestfront auszugleichen. Das kam auch im Glückwunschtelegramm Erzherzog Friedrichs an Erzherzog Eugen zum Ausdruck, wo es hieß: „Das AOK legt hohen Wert darauf, daß die Streitkräfte im Südwesten für spätere Entscheidungen schlagkräftig und auf hohem Stand erhalten bleiben; am bewährten verteidigungsweisen Verfahren daher allenthalben, selbst im Gefühl des Sieges festzuhalten sein wird. Eine Orientierung über weitere Absichten wird demnächst folgen."[635] Daß das Verteidigen und das bloße Abwehren aber nicht nach jedermanns Geschmack waren, geht aus einer Äußerung Conrads vom 5. Juli hervor: „Wenn wir nur vier Divisionen für einen Gegenstoß hätten, dann würden die Hunde bis zum Tagliamento laufen."[636]

Die zweite Isonzoschlacht ließ kaum zwei Wochen auf sich warten. Sie begann am 17. Juli 1915. Ziele der italienischen 2. Armee waren abermals Görz und der Brückenkopf von Tolmein. Die 3. Armee hatte auf die Karsthochfläche vorzustoßen. Beide Armeen hatten zusätzlich schwere Heeresartillerie bekommen. Die Artillerievorbereitung der Italiener war konzentrierter und wirkungsvoller als in der ersten Isonzoschlacht.

Die österreichisch-ungarischen Truppen litten ungeheuer, da die Splitterwirkung der Artilleriegeschosse durch das berstende Karstgestein noch vervielfacht wurde.

Über das Erleben der zweiten Isonzoschlacht geben vielleicht einige wenige Eintragungen in ein Tagebuch besser Auskunft als lediglich die operative Bilanz. Ein Subalternoffizier des Infanterieregiments Nr. 46 schrieb sich das Entsetzen von der Seele: „17. Juli. Entsetzliches Bombardement, das über menschliche Kräfte geht. Ein Wunder, daß man noch am Leben ist ... Die Zahl der Verwundeten ist ungeheuer, wir haben nicht mehr genug Verwundetenträger. Die Leute sind vor Schrecken sinnlos geworden ... 18. Juli. Das Artilleriefeuer wird in der Nacht wahnsinnig heftig. Es geht zu Ende, dachte ich und bereitete mich vor, als braver Christ zu sterben. Es ist zu Ende. Eine beispiellose Schlächterei. Ein entsetzliches Blutbad. Blut fließt überall und rings im Kreise liegen die Toten und Stücke von Leichen, so daß ..." An dieser Stelle seiner Eintragung bricht das Tagebuch ab – der Mann war gefallen.[637]

Die k. u. k. Truppen waren kaum eingegraben und hatten sich meist nur Brustwehren geschaffen. Da in dieser Phase des Kriegs noch keine Stahlhelme eingeführt waren, gab es zahllose schwere Kopfverletzungen. Dabei war die nachträglich gegebene Begründung, es sei unmöglich gewesen, sich in den felsigen Karstboden einzugraben, eine bloße Ausrede.[638] Vielmehr hatte der erste Abwehrerfolg ein trügerisches Gefühl der Sicherheit entstehen lassen und die Auffassung genährt, daß die Italiener ohne nennenswerte zusätzliche Anstrengungen auf Distanz gehalten werden konnten. Über die Frage des Stellungsbaus kam es schließlich zu einer erregten Kontroverse zwischen der 5. Armee und dem Kommando der Südwestfront sowie dem Armeeoberkommando, das den mangelhaften Stellungsbau ebenso kritisiert, es aber geflissentlich unterlassen hatte, einmal an Ort und Stelle Nachschau zu halten. Daß es möglich war, sich in das Karstgestein einzugraben, wurde wenig später schlagend bewiesen, als das III. Korps, das von der Isonzofront nach Tirol verlegt wurde, seinen Nachfolgern ein erstklassig ausgebautes, mannstiefes Stellungssystem hinterließ.

Der Streit artete schließlich zu einer persönlichen Kontroverse des Generalstabschefs der Südwestfront, Feldmarschalleutnant Alfred Krauß, mit dem Kommandanten der 5. Armee, Svetozar Boroević, aus.[639] Der Armeekommandant reichte sogar sein Abschiedsgesuch ein. Dabei zeigte sich eine weitere Facette des Zerfalls des Offizierskorps. Boroević, dessen Führung der k. u. k. 3. Armee nach der Ablösung Brudermanns als beispielhaft hingestellt worden war, wurde trotz seiner Erfolge von vielen regelrecht angefeindet. Mit Ausnahme Conrads begegnete ihm kaum jemand mit Sympathie oder hielt es in seiner Umgebung auch nur längere Zeit aus. Manch einer haßte den einsilbigen Kroaten regelrecht. Der Italienreferent des AOK, Schneller, notierte beispielsweise: „Bosco [gemeint Boroević] muß verschwinden. Und gerade er, dieser Armeeverderber, wird gehalten!"[640] An anderer Stelle: „Conrad läßt sich erstmals berichten. Ich habe den Eindruck, daß es sehr schwer halten wird, den Armeeschädling Bosco umzulegen, verdient hat er es reichlich, schon durch seine Unaufrichtigkeit und Unbotmäßigkeit, ganz abgesehen von der im schlechten Sinn rücksichtslosen Führung."[641] Lediglich eines wurde anerkennend angemerkt: Boroević würde nicht zurückgehen.[642] Boroević erklärte schließlich nur lakonisch, die Verluste am Isonzo wären bei weitem nicht so schlimm wie jene, die die von ihm geführte 3. Armee im Winter in den Karpaten erlitten hatte.[643] Der sture Kroate mit dem orthodoxen Bekenntnis, Boroević, zog seinerseits vehement über General Krauß her. Die Briefe, die Boroević in diesem Zusammenhang an das AOK schrieb, sollen recht erheiternd gewesen sein, so bezeichnete Boroević Krauß wegen seines Kaiserbartes und seines professoralen Aussehens als „gelehrigen Pudel".[644] Die beiden ließen ihrer Antipathie freien Lauf.

Schließlich erzwang Erzherzog Friedrich die Fortsetzung der Zusammenarbeit von Boroević und Krauß und verwarf das Pensionierungsgesuch des Kommandanten der 5. Armee. Wie Friedrich an Eugen schrieb: „Feldmarschalleutnant Krauß muß unnötige Schärfe und Einschränkung der Selbständigkeit des Kommandanten der 5. Armee vermeiden. Boroević darf sich nicht fortwährend gekränkt fühlen und muß sich stets gegenwärtig halten, daß Befehle eines vorgesetzten Kommandos unbedingt befolgt werden müssen."[645]

Die zweite Isonzoschlacht endete am 3. August. An diesem Tag gab Cadorna den Befehl zur Einstellung der Offensive. Die Schlacht war mittlerweile zur Materialschlacht geworden. Die italienischen Armeen hatten von den Westmächten jene Waffen geliefert bekommen, die ihnen anfänglich gefehlt hatten, und waren auch in der Lage gewesen, die eigene Rüstungsindustrie anzukurbeln. In dieser Schlacht waren die Italiener den k. u. k. Truppen vor allem bei den Steilfeuergeschützen und Infanteriegeschützen weit überlegen gewesen. Doch die Erfolge der Italiener hielten sich wieder in äußerst engen Grenzen. Die Verluste freilich waren auf beiden Seiten ungeheuer groß. In vier Wochen hatte die k. u. k. 5. Armee Gesamtverluste von 46.600 Mann erlitten. Die Italiener demgegenüber 41.800, also weniger als die Verteidiger. Gemessen an den eingesetzten Verbänden hatten die k. u. k. Truppen sogar doppelt so hohe Verluste wie die Italiener.

Der italienische Generalstabschef glaubte trotz der großen Einbußen seiner Armeen in den ersten Schlachten, die richtige Methode gewählt zu haben. Er erklärte auch dem britischen Verbindungsoffizier beim Comando Supremo, General Delmé-Radcliff, er würde so lange gegen die österreichisch-ungarischen Fronten losstürmen lassen, wie man dies ohne nennenswertes Risiko tun könnte. Allerdings hatte auch Cadorna nach der zweiten Isonzoschlacht insofern Konsequenzen zu ziehen, als er, ähnlich wie das bei der österreichisch-ungarischen Führungsspitze 1914 der Fall gewesen war, mit massenhaften Kommandoenthebungen reagierte. Allein 27 Generäle wurden innerhalb weniger Wochen abgelöst.[646] Damit sollte wohl auch der Entente zu verstehen gegeben werden, daß Italien jegliche Anstrengung unternehmen würde, um seine Kriegführung effektiver werden zu lassen. Die bereits dringend geäußerten Bitten nach zusätzlicher Unterstützung mit Waffen, Kohle und Geld schufen allerdings auch eine gewisse Ähnlichkeit im Verhältnis Italiens zu den Westmächten, wie es auf der anderen Seite im Verhältnis Österreich-Ungarns zum Deutschen Reich gegeben war.

Allmählich nahm die Front am Karst jenes Aussehen an, das vom Stellungskrieg im Westen und auch von manchen Abschnitten der Ostfront bekannt war, und ebenso stellten sich schaurige Begleiterscheinungen ein. Am Isonzo herrschte große Wasserknappheit, und es gab noch viel zu wenige eigens gebaute Wasserleitungen. Da das Wasser der Niederschläge durch umherliegende Leichen vergiftet war, mußte es von weit her in die Stellungen getragen werden. Die Toten verpesteten die Luft. Fallweise, wenn die Bergung der Leichen im Vorfeld nicht rasch genug gelang, konnte man sich nur mit der Räumung von Stellungen behelfen. Während der zweiten Isonzoschlacht brach auch die Cholera aus, und so lagen Tote, Kranke und Kämpfende oft auf engstem Raum in einer Doline zusammen.[647]

Angesichts der großen Verluste und doch auch immer wieder in der Hoffnung, in absehbarer Zeit mit den k. u. k. Truppen eine Offensive gegen Italien beginnen zu können, sahen die für den italienischen Kriegsschauplatz Verantwortlichen im österreichisch-ungarischen Oberkommando mißtrauisch auf die Lage am östlichen Kriegsschauplatz. Es wurde mit kaum verhaltener Erregung registriert, daß etwa der Kommandant der k. u. k. 7. Armee, General Pflanzer-Baltin, in dem Augenblick, da er neue Marschbataillone für seinen Abschnitt in den Karpaten bekam, angreifen wollte. Sofort wurden Einwendungen erhoben. „Gott sei Dank, das ist umgebracht", notierte Oberstleutnant Schneller.[648] Wenn es schon nicht möglich war, selbst offensiv zu werden, dann sollte wenigstens die Abwehr weiter gestärkt werden. Längerfristig sollte es aber noch ein anderes Ziel geben: Nach und nach sollten alle alpenländischen Soldaten von der russischen Front abgezogen und an die Südwestfront gebracht werden. Es dürfte, wie Schneller schrieb, „kein alpenländischer Soldat mehr von den Russen gefangen werden".[649]

Es kristallisierten sich auch schon andere Ziele heraus. Kaum war Hoffnung aufgekommen, daß sich die k. u. k. Truppen gegenüber Italien würden behaupten können, tauchten nicht nur Offensivpläne, sondern auch schon die ersten Überlegungen auf, wie Italien für seine „Perfidie" bestraft werden könnte. „Wenn es günstig ginge, müßte man Italien etwas wegnehmen – aus militärischen Gründen", meinte Conrad gegenüber dem Kaiser. Und er nannte auch schon ein konkretes Ziel: Venetien. Die Venetianer sollten allerdings später einmal nicht als Soldaten in das Heer eingereiht werden, sondern als Arbeiter. Sie sollten lieber Deiche graben als Dienst mit der Waffe tun.[650]

Den Italienern war bis zu diesem Zeitpunkt auch an der Tiroler Front ein größerer Erfolg versagt geblieben. Für die österreichisch-ungarischen Truppen wirkte es sich zum Vorteil aus, daß sie über die italienische Kräfteverteilung fast bis in das letzte Detail Bescheid wußten. Das war eine Folge des Zusammenarbeitens zwischen dem k. u. k. Militârattaché in Bern, Oberst von Einem, und dem eidgenössischen Generalstab, insbesondere mit dem Chef des Nachrichtendienstes, Oberst Egli.[651] Für Egli hatte das zwar nach dem Auffliegen dieser Verbindung, die als die sogenannte „Oberstenaffäre" bekannt wurde, einen Prozeß zur Folge. Von da an, und zwar vom Dezember 1915, flossen auch die Nachrichten etwas spärlicher, sie hörten aber nicht auf. Egli informierte von Einem über die italienischen Kräfte, und da die Schweizer über Möglichkeiten der Frontbesuche und der Truppenidentifikation verfügten, die Österreich-Ungarn seit Kriegsbeginn natürlich nicht mehr hatte, war das von unschätzbarem Wert.

Die Kenntnis der Identität der italienischen Truppen und ihres Ausrüstungsstandes genügte allerdings noch nicht, um sich auch schon erfolgreich gegen sie wehren zu können. Sie waren einfach zu stark, um sich rasch und gänzlich zu verausgaben. In manchen Abschnitten stand außerdem das Schlimmste noch bevor. Die Italiener begannen am 15. August mit dem Wirkungsschießen gegen die Sperrforts auf der Hochfläche von Folgaria und Lavarone. Das Fort Lusern wurde in Trümmer gelegt und stand knapp vor der Übergabe. Doch obwohl alle Werke schwere Beschädigungen davontrugen, hielten sie doch dem Beschuß der 22-, 28- und 30,5-cm-Mörser der Italiener stand und konnten ihr eigenes Feuer so wirkungsvoll gegen die italienischen Sperrforts und in deren Vorfeld legen, daß sämtliche Versuche eines Durchbrechens der Italiener über die Hochfläche abgewehrt wurden.

Ende August stellten die Italiener die infanteristischen Angriffe im Bereich der Sperrforts ein. Sie beschossen allerdings die Werke weiter bis spät in den Oktober, ohne daß es ihnen freilich gelungen wäre, die Voraussetzungen zu einem abermaligen erfolgreichen Sturm der Infanterie zu schaffen.

Der Krieg im Gebirge erforderte ganz neue Maßnahmen, um den Nachschub sicherzustellen, um die Truppen versorgen zu können und um ihnen in einem Gebiet, das ja nur wenige Monate im Jahr schneefrei war, wenn überhaupt, das Überleben zu sichern. Es wurden Kleinbahnen, Pferdefeldbahnen, Motorfeldbahnen und ein ausgeklügeltes System von Seilbahnen angelegt; letzteres wurde zu einer regelrechten Spezialität der österreichisch-ungarischen Truppen im Südwesten. Die Italiener bauten vor allem Kriegsstraßen, die teilweise noch heute befahrbar sind, und so wurde alles nach vorne gebracht, was erforderlich war, um in Regionen, die eigentlich nur mit alpinistischen Mitteln zugänglich waren, Krieg führen zu können. Waffen, Munition, Gerät aller Art, besonders Pioniermittel, Sprengstoff, Sanitätsmaterial, Barackenteile, Holz, Wasser, Verpflegung, Fernmeldegerät, Marketenderwaren, Post, Beleuchtungsmittel, kurzum: alles wurde auf die entferntesten Höhen gebracht. Es gab kein „ungangbares Gelände" mehr.[652]

Nach und nach wurden fast alle Gipfel, bis zur 4000er Grenze, sofern sie im Grenzbereich lagen, in die Kampfhandlungen einbezogen. Der Ortler mit 3902 Metern, die Königsspitze, 3859 Meter, der Monte Cevedale, 3778 Meter, die Marmolata, die Tofana ..., Namen, die bis dahin nur den Bewohnern der Umgebung und Bergsteigern ein Begriff gewesen waren, wurden allgemein bekannt.

Ein Durchbruch im Gebirge war zwar nicht unmöglich, erforderte aber zeitraubende und immens aufwendige Vorbereitungen, die über eine Offensive im Flachland weit hinausgingen. Unter Einrechnung der Truppenverteilung und der Verhältnisse auf italienischer Seite konnten die Österreicher daher bald befriedigt feststellen, daß 1915 mit keinem entscheidenden Angriff der Italiener an der Tiroler Front mehr zu rechnen wäre. So richtete sich die Hauptsorge des Armeeoberkommandos und des Kommandos der Südwestfront auf die bessere Ausgestaltung der Verteidigung am Isonzo, einschließlich des Brückenkopfs von Görz. Das stellte an die Truppen zusätzliche Anforderungen, denn sie hatten nicht einfach eine Kampfpause, sondern mußten diese dazu nützen, die Stellungen so auszubauen, daß es nicht wieder zu so ungeheuren Verlusten kam wie während der zweiten Isonzoschlacht.[653]

Der Kommandant der k. u. k. 5. Armee, General Boroević, hatte schließlich allen Grund, zufrieden zu sein. Aber auch er hatte mit Eindrücken zu kämpfen, die sogar nach einem ganzen Kriegsjahr schwer zu verkraften waren. In einem Privatschreiben an den ungarischen Ministerpräsidenten Tisza führte er am 10. August 1915 aus: „Wenn der Gegner so fortmacht wie bisher, wird er in wenigen Wochen jede Offensivkraft überhaupt verlieren und angriffsreif werden. Es ist geradezu unverständlich, daß er nach einem einjährigen europäischen Krieg nicht anders manövriert. Ich stehe vor einem

Rätsel! Ich hatte zur Zeit der 2. Görzer Schlacht circa eine halbe Million gegenüber, von welcher die eine Hälfte zusah, wie die andere dezimiert wurde ... Meine Verluste sind empfindlich; ich verlor in den zwei Schlachten an Toten, Verwundeten und Gefangenen (zumeist verwundet) 40.000 Mann ... Die infernalisch wirkende feindliche Artillerie profitiert noch durch die Splitterwirkung des zertrümmerten Gesteins. Hiezu kommt, daß man die Leichen nicht bestatten kann. Sie verpesten die Luft, Leichenteile fliegen herum im Feuer, was zufolge hat, daß unsere Leute den Hunger verlieren vor Eckel [sic!] und trotz reichlichster Nahrung herabkommen. ... Anfänglich demoralisierte das feindliche überlegene Artillerie-Massenfeuer. Es war die reinste Hölle. Jetzt ist auch das überwunden."[654]

Bereits Anfang September 1915, drei Wochen nach Beendigung der zweiten Isonzoschlacht, erschien Marschall Joffre, der französische Generalissimus, in Udine beim Comando Supremo, um Cadorna zu bewegen, die Offensive wiederaufzunehmen und damit indirekt die Herbstoffensive der Alliierten zu unterstützen. Cadorna legte zunächst nicht sehr viel Optimismus an den Tag, erhielt dann allerdings so viel Zeit und Mittel zur Vorbereitung der dritten Isonzoschlacht, daß er mit einer noch größeren Truppen- und Materialkonzentration antreten konnte als vorher. Am 18. Oktober 1915 waren zwei Drittel des italienischen Heeres aufgeboten, um den Durchbruch zu erzwingen. Hauptangriffsziel war die Stadt Görz. Die Schlacht erreichte in den Tagen zwischen dem 1. und dem 4. November ihren Höhepunkt. Die Verluste der Italiener beliefen sich auf 67.000 Mann, gegenüber 41.000 Mann bei den k. u. k. Truppen. Der Erfolg bestand in der Gewinnung einiger Grabenstücke.

Vorgestaffelt und parallel zu den Geschehnissen am Isonzo erfolgten Angriffe an der Gebirgsfront, die ebenfalls nur geringe Geländegewinne brachten. Kurzzeitig besetzten die Italiener den Gipfel des Col di Lana, büßten ihn aber wieder ein, und auch weitere 26 Angriffe blieben erfolglos. Die Italiener begannen daraufhin, die Gipfelstellung des Col di Lana zu unterminieren. Die Sprengung erfolgte dann im April 1916.

An die dritte Isonzoschlacht schloß sich die vierte praktisch unmittelbar an. Sie dauerte bis Mitte Dezember und erbrachte wieder keinen operativen Gewinn. Dabei hatte Cadorna allmählich einen Erfolg bitter nötig, denn die Verbündeten Italiens machten aus ihrer Geringschätzung des italienischen Heeres kein Hehl, und im Parlament in Rom und im Volk wuchs die Opposition gegen die Fortführung dieses verlustreichen und erfolglosen Kriegs, der, wie jedermann wußte, ja durch Italien vom Zaun gebrochen worden war.[655]

Die dritte und vierte Isonzoschlacht hatten das Bild von Materialschlachten angenommen, wie sie bisher nur an der Westfront stattgefunden hatten. Doch ebenso wie dort gelang es selbst durch den Einsatz von Artilleriemassierungen und stundenlanges Trommelfeuer nicht, einen Durchbruch zu erzwingen. Im Dezember erlahmten schließlich die Kämpfe an allen Abschnitten. Nach siebenmonatigen Kampfhandlungen war festzustellen, daß die k. u. k. Truppen entgegen ihren eigenen Befürchtungen das Auftreten eines neuen und mächtigen Feindes nicht nur überstanden hatten, sondern daß trotz der Last der Abwehr die Operationen der Mittelmächte in Rußland und in Serbien keineswegs nachhaltig beeinflußt oder besonders verzögert worden wären. Allerdings hatten die 35 italienischen Divisionen auf dem neuen Kriegsschauplatz 19 k. u. k. und eine deutsche Division gebunden, Divisionen, die sonst auf dem Balkan bzw. in Rußland verfügbar gewesen wären und vielleicht gerade in Rußland einen früheren Zusammenbruch des Zarenreichs herbeigeführt hätten, als das dann der Fall war. Italiens Rolle im Krieg konnte daher nur im strategischen Rahmen gesehen werden. Es führte einen Abnützungskrieg. Und der betraf natürlich nicht nur die Front, sondern genauso das Hinterland. Hier wurde wie in allen kriegführenden Staaten jener „fabrikliche Krieg" geführt, in dem die zu mobilisierenden industriellen Kapazitäten und die Fähigkeit, lebensnotwendige Güter im ausreichenden Maß zu erzeugen oder herbeizuschaffen, den Ausschlag gaben. Ehe daher die Sommerschlacht in Rußland, die Herbstkämpfe und vor allem auch der Feldzug gegen Serbien vom Oktober 1915 zu schildern sein werden, sollte im Hinterland Nachschau gehalten werden, wie sich dort der Krieg auswirkte.

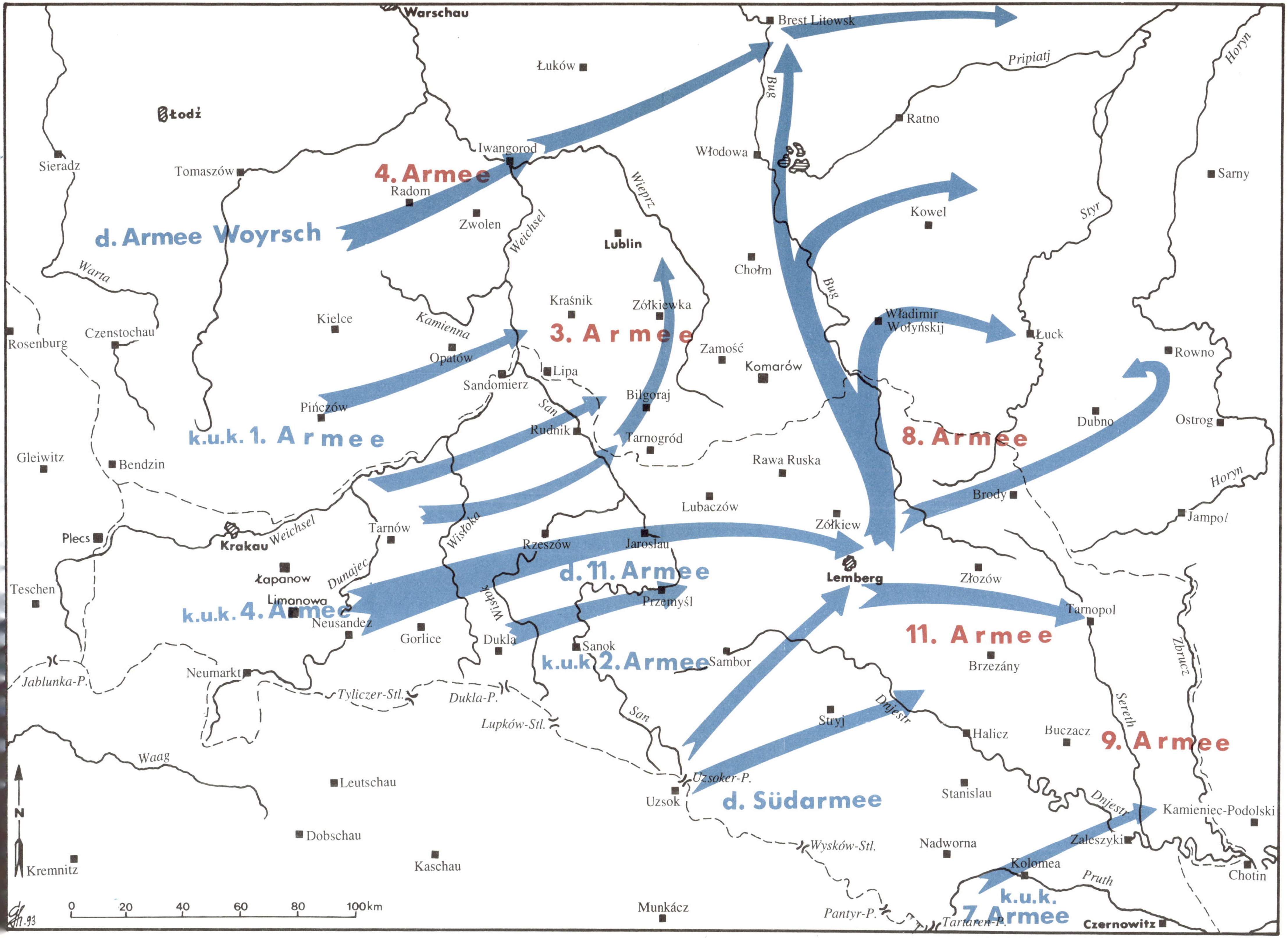

Warschau
Brest Litowsk
Łuków
Pripiatj
Horyn
Łodż
Bug
Ratno
Sieradz
Tomaszów
Iwangorod
Włodowa
Sarny
4. Armee
Radom
Wieprz
Kowel
Zwolen
Styr
d. Armee Woyrsch
Weichsel
Lublin
Chołm
Warta
Bug
Kraśnik
Zółkiewka
Kielce
Władimir Wołyńskij
Kamienna
3. Armee
Łuck
Czenstochau
Zamość
Rosenburg
Opatów
Rowno
Komarów
Lipa
Sandomierz
Bilgoraj
Pińczów
San
Dubno
Rudnik
Ostrog
k.u.k. 1. Armee
8. Armee
Tarnogród
Rawa Ruska
Gleiwitz
Bendzin
Horyn
Brody
Lubaczów
Jampol
Weichsel
Tarnów
Żółkiew
Plecs
Wisłoka
Rzeszów
Jaroslau
Krakau
Lemberg
Złozów
d. 11. Armee
Łapanow
Dunajec
Teschen
Limanowa
Przemyśl
Tarnopol
k.u.k. 4. Armee
Neusandez
Wisłok
Gorlice
11. Armee
Dukla
Sanok
k.u.k. 2. Armee
Sambor
Brzezány
Neumarkt
Zbrucz
Jablunka-P.
Tyliczer-Stl.
Dukla-P.
Sereth
Dnjestr
San
Stryj
Lupków-Stl.
Halicz
Buczacz
9. Armee
Waag
Uzsoker-P.
Leutschau
Uzsok
d. Südarmee
Stanislau
Dnjestr
Kamieniec-Podolski
N
Dobschau
Nadworna
Wysków-Stl.
Zaleszyki
Kolomea
Kremnitz
Kaschau
Pruth
Chotin
k.u.k. 7. Armee
0 20 40 60 80 100 km
Munkácz
Pantyr-P.
Tartaren-P.
Czernowitz

DIE DURCHBRUCHSSCHLACHT VON TARNÓW-GORLICE
(Mai – Juli 1915)

11

Fabriklicher Krieg und innere Front 1915

In Conrad von Hötzendorfs „Privaten Aufzeichnungen" findet sich die Bemerkung: Dieser Krieg war kein Krieg der Feldherren, sondern ein „Krieg der Massen und der Industrien".[656] Damit wurde wohl bewußt über das Ziel geschossen, da Conrad suggerierte, der Feldherr hätte keine Rolle mehr gespielt; alles wäre davon abgehangen, wie viele Menschen ein Land bzw. ein Bündnis aufzubringen imstande war und welche Kapazität seine Industrien hatten. Das stimmte nicht ganz, und mit einer solchen Feststellung wurden nur jene zu exkulpieren gesucht, die für den richtigen Einsatz der Massen und die Verwendung des durch die Kriegsindustrien produzierten Geräts verantwortlich waren. Zudem ließ Conrad die politische Komponente militärischer Führerschaft in diesem Krieg außer acht. Er hatte aber insofern recht, als es zweifellos nicht nur auf den Feldherrn und genialisches militärisches Können ankam. Es verloren aber auch die traditionellen Vorstellungen ihre Bedeutung, daß über die Schlagkraft einer Armee und den Ausgang eines Kriegs die bei Kriegsbeginn mobilzumachenden Truppen und die sofort einsetzbaren Rüstungsgüter entschieden. Vielmehr war die Stunde der militärökonomischen Grundsatzplaner und der Logistiker gekommen. Statistische Daten von Geburtsjahrgängen, Tauglichkeitsgraden, Fördermengen, Produktionsmitteln und technische Angaben wurden mindestens ebenso wichtig wie die herkömmliche Auflistung von Truppenstärken, Kalibern und Geschützzahlen bei der Armee im Felde. Diese Seite der militärischen Planung galt aber sogar im Nachvollziehen den meisten Militärs als wenig attraktiv, daher schenkte auch das in den dreißiger Jahren entstandene Generalstabswerk „Österreich-Ungarns letzter Krieg" diesem für den operativen Generalstabsdienst nicht verwendbaren Komplex so gut wie keine Aufmerksamkeit, und von dem nach 1918 im Wiener Kriegsarchiv von der Arbeitsgruppe „Technik im Weltkrieg" ausgearbeiteten Manuskriptkonvolut erreichte nur weniges die Öffentlichkeit. Das Nüchtern-Buchhalterische des Weltkriegs hat bis in die Gegenwart auch wenig Anziehungskraft auf Historiker ausgeübt. Doch der fabrikliche Krieg Österreich-Ungarns und die „Heimatfront" gehören zu den wichtigsten Schauplätzen dieses Kriegs.

Bis Anfang 1915 hatte sich die Kriegswirtschaft so weit eingespielt, daß eine Art neuer Normalität entstanden war. Dabei erfuhr die Fertigung insgesamt keine dramatischen Steigerungen, und 1915 wurde meist erst der große Einbruch der Jahre ab 1910 in der Aufbringung von Rohstoffen und in der Fertigung so weit überwunden, daß die normale Vorkriegsproduktion erreicht wurde. Allerdings gelangte nunmehr das wenigste zum Export. Was produziert wurde, diente der Deckung der eigenen Bedürfnisse. Wo die Versorgung mit Rohstoffen nicht mehr gewährleistet war, die Transportprobleme nicht überwunden werden konnten oder Dinge produziert wurden, die nicht kriegswichtig waren, mußten die Firmen schließen. 1914 hatte der Mangel an Arbeitskräften aufgrund der Mobilmachung zu zahlreichen Schließungen und Firmenzusammenbrüchen geführt. 1915 waren es der Mangel an Ausgangsmaterialien, noch immer der Arbeitskräftemangel und Transportprobleme, die weitere Betriebsschließungen nach sich zogen. Von den insgesamt 15.154 Unternehmungen, die in Österreich im Verlauf des Kriegs schließen mußten, sperrten die meisten im Jahr 1915 zu.[657] Am stärksten betroffen war die Luxusindustrie. Viele konnten sich allerdings umstellen. Die Textilindustrie produzierte Uniformstoffe, Zelte, Fußlappen und alles andere, was die Millionen Soldaten an Textilien brauchten. Lederverarbeitende Betriebe stiegen von Handtaschen und Damenschuhen auf Sättel, Riemenzeug und Militärschuhe um. Die Nahrungsmittelindustrie verlagerte sich auf Konserven, und schon nach kurzer Zeit war sie nicht nur ausgelastet, sondern erreichte ihre Kapazitätsgrenzen. Fabriken, die für den Heeresbedarf produzierten, schossen wie Pilze aus dem Boden.[658] Die Eisen- und Stahlgesellschaften, deren Konjunktur kriegsbedingt unaufhaltsam war, verzeichneten 1915 zunächst wohl noch keinen größeren Ausstoß als 1913. Der gewaltige Kriegsbedarf und die ansehnlichen Gewinne waren aber ein enormer Ansporn, den Ausstoß zu steigern. Das wenigste diente allerdings der Abdeckung eines privaten Bedarfs oder der Ausfuhr. Waren vor dem Krieg fünf Prozent der Gesamtproduktion Österreich-Ungarns auf dem Sektor Eisen und Stahl zur Deckung des militärischen Bedarfs ausreichend gewesen, so stieg dieser Anteil 1915 auf 85 Prozent. Mit anderen Worten: Dem zivilen Bedarf und dem Export standen – statt wie vor dem Krieg 95 Prozent – nur mehr 15 Prozent zur Verfügung.[659] Ab Mai 1915 war der Export von Eisen, Stahl und Eisenlegierungen an Sondergenehmigungen gebunden.[660] So viel ließ sich allerdings schon sagen: Die Regelmechanismen, die bei Kriegsbeginn ad hoc installiert werden mußten, hatten sich als zumindest brauchbar erwiesen und wurden immer umfassender zur Anwendung gebracht. Vor allem die Metallzentrale, jenes erste in Form einer Aktiengesellschaft geschaffene Konsortium, das eng mit dem Kriegsministerium zusammenarbeitete, konnte durch eine strikte Bewirtschaftung die Aufbringung der benötigten Rohmaterialien sicherstellen. Die Metallzentrale führte Alteisensammlungen durch, sie initiierte die Aktion „Gold gab ich für Eisen“, mit der Edelmetalle bis hin zu Eheringen gesammelt und im Fall letzterer dann durch Eisenringlein ersetzt wurden, sie zog 1915 alle aus Nickel geprägten Münzen ein und überbrückte damit den Engpaß an diesem für die Munitionserzeugung fast unersetzlichen Metall.[661] Wenn Privatfirmen bei der Deckung des Kriegsbedarfs versagten, wie das bei Wolfram der Fall war, gab das Kriegsministerium seine lediglich steuernde Rolle auf und intervenierte direkt. Als die Förderung dieses raren Metalls im Fürstlich Lobkowitzschen Wolframbergbau in Zinnwald absackte, wurde der Betrieb unter militärische Leitung gestellt und die Produktion innerhalb eines Monats verzehnfacht. Alte Bergwerke wurden wieder in Betrieb genommen und von vornherein militärisch und so bald es ging mit

Hilfe von Kriegsgefangenen geführt.[662] Die Steuerung auf dem Metallsektor hatte zur Folge, daß die wichtigsten Betriebe ihren Monatsbedarf bereits einen Monat vorher zugewiesen erhielten und so den wechselnden, insgesamt aber steigenden Bedürfnissen entsprechend produzieren konnten.

Während bei den Erzen und Metallen 1915 eine Konsolidierung und ein Produktionsanstieg zu verzeichnen waren, gelang das bei den Brennstoffen, vor allem bei Kohle, nicht. Zwar erreichte 1915 die Förderung von Steinkohle fast das Vorkriegsniveau, und das bei einer Reduktion der Arbeitskräfte um rund ein Viertel. Der Ausfall von Importen machte sich jedoch stark bemerkbar, daher blieb 1915 die Gesamtmenge der verfügbaren Steinkohle schon um vier Millionen Tonnen unter der Vorkriegsmenge. Der Einbruch bei Braunkohle war noch viel stärker zu spüren, da die Bergleute vor allem zum Abbau von Steinkohle herangezogen wurden. Aus dem erhellt auch, weshalb beispielsweise das Abbaugebiet von Sosnowiec in Polen von Österreich-Ungarn so überaus dringend beansprucht wurde. Es gab aber einen noch viel spürbareren Engpaß, nämlich bei den Transportmitteln. Die Zahl der Eisenbahnwaggons, die für den Transport gerade von Kohle verfügbar waren, ging ständig zurück. Daher hätte nicht einmal eine noch größere Steigerung des Abbaus geholfen, da die Kohle nicht von den Halden transportiert werden konnte.[663] Der Kohlenbergbau benötigte beispielsweise im ersten Quartal 1915 über 750.000 Waggons und bekam nur 570.000 zugeführt. Damit blieben die 1915 zugeführten Waggons um 30 Prozent unter den Anforderungen. Das bedeutete Probleme für die Industrie, für die Eisenbahn, vor allem aber für jeden einzelnen, der mit Kohle heizen mußte. Es würde kalt werden in Österreich-Ungarn, das ließ sich jetzt schon sagen. Anfänglich wehrte sich der k. u. k. Finanzminister auch unter dem Druck der österreichischen wie ungarischen Lobbys, Lokomotiven und rollendes Material im Ausland zu kaufen. Auch als schon evident war, daß Lokomotiven nicht mehr in der benötigten Zahl im Inland zu beschaffen waren und die Waggons einem ungeheuren Verschleiß unterlagen, der auch nicht mehr annähernd ausgeglichen werden konnte, weil die Waggons ja – anders als in Friedenszeiten – ständig eingesetzt wurden, gingen Minister Biliński und sein Nachfolger Ernest von Koerber von ihrer restriktiven Haltung nicht ab, da die ungarische Lokomotivenindustrie so massiv intervenierte.[664] Später gab es dann niemanden mehr, von dem man Lokomotiven und Waggons importieren konnte.

Erdöl, das im Verlauf des Kriegs eine immer größere Rolle zu spielen begann, stellte einen weiteren und schon 1915 spürbaren Engpaß dar. Die Hauptvorkommen der Monarchie lagen in Galizien und gingen beim Rückzug 1914 sehr bald verloren. Als die Russen im Frühjahr 1915 in der Durchbruchsschlacht von Tarnów-Gorlice zurückgeworfen wurden, zerstörten sie noch rasch drei Viertel der Ölbrunnen. Die Erdölproduktion erreichte daher 1915 trotz der Wiederherstellung der Förderanlagen und Gründung einer Militärraffinerie in Limanowa nur etwas mehr als die Hälfte der Vorkriegserzeugung. Benzin blieb der Armee und einer kleinen Gruppe von Industrien vorbehalten. Dann wurden auch kleine Kontingente für die Landwirtschaft freigegeben. Für Personenwagen und die nicht erstrangigen Rüstungs- und kriegswirtschaftlich bedeutenden Betriebe gab es keinen Treibstoff. Was an Erdöl und Erdölprodukten nicht unbedingt gebraucht wurde, ging in den Export, vor allem in das Deutsche Reich.

Bis zum Kriegseintritt Italiens war dieses ebenso wie Rumänien und die anderen Neutralen Abnehmer österreichischer und ungarischer Rohstoffe und Fertigprodukte, während umgekehrt wieder nur aus oder über diese Länder dringend benötigte Rohstoffe und Waren sowie Nahrungsmittel importiert werden konnten. Nach der Kriegserklärung Italiens ging ein Teil dieses Marktes verloren, andererseits hatte auch Italien um seine Zufuhren zu kämpfen. Da es mit dem Deutschen Reich noch nicht im Krieg war, erhielt es von dort allerdings weiterhin rund 40 Prozent seines Kohlenbedarfs geliefert – was in Österreich-Ungarn, das bereits unter Kohlenmangel litt, auf keinerlei Verständnis stieß. Österreich seinerseits drosselte sogar die Holzexporte in die Schweiz, um nur ja sicherzustellen, daß die Eidgenossenschaft kein Holz an Italien weitergeben konnte.[665]

Aufschwung und Ausstoß der Rüstungsindustrie ließen sich sehen. Sie hatte ja ein doppeltes Problem zu bewältigen. Durch die verhältnismäßig geringen Mittel, die Österreich-Ungarn vor dem Krieg für das Ärar ausgegeben hatte, war ein Nachholbedarf gegeben. Auch mußte im Krieg auf die Produktion neuer, großteils aber schon vor dem Krieg entwickelter Waffen, wie etwa auf neue Muster bei der Artillerie, auf den ungeheuer gestiegenen Bedarf an Fernmeldeeinrichtungen und andere rüstungstechnische Neuerungen umgestellt werden. Erst im Krieg wurde darangegangen, eigene leistungsfähige Flugzeuge zu bauen. In fünf großteils neugeschaffenen Fabriken in Wien, zwei in Budapest, je einer in Wiener Neustadt, Fischamend und Aszód sowie der Marinewerft in Pola wurden entweder österreichische Neuentwicklungen oder deutsche Flugzeuge in Lizenz gebaut. Die Kapazitäten sollten ausreichen, monatlich 45 bis 60 Flugzeuge zu bauen.[666] Der Grabenkrieg, wie er am Isonzo geführt wurde, verlangte Handgranaten und später Flammenwerfer. Für die Donauflottille und für die Hochseeflotte wurden neue Einheiten gebaut. Die Liste ließe sich beliebig lang fortsetzen.

Dann aber mußte die Produktion von Kriegsverbrauchsgütern, vor allem Munition, Sprengstoffe, Hand- und Faustfeuerwaffen etc., enorm gesteigert werden. Ende 1914 hatte beispielsweise die Fertigung an Geschützmunition pro Geschütz und Tag nur 6,6 Schuß ausgemacht. Für die Bedürfnisse eines stundenlangen Trommelfeuers natürlich viel zu wenig. Bis August 1915 wurden pro Geschütz und Tag 14 Schuß erzeugt, und das bereits unter Zugrundelegung einer erheblich höheren Geschützzahl. Die Russen konnten zur selben Zeit ihren Geschützen nur mehr zwischen fünf und zehn Schuß zuführen. Damit ergab sich von selbst, daß die k. u. k. Truppen, aber natürlich auch die Deutschen gegenüber den Russen eine überlegene Feuerkraft besaßen.[667] Wenn es ein Problem gab, dann bei den Pferden. Es war nicht mehr möglich, die Feldkanonen fortzubewegen, da sämtliche verfügbaren Pferde den neu aufgestellten Haubitzenbatterien zugeführt wurden.

Auf dem Sektor der Handfeuerwaffen ließen sich die noch Anfang 1915 zu spürenden Fehlbestände mit Hilfe von russischen Beutewaffen ausgleichen. Auf der anderen Seite konnte Rußland nur mehr die Hälfte seiner Truppen mit Gewehren eigener Fabrikation ausstatten, da die Verluste im Frühjahr und Sommer die Kapazität der russischen Gewehrfabriken bei weitem übertrafen. Rußland konnte sich nur so behelfen, daß es von Italien dessen älteste Gewehrmodelle samt der dazugehörigen Munition aufkaufte.[668] Bis Oktober 1915 stieg demgegenüber die Gewehrproduktion in Österreich-Ungarn auf

100.000 Stück im Monat. Das reichte zwar noch immer nicht aus, doch mit frontnahen Waffenmeistereien, die die notwendigen Reparaturen durchführten, und mit Beutewaffen ließ sich die Lücke schließen.

1915 begannen auch erste Überlegungen zur Vereinheitlichung der deutschen und der österreichisch-ungarischen Waffenfabrikation. Freilich war wohl auf beiden Seiten wenig Interesse vorhanden, die Produktion der eigenen Muster und Typen zugunsten solcher des Verbündeten einzustellen. Die Vereinheitlichungs- und Steuerungsmaßnahmen blieben daher vorderhand auf die jeweiligen Reiche beschränkt. Im Fall Österreich-Ungarns wurde jedoch das System der „Zentralen" sukzessive ausgeweitet. Schließlich wurde die Kriegswirtschaft mit Hilfe von 91 Zentralen gelenkt[669], von denen 20 im Bereich der Landwirtschaft und der Lebensmittelindustrie tätig waren, 15 in der Textilindustrie, acht im Bereich Papier und Druck, 13 in der chemischen, Öl- und Fettindustrie, sechs bei Häuten und Leder, 13 in der Metall-, Werkzeug-, Asbest- und Petroleumindustrie, vier bei Steinen und Erden, drei bei Holz, sieben im Bereich Handel und Verkehr, eine, die zur Devisenbewirtschaftung diente, und eine, die als Verbraucherzentrale die Interessen der Zivilbevölkerung wahrnehmen sollte. Zu guter Letzt wurde trotz einiger Anfangsprobleme eine Vereinheitlichung der deutschen und österreichisch-ungarischen Anstrengungen erzielt, die über die damals bestehende Kooperation im politischen Bereich weit hinausging. Allerdings geriet Österreich-Ungarn auch auf diesem Gebiet sehr bald in eine starke Abhängigkeit von seinem Bundesgenossen.

Da die bei Kriegsbeginn in Kraft getretenen Ein- und Ausfuhrverbote ohne Rücksicht auf die im wirtschaftlichen Bereich notwendig werdende Zusammenarbeit der Mittelmächte ergangen waren, war der Abschluß einer ganzen Reihe von Verträgen und vor allem auch ein kontinuierliches Verhandeln notwendig, um die dadurch geschaffenen Hemmnisse zu überwinden. Nach dem Septemberabkommen von 1914 war aber zumindest das größte Hemmnis im bilateralen Handel der Mittelmächte überwunden. Einfach außer Kraft setzen konnte man die restriktiven Bestimmungen nicht, da Österreich-Ungarn seinerseits kein einheitlicher Wirtschaftskörper war und immer wieder auf die mitunter ganz anders gelagerten Interessen Ungarns Rücksicht genommen werden mußte. Seit den ersten Kriegsmonaten führten Vertreter des k. u. k. Kriegsministeriums und deutsche Stellen Verhandlungen über die Beistellung von Mangelwaren für die Metall- und Rüstungsindustrie der Monarchie. Im Austausch versorgte Österreich-Ungarn das Deutsche Reich mit Rohstoffen. Kritik wurde deshalb laut, weil Österreich-Ungarn nicht die Notwendigkeit anerkennen wollte, daß das Deutsche Reich auch den neutralen Staaten Waren in einem weitgehend normalen Umfang lieferte. Vor allem die Wirtschaftsbeziehungen mit Italien wurden schärfstens kritisiert. Andererseits lieferten sich Deutschland und Österreich-Ungarn auf den neutralen Märkten einen Konkurrenzkampf und überboten einander, um die benötigten Rohstoffe einzukaufen. Erst im August 1915 kam es zu einer partiellen Lösung durch die Einrichtung einer Gummiausgleichsstelle in Berlin, die die gesamte Gummiversorgung der Mittelmächte abzuwickeln hatte. Gegen Übergabe seiner Gummibestände an das Deutsche Reich erhielt Österreich-Ungarn 25 Prozent der gesamten verfügbaren Aufbringung. Später wurden auch für andere Rohstoffe und Materialien ähnliche Ausgleichsstellen geschaffen.[670]

Etwas Weiteres verdient angemerkt zu werden: Dadurch, daß die meisten kriegswirtschaftlichen Kompetenzen in den Kriegsministerien des Deutschen Reichs bzw. Österreich-Ungarns zusammenliefen oder sie zumindest tangierten, erhöhte sich die Bedeutung der Vertreter des k. u. k. Kriegsministeriums in Berlin derart, daß sie schließlich die diplomatische Vertretung übertraf, noch dazu, da der k. u. k. Botschafter in Berlin zunehmend Schwierigkeiten hatte, auch die ungarische Reichshälfte mit zu vertreten. Statt dessen wickelte Rittmeister von Lustig-Prean die Verhandlungen zur Sicherstellung des Armeebedarfs ab, sorgte für den beschleunigten Abtransport von dringend benötigten Rohstoffen und leitete umgekehrt jene Waren weiter, die von deutschen Firmen in Österreich-Ungarn bestellt worden waren.[671]

Insgesamt zeigte sich aber nicht nur die Schwierigkeit, das deutsch-österreichische Verhältnis ordentlich zu gestalten. Auch und besonders die sehr unterschiedlichen Interessen Österreichs und Ungarns verhinderten eine konsequente Ausformung der wirtschaftlichen und sozialen Bereiche. Nachdem Ungarn schon bei Kriegsbeginn die Kompetenz des Kriegsministeriums eingeschränkt und das Wirksamwerden des Kriegsüberwachungsamtes durch die Errichtung einer parallelen Einrichtung verhindert hatte, wurde dieser Weg 1915 konsequent weiter beschritten. Das geschah, um eine etwaige Dominanz der österreichischen Reichshälfte zu unterlaufen. Tisza und das ungarische Parlament wachten eifersüchtig über ihre politische und wirtschaftliche Unabhängigkeit. Die Verhandlungen über den Warenaustausch waren dementsprechend schwierig und trugen dazu bei, jegliche Art von Ressentiments wachsen zu lassen. Der Ärger über die ungarische Haltung schlug sich auch bei den allermeisten Autoren nieder, die dann nach dem Krieg im Auftrag der Carnegie-Stiftung über die österreichisch-ungarische Politik und Verwaltung, über Wirtschaftsfragen, Volksernährung oder Mitteleuropapläne im Weltkrieg schrieben. Die Kritik konnte sich aber nicht nur darauf beziehen, daß Ungarn im industriellen und gewerblichen Bereich eine isolationistische Politik betrieb, sondern vor allem darauf, daß Ungarn seine Interessen in der Ernährungsfrage mit ungeheurer Konsequenz und Härte zu vertreten wußte und sich schließlich auch in allen den Dualismus betreffenden Fragen unzugänglich zeigte oder auch Fragen der Kriegsziele und der Nachkriegspolitik ganz anders beurteilte als die österreichische Reichshälfte. Das trug dann dazu bei, daß in Österreich über die nationale Komponente hinaus die Bindung an das Deutsche Reich gesucht wurde, denn Deutschland war in vielem, wie es schien, ein Gebender, während Ungarn ein Nehmender war.

In der Währungspolitik lieferte das Deutsche Reich das Beispiel für zusätzliche Geldaufbringung, dem Österreich-Ungarn dann nacheiferte. Es übernahm das deutsche System der Kriegsanleihen und konnte so den Hauptteil der für die Kriegführung benötigten Finanzmittel aus eigenem aufbringen. Mittels Anleihen ließ sich eine Abschöpfung des umlaufenden Geldes vornehmen, vor allem ließ sich mit Anleihen auch ein populärerer Weg beschreiten als durch Steuererhöhungen. Schon die erste Kriegsanleihe, im Herbst 1914, war ein großer Erfolg gewesen und hatte rund 2,2 Milliarden Kronen erbracht. Sie war propagandistisch gut vorbereitet gewesen, und außerdem wurde auf ganz bestimmte Kreise mehr oder weniger sanfter Druck ausgeübt. Es wurde an den Patriotismus appelliert, öffentlich Bedienstete wurden an die Staatstreue gemahnt. Es zögerte aber auch beispielsweise das Obersthofmeisteramt nicht, von den Angehörigen des Erzhauses eine Meldung einzufordern, welche Summen die Erzherzöge und Erzherzoginnen zu zeichnen beabsichtigten. Erzherzog Friedrich entschloß sich daraufhin, in der österreichischen wie in der ungarischen Reichshälfte jeweils eine Kriegsanleihe in der Höhe von vier Millionen Kronen zu zeichnen.[672] (Er konnte sich's leisten.) Im Mai 1915 wurde die zweite Anleihe aufgelegt, bei der 2,6 Milliarden Kronen gezeichnet wurden. Der Form nach waren die ersten Kriegsanleihen Schatzscheine mit einer Verzinsung von 5,5 Prozent (später 6,25 Prozent), die zwischen 1920 und 1930 zurückgezahlt werden sollten.[673] Zu den solcherart aufgebrachten Summen kam direkte deutsche finanzielle Unterstützung in Form von Anleihen, die auf dem deutschen Finanzmarkt begeben werden konnten. Die deutsche Regierung räumte dafür monatlich einen Rahmen von 100 Millionen Mark ein, und Bankenkonsortien stellten in einem ständig ausgeweiteten Kreditrahmen zusätzliche Geldmittel zur Verfügung.

Dennoch bildete die deutsche Finanzhilfe einen ständigen Grund zur Klage.[674] Graf Tisza kritisierte, daß das Deutsche Reich seinem Verbündeten keine ausreichende finanzielle Hilfe angedeihen ließ. Umgekehrt war man in Deutschland alles andere denn erfreut, daß ein Teil seines in österreichisch-ungarischen Kriegsanleihen investierten Kapitals von der Prager Živnostenska Banka dazu benützt wurde, um in Böhmen Firmen zu gründen, von denen zu erwarten stand, daß sie nach dem Krieg den deutschen Firmen Konkurrenz machen würden.[675]

Durchaus mit Zustimmung des Deutschen Reichs gab Österreich-Ungarn die monatlichen Kredite an die Türkei und später auch an Bulgarien weiter und trat diesen gegenüber als Kreditgeber auf. Im Fall des Osmanischen Reichs wurden die Geldmittel aber nicht nur einfach transferiert, sondern dienten u. a. dazu, die Rüstungslieferungen zu bezahlen, die an die Türkei gingen. 1915 gab das Osmanische Reich beim größten österreichisch-ungarischen Rüstungsproduzenten, der Firma Škoda in Pilsen, eine Bestellung von 30 Batterien Gebirgsgeschützen (120 Kanonen und Haubitzen) sowie 1500 Schuß Munition pro Geschütz auf. Die Türken bestellten auch 30,5-cm-Mörser und 480 Maschinengewehre.[676] Dafür wurde ihnen zunächst ein Kreditrahmen von 47 Millionen Kronen eingeräumt. Österreichisch-ungarische Instruktionsabteilungen wurden in die Türkei und in den Nahen Osten geschickt, um die Türken in der Handhabung der Waffen zu unterweisen. Andere Spezialisten und Facharbeiter sollten im Bergbau, im Forstwesen und beim Wasserbau helfen. Die Türkei wiederum lieferte Erze, Wolle, Häute und andere Rohstoffe.

Alles das spielte sich verhältnismäßig bald ein. Doch trotz realtiv vieler Ansätze zur Kooperation, zur Vereinheitlichung der Bewaffnung, zur gemeinsamen Nutzung industrieller und gewerblicher Produktion, der starken Kooperation auf dem Geldmarkt und auf anderen Gebieten scheiterten weitere Schritte zur Schaffung eines gemeinsamen kriegswirtschaftlichen Raums der Mittelmächte. Die Lösung der anstehenden Fragen wurde aufgeschoben, immer nur das unmittelbar Anstehende erledigt. Doch gerade die Zusammenarbeit der Mittelmächte im wirtschaftlichen Bereich und die Möglichkeiten zur Schaffung eines neuen großen Wirtschaftsraums, eines ganz neuen europäischen Imperiums beflügelte die Diskussion um Mitteleuropa, die wenig später ein alles beherrschendes Thema in den intellektuellen Zirkeln werden sollte. Soldaten und Arbeiter waren davon bestenfalls indirekt betroffen.

Soldatsein und Arbeitsleid

So wie es unmöglich ist, ein einheitliches Bild von den Fronten zu zeichnen, wo Mannschaften und Offiziere ja durchaus nicht idente Schicksale hatten und jedes Herausgreifen willkürlich ist, ebenso kann kein einheitliches Bild von dem viel größeren Gebiet des Hinterlands gezeichnet werden. Da unterschieden sich die Reichsteile und die Kronländer, spielte es eine enorme Rolle, ob ein Land sehr nahe der Front oder fern derselben lag, ob es vor allem landwirtschaftlich genutzt oder Industriegebiet, Großstadt oder Dorf war. Gleich war ihnen nur eines: Die Männer im wehrpflichtigen Alter wurden immer weniger. In den Dörfern und kleinen Orten fiel das sicherlich mehr auf als in den großen Städten der Monarchie. Doch die Altersgruppe der Zwanzig- bis Vierzigjährigen war schon sehr gelichtet. In den Kasernen wurden Monat für Monat Marschformationen zusammengestellt. Wenn dann jemand – und meist war das erst nach einem Jahr oder auch später der Fall – eine oder zwei Wochen Fronturlaub erhielt, dann glaubte man wohl in der Heimat, das besser verstehen zu können, was Soldatenalltag geworden war. Doch die detaillierteste Erzählung konnte wohl kein vollständiges Bild zeichnen. Umgekehrt sahen die Urlauber, aber auch diejenigen, die gekommen waren, um Verwundungen auszuheilen oder sich mit Prothesen zurechtzufinden, wie sehr sich auch die ihnen vertraut gewesene Umgebung verändert hatte. Da mußte man nicht einmal allzu genau hinsehen. Bei den Bauern war der Unterschied vielleicht noch am geringsten, da sich deren Alltag kaum gewandelt hatte. Doch in den gewerblichen und industriellen Betrieben, aber auch im Straßenbild der Städte hatte es dramatische Veränderungen gegeben.

Der eklatante Mangel an Arbeitskräften, der durch die Einberufung nach der Mobilmachung aufgetreten war, kam nie mehr zum Verschwinden. Auch als dann, gegen Jahresende 1914, Arbeiter wieder vom Militär entlassen wurden, trat keine merkliche Besserung ein, denn häufig handelte es sich um ungelernte Arbeiter, und die Industrie benötigte Facharbeiter. Eine Zeitlang konnte rein rechnerisch ein Ausgleich zwischen Arbeitslosen und freien Stellen hergestellt werden. Ab April 1915 war das Reservoir an männlichen Arbeitskräften aber praktisch erschöpft.[677] In der Kriegsindustrie fand man dabei auch sehr bald nicht mehr des Auslangen mit der geltenden Überstundenregelung. Mitte März 1915 wurde daher vom k. k. Handelsministerium der Bewilligungszeitraum erhöht.[678] Dabei befand sich die Kriegswirtschaft erst am Beginn ihrer Höchstkonjunktur.

Die Bewirtschaftung des Arbeitsmarktes wies noch weitere Besonderheiten auf. Um dem Arbeitskräftemangel zu begegnen, wurden zunächst einmal Flüchtlinge eingesetzt. In Wien beispielsweise befanden sich 1915 zeitweilig 200.000 Flüchtlinge, vor allem aus Galizien und der Bukowina. Zunächst wurden sie in Lagern untergebracht, dann aber an die Wirtschaft vermittelt. Die Wiedereroberung Galiziens ließ allerdings einen Großteil der Flüchtlinge wieder in ihre Heimat zurückkehren. Dafür kamen dann die Flüchtlinge aus dem Grenzgebiet zu Italien. Da die Italiener bei ihren Offensiven kaum territoriale Gewinne verzeichneten, Österreich-Ungarn aber ebenfalls seine Fronten nicht vorschieben konnte, blieb die Zahl der Flüchtlinge bis 1917 ziemlich unverändert. Anders war es mit den Kriegsgefangenen. Deren Zahl stieg im Frühjahr 1915 sprunghaft an.[679]

Die Industriebetriebe Österreich-Ungarns weigerten sich zunächst ebenso wie die

Bauern, Kriegsgefangene zu verwenden. Die Notwendigkeit des Ackerns und Anbauens einerseits und der ungeheure Mangel an Arbeitskräften in der Landwirtschaft andererseits zwangen jedoch die Bauern dazu, umzudenken. Die Erntekommissionen konnten keine inländischen Erntearbeiter mehr zuweisen, also blieben nur Gefangene. Sie waren auch häufig besser zu verwenden als die 1914 vermittelten arbeitslos gewordenen Städter, die von den Bauern schon deshalb abgelehnt worden waren, weil sie deren körperliche Konstitution als für die Feld- und Stallarbeit ungeeignet ansahen.[680] In der Landwirtschaft der österreichischen Reichshälfte wurden daher schon 1915 insgesamt 80.000 Kriegsgefangene eingesetzt.[681] In Ungarn waren es kaum weniger. Die Industriebetriebe machten jedoch weiterhin geltend, daß es Schwierigkeiten bei der Überwachung und vor allem Probleme mit der Lebensmittelbeschaffung gebe, und waren daher nicht geneigt, größere Kontingente von Kriegsgefangenen zu beschäftigen. So waren beispielsweise im Bergbau, wo das Bewachungsproblem noch als geringfügig eingestuft wurde, 1915 insgesamt nur rund 2500 Kriegsgefangene eingesetzt.[682] Das Kriegsministerium wurde nicht müde, die stärkere Verwendung von Kriegsgefangenen zu betreiben, doch es scheiterte an den Vorbehalten der Betriebe. Nur bei den militärisch geführten Schlüsselbetrieben kam es zum Einsatz größerer Kontingente von Kriegsgefangenen.

Nicht anders war es im Fall der Verwendung von Frauen in der Industrie. Die Frauen waren bei Kriegsbeginn zunächst besonders stark von Arbeitslosigkeit betroffen gewesen. In der Wiener Textilindustrie wurden beispielsweise im August 1914 rund 60 Prozent der weiblichen Arbeitskräfte freigesetzt. In anderen Ländern und Sparten war es nicht sehr viel anders. In Böhmen und Mähren wurde in den meisten Betrieben trotz der Entlassungen die Arbeitszeit auf zwei bis drei Tage in der Woche eingeschränkt.[683] Es wäre also ein großes Arbeitskräftepotential vorhanden gewesen. Trotz der Aufhebung des Nachtarbeitsverbots für Frauen noch im Oktober1914 blieben jedoch einige Industriezweige, was die Verwendung von Frauen anlangte, äußerst restriktiv. In der Hüttenindustrie Österreich-Ungarns wurden weniger als 10 Prozent der Arbeitskräfte von Frauen gestellt, verglichen mit 35 Prozent in den Hüttenindustrien des Deutschen Reichs oder Frankreichs. Nicht einmal die Tatsache, daß den Frauen oft nur der halbe Lohn eines Mannes gezahlt wurde, konnte die Industriellen zur verstärkten Einstellung von Frauen bewegen. Keine Rolle spielte dabei der Umstand, daß Frauen nicht der militärischen Disziplin zu unterstellen waren oder vielleicht nicht in Betrieben arbeiten wollten, die dem Kriegsleistungsgesetz unterworfen waren.[684] Eine Sonderstellung nahmen lediglich die Munitionsfabriken ein. Bei den Manfred-Weiß-Werken in Budapest arbeiteten in der Munitionserzeugung über 50 Prozent Frauen, und ähnlich war es in der Munitionsfabrik in Wöllersdorf.[685] Solcherart wurde der „fabrikliche Krieg“ auch von Zigtausenden von Frauen geführt. Das Kriegsministerium bezeichnete die Frauen in der Kriegswirtschaft im Dezember 1915 denn auch als „Soldaten des Hinterlands“ und trug damit dem Charakter des fabriklichen Kriegs Rechnung.

Die Munitionserzeugung blieb à la longue nicht der einzige Bereich, in dem immer mehr Frauen Verwendung fanden. Sie machten auch in anderen Sparten der Rüstungsindustrie bereits Ende 1915 10 Prozent bis 15 Prozent aus.[686] Nach Graz, Budapest und Preßburg entschloß sich im Frühjahr 1915 auch die Gemeinde Wien, bei den Straßenbahnen Schaffnerinnen einzustellen. Die tägliche Arbeitszeit betrug in diesem Dienst zwölf bis 14 Stunden. Dem Beruf der „kleinen Schaffnerin", wie sie dann besungen wurde, haftete also wenig Romantisches an.[687]

Um die Kriegswirtschaft in Gang zu halten und die schon erwähnten Steigerungen der kriegswichtigen Produktion zu erzielen, wurden immer mehr Überstunden verlangt und geleistet. Die 110 Wochenstunden, die fallweise bei Škoda zu arbeiten waren, konnten zwar keinesfalls als die Regel gesehen werden, doch sie waren ein Symptom dafür, wie das begrenzte Reservoir an Arbeitskräften ungeheuer ausgebeutet wurde. Das Kriegsministerium begann daher schon im Herbst 1915, Verordnungen auszuarbeiten, die eine generelle Arbeitspflicht der Frauen bis zum 60. Lebensjahr vorsahen, sofern sie eine staatliche Unterstützung bezogen, weil ihre Männer beim Militär waren. Dabei blieben die Löhne jedoch zurück. Eine im Februar 1915 bewilligte erste Teuerungszulage war bei weitem nicht imstande, auch nur die gestiegenen Lebenshaltungskosten abzudecken. Meist bedurfte es des Drucks der Regierung oder des Militärs, um Firmen zu längst fälligen Lohnerhöhungen zu zwingen.

Es schalteten sich aber auch nach und nach die Gewerkschaften wieder ein. Sie hatten eine Art Burgfrieden geschlossen, dabei aber zunehmend an Einfluß verloren. Ab 1915 begannen sie, sich wieder stärker zu engagieren. Auf Veranlassung der Gewerkschaftskommission wurde zwar der 1. Mai 1915 nicht durch Arbeitsruhe gefeiert. Die Parole war „Durchhalten", und diese Parole wurde unverändert auch 1916 verwendet. Es war aber auch auf Regierungsseite das Bemühen, die Haltung der Gewerkschaften anzuerkennen und Konflikten aus dem Weg zu gehen, überaus deutlich. Nachdem der sozialdemokratische Abgeordnete zum Reichsrat Otto Glöckel, nachmals ein bedeutender Schulreformer, auf einer Versammlung des Fachvereins für Handschuhmacher über die Schuld des Kapitalismus am Krieg gesprochen hatte, wurde er zwar verhaftet, doch unmittelbar darauf setzten Bemühungen zu seiner Freilassung ein. Selbst das k. k. Landesverteidigungsministerium sah das Vorgehen gegen Glöckel lediglich als „peinlich" an. Im Prozeß wurde er auch sehr schnell freigesprochen.[688] Der Burgfrieden galt weiterhin.

In Österreich wie in Ungarn wurde freilich auch mit Argwohn darauf geschaut, daß die Anstrengungen, die in diesem Krieg gemacht wurden, gleichmäßig verteilt wurden und nicht eine Reichshälfte auf Kosten der anderen besser dastand. Allerdings ließ sich der Argwohn nie ausschalten, und ebenso wie sich sehr bald in der cisleithanischen Reichshälfte die Meinung festfraß, Ungarn würde große Nahrungsmittelmengen für den Eigenbedarf verwenden und nicht ähnlich stark zur Ernährung der anderen Reichsteile beitragen, daher auch nicht ähnlich Not leiden wie Österreich, begann Ministerpräsident Graf Tisza im Spätherbst 1915 damit, Österreich einer geringeren Ausschöpfung seiner Wehrkraft zu zeihen. In regelmäßigen Abständen erneuerte Tisza seine Vorwürfe: Österreich habe durch die durchaus als notwendig anerkannte Militarisierung des Hinterlands einen Vorteil erreicht, da es erhebliche Teile seiner militärisch nutzbaren Humankapazität zum Betrieb der Kriegswirtschaft verwende und der Front entziehe. Daher habe Ungarn verhältnismäßig mehr Verluste an Toten und Verwundeten. Die österreichische Reichshälfte weise nur eine wesentlich höhere Zahl von in Kriegsgefangenschaft Geratenen aus. Man könne aber nicht die Toten und die Feigen in einen Topf werfen.[689] Dem widersprach dann wieder Stürgkh, der seinerseits zu belegen suchte, daß ganz im Gegenteil die österreichische Reichshälfte höhere Verluste an Toten und Verwundeten erlitten hatte, als es ihrem Anteil an der Gesamtkriegführung entsprach, und daß sich nur bei den Vermißten ein schlechteres Verhältnis ergebe. Hätte aber in Österreich nicht eine so massive Militarisierung der Kriegswirtschaft stattgefunden, wäre der Bedarf der Front schon längst nicht mehr zu decken gewesen. Das k. k. Landesverteidigungsministerium errechnete schließlich, daß nach rund zwei Kriegsjahren das Verhältnis folgendermaßen aussah:

	Österreich	**Ungarn**	**Bosnien-Herzegowina**
Tote	57,15 Prozent	40,24 Prozent	2,61 Prozent
Verwundete	55,84 Prozent	41,42 Prozent	2,74 Prozent
Gefangene	56,52 Prozent	40,57 Prozent	2,91 Prozent
Vermißte	59,89 Prozent	38,03 Prozent	2,08 Prozent

Die Militärkanzlei des Kaisers machte dann noch geltend, daß die österreichische Reichshälfte im ersten Kriegsjahr durch die Besetzung Galiziens einen Entgang von rund 750.000 Wehrpflichtigen hatte, so daß die Verluste der österreichischen Reichshälfte überproportional gewesen wären; das soll schließlich auch Graf Tisza eingesehen haben.[690]

Wenn es eine allgemein gültige Feststellung zur Situation an der inneren Front nach einem Jahr Krieg geben konnte, dann die, daß sich zumindest in der Wirtschaft noch keine Zeichen von Unruhe bemerkbar machten. Geringfügige Streiks hatten keine grundsätzliche Unzufriedenheit zur Ursache, die Einheit von Regierung und Regierten schien durchaus intakt zu sein. Auch die angedrohten Arreststrafen von sechs Wochen bis zu einem Jahr für den Fall von Streiks in „staatlich geschützten" Unternehmungen mußten nicht verhängt werden.[691] Der Burgfrieden war jedoch dort gefährdet, wo sich das Armeekommando bemühte, die Militarisierung des Hinterlands noch weiter vorantreiben und wo Teschen seine militärdiktatorischen Ambitionen durchsetzen wollte. Das Armeeoberkommando begann sich immer stärker in die Innenpolitik einzuschalten und nahm schließlich an den Bemühungen zum Sturz der österreichischen Regierung von Ministerpräsident Stürgkh unmittelbaren Anteil.

Armeeoberkommando und Innenpolitik

Seit sich das Armeeoberkommando als zweites Machtzentrum etabliert und in allen politischen Fragen eine enorme Bedeutung gewonnen hatte, mußte damit gerechnet werden, daß sich die Frage der Stellung von Zentralbehörden und Armeeoberkommando zueinander so zuspitzen würde, daß es zur Entscheidung um die Macht kam. Die Entwicklung verlief dabei nicht gleichmäßig, sondern kam in Schüben. Und dabei zeichnete sich schon das ab, was dann nach dem Krieg „Dolchstoßlegende" genannt wurde. Die Armee konnte in einer Ausnahmesituation, wie sie ein Krieg nun einmal ist, nur mit Hilfe von Maßnahmen wirksam werden, die auf Ausnahmegesetzen oder

-verordnungen beruhten. Da das Hinterland mit Hilfe teilweise identer Verfügungen regiert wurde, ergab sich zunächst ein Gleichklang des Außerordentlichen.

Doch es ging nicht nur darum, das leidliche Funktionieren staatlicher Einrichtungen, des Wirtschaftslebens, der öffentlichen Ordnung und des sozialen Gefüges sicherzustellen, während an den Fronten die Armeen ihre Operationen durchführten, denn da wie dort gab es Friktionen und Rückschläge. Es wurde immer wieder an Grundsätzliches gerührt. Aus dem Armeeoberkommando verlautete von allem Anfang an, die Rückschläge wären auf die viel zu geringen Verteidigungsausgaben im Frieden zurückzuführen gewesen. Da wurde dann mit dem Dualismus, dem Parlamentarismus und einzelnen Politikern abgerechnet. Freilich offenbarte auch die k. u. k. Armee ihr längst immanente Schwächen. Es wurde Beschwerde über den stockenden Nachschub, zu wenige Geschütze und Munition geführt, und schließlich häuften sich die Klagen über die mangelnde Zuverlässigkeit von Tschechen, Ruthenen und Italienern, und es wurde ein immer rigoroseres Durchgreifen der Behörden verlangt.

Im Anschluß an die Desertionen in der dritten Karpatenschlacht und auch während der Durchbruchsoperation bei Tarnów-Gorlice kam es im April und Mai zur strafweisen Dislozierung tschechischer Ersatzformationen außerhalb ihrer Ergänzungsbereiche. Das hatte zweierlei zur Folge: Die Soldaten merkten das Mißtrauen und wurden störrisch, andererseits war man in den neuen Garnisonsorten nicht gewillt, die fremdnationalen Truppen zu beherbergen, ließ sie die Ablehnung spüren und machte die Sache nur noch schlimmer.[692] Es kam auch schon zu Pflichtverletzungen durch Reserveoffiziere, was zur Forderung des Armeeoberkommandos führte, die Zuverlässigkeit der Reserveoffiziersaspiranten besonders zu überprüfen.[693]

Einen wie selbstverständlichen Einfluß nahm das Armeeoberkommando ebenfalls von allem Anfang an auf die Außenpolitik, und die Denkschriften über Kriegsziele, Sonderfrieden, Gebietsabtretungen, Anschluß ehemaliger Feindstaaten an die Monarchie und ähnliches kennzeichneten diese Seite der Aktivitäten des AOK und begleiteten seinen Weg.

In Zeiten der Krise und vor allem im Frühjahr 1915 war dieser Prozeß schon von deutlicher Ungeduld gekennzeichnet. Dem AOK waren die Maßnahmen der österreichischen Regierung – und sie war der fast ausschließliche Adressat der immer schroffer werdenden Auseinandersetzung – zu wenig energisch, kamen zu spät, und vor allem wurden bei den personellen Verfügungen die Wünsche des AOK nicht immer im erwarteten Ausmaß berücksichtigt. Es gab keine Verkündung des Standrechts für das gesamte Gebiet der Monarchie, die Statthalterfrage für Böhmen und dann jene für Galizien wurden zu Prüfsteinen des beiderseitigen Verhältnisses, und der Zeitpunkt der großen Auseinandersetzung rückte immer näher.

Da mußte das Armeeoberkommando plötzlich einen Teil seiner Macht abgeben. Mit dem Augenblick, als das Kommando der Südwestfront aufgestellt wurde, gab es wieder ein drittes Machtzentrum. Das Kommando der Südwestfront entwickelte diesbezüglich auch eine beträchtliche Dynamik und übertraf damit bei weitem das, was seinerzeit das Balkanoberkommando unter Potiorek, aber auch das zweite Kommando der Balkanstreitkräfte unter Erzherzog Eugen darzustellen versucht hatten. Der Grund für diese veränderte Situation ist nicht ohne weiteres feststellbar, denn die Anhäufung militärischer Macht allein kann als Erklärung nicht ausreichen. Eher hing es damit zusammen, daß sich das Hinterland der Balkanfront nach der ungarischen Reichshälfte hin erstreckte, während das Hinterland der Südwestfront zum überwiegenden Teil in die österreichische Reichshälfte wies und Kernlande der Monarchie direkt berührte. Das ja zu einem Großteil aus dieser Reichshälfte kommende und vor allem auch mehrheitlich deutsche Offizierskorps, vor allem die Generalität, begann daher seine Einflußnahme auf die Politik mit sehr ähnlichen Zielsetzungen wie das Armeeoberkommando und teilweise auch in Konkurrenz zu diesem, wie den Wiener Zentralbehörden. Auch wenn dann das Kommando der Südwestfront kein wirklich gleichrangiges Machtzentrum wurde, genügte die Drittelung der Macht dennoch, um den Einfluß des AOK zu minimieren. Für die Länder im Hinterland der Südwestfront waren ganz einfach Marburg, Erzherzog Eugen, General Dankl oder General Rohr näher als Teschen, Erzherzog Friedrich oder Conrad. Und vielleicht hat diese Aufteilung der Macht dem Ministerium Stürgkh noch eine gewisse Schonfrist gewährt.

Der Zyklus der Noten, mit denen das Armeeoberkommando seinen Einfluß auf die Innenpolitik auszuweiten suchte, begann am 26. November 1914, als das AOK den Ministerpräsidenten ersuchte, dem „hochverräterischen Treiben“ in den Sudetenländern, das schon auf die Wehrmacht Rückwirkungen hätte, mit allen Mitteln der Staatsgewalt entgegenzutreten.[694] Ferner wurde beantragt, die Befugnisse des zivilen Landeschefs auf das AOK zu übertragen und die Militärgerichtsbarkeit auf das gesamte Gebiet der Sudetenländer auszudehnen. Alle Anträge wurden von Graf Stürgkh abgelehnt. Noch ehe er aber seine Antwort abgeschickt hatte, beantragte das AOK dezidiert die Ernennung eines mit außerordentlichen Vollmachten ausgestatteten Generals zum Statthalter Böhmens. Der Antrag wurde an den Kaiser gerichtet. Die Begründung dafür, daß nämlich nur so die Zuverlässigkeit der Mannschaftsersätze sichergestellt und die geringe Verläßlichkeit der tschechischen Regimenter gehoben werden könnte, leuchtet nicht ganz ein, denn warum sollte ein Soldat zuverlässiger sein, nur weil er auch bis zu seinem Abgang an die Front militärischer Disziplin unterworfen war? Die Auseinandersetzung ging im Januar und Februar weiter, allerdings mußte sich das AOK sagen lassen, daß die vom Kriegsüberwachungsamt beigebrachten Daten über die geringe Zuverlässigkeit der Tschechen in Böhmen und die Zwischenfälle teilweise nicht den Tatsachen entsprachen.[695] Im März 1915 wurde die Frage der Ablösung des Statthalters von Böhmen, des Fürsten Franz Thun-Hohenstein, abermals aktualisiert, doch der Rücktritt Thuns und die Ernennung des bisherigen Statthalters in Schlesien, des Grafen Max Coudenhove, nahm dem AOK den Wind aus den Segeln. Die Ruhe währte freilich nur bis Mitte Mai. Dann wurde deutlich gemacht, daß das AOK auch mit Coudenhove nicht zufrieden war. Es erneuerte seinen Antrag auf Einsetzung eines Generals. Dabei wurde nicht nur mit Vorfällen der Vergangenheit argumentiert, sondern auch mit Rücksicht auf den Kriegseintritt Italiens ein sofortiges Handeln verlangt. „Die durch den Krieg bedingten Einschränkungen und Leistungen“, schrieb Conrad, „können die unpatriotische, von gewissenlosen Hetzern aufgestachelte Bevölkerung umso mehr zu den gefährlichsten Handlungen verleiten, als die ihr gegenüberstehende Staatsgewalt nur Zeichen bedenklichster Schwäche gegeben hat und die zurückgebliebenen wenigen Truppen keineswegs genügen, um eine Auflehnung von allem Anfang an als aussichtslos erkennen zu lassen.“[696]

Am 21. Mai schrieb Conrad an Bolfras von einer drohenden Revolution in Böhmen[697], und am selben Tag ließ er ohne Wissen der Regierung in Wien den jungtschechischen Abgeordneten Karel Kramář und den Präsidenten der böhmischen Turnerschaften, der Sokoln, Josef Scheiner, verhaften. Kramář wurde Hochverrat vorgeworfen, weil er mit dem italienischen Konsul in Prag in Verbindung gestanden war. Der Kaiser soll über den Schritt des Armeeoberkommandos ergrimmt gewesen sein, konnte aber, ohne das Ansehen desselben zu schmälern und dessen Macht einzuschränken, nichts tun. Stürgkh wiederum war fassungslos. Mehr noch, er war auch unmittelbar betroffen, da ihn mit Kramář ein fast freundschaftliches Verhältnis verband. Das Armeeoberkommando hatte mit Kramář also auch Stürgkh getroffen. Doch die weitere Entwicklung entsprach keinesfalls den Erwartungen des AOK. Der Hochverratsvorwurf gegen Scheiner mußte noch im Juli fallengelassen werden. Kramář wurde erst Anfang 1916 der Prozeß gemacht, in dem er in einigen Punkten verurteilt wurde. Eine Nichtigkeitsbeschwerde gab dann einen Aufschub bis zur vollständigen Amnestierung durch Kaiser Karl. Lange nach dem Krieg stellte sich allerdings heraus, daß das Armeeoberkommando mit Kramář wie mit Scheiner sehr wohl auf der richtigen Spur gewesen war. Beide hatten Kontakte zur sogenannten „Mafia", zur radikalen tschechischen Widerstandsbewegung, sowie zu Masaryk und Beneš, den Führern der tschechischen Emigrantenbewegung, unterhalten. Zum Zeitpunkt der Verhaftung der beiden waren diese Verbindungen aber nicht nachzuweisen. Zudem war die Verhaftung der beiden prominenten Tschechen eine ausgemachte politische Dummheit, und das wog am schwersten. Doch das AOK wollte nicht lockerlassen. Als es beim Infanterieregiment Nr. 36 (Jungbunzlau) zu einer Massendesertion kam, forderte das AOK nicht nur die Auflösung des Regiments, sondern abermals die Einsetzung eines militärischen Statthalters in Böhmen.[698]

Conrad versuchte, in seine Vorschläge alles einzubeziehen, was ihm zur Rettung der Monarchie notwendig schien. Mit seiner vor allem gegenüber der Militärkanzlei des Kaisers erhobenen Forderung, umgehend einen Verhandlungsfrieden mit Serbien zu erzielen, um einmal auf dem Balkan Ruhe zu haben, hatte er nicht nur wie bei seinem Vorschlag für einen Sonderfrieden mit Rußland im Sinn, Kräfte gegen Italien freizumachen, vielmehr zielte er auf eine Reichsreform. Der Anschluß Serbiens an die Monarchie sei auf „friedlichem Wege zu betreiben", schrieb der Generalstabschef an Bolfras, „jede Halbheit wäre von Übel und müßten demgegenüber alle Gedanken, welche magyarischerseits dagegen erhoben werden sollten, in den Hintergrund treten. Das Analoge gilt bezüglich Rumänien ... Mit der Methode der kleinlichen Chikanierung der Nachbarn und Knebelung der nichtmagyarischen Nationalitäten in Ungarn muß gebrochen und die Frage der Eingliederung bezw. Angliederung der Südslaven an die Monarchie muß gehört werden, und zwar unter Erhöhung der Rechte der Kroaten und unter Schaffung eines Zentralparlaments für die ganze Monarchie."[699]

Erst nach einer Audienz Conrads bei Kaiser Franz Joseph am 18. Juni 1915, in der dem Generalstabschef offenbar mehr Zurückhaltung empfohlen wurde, verloren die Anträge des AOK an Schärfe und hörten schließlich zur Gänze auf. Dabei muß aber noch etwas Weiteres berücksichtigt werden: Dem Armeeoberkommando ging es vom November 1914 bis Juni 1915 etwa im Fall Böhmens nicht darum, ein Land mit den Mitteln der Militärdiktatur niederzuhalten; ebenso wurden weitreichende Schritte zur Entschärfung des Nationalitätenkonflikts bis hin zur vollen und gesetzlich geregelten Zweisprachigkeit vorgeschlagen. Damit wäre der böhmische Ausgleich, der ja nicht und nicht zustande kommen wollte, mit militärischer Gewalt und gegen die deutsche Volksgruppe erzwungen worden. Das AOK glaubte das umso eher tun zu können, als es bei seinen übrigen Vorschlägen zur Staatsreform zentralistisch dachte und viele Forderungen der Deutschen der Monarchie zu den seinen machte.

War das Armeeoberkommando mit seinen Anträgen zur Einsetzung eines Generals zum Statthalter Böhmens gescheitert, so blieb es im Fall Galiziens und der Bukowina erfolgreich. Die diesbezüglichen Anträge hatten noch früher begonnen als jene für Böhmen. Bereits in einem „Alleruntertänigsten Vortrag" vom 14. Oktober 1914 finden sich die ersten Äußerungen dazu.[700] Die Begründung war allerdings eine teilweise andere. Zwar wurde auch für Polen die Notwendigkeit der Unterdrückung staatsfeindlicher Bestrebungen hervorgehoben, doch dann hieß es, nur ein militärischer Chef der Landesverwaltung könnte die Gegensätze zwischen den Parteien und vor allem auch zwischen Polen und Ruthenen überbrücken. Galizien und die Bukowina, die bis dahin einheitlich verwaltet worden waren, sollten daher jeweils militärische Statthalter bekommen. Damit wollte Conrad den Ruthenen entgegenkommen, da der eine der von ihm vorgeschlagenen Statthalter seinen Sitz in Lemberg haben und Ostgalizien und die Bukowina, also das von Ruthenen bewohnte Gebiet, verwalten sollte. Der andere Statthalter sollte von Krakau aus nur das westliche Galizien und etwaige territoriale Zuwächse administrieren. Alle diese Überlegungen wurden durch den russischen Vormarsch vorübergehend hinfällig.

Erst im Mai 1915 war es soweit, daß das AOK seine Anträge erneuern konnte. Aber weder der Kaiser noch Stürgkh ließen Teschen eine Erledigung zukommen. Und das, obwohl sich Conrad im Wege der kaiserlichen Militärkanzlei sehr bemühte, seinen Standpunkt und die lauteren Absichten deutlich zu machen. Er wußte, daß General Bolfras das Anliegen des Armeeoberkommandos beim Kaiser vertreten hatte, und versicherte dem Chef der Militärkanzlei im Anschluß daran, wie sehr er dankbar sei, daß Bolfras die Anschauungen Conrads „an allermaßgebendster Stelle" vertreten hatte. „Ich lege hierauf den allergrößten Wert, weil ich mir nicht ganz sicher bin, ob bei den sogenannten maßgebenden Stellen durchaus jene Auffassung herrscht, welche den Reichsgedanken höher stellt als partikularistische, chauvinistische Bestrebungen. Diesen Reichsgedanken höher zu stellen, ist aber nicht nur ein dringendes Gebot mit Bezug auf unsere jetzige militärische Lage, sondern auch ein solches im Hinblick auf die zukünftige Gestaltung und Sicherung der Monarchie sowie der Schaffung einer Situation, welche einen länger dauernden Frieden verbürgt."[701] Am 18. Juni schließlich, bei der schon erwähnten Audienz Conrads beim Kaiser, sprach der Generalstabschef den Monarchen direkt auf das Problem an und erhielt die Zusage, daß in Galizien ein General zum Statthalter ernannt würde, allerdings ohne das Kronland in einen polnischen und einen ruthenischen Teil zu zerlegen. Es war vor allem Ministerpräsident Stürgkh gewesen, der sich einer Änderung der galizischen Landesverfassung mit Vehemenz widersetzt hatte, da er die Polen nicht vor den Kopf stoßen wollte. Mitte Juli übernahm dann General Hermann von Colard die Stelle des Statthalters in Galizien. Mehr aber geschah vorerst nicht, um dem zu entsprechen, was Conrad als „Reichsgedanken" bezeichnete.

War solcherart der Gegensatz zwischen Armeeoberkommando und Ministerpräsidenten entschärft worden, kam es zum Konflikt, als sich Stürgkh einer Klage polnischer Abgeordneter zum Wiener Reichsrat annahm und Beschwerde wegen willkürlicher Hinrichtungen im Armeebereich, vor allem im Bereich der 4. Armee des Erzherzogs Josef Ferdinand, führte. Das Armeeoberkommando schmetterte die Beschwerde ab. Die Ursachen der hochverräterischen Erscheinungen in Galizien, so das Armeeoberkommando, lägen im jahrelangen nationalen und parteipolitischen Hader, der vom Ausland geschürt worden war, sowie im wirtschaftlichen Tiefstand Galiziens und der geringen Bildung breiter Volksschichten. „Dies mögen sich jene Kreise vergegenwärtigen, welche Klage gegen die Armee führen, und bedenken, daß nicht die Armee diese traurigen Zustände verursacht hat, sondern nur deren bittere Folgen am eigenen Leib zu spüren bekam."[702]

In der böhmischen sowie der polnischen und ruthenischen Frage hatte sich das Kommando der Südwestfront verständlicherweise nicht zu Wort gemeldet. Als es aber im Juli 1915 darum ging, eine Amnestie für südslawische Nationalitäten, vor allem für Slowenen und Kroaten, auszusprechen, wofür sich Stürgkh einsetzte, stieß er auf den geschlossenen Widerstand des Armeeoberkommandos und des Kommandos der Südwestfront. Auch für Dalmatien begannen im Juli 1915 erste Überlegungen zur Einsetzung eines militärischen Statthalters. Sie gingen vom Kommando der Südwestfront aus, wurden aber zunächst nicht weiter verfolgt, da mit Galizien und Böhmen ohnedies zwei Kraftproben im Laufen waren und das AOK nicht noch ein drittes Problem aufgreifen wollte, bei dem es lediglich Prestige einbüßen konnte.

Bei anderen Fragen war das Armeeoberkommando aber sehr wohl geneigt, Ideen aufzugreifen, die im dezentralen Machtzentrum an der Südwestfront auftauchten. Das Kommando der Südwestfront hatte z. B. schon Ende Mai 1915 das Problem der Vermögenskonfiskation von Hochverrätern und im Ausland gegen die Monarchie arbeitenden Staatsangehörigen der Monarchie aufgegriffen und angeregt, diese Personengruppe auch mit dem Verlust der Staatsbürgerschaft zu bestrafen. Das AOK griff den Vorschlag sofort auf. Vermögensentzug und Verlust der Staatsbürgerschaft wurden zu einem lange verhandelten Fragenkomplex, der schließlich nur deshalb nicht geregelt wurde, weil Ungarn einen von Österreich abweichenden Standpunkt einnahm. Die konfiszierten Güter hätten einer Idee des Kommandanten der k. u. k. 2. Armee, General Böhm-Ermolli, folgend, zur Versorgung von Kriegsinvaliden herangezogen werden sollen.[703]

In Teschen schaltete man sich aber auch willig in einen Konflikt ein, der sich im Hinterland der Tiroler Front abspielte. Der Reichsratsabgeordnete und Gemeindevorsteher Karl Niedrist wurde vom Kommando der Südwestfront beschuldigt, in seiner Gemeinde die Aufbringung von Vieh mit dem Hinweis zu erschweren, später würde man für das Vieh wesentlich höhere Preise erzielen. Dadurch, daß sich der Tiroler Statthalter Graf Toggenburg und der österreichische Ministerpräsident Graf Stürgkh, aber auch andere Reichsratsabgeordnete für Niedrist einsetzten und ihn gegenüber den Vorwürfen in Schutz nahmen, sah sich Erzherzog Friedrich veranlaßt, Stürgkh zu schreiben, daß die Tiroler Repräsentanten „ohne jedes Verständnis für den Ernst der Zeit" ihren Einfluß ausnützten, um das Volk gegen die Behörden aufzuhetzen und der Armee „die jetzt so dringend notwendige und pflichtgemäße Unterstützung" zu verweigern.[704] In dieser, aber auch in anderen Affären wurde seitens der Militärs, aber auch der zivilen Repräsentanten nicht mehr differenziert, sondern lediglich Solidarität gezeigt. Das mußte auch der Landeshauptmann von Tirol, Theodor Freiherr von Kathrein, erfahren, der an den Landesverteidigungskommandanten von Tirol mit Forderungen zur Verbesserung der Situation der Standschützen herantrat und dann nicht nur von General von Dankl, sondern ebenso von Erzherzog Eugen abgekanzelt wurde. Nachdem Dankl Kathrein einen Rüffel erteilt hatte, wandte sich dieser Anfang November 1915 an den Erzherzog und schrieb dem: „Wenn der Herr Kommandierende droht, mit den schärfsten Mitteln einzugreifen, so fürchten wir uns nicht. Er kann mich internieren, oder wenn er glaubt, erschießen lassen ...“ Daraufhin antwortete ihm Erzherzog Eugen, es sei unzulässig, „daß sich zwischen die verantwortlichen Vorgesetzten und Untergebenen Dritte einschieben, die, auf ‚unbefugte‘ Informationen gestützt, im Wege von Postulaten eine angeblich dringend notwendige Besserung erzielen wollten“.[705] Generaloberst Erzherzog Eugen und General Dankl hielten „die Reihen fest geschlossen“.

Vom Kommando der Südwestfront gingen auch sehr weitgehende Vorschläge zur Staats-, Verwaltungs- und Schulreform aus, die auf einer im Herbst 1915 angefertigten Irredenta-Studie beruhten. Als das Kommando Erzherzog Eugens die erste diesbezügliche Denkschrift versandte, geschah das freilich ohne Wissen des Armeeoberkommandos, das auch prompt mit dem strikten Befehl reagierte, sämtliche innenpolitischen Berichte, Anträge und Studien ausschließlich über das AOK laufen zu lassen.[706] Einer Verselbständigung des Kommandos der Südwestfront sollte unbedingt vorgebeugt werden. Dabei war es aber nur der Versuch, selbst in die Innenpolitik einzugreifen, der vom AOK gerügt wurde. Mit den vom Kommando der Südwestfront unterbreiteten Vorschlägen war man durchaus einverstanden, ja ergänzte sie in der Folge sogar und kombinierte sie mit Anträgen des Armeeoberkommandos, die teilweise schon früher gestellt worden waren. So waren Ende 1914 von den höheren Kommanden „Kriegserfahrungen“ eingefordert worden, die sich nicht nur auf militärische Beobachtungen beschränken, sondern zu allen möglichen Fragen Stellung nehmen sollten. Der Kommandant des k. u. k. XII. Korps, Feldmarschalleutnant Hermann von Kövess, hatte sich z. B. veranlaßt gesehen, Vorschläge über richtige Volkserziehung und eine Änderung des Volksschulwesens zu machen.[707] Vom Juli 1915 bis August 1916 beschäftigte sich die Heeresleitung tatsächlich mit der Neuordnung des Schulwesens. Alle Schulen, vor allem auch die Volksschulen, sollten verstaatlicht werden, alle Lehrer Staatsbeamte werden. Es sollte eine Säuberung der Lehrerschaft von politisch unzuverlässigen Lehrern, eine Reform der Lehrerbildung, eine Anhebung des sozialen Niveaus der Lehrer und schließlich eine intensive Pflege der deutschen Sprache geben. Die Anträge fanden zwar die grundsätzliche Zustimmung des k. k. Unterrichtsministers Max Hussarek-Heinlein, des k. k. Innenministers Karl von Heinold und auch des österreichischen Ministerpäsidenten, sie blieben aber dennoch größtenteils unerledigt. Denn wieder war zu fragen, wie derart weitreichende Dinge gleichmäßig und vor allem auch in Ungarn durchgesetzt werden sollten.

Besonderes Gewicht legte das Armeeoberkommando auf die vormilitärische Ausbildung der Jugend. Sofern es dabei um die ältere Schuljugend ging, die höhere Klassen der Mittelschulen besuchte, trug das Unterrichtsministerium der Forderung des AOK durch einen Erlaß vom Juni 1915 Rechnung. Hinfort wurden nach genauen Instruktionen des

Ministeriums Exerzierübungen und Geländspiele im Rahmen des Unterrichts durchgeführt. Der weitergehende Antrag einer vormilitärischen Erziehung der gesamten Jugend, möglichst vom 10. Lebensjahr an, blieb jedoch unerledigt, obwohl gerade darüber lange und ausführlich debattiert wurde. Wieder war Ungarn das Hemmnis, so daß es zu Alleingängen kam.

Soldatenspielerei?

Mit dem Aufgreifen des Problems der vormilitärischen Jugenderziehung wurde an weit in die Vorkriegszeit zurückreichende Überlegungen angeknüpft.[708] Was aber vor dem Krieg vor allem unter dem Gesichtspunkt gesehen wurde, eine bessere Ausschöpfung der Wehrkraft und mehr Wehrgerechtigkeit zu erreichen sowie die „Jugendwehren" als Bindeglied der Nationalitäten einzusetzen, sollte jetzt vor allem der Militarisierung der Jugend dienen.[709] Das „Menschenmaterial" sollte so früh wie möglich geformt werden, um es dann verläßlich und beliebig einsetzen zu können.

Mit dem Erlaß des Ministeriums für Kultus und Unterricht vom 2. Juni 1915 sollte das gesamte Unterrichtswesen im Sinne einer „Mobilisierung" der Schüler umgestaltet werden.[710] Dagegen regte sich Widerstand. Die meisten Turnlehrer waren dafür, die Geschichtslehrer wohl auch, doch der schon erwähnte Reichsratsabgeordnete Otto Glöckel bestritt ganz entschieden, daß dies „der einzige oder der beste Weg zur Wehrhaftmachung des Volkes sei".[711] Sobald sich Widerstand unter der Lehrerschaft bemerkbar machte und angemerkt wurde, daß es ein Widerspruch in sich sei, wenn man unterernährte, mangelhaft bekleidete und dahinsiechende Kinder durch Körperübungen erstarken lassen wollte, hieß es, die Lehrerausbildung bedürfe der Revision.[712] Das Armeeoberkommando hatte wohl auch gar nicht erwartet, daß die Lehrerschaft widerspruchslos mitziehen würde, denn das hätte ja nicht in das Bild gepaßt, das man sich von den Unterrichtenden gemacht hatte. Volksschulen waren doch in den Augen des Armeeoberkommandos ohnedies „Pflanzstätten chauvinistischer oder antiösterreichischer Gesinnung" und Mittelschulen „Hochburgen des Hochverrats und des Antimilitarismus".[713] Kritik an den geplanten Maßnahmen kam auch von den Pfadfindern, während die sozialdemokratischen ebenso wie die katholischen und jüdischen Jugendorganisationen die vormilitärische Erziehung mehr oder weniger bereitwillig mitmachen wollten.[714] Der katholische Klerus unterstützte die Militarisierungsbestrebungen schon deshalb, da auf diese Weise den schon ansatzweise erkennbaren Verwahrlosungstendenzen und der jugendlichen Kriminalität entgegengewirkt werden konnte. Ein Problem gab es freilich in Tirol und Vorarlberg. Dort stieß der „Reichsbund der patriotischen Jugendorganisationen Österreichs" auf Ablehnung, da man in ihm einen Störenfried sah, der die Nachwuchsarbeit der Schützenverbände behinderte.[715] Auch in Oberösterreich fürchtete man eine Störung des im Aufbau begriffenen Jungschützenwesens. Wie sich die Sache in Böhmen anließ, wollte nicht recht klar werden, da der Statthalter Max Graf Coudenhove überschwenglich berichtete, wie begeistert die Initiative des Landesverteidigungsministeriums aufgenommen worden sei, während dem k. u. k. Kriegsministerium zur gleichen Zeit gemeldet wurde, es hätte so gut wie keine wahrnehmbaren Maßnahmen zur militärischen Jugendvorbereitung gegeben.[716]

Das k. k. Ministerium für Landesverteidigung wollte jedoch seinerseits jene Jugendorganisationen von der Mitwirkung an der militärischen Jugendvorbereitung ausgeschlossen wissen, deren politische Verläßlichkeit nicht gegeben war. Von dieser Einschränkung waren vor allem Jugendorganisationen in jenen Kronländern betroffen, in denen Nationalitätenkonflikte keimten. Also wurde es zunächst einmal in Mähren den Sokol-, Orel- und Lassalle-Turnvereinen untersagt, an der vormilitärischen Erziehung und Ausbildung mitzuwirken.[717] In Triest kam es zur Auflösung einiger Jugendvereine, und als sich auch im Militärkommandobereich Krakau nationalistische Widerstände zeigten, verlangte das Kommando eine „militärische Schulaufsicht für sämtliche Schulen in den multinationalen Kronländern". Allerdings vergeblich.[718]

Die Kommandosprache bei der vormilitärischen Ausbildung sollte wie bei der k. k. Landwehr, also einheitlich deutsch sein. Etwaigen Germanisierungstendenzen wurde auf die Weise entgegengewirkt, daß z. B. in Böhmen und Mähren auch tschechisch als Kommandosprache toleriert wurde und schließlich Broschüren ausgegeben wurden, in denen die Kommandos und deren Erläuterungen in tschechisch und in deutsch gegeben wurden.

Also wurde marschiert, gewandert, geschossen und im Gelände orientiert, lautlos gesammelt, angetreten, „vergattert" und abgetreten, gab es Mannschaftsspiele und wurde geturnt. Da die Teilnahme an der vormilitärischen Ausbildung aber auf freiwilliger Basis geschah, war den „Soldatenspielereien" kein durchschlagender Erfolg beschieden. Ganz im Gegenteil stagnierte die Teilnahme, weshalb dann vom k. u. k. Kriegsministerium die Teilnahmepflicht gefordert wurde. Auch in diesem Fall blieb es bei der Forderung. Und je länger der Krieg dauerte, umso mehr überwogen insgesamt die Rückschläge. Auch das gab dem Armeeoberkommando Anlaß zur Kritik an der österreichischen Regierung, ungeachtet des Umstands, daß man in Ungarn nicht einmal dieses Maß an Militarisierung schaffte. Doch offenbar hatte sich das AOK damit abgefunden, nur in der österreichischen Reichshälfte wirksam zu werden.

Das Kommando der Südwestfront und das AOK spielten auch bei den Vorschlägen zusammen, die politische Einteilung der österreichischen Reichshälfte zu verändern und eine Kreisverfassung einzuführen. Die Polizei sollte generell verstaatlicht werden, die Gemeinden sollten zumindest teilweise ihre Autonomie verlieren. Der Staat sollte Einfluß auf die Priesterseminare erhalten und den Klerus überwachen. Wie der Lehrerstand sollte auch die Geistlichkeit nach dem Vorbild des k. u. k. Offizierskorps jeder „extrem nationalen und staatsfeindlichen Beeinflussung" unzugänglich gemacht werden.[719]

Anfang Juni 1915 forderte das AOK die Überprüfung der gesamten Beamtenschaft Böhmens hinsichtlich ihrer patriotischen Gesinnung. Am 17. Juli wurde der Antrag auf ganz Österreich erweitert. Das Kommando der Südwestfront hielt mit. Die Beamten sollten aber nicht nur aus den Bedürfnissen des Kriegs heraus überprüft werden. Die Beamtenschaft sollte nach dem Krieg gänzlich neu aufgebaut und „entpolitisiert" werden. Aktives und passives Wahlrecht sollte den Beamten entzogen werden, um, wie das Kommando der Südwestfront meinte, zu verhindern, daß sich Beamte nationalen und sozialistischen Parteien anschlossen oder gar Vertreter der Beamtenschaft ins Parlament kamen und dort eine Interessenvertretung ausübten. Da die Beamten am Offizierskorps gemessen wurden, wurde auch für letzteres die vollständige Entpolitisierung gefordert.[720] Das Kommando der Südwestfront wollte weiters jeden Einfluß von Politikern und politischen Parteien auf den Gang der Verwaltung, auf Beförderungen und Versetzungen konsequent und vollständig ausgeschaltet wissen.[721] Für Beamte sollte es wie beim Offizierskorps ein ehrenrätliches Verfahren geben. Die Unversetzbarkeit von Richtern sollte aufgehoben werden. Schließlich wurde auch vorgeschlagen, die deutsche Sprache nicht nur verstärkt zu pflegen, sondern auch formell zur Staatssprache zu machen.

Ein eigenes Problem wurde schließlich mit dem Antrag des Armeeoberkommandos aufgeworfen, nach dem Krieg eine Grenzschutzzone gegenüber Rußland, Serbien, Montenegro und Italien einzurichten. Damit sollte eine Beeinflussung aus diesen Ländern und vor allem das Zusammenwirken nationalistischer Gruppen diesseits und jenseits der Grenzen unmöglich gemacht werden. Diese neue Militärgrenze sollte 25 Kilometer tief sein. Als Vorstufe, so wurde am 30. September 1915 beantragt, wäre der Erwerb von Liegenschaften durch Ausländer und der Aufenthalt von Ausländern in militärisch wichtigen Grenzräumen zu beschränken. Diesem Antrag wurde seitens der Regierung schließlich die meiste Beachtung geschenkt; er hatte aber angesichts des Widerstands Ungarns, das ja auch die Auflösung der alten kroatischen Militärgrenze betrieben hatte, keine wirkliche Realisierungschance.

Der Versuch, Stürgkh zu stürzen

Bei der Vielzahl von Vorschlägen, Anträgen, Denkschriften und Intrigen, die die beiden höchsten Kommandos in Umlauf brachten, muß man sich fragen, ob das wirklich in die Zuständigkeit von Armeeoberkommando und Kommando der Südwestfront fiel, ob allenfalls überschüssige Denkkapazitäten nicht zweckmäßigerweise in andere Bereiche hätten umgelenkt oder die Stäbe überhaupt hätten reduziert werden können. Offenbar kamen jene Überlegungen zu kurz, die sich intensiver mit der Armee selbst, ihren Strukturen und ihren tagtäglich deutlicher werdenden Problemen befaßten. Es war ja beispielsweise zu fragen, wie es bei den Hinterlandsgerichten, also nicht jenen im Frontbereich, von 1914 bis 1916 zu einer Steigerung der Anzeigen von 2058 auf 22.954 kommen konnte, wobei sich die Zahlen von 1915 auf 1916 verdoppelten. Es wäre wohl auch einer Erwägung wert gewesen, wenn man sich gefragt hätte, warum etwa in Wien die Zahl der vor Militärgerichten angeklagten Offiziere die der Mannschaftspersonen verhältnismäßig um ein Viertel überstieg oder in Agram gar um ein Drittel.[722] Doch offenbar sorgte man sich in Teschen und Marburg wenig darum, welche bedenklichen Entwicklungen es im k. u. k. Heer und der Kriegsmarine gab. Es war wohl auch bequemer, die Schuld für Übelstände im Hinterland und bei der Politik zu suchen.

Trotz zahlloser Anträge des AOK zur innenpolitischen Veränderung war das Ergebnis eher bescheiden. Immer wieder ließ sich zwar feststellen, daß Vorschläge wie jene zur Schulreform, Vermögensverfall, Änderung der politischen Einteilung, Schaffung einer Grenzschutzzone, aber auch anderes von den Regierungen Österreichs und Ungarns aufgegriffen und realisiert wurden. Die meisten Anträge blieben jedoch letztlich unerledigt. Und die Kritik an einzelnen Ministern, aber auch am gesamten Kabinett und vor allem am österreichischen Ministerpräsidenten wuchs. Erzherzog Friedrich und Conrad fanden sich allerdings nicht bereit, eine Initiative von Mitgliedern des österreichischen Parlaments, nämlich Gustav Marchet und Josef Maria Baernreither sowie des bekannten Historikers Heinrich Friedjung zum Sturz Stürgkhs zu unterstützen. Die Genannten drei kamen Ende Juli 1915 nach Teschen, und das offenbar in voller Erkenntnis der Möglichkeiten dieses Machtzentrums zur Einflußnahme auf die Politik. Doch sie fuhren unverrichteter Dinge wieder ab. Möglicherweise waren aber nur die falschen Leute ans Werk gegangen. Auf diese Weise wäre das Armeeoberkommando nur zum Handlanger geworden. Zwei Monate später ergab sich eine andere Konstellation, und die Initiative lag – zumindest formal – beim AOK selbst. Doch die Schritte des Armeeoberkommandos, um den Sturz des österreichischen Ministerpräsidenten herbeizuführen, waren auch diesmal von anderen gelenkt worden. Die Spur führt in die Umgebung des Kaisers. Conrad griff nämlich eine Initiative des Stellvertretenden Chefs der Militärkanzlei des Kaisers, Feldmarschalleutnant Marterer, auf und forderte in einem „Alleruntertänigsten Vortrag“ an den Kaiser die Entlassung Stürgkhs.

Das Ganze begann als Hofintrige in Form eines Zusammenspiels Marterers mit dem Obersthofmeister des Kaisers, dem Fürsten Montenuovo. Der hielt nach einer ja nicht zu überhören gewesenen monatelangen Kritik an der österreichischen Regierung die Situation für reif, wenn – und der Vorschlag dürfte von Montenuovo gekommen sein – Conrad initiativ würde. Der Chef des Generalstabs stand im Frühherbst 1915 auf dem Höhepunkt seines Ansehens; es war also logisch, ihn für den Sturz Stürgkhs einzuspannen, noch dazu, da Marterer aus der Korrespondenz mit Conrad wußte, daß der immer wieder die Ablösung Stürgkhs und seine Ersetzung durch einen energischen Ministerpräsidenten gefordert hatte. Marterer suggerierte Conrad schließlich auch den Namen eines Nachfolgers: Prinz Konrad Hohenlohe-Schillingsfürst. Der Generalstabschef antwortete unverzüglich am 20. September, auch er erachte „Konrad Hohenlohe für eine Persönlichkeit, welche an der Spitze der Regierung zweifellos besseres leisten würde als der jetzige“.[723] Aus der Formulierung geht freilich hervor, daß Conrad nicht davon überzeugt war, daß Prinz Hohenlohe der beste Mann wäre. Er wurde ja nur als besser geeignet denn Stürgkh bezeichnet. Außerdem meinte Conrad, daß er seine Befugnisse überschreiten würde, sollte er beim Kaiser die Enthebung Stürgkhs fordern. Einen derartigen Antrag hätte der Minister des Äußern zu stellen. Nichtsdestoweniger taten Conrad und das Armeeoberkommando fünf Tage später das, was Marterer und andere von ihnen erbeten hatten. Erzherzog Friedrich zog am 25. September in einem Vortrag an den Kaiser unter Bezugnahme auf die Verhältnisse in Böhmen, Galizien und der Bukowina, die Unverläßlichkeit tschechischer Truppenkörper, serbisch-nationale Agitation von Lehrern und Geistlichen in den südlawischen Provinzen, den italienischen Irredentismus und staatsfeindliche Agitationen, also der Summe der Vorbringungen und Beschwerden eines Jahres, den Schluß, daß „die bisherigen Bemühungen der Regierung trotz der Kriegsgesetze größtenteils vergeblich waren“.[724] Damit nicht genug, würden weitere große Aufgaben auf die Monarchie zukommen: eine zweckentsprechende Anpassung der Organisation der Monarchie, einschneidende Reformen bei der inneren Verwaltung, Erziehung aller Nationalitäten im österreichischen Sinn, wirtschaftliche Reformen, Änderung der Verwaltungsstrukturen, der Schul- und Wehrgesetze u. a. m. „Die Regierung, welche die zahlreichen Anzeichen des Keimens und der mächtigen Entwicklung staatsfeindlicher Tendenzen in fast allen Kronländern mit slawischen oder italienischen Bewohnern nicht zu würdigen und deren zerstörende Folgen selbst in entscheidender Stunde nicht mit Erfolg zu bekämpfen vermochte, wird kaum den kommenden, unvergleichlich höheren Anforderungen gewachsen sein. Diese Umstände, welche die zweckentsprechende Neuorganisation der Monarchie und die gebotene machtvolle Entwicklung ihrer Wehrmacht äußerst nachteilig zu beeinflussen vermögen, veranlassen mich, die treugehorsamste Bitte zu unterbreiten, geruhen Euer Majestät mit der Leitung der Verwaltung der im Reichsrate vertretenen Königreiche und Länder eine Persönlichkeit zu betrauen, deren anerkannte Fähigkeit und unerschütterliche Energie eine glückverheißende Lösung der für das weitere Schicksal Österreich-Ungarns entscheidenden Fragen gewährleistet. – Erzherzog Friedrich.“[725]

Trotz der interessanten Konstellation, die diesem Vortrag des Armeeoberkommandanten zugrunde lag, scheiterte der Vorstoß. Der Kaiser war nicht gewillt, den österreichischen Ministerpräsidenten zu ersetzen, und ließ keine unmittelbare Reaktion auf das Schreiben seines erzherzoglichen Vetters erkennen. Das Scheitern dieses Versuchs zum Sturz Stürgkhs entmutigte aber keineswegs, und es verging nicht einmal ein Monat, ehe Mitglieder des Herrenhauses in drei Exekutivkomitees einen Gedankenaustausch pflegten, der erneut auf den Rücktritt Stürgkhs hinauslief. Am 27. Oktober 1915 sprachen die Herrenhausmitglieder Graf Gołuchowski, Freiherr von Czedik und Fürst Fürstenberg dem Ministerpräsidenten durch die Überreichung eines Memorandums das Mißtrauen aus.[726] Die Gründe, die sie vorbrachten, und die Versäumnisse, die sie der Regierung vorwarfen, waren teilweise andere als die vom AOK genannten. An erster Stelle wurde die sich rapid verschlechternde Ernährungssituation genannt. Die Regierung habe es nicht geschafft, eine umfassende Organisation der Lebensmittelversorgung zuwege zu bringen. Es bestehe die Gefahr, daß sich eine verzweifelte Stimmung herausbilde, die „einen bedrohlichen Charakter annehmen kann“. Die nächsten Punkte waren die mangelnde Vorsorge zur Lösung der sich nach dem Krieg ergebenden Fragen im wirtschaftlichen Bereich und des Verhältnisses zu Deutschland, die Neuordnung der innerstaatlichen nationalen und parlamentarischen Verhältnisse und vor allem auch das Verhältnis zu Ungarn. Dies deshalb, da in Österreich „ein starkes Empfinden herrscht, wonach die Geltung Österreichs gegenüber Ungarn in den Hintergrund zu treten droht“. Mit diesen Punkten sollte keine erschöpfende Darlegung der Versäumnisse und Schwächen der Regierung gegeben werden. Es reichte dennoch, und die Vertreter des Herrenhauses schlossen mit der Feststellung, „daß die Regierung diesen Anforderungen zu entsprechen nicht in der Lage ist“. Daher wären sie auch zu Stürgkh gekommen, um ihm dies „mit aller Offenheit“ zu erklären.

Auch diese Aktion führte nicht zum Sturz der Regierung oder auch nur zum Rücktritt des Ministerpräsidenten. Lediglich zwei Minister, darunter Innenminister Baron Heinold, wurden ausgetauscht. Der Ministerpräsident aber blieb und schien unbeeindruckt zu sein. Sein Rückhalt war der Kaiser, und daher schob er alle Vorbringungen und Klagen, ja sogar versteckte Drohungen, er müßte in Zukunft einmal Rechenschaft geben, beiseite. Er reagierte nicht auf die Angriffe der Christlichsozialen, die sich gegen ihn stellten und ihm vorhielten, daß der schlechteste Parlamentarismus immer noch besser sei als gar keiner.[727] Er reagierte aber auch nicht auf die Anwürfe von Politikern anderer Parteien und konnte aus den ungeheuer differierenden Auffassungen der nationalistischen Politiker wohl sogar eine gewisse Bestärkung seiner Auffassung ableiten. Der deutsche Nationalverband hatte schon 1914 die deutsche Staatssprache gefordert. Es war ebenfalls schon 1914 das Handels- und Wirtschaftsbündnis mit Deutschland als unverzichtbar hingestellt worden. Der Wiener Ordinarius für osteuropäische Geschichte, Hans Uebersberger, der an der Anklageschrift gegen Karel Kramář mitgewirkt hatte, trat für eine Militärdiktatur ein. Die Vertreter slawischer Nationalitäten widersetzten sich naturgemäß den deutschnationalen Forderungen mit Vehemenz. Konnte da wirklich vom Wiederzusammentritt des Parlaments sehr viel erwartet werden? Aus alldem resultierte aber nicht das Wissen um die Ersetzbarkeit, sondern ein Gefühl der Isoliertheit der Wiener Regierung und der Konkurrenz zu den anderen Machtzentren. Dabei war jeder zunehmend geneigt, nur seine eigene erlebte Wirklichkeit wahrzunehmen. Und dieses besondere Problem selektiver Wahrnehmung bestärkte jede der handelnden Personen noch in dem Bewußtsein, das Richtige zu tun. Meist ist es auch erst nachkommenden Generationen möglich, zwischen subjektiv richtig und objektiv falsch zu scheiden. Die Betroffenheit der Erlebenden war und ist in jedem Fall gegeben, und zwar millionenfach.

12

Sommerschlacht und „Herbstsau"

Der Vorrang der Kriegsschauplätze

Seit es Krieg mit Italien gab, war die Abstimmung der operativen Ziele der Mittelmächte noch schwieriger geworden. Im Osten, wo sich die großen Erfolge nach Tarnów-Gorlice in ihren Auswirkungen zunächst noch gar nicht absehen ließen, stimmte schließlich auch Falkenhayn dafür, weiterzustürmen und nicht nur die San-Dnjestr-Linie zu erreichen, sondern darüber hinaus zu gehen. Conrad, der als erster von Lemberg gesprochen hatte, dann aber Italien bewältigen mußte, wollte die Truppen auf dem nordöstlichen Kriegsschauplatz zwar nicht reduzieren, aber nach Erreichen der San-Dnjestr-Linie zur Verteidigung übergehen und alles, was an Truppen freizusetzen war, und zwar sowohl im Nordosten als auch und vor allem auf dem Balkan, gegen den neuen Feind, Italien, werfen. Gegen Italien, so meinte Conrad, müßte man mit aller Macht vorgehen und wie bei Tarnów-Gorlice österreichisch-ungarische und deutsche Truppen so zu kombinieren suchen, daß sie zu einem entscheidenden Schlag fähig wären. Falkenhayn aber begann mit einem neuen Feldzug gegen Serbien zu liebäugeln.

Für Österreich-Ungarn war mit dem südwestlichen Kriegsschauplatz das Prioritätenproblem in besonderer Weise ins Spiel gekommen, zumal es hier nicht nur galt, einen Krieg wie jeden anderen zu führen, sondern auch Frevelhaftes, Perfides, wie es Conrad nannte, zu bestrafen. Für die Deutschen besaß Italien aber keinerlei Dringlichkeit. Daher wurden alle Pläne für einen großzügigen Transfer österreichisch-ungarischer Truppen nach Italien und auch Überlegungen, die schon so weit gediehen waren, Feldmarschall Mackensen das Kommando über die Südwestfront anzubieten, hinfällig. Da die nötigen Kräfte für eine Offensive gegen Italien nicht zusammengekratzt werden konnten, einigte man sich notgedrungen am 21. Mai 1915 auf eine defensive Kriegführung gegen Italien. Doch wie sollte es im Osten weitergehen? Wie lange konnte das Deutsche Reich seinem westlichen Kriegsschauplatz so verhältnismäßig wenig Aufmerksamkeit schenken, obwohl es gerade dort seine Hauptgegner hatte?

Die Frage nach dem Vorgehen an der Italienfront, Unklarheiten über die Haltung Rumäniens, die Lage auf dem westlichen Kriegsschauplatz in Belgien und Frankreich und nicht zuletzt die zunehmenden Probleme der gemeinsamen Kriegführung gegen Rußland blieben nicht ohne Auswirkungen. Gerade als es in Galizien unaufhaltsam vorwärtszugehen schien, gab es bei der k. u. k. 7. Armee einen schweren Rückschlag: Das Infanterieregiment Nr. 36 kam bei Sieniawa in der Nacht zum 27. Mai 1915 ins Wanken und wurde völlig in die Flucht geschlagen. 31 Offiziere und 1543 Soldaten liefen in dieser Nacht davon. Die Front mußte im Abschnitt des Regiments um 15 Kilometer zurückgenommen werden. Die Sache war umso unerklärlicher, als einhellig festgestellt wurde, daß das Regiment während des Vormarsches tadellos gekämpft hatte. Und plötzlich gab es die Massendesertion, bei der rund die Hälfte der in der Front eingesetzten Soldaten davonlief. Die Folge war nicht nur die strafweise Auflösung des Infanterieregiments Nr. 36, die dem Kaiser vom AOK abgetrotzt wurde, sondern auch der Befehl, daß unzuverlässigen Truppen in der Verteidigung keine wichtigen Frontteile allein anvertraut und daß sie mit verläßlichen Truppen gemischt werden sollten.[728] Statt sich zu fragen, ob nicht auch andere Gründe im Spiel waren als nationalistische, statt klar einzugestehen, daß auch andere und sogar alpenländische Truppen versagten und vielleicht einen Vergleich mit den sich ebenfalls aus Jungbunzlau ergänzenden k. k. Landwehrinfanterieregimentern Nr. 10 und 12 vorzunehmen, wurde der Antrag auf Auflösung gestellt und auch noch wiederholt. Als ihm seitens des Kaisers endlich entsprochen wurde, teilte man die Soldaten dieses Regiments auf acht ungarische Regimenter auf. Es wurde also ähnlich verfahren wie nach dem Versagen des k. u. k. Infanterieregiments Nr. 28 in den Karpaten, das auf vier vorwiegend österreichische Infanterieregimenter (Nrn. 14, 27, 42 und 59) sowie auf die Kaiserjägerregimenter Nr. 1, 3 und 4 aufgeteilt worden war. Beim Versagen alpenländischer, schlesischer oder auch ungarischer Truppen wurden bei weitem nicht so strenge Maßstäbe angelegt. Das blieb natürlich nicht unbemerkt und war letztlich nur Ausdruck einer latenten Spannung, die sich irgendwo hinter den Erfolgen versteckte. Was an der Front vorging, wirkte sich sofort im Hinterland aus. Und nicht von ungefähr war es wieder Böhmen, in dem die Auswirkungen am stärksten zu spüren waren.

Die Rückschläge wurden aber durch die bereits erwähnte Einnahme von Przemyśl am 3. und 4. Juni 1915 ausgeglichen, ein Erfolg, bei dem nur ein Wermutstropfen im österreichischen Becher zurückblieb, nämlich der, daß den Hauptanteil an dieser Rückeroberung Przemyśls deutsche Truppen hatten. Dennoch war die Freude eine allgemeine, in der Monarchie wurden Glocken geläutet und wurde beflaggt. Und die Bereitschaft, im Osten weitere Vorstöße zu unternehmen und damit weitere Erfolge einzuheimsen, stieg erheblich. Nichtsdestoweniger fiel genau in diese Tage ein Vorschlag Falkenhayns, mit den Russen einen Frieden unter Zugrundelegung des territorialen Status quo zu schließen. Dieser Vorschlag, der mit der Weiterleitung des bereits bekannten Memorandums Conrads verbunden war, führte bis in die jüngste Zeit zu beträchtlichen Kontroversen in der deutschen Historiographie.[729] War die deutsche Reichsleitung schuld daran, daß man den Russen keine goldenen Brücken baute, oder aber traf es zu, was Bethmann Hollweg sagte, der unmittelbar nach dem Krieg, darauf angesprochen, meinte, die Russen wären durch die Erfolge der Mittelmächte nicht so beeindruckt gewesen, daß sie schon friedensbereit gewesen wären, und außerdem hätten sie sich eben erst in der Konvention mit Italien verpflichtet gehabt, keinen Sonderfrieden zu schließen.[730] Bei dieser Version stützte sich der deutsche Reichskanzler auf Sondierungen eines dänischen Vermittlers, des Reeders und Staatsrats Andersen, der eben zu dieser Zeit in St. Petersburg den Eindruck gewonnen hatte, der Zar wäre alles andere als friedensbereit gewesen. Vielleicht war damit wirklich noch nicht alles gesagt. Im Gegensatz zu Österreich-Ungarn sah aber die deutsche Reichsregierung zum damaligen Zeitpunkt noch zum allerwenigsten eine Notwendigkeit, den Krieg durch Sonderfriedensschlüsse und Nachgiebigkeit zu beenden. Bei Bethmann Hollweg mochte auch eine Rolle gespielt haben, daß nur der Krieg gegen Rußland die deutsche Sozialdemokratie bei ihrer Zustimmung zum Krieg hielt.[731] Wieder war jedoch eine Initiative zur partiellen Beendigung des Kriegs gescheitert, und wieder hatte sich gezeigt, daß gerade Bündnisse politische und militärische Teillösungen verhinderten.

Der Krieg im Osten ging weiter. Falkenhayn stimmte schließlich dem Vorschlag Conrads zu, als nächstes Operationsziel Lemberg zu wählen. Der Befehlsbereich Mackensens sollte um die k. u. k. 2. Armee erweitert werden. Aber für Lemberg wollte Conrad selbst das hinnehmen. Schon am 22. Juni wurde die Hauptstadt Galiziens von der k. u. k. 2. Armee zurückerobert, und somit war der größte Teil österreichisch-ungarischen Territoriums, der im August 1914 und in den Folgemonaten verlorengegangen war, wieder „fest in unserer Hand“.

Diesmal stimmte sogar die Optik: Mackensen hatte den Österreichern den Vortritt gelassen. Wieder gab es Glockenläuten, Fahnenhissen und Ovationen. Am Abend des 23. Juni fuhr Erzherzog Friedrich von Teschen in Richtung Lemberg ab, um dessen Rückgewinnung zu feiern. Allerdings ließ er sich weder durch den organisierten noch durch den spontanen Jubel auf der Fahrt beeindrucken. „Überall auf der Strecke Fackelzüge, Fahnen, Volkshymne u. s. w. Erzherzog rührt sich nicht, sondern ißt weiter! Und die ganze Umgebung macht, als ob es sie nichts anginge“, schrieb der den Erzherzog begleitende Oberstleutnant Schneller.[732]

Kaiser Franz Joseph ließ das Armeeoberkommando aber noch im Augenblick der Rückeroberung der Hauptstadt Galiziens wissen, daß man die Ruthenen, die zu einem nicht unerheblichen Teil mit den Russen kollaboriert hatten, schonen sollte. „Wir wollen als Befreier, nicht als Richter kommen“, telegrafierte er. Die Mahnung kam sicherlich zur rechten Zeit. Dennoch hatte es da und dort den Anschein, als ob man weit in Feindesland eingedrungen wäre.[733] Nicht nur, daß gegen die der Kollaboration verdächtigten Personen vorgegangen wurde, setzte auch sofort ein neuerlicher Zwang zur Kriegsleistung ein. Nacheinander hatte vor allem die Landbevölkerung für die eigene Armee, dann für die Russen und schließlich wieder für die k. u. k. Truppen zu arbeiten und oft kaum Möglichkeiten, sich um die Bestellung der eigenen Felder und die notwendigsten eigenen Arbeiten zu kümmern. Ludwig Hesshaimer, der zur Kunstgruppe des Kriegspressequartiers gehörte, schilderte die Szenerie mit wenigen Worten: „In jenen Gebieten des östlichen Kriegsschauplatzes wurden große Teile der Landbevölkerung zu Straßenregulierungen in Arbeiterkompanien formiert; wegen des Männermangels waren viele kräftige Frauen darunter ... In Miechów trugen sie alle weiße Leinwandflecken mit Nummern an den Oberarmen aufgenäht. Sie wurden auch zu Feldarbeiten herangezogen.“[734] Behinderte sumpfiges Gelände den Vormarsch, dann genügte die einfache Straßenregulierung nicht, denn um beispielsweise eine Mörserbatterie nach vorne zu bringen, wurden Knüppelwege gebaut, bei denen bis zu 30.000 Baumstämme verwendet wurden.[735] Arbeiterkompanien räumten auch die ungeheuren Schlachtfelder auf, „beerdigten die Toten, sammelten viele Tausende herumliegender Granaten, Zünder, Gewehre, Bajonette, Tornister und das Chaos aller anderen Dinge". Dazwischen versuchten Bauern, ihre Hütten wiederaufzubauen. „Einige schritten tiefernst über die zerstörten Äcker, von welchen man gerade zuvor die toten Krieger aufgelesen hatte. Reihen von Grabhügeln säumten die Straße, gleich daneben zog der Pflug seine Furche."[736]

Nach der Eroberung Lembergs sollten zwei Armeen unter dem Kommando Mackensens, nämlich die k. u. k. 4. Armee und die deutsche 11. Armee, nach Norden einschwenken und jene große und schon am Beginn des Kriegs überlegte Abschnürung Russisch-Polens bewerkstelligen, die noch ausständig war. Die k. u. k. 2. Armee wurde in ihrer Vormarschrichtung nach Osten belassen. Doch da die Ziele der gemeinsamen Offensive bereits bei weitem übertroffen worden waren, griffen wie von selbst Überlegungen Platz, mit dem Abtransport deutscher Truppen in den Westen zu beginnen. Dort hatte es zwar Abwehrerfolge in der sogenannten Winterschlacht in der Champagne gegen die Franzosen und ebenso bei Lille gegen die Briten gegeben. Doch dann war der Stellungskrieg trotz des erstmaligen Einsatzes von Giftgas im Frontbogen bei Ypern (22. April 1915) weitergegangen.[737] Es war also naheliegend, daß Falkenhayn dem Westen neue Kräfte zuführen wollte. Conrad aber setzte alles daran, um die Offensive im Osten fortzusetzen. Bei einer Audienz in Schönbrunn, die der Information des Kaisers über die Lage am russischen Kriegsschauplatz galt, hatte er Kaiser Franz Joseph auf die Frage, was man nach der Rückeroberung Lembergs machen würde, geantwortet, daß man mit der Offensive fortfahren müsse, um die Russen immer mehr zu schwächen. Vielleicht würden sie dann doch friedensgeneigt werden.[738] Für die Fortsetzung des Angriffs nach Rußland hinein brauchte man aber die deutschen Truppen, also hieß es abermals mit Falkenhayn über die nächsten Ziele zu verhandeln.

Am 28. Juni trafen sich die beiden Generalstabschefs, um die Grundzüge der nun folgenden Operationen festzulegen. Conrad, der nach der Einnahme Lembergs in den neu eingeführten Rang eines Generalobersten befördert worden war, konnte dabei als jemand auftreten, der eine späte Bestätigung seiner schon 1914 gefaßten operativen Gedanken erfahren hatte. Falkenhayn wiederum, der nach der Einnahme Lembergs zum Oberstinhaber des k. u. k. Infanterieregiments Nr. 81 ernannt worden war[739], konnte darauf verweisen, daß die Beistellung deutscher Truppen und eine maßgebliche deutsche Beteiligung an der Befehlsführung im Nordosten diese Erfolge im damals erkennbaren Ausmaß überhaupt erst ermöglicht hatten. Details der weiteren Vorrückung, Details der Befehlsführung und Truppenverwendung wurden bei dieser Gelegenheit ausgehandelt, natürlich nicht friktionslos, aber doch einem gemeinsamen Ziel verpflichtet. Die Offensive in Polen wurde fortgesetzt.

Wer aber gemeint hatte, die erfolgreiche gemeinsame Kriegführung würde vielleicht Verständnis und Sympathie zwischen den Deutschen und den „Kameraden Schnürschuh" wachsen lassen, der sollte sich wohl getäuscht sehen. Wieder drückte der preußische Kriegsminister Wild von Hohenborn die geringe Achtung besonders drastisch aus. Er war bei der Einnahme von Kraśnik, der sogenannten „zweiten Schlacht von Kraśnik" (1.–10. Juli)[740] dabei und schrieb darüber: „Und die Österreicher sind ja zu hundsmiserabel schlapp. Ich habe neulich bei Kraśnik ... Einblicke getan, die den Hund jammern ... Sie sind dann vorgegangen, daß man bei uns im großen Hauptquartier glaubte, sie seien nächstens in Warschau. Dann hat der Russe kehrt gemacht, und die braven Bundesbrüder sind einfach davongelaufen! Es ist hart! Aber man muß sie ertragen! Wir haben ja nichts Besseres."[741]

Im Juli wurden ansehnliche Fortschritte erzielt, schließlich Ende Juli Lublin genommen und am 1. August Cholm. Am 4. August eroberte die deutsche 9. Armee Warschau und die österreichisch-ungarische Armeegruppe Kövess (das verstärkte k. u. k. XII. Korps) Ivangorod. Damit war auch an diesem Punkt die Weichsel überschritten. Das Ende des großen Feldzugs im Osten schien gekommen.[742] Konzept für das Vorgehen nach der Rückeroberung der 1914 verlorengegangenen österreichisch-ungarischen Territorien gab es zumindest in Wien keines. Wie Conrad dem Kaiser in der erwähnten Audienz am 26. Juli sagte, hätten aber auch die Deutschen kein Konzept. „Sie haben keine Richtung, kein Programm."[743] Das Problem war, daß man Rußland gerne an den Verhandlungstisch bekommen hätte, doch keiner wußte, wie. Auch der Minister des Äußern, Burián, war ratlos, wie man mit dem Zarenreich in Friedensverhandlungen eintreten konnte. Das Deutsche Reich war mit seinen Versuchen zur Gesprächsanknüpfung bei zwei Gelegenheiten gescheitert, und im Fall Österreichs war mittlerweile die ukrainische Frage zu einem besonderen Problem geworden. Die Russen fürchteten, daß Österreich-Ungarn eine beträchtliche Anziehungskraft auf die Ukrainer ausüben würde. Sie hegten „Besorgnis vor der ukrainischen Bevölkerung, welche meistens mit Juden durchsetzt ist. Die Juden sind das revolutionäre Element in Rußland"[744], wußte Burián zu berichten. Wieder also blieb als der Weisheit letzter Schluß, den Krieg fortzusetzen.

Mitte August 1915, nach dem Fall von Kovno, entließ der Zar den russischen Oberbefehlshaber, den Großfürsten Nikolaj Nikolaevič, sowie das russische oberste Kommando und übernahm selbst den Oberbefehl. Infolge des russischen Desasters war es bereits zu kleineren revolutionären Aufwallungen gekommen. Die Entlassung des Großfürsten, der nach wie vor sehr polulär war, führte dann zu Studentenstreiks in St. Petersburg.

In Rußland erwartete man einen Angriff der deutschen Nordarmeen auf die russische Hauptstadt und eine gleichzeitige Marineoperation gegen die Küste. Und der Chef des Generalstabs im deutschen Oberkommando Ost, General Ludendorff, setzte seine Vorstellungen eines Angriffs im Norden auch in die Tat um. Er tat das allerdings wieder im strikten Gegensatz zu Falkenhayn und in Überschätzung der eigenen Kräfte.[745] Bereits in den Tagen der Eroberung von Warschau und Ivangorod hatte Falkenhayn das Ende der deutschen Operationen angekündigt, sobald die Linie Bug–Brest–Litovsk–Grodno erreicht sein würde. Nach Erreichung dieser Linie müßten sofort starke deutsche Kräfte für andere Kriegsschauplätze abgezogen werden. Im Osten sollte zur Verteidigung übergegangen und die Front so aufgeteilt werden, wie es der Länge der Grenzen der Mittelmächte zu Rußland entsprach, nämlich im Verhältnis Deutschland zu Österreich-Ungarn wie 9 : 7. Zugleich regte Falkenhayn eine Auflösung der Kooperation der Truppenverbände der beiden Heere an. Die deutschen Truppen der 8. Armee seien abzulösen, die Heeresgruppe Mackensen und die Armeeabteilung Woyrsch aufzulassen. Das sollte dazu dienen, das deutsche Schwergewicht wieder nach dem Westen zu verlegen, vor allem aber auch den von Falkenhayn schon längere Zeit überlegten Feldzug gegen Serbien zu führen.

Ein Feldzug gegen Serbien war in Deutschland alles andere als populär und wurde nur geplant, um endlich die Landverbindung mit der Türkei herzustellen, die Türken wirksam unterstützen zu können und an einem Ausscheren aus der Front der Mittelmächte zu hindern. Falkenhayn hätte sich mit der Planung einer Balkanoffensive zwar Zeit lassen können, da ihn Ende Juli ein Brief Enver Paschas, des Schwiegersohns des Sultans, erreichte, in dem vorgeschlagen wurde, die Mittelmächte sollten noch weiter nach Rußland vordringen, den Feldzug gegen Serbien gänzlich ausklammern und dafür in Richtung Odessa operieren. Da wäre dann die Türkei die Sorge los gewesen, die Russen könnten bei einem Stillstand der Operationen von der Ostsee bis in die Bukowina verstärkt an der russisch-türkischen Front im Kaukasus auftreten.[746] Hindenburg verlangte eine Operation des Nordflügels des deutschen Ostheeres nach Wilna, die Türken wollten eine Operation am Südflügel, und das Außenamt in Berlin wollte den Balkanfeldzug.[747]

Der deutsche Generalstabschef entschied sich schließlich für das letztere. Die Operation nach Odessa mochte ihm vielleicht doch recht unrealistisch vorgekommen sein und hätte überdies die Intensivierung der Zusammenarbeit mit den k. u. k. Truppen zur Voraussetzung gehabt. Vielleicht war Falkenhayn auch die permanente Auseinandersetzung mit dem Oberkommando Ost des deutschen Heeres müde. Denn seit er in Pleß eingezogen war, hatte sich das Verhältnis zu Hindenburg und Ludendorff immer mehr verschlechtert und war bei Ludendorff schon in blanken Haß umgeschlagen.[748] Da war das Verhältnis zwischen Falkenhayn und Conrad noch allemal besser. Zumindest legte man sich im beiderseitigen Verkehr noch einige Zurückhaltung auf und ließ den Animositäten nur in der internen Korrespondenz freien Lauf. So hielt Conrad in einem seiner Schreiben an die kaiserliche Militärkanzlei nach einem Besuch in Pleß am 10. August und nach einer dreistündigen Konferenz mit Falkenhayn fest: „Das ist wohl eine meiner härtesten Pflichten; es gehört eine unendliche Beherrschung und Selbstverleugnung dazu! Und was ich dabei an Ärger hinabwürge, läßt sich nicht beschreiben; aber der großen gemeinsamen Sache wegen muß es geschehen.“[749]

In der Zwischenkriegszeit ist man abseits der Memoirenwerke aus politischen Gründen bei der historischen Aufarbeitung über die Meinungsverschiedenheiten der Bündnispartner hinweggegangen und hat sie heruntergespielt. Die persönlichen Erinnerungen sprechen aber eine ganz andere Sprache. Und die Akten sind noch deutlicher. Der tatsächliche Anteil des k. u. k. Armeeoberkommandos an der Führung während des großen Feldzugs im Osten 1915 war wohl geringer als es die Darstellung in „Österreich-Ungarns letzter Krieg“ vermuten läßt. Die Beendigung der Zusammenarbeit im Sommer 1915 hatte daher ihre durchaus logischen Seiten, und die Loslösung wurde auch von beiden Seiten betrieben. Schließlich spielten bei ihr auch persönliche Animositäten eine Rolle. Dem AOK war es nicht verborgen geblieben, daß sich neue Achsen gebildet hatten und daß es nicht nur darauf ankam, das Verhältnis zu Mackensen oder auch zu Ludendorff im Auge zu behalten. Der Mann, auf den es ankam, war der Generalstabschef Mackensens, General Hans von Seeckt, der immer mehr den direkten Kontakt zu Falkenhayn hergestellt hatte und dabei sowohl Mackensen als auch das Armeeoberkommando überging. Zielscheibe deutscher Kritik wiederum war, abgesehen von Conrad, bei dem das noch relativ gemäßigt ausfiel, der Kommandant der k. u. k. 7. Armee, General der Kavallerie Karl Freiherr von Pflanzer-Baltin.

Conrad war mit dem Halt im Osten im wesentlichen einverstanden, allerdings hielt er die Front am Bug, nur 40 Kilometer ostwärts von Lemberg, für zu nahe, um die Gewähr zu haben, daß nicht eine neuerliche Gefährdung österreichisch-ungarischen Gebiets eintreten könnte. Die Offensive sollte also mit begrenzten Zielen fortgesetzt werden. Damit tat er den ersten Schritt, um deutlich zu machen, daß die k. u. k. Truppen ihren Angriff nach Osten fortsetzen würden, und das notfalls im Alleingang, wie schon 1914. Das war allerdings nur durch die gemeinsam errungenen Erfolge auf dem russischen Kriegsschauplatz möglich geworden. Conrad aber wollte die Erfolge der österreichisch-ungarischen Truppen herausstreichen, sie als den Deutschen völlig gleichwertige, den Russen aber überlegene Armee präsentieren, um dann, wenn es vielleicht doch zu Friedensverhandlungen kam, bessere Ausgangspositionen zu haben.[750]

Merkwürdigerweise haben die Erfolge der Mittelmächte bei ihrer gemeinsamen Kriegführung gegen Rußland vom Mai bis August 1915 nicht dazu geführt, daß die großen Chancen, die in diesem Zusammengehen erkennbar geworden sind, auch genützt worden wären. Die Erfolge führten ganz im Gegenteil dazu, daß man meinte, wieder zu einer getrennten Kriegführung übergehen zu können. Die Mühsal der Gemeinsamkeit war eine doch zu große, und für die nichtdeutschen Truppen der k. u. k. Armee war die deutsche Dominanz auch etwas Bedrückendes. Das Sterben und Leiden im Krieg für die Habsburgermonarchie mochte für die nichtdeutschen Nationalitäten noch hingehen, doch dasselbe für die Kriegsziele des Deutschen Reichs zu leisten, war nicht mehr einsichtig. Da das AOK um seine Gleichrangigkeit kämpfte und nach außen das Prestige wahren wollte, wurde die Unterstellung von k. u. k. Truppen, Armeen und Heereskörpern zu einem doppelten Problem. Natürlich war dieses Problem auf jeder Ebene verschieden und wurde von den deutschen Truppenführern auch nur aus deren Blickwinkel gesehen. Das unerfreuliche Nebeneinander hinterließ aber bei allen tiefe Spuren. Es wurden mühselige Konstruktionen gefunden, um nominell dem einen oder dem anderen einen Oberbefehl zu sichern und die Unterordnung deutlich zu machen.

Doch was sollte es: Jetzt war der Augenblick der Trennung gekommen. Die vollständige Entflechtung der deutschen und österreichisch-ungarischen Truppen gelang zwar nicht ganz, doch zweifellos waren sie jetzt wieder in einer relativen Unabhängigkeit voneinander, und österreichischerseits verlautete schon im Juli, daß man mit dem Ziel der Eroberung Ostgaliziens erneut zum Angriff antreten würde.

Die „schwarz-gelbe“ Offensive

Conrad war begierig, die Gelegenheit zu einem österreichisch-ungarischen Alleingang des Armeeoberkommandos zu ergreifen. Er hatte sich zuletzt ja auch in seiner Verantwortlichkeit für die Operationsplanung und -durchführung zusehends in Frage gestellt gesehen, da er sich mit seinen eigenen operativen Ideen nicht mehr gegen die ihm gönnerhaft freundlich erscheinende Art deutscher Generäle durchsetzen hatte können und die er gründlich satt hatte. Sein Ziel war es nun, die russische West- und Südwestfront, die durch die Pripjetsümpfe ohnedies schon geteilt war, noch weiter zu zersprengen. Damit sollte eine Operation eingeleitet werden, die dann als „schwarz-gelbe" Offensive die wiedergewonnene Handlungsfreiheit und Unabhängigkeit von der Deutschen Obersten Heeresleitung unter Beweis stellen sollte.[751]

Conrad wollte nach Rowno und wenn möglich bis Kiew vorrücken. Er meinte, es würde möglich sein, ergänzend dazu mit dem Nordflügel der Ostfront, den Armeen des deutschen Oberkommandos Ost, eine riesige Zangenoperation durchzuführen und 25 russische Divisionen einzuschließen.[752] Endlich bot sich die Gelegenheit, über Russisch-Polen hinaus auf das eigentliche Gebiet Rußlands vorzustoßen. Im Armeeoberkommando herrschte Hochstimmung über die wiedergewonnene Eigenständigkeit, und es sollte alles darangesetzt werden, um wieder zu einer Entflechtung mit den deutschen Truppen zu kommen.

Conrad informierte Falkenhayn über seine Absichten und mochte sich über dessen skeptische Reaktion wohl auch geärgert haben. Allerdings anerkannte auch Falkenhayn, daß mit Conrads Vorhaben zweierlei zu bewirken war: Wenn die österreichisch-ungarischen Truppen mit ihrer Offensive erfolgreich sein sollten, konnte es zu einer weiteren und erheblichen Schwächung der russischen Fronten kommen; zum anderen war in Rechnung zu stellen, daß ein Gelingen der Offensive das österreichisch-ungarische Selbstgefühl heben mußte. Da dies im Sinne der gemeinsamen Kriegführung etwas durchaus Begrüßenswertes gewesen wäre, fand sich Falkenhayn mit den Plänen Conrads ab. Denn es war wohl auch den deutschen Kommandobehörden und insbesondere dem deutschen Generalstabschef nicht verborgen geblieben, daß die Spannungen und Auseinandersetzungen über die Kriegführung schon längst den sachlichen Boden verlassen hatten und nur mehr persönlich geführt wurden. Wenn also die k. u. k. Armeen wieder dort anfangen konnten, wo sie im August 1914 zuversichtlich und voll glühendem Offensivgeist begonnen hatten, dann sollte es den Deutschen recht sein. Nur war zu fragen, ob man einfach wieder von vorne anfangen und Dazwischenliegendes ausklammern konnte. Es war auch zu fragen, ob das noch die alte Armee war.

Nach einem Jahr Krieg hatte Österreich-Ungarn bei mehr als 5,6 Millionen Soldaten, die bereits bei Kriegsbeginn vorhanden oder nach und nach eingezogen worden waren, einen Gesamtverlust von 56.989 Offizieren und Unteroffizieren sowie 2,484.548 Mann zu verzeichnen gehabt.[753] Jeder achte Offizier war gefallen und jeder zehnte Mann. An die 730.000 Offiziere und Soldaten waren kriegsgefangen oder vermißt, 928.000 waren unterschiedlich schwer verwundet worden. Die „alte Armee" war also schon längst nicht mehr existent, und mitten im Krieg wuchs eine neue Armee heran. Im Juli 1915 formierte man bereits die XIII. Marschbataillone und -eskadronen. Für die meisten Regimenter war jeden Monat ein Ersatzkörper formiert worden. Dennoch waren die Stärken an der Front eher zurückgegangen als angestiegen. Mit Stichtag 15. August 1915 hatten die österreichisch-ungarischen Armeen insgesamt an allen Fronten 29.113 Offiziere, 758.388 Mann und 48.594 Reiter stehen, jene kleinen Kontingente nicht mitgezählt, die an der Westfront oder im Vorderen Orient standen. Dazu kam noch die k. u. k. Kriegsmarine. Doch die rund 837.000 Mann an den Fronten waren weniger, als bei Kriegsbeginn vorhanden gewesen war. 1915 wurde der Jahrgang 1897 gemustert, doch das brachte nicht genug Ersatz. Conrad meinte am 21. Juli, man dürfe ob der günstigen Kriegslage nicht vergessen, daß das alles mit enormen materiellen und personellen Opfern erkauft worden sei und daß „insbesondere das Reservoire der personellen Mittel endlich zur Neige gehe“.[754] Schon mit Rücksicht auf das Kriegsjahr 1916 wurde die neuerliche Durchmusterung von bisher schon ein- oder zweimal gemusterten Jahrgängen verlangt. Außerdem sollten jene, die 1916 ihr 18. Lebensjahr vollenden würden, bereits im Dezember 1915 gemustert werden, um sie schon im Januar 1916 einberufen zu können. Dann wurde noch angeregt, die Landsturmpflicht auf das 17. Lebensjahr zu senken, doch dem widersetzte sich Ungarn. Wohl aber wurde der Austausch der fronttauglichen Leute in Etappe und Hinterland gegen das 2. Aufgebot des Landsturms vorbereitet. Da das 2. Aufgebot des Landsturms bis dahin noch nicht einberufen worden war, bedeutete auch diese Maßnahme eine weitere Steigerung der Kriegsanstrengungen.

Gleichzeitig wurden auch die großen Bereitstellungen um Wien und Budapest in den dortigen Brückenköpfen beendet. Die Soldaten der Wiener Schutzstellung waren ohnedies schon für alles mögliche verwendet worden, doch nur mehr zum Teil für militärische Aufgaben. 1915 hatten sie z. B. eine große Brennesselernte eingebracht, von der dann die Stiele an eine Spinnerei nach Komorn geliefert wurden. Aus diesen Brennesselfasern erzeugte man Stoffe.

Conrad konnte sich ausrechnen, daß ihm für seine „schwarz-gelbe“ Offensive nicht nur ausreichend Truppen, nämlich 38½ Infanterie- und achteinhalb Kavalleriedivisionen, zur Verfügung standen. Sie waren mit ihren rund 350.000 Mann vor allem an Infanterie den Russen der 8. Armee um rund die Hälfte überlegen.[755] Um Deckungen zu schaffen, wurden wieder unzählige Arbeitsbataillone eingesetzt. Wo es keine Männer gab, wurden nun, da man im Feindesland war, auch in noch größerem Umfang Frauen eingesetzt. Die „requirierten“ Bäuerinnen schufen Reservestellungen. Sie zogen die Schützengräben durch Äcker und Wälder, „lautlos und ergeben mit ihren schweren Schaufeln“, wie Hesshaimer schrieb. „Hier schaufelten die Frauen Deckung; so wie der Krieg es wollte, starben dahinter ihre eigenen Männer.“[756]

Am 26. August 1915 begann der Angriff. Die k. u. k. Armeen nahmen Grodno ein und konnten am 31. August Luck erobern. Brusilov zog sich über den Fluß Stryj zurück. Die k. u. k. 2. Armee (Böhm-Ermolli) schloß sich dem Vormarsch an. Conrad drängte die Armeekommandanten, nicht frontal anzugreifen, sondern einseitig zu umfassen. Jetzt ging es darum, alte operative Grundsätze der k. u. k. Armee zu realisieren und den operativen Flankenstoß anzubringen. Die k. u. k. 1. Armee unter dem Feldzeugmeister Puhallo und die Armeegruppe des Generals der Infanterie Roth sollten diese einseitige, weit nach Norden ausholende Umfassung bewerkstelligen. Doch Conrad war mit dem Fortgang der Operation nicht zufrieden, und der Rückzug der Russen nach Osten bestärkte ihn in diesem Eindruck. Schon am 28. August notierte sein Flügeladjutant: „In Ostgalizien gehen die Russen vor unserem Angriff zurück. Man hat nicht den Eindruck starker Kämpfe, die Wirkung der Operation gegen Luck macht sich fühlbar. Puhallo und Roth operieren aber so schlecht, so frontal, daß Chef abends ganz wütend ist.“[757]

Das Armeeoberkommando versuchte daraufhin, immer stärker in die Befehlsführung der 1. Armee und der Armeegruppe Roth einzugreifen. Der Kommandant der

4. Armee, General der Infanterie Erzherzog Joseph Ferdinand, bekam den Befehl über den gesamten Nordflügel übertragen, und Puhallo sollte nur mehr die 1. Armee kommandieren. Doch die Russen zeigten sich keineswegs beeindruckt, setzten sich immer wieder fest, zerstörten Brücken und Wege und hatten es schließlich auch dem Regen zu verdanken, daß die k. u. k. Truppen wieder einmal steckenblieben. General Ivanov, der Kommandant der russischen Südwestfront, befahl seinerseits Entlastungsangriffe aus dem Brückenkopf um Tarnopol und bedrohte dadurch die k. u. k. 2. Armee und die deutsche Südarmee (Bothmer). Conrad brauchte also einen Erfolg nördlich davon, in Wolhynien, schon deshalb, um den Druck von den eigenen Fronten zu nehmen. 14 Divisionen waren im Schwerpunkt der Kämpfe in Wolhynien eingesetzt, und es wollte nicht so recht einleuchten, weshalb sie nicht gegen sechs russische Divisionen durchdringen sollten. Die Umfassung im Norden, die Conrad im Auge hatte, fiel zu gering aus. Die Russen, die sich anhaltend kämpfend und geschickt verteidigend zurückzogen, konnten sich der Einschließung entziehen. Schließlich stellten sie sich im Raum Olyka neuerlich zum Kampf.

In den Teschener Stäben brodelte es. Der Chef der Italien-Gruppe, Major Karl Schneller, der die Operation im Osten schon deshalb mit besonderem Interesse verfolgte, da sie ja über die Möglichkeit einer baldigen Kräfteverschiebung nach dem Südwesten entschied, notierte am 3. September: „Diese ganze Operation gehört zu dem Schandvollsten, was wir an Führung geleistet haben. Eine Armee läßt sich von zwei Brigaden aufhalten und wurstelt so lange herum, bis wirklich stärkerer Feind da ist.“[758] Schließlich wurde im schärfsten Ton befohlen, die österreichisch-ungarischen Truppen vorzureißen; insbesondere sollten die Kommandanten zu einer effektiveren Führung gezwungen werden. Am 4. September verfügte Erzherzog Friedrich, daß die Armeekommandanten Befehle zu erlassen hätten, wonach keine Rückzugsweisungen mehr erteilt werden dürften. Was sich hier offenbarte, war aber ein Dilemma der österreichisch-ungarischen Führung, und insbesondere war es ein Dilemma ihrer Führer. Die Armeekommandanten und eine ganze Reihe von Korpskommandanten waren tatsächlich nicht in der Lage, eine selbständige operative Führung unter Beweis zu stellen. Sie zeigten einen Dilettantismus, der in der österreichischen Literatur nach dem Krieg meistens schamvoll verschwiegen wurde.

Es ist aber fast unbillig, Einzelpersonen herauszugreifen und sie zu kritisieren. Denn es waren ja nicht einzelne! Beginnend mit dem Armeeoberkommando und sich fortsetzend über die Armeekommandanten, die Korpskommandanten bis zu den Divisionären war immer wieder festzustellen, daß die Generalität häufig nicht entsprach, zu wenig Initiative entwickelte, gelegentlich nicht befehlstreu war und vor allem weder zu überzeugen noch zu begeistern vermochte. Auch dabei kann nicht nur einfach von Versagen gesprochen werden, denn die Gründe lagen teilweise wohl tiefer. Die Ausbildung der Offiziere in Friedenszeiten war offenbar nicht ausreichend und teilweise verfehlt gewesen. Im Krieg wurde sie noch kürzer und zwangsweise schlechter. Das Fehlende an Theorie und Praxis sollte durch Kriegserfahrung ersetzt werden. Es war auch zu berücksichtigen, daß in der Situation der wieder verselbständigten Heereskörper und Armeen auf deren Kommandanten eine zusätzliche Belastung zugekommen war, da sie unter Erfolgszwang standen und vom AOK sehr weitgesteckte Ziele genannt bekommen hatten. Schließlich aber wurde das Armeeoberkommando, das ebenso unter Erfolgszwang stand, nicht müde, immer stärker in die Befehlsführung einzugreifen, und begnügte sich nicht damit, nur die Ziele im großen zu benennen, sondern begann auch die Details zu regeln. Nichtsdestoweniger war schon zu fragen, ob die Idee der „Entmischung“ eine sehr glückliche gewesen war und wie lange es wohl dem AOK gelingen würde, seine Selbständigkeit gegenüber dem deutschen Verbündeten zu wahren. Gelang dies nicht, dann war bereits davon auszugehen, daß das Armeeoberkommando vollends unter die Räder der Deutschen Obersten Heeresleitung kommen und seine Gleichwertigkeit einbüßen würde.

Etwas Weiteres spielte in das Vorgehen im Osten hinein, nämlich die Verhandlungen mit Bulgarien über einen Kriegseintritt an der Seite der Mittelmächte. Denn während die k. u. k. Armeen mit ihrer „schwarz-gelben Offensive“ zu scheitern drohten, bereitete die deutsche politische und militärische Führung intensiv die Eroberung Serbiens vor. Damit im Zusammenhang stand das Verhältnis zu Rumänien, das durch Erfolge am russischen Kriegsschauplatz zu beeindrucken gesucht wurde, dem man österreichischerseits aber neuerlich geschwächt gegenübertrat. Nicht von ungefähr verlangte Deutschland von der Donaumonarchie in der Bukowina wie in Siebenbürgen Konzessionen an die Rumänen. Ein siegreiches k. u. k. Heer, ein nicht mehr anzuzweifelndes Armeeoberkommando hätte dem allen leicht trotzen können. Ein geschwächtes Heer und ein in seiner Kompetenz herabgemindertes Armeeoberkommando mußten hingegen zum Spielball werden. Damit war nicht mehr die Politik des Ballhausplatzes, die Entwicklung der Innen-, Wirtschafts- und Nationalitätenpolitik der Prüfstein für die Stellung der Habsburgermonarchie, sondern so gut wie ausschließlich die Stärke des Heeres.

Statt einer weit ausholenden Operation, wie sie zunächst einmal gedacht und befohlen worden war, wurde immer direkter nach dem Osten hin angegriffen. Das hatte aber auch einen guten Grund. Denn es blieb der österreichisch-ungarischen Heeresleitung nicht verborgen, daß die Russen alles an Verstärkungen heranholten, was sie irgendwo entbehren konnten, und daß es daher galt, möglichst rasch nach Osten vorzudringen, da es absehbar war, daß dieser Vorstoß sehr bald ein Ende haben würde. Dem Vorstoß nach dem Osten und der Operation über Luck hinaus nach Rowno wurde manches geopfert: Dem wurde geopfert, daß Truppen, die bereits für den Balkan vorgesehen waren, um am geplanten Feldzug gegen Serbien mit namhaften Kräften mitzuwirken, wieder zurückdirigiert und nochmals in die Schlacht im Osten geworfen wurden; zunächst handelte es sich um ein Korps. Es wurde in Kauf genommen, daß man für die Südwestfront keine Verstärkung freimachen konnte und dort eine Reihe von Krisen heraufbeschwor, nur weil man im Nordosten noch einen Erfolg haben wollte. Damit nicht genug, regte der Chef der Rußlandgruppe im AOK, Oberstleutnant Christophori, an, sogar Verstärkungen von der Südwestfront heranzuführen.[759] Das stieß naturgemäß auf den stärksten Widerstand des Italienreferenten, Major Schneller, und wurde auch nicht verwirklicht. Doch eben darin zeigte sich die Krise. Der Kulminationspunkt der Schlacht war bereits überschritten, und es war augenfällig geworden, daß sich die Russen nicht nur wieder erfangen hatten, sondern zum ersten Mal nach der Durchbruchsschlacht von Tarnów-Gorlice ihrerseits zur Offensive übergehen würden.

Ivanov setzte seine Hauptmacht gegen den an sich stärksten Teil der k. u. k. Nordostfront an, nämlich die Heeresgruppe Erzherzog Joseph Ferdinand. Aus den Rokitnosümpfen, die für größer angelegte Operationen als ungeeignet erachtet worden waren, dirigierte Ivanov Verstärkungen in den Raum der 8. Armee und versetzte damit Brusilov in die Lage, seine Unterlegenheit auszugleichen. Schließlich durchbrachen die Russen die österreichisch-ungarischen Stellungen am Stubiel.[760]

Der Angriff der Russen traf vor allem die k. u. k. 4. Armee, und die Stimmung dort wurde nicht von ungefähr mit der Situation und der Stimmung der Balkanstreitkräfte im Dezember 1914 verglichen. Der Kommandant des X. Korps etwa, Feldmarschalleutnant Martiny, notierte in sein Tagebuch: „Wir sind alle niedergeschlagen. Grund? Wo liegt er? In der kopflosen und unbegründeten Energie, die stets vom AOK von uns gefordert wird, bis die Ereignisse, Druck des übermächtigen Feindes und Erschöpfung der Truppen eine Katastrophe herbeiführen. Siehe Potiorek!" Im AOK wiederum notierte Schneller in sein Tagebuch zum 15. September: „Unerhört schlecht operiert die 4. Armee."[761] Im AOK war man über die geringe Kampfkraft und die schlechte Führung der Truppen bestürzt. Der Generaladjutant Conrads, Kundmann, notierte in sein Tagebuch: „Chef sagt: Mit unseren Truppen kann man keine Operation planen. Etwas so einfaches wie diese Operation, so etwas Sicheres, war im ganzen Krieg nicht, aber das ist auch verpatzt worden."[762]

Der Chef der Italiengruppe, Schneller, berichtete vom seelischen Zustand Conrads: „Conrad macht den Eindruck, daß ihm die Ereignisse sehr nahe gehen. Er ist eigentlich ein armer Mann. Ich sehe ihn heute, wie er orientiert wird. Er und alle ‚Gasdämpfe' über einer Karte: Brantner, Hauptmann im Generalstab, liest die Meldung der 4. Armee von einem nicht einmal aufgeklebten Hughes-Streifen herunter! Und da soll der Chef des Generalstabs einen Eindruck gewinnen."[763] Den hätte Conrad notfalls vorne gewinnen können, doch gehörte es zu seinen Eigenheiten, sich so gut wie nie ein unmittelbares Bild der Situation zu verschaffen. Conrad lehnte es ab, die Fronten zu besuchen.

Conrad und Falkenhayn berieten die Auswirkungen des russischen Gegenangriffs, und obwohl insbesondere Falkenhayn darauf hinwies, daß es zweckmäßig wäre, die österreichisch-ungarische Front zurückzunehmen, entschloß man sich dennoch, in den erreichten Linien zu verteidigen, da ein Rückzug auf die Moral der k. u. k. Truppen womöglich negative Auswirkungen gehabt hätte. Um die Truppen zu verstärken, wurde ein weiteres Korps, das für Serbien bestimmt gewesen war, im Nordosten verwendet. Deutschland schickte statt dessen Ersatz nach Syrmien.

Die sich abzeichnende Schlappe der k. u. k. Truppen hatte unmittelbare Auswirkungen und führte dazu, die Stellung Österreich-Ungarns gegenüber dem Deutschen Reich rapid zu verschlechtern. Die Deutsche Oberste Heeresleitung erklärte sich bereit, den Ausfall der k. u. k. Truppen auf dem Balkan auszugleichen. Das drohte den Balkan zu einem „deutschen" Kriegsschauplatz werden zu lassen, eine Aussicht, die vor allem Kaiser Franz Joseph beunruhigte. Doch angesichts der auf dem russischen Kriegsschauplatz entstandenen Situation war es sowohl der Deutschen Obersten Heeresleitung wie auch dem Armeeoberkommando klar, daß wiederum nur das Einschieben deutscher Verbände und eine teilweise Übernahme der Befehlsführung durch deutsche Generäle die Niederlage in einem erträglichen Maß halten konnte. Es hagelte abermals schwere gegenseitige Vorwürfe.

Daß Conrad versuchte, seinem Unmut Luft zu machen, und die Schuld bei anderen zu finden trachtete, ist bis zu einem gewissen Grad verständlich. Dem am 15. September im Armeeoberkommando anwesenden Baron Andrian vom Ministerium des Äußern fiel denn auch einiges auf, was bis dahin eher hinter vorgehaltener Hand getuschelt worden war. Andrian schrieb darüber an Außenminister Burián: „Glaube ich nicht unerwähnt lassen zu sollen, wie auffallend und wie leidenschaftlich Baron Conrad, als ich ihn im Auftrag Eurer Excellenz besuchte, seine Verstimmung gegen die obersten deutschen Factoren und insbesondere gegen General Falkenhayn Ausdruck gab. Die Zeiten, wo unser Generalstabschef seine Beziehungen zu seinem deutschen Kollegen im Gegensatz zu denen zu Marschall von Hindenburg und General von Ludendorff als angenehm bezeichnete, scheinen durchaus abgetan zu sein. Mit bitteren Worten ließ sich Baron Conrad über die Kleinlichkeit, Selbstüberhebung und mala fides der leitenden deutschen militärischen Factoren und über die Schamlosigkeit aus, mit der sie unsere geringen militärischen Ressourcen und das damit zusammenhängende Factum unserer Abhängigkeit von ihnen zu Erpressungen uns gegenüber benützen. Des längeren sprach er über einen Punkt, den ich schon früher von anderen Offizieren hatte beklagen hören, nämlich über den Mißbrauch, welchen die deutschen Führer mit den ihnen unterstehenden österreichisch-ungarischen Truppen treiben … Ich hatte den Eindruck, daß er nicht ohne an die kommenden Operationen im Südosten zu denken, sich so bitter über unsere Verbündeten ausließ, denen gegenüber man auch noch obendrein, wie er meinte, ‚Liebe und Dankbarkeit‘ heucheln müsse.“[764]

Conrad war zur Einsicht gelangt, daß die k. u. k. Armee das Steuer nicht mehr aus eigener Kraft würde herumreißen können, und entschloß sich, den deutschen Verbündeten wieder um Hilfe zu bitten. Die psychische Lage Conrads läßt sich leicht erahnen. Falkenhayn sagte ihm rasch die Entsendung von zwei Divisionen zu, unter der Bedingung, daß die deutschen Truppen und zwei k. u. k. Kavalleriekorps am Nordflügel der 4. Armee eingesetzt und die gesamte 4. Armee unter deutsches Kommando gestellt würden. Für diese Armeegruppe wurde General von Linsingen ausgesucht, der seinerseits unter dem Befehl des AOK stehen sollte. Das war ein schwerer Prestigeverlust, und Schneller notierte in sein Tagebuch: „Die Operation im Norden hat von den Jungtürken [d. i. den jüngeren Offizieren der Rußlandgruppe] den Namen ‚Herbstsau des k. u. k. Ostheeres‘ bekommen. Diese Herbstsau wird in mehrfacher Richtung ungeheure Nachwirkungen haben. 1) sind wir nun den Deutschen ganz ausgeliefert, 2) haben sie den Einsatz aller für den Balkan bestimmten Kräfte des nördlichen Kriegsschauplatzes herbeigeführt. Wir konnten also unsere Konvention mit Bulgarien nicht einhalten und haben daher dort – und in der Folge am ganzen Balkan – unser Prestige verloren.“[765]

Deutscherseits wurde darauf hingewiesen, daß die Stimmung Rumäniens und Bulgariens durch die Schlappe der k. u. k. Truppen in eine den Mittelmächten und vor allem den Österreichern gegenüber sehr negative Stimmung umgeschlagen habe. Bei Rumänien konnte sich dabei allerdings wohl nicht sehr viel verändert haben. Bulgarien aber wurde darin bestärkt, für eine gemeinsame Kriegführung gegen Serbien nur eine deutsche Befehlsführung zu akzeptieren. Es wäre jedoch auch zu einfach, wenn man herginge und die Weigerung Bulgariens, sich mit einer österreichischen militärischen Leitung abzufinden, nur auf die Niederlagen der k. u. k. Truppen auf dem Balkan 1914 und dann auf die Schwierigkeiten der „schwarz-gelben Offensive“ zurückführte. Das österreichisch-bulgarische Verhältnis wurde noch viel mehr dadurch belastet, daß sich Österreich-Ungarn bei Verhandlungen mit Bulgarien ebensowenig flexibel gezeigt hatte wie irgendwo sonst und auch nicht bereit war, den Bulgaren größere Gebietszuwächse auf Kosten Serbiens zu garantieren. Das war es vor allem, das in Bulgarien langfristig eine ungeheure Mißstimmung hervorgerufen hatte. Alles, was Bulgarien in den Verhandlungen mit dem Deutschen Reich zugestanden wurde, wurde von Österreich-Ungarn wieder in Frage gestellt.[766] Und das war ein politisches und kein militärisches Problem. Allerdings spielte auch in dieser Frage der österreichisch-ungarische Generalstabschef eine sehr wesentliche Rolle.

Das Armeeoberkommando mußte noch einmal zwei Divisionen, die schon in Richtung Balkan abgegangen waren, im Raum Budapest umdirigieren und wieder nach Ostgalizien werfen.[767] Die Situation hatte sich weiter verschlechtert, und nicht zuletzt nahmen die Russen in Wolhynien immer mehr Soldaten gefangen.[768]

Jetzt übernahm wieder der deutsche General Linsingen das Kommando über die Heeresgruppe, die bisher nach Erzherzog Joseph Ferdinand benannt worden war. An dessen Befehlsführung war schwerste Kritik geübt worden, nur hatte Conrad es offensichtlich nicht über sich gebracht, die Ablösung des Erzherzogs zu fordern, noch dazu, da er in den Kommuniqués des Kriegspressequartiers immer in den glänzendsten Farben geschildert worden war. Doch jetzt war zumindest ein Vorwand gegeben, um dem Erzherzog ein anderes Kommando zu übertragen. Am 23. September gelang es General Brusilovs 8. Armee, Luck wieder zu erobern, das bis dahin vom XIV. Korps des Generals Roth gehalten worden war. Es wurde bemängelt, daß Roth den Brückenkopf nicht früher und geordnet geräumt hatte. Dem deutschen Militärattaché Graf Kageneck gegenüber meinte Major Schneller, daß „ein Großteil unserer Generäle unfähig“ sei, und er setzte fort: „Das XIV. Korps scheint nun ganz zerdroschen zu sein.“ Über Roth ließ sich Schneller in seinem Grimm zu drastischen Ausdrücken hinreißen: „Der gehört schon mitsamt seinem Stabschef längst in die Würscht.“[769]

Der russische Erfolg hatte aber nicht nur zur Folge, daß die Verluste der k. u. k. Truppen enorm anstiegen und vor allem die Gefangenenzahlen in die Höhe schnellten. Die Russen konnten buchstäblich mit österreichischer Hilfe auch ihre Engpässe auf dem Sektor Infanteriewaffen und -munition überwinden. Die Infanteriemunition war zwar bald verschossen, da die Russen damit ungeheuer verschwenderisch umgingen. Ihrer eigenen Aufstellung zufolge verbrauchte jeder Mann statistisch im Monat 125 Schuß gegenüber 30, die ein Franzose verschoß, und 50, die ein britischer Soldat zur Verfügung hatte. Die Russen erbeuteten aber bei ihrer Gegenoffensive von den k. u. k. Truppen so viele Handfeuerwaffen, daß sie damit zwei Korps ausrüsten konnten. Die russischen Munitionsfabriken produzierten schließlich bis Anfang 1916 an die 37 Millionen Schuß des österreichischen Kalibers, um auch für die Beutewaffen genügend Munition nachschieben zu können.[770]

Es war auch wie verhext: Kaum hatte Linsingen das Kommando übernommen, setzte der Umschwung ein. Die Russen stellten die Offensive ein. Zwar wollte General Brusilov noch weiter vorgehen, doch der Befehlshaber der russischen Südwestfront, General Ivanov, befahl in dem Augenblick, da er vom erneuten Einschieben deutscher Truppen in die Front der Mittelmächte erfuhr, den Übergang zur Defensive. Der Schock von Tarnów-Gorlice saß noch tief in seinen Knochen. Obwohl Linsingen nun seinerseits zur Offensive übergehen wollte, beschlossen die Deutsche Oberste Heeresleitung und das k. u. k. Armeeoberkommando die Einstellung der Offensive. Falkenhayn hatte das Schwergewicht wieder nach dem Westen verlegt. Er forderte den Abzug des deutschen Alpenkorps aus Tirol. Allerdings wollte er die Kräfte, die für die Niederwerfung Serbiens gedacht waren, ungeschmälert erhalten. Daher wurde Mitte Oktober endgültig der Übergang zur Defensive befohlen.

Somit ergab sich ein Bild, das an Klarheit scheinbar nichts zu wünschen übrig ließ: Die „schwarz-gelbe Offensive" war gescheitert. Nicht nur, daß das strategische Ziel, die Armeen der russischen Südwestfront entscheidend zu schlagen, Rovno zu erobern und damit die russische Rochadebahn durch die Pripjetsümpfe zu unterbrechen sowie das österreichisch-ungarische Staatsgebiet vollends vom Feind zu säubern, gründlich verfehlt wurde, erlitt die k. u. k. Armee eine schwere Niederlage, die sie 230.886 Mann kostete. Von den darin enthaltenen 109.280 Vermißten waren nach russischen Angaben rund 100.000 Mann gefangengenommen worden. Die Ostarmeen fielen von einer runden halben Million Mann auf etwas mehr als die Hälfte ab.[771] Falkenhayn aber glaubte, daraus die Quintessenz ziehen zu können: Die „schwarz-gelbe Offensive" sei für die österreichisch-ungarischen Soldaten, die da glaubten, sie könnten Rußland besiegen, eine unmißverständliche Lektion geworden.[772]

Die Frage nach den Gründen für dieses Desaster kann unschwer beantwortet werden. Es war nicht etwa eine schlecht konzipierte Operation an sich, denn die Planung war durchaus logisch, der Ansatz der Truppen wohl ein richtiger gewesen. Aber es waren jene schweren Krankheiten, an denen die k. u. k. Armee schon längere Zeit litt, besonders hervorgetreten. Talente und Fähigkeiten der Offiziere reichten oft nicht aus, um die operativen Ideen umzusetzen. Mit geharnischten Befehlen und einer zunehmenden Rücksichtslosigkeit ließen sich bereits unsicher gewordene oder gar schon unzuverlässige Truppen nicht führen. Auch das Wetter war zu berücksichtigen, denn Anfang September war die Witterung umgeschlagen, und von diesem Tag an fiel fast ununterbrochen Regen, der in dem ohnedies nicht wasserarmen Gebiet die Flüsse anschwellen ließ und die Bewegung von Artillerie und Train stark behinderte. Das Scheitern war zum wenigsten eine Folge von zu geringen Mannschaftsstärken, einer nicht ausreichenden Bewaffnung oder fehlender Munition gewesen, denn alles das war gerade noch zufriedenstellend. Wohl aber sollte auch in Rechnung gestellt werden, daß ein Teil der Truppen übermüdet war. Denn sie waren, nimmt man etwa die 3. Infanteriedivision, vom 4. Mai bis Ende September an die 900 Kilometer marschiert und kämpfend vorgerückt. Die Kavallerie, die wohl wieder erstarkt war, konnte sich gegen die russischen Reiter nicht durchsetzen. Im Terrain der Polesie erwiesen sich die Russen als sehr viel heimischer als die k. u. k. Kavallerie, die noch dazu mit teilweise schlechten Karten ausgerüstet war.[773]

So fühlte sich schließlich einer vom anderen, fühlte sich eine Kommandostelle der k. u. k. Armee von der anderen um den Erfolg betrogen. Schwerwiegend dürfte bei den Frontkommandanten der Vertrauensverlust in Conrad als Feldherrn und in das gesamte Armeeoberkommando gewirkt haben. Feldmarschalleutnant Martiny drückte das wahrscheinlich besonders prägnant in seinem Tagebuch aus, wenn er notierte: „AOK prügelt alle A(rmee)-Kommanden, die keine eigene Meinung haben dürfen und nicht den Mut, offen aufzutreten. Die paar Generalstäbler dort sind ein Unglück für die Armeen. Immer rücksichtslose Offensive ohne Maß und Vernunft. Abschießen und Bloßstellen der Führer, die darauf nicht eingehen wollen, und die Folgen stellen sich jetzt ein. Dieses Verhalten des AOK (ob Conrad etwas davon weiß, ist sehr fraglich) ist ein Unsegen und Unstern für die ganze Kriegführung und hat schon viele bedauernswerte Folgen gezeitigt. Es wäre hoch an der Zeit, mit einem scharfen Besen dort zu kehren!"[774]

Einer fand sich offenbar auch, der schließlich den stellvertretenden Chef der kaiserlichen Militärkanzlei über Interna des Armeeoberkommandos und persönliche Einschätzungen informierte, nämlich der Flügeladjutant des Erzherzogs Friedrich, Baron Mor-Merkl. Allerdings wurde ihm nicht sehr viel Dank zuteil. Schon am 24. Oktober hieß es: „Mor wird abgesägt. Man scheint darauf gekommen zu sein, daß er Marterer über die Herbstsau informierte."[775]

Daß der Kulminationspunkt der Schlacht im Osten überschritten war, wurde noch dadurch unterstrichen, daß der Kampfwille rapid absank. So waren bei der am schwersten betroffenen 4. Armee fast 62 Prozent der Verluste Vermißte, von denen der allergrößte Teil als gefangen gelten mußte.[776] Beim deutschen Heer gingen bis Ende 1915 durchschnittlich 5,2 Prozent der Offiziersverluste auf Vermißte und Gefangene zurück. Im Feldzug von Rovno der k. u. k. Armee waren es aber fast 30 Prozent und bei der 4. Armee fast 33 Prozent gewesen. Bei den Deutschen errechnete man das Verhältnis der kranken zu den verwundeten Offizieren bis Ende 1915 mit 1 : 2,4; in der österreichisch-ungarischen Armee überwogen jedoch auffallenderweise die kranken gegenüber den verwundeten Offizieren im Verhältnis 1,6 : 1.[777] Da die Meldungen über die Verluste offenbar nur sehr kursorisch erfolgten, bemächtigte sich das Gerücht der Zustände am nordöstlichen Kriegsschauplatz. Der Kaiser forderte Aufklärung, die Militärkanzlei verlangte detaillierte Berichte. Das Armeeoberkommando aber antwortete in einem, wie Feldmarschalleutnant Marterer am 26. September notierte, herablassenden Tone, man solle „unverantwortlichen Gerüchten nicht glauben". Die Lage wurde als durchaus günstig dargestellt.[778] Dabei wurde nicht erwähnt, daß sich wieder ganze Regimenter aufgelöst hatten, wie seinerzeit das Infanterieregiment Nr. 36. Es hatte eminente Krisen bei der 19. Infanteriedivision gegeben, die sich vorwiegend aus Tschechen und Ruthenen zusammensetzte, ferner beim Feldjägerbataillon Nr. 22 (Eger) und beim bosnisch-herzegowinischen Infanterieregiment Nr. 1 sowie anderen Truppenkörpern. Sie verschwanden teilweise spurlos und liefen zu den Russen über. Die Folge von Massendesertionen bei einem Truppenkörper war, daß auch für die anderen die Hemmschwelle heruntergesetzt wurde, denn warum sollten gerade sie ausharren? Nichtsdestoweniger konnte die Front als konsolidiert angesehen werden. Die Russen waren zu keinem größeren Angriff mehr fähig, ehe sie nicht eine vollständige Reorganisation ihrer Armeen durchgeführt und diese wieder aufgefrischt hatten. Und die Truppen der Mittelmächte bezogen die sogenannte „Dauerstellung", in der sie sich eingruben und auf die Abwehr beschränken wollten. Die Schwergewichte der Mittelmächte verlagerten sich im Fall Deutschlands an die Westfront, jene Österreich-Ungarns in den Südwesten und für beide schließlich auch auf den Balkan.

Die vierte Offensive gegen Serbien

Am 4. Oktober 1915 schrieb der Chef des Generalstabs der k. u. k. Armee an den Chef der Militärkanzlei, er würde am darauffolgenden Tag aus Teschen abreisen, um dem Kaiser über dessen Wunsch Vortrag zu halten. „... dabei komme ich auch in die Lage, Allerhöchst seiner Majestät über die bevorstehende Aktion im Südosten zu referieren, sowie kurz auch über die Vorgänge hier im Norden, das ist über die ernste Krise, die wir hoffentlich glücklich überstanden haben. Daß es mir dabei nicht leicht fiel, wieder deutsche Hilfe anzurufen, wirst Du mir gerne glauben, noch viel mehr aber drückt mich, daß unseren Krieg gegen Serbien, wohin alle unsere Traditionen weisen und den ich im Jahre 1909 erträumte, nunmehr die Deutschen führen. Aber dieses Jahr hat mich gelehrt, Bitterkeiten zu ertragen; und so muß auch diese hingenommen werden; hoffentlich ist es zum guten Ausgang für die gemeinsame Sache."[779]

Picken wir uns ein paar Worte heraus: ... unser Krieg gegen Serbien, wohin alle unsere Traditionen weisen, ... nunmehr die Deutschen führen. Nichts konnte die Stellung der Habsburgermonarchie, ihrer Armeen und ihrer militärischen Führer deutlicher hervorheben als diese von Enttäuschung und Bitterkeit diktierten Worte. Fast scheint es, als ob man schon der von Hugo Kerchnawe 1908 in dem Buch „Unser letzter Kampf" entworfenen Vision nahe gekommen war: Als Österreich-Ungarn seine Kräfte verbraucht hatte, wurde es von Deutschland überrannt. Die Waffenbrüderschaft war zur Konkurrenz geworden. „Unser" Krieg wurde von den Deutschen geführt. In einem höheren Sinn mochte es vielleicht schon längst ein deutscher Krieg sein.

Über die Wiederaufnahme der Offensive gegen Serbien war seit dem Frühjahr 1915 gesprochen worden, und schon damals hatte der deutsche Generalstabschef klargemacht, daß er bereit sei, deutsche Truppen dorthin zu schicken. Serbien schien den Deutschen auch bereits im Sommer 1915 wichtiger zu sein als Rußland, was leicht erklärlich war. Für Rußland zeichnete sich kein größeres strategisches Ziel ab, denn nur irgendwohin zu marschieren und einfach weiterzukämpfen ergab kaum Sinn. Mit der erhofften Niederwerfung Serbiens aber sollte ein Dominoeffekt erzielt werden: Fiel Serbien, dann sollten auch Rumänien und Bulgarien ihre Haltung ändern. Die Türkei würde wirkungsvoll zu unterstützen sein, Montenegro ließ sich als eine Art Zubuße mitnehmen. Auswirkungen auf Griechenland waren unvermeidlich, kurzum, der gesamte Balkanraum würde eine andere Gestalt annehmen und die Kriegführung verändern. Falkenhayn hatte wohl auch meinen können, daß sich Österreich-Ungarn derartigen Überlegungen denkbar leicht zugänglich zeigen würde, denn der Balkan war ja sein „Hinterhof". Statt dessen brachte Conrad den Ideen einer Wiederaufnahme der Operationen nach Serbien hinein bestenfalls höfliches Interesse entgegen. Ihm schien Italien viel wichtiger zu sein. Falkenhayn aber ließ nicht locker und begann bereits Ende Juli 1915 mit den konkreten Vorbereitungen. Sollte es noch eines Beweises bedurft haben, daß für Conrads Zögern, auf die deutschen Pläne einzugehen, noch anderes als die Lage am Isonzo maßgeblich war, so wurde dies in einem Kommentar zu den bereits konkretisierten Vorschlägen Falkenhayns über das Zusammengehen mit Bulgarien deutlich: „Das ist ein Politikum. Mit dieser Operation dankt Österreich-Ungarn als Großmacht ab; die Führung geht in die

Hände Deutschlands über. Wenn dort [gemeint: gegen Serbien] ein deutscher Feldherr führt, so haben wir dort abgedankt."[780] Außerdem vertrat Conrad noch Anfang September die Auffassung, daß es am besten wäre, sich mit Serbien zu arrangieren.[781]

Doch die Entwicklung war über diese Einwände und Spekulationen hinweggegangen. Anfang August traf ein bulgarischer Unterhändler im deutschen Großen Hauptquartier in Pleß ein. Er sollte die noch ausstehenden politischen und militärischen Absprachen treffen und vor allem den Preis für den Kriegseintritt Bulgariens aushandeln. Denn Bulgarien, das ein Jahr lang auch mit der Entente verhandelt hatte und beispielsweise in Großbritannien durchaus Sympathien genoß, wollte das serbische Mazedonien als Siegespreis einstreifen und so den Verlust des zweiten Balkankriegs ausgleichen.[782] Die Ententemächte ihrerseits hatten sich gewunden und keine klaren Zusagen machen wollen bzw. können, da Serbien nicht mitspielen wollte. Seitens der Mittelmächte war wiederum besonderes Augenmerk auf Rumänien und Griechenland zu richten gewesen, denn man wollte sich ja keine zusätzlichen Feinde einhandeln. Griechenland machte deutlich, es würde bei einem Angriff Bulgariens auf Serbien in den Krieg eingreifen. Sollte allerdings ein deutscher und österreichisch-ungarischer Angriff auf Serbien erfolgen und Bulgarien lediglich teilnehmen und nachkommen, sähe Griechenland keinen Grund zum Eingreifen. Das war ein subtiler Unterschied! Rumänien wiederum hatte den Kriegseintritt Italiens ungenützt verstreichen lassen und wollte weiter abwarten, wie sich der Krieg entwickeln würde. Schließlich gaben die Türken den Ausschlag: Da für das Osmanische Reich die Fortsetzung des Kriegs davon abhing, daß die türkischen Truppen raschest Waffen und Munition auf dem Landweg zugeführt bekamen, willigte die Hohe Pforte in territoriale Konzessionen gegenüber Bulgarien im Gebiet der Maritza ein.[783] Am 6. September kam der Abschluß des Bündnisses der Mittelmächte mit Bulgarien zustande, und zwar in Form eines deutsch-bulgarischen Freundschaftsvertrags ohne Beteiligung Österreichs, eines deutsch-bulgarischen Geheimvertrags über territoriale Veränderungen gegenüber Serbien und einer Militärkonvention, an der auch Österreich-Ungarn beteiligt war. Die militärischen Operationen sollten nicht später als 30 Tage nach Abschluß des Bündnisses beginnen. Jetzt war nur noch die Frage des Oberbefehls zu lösen.

Falkenhayn steuerte sein Ziel entschlossen an. Mackensen sollte es sein. Der aber sollte seine Befehle unmittelbar von der Deutschen Obersten Heeresleitung erhalten. Falkenhayn begründete das damit, daß die Operation deutscherseits angeregt worden sei und hauptsächlich mit deutschen und bulgarischen Truppen geführt würde. Die Befehlsführung durch einen deutschen General sei ferner Gegenstand des Vertrags mit Bulgarien. Das war zweifellos richtig, doch es hatte noch nicht zu besagen, daß der Oberbefehlshaber gegen Serbien auch schon von der Deutschen Obersten Heeresleitung abhängen mußte. Conrad versteifte sich auf einen österreichisch-bulgarischen Oberbefehl, denn etwa die Hälfte der Armeen (er rechnete nicht mit Divisionen, denn da wäre die österreichische Minderzahl deutlich geworden) sei von der Donaumonarchie zu stellen. Für Logistik und Transportraum käme auch, und zwar in erster Linie, Österreich-Ungarn auf. Ein Balkankrieg unter oberster Leitung eines preußischen Generals würde, so meinte Conrad, „die Stellung der Monarchie auf dem Balkan schwer schädigen, dem Volksempfinden in den Balkanstaaten, ebenso auch dem der Völker der Monarchie unverständlich bleiben und zuwiderlaufen". Falkenhayns Hinweis, Deutschland habe bedeutende Interessen auf dem Balkan, schleuderte Conrad das Bismarck-Wort entgegen, der Balkan sei den Deutschen bisher ja nicht den Knochen eines einzigen pommerschen Grenadiers wert gewesen.[784]

Doch Conrad hatte selbst kaum mehr Mittel, gegenzusteuern, denn die Monarchie hatte als Großmacht bereits abgedankt und war politisch, militärisch und vor allem auch wirtschaftlich von Deutschland ins Schlepptau genommen worden. Das Deutsche Reich entschied über die Struktur des Bündnisses, entschied darüber, ob auf einem Kriegsschauplatz eine strategische Offensive zu beginnen war oder nicht. Die Deutsche Oberste Heeresleitung verfügte über die Truppen und entschied über deren Führung, und dem k. u. k. Armeeoberkommando waren nur mehr einzelne Frontbereiche geblieben. Doch Österreich-Ungarn konnte gar nicht anders, als letztlich die deutschen Pläne mitzumachen, und noch dazu trat es wegen der Schlappen in Rußland in einer regelrecht untergeordneten Stellung an. Aber die k. u. k. Armeen taten auch einiges dazu, um sich die Achtung der anderen zu verscherzen. Die selbst verschuldeten Rückschläge in Ostgalizien waren nur ein Moment. Ebenso aber setzten schon altbekannte Umtriebe ein, als es darum ging, den Oberbefehl über die k. u. k. Truppen im bevorstehenden Feldzug zu regeln. Vorgesehen war als Kommandant der nunmehr als 3. Armee bezeichneten Streitmacht General der Kavallerie Carl von Tersztyánszky. Der aber hatte sich nicht nur bei den ungarischen Militärbehörden, sondern auch bei Tisza unbeliebt gemacht, daher wurde er von Tisza gegenüber dem Kaiser und ebenso in einem Schreiben an Erzherzog Friedrich beschuldigt, „aufgeregt und nervös" zu sein.[785] Conrad tobte, daß man nicht zulassen könne, daß ein Ministerpräsident einen Armeekommandanten wegschicke. Da der Kaiser aber Tisza willfahren wollte und die Ernennung von Feldzeugmeister Baron Hermann Kövess von Kövessháza, eines Tisza genehmeren Generals, befahl, blieb dem Armeeoberkommando nichts anderes übrig, als diese Ernennung am 19. September bekanntzugeben.

In die letzte Phase der Kämpfe am nordöstlichen Kriegsschauplatz mischten sich also bereits die Berichte vom Balkan. Das Heeresgruppenkommando des Generalfeldmarschalls Mackensen hatte sein Hauptquartier in Temesvár eingerichtet. Von dort gingen die Befehle an die bulgarische 1. Armee, die deutsche 11. Armee und die k. u. k. 3. Armee in Neusandez weiter. Deutschland hatte statt der zunächst vorgesehenen sechs gleich zehn Divisionen an die serbische Front verschoben. Zwei dieser Divisionen unterstanden der k. u. k. 3. Armee, alle anderen waren in der deutschen 11. Armee konzentriert. Conrad war sich eigentlich darüber im klaren gewesen, daß er mit der Forderung nach einem österreichisch-ungarischen Oberbefehl nicht durchkommen würde. Also hieß es, wie er dem Chef der Militärkanzlei am 4. Oktober schrieb, „Bitterkeiten zu ertragen". Es bleibe nur eines über, „entschlossen und resigniert durchhalten".[786] Das einzige, was Conrad noch erreichen konnte, war die fragwürdige Lösung, daß in den Abmachungen mit Bulgarien die Frage des Oberbefehls nicht erwähnt wurde. Wohl aber sollten als Ergebnis einer internen Regelung der Zweibundpartner die Befehle an Mackensen vom k. u. k. Armeeoberkommando weitergeleitet werden. In der Praxis klappte das nie, und schon der erste Befehl Falkenhayns an Mackensen lief am AOK vorbei.

Wer nun gemeint hatte, mit der Entscheidung über die Befehlsführung und mit dem merkwürdigen Verfahren, daß angesichts der unüberbrückbaren Gegensätze der frisch Verbündeten im Vertrag mit Bulgarien über ebendiese Befehlsführung kein Wort enthalten war, wären auch schon alle Schwierigkeiten überwunden gewesen, der täuschte sich gründlichst. Es gab, wie fast nicht anders zu erwarten war, auch erhebliche Differenzen um die große operative Anlage des Feldzugs gegen Serbien. 1914 war der Vorstoß über Save und Donau lediglich als etwas gesehen worden, das Kräfte binden sollte, bis die k. u. k. 5. und die 6. Armee eine weiträumige Umfassung und Abschnürung der Serben in die Wege geleitet hätten. Conrad konnte sich von diesem Gedanken nach wie vor nicht trennen. Er stieß damit aber auf keinerlei Gegenliebe Falkenhayns, der die Heeresgruppe Mackensen aus Syrmien direkt ansetzen wollte, sehr stark den geographischen Gegebenheiten und den historischen Vorbildern verpflichtet, die ja alle den direkten Weg nach Belgrad gesucht hatten und dann weiter nach Süden vorgedrungen waren. Für Falkenhayn waren die österreichisch-ungarischen Kräfte in Bosnien und der Herzegowina ebenso wie die bulgarische Armee nur dazu da, um die Abschnürung der im Norden konzentrierten Serben vorzunehmen. Doch die Hauptmacht sollte die Donau und die Save mit den großzügig bereitgestellten Brückenmaterialien und unter dem Schutz der k. u. k. Donauflottille überwinden, Belgrad nehmen und dann das Morawatal erreichen. Falkenhayns Vorstellungen zufolge sollte Mackensen den Flußläufen folgend operieren, die Täler ausnützen und nur dann in die Berge eindringen, wenn das unvermeidlich wäre. Für diesen Fall wurde das deutsche Alpenkorps, das vorher an der Italienfront eingesetzt gewesen war, auf den Balkan gezogen und verstärkte dort die deutschen Truppen.

Dem Angriff der deutschen, österreichisch-ungarischen und bulgarischen Kräfte konnte Serbien nicht widerstehen. In einem schon an die Blitzfeldzüge des Zweiten Weltkriegs gemahnenden Feldzug von wenigen Wochen wurde Serbien niedergeworfen. Am 6. Oktober 1915 begann der Feldzug, einen Monat später war er vorüber.[787]

Nachdem sich die deutsche 11. Armee unter General der Artillerie von Gallwitz mit acht Infanteriedivisionen nördlich der Donau zwischen Pancsova und Rama versammelt, die bulgarische 1. Armee unter Generalleutnant Bojadjieff mit viereinhalb Infanteriedivisionen entlang der bulgarischen Westgrenze aufmarschiert und auch die k. u. k. 3. Armee unter General der Infanterie von Kövess mit acht Infanteriedivisionen, davon zwei deutsche, und fünf Brigaden nördlich von Save und Donau bei Mitrovica und Belgrad sowie entlang der Drina die Ausgangsstellungen bezogen hatten, besaßen die Verbündeten eine markante Überlegenheit, da sie rund 500.000 Mann gegen 250.000 Serben einsetzen konnten. Die Artillerievorbereitung begann bereits am 5. Oktober. Tags darauf bauten österreichisch-ungarische Sappeur- und Pionierbataillone eine Pontonbrücke, über die es am 7. Oktober zwei k. u. k. Infanterieregimentern gelang, die Donau zu übersetzen. Von der Donau her unterstützten die Monitore der k. u. k. Donauflottille den Kampf um die alte Belgrader Festung, den Kalemegdan. Von Westen her griffen zwei deutsche Divisionen, die zuerst die Save übersetzt hatten, in den Kampf um die serbische Hauptstadt ein. Am 11. Oktober war Belgrad im Besitz der Mittelmächte. Donauabwärts hatte mittlerweile die Masse der deutschen 11. Armee bei Semendria die Donau überschritten. Wohl keinem fiel es dabei auf, daß er an Temes Kubin vorbeikam, das irgendwann einmal in Verbindung mit der Entfesselung des Kriegs gestanden war. Die Serben mußten rasch nach Süden zurückweichen.

Jetzt erst, am 14. Oktober, erfolgte die Kriegserklärung Bulgariens. Bulgarische Truppen stießen auf Niš vor und unterbrachen südlich davon die Bahnlinie nach Saloniki. Damit war ein rascher Antransport französischer und britischer Truppen der „Orientarmee“ des Generals Sarrail zur Unterstützung der Serben praktisch unmöglich geworden, obwohl die Franzosen bereits bei Gevgelija standen. Die deutschen Truppen machten jedoch dieselben Erfahrungen, die seinerzeit die k. u. k. Armeen bei ihren Offensiven nach Serbien gemacht hatten: Der Regen und die zahllosen Fuhrwerke machten die wenigen Straßen in kürzester Zeit fast unpassierbar, der Nachschub konnte nur mehr mühsam vorgebracht werden, und vor allem das Nachziehen der Artillerie und der Transport der Geschützmunition waren kaum mehr möglich. Die von der Drina und aus dem Vardartal angreifenden österreichisch-ungarischen und bulgarischen Truppen konnten die Serben nicht abschnüren, so daß es den schon stark dezimierten Verbänden des Woiwoden Putnik gelang, sich in das Kosovogebiet zwischen Mitrovica und Priština durchzuschlagen. Ein Durchbrechen nach Skopje war jedoch nicht mehr möglich, da hier bereits die Bulgaren standen. Jetzt spielte es eigentlich keine Rolle mehr, ob man den Serben mit mehr oder weniger Artillerie folgte: Sie hatten so viel eingebüßt, daß sie den Widerstand kaum mehr aufrechterhalten konnten. Die Kriegsgefangenen, die in die Hände der Mittelmächte fielen, sprachen eigentlich für sich. Sie verkörperten tiefstes menschliches Elend. „Das war in Fetzen gehüllter Hunger und seelische Not. Die Reste der geschlagenen, flüchtenden Armee hatten auf ihrem Rückzug unvorstellbar Grauenhaftes erlitten. Dieser Zusammenbruch war, jenseits der Frage nach Sieg oder Niederlage, eines der erschütternden Dramen des großen Krieges“, notierte Hauptmann Hesshaimer, der wieder ausgeschickt worden war, um seine Eindrücke für das Kriegspressequartier zu zeichnen und zu malen.[788] Den Resten der serbischen Armee blieb nur mehr der Weg nach Montenegro.

13
Kriegsziele und Mitteleuropa

Am 6. November 1915 trafen sich Falkenhayn und Conrad abermals in Pleß. Doch wer gemeint hatte, der Feldzug von vier Wochen und das enge und erfolgreiche Zusammenwirken auf einem Kriegsschauplatz würden eine merkliche Besserung des Verhältnisses der Generalstabschefs zur Folge gehabt haben, sah sich abermals getäuscht. Das Gemeinsame trennte mehr, als es verband. Conrad hatte, wie es scheint, auch nur darauf gewartet, deutlich zu machen, daß er sich noch keineswegs der deutschen Dominanz beugen wollte. Er mochte auch dem deutschen Amtskollegen den Erfolg neiden, den dieser mit seinem Drauflosoperieren in Serbien gehabt hatte, ganz anders als seinerzeit Potiorek mit dem von Conrad gebilligten Plan eines Vorgehens aus Bosnien und der Herzegowina. Da die Entwicklung in der zweiten Feldzugsphase aber aus vielen Gründen nicht in Conrads Konzept paßte und sich die Deutschen nicht bereitfinden wollten, die österreichischen Argumente entsprechend zu berücksichtigen, konnte das Einvernehmen schließlich kaum mehr aufrechterhalten werden. Schlechte Vorzeichen also für eine Zusammenkunft, bei der es um den Abschluß der Operation gegen Serbien gehen sollte.

Das Saloniki-Problem

Falkenhayn und Conrad verhandelten in Pleß über die Zukunft des Balkanraums nach der Niederlage Serbiens. Es ging um die Rückführung der geflohenen serbischen Bevölkerung, die Inbetriebnahme wichtiger Fertigungsstätten, vor allem der Rüstungsbetriebe in Kragujevac. Es ging um die Aufteilung der Etappe und die Festlegung, wie viele deutsche, österreichisch-ungarische und bulgarische Truppen dort stationiert werden sollten. Falkenhayn und Conrad stimmten darin überein, daß Bulgarien in Serbien elf Divisionen als Besatzungstruppen unterhalten sollte, während sich Deutschland und Österreich-Ungarn auf jeweils fünf Divisionen beschränken wollten. Conrad trachtete, die Deutschen schon deshalb dort zu belassen, um sie notfalls auch für einen Krieg gegen Rumänien bei der Hand zu haben. Doch die viel weiterreichende Frage war die, ob man sich damit begnügen sollte, Serbien zu besetzen, oder ob doch weiter nach dem griechischen Mazedonien vorzustoßen wäre, vor allem nach Saloniki, wo mittlerweile ein alliiertes Expeditionskorps eine Front aufzubauen bemüht war. Conrad meinte, der Balkan würde erst dann vollständig unter der Kontrolle der Mittelmächte sein, wenn auch diese sogenannte „Orientarmee“, die sich unter Verletzung der griechischen Neutralität in das Geschehen eingeblendet hatte, wieder zur Einschiffung gezwungen würde. Falkenhayn wiederum sah das Ziel des Feldzugs mit der Niederwerfung und Besetzung Serbiens erreicht. Weder Griechenland noch Montenegro oder Albanien sollten angegriffen werden, und es sollte zu keiner weiteren Bindung deutscher Truppen in diesem Teil Europas kommen. Dazu war freilich zu sagen, daß Falkenhayn auch aus politischen Gründen kaum anders handeln konnte, denn der deutsche Kaiser hatte dem griechischen König Konstantin I. das feierliche Versprechen gegeben, daß keine deutschen und vor allem keine bulgarischen Truppen griechischen Boden betreten würden. Und da wog es offenbar auch nicht schwer, daß Griechenland keinerlei Anstalten machte, die Ententetruppen aus dem Land zu werfen. Wohl aber wäre Griechenland aller Voraussicht nach bei einem Überschreiten seiner Grenze durch Truppen der Mittelmächte auf seiten der Entente in den Krieg eingetreten.

Das Deutsche Reich aber wollte zwar seinen Einfluß auf dem Balkan weiterhin geltend machen, doch mit einem Minimum an Kräften. Dabei sollte jedoch nicht nur das deutsche Engagement, sondern auch jenes Österreich-Ungarns begrenzt werden. Gleichzeitig hoffte man, bei einer Minimierung der Kräfte die fast unvermeidlichen Streitereien vielleicht auf ein Minimum reduzieren zu können. Den deutschen Vorstellungen zufolge sollte in dieser Region Bulgarien die Hauptrolle spielen. Die den Bulgaren zugedachte Aufgabe, das serbische und serbisch-mazedonische Gebiet zu kontrollieren, verdoppelte Bulgariens Machtsphäre. Es konnte bis Epirus ausgreifen. Als Conrad zu erwägen gab, daß man Griechenland eventuell dadurch auf die Seite der Mittelmächte ziehen könnte, daß man ihm die Kontrolle des Raums von Bitola bis Ochrid anbot, antwortete Falkenhayn nur lakonisch, daß das wohl nicht gehen würde, weil die Bulgaren dorthin drängten. Schließlich stammte der bulgarische Ministerpräsident Radoslavov aus Ochrid.[789] Das war ein eher schwaches Argument, denn falls alle Führer der mit den Mittelmächten verbündeten Staaten in ihre Geburtsorte oder an die Stätten ihrer Kindheit zurückkehren wollten, wären noch etliche Schwierigkeiten zu erwarten gewesen, denn Mustafa Kemal Pascha beispielsweise, der Kommandant in Diyarbekir, war in Saloniki geboren und in Bitola auf der Militärakademie gewesen. Falkenhayns Überlegungen hatten aber sicherlich einiges für sich. Da dieses mazedonisch-griechisch-serbische, aber auch das angrenzende albanische Gebiet erst seit 1912 und somit gerade drei Jahre nicht mehr zum Osmanischen Reich gehörte, fehlte ihm jegliche Stabilität. Dort als Besatzungsmacht existieren zu wollen, bedeutete nicht nur die Fortsetzung der Kämpfe mit der französisch-britischen Orientarmee, sondern auch endlose Querelen mit Bulgaren, Türken, Mazedoniern und Albanern – von Serben und Montenegrinern ganz zu schweigen.

Falkenhayn zog noch im Verlauf des November acht der zehn eingesetzten deutschen Divisionen vom Balkan ab. Das war mehr als seinerzeit in Pleß vereinbart, und damit entstand eine Situation nicht unvergleichlich jener, die im September 1915 an der Nordostfront eingetreten war: Der deutsche Generalstabschef suchte dem Österreicher ganz einfach das Instrument wegzunehmen, das ihm die Fortsetzung des Feldzugs erlaubte. Parallel dazu verdichteten sich die Gerüchte, daß das Deutsche Reich seinen Einfluß auf Serbien zu erweitern suchte. Man sprach schon vom Prinzen Johann Albrecht von Mecklenburg-Schwerin als zukünftigem serbischen König.[790] Das Armeeoberkommando riet zur Vorsicht und meinte, die Serben wären noch nicht endgültig besiegt. In der Deutschen Obersten Heeresleitung aber sah man den Feldzug für beendet an. Conrad suchte nun der Degradierung des k. u. k. Armeeoberkommandos zu einem reinen Befehlsübermittler und durchführenden Element ein Ende zu setzen und erklärte am 25. November die Befehlsgewalt Mackensens über die österreichisch-ungarischen Truppen für die Zeit, in der keine gemeinsamen Kriegshandlungen vorgenommen würden, für beendet.[791] Er sah sich dazu umso mehr berechtigt, da er bei mehreren Gelegenheiten hatte feststellen müssen, daß das Armeeoberkommando nicht nur bei der Befehlsgebung immer wieder umgangen worden war. Mehr noch: Bei zumindest zwei Gelegenheiten hatte Falkenhayn Fragen der Kriegführung auf dem Balkan direkt mit den Bulgaren bzw. mit Enver Pascha, dem türkischen Generalissimus, besprochen.

Ende November wurde zwar noch die Vertreibung der Ententetruppen aus dem südserbischen Raum gemeinsam bewerkstelligt, doch dann durften weder deutsche noch bulgarische Truppen die griechische Grenze überschreiten und bewahrten damit die Alliierten vor einer wahrscheinlich schweren Niederlage und Griechenland davor, Kriegsgebiet zu werden. Conrad aber wollte noch nicht aufgeben. Er teilte Falkenhayn mit, daß er – entgegen seinen ursprünglichen Absichten – eine Unternehmung gegen Montenegro unter dem Oberbefehl des Armeeoberkommandos plane, und als Falkenhayn das als nicht notwendig bezeichnete und seinerseits – in Entsprechung einer bereits gegebenen Zusage – die Entsendung von zwei österreichisch-ungarischen Divisionen an die Westfront forderte, meinte Conrad, er könne diese beiden Divisionen nicht zur Verfügung stellen, wohl aber würde er es Falkenhayn freistellen, in der Bukowina die deutschen Verbände der Südarmee herauszulösen. Mit dieser Kontroverse, die zum Schluß nur mehr schriftlich geführt wurde, hatte das Verhältnis der beiden Generalstabschefs nicht ganz überraschend einen Tiefpunkt erreicht.[792]

Falkenhayn berief mehrfach den Deutschen Bevollmächtigten General beim AOK, August von Cramon, zu sich und erklärte ihm, es wäre unmöglich, mit Conrad weiter zusammenzuarbeiten, da dieser nicht zu seinen eingegangenen Verpflichtungen stünde und ihm die wichtigsten Dinge verheimlichte.[793] Was Falkenhayn dabei geflissentlich übersah, war der Umstand, daß er ungeniert an den österreichisch-ungarischen Stellen vorbeibefehligt und sich wohl auch der Illusion hingegeben hatte, den serbischen Feldzug als vornehmlich deutsche Angelegenheit führen zu können. Mittlerweile hatte sich auch für die Deutsche Oberste Heeresleitung gezeigt, daß es auf dem Balkan ganz einfach keine unkomplizierten Entwicklungen gab. Österreich-Ungarn seinerseits wollte sich auch nicht damit begnügen, sich der Deutschen Obersten Heeresleitung und ihren Kriegszielen unterzuordnen. Die Auffassungsunterschiede zwischen Pleß und Teschen waren so groß, daß es fast unvermeidlich zu schweren Meinungsdifferenzen kommen mußte. Da beide Generalstabschefs außerdem meinten, vom anderen beleidigt worden zu sein, kam es zu einem regelrechten Bruch.

Dieser Bruch, der gelegentlich so gesehen wurde, als ob der österreichische Generalstabschef bei einer persönlichen Marotte nicht hätte nachgeben wollen, war weitaus mehr als der Abwurf von einem Steckenpferd, und es waren auch andere Personen und Interessen im Spiel als nur jene des Chefs des k. u. k. Generalstabs. An erster Stelle war da Kaiser Franz Joseph zu nennen, der die Entwicklung auf dem Balkan zwar hingenommen hatte, ihr aber von Anfang an ablehnend gegenübergestanden war. Zu viele Menschen, zu viele Güter und vor allem Emotionen waren vor und während des Kriegs in diese Region investiert worden. Des weiteren war auch der ungarische Ministerpräsident unmittelbar angesprochen, der eine Art Mittelstellung zwischen den extremen Standpunkten Conrads und Falkenhayns einzunehmen bemüht war, dabei aber verständlicherweise primär ungarische Interessen im Auge behielt. Und dabei kam zweifellos mehr ins Spiel als nur eine Prestigefrage.

Anfang Dezember war Graf Tisza in Berlin. Nach seiner Rückkehr wandte er sich sofort schriftlich an den Kaiser, um die eben frisch gewonnenen Eindrücke vom deutschen Kaiserhof mitzuteilen.[794] Kaiser Wilhelm und seine Umgebung, so Tisza, überschätzten die Erfolge in Serbien gewaltig, und auf der anderen Seite unterschätzten sie die „Schwierigkeiten und Gefahren", die der Mittelmächte noch harrten. Es hänge ausschließlich von der Mäßigung der Kriegsziele der Mittelmächte ab, ob die Entente friedensbereit sein würde, und nicht von militärischen Erfolgen. „Eine Wahrheit, die wir umso weniger außer Acht lassen dürfen, da trotz aller Heldentaten und glänzender Erfolge das Erschöpfungsmoment früher bei uns eintreten muß als bei dem Feinde." Tisza hatte sich zwar bemüht, seine Wortmeldungen in Berlin nicht als Kriegsmüdigkeit erscheinen zu lassen, doch er wäre ohnedies nicht in der Lage gewesen, den deutschen Optimismus zu bremsen. Eines hatte Tisza gefallen, die „verachtungsvoll absprechende Beurteilung Rumäniens" durch den deutschen Kaiser. Außerdem hatte man in Berlin den noch Wochen zuvor ventilierten Plan fallen gelassen, mit Serbien einen Sonderfrieden zu schließen, und zwar um den Preis Albaniens, das an Serbien fallen sollte. Jetzt hatte Wilhelm II. nur mehr von der Auflösung und Aufteilung Serbiens gesprochen – wie seinerzeit Graf Alexander Hoyos. Das freilich sah Tisza als den falschen Weg an. Serbien sollte nicht einfach total aufgelöst und von der Landkarte getilgt werden, wohl aber müßte es in eine Lage gebracht werden, in der es jegliche Form von staatlicher Identität nur der Habsburgermonarchie zu verdanken hatte. Diesem Zweck diente auch nicht, daß das Deutsche Reich die von ihm zunächst eroberten Gebiete den Bulgaren zur Besetzung übergab. Das alles wäre keine Politik, das wäre schlicht Rache und Zerstückelung. Und das wollte Tisza keinesfalls. Das meinte aber auch Conrad nicht, der in seinen Denkschriften zu den Kriegszielen vom Oktober und November 1915 in einer von Tisza abweichenden Auffassung die Abhängigkeit Serbiens ohne Zerstückelung als Ziel nannte. Pläne, wonach Belgrad zum Banat geschlagen und die sogenannte Mačva, das Gebiet zwischen Drau und Save, zwei Komitate Ungarns werden sollten, bezeichnete er als „wahnsinnige Vergewaltigung".[795] Tisza und Conrad stimmten aber darin überein, daß sie meinten, vorderhand wären auf dem Balkan noch nicht einmal die militärischen Ziele erreicht. Daher hielten auch beide fest, Politik könne erst dann gemacht werden, wenn auch Montenegro besiegt sei, Serbien völlig isoliert und ohne Armee dastünde und auch die albanische Frage in einer den Mittelmächten adäquaten Weise gelöst wäre. Dem aber wollte die Deutsche Oberste Heeresleitung nicht folgen.

Winterkrieg in Rußland und Montenegro

Die Entfremdung der beiden Generalstabschefs trat gerade in dem Augenblick ein, als die Mittelmächte einen ihrer größten Erfolge im Krieg errungen hatten und sich die Jahresbilanz durchaus sehen lassen konnte. Doch der Kulminationspunkt des Kriegs hatte eine Reihe von Faktoren zutage gefördert, die den Zerfall der bisherigen Kriegskoalition einleiteten. Man war an einem Wendepunkt angelangt.

Für alles Weitere sollte eine an sich eher nebensächlich erscheinende Veränderung im Gefolge des österreichisch-ungarischen Armeeoberkommandanten eine Rolle spielen. Erzherzog Friedrich holte seinen ehemaligen Haushofmeister Generalmajor Herbert Graf Herberstein, der 1915 das Kommando einer Kavalleriedivision übernommen und dann ein Kavalleriekorps geführt hatte, zurück ins Hauptquartier nach Teschen. Herberstein hatte seinerzeit das Frontkommando erbeten, da er das Leben im Kriegshofquartier nicht mehr aushielt und das eintönige Wohlleben in Chyrów, später in Nowy Targ und schließlich in Teschen nicht mehr mitmachen wollte. Außerdem hatte ihm an Erzherzog Friedrich so vieles und vor allem dessen Bereitschaft mißfallen, sich mit einer kläglichen Rolle zufriedenzugeben, so daß er schleunigst aus dieser Umgebung fortgehen wollte. Seine damaligen Tagebuchaufzeichnungen sprachen Bände: „Der Erzherzog konnte wieder durch ¼ Stunde Armeeoberkommandant spielen. Diese ¼ Stunde und ebensoviele abends sind ... alles, was mit dem Armeeoberkommandieren des Erzherzogs Bezug hat, ich meine, was die Operationen anbelangt. Ich kann nicht begreifen, wie man sich damit zufrieden geben kann.“[796] Er hatte mitangesehen, wie Friedrich gerade auch bei der Begegnung mit dem deutschen Kaiser und den militärischen Spitzen des Deutschen Reichs eine klägliche Figur machte. Daran hatte sich auch in dem einen Jahr, das seither vergangen war, nichts geändert. Der Erzherzog sprach kaum, wirkte verlegen und – was noch viel unangenehmer war – uninformiert. So auch im Dezember 1915, als es in Pleß abermals zu einer Begegnung mit dem deutschen Kaiser kam. „Nach dem Essen“, notierte Herberstein, „blieben wir noch cirka eine halbe Stunde, länger war der Erzherzog ja nicht zu halten, da er – nicht mit Unrecht – immer Angst vor Gesprächen hat, bei welchen er eine selbständige Meinung aussprechen müßte. Es spielt da nicht nur seine Schüchternheit, sondern hauptsächlich der Umstand mit, daß er infolge seiner geistigen Trägheit nie über die Sachlage orientiert ist und Angst hat, daß man das merkt.“[797] Dadurch hatte das Ansehen Friedrichs sowohl im eigenen Armeeoberkommando als auch gegenüber dem deutschen Bundesgenossen gelitten. Herberstein aber war gesonnen, wenn schon nicht das ramponierte Ansehen wiederherzustellen, so zumindest die Stellung des Armeeoberkommandanten wieder zu festigen.

Die Kaiserliche Hoheit machte es ihm aber nicht leicht. Ganz im Gegenteil handelte sich der Erzherzog gerade zu dieser Zeit einen Spitznamen ein, der ihm bleiben sollte und schließlich auch in Karl Kraus' „Die letzten Tage der Menschheit“ Eingang finden sollte. Bei einem Besuch des bulgarischen Zaren Ferdinand in Teschen wurde ein Kriegsfilm vorgeführt, bei dem u. a. auch Einschläge eines österreichischen 30,5-cm-Mörsers zu sehen waren. Dazu die Schilderung Herbersteins: „Alles war ganz unter dem Eindruck der vorzüglichen Darstellung dieses Moments, aber Seine Kaiserliche Hoheit, der gerne zeigen wollte, daß ihm das gar keinen Eindruck macht, da er ja derlei schon oft gesehen und miterlebt hat (?), rief beim Einschlagen des Geschoßes ein lautes ‚Bumbsti' in den Saal, was natürlich einen sehr schlechten Eindruck machte."[798] Es konnte nicht ausbleiben, daß Erzherzog Friedrich von da an im Armeeoberkommando und bald auch außerhalb desselben „Bumbsti" genannt wurde. Der Besuch des Zaren Ferdinand von Bulgarien im Armeeoberkommando hatte aber natürlich einen anderen Grund, als daß hier lediglich der Höflichkeit Genüge getan worden wäre: Ferdinand versuchte auf diese Weise Sympathie zu gewinnen und die Zustimmung des Armeeoberkommandos zur Besitznahme Prizrens und Prištinas durch Bulgarien zu erreichen. Vergeblich.

Herberstein also nahm sich vor, die Stellung des Armeeoberkommandanten besser zur Geltung zu bringen. Damit griff er eigentlich mehr unwissentlich als in gezielter Absicht in die ohnedies schon sehr schwierige Konstellation zwischen Conrad und Friedrich, mehr aber noch in das Verhältnis von AOK und Deutscher Oberster Heeresleitung ein. Denn wenn Friedrich aufgewertet oder auch nur die Stellung Conrads von innen heraus erschüttert wurde, mußte das Auswirkungen auf die gemeinsame Kriegsleitung haben. Auch das gehörte zur Überschreitung des Kulminationspunktes in diesem Krieg.

Die letzten Wochen des Jahres 1915 waren an der Nordostfront dadurch gekennzeichnet, daß bei einer weitgehend gleichbleibenden Truppenverteilung die Russen ihre Angriffstätigkeit fast vollständig eingestellt hatten und auch österreichisch-ungarischerseits nicht mehr sehr viel an Offensivfähigkeit vorhanden war. Man beschränkte sich auf lokale Vorstöße. Das Verweilen in der „Dauerstellung" und die überschaubare Situation auf dem Balkan ließ die Frage in den Vordergrund treten, wie es an den k. u. k. Fronten 1916 weitergehen sollte. Dabei suchten in der Operationsabteilung des Armeeoberkommandos die Referenten der Rußland- und der Italiengruppe ihre Vorstellungen durchzubringen. Beide wiesen auf Prioritäten hin, die sie an ihrem jeweiligen Kriegsschauplatz zu entdecken glaubten, wobei zweifellos der Bearbeiter der Italiengruppe, Schneller, ein triftiges Argument bei der Hand hatte, wenn er ausführte, die Italiener würden eine Offensive nach der anderen führen, und es wäre an der Zeit, dem südwestlichen Kriegsschauplatz mehr Augenmerk und vor allem mehr Kräfte zukommen zu lassen. Auf der anderen Seite war gerade durch das gespannte Verhältnis zum Deutschen Reich etliches in Bewegung gekommen. Falkenhayn suchte auch an der Nordostfront die Ablöse deutscher Truppen in Gang zu bringen, erstens, um wieder einmal zu entflechten und abermals eine getrennte Operationsführung zu beginnen, zum anderen aber, weil er alle verfügbaren Kräfte gegen Verdun führen wollte, um dort jene blutige Schlacht zu beginnen, von der er sich die Wende im Westen erhoffte.

Bei Falkenhayns Überlegungen spielte aber noch etwas anderes eine Rolle. Er hatte von Conrad mitgeteilt bekommen, daß der k. u. k. Generalstabschef sich mit dem Gedanken trug, eine Offensive gegen Italien mit einer namhaften Macht durchzuführen. Conrad hatte auch wieder um die Entsendung deutscher Truppen ersucht, Truppen, die ihm Falkenhayn prompt und rundweg abschlug. Doch der Deutsche hatte die Erfahrung gemacht, daß sich die Bundesgenossen nicht leicht fügten, und er mißtraute den Absichten Conrads schon überdeutlich. Daher wollte er nicht nur keine deutschen Truppen für die Südwestfront zur Verfügung stellen, sondern verlangte auch die Ablöse der deutschen Truppen an der russischen Front und deren Ersetzung durch österreichisch-ungarische Heereskörper, um zusätzliche k. u. k. Truppen in Rußland zu binden und dadurch einen Alleingang der Österreicher gegen Montenegro und vor allem gegen Italien unmöglich zu machen.

Gerade zur Zeit des Abbruchs der persönlichen Beziehungen zwischen Falkenhayn und Conrad setzten an der Nordostfront heftige Angriffe der Russen ein, die sich zur sogenannten Neujahrsschlacht steigerten. Sie dauerte vom 20. Dezember 1915 bis zum 26. Januar 1916. Diesmal aber errangen die österreichisch-ungarischen Armeen einen bemerkenswerten und im AOK mit besonderer Befriedigung aufgenommenen Abwehrsieg. Die Zuversicht und das Vertrauen in die Leistungsfähigkeit der k. u. k. Truppen, die schon sehr gesunken waren, stiegen wieder gewaltig an. Schneller, der Italienreferent, berichtete auch von einem Wandel in den taktischen Anschauungen der Rußlandgruppe.[799] Zur Abwehr der Angriffe hatte nämlich ein Kampfverfahren beigetragen, das auf Erfahrungen beruhte, die vor allem im Westen gewonnen worden waren und das für die Russen ein Novum darstellte. Es waren ausgedehnte Stellungen angelegt worden, ähnlich jenen, die es in Flandern gab. Alle möglichen Pioniermittel, vor allem Stacheldrahthindernisse, wurden verwendet und Truppen wie Geschütze so verteilt, daß sich die Russen bei ihren Angriffen in den tiefgestaffelten Stellungen der k. u. k. Verbände festrannten und schwere Verluste erlitten. Die Russen steckten, das wurde in den letzten Wochen und Monaten des Jahres 1915 deutlich, in einer beträchtlichen Krise. Die Menschenmassen waren merklich dünner geworden, auch wenn man noch immer von der „Dampfwalze" sprach. Doch hinter dieser Dampfwalze stand kaum mehr etwas. Es waren wesentlich weniger Geschütze als auf österreichischer Seite vorhanden, und diese Geschütze kämpften zudem mit Munitionsmangel. Alles das zusammen bewirkte den Erfolg in der Neujahrsschlacht.

Conrad war sich wohl bewußt, daß das russische Heer noch lange nicht aus dem Feld geschlagen worden war[800], und erwartete sich für das Frühjahr eine neue große Offensive. Das schrieb er auch im Dezember an Bolfras, wobei er formulierte: „... daß wir aber, wie Du so richtig sagst, noch manch harte Probe zu bestehen haben werden, ist sicher. Mit den russischen Vorstößen gegen uns rechne ich schon seit langem, und zwar ebensowohl mit einer großangelegten, allgemeinen Offensive (voraussichtlich im Frühjahr) als mit lokalen Offensivstößen. Ein solcher ist jetzt eben gegen die 7. Armee im Zuge. Darauf vorbereitet, haben wir Truppen an die gefährdete Front rechtzeitig dirigiert; bisher sind die russischen Angriffe abgewiesen, hoffentlich wird es auch weiter so sein."[801]

Conrad hatte, wie es schien, allen Grund, zuversichtlich zu sein. Auf dem russischen Kriegsschauplatz stand es trotz der „Herbstsau" der k. u. k. Armee wieder gut, und die von ihm gegen den Willen der Deutschen begonnene Offensive zur Eroberung Montenegros und damit zur Vertreibung der Reste des serbischen Heeres vom Balkan schien voll zu glücken.

In der Euphorie des Erfolgs neigte man jedoch dazu, die Kriegsziele der Mittelmächte sehr stark simplifizierend zu sehen, und gerade in der Umgebung Conrads glaubte man schließlich eine Begründung gefunden zu haben, warum die Deutschen die österreichisch-ungarischen Kriegsziele auf dem Balkan nicht mehr unterstützen wollten und warum gerade Falkenhayn die geplante Offensive gegen Italien ablehnte und auch sonst immer wieder Schwierigkeiten zu machen bemüht war. Man meinte, daß Deutschland kein Interesse haben könne, ein über seine Kräfte weit hinauswachsendes Österreich-Ungarn entstehen zu sehen, zu dem halb Polen, halb Serbien und womöglich auch noch ein Stück Italien kämen.[802] Diese sehr simplifizierende Sicht setzte sich auch in den ersten Wochen und Monaten 1916 fort. Aus der Genugtuung über die erfolgreich geschlagene Neujahrsschlacht und eine doch sehr klar zu erkennende Schwächung des russischen Gegners wurde abgeleitet, daß es nun an der Zeit sei, die politischen Ziele des Kriegs neu zu formulieren und vor allem – und das trat dann immer stärker zutage –, daß es für Österreich-Ungarn nunmehr an der Zeit sei, die Opfer, die es im Krieg gebracht hatte, dadurch auszugleichen, daß es seine Bedingungen für den Frieden hinaufschraubte. Die Kriegszieldebatte erfuhr einen neuen Impuls, und sie wurde mit ganz anderen Inhalten geführt als jene erste Runde, in der noch vergleichsweise erdgebunden argumentiert worden war.

Fast hatte es ja den Anschein gehabt, als ob die Euphorie des Kriegsbeginns, jene „Erlösung durch den Krieg“, nicht nur rasch versickert, sondern auch nie mehr wieder aufgetaucht wäre. Doch Ideen verschwinden meist nicht einfach im Nichts, sie mutieren nur und tauchen dann in gewandelter Form wieder auf. Wie aber, so ist zu fragen, verwandelte sich die Erlösungsstimmung und in welcher Gestalt tauchte sie wieder auf? Wenn wir versuchen, die Fäden nochmals aufzunehmen, dann wird das wohl am ehesten dort möglich sein, wo sich die Frage nach den Kriegszielen der einzelnen Staaten erhob und jeder seine Vorstellungen über diese Ziele zu entwickeln suchte. Da konnte dann jene intellektuelle Aufwallung, auch jenes Aufbegehren gegen das Gegenwärtige seine Fortsetzung finden, die sonst kaum wo anzutreffen war. Es war aber mehr als nur Verlockung zur Gedankenspielerei und zur philosophischen Durchdringung geopolitischer Fragen, wenn über Kriegsziele nachgedacht wurde, wenn sich Modellhaftes ergab und die Frage nach dem Sein mit jener nach der Zukunft gekoppelt wurde. Es wurde hier in veränderter Form nach dem Sinn des Lebens gefragt oder richtiger: nach dem Sinn der Opfer. Denn wenn das alles einen Sinn haben sollte, dann doch nur den, eine bessere Zukunft zustande zu bringen. An diesem Ende des geistigen Prozesses wandelte sich schließlich die Formel von der Erlösung durch den Krieg in die Formel von der Erlösung vom Krieg, und ein Schnitzler, der zunächst wie die allermeisten den Krieg begrüßt und ihn als das Sinnhaftwerden von Leben gefeiert hatte, schrieb dann jenes Sonett, das mit der Zeile begann: „Einmal wird der Frieden wieder kommen“. Wenn aber etwas intellektuellen Anreiz bot, dann die Debatte um die Kriegsziele. Als einer zusätzlichen Herausforderung wandte man sich jedoch jener Diskussion zu, die Mitteleuropa in neuen Zusammenhängen sehen wollte.

Die Mittelmächte und Mitteleuropa

Was im Rahmen dieser lange anhaltenden und teilweise auch auf hohem intellektuellen Niveau geführten Diskussion gesagt und geschrieben wurde, hatte viele Wurzeln. Da war einmal die Frage nach der wirtschaftlichen Vereinigung der Zentralmächte Österreich-Ungarn und Deutsches Reich. Es spielte natürlich auch die militärische Zusammenarbeit eine Rolle, mehr noch das gemeinsame Auftreten gegenüber den Neutralen, aber auch den Ententemächten, denen mit einer gemeinsamen Haltung begegnet werden sollte. Schließlich bemächtigten sich die Geschichtswissenschaft und die Journalistik des Problems und führten es auf jene intellektuelle Ebene, auf der über den Krieg weit hinausreichend und das Grundsätzliche tangierend über den Sinn des Kriegs und über die Zukunft der Reiche gesprochen wurde.

Was Friedrich Naumann und andere dann Mitteleuropa nannten, war freilich unscharf. Denn wo war eigentlich diese Mitte Europas? War das eine Ländermasse, die irgendwo zwischen dem Norden, dem Süden, Osten und Westen Europas lag, und wenn ja, wie war es um die Abgrenzung bestellt? Streng geographisch konnte die Mitte Europas eigentlich nie definiert werden, und es war und ist wahrscheinlich nicht einmal sinnvoll, das zu versuchen. Die verschiedenen Definitionen machten aber schon im Ersten Weltkrieg zu schaffen, denn einem vorwiegend deutschen Mitteleuropa stand das habsburgische Mitteleuropa gegenüber, das mehr und anders war.

Als Friedrich Naumanns Buch „Mitteleuropa" erschien[803], hatte das, was er als Vision entwarf, schon eine Reihe von Vorläufern gehabt, nicht zuletzt in Österreich. Ob das Fürst Clemens Metternich, Fürst Felix Schwarzenberg oder Karl Freiherr von Bruck gewesen waren: Sie alle sahen sich primär der Habsburgermonarchie verpflichtet. Ihnen gesellten sich dann in Preußen und Deutschland ein Friedrich von List oder Konstantin Frantz hinzu, der über eine Donau- und eine Ostseeföderation schrieb. Alle waren jedoch von einem nicht existenten Mitteleuropa ausgegangen und hatten es geographisch und politisch unterschiedlich zu definieren gesucht. Als man sich dann im Krieg neuerdings Mitteleuropa zuwandte, konnte man sicherlich auf die Vorarbeiten zurückgreifen. Daher zeigte auch das, was im Krieg gedacht und geschrieben wurde, eine deutliche Verwandtschaft mit Friedrich von List, Paul de Lagarde und Konstantin Frantz. Doch anders als bei den Genannten wurzelten die Mitteleuropapläne eines Friedrich Naumann, aber auch die eines Heinrich Friedjung, eines Richard von Kralik oder eines Richard Charmatz vor allem im Erlebnis des Weltkriegs.

Die solcherart begonnene Mitteleuropadebatte war von allem Anfang an sehr stark wirtschaftspolitisch ausgerichtet und adaptierte vor allem auch die älteren Pläne des in Wien um 1900 gegründeten „Mitteleuropäischen Wirtschaftsverbandes" sowie die schon sehr zahlreichen Zollvereinspläne. Auf jeden Fall begann, wie das dann Gustav Grátz und Richard Schüller in ihrem Band über die Mitteleuropapläne während des Kriegs beschrieben, eine Phase lebhafter, erregter und teilweise polemischer Erörterungen, die sich in Form von Büchern, Artikeln und Zeitschriftenaufsätzen, aber auch zahllosen Konferenzen verfolgen ließen.[804] Aber die wirtschaftlichen Fragen waren nur ein Teilaspekt.[805]

Noch im Herbst 1914 entstanden die ersten Aufsätze von Richard Charmatz, der in der von Friedrich Naumann herausgegebenen Zeitschrift „Die Hilfe" über „Österreich und Deutschland" schrieb.[806] Im November 1914 verfaßte der Innsbrucker Althistoriker Rudolf von Scala einen Beitrag über eine Zollunion zwischen dem Deutschen Reich und Österreich-Ungarn, in dem er die großen Vorteile zu skizzieren suchte, aber auch meinte, die wirtschaftliche Anpassung würde schwerste Belastungen für die österreichische Industrie und Landwirtschaft mit sich bringen. Doch das müsse mit Rücksicht auf das Ziel in Kauf genommen werden, „ebenso wie wir die Opfer des Krieges auf uns genommen haben, um dafür tausendfachen Lohn zu empfangen".[807] Richard von Kralik ging noch um einen Schritt weiter und zeichnete bereits einen sich weit nach Osten und in den Orient erstreckenden Staatenbund. Sein Mitteleuropa, bei dem Deutschland und Österreich-Ungarn der Kern sein sollten, erstreckte sich bis nach Syrien und Ägypten. „Wenn der deutsche Gedanke weit hinaus über seine jetzigen Reichsgrenzen sich verbreitet, so ist das kein böser Imperialismus wie bei England oder Rußland", meinte er, „sondern nur die Wiedererinnerung an das Deutschland des Mittelalters, das wahre, rechte Deutschland". Denn das Deutsche Reich reckt sich, „weil es noch die alte Kraft in seinen Gliedern fühlt aus der Zeit der alten Kaiser ... aus der Zeit, da Belgien, da Toul und Verdun, da die Ostseeprovinzen deutsch waren".[808]

Im Frühjahr 1915 fand in Berlin eine Tagung des deutsch-österreichisch-ungarischen Wirtschaftsvereins statt, an der u. a. Michael Hainisch und Gustav Marchet teilnahmen; im Sommer wurden die Gespräche fortgesetzt, und im Herbst 1915 glaubte man sich der Verwirklichung um ein beträchtliches Stück näher gekommen. Friedrich Naumanns Buch „Mitteleuropa" hatte eine gewaltige Schwärmerei und ein Ausufern der Gedanken zur Folge. Alle Deutschen, jene des Deutschen Reichs, die Österreich-Ungarns, die Siebenbürger und die Banater sollten sich vereinigt finden als ein „Volk von Brüdern". Im Oktober 1915 kam Naumanns Buch auf den Markt, und Heinrich Friedjung telegrafierte ihm: „2malige sorgfältige Lektüre Ihres Buches erfüllt mich mit Gewißheit, daß Sie der Nation die reifste Frucht des Weltkrieges geschenkt haben, einen unentbehrlichen Wegweiser zum erstrebten Ziel."[809] Doch die Akklamation und die Akklamanten machten schon klar, daß vor allem die Deutschen der Habsburgermonarchie mit Mitteleuropa ihre Kriegsziele und ihre nationalen Träume formuliert sahen. Die Wirtschaft Österreich-Ungarns, die Industrie, aber auch die Politiker waren da wesentlich zurückhaltender. Sie sahen nur in einem Präferenzzollsystem und in Handelserleichterungen Möglichkeiten zur Ausgestaltung des Bündnisses mit Deutschland. Sie glaubten offenbar auch nicht an ein Mitteleuropa der gleichberechtigten Nationen oder ein Europa der Vaterländer. Die Äußerungen über ein großdeutsches Mitteleuropa und den notwendigen „Lebensraum für das deutsche Volk" waren auch gewiß nicht geeignet, Mißtrauen der nichtdeutschen Nationalitäten der Habsburgermonarchie abzubauen. Die linksliberalen Staatenbundideen, wie sie etwa Richard Charmatz propagierte, gingen sehr viel behutsamer mit Mitteleuropa um, doch auch für sie sollten die Deutschen den dominierenden Einfluß haben.[810] Letztlich wurde auch Charmatz von der Vorstellung einer neuen Mitte Europas mitgerissen.

Mitteleuropa war das zentrale Thema bei den privaten und halboffiziellen Zusammenkünften führender Persönlichkeiten des Geisteslebens, der Politik, des Handels und der Industrie. Der „Dienstag-Kreis", der „Marchet-Kreis", die Gruppe um Josef Maria

Baernreither und Heinrich Friedjung suchten sämtliche Dimensionen auszumessen. Die Grundlage ihrer Sehnsüchte und Gespräche war schließlich jene „Denkschrift aus Deutsch-Österreich“, die der Friedjung-Kreis noch vor Naumanns „Mitteleuropa“ vorgelegt hatte. In dieser „Denkschrift“ wurden ganz konkrete Erwägungen über abzuschließende Bündnisse politischer, militärischer und wirtschaftlicher Natur gemacht, es wurden innenpolitische Forderungen angemeldet, die Angliederung serbischen, polnischen und ukrainischen Gebiets erörtert und schließlich ein Mitteleuropa skizziert, das vom Atlantik zum Persischen Golf reichen sollte. Damit war umrissen, was Fritz Fellner Jahrzehnte später als Element der österreichischen Identitätssuche während des Kriegs bezeichnen sollte.[811]

Die Dimensionen gerade der „Denkschrift aus Deutsch-Österreich“ waren weitgespannt: „Schon tauchen vor dem der Zukunft zugewendeten Blicke die Umrisse des politischen Weltbildes auf, soweit wenigstens die gewaltigen Räume von der Nordsee bis zum persischen Meere in Betracht kommen. Wie immer der Krieg auch endigen möge: alle Hoffnungen der islamitischen Welt werden auch weiterhin mit der Selbstbehauptung und der Kraftentfaltung der zwei Kaiserreiche der europäischen Mitte verknüpft sein ... Ein mächtiger Block inmitten einer Welt von Haß und Mißtrauen ist im Entstehen ... Über alle Wechselfälle des Krieges hinweg wird die ökonomisch-politische Zusammenfassung Deutschlands, Österreich-Ungarns und Vorderasiens das Endziel der Staatsmänner Mitteleuropas bleiben, in der Art, wie deutsche Patrioten gleich Friedrich List und wie der große österreichische Handelspolitiker Karl Ludwig von Bruck 1840–1860 die Erfüllung in Wort und Tat vorbereiteten.“ Die Völker der Balkanhalbinsel könnten da nicht fern stehen und würden dadurch wieder eine Periode des Aufschwungs erleben. „Dieses Friedenswerk ist, abgesehen von dem, was in Belgien und Polen durch das Schwert errungen worden ist und noch errungen werden kann, der im Weltkriege davonzutragende Siegespreis.“[812]

Hier wurde bis zu einem gewissen Grad fortgesetzt, was Ende 1914 und Anfang 1915 in den Denkschriften von Andrian-Werburg, Baron Mérey, Graf Szápáry, Freiherrn von Wense und Graf Wickenburg geschrieben worden war, wobei gerade letzterer schon weit ausgegriffen und neben territorialen Eroberungen auch die wirtschaftliche Expansion bis Kleinasien und Persien beschrieben hatte.[813] Politiker, Wirtschaftsleute und Wissenschaftler ergänzten und variierten die angeklungenen Themen und wollten damit eine klare Linie in die Kriegszieldebatte und die Politik der beiden Reichshälften Österreich-Ungarns bringen. Meist ging es in den diversen Zirkeln um großräumige Wirtschaftspolitik, wobei die ja nicht erst seit dem Krieg virulenten Fragen der weiteren Entwicklungsmöglichkeiten der Wirtschaft Österreich-Ungarns eine merkliche Schwerelosigkeit erhielten. Da ging es nicht um lästige Quoten bei den Ausgleichsverhandlungen zwischen Österreich und Ungarn, um Ein- und Ausfuhrerschwernisse, und es ging letztlich auch nicht um das Verhältnis zu Deutschland, sondern um ein weitgespanntes imperialistisches Konzept und großzügige Regelungen in einem kontinenteübergreifenden Raum.[814]

Da ließ sich endlich auch einfügen, was sonst bestenfalls Nebenaspekt im Krieg der Mittelmächte zu sein schien, nämlich die Frage nach der Rolle, die das Deutsche Reich und Österreich-Ungarn in Ägypten und im Nahen Osten spielen sollten. Der „Dschihad“, der Heilige Krieg, hatte nicht sehr viel gebracht, und die österreichisch-ungarischen Repräsentanten bei der Hohen Pforte, der Botschafter Johann Markgraf Pallavicini und der Militärbevollmächtigte Generalmajor Joseph Pomiankowski, bezeichneten ihn als totalen Mißerfolg.[815] Doch andere Vorgänge gaben zu Optimismus Anlaß und beflügelten die Phantasie. Der mährische Prälat Dr. Alois Musil hatte bis Juli 1915 Expeditionen zu den Stämmen der Arabischen Halbinsel gemacht, um sie gegen die Briten aufzuwiegeln.[816] Der ägyptische Khedive, Abbas II. Hilmi, der einen ungarischen Adjutanten hatte, machte aus seiner proösterreichischen Haltung kein Hehl, und immer wieder bekamen die Österreicher im Orient zu hören, daß man ihnen viel mehr Sympathien entgegenbrächte als den Deutschen.[817] Warum sollte sich dergleichen nicht „fruktifizieren" lassen?

In Deutschland war man von der Mitteleuropa-Euphorie ebenso elektrisiert wie in Österreich. Es gab aber auch Skeptiker, die nicht nur die Machbarkeit bezweifelten, sondern so wie Falkenhayn das Argument gebrauchten, durch einen engen Anschluß an Österreich könnte letzteres so gestärkt werden, daß es zum Rivalen „um die Vorherrschaft in Europa" würde. Er trachtete, dieser Entwicklung zu begegnen, indem er die militärischen Bedingungen vorauszudenken suchte, die für ein so weitgestecktes Bündnis der Mittelmächte unverzichtbar wären. Falkenhayn nahm Bayern als Modell und ging, wie der preußische Kriegsminister Wild von Hohenborn notierte, so weit, „unser künftiges Verhältnis zu Österreich mit dem Preußens zu Bayern zu vergleichen, und wollte nicht einsehen, daß Bayern seinen Geheimvertrag mit uns als besiegter Staat nach '66 schloß", während Österreich-Ungarn als Verbündeter im Weltkrieg kämpfte. Doch Kriegsminister und Generalstabschef stimmten darin überein, „daß im Kriege der deutsche Kaiser den Oberbefehl haben muß, daß die Mobilmachung und der Aufmarsch von einer gemeinsamen Generalstabsabteilung bearbeitet und daß das deutsche Reglement in Österreich eingeführt werden muß. Beide Staaten müssen sich zur Einführung der unbeschränkten allgemeinen Wehrpflicht, einer gleichen aktiven Dienstzeit usw. verpflichten; dazu gegenseitige Garantien betr. wirtschaftlicher Mobilmachung (Rohstoff- und Lebensmittelvorsorge), Munitionsniederlegung usw." Falkenhayn hielt auch eine wesentliche Beschränkung der Hoheitsrechte der Habsburger zugunsten der Hohenzollern für möglich.[818] „Was sich die Wittelsbacher in Bayern gefallen lassen mußten, kann auch ein Habsburger tragen."[819] Von dergleichen Gedankengängen wußte man in Österreich freilich nichts.

Der Sieg über Serbien beflügelte die Protagonisten Mitteleuropas abermals, und schließlich überreichten einige Wiener Universitäts- und Hochschulprofessoren dem Minister des Äußern, dem k. k. Ministerpräsidenten und drei Ministern der österreichischen Reichshälfte knapp vor Weihnachten 1915 eine von 855 deutschen Hochschullehrern Österreichs unterzeichnete Erklärung, in der sie den dauernden wirtschaftlichen Zusammenschluß des Deutschen Reichs und Österreich-Ungarns forderten. Hier hieß es u. a.: „Die unterzeichneten Hochschullehrer haben nach reiflicher Erwägung und eingehender Beratung der mit der Neuordnung nach dem Krieg zusammenhängenden Fragen die Überzeugung gewonnen, daß ein enger und dauernder wirtschaftlicher Zusammenschluß Österreich-Ungarns mit dem Deutschen Reiche durch möglichst weitgehende Annäherung und gemeinschaftliches Auftreten nach außen geboten erscheint, und zwar derart, daß daraus eine dauernde Interessengemeinschaft hervorgeht.“ Viele hatten unterzeichnet, einige wenige nicht. Das Manifest war weder von Heinrich Lammasch noch von Ludwig Freiherr von Pastor, aber natürlich auch nicht von den Professoren der slawischen Nationalitäten unterzeichnet worden.[820] Auch andere waren skeptisch und zurückhaltend in ihrem Urteil, wie etwa der Präsident der Bodencreditanstalt, Rudolf Sieghart, von dem der schweizerische Gesandte in Wien, Bourcart, Mitte Januar 1916 berichtete, Sieghart halte von dem Votum der Wiener Professoren herzlich wenig. „Gynäkologen oder Theologen sind nicht diejenigen Organe, die ein kompetentes Urteil über wirtschaftliche Fragen abzugeben hätten.“ Sieghart und große Kreise der Industrie, so Bourcart weiter, seien für die Naumann-Pläne nicht zu haben. Das Schlagwort von „ein Schützengraben – ein Zollgebiet“ klinge zwar schön, doch die k. u. k. Armeen seien z. B. nicht zur Unterstützung der deutschen Kolonialpläne da.[821]

Schon im November 1915 hatte das deutsche Auswärtige Amt ein Promemoria zu dem Thema vorgelegt, in dem vorgeschlagen wurde, Verhandlungen über ein einheitliches Wirtschaftsgebiet aufzunehmen.[822] Als erster Schritt wurde ein Zollbündnis vorgeschlagen, mit dem die Verschmelzung der beiden Reiche zu einem einheitlichen Wirtschaftsgebiet vorbereitet werden sollte. Die Zölle sollten zunächst angeglichen und dann abgebaut werden. Die beiden Staaten hätten handelspolitisch gegenüber Drittstaaten einheitlich aufzutreten und die Liberalisierung des beiderseitigen Handels zu betreiben. Da Österreich-Ungarn höhere Zölle als Deutschland hatte, also einen bedeutenden Einnahmenverzicht erleiden würde, wollte Deutschland das eventuell durch einen Verzicht auf Ansprüche gegenüber Russisch-Polen kompensieren. Ferner sollten das Verkehrswesen neu geregelt und die Verbindungen vor allem nach dem Südosten verbessert werden; es sollte aber auch anderen Staaten die Meistbegünstigung eingeräumt und der Anschluß an das einheitliche Zollgebiet ermöglicht werden. Bestimmte Vorteile wären jedoch den verbündeten Mächten vorzubehalten.

Die Antwort Österreich-Ungarns auf dieses Promemoria fiel prompt und grundsätzlich positiv aus, doch wurde nicht so weit vorausgedacht und nur einmal die Vereinheitlichung und der Abbau der Zölle ins Auge gefaßt, das Ganze aber davon abhängig gemacht, daß die nächsten Ausgleichsverhandlungen mit Ungarn eine derartige Vereinheitlichung der Zölle überhaupt erlaubten. Damit waren die Verhandlungen mit Deutschland also aufgeschoben worden. Doch glaubte man in Österreich, daß das nur für kurze Zeit sein würde. Denn schon im August, als sich die aufflammende Mitteleuropadebatte als eine solche entpuppte, bei der wirtschaftliche Fragen eine zumindest äußerst wichtige Rolle spielen würden, hatte das österreichische Kabinett empfohlen, den bestehenden Ausgleich mit Ungarn aus dem Jahr 1907, der auf dem Vertragswerk von 1867 basierte und alle zehn Jahre neu verhandelt werden mußte, einfach zu verlängern oder aber nur einen Beschluß über die Notwendigkeit der prinzipiellen Erneuerung des Ausgleichs zu fassen. Dann aber sollte sofort in die Verhandlungen mit Deutschland eingetreten werden. Begleitet wurde dieser Vorschlag von Äußerungen wie wiederum denen eines Richard Charmatz, der mit Vehemenz forderte, in den Ausgleichsverhandlungen eine mitteleuropäische Lösung zu suchen.[823]

Tisza war da ganz anderer Meinung. Er verlangte, daß der Ausgleich zunächst einmal erneuert und in allen Details zu Ende verhandelt werden müßte, ehe an eine

Vereinbarung mit Deutschland gegangen werden könnte. Auf das hin begannen in Budapest im Februar 1916 die Ausgleichsverhandlungen, die etwas mehr als ein Jahr in Anspruch nehmen sollten und damit ein rasches Handeln und eine Realisierung der Unionspläne mit Deutschland verhinderten. War es so, daß die Realisten den Idealisten in die Quere gekommen waren? War hier etwas zwischen die administrativen Mühlsteine gekommen oder war mehr geschehen? Denn während Österreich mit ganz geringfügigen Änderungswünschen in die Ausgleichsverhandlungen ging, verlangte Ungarn eine Hinaufsetzung der Zölle und eine neue Quotenregelung, die eine Herabsetzung der ungarischen Ausgleichsquote bringen sollte. Schließlich wurde die Eingliederung Bosniens und der Herzegowina in die ungarische Reichshälfte angesprochen. Das sollte allerdings keine Auswirkungen auf die herabzusetzende ungarische Quote haben, wohl aber wären Zuwächse der österreichischen Reichshälfte etwa in Polen anzurechnen gewesen und sollten eine abermalige Veränderung der Quote zugunsten Ungarns nach sich ziehen.

Daraus kann doch nur eines entnommen werden: Ungarn zeigte kein Interesse daran, die Mitteleuropapläne mitzumachen, und es setzte die Schwelle gleich so hinauf, daß sie nur schwer zu überwinden war. Die Enttäuschung bei Stürgkh war dementsprechend. Er begann die Ausgleichskonferenz damit, daß er am 8. Februar 1916 seiner Enttäuschung freien Lauf ließ: Er müsse konstatieren, daß den ungarischen Forderungen die Tendenz innewohne, „die Trennung zu erweitern und auszugestalten, während wir von den höchsten politischen Interessen beider Staatsgebiete unserer Monarchie ausgehen ... Anstatt dessen zieht das Streben nach einer weiteren Trennung auf wirtschaftlichem Gebiete sich wie ein roter Faden durch die Vorschläge der ungarischen Regierung.“ Die ungarische Regierung denke vielleicht, daß sie als parlamentarische Regierung einer österreichischen Beamtenregierung gegenüberstehe, die augenblicklich ohne Parlament regiere. Es gebe aber keine Beamtenregierung, die der österreichischen Bevölkerung einen solchen Ausgleich zumuten könnte.[824]

Tisza konterte und hielt in einem Schreiben an den Kaiser fest, daß es ganz an Österreich gelegen sei, eine rasche Regelung herbeizuführen. Man hätte schon vorher Zeit genug gehabt, sich über die Ziele in den Ausgleichsverhandlungen klar zu werden, Vorschläge zu unterbreiten und eine Abklärung vorzunehmen. Wenn der österreichischen Regierung daran gelegen sei, das Abkommen mit Deutschland rasch zu schließen, dann hätte das zur Voraussetzung, daß die Geltungsdauer des Ausgleichs verdoppelt und verdreifacht würde. Ungarn könnte nur zustimmen, wenn es auch seine eigenen Forderungen durchbrächte. Schließlich stellte Tisza die Kabinettsfrage: Sollte der Kaiser und König den Standpunkt der österreichischen Regierung unterstützen, würde Tisza die Demission der ungarischen Regierung einreichen. Da dies niemand wollte, blieb gar nichts anderes übrig, als die Ausgleichsverhandlungen in der von Ungarn gewünschten Form zu beginnen. Mitteleuropa war über Ungarn gestolpert, und schließlich gab es weder einen Ausgleich noch ein Mitteleuropa im deutschen oder im österreichischen Sinn.

Mitteleuropa war als Idee schon nach wenigen Monaten wieder tot. Auch in diesem Fall war im September und Oktober 1915 der Kulminationspunkt überschritten worden. Dann kam nur mehr eine Phase der Verfestigung und der eher krampfhafte Versuch, die Debatte wieder in Gang zu setzen. Statt dessen begann eine Radikalisierung, die großräumige Lösungen obsolet werden ließ. Schließlich blieb von der Mitteleuropa-Euphorie nur mehr der Wunsch nach dem Anschluß Österreichs an Deutschland übrig. Was die „Mitteleuropäer" gedacht hatten, war wohl eine Friedensordnung gewesen, doch sie setzte einen Siegfrieden der Mittelmächte voraus. Und darin war wohl eine der eminentesten Schwachstellen aller dieser Gedankengebäude zu sehen, denn wie wollte man eine Friedensordnung auf Unterdrückung und Zerstückelung aufbauen?

Die Vision vom Siegfrieden

Die Niederlage Serbiens beflügelte, wie schon erwähnt, die Diskussion in besonderer Weise, und es ging konkreter als je zuvor um die Kriegsziele Österreich-Ungarns. Conrad hatte sich bereits im Herbst 1915 mit mehreren Denkschriften über die Kriegsziele und vornehmlich jene auf dem Balkan zu Wort gemeldet. Zu Silvester schloß er seine diesbezüglichen Arbeiten vorläufig ab.[825] Seine Überlegungen hatten in besonderer Weise einen Siegfrieden zur Voraussetzung. War 1914 noch überdeutlich gesagt worden, Serbien sollte nicht zerstückelt oder auch nur nennenswert verkleinert werden, und auch Rußland sollte keine territorialen Einbußen erleiden, so sah die Sache jetzt anders aus. Conrad skizzierte in seiner Silvesterdenkschrift[826] das künftige Schicksal Polens, Serbiens, Montenegros und Albaniens, und auch im Fall Italiens war mittlerweile die Feststellung zu treffen, daß es keinen Frieden auf Basis des Status quo geben könnte.[827] Nicht nur das: Conrad hatte seit dem Oktober 1915 die Kriegsziele immer mehr hinaufgesetzt. Für Rußland sah er sie ostwärts von Lublin und Siedlce; im Fall Serbiens und Montenegros lagen sie irgendwo an der griechischen Grenze; Italien aber sollte bis auf die „Terra ferma" Venedigs zurückgedrängt werden. Im Detail bezeichnete es Conrad als wünschenswert, „wenn das ganze polnische Gebiet an die österreichisch-ungarische Monarchie fiele; aber auch eine Teilung desselben mit Deutschland (etwa nach den Grenzen vom Jahre 1795) hielte ich immer noch für zweckmäßiger als einen Rückfall dieses Gebietes an Rußland. Käme es zu einer derartigen Beschränkung der russischen Macht, so wäre damit auch indirect der Widerstand Serbiens gebrochen." Bezüglich Serbiens sah Conrad nur in der völligen Einverleibung desselben in die Monarchie die Lösung. „Welche hohe Bedeutung die Vereinigung aller südslawischen Gebiete in der Monarchie für deren Großmacht und insbesondere für deren Seemachtstellung besitzen", erübrigte sich fast besonders hervorzuheben. In diesem Punkt gab es eine Art Gleichklang von Conrad und Tisza, die sich beide den deutschen wie auch in Österreich geäußerten Absichten nach Aufteilung und Zerstückelung Serbiens widersetzten. Tisza und Conrad wollten aber eigentlich nicht weniger, sondern mehr. „Weit minder gefährlich als ein selbständiges Serbien erscheint ein selbständiges Montenegro", hatte Conrad weiters ausgeführt, „sofern ihm keinerlei Küstenbesitz zugestanden ist ... Allerdings erschiene eine Einverleibung Montenegros vorteilhafter, und zwar auch für das wirtschaftliche Gedeihen dieses Landes selbst." Und im Fall Italiens forderte Conrad, wieder auf die Grenzen vor 1866 zurückzugehen.[828]

Jetzt war nicht mehr von Sonderfrieden mit Rußland oder mit Serbien die Rede, jetzt ging es um Sieg und Niederwerfung. Und als sich sowohl Minister Burián als auch Kriegsminister Krobatin mit moderateren Vorschlägen einstellten und wesentlich weniger weitgesteckte Kriegsziele für ausreichend fanden, wandte sich Conrad nochmals an den Kaiser und hielt dem vor, daß ein Sich-mit-weniger-Zufriedengeben „eine schwere Schädigung der Interessen der Monarchie und eine eminente Gefahr für deren Zukunft" bedeuten würde.[829] Eines wollte Conrad jedoch ausdrücklich angemerkt wissen: Die Ausgestaltung des Bündnisses mit Deutschland sei eine unverzichtbare Voraussetzung dafür, daß man sich dieses Siegespreises auch würde erfreuen können.

Da nach der Niederwerfung Serbiens und angesichts der aussichtslosen Lage Montenegros um die Jahreswende zum ersten Mal in diesem Krieg der Augenblick gekommen war, ein Signal zu geben, wie in einem Weltkrieg und angesichts der Opferbilanz Waffenstillstands- und Friedensverhandlungen geführt würden, war das, was über Serbien und Montenegro gesagt wurde, von weitreichendster politischer Bedeutung. Dabei zeigte sich, daß man im Armeeoberkommando zwar nicht den Gedanken der Rache in den Mittelpunkt rückte, man aber unnachsichtig die härtesten Bedingungen zu diktieren bereit war.

Auch eine Sitzung des gemeinsamen Ministerrats am 7. Januar 1916 gab Gelegenheit, die Frage der Waffenstillstands- und Friedensbedingungen im Fall Serbiens und Montenegros durchzusprechen.[830] Conrad, der diesem Ministerrat beigezogen wurde, ließ über die radikalen Forderungen der Militärs keinen Zweifel. Doch seine Auffassung wurde durchaus nicht von allen geteilt. Nach dem Ministerrat zog Conrad für sich Bilanz und schrieb an Bolfras: „Die im ganzen achtstündige Konferenz im Ministerium des Äußern hinterließ mir den höchst traurigen Eindruck, daß zwar Stürgkh, Koerber und Krobatin für die Annexion Serbiens und Montenegros stimmten, Tisza hingegen komplett dagegen ist, und was bedauerlich ist, auch der Minister des Äußern sich von ihm ins Schlepptau nehmen läßt. Ich habe meiner ... seit Jahren vertretenen Meinung Ausdruck gegeben, daß nur die Annexion Serbiens und auch Montenegros die Monarchie von der schweren Gefahr befreien kann, durch welche sie in diesen grauenvollsten aller Kriege getrieben wurde. Ich kann nicht an das Verbrechen glauben, daß man sie nach den schweren und blutigen Opfern, welche dieser Krieg gefordert hat, erneut wieder in diese Gefahr bringen würde – ich kann nicht glauben, daß die engen, kurzsichtigen und kleinlichen Gründe, welche man gegen die Annexion geltend macht, zum Durchbruch kommen sollten."[831] Conrad hoffte allerdings, es würde später noch möglich sein, die annexionistischen Hoffnungen zu verwirklichen. Doch das Armeeoberkommando scheiterte mit seinen weitgesteckten Forderungen immer wieder am Minister des Äußern, Graf Burián, und am ungarischen Ministerpräsidenten.

Für Österreich-Ungarn lag es sicherlich nahe, sich zu Jahresbeginn 1916 in der Hoffnung zu wiegen, den Krieg in diesem Jahr nicht nur zu beenden, sondern auch erfolgreich und siegreich beenden zu können. Niemandem war es gegeben, zu erkennen, daß der Kulminationspunkt bereits überschritten war.[832] Die Zuversicht des Armeeoberkommandos gründete in den Abwehrerfolgen an der russischen Front und vor allem darin, daß der „Hinterhof", der Balkan, praktisch leergefegt worden war. In den ersten Jännerwochen war man in Teschen nur besorgt, daß der militärische Triumph womöglich noch im letzten Augenblick verwässert werden könnte. Schon Ende Dezember waren mit merklicher Befriedigung entzifferte italienische Radiodepeschen gelesen worden, in denen es hieß, Franzosen und Briten wollten die Reste der nach Albanien fliehenden serbischen Armee nicht nach Saloniki lassen, und Italien bemühte sich, die Serben im Raum Skutari zu sammeln, sie aber nicht in den von den Italienern besetzten südalbanischen Hafen Valona gelangen zu lassen.[833] Damit bot sich die Chance, auch diese weniger als 50.000 Mann, die von Peć (Ipek) über den Čakor-Paß nach Montenegro und dann über die unwirtlichen Berge Montenegros und Albaniens an die Küste geflohen waren, noch einzuholen und zur Waffenstreckung zu zwingen. Auf dem Weg, den das serbische Heer nahm, lagen Tausende Tote, Menschen, die aus Erschöpfung nicht mehr weitergekommen, verhungert oder erfroren waren.[834] Noch hatte Montenegro seinen Widerstand nicht aufgegeben, doch die Zeichen seiner vollständigen Niederlage mehrten sich. König Nikola I. von Montenegro verließ seine Hauptstadt, hängte aber in seinem Arbeitszimmer vorsorglich ein Porträt von Kaiser Franz Joseph auf, um seine vorgeblich auch durch den Krieg nicht geschwundene Verehrung für den österreichischen Monarchen augenfällig zu machen. Doch es nützte nichts: Auch Montenegro sollte total niedergeworfen und besetzt werden. Allerdings zeichnete sich ab, daß die restlichen serbischen und montenegrinischen Truppen womöglich doch noch entkommen würden. Am 9. Januar 1916 sickerte die Nachricht durch, die Ententetruppen würden sich der griechischen Insel Korfu bemächtigen und die serbisch-montenegrinischen Reste dorthin evakuieren. Die Information stammte von einer der zahllosen aufgefangenen und von den österreichischen Kryptographen entschlüsselten Depeschen des italienischen Außenministers Baron Sonnino.[835]

Es wurde auch von einem Separatfrieden mit Montenegro gesprochen. Doch da waren sich Burián und Conrad einig, daß dergleichen nicht zugestanden werden sollte. Conrad verlangte aber auch umgehend, daß Montenegro seine Eigenstaatlichkeit verlieren und sich vollständig an die Habsburgermonarchie anschließen müßte. Der Minister des Äußern plädierte jedoch nachdrücklich für dessen weitere Existenz. Dann wollte Conrad zumindest eine Verkleinerung Montenegros und die Verlegung seiner Hauptstadt von Cetinje nach Podgorica.[836] (Was Conrad damals forderte, blieb freilich bis 1945 unrealisiert. Erst nach dem Zweiten Weltkrieg verlegte Marschall Tito, der 1916 noch Unteroffizier in der k. u. k. Armee war, die Hauptstadt Montenegros nach Podgorica, dem der Name Titograd gegeben wurde.) Schließlich bat Burián geradezu um Verständnis dafür, daß man Montenegro seine Souveränität nicht rauben sollte. Nur die militärisch allernotwendigsten Gebiete wollte er Conrad zugestehen. Allerdings sollte Montenegro künftig außenpolitisch durch die Donaumonarchie vertreten werden. Schließlich verlangte auch der Kaiser, daß keine zu drückenden Bedingungen gestellt werden sollten. Doch in Teschen machte man sehr weitgehende militärische Notwendigkeiten geltend. Am 11. Januar 1916 wurde dann der spektakulärste militärische Erfolg im Kampf mit der montenegrinischen Armee errungen: Die k. u. k. 47. Infanteriedivision unter dem Kommando von Feldmarschalleutnant Trollmann eroberte das südlich der Bucht von Cattaro steil aufragende Massiv des Lovćen. Bis Mai 1915 war der Berg mit Rücksicht auf Italien nicht angegriffen worden, da man Rom signalisieren wollte, Österreich-Ungarn würde keine Änderung des Gleichgewichts an der italienischen Gegenküste beabsichtigen. Nachher verfügten die k. u. k. Truppen nicht über die ausreichende

Stärke, um den Berg zu erobern. Doch den Truppen Trollmanns, der dann das Adelsprädikat „von Lovćenberg" erhielt, gelang die Vertreibung der montenegrinischen Besatzung. Die Montenegriner boten daraufhin Waffenstillstandsverhandlungen an. Conrad aber ließ dem Kommandanten der 3. Armee, General Kövess, umgehend telegrafieren, daß die Operationen fortzusetzen wären. „Nur eine bedingungslose Waffenstreckung der gesamten kgl. montenegrinischen Armee ohne jedwede Verhandlungen und die Auslieferung aller noch auf montenegrinischem Boden befindlichen serbischen Truppen sind geeignet, das k. u. k. AOK zu einer Einstellung der Feindseligkeiten zu veranlassen."[837]

Am 13. Januar überbrachten montenegrinische Offiziere dem k. u. k. XIX. Korps ein Handschreiben König Nikolas von Montenegro, das an Kaiser Franz Joseph gerichtet war, in dem der montenegrinische König um die Einstellung der Feindseligkeiten und einen ehrenvollen Frieden bat. Doch auch Kaiser Franz Joseph rückte von der Forderung nach einer bedingungslosen Kapitulation nicht ab. Am 17. Januar langte dann ein Telegramm ein, in dem Montenegro bekanntgab, daß es sich allen Bedingungen Österreich-Ungarns unterwerfe und die Waffenstreckung anbiete. Doch es wollte noch immer nicht klappen. Einige montenegrinische Truppen versuchten auf eigene Faust weiterzukämpfen, worauf abermals mit der Fortsetzung des Kriegs gedroht wurde. Und Conrad war eigentlich zufrieden, da auf diese Weise die k. u. k. Truppen weiter nach Süden und gegen Albanien vordringen konnten. Dann endlich, am 23. Januar, kam es zur vollständigen Kapitulation. Gleichzeitig brach jedoch der Gegensatz zwischen Armeeoberkommando und Ministerium des Äußern voll aus. Conrad konnte sich nichts anderes vorstellen, als ein territorial stark beschnittenes Montenegro, das ebenso wie Serbien an die Donaumonarchie angegliedert würde. Es hätte eine Militärkonvention zu schließen, eine Zollunion zu bilden, sein Münz- und Währungssystem dem österreichischen anzugleichen und auf eine eigenständige Außenpolitik zu verzichten. Im Ministerium des Äußern war man jedoch für möglichst moderate Bedingungen, lehnte eine Annexion ab und wollte durch maßvolle Bedingungen den übrigen Gegnern der Mittelmächte ein Signal geben, um deren Friedensbereitschaft zu erhöhen.

Im Augenblick der bedingungslosen Kapitulation Montenegros löste sich dessen innere Ordnung vollständig auf. König und Regierung flohen. Einzelne Woiwoden blieben zurück. Die Armee kapitulierte oder floh nach Albanien. Die bereits in österreichisch-ungarischer Kriegsgefangenschaft befindlichen Montenegriner verweigerten den Rücktransport, da sie nicht in die chaotischen Verhältnisse eines politisch und wirtschaftlich devastierten Landes zurück wollten. Es war zeitweilig nicht einmal jemand da, mit dem man verhandeln konnte.

Jetzt ging es nach Albanien. Das k. u. k. XIX. Armeekorps verfolgte die Serben in den Raum Skutari, wo sich die dorthin geflohenen serbischen Truppen noch einmal zur Wehr setzten und schließlich kapitulierten. Andere Serben waren nach Durazzo und in den Süden Albaniens gekommen, von wo sie mit Schiffen der Entente nach Korfu gebracht wurden. Die Italiener hielten Valona und das Gebiet bis zum Fluß Shkumbini besetzt. Auch in Albanien fehlte eine Zentralmacht, denn der Fürst von Wied, der dort kurz die Rolle eines Herrschers gespielt hatte, war schon längst geflohen. Folglich rückten die k. u. k. Truppen weiter nach dem Süden und schließlich über den Shkumbini vor, bis sie auf italienische Truppen stießen und diese bei Valona einschlossen.

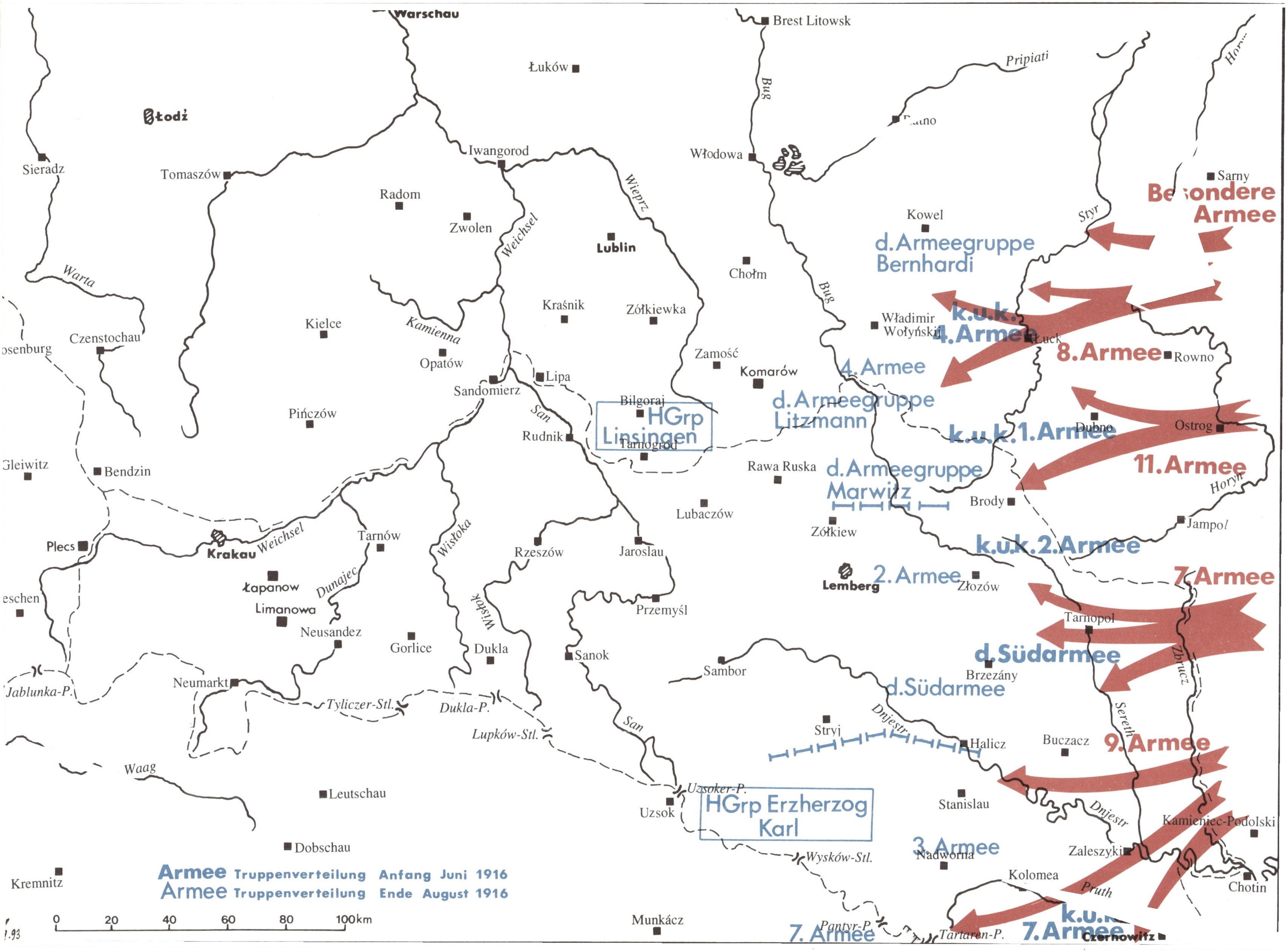

Warschau
Brest Litowsk
Łuków
Pripiati
Bug
Łodź
Włodowa
Sieradz
Tomaszów
Iwangorod
Radom
Zwolen
Wieprz
Sarny
Besondere Armee
Kowel
Styr
Weichsel
Lublin
d. Armeegruppe Bernhardi
Warta
Chołm
Kraśnik
Żółkiewka
Kielce
Czenstochau
Kamienna
Władimir Wołyński
k.u.k. 4. Armee
Łuck
8. Armee
Rowno
Zamość
Opatów
Komarów
4. Armee
Lipa
Sandomierz
Bilgoraj
HGrp Linsingen
d. Armeegruppe Litzmann
Pińczów
San
Dubno
Rudnik
Tarnogród
k.u.k. 1. Armee
Ostrog
Gleiwitz
Bendzin
Rawa Ruska
d. Armeegruppe Marwitz
11. Armee
Horyn
Brody
Lubaczów
Jampol
Tarnów
Żółkiew
Plecs
Krakau
Weichsel
Wisłoka
Rzeszów
Jaroslau
k.u.k. 2. Armee
Łapanow
Dunajec
Lemberg
2. Armee
Złozów
7. Armee
Limanowa
Przemyśl
Tarnopol
Neusandez
Wisłok
Gorlice
Dukla
Sanok
d. Südarmee
Zbrucz
Sambor
Brzezány
Neumarkt
d. Südarmee
Jablunka-P.
Tyliczer-Stl.
Dukla-P.
Sereth
Dnjestr
Stryj
Lupków-Stl.
Halicz
Buczacz
9. Armee
Waag
Leutschau
Uzsoker-P.
Uzsok
HGrp Erzherzog Karl
Stanislau
Dnjestr
Kamieniec-Podolski
Dobschau
3. Armee
Nadworna
Zaleszyki
Wysków-Stl.
Kremnitz
Kolomea
Chotin
Pruth
Armee Truppenverteilung Anfang Juni 1916
Armee Truppenverteilung Ende August 1916
0
20
40
60
80
100 km
Munkácz
Pantyr-P.
7. Armee
Tartaren-P.
7. Armee
Czernowitz

DIE BRUSILOVOFFENSIVE
(Juni – August 1916)

Albanien war kein Feindstaat, wohl aber war es noch mehr als die anderen von den Türken erst 1912 geräumten Gebiete auf der Suche nach einer inneren Ordnung. Vor dem Krieg hatten sich zwei Mächte den Einfluß auf Albanien geteilt, Österreich-Ungarn und Italien. Während der Verhandlungen mit Italien am Anfang des Jahres 1915 hatte man in Wien gehofft, den Kriegseintritt Italiens dadurch verhindern zu können, daß dem Apenninenstaat mehr Einfluß in Albanien sowie die Besetzung Valonas zugestanden wurde. Damit kontrollierte Italien die Seestraße von Otranto. Doch Italien nahm das lediglich als Zubuße. Jetzt, Anfang 1916, war zu fragen, welche Ziele Österreich-Ungarn langfristig auch in Albanien verfolgte, so es überhaupt in die Lage kam, seine Politik gegenüber dem „Land der Skipetaren" langfristig anzulegen. Wie im Fall Montenegros und Serbiens plädierte Conrad für eine vollständige Annexion, ja er machte das Vorrücken österreichisch-ungarischer Truppen nach Albanien zunächst sogar davon abhängig, daß das Land dann auch endgültig zur Habsburgermonarchie käme.[838] Andernfalls wären die Opfer und die militärischen Aufwendungen nicht zu rechtfertigen. In der Frage der Annexionen zeigte Conrad immer mehr Radikalismus. Dabei gewann aber auch Erzherzog Friedrich ein wenig Profil, was vielleicht schon auf den Einfluß Graf Herbersteins zurückzuführen war, da der Armeeoberkommandant einer Vergrößerung der Monarchie auf dem Balkan sehr deutlich das Wort redete.[839] Conrad und Friedrich machten ihre Auffassung aber nicht nur dem eigenen Außenministerium gegenüber deutlich, sondern sagten das auch dem bulgarischen Zaren Ferdinand bei dessen Besuch in Teschen am 13. und 14. Februar 1916. Das von den Bulgaren beanspruchte Gebiet des Amselfeldes um Priština, aber auch das westlich davon gelegene Gebiet um Prizren und Ipek seien österreichisches Interessengebiet, erklärte Conrad. Dem Ballhausplatz gegenüber meinte der Generalstabschef zwar, man wolle deshalb zwar keinen Krieg mit Bulgarien riskieren, aber es wäre Sache des Außenamts, die österreichischen Forderungen unmißverständlich klar zu machen.[840] Conrad wollte auch nicht gelten lassen, was die Bulgaren zur Rechtfertigung ihres Standpunktes anführten: Die Habsburgermonarchie, so meinte man in Sofia, habe doch vor dem Feldzug gegen Serbien ganz deutlich gesagt, man würde nur einen Brückenkopf bei Belgrad und Šabac besetzen wollen. Doch offenbar sei mit der Eroberung Serbiens der Appetit größer geworden.[841] Conrad erwiderte geradezu wütend, daß „die Idee einer so traurigen Konstruktion, wie sie die Brückenkopfidee ist, nur von anderer Seite" stammen könnte, nicht aber von den militärischen Verantwortlichen.

Das k. u. k. Armeeoberkommando steuerte also ungeschminkt einen Annexionskurs. Einwendungen, die auch der Thronfolger Erzherzog Karl machte, wurden beiseite geschoben: Bloß weil Tisza mit Rücksicht auf das labile Gleichgewicht der ungarischen Reichshälfte keinen territorialen Zuwachs wollte, dürfte man doch nicht die Vergrößerung der Monarchie verhindern. Ungarn wollte nur Dalmatien haben, was Conrad ganz entschieden ablehnte. Unter mitteleuropäischen Gesichtspunkten und den Aspekten der Neuordnung der Monarchie wäre ein Denken in Reichshälften und streng abgezirkelten territorialen Besitzungen ohnedies hinfällig gewesen. Das Reich, die gesamte Donaumonarchie sollte einen Zuwachs an Macht und Größe haben. Das war für den Generalstabschef und seine Umgebung das einzig vertretbare Kriegsziel geworden. Ein Zugewinn in Polen, wie ihn vor allem der Ballhausplatz immer wieder überlegte und in zahllosen austropolnischen Lösungen variierte, schien dem Armeeoberkommando in

Teschen wesentlich weniger wichtig als die Gewinnung von Territorien auf dem Balkan. Österreich-Ungarn sollte eine weit nach dem Süden und Südosten reichende Macht werden.

Die Besetzung Serbiens, Montenegros und des Großteils von Albanien warf jedoch eine Fülle von Problemen auf, denn nach dem gegenseitigen Hinmetzeln im Jahr 1914 hatten sich Serbien und Montenegro bis zum Oktober 1915 kaum mehr bemerkbar gemacht und ließen sich mit wenigen Beobachtungs- und Deckungstruppen in Schach halten. Jetzt aber waren mehr Truppen für die Besetzung und Kontrolle vonnöten als seinerzeit für die Beobachtung. Zudem war auch Albanien zu besetzen. In Griechenland wußte man etwa 130.000 alliierte Soldaten, die zwar von Türken und Bulgaren weitgehend in Schach gehalten wurden, aber dennoch eine Bedrohung darstellten. Das größte Problem wurde solcherart der Nachschub. Die Niederwerfung Serbiens hatte dazu gedient, den Landweg zur Türkei zu öffnen. Das waren vor allem die Eisenbahn- und Straßenverbindung durch das Morawatal. Jetzt aber hieß es abseits der wenigen Hauptstrecken und vor allem ohne Eisenbahnverbindung die Truppen in Serbien, Montenegro und Albanien zu versorgen. Gerade im Land des legendären Helden Skanderbeg bestanden so gut wie keine dauerhaften Straßenverbindungen. Sie mußten erst mühsam gebaut werden. Und wie sich dann zeigte, war auch eine provisorische Verwaltung nur dann möglich, wenn man dafür die allernotwendigsten Einrichtungen schuf. Daher war nach dem vorläufigen Abschluß der Operationen auf der Balkanhalbinsel tatsächlich zu fragen, ob der militärische Erfolg mit den nachfolgenden Problemen überhaupt im Einklang stand. Die Antwort darauf konnte wohl nur lauten, daß sich die Opfer und Mühen dann lohnten, wenn Österreich-Ungarn siegreich aus dem Krieg hervorging, denn dann konnten diese Länder territorial beschnitten und in direkte Abhängigkeit gebracht werden. Dann wäre die Donaumonarchie nach einer Art kurzfristigem Interregnum zum Erben des Osmanischen Reichs geworden. Doch bei jeder anderen Entwicklung waren nur die Aufwendungen und Verluste zu berechnen.

Vorderhand mußte sich Österreich-Ungarn begnügen, einen beträchtlichen Teil des Balkans besetzt zu halten, eine Militär- und teilweise Zivilverwaltung zu installieren und eine klassische Besatzungsmacht abzugeben. Daß dies im Fall Albaniens etwa durchaus zum Nutzen des Landes geschehen konnte, weil Bahnen gebaut und Straßen verbessert, weil erstmals ein funktionierendes Postwesen und vor allem ein Schulwesen eingerichtet wurden, das festzustellen kann zwar nicht losgelöst vom Faktum der Besetzung gesehen werden, doch es wird erst dann voll verständlich, wenn man in Rechnung stellt, daß dies alles Investitionen in eine mitteleuropäische Zukunft sein sollten. Gelegentlich stößt man noch auf die Relikte dieser Besetzung. In Cetinje, der alten Hauptstadt Montenegros etwa, wo neben dem eigenartigen Bau der Billarda des Njegus jenes Monument entstand, das heute als ein Kulturdenkmal ersten Ranges sorgfältigst gepflegt wird, das erste und einzige Relief Montenegros. Österreichische Besatzungssoldaten haben es unter Anleitung eines geographisch geschulten Offiziers angefertigt. Und es legt noch heute Zeugnis von der langfristig gedachten Besetzung ab.

Der Erfolg gegen Montenegro wirkte schließlich so nachhaltig auf die labile Stimmung des österreichischen Generalstabschefs, daß er jenen Schritt setzte, den man schon seit Wochen von ihm erwartet hatte: Er richtete am 22. Januar 1916 ein Versöhnungsschreiben an Falkenhayn. In der Folge kam es anläßlich der Geburtstagsfeier Kaiser Wilhelms am 26. Januar 1916 zu einem Treffen nicht nur des deutschen Kaisers mit Erzherzog Karl und Erzherzog Friedrich, sondern auch zu einer Begegnung der Generalstabschefs in Pleß. Allerdings blieb es bei recht allgemeinen Erörterungen. Falkenhayn und Conrad bestätigten sich nur gegenseitig, daß sie sich mit ihren Auffassungen über die nächsten strategischen Ziele nicht näher gekommen waren. Kaiser Wilhelm wie Falkenhayn meinten, man sollte doch den König Nikola wieder auf seinen montenegrinischen Thron zurücklassen. Conrad brachte Gegenargumente vor. Am Balkan müßte eine Neuordnung erfolgen, denn von dort sei der Krieg ausgegangen und dort hätte Rußland seine Verbündeten gehabt.[842] Im Fall Rußlands hatten sich die Separatfriedenshoffnungen zerschlagen, und damit erhob sich die Frage, wie sich der Krieg an dieser Front entwikkeln würde. Wo waren die Grenzen eines Vorstoßes nach Osten, wenn ein solcher versucht werden mußte? Wo war jene Linie zu ziehen, die auch Napoleon nicht erreicht hatte? Sicher gab es diesbezüglich kontroverse Ansichten, und zwar nicht nur innerhalb der Deutschen Obersten Heeresleitung, sondern auch im k. u. k. Armeeoberkommando. Genaues, das über persönliche Präferenzen hinausging, konnte keiner sagen.

Dann kamen die Generalstabschefs auf Italien zu sprechen. Falkenhayn sagte, er wäre noch immer gegen eine Offensive, wollte darüber aber nochmals ausführlich sprechen. Irgendwo, so meinten schließlich alle, müßte sich doch die Chance bieten, einen weiteren Gegner aus der Front der Ententemächte herauszubrechen. Fragte sich nur: wo.

14

Südtirol: Das Ende einer Illusion (I)

Am 11. Mai 1916 fanden in Wien die ersten Hungerkrawalle statt. Es war ein so offensichtliches Alarmzeichen, daß sogar der stellvertretende Chef der kaiserlichen Militärkanzlei, Feldmarschalleutnant Marterer, eine entsprechende Eintragung in sein Tagebuch machte. Ähnlich alarmiert war auch Josef Redlich, lediglich die Zeitungen berichteten nichts darüber. Da wurde nur in den darauffolgenden Tagen von vorübergehenden Engpässen bei Milch, Eiern, Kartoffeln und vor allem Fett geschrieben und davon, daß der Wiener Bürgermeister Weiskirchner eine Frauendelegation empfing. Auch das Geld reichte nicht mehr, und am selben 11. Mai erhöhte der Wiener Magistrat zahlreiche Gebühren auf teils drastische Weise. Wer immer über diese Vorgänge berichtete, und wie knapp das auch ausfiel: Jeder verstand im Grund genommen, was da vorging. Und wahrscheinlich war sich auch so gut wie jeder darüber im klaren, daß mit diesem Tag der Burgfrieden aufgekündigt war und die Radikalisierung begann. Nach nicht ganz zwei Kriegsjahren und angesichts einer immer bedrohlichere Ausmaße annehmenden Unterversorgung und Teuerung war das ein Alarmzeichen, das gar nicht ausbleiben konnte. Dieses Signal stand in einem deutlichen Gegensatz zu der Kriegslage, denn da schien für Österreich-Ungarn alles zum besten zu stehen: Erfolge, wo man hinsah, relative wie absolute. Es konnte also nicht an der Entwicklung der militärischen Kriegslage an sich liegen, sieht man von der Tatsache ab, daß es eben noch immer Krieg gab und nichts auf seine Beendigung hindeutete. Die Radikalisierung des Hinterlands hing mit sehr vielem zusammen und war im Grund genommen nur ein Teilaspekt sowie ein Indiz für jene irreversiblen Vorgänge, die der Weltkrieg bewirkt hatte. Die Unmöglichkeit, eine militärische Entscheidung herbeizuführen, ebenso die Unmöglichkeit, einen Waffenstillstand oder Frieden zu schließen, das immer bedrohlicher werdende Ausgreifen des Kriegs durch die sukzessive Einbeziehung der USA und damit der letzten nichtkriegführenden Großmacht, vor allem aber die für die Mittelmächte immer spürbarer werdende Wirkung der britischen Blockademaßnahmen zogen diese Radikalisierung nach sich. An den Fronten, die mit den Mitteln der militärischen Operationen, mit einem klassischen Feldzug oft nicht mehr beherrscht werden konnten, wurde der Einsatz immer radikalerer Mittel versucht. Das Maximum an verfügbarer Gewalt wurde eingesetzt, jedes neue Kampfmittel in den Krieg geworfen, immer in der Hoffnung, die Fronten aufbrechen, in das Hinterland vorstoßen und den Sieg mit der totalen Niederwerfung beenden zu können.

Das Überschreiten des Kulminationspunktes führte dazu, daß auch immer mehr riskiert wurde. Die Verwendung von Flammenwerfern, immer größerkalibrigen Geschützen und vor allem von Giftgasen waren Indizien dafür. Giftgas wurde mittlerweile auch von den k. u. k. Truppen eingesetzt. Hatte es eine Zeitlang den Anschein gehabt, als würde vorsichtiger mit dem Einsatz von Menschen umgegangen werden, so zeigte gerade das Jahr 1916, daß das Haushalten mit den Kräften zugunsten des Erzwingens der Entscheidung aufgegeben wurde. Denn was nützte ein beschränkter Erfolg an einer Front, ja sogar die bedingungslose Kapitulation eines Gegners wie Montenegro, wenn man ausgehungert wurde und die eigenen Ressourcen zu Ende gingen? Also sollte alles, ja mußte alles in die Schlacht geworfen und systematisch vernichtet werden. Als Maxime galt, den Hauptgegner immer mehr zu erschöpfen und gleichzeitig den schwächsten Gegner aus dem Feld zu schlagen. Dabei drohte bei fast allen Kriegführenden der Zusammenhang der Front mit dem Hinterland verlorenzugehen bzw. ließen sich die Bedürfnisse von Front und Hinterland kaum mehr zur Deckung bringen. In Rußland hatte es schon deutliche Krisensymptome gegeben. Aus eigener Kraft und mit Hilfe der Alliierten wurden diese Symptome bekämpft. Der Zar übte seit dem Sommer 1915 den Oberbefehl persönlich aus, es wurden erste Schritte zur Demokratisierung gesetzt, doch das sollte nur die Rückschläge des Sommers 1915 überwinden helfen. Die Zufuhren der Alliierten überwanden die schlimmsten Engpässe bei den Rüstungsgütern. Die Briten organisierten die Belieferung Rußlands mit alliierten Nachschubgütern über die Eismeerhäfen und übernahmen sogar die Hafenverwaltungen selbst, damit Entladung und Weitertransport sichergestellt waren. Dennoch blieb Rußland das Sorgenkind der Entente. Für die Mittelmächte war die Donaumonarchie das Sorgenkind, jene Donaumonarchie, die als nächste erstrangige Macht Krisensymptome und Zeichen einer daraus resultierenden Radikalisierung erkennen ließ. Das Muster dieser Radikalisierung war freilich kein einheitliches.

Von der stark idealisierenden Mitteleuropabewegung des Jahrs 1915, die noch eine gewisse Offenheit hatte erkennen lassen, blieb nur noch der Wille zum Siegfrieden. Die nationalistischen Komponenten überdeckten die liberalen und wirtschaftsliberalistischen Ansätze, bis nur mehr der Radikalismus übrig blieb. Dabei ging wohl jeder von verhältnismäßig unscharfen Zielen aus, jeder aber auch von der Frage nach dem Sinn des Kriegs. Die Antworten waren vor allem in Österreich-Ungarn unterschiedlich, denn sobald die Nationalitäten damit begannen, ihre Ziele oder auch nur ihre Wünsche für die Zeit nach dem Krieg selbständig zu formulieren, ging die Einheitlichkeit verloren. Jeder suchte sein egoistisches Ziel zu verfolgen, und um sich abzugrenzen und erkennbarer zu werden, wurde radikalisiert.

Die Osterbegehrschrift

Was in der Mitteleuropabewegung deutlich geworden war und sich in Petitionen wie jener der Hochschulprofessoren zu Ende 1915 manifestiert hatte, setzte sich mit den Forderungen des Deutschen Nationalverbandes 1916 fort. Der Nationalverband verfaßte im März 1916 eine Denkschrift mit dem Titel „Der Standpunkt des Deutschen Nationalverbandes zur Neuordnung der Dinge in Österreich".[843] Darin wurden folgende Grundsätze festgelegt:

1. Das Bündnis mit Deutschland ist unverzichtbar. Deutschland und Österreich-Ungarn sind aufeinander angewiesen. Daher ist bei Aufrechterhaltung der Unabhängigkeit Österreich-Ungarns das Bündnis auszugestalten und seine staatsgrundgesetzliche Sicherung anzustreben.
2. Das Bündnis soll durch die wirtschaftliche Annäherung beider Reiche seine Festigkeit erhalten. Das so geschaffene Wirtschaftsgebiet wird durch Angliederung anderer mitteleuropäischer Staaten erweitert.
3. In Österreich ist eine Verfassungsänderung nötig, die die inneren Kämpfe wenn schon nicht ganz beseitigt, so doch auf ein unvermeidliches Mindestmaß herabdrückt.
4. Das Verhältnis der beiden Reichshälften zueinander sollte grundsätzlich unverändert bleiben, allerdings wäre im wirtschaftlichen Bereich die Dauer der Vereinbarungen mit 25 Jahren festzulegen.
5. Die Monarchie muß das slawische Übergewicht verlieren, daher muß Galizien aus dem engen staatlichen Verband ausgeschieden werden.
6. Nach Durchführung der notwendigen Verfassungsänderungen sollte der Reichsrat unverzüglich seine Tätigkeit wiederaufnehmen.
7. Die innere Amts- und Verkehrssprache ist Deutsch, Verhandlungssprache vor den obersten Gerichtshöfen ebenfalls Deutsch. Alle staatlichen Behörden haben Eingaben in deutscher Sprache anzunehmen. Wo eine andere Sprache landesüblich ist, können schriftliche oder mündliche Anbringungen auch in der landesüblichen Sprache erfolgen.
8. Die Unterrichtssprache an Volksschulen in deutschen Gebieten ist deutsch. In den gemischtsprachigen Gebieten bestimmt die Gemeindevertretung die Unterrichtssprache. Sind in einer Gemeinde im fünfjährigen Durchschnitt mindestens 40 Kinder vorhanden, deren Muttersprache eine andere ist als die Unterrichtssprache, ist über Verlangen der Eltern eine Volksschule mit der betreffenden Unterrichtssprache zu errichten.
9. Es ist darauf zu achten, daß spracheinheitliche Verwaltungsgebiete entstehen, das gilt besonders für Böhmen.

In dieser Denkschrift wurden Gedankengänge umgesetzt, wie sie in der Mitteleuropabewegung, aber auch in den Vorbringungen des Armeeoberkommandos und des Kommandos der Südwestfront zur Reform der Innenpolitik angeklungen waren. Den deutschradikalen Parteien war das aber zu wenig. In der sogenannten „Osterbegehrschrift" vom Ostersonntag 1916, dem 23. April, legten sie ihre Ziele nieder, und dabei kam noch unmißverständlicher zum Ausdruck, daß in Österreich eigentlich nur die Deutschen vollberechtigte Staatsbürger sein sollten „und daß den Bedürfnissen dieser Staatsnation gegenüber Ansprüche, Rechte und Bedürfnisse der übrigen nichtdeutschen

Völker, wo immer sich ein Konflikt zwischen den beiderseitigen Interessen ergeben möge, unbedingt zurückzutreten haben".[844] Nur bei der Darstellung des Verhältnisses zu Ungarn ging die Osterbegehrschrift nicht über die Ziele des Deutschen Nationalverbandes hinaus. Parallel dazu fing dann die Radikalisierung der Straße an.

Nun hatte das, was in der Osterbegehrschrift zum Ausdruck gebracht wurde – und es sollte nochmals unterstrichen werden, daß es sich um den Standpunkt einer deutschradikalen Minderheit handelte –, mit dem, was auf den Wiener Straßen vor sich ging, nichts gemeinsam, außer eben den Umstand, daß unterschiedliche Erscheinungen auf ein und dasselbe Problem verwiesen: Ziele und Sinn des Kriegs standen zur Debatte. Am 11. Mai 1916 gab es in Wien die erwähnten schweren Unruhen wegen des Nahrungsmittelmangels. Läden wurden geplündert. Die Polizei schritt zunächst nicht ein; nur im 14. und im 16. Bezirk wurden Feuerspritzen verwendet, um die Menschen zu vertreiben. Doch einige Tage später griffen die Unruhen auf andere Bezirke über.[845] Die Radikalisierung schritt fort.

Die „Osterbegehrschrift" wurde ebenso wie Friedrich Naumanns Bestseller „Mitteleuropa" in Böhmen und Mähren sowie unter den anderen nichtdeutschen Nationalitäten von deren radikalen Vertretern bewußt verbreitet, um zu zeigen, in welche Richtung die deutsche Radikalisierung gehen sollte.[846] So wie die Deutsch-Radikalen und die im Deutschen Nationalverband zusammengefaßten Organisationen davon überzeugt waren, daß der Krieg eine weitgehende Veränderung der politischen Strukturen Mittel- und Osteuropas mit sich bringen würde, war es auch verständlich, daß der Theorie, die die Vorherrschaft der Deutschen in der Monarchie im Rahmen eines umgestalteten Mitteleuropa vertrat, die andere radikale Forderung entgegengeschmettert wurde: Zerstörung der Monarchie! Die tschechische Opposition ging, sofern sie nicht wie Kramář im Gefängnis saß, ins Exil. Und zu Tomás Masaryk gesellten sich der russophile Josef Dürich, Edvard Beneš, und Mitglieder der tschechischen „Mafia".

Auch die südslawische Emigration, die in dem Augenblick einen schweren Rückschlag erlitten hatte, als Italien im Londoner Vertrag eine Reihe von Gebieten versprochen bekommen hatte, die ebenso Ziel einer jugoslawischen Bewegung sein mußten, konnte sich allmählich wieder formieren. Sie radikalisierte sich in dem Moment, als nach der Besetzung Serbiens und Montenegros zusätzliche Kräfte in diese Emigration einflossen. Die Emigranten aus Österreich und die radikalen Gegner der Monarchie, die über Albanien und Korfu geflohen waren, taten sich zusammen und betrieben fortan ihre Politik im Ausland gemeinsam.

Für die Ententemächte war es sicherlich schwierig, zwischen den einzelnen Emigrantengruppen zu unterscheiden und auch die Vielzahl an Informationen zu verarbeiten. Tschechen, Polen, Ungarn, Südslawen, Deserteure, aber auch österreichisch-ungarische Politiker auf Auslandsreisen mischten Wahres, Halb- und Unwahres, gaben jedes Gerücht brühwarm weiter und lieferten mitunter sogar Protokolle der Sitzungen des ungarischen Reichstags ab. Alles das mußte bewertet und geordnet werden. Spionage tat dann ein Übriges, ja im britischen Foreign Office trafen sogar Originalakten der k. u. k. Botschaft in Madrid ein.[847]

Da bis in die ersten Monate des Jahres 1916 aber bei den Ententemächten keine wirkliche Klarheit darüber bestand, welche Ziele hinsichtlich der Habsburgermonarchie formuliert werden sollten, und noch aus dem Jahr 1915 Äußerungen wie jene des Chefs der britischen Militärmission in Bulgarien, Sir Henry Bax-Ironside, nachwirkten, der gemeint hatte, die österreichisch-ungarische Monarchie müsse erhalten bleiben[848], war es das Bestreben dieser Emigrantenorganisationen, auf dem Weg der Propaganda und unter Einschaltung aller möglichen Wissenschaftszweige, vornehmlich auch der Geschichte, in den Ländern der Entente eine gegen die Habsburgermonarchie gerichtete Stimmung zu erzeugen. Zeitschriften wie „La nation Tchèque“, die der Professor an der Pariser Sorbonne, Denis, ein Freund Masaryks, herausgab, oder das von R. W. Seton-Watson, Henry Wickham-Steed und wiederum Masaryk publizierte „New Europe“ waren dann derartige, für die Propaganda bestimmte und geeignete Instrumente. Seton-Watson, Steed, Masaryk, der Kroate Trumbić, Beneš und andere stimmten darin überein, daß die Habsburgermonarchie zerschlagen werden sollte. Den Erwägungen, daß sie für das europäische Gleichgewicht unentbehrlich sei, wurde entgegengehalten, daß Österreich-Ungarn seit 1879 nur ein Anhängsel Deutschlands wäre. Das Völkermosaik würde nur gewaltsam zusammengehalten und sei letztlich doch nichts anderes als ein Werkzeug Berlins und dadurch der unfreiwillige Feind Europas. Deshalb müsse Österreich von außen zerstört werden, indem jene Völker, die ethnisch anderswohin tendierten, von ihm abgetrennt würden.

Österreich-Ungarn sollte also diesem Radikalisierungsmuster zufolge nicht um seiner selbst willen zerstört werden, sondern um auf Dauer Deutschland zu schwächen.[849] Das war vor allem für Großbritannien wichtig, das ja keinen gewachsenen Konflikt mit der Habsburgermonarchie hatte und daher nur im Umweg über Deutschland für das Ziel der Zerschlagung Österreich-Ungarns gewonnen werden konnte. Wie mittlerweile detailreich nachzuvollziehen ist[850], beteiligten sich alle von den Emigrantenorganisationen gewonnenen Gruppen am Feldzug gegen die Monarchie, und sie taten dies „mit einer bemerkenswerten Skrupellosigkeit“.[851] So schrieb z. B. das „New Europe“ Steeds, in England hätten nur ganz wenige Gruppen, nämlich einige Finanzleute, ein paar Mitglieder der Gesellschaft, die katholische Kirche und die Juden ein vitales Interesse an der Erhaltung der Monarchie. Die Beweggründe für deren Einstellung seien die Erhaltung des deutsch-jüdischen Finanzsystems, das die wirtschaftlichen Voraussetzungen für den Pangermanismus geschaffen habe, sowie die Erhaltung des größten römisch-katholischen Staatswesens in Europa. Die gesellschaftlichen Kreise, denen an der Erhaltung der Monarchie gelegen wäre, sähen, wie Steed meinte, in den Österreichern nur nette Leute, weil ihre Landhäuser schön und ihre Jagden vorzüglich und weil ihre Lebensart der der Deutschen überlegen wäre.[852] Noch zögerte man aber vor allem in Großbritannien, an der Zerstückelungsdiskussion mitzuwirken. Wenn allerdings erklärter Widerstand gegen die Zerstörung der Monarchie laut wurde, dann kam er von einer Gruppe von Radikalen und Sozialisten, die sich schon vor dem Krieg für diesen Teil Europas interessiert hatten. Sie sprachen sich hauptsächlich aus wirtschaftlichen Gründen gegen die Auflösung der Monarchie aus.[853] Doch ihr Einfluß war nie sehr bedeutend gewesen und nahm zusehends ab.

Was in der Emigration gedacht wurde und was sich im Schoß der Alliierten als Meinungswandel vollzog, konnte freilich nur dann über das Stadium reiner Spekulation hinausgeraten, wenn auch die Möglichkeit der Umsetzung gegeben war. Daher kehrte alles immer wieder an die Fronten zurück, da letztlich dort die Entscheidungen fielen, auch wenn sie im Hinterland von Politik, Wirtschaft und der gesamten Bevölkerung mitgetragen wurden und ihrerseits auf das Hinterland rückwirkten.

Die „Strafexpedition" wird vorbereitet

Für Österreich-Ungarn zeichnete sich also trotz der Niederwerfung der Gegner auf dem Balkan Anfang 1916 kein Ende des Kriegs ab. Die Menschen und die Kräfte schienen zu versickern, weshalb es zur Gärung und schließlich zur Radikalisierung kam. An der italienischen wie an der russischen Front gab es bis Mai 1916 kaum Ereignisse, die wesentliche Veränderungen gegenüber den Hauptgegnern brachten oder auch nur dramatische Umschwünge erwarten ließen. Was sich bei den Stäben vorbereitete, gelangte allerdings kaum an die Öffentlichkeit. Eine derartige Verflachung und Verlangsamung der militärischen Ereignisse ist jedoch Begleiterscheinung eines jeden Kriegs von langer Dauer. Während am Anfang ein Großereignis auf das andere folgte, verstrichen mit zunehmender Kriegsdauer immer mehr Monate, bis wieder eine entscheidungsuchende Operation begonnen werden konnte. Die abnehmende Kraft zwang dazu, die notwendigen Konzentrationen von Menschen und Materialien langfristig vorzunehmen.

Für Conrad und das Armeeoberkommando war es angesichts der Fortsetzung des Kriegs aber zwingend und logisch, nach Serbien und Montenegro den nächsten Gegner anzusprechen, den man zum Gegenstand der Niederwerfungsstrategie machen konnte, und das war Italien. Ein kleiner Notizzettel Conrads enthielt die ganze Information darüber, was geplant war: Er hatte die Isonzofront mit einem geraden Strich und Südtirol mit einem sanften Bogen eingezeichnet und dann einen Strich von Südtirol nach Venedig gezogen. Dieser Strich war in sechs Teile gegliedert, jeder Teil einen Tagesfortschritt von 20 Kilometern darstellend. Von Südtirol war Venedig sechs Tagesmärsche entfernt. So einfach war das![854]

Die Planung gegen Italien zeigte nochmals deutlich, wie sehr operative Planungen im Krieg von jenen Operationsstudien abhingen, die bereits vorher im Frieden angestellt worden waren. In der Operationsabteilung des AOK war bereits bei den allerersten Studien für einen entscheidenden Schlag gegen Italien an Gedanken angeknüpft worden, die schon dem Präventivkriegsplan „I" zugrunde gelegen waren. Danach sollte die Hauptmacht in Tirol versammelt werden. Mittlerweile schien das umso verheißungsvoller, da man ja wußte, daß die Hauptmacht der Italiener am Isonzo und an der Kärntner Grenze gebunden war und ein weit ausholender Vormarsch in den Rücken der Italiener die Masse ihres Heeres in Julisch-Venetien einschließen würde. Das mußte die Entscheidung bringen.

Der Italienreferent in der Operationsabteilung des Armeeoberkommandos, Oberstleutnant Karl Schneller, arbeitete an seinen Denkschriften und Operationsstudien weiter, er plante einmal mehr, einmal weniger deutsche Kräfte zu verwenden. Schließlich, ab dem Juli 1915, als das Deutsche Reich deutlich gemacht hatte, daß es keine größeren Kontingente gegenüber Italien einsetzen wollte, meinte Schneller, es wäre am besten so zu verfahren, daß die Deutschen die Hauptlast in Rußland übernähmen, während Österreich-Ungarn „Italien abtun“ würde.[855] Schneller hatte Zeit. Denn die Sommerschlacht in Rußland, dann der Übergang zur „Dauerstellung“ und schließlich der Balkanfeldzug hatten sämtliche disponiblen Kräfte gebunden, so daß es lange Zeit bei der operativen Planung sein Bewenden haben mußte. Doch irgendwann einmal würde auch die Stunde der Italiengruppe kommen. Mittlerweile vertraute man im Armeeoberkommando darauf, daß die Front am Isonzo halten würde. Und auch wenn es den Italienern gelänge, noch etwas tiefer auf österreichisches Gebiet vorzudringen, würde das an der Lage nichts ändern. Schnellers Studien wurden dem Chef der Operationsabteilung vorgelegt. Oberst Metzger versah sie mit Kommentaren und schickte sie dann zurück. Einiges an diesen Bemerkungen ist recht interessant.

Metzger hatte für die vorgesehene Offensive aus Tirol das Kommando nicht dem Kommandanten der Südwestfront, Erzherzog Eugen, übertragen wollen, sondern dem Landesverteidigungskommandanten von Tirol, Freiherrn von Dankl. Darin sah Schneller einen Hieb gegen den Generalstabschef der Südwestfront, Feldmarschalleutnant Krauß, der – so Metzger – „nicht gehorchen könne“.[856] Den Erzherzog Eugen aber wollte man nicht groß werden lassen, denn das wäre dem „Schloß“ nicht willkommen gewesen. Mit „Schloß“ war Erzherzog Friedrich gemeint, der im Teschener Schloß wohnte. Dankl wiederum besaß das Vertrauen Conrads.

Doch es ging ja durchaus noch nicht um die Kommandantenfrage. Zunächst war das deutsch-österreichische Verhältnis zu klären, jenes Verhältnis, das die „Mitteleuropäer“ so idealistisch sahen, das aber in vielem nur mehr Fassade war und wo man durch äußerliche Freundlichkeiten, tägliche Beschwörungen der Bündnistreue und die immer wieder eingestandene Unverzichtbarkeit der Zusammenarbeit in diesem Krieg den Zwist zudeckte. Die Wiederaufnahme des dienstlichen Verkehrs zwischen den Generalstabschefs hatte nichts zu besagen. Es wäre ganz im Gegenteil ein ausgemachter Skandal gewesen, hätten sie ihren „Privatkrieg“ noch länger fortgesetzt. Doch die Fassade bröckelte immer mehr ab. Die Aufzeichnungen des Deutschen Bevollmächtigten Generals beim k. u. k. Armeeoberkommando sprechen da Bände. Es gab nur ganz wenige Personen in der österreichisch-ungarischen Hierarchie, die er nicht mit abfälligen Äußerungen bedachte. Conrad blieb ihm vollends unverständlich, und man gewinnt den Eindruck, General Cramon müsse sich als einziger Normaler unter einer Schar von Idioten gefühlt haben. Demgegenüber boten ihm die deutschen Verantwortlichen und Truppenführer so gut wie nie Anlaß zur Kritik. Auch Türken und Bulgaren kamen meistens besser weg als etwa Stürgkh, Conrad, Kövess oder gar Erzherzog Joseph Ferdinand. Doch wie lange ließen sich die Sprünge übertünchen?

Der Gedanke eines Angriffs an der italienischen Front nahm Gestalt an. Conrad interpretierte die Weigerung Falkenhayns, deutsche Truppen an die Südwestfront zu entsenden, nicht im Sinne einer Verlegung des deutschen Schwergewichts nach dem Westen, wie das Falkenhayn gerade vorhatte, sondern meinte: „Entweder will Deutschland eine Niederwerfung Italiens verhindern, weil es dort gewichtige handelspolitische Interessen verfolgt, weil viel deutsches Kapital in Italien gebunden ist, kurz, weil es wirtschaftlich auch für die Zukunft mit Italien als Freund rechnen will; oder aber, und dies halte ich für sehr wahrscheinlich, sieht es in Italien jenen Dritten, mit dem es die Monarchie immer im Zaum halten kann, den es gegen uns ausspielen kann.“[857]

Falkenhayn seinerseits fragte sich, ob man mit der Teilnahme deutscher Truppen am Krieg gegen Italien nicht „in ein Wespennest einander befehdender Begehrlichkeiten" stechen würde und ob nicht solcherart deutsche Truppen ausschließlich fremden Interessen geopfert würden. Da war nichts mehr von Mitteleuropa und Waffenbrüderschaft zu hören; da herrschte nur noch tiefstes Mißtrauen auf beiden Seiten.

Conrad war über das Widerstreben des deutschen Generalstabschefs, die österreichischen Überlegungen bezüglich Italien auch nur ernsthaft zu erwägen, regelrecht aufgebracht. Er hatte Falkenhayn von seinen Plänen zunächst ausführlich geschrieben und gemeint, er gehe wie Falkenhayn davon aus, daß die Kriegsentscheidung in Frankreich fallen werde. Er halte es jedoch für richtig, die Angriffe aufeinander folgen zu lassen, zuerst in Italien und dann, nach dessen Niederwerfung – gemeinsam –, in Frankreich. So wie gegen Serbien sollte man vorgehen, das ja auch erst nach dem Abschluß der Operationen in Rußland angegriffen worden war, und wo man doch einen gewaltigen Erfolg errungen habe.[858] Conrad wollte keine Parallelfeldzüge, er wollte die gemeinsame Kriegführung, allerdings nach seinen Ideen. Und in der Italienoffensive sah er eine unerläßliche Vorstufe für die Kriegsentscheidung. Er mochte mit seiner Auffassung auch durchaus recht haben, daß vor einer Niederwerfung Italiens Österreich-Ungarn an keiner Front Truppen freimachen könnte, um Deutschland zu unterstützen. Doch Falkenhayn hatte sich mittlerweile entschlossen, bei Verdun anzugreifen.

Am 12. Februar 1916 übersiedelte das deutsche Große Hauptquartier von Pleß nach Mézières und Charleville in Belgien. Der Bruch der Generalstabschefs hatte die bis dahin praktizierte Form der Zusammenarbeit aber ohnedies auf ein Minimum reduziert. Die Mittelmächte schienen von einer Waffenbrüderschaft zu einer reinen Notgemeinschaft abgesunken zu sein. Und das Deutsche Reich wie Österreich-Ungarn hofften, dem jeweils anderen in der Notgemeinschaft beweisen zu können, daß der eigene Weg der richtige war und zum Sieg führte.

Am 3. Dezember 1915 hatte Conrad im österreichisch-ungarischen Armeeoberkommando in Teschen schon eine erste größere Besprechung über eine Offensive gegen Italien abgehalten. Das Problem, so die allgemeine Auffassung, wären dabei nicht die Waffen – die ließen sich beschaffen; das Problem wären die Menschen. Man mußte die anderen Fronten entblößen, um die vom Italienreferenten Schneller errechneten 14 Divisionen zusammenzubekommen. Conrad hätte die Offensive am liebsten noch im Dezember begonnen, doch das war natürlich illusorisch. Bis zum Januar 1916 würden die Operationen am Balkan noch andauern, im Februar würde dann in Italien Tauwetter einsetzen, doch Ende Februar könnten die klimatischen Voraussetzungen den Beginn der Offensive erlauben. Die Italiener müßten überrascht werden, sie dürften auch keine Zeit haben, sich von den Mißerfolgen des für sie ersten Kriegsjahres zu erholen.[859]

Die politische Absegnung der Offensive gegen Italien erfolgte im Januar. Aus Äußerungen des ungarischen Ministerpräsidenten und ebenso aus Wortfetzen des gemeinsamen Ministerrats vom 7. Januar 1916 ließ sich schließen, daß Conrad für seine Offensive grünes Licht bekommen haben dürfte. Er hatte allerdings niemanden auch nur andeutungsweise über Art und Richtung seines Vorgehens informiert.

Nun begannen die konkreten Vorbereitungen. Nichts sollte dem Zufall überlassen, alles minutiös geplant werden. Das betraf aber schließlich nur den Aufmarsch. Denn bei der Benennung der großen Operationsziele begnügte sich das Armeeoberkommando wie in den Monaten zuvor mit der Feststellung, daß zwei Drittel des italienischen Heeres am Isonzo in einem Raum, der etwa 80 mal 150 Kilometer maß, gebunden waren und daß ein Vorstoßen auch nur bis an den Rand der Hochfläche von Arsiero und Asiago eine Rücknahme der italienischen Front an den Piave zur Folge haben müßte. Damit wäre eine Verkürzung der österreichisch-ungarischen Front um zumindest die Hälfte zu erwarten und im günstigsten Fall das Ausscheiden Italiens aus dem Krieg, dann nämlich, wenn wirklich das Gros des italienischen Heeres eingekesselt und zur Kapitulation gezwungen werden könnte. In diesem Fall wären fast schlagartig 250.000 Mann für andere Fronten freigeworden.

Alle Versuche Conrads, Anfang Februar 1916 Falkenhayn doch noch von der Notwendigkeit einer gemeinsamen Offensive gegen Italien zu überzeugen, schlugen fehl. Auch die letzte Unterredung in diesem Zusammenhang, ein Gespräch in Pleß am 3. Februar, führte zu keinem Ergebnis. Wenige Tage später mußte sich Conrad regelrecht düpiert fühlen, da ihm Falkenhayn verschwiegen hatte, daß er Vorbereitungen für einen Großangriff bei Verdun getroffen hatte, der neun Tage nach dieser Unterredung, am 12. Februar 1916, begann. Umso mehr sah sich Conrad darin bestärkt, nun auch seinerseits den Verbündeten vor vollendete Tatsachen zu stellen. Was dann so schön „Strafexpedition" genannt wurde, konnte auch als Bestrafung des deutschen Hochmuts interpretiert werden.

Zunächst wurde das Zusammenziehen der Truppen geplant. Sie sollten von der Tiroler Front, von der Nordost- und vor allem auch von der Isonzofront genommen werden und zwei Armeen mit rund 200.000 Mann bilden. Es konnte die Befehlsführung im großen festgelegt werden, die Zufuhr von Geschützen, von Munition und von Kriegsmaterial jeglicher Art. Allerdings wurde dabei gänzlich übersehen, daß bei einem Kriegsschauplatz im Hochgebirge andere Voraussetzungen zu berücksichtigen waren als in der Ebene. Doch offenbar störte das niemanden nennenswert. Es stand mit der Kriegstheorie im Einklang, wonach der Besitz der Höhen über jenen der Täler den Ausschlag gab. Es hatte sich im Verlauf des Kriegs gezeigt, daß auch Soldaten aus den Ebenen Ostmitteleuropas, die bis zum Krieg noch keinen Berg gesehen hatten, sich im Gebirge tadellos bewährten. Warum also sollte es nicht gelingen, die Gebirgsstöcke zu überwinden, die die k. u. k. Armeen in den Dolomiten von der oberitalienischen Ebene trennten? Es wurde sogar erwogen, türkische Truppen in Südtirol zu verwenden, doch diese Überlegungen blieben schon im Ansatz stecken, da man ihnen wohl die Strapazen zutraute, jedoch alles hätte beistellen müssen, was für den Krieg im Gebirge notwendig war.[860]

Bei allen Überlegungen über eine Offensive aus Tirol unter zunächst noch winterlichen Bedingungen spielten aber offenbar andere Erfahrungen des Gebirgskriegs und die enormen Schwierigkeiten des Versammelns und Hervorbrechens aus den Bergen keine Rollc. Das muß umso mehr verwundern, als so gut wie alle für die Planung Verantwortlichen und insbesondere Conrad eine reiche Erfahrung mit dem Operationsraum Tirol hatten. Schließlich hätten auch die Karpatenkämpfe 1915 dazu beitragen können, zusätzliche Erfahrungen zu gewinnen, über die Italien nicht oder zumindest nicht im selben Ausmaß verfügen konnte. Und zu diesen Erfahrungen gehörte es nicht zuletzt, daß

Kälte und Schnee kaum zu planende Faktoren waren. Es war aber auch nicht berücksichtigt worden, daß die Schneelage sogar das Herauslösen von Truppen, die bereits an der Gebirgsfront eingesetzt gewesen waren und nunmehr zusammengezogen und anderswo verwendet werden sollten, teilweise unmöglich machte. Bei Schneelagen von drei bis fünf Metern war z. B. das Herauslösen der Kaiserjäger und der Tiroler Landesschützen, die über die Front verstreut als eine Art Korsett eingezogen worden waren, ein Ding der Unmöglichkeit. Die Truppen wurden extrem gefährdet, da jeder Marsch durch lawinengefährdete Hänge – und deren gibt es in dieser Region zur Genüge – die Gefahr des Verschüttetwerdens in sich barg.

Das Hinaufbringen von Truppen und vor allem von Kriegsmaterial, von Geschützen sämtlicher Kaliber, auch der schwersten, die es in der Monarchie gab, und das waren mittlerweile nicht nur die 30,5-cm-Mörser, sondern es waren auch eine 35-cm-Kanone, 38-cm- und sogar 42-cm-Haubitzen dabei, erforderte bei diesen extremen Witterungsverhältnissen ein Übermaß an Anstrengung und Opferbereitschaft. Für den Aufmarsch der schweren Angriffsartillerie auf der Hochfläche von Folgaria und Lavarone kamen nur drei Straßen in Frage. Über die lawinengefährdetste sollte der Transport der 42-cm-Küstenhaubitze erfolgen. Da dieser Transport unter größten Schwierigkeiten vor sich ging, war die Straße durch Tage für alle anderen Versorgungsfahrten blockiert. Die Seilbahnen hatten eine nur beschränkte Kapazität, doch erreichte die leistungsfähigste von ihnen, von Cagliano nach Folgaria, ab dem 20. März eine imponierende Tagesleistung von 200 Tonnen.[861]

Die erste Konsequenz der wetterbedingten Schwierigkeiten war der Einsatz der nach und nach eintreffenden Fronttruppen neben den Arbeitskommandos, um der Schneemassen Herr zu werden. Damit war ein früher Angriffstermin illusorisch geworden. Es gab die erste Terminverschiebung. Die Zeit konnte aber nicht dazu genützt werden, das Vorgelände besser zu erkunden oder die Artillerie einzuschießen. Alles das hätte ja den Aufmarsch verraten und damit die operative Überraschung beseitigt. Dennoch blieben den Italienern dieAngriffsvorbereitungen nicht verborgen. Die Verzögerung des Angriffs infolge einer schließlich zweimaligen Verschiebung führte dazu, daß die Italiener – was sie zunächst nicht waren – abwehrbereit wurden.

Lassen wir einmal die eher militärtechnischen Fragen des Aufmarsches zur „Strafexpedition" beiseite. Es gab auch andere Besonderheiten. So springt es geradezu ins Auge, daß alles, was da in Gang gesetzt wurde, vom Schreibtisch aus geschah. In Teschen wurde geplant, in Teschen wurden die Befehle formuliert, die dann in Südtirol eine Heeresgruppe mit zwei Armeen, die k. u. k. 11. (Dankl) und die k. u. k. 3. Armee (Kövess), aufmarschieren ließen. 1000 Kilometer und mehr entfernt wurde gedacht und standen Stäbe über Karten gebeugt, wurden die Truppenverteilung im großen, aber auch in vielen Details, die Angriffsziele und der gesamte logistische Ablauf ausgeklügelt. Als der Chef des Generalstabs des Kommandos der Südwestfront, Feldmarschalleutnant Alfred Krauß, nach Teschen fahren wollte, um Details der Planung zu erörtern, wurde ihm bedeutet, daß auf seinen Besuch kein Wert gelegt werde. Umgekehrt kamen weder der Italienreferent noch der Chef der Operationsabteilung und schon gar nicht der Chef des Generalstabs für die gesamte bewaffnete Macht, Conrad, nach Südtirol. Es gab wohl keinen krasseren Fall des Führens vom Schreibtisch aus als gerade die Südtiroloffensive.

Es gab außerdem einen ins Auge springenden Gegensatz zwischen der Bedeutung, die man dem Unternehmen beimaß, und den Abläufen in Teschen. Conrad wurde von Januar bis April viel mehr durch die Fragen der Kriegführung auf dem Balkan, durch das polnische Problem und Personalfragen in Anspruch genommen, als daß er sich hätte ausgiebig mit der Offensive in Südtirol beschäftigen können. Und wenn, dann ging es auch nicht um Logistik und Operation, sondern um Rangfragen, Prestige und dynastische Probleme.

Vor allem machte die Frage der Verwendung des Thronfolgers zu schaffen. Erzherzog Karl war nach seiner Zuteilung beim Armeeoberkommando, die ja nicht ganz friktionslos verlaufen war, als Kommandant eines Armeekorps vorgesehen, um ihn seine militärische Laufbahn rasch durcheilen zu lassen. Und obwohl der Kaiser diese Verwendung wünschte und sie bereits gebilligt hatte, erhob Conrad Einwendungen. Die etwas beschönigende Version dieses Vorgangs liest sich so, daß Conrad schon im Februar 1916 vorgeschlagen habe, den Erzherzog bei der bevorstehenden Offensive das XX. Korps befehligen zu lassen, das vorwiegend aus Kaiserjägern, Salzburgern und Oberösterreichern bestehen sollte. Zu dieser Idee soll der Chef der Militärkanzlei, Bolfras, gesagt haben: „Bedenke, wenn etwas passiert, dann ist der Nachfolger ein Kind!"[862] Doch der Kaiser habe seine Zustimmung gegeben, und daher hätte der Thronfolger auch das Korps befehligt.

Die Wirklichkeit sah anders aus. Conrad lehnte zunächst die Übernahme eines Korps durch den Thronfolger brüsk ab. Es waren auch noch andere Leute gegen die Verwendung Karls bei einem Frontkommando. Daraufhin reiste Erzherzog Karl am 14. Februar „verärgert", wie der Generaladjutant Conrads in sein Tagebuch notierte, aus Teschen ab.[863] Conrad wurde zur Audienz zum Kaiser gerufen. Der Generalstabschef ließ dem Thronfolger aber noch vor der Audienz das Kommando über ein aus der 3. und der 8. Infanteriedivision zu bildendes Korps anbieten. Karl willigte ein. Conrad konnte dem Kaiser daher in der Audienz bereits melden, daß die Sache bereinigt sei.[864]

Von sich aus aber war Conrad nicht bereit gewesen, dem Thronfolger ein wichtiges Frontkommando anzubieten. Es war daher wieder am Chef der kaiserlichen Militärkanzlei, Arthur Bolfras, gelegen, dem Generalstabschef begreiflich zu machen, daß hier andere Erwägungen zu gelten hatten als ausschließlich militärische. Da es darum ging, den Thronfolger zumindest nach außen hin mit den Qualitäten eines erprobten militärischen Führers auszustatten, und da Heerführen als Herrschertugend unverzichtbar schien, konnten Conrads Einwendungen nur dazu dienen, das Verhältnis zum Thronfolger weiter zu verschlechtern. Conrad hatte schließlich nicht nur einzuwilligen, daß der Erzherzog ein Korps befehligte. Er erhielt noch dazu das wohl beste Korps auf dem südwestlichen Kriegsschauplatz, nämlich das schon erwähnte XX. Armeekorps, das aus der 3. („Edelweiß") und der 8. („Kaiserjäger") Division bestand. Daß man im Armeeoberkommando darüber nicht glücklich war, machte die Eintragung des Italienreferenten, Oberstleutnant Schneller, in scin Tagebuch deutlich: „Ich habe nun die Aufgabe, die ganze Sauce der Südwestfront und Tirol mitzuteilen."[865]

Anfang März 1916 war – nicht ganz ungewöhnlich für Jahreszeit und Gegend – wieder viel Schnee gefallen. In den Senken lag er vier Meter hoch. Auch der Einsatz der Fronttruppen bei der Bekämpfung der Schneemassen konnte nur erreichen, daß von ihnen und den Arbeitsbataillonen bis Mitte März einige der wichtigsten Straßen freigeschaufelt waren. 1237 Mann wurden allerdings während dieser Zeit von Lawinen verschüttet; nur die Hälfte konnte lebend geborgen werden.[866] Anfang April fing es wieder zu schneien an. Die Schneehöhe erreichte wieder zwei und mehr Meter. Damit war klar, daß auch der nächste vorgesehene Angriffstermin, der 11. April, illusorisch geworden war.

Allmählich wurden sämtliche Bemühungen zur Tarnung des Aufmarsches zur Farce. Als am Isonzo damit begonnen wurde, Truppen herauszuziehen, um sie nach Südtirol zu verlegen, hieß es, die Verbände gingen nach Rußland ab. In Marburg wurde so getan, als ob für Erzherzog Friedrich ein neues Hauptquartier eingerichtet würde; das sollte wieder auf eine Angriffshandlung am Isonzo schließen lassen. Die Verschleierungsmanöver gingen so weit, daß der vom Balkan kommende Generaloberst Kövess, der die 3. Armee in der Südtiroloffensive befehligen sollte, erst im letzten Moment sein neues Kommando mitgeteilt bekam. Und auch die Deutschen sollten getäuscht werden. Bis Anfang März ging das auch alles recht gut. Doch dann wurde das Kommando der Südwestfront in das Heeresgruppenkommando Erzherzog Eugen umgewandelt und sein Befehlsbereich auf den Raum des bisherigen Landesverteidigungskommandos Tirol erstreckt. Letzteres wiederum wurde zum Kommando der 11. Armee. Und das konnte nicht verborgen bleiben. Als die ersten Fragen des deutschen Verbündeten eintrafen, wurde der Verbleib von Divisionen damit zu erklären gesucht, daß es hieß, die am 11. März einsetzende fünfte Isonzoschlacht hätte Verschiebungen notwendig gemacht. Doch diese Schlacht endete nach wenigen Tagen. Sie wurde von den Italienern vorzeitig abgebrochen. Trotz aller Geheimniskrämerei wußten die deutschen Verbindungsoffiziere um den 25. März bereits im großen und ganzen und wenige Tage später im Detail über die geplante Offensive Bescheid.

Die Italiener waren womöglich noch früher aufmerksam geworden und überblickten ebenfalls Ende März und Anfang April die Situation. Das AOK wollte zwar noch immer eine Reihe von Aktionen gesetzt wissen, um die Italiener abzulenken, doch es kam nichts Richtiges mehr zustande. Die Kriegsmarine, der eine ähnliche Aktion wie bei Kriegsbeginn mit Italien abverlangt wurde, sah sich nicht in der Lage, ähnliches zu leisten. Deren Kommandant, Großadmiral Haus, depeschierte an Conrad, es wären so viele Torpedofahrzeuge ausgefallen, daß der Schutz der Schlachtschiffe vor U-Booten und Minen nicht gewährleistet sei. Daraufhin schrieb ihm ein verärgerter Conrad zurück, er würde sich den geringen Wert der Schlachtschiffe für später merken.[867] Ein Luftangriff auf Brücken im Hinterland der Isonzofront und auf Bahnanlagen wurde immer wieder verschoben, schließlich vom AOK geharnischt für den 27. März gefordert. An diesem Tag herrschte jedoch Schlechtwetter, die Bomber fanden ihre Ziele nicht, vier Maschinen gingen verloren. Am 18. April gelang den Italienern schließlich ein spektakulärer Erfolg in den Dolomiten: Sie sprengten nach monatelanger Vorbereitung den Gipfel des Col di Lana. Es war die erste große Minensprengung des Gebirgskriegs. Die Bohrgeräusche, die seit Januar zu hören gewesen waren, wurden von der österreichischen Besatzung des Gipfels zunächst auf italienische Kavernenbauten geschoben. Dann war Verdacht geschöpft und mit dem Vorantreiben von Gegenstollen begonnen worden. Doch man war sich über das, was unterhalb des Gipfels vorging, nicht im klaren. Statt aber die Gipfelbesatzung auf einige Mann zu reduzieren, blieb ein halbes Bataillon in den Felsstellungen. Bis dann in der Nacht zum 18. April die Mine mit ihren 5500 Kilogramm Dynamit gezündet wurde. Von den 280 Mann Besatzung des Tiroler Kaiserjägerregiments Nr. 2 wurden mehr als hundert unter den Felsen begraben. Der markante Gipfel gehörte den Italienern.

Conrad kommentierte diese dramatische Episode des Gebirgskriegs nur damit, daß er meinte, „die Verteidigung von Tirol ist ziemlich passiv".[868] In Wien hingegen verursachte die Gipfelsprengung enorme Aufregung, was Conrad erst recht nicht verstehen wollte. Er verglich den letzten Abwehrerfolg in Bessarabien, der einen Verlust von fast 16.000 Mann verursacht hatte, mit dem Col di Lana und schrieb wegwerfend: „Nun wird ... dem kleinen, höchstens von 2 Kompagnien besetzten Col di Lana-Gupf (mehr hat dort nicht Platz) eine solche Bedeutung beigemessen."[869]

Dem Heeresgruppenkommando Erzherzog Eugen, dem die Ungeduld des Armeeoberkommandos ungeheuer zu schaffen machte, riß schließlich die Geduld. Feldmarschalleutnant Krauß ließ am 23. April anfragen, ob sich das AOK nicht durch die persönliche Anwesenheit des Generalstabschefs („siehe Verfahren in der deutschen Armee") oder durch Entsendung eines Vertrauensmannes die zum Entschluß nötigen Grundlagen verschaffen wollte.[870] Conrad reagierte wie erwartet: Offiziell ließ er zurückdepeschieren, dazu sei doch wohl kein Grund vorhanden. Persönlich schrieb er Krauß – und die Anspielung auf Falkenhayn hatte sicherlich weh getan: „Sollte aber beim HGK [= Heeresgruppenkommando] die Notwendigkeit empfunden werden, daß das AOK auch die Verantwortung für den nur an Ort und Stelle zu beurteilenden Beginn des Angriffes auf sich nimmt, so wäre dies zu melden, welchenfalls ich mich nach Südtirol begeben würde, falls nicht seine k. u. k. Hoheit, der Armeeoberkommandant, selbst sich dorthin begeben sollte." Krauß insistierte: Es wäre ein leichtes gewesen, trotz der hohen Schneelage den Angriff zu befehlen, Tausende Menschen hinzuopfern und dann dem Wetter die Schuld zu geben. Conrad darauf: Auch dem AOK würde es nie eingefallen sein, bei einer derartigen Schneelage den Angriff zu befehlen, der Verweis auf die Tausenden Menschen sei deplaziert. Eine Reise des Chefs des Generalstabs nach Bozen erübrige sich.

Conrad wollte partout nicht näher an den Kriegsschauplatz heran. Doch alle wurden zunehmend nervös, und es war schließlich nur der gebürtige Tiroler Cletus Pichler, der Stabschef Dankls, der laut aussprach, was sich andere dachten: Es wäre ein Fehler gewesen, die Truppenverschiebungen so früh zu beginnen, denn in dieser Gegend wäre vor Mitte Mai der Schnee nie weg. Und als er abermals bedrängt wurde, endlich die Offensive anlaufen zu lassen, ging er hinaus, rammte seinen Spazierstock in den Schnee und sah dies als eine Ad-oculos-Demonstration der Unmöglichkeit an, Soldaten im knietiefen Schnee angreifen zu lassen.[871]

Conrad war zur Zeit der Planung der Südtiroloffensive auch dem Chef der Militärkanzlei gegenüber von einer ungewohnten Schweigsamkeit. Er berührte in seinen Briefen fast nur Personalfragen, diskutierte, wie es in Polen weitergehen sollte, nachdem dort der Militärgouverneur General Colard überraschend gestorben war. Er ging bei zwei Gelegenheiten auf den „Fall Endrici" ein, einen besonders spektakulären und zudem heiklen Fall, bei dem der Bischof von Trient, Endrici, der Ausspähung und des unerlaubten Kontakts mit dem Feind bezichtigt wurde. Conrad zeigte sich über den Ausgang dieser Angelegenheit, nämlich den Verzicht auf strafrechtliche Verfolgung des kirchlichen Würdenträgers, alles andere als erfreut. Doch bald gab es wieder anderes. Der Generalstabschef betrieb Auszeichnungsfragen. Er wollte vor allem den Chef seiner Operationskanzlei, Oberst Metzger, ausgezeichnet wissen. Conrad sorgte sich um die Gesundheit des Kaisers. Er ging mit aller Ausführlichkeit auf die Fahnen- und Wappenfrage ein, da hiezu neue Entwürfe vorlagen. Er führte sogar dem Kaiser in Schönbrunn neue Uniformentwürfe vor, die allerdings dem Monarchen nicht zusagten.[872] Conrad diskutierte die Frage einer neuen Volkshymne, die er als Herrscherhymne zu bezeichnen empfahl, da sich die Ungarn an den Worten Kaiser und Österreich gestoßen hatten. Außerdem könnte ja jeder Staat seinen eigenen Text haben. Und wie ein Wiederauflebenlassen der Diskussion um den Ministerpräsidenten Stürgkh mußte es erscheinen, wenn Conrad am 2. Mai, nachdem er Volkshymne und Wappenfragen abgehandelt hatte, fortfuhr: „Ich sehe überhaupt den Moment immer näher kommen, in welchem man an die zukünftige staatsrechtliche Gestaltung der Monarchie herantreten muß; es nützt nichts, sich daran vorbeischleichen und die Hand vor die Augen nehmen zu wollen. Dazu bedarf es für die österreichische Reichshälfte dringendst eines Ministerpräsidenten, der ein ganzer Mann ist, der zielbewußt und energisch zu handeln versteht und dabei das Wohl der gesamten Monarchie, das ist des gemeinsamen Hauses Aller, höher stellt, als Sonderinteressen, also auch die Kraft und den Willen hat, letztere rücksichtslos zu bekämpfen, wo sie sich zum Nachteil der Gesamtmonarchie hervordrängen. Daß dabei die volle Aufrechterhaltung einer dynastischen bewaffneten Macht Grundbedingung ist, ist klar."[873] Alles das bewegte den Chef des Generalstabs in diesen Tagen, doch mit keinem Wort, mit keinem Satz erwähnte er Südtirol!

Im Armeeoberkommando bezweifelte man schließlich, daß Dankl und Krauß überhaupt angreifen wollten. Es entbrannten erbitterte und in einem gehässigen Ton geführte Kontroversen, die auch innerhalb des AOK geführt wurden. Am 8. Mai setzte dann noch einmal eine Truppenverschiebung ein. Damit wurde nicht zuletzt darauf reagiert, daß den Italienern die österreichische Angriffsabsicht nicht verborgen geblieben war. Seit Ende April brachten die Italiener laufend Verstärkungen heran, was ihnen wesentlich weniger Schwierigkeiten bereitete als der durch die höheren Schneelagen und schlechteren Verbindungen benachteiligten österreichischen Seite. Doch der italienische Generalstabschef Cadorna wollte immer noch nicht recht an die Absicht der Österreicher glauben, von den Sieben Gemeinden bis zum Pasubio eine Offensive zu beginnen. Die Deutschen rührten sich nochmals, und der Deutsche Bevollmächtigte General im AOK, Cramon, hatte Conrad wieder einmal die Anregung auszurichten, man möge das zweifelhafte Unternehmen abbrechen und die freiwerdenden k. u. k. Truppen an die deutsche Westfront verschieben. Das schlug Conrad rüde aus, obwohl, wie dann Cramon meldete, „jüngere Herren" im AOK durchaus die Meinung der Deutschen Obersten Heeresleitung teilten.[874] Erst am 9. Mai informierte Conrad Cramon offiziell über die geplante Operation und gab ihm Einblick in die Lagekarten und Aufmarschelaborate. Kurz wurden dann auch die Möglichkeiten von Entlastungsoffensiven erörtert. Conrad hätte es gerne gesehen, wenn die Deutschen im Westen zur gleichen Zeit angriffen. Doch bei Verdun hatten sich ohnedies schon 21 deutsche Divisionen festgerannt und suchten unter ungeheuren Opfern die Idee Falkenhayns von der „Blutpumpe“ in die Wirklichkeit umzusetzen.

Cramon wieder wollte wissen, ob die Österreicher nicht eine russische Entlastungsoffensive fürchteten. Doch Conrad beruhigte. Die Russen wären dazu nicht in der Lage. Nach der Einreihung der nächsten Marschbataillone könnte man vielleicht sogar weitere k. u. k. Divisionen aus der Ostfront herauslösen und vielleicht ebenfalls nach Italien verschieben. Doch jetzt müßte im Südwesten erst einmal angegriffen werden.[875]

Am 13. Mai war Conrad das letzte Mal vor Beginn der Offensive in Wien, um den Kaiser persönlich zu informieren. Noch immer war damit zu rechnen, daß das Wetter im letzten Augenblick einen Strich durch die Rechnung machen könnte und es eine weitere Verzögerung gebe. „Vor einem Monat wäre es ein Überfall gewesen“, meinte Conrad zum Monarchen, jetzt sei es „ein Duell“.[876]

Der Angriff

Am 15. Mai 1916 begann schließlich die Südtiroloffensive, die so überdeutlich und rachsüchtig „Strafexpedition“ genannt worden war. Und damit begann ein in der Geschichte einmaliger Versuch, mit zwei Armeen, also einer ganzen Heeresgruppe, im Hoch- und Mittelgebirge eine riesige Operation zu beginnen und nach dem Süden in die venetianische Ebene und die Niederungen des Po vorzustoßen. Die Wucht des Artilleriefeuers, das Anstürmen der Infanteriemassen über noch immer 20 cm hohen Schnee gegen die italienischen Stellungen hatte etwas Einzigartiges und etwas fast Unvorstellbares an sich. Es war ein ebensolcher Versuch, die Kriegführung zu revolutionieren wie das strategische Konzept des „Blutabzapfens“, das Falkenhayn bei Verdun praktizierte.

Die beiden k. u. k. Armeen im Hauptangriffsraum waren zusammen rund 157.000 Mann stark; die gegenüberliegenden Italiener der 1. Armee zählten 114.000 Mann. Mit einer nicht einmal eineinhalbfachen Überlegenheit waren die Kräfteverhältnisse damit nicht ganz eindeutig. Nach einem etwa zweistündigen Vorbereitungsfeuer setzten sich die Infanteriekräfte in Bewegung. Südlich von Rovereto kamen die Truppen des k. u. k. VIII. Korps (FZM Scheuchenstuel) gut voran. Auch im Terragnolotal wurde Ortschaft um Ortschaft genommen. Im Val Sugana wurden die Italiener durch das zur 3. Armee gehördende k. u. k. XVII. Korps (GdI Křitek) regelrecht überrascht und gingen fluchtartig zurück. Die österreichisch-ungarische Artillerie zerschoß die italienischen Stellungen und bahnte der eigenen Infanterie den Weg. Die überschweren Geschütze, die mehr als 30 Kilometer schossen, erzielten dank Fliegerbeobachtung genaue Treffer, und eine 35-cm-Marinekanone zwang schon mit dem zweiten Schuß das Kommando der italienischen 34. Division zum Verlassen Asiagos.

Die Italiener konnten der Wucht des österreichisch-ungarischen Angriffs fast nirgends standhalten und gingen zurück. Sie verloren Höhenzüge und Täler, mußten ihre Sperrforts aufgeben und konnten sich trotz der rasch herangeführten Reserven nicht wieder festsetzen. In allen Abschnitten gelang es, die Italiener aus ihren hartnäckig verteidigten Positionen zu werfen. Da und dort stockte der Angriff zwar, wie z. B. im

Bereich des Piano della Fugazze im Pasubiogebiet. Doch anderswo, vor allem auch dort, wo das XX. Korps, das „Thronfolgerkorps“ und das III. Korps (FML v. Krautwald) zusammenwirkten, ging es weiter. Das k. u. k. XX. Korps hatte am fünften Angriffstag sein erstes Operationsziel, das Asticotal, erreicht. Damit war die Möglichkeit zum Durchbrechen in die Ebene gegeben. Eines wurde aber rasch zum Problem: Das Heeresgruppenkommando hatte noch im April einen Befehl formuliert, wonach möglichst schonend mit den Menschenleben umgegangen werden sollte, ein Befehl, der insbesondere den Kommandanten der 8. („Kaiserjäger“-)Division, Feldmarschalleutnant Fabini, zum Adressaten hatte. Doch auch anderen war ein rücksichtsvoller Umgang mit Menschenleben durchaus anzuempfehlen gewesen. Das stand zwar nicht im Einklang mit dem rücksichtslosen Vorantreiben, das das Armeeoberkommando praktiziert sehen wollte, doch Erzherzog Eugen hatte seine eigenen Vorstellungen vom Umgang mit Menschenleben. Erzherzog Karl seinerseits hatte unmittelbar vor Angriffsbeginn für sein Korps einen noch weitergehenden Befehl hinausgegeben und angedroht, jeden Kommandanten, der übermäßige Verluste hätte, unnachsichtig zur Verantwortung zu ziehen. Wie ein derartiger Befehl eines Mannes, der tags darauf Kaiser sein konnte, aufgenommen werden mußte, ist unschwer nachzuempfinden.

Statt vorwärts zu stürmen und jede sich bietende Chance zu nützen, die weichenden Italiener zu verfolgen, wurde nur zögernd nachgerückt. Es traten immer wieder Stockungen ein, da versucht wurde, die Artillerie nachzuziehen und abermals eine systematische Feuervorbereitung zu beginnen. Doch in dem unwegsamen Gebiet und besonders als es galt, tiefe Schluchten zu überwinden, die Artillerie zunächst Hunderte Meter hinunter und dann ebenso wieder Hunderte Meter hinaufzubringen, gab es enorme Verzögerungen. Der Schwung der Offensive ging immer mehr verloren. Der Nachschub, vor allem an Artilleriemunition, konnte schon am zweiten Angriffstag nicht im gewünschten Umfang aufrechterhalten werden.[877] Noch aber ging es stetig vorwärts, und das Armeeoberkommando sah seine „kühnsten Erwartungen“ übertroffen.[878] Das italienische XVIII. Korps wurde zur Aufgabe des Suganatals bis Borgo gezwungen. Jetzt wollte das Heeresgruppenkommando, daß die beiden Armeen nicht mehr so systematisch vorgehen, sondern die weichenden Italiener rasch verfolgen und zu einem ungeordneten Rückzug zwingen sollten. Generaloberst Dankl widersprach: Die Kämpfe hätten gezeigt, daß man dort den größten Erfolg hatte, wo die meiste Artillerie eingesetzt worden war. An den anderen Abschnitten sei man bei weitem nicht so gut vorangekommen, dort hätte es auch erheblich größere Verluste gegeben. Dankl wollte von der systematischen Artillerievorbereitung nicht abgehen und leitete den Befehl zum Übergang zur Verfolgung nicht an seine Korpskommandanten weiter. Er unterließ es allerdings auch, das Heeresgruppenkommando davon zu informieren.

Das XX. Korps schob am 20. Mai einen Ruhetag ein, denn, wie Dankl es gewollt hatte, sollte zuerst die Artillerie nachgezogen werden, ehe wieder vorgegangen wurde.[879] Die Ereignisse gerade dieses Tages zeigten auch, daß man den Italienern in ausgebauten Stellungen, Kavernen und auf Berghängen nur mit Infanterie nicht beikommen konnte. Die 11. Armee kam nicht mehr voran, und nur vor dem III. Korps, das seine 300 Geschütze zusammenfassen konnte, mußten die Italiener Höhenrücken um Höhenrücken aufgeben.

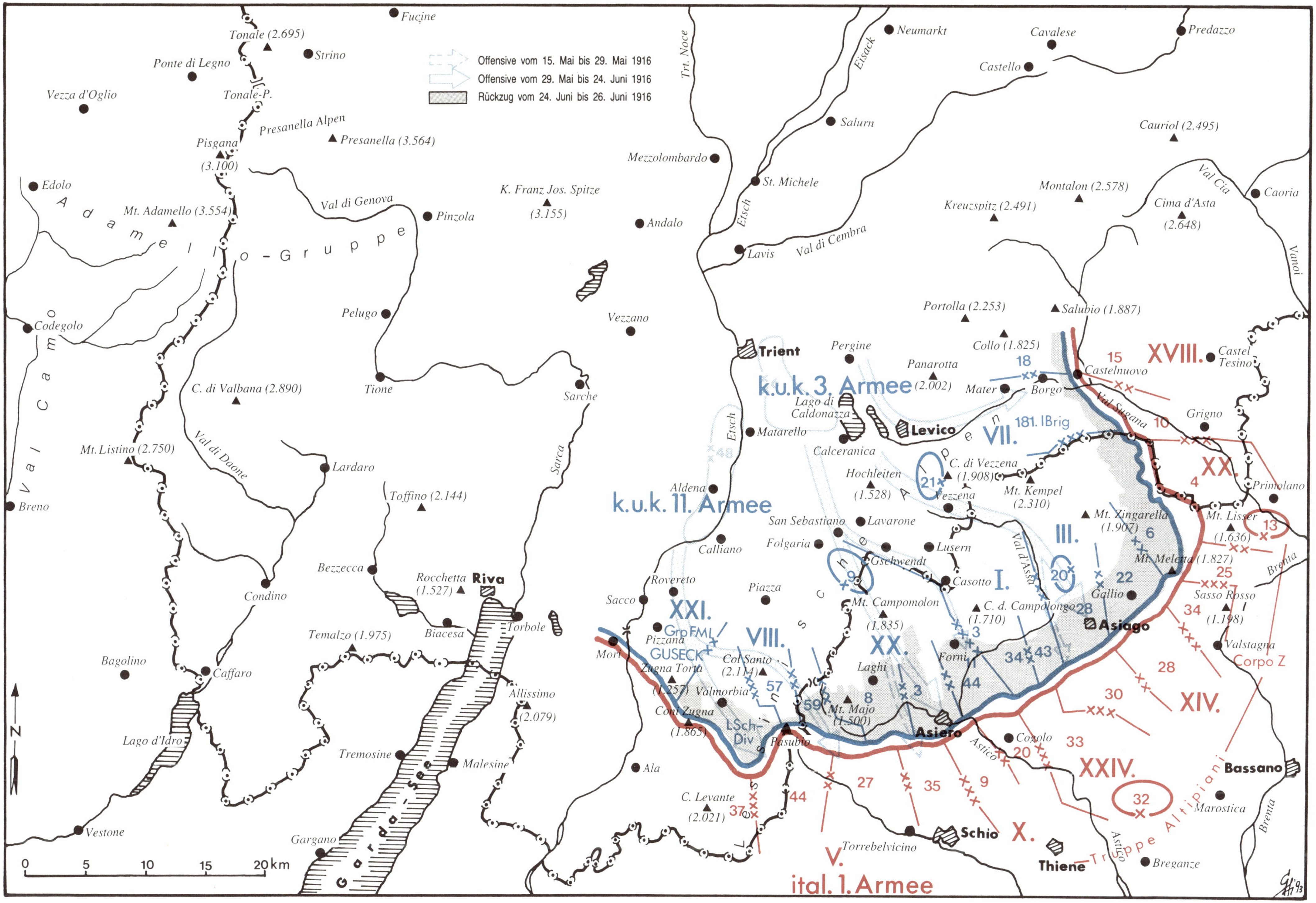

Offensive vom 15. Mai bis 29. Mai 1916
Offensive vom 29. Mai bis 24. Juni 1916
Rückzug vom 24. Juni bis 26. Juni 1916
k.u.k. 3. Armee
k.u.k. 11. Armee
ital. 1. Armee
Trient
Levico
Asiago
Asiero
Schio
Thiene
Bassano
Riva
Garda-See
Adamello-Gruppe
Val Camonica
Fucine
Tonale (2.695)
Strino
Ponte di Legno
Tonale-P.
Vezza d'Oglio
Presanella Alpen
Presanella (3.564)
Pisgana (3.100)
Edolo
Mt. Adamello (3.554)
Val di Genova
Pinzola
K. Franz Jos. Spitze (3.155)
Andalo
Mezzolombardo
Codegolo
Pelugo
Vezzano
Tione
Sarche
C. di Valbana (2.890)
Val di Daone
Mt. Listino (2.750)
Lardaro
Toffino (2.144)
Breno
Bezzecca
Rocchetta (1.527)
Condino
Biacesa
Torbole
Temalzo (1.975)
Bagolino
Caffaro
Allissimo (2.079)
Lago d'Idro
Tremosine
Malesine
Vestone
Gargano
Sarca
Neumarkt
Cavalese
Predazzo
Castello
Salurn
Cauriol (2.495)
St. Michele
Montalon (2.578)
Val Cia
Caoria
Kreuzspitz (2.491)
Cima d'Asta (2.648)
Lavis
Val di Cembra
Vanoi
Etsch
Eisack
Trt. Noce
Portolla (2.253)
Salubio (1.887)
Pergine
Collo (1.825)
Panarotta (2.002)
Castel Tesino
Castelnuovo
Mater
Borgo
Lago di Caldonazzo
Matarello
Calceranica
Val Sugana
Grigno
Hochleiten (1.528)
C. di Vezzena (1.908)
Vezzena
Mt. Kempel (2.310)
Primolano
Aldena
Mt. Zingarella (1.907)
Mt. Lisser (1.636)
San Sebastiano
Lavarone
Calliano
Folgaria
Lusern
Gschwendt
Mt. Meletta (1.827)
Brenta
Roveredo
Casotto
Val d'Assa
Sasso Rosso (1.198)
Sacco
Piazza
Mt. Campomolon (1.835)
C. d. Campolongo (1.710)
Gallio
Mori
Pizzana
Col Santo (2.114)
Forni
Valstagna
Corpo Z
Zugna Torta (1.257)
Laghi
Valmorbia
Coni Zugna (1.865)
Mt. Majo (1.500)
Pasubio
Cogolo
Astico
Ala
Marostica
Truppe Altipiani
C. Levante (2.021)
Torrebelvicino
Breganze
Alpen
Sieben Gemeinden
Leno
XXI.
VIII.
XX.
VII.
III.
I.
Grp FML GUSECK
LSch-Div
181. IBrig
XVIII.
XX.
XIV.
XXIV.
X.
V.
0
5
10
15
20 km
N

DIE SÜDTIROLOFFENSIVE
(Mai – Juni 1916)

In Teschen war man zuversichtlich, daß das Durchstoßen in die Ebene gelingen würde. Dann aber sollte auch die k. u. k. 5. Armee am Isonzo zur Offensive übergehen und das Finale der „guerra alle fronte italiana“ bringen. Cadorna plante denn auch schon die Aufstellung einer neuen, der italienischen 5. Armee als Katastrophenstreitmacht im Raum Vicenza und Padua.[880] Es war ja denkbar ungewiß, ob es den italienischen Brigaden im Vallarsatal, auf dem Zugna-Rücken und im Pasubiogebiet gelingen würde, die Divisionen des k. u. k. XXI. Korps (FML v. Lütgendorf) aufzuhalten. Vor dem XX. Korps waren die italienischen Verbände so rasch zurückgegangen, daß sogar der Kontakt mit ihnen verlorenging. Doch immer wieder war es für die österreichisch-ungarischen Streitkräfte das größte Problem, die Artillerie nachzuziehen und die Truppen zu einer raschen Verfolgung anzuspornen. Wenn das Thronfolgerkorps am 23. Mai keinen einzigen Mann verlor[881], dann mochte das zwar als besonders menschensparend angesehen werden, doch ebenso bedeutete es, daß es praktisch keine Kämpfe gab und das Korps nicht nachrückte. Es herrschte „Ruhe vor der Front“. Nun versuchte es das Heeresgruppenkommando mit anderen Mitteln: Der Generalstabschef, Feldmarschallleutnant Alfred Krauß, fuhr von Bozen nach Trient, um vor allem die 11. Armee zu einem rascheren Vorgehen zu bewegen. Er wollte, daß sie durch die Täler in Richtung Thiene und Bassano durchstießen. Doch Generaloberst Dankl lehnte es ab, einen solchen „Talstoß“ durchzuführen, ohne vorher die begleitenden Höhenrücken besetzt zu haben. (Da war sie wieder, die Kriegstheorie vom Bergstoß und vom Talstoß!) Krauß konnte die Durchsetzung des Befehls der Heeresgruppe nicht erzwingen und mußte sich schließlich mit der Drohung begnügen, daß Dankl die Nichtbefolgung des Befehls der Heeresgruppe zu verantworten haben würde.[882]

Das Armeeoberkommando spielte während der ersten Tage der „Strafexpedition“ eine sehr geringe Rolle. Man ließ sich berichten, gab Eindrücke wieder und Empfehlungen ab. Doch ein Eingreifen war kaum möglich, und es war eigentlich nicht notwendig. Das Armeeoberkommando konnte wohl auch par distance nicht entscheiden, ob das Heeresgruppenkommando oder vielleicht Dankl im Recht waren, oder ob Feldmarschalleutnant Erzherzog Karl sein XX. Korps entschlossener nachstoßen lassen sollte. Wohl aber tat das AOK alles, um weitere österreichisch-ungarische Truppen aus der Ostfront herauszulösen und für den Abtransport in den Südwesten bereitzustellen.

Am 21. Mai, also in dem Augenblick, als man glauben mußte, die Heeresgruppe Erzherzog Eugen hätte es in der Hand, Italien zu besiegen, ordnete Kaiser Franz Joseph an, daß das Kommando der Südwestfront der Militärkanzlei direkt und nicht im Umweg über das Armeeoberkommando zu melden hätte. Offenbar wollte der Monarch direkt und umfassend und nicht nur durch die „Kaiserberichte“ informiert werden. Ob das auch bedeutete, daß solcherart eine nicht zuletzt dynastischen Interessen dienende Verselbständigung des Kommandos von Erzherzog Eugen eingeleitet werden sollte, kann lediglich vermutet werden. Conrad war jedenfalls empört.[883] Er sah darin wohl zu Recht eine unangenehme Einschränkung der Kompetenzen des Armeeoberkommandos. „Wie das A. O. K. ein solches verdienen würde“, schrieb er an Bolfras, „weiß ich nicht, am allerwenigstens jetzt nach der italienischen Aktion.“ Doch es war eben noch nicht „nach der italienischen Aktion“. Man war erst mitten drin. Doch gerade Conrad wollte sich um keinen Preis den Erfolg und die Genugtuung rauben lassen, Italien den Todesstoß versetzt zu haben. Er machte geltend, daß das Armeeoberkommando diese Offensive monatelang vorbereitet hatte und daß er selbst auch ein hohes Maß an Verantwortung trug, indem er die Offensive befohlen hatte, obwohl Falkenhayn dringendst abzuraten bemüht gewesen war. Die Kräfte für die Offensive waren nur um den Preis einer „bedenklichen Schwächung unserer russischen Front und unserer Isonzofront zusammenzubringen“ gewesen. Alles hing zusammen: die Bahntransporte, das Telegrafenwesen, die artilleristische Versorgung. Das Armeeoberkommando habe sich bewußt zurückgehalten und „sah sich nur anfangs veranlaßt, in operativer Hinsicht einzugreifen“, als das Heeresgruppenkommando die Offensive in der Val Sugana auf Brentonico befahl. Die Leitung müsse also weiterhin in den Händen des Armeeoberkommandos bleiben. Was Conrad nicht sah, war die Tatsache, daß sich über 1000 Kilometer nicht führen ließ, und was er nicht wahrhaben wollte, war der Umstand, daß Erzherzog Eugen mit der direkten Berichterstattung an die Militärkanzlei eine gewisse Unabhängigkeit gewinnen wollte. Dagegen trat Conrad mit Nachdruck auf. Die Operationen sollten und müßten in einer Hand vereinigt blieben, meinte er. Und um das Ganze noch deutlicher zu machen, stieß er am 23. Mai nach: „Ich habe noch zu sehr die Extratouren im Gedächtnis, welche seinerzeit Potiorek in seinem Selbständigkeitsdünkel einzuschlagen versuchte ... die Tatsachen haben mir recht gegeben.“[884]

Die Nachrichten von den Erfolgen der Südtiroloffensive waren geeignet, auch Leute wie Josef Redlich, der sich nur mehr ganz selten bei seinen Tagebuchaufzeichnungen mit militärischen Ereignissen beschäftigte, hinzureißen. „Mittwoch, 24. Mai. Großartiges Fortschreiten unserer herrlichen Truppen in Südtirol: 24.000 Gefangene, 250 Kanonen erobert, fast die ganze Linie von der Brenta bis zur Etsch auf italienischem Boden. Was das alte Österreich nach zweijährigem Krieg noch fertigbringt! Da werden auch die selbstbewußten Herren in Berlin ihren Hochmut ein wenig dämpfen.“[885] Da waren sie wieder, die deutschen Gespenster. Die Zeitungen berichteten so detailliert wie möglich über die Erfolge der k. u. k. Truppen. Die Kriegsberichte wurden ausgeschmückt, Einzelleistungen hervorgehoben; wieder machte sich Euphorie breit. Doch gegen Monatsende ließ sich schon an den Ortsnamen ablesen, daß der Angriff stockte.

Mit der Verlangsamung der österreichischen Offensive, die teilweise selbst verschuldet war, konnten die Italiener Zeit gewinnen und mit Hilfe ihres dichten Eisenbahnnetzes eine gewaltige Truppenverschiebung in Gang setzen. Sie wußten ganz genau, daß der Krieg auf des Messers Schneide stand – und vielleicht ist er wirklich am Pasubio und am Monte Meletta für die Mittelmächte verlorengegangen. Man stelle sich vor, das Conradsche Konzept wäre aufgegangen, 250.000 Italiener eingeschlossen und Italien niedergeworfen worden!

In den letzten Maitagen wurden von den beiden k. u. k. Armeen nur mehr geringe Fortschritte gemacht. Und schließlich konnten die Italiener die letzten Gebirgsstöcke vor dem Austritt in die Ebene bei Bassano und Thiene behaupten. Es war zwar eine beträchtliche Zahl von Gipfeln und Höhenzügen, die schon Symbolcharakter erlangt hatten, von den k. u. k. Truppen genommen worden oder kamen schließlich nach tagelangem und wochenlangem Ringen in ihren Besitz: der Monte Meletta, Monte Cimone, Monte Priafora und andere. Am 27. Mai wurde Asiago genommen. Das Gegenstück zu den Sieben Gemeinden und damit fast die gesamte Hochfläche war in österreichischen

Händen. Die italienischen Sperrforts, ebenso wie die österreichischen Anlagen Stolz der Heeresleitung, waren teilweise gesprengt, teilweise fast unzerstört in die Hände der österreichisch-ungarischen Truppen gefallen. Doch dann wurden die Österreicher nicht nur am Austritt in die Ebene gehindert, sondern in einigen Abschnitten sogar zurückgedrängt. Das Armeeoberkommando sandte weitere Verstärkungen. Eine Division sollte von Boroevićs 5. Armee am Isonzo kommen; die Entsendung einer weiteren kriegsstarken Division von der russischen Front wurde in Aussicht gestellt.[886] Ob sie noch verfügbar gemacht werden konnte, mußte sich aber weisen, denn in Rußland hatte sich mittlerweile eine ganz andere Krise abzuzeichnen begonnen.

15
Luck: Das Ende einer Illusion (II)

Im Garten des Moskauer Novodevici-Klosters, nahe der Moskwa, befindet sich das Grab eines russischen Generals, dessen Namen für den Krieg im Osten und vor allem für den Sommer 1916 zum Synonym geworden ist: Aleksej D. Brusilov. Das Grab ist durch einen einfachen Stein aus rotbraunem Marmor gekennzeichnet und von einer schmiedeeisernen Umzäunung umgeben. Und obwohl die Schrift ein wenig verblaßt ist, wird deutlich, daß selbst das kommunistische Regime diesem zaristischen Truppenführer Respekt gezollt hat. Einige Wochen im Juni und Juli 1916 hatte es denn auch geschienen, als ob es Brusilov in der Hand hätte, dem Krieg eine plötzliche Wendung zugunsten Rußlands zu geben.

Die Brusilov-Offensive

Schon am 6. Dezember 1915 hatten sich über Einladung des französischen Generalissimus, General Joffre, in dessen Hauptquartier in Chantilly hohe Vertreter der alliierten Oberkommanden zusammengefunden, um die Kriegspläne für 1916 zu besprechen. Sie waren übereingekommen, nach dem März 1916 zum frühestmöglichen Zeitpunkt gleichzeitige Angriffe gegen die Fronten der Mittelmächte zu führen. Damit sollte verhindert werden, daß Deutsche und Österreicher weiterhin den Vorteil der inneren Linie ausnützten. Die alliierte Zeitplanung war allerdings durch den Beginn des deutschen Angriffs auf Verdun am 21. Februar 1916 durcheinandergekommen. Es konnte nur versucht werden, Entlastungsoffensiven zu beginnen. Die Italiener taten das mit wenig Erfolg in der fünften Isonzoschlacht. Und auch die Russen erlitten beim Versuch, die Zusage von Chantilly zumindest teilweise einzulösen, bei ihren Angriffen gegen das deutsche Ostheer in der sogenannten Schlacht am Narocz-See zwischen dem 18. März und Ende April eine schwere Niederlage. Die Offensive war schlecht vorbereitet gewesen und nur deshalb geführt worden, um durch den Druck auf die deutsche Front eine Entlastung der Franzosen in Verdun zu bewirken. Doch dann übernahm Aleksej Brusilov die russische Südwestfront, ein General, der mit einer ganz anderen Befähigung als die durchschnittlichen russischen Heerführer vom Zuschnitt etwa eines Kuropatkin oder Evert ans Werk ging. Außerdem bekam Brusilov genügend Zeit, um seine Offensive vorzubereiten. Dabei verfuhren nun erstmals auch die Russen so, daß sie sich Erfahrungen der Front in Flandern zunutze machten und damit jene Nachteile ausgleichen konnten, die sie zuletzt taktisch wie operativ hatten hoffnungslos unterlegen scheinen lassen.

Brusilov hatte den österreichisch-ungarischen Truppen als Kommandant der russischen 8. Armee schon mehrfach zu schaffen gemacht. Im Herbst 1914 war er über Lemberg nach Westen vorgestoßen, hatte die k. u. k. 3. Armee zertrümmert und Przemyśl das erste Mal eingeschlossen. Dann war die 8. Armee in den Karpaten gewesen und hatte die drei Offensiven der Mittelmächte scheitern lassen. Und nun sollte der russische General nicht nur einen Beitrag zur alliierten Kriegführung leisten, sondern auch alle Rückschläge des Jahres 1915 ausgleichen. Brusilov wollte den Hauptstoß seines Angriffs nach Luck führen, gegen die k. u. k. 4. Armee des Erzherzogs Joseph Ferdinand, der schon im September 1915 den empfindlichen Rückschlag in der „schwarz-gelben Offensive" mitverursacht hatte. Drei Korps der russischen 8. Armee sollten diesen Stoß auf Luck aus dem Raum Olyka beginnen. Zwei andere russische Armeen sollten diese Offensive durch Begleitstöße unterstützen. Da es gelungen war, die russischen Divisionen voll aufzufüllen, waren plötzlich wieder Menschenmassen wie am Beginn des Kriegs verfügbar. Auch die Bewaffnung und Ausrüstung waren verbessert worden. Zwei Korps der russischen 8. Armee waren komplett mit österreichischen Gewehren ausgerüstet; zudem waren noch 50.000 Gewehre aus k. u. k. Beutebeständen in Reserve.[887] Alles das waren noch Spätfolgen des Scheiterns bei Luck 1915, der „Herbstsau" der k. u. k. Armee.

Im Mai 1916 schienen aber zunächst und ausschließlich die Mittelmächte die Initiative zu haben. Am 15. Mai begann die Südtiroloffensive. Zehn Tage später fragte die Stavka bei Brusilov an, wann er mit seiner Offensive beginnen könnte, da das italienische Oberkommando angesichts einer vielleicht kriegsentscheidenden Niederlage dringendst um eine Entlastungsoffensive gebeten hatte. Der russische Generalstabschef Alekseev zögerte zuerst, diese Bitte weiterzuleiten. Dennoch fragte er bei Brusilov an, ob der schon schlagbereit wäre. Schließlich wurde der Beginn der Offensive mit 4. Juni festgelegt. Alekseev mißtraute aber bis zuletzt dem von Brusilov geplanten Angriffsverfahren auf breiter Front und beschwor ihn noch am Abend des 3. Juni, die Offensive zu verschieben, umzugruppieren und mit einem schmalen Stoßkeil gegen die Österreicher vorzugehen. Brusilov lehnte ab.

An der k. u. k. Front war seit dem März beobachtet worden, daß die Russen versuchten, das Vorfeld zu überwinden. Es wurde von Bereitstellungen und Zuschüben berichtet, ohne daß dies mehr zur Folge gehabt hätte, als daß fallweise versucht wurde, die Russen zu stören. Auch geharnischte Befehle des Heeresgruppenkommandanten, des deutschen Generals Linsingen, konnten die gewisse Lässigkeit der k. u. k. Truppen nicht überwinden. Offiziere und Mannschaften zeigten deutlich Sorglosigkeit. Man glaubte nach den Erfahrungen der Neujahrsschlacht, die Russen jederzeit abwehren zu können, und setzte keinen Ehrgeiz darein, etwa bei lokalen Vorstößen das Leben zu riskieren. Der Krieg würde woanders entschieden werden – wenn er nicht bereits entschieden war. Außerdem war es sicher nicht ohne Auswirkungen geblieben, daß viele der besten Truppen für die Südtiroloffensive abgezogen worden waren. Andere Divisionen waren zur „Retablierung“ aus der Front genommen worden und halfen beim Frühjahrsanbau.[888] An der Front standen wenige erprobte und umso mehr Ersatztruppen der letzten Marschbataillone.

Ein weiterer Umstand hatte Folgen für so gut wie alle Abschnitte der österreichisch-ungarischen Ostfront: Es waren erhebliche Teile der schweren Artillerie nach Südtirol abtransportiert worden. Doch auch die sich immer mehr verdichtenden Nachrichten von Vorgängen auf der russischen Seite der Front konnten an der etwas beschaulichen Sicht des „So schlimm wird's schon nicht werden“ nichts ändern. Die Flugaufklärung meldete ein ums andere Mal, was sich auf der russischen Seite vorbereitete. Mitte Mai hatten die Russen schon fünf Parallelen gegraben, um ihre Truppen in die Ausgangsstellungen bringen zu können[889]; die Vermehrung der feindlichen Artillerie war unübersehbar, und Gefangenenmeldungen sprachen von einem geplanten Angriff auf breiter Front. Das k. u. k. Armeeoberkommando war schließlich genau über die russischen Truppenverteilungen und den bevorstehenden Angriff informiert. Es hörte sogar den italienischen Hilferuf ab, der einen möglichst unverzüglichen Angriffsbeginn forderte, um in Südtirol eine Entlastung zu bringen. Aber erst Ende Mai wurden die österreichisch-ungarischen Stellungen mit letzter Anstrengung zu verbessern gesucht. Dennoch schien alles ausreichend vorbereitet, als die Brusilov-Offensive am 4. Juni 1916 losbrach.

Am ersten Tag glaubte man in Teschen noch, man ginge einem neuen Erfolg in einer Abwehrschlacht entgegen, doch dann steigerte sich das russische Artilleriefeuer. „Mit einem solchen Trommelfeuer von nicht geahnter Stärke überschütteten die Russen Räume von etwa 500 Schritten Tiefe“, berichtete dann der Generaladjutant Erzherzog Friedrichs, Graf Herberstein, dem Kaiser, „und wirkten damit nicht nur gegen die eigentlichen Kampfstellungen, deren Besatzungen bei dem lockeren Sand und Humusboden in den schußsicheren Unterständen meist verschüttet und begraben wurden, sondern auch gegen die zurückgehaltenen Reserven, die dadurch noch vor ihrem Einsatze vielfach schwere Verluste erlitten.“[890] K. u. k. Truppen, die bis dahin noch nie im Feuer gestanden waren, waren bald am Ende ihrer nervlichen Kraft. „Abgesehen davon, daß durch diese enorme Feuerwirkung auch die starken Drahthindernisse zerstört wurden, lagerte infolge der herrschenden Trockenheit und Windstille eine riesige, dichte Staub- und Rauchwolke, vielfach untermischt mit schweren Stickgasen ständig über der ganzen Feuerzone, benahm jede Sicht, beeinträchtigte vielfach die Athmung.“[891] An der Westfront, in Frankreich und Belgien, wäre ein derartiges Trommelfeuer und wäre auch Giftgas nicht mehr als außergewöhnlich eingestuft worden, doch im Osten war das ein Novum. Als dann die russischen Sturmtruppen aus kurzer Entfernung aus den Gräben stiegen und losrannten, gelang es ihnen, die erste österreichisch-ungarische Linie im Sturm zu überwinden. Der Einsatz der Armee- und Korpsreserven kam nicht zum Tragen; die zweite Linie wurde bezogen und schließlich auch der Rückzug auf die dritte Stellung begonnen. Die Führung der Armee versagte, und auch die Tapferkeit einzelner Kommandanten und Truppen konnte an der Situation nichts mehr ändern. Damit begann das Unheil.[892]

Im Armeeoberkommando war man, wie bereits erwähnt, zwar einige Zeit hindurch beunruhigt gewesen, hatte sich aber durch die Meldungen der Armeekommandanten und durch die von der Front kommende Zuversicht wieder beruhigen lassen. Doch schon am 4. Juni erkannte Conrad, daß es sich bei der russischen Offensive um etwas anderes handelte als das, was man seit dem Frühjahr 1915 kannte. Man ließ sich zwar bei den Feierlichkeiten anläßlich des 60. Geburtstags von Erzherzog Friedrich nicht stören und brachte Fackelzug und Ovationen im gebührenden Ausmaß dar. Schon am 5. Juni aber avisierte Conrad dem Deutschen Bevollmächtigten General beim AOK, Cramon, daß man wieder deutsche Truppen benötigen würde. Noch ehe aber ein diesbezügliches formelles Ersuchen an Falkenhayn nach Mézières gelangte, ließ Falkenhayn Cramon ausrichten, er könne von der Westfront keine Truppen abgeben, daher müsse das AOK auf die Reserven der italienischen Front einschließlich des Trentino zurückgreifen. „Das ist bitter, ich sehe aber keinen anderen Ausweg."[893] Die Verschlimmerung der Lage veranlaßte dann Falkenhayn zwar, geringfügige Verschiebungen deutscher Truppen an der Ostfront vorzunehmen, doch das hatte kaum Auswirkungen.

Am 6. Juni brach die Front der k. u. k. 4. Armee zusammen. Eine Einbuchtung von 75 Kilometern Tiefe und 20 Kilometern Breite war entstanden. Der Heeresgruppenkommandant General Linsingen forderte die Enthebung des Erzherzogs Joseph Ferdinand. Das AOK schloß sich dem Wunsch nach sofortiger Enthebung an, und am 7. Juni wurde, was ein Novum war, ein Erzherzog mitten während einer Schlacht abgelöst. Statt Joseph Ferdinand übernahm General Tersztyánszky das Armeekommando, jener General, der wegen seines Konflikts mit Tisza den Feldzug gegen Serbien nicht führen hatte dürfen und seither zur „Allerhöchsten Disposition" gestellt, also zur Untätigkeit verdammt gewesen war. Jetzt wurde er eiligst herbeigeholt. Ob es sehr klug war, einen General, dem eine gewisse Rücksichtslosigkeit nachgesagt wurde und der wegen eines Streits mit Tisza enthoben gewesen war, zum Kommandanten einer etwa zur Hälfte aus Honvéd-Truppen bestehenden Armee zu machen, sei dahingestellt.[894] Die Schuld am Versagen der k. u. k. 4. Armee wurde aber wieder nicht nur bei einem Kommandanten oder in einem Stab gesucht. Das mährische Infanterieregiment Nr. 8 war, wie dann herausgefunden wurde, mit großen Teilen zu den Russen übergelaufen. Wieder also waren es Tschechen, die versagt und eine Krise heraufbeschworen hatten, ein Umstand, der vor allem auch deutscherseits angemerkt wurde.[895] „Leider hat sich unsere militärische Lage in diesen Tagen verschoben durch die geradezu jämmerliche Deroute der braven Bundesbrüder am Stry, die zum Verlust von Luzk [sic!] führte", notierte der preußische Kriegsminister. „Falkenhayn war wütend, mit Recht! Das können wir in diesem schweren Ringen allerdings nicht vertragen, daß ganze Divisionen ihre Artillerie stehen lassen und zum Feind überlaufen ... Falkenhayn wollte sofort die größten Grobheiten an Conrad telegraphieren."[896] Dann entschloß er sich aber doch lieber zu einem sofortigen Zusammentreffen. Es begannen hektische Beratungen.

Zum Zeitpunkt des Kommandowechsels bei der 4. Armee griffen die Russen gerade Luck an. Der Brückenkopf brach zusammen. Auch südlich davon war den Russen bei ihrem Nebenangriff fast unerwarteterweise ein Durchbrechen der Front der ostwärts von Czernowitz und Zaleszczyki stehenden k. u. k. 7. Armee des Generals Pflanzer-Baltin gelungen.

Auch da war man zunächst zuversichtlich gewesen, daß es gelingen würde, dem russischen Ansturm standzuhalten, doch dann ereignete sich dasselbe wie bei der

4. Armee. „Die jammervollen Ruthenen sind wieder scharenweise übergelaufen", stellte man auf deutscher Seite fest[897] – aber nicht nur dort. Die Truppen schmolzen dahin, an einen geordneten, gestaffelten Rückzug war nicht mehr zu denken, ein großer Teil der Truppen der 1. Linie wurde gefangengenommen, und nach dem Abreißen der Verbindungen existierte keine Gefechtsleitung mehr. Die Armee Pflanzer-Baltin war führerlos. Erst am 11. Juni gelang es wieder, eine neue Front aufzubauen.[898]

Einige Tage zuvor war der Generaladjutant Erzherzog Friedrichs nach Wien gerufen worden, um in der Militärkanzlei des Kaisers Bericht zu erstatten.[899] Generaloberst Bolfras hatte ihm im Auftrag des Kaisers zu sagen, der Monarch wünsche umgehender und umfassender über die Vorgänge informiert zu werden. Man könnte im „Fremdenblatt" mehr lesen als in den sogenannten Kaiserberichten des Armeeoberkommandos.[900] Herberstein konnte aber auch nur über eine sich anbahnende Katastrophe berichten. Über Einzelheiten wußte er nicht Bescheid. Am 13. Juni kam der Stellvertretende Chef der Militärkanzlei, Feldmarschalleutnant Marterer, nach Teschen. Man raunte sich in Teschen zu, daß diese Mission so wie jene des Oberstleutnants Friedrich von Beck nach der Schlacht von Königgrätz ausgehen würde. Marterer war es ja auch gewesen, der Potioreks Ablöse eingeleitet hatte. Doch vorerst gab es keine weiteren dramatischen Maßnahmen. Wohl aber dürfte Marterer etwas von den hinter vorgehaltener Hand gemachten Vorwürfen über die Teschener „Wirtschaft" zugetragen worden sein. „Winterschlaf, Weiber, Jagd, Konzerte" hieß die Kurzformel, mit der erklärt werden sollte, weshalb im Osten die Katastrophe drohte, nachdem man den Russen schon längst die Offensivfähigkeit abgesprochen hatte.[901] Mancher Kommandant, so auch jener der 7. Armee, Generaloberst Pflanzer-Baltin, hatte seine Frau nachkommen lassen, andere hatten die ganze Familie in ihr Hauptquartier geholt. Das mußte freilich noch nicht bedeuten, daß jemand darüber seine Pflichten vergessen hätte. Doch es hinterließ auf jeden Fall einen schlechten Eindruck. Und wenn dann noch Familienangehörige von diversen hochgestellten Persönlichkeiten eiligst mit Autos zurückgebracht wurden, während die Verwundeten liegenblieben, dann war das ganz einfach ein Skandal.[902]

Das Armeeoberkommando war wie gelähmt. Tagelang mußte zugesehen werden, wie sich die Ostfront im Bereich zweier Armeen auflöste und daß allein mit Mitteln der Befehlsgebung nichts mehr auszurichten war. Deutsche Hilfe blieb aus, und zum sofortigen Abbrechen der Südtiroloffensive konnte sich Conrad noch nicht durchringen, denn die war ja mehr gewesen als irgendeine Offensive. Das war ja die „Strafexpedition", ein Angriff mit dem strategischen Ziel der Vernichtung des italienischen Heeres und der Bestrafung des „perfiden" ehemaligen Bündnispartners.

Die wildesten Spekulationen wurden angestellt: Ging es, daß man den Deutschen den russischen Kriegsschauplatz und vor allem die Befehlsführung überließ und ihnen damit die alleinige Verantwortung aufhalste? Ging es, daß man in Südtirol noch einmal anrannte und den Deutschen dadurch die einmalige Chance einer Kriegsentscheidung vor Augen führte? Doch es war alles Schimäre, was da gedacht wurde. Es mußte gehandelt werden. Statt noch zusätzliche Kräfte in die Offensive nach Bassano zu investieren, wurden zwei Divisionen nach Rußland umgeleitet. Sie würden, das wußte man, zu spät kommen. Doch Falkenhayn sprang tatsächlich ein, dirigierte eine Division vom Oberkommando Ost zur Heeresgruppe Linsingen und kündigte zwei weitere Divisionen vom Westen an. Allerdings wollte er auch wissen, was Conrad tat, um die Krise zu meistern. Darum bat er ihn am 8. Juni zu einer dringenden Besprechung nach Berlin.

Conrad hatte nicht von ungefähr die Vorstellung von einem Canossagang. Er hatte nichts mehr anzubieten und konnte nur mehr fordern und bitten, denn auch in Südtirol konnten Divisionen nicht einfach herausgezogen werden. Die Italiener hatten sich mittlerweile so verstärken können, daß sie nun ihrerseits gefährlich wurden. Wo eine österreichisch-ungarische Division bei Beginn der Offensive eine italienische Brigade gegenüber gehabt hatte, standen nun zehn Brigaden.[903] Der Adjutant Conrads, Kundmann, notierte zu der Besprechung in Berlin: „Chef hat nicht das Zeug, mit Falkenhayn überzeugend zu sprechen, immer wie der schlimme Schuljunge gegenüber dem Vorwürfe machenden Lehrer. Ich kam während der Besprechung herein, da hatte Chef den Kopf zwischen beiden Händen und starrte auf die Karte."[904] Nachher soll Conrad gemeint haben, lieber ließe er sich zehn Ohrfeigen herunterhauen als daß er nochmals solche Verhandlungen in Berlin mitmachte.[905] Trotz der mißlichen Lage und der Demutsgesten Conrads bot Falkenhayn nicht sehr viel an, vor allem nichts, was seine eigenen Pläne bei Verdun und an der Somme gefährden konnte. Conrad blieb daher nur der Abbruch der Südtiroloffensive, da auch die Artillerie im Nordosten benötigt wurde. Die beiden Generalstabschefs glaubten allerdings noch immer, es würde um eine Art Schadensbegrenzung gehen, und Linsingen würde die Sache mit einer Gegenoffensive wieder ausbügeln. In Italien sollten nur noch im Raum Arsiero besser zu verteidigende Linien erkämpft werden. Dann sollten die Fronten überall stabilisiert sein.

Am 10. Juni brach die 7. Armee Pflanzer-Baltins in der Schlacht von Okna (zirka 30 Kilometer nördlich von Czernowitz) zusammen. Das gab den Ausschlag: Die Südtiroloffensive wurde nicht nur eingestellt, es wurde der schleunigste Abtransport von Truppen und Artillerie an die russische Front befohlen. Dort aber gingen zwei Entwicklungen vor sich: Die Brusilov-Offensive ging weiter, sparte die Deutschen aus, traf immer wieder die k. u. k. Truppen, drängte sie zurück, zersprengte sie und stellte ihre Führbarkeit in Frage. Und um diese wieder sicherzustellen, wurden General Linsingen und seiner Heeresgruppe immer mehr österreichisch-ungarische Großverbände unterstellt, so daß sich der deutsche Befehlsbereich schlagartig ausweitete. Die Katastrophe bei der 7. Armee Pflanzer-Baltins hatte zur Folge, daß sich auch hier eine Stabilisierung nur mit deutscher Hilfe erreichen ließ. General von Seeckt, der seit dem Ende des Balkanfeldzugs mehr oder weniger untätig bei der noch bestehenden Heeresgruppe Mackensen in Skopje herumhing, bewarb sich regelrecht um ein Kommando an der russischen Front und im Bereich der 7. Armee, allerdings müßte alles unter deutsches Kommando kommen, um hier Ordnung zu schaffen und Wirkung zu erzielen. Conrad wehrte sich mit aller Macht gegen diese deutsche Dominanz. Er suchte mit Gegenvorschlägen diese Entwicklung abzuwenden. Schneller notierte am 12. Juni: „Wir sind nun zweifellos ganz in der Hand der Deutschen." An diesem Tag wurde die Einteilung Seeckts als „Oberstabschef" bei der k. u. k. 7. Armee bekannt. Dazu meinte der bisherige „normale" Generalstabschef der 7. Armee, Oberst Zeynek: „Da wurde wirklich eine Erstgeburt für ein Linsengericht verkauft, denn es handelte sich um die prinzipielle Frage der Qualität militärischer Führung durch österr[eichische] oder preußische Generale."[906] Zeynek trat einen langen Urlaub an, da er nicht unter Seeckt Generalstabschef sein wollte. Am selben Tag machte Falkenhayn den Vorschlag, das gesamte Gebiet südlich des Pripjet – und das war das Gebiet, in dem die österreichisch-ungarischen Armeen kämpften – unter den Befehl des Generalfeldmarschalls Mackensen zu stellen. Conrad machte wieder Gegenvorschläge, die Falkenhayn ablehnte. Der hatte jetzt ein ganz klares Ziel vor Augen, und letztlich waren die Ereignisse vom 8. bis zum 12. Juni nur ein Vorgeschmack dessen gewesen, was nachkommen sollte.

Das AOK befahl der Südwestfront in Tirol den Übergang zur Verteidigung. In einer Depesche an das Heeresgruppenkommando hieß es, das Armeeoberkommando würde seine persönlichen Verfügungen demnächst treffen. So gut wie die gesamte Führung sollte ausgetauscht werden. Erzherzog Friedrich wollte nur noch vorher mit seinem Bruder, Erzherzog Eugen, Verbindung aufnehmen. Doch Erzherzog Eugen hatte sehr ähnliche Absichten. Er enthob den Kommandanten der 11. Armee und früheren Landesverteidigungskommandanten von Tirol, Viktor Freiherrn von Dankl, wegen „Unbotmäßigkeit" des Kommandos. Dessen Generalstabschef, Generalmajor Kletus Pichler, wurde ebenso abgelöst, aber das waren im Grunde genommen nur Maßnahmen, die darauf abzielten, irgend jemanden für das Scheitern verantwortlich zu machen. Die Niederwerfung Italiens war mißlungen. Und angesichts des, wie es schien, unaufhaltsamen Vormarsches der Russen in Richtung Lemberg und nach Ungarn schien die Einstellung der „Strafexpedition" nicht nur selbstverständlich, sondern das einzige Mittel, um eine Katastrophe zu vermeiden. An der russischen Front aber enthielt sich das AOK, wie Cramon Falkenhayn berichtete, „jeder Einwirkung oder operativen Weisung" an die Heeresgruppe Linsingen, und Conrad betonte auch Falkenhayn gegenüber am Schluß eines Telegramms, „... daß ich mir der Konsequenzen des gegen alle Voraussicht eingetretenen Mißerfolges, also auch der Selbstverleugnung bewußt bin, welche mir dadurch auferlegt ist".[907] Falkenhayn honorierte aber keine Demutsgesten, genausowenig wie er sich durch Trotz hatte nennenswert irritieren lassen. Er wurde immer fordernder, wollte sich von Conrad weder raten noch widersprechen lassen und wurde schließlich so scharf und beleidigend, daß Conrad ihm am 20. Juni keine Antwort mehr gab.

An diesem Tag wurde Graf Herberstein, der Generaldjutant des k. u. k. Armeeoberkommandanten, abermals nach Wien gerufen. Die Berichterstattung ließ nach Meinung der kaiserlichen Militärkanzlei noch immer sehr zu wünschen übrig, daher sollte abermals Herberstein direkt berichten. Er tat es. Der Kaiser schlief zwar während der Audienz kurzzeitig ein. Doch er war nun doch umfassender informiert und sichtlich erschüttert.[908] Am Nachmittag informierte Herberstein die Minister Burián und Krobatin. Auch sie schienen über das Ausmaß der russischen Offensive vorher nicht Bescheid gewußt zu haben. Doch es war ja noch kein Ende der Katastrophe abzusehen. Eine erste, noch vorsichtige Bilanz der Verluste bei den beiden von der Brusilov-Offensive betroffenen k. u. k. Armeen ergab den Abgang von rund 200.000 Soldaten, wobei freilich zu differenzieren war, daß die 4. Armee ihre Verluste hauptsächlich auf die Gefangennahme bzw. Desertion Zehntausender zurückführte, während die 7. Armee ein Sinken der Gefechtsstände auf 57 Prozent hauptsächlich mit ebenso Zehntausenden Gefallenen und Verwundeten begründete. Pflanzers 7. Armee verlor Czernowitz, die Hauptstadt der Bukowina, die damit zum zweiten Mal den Russen überlassen werden mußte. Conrad wies nachdrücklichst auf die Auswirkungen eines Verlusts der Bukowina hin, da dann mit dem Kriegseintritt Rumäniens zu rechnen sei. Telefondepeschen, die vom Armeeoberkommando in den darauffolgenden beiden Tagen abgefangen und entschlüsselt wurden, bestätigten diese Gefahr. Der italienische Außenminister Sonnino sandte diesbezügliche Telegramme sowohl nach Bukarest als auch nach St. Petersburg.[909] Das Armeeoberkommando dechiffrierte sie.

Abermals war es nur die Not, die Conrad zwang, den dienstlichen Verkehr mit seinem deutschen Amtskollegen wiederaufzunehmen. Er fuhr nach Berlin, um die notwendigen Operationen zu besprechen. Was ihm vorschwebte, war eine Wiederholung der Durchbruchsschlacht von Tarnów und Gorlice in einer anderen Gegend, und er war sich wohl zu wenig bewußt, daß sich dergleichen Wiederholungen nie bewerkstelligen lassen. Doch der Gedanke, im Südabschnitt der Front, dort, wo die Südarmee unter dem deutschen General Bothmer, aber mit vorwiegend österreichisch-ungarischen Kräften sowie die k. u. k. 7. Armee Pflanzers standen, eine gemeinsame, größere Offensive zu führen, gewann allmählich Gestalt. Falkenhayn machte sogar einen etwas überraschenden Vorschlag, der anscheinend auf die Empfindlichkeit des Bündnispartners Rücksicht nahm: Die neu zu bildende Heeresgruppe sollte unter den Befehl des österreichischen Thronfolgers gestellt werden, dem Seeckt als Generalstabschef beizugeben wäre, der dann wohl auch die Operationen zu leiten hätte. Der Vorschlag war hervorragend ausgedacht. Conrad hatte kaum die Möglichkeit, abzulehnen, da er sonst einen deutschen Heeresgruppenkommandanten akzeptieren hätte müssen. Conrads schwache Verweise auf Generaloberst Böhm-Ermolli konnten lediglich eine winzige Ausflucht darstellen. Das Zurückholen des Thronfolgers von Südtirol und seine weitere militärische Aufwertung drohten ihn jedoch sehr rasch in einen Gegensatz zum Armeeoberkommando zu bringen, das in diesem Fall – anders als bei Erzherzog Joseph Ferdinand – keine Möglichkeit gehabt hätte, zu kontern oder gar seine Ablösung zu fordern. Der Thronfolger aber wäre auf diese Weise auch gleich in die deutsche Umarmung genommen worden. Eine letzte Erwägung ist hier anzuschließen: Wenn der Thronfolger in ein so hohes Kommando kam, war damit zu rechnen, daß Kaiser, Militärkanzlei und nolens volens auch das Armeeoberkommando dem Thronfolger jene Kräfte an die Hand geben würden, die ihm einen Erfolg versprachen.

Conrad konnte schließlich nicht mehr aus. Er bezeichnete zwar noch am 30. Juni, als er zu einer Audienz nach Schönbrunn fuhr, die Kommandierung des Thronfolgers als „eine bedenkliche Sache".[910] Es wurde etwas von „Solferino" gemurmelt und gegen ein vorzeitiges Verschleißen des Thronfolgers remonstriert, doch der Kaiser willigte in die Ernennung. Erzherzog Karl Franz Joseph wurde Kommandant der 12. Armee, der dann die k. u. k. 7. Armee und die deutsche Südarmee unterstellt wurden. Er führte somit de facto drei Armeen. Seeckt wurde sein Generalstabschef und Oberst von Waldstätten, der Karl schon nach Südtirol begleitet hatte und dort sein Stabschef beim XX. Korps gewesen war, Generalstabsoffizier „zur besonderen Verwendung". Einer der Korpskommandanten, und zwar jener des k. u. k. VI. Korps, machte ebenfalls bald von sich reden, nämlich General der Infanterie Arz von Straußenburg. Waldstätten und Arz wurden für den Thronfolger bald unentbehrlich.

Die Hindenburg-Front

Auch den Deutschen war es nicht so ohne weiteres beschieden, als Retter und als militärische Wundertäter aufzutreten, denn auch die Angriffe der Heeresgruppe Linsingen und schließlich Versuche, Pflanzers k. u. k. 7. Armee wieder vorzubringen, schlugen fehl. Auch die dorthin verschobenen deutschen Divisionen und Korps drangen nicht durch. Das mochte den Österreichern ein Trost sein. Nichtsdestoweniger kam es zu vermehrten Spannungen, da immer wieder der eine die Schuld auf den anderen schob: Da war zu wenig unterstützt worden, dort versagten Truppen, da wurde schlecht geführt, konnte „der Preuße" nicht das Vertrauen der häufig aus Landsturm und frisch eingetroffenen Marschbataillonen gebildeten Truppen gewinnen. Aber immer wieder waren es die k. u. k. Truppen, bei denen es Rückschläge gab. Brody ging verloren, die 4. Armee erlitt neuerliche Schlappen, auch die 2. Armee Böhm-Ermollis geriet in die Krise. Das Eintreffen der aus Südtirol anrollenden Divisionen verspätete sich immer wieder, so daß dann abermals deutsche Divisionen verschoben und in Feuerwehraktionen eingesetzt werden mußten. Pflanzer, dessen Ablösung von Falkenhayn schon wochenlang betrieben worden war und der auch beim Thronfolger nicht beliebt war, wurde auf die Karpaten zurückgedrängt. Jetzt schien es bereits um Ungarn zu gehen.

Doch es war ein ganz anderer Abschnitt der Ostfront, wo sich Entscheidendes vorbereitete, nämlich der Raum nördlich des Pripjet um Baranoviči. Dort war die russische 4. Armee (Evert) zur Offensive übergegangen, hatte ähnlich wie Brusilov die Vorbereitungen zu treffen gesucht, war aber schließlich – obwohl wieder und nicht zufällig das Schwergewicht gegen ein k. u. k. Korps, das XII. Korps (GdI Henriquez), gerichtet worden war – gegenüber diesem zur Armee des deutschen Generals Woyrsch gehörenden Heereskörper nicht erfolgreich. Das schien die Auffassung zu erhärten, bei Hindenburg, Ludendorff und Woyrsch könnte nichts dergleichen passieren wie bei Friedrich, Conrad, Pflanzer und den anderen „Kameraden Schnürschuh".

Damit erhielten nochmals jene Auftrieb, die eine Unterstellung der gesamten k. u. k. Nordostfront unter einen deutschen Befehlshaber forderten. Und diese Forderung fand am Wiener Hof und bei vielen österreichisch-ungarischen Politikern durchaus Unterstützung. Allerdings ergab sich eine merkwürdige Konstellation: Falkenhayn, der wegen der für die deutschen Truppen schlechten Lage um Verdun und nach Beginn der alliierten Gegenoffensive an der Somme eine starke Einbuße an Prestige und Einfluß zu verzeichnen hatte, sah sich wieder von der Ablöse und der Ersetzung durch Hindenburg und Ludendorff bedroht. Und damit trafen sich aus eigentlich irrationalen Gründen die Interessen Conrads und Falkenhayns, die beide keine Machtausweitung des Duumvirats im Oberkommando Ost wollten. Reichskanzler Bethmann Hollweg wiederum arbeitete konsequent an der Ausweitung des Einflusses von Hindenburg, da er den Ruf dieses Mannes zur Überwindung der auch in Deutschland spürbar werdenden Krisensymptome brauchte.[911] Der Kanzler wies auf die magische Kraft des Namens Hindenburg hin, und schließlich blieb Falkenhayn am 3. Juli nichts anderes übrig, als dem Kaiser die Bildung einer „Hindenburg-Front" im Osten vorzuschlagen. Doch der deutsche Kaiser befürchtete eine persönliche Prestigeeinbuße, wenn er Hindenburg berief. Daraufhin ergab sich folgende Konstellation: Kaiser Wilhelm, Falkenhayn und Conrad waren gegen Hindenburg. Hofkreise in Wien (nicht der Kaiser), Regierungskreise in Berlin, vor allem aber der deutsche Reichskanzler, der Kriegsminister, der bayerische König und viele andere waren für Hindenburg. Das Oberkommando Ost stellte schließlich den formellen Antrag auf Unterstellung sämtlicher Truppen der Mittelmächte und versuchte das dem Armeeoberkommando damit schmackhaft zu machen, daß ausgiebige deutsche Unterstützung für Wolhynien und Galizien in Aussicht gestellt wurde.

Falkenhayn mußte den Vorschlag wohl oder übel nach Teschen weiterleiten. Der Deutsche Bevollmächtigte General, August von Cramon, suchte Conrad auf, um ihm den Plan zu unterbreiten, fand den Generaloberst mit seiner Frau Gina im Kaffeehaus (was Cramon maßlos irritierte) und trug, wie er für sich notierte, „umgeben von einer Schaar Neugieriger und Kellner", vor, was ihm aufgetragen war. Er erhielt „natürlich einen Korb".[912]

Conrad stemmte sich mit Vehemenz gegen eine derartige Neuregelung. Aber hatte er überhaupt noch einen Spielraum? Die österreichisch-ungarische Nordostfront stand vor dem Zusammenbruch, und da nicht davon auszugehen war, daß die Russen von einem Tag auf den anderen so ungeheuer überlegen geworden wären, daß der russische Soldat plötzlich viel besser gewesen wäre als der österreichische oder der ungarische oder daß andererseits die österreichischen Generäle, Generalstabs-, Stabs- oder Subalternoffiziere, genauso aber die Unteroffiziere und Soldaten, plötzlich sehr viel schlechter geworden wären, nicht mehr führen und kämpfen konnten, mußte anderes im Spiel sein. Es waren Engpässe zu beobachten, vor allem auch bei der Munition für die schwere Artillerie, denn die Südtiroloffensive war ja nicht zuletzt auf gewaltiger artilleristischer Überlegenheit aufgebaut gewesen. Dort aber waren alle Vorräte verbraucht worden. Gleichzeitig erforderte die Schlacht in Ostgalizien, Polen und der Bukowina mehr, als laufend nacherzeugt werden konnte. Doch das alles reicht nicht aus, um zu erklären, warum die k. u. k. Armeen zusammenbrachen.

Jetzt traten erstmals in aller Deutlichkeit die Folgen einer lediglich vordergründig erfolgreichen Personalbewirtschaftung zutage. Scheinbar war es ja bis dahin immer wieder möglich gewesen, die enormen Menschenverluste auszugleichen, doch in Wirklichkeit ließ sich nichts vollständig ersetzen und schon überhaupt nichts ungeschehen machen. Seit 1914 hatten Zehntausende Offiziere versucht, durch persönliches Vorbild und restlosen Einsatz ihre Truppen zu führen und vorwärts zu reißen. Die Folge war, daß die Offiziersverluste anteilsmäßig die Mannschaftsverluste deutlich überstiegen, Zigtausende gefallen oder nicht mehr frontdiensttauglich waren. Sie waren nie vollständig zu ersetzen gewesen. Bei den Soldaten hatte man Raubbau betrieben, sei es durch ein rücksichtsloses Vorwärtstreiben wie am Balkan, sei es, daß sie ohne entsprechende Gewöhnung in schwere Gefechte geschickt worden waren und dezimiert wurden. Seit dem Spätherbst 1914 nahmen die Desertionen zu, etwas, das die Deutschen in diesem Ausmaß überhaupt nicht kannten. Hunderttausende österreichisch-ungarische Soldaten waren mittlerweile übergelaufen, vor allem zu den Russen. Wollte man irgendwo erprobte und zuverlässige Soldaten einsetzen, mußte man sie schon regelrecht zusammenkratzen.

Der österreichische und der ungarische Ministerpräsident erhoben gegeneinander schwere Vorwürfe wegen ungenügender Ausnützung der Wehrkraft in den Reichshälften. Beide schrieben von Bevorzugung. Graf Tisza meinte, in Österreich unzulässige Enthebungen feststellen zu können und „daß das Verfahren der untergeordneten behördlichen Instanzen, wenigstens in manchen Teilen Österreichs, mehr Raum für Bequemlichkeitsrücksichten, wirtschaftliche Interessen und Drückebergerei ließ, als es in Ungarn der Fall ist".[913] Der k. k. Ministerpräsident wies seinerseits abermals darauf hin, daß die lange Besetzung Polens einen gewaltigen Musterungsausfall, nämlich rund 60.000 Mann, bedeutet habe. Außerdem hatten die Russen bei ihren Rückzügen in Galizien und der Bukowina die militärischen Evidenzen vernichtet, so daß sich erst allmählich wieder ein Überblick gewinnen ließ, wer zum Militärdienst herangezogen werden konnte. Es ließ sich ferner feststellen, daß Ungarn unverhältnismäßig viele Militärdienstpflichtige in der Landwirtschaft band, nämlich über 120.000 Mann; in Österreich war es eine halb so große Zahl. Schließlich glaubte Graf Tisza den Disput mit der Feststellung beenden zu können, in Ungarn hätten Staat und Gesellschaft „den Kampf auf Leben und Tod ... einheitlicher, energischer und rücksichtsloser aufgenommen, als dies in Österreich der Fall war". Stürgkh wollte auch das nicht unwidersprochen lassen.[914] Gemeinsam plädierten jedoch die Ministerpräsidenten dafür, die Enthebungen dramatisch zu reduzieren und möglichst viele Taugliche den Ersatzkörpern zugehen zu lassen.

Vier Kommissionen hatten in jeweils vier Korpskommandobereichen die Garnisonen zu durchforsten und nach Frontdiensttauglichen Ausschau zu halten. Die Kommissionen waren ermächtigt, jeden Beurlaubten zum Rapport zu befehlen, seinen Gesundheitszustand festzustellen und Frontdiensttaugliche auch noch vor Ablauf ihres Urlaubs wieder ihren Dienst antreten zu lassen.[915] Schon vorher war nach Drückebergern gesucht worden, doch nun wurden die Tauglichkeitsgrade herabgesetzt und auch die bisher Zurückgestellten bzw. als „mindertauglich" Assentierten eingezogen. Behörden und Dienststellen wurden unangekündigt inspiziert und solcherart von einer einzigen Kommission Zehntausende gemustert.[916] Der bekannteste General, der solcherart Unruhe verbreitete, war Generalmajor Josef Teisinger. „Der Teisinger kommt!" wurde zum Schreckensruf, und dem General zugeschriebene Aussprüche wie: „Die Schützengrabenluft wird Ihr geschwächtes Herz stärken", oder: „Den Arm, der Ihnen weh tut, brauchen Sie nicht heben zu können, sondern nur zu schießen", wurden immer wieder zitiert.[917] Aber auch die „Aktion Teisinger" war letztlich nur der berühmte Tropfen auf den heißen Stein. Es ließ sich nicht verhindern, daß es immer wieder Abschnitte mit wenigen, wenig zuverlässigen, schlecht ausgebildeten oder physisch wie psychisch nicht mehr voll einsatzfähigen Truppen gab. Gerieten die dann in Bedrängnis, dann neigten sie nur zu leicht dazu, alles liegen und stehen zu lassen, so daß bei Rückzügen immer auch ungeheure Mengen an Waffen und Rüstungsgütern verlorengingen. Das war dann ebenfalls nicht im vollen Umfang und sofort auszugleichen, obwohl die österreichisch-ungarische Rüstungsindustrie gerade damals höchste Ausstöße erzielte.

Vom Roheisen und Stahl angefangen über so gut wie alle Waffen bis zur Infanterie- und Artilleriemunition wurden 1916 die höchsten Fertigungsziffern des gesamten Kriegs erzielt. Die Klagen über mangelndes Kriegsmaterial konnten denn auch nur beschönigend wirken, denn was sollten sie angesichts von Meldungen, daß Stellungen so rasch geräumt wurden, daß die Geschütze nicht mehr zurückgezogen werden konnten und in russische Hände fielen, oder angesichts von Kriegsgefangenenzahlen, die wieder in die

Zig- und schließlich Hunderttausende gingen. Bei Gesamtverlusten der k. u. k. Truppen infolge der Brusilov-Offensive von 475.000 Mann zählte man 226.000 Kriegsgefangene! Da konnten ja wirklich einmal Gewehre und Geschütze knapp werden. Die Ursachen für die Auflösungserscheinungen saßen wohl sehr viel tiefer, und die schon Anfang Juli auftauchenden Meldungen von einer ungeheuren Kriegsmüdigkeit in Ungarn und anderswo lassen zumindest den Schluß zu, daß generell die Bereitschaft, weiterzukämpfen, erlahmte und daß die Soldaten nicht nur kriegsmüde waren, sondern auch keinen für sie erkennbaren Sinn mehr im Kampf gegen die Russen sahen. Es war nicht primär ein Problem der Offiziere, das sich da auftat, sondern ein solches der Soldaten. Sie wollten nicht mehr, sie hatten teilweise das Vertrauen in ihre Offiziere verloren, die Menschenführung versagte, dazu kamen sicherlich auch Führungsfehler. Das Ergebnis war das fluchtartige Räumen von Abschnitten und, was noch viel mehr auffiel, waren massenweise Waffenstreckungen.

Das Vertrauen in Conrad war sukzessive ramponiert worden, und dieses Vertrauen war auch und besonders im Ministerium des Äußern dramatisch geschwunden. Daher war es die politische Führung, waren es Burián, der österreichische Botschafter in Berlin, Gottfried Prinz zu Hohenlohe, und andere Vertreter des Außenamts, die sich verstärkt bei der Frage einschalteten, ob die Befehlsführung im Osten nicht den Deutschen übertragen werden sollte. Das alles wurde noch von der dramatischen Entwicklung überlagert, die sich in Rumänien abzeichnete: Jenes Land, das noch mehr als Italien nur auf den günstigsten Augenblick gewartet hatte, um in den Krieg einzutreten, stand offenbar unmittelbar vor diesem Schritt. Damit war in den Augen Conrads der Moment gekommen, da die Mittelmächte zusammenbrechen mußten. Er sah eine einzige Möglichkeit, das noch zu verhindern, und zwar dann, wenn ein gemeinsam von Deutschen und Österreichern zu führender Stoß gegen den Südflügel der russischen Front zielte. Um das zu erreichen, wollte Conrad alles tun: Er akzeptierte sogar den Vorschlag Falkenhayns, ein türkisches Korps an die galizische Front zu verlegen. Schließlich ersuchte er den Minister des Äußern, Graf Burián, in Berlin nachdrücklich um Hilfe für die bedrohte Ostfront zu bitten, und er zeigte erstmals Nachgiebigkeit in der Frage der obersten Befehlsführung.[918]

Hohenlohe intervenierte bei Bethmann Hollweg. Es war also nicht wie bis dahin, daß Fragen der Operationsführung lediglich auf militärischer Ebene zwischen Conrad und Falkenhayn besprochen worden wären, sondern sie wurden zum Gegenstand der Außenpolitik. Damit wäre zwar an sich etwas durchaus Positives entstanden, nämlich die Rückholung der Kriegführung in die Politik, doch noch war es nicht soweit, denn wenn man es genau nimmt, wurde ja die Außenpolitik in den Dienst der Kriegführung gezogen. Was damit erreicht wurde, zeigte sich unmittelbar darauf. Bethmann Hollweg, der Hohenlohe zusicherte, sich für das Anliegen Wiens einzusetzen, empfahl Falkenhayn umgehend, sich die Verstärkung der Ostfront vom Armeeoberkommando durch eine Erweiterung des Befehlsbereichs Hindenburgs „abkaufen" zu lassen. Das Problem war aber, daß Falkenhayn gerade dies nicht wollte, da die Schaffung der Hindenburg-Front auch ihn unmittelbar betreffen mußte. Er lehnte ab. Doch Burián gab nicht auf. Er wußte – oder glaubte wie andere in Wien auch zu wissen –, daß das Ansehen Conrads bei Kaiser Franz Joseph enorm gelitten hatte.[919] Er tat sich mit dem deutschen Minister des Auswärtigen, von Jagow, zusammen, der seinerseits ebenso wie Bethmann Hollweg den deutschen Kaiser bearbeitete. Die Kriegsmüdigkeit Ungarns, der möglicherweise drohende Kriegseintritt Rumäniens, die Notwendigkeit, Bulgarien als aktiven Partner im Bündnis zu erhalten, was Österreich-Ungarn unmöglich, Deutschland aber vielleicht noch möglich war, ließen auch Kaiser Wilhelm das Problem Hindenburg neu sehen. Für den 18. Juli wurde Conrad abermals zu einer Konferenz nach Berlin eingeladen. Schon allein die Häufigkeit der Besprechungen auf höchster Ebene in Berlin, der nichts Vergleichbares in Wien gegenüberstand, konnte als Signal gewertet werden. Doch es kam auch diesmal zu keinem greifbaren Ergebnis. Conrad berichtete der Militärkanzlei – über deren Aufforderung – recht ausführlich den Verlauf der Konferenz und unterstrich seine Hauptargumente: Ein Hindenburg ohne Truppen könnte auch nichts ausrichten. Nicht der Oberbefehl sei maßgeblich, sondern die Entsendung deutscher Truppen. Ferner: Trotz einer Erweiterung des deutschen Einflusses könnte beim Ausbruch des Kriegs auch mit Rumänien der Fall eintreten, daß das Deutsche Reich wie gegen Italien nichts gegen Rumänien unternehme und vielleicht sogar mit Rußland, Italien und Rumänien auf österreichische Kosten Frieden schließe. Zuletzt beschwerte sich Conrad über die „diplomatischen Einwirkungen auf rein militärische Dinge" und bat Franz Joseph, dies zu untersagen.[920] Privat schrieb er an Bolfras: „Seit der ungünstigen Kriegsereignisse im Norden macht sich eine unablässige nervöse Einmischung des Ministeriums des Äußern sowie der Ministerpräsidenten in die Kriegführung geltend, welche ich allzeit, insbesondere aber in kritischen Zeiten, für äußerst bedenklich erachte, dies umso mehr, als sich speziell das Ministerium des Äußern auch verschiedenen Einflüssen u. zw. auch solchen von Außen zugänglich erweist." Schließlich betonte er, jederzeit von seinem Posten zurücktreten zu wollen, wenn das von ihm gewünscht werde. „Es wird mir nie einfallen, mich an einen Posten zu klammern, wenn mir das Vertrauen versagt oder Zweifel in meine Befähigung gesetzt werden, diesen Posten auch weiter zum Wohle der Sache zu versehen."[921] Der einzige, der unverbrüchlich zu Conrad zu stehen schien, war Erzherzog Friedrich, und das, obwohl auch sein Generaladjutant, Generalmajor Graf Herberstein, mittlerweile in das Lager der Conrad-Gegner übergewechselt war.[922]

Aus Berlin erreichte den Deutschen Bevollmächtigten General beim k. u. k. Armeeoberkommando, General Cramon, schließlich die Frage, ob er es nicht für zweckmäßig hielte, Kaiser Wilhelm würde sich direkt an Kaiser Franz Joseph wenden und die Ablösung Conrads verlangen. Cramon widerriet, obwohl er an Conrad kaum mehr positive Seiten fand oder auch nur finden wollte. Der Generalstabschef war ihm zu wenig lange im Albrechtgymnasium, dem Sitz des Armeeoberkommandos in Teschen, anwesend. Er war in den Augen Cramons ein „Papierstratege", bei dem er überdies bereits „Senilismus" festgestellt haben wollte.[923] Später notierte Cramon, er habe nur deshalb nicht zu einer Ablösung Conrads geraten, da er befürchtete, wenn man der k. u. k. Armee ihren vergötterten Generalstabschef nehme, würde vollends Mutlosigkeit um sich greifen. Es hätte ja nur das Hinterland den Glauben an das Genie Conrads verloren; die Soldaten aber glaubten immer noch an ihn.[924]

Die „Hindenburg-Front" kam schließlich doch zustande. Am 20. Juli 1916 brachen die Russen in die Stellungen der k. u. k. 1. Armee (Puhallo) ein, tags darauf mußte die Armee weit zurückgenommen werden. Burián schrieb einen Tag um den anderen wegen der rumänischen Gefahr. Bethmann Hollweg und Minister Jagow bearbeiteten Kaiser Wilhelm, der von einer rumänischen Kriegsgefahr noch nichts wissen wollte. Am 21. Juli kam Conrad nach Wien und argumentierte wie gehabt. Insbesondere wies er dem Kaiser gegenüber auch darauf hin, daß bei einem deutschen Oberbefehl über die Ostfront zwei Drittel der k. u. k. Truppen unter deutschem Kommando stehen würden; Falkenhayn selbst habe das Argument aufgegriffen, daß die Schädigung des Prestiges des AOK gemeinsam mit der Demoralisierung der österreichisch-ungarischen Truppen den Zusammenbruch des k. u. k. Heeres vollenden würden, und schließlich sei von Falkenhayn darauf hingewiesen worden, daß nur Conrad, nicht aber Hindenburg die slawischen Truppen disziplinieren könnte.[925] Letzteres war aber ein besonders wackeliges Argument, denn schließlich hatten sich ja unter Conrads Führung schon zahlreiche Regimenter mit starken slawischen Anteilen als nicht mehr befehlstreu erwiesen, während unter dem Kommando Hindenburgs und anderer deutscher Befehlshaber Truppen aus den slawischen Ländern der Habsburgermonarchie mit ungeheurem Einsatz kämpften. Es war Kaiser Franz Joseph, der seinem Generalstabschef die Augen hinsichtlich der Stellung Falkenhayns öffnete: „Da ist eine große Intrige im Spiel. Man will ihn beschränken." In Deutschland, so der Kaiser, sei man nicht gut auf Falkenhayn zu sprechen.[926]

Neuerlich wurde beraten und intrigiert, wobei die innerdeutsche Kontroverse Falkenhayn – Ludendorff eine viel größere Rolle bei der endlichen Entscheidung über die Kommandoführung an der russischen Front spielte, als vielleicht die kontinuierliche Einflußnahme des Ministeriums des Äußern oder ungarischer Politiker. Letzteres trug nur dazu bei, im Armeeoberkommando die Aversionen gegen Ungarn zu verstärken. Schließlich sollte in einer am 27. Juli 1916 in Pleß einberufenen Konferenz auf höchster Ebene eine erste Entscheidung fallen. Kaiser Wilhelm hatte Erzherzog Friedrich und die Spitzen des österreichisch-ungarischen Armeeoberkommandos nach Pleß eingeladen. Zwei Stunden vor den offiziellen Gesprächen trafen sich der deutsche Kaiser und der Erzherzog zu einem Vieraugengespräch. Friedrich war ungemein aufgeregt. Sein Generaladjutant notierte: „Der arme hohe Herr hatte in seiner Schüchternheit das Gefühl, zur Schlachtbank geführt zu werden, und schwitzte auf der Hinfahrt vor Aufregung."[927] Doch Kaiser Wilhelm behandelte ihn mit besonderer Liebenswürdigkeit. Die Deutschen gingen aber insgesamt sehr klug vor. Da sie offenbar Bescheid wußten, daß der Generaladjutant des Erzherzogs von der Notwendigkeit eines gemeinsamen Oberbefehls überzeugt war und zweifellos Einfluß beim „k. u. k. Großpapa" hatte, wurde Graf Herberstein noch zusätzlich präpariert. Während Kaiser Wilhelm mit Erzherzog Friedrich sprach, saß Herberstein mit dem Staatssekretär des Auswärtigen, von Jagow, zusammen, der ja ein besonderer Verfechter des gemeinsamen Oberbefehls war. Anschließend zogen sich Wilhelm, Friedrich, Conrad, Hindenburg und Ludendorff in eine Salonecke des Schlosses Pleß zurück.

In einem entscheidenden Punkt wollte Friedrich aber nicht nachgeben: Er wehrte sich gegen den gemeinsamen Oberbefehl an allen Fronten der Mittelmächte. Dabei ging es ihm sicherlich nicht um seine Person, denn er war ja ohnedies immer mehr ausgeschaltet worden und interessierte sich auch kaum mehr für die Führung. Während der schweren Rückschläge an der russischen Front hatte er in Teschen vorwiegend den Garten bestellt und dann mit besonderer Mühe seinem Enkel Nikolaus Salm eine Hütte samt bombensicherem Unterstand gebaut.[928] Doch da sich Conrad so strikt gegen den gemeinsamen Oberbefehl aussprach und auch bei den Verhandlungen in der Salonecke anwesend war, wollte der Erzherzog keine grundsätzlich andere Meinung vertreten. Zumindest einen Teilerfolg errangen die Verfechter des gemeinsamen Oberbefehls: Hindenburg sollte zusätzlich die südlich des Pripjet kämpfende Heeresgruppe Linsingen und schließlich – einem Wunsch Conrads entsprechend – auch die k. u. k. 2. Armee befehligen, die gerade während der Gespräche in Pleß Brody verloren hatte. Die „Hindenburg-Front" stand, wobei der deutsche Generalfeldmarschall formal für die Kampfführung südlich des Pripjet an das Armeeoberkommando gebunden war. Hindenburg richtete sein Hauptquartier in Brest-Litovsk ein.

Eben als das zustande gekommen war, hämmerten die Russen neuerlich auf die österreichisch-ungarischen Abschnitte los. Sie taten dies in der auch den Ententemächten dargelegten Absicht, Österreich-Ungarn aus dem Feld zu schlagen. Die k. u. k. 4. Armee (Tersztyánszky) wurde am 28. Juli von der russischen 8. Armee angegriffen und erlebte fast ebenso katastrophale Tage wie Anfang Juni bei Luck. Die Armee, die ohnedies nur mehr 25.000 Soldaten in die erste Linie brachte, verlor an diesem Tag 15.000 Gewehre und 10.000 Mann, d. h. es hatte ein noch bei weitem größerer Teil der Soldaten als jene, die fielen, verwundet oder gefangengenommen wurden, die Gewehre einfach hingeschmissen. Sofort wurde ein deutsches Korps eingeschoben. Und wieder war das Phänomen zu beobachten, daß allein die Anwesenheit deutscher Truppen schon die Einstellung der russischen Angriffe nach sich zog.

Wenige Tage später besuchte Hindenburg die 4. Armee und beeindruckte deren Stab ungeheuer – nur der Armeekommandant, General v. Tersztyánszky, blieb reserviert. Brusilov erneuerte seine Offensive immer wieder an neuen Abschnitten, doch der durchschlagende Erfolg blieb ihm versagt. Ganz offensichtlich hatten die deutschen Truppen die russische „Dampfwalze" zum Stehen gebracht. General Cramon erhielt den Auftrag, in Teschen nachdrücklich darauf hinzuweisen, daß Österreich-Ungarn „wieder einmal seine Rettung einzig und allein Deutschland" verdanke. Er hatte aber „das Gefühl, daß man das in Österreich nicht gebührend einschätzt, weil immer wieder betont wird, daß dies ja auch unser [also deutsches] Interesse wäre, weil, wenn Österreich vor die Hunde ginge, Deutschlands Untergang eine unausbleibliche Folge davon sein würde".[929]

Die „Hindenburg-Front" bewirkte, daß die Verschiebung von deutschen Kräften oder die wechselweise Unterstellung österreichisch-ungarischer und deutscher Truppen raschest und der jeweiligen Situation angepaßt erfolgen konnte. Tersztyánszky konnte sich kaum versehen, da war seine 4. Armee plötzlich unter dem Kommando des deutschen Generals Litzmann. Er selbst befehligte deutsche Truppen. Aber letztlich war es doch nur ein System der Aushilfen. Und es konnte vor allem eines nicht bewirken, nämlich den Kriegseintritt Rumäniens zu verhindern.

Das österreichisch-ungarische Armeeoberkommando hatte diesen Schritt Rumäniens lange befürchtet, dann erwartet und glaubte schließlich zumindest seit Juli 1916, sogar über die Einzelheiten des Abkommens Bescheid zu wissen, das die Entente gerade mit Rumänien aushandelte. Dank der nunmehr schon fast mühelosen Entzifferung der zwischen St. Petersburg und Rom gewechselten Radiodepeschen blieben kaum noch

Unklarheiten. Was in Teschen gelesen wurde, erfuhr auch unverzüglich die Deutsche Oberste Heeresleitung.[930]

Am 9. August wurde eine Radiodepesche aufgefangen, die besagte, Rumänien würde am 14. August einen Vertrag mit den Ententemächten unterzeichnen. Und dann war auszurechnen, daß die Kampfhandlungen nach dem 20. August beginnen würden.

Doch mit welchen Truppen sollte Rumänien bekämpft werden? Die Ersatzmannschaften, die zu den Regimentern einrückten, wurden schlichtweg als „Drückeberger, Greise oder Kinder" bezeichnet.[931] Jetzt kamen auch türkische Truppen an die Ostfront der Mittelmächte, zwei Divisionen, und sollten in die Gegend um Chełm verlegt werden. Überall, wo es prekär wurde, wurden deutsche Truppen eingeschoben. Und für Österreich-Ungarn war mittlerweile auch die Lage an der Südwestfront wieder bedrohlich geworden, da die Italiener ihre Isonzoschlachten wiederaufgenommen hatten und der Fall von Görz drohte.

Die sechste Isonzoschlacht und Görz

Das System der Aushilfen wurde kaum einmal deutlicher als in dem Augenblick, da die österreichisch-ungarischen Truppen von der Brusilov-Offensive voll getroffen wurde, und die „Strafexpedition" abbrechen mußten, gleich darauf von den Italienern am Isonzo in eine neue Schlacht gezwungen wurden und sich außerdem auf den Kriegseintritt Rumäniens vorbereiten sollten. Die Truppen konnten ganz einfach nicht so rasch hin und her verschoben werden, wie man sie an den aufflammenden Brennpunkten des großen Kriegs brauchte. Alles griff ineinander: das Geschehen an den Fronten, Außenpolitik, Innenpolitik, Wirtschaft und Soziales. Und das Kämpfen und Sterben an den Fronten passierte zeitgleich mit dem Verhandeln, Sorgen, Arbeiten, Verelenden und Hoffen.

Die Südtiroloffensive und dann der Durchbruch der Russen bei Olyka und Luck hatten die Aufmerksamkeit vom Isonzo abgelenkt. Kaum aber hatten die Italiener den Ansturm aus dem Norden mit einigem Glück abgewehrt, versuchten sie wieder in der alten Angriffsrichtung tätig zu werden. Fünf Schlachten waren bereits am Isonzo geschlagen worden. Im Juni hatte es dann eine für die Italiener schlimme Überraschung gegeben. Am 29. Juni fand östlich von Gradisca im Gebiet des Monte San Michele der erste österreichisch-ungarische Gasangriff statt.[932] Zunächst hatte Kaiser Franz Joseph den Einsatz von Giftgas untersagt gehabt, dann aber im Frühjahr 1916 dem Drängen des Armeeoberkommandos nachgegeben. Im Juni wurden die Vorbereitungen getroffen, wobei flüssiges Chlor mit einer Phosgenbeimischung nicht verschossen, sondern bei Ostwind aus einem eigens gelegten Leitungssystem abgeblasen werden sollte. Es war dies dasselbe Verfahren, das am 22. April 1915 von der deutschen 4. Armee bei Ypern und seither immer wieder und auch von der Entente angewendet worden war. Doch an der österreichisch-ungarischen Südwestfront hatte es noch keinen Gaseinsatz gegeben, auch wenn das seit März 1916 überlegt worden war.[933] Die Italiener waren nicht nur überrascht worden; sie hatten zu wenige Gasmasken und daher unter den Verlusten von über 6000 Mann vornehmlich Gaskranke. Doch das Ziel der k. u. k. Truppen, die Gewinnung des Isonzoufers, war nicht erreicht worden.

Mittlerweile hatten sich die Italiener längst von ihrem Schock erholt, und General Cadorna, dem auch das Scheitern der österreichisch-ungarischen Südtiroloffensive Auftrieb verliehen hatte, setzte seine 3. Armee zur nächsten Isonzoschlacht an, die endlich eine Entscheidung bringen sollte. Die Armee unter dem Befehl des Herzogs von Aosta wurde noch im Juli auf die alte Stärke gebracht, ja sie wies mit 220 Bataillonen in neun Divisonen schließlich höhere Stände auf als je zuvor. In dem Angriffsraum sollte aber auch die italienische 2. Armee wirksam werden, die sieben Divisionen in der Front und sechs in Reserve hatte. Dazu kamen rund 2000 Geschütze und Minenwerfer, womit die Italiener der k. u. k. 5. Armee mannschaftsmäßig fast doppelt überlegen waren. Bei den Geschützen war die Überzahl sogar eine Dreifache. Die österreichisch-ungarische Führung konnte sich weder über die Stärke der Italiener noch über den Zeitpunkt des Angriffs Klarheit verschaffen. Boroevićs Armee war außerdem durch die Abgaben nach Südtirol geschwächt worden. Tatsächlich erlebten die seit dem Mai 1915 am Isonzo kämpfenden k. u. k. Truppen in der nun beginnenden sechsten Isonzoschlacht die ersten schweren Geländeverluste. Den Italienern gelang es nach zweitägigen Sturmversuchen, am 8. August nach Görz einzubrechen und die 58. Infanteriedivision des Generalmajors Erwin von Zeidler zur Räumung der Stadt zu zwingen. Auch die beherrschenden Höhen des Monte Sabotino und Monte San Michele gingen verloren. Am 17. August stellte die italienische 3. Armee ihre Angriffe ein. Die Verluste waren wieder außerordentlich hoch gewesen und betrugen jeweils rund 50.000 Mann an Toten, Verwundeten, Gefangenen und Vermißten.

Nun konnte man natürlich hergehen und den Verlust des Brückenkopfs von Görz mit den schweren Rückschlägen in Galizien vergleichen. Doch die Isonzofront war, wie immer man darüber in Teschen dachte, ein Abschnitt, der nicht nur seine Eigenheiten hatte, sondern auch geeignet war, emotional Beachtung zu finden. Es war wohl Zufall, daß die Kommandanten an dieser Front auch durch ihre Persönlichkeit stärker hervortraten und mehr Konturen zeigten als etwa ein Feldzeugmeister Puhallo, ein Erzherzog Joseph Ferdinand, aber auch ein Generaloberst Böhm-Ermolli. Die Befehlshaber am Isonzo, ein Boroević, Rohr, Erzherzog Eugen, oder auch deren Stabschefs, Korps- und Divisionskommandanten, hatten sich stärker eingeprägt. Daher war es naheliegend, dem Armeeoberkommando vorzuwerfen, zu wenig Vorsorgen getroffen und zu wenig Kriegsmittel verfügbar gemacht zu haben. Städte im Isonzoabschnitt, wie vor allem Görz oder Triest, das Ziel aller italienischen Offensiven, wurden als symbolträchtig gewertet. Daher spürte man es auch bis an die anderen Fronten, wenn sich am Isonzo etwas tat. Der Verlust von Görz wurde als Katastrophe empfunden, da der Stellungskrieg am Isonzo den Italienern bis dahin kaum Bodengewinn gebracht hatte. Jetzt schien erneut Triest bedroht zu sein.

Der Eindruck in Wien und beim Armeeoberkommando war gleichermaßen verheerend. Görz schien viel wichtiger zu sein als irgend etwas an der russischen Front, viel wichtiger auch – zumindest für die Nicht-Ungarn – als der bevorstehende Kriegseintritt Rumäniens. Daraufhin mußte die ohnedies noch immer nicht konsolidierte Nordostfront zwei Divisionen nach Italien abgeben.[934] Das stellte sich als zu spät und wiederum zu viel heraus, da Boroević mit geringen Zuführungen von Reserven allein schon eine Konsolidierung zuwege gebracht hatte. Doch wo man hinsah, schien es nur mehr Flickwerk zu geben. Und nur mehr „die Deutschen“ schienen in der Lage, zu helfen.

Im österreichisch-ungarischen Armeeoberkommando, aber auch bei sehr vielen Kommandanten und Offizieren an der Front gab es beträchtliche Sympathien für die Deutschen. Sie strahlten viel mehr Zuversicht aus, waren im Umgang meist sehr angenehm und hatten jenes besondere Fluidum, das der Erfolg mit sich bringt. Im Armeeoberkommando verglich man einen Kaiser Wilhelm mit Erzherzog Friedrich – und da konnte der Vergleich eigentlich nur für den deutschen Monarchen ausfallen. Aber auch Falkenhayn, Hindenburg, Ludendorff oder besonders Mackensen wurden meist viel positiver eingeschätzt als die österreichisch-ungarischen Heerführer. Es erfreuten sich aber auch die deutschen politischen Führer meist größerer Zustimmung als die österreichischen. Man verglich einen Bethmann Hollweg mit dem Grafen Stürgkh oder Graf Burián und meinte, bei den Deutschen weitaus mehr Format zu finden. Lediglich der ungarische Ministerpräsident Graf Tisza wurde als vergleichbar eingestuft, und auch dort, wo man ihm mit Mißtrauen, Vorbehalten oder Ablehnung begegnete, wurde deutlich, daß man ihn nicht zum Mittelmaß zählte.

Die „Gemeinsame Oberste Kriegsleitung“

Im Sommer 1916 begann man im Teschener Armeeoberkommando die Menschen danach zu scheiden, ob sie für oder gegen den gemeinsamen Oberbefehl des deutschen Kaisers waren. Der Generaladjutant Erzherzog Friedrichs, Graf Herberstein, nützte die Gelegenheiten, wenn er nicht gezwungen war, seinen Feldmarschall zum Bau des, wie Herberstein es nannte, „Kinderspielplatzes“ zu begleiten, um an Entwürfen für eine Vereinbarung mit den Deutschen über den gemeinsamen Oberbefehl zu arbeiten. Er konnte auch einen der beiden Flügeladjutanten des Erzherzogs, Oberst Baron Lorx, für die Mitarbeit gewinnen. Am 6. August 1916 kam der ungarische Honvéd-Minister, Baron Hazai, nach Teschen. Auch er ließ durchblicken, daß er für den gemeinsamen Oberbefehl des deutschen Kaisers war. Ungarischerseits begegnete man dem k. u. k. Armeeoberkommando ja schon seit langem mit Mißtrauen und Ablehnung. Allerdings gab es auch Sorge und Skepsis hinsichtlich einer allzu heftigen Umarmung durch Deutschland. Tisza hielt zwar unverbrüchlich an der starken Bindung an das Deutsche Reich fest, doch die ungarische Opposition konnte gerade zu einer Zeit, da die Weichen für das Bündnis nach dem Krieg gestellt werden sollten, einer noch stärkeren deutschen Einflußnahme nichts abgewinnen.[935]

Schließlich entwarf Herberstein – und man darf dabei ja nicht außer acht lassen, daß er dies wohl mit Billigung Erzherzog Friedrichs tat – eine schriftliche Vereinbarung über einen gemeinsamen Oberbefehl, bei dem auch Bulgarien und die Türkei berücksichtigt werden sollten. Als nächstes informierten Herberstein und Lorx den Deutschen Bevollmächtigten General, der die Sache nach Pleß meldete.[936] Die „Österreicher“ waren offenbar soweit!

Mit der Schaffung der „Hindenburg-Front“ und bei der Einhegung des Militärischen durch die Politik zerbrach ein weiterer Teil der Führungselite Österreich-Ungarns, und das hatte weiterreichende Auswirkungen als bei irgendeinem anderen Kriegführenden. Denn das Militär war nicht nur Prärogativ der Krone, es war auch die wesentlichste Stütze der Krone. Mit dem Zerbrechen der militärischen Hierarchie verlor die Monarchie an Halt. Das allein läßt die Handlungsweise eines Conrad in einem anderen Licht erscheinen. Mit der nicht mehr aufzuhaltenden Entmachtung des Armeeoberkommandos schwand zwar einerseits jene Perversion der Macht, die in der ansatzweise vollendeten Militärdiktatur ihren Ausdruck gefunden hatte. Das Machtzentrum in Teschen war im Herbst 1916 nur mehr eine Hülle. Zum anderen aber verlor eine der Säulen der Dynastie ihre Tragfähigkeit, und das wog viel schwerer. Zunächst einmal veränderte sich das Grundverhältnis von Politik und Kriegführung und endete die Zeit der Dominanz des dezentralen Machtzentrums Teschen. Dann aber verlor das Militär seine Funktion als Ausdruck souveräner Macht. Und es gilt festzuhalten, daß diese Entwicklung nicht erst eine Folge des Thronwechsels war, sondern schon Monate vorher einsetzte.

Minister Burián hatte seit Beginn der Brusilov-Offensive angefangen, Conrad drängende Fragen hinsichtlich der Kriegslage zu stellen. Es hatte zwar den Anschein, als würde dies lediglich eine Wiederbelebung des alten Streits bedeuten, daß die Wiener Zentralstellen darüber Klage führten, vom AOK nicht ausreichend informiert zu werden. Doch angesichts der Machtverschiebung hatten diese Fragen ein anderes Gewicht. Dann war Conrad am 26. Juni 1916 zu einer Sitzung des gemeinsamen Ministerrats nach Wien geladen worden. Er ließ sich durch Oberst Slameczka von der Operationsabteilung des Armeeoberkommandos vertreten, da er das Zusammentreffen mit den Ministern und Ministerpräsidenten scheute. Doch der gemeinsame Ministerrat (der übrigens nicht in den veröffentlichten Protokollen zu finden ist, weil er vielleicht nicht als formelle Zusammenkunft gewertet wurde)[937] verlangte konkrete Auskünfte, und als sie nicht gegeben wurden, „verwahrten sich die Minister, wie Journalisten behandelt zu werden, Tisza erklärte morgen zu demissionieren, wenn er nicht concrete Auskünfte, die er verlange, auch wirklich erhalte“.[938] Als Conrad darüber informiert wurde, tat er beleidigt. Er nannte für seine Weigerung, Auskünfte zu geben, neben der Geheimhaltung die Unzulässigkeit der Einmischung staatlicher Funktionäre in die Kriegführung. Doch jetzt ließen die Ministerpäsidenten und Burián nicht mehr locker. Sie erkannten, daß Conrads Stellung erschüttert war, daß der Kaiser und zumindest indirekt auch Erzherzog Friedrich den Chef des Generalstabs nicht mehr bedingungslos deckten und schließlich auch fallenlassen würden. Jetzt wurde aufgearbeitet.

Am 7. Juli ordnete der Kaiser an, daß der Minister des Äußern „fortlaufend über den Zustand der Armee und die dieser noch zuzuführenden Ersätze und Verstärkungen in Kenntnis zu halten“ sei.[939] Am 13. Juli, beim nächsten gemeinsamen Ministerrat, war das AOK wieder durch Oberst Slameczka vertreten. Dabei quittierten die Minister mit Befriedigung die Bereitschaft des AOK, verstärkt deutsche Truppenhilfe anzufordern. Die Verwendung türkischer Truppen stieß zwar auf einige Vorbehalte, aber um die Karpatenfront zu stabilisieren und die Russen von Ungarn abzuhalten, waren auch Türken recht. Kaum war der Ministerrat vorbei, begann der Ballhausplatz auf Berlin wegen der Hindenburg-Front einzuwirken. Und kurze Zeit, nachdem sie Wirklichkeit geworden war, kam der deutsche Reichskanzler nach Wien und stellte mit Befriedigung fest, daß man lauthals über das Armeeoberkommando herzog. Burián, Tisza, Stürgkh und Montenuovo versicherten Bethmann Hollweg, die Ausdehnung des Befehlsbereichs Hindenburgs hätte wie eine Erlösung gewirkt, und es sei nur zu bedauern, daß Hindenburg nicht die ganze Ostfront unter sich habe. Bedenken Conrads seien überhaupt nicht angebracht. Conrad habe durch seine Privatverhältnisse, durch seinen Privatkrieg mit Italien, dem der Kaiser nur widerwillig zugestimmt und von dem Erzherzog Eugen dringend abgeraten habe, sowie durch den Mangel persönlicher Fühlung mit der Front jegliches Ansehen eingebüßt. Es handle sich aber nicht nur um Conrad, sondern um den ganzen „Sumpf" in Teschen.[940]

Die nächste Gelegenheit, in Wien nachhaltig Versäumnisse, Fehler und mangelndes Wollen anzumahnen, ergab sich beim Besuch des preußischen Kriegsministers Baron Wild von Hohenborn Anfang August. Wild will es bei dieser Gelegenheit Kriegsminister Krobatin und den Sektionschefs im Kriegsministerium so richtig „hineingesagt" haben: „Die Einblicke in die Ersatzverhältnisse und die Munitions- und Gerätefertigung waren erschreckend. Pulver ist doch der nervus rerum, und davon fertigen sie glücklich $^{1}/_{20}$ (!) unserer Menge! ... Krobatin selbst bei allem liebenswürdig, alles versprechend und lächelnd! Kein Ernst! Kein festes Wollen! Aber sie müssen! ... Als ich ihnen sagte: ‚Ihre Divisionen halten schlecht, deshalb muß gesteigerte Artilleriewirkung gerade bei Ihnen stattfinden. Der mangelnde Halt der Menschen muß durch die Maschine ersetzt werden. Unsere Divisionen haben mindestens 10.000 Schuß Unterstützung, wenn Sie knapp 1000 verfeuern. So kann das doch nicht weitergehen' usw., da machten sie lange Gesichter, aber sie nahmen's an."[941]

Schließlich wurde auch die Aufmerksamkeit der politischen Verantwortlichen durch die Vorgänge um Rumänien in Anspruch genommen. Ansatzweise wiederholte sich, was wir aus den Situationen des Herbstes 1914 und des Mai 1915 kennen: Die politische und die militärische Führung waren sich über die jeweiligen Möglichkeiten nicht im klaren und verlangten Unmögliches. Die Abtretung Siebenbürgens einerseits und einen entscheidenden Schlag gegen die Russen andererseits, der die Rumänen entmutigen sollte. Beides war unmöglich bzw. nicht durchzusetzen. Doch nicht nur in Österreich-Ungarn zeigten sich Konfusion und die Auflösung der bisherigen Strukturen. Auch im Deutschen Reich war das der Fall. Falkenhayn wollte den kommenden Krieg mit Rumänien nicht wahrhaben, stemmte sich völlig unvernünftig gegen Kanzler und Hindenburg und sah schließlich die von Österreich abgefangenen und dechiffrierten Funksprüche für falsch oder sogar von den Österreichern gefälscht an. Am 19. August wußte das k. u. k. Armeeoberkommando, daß Rumänien nicht nur die Militärkonvention mit der Entente unterzeichnet, sondern auch mit der Mobilmachung begonnen hatte.[942] Falkenhayn aber wiederholte seinen Fälschungsvorwurf.[943]

Der Chef des Großen Generalstabs sah sich in einer für ihn essentiellen Frage kurz vor dem Ziel. Er hatte nach der Schaffung der Hindenburg-Front zu überlegen gehabt, wie die Stellung des Generalstabschefs des deutschen Heeres gegenüber dem Oberkommando Ost zu festigen war. Dabei griff er eine schon auf das Jahr 1915 zurückreichende Idee auf, eine gemeinsame Kriegsleitung der Mittelmächte zu schaffen. Er hielt Rücksprache mit dem Reichskanzler und mit dem Kaiser und stellte dem vor

Augen, daß er, Kaiser Wilhelm II., diesen Oberbefehl praktisch bereits ausübte. Da aus der Umgebung Kaiser Franz Josephs, aber auch aus jener Erzherzog Friedrichs Signale kamen, die eine derartige gemeinsame Kriegsleitung zumindest diskutabel fanden, galt es nur noch Conrad zu „überfahren". Dem sollte vor allem vor Augen geführt werden, daß es der Wunsch der Türkei und Bulgariens sei, daß eine derartige gemeinsame Kriegsleitung geschaffen würde und daß sowohl die Türkei als auch Bulgarien bereit seien, ihre Oberkommanden und Truppen zu unterstellen.[944] Auch der Zufall half ein wenig. Conrad war, nachdem er – was ein rares Ereignis war – schon die Truppen der Nordostfront besucht hatte, auch zu einem Besuch an den Isonzo gefahren. Und genau während dieser Zeit legte der Deutsche Bevollmächtigte General beim AOK, Cramon, dem Erzherzog Friedrich den schon schriftlich ausgefertigten Entwurf für die Neuregelung der Befehlsverhältnisse vor. Sie sollte bereits drei Tage später in Kraft treten. In dem Entwurf hieß es: „Seine Majestät der deutsche Kaiser übernimmt vom 25. August 1916 12 Uhr mittags die einheitliche Leitung der gemeinsamen Angelegenheiten der bulgarisch-österreichisch-ungarisch-türkischen Kriegführung. Sein ausführendes Organ hiefür ist der Chef des Generalstabes des deutschen Feldheeres. Die Selbständigkeit der einzelnen verbündeten Heeresleitungen innerhalb ihres besonderen Wirkungsbereiches soll durch diese Regelung nur insofern berührt werden, als es die gemeinsame große Sache durchaus erfordert ... Sind Anordnungen der gesamten Kriegsleitung aber einmal erlassen, so müssen sie unbedingt befolgt werden."[945] Noch war das ein Entwurf, und auch das Datum eine Fiktion. Als Conrad zurückkam, „fauchte und tobte" er.[946] Er depeschierte sofort an die Militärkanzlei, daß unter diesen Voraussetzungen das Armeeoberkommando die Verantwortung nicht mehr länger tragen könne, daß es sich um eine politische Frage von größter Tragweite handle, eine Frage, die „bestimmend für das zukünftige Verhältnis Österreich-Ungarns zu Deutschland, für die Großmachtstellung der Monarchie und für ihre Selbständigkeit" sei. Das hatte nun gewiß einen realen Kern, denn es lag ja auf der Hand, daß infolge der Verzahnungen von deutschen und österreichisch-ungarischen Truppen die Einflußnahme des deutschen Kaisers auf letztere ungleich größer sein mußte als etwa auf die Türken im Raum Bagdad oder im Kaukasus.

Nun meinte Conrad noch einen stillen Verbündeten zu haben, der in den Bemühungen um eine Verhinderung des gemeinsamen Oberkommandos ein Rolle spielen konnte, nämlich den Thronfolger Erzherzog Karl. Der hatte schon wiederholt antideutsche Äußerungen fallengelassen und war wohl zum wenigsten geneigt, die deutsche Dominanz hinzunehmen. Trotz eines persönlich guten Verhältnisses zu seinem Oberstabschef, General von Seeckt, machte Karl schon Mitte August deutlich, daß ihm der direkte Kontakt zwischen Seeckt und Falkenhayn nicht behagte, da dabei das eigene Armeeoberkommando ausgeschaltet werde. Das aber sei, wie er in einem handschriftlich hingeworfenen Promemoria, das er dem Generaladjutanten Erzherzog Friedrichs mitgab, „verhängnisvoll."[947] Er wollte an sich überhaupt keinen deutschen Generalstabschef, sah darin eine Bevormundung und wurde in dieser Auffassung durch den stellvertretenden Stabschef und Mann seines Vertrauens, Oberst Baron Waldstätten, bestärkt. Doch der Thronfolger wollte das Verhältnis zum Deutschen Reich in keiner Weise aufs Spiel setzen und hatte zudem zu Conrad kein solches Verhältnis, daß er eine Verständigung gesucht hätte. Folglich blieben jene Personen maßgeblich, die sich für den gemeinsamen

Oberbefehl stark machten. Und dabei traten Graf Herberstein und der Flügeladjutant Erzherzog Friedrichs, Baron Lorx, immer mehr in den Vordergrund. Am 22. August notierte Herberstein in sein Tagebuch: „Die Frage des einheitlichen Oberbefehls für alle Fronten unter deutscher Leitung beschäftigt mich am meisten und ich sehe bereits, daß meine schon seit Monaten propagierten Ideen jetzt doch zur Durchführung gelangen werden. Nur werden wir jetzt durch die Ereignisse vielleicht dazu gezwungen werden, während es ganz anders ausgesehen hätte, wenn wir früher freiwillig die Anregung dazu gegeben hätten. Daß das einheitliche Kommando durch die Deutschen – Kaiser Wilhelm – geführt werden muß, liegt doch auf der Hand, denn Deutschland ist nun einmal der mächtigste Staat und hat einen im Felde stehenden, tatkräftigen und im Vollbesitz seiner Kräfte stehenden Monarchen!“[948] Herberstein fügte hinzu: „S[eine] K[aiserliche] H[oheit] hat diesem Plan zugestimmt, Conrad aber war aus Prestigerücksichten dagegen und lehnte diesen Vorschlag entschieden ab. Es blieb nun nichts anderes mehr übrig, als die Entscheidung S[einer] M[ajestät] einzuholen.“

Herberstein schrieb also dem Chef der Militärkanzlei des Kaisers, Generaloberst Bolfras, und bat um eine Audienz bei Kaiser Franz Joseph. Sie wurde für den 25. August festgelegt. Damit war schon so viel klar geworden, daß Conrad bei seinen Bemühungen um weitere Eigenständigkeit des Armeeoberkommandos kaum mehr Unterstützung zu gewärtigen hatte. Der k. u. k. Armeeoberkommandant Erzherzog Friedrich hatte ihn vielleicht weniger aus eigener Überzeugung, wohl aber weil er seine eigene Rolle satt hatte, im Stich gelassen. Conrad verhandelte neuerdings mit Falkenhayn, der gar nicht anders konnte, als den gemeinsamen Oberbefehl zu befürworten, und bemüht war, Conrad die Vorzüge einer solchen Regelung auseinanderzusetzen. Dabei spielte nicht nur der Verweis auf Bulgarien und die Türkei eine Rolle, sondern auch die Entente, denn, so Falkenhayn, dort hätte der französische Marschall Joffre auch die gesamte Leitung. Bei dieser Behauptung ging Falkenhayn entweder mit der Wahrheit nicht sorgfältig genug um oder er wußte es nicht besser, denn Joffre führte zwar den Vorsitz bei den Konferenzen in Chantilly, doch die Staaten waren gleichberechtigt. Auch Conrad wußte das nicht.

Am 25. August waren Erzherzog Friedrich und Herberstein in Wien. Friedrich „war sehr aufgeregt und hatte entschieden Angst vor der Audienz“, notierte Herberstein.[949] Doch er wollte und konnte ihm assistieren. Der Erzherzog blieb denn auch nur kurz mit dem Kaiser allein, dann wurde Herberstein gerufen und referierte über jenes Memorandum, das er bereits Bolfras geschickt hatte. Der Kaiser diktierte Herberstein gleich seine Entscheidung ins Konzept: „Es ist Mein Wille, daß der Anregung des deutschen Kaisers bezüglich der einheitlichen obersten Leitung womöglich Rechnung getragen wird. Mein A. O. K. hat – nach gepflogenem Einvernehmen mit der Deutschen Obersten Heeresleitung – mir derartige Vorschläge über die Lösung der Frage zu erstatten, daß Meine Hoheitsrechte und die Würde Meiner Wehrmacht nicht tangiert werden und der bisherige Wirkungskreis Meines A. O. K. bezüglich Meiner Wehrmacht uneingeschränkt erhalten bleibe.“[950] Friedrich schien anschließend erleichtert und sorgte sich nur, wie man Conrad die Sache beibringen sollte. Herberstein wollte ihm auch das abnehmen.

Conrad gab sich noch nicht geschlagen und plädierte am 27. August dafür, statt dem deutschen Kaiser den Oberbefehl zu übertragen, einen gemeinsamen Kriegsrat zu bilden.

Doch dafür konnte sich niemand erwärmen, und schließlich kam es gerade an diesem und den folgenden Tagen zu dramatischen Veränderungen. Italien erklärte dem Deutschen Reich und Rumänien Österreich-Ungarn den Krieg. Rumänien versuchte dabei wie seinerzeit Italien, die Mittelmächte zu dividieren, denn an Deutschland erging keine Kriegserklärung. Da Falkenhayn den deutschen Kaiser ein ums andere Mal informiert hatte, daß von Rumänien keine Gefahr drohe, war damit der deutsche Generalstabschef unglaubwürdig geworden. Als Cramon Falkenhayn anrief, um ihm die Neuigkeit mitzuteilen, wollte der die Nachricht einfach nicht wahrhaben, und der Deutsche Bevollmächtigte General mußte sich für die Richtigkeit ausdrücklich und persönlich verbürgen, ehe Falkenhayn zu Kaiser Wilhelm ging. Tags darauf wurde Falkenhayn abgelöst und durch Hindenburg ersetzt. Ludendorff erhielt die Stellung eines Ersten Quartiermeisters. Es war die dritte Deutsche Oberste Heeresleitung in diesem Krieg.

Sollte Conrad aber gehofft haben, mit der Abberufung Falkenhayns würde sich die Frage der Obersten Kriegsleitung erledigt haben oder zumindest eine Lösung im österreichischen Sinn erfahren, so sah er sich getäuscht. Denn zum einen war das ja im Deutschen Reich nicht nur von Falkenhayn betrieben worden – ganz im Gegenteil – und zum anderen gab das Ministerium des Äußern in Wien nicht auf, denn da galt es, den Krieg in die politische Sphäre zurückzuholen und die Demontage des AOK weiterzutreiben. Cramon hatte im Armeeoberkommando in der Person des Grafen Herberstein einen hervorragenden Ansprechpartner gefunden, der das Sprachrohr seines Armeeoberkommandanten wurde, der offenbar selbst nicht aus dem Hintergrund hervorteten, sondern die ihm zugebilligte Rolle weiterspielen wollte – Erzherzog „Fritzel", der stille Habsburger! Friedrich und Graf Herberstein waren sich aber auch des Einvernehmens mit der Militärkanzlei stets sicher.

Am 2. September erreichte das Armeeoberkommando eine Depesche Bolfras', die besagte: „Die Erzielung vollen Einvernehmens im Sinne einer entscheidenden obersten Befehlsgebung geruhen Seine k. u. k. Apostolische Majestät als nötig zu erachten." Conrad wandte sich an Ludendorff, doch auch der wollte von einem Kriegsrat nichts wissen. Für ihn konnte die oberste Kriegsleitung nur so aussehen, daß der deutsche Kaiser den Oberbefehl innehatte. Conrad wandte sich an das Ministerium des Äußern um Unterstützung, wobei er damit argumentierte, daß diese Frage auch unter dem Gesichtspunkt zu sehen wäre, wie sich eine deutsche Präponderanz nach dem Krieg auswirken würde.[951] Doch das Außenamt war mit der Entwicklung durchaus einverstanden. Schließlich trug Conrad seine Überlegungen nochmals dem Kaiser vor: „Ich habe dazu die Bemerkung gemacht, daß nach dem 1. Punkt der Zuschrift eigentlich alle militärischen Entscheidungen in die Hand des deutschen Kaisers, somit der deutschen Heeresleitung gelegt sind. Diese daher Truppenverschiebungen machen könne, wie sie will, so z. B. auch sagen könnte, wir sollen Südtirol räumen und die dortigen Truppen auf einen anderen Kriegsschauplatz, nach Kurland oder in die Vogesen schicken, um es [zu] konkretisieren. Der Ansicht, daß es über das rein Militärische hinausreicht, in das politische Gebiet hinübergreift, daß daher auch der MdÄ [= Minister des Äußern] seine Meinung abgeben und mitgehört werden müßte."[952] Der Kaiser aber meinte nur, daß es jetzt nur mehr um den Erhalt der Monarchie gehe, und da Österreich-Ungarn zu schwach und auf deutsche Kräfte angewiesen sei, wäre es nur richtig, wenn der deutsche Kaiser die entscheidende Stimme bekäme, „da doch schließlich einer bei Streitfragen die Entscheidung treffen müsse“. Der alte Kaiser war sich aber wohl bewußt, daß er einen Teil seiner Rechte als Souverän abtrat und dem deutschen Monarchen einen sichtbaren Vorrang einräumte.

Die Oberste Kriegsleitung wurde mit dem 7. September 1916 Wirklichkeit. In den „Bestimmungen“ dazu hieß es unter anderem: „Zur Sicherstellung der einheitlichen Führung der künftigen bulgarisch-deutsch-österreichisch-ungarisch-türkischen Operationen übernimmt Seine Majestät der deutsche Kaiser die Oberleitung der Operationen der Zentralmächte und ihrer Verbündeten ... Die Oberleitung erstreckt sich auf die grundlegenden Ziele der auf den verschiedenen Kriegsschauplätzen zu führenden Operationen, die hierfür zu verwendenden Kräfte ... Befehls- und Unterordnungsverhältnisse. Zur Ausübung der Oberleitung stehen dem deutschen Kaiser die Armeeoberkommandanten der verbündeten Wehrmächte und deren Generalstabschefs zur Verfügung.“ Zwar sollte immer Einvernehmen hergestellt werden, doch nach Anhörung der anderen waren die „vom deutschen Kaiser getroffenen Entscheidungen ... für alle verbündeten Wehrmächte bindend“. Die Armeeoberkommandanten waren verpflichtet worden, dem deutschen Kaiser fortlaufend „Bericht zu erstatten“. Die Führung der Verhandlungen zwischen den Verbündeten „steht der Deutschen Obersten Heeresleitung zu“.

Österreich-Ungarn und Deutschland hatten sich zwar geeinigt, der Habsburgermonarchie und vor allem ihrem Monarchen durch (geheime) Zusatzvereinbarungen eine Sonderstellung zu wahren – doch nur gegenüber Türken und Bulgaren. Daher hieß es in der Vereinbarung, daß sich der deutsche Kaiser bei allen Maßnahmen zur Kriegführung vom Grundsatz leiten lassen würde, „den Schutz und die Integrität der Gebiete der österreichisch-ungarischen Monarchie jenen des Deutschen Reiches gleichzuhalten“. Doch die Wahrung der Prestigen konnte nichts daran ändern, daß hier ein gewaltiger Souveränitätsverzicht geleistet worden war. Und was noch nicht absehbar war: Hier war auch ein Instrument geschaffen worden, das gegen Österreich-Ungarn und gegen einen Alleingang der Habsburgermonarchie im Krieg verwendet werden konnte. Der neue deutsche Erste Quartiermeister, der eigentlich die Stelle des Stellvertretenden Generalstabschefs einnahm, Erich Ludendorff, machte denn auch sehr rasch klar, daß er seine Zuständigkeit auch gegenüber Österreich-Ungarn gegeben sah. Da war von größten Anstrengungen bei der Ausnützung des Menschenmaterials Österreich-Ungarns die Rede. Es sollten alle tauglichen Männer aus Hinterland und Etappe schleunigst an die Front geschickt werden und das Potential der Mindertauglichen und der Frauen radikal ausgenützt werden, um die Arbeitsleistung vor allem der Industrie zu steigern. Die Industrie sollte ihren Ausstoß an großkalibriger Munition, Geschützen, Minenwerfern, aber auch an Materialien für den Stellungsbau drastisch steigern, dann würde den Mittelmächten der Erfolg sicher sein.[953] General Cramon resümierte das Erreichte damit, daß er meinte: „Mehr konnte man wahrhaftig nicht verlangen, denn eigentlich waren nun alle Maßnahmen der Mittelmächte mehr oder minder in die Hand des Deutschen Generalstabs gelegt und damit begann Gott sei Dank die neue Ära.“[954]

Der deutsche Botschafter in Wien, Baron von Tschirschky, war in seiner Beurteilung womöglich noch drastischer und gab der in Berlin immer mehr um sich greifenden Stimmung, daß es gelte, Österreich-Ungarn fest an die Kandare zu nehmen, noch zusätzlich Ausdruck. Am 28. September 1916 schrieb er „ganz vertraulich“ an den deutschen Reichskanzler: „Je länger der Krieg dauert, desto mehr drängt sich einem die bange Frage auf, wie lange die österreichisch-ungarische Monarchie noch im Stande sein wird, den Kampf auszuhalten, und zwar sowohl in militärischer wie auch in wirtschaftlicher Beziehung.“ In Teschen herrschten beklagenswerte Zustände. „Die Hinterhältigkeit und Unaufrichtigkeit der dortigen leitenden Stellen“ hätten sich wiederholt gezeigt. Das färbe natürlich ab. Der mangelnde Ernst wirke ansteckend, bei den breiten Schichten herrsche Unzufriedenheit und bei den „gewissenhaften Elementen“ Resignation. Doch das Menschenmaterial in der Armee sei – „von gewissen tschechischen und anderen Ausnahmen abgesehen“ – gut. Die Führung habe jedoch versagt. Wenn nicht unter deutscher Leitung die Geschütz- und Munitionserzeugung angekurbelt würde, sei Österreich-Ungarn Anfang 1917 am Ende. Pessimismus, Niedergedrücktheit fänden reichlich Nahrung, die landesübliche Schlamperei, Protektionswirtschaft und mangelnde Sachkenntnis herrschten vor. In den Vorstädten Wiens hungere man bereits. „Die Hauptschuld an diesen ernsten Zuständen muß man, was Österreich betrifft, dem Ministerpräsidenten Grafen Stürgkh zusprechen ... Bei einem solchen Haupte kann man auch von den Gliedern nichts Gutes erwarten.“ Es fehlte die Persönlichkeit, „die von oben herab die Wahrung der gemeinsamen Interessen diktiert. Baron Burián, der hierzu an erster Stelle berufen wäre, würde einen verständnislos anblicken, wenn man ihm so etwas zumuten sollte.“ Jetzt habe sich das Agrarland Österreich-Ungarn an das Deutsche Reich um Getreideaushilfen gewendet. In den Finanzen herrsche Chaos, und das, obwohl Deutschland seinem Bundesgenossen monatlich 100 Millionen zahle und ihm „außerdem die regelmäßig an Bulgarien und die Türkei zu leistenden Unterstützungen“ vorschieße. Die Quintessenz aus alledem war, daß von Tschirschky vorschlug, man möge den Erzherzog Thronfolger nach Berlin einladen. „Ich kann nur in einem Wechsel an den leitenden Stellen der Monarchie noch die Möglichkeit erblicken, den Willen zum Durchhalten in den breiten Schichten neu zu beleben.“ Der deutsche Botschafter rief also gewissermaßen nach dem deutschen Vormundschaftsgericht, das den alten Kaiser in Wien entmündigen sollte. Dem jungen Herrn aber wäre ein gezielter Vorschlag zu machen, wer Ministerpräsident in Österreich werden sollte: Erzherzog Eugen. Der könnte in der Innenpolitik Ordnung schaffen und vor allem auch den ungarischen Chauvinismus bekämpfen, der durch die Fehler der militärischen Oberleitung besondere Nahrung bekommen habe. „Die Sünden der inneren österreichischen Politik seit Jahrzehnten, die den Verrat der Tschechen möglich gemacht haben und durch den Tausende von Ungarn hingeopfert wurden, hat die ungarischen Kreise tief verbittert.“ Um die Tschechen niederzuhalten, habe man ungarische Regimenter nach Böhmen verlegen müssen, statt sie bei der Verteidigung der Heimat einzusetzen. Auch da müßte der Erzherzog Eugen eingreifen. Und abschließend: „Ich glaube, daß von uns aus der Versuch gemacht werden müßte, eine Sanierung der hiesigen Verhältnisse herbeizuführen. Wir setzen uns sonst der Gefahr aus, daß die Monarchie plötzlich tödlich erkrankt und das Deutsche Reich mit ins Verderben zieht.“[955]

Angesichts dieses Gedankenspiels verwundert es nicht, daß zu eben dieser Zeit auch der einflußreiche deutsche Oberstleutnant Baron Stoltzenberg General Ludendorff einen Plan zur Neuordnung Österreich-Ungarns vorlegte, der davon ausging, den Thronfolger zu gewinnen und an das Deutsche Reich zu binden. Und sollte sich Kaiser Franz Joseph der Neuordnung widersetzen, „müßte der Kaiser unter einem sanften überzeugenden Druck" zur Abdankung gezwungen werden.[956] Jetzt schien alles möglich bei einer Monarchie, die militärisch nicht mehr handlungsfähig schien, keinen innen- und keinen außenpolitischen Spielraum besaß und abgesehen von allen anderen Abhängigkeiten bei deutschen Banken 2,5 Milliarden Mark Schulden hatte.[957] Bald sollte auch die Rüstungsindustrie durch die Einbindung in das Hindenburg-Programm an deutschen Normen ausgerichtet werden.

Ob das ausreichen würde, die Sorgen und die Not nicht nur der Front, sondern auch des Hinterlands zu lindern, mußte sich weisen. Daß es schon sehr schlimm stand, ließ sich unschwer feststellen, und daß man den Frieden herbeisehnte, war ganz selbstverständlich. Doch niemand wußte eigentlich, wie man aus einem Krieg wieder herauskam. Für den Krieg hatte es Aufmarschelaborate und militärische Jahresdenkschriften gegeben, für den Frieden gab es dergleichen nicht. Daher erwies es sich ein weiteres Mal, daß es eigentlich leichter ist, einen Krieg zu beginnen als ihn zu beenden. Zumindest war das der Fall, seit das Zeitalter der Kabinettskriege in der Französischen Revolution sein Ende gefunden hatte.

16
Der Tod des Grafen Stürgkh

Die Namenlosen

Im Herbst 1916 schienen sich die historischen Abläufe an die jahreszeitlichen Vorgaben zu halten. Nicht nur das Jahr ging dahin, auch die Abläufe bekamen den Anstrich von zunehmender Düsterkeit. „Müdigkeit" nennt Josef Redlich als das dominante Empfinden. Und doch hielt sich alles noch irgendwie die Waage: Erfolge und Mißerfolge, Hoffnung und Resignation. Mehr als zwei Jahre Krieg hatten aber tiefe Spuren hinterlassen. Die Erinnerung an den „Geist von 1914", wo man mit Freuden dem Tod entgegenmarschiert war, war nicht mehr vorhanden. Alle Kriegführenden kämpften mit militärischen, politischen, vor allem aber sozialen Problemen. Die nationalen Schicksalsgemeinschaften zerfielen. Hatte der Krieg zunächst integrativ gewirkt und die politischen und sozialen Gefüge verstärkt, die innen- und gesellschaftspolitischen Spannungen gegen den äußeren Feind gewendet, so wurde mit zunehmender Dauer des Kriegs die Tendenz zur Integration durch eine solche zur Polarisierung abgelöst.[958] Die Bruchlinien zeichneten sich ab. Da und dort wurden sie auch überdeutlich und klafften bereits auf. Polarisierung, Radikalisierung und Totalisierung waren unterschiedlich dominant.

Diese von Andreas Hillgruber vor wenigen Jahren über den Ort des historischen Geschehens des Ersten Weltkriegs gemachten Feststellungen[959] trafen sicherlich auch auf die Habsburgermonarchie zu. Doch die Bruchlinien verliefen anders als vielleicht in Deutschland oder Frankreich, anders auch als in Rußland, und die Trias von Polarisierung, Radikalisierung und Totalisierung hatte auch andere Gewichtungen als etwa in den genannten Ländern. Die Totalität hatte noch vergleichsweise integrative Wirkungen, doch Polarisierung und Radikalisierung wurden zu Faktoren der staatlichen Desintegration. Auf Dauer konnte sich daher auch die Müdigkeit nicht als eine Dominante erhalten, denn Müde radikalisieren und polarisieren nicht. Wahrscheinlich war das Wort von Redlich auch nur falsch gewählt: Die Stimmung, die die Eliten der österreichisch-ungarischen Monarchie beherrschte, war am ehesten ein Gefühl der Ausweglosigkeit. Die breiten Bevölkerungsschichten ergänzten das noch durch Verdrossenheit. Unzufriedenheit war schon deutlich geworden, es hatte erste Streiks und Hungerdemonstrationen gegeben. Im Kriegsüberwachungsamt, jener Zentralbehörde, die aufmerksam jede nationalistische und gegen den Monarchen wie gegen die militärische und die Staatsführung gerichteten Äußerungen registrierte, mehrten sich die Anzeigen und Berichte. Und dennoch: Es war erst der Herbst angebrochen. Versuchen wir aber noch etwas genauer zu bestimmen, wo man im Verlauf des Ersten Weltkriegs gehalten hat.

Der Kulminationspunkt des Kriegs lag bereits weit zurück; ein Jahr etwa, im Herbst 1915. Noch aber war das als „Wendejahr der europäischen Geschichte" charakterisierte Jahr 1917 nicht angebrochen. Man befand sich irgendwo dazwischen, an einem Wendepunkt. Es war ein Punkt erreicht worden, der etwas markierte. Nennen wir ihn den „point of no return". Wurde er überschritten, gab es kein Umkehren mehr; der Krieg mußte seinen nicht mehr zu unterbrechenden Verlauf nehmen.

Dieser Punkt wurde durch mehreres markiert, und er ist natürlich nicht mit einem Tag zu bezeichnen. Doch innerhalb weniger Wochen tat sich Entscheidendes. Österreich-Ungarn gelangte in eine bis dahin nie dagewesene Abhängigkeit gegenüber dem Deutschen Reich. In Cisleithanien wurde der Ministerpräsident ermordet. Und schließlich gab es einen Monarchenwechsel. Nun wäre es reizvoll, auch an diesen drei Ereignissen die Trias von Polarisierung, Radikalisierung und Totalisierung zu erproben. Aber sie ist – wenn überhaupt – wiederum nur in der umgekehrten Reihenfolge anwendbar: Mit der Unterwerfung unter die Deutsche Oberste Heeresleitung wurden auch für Österreich-Ungarn jene im militärischen und rüstungspolitischen Bereich einsetzenden Maßnahmen wirksam, die eine Totalisierung signalisierten. Vor allem das sogenannte Hindenburg-Programm zur totalen Nutzbarmachung der Rüstungswirtschaft zielte in diese Richtung. Die Ermordung des Grafen Stürgkh kann unschwer als ein Akt der Radikalisierung erkannt werden. Der Tod Kaiser Franz Josephs und die Thronbesteigung seines Großneffen Karl aber machten den Weg zur Polarisierung frei. Dabei wird aber unterstellt, daß es bis Ende November 1916 bis zu einem gewissen Grad die Einheit des Reichs und vor allem jene von Herrscher und Untertanen gab. Im Anschluß daran setzte freilich eine rasante Polarisierung ein, und es zerfielen nicht nur das letzte Maß an Einheit der Reichsteile, sondern auch Land und Herrschaft.

Wollen wir es zunächst einmal bei dieser Skizze belassen, die die Abläufe der Jahre 1917 und 1918 vorwegnimmt und der Suche nach dem Ort des historischen Geschehens verpflichtet ist. Die Situation der österreichisch-ungarischen Monarchie an diesem „point of no return" kann auch anders bezeichnet werden.

Die bedeutendste Entscheidung im strategischen Bereich war die Schaffung der Gemeinsamen Obersten Kriegsleitung der Mittelmächte gewesen. Militärisch schien sie nur vernünftig zu sein. Und gemessen an den militärischen und machtpolitischen Möglichkeiten der Donaumonarchie schien vor allem die geheime Zusatzklausel noch immer ein beträchtliches Entgegenkommen des Deutschen Reichs zu enthalten. Denn ohne deutsche Hilfe wären die k. u. k. Armeen zu diesem Zeitpunkt gar nicht mehr operationsfähig und vielleicht nicht einmal mehr existent gewesen. Der Frontverlauf im Nordosten, in Polen und Rußland, sagte darüber nicht sehr viel aus, wohl aber die Geschichte der Brusilov-Offensive vom Sommer 1916. Und bei einem Blick auf die Lagekarten zeigt es sich vollends, daß den k. u. k. Armeen deutsche Truppen wie Korsettstangen eingezogen worden waren.

Österreichisch-ungarische und deutsche Armeen standen ostwärts von Kovel, bei Brody und quer durch die Bukowina bis an die Waldkarpaten. Sie waren Besatzungstruppen in Polen, Serbien und Montenegro, und es gab nur einen Kriegsschauplatz, wo die Habsburgermonarchie nach wie vor allein kämpfte, Italien. Genau dieser Kriegsschauplatz hatte bei der Schaffung der Gemeinsamen Obersten Kriegsleitung auch keine Rolle gespielt. Die k. u. k. Truppen hatten gegenüber Italien am Isonzo nur wenig an Boden verloren und beherrschten die Alpenfront von den Gailtaler Alpen bis auf die Hochflächen ostwärts von Trient sowie das Ortlergebiet. Der Verlust von Görz war zwar schmerzlich gewesen, doch die nachfolgenden Schlachten am Isonzo mit den Numerierungen sieben bis neun zeigten das bereits bekannte Bild von Abnützungsschlachten ohne nennenswerte Höhepunkte und ohne italienische Geländegewinne. Die Krisen hatten sich so gut wie ausschließlich im Osten abgespielt, wo die schweren Rückschläge der Brusilov-Offensive vorerst nicht wettzumachen waren und insbesondere der neuerliche Verlust eines Teils der Bukowina und von Czernowitz als sehr schmerzlich empfunden wurde. Dann war der Kriegseintritt Rumäniens auf seiten der Ententemächte gekommen und hatte eine völlig neue Situation geschaffen. Sie war nur mit deutscher Hilfe zu meistern. Die österreichisch-ungarische Monarchie hatte weder die politischen noch die militärischen Möglichkeiten, um Bulgarien zum Einsatz gegen Rumänien zu bringen und eine sofortige Offensive gegen Rumänien zu beginnen. Das Deutsche Reich hatte diese Möglichkeit. Und angesichts der Entschlossenheit der deutschen Führung, sich durch das Taktieren der Rumänen nicht täuschen zu lassen und den früheren Verbündeten gemeinsam mit den k. u. k. Armeen zu bekämpfen, wurde auch der Kriegseintritt Rumäniens zu einem für die Mittelmächte durchaus beherrschbaren militärischen Problem.

Um die militärische Situation aber auch nur annähernd realistisch einschätzen zu können, muß man sich die Verlustausweise der k. u. k. Armee ansehen. Konnte man vor dem Sommer 1916 noch darauf verweisen, daß das Heer der Monarchie mehr Bataillone zählte als bei Kriegsbeginn, dreimal so viele Maschinengewehre und doppelt so viele Geschütze hatte, so relativierte sich das im Verlauf der Folgemonate in dramatischer Weise. Allein an der Nordostfront gegen Rußland büßten die k. u. k. Armeen im Juli und August 1916 300.000 Soldaten an Toten, Verwundeten, Vermißten und Deserteuren ein. Bis zum Ende der Brusilov-Offensive waren es rund 475.000. Die überhastet in die Schlachten geworfenen Marschbataillone, das 22., 23. und 24. seit Kriegsbeginn, reichten bei weitem nicht aus; den kaum mehr aufzufüllenden Truppenkörpern mußten im November noch einmal außertourliche Marschbataillone zugeteilt werden.[960]

Was auffiel, waren nicht zuletzt die großen Unterschiede bei den Verlusten gewesen. Die Nordostfront hatte im Sommer zeitweilig fast 60 Prozent ihrer Verluste durch Deserteure erlitten. Bis zum September waren es 226.000 Mann. An der Südwestfront in Italien waren wiederum die prozentuell meisten Totenverluste zu beklagen. Diese Front schlug sich in der Statistik der Gesamtverluste mittlerweile schon mit einem Drittel nieder. In absoluten Zahlen: Das Jahr 1916 sah rund 1,75 Millionen k. u. k. Soldaten in den Verlustlisten. Da die Jahrgänge schon dreimal gemustert und nachgemustert und mittlerweile auch schon die Achtzehnjährigen eingezogen worden waren, brauchten nur noch die Rechner ans Werk gehen, um auszurechnen, wann die totale Erschöpfung eintreten mußte.

Das System der Marschformationen, die monatlich zugeschoben wurden, war mit schuld daran, daß in den Soldaten nur mehr statistisches Material, eben „Menschenmaterial“, gesehen wurde. Sie wurden mehr oder weniger automatisch an die Front gebracht, und es war kaum einmal Zeit, die Soldaten in die Regimenter zu integrieren und sie an den Krieg zu gewöhnen. Nur zu oft wurden sie sofort eingesetzt und „verbraucht“. Nach wenigen Wochen war jemand schon ein alter Krieger. Doch in Wirklichkeit waren es noch immer unerfahrene, ein wenig furchtsame junge Männer, Bauern, Handwerker, Studenten, Angestellte und Arbeiter. Man hätte sie wohl besser länger ausgebildet, dafür in größeren und nicht monatlichen Ersatzformationen allmählich an die Front gebracht. Doch das System war eingespielt und starr.[961] Seit 1916 deckten die Marschformationen nicht einmal mehr die Verluste ab. Außerdem war es hoch an der Zeit, die ältesten Jahrgänge, die über Vierzigjährigen, aus der Front zu nehmen und sie tunlichst überhaupt abrüsten zu lassen. Eines konnten die „alten Krieger“ freilich – sieht man einmal vom Kämpfen ab –, sie konnten erzählen, was sie alles erlebt hatten und wie die „alte Armee“ ausgesehen hatte. Denn diese „alte Armee“ gab es nicht mehr.

Schon das äußere Bild hatte sich gewandelt.[962] Seit September 1915 waren die Uniformen „feldgrau“ geworden, grauer und erdiger, und ersetzten die weithin sichtbaren und empfindlichen „hechtgrauen“, in Wirklichkeit bläulichen Uniformstoffe. Wickelgamaschen aus Stoff traten an die Stelle der ledernen. Alles wurde einfacher, teils zweckmäßiger, auf jeden Fall billiger. Da auch die bunten Egalisierungsstoffe zu teuer geworden waren, wurden statt der färbigen Kragenaufschläge nur mehr schmale senkrechte Balken in der Regimentsfarbe angebracht. Im November 1916 wurden dann provisorische Truppenabzeichen aus Wachstuchpatten eingeführt. Kalbfelltornister gab es so gut wie keine mehr. Die Soldaten trugen Rucksäcke, in denen sie ein zweites Paar Schuhe, eine Eßschale, eine Wäschegarnitur, Waschzeug und eine Reserve-Verpflegsportion, Briefe, persönliche Erinnerungen und vielleicht auch das eine oder andere Buch, häufig die Bibel, verstauten. Dazu kam der Brotsack, in dem Besteck, Brot, eine Feldflasche, Waffenputzzeug und Rauchwaren untergebracht wurden. In den Brotsack kamen aber auch zunehmend Handgranaten. Gleichgeblieben war der Patronentornister, in den der Soldat 120 und der Unteroffizier 40 Patronen packen sollte.

Ebenso hatten sich die Offiziere schon äußerlich gewandelt. Die steife schwarze Kappe war gleich bei Kriegsbeginn verschwunden. Aber auch die anderen Kennzeichen des Offiziers waren auf ein Minimum reduziert worden. Es gab keine Feldbinden mehr und zur Felduniform auch keine Säbel. Bewaffnet waren die Offiziere mit dem Bajonett und einer Pistole. Tornister hatten sie nie getragen, doch immer häufiger hatten zumindest Subalternoffiziere einen Rucksack bei sich, denn die friedensmäßige Einrichtung des Offiziersdieners, der das Gepäck trug und sich um das leibliche Wohl des Portepeeträgers kümmerte, war mittlerweile stark beschränkt worden. 1914 waren es noch an die 54.000 Offiziersdiener gewesen, was gut und gerne zwei Divisionen entsprach. Wie viele es noch 1916 waren, läßt sich zahlenmäßig wohl kaum erfassen.

1916 waren erstmals Stahlhelme eingeführt worden, mit denen die Soldaten vor Geschoß- und Steinsplittern geschützt werden sollten. Das bedeutete aber nicht, daß schon jeder einen gehabt hätte. Die ersten Muster hatten merkliche Mängel. Die Helme waren mit über 1,3 Kilogramm auch verhältnismäßig schwer. Gelegentlich wurde noch ein zusätzlicher Stirnschild auf den Helm aufgesteckt, der weitere 2,4 Kilogramm wog und kaum längere Zeit getragen werden konnte. Der Einsatz von Reiz- und Giftgas hatte dazu geführt, daß die Soldaten des Feldheeres mit deutschen Gasmasken ausgestattet wurden, die man in Blechbüchsen mit sich trug. Der Dreischichtfilter dieser Masken schützte allerdings nur eine Stunde; dann mußte ein Reservefilter eingesetzt werden.

Die Hauptbewaffnung war das Steyr-Mannlicher-Gewehr M(uster) 95 geblieben, allerdings war es jetzt die Einheitsbewaffnung der Infanterie und hatte die bei Kriegsbeginn noch anzutreffen gewesenen veralteten Gewehre ersetzt. Dazu waren 1915 vorübergehend 1,4 Millionen russische Gewehre sowie einige „exotische" Gewehrmuster als Lückenbüßer gekommen, die aber eine Art Verbrauchsgut waren. Mehr und mehr tauchten Maschinengewehre des Musters Schwarzlose 07/12 auf. Verbesserte Fernmeldeeinrichtungen, Flammenwerfer und große Mengen von Pionier- und Sprengmitteln vervollständigten die Ausrüstung der Infanterie. Die Kavallerie war mittlerweile größtenteils „abgesessen" und in Uniformierung und Ausrüstung der Infanterie angeglichen worden. Die Artillerie, die zahlenmäßig immer stärker geworden war, erhielt sehr viele neue Geschütze, und vor allem wurde der Pferdezug durch den Motorzug ersetzt.

Doch der äußere Befund sagte bei weitem nicht alles aus, und der innere Befund war noch mehr geeignet, den Wandel deutlich zu machen. Die Soldaten lebten in einer Art Subsystem der Normalität, immer vorausgesetzt, es tobte nicht gerade eine Schlacht, wurde vorgegangen oder zurückgewichen. In der Etappe und im Hinterland war zumindest ansatzweise alles zu finden, was auch im normalen zivilen Leben vorhanden war: Schlafstätten, Einkaufsmöglichkeiten, Ärzte, vor allem aber Bäckereien, Schlächtereien, oft eigener Viehbestand, Wasseraufbereitungsanlagen, Wäschereien und vor allem Entlausungsanstalten. Die Feldpost funktionierte in der Regel klaglos, wenngleich man natürlich gewärtig sein mußte, daß die Feldpostkarten von Zensoren mitgelesen wurden. Auch Geschenksendungen, Liebesgaben und Lebensmittel, trafen ein, sofern man jemanden hatte, der einem derartiges schickte. Da wurden die Ungarn beneidet, denen angeblich öfter und reichlicher Lebensmittel aus der Heimat zugingen.

Das Offizierskorps war noch bürgerlicher und vor allem „ziviler" geworden. Die Reserveoffiziere überwogen bei weitem die aktiven Offiziere. Das lief aber nicht nur auf eine einfache Feststellung hinaus, sondern kennzeichnete einen dramatischen Wandel: Zählte ein Infanterieregiment vor dem Krieg bei seinen rund 6000 Mann 100 Berufsoffiziere und nach Mobilmachung noch an die 90 Reserveoffiziere, so fanden sich 1916 in den Infanterieregimentern vier- bis fünfmal so viele Reserveoffiziere als Berufsoffiziere.[963] Im Gegensatz zu anderen Armeen gab es in den österreichisch-ungarischen Streitkräften für Unteroffiziere keine Möglichkeit, zu Offizieren befördert zu werden. Das war sicherlich demotivierend und enttäuschend. Julius Arigi zum Beispiel, ein Feldpilot, der mit 32 Luftsiegen in der österreichisch-ungarischen Liste der Fliegerasse des Ersten Weltkriegs die zweite Stelle nach Hauptmann Godwin von Brumowski einnahm, konnte nur Offiziersstellvertreter werden.[964]

Die Veränderungen innerhalb des Offizierskorps hatten aber auch zur Folge, daß die Reserveoffiziere vor allem bei Truppenkörpern ihrer eigenen Nationalität eingeteilt wurden, da es sonst kaum Verständigungsmöglichkeiten gegeben hätte. Dadurch wurden die Truppenkörper im nationalen Sinn homogener, aber auch für nationalistische Parolen anfälliger. Dies umso mehr, als die Reserveoffiziere Maturanten oder Studenten waren und von Mittel- bzw. Hochschulen kamen, die sehr häufig Hochburgen nationalistischer Bewegungen waren. Es konnte aber auch vorkommen, daß Regimenter nebeneinander lagen, deren Angehörige kaum ein paar Worte miteinander wechseln konnten. Diesen Umstand sollte man schon deshalb nicht ganz außer acht lassen, weil in kritischen Situationen, wo es nicht nur darum gehen konnte, ein für alle verständliches Kommando zu geben, das Nichtverstehen zu Unsicherheit und zu Panikreaktionen führen konnte.

Letztlich war Offizieren und Soldaten eines gemeinsam: Sie waren für die Kriegführung eigentlich nur mehr statistische Größen. Hunderttausende waren gefallen, Millionen verwundet worden, wieder Hunderttausende kriegsgefangen, vermißt oder desertiert. Ein Krieg der Namenlosen.

Die Friedensaktion der Mittelmächte

Die Kriegserklärung Rumäniens am 27. August 1916 wurde von Österreich-Ungarn zunächst in doppelter Weise als bedrohlich angesehen: Zum einen war damit ein neuer Gegner aufgetreten, der rein rechnerisch mit zusätzlich 620.000 Soldaten anzusetzen war, und selbst wenn man davon ein Drittel als nicht frontverwendungsfähig abzog, blieb immer noch etliches auszugleichen. Zum anderen aber – und dies wurde als noch viel bedrückender empfunden – ließ der Kriegseintritt Rumäniens auch dieses Land als Nahrungs- und vor allem Getreidelieferanten ausfallen. Und das wog besonders schwer.

Die Erkenntnis, daß der Krieg militärisch für die Mittelmächte an seinen Grenzen angelangt war, führte dazu, daß die Politik neu formuliert und neu strukturiert wurde. Und in diesem Augenblick zeigte es sich, daß Österreich-Ungarn zwar noch immer den Anschein erweckte, als ob es noch eine selbständige Politik betreiben könnte. Tatsächlich war es aber in eine volle Abhängigkeit von Deutschland geraten. Der Grund dafür war sicherlich nicht nur in einem einzigen Vorgang zu beschreiben, vielmehr kam hier eine Entwicklung zum Abschluß: Die Habsburgermonarchie hatte in ihren politischen wie militärischen Erwägungen stets nur als europäische Macht gehandelt. Das Deutsche Reich, aber auch Frankreich und England hatten ihrer Strategie die außereuropäischen Bereiche der Erde zugrunde gelegt, wozu ihnen ihre maritime Präsenz die Möglichkeiten bot. Sobald sich im Bereich der Globalstrategie eine für den Krieg ausschlaggebende Entscheidung aufdrängte, konnte Österreich-Ungarn selbst keinen Beitrag mehr dazu leisten. Es war an die deutschen Erwägungen und letztlich auch an die deutschen Entscheidungen gebunden und mußte sie mitvollziehen. Hier kam, wie erwähnt, eine Entwicklung zum Abschluß, und damit erhielt der Krieg in seinem letzten Drittel auch die für seinen Ausgang prägende Gestalt.

Österreich-Ungarn, das einen Krieg gegen Serbien hatte führen wollen, war dazu nur durch die deutsche Rückendeckung in der Lage gewesen. Das Deutsche Reich sollte vor allem Rußland in Schach halten. Als das nicht gelang, wurde bereits ohne österreichisches Zutun der Krieg durch das Deutsche Reich auf Frankreich und Großbritannien ausgeweitet. Jetzt aber, im Herbst 1916, an diesem „point of no return“, ging es um die

Frage des Kriegseintritts der USA. Und wieder war das ein Moment, wo Österreich-Ungarn nur mehr Beobachterstatus hatte.

Auch für das Deutsche Reich war das Jahr 1916 voll der Krisensymptome gewesen, denn das Scheitern des Ringens um Verdun und der Beginn der Gegenoffensive der Ententemächte an der Somme waren genauso Alarmzeichen gewesen wie das Scheitern der österreichisch-ungarischen Armeen in der „Strafexpedition" und während der Brusilov-Offensive. In der deutschen Führung glaubte man allerdings, noch ein Mittel zur Verfügung zu haben, das eine Wende bringen konnte, nämlich den U-Boot-Krieg. Österreich-Ungarn konnte an eine strategische Verwendung von U-Booten nicht denken, denn es hatte fast keine. Mit der Frage nach der Wiederaufnahme eines großangelegten U-Boot-Kriegs verband sich aber die Gefahr eines Kriegseintritts der USA, denn diese hatten schon im April 1916 mit dem Abbruch der diplomatischen Beziehungen und indirekt mit Krieg gedroht, wenn das Deutsche Reich nicht zu einem U-Boot-Krieg nach Prisenordnung zurückkehrte. Es ist hier wohl nicht zu diskutieren, ob diese Drohung nicht in erster Linie eine massive Hilfe für England bedeutete, das sich ja nicht bereit erklärte, die Blockademaßnahmen gegen die Mittelmächte zu lockern oder aufzugeben und das die Mittelmächte weiterhin aushungern wollte. Aber zweifellos hatte die amerikanische Drohung nachhaltige Auswirkungen auf die deutschen Entschlüsse und war für das Zögern verantwortlich zu machen, den uneingeschränkten U-Boot-Krieg zu beginnen. Angesichts der Tatsache, daß das Landheer keine Entscheidung zugunsten der Mittelmächte herbeiführen konnte, der Seekrieg aber nicht um eine entscheidende Dimension ausgeweitet werden sollte, wurde eine politische Lösung gesucht. Und sie sollte als Friedensinitiative in Gang gesetzt werden.

Um einen Schritt in Richtung Frieden zu setzen, gab es für die Mittelmächte im großen und ganzen zwei Möglichkeiten: Entweder man bediente sich der Vermittlung der Neutralen, in erster Linie des amerikanischen Präsidenten Woodrow Wilson, oder man setzte eine eigene Initiative. Dazu bedurfte es vor allem der Absprache des Deutschen Reichs mit Österreich-Ungarn; Bulgarien und die Türkei sollten erst später informiert und in die Überlegungen mit einbezogen werden. Also erging seitens der deutschen Reichsregierung an Wien die Einladung zu einem eingehenden Gespräch in Pleß, am Sitz des Großen Hauptquartiers. Der k. u. k. Minister des Äußern, Graf Burián, sah damit eine Gelegenheit gekommen, Bilanz zu ziehen und eine Bewertung der Kriegslage vorzunehmen. Das Ergebnis war bemerkenswert! Burián plädierte in seinen Gesprächen mit dem deutschen Reichskanzler Bethmann Hollweg gleich eingangs für einen eigenständigen Friedensschritt der Mittelmächte ohne Vermittlung der Amerikaner. Vernünftige Bedingungen würden ihren Eindruck auf die neutralen Staaten, vor allem auch auf die USA, nicht verfehlen und die Friedensstimmung in den Feindstaaten nähren. Gleichzeitig würde ein solcher Schritt auch von den Völkern der eigenen Länder begrüßt werden und bei einer etwaigen Ablehnung die Entschlossenheit steigern, den Kampf bis zum Ende durchzustehen, meinte Burián.[965]

Was der Minister des Äußern da von sich gab, war gleichsam die Präambel zum Folgenden, das dann freilich nicht mehr in Buriáns Memoiren steht. Der k. u. k. Minister des Äußern händigte nämlich Reichskanzler Bethmann Hollweg eine Liste der Friedensbedingungen aus, die der ungarische Graf nicht nur für Österreich-Ungarn, sondern gleich für alle Mittelmächte zu formulieren bemüht gewesen war.[966] Doch konnte man das, was Burián vorlegte, überhaupt als Friedensbedingungen bezeichnen? Es waren Kriegsziele, die er nannte, denn der Minister war genauso der Vision vom Siegfrieden erlegen wie der k. u. k. Generalstabschef. Der deutsche Historiker Wolfgang Steglich meinte daher auch: „Der erste Schritt in der Sache des Friedensangebotes kam dem Abschluß eines Kriegszielabkommens sehr nahe."[967] Burián wollte Bethmann Hollweg und schließlich alle vier Mittelmächte auf gemeinsame Kriegsziele einschwören.

An erster Stelle nannte er die territoriale Integrität der Staaten des Bündnisses. Damit war vielleicht weniger gemeint, daß Österreich-Ungarn und die Türkei ihre damals feindbesetzten Territorien zurückbekommen sollten, denn im Fall Österreich-Ungarns ließ sich das noch von Russen besetzte Gebiet in der Bukowina und in Ostgalizien gegen das von Österreich besetzte Gebiet Rußlands durchaus aufwiegen. Es ging vielmehr darum, einmal festzuschreiben, daß Österreich nicht womöglich Südtirol an Italien oder Siebenbürgen an Rumänien verlieren sollte. Aber auch Deutschland sollte nicht Elsaß-Lothringen herausgeben müssen. Als zweites plädierte Burián für die Rückgabe der vor allem von Briten besetzten deutschen Kolonien und erhob damit eine Forderung, die über die deutschen Wünsche und auch die deutschen Einschätzungen weit hinausging. Zudem wollte er für das Deutsche Reich den Kongo gesichert wissen. Denn zur Integrität der Staaten des Bündnisses kamen Wünsche an die Entente und die mit ihr verbündeten Staaten.

Das britische Empire spielte dabei eine geringe Rolle. Auch Frankreich wurde seine territoriale Integrität in den Grenzen vor 1914 zugestanden. Belgien sollte als souveräner Staat wiederhergestellt, aber in ein besonderes Nahverhältnis zum Deutschen Reich gebracht werden, wobei Burián eine Personalunion mit Österreich-Ungarn wünschenswert schien. Albanien sollte selbständig sein bzw. wieder selbständig werden, ein neutrales Land, dessen Neutralität 1913 ja auch von sechs Großmächten, darunter Österreich-Ungarn, garantiert worden war. Wenn möglich sollte es eine Gebietserweiterung in Montenegro erfahren. Montenegro sollte auch das Gebiet des Lovćen und den Küstenstreifen südlich der Krivošćie verlieren. Bulgarien sollte sich an Serbien schadlos halten können. Rund die Hälfte Serbiens, darunter der Süden bis an die Grenze Montenegros mit Priština und Prizren, sollte an Bulgarien fallen. Österreich wäre allenfalls durch die Mačva, das Gebiet südlich der Save, sowie Belgrad zu entschädigen gewesen. Aber auch Restserbien sollte in eine enge und vor allem wirtschaftliche Abhängigkeit zur Monarchie gebracht werden. Gegenüber Rumänien wollte Burián Grenzverbesserungen am Eisernen Tor und an den siebenbürgischen Pässen. Das war noch nicht alles, und vor allem war sich der Minister dessen bewußt, daß in Verhandlungen noch etliche Abstriche gemacht werden müßten. Doch selbst unter Berücksichtigung des „Verhandlungsfaktors" entsprach dieses Programm in keiner Weise der Kriegslage und war für die Einleitung von Friedensverhandlungen kaum das geeignete Instrument.

Die Genesis der Forderungen läßt sich weit zurückverfolgen, manches war schon 1914 formuliert worden, doch nun lag es auf dem Tisch. Und Burián fügte hinzu, daß Kaiser Franz Joseph diesen Forderungen zugestimmt hätte.[968] Nun wäre dem allen, was in dieser Phase der Kontakte über ein Friedensangebot der Mittelmächte österreichischerseits vorgebracht wurde, vielleicht schon deshalb nicht zu viel Bedeutung beizumessen gewesen, da es ja schließlich nicht im vollen Umfang Eingang in das am 12. Dezember dann tatsächlich unterbreitete Friedensangebot fand. Doch es lohnt ganz einfach, die Bilanz des Kriegsjahrs 1916 mit einem Verweis auf die von Burián vorgebrachten Forderungen zu beginnen. Sie sind im Lichte der militärischen wie der inneren Verhältnisse der Monarchie so wenig verständlich, daß man dem Minister des Äußern entweder einen bemerkenswerten Mangel an Realitätssinn attestieren muß, oder man nimmt diese Kriegszielliste als ein Symptom. Dies umso mehr, als der Minister zehn Monate zuvor, als Conrad von Hötzendorf seine weitgehenden Kriegsziele formuliert und damit die politische Führung unter Druck zu setzen versucht hatte, es gerade Burián gewesen war, der abwinkte. Gemeinsam mit dem ungarischen Ministerpräsidenten hatte er den Höhenflügen des Generalstabschefs einen Dämpfer aufgesetzt, nicht zuletzt auch eingedenk dessen, was ihm Tisza geschrieben hatte: Den Frieden „können wir dem Feinde nicht aufnötigen. Wir können nur durch weitere militärische Vorteile eine Situation schaffen, bei welcher der Feind überzeugt wird, daß eine Fortsetzung des Kampfes zwecklos wäre und der Friede im eigenen Interesse liegt. Diese Überzeugung hängt in großem Maß von unseren Friedensbedingungen ab.“[969] Über die von Burián genannten Kriegsziele hatte keine Sitzung des gemeinsamen Ministerrats stattgefunden. Die Frage der Vorlage solcher Forderungen im Rahmen einer Friedensoffensive war auch nicht damit verknüpft worden, ob die Monarchie überhaupt noch in der Lage war, Forderungen zu stellen. Und im übrigen wurde nicht wirklich überlegt, was sein würde, wenn die Forderungen abgelehnt würden und der Krieg fortgesetzt werden müßte.

Hohenzollern gegen Habsburg

Hatte der Minister Ende 1915 noch die nur auf Österreich-Ungarn bezogenen Forderungen Conrads von Hötzendorf zurückgewiesen und den Anschein erweckt, daß er keinen Siegfrieden wollte, so hatte das Jahr 1916 mit seinen so unterschiedlichen Erscheinungen und einer immer länger werdenden Liste an Opfern und Einbußen dazu geführt, umzuschwenken. Zum einen waren es gerade die Rückschläge, die die Ansicht verstärkten, daß die Opfer im Krieg nur durch entsprechende Ergebnisse zu rechtfertigen wären. Dann aber wollte Burián Siegeszuversicht demonstrieren, vor allem aber das Deutsche Reich dafür gewinnen, daß es die genannten Ziele zu seinen eigenen machte. Denn die Identifikation Deutschlands mit der Existenz und der Integrität der Habsburgermonarchie schien aus außenpolitischen, militärstrategischen, wirtschaftlichen und vor allem auch innenpolitischen Gründen wichtig. Insofern hatte also die Gemeinsame Oberste Kriegsleitung weitaus mehr als rein militärische Bedeutung, und vielleicht erklärt gerade die Art, in der sich der Minister des Äußern der neuen Möglichkeiten bedienen wollte, weshalb er zu den stärksten Befürwortern einer stärkeren deutschen Einflußnahme gehört hatte. Er teilte offenbar auch nicht die Bedenken Tiszas und ebensowenig die der ungarischen Opposition hinsichtlich der deutschen Präponderanz. Da galt schon mehr, was die Autoren der „Denkschrift aus Deutsch-Österreich“ geschrieben hatten: „Die Macht als solche wird im Völkerverkehr noch eine größere Rolle spielen als bisher. Darin liegt ein unabweisbarer Antrieb für die beiden Reiche der europäischen Mitte, ihren Wehr- und Wirtschaftsverband zu begründen und auszubauen."[970] Burián konnte aber mit seinen weitgespannten Forderungen und dem Versuch, den Anschein von Stärke zu erwecken, über nichts hinwegtäuschen. Am wenigsten über die Krisensymptome. Denn fast zur gleichen Zeit sprach ein ausführlicher Bericht des deutschen Botschafters in Wien, Heinrich von Tschirschky, die heiklen Punkte in aller Ungeschminktheit an. Und selbst wenn wir eine gewisse Überheblichkeit in Abzug bringen, bleibt noch genug Bedenkenswertes.[971]

Tschirschky leitete mit der Feststellung ein: „Je länger der Krieg dauert, desto mehr drängt sich einem die Frage auf, wie lange die österreichisch-ungarische Monarchie noch im Stande sein wird, den Kampf auszuhalten, und zwar sowohl in militärischer wie auch in wirtschaftlicher Beziehung ... Das Soldatenreservoir nähert sich seiner Erschöpfung und wir müssen damit rechnen, im nächsten Frühjahr Österreich-Ungarn am Ende seiner militärischen Kräfte zu sehen, wenn nicht wenigstens auf dem Gebiete der Geschütz- und Munitionserzeugung bis dahin unter unserer Leitung entscheidende Fortschritte gemacht werden sollten." Er kam dann auf die wirtschaftliche Situation und die damit engstens verbundenen innenpolitischen Verhältnisse zu sprechen und führte weiter aus: „Es fehlt an jeder durchgreifenden Organisation, und wo die Ansätze nach unserem Muster gemacht worden sind, müssen diese noch an der landesüblichen ‚Schlamperei' und Protektionswirtschaft scheitern. Nirgends wird systematisch vorgegangen, Verordnungen werden ohne Sachkenntnis und ohne Anhörung von Fachleuten und meist nur für das eine oder andere Kronland erlassen, was eine durchaus ungerechte Verteilung der Lebensmittel zur Folge hat. Das Volk in den Vorstädten Wiens hungert und ist durch das viele Stunden dauernde, oft auch noch ergebnislose ‚Anstellen' vor den Lebensmittel[geschäfte]n bis auf das äußerste gereizt ... Dazu kommen die nicht sehr günstigen diesjährigen Ernten in Österreich und in Ungarn sowie die unglückseligen wirtschaftlichen Beziehungen zwischen beiden Ländern, die, vor allem was Ungarn betrifft, eine loyale gegenseitige Unterstützung der anderen Reichshälfte mit Lebensmitteln unterbinden. Die ungarische Regierung, Graf Tisza an der Spitze, treibt enge magyarische Politik; sie kennt trotz aller hochtönenden Phrasen keine großen Gesichtspunkte, und es fehlt ihr jedes Verständnis für die gemeinsame Not und für die gemeinsamen hohen Ziele. Auch hier fehlt die Persönlichkeit, die von oben herab die Wahrung der gemeinsamen Interessen diktiert." Ungarn strebe danach, das Band mit Österreich zu lockern, der ungarische Chauvinismus blühe, doch die Schuld daran liege durchaus auch an Österreich.

Auch dieser Bericht gehörte zur Bilanz über das Kriegsjahr 1916. Der deutsche Reichskanzler Bethmann Hollweg versah die Meldung seines Botschafters in Wien mit der Bemerkung, daß er keineswegs übertrieben sei und es tunlichst zu einem Zusammentreffen Kaiser Wilhelms mit dem österreichischen Thronfolger Erzherzog Karl kommen sollte, um Abhilfe zu schaffen. Wieder, wie schon bei der Entmachtung des Armeeoberkommandos und Kaiser Franz Josephs durch die Schaffung der Gemeinsamen Obersten Kriegsleitung, wurde in Berlin nicht mehr auf den Monarchen in der Hofburg geachtet, sondern primär auf den Nachfolger geschaut.

In dem Bericht von Tschirschkys wurde auch überdeutlich mit Ungarn abgerechnet, denn dieses Ungarn zeigte sich den deutschen Wünschen nach einer Neugestaltung

Mitteleuropas im deutschen Sinn alles andere denn zugänglich. In Budapest hatte man vielmehr das klare Konzept einer Schwerpunktverlagerung der Habsburgermonarchie vor Augen, die sich immer mehr als das persönliche Kriegsziel Graf Tiszas herauskristallisierte. Diesbezüglich hatte er auch schon Monate zuvor Minister Burián „streng geheim“ geschrieben: „Die Existenz des ungarischen Nationalstaates ist ganz und gar mit der Großmachtstellung der Monarchie verwachsen, anderseits kann auch diese Großmachtstellung ohne ihre sicherste Stütze: die lebendige Kraft des ungarischen Staates gar nicht gedacht werden ... Ist man von Vorurteilen nicht vollständig geblendet, so kann man es nach den Erfahrungen dieses Krieges nicht in Frage stellen, daß nicht nur die Energie des im ethnographischen Sinne genommenen Ungarthums, sondern das feste Gefüge des ungarischen Nationalstaates die größte lebendige Kraft und die festeste Stütze der Machtstellung der Monarchie bildet.“[972] Deutschland aber beabsichtigte wohl zum wenigsten, „die lebendige Kraft ... des Ungarthums“ zu unterstützen.

Es begann sich also ein Teufelskreis zu schließen. Denn jenes Deutsche Reich, das als Verbündeter eine so ungeheure Rolle für die Habsburgermonarchie im Krieg zu spielen begonnen hatte, wurde im gleichen Augenblick als eminente Gefahr gesehen. Gerade in Ungarn mußte man diesen Zwiespalt besonders stark empfinden, denn die durch den Kriegseintritt Rumäniens geschaffene kritische Situation ließ sich nur mit deutscher Hilfe bereinigen, das Deutsche Reich aber zeigte seinerseits keine Neigung, die ungarischen Wünsche nach Suprematie zu fördern. Dabei mußte dem Deutschen Reich Graf Tisza, der die Politik der Aufwertung Ungarns nach außen hin vertrat, aus vielen Gründen willkommener sein als jede personelle Alternative. In Ungarn forderte man ja womöglich noch lauter als in der österreichischen Reichshälfte klar definierte Ziele in diesem Krieg und wollte sie durchaus nicht in irgendwelchen territorialen Zuwächsen und angeblich strategischen Verbesserungen sehen, sondern in einem deutlichen Mehr an nationalen Freiheiten.[973]

Keiner war in diesem Teufelskreis des Annehmens und Ablehnens der deutschen Führung im Krieg mehr gefangen als der Generalstabschef der österreichisch-ungarischen Armee, Conrad von Hötzendorf. Und keiner brachte dieses Dilemma beredter zum Ausdruck. Conrad hatte sich der Installation der Gemeinsamen Obersten Kriegsleitung nur widerstrebend und schließlich deshalb gebeugt, da sowohl der Monarch als auch der eigentliche Armeeoberkommandant, Erzherzog Friedrich, ihn bei seinem Widerstreben im Stich gelassen hatten. Doch abgesehen davon, daß ein gewaltiger Stachel zurückgeblieben war, war Conrad nicht gewillt, von seinem Widerstand gegen die Dominanz der Deutschen Obersten Heeresleitung abzugehen. Die Stellung des österreichisch-ungarischen Generalstabschefs war erheblich abgewertet worden, und es war eigentlich ein offenes Geheimnis, daß Conrad an und für sich hätte abgelöst werden sollen und müssen. Es war schließlich nur der Umstand, daß man keinen geeigneten Nachfolger benennen konnte, der Conrad im Amt hielt.[974] Nach den Aufzeichnungen von Conrads Adjutanten, Oberst Kundmann, wurde auch einige Zeit hindurch im Armeeoberkommando „Aas gerochen“, doch Kundmann meinte, Kaiser und Thronfolger würden es sich doch sehr überlegen, Conrad fallenzulassen. „Man denke nur an die Nachfolger! Arz? Krauß? oder gar Tersztyánszky? Jeder in seiner Art etwas wert; keiner ein größerer!“[975] Wie sehr Conrads Stellung an einem Faden hing, wußte aber im AOK wohl niemand. Der Kaiser schaltete eigentlich zum ersten Mal den Thronfolger in einer eminenten Frage ein und machte das Schicksal Conrads vom Votum des Thronfolgers abhängig. Karl aber plädierte für dessen Verbleib. Er nannte zwar dieselben personellen Alternativen wie Kundmann, nämlich Arz und Krauß und noch zusätzlich Feldmarschalleutnant Csicserics. Wenn Conrad aber verbleiben sollte, so Erzherzog Karl, dann wäre doch bei der nächsten Gelegenheit der Armeeoberkommandant, Erzherzog Friedrich, durch Erzherzog Eugen zu ersetzen, der allein in der Lage wäre, mit der Wirtschaft der Unterorgane in Teschen aufzuräumen.[976]

Am 14. September richtete Conrad einen seiner letzten längeren Briefe an den Chef der kaiserlichen Militärkanzlei, Generaloberst Baron Bolfras. Und darin kam alle Enttäuschung zum Ausdruck, die sich in den Wochen zuvor bei ihm angesammelt hatte.[977] „Mit dem Anbruch der Ära Ludendorff, für die Hindenburg nur den Decknamen gibt, setzte ein viel schärferes Tempo in allen militärischen, besonders aber auch in allen politischen Fragen ein", begann Conrad. „Bismarckische Rücksichtslosigkeit" regierte. „Ich glaube das Programm Falkenhayns dahin charakterisieren zu können, daß er an ein enges, dauerndes paritätisches Zusammengehen Österreich-Ungarns dachte, allerdings bei einer gewissen Einflußnahme Deutschlands auf unsere militärische Erstarkung, ohne jedoch die volle souveräne Selbständigkeit der Monarchie anzutasten." Conrad hatte offenbar sehr rasch vergessen, wie scharf sein Gegensatz zu Falkenhayn zeitweilig gewesen war und wie er dessen Haltung gegenüber dem AOK gegeißelt hatte. Doch jetzt war eine andere Zeit angebrochen, und Conrad setzte fort: „... das Programm Ludendorffs hingegen scheint mir zu sein, die Unterwerfung unserer Monarchie gänzlich unter deutsche Führung sowohl auf militärischem als auch auf politischem Gebiet. Man legt ihm die Äußerung in den Mund: ‚Deutschlands Siegespreis in diesem Krieg muß Österreich sein.' Ich habe das von in der Regel wohl informierter Seite, der ich auch die nachfolgenden Mitteilungen verdanke." Dann schilderte er die Vorgänge, die zu Falkenhayns Sturz und der Bildung der dritten Deutschen Obersten Heeresleitung geführt hatten. Die Konsequenzen für Österreich-Ungarn seien sofort zu spüren gewesen. In der Polenfrage wäre ein Schwenk zu beobachten gewesen. Österreich sollte die unter seiner Verwaltung stehenden Gebiete an Deutschland abgeben. Die der polnischen Legion österreichischerseits gewährten „harmlosen Concessionen" wären deutscherseits mit Entrüstung quittiert und die Legion sofort in den deutschen Einflußbereich bei Baranoviči transferiert worden. „Alle diese Dinge geschehen kraft der dem deutschen Kaiser verliehenen Commando-Gewalt – wie deutscherseits das Zugeständnis ausgelegt wird, welches gelegentlich Regelung der Commandofrage unsererseits gemacht wurde. Auch diese ganze Commando-Regelung soll das Werk Ludendorffs gewesen sein, mit dem Ziel, die Macht Deutschlands uns gegenüber in der Praxis zur Geltung zu bringen. Ich habe seinerzeit gelegentlich des ersten diesbezüglichen Ansinnens davor gewarnt, aber bei uns ist man der von allen Seiten betriebenen Agitation unterlegen und hat sich unter dieses Caudinische Joch gebeugt; die Folgen sind nicht ausgeblieben. Militärisch war diese Unterordnung überflüssig, unserem Prestige, vor allem aber unserem militärischen und politischen Gewicht hat sie geschadet; das haben die Leute nicht bedacht, die damals dazu getrieben haben. Sie haben damit der Monarchie einen schlechten Dienst erwiesen und die ohnedies schon mehr als schwierige Stellung des Armee-Ober-Commandos noch erschwert. Es ist keine Kleinigkeit, einerseits infolge Unzulänglichkeit unserer militärischen Mittel unausgesetzt deutsche Hilfe beanspruchen zu müssen, anderseits aber das militärische Prestige der Monarchie aufrecht erhalten zu sollen. Es kann nicht verkannt werden, daß die Deutschen diese Mittel, und zwar auch jetzt unter Ludendorff, reichlich beistellen, aber sie thun sicherlich nichts umsonst, denn sie sind kalte, rücksichtslose Rechner; es gehört in ihr System, uns als die Schwachen, die Minderwertigen hinzustellen, unsere Leistungen zu verkleinern, um uns jedes Recht zu benehmen, fordernd aufzutreten. Sie werden darin unterstützt von unserer öffentlichen Meinung, unserem Publikum, das vor allem Fremden anbetend in die Knie sinkt und sich an würdeloser Herabsetzung alles Eigenen ergötzt, – aber auch von jenen Cliquen, Einzelpersonen und Partheien, zu deren persönlichen oder politischen Bestrebungen es gehört, an unseren Verhältnissen abfällige Kritik zu üben, das Ansehen unserer führenden Stellen zu untergraben; die theils offen, theils versteckt betriebene Agitation gegen das Armee-Ober-Commando gehört gleichfalls in dieses Kapitel ... Bitter ist mir, ... hinnehmen zu müssen, wie unsere Armee durch deutsche Führer und deutsche Truppen durchsetzt wird." Das habe im Karpatenwinter 1914/15 begonnen und sich stetig fortgesetzt, und es sei schließlich Ergebnis der vor allem deutschen Berichterstattung gewesen, die Leistungen der k. u. k. Truppen herabzusetzen und dafür die der Deutschen glänzen zu lassen, „wozu sie den von ihr geschaffenen Umstand ausnützten, daß deutsche Generale die höheren Commanden führten; so zogen die Mackensen, Marwitz, Linsingen, Gerok, Morgen ... endlich Hindenburg und nunmehr Falkenhayn bei uns ein. Es ist mir kein Zweifel, daß dies Alles mit System und zielbewußter Absicht geschieht – leider fällt es auch auf fruchtbaren Boden bei deutschnationalen und ungarischen Kreisen sowie bei Leuten, welche sich darin gefallen, alles Eigene herabzusetzen – sowie bei solchen, welche in schwierigen Situationen das Herz verlieren und sich an einen vermeintlichen Retter in der Noth klammern, als ob in diesem Riesenkampf, in welchem nur die Zahl und die Güte der Truppen entscheidet, ein Einzelner Wunder wirken könnte. Deutschland hat eben diese Truppen.

Wenn ich dieses zielbewußte Streben Ludendorffs charakterisiert habe, Deutschland so zu sagen zum Oberstaat, zur führenden Macht zu erheben, dann ist das Resumé, daß die jetzige deutsche Richtung eine mehr oder minder weitgehende Hegemonie über die Monarchie anstrebt; in wie weit sie dies in rein egoistisch deutschen oder im gemeinsamen Interesse thut, in der Erkenntnis, daß wir auch in der Folge unseren jetzigen Feinden, speziell Rußland werden die Spitze bieten müssen, ist schwer zu erkennen – daß sie ihr Ziel aber mit Bismarckischer Rücksichtslosigkeit verfolgen wird, ist zu gewärtigen.

Und nun zu den Folgerungen! Es ist unerläßlich, daß wir uns sofort über unser künftiges Verhältnis zu Deutschland in's Klare kommen, dies nicht erst bis nach dem Krieg aufschieben wollen; dieses Verhältnis muß durch einen bindenden Staatsvertrag festgelegt werden, bloße Pourparlers darüber sind wertlos. Der Klarlegung unseres Verhältnisses zu Deutschland muß aber die Ordnung im eigenen Haus vorangehen, das ist die Klarlegung des Verhältnisses zu Ungarn und die politische Richtung in Österreich; dies ist dringend und muß mit aller Energie erfolgen. Es müssen positive Resultate geschaffen werden und wäre es selbst unter imperativem Eingriff der Armee. Geschieht dies nicht, dann ist uns kaum ein günstiges Horoskop zu stellen, und die schweren Opfer dieses blutigsten aller Kriege werden vergeblich gewesen sein."

Conrad, dem sicherlich viel vorzuwerfen war, der aber ebenso sicher nicht von „Senilität" geplagt wurde, wie dies der Deutsche Bevollmächtigte General August von Cramon festgestellt haben wollte, hatte insbesondere eine Fähigkeit nicht verloren, nämlich die Zeichen der Zeit zu erkennen. Er deutete sie ausschließlich pessimistisch, doch was er über die immer ungeschminkter zutage tretende Haltung der deutschen Verantwortlichen schrieb, das war nur zu wahr. Cramon etwa hielt sich zwar in seinen offiziellen Äußerungen sehr zurück, gab jedoch gegenüber seinen Vorgesetzten im Deutschen Reich seine Meinung ziemlich ungeschminkt weiter. Und da strotzte es nur so von Unterstellungen und abwertenden Bemerkungen: Dank der Gemeinsamen Obersten Kriegsleitung spiele das Armeeoberkommando nur noch den „Briefträger". Conrad käme kaum einmal aus seinem „Fuchsbau" bzw. aus den „Armen seiner holden Gemahlin" heraus. Den österreichischen Bundesbrüdern müßte man ständig zu Hilfe eilen, weil die Deutschen sonst den Weltkrieg „unrettbar verloren hätten", und dann zeigte dieses Volk, das von „Schlamperei" regiert wird, nicht einmal die nötige Dankbarkeit.[978] Was sich in den Aufzeichnungen Cramons findet, war aber eine recht weit verbreitete Meinung und wurde schließlich zum Klischee.

Nun haben wir schon eine ganze Palette von Impressionen und konkreten Problemen kennengelernt, die sich zur Herbstbilanz von Polarität, Radikalität und vielleicht auch Totalität verdichten. Alle, und nicht zuletzt der Chef des k. u. k. Generalstabs, sorgten sich zu diesem Zeitpunkt nicht so sehr um die Lage an irgendeiner der Fronten; das stand durchaus nicht im Vordergrund. Alle Probleme wurden von der Frage nach der Stellung der Monarchie zum Deutschen Reich dominiert. Die Lösungsmöglichkeit, die Conrad andeutete, war schließlich einfach: Die Armee sollte die Macht übernehmen und ausgestattet mit Sondervollmachten durchgreifen: „Imperativer Eingriff der Armee", nannte er das. Doch das Armeeoberkommando war weit davon entfernt, mit diesen Forderungen auch nur auf nennenswerte Resonanz zu stoßen. Denn das hätte ja bedeutet, daß das AOK, das durch die Oberste Kriegsleitung soeben erheblich an Macht eingebüßt hatte, diese Macht auf der anderen Seite wieder gewonnen hätte.

„Die Monarchie war vielleicht noch niemals in einer so ernsten Lage wie jetzt, und gerade jetzt fehlt eine starke Hand, die im Innern Alles einheitlich machen sollte", notierte zur selben Zeit der Generaladjutant Erzherzog Friedrichs, Graf Herberstein. „Mein hoher Herr [Erzherzog Friedrich] wäre ja infolge seiner Stellung am ehesten berufen, da machtvoll einzugreifen, aber leider ist er gar nicht der Mann dazu! Und Conrad ist vielleicht ein vorzüglicher Stratege, aber ein niederträchtig schlechter Staatsmann!"[979]

Allfällige Bemühungen um eine neuerliche Hebung des Einflusses des Armeeoberkommandos mußten aber auch auf den Widerstand des ungarischen Reichstags stoßen, in dessen Abgeordnetenhaus am 15. September Prinz Ludwig Windisch-Graetz eine Brandrede gegen das Armeeoberkommando hielt und es schwerster Verfehlungen im militärisch-organisatorischen wie im operativen Bereich zieh.[980] Auch in diesem Fall ging es um die Einhegung des Kriegs.

Um den Zusammentritt des österreichischen Parlaments

Bei jeglicher Diskussion über das Fortbestehen der Monarchie zeigte sich, daß sich nirgendwo etwas geradlinig verfolgen ließ: Die deutsche Dominanz wurde abgelehnt und machte Sorgen. Doch andererseits benötigte man Deutschland militärisch und wirtschaftlich. Die Außenpolitik hatte schon längst jeden Spielraum eingebüßt. Um ihn wiederzugewinnen, benötigte man deutsche Hilfe. Kaum war das bedacht, kehrte man dorthin zurück, wo nach Auffassung der Armee, aber auch der Deutschen und vieler Österreicher, die Wurzel des Übels war, zur Reichsstruktur und zur Innenpolitik. Die Reichsstruktur rührte an den Dualismus, und da galt es in Österreich, vor allem den ungarischen Ministerpräsidenten Tisza zu kritisieren. Andererseits wurde Tisza wieder als ein ungemein mächtiger und auch sehr konsequenter Staatsmann geschätzt. Es war ja letztlich nur Tisza zu verdanken, daß Ungarn noch einige Geschlossenheit aufwies und die durchaus vorhandenen Konflikte zum wenigsten nach außen getragen wurden. Ungarische Politiker verloren über den momentanen Erfordernissen des Kriegs die längerfristigen Ziele des Magyarentums nicht aus den Augen, und es ging in der Diskussion vor allem um den Zeitpunkt und das Ausmaß einer weiteren Verselbständigung. Daß dabei häufig wenig Bereitschaft zum Verständnis für die österreichische Reichshälfte vorhanden war, mag dabei nicht weiter verwundern. Es war dann immer wieder Tisza, der auch die österreichische Reichshälfte in Schutz nahm, Conrad im ungarischen Reichstag gegen den Vorwurf verteidigte, ein Zentralist zu sein, und die Anschuldigungen zurückwies, die alpenländischen Soldaten würden sich nur im Hinterland herumdrücken und Brücken bewachen, die Tschechen wären nur Deserteure und die ungarischen Soldaten würden von den deutschen Offizieren systematisch benachteiligt und geschunden.[981] Tisza widersetzte sich auch den Forderungen der Opposition im ungarischen Reichstag, die Verteidigung Siebenbürgens ausschließlich ungarischen Soldaten anzuvertrauen. Der ungarische Ministerpräsident hatte es allerdings nicht verhindern können, daß sich seine eigene „Partei der Arbeit" im Sommer 1916 gespalten und die Radikalen unter Graf Mihály Károly eine eigene Partei gebildet hatten. Dieser neuen Partei ging es nicht mehr um maßvolle und allmähliche Veränderungen. Sie wollte die Gemeinsamkeit der Reichshälften auf eine reine Personalunion beschränkt wissen, eine radikale Sozialreform durchführen und den deutschen Einfluß eindämmen.[982]

Tisza griff indirekt auch in die Angelegenheiten der österreichischen Reichshälfte ein, und zwar nicht nur durch sein Beispiel und die Mitwirkung im gemeinsamen Ministerrat. Er unterstützte den Grafen Stürgkh, wo es ging, und war es vor allem durchaus zufrieden, daß das Parlament in Österreich ausgeschaltet war.[983] Ein österreichischer Ministerpräsident, der nicht gezwungen war, sich den Wünschen von Tschechen, Polen, Ruthenen, Slowenen, Italienern und Deutschen zu beugen und deren Forderungen auch gegenüber der ungarischen Reichshälfte geltend zu machen, war ihm zweifellos lieber als ein funktionierender Reichsrat.

In den Augen Conrads, aber auch vieler österreichisch-ungarischer und deutscher politischer Kreise hatte jedoch die Regierung Stürgkh in Cisleithanien versagt und schon längst abgewirtschaftet. Conrad war einer der ersten und schärfsten Kritiker gewesen. Andererseits hielt Stürgkh genau jenes absolutistische System aufrecht, das den Armeekreisen vorschwebte, und widersetzte sich einem Ende der Diktatur. Doch allmählich verschob sich das Kräfteparallelogramm so stark, daß sich die Kritik an der Regierung Cisleithaniens und vor allem an seinem Ministerpräsidenten zu einer gemeinsamen Linie der allermeisten entwickelte. Es war, als hätte Stürgkh die alleinige Schuld an der Kriegslage und daran, daß man diesen „point of no return" erreicht hatte.

Die Regierung der österreichischen Reichshälfte sah sich zunehmend eingekreist: Fast traditionell von seiten der Nationalitäten, ihrer Vertreter und Parteien, aber auch von seiten der Bevölkerung, die schon deutlich zu machen begann, daß sie den Druck nicht mehr sehr viel länger ertragen wollte. Sie wurde von seiten der auswärtigen Politik eingekreist und schließlich von der Militärverwaltung. Doch Stürgkh reagierte nur sehr zögernd. Vor allem konnte er sich nicht dazu durchringen, den Reichsrat wieder einzuberufen. Ehe es dazu kam, sollte Cisleithanien so verändert werden, daß es nicht wieder zur Blockierung seiner parlamentarischen Einrichtungen kommen konnte.

Gelegentlich meinte man in den ohnedies zögernden Vorüberlegungen zur Wiederherstellung der Funktionsfähigkeit des österreichischen Parlaments ein erstes Merkmal des politischen Zerfalls erkennen zu können.[984] Dabei bleiben aber die Verselbständigungstendenzen Ungarns und die Desertionsbewegung bei Tschechen und Ruthenen unberücksichtigt, die ja schon längst ein Zeichen des politischen Zerfalls geworden waren. Doch sicherlich mehrten sich im Herbst 1916 die Überlegungen zur Ausgliederung der galizischen und dalmatinischen Vertreter aus dem österreichischen Parlament. Das hing vor allem damit zusammen, daß die Stellung Polens gerade neu definiert wurde. Und so viel war schon klar: Es sollte ein Königreich Polen geben, das vor allem aus dem bis dahin russischen Polen gebildet werden sollte. Polen sollte erbliche Monarchie in doppelter Abhängigkeit vom Deutschen Reich und Österreich-Ungarn werden. Es sollte ein eigenes Heer bekommen, dessen Oberkommando den schon im August 1916 zwischen Deutschland und Österreich-Ungarn getroffenen Vereinbarungen zufolge in deutschen Händen liegen sollte.[985] Auf Kriegsdauer sollte Polen jedoch Okkupations- und Etappengebiet bleiben. Widersetzt hatte sich der Minister des Äußern, Graf Burián, nur den deutschen Wünschen nach vollständiger Einbeziehung des neuen Königreichs Polen in den deutschen Wirtschaftsraum. Aber offenbar hatte niemand Einwände dagegen, daß man hier einen merkwürdigen Krüppel schaffen wollte, denn das neue Königreich in doppelter Abhängigkeit hätte ja nur die russischen, nicht aber auch die österreichischen und deutschen Gebiete Polens einschließen sollen. Wohl aber nahm die Wiener Regierung in Aussicht, Galizien ein erhöhtes Maß an Autonomie zu geben.[986] Das war genau der Punkt, der dann auf lange Sicht das Ausscheiden Galiziens aus dem Reichsrat bringen sollte. In den Augen Stürgkhs war das eine Vorbedingung zu dessen Wiederzusammentritt. Die zweite bedeutende Veränderung sollte es im Zusammenhang mit dem Status Bosniens und der Herzegowina geben. Ob es zur ungarischen Reichshälfte geschlagen oder in eine südslawische Lösung einbezogen würde, war noch nicht klar, doch daß Dalmatien in diese Lösung eingebunden werden sollte, schien nur vernünftig zu sein. Auch diese Ländermasse wäre somit aus der cisleithanischen Volksvertretung ausgeschieden. Damit wären dann – und das spielte in den Überlegungen sicherlich eine besondere Rolle – die Deutschen im Reichsrat zur bei weitem stärksten Fraktion geworden und hätten die verbliebenen anderen Nationalitäten und vor allem die Tschechen in

Schach halten können. Angesichts der immer stärker werdenden Einflußnahme des Deutschen Reichs auf die österreichischen Belange und des damit verbundenen deutschen Interesses an allen Vorgängen in Österreich verwundert es nicht, daß sich schließlich auch politische und militärische Berater der deutschen Reichsregierung mit Vorschlägen zur Umgestaltung Österreichs zu Wort meldeten. Daß dabei so weit gegangen wurde, daß man den alten Kaiser zur Abdankung bringen und den Thronfolger an seiner Stelle installieren und zur Verwirklichung der deutschen Umgestaltungswünsche heranziehen wollte, war nur eine Facette in diesem Zusammenhang.[987] Doch die Idee wurde nicht einfach wieder fallengelassen, sondern konsequent auf ihre Realisierbarkeit untersucht. Die Deutsche Oberste Heeresleitung entsandte den schon erwähnten Oberstleutnant von Stoltzenberg zur Heeresgruppe Erzherzog Karl. Der sollte nach außen hin zwischen dem Oberstabschef der Heeresgruppe, General von Seeckt, und dem Thronfolger etwaige Spannungen ausgleichen. Tatsächlich kam ihm die Funktion eines Informanten zu. Das war wohl auch der Grund, weshalb Conrad von Hötzendorf meinte, den Thronfolger ausdrücklich vor Stoltzenberg warnen zu müssen.[988] Der hatte auch schon im September eine Denkschrift an Ludendorff gesandt, in der er recht unmißverständlich formulierte: Glaubt Österreich, seine Aufgaben im Krieg „nicht allein bewerkstelligen zu können, so haben wir durch die ihm bereits für seine Erhaltung gebrachten Blutopfer nicht nur das Recht, sondern auch die Pflicht erworben, uns nicht nur beratend in seine militärischen Operationen und Organisationen, sondern auch in seine Politik als der zur Zeit noch unzertrennlichen Basis seines Heerwesens zu mischen. Dies um so mehr, wenn, wie aus allem hervorgeht, alles von unserer Initiative erwartet wird."

Die sehr unbestimmte Formulierung von „allem", das da „erwartet wird", bezog sich freilich nicht auf konkrete deutsche Vorhaben oder auch nur Überlegungen, sondern auf österreichische, primär wahrscheinlich auf Gedankengänge des Chefs des Generalstabs der k. u. k. 2. Armee, Karl Freiherr von Bardolff. Generalmajor Bardolff, bis 1914 Chef der Militärkanzlei des Erzherzogs Franz Ferdinand, hatte „Richtlinien einer künftigen österreichischen Politik" ausgearbeitet, und es liegt nahe, den Vorschlägen Stoltzenbergs diese Denkschrift zugrunde zu legen. Stoltzenberg sah darin die Durchführung eines – angeblichen – politischen Testaments des ermordeten Thronfolgers. Bardolff hatte aber nicht nur mit diesen Unterlagen aufhorchen lassen, sondern wahrscheinlich noch mehr mit seinen Vorschlägen zum Abschluß einer Militärkonvention zwischen Österreich-Ungarn und Deutschland.[989] Auch Conrad von Hötzendorf war dem Abschluß einer Militärkonvention durchaus geneigt, er wies allerdings auf die fehlenden politischen Voraussetzungen für eine derartige Vereinbarung hin. Und immer wieder kam man auf den ja schon fast dreißigjährigen Thronfolger Erzherzog Karl zu sprechen.

In Berlin ging man den Weg, den Thronfolger als politische Kraft aufzubauen und für Deutschland gewinnen zu wollen, konsequent weiter. Die Voraussetzungen waren auch denkbar günstig, denn es stach geradezu ins Auge, wie Erzherzog Karl in Wien von den politischen Entscheidungen ferngehalten wurde und wie man ihn auf das Militärische abzudrängen suchte. Dort aber war er, zumindest im Armeeoberkommando, meist auf nicht mehr als den allernötigsten Respekt gestoßen und spielte eine denkbar merkwürdige Rolle im Kommandogefüge. Vielleicht wollte man deutscherseits mit einer entsprechenden Aufmerksamkeit dem Thronfolger gegenüber auch gegen die bei ihm deutlich gewordenen antideutschen Strömungen, die wohl mehr Launen waren, ankämpfen. Während eines Aufenthalts in Berlin, Anfang Oktober 1916, versuchte daher Kaiser Wilhelm, dem Thronfolger den Gedanken eines Eingreifens in die Innenpolitik näherzubringen. Zwei Leute waren es, die der deutsche Kaiser mit Karls Hilfe entfernt sehen wollte: Außenminister Graf Burián und den k. k. Ministerpäsidenten Grafen Stürgkh. Karl soll Wilhelm gegenüber auch gemeint haben, daß man Stürgkh durch Prinz Konrad Hohenlohe ersetzen sollte. Der deutsche Kaiser war zufrieden.[990] Wieder war auf den österreichischen Ministerpräsidenten als Verantwortlichen für die Gesamtsituation der österreichisch-ungarischen Monarchie verwiesen worden.

Stürgkh hatte zu diesem Zeitpunkt kaum mehr jemanden, der sich für ihn zumindest verbal stark machte. Dafür umso mehr Gegner, und der aus Wien berichtende Korrespondent der „Neuen Freien Presse", Dr. Goldemund, drückte wahrscheinlich nur eine weitverbreitete Meinung aus, wenn er an das Auswärtige Amt nach Berlin berichtete: Stürgkh ist nicht nur unfähig, sondern auch ein gefügiges Werkzeug Ungarns und des Hofs. Er sei ein Intrigant, der Deutschland schade, wo er nur könne, und man begreife es in Österreich einfach nicht, daß „Deutschland diesem Treiben so lange ruhig zusieht und die Beseitigung des Grafen Stürgkh nicht energisch verlangt". Seine Hauptschuld liege darin, daß er mit den hochverräterischen Tschechen im Einvernehmen sei. Da stimme er mit dem Thronfolger Erzherzog Karl durchaus überein, daß die Tschechen das beste Gegenmittel gegen den deutschen Einfluß bildeten.[991]

Allerdings wußte niemand so recht, wen man statt Stürgkh zum Ministerpräsidenten machen sollte. Conrad wollte eine Militärdiktatur, Erzherzog Karl sprach von Konrad Hohenlohe, dem früheren Innenminister, der wegen eines Konflikts mit Stürgkh zurückgetreten war. Der deutsche Botschafter brachte Erzherzog Eugen ins Spiel, der als einziger den Willen und die Macht hätte, dem Deutschtum die ihm gebührende Stellung im Staat wieder zu verschaffen.[992] Auch Bethmann Hollweg fand an Erzherzog Eugen Gefallen. Doch der konnte weder dem alten Kaiser noch dem Thronfolger genehm sein, denn Eugen hätte durchaus die Qualitäten eines Nebenkaisers gehabt, und der war ja erst recht nicht gefragt.

So blieben alle mit ihren Problemen, Wünschen und Anregungen irgendwie allein, und es vereinte sie eigentlich nur das Warten auf irgendwelche Ereignisse. Bei Josef Redlich liest sich dieses Warten als eine Aneinanderreihung von Diners und hochwichtigen Besprechungen mit dem Beigeschmack von Latrine. Bei Conrad blitzt in der Resignation immer wieder der Wunsch nach einem gewaltsamen Eingreifen durch die Armee durch. Man hofierte die Deutschen und wollte sie zur Lösung aller Lebensprobleme eingesetzt wissen, wies sie aber auf der anderen Seite ab und verurteilte ihre immer deutlicher fühlbar werdende Dominanz.

Stürgkh war besonders allein und schien auch immer zu warten. Er hatte sich sämtlichen Rücktrittsaufforderungen unzugänglich gezeigt und schien auch durch regelrechte „Absagebriefe" nicht zu beeindrucken. Außer den eher radikalen Gruppen der Nationalverbände schien ihn niemand mehr zu unterstützen. Zu Pfingsten 1916 hatte ihm noch der Reichsratsabgeordnete Friedrich Wichtl den Abbruch sämtlicher Beziehungen des Deutschen Nationalverbandes in Aussicht gestellt, und das vor allem wegen der Beziehungen, die Stürgkh zu Kramář unterhalten hatte. „Herr Ministerpräsident Graf

Stürgkh, ich erhebe öffentlich gegen Sie die Anklage, daß Ihr zähes Festhalten, Ihr Anklammern an den Ministerstuhl unsern Feinden zu nützen geeignet ist, dem Staate aber, dem Sie zu dienen eidlich verpflichtet sind, unermeßlichen Schaden zufügen kann", hatte Wichtl an den Ministerpräsidenten geschrieben und eine Abschrift auch gleich dem deutschen Botschafter zur Weiterleitung nach Berlin übergeben.[993]

Stürgkh wartete auf einen neuen Ausgleich mit Ungarn, auf die Lösung der polnischen Frage, die die Reichsreform in Gang bringen sollte. Er wartete wohl auch auf ein Votum seines alten Kaisers, des einzigen, dem er sich bedingungslos verpflichtet fühlte. Und er wußte zweifellos um die Kritik an seiner Person und seiner Politik. Man hat seinen Antiparlamentarismus anekdotenhaft zum Ausdruck bringen wollen. Danach sei Stürgkh am Parlamentsgebäude am Wiener Ring vorbeigegangen und habe gemeint: „Die wichtigste Tat meines Ministeriums war es, dieses Gebäude in ein Militärspital umgewandelt zu haben."[994] Doch wenn das je so gesagt worden ist, dann galt es mittlerweile nicht mehr, zumindest war Stürgkh allmählich auch zur Einsicht gelangt, daß der Wiederzusammentritt des im März 1914 sistierten Reichsrats das geringere Übel wäre. Leitartikel der „Neuen Freien Presse" hatten für diesen Schritt plädiert und zahllose Artikel anderer Zeitungen jeglicher Ausrichtung. Mitglieder des Herrenhauses, wie der am rechten Flügel angesiedelte böhmische Graf Ernst Silva-Tarouca hatten für die Einberufung votiert, der Wiener Bürgermeister Weiskirchner vertrat das Ende der parlamentslosen Regierung: Tschechen, Polen, Ukrainer, Südslawen – sie alle wollten aus Gründen der explodierenden Probleme auf dem Ernährungssektor, aber auch um die Außenpolitik der Monarchie, die Nachkriegssituation und natürlich auch die Kriegslage und das Verhältnis der Staatsvölker zueinander zu besprechen, zurück in das Parlament.[995]

Stürgkh leistete weiterhin Widerstand. Seine Sorge dabei war, daß es im Reichsrat zu einer öffentlichen Absage der Nationalitäten an die Monarchie und zu einem für alle sichtbaren Zerfall des Reichs kommen könnte. Und dabei zeigten sich nun die eminente Schwäche und das Dilemma Stürgkhs: Ein Mann, der sich von so gut wie allen politischen Gruppen angefeindet wußte, der Kenntnis davon hatte, daß das Armeeoberkommando, das Herrenhaus, Einzelpersonen von höchstem Rang und Einfluß und auch das Deutsche Reich seinen Sturz forderten und betrieben, der die Notwendigkeit des Zusammentritts des Parlaments prinzipiell zwar erkannte, aber auch wußte, wie sehr der Kaiser diesem Schritt abgeneigt war, konnte sich zu keinem klaren Entscheid durchringen. Schließlich delegierte er die Verantwortung auch in einer an sich nicht sehr bedeutenden Frage an einen anderen. Drei Wiener Universitätsprofessoren, der Ordinarius für Staatsrecht Edmund Bernatzik, der Historiker Ludo Moritz Hartmann und der Völkerrechtler Heinrich Lammasch, hatten für Sonntag, den 22. Oktober 1916, zu einer Versammlung in das Konzerthaus eingeladen.[996] Thema der Veranstaltung sollte „Das Parlament" sein. Das Wort sollten u. a. Bernatzik, der Präsident des Abgeordnetenhauses, Sylvester, und der sozialdemokratische Abgeordnete Engelbert Pernerstorfer ergreifen. Stürgkh überließ die Entscheidung, ob die Veranstaltung zugelassen werden sollte oder nicht, dem Wiener Polizeipräsidenten Baron Gorup. Der wollte sie verbieten, da dabei Äußerungen fallen konnten, die man dann im Ausland aufbauschen würde. Der Leiter der Staatspolizei, Johannes Schober, widersprach seinem Chef: Man könnte mit der

Veranstaltung ein Ventil schaffen, und die Zeitungsberichterstattung könnte man lenken. Doch Gorup beharrte auf dem Verbot. Es wurde, nachdem die Veranstaltung schon groß angekündigt worden war, am 20. Oktober ausgesprochen. Tags darauf wurde Stürgkh beim Mittagessen im Hotel „Meissl und Schadn", auf dem Wiener Neuen Markt, von Friedrich Adler erschossen. Der Sohn Viktor Adlers hatte gewußt, daß Stürgkh im „Meissl und Schadn" essen würde. Er tat das so gut wie täglich. Eineinhalb Jahre hatte sich Adler mit Überlegungen zu einem Attentat getragen. Es schien ihm die einzige Möglichkeit, um durch einen politischen Mord aufzurütteln, auf die durch den Krieg hervorgerufenen drastischen Beschränkungen der menschlichen Freiheiten, auf den millionenfachen Tod an den Fronten und wohl auch auf sein eigenes Dilemma hinzuweisen. Die Absage der Veranstaltung im Konzerthaus war nur der letzte auslösende Grund gewesen. Erst hatte Adler an den k. k. Justizminister Baron Hochenburger gedacht, dann an den ungarischen Ministerpäsidenten, Grafen Tisza. Hochenburger schien ihm zu unbedeutend, und im Fall Tiszas befürchtete er, daß dessen Ermordung womöglich als ein Akt des Nationalismus verstanden werden könnte. Daher strich er auch ihn wieder aus seinen Überlegungen. Schließlich dachte Adler an den Staatsanwalt Dr. Mager und auch an den Minister des Äußern, Graf Burián, ehe er sich für Stürgkh entschied.[997] Drei Monate hatte Adler den wohlüberlegten Mord geplant. Stürgkh war mit dem Statthalter von Tirol, Graf Toggenburg, und dem Rittmeister Baron Lexa von Aehrenthal beim Essen. Nach fast zwei Stunden, in denen Adler den Ministerpräsidenten beobachtet hatte, kam er auf ihn zu. Stürgkh war sehr stark sehbehindert und erkannte wohl gar nicht, wer vor ihm stand. Er wurde dreimal tödlich getroffen. Im anschließenden Handgemenge schoß Adler nochmals und verletzte Baron Aehrenthal.[998] Dann ließ er sich festnehmen.

Es war einer von vielen politischen Morden. Sicher nicht der folgenschwerste und dennoch herausragend, und wenn man einmal die Motive des Attentäters und die Frage beiseite läßt, ob ihn lediglich die in seiner Familie grassierende Geisteskrankheit zu dem Anschlag gebracht hatte oder politische Motive, dann gilt es folgendes festzuhalten: Stürgkh war nicht von einem Angehörigen einer nichtdeutschen Nationalität getötet worden, sondern von einem deutschen Österreicher. Der sah sich freilich dem Internationalismus und nicht dem Deutschtum verpflichtet. Die Haltung der Sozialdemokratie, deren partielle Zustimmung zu den Mitteleuropaplänen, die Isolation der Linken und die Burgfriedenpolitik nicht zuletzt seines Vaters hatten ihn zum Revolver greifen lassen.[999] Letztlich war Adler mit seinem Mord aber nicht nur zu einem Werkzeug seiner Überzeugung geworden, sondern auch zu einem solchen des Armeeoberkommandos, der Deutschen Obersten Heeresleitung, des Herrenhauses und des Thronfolgers. Und das hatte er wohl zum wenigsten beabsichtigt.

Auch wenn man den Tod des Grafen Stürgkh sicherlich nicht als Dutzendtod bezeichnen kann, in einer Zeit, in der der Tod täglich nicht nur dutzendfach, sondern tausendfach präsent war, so war neben dem Entsetzen über das Faktum des Mordes doch auch in den allermeisten Stellungnahmen irgendwo herauszulesen, daß der Tod nicht wirklich tief ging. Letztlich schien nur eine Art Hindernis beseitigt worden zu sein.

17
Kaiser Karl

Der Tod des alten Kaisers

Auf die Nachricht von der Ermordung des Grafen Stürgkh soll Kaiser Franz Joseph gemeint haben, sein Tod sei unvergleichlich schlimmer als eine verlorene Schlacht.[1000] Der selbst seit Monaten kränkelnde Monarch empfand den Tod eines seiner leitenden Staatsmänner als schweren Schlag. Doch nicht alle dachten so wie er. Der am weitesten verbreitete Tenor war der, daß die Tat verurteilt und dem Toten Respekt gezollt wurde; gleich anschließend zählte man jedoch seine politischen Fehler und seine Versäumnisse auf.

Stürgkhs Amtskollege Tisza hielt in seinem Tagebuch lediglich das Faktum des Mordes fest, ohne dem eine persönliche Bemerkung anzuschließen. Burián fragte sich, wer der Nachfolger werden würde, und nannte mit einer gewissen Sorge den gemeinsamen Finanzminister, Baron Koerber.[1001] Josef Redlich schrieb von „dumpfem Trotz" und vermerkte, daß das Volk keine Entrüstung über den Mörder und seine Tat zeigte. Das war wohl nicht ganz richtig beobachtet. Denn die wenigsten waren bei ihrer Radikalisierung so weit gegangen, an einen Mord zu denken. Doch daß verbreitet die Meinung anzutreffen war, hier wäre der besonders notwendige Wechsel an der Spitze der Verwaltung Cisleithaniens gewaltsam herbeigeführt worden, das konnte eigentlich nicht verwundern.

Eine der interessantesten Stellungnahmen zum Mord am österreichischen Ministerpräsidenten stammte wieder vom deutschen Botschafter Baron Tschirschky, der anläßlich dieses Todes einen Zusammenhang zwischen österreichischer, ungarischer und deutscher Politik herstellte. Er war allerdings der Ansicht, die Ermordung des österreichischen Ministerpräsidenten hinge in erster Linie mit der wachsenden Not in Österreich zusammen, daher war ihm Buriáns Äußerung, daß es sich bei diesem Mord nur um eine politische Tat handelte, unverständlich.[1002] Im Ministerratspräsidium, wohin Tschirschky kam, um sein Beileid auszudrücken, konnte er Eindrücke, Meinungen und Stimmungen sammeln. Der Eisenbahnminister schilderte ihm die Lage als „anarchisch"; der Arbeitsminister, Baron Trnka, charakterisierte die Haltung der Bergarbeiter mit dem Wort „gefährlich"; der k. k. Finanzminister von Leth wußte von Unruhen und Streiks in Heimburg (?) zu berichten, „die nur mit Hilfe des Militärs hatten niedergeschlagen werden" können. Baron Handel, der amtierende k. k. Innenminister, meinte, Graf Tisza würde die „Hauptschuld an diesem Mord tragen", und das deshalb, weil Ungarn zugesehen habe, wie die Not in Österreich immer größer geworden sei. Mittlerweile hatten sich die Hungerdemonstrationen ausgebreitet und jüngst auch in Graz zu gewaltsamen Ausschreitungen geführt. Der deutsche Botschafter bekräftigte nur, daß „Deutschland ein vitales Interesse daran habe, daß den unhaltbaren inneren Zuständen, die durch die heutige traurige Tat blitzartig beleuchtet worden seien, mit aller Energie abgeholfen werde". Und als Handel dem resignierend entgegenhielt, daß Österreich keine Möglichkeiten hätte, Ungarn dazu zu bringen, mehr an Österreich abzugeben, brachte Herr von Tschirschky wie von selbst die Gemeinsame Oberste Kriegsleitung ins Spiel. Wenn es nicht anders ginge, müßte eben auf diese Weise Ordnung geschaffen werden, „sonst wird der heutige Mordanschlag auf den Ministerpräsidenten nur der Anfang sein einer Kette schwerwiegender Ereignisse, die Staat und Dynastie zugrunde richten und den gemeinsamen Sieg über unsere Feinde gefährden müssen". Die starke Hand wurde gesucht.

Im Tagebuch von Conrads Flügeladjutanten Kundmann gibt es keine Eintragung zum 21. Oktober 1916. Doch tags darauf schrieb der Generalstabschef an den Chef der Militärkanzlei Kaiser Franz Josephs, Generaloberst Freiherr von Bolfras.[1003] Dabei verweilte Conrad auch nur kurz bei der Erschütterung: „Der Mörder hat allerdings der Monarchie, ganz abgesehen von der Scheußlichkeit des Verbrechens, einen schweren Schaden dadurch zugefügt, daß das ganze Ausland daraus den Schluß ziehen wird, daß es mit unsern inneren Verhältnissen traurig bestellt ist, und sie werden auch die bedauerlichen Vorgänge in Graz ins Treffen führen. Umso dringender ist es gerade jetzt, für die sofortige Sanierung der unter der Ära Stürgkh groß gewordenene Mißstände und dabei vor allem für die Regelung der Lebensmittelverteilung zu sorgen." Conrad wollte einen tatkräftigen, verständigen, parteilosen, nach keiner Seite verpflichteten Mann mit geradem Sinn und organisatorischer Begabung. „Man sage, was man will, – aber solche Leute finden sich doch am besten im Soldatenrock. Ich halte also dafür, daß der Ministerpräsident aus diesem Brunnen zu schöpfen wäre. Bei kurzem Nachdenken könnte man Georgi, Schönburg, Alfred Krauß und Bardolff in Erwägung ziehen." Nachdem er jeden gewürdigt hatte, plädierte er für Krauß, ein Hinweis, der deshalb verwundert, da sich Conrad und Krauß in militärischen und führungsmäßigen Fragen wiederholt in scharfem Gegensatz befunden hatten.

Damit wurde eigentlich schon Stunden nach dem Mord wieder zur Tagesordnung übergegangen. Vor allem von deutscher Seite wurde gedrängt und ein Mann mit „Energie und Autorität" gewünscht.[1004] Dies vor allem deshalb, da die deutschen Stellen immer mehr die Ernährungsfrage als das Hauptproblem der Monarchie erkannt hatten und alles andere als fast sekundär einstuften. Die Stellungnahmen und Gespräche über die zunächst nur anhand bestimmter Wünsche zu bezeichnende Person des neuen österreichischen Ministerpräsidenten machten ihrerseits deutlich, daß nicht lange über Stürgkh getrauert wurde, sondern die viel wichtigere Frage seiner Nachfolge im Mittelpunkt stand. Der Tod löste denn auch eine Veränderung aus, die als eine der letzten Chancen für die Monarchie angesehen werden konnte. Es ist ja häufig so, daß der Wegfall von Personen mehr bewirkt, als daß bloß Namen ausgetauscht werden; gerade der Fall des k. k. Ministerpräsidenten zeitigte starke Auswirkungen auf die Führungsschichten.

Die Militärkanzlei des Kaisers war für zwei Tage Ziel massivster Interventionen.

Alle liefen darauf hinaus, den zukünftigen Ministerpräsidenten aus den Reihen der hohen Militärs zu nehmen. Am 22. Oktober telegrafierte nicht nur Conrad, es depeschierten auch die Erzherzöge Eugen und Friedrich sowie Feldmarschalleutnant Alfred Krauß. Eugen ließ dem Kaiser melden, „daß ich es in diesem Augenblick für meine heiligste Gewissenspflicht halte, meiner Ansicht dahingehend Ausdruck geben zu dürfen, daß staatliche und vor allem dynastische Interessen in diesen schweren Zeiten zur Aufrechterhaltung der Ruhe im Innern und insbesondere für die Erhaltung der guten Stimmung an der Front eine kraftvolle *militärische* Verwaltung auch an jenen Stellen erfordern, denen von Seiner Majestät die höchste Leitung der Staatsgeschäfte übertragen ist".[1005] Erzherzog Friedrich, dem das Telegramm zugeleitet wurde, verschloß sich, wie er depeschierte, nicht der Richtigkeit der Ausführungen und stimmte „im Prinzip" zu. Alfred Krauß telegrafierte „Hannibal ante portas!" und flehte den Stellvertretenden Chef der Militärkanzlei, Feldmarschalleutnant Marterer, an: „Ich bitte Dich daher alles aufzubieten, damit Erzherzog Eugen von Seiner k. u. k. Apostolischen Majestät berufen wird."[1006] Die beiden höchsten militärischen Kommanden, das Armeeoberkommando und das Kommando der Südwestfront, setzten folglich alles ein, um einen Ministerpräsidenten aus ihren Reihen zu erhalten. Für den Kaiser kam das offenbar nicht in Frage.

Zwei Tage nach dem Mord berief der Monarch den gemeinsamen Finanzminister Baron Ernest von Koerber zu sich und äußerte den Wunsch, Koerber solle an die Spitze der neuen österreichischen Regierung treten. Koerber erbat sich Bedenkzeit. Er hatte sich zwar unter den schon seit längerer Zeit benannten Kandidaten für die Nachfolge Stürgkhs befunden. Doch der frühere Ministerpräsident Konrad Prinz Hohenlohe war zweifellos viel stärker favorisiert worden. Koerber konferierte zwei Tage lang mit allen möglichen Persönlichkeiten. Am 25. Oktober kam Fürst Montenuovo, der kaiserliche Haushofmeister, und urgierte den kaiserlichen Wunsch.[1007] Koerber war noch immer nicht dazu bereit. Er fuhr nach Budapest, sprach mit Tisza und erörterte mit dem vor allem die nach wie vor laufenden Ausgleichsverhandlungen. Vom ungarischen Ministerpräsidenten erhielt er aber bloß vage Zusagen bezüglich des Abschlusses. Auch sonst war der designierte Ministerpräsident nicht immer erfolgreich. Eine Reihe von Leuten sagte ihm ab, andere, wie Josef Redlich, der sich Hoffnungen gemacht hatte, Finanzminister zu werden, wurden wieder nicht gefragt, und so notierte der Herr Professor noch vor der Betrauung Koerbers am 28. Oktober: „Er wird sein Kabinett nicht lange über Wasser halten können; ich halte ihn physisch, moralisch und geistig dieser Aufgabe nicht gewachsen, da er schon bei der Bildung der Regierung so kläglich versagt."[1008] Aus der Notiz sprach vor allem Kränkung. Am Allerheiligentag war die Kabinettsbildung beendet.

Koerber zählte zweifellos zu den angesehensten Staatsmännern Österreichs. Er war von 1900 bis 1904 schon einmal Ministerpräsident gewesen, hatte dann das österreichische und schließlich nach Biliński das gemeinsame Finanzministerium geleitet. In der Zeit Stürgkhs war er als ein mitunter scharfer Kritiker des Ministerpräsidenten hervorgetreten. Nun war er selbst der Mann, der Weichen stellen konnte. Das Problem, das auch für ihn am drängendsten war, war jenes des Konstitutionalismus und des Wiederzusammentretens des Reichsrats. Eines konnte Koerber freilich nicht, nämlich an den Realitäten vorbeigehen. Und diese Realitäten waren gleich mehrfache. Der Ministerpräsident konnte nicht am Kaiser vorbei, und Franz Joseph war gegen eine Änderung der bisherigen Politik, also auch für die weitere Sistierung des Reichsrats. Koerber konnte auch nicht am Armeeoberkommando vorbei und mußte dessen zum größten Teil antidemokratische und antiparlamentarische Einstellung berücksichtigen. Schließlich konnte Koerber nicht an der Realität politischer Parteien und Interessengruppen vorbei. Und dabei kam natürlich den deutschen Parteien besondere Bedeutung zu. Diese aber waren weder für einen Ausgleich der Nationalitäten zu gewinnen, noch waren sie damals friedensbereit.[1009] Für sie zählten Deutschland und der Siegfrieden. Christlichsoziale und deutschnationale Abgeordnete einigten sich zwar am 9. November 1916 auf eine gemeinsame Resolution, in der der neue Ministerpräsident aufgefordert wurde, die „Neuordnung der Dinge in Österreich" unverzüglich in Angriff zu nehmen. Dabei ging es aber um die Ziele des Deutschen Nationalverbandes vom Frühjahr 1916, nicht aber darum, den Nationalitäten Österreichs einen gleichen Zugang zur Macht oder gar die Selbstbestimmung zu sichern. Anders dachte einer der gemäßigten Proponenten Mitteleuropas, nämlich Richard Charmatz, der große Hoffnungen in Koerber setzte. Er kannte ihn als einen Befürworter von Naumanns Mitteleuropaplänen und begrüßte ihn in der Zeitschrift „Hilfe" mit folgender Passage: „Von ihm [Koerber] darf vorausgesetzt werden, daß er sich eingehend mit dem Problem beschäftigt hat, das die mitteleuropäische Zukunftsgestaltung in sich schließt. Den Segen der Schützengrabengesellschaft erleben wir mit jedem Tag, und je länger uns das Schicksal zwingt, auszuharren, um die törichten Zertrümmerungshoffnungen der Feinde zu zerstören, desto klarer gestaltet sich der Wunsch, daß der Vierbund, der von der Ostsee bis zum Schwarzen Meer reicht, in den Frieden hineinwachse."[1010] Charmatz erwartete von Koerber aber auch eine sofortige Reform der Innenpolitik. Er unterzog die bürokratische und nicht volksverbundene Regierungsweise seines Vorgängers einer scharfen Kritik und erhoffte sich von Koerbers Liberalismus und Konstitutionalismus eine rasche Einberufung des Parlaments.[1011] Alles in allem war der Liberale, der sich auch in sozialdemokratischen Kreisen großer Achtung erfreute[1012], eine geschickte Wahl gewesen. Vor allem aber hatte die Existenz eines zivilen Ministerpräsidenten für den Spätherbst 1916 eine enorme Bedeutung. Denn es beschleunigte den Prozeß der Entmachtung des AOK in besonderer Weise. Der Krieg war wieder in die Politik hereingeholt worden und sollte – zumindest in Österreich-Ungarn – daraus nie mehr entlassen werden.

Koerber bildete zwar wieder eine Art Beamtenkabinett, doch es war nicht nur aus Fachleuten und Beamten, sondern vor allem aus Vertretern maßgeblicher politischer Gruppen zusammengesetzt. Herausragende Persönlichkeiten waren – sieht man vom Ministerpräsidenten selbst ab – der böhmische Hocharistokrat Heinrich Graf Clam-Martinic, der das Landwirtschaftsministerium übernahm, oder auch der Justizminister Franz Klein, der konsequent für die Wiedereinberufung des Parlaments und eine Milderung der Pressezensur eingetreten war.[1013] Damit wurde zumindest angedeutet, daß diese Fragen im Regierungsprogramm eine Rolle spielen würden.

Für Koerber wurde aber nicht die Einberufung des Parlaments zum eigentlichen Prüfstein, sondern die Frage der Reichsreform. Da er sich wie Stürgkh weigerte, eine Verfassungsänderung zur Gewährleistung der deutschen Mehrheit im Reichsrat sowie den Ausschluß Galiziens aus demselben und die Zweiteilung Böhmens in einen deutschen und einen tschechischen Landesteil vorzunehmen, verlor er fast schlagartig die Unterstützung der deutschen Parteien.[1014]

Schon im Mai 1915 hatte Koerber überlegt, die Monarchie von Budapest aus zu regieren, wie das auch Bismarck einmal vorgeschwebt war.[1015] Dergleichen konnte wohl in Ungarn auf Zustimmung rechnen, nicht aber bei den Deutsch-Österreichern und wohl auch nicht bei den Slawen, denen das so vorkommen mußte, als würden sie vom Regen in die Traufe geraten. Um das rasche Scheitern Koerbers verstehen zu können, müssen aber auch die Forderungen berücksichtigt werden, die seitens des Armeeoberkommandos an den Ministerpräsidenten herangetragen wurden. Dazu zählte nicht nur der Wunsch nach Ernennung von militärischen Statthaltern in einigen Teilen des Reichs und nach Militarisierung und Disziplinierung des Hinterlands. Das Armeeoberkommando erwartete vom neuen Ministerpräsidenten vor allem sofortige und radikale Maßnahmen auf dem Ernährungssektor. Hier galt, was Conrad in seinem letzten Schreiben an Stürgkh über die Ernährungslage ausgeführt hatte: Die schlechte, ja stellenweise schon katastrophale Ernährungslage hatte nicht nur zu Hungerkrawallen und Assistenzeinsätzen geführt, sie beschäftigte wie nichts anderes auch den gemeinsamen Ministerrat. Und wieder, wie so oft, blieb nur der Appell an die deutsche Hilfe. Doch das Auswärtige Amt in Berlin verwies auf eine ähnlich schwierige Lage in Deutschland und ließ wissen, daß sich die Donaumonarchie auf die eigenen Ernteerträge stützen müsse, was bei einer entsprechenden Rationierung auch durchaus möglich sei. Und wenn es die Österreicher nicht allein schafften, dann würden es ihnen eben die Deutschen zeigen müssen. „Die kaiserliche Regierung", so hieß es in der Antwortnote des Auswärtigen Amts, sei gerne bereit, „die k. u. k. Regierung in allen zu treffenden Maßnahmen zu unterstützen". In Berlin sah man nur in diktatorischen Maßnahmen die Möglichkeit, zum Erfolg zu kommen, und genau das scheute Koerber.

Es wurde dann wohl ein Ernährungsamt geschaffen, doch da es ohne Kompetenzen blieb, mangelte ihm die Durchschlagskraft. Daher lehnten auch Leute wie der ehemalige Ministerpräsident Max Wladimir Freiherr von Beck die Leitung des Amts ab. Beck verlangte von Koerber, daß das österreichische Problem unter Berücksichtigung der deutschen und der ungarischen Verhältnisse gelöst werden müßte, ein Vorschlag, der von Koerber aus verfassungsrechtlichen Gründen für nicht annehmbar erklärt wurde.[1016] Es war aber nicht nur die Verfassungsfrage. Mehr noch war für Koerber der Umstand maßgeblich, daß bei so gut wie allen Vorschlägen zur Ordnung des Verpflegswesens dessen militärische Organisation gefordert wurde. Auch der Herrenhausabgeordnete Fürst Fürstenberg, der im Oktober mit deutschen Stellen wegen der Verpflegsfrage verhandelt hatte, sprach diesen Aspekt an: Beim Antagonismus zwischen Österreich und Ungarn seien zivile Dienststellen ohnmächtig. Da die k. u. k. Armee aber ohnedies dem deutschen Kaiser unterstellt sei, würden sich Möglichkeiten des Eingreifens ergeben.[1017] Das entsprach auch genau der von Botschafter Tschirschky vertretenen Linie, daher war das Deutsche Reich mit dieser Vorgangsweise einverstanden, und auch das AOK stimmte zu, da es in diesem Fall wieder etwas von seiner schwindenden Macht zurückgewinnen konnte. Ein Ernährungsamt mit diktatorischer Macht für beide Reichsteile fiel aber nicht mehr in die Kompetenz des österreichischen Ministerpräsidenten. Somit führte im Grunde genommen schon eine Aufzählung der Probleme und Hindernisse und andererseits der geringen Möglichkeiten des neuen österreichischen Regierungschefs dazu, daß die in ihn gesetzten Hoffnungen bald drastisch reduziert werden mußten. Da sich Koerber aber auch nicht als das gefügige Werkzeug jener erwies, die ihn mit großen Hoffnungen in sein neues Amt hatten gehen sehen, war sein Scheitern programmiert.

Trotz der Kürze der Regierung Koerber markierte sie einen deutlich erkennbaren Übergang. Die Regierung des Grafen Stürgkh hatte sich als unpolitisch im Sinn von unabhängig gegenüber den politischen Parteien gegeben. Die Regierung Koerber wurde als eine politische Regierung gesehen, und zwar im doppelten Sinn politisch, da sie sowohl abhängiger von den Parteien war als auch die Umsetzung der von den Parteien vertretenen Standpunkte in der Politik versuchte.[1018] Damit erhob sich aber die Frage, wie weit dieser Einfluß gehen konnte, denn nicht zuletzt rührte Koerber auch an sogenannte Prärogative der Krone und an die Außenpolitik. Das zeigte sich besonders in der polnischen Frage. Koerber hatte umzusetzen, was bereits ausgehandelt war. Nichtsdestoweniger versuchte er, die bereits fixierte Lösung der Polenfrage noch im letzten Augenblick zu vereiteln.[1019] Es gelang ihm nicht. Die Proklamation eines Zweikaisermanifests, mit dem die Schaffung eines Königreichs Polen nach dem Sieg der Mittelmächte angekündigt wurde, ging am 5. November 1916 hinaus. Einer der Beweggründe dafür war, daß man im Deutschen Reich und Österreich-Ungarn die Hoffnung hegte, in Polen würde sich Ersatz für die kaum mehr aufzufüllenden Truppenkörper auftreiben lassen; Truppen eines neuen, noch ein wenig imaginären Königreichs Polen würden, so hoffte man, zumindest gegen die Russen verwendbar sein. Natürlich ließ sich Rußland damit noch immer nicht niederwerfen, vielleicht aber doch näher an die totale Erschöpfung heranführen.

Koerber hatte eben erst mit der Neustrukturierung der Politik begonnen, als ein Ereignis mit noch viel weitergehenden Folgen eintrat, als dies der Tod des Grafen Stürgkh gewesen war: Am 21. November starb Kaiser Franz Joseph. Der Tod des alten Kaisers war lange erwartet worden, und er wurde wohl mehr als der Hingang eines unvergleichlichen Symbols, einer immer noch integrativen und Autorität ausstrahlenden Persönlichkeit betrauert, als daß dieser Tod als auslösend für ein plötzliches Machtvakuum empfunden worden wäre. Allerdings wurde auch nichts von jener Erleichterung deutlich, die beim Tod Stürgkhs festzustellen gewesen war.

Die neuen Diener ihres Herrn

Man muß weiter zurückgehen in der österreichischen Geschichte, um einen vergleichbaren Fall des Dahinscheidens eines Monarchen während eines Kriegs zu finden. Eventuell wäre der Wechsel von Ferdinand II. auf Ferdinand III. im Dreißigjährigen Krieg zu nennen. Weniger wohl der von Leopold II. auf Franz II. am Beginn der Kriege gegen die Französische Revolution. Doch jedes Beispiel, das sich anführen ließe, wäre sofort mit der Feststellung zu begleiten, daß der Tod Kaiser Franz Josephs in einer für sein Reich unvergleichlich kritischen Situation erfolgte. Präzedenzlos und unwiederholbar, wie Geschichte eben ist.

Die Aufmerksamkeit galt schlagartig dem neuen Herrscher, Karl Franz Joseph. Er war im Verlauf des Kriegs eher episodenhaft aufgetaucht, zunächst als Oberst, der beim Armeeoberkommando eingeteilt gewesen und auf wenig Rücksicht und bei Conrad auch auf wenig Sympathien gestoßen war. Dann als Kommandant des XX. Korps im Verlauf der Südtiroloffensive, kurz darauf als Kommandant der 12. Armee an der russischen Front, einer Armee, die allerdings nie effektiv geworden ist, und schließlich als Heeresgruppenkommandant im südlichen Abschnitt der Ostfront. Zwischenzeitlich war er auch in Wien gewesen. Immer war bei seinen diversen Verwendungen der Aspekt des Lernens und Kennenlernens im Vordergrund gestanden. Doch er war weder sorgfältig in die militärischen Probleme des Kriegs und noch viel weniger in die politischen Fragen der Monarchie und des Kriegs eingeführt worden. Die Schilderungen des Thronfolgers bis zum 22. November 1916 vermitteln denn auch das Bild eines auch nicht besonders intelligenten und strebsamen, eher seichten und unreifen Geistes. Einer der ersten Eindrücke des österreichischen Ministerpräsidenten vom neuen Kaiser war der, daß er sich der Schwere der Probleme des Reichs, der Gefahr der allgemeinen Lage und der großen Schwierigkeiten der Monarchie nicht bewußt gewesen wäre.[1020]

Es ist fast eine Platitüde, wenn man die Feststellung trifft, daß Kaiser Karl ein schweres Erbe antrat, denn was ist schon schwer? Kaiser Karl bekam dennoch keine Schonfrist, denn auch der Krieg, die Politik und vor allem der Hunger der Menschen erfuhren ja keine Unterbrechung. Von der ersten Stunde an, in der sich der neue Kaiser einen Überblick zu verschaffen suchte, stürzten die Probleme auf ihn ein. Und als ob es gelte, die brennendsten sozialen Sorgen gleich überdeutlich werden zu lassen, fanden am 27. November, nicht einmal eine Woche nach dem Tod des alten Kaisers, in mehreren Orten Cisleithaniens Hungerkrawalle statt.[1021]

Zu allen Fragen sollte der Kaiser neue Lösungsmöglichkeiten parat haben – und hatte das teilweise auch. Und was vor allem auffiel: Zu jedem Problem suchte er seine persönlichen Vorstellungen durchzubringen und seine Machtposition zu festigen. Er brachte sich viel stärker als Element der Politik und der Kriegführung in Erinnerung, als dies Kaiser Franz Joseph getan hatte, und angesichts der in Österreich-Ungarn zu beobachtenden Verteilung der politischen Macht bemühte er sich, die Funktion eines wirklichen Reichsoberhauptes und eines Regierungschefs für beide Reichshälften auszuüben. Kaiser Karl konnte freilich weder von seinem moralischen Gewicht noch von seinem Wirken her jener Fixpunkt sein, den der alte Kaiser dargestellt hatte. Er war vom ersten Tag an angreifbar, mußte es sein und setzte sich auch der Kritik und schließlich den Angriffen aus. Er exponierte sich geradezu.

Noch etwas darf bei diesem Wechsel nicht übersehen werden: Karl wurde als Angehöriger einer erheblich jüngeren Generation auch mit jenen Erwartungen konfrontiert, die man immer in eine jüngere, noch unverbrauchte Generation setzt. Dabei kam ihm zwar zugute, daß ältere Generationen ihre Loyalität uneingeschränkter und beständiger anbieten als die jüngeren. Doch das half nicht viel. Alle wollten den Kaiser an seinen Erfolgen messen und konzedierten ihm wenig, vor allem hielten sie ihm nicht seine Unerfahrenheit zugute. Sie orientierten sich an der ersten Proklamation des Monarchen, in der er versprach, den Schrecken des Kriegs zum frühestmöglichen Zeitpunkt ein Ende zu setzen und die Segnungen des Friedens seinen Völkern wiederzubringen.

Karl schuf fast augenblicklich neue Mittelpunkte und neue Machtzentren. Er residierte nicht in Schönbrunn, sondern in Laxenburg. Damit war er nicht nur an einen anderen Platz gegangen als Franz Joseph; er entzog sich auch ungewollter Einflußnahme und der direkten Beobachtung seiner Politik. Schon vor seiner Thronbesteigung hatte er verlauten lassen, daß er gesonnen sei, nur das Minimum an Zeit für die Erledigung von Papierkram aufzuwenden, statt dessen wollte er sich überall an Ort und Stelle mit den Menschen und ihren Problemen vertraut machen.[1022] Es war bezeichnend für diesen Regierungsstil, daß Kaiser Karl gleich nach dem Begräbnis Franz Josephs an die Südwestfront fuhr und von dort zum Armeeoberkommando nach Teschen. Was die häufigen Reisen bedeuteten, konnte man noch kaum ermessen, aber daß sich immer wieder Kommunikationsschwierigkeiten ergeben mußten, war voraussehbar. Daß mit dem Hofzug sehr viele Entscheidungsträger mitfahren mußten, daß der Kaiser viele wichtige Besprechungen im Zug abhielt, wurde wohl nicht von allen mit Begeisterung aufgenommen.

Der neue Kaiser und König trat mit einer Mischung aus Unerfahrenheit, Idealismus, Trotz, persönlichen Präferenzen und persönlichen Abneigungen seine Herrschaft an. Es ist wahrscheinlich nicht zulässig, die Zeit vor der Thronbesteigung und die Zeit danach mit genau den gleichen Maßstäben zu messen. Bestimmte Grundzüge blieben freilich erhalten. Es war schon im Zuge der Südtiroloffensive die Neigung Karls hervorgetreten, seinem Humanismus und der Achtung vor Menschenleben dadurch Ausdruck zu verleihen, daß er schwerste Strafen androhte, sollten die Soldaten leichtfertig geopfert werden, eine sicherlich zutiefst ethisch begründete, aber wohl falsche Maßnahme, die zu Zögern und Zuwarten führte. Diese humanitären Maßstäben verpflichtete Einflußnahme auf bestimmte Elemente der Kriegführung setzte sich dort fort, wo Karl den Abwurf von Fliegerbomben auf das Hinterland des Feindes von seiner persönlichen Zustimmung abhängig machte, ebenso den Einsatz von Giftgas sowie von Brandmunition zur Bekämpfung feindlicher Flieger.[1023] Die Deutschen erreichten auch unschwer, daß diese Verfügung nur für die italienische, nicht aber für die gemeinsame Front im Osten gelten sollte. Im Südwesten wurde jedoch sofort der Vergleich mit Italien gezogen, das sich keinesfalls eine derartige Zurückhaltung auferlegen wollte. Schnell vermutete man in diesem Befehl Karls pazifistische Anwandlungen – was sie wohl nicht waren –, vor allem aber den Einfluß seiner Frau Zita. Ein weiteres Problem Kaiser Karls war, daß er in dem Bemühen, seine Vorstellungen durchzusetzen, tatsächliche oder vermutete Hindernisse dadurch umgehen wollte, daß er sich auch in politischen Fragen selbst stärker, als es vielleicht sinnvoll war, einschalten wollte. Dies geschah mitunter unbedacht und voreilig.

Immer wieder war aufgefallen, daß der Thronfolger offenbar den Deutschen keine Sympathien entgegenbrachte. Der Generaldjutant Erzherzog Friedrichs, Graf Herberstein, machte sich schon im November 1914 darüber Gedanken und notierte damals: „Wir ärgerten uns sehr über die ganz kindischen, sinnlosen und deplacierten Bemerkungen des Erzherzogs Karl, der ... fort über die ‚Preußen' und speziell über Hindenburg in sehr derber Weise schimpfte."[1024] Wurde er dann mit Äußerungen und Wendungen konfrontiert, die ihm vielleicht gar nicht mehr bewußt waren, konnte es wohl auch vorkommen, daß er Ausflüchte suchte.[1025] Viktor Adler meinte später einmal, Karl habe nie eine wirkliche Chance gehabt, obwohl er den richtigen Pfad beschritt und das Herz am rechten Fleck hatte.[1026] Sein Dilemma war, daß er versuchen sollte, gegen den Krieg und für den Frieden zu kämpfen, eine möglichst schon durch eine Reichsreform konsolidierte Monarchie heil aus diesem Krieg herauszuführen und die deutsche Dominanz abzuschütteln. Er ist an allen drei Aufgaben gescheitert.

Gleich bei seiner ersten Audienz bot Ministerpräsident Koerber dem Kaiser seinen Rücktritt an. Er wurde aufgefordert, die Arbeit des Ministeriums fortzusetzen. Koerber mußte freilich bald erkennen, daß es bei bloßer Fortsetzung nicht sein Bewenden haben konnte. Jetzt waren stärkere Eingriffe verlangt und auch möglich geworden. Josef Redlich irrte daher sicherlich, wenn er meinte, es hätte sich auch unter Koerber nichts an der Herrschaft der Armee geändert und es sei auch die neue Regierung, die durch Parteipolitiker geleitet und zu einem erheblichen Teil aus Mitgliedern des Abgeordnetenhauses und des Herrenhauses gebildet worden war, nicht anders als die von Stürgkh geleitete Beamtenregierung gewesen. Nur daß eben jetzt der Kurs durch Politiker bestimmt worden wäre und dies einen Unterschied in der Rückwirkung auf die Stimmung der Bevölkerung gehabt hätte.[1027] Der große Unterschied bestand eben darin, daß jetzt nicht mehr ein bereits entrückter Herrscher aus einem Zimmer in Schönbrunn die politische und militärische Verantwortung delegierte, sondern ein junger Kaiser überdeutlich die Verantwortung selbst übernahm, persönlichen Einfluß auf die Regierungen beider Reichshälften auszuüben suchte und dadurch auch mit deren Handlungen viel stärker identifiziert wurde als Kaiser Franz Joseph. Koerber, aber auch Tisza mußten zur Kenntnis nehmen, daß sie sich nicht annähernd so bedingungslos auf die Unterstützung und den Rückhalt durch den Kaiser verlassen konnten, wie das noch bis zum November 1916 der Fall war. Die Ministerpräsidenten beider Reichshälften sahen sich vom Kaiser ebenso persönlich in Frage gestellt wie ihre Politik. Es war aber nicht nur die Jugend des Kaisers, die da zum Tragen kam, sondern auch ein merklicher Rückstau. Für alle bedeutete daher der neue Herrscher eine gewaltige Umstellung, denn die Jahre, in denen in Österreich ein Monarch stetig und nachhaltig in die Regierungsgeschäfte eingegriffen hatte – und zwar nicht nur durch Personalentscheidungen –, lagen ja schon einige Zeit zurück. Daher war auch niemand auf dieses ungewohnte Zusammenspiel vorbereitet.

Karl handelte rasch und zielstrebig – und auch zu rasch und unüberlegt. Eine seiner ersten Maßnahmen war, daß er sich gegenüber der Armee als deren „Allerhöchster Kriegsherr“ auswies und sich der Treue seiner Soldaten versicherte. Das war an sich nichts Außergewöhnliches und ließ sich mit einer geringfügig veränderten Eidesformel durchführen. Am 24. November sollten alle Soldaten der k. u. k. Armee und der Flotte auf den neuen Monarchen vereidigt werden. An der Front und im Hinterland wurde bataillons- oder regimentsweise angetreten. Wo es möglich war, wurde die ganze Garnison versammelt und dem Kaiser Treue geschworen, „so wahr mir Gott helfe“. In Prag etwa hatte der Stadtkommandant, Feldmarschalleutnant Zanantoni, die Vorkehrungen zu treffen, damit die Truppen den Eid auf den neuen Kaiser leisten konnten. Auf dem Invalidenplatz im Karolinental wurden die Angehörigen der Prager Garnison versammelt; nur die Kranken und Verwundeten erneuerten den Eid in den Spitälern in Gegenwart des Spitalskommandanten.[1028]

Am selben 24. November erhielt Conrad jedoch auch die Weisung, einen Armee-

und Flottenbefehl zu entwerfen, mit dem der Kaiser den persönlichen Oberbefehl übernehmen wollte. Conrad tat, was von ihm verlangt wurde, und am 2. Dezember, an jenem Tag, der seit 1849 als Tag der Thronbesteigung Kaiser Franz Josephs gefeiert worden war und damit eine besondere Bedeutung erlangt hatte, ging der Befehl hinaus, in dem es hieß: „In Ausübung Meiner Herrscherrechte übernehme Ich das Armeeoberkommando und hiemit den Oberbefehl über die gesamten Streitkräfte Meiner Armee und Meiner Flotte. Zu Meinem Stellvertreter im Armeeoberkommando bestimme Ich den Feldmarschall Erzherzog Friedrich."[1029] Der Befehl soll auf Friedrich eine „niederschmetternde Wirkung" gehabt haben[1030], obwohl Friedrich davon ja gewußt haben mußte. Tags darauf kam Karl in das Teschener Hauptquartier. Er war lange nicht da gewesen, doch im wesentlichen kannte er die Verhältnisse, kannte Conrad und seine Art der Befehls- und Machtausübung, und kannte vor allem auch seinen Onkel Erzherzog Friedrich. Vielleicht war dem Kaiser aber verborgen geblieben, wie sehr Friedrich gerade in den letzten Monaten nicht einmal mehr die Fiktion des Armeeoberkommandanten aufrechtzuerhalten bemüht gewesen war. Vielleicht hatte er sich seine Ablösung anders vorgestellt. Doch daß er sich gerne ins Privatleben zurückgezogen hätte, stand eigentlich längst fest. Der Erzherzog war der begütertste Mann der Monarchie. Seine Ländereien, Bergwerke, Fabriken, Schlösser und Kunstschätze, vor allem jene der Wiener „Albertina", stellten eine unvergleichliche Ansammlung von materiellen Gütern dar. Dazu kamen modernste Einrichtungen auf landwirtschaftlichem Gebiet, vor allem auch Molkereien, die Friedrich den Beinamen „der Rahmreiche" eingetragen hatten. Allerdings hatte der Erzherzog diesen ungeheuren Reichtum nie genützt, um auch politischen Einfluß zu gewinnen. Friedrich begnügte sich damit, immer größere wirtschaftliche Macht zu erlangen, ja er zählte nolens volens zu den großen Kriegsgewinnern, da er einer der wichtigsten Lieferanten für die Rüstungsindustrie war und außerdem mit der Versorgung des Hinterlandes Unsummen verdiente. Doch er hatte loyal und bis zu einem gewissen Grad unbeteiligt gedient. Karls Urteil über die Spitzen des Armeeoberkommandos und vor allem über Erzherzog Friedrich mochte sich im wesentlichen mit dem eines der zahlreichen Besucher des AOK, des Schweizer Hauptmanns Wille, gedeckt haben, der im Auftrag seiner Regierung die österreichisch-ungarischen Fronten zu bereisen gehabt hatte. Am 17. September 1916 war Wille in Teschen bei Conrad gewesen: „In der halbstündigen Unterhaltung spielte vor allem seine Südtirol-Offensive die Hauptrolle. Den Eindruck einer nicht über das Gewöhnliche hinausragenden Persönlichkeit kann ich nicht loswerden. Ich hatte vielleicht schon vorher ein Vorurteil, aber es scheint mir nicht ohne Grund. Im übrigen war der Generalstabschef sehr liebenswürdig ... Anschließend fuhr ich noch in's Schloß zur Meldung beim Erzherzog Friedrich. Donnerwetter, so arg habe ich mir den k. & k. Großpapa nicht vorgestellt!"[1031] Friedrich hatte freilich kaum einmal ein Hehl daraus gemacht, daß er nicht mit Leib und Seele Armeeoberkommandant war. Er hatte das getan, was man von ihm verlangte, hatte Truppen besucht, Kommandanten ernannt und enthoben. Er war auch immer wieder dafür gut gewesen, schreckliche Situationen heraufzubeschwören. Besprechungen mit dem deutschen Kaiser und der Deutschen Obersten Heeresleitung hatte er gefürchtet, andere Gelegenheiten wurden von seiner Umgebung gefürchtet. Jede kleine Ansprache konnte zum Fiasko werden. An seinem 60. Geburtstag, am 5. Juni

1916, hatte er seine Umgebung aber regelrecht zur Verzweiflung getrieben. Die Antwort auf die zu gewärtigenden Ansprachen waren vorbereitet worden. Wichtiges war rot unterstrichen, Pausenzeichen eingefügt. Doch dann nahm der Erzherzog den Text zunächst verkehrt in die Hand, „und es verging eine Weile, bis er die erste Seite entdeckt hatte", schrieb sein Generaladjutant.[1032] „Dann begann er in stockender Rede und mit gänzlich falscher Betonung die erste Seite herunter zu lesen. Das Umwenden derselben dauerte wieder eine Weile und das Ablesen der nächsten Seite ebenfalls, trotzdem die Buchstaben 1/2 cm groß waren. Nun kamen die dritte und vierte Seite daran, die anstandslos bewältigt wurden. Der Übergang auf den 2. Bogen war aber wegen der Handschuhe, die der Erzherzog auszuziehen vergessen hatte und die ihn störten, sehr schwierig und zeitraubend. Und so ging es weiter bis zum Schluß." – Die Ablösung des Erzherzogs Friedrich war selbstverständlich und notwendig.

Im Armeeoberkommando war man nach den bereits eingeleiteten Veränderungen beunruhigt und neugierig geworden, je nachdem, welche Funktion jemand bekleidete. Hauptmann Glaise von Horstenau notierte: „Wir in Teschen waren natürlich sehr aufgeregt. Der neue Herr haßte das AOK, das wußten wir."[1033] Karl versicherte zwar Conrad und dessen Stellvertreter, den Chef der Operationsabteilung Feldmarschalleutnant Metzger, seines Vertrauens. Doch dabei hielt es der Monarch wie in den allermeisten Fällen auch: Er beließ zunächst die Leute im Amt und tauschte sie erst etwas später aus. Karl wollte den angestrebten Veränderungen auch dadurch die Schärfe nehmen, daß er mit Ernennungen, Ehrungen und militärischen Auszeichnungen nur so um sich warf.

Schon am 23. November hatte er den Erzherzog Eugen zum Feldmarschall gemacht, Erzherzog Friedrich wurde zwei Tage später das Großkreuz des Militär-Maria-Theresien-Ordens verliehen. Am selben Tag wurde auch Conrad zum Feldmarschall ernannt. Ihm war außerdem das Ritterkreuz des Maria-Theresien-Ordens zugedacht gewesen, doch er bat den Monarchen, von der Verleihung Abstand zu nehmen. Karl hatte aber noch eine ganz andere Auszeichnung in petto: Alle Offiziere, die eine mindestens sechswöchige Dienstleistung an der Front hinter sich hatten, sollten das Karl-Truppenkreuz verliehen bekommen. In der Stiftung dieser Auszeichnung war nun freilich auch eine Spitze verpackt, denn es wären zum wenigsten Generalstabsoffiziere und vor allem kaum solche in den Genuß der Verleihung des Karl-Truppenkreuzes gekommen, die im Armeeoberkommando Dienst taten, da sie ja nicht die erforderlichen Frontdienstzeiten nachweisen konnten. Karl ließ sich in der Folge zwar zu einer Abänderung der vorgesehenen Bestimmungen bewegen, doch im wesentlichen blieb es dabei – und der Generalstab hatte verstanden. Ebenso freilich, wie er im militärischen Bereich mit Auszeichnungen und Titeln nicht knausrig war, ja regelrecht um sich warf, um die Menschen an sich zu binden, um auch sichtbare Ehrungen vorzunehmen, verfuhr der junge Monarch auch im zivilen Bereich und verdiente sich damit den Spitznamen „Sehadler", weil er, wie dann gespottet wurde, nur jemanden sehen mußte, um ihn auch schon zu adeln.

In Teschen ging es aber nicht nur um Titel, Auszeichnungen und Intrigen, sondern auch um substantielle Fragen anderer Art. Zunächst einmal überraschte Karl mit dem Wunsch nach Übersiedlung des Armeeoberkommandos. Er wollte das AOK von Teschen weghaben und möglicht in die Nähe Wiens verlegt wissen. Damit war aber nicht nur einfach eine Veränderung verlangt worden, die auf das Austauschen von Personen und Orten hinauslief, vielmehr war das ein tiefer Eingriff in die militärische Führung. Conrad brachte alles vor, was ihm dagegen nur einfiel, es nützte nichts. Karl machte mit der Übernahme des Armeeoberkommandos seinen Anspruch auf die persönliche Führung der k. u. k. Wehrmacht deutlich und zwang das Armeeoberkommando zur Unterordnung. Um dessen Selbständigkeit vollkommen zu beenden, sollte es übersiedeln und durch seine räumliche Nähe zu Wien und der kaiserlichen Lieblingsresidenz Laxenburg dem Kaiser auch die Ausübung des Oberbefehls ermöglichen. Damit verband sich freilich ein Machtanspruch, den der neue Kaiser nicht nur gegenüber seinem eigenen Armeeoberkommando, sondern auch gegenüber dem wichtigsten Verbündeten geltend machen wollte.

Kaiser Karl hatte bei seinem Herrschaftsantritt ja nicht nur die Gemeinsame Oberste Kriegsleitung, sondern auch alle daraus resultierenden Abhängigkeiten und Programme vorgefunden. Schon am 22. November, am Tag nach dem Tod des alten Kaisers, hatte Karl zu verstehen gegeben, daß er nicht bereit war, die deutsche Dominanz ganz einfach hinzunehmen. Bei dieser Gelegenheit wurde wieder ein Charakterzug deutlich, der über bloße Unerfahrenheit hinausging: Karl war voreilig und unbedacht. Die „Neue Freie Presse" würdigte an diesem 22. November den verstorbenen Monarchen in einem berührenden und sehr ausgewogenen Leitartikel. Darin wurde als höchste Leistung des alten Kaisers der Abschluß des Bündnisses mit dem Deutschen Reich bezeichnet, „das eine der größten Tatsachen der europäischen Politik und eine Bürgschaft des Sieges in dieser martervollen Zeit ist". Das war ganz im Sinn der bis November 1916 verfolgten Politik geschrieben worden. Der junge Kaiser aber ärgerte sich über die Hervorhebung Deutschlands und befahl umgehend, daß Offizieren künftighin verboten sein sollte, für die „Neue Freie Presse" zu schreiben. Der zur Rede gestellte Beamte der Zensurabteilung rechtfertigte sich damit, daß er nichts Anstößiges an dieser Formulierung gefunden hätte, und selbst wenn irgend etwas an diesem Leitartikel auszusetzen gewesen wäre, hätte er es durchgehen lassen, da man bei einer derartigen Gelegenheit keine peinlichen weißen Flecken auf der Titelseite einer Zeitung zurücklassen sollte. Schließlich gelang es dem Kriegsminister Baron Krobatin, den Kaiser zur Zurücknahme des ja ausschließlich gegen eine einzige Zeitung gerichteten Befehls und zur Wiederverlautbarung eines anderen zu bewegen, in dem es Offizieren – ausgenommen die inaktiven – ohnedies generell verboten worden war, für periodische Druckschriften zu schreiben.[1034] Doch das war nicht nur ein Indiz für das Impulsive und in diesem Fall auch impulsiv Falsche, das Karl mitunter tat, sondern noch mehr ein Indiz dafür, wie Kaiser Karl von der ersten Stunde seiner Regierung an das deutsche Problem behandeln wollte. Da spielte mehr hinein als nur Waffenbrüderschaft und die vielbeschworene Schützengrabengemeinschaft. Da kamen das Trauma von 1866 und Persönliches ins Spiel.

An jenem 23. November, an dem Karl Conrad über die beabsichtigte Übernahme des Armeeoberkommandos informiert hatte, verlangte der neue Herrscher auch Änderungen an der Vereinbarung über die Gemeinsame Oberste Kriegsleitung.[1035] Conrad hatte zwar zunächst gemeint, es sollte nur der Artikel 4 abgeändert werden, in dem festgelegt worden war, daß dem deutschen Kaiser zur Ausübung seiner Oberleitung die Armeeoberkommandanten der Verbündeten zur Verfügung stünden. Da dies eine Unterordnung des jungen Monarchen unter den Befehl des deutschen Kaisers bedeutet hätte, sollte die

Passage im Fall Österreich-Ungarns auf den Stellvertretenden Armeeoberkommandanten, also Erzherzog Friedrich, abgeändert werden. Doch Karl war das zu wenig, und außerdem widersprach es seiner Intention einer persönlichen Führung und der Beendigung des Eigenlebens des bisherigen Armeeoberkommandos. Der Kaiser sandte Conrad daraufhin einen eigenen Entwurf, den der Chef des Generalstabs gegenüber den Deutschen durchsetzen sollte. Nach Karls Wunsch sollte die Deutsche Oberste Heeresleitung nur die Verhandlungen zwischen den Verbündeten führen, aber keinerlei Befehle erteilen dürfen. Conrad fuhr mit diesem Entwurf nach Pleß, die Mission endete jedoch mit einem totalen Mißerfolg. Dabei kann durchaus angenommen werden, daß sich Conrad für den Wunsch seines Kaisers einsetzte, denn er war ja ein Gegner der Gemeinsamen Obersten Kriegsleitung gewesen. Letztlich mußte er sich freilich fragen, ob er damit nicht nur etwas für seinen Nachfolger tat, denn er glaubte wohl selbst nicht mehr an seine Weiterverwendung.

Hindenburg und Ludendorff bestanden auf der bisherigen Vereinbarung und waren nur zur Modifikation des Artikels 4 bereit. Sie argumentierten damit, daß Bulgarien und die Türkei andernfalls die Vereinbarung aufkündigen würden. Auch Kaiser Wilhelm zeigte sich unzugänglich. Karl blieb daher nichts anderes übrig, als dieser „Erpressung" nachzugeben. Er mußte sich in die letztinstanzliche Befehlsgewalt des deutschen Kaisers fügen, ja im neuen geheimen Zusatzartikel war nicht einmal mehr die deutsche Verpflichtung zur Wahrung der Integrität der Habsburgermonarchie enthalten. Für Kaiser Karl war das eine kalte Dusche, und er reagierte trotzig: Er untersagte die weiteren Verhandlungen über eine Militärkonvention mit dem Deutschen Reich und wollte auch keinen Handelsvertrag mehr abgeschlossen wissen. Seiner Beurteilung nach wurde das Deutsche Reich durch eine Militärdiktatur regiert.[1036] Diese gegenüber Minister Burián getroffene Feststellung war insofern interessant und zutreffend zugleich, weil sie einen merkwürdigen Gegensatz verdeutlichte: Bis zum Herbst 1916 wurde die Herrschaft in großen Teilen Österreichs durch die direkte Einflußnahme des Armeeoberkommandos ausgeübt, sei es, daß große Gebiete als Hinterland der Armee im Felde bezeichnet, militärische Statthalter eingesetzt, das Kriegsüberwachungsamt mit der Kontrolle der inneren Sicherheit betraut oder daß die Arbeitsverhältnisse durch das Kriegsleistungsgesetz geregelt und die Arbeiter landesweit unter Kriegsrecht gestellt worden waren. Karl wollte diesen Zustand beenden, und er arbeitete konsequent darauf hin. Im Deutschen Reich wiederum war bis zur Ernennung Hindenburgs und Ludendorffs das Militärische durch die normal weiterwirkenden konstitutionellen Einrichtungen gemildert worden. Jetzt aber kam im Deutschen Reich immer mehr das Bild einer Militärdiktatur zum Vorschein.

Als Karl nach Teschen kam, hatte er die bittere Pille bezüglich der Gemeinsamen Obersten Kriegsleitung bereits zu schlucken gehabt. Darauf mußten sich somit die Gespräche nicht mehr erstrecken. Doch das Verhältnis zu Deutschland ließ sich auch in anderen Bereichen überprüfen. Und auch das ging nicht friktionsfrei. Am 5. Dezember sollte Karl mit den Spitzen des Armeeoberkommandos nach Pleß kommen, um Kaiser Wilhelm und die Deutsche Oberste Heeresleitung zu treffen. Da in Pleß nicht nur der deutsche Kaiser, sondern auch Hindenburg und Ludendorff anwesend waren, sollten gleich auch andere Fragen besprochen werden. Doch die Voraussetzungen für solche

Gespräche waren nicht gut, denn es hatte fast den Anschein, als hätte es Kaiser Karl darauf angelegt gehabt, die Deutschen zu brüskieren. Kaiser Wilhelm hatte mitteilen lassen, daß er bei dem Zusammentreffen österreichische Uniform tragen würde. Daraufhin gebot es die selbstverständliche Höflichkeit, daß Karl und die Offiziere seiner Begleitung, sofern sie Ehrentitel deutscher Regimenter trugen, deutsche Uniformen anzogen. Doch eine halbe Stunde vor Abfahrt des Sonderzugs gab Kaiser Karl Gegenorder, und man zog in Teschen wieder k. u. k. Uniformen an. Karl hielt sich auf der Fahrt nach Pleß noch längere Zeit in Bielitz auf, und schließlich kam der Hofzug mit einer halbstündigen Verspätung in Pleß an. Auch während des Aufenthalts in Pleß ließ Karl den deutschen Kaiser immer wieder warten. Am 7. Dezember fand der deutsche Gegenbesuch in Teschen statt. Wieder verspätete sich der österreichische Kaiser, brachte das gesamte Programm durcheinander und stieg schließlich in einer noch nicht zugeknöpften preußischen Uniform aus seinem Salonwagen.[1037] Die Deutschen schienen über all das hinwegzusehen und wollten nur die sachlichen Probleme behandeln. Dabei ging es nicht nur um Fragen der Gemeinsamen Obersten Kriegsleitung, sondern vor allem auch um rüstungspolitische und Ernährungsfragen.

Das Hindenburg-Programm

Die im September 1916 wirksam gewordenen Maßnahmen im Rahmen der Gemeinsamen Obersten Kriegsleitung erstreckten sich auch auf die Rüstungswirtschaft, wo, wie dies ja schon öfter und mitunter drohend angeklungen war, deutscherseits kräftig eingegriffen werden sollte, um die österreichisch-ungarische Kriegswirtschaft zu Höchstleistungen zu bringen. Anfang November war Österreich-Ungarn in das sogenannte Hindenburg-Programm zur Steigerung des Ausstoßes der Rüstungsindustrie einbezogen worden. Das Programm, welches als „Triumph der Schwerindustrie und des Generalstabs" des Deutschen Reichs bezeichnet wurde[1038], beruhte darauf, durch einen immensen Einsatz von Geldmitteln und Arbeitskräften zusätzliche Fabriken zur Herstellung von Rüstungsgütern aus dem Boden zu stampfen. In Österreich-Ungarn sah dies – in Zahlen ausgedrückt – so aus, daß innerhalb von sechs Monaten, vom November 1916 bis April 1917, über 454 Millionen Kronen investiert wurden. Das Geld wurde für den Neubau von Fabriken, vor allem Pulverfabriken in Blumau, Preßburg und Magyaróvár, für die Munitionsfabrik Wöllersdorf, die Erweiterung der Artilleriewerke in Brünn, den weiteren Ausbau von Škoda in Pilsen und deren Tochterfabrik in Győr, aber auch für den Bau von Arbeiterwohnungen verwendet. Doch es war ein ganz und gar unrealistisches Programm. Österreich-Ungarn hatte sicherlich 1914 und 1915 noch einen sehr großen Nachholbedarf gehabt. Vor allem mußte im Krieg alles das modernisiert und produziert werden, was wegen der geringen Heeresbudgets bei Kriegsbeginn nicht vorhanden gewesen war. Doch diese Phase war überwunden und 1916 ein Stand erreicht worden, der zur Deckung der Bedürfnisse der k. u. k. Armee voll ausreichte. 1916 wurden rund 1,2 Millionen Gewehre und an die 13.300 Geschütze neu produziert. Die Herstellung von Gewehren konnte sogar zugunsten einer Massenfertigung von Maschinengewehren zurückgenommen werden. Täglich wurden vier Millionen Schuß Gewehrmunition und monatlich zwei Millionen Stück Geschützmunition erzeugt. Doch mit dem Hindenburg-Programm sollte der Ausstoß praktisch verdoppelt werden. Die Ziele lauteten bei den Handfeuerwaffen 7,8 Millionen Patronen am Tag und bei der Artilleriemunition vier Millionen Stück monatlich.[1039]

Das k. u. k. Kriegsministerium glaubte wohl eine Zeitlang, den Bedarf an Eisen und Stahl für die neuen Fertigungsziele auftreiben zu können, und zwar auf Kosten der Zuteilungen für Waggons, Schienen und Brücken, doch damit wurde nochmals in einen Bereich eingegriffen, der ohnedies schon in der Krise steckte, nämlich in das Verkehrswesen. Tatsächlich ließ sich die angestrebte Steigerung des Ausstoßes an Munition für Handfeuerwaffen in wenigen Monaten erreichen. Doch bei der wesentlich aufwendigeren Artilleriemunition blieb man weit hinter den Forderungen zurück und erzeugte schließlich 1917 weniger als vor der Einführung des Hindenburg-Programms. Die Monarchie war auf die Einfuhr von hochwertigem Eisen und Stahl angewiesen, und die Importe in diesem Bereich ließen sich nur mehr wenig steigern. Noch schlechter war es um die für die Munitionserzeugung unentbehrlichen seltenen Metalle bestellt oder um Aluminium. Das Hindenburg-Programm sah die Produktion von 1100 Tonnen Aluminium im Monat vor, doch bei Anspannung aller Kapazitäten ließen sich in Österreich nur 462 Tonnen pro Monat produzieren.[1040] Wo man hinsah, war daher nur eine unrealistische Zielvorgabe zu konstatieren. Wohl aber führte die neuerlich forcierte Produktion von Rüstungsgütern zur rapiden Erschöpfung der Rohmaterialien, die weder im ausreichenden Maß gewonnen noch vom Deutschen Reich bezogen werden konnten. Dafür wurden aber anderen Wirtschaftszweigen die letzten Mittel und Reserven genommen. Der parallel dazu notwendig gewesene Ausbau des Transportwesens wurde überhaupt nicht in Angriff genommen, und schon Anfang 1917 zeigte sich, daß das Programm scheitern mußte und das Ganze auch im Chaos enden würde.[1041] Da aber das Programm mit deutscher Hilfe, und zwar mit finanzieller Hilfe wie mit entsprechendem „Know-how“, begonnen worden war und alles auch auf das parallel dazu in Deutschland in Angriff genommene und ebenso im Chaos endende Programm zugeschnitten war, geriet die Habsburgermonarchie nicht nur in zusätzliche Abhängigkeiten, sondern mußte sich auch fragen, wie denn eigentlich Friedensbemühungen mit einem derartigen Programm in Einklang zu bringen waren. Doch es war für die k. u. k. Majestät sichtlich schwer, sich den deutschen Argumenten von der Notwendigkeit zu entziehen.

Von Koerber zu Clam-Martinic

Schließlich wurde der Besuch in Teschen bzw. in Pleß noch dadurch abgerundet, daß Ministerpräsident Koerber, der den Kaiser auf dieser Reise zu begleiten hatte, noch zu anderen Materien Verhandlungen aufnehmen sollte. Es ging um eineinhalb Millionen Meterzentner Getreide, die Deutschland nicht geliefert hatte, weil Österreich die vereinbarten Mengen an Erdöl schuldig geblieben war; es ging um schlesische Kohle, die nicht zuletzt für den Betrieb der Munitionsfabriken gebraucht wurde, die sonst nicht mehr produzieren konnten.[1042] Auch Koerber erzielte keinen Erfolg. Für Karl wurden folglich Mißerfolge in den Fragen des bilateralen Verhältnisses zwischen dem Deutschen Reich und Österreich-Ungarn prägend, ja ein regelrechtes Trauma. Es lag daher nahe, daß er auch jene dafür verantwortlich machte, die diesen Mißerfolg nicht verhindern konnten: Conrad, Burián und Koerber.

Bei letzterem spitzte sich das Verhältnis sehr bald zu. Es ging um Verfassungsfragen, darum, ob der Kaiser den Eid auf die österreichische Verfassung ablegen sollte, ohne vorher eine Änderung zu oktroyieren. Das war ein Problem, das sich seit dem 23. November, dem Tag, als Karl Koerber aufgefordert hatte, ihm diesbezügliche Vorschläge zu unterbreiten, wie ein roter Faden durch die Ministerschaft Koerbers zog.[1043]

Als Koerber aus Teschen zurückkam, war er schon bereit, zurückzutreten. Der k. k. Ministerpräsident und Karl fanden nicht zueinander. Koerber wollte den Reichsrat nicht einfach wieder zusammentreten lassen, was der Monarch aber forderte. Koerber wurde in wichtigen Fragen übergangen, wenn der Kaiser z. B. den Prinzen Hohenlohe zum gemeinsamen Finanzminister machte, ohne mit Koerber auch nur Rücksprache gepflogen zu haben, oder wenn Karl gegen den Willen Koerbers das Deutsche als Amtssprache in Böhmen dekretierte. Koerber akzeptierte auch nicht den noch am Ende der Stürgkh-Regierung mit Ungarn ausgehandelten Ausgleich. Er fand ihn für Cisleithanien als zu belastend und riet daher dem Kaiser zur Ablehnung. Wahrscheinlich hätte es eines längeren Zeitraums bedurft, um ein Vertrauensverhältnis zwischen dem Monarchen und dem österreichischen Ministerpräsidenten entstehen zu lassen. Doch auch in diesem Fall wollte Karl rasch handeln und sich vor allem mit Leuten umgeben, die er selbst ausgewählt hatte, die sein Vertrauen besaßen und die den Bruch deutlich machen sollten. Und es war ein Bruch. Am 13. Dezember reichte Koerber seine Demission ein, die sofort angenommen wurde.[1044] In seinen persönlichen Aufzeichnungen fand der Kaiser dafür die recht einfachen Worte: „Den Ministerpräsidenten Koerber entließ ich, weil er ein Wurschtler des alten Systems war."[1045]

Als Chef einer Übergangsregierung wurde noch am selben Tag der Handelsminister im Kabinett Koerber, Alexander Spitzmüller, berufen. Der war ein hervorragender Fachmann auf dem Gebiet des Ausgleichs mit Ungarn und sollte die Verhandlungen in kürzester Zeit zum Abschluß bringen. Karl wollte den neuen Ausgleich mittels Oktroi in Kraft setzen. Davon riet Spitzmüller dringendst ab und wollte sich auch keinesfalls dafür hergeben. Nichtsdestoweniger wurde er mit der Regierungsbildung beauftragt. Er bemühte sich eine Woche, ein Kabinett zusammenzubringen, und hatte schließlich Erfolg. Da meldete sich bei ihm jener Mann, der bereits als einer der engsten Vertrauten des Kaisers galt, Ottokar Graf Czernin. Der meinte, den Aufzeichnungen Spitzmüllers zufolge, „der ‚arme kleine Kaiser' bedürfe zu Beginn seiner Regierung besonderer Obsorge" und die könne Spitzmüller ihm nicht angedeihen lassen. „Ferner sei es im höchsten Staatsinteresse geboten, die böhmische Frage im Oktroiweg zu lösen", wofür Spitzmüller wegen seiner politischen Vergangenheit nicht legitimiert sei. Sein Auftrag könnte „höchstens als ein einmonatiges Provisorium angesehen werden". Die Quintessenz war wohl die, daß Czernin meinte, er selbst würde als Ministerpräsident berufen werden. Spitzmüller hatte begriffen. Doch am nächsten Tag wurde Czernin vom Kaiser gesagt, daß er ihn als Minister des Äußern haben wollte. Jetzt waren die Aktien Spitzmüllers wieder gestiegen. Doch die Erfahrungen von nicht einmal einer Woche bewogen den designierten Ministerpräsidenten, dem Kaiser den Auftrag zur Regierungsbildung wieder zurückzugeben.

Am 20. Dezember wurde Heinrich Graf Clam-Martinic als k. k. Ministerpräsident berufen. Ihm gelang die Kabinettsbildung innerhalb von 24 Stunden. Mit ihm wurde aber nur der Auftakt zu einschneidenden personellen Änderungen gemacht. Der Kaiser brachte jene Männer in seine Umgebung, von denen er sich die Verwirklichung seiner Ideen erhoffte. Es war das nicht nur eine Frage des Vertrauens, sondern mehr noch eine solche der Identifikation. Die von Karl neu Berufenen sahen sich primär dem neuen Herrscher verbunden, während sich die aus ihren Ämtern Scheidenden als vom alten Kaiser bestellt sehen mußten. Die Trennung von Koerber, zwei Tage später von Burián und schließlich von Erzherzog Friedrich und Conrad sollte deutlich machen, daß Karl einen Strich unter die Vergangenheit ziehen wollte. Allerdings konnte er nicht voraussehen, daß es mit dem einmaligen Auswechseln von Personen nicht sein Bewenden haben würde. Vielmehr begann ein Prozeß, der sich immer mehr beschleunigte und schließlich wie nichts anderes Ausdruck der Ausweglosigkeit wurde. Egal, wer kam: Er hatte letztlich keine den Erhalt der Monarchie garantierenden Lösungen mehr anzubieten.

Bei der Auswahl der Personen bewies Karl zunächst durchaus Geschick. Der böhmische Graf Heinrich Clam-Martinic als Nachfolger von Koerber bzw. Spitzmüller war keine schlechte Wahl; Konrad Hohenlohe-Schillingsfürst als Obersthofmeister statt des Fürsten Montenuovo ein Signal für eine deutliche Liberalisierung auch des Hofstaats. Daß Karl den Vorstand der Kabinettskanzlei neu besetzte und statt Franz Freiherrn von Schießl dann Arthur Ritter von Polzer (später Graf Polzer-Hoditz) nahm, daß Leopold Graf Berchtold Oberstkämmerer wurde, erfuhr weniger Beachtung, war jedoch deshalb interessant, weil – wie bei Czernin, der zum Kreis Erzherzog Franz Ferdinands gezählt hatte – eine ganz bestimmte Kontinuität deutlich wurde. Karl entließ und ernannte mit unerhörter Raschheit. Damit sollte das Erstarrte gelöst werden. Neue Leute kamen und brachten neue Ideen. Die kurze Episode mit Spitzmüller, an der außer Czernin auch Konrad Hohenlohe, Josef Maria Baernreither und andere beteiligt waren, zeigte freilich auch, daß sich hier eigentlich blitzartig eine Oligarchie herausgebildet hatte, die sehr maßgeblich an der Herrschaftsausübung beteiligt war und es in der Hand hatte, den Wunsch des Kaisers zu interpretieren und notfalls auch gegenstandslos werden zu lassen. Es war dann Kaiser Karl selber, der die von ihm vorgenommenen Ernennungen als falsch oder zumindest als fragwürdig erscheinen ließ, da er im nachhinein viele Leute, die sein Vertrauen besessen hatten, einer unangenehmen Kritik unterzog. Koerber war ein „Wurschtler“ gewesen, Graf Burián „verknöchert“. Statt ihm kam Czernin, der sich aber als ein „Blender“ erwies. „Er war gewiß sehr gescheit, aber fahrig und nervös. Er hatte immerfort neue Ideen, die sich überstürzten, und führte keine zu Ende. Dabei war er maßlos ehrgeizig und scheute vor keinem Mittel zurück, seinen Ehrgeiz zu befriedigen.“[1046]

Doch die Gruppe derer, die Einfluß hatten und Einfluß suchten, war zweifellos größer. Am einfachsten war die Situation vielleicht noch in den Reihen der k. u. k. Armee. Da galten militärische Hierarchien, wurde befohlen und gehorcht. In politischen

Dingen suchte wohl auch noch die Erzherzogin Isabella, die Frau des früheren Armeeoberkommandanten Erzherzog Friedrich, ein Rolle zu spielen. Sie wählte dazu den Weg der Intervention beim deutschen Kaiser.[1047] Gegenüber der Rolle, die die junge Kaiserin Zita als Beraterin und Vertraute von Kaiser Karl spielte, verblaßten jedoch alle anderen Personen. Sie galt schon bald als diejenige, die den Kaiser nachhaltigst beeinflußte. Es war daher auch denkbar simpel, immer dann, wenn man mit seinen eigenen Ansichten nicht durchdrang oder wenn etwas passierte, dessen Ablauf nicht sofort nachvollziehbar war, die Kaiserin zu verdächtigen und von einer Verschwörung des Hauses Parma zu orakeln.

Am interessantesten war wohl die deutsche Reaktion auf die neue Situation Österreich-Ungarns. Die Deutsche Oberste Heeresleitung wollte sich nicht mehr damit begnügen, einen eigenen Vertreter beim k. u. k. Armeeoberkommando zu haben, wie umgekehrt Österreich durch einen hohen Offizier im Großen Hauptquartier vertreten war, wozu noch die jeweiligen Militärattachés und deren Gehilfen kamen. Doch offenbar reichte das den deutschen Stellen nicht mehr. Daher bedienten sie sich des k. u. k. Generalstabsmajors Edmund Glaise von Horstenau, um zusätzliche vertrauliche Informationen aus dem Armeeoberkommando zu bekommen. Außerdem wurde deutscherseits ein regelrechter militärischer Nachrichtendienst in Österreich-Ungarn aufgezogen, der Berlin, Pleß, Mézières, Spa oder wen immer mit Informationen über den Bundesgenossen versorgen sollte.[1048] Hier war sichtlich eine neue Zeit angebrochen.

18
Der Aufmarsch zum Untergang

Hunger und Krönung

Schon zur Zeit des Thronwechsels mehrten sich in der Donaumonarchie die Zeichen, daß die Untertanen der k. u. k. Majestät Hunger und Entbehrungen nicht länger ertragen wollten. Daß sich die Situation dramatisch verschlechterte, war schon nach dem Einbringen der Ernte im Sommer 1916 erkennbar geworden. Damals, am 15. August, hatte sich das Kriegsministerium an die beiden Ministerpräsidenten und den Minister des Äußern gewandt und die Schaffung eines Ernährungsamts vorgeschlagen. Nur eine strikte Bewirtschaftung konnte eine Hungerkatastrophe verhindern. Was nicht gesagt wurde, war, daß auch nur rigorose Maßnahmen die krassen Unterschiede zwischen den Reichsteilen und Kronländern, aber auch zwischen Reichen und Armen mindern konnten. Beim Durchrechnen der Ernteergebnisse gab es überall gewaltige Fehlmengen. Am deutlichsten fielen sie bei Brotgetreide aus, wo schließlich mit einer neuen Wortprägung das Dilemma beschrieben wurde: Die voraussichtlich fehlenden eineinhalb Millionen Zentner Getreide müßten „abgehungert" werden.[1049]

Obwohl man seit der zweiten Jahreshälfte 1915 immer konsequenter die Normen einer „staatlichen Kriegswirtschaft" anzuwenden bemüht war, waren die Zustände immer katastrophaler geworden. In diesem Punkt hatten sich auch so gut wie alle Maßgeblichen in ihrer Kritik an Karl Graf Stürgkh gefunden. Der österreichische Ministerpräsident war mit seinen Bemühungen zur Sicherung des Lebensnotwendigsten für die Menschen der cisleithanischen Reichshälfte ganz offensichtlich gescheitert. Vor allem hatte er auch das Mißverhältnis gegenüber Ungarn nicht zum Verschwinden bringen können. Der gemeinsame Kriegsminister, Baron Krobatin, versuchte daraufhin, den Circulus vitiosus mit der Schaffung eines Ernährungsamtes zu durchbrechen. Als Begründung führte er an, daß eine weitere Einschränkung des Armeeverbrauchs nicht mehr möglich sei, da sonst die Schlagkraft erheblich sinken würde. Die von der Armee nicht benötigten Nahrungsmittelmengen sollten jedoch mit Hilfe einer eigenen Behörde möglichst gleichmäßig auf das Hinterland aufgeteilt werden. In dem zu schaffenden Ernährungsamt sollten die beiden Reichsteile sowie das der Verwaltung des gemeinsamen Finanzministeriums unterstellte Bosnien-Herzegowina, ferner das Armeeoberkommando und das k. u. k. Kriegsministerium vertreten sein. Unterstellt werden sollte das Amt dem Ministerium des Äußern.[1050] Der Vorschlag hatte keine Billigung gefunden. Stürgkh und Tisza brachten staatsrechtliche Erwägungen vor. Die Lage wurde schließlich im September besonders kritisch, als die rumänischen Importe, die bis dahin vor allem Cisleithanien zugute gekommen waren, ausfielen. Es wurde Herbst, und es wurde Winter. Ministerpräsident Koerber versuchte es mit einem „Amt für Volksernährung", hatte damit aber ebenfalls keinen Erfolg. Dabei hätte man meinen können, daß die tagtäglich fühlbarer werdende Misere nicht nur jedem zu denken geben mußte, sondern selbst die drastischsten Maßnahmen gerechtfertigt hätte. Doch die Monarchie schien am Dualismus zu scheitern. Anstelle der Festsetzungen von Höchstpreisen trat die Beschlagnahme. Der Kreis der bewirtschafteten Waren wurde fast von Woche zu Woche größer. Nicht nur Lebensmittel und Ersatzstoffe wurden erfaßt: Ab Ende 1916 wurden auch Futtermittel wie Rüben, Heu und Stroh streng bewirtschaftet.

Für die österreichische Reichshälfte ließ sich resümieren: Galizien, das ein Drittel der Ackerfläche der österreichischen Reichshälfte besaß und in dem im Frieden ein Viertel der Körnerfrucht Cisleithaniens geerntet wurde, war durch den Krieg, die Flucht der Bevölkerung und den dort unmittelbar zu decken gesuchten Armeebedarf als Lieferant so gut wie ausgefallen. Ausfälle gab es auch in anderen Gebieten, vor allem durch den Mangel an Bauern und Hilfskräften, den Mangel an Dünger und die abnehmende Zahl an Pferden. Im Winter 1916/17 setzte allenthalben das große Pferdeschlachten ein. Ihm folgte das Pferdesterben. Gegenüber dem letzten Friedensjahr war der Ertrag an Getreide 1916 bereits auf weniger als die Hälfte gesunken, und als eine Folge des Kriegs mit Rumänien sackte auch der Import auf ein Drittel ab. Verständlich, daß alles mögliche versucht wurde, um aus Ungarn größere Mengen an Nahrungsmitteln nach Österreich zu bringen, doch der Erfolg war gering. Auch hier sprechen die Zahlen eine recht klare Sprache: Im Frieden importierte Österreich aus Ungarn rund 14.000 Meterzentner Getreide. 1915 waren es noch etwas mehr als 5000 Meterzentner gewesen und 1916 463,7 Meterzentner. 1917 sollten es 276,8 sein.[1051] Auch der Import an Rindern ging 1916 auf ein Drittel der Importmenge des Jahres 1915 zurück. Alles in allem mußte daher sehr viel „abgehungert" werden. Im Winterhalbjahr 1916/17 kamen vor allem Böhmen und Mähren für die Versorgung der südlich der Donau gelegenen Gebiete bis in den südlichsten Zipfel der Bocche di Cattaro auf. Doch die Länder der böhmischen Krone hatten auch keine Überschüsse. So fing ein verzweifeltes Rechnen, Umschichten, Vorziehen und Strecken an. Neue Ersatzstoffe wurden gesucht, dem Brot wurde Maismehl beigegeben, und schließlich wurden die Saatgutvorräte angegriffen. Doch das war bereits ein glatter Raubbau. Die Not ließ freilich keine andere Möglichkeit mehr offen. Bei der Armee, wo man normalerweise Verpflegung für 14 Tage in den Magazinen hatte, gab es nur mehr Vorräte für ein bis zwei Tage. Jetzt wurde auch bei den Strafandrohungen radikalisiert: Auf Lebensmittelwucher, so wurde vorgeschlagen, sollte die Todesstrafe stehen, die „Aufstapelung von Vorräten" mit fünf Jahren Kerker bestraft werden. Und im übrigen sollte das Militär überall requirieren dürfen.[1052]

Ungarn war sicherlich in einer besseren Lage als Österreich, doch ebenso wie die Magyaren ihre eigene Situation in düsteren Farben zu malen bemüht waren, wurde in Österreich die landwirtschaftliche Leistungsfähigkeit Transleithaniens überschätzt. Die

Herbstregen 1916 hatten es beispielsweise mit sich gebracht, daß der Mais nicht trocken, sondern sehr naß geerntet werden mußte, daher verfaulten große Mengen. Doch die Erntestatistiken berichteten weiterhin von Rekordernten. Ungarn hatte sich schon 1914 vertraglich verpflichtet, monatlich etwa 30.000 Schweine nach Österreich zu exportieren. Im November 1916 waren aber nur mehr 7800 Stück zu liefern gewesen.[1053] Besser wohl als alle Import- und Exportstatistiken, die in absoluten Mengen maßen und wo in den Meterzentnern, Tonnen und Tausenden Stück wenig erkennbar wird, gab der 1917 erstellte Rechenschaftsbericht der „Ersten Wiener Suppen- und Teeanstalt" Auskunft über die zunehmende Not. Denn hier wurden die Lebensmittelpreise im Detail verfolgbar, und vor allem konnte man ablesen, wie die Zahl derer, die auf Mildtätigkeit und Ausspeisung angewiesen waren, von Monat zu Monat dramatisch zunahm.[1054] 1916 kamen in der Reichs-Haupt- und Residenzstadt bereits täglich 54.000 Menschen zu den öffentlichen Ausspeisungen. Es sollten schließlich 134.000 werden. Die Kriegsküchen, in denen vor allem Angehörige des Mittelstandes gegen wenig Geld einfache Speisen kaufen konnten, mußten wenig später die Abendmahlzeiten einstellen, da sie keine Lebensmittel mehr bekamen. Wärmestuben, Tagesheimstätten und die schon erwähnten „Suppen- und Teeanstalten", in denen vor allem warme Getränke bezogen werden konnten, versorgten täglich Zehntausende. Da mit Hilfe der Kriegsküchen eine Minimalversorgung sichergestellt werden konnte, wurde sogar erwogen, das Kochen in kleinen Privathaushalten generell zu verbieten, da dabei mehr Energie und Lebensmittel verbraucht wurden als in den Großküchen.[1055]

Kaiser Karl erreichten Briefe, die an Deutlichkeit nichts zu wünschen übrig ließen. „Senden Sie den Kriegsminister nicht an die Front, Majestät, dort ist jetzt noch der lichteste Punkt unseres Elends", hieß es in einer derartigen Zuschrift, und weiter: „Senden Sie ihn zu den Ersatzkadres, wo sich schwer lungenturberkulöse Leute über den Exerzierplatz schleppen ... Senden Sie den Kriegsminister an die Peripherie Wiens, nach Ottakring, Favoriten, wo die zu unkenntlichen, typischen Hungergestalten herabgekommenen Frauen, abgezehrte Kinder am Arm, vor den Läden angestellt sind ... Ihre Minister, Majestät, sehen nur die Menschen auf der Kärntnerstraße, die der fette Kriegsgewinn vor Hunger und Unterernährung schützt – um viel Geld ist ja noch Alles zu haben ... Majestät! Ihr Name als Friedenskaiser wird diesen Weltbrand überdauern und in der Geschichte fortleben: lassen Sie ihn nicht durch engherzigen Machtwillen beflecken und opfern Sie, ehe es zu spät ist, bei der allerersten Gelegenheit den Teil Ihrer Hausmacht, dessen Opfer der Treue Ihres Volkes wert ist."[1056] Doch das war nicht nur in Bittschriften an den Kaiser zu lesen. Ähnliches hatte, wenngleich „entpersonalisiert", Feldmarschalleutnant Höfer, der Chef des Etappenoberkommandos, an Conrad von Hötzendorf berichtet und sich auch nicht geniert, von Korruption zu schreiben und die Mißwirtschaft im einzelnen anzuprangern: Die Bewirtschaftung hatte zu spät eingesetzt. In Wien bestand ein tatsächlicher Bedarf an 40 Waggons Mehl täglich; verbraucht waren jedoch 60 Waggons worden. Die Lager waren daher in kürzester Zeit leer gewesen. Höchstpreisregelungen hatten die Produkte vom Markt verschwinden lassen und nur dazu geführt, die Spekulation anzuheizen. Zivile und militärische Behörden hatten mit widersprüchlichen und unzweckmäßigen Regelungen eingegriffen. In Ungarn seien, so Höfer, die Verteilungsmaßnahmen katastrophal, daher käme es auch dort zu Preistreiberei und Wucher. Und privaten Verteilerorganisationen wie der „Miles" in Österreich oder der „Kriegsprodukten-Aktiengesellschaft" in Ungarn mußten selbst die militärischen Dienststellen hohe Provisionen zahlen, wobei als Richtwert 1000 Kronen pro Waggon galt.[1057] An dieser skandalösen Praxis war aber nicht nur das ungenügende Warenangebot schuld, sondern mindestens ebenso der Mangel an rollendem Material. Hier hatte vor allem wieder der Krieg mit Rumänien negative Auswirkungen, da für den Aufmarsch und die erste Versorgung der Truppen an die 34.000 Waggons benötigt worden waren, die der zivilen Versorgung entzogen werden mußten. Dadurch war vor allem auch der Transport von Kohlen kaum mehr möglich. Ungarn aber wollte nicht zuletzt seine Lebensmittellieferungen durch Brennstoffe kompensiert bekommen.

Bei allen Fragen der „Approvisionierung" von Hinterland und Armee spielte Ungarn eine entscheidende Rolle. Ungarn hatte noch Überschußmengen, die verteilt werden konnten. Die ungarischen Agrarier waren sich ihrer Bedeutung und Stellung auch durchaus bewußt und brachten diese nicht zuletzt dadurch zum Ausdruck, daß sie als einzige Gruppe in Ungarn den Mitteleuropaplänen zugänglich waren. Auch in einem größeren Mitteleuropa sollte ja kein Weg an den ungarischen Kornkammern vorbeiführen.[1058]

Tisza erachtete es jedoch nach wie vor als für die ungarische Reichshälfte unzumutbar, daß sie sich den niedrigeren österreichischen Pro-Kopf-Quoten anpaßte.[1059] Und er rief sofort nach der Zensur, als 1916 in der Wiener Presse Kritik an der Haltung Ungarns auftauchte.[1060] Insbesondere war da der Erbitterung Ausdruck verliehen worden, daß in Ungarn, wo genauso wie in Österreich eine Bewirtschaftung eingeführt worden war und eine Getreideverkehrsanstalt die Zuteilungen regelte, die Erfassung so spät nach der Ernte einsetzte, daß nur mehr ein verbliebener Rest der Ernte, nicht aber der wirkliche Gesamtertrag erfaßt wurde.[1061] Feldmarschalleutnant Höfer regte an, das für die Selbstversorgung der ungarischen Bauern geltende Pro-Kopf-Quantum an Getreide von 153 Kilogramm auf 130 Kilogramm zu senken, um die Fehlmengen in Österreich auszugleichen. Am gescheitesten wäre es wohl, die Bewirtschaftung für die gesamte Monarchie zentral zu steuern. Doch meinte Höfer: „Bei unserer staatlichen Organisation und der bekannten Haltung Ungarns ist dies für uns gewiß hoffnungslos."[1062]

Die protektionistischen Maßnahmen Tiszas bildeten aber nur eine Facette in der Politik des ungarischen Ministerpräsidenten. Grundsätzlicher noch war, was er in den Verhandlungen über einen neuen Ausgleich vertrat. Er spielte die eindeutig stärkere Position Ungarns konsequent aus, berief sich auf den funktionierenden Parlamentarismus sowie darauf, daß Ungarn den größten Teil der Verpflegung der Armee übernommen hatte, und kritisierte schließlich, daß man in Österreich nach wie vor einem Mitteleuropa nachträumte, dem er wesentlich weniger, wenn überhaupt etwas abgewinnen konnte. Daher sollte die Stellung Ungarns weiter gefestigt werden. Daß diese Haltung bei den österreichischen Verantwortlichen und in Armeekreisen Erbitterung hervorrief, daß sie Wasser auf die Mühlen eines Gegensatzes zwischen den Völkern Cisleithaniens und vor allem den Deutschen in Österreich einerseits sowie den Magyaren andererseits war, ist daher nicht weiter verwunderlich. Hier wurde den politischen und Nationalitätenproblemen der Monarchie ein weiteres hinzugefügt: Der Hunger ließ mißtrauisch auf die anderen schielen, denen es noch besser ging. Und er nährte die Gegensätze.

Es war daher ein aus vielen Gründen wohl erwogener Schritt, daß sich Kaiser Karl, der in Österreich seinem Namen die Nummer I hinzufügte und in Ungarn König Karl IV. war, zum frühestmöglichen Zeitpunkt in Budapest krönen lassen wollte. Dabei ging es um alles andere als um einen Konventionalakt. Der Entschluß Karls, sich unverzüglich in Ungarn krönen zu lassen, war ihm von Tisza nahegelegt worden und ging Hand in Hand mit der Zusicherung, daß Karl nicht an die verfassungsmäßigen Strukturen rühren wollte. Der Monarch versuchte nicht einmal (was dann scharf kritisiert worden ist), zunächst Zugeständnisse Ungarns zu erreichen, die Verfassung zu ändern und sich erst später krönen zu lassen. Clam-Martinic, Czernin und andere hatten ihm dringend davon abgeraten und dabei immer wieder denjenigen ins Spiel zu bringen versucht, dem Karl ja nacheiferte, Franz Ferdinand. Und der hatte die Möglichkeit weit von sich gewiesen, sich in Ungarn krönen zu lassen, ehe nicht der Dualismus abgeschafft worden war. Doch jetzt war eine andere Zeit angebrochen. Karl brauchte Ungarn, da er angesichts der völlig unklaren Situation Cisleithaniens auf absehbare Zeit nicht mit der ungeteilten Unterstützung dieser Reichshälfte rechnen konnte. Ungarn hatte es in der Hand, mehr oder weniger zur Versorgung der Monarchie beizutragen. Ungarn trumpfte mit stabilen Verhältnissen geradezu auf. Wenn man daher von Ungarn etwas wollte und seine Mitwirkung an Maßnahmen zum Erhalt der Monarchie und zur Fortsetzung des Kriegs anstrebte, dann mußte man der „atavistischen" Verfassung Respekt zollen. Das galt auch für den Monarchen. Es hatte während des Kriegs eine Verschiebung in der Bedeutung der Reichshälften gegeben, und der Entschluß, sich zum frühestmöglichen Zeitpunkt in Budapest krönen zu lassen, war nur Ausdruck dieser Verschiebung der Gewichtungen. Der letzte Schritt wäre freilich gewesen, Budapest zur Reichs-Haupt- und Residenzstadt zu machen, was in Ungarn auch durchaus überlegt wurde. Das Reich hätte dann vielleicht Ungarn-Österreich oder nur Großungarn geheißen.

Am 30. Dezember war es soweit: Karl wurde in der Budapester Mathiaskirche gekrönt. Die Szene war sicherlich einzigartig: Der Kaiser und König, der nach seiner Krönung auf den aus Erde aller Komitate Ungarns aufgeschütteten Krönungshügel vor der Kirche hinaufritt, die rutschende Krone, die Schwerthiebe in vier Himmelsrichtungen, die Kaiserin und Königin, Kronprinz Otto, die Magnaten und ihre Frauen in prachtvollen Gewändern und der schwarzgekleidete, calvinische Ministerpräsident Graf Tisza als Palatin inmitten der festlichen Schar. Sollte Tisza Befriedigung verspürt haben, sah man es ihm nicht an. Nicht zuletzt hätte er Genugtuung darüber verspüren können, daß er die Funktion des Palatins übertragen bekommen hatte, obwohl Karl zunächst an die Installation eines habsburgischen Erzherzogs gedacht hatte. Der Monarch war damit aber beim ungarischen Ministerpräsidenten nicht durchgedrungen. Doch auch Tiszas Tage als der mächtigste Mann Ungarns waren gezählt. Der österreichische Ministerpräsident Baron Koerber wußte schon am Tag vor der Krönung zu berichten, daß Tisza bald „gegangen" werde. Im Januar und Februar 1917 äußerte Karl in der kaiserlichen Kabinetts- wie in der Militärkanzlei seine Bedenken gegen Tisza. Noch wußte er freilich keinen Nachfolger zu benennen.[1063]

Die Krönung König Karls IV. hatte zur Folge, daß die ungarischen Bestrebungen, sich einer zumindest auf Kriegsdauer etwas stärker zentralistischen Ausgestaltung des Reichs zu widersetzen, etwas gemildert wurden. Das war vor allem dort der Fall, wo es um die gemeinsame Ernährung ging. Nach monatelanger Verzögerung erklärte sich der ungarische Ministerpräsident bereit, einem Ausschuß zuzustimmen, in den Vertreter des ungarischen und des österreichischen Ernährungsamts, des Armeeoberkommandos und des Kriegsministeriums entsandt werden sollten, um die nötigen Daten zu erheben, miteinander zu vergleichen und notfalls in Einklang zu bringen.[1064] Da dies der kleinste gemeinsame Nenner war, stimmten schließlich alle zu. Als Chef dieses gemeinsamen Ernährungsausschusses wurde General Ottokar Landwehr von Pragenau eingesetzt. Sein nach dem Krieg geschriebenes Buch „Hunger“ sollte eine beredte Schilderung des fast aussichtslosen Kampfes werden, den er zu führen hatte. Er sah seine Aufgabe darin, „die Zeit, in der noch notgedrungen Krieg geführt werden mußte, ohne größere Hungerkatastrophe zu überbrücken“.[1065] Über Tiszas Wunsch sollte der Chef des gemeinsamen Ernährungsausschusses direkt dem Kaiser unterstellt sein, und auch Landwehr bat ausdrücklich darum. Denn ein Amt ohne Exekutivgewalt konnte sich überhaupt nur unter Berufung auf die Autorität des Kaisers durchsetzen. Das war andererseits wieder ein Schritt in die ohnedies schon erkennbare und von Karl stark vorangetriebene Richtung einer autokratischen Herrschaft.

Zur Zeit der Krönung in Budapest durfte Karl noch hoffen, als Friedensfürst in die Geschichte einzugehen. Diese Hoffnung gründete darauf, daß man meinen konnte, nach der Überwindung der Rückschläge und Krisen des Jahres 1916 militärisch unangefochten dazustehen und näher einem Sieg zu sein als die Alliierten. Auch die im Spätherbst 1916 deutlich werdenden Krisensymptome bei den Alliierten schienen darauf hinzudeuten, daß die Mittelmächte das Schlimmste überstanden hatten. Das Mitlesen der Depeschen, die aus St. Petersburg nach Rom gingen, zeigte bereits Anfang Dezember 1916 die sich verschärfende Krise bei den Ententemächten. Der italienische Botschafter in St. Petersburg meinte, daß Rußland zu keiner größeren Operation an einem Abschnitt der deutsch-österreichischen Front mehr in der Lage sei. Die schlechte Munitionsversorgung und die inneren Verhältnisse würden dies verhindern. Die Friedensneigung hätte von den unteren Schichten des russischen Volkes auf die mittleren und oberen Schichten übergegriffen. Italien seinerseits befürchtete, daß ein gemeinsamer Angriff der Mittelmächte bevorstünde, und General Cadorna bedauerte, daß man mit der Kriegserklärung an das Deutsche Reich offenbar voreilig gehandelt habe.[1066] Die erlahmende Kraft Rußlands und die Niederwerfung Rumäniens durch die Mittelmächte ließen das Schlimmste für die Alliierten befürchten.

Der Sieg über Rumänien

Es wäre wohl falsch, wollte man Rumänien als etwas abtun, das den Mittelmächten nicht zu schaffen gemacht hätte. Die Befürchtungen waren ja nicht zuletzt in Österreich-Ungarn so weit gegangen, daß der Kriegseintritt Rumäniens der Donaumonarchie den Todesstoß versetzen würde. Auch für Deutschland hatte die Kriegserklärung des Balkanstaates einen Schock bedeutet. Und die militärischen Daten Rumäniens waren auch recht imponierend.[1067] Es verfügte nach Mobilmachung über 23 Infanterie- und zwei Kavalleriedivisionen sowie etliche selbständige Brigaden. Das militärische und politische Ziel der Rumänen war klar: Siebenbürgen und ein Teil der Bukowina sollten von Österreich-Ungarn und die Dobrudscha von Bulgarien erobert werden. Die Russen boten ausreichenden Rückhalt und wollten täglich 300 Tonnen Kriegsmaterial liefern. Außerdem hatte Rumänien in den Jahren davor seine Neutralität und das Werben von Mittelmächten und Entente dahingehend ausnützen können, daß die Armee auch über moderne Waffen einschließlich Flugzeugen und Donaumonitoren französischer Provenienz verfügte. Im ersten Ansatz konnte der rumänische Generalstabschef, General Vasile Zottu, 370.000 Mann nach Siebenbürgen dirigieren. Nach wenigen Tagen hoffte man schon, über die von den österreichisch-ungarischen Kräften notdürftig befestigte Linie an Maros und Kokel nach Klausenburg vorstoßen zu können. Das sollte dem Südflügel der russischen Armee den Einbruch nach Ungarn ermöglichen. Am 39. Tag nach der Mobilmachung wollte Zottu mit seinen Truppen bereits in Debrecen im Osten Ungarns stehen. Von den k. u. k. Streitkräften wurde kein allzu starker Widerstand erwartet. Was sich unter dem aus Siebenbürgen stammenden General Arz von Straußenburg seit dem Sommer als 1. Armee versammelte und die bis dahin schwachen Sicherungs- und vor allem Gendarmeriekräfte verstärkte, belief sich auf 34.000 Mann. Soweit schien die rumänische Einschätzung aufzugehen. Die Bulgaren sollten bis zum Eintreffen eines russischen Hilfskorps in der Dobrudscha in Schach gehalten werden, und von den Deutschen, denen man ja nicht den Krieg erklären wollte, wurde angenommen, daß sie an ihren Fronten und vor allem im Westen so gebunden sein würden, daß sie nicht eingreifen konnten.

Doch der Feldzug entwickelte sich ganz anders. Die günstigste Gelegenheit für den Kriegseintritt, die am Höhepunkt der Brusilov-Offensive gelegen gewesen wäre, war verstrichen. Deutschland zeigte sich vom rumänischen Versuch, den Kriegszustand zu vermeiden, unbeeindruckt und erklärte seinerseits Rumänien den Krieg. Dasselbe taten die Türkei und am 1. September 1916 Bulgarien. Als die Rumänen am 27. August mit drei Armeen den Vormarsch nach Siebenbürgen begannen, geschah dies langsam und wenig entschlossen; ganz anders, als es im Abkommen mit der Entente vorgesehen war, wo ein Vorstoß „auf das allerenergischste" vereinbart worden war. Doch auch die Alliierten wurden säumig, da statt einer im Abkommen vorgesehenen „entscheidenden Offensive der Salonikiarmee" lediglich einige schwächliche Vorstöße unternommen wurden.[1068] Währenddessen war aus den deutschen und österreichisch-ungarischen Fronten alles herausgezogen worden, was entbehrlich war, und bereits am 19. September begann die unter das Kommando des eben erst abgesetzten deutschen Generalstabschefs Falkenhayn gestellte deutsche 9. Armee mit der Gegenoffensive und der Rückeroberung Siebenbürgens. In der Dobrudscha griff die Heeresgruppe Mackensen vor allem mit bulgarischen Truppen an. Die kriegsunerfahrenen Rumänen entwickelten einen nur geringen Kampfwert, die Luftwaffe kam nicht zum Einsatz, die Donauflottille griff nicht ein, und die deutschen, österreichisch-ungarischen und bulgarischen Truppen glichen führungsmäßig und mit einem viel höheren Kampfwert ihre zahlenmäßige Unterlegenheit aus. Den Rumänen gelang es zwar, sich immer wieder an den Pässen Siebenbürgens festzusetzen und die Stellungen am Vulkan-, Szurduk- und Cimpolung-Paß zu verteidigen. Sie versuchten auch noch, da und dort Entlastungsangriffe zu führen, doch vor allem der Versuch, die Donau nach Süden zu übersetzen, endete im Beschuß der k. u. k. Donauflottille. Conrad hatte sie vorsorglich in die untere Donau dirigiert und ließ ihr auch Brückenmaterial für einen Stromübergang zuführen. Am 23. November begannen deutsche, österreichisch-ungarische, bulgarische und türkische Truppen der Heeresgruppe Mackensen bei Şiştov die Donau zu übersetzen und stießen in Richtung Bukarest vor. Die Hauptstadt wurde am 6. Dezember eingenommen. Angesichts des rumänischen Debakels wußten auch die Russen und der von der Entente als Militärberater nach Rumänien entsandte französische General Henri Berthelot den Rumänen nichts anderes zu raten, als die Walachei aufzugeben und wenigstens einen Rest der Armee zu retten. 105.000 Mann kamen zur Reorganisation in den Raum Jassy. Die Russen aber mußten ihre Front noch weiter nach Süden ausdehnen und dazu 40 Divisionen einsetzen. Damit büßten sie jegliche Offensivfähigkeit ein.

In Österreich gab es wieder Extraausgaben der Zeitungen, und wieder war jene emotionale Bewegung zu spüren, in Ungarn noch mehr als in Österreich, daß ein Gegner, der einmal Verbündeter gewesen war, der so sehr taktiert hatte und schließlich, die Schwäche der Mittelmächte ausnützen wollend, auf den Plan getreten war, nun offenbar schon nach drei Monaten niedergeworfen werden konnte. Redlich: „Ich bin sicher: man wird noch in späten Zeiten bewundern, was Mackensen-Falkenhayn und ihre Stabschefs unter Hindenburg-Ludendorffs Leitung an geistiger und moralischer Kraft geleistet haben, sie und ihre Soldaten, die in einem Feldzug von kaum 25 Tagen Rumänien erobert haben. Taten, gegen die man höchstens Cäsars Feldzüge oder Napoleons Taten zum Vergleich wird setzen können – und auch die bleiben dabei zurück."[1069] Kein Wort von Conrad, Arz, Erzherzog Joseph, Goiginger oder anderen österreichisch-ungarischen Befehlshabern an der Ostfront oder in Rumänien. Eine durchaus bezeichnende Eintragung.

Der Sieg über Rumänien sollte nicht zuletzt die Voraussetzung schaffen, um die sogenannte Friedensinitiative der Mittelmächte hinausgehen zu lassen. Karl war wohl zum wenigsten von der Zuversicht auf einen Siegfrieden erfüllt gewesen, denn es gab ja auch noch andere Formen der Beendigung eines Kriegs durch einen Friedensschluß. Friedensfürst zu werden, war sein erklärtes Ziel; die schon deutlich gewordenen Loslösungsbestrebungen vom Deutschen Reich sollten helfen, einen Freiraum für Friedenspolitik zu schaffen. Das hat ihm, abgesehen von sachlicher Kritik, auch heftige Polemik eingetragen, vor allem von deutschnationaler Seite. Karl unterstützte die Friedensinitiative der Mittelmächte aus innerster Überzeugung und hatte wohl nicht die geringste Ahnung, wie sich mittlerweile anderswo, in Großbritannien, Frankreich und den USA, die Politik entwickelt hatte. Auch die Rolle der Kaiserin Zita wurde immer wieder in grellen Farben gemalt. Conrad von Hötzendorf ging schließlich in seiner Charakteristik Karls so weit, daß er in dessen Friedensbemühungen eine sybaritische Anwandlung sah: „Kaiser Karl war keine Kampfnatur. Ihm schwebte der ruhige Genuß eines friedlichen Regentenlebens vor, er wollte daher den Krieg so bald als möglich beendet sehen."[1070]

27 Der Kommandant der k. u. k. 4. Armee, Generaloberst Erzherzog Joseph Ferdinand, mit seinem jüngsten Soldaten im Frühjahr 1916. Der Erzherzog war zwar beliebt, jedoch alles andere denn ein begnadeter Truppenführer.

28 Am Isonzo wurden zwischen Juni 1915 und September 1917 elf Abnützungsschlachten geschlagen, bei denen die kgl. italienische Armee nur geringe Geländegewinne erzielte. Ab Ende 1916 gab es für die k. u. k. Truppen die ersten Stahlhelme.

29 Die Stellungen im Eis der Marmolata wurden zum Symbol für Extremsituationen des Kriegs im Hochgebirge.

30 Bosnisch-herzegowinische Infanterieregimenter („Bosniaken") gehörten zu den Elitetruppen der k. u. k. Armee an der Südwestfront.

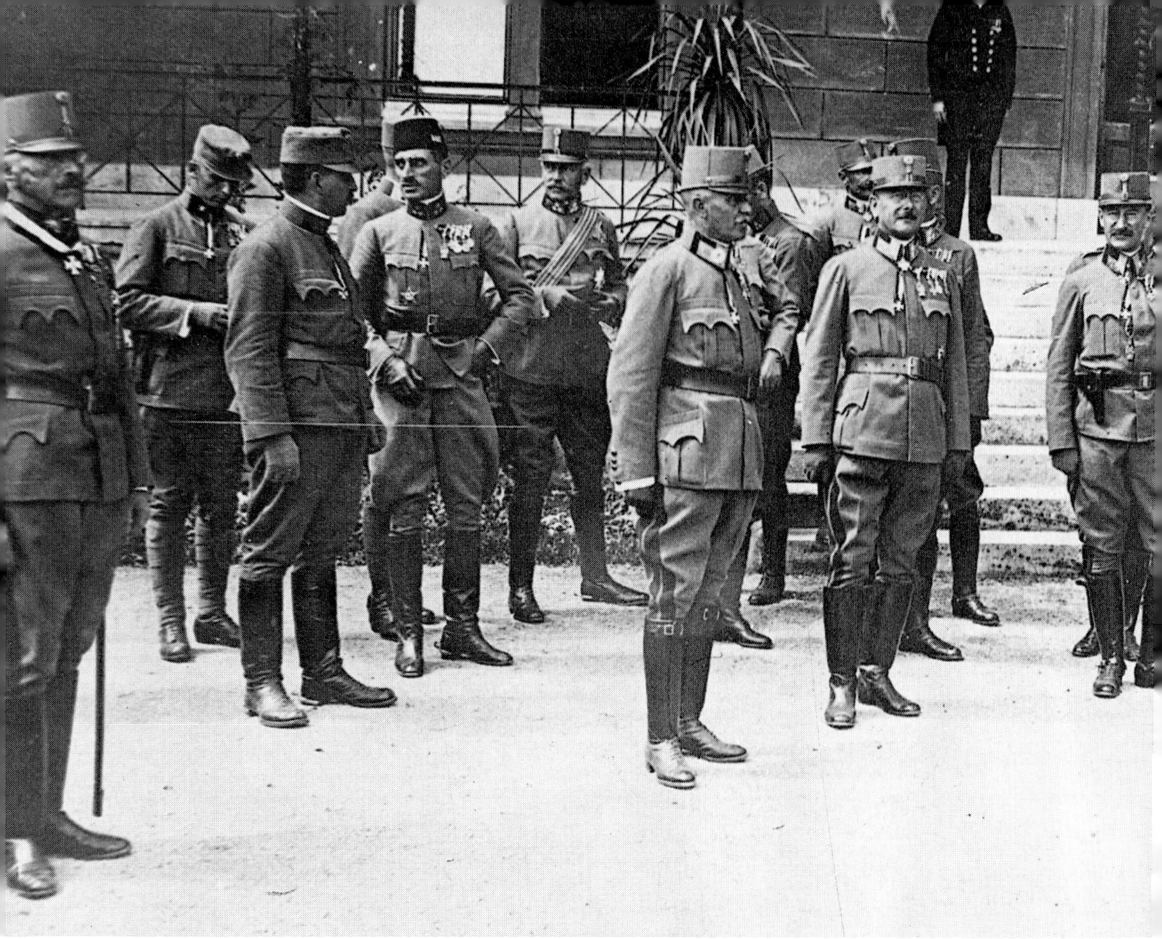

31 An seinem 30. Geburtstag, am 17. August 1917, nahm Kaiser Karl in Wartholz die 180. Promotion in der Geschichte des Militär-Maria-Theresien-Ordens vor. Von links nach rechts: Generaloberst Freiherr von Dankl (Kommandeur), Leutnant Cumin (Ritter), Hauptmann Glogovac (Ritter), Generaloberst Freiherr von Wurm (Ritter), General der Infanterie Baron Schariczer (Ritter), Generalmajor Janečka (Ritter), Kaiser Karl, Generaloberst Erzherzog Joseph (Kommandeur).

32 Der Besuch des Ersten Generalquartiermeisters des deutschen Heeres, General der Infanterie Erich Ludendorff (links), sowie des Generalstabschefs des deutschen Heeres, Generalfeldmarschall von Hindenburg (rechtes Bild), am Sitz des k. u. k. Armeeoberkommandos in Baden bei Wien am 2. Juli 1917 diente nicht nur den Gesprächen mit dem Chef des k. u. k. Generalstabs, General der Infanterie Arz von Straußenburg (links, 3. von links), sondern auch dazu, die Kriegsleistungen Österreich-Ungarns zu steigern.

33 Nach seinem Rücktritt im Juni 1917 rückte der ungarische Ministerpräsident Graf Tisza demonstrativ als Oberleutnant zum k. u. k. Husarenregiment Nr. 7 an der rumänischen Front ein.

34 Beerdigung zweier britischer Offiziere, die mit ihrem Flugzeug über der Südwestfront abgeschossen worden waren.

35 Im Verlauf der zwölften Isonzoschlacht machten die deutschen und die k. u. k. Truppen im Oktober und November 1917 rund 300.000 Gefangene, die, wie in Udine (oben), gesammelt wurden. Im Verlauf der Offensive wurden alle verfügbaren Marschbataillone eingereiht und den k. u. k. Armeen zugeführt (rechts 1300 Mann beim Abmarsch in Oberkärnten).

36 Ab dem 2. November 1917 wurde der Tagliamento auf Behelfsbrücken überschritten, und die aus k. u. k. und deutschen Verbänden zusammengesetzte 14. Armee drang bis an den Piave vor. Dort endete die zwölfte Isonzoschlacht.

37 Im Wiener Arsenal wurden Teile der im Rahmen der Kriegsmetallsammlung aufgebrachten Kirchenglocken gelagert und zur Fertigung von Rüstungsgütern, vor allem auch zur Munitionserzeugung verwendet.

38 Bei den Škodawerken in Pilsen arbeiteten Tausende Frauen, wie z. B. in der Zünderwerkstätte.

39 Frauen und Männer arbeiteten auch an der Herstellung der „Karl-Truppenkreuze“, einer Auszeichnung, die Kaiser Karl allen jenen zugedacht hatte, die 90 Tage bei einer zum Kampf bestimmten Fronteinheit verbracht hatten. Es war die meistverliehene österreichisch-ungarische Auszeichnung des Weltkriegs (rechts oben, Mitte, unten).

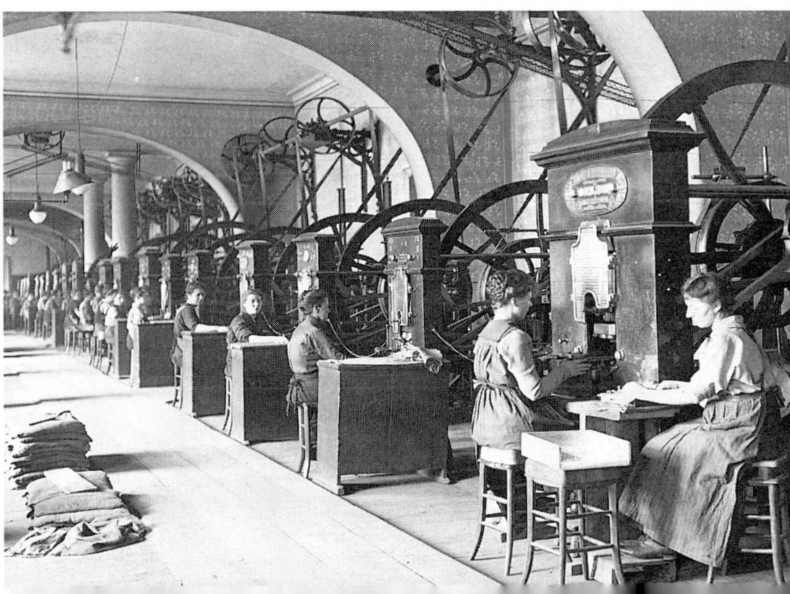

40 Der k. u. k. Minister des Äußern Ottokar Graf Czernin (links) bei einem Spazierritt mit dem deutschen Heeresgruppenkommandanten Generalfeldmarschall von Mackensen (Mitte) während der Friedensverhandlungen mit Rumänien in Bukarest.

41 Noch während der russischen Revolutionen des Jahres 1917 kam es zur Verbrüderung von russischen und österreichisch-ungarischen Soldaten, wie hier am Sereth in Rumänien.

42 Mitglieder der österreichisch-ungarischen Delegation bei den Friedensverhandlungen mit Rußland in Brest-Litovsk. Im Mittelgrund u. a. Major Glaise-Horstenau, Graf Csáky und Oberstleutnant Pokorny.

43 Nach dem „Brotfrieden" mit der Ukraine rückten deutsche und österreichisch-ungarische Truppen im März 1918 bis an das Schwarze Meer und in das Donecgebiet vor.

44 Der Oberbefehlshaber der deutschen Heeresgruppe in der Ukraine, Generalfeldmarschall von Eichhorn, bei einem Besuch in Odessa in Begleitung des Kommandanten der k. u. k. Ostarmee, General der Infanterie Alfred Krauß. Sommer 1918.

45 Prag, Sommer 1918: Kind
aber auch Erwachsene wartet
täglich zu Tausenden auf d
Verteilung einer Supp

46 Die Junioffensive 1918, die Piaveoffensive, begann mit Gasangriffen entlang der Gebirgsfront und am Piave. Doch die Wirkung war im Gegensatz zu jener während der zwölften Isonzoschlacht sehr gering.

47 Das Überqueren des Hochwasser führenden Piave gelang zwar, doch die k. u. k. Armeen konnten sich nur für kurze Zeit westlich des Flusses festsetzen. Schon nach 48 Stunden mußte die Offensive als gescheitert angesehen werden.

48 Meldung eines k. u.
Truppenkörpers beim Eintref
an der Westfront. Ab Aug
1918 sollten vier k. u.
Infanteriedivisionen in Fra
reich und Belgien eingese
werd

49 Der Waffenstillstand vom 3. November 1918 überraschte Hunderttausende Angehörige der k. u. k. Wehrmacht an der Südwestfront. Sie machten sich, wie hier in Trient, zum Marsch in die Kriegsgefangenschaft bereit.

Friedensschritte

Die ersten Friedensschritte Karls ergaben sich im Grunde genommen noch durch einen Zufall. Denn nur dadurch, daß in der Diskussion mit dem Deutschen Reich über eine Friedensinitiative der Mittelmächte eine Verzögerung eintrat, war die Botschaft vom 12. Dezember 1916 der erste Schritt des neuen Kaisers in diese Richtung und nicht vielleicht die letzte Handlung Kaiser Franz Josephs. Nach der Auflistung der Kriegsziele durch Graf Burián, Mitte Oktober, war in der zweiten Oktoberhälfte über Inhalt und Zeitpunkt einer Friedensinitiative verhandelt worden. Alle möglichen Erwägungen spielten dabei hinein. Sollte die Initiative in zeitlicher Nähe zur Polenproklamation der Mittelmächte stehen oder zeitlich deutlich abgesetzt erfolgen? Sollte die Friedensinitiative Hand in Hand damit gehen, daß deutlich gemacht würde, die Mittelmächte wären noch durchaus in der Lage, ihre Anstrengungen zu steigern? Für Deutschland stand ein nächster Schritt zur Totalisierung des Kriegs im Rahmen des „Hindenburg-Programms" heran. Die Oberste Heeresleitung wollte noch vor Hinausgabe einer Friedensnote ein Hilfsdienstgesetz verabschieden, mit dem das Hindenburg-Programm auch die notwendigen Arbeitskräfte erhalten sollte, ein unmißverständlicher Schritt in Richtung des totalen Kriegs. Oder wie es Hindenburg ausdrückte: „Das ganze Volk muß seinen Entschluß – weiter rüsten und weiter kämpfen zu wollen – in feierlicher Form kund tun."[1071]

Auch die amerikanische Komponente spielte eine starke Rolle. Das Deutsche Reich schwankte zwischen dem Wunsch nach Einschaltung der Amerikaner in die Friedensbemühungen und der Ablehnung einer derartigen Intervention. Für Österreich-Ungarn war die Angelegenheit dadurch kompliziert geworden, da man eine Einmischung des amerikanischen Präsidenten in die Nationalitätenproblematik der Monarchie befürchtete. In einer Rede vor der amerikanischen Friedensliga am 27. Mai 1916 hatte Präsident Wilson nämlich das „Selbstbestimmungsrecht der Völker" als eines der Friedensprinzipien proklamiert, und das konnte – wie Amerikanern und Österreichern nur zu sehr bewußt war – die Revolutionierung und Auflösung Österreich-Ungarns bedeuten.[1072] Es war dies aber nur eine Paraphrase jener Äußerung Woodrow Wilsons aus dem Herbst 1914 gewesen, als er gemeint hatte, die Donaumonarchie sollte „zum Wohle Europas in ihre Teile zerfallen".[1073] Zwar zeigten sich amerikanische Politiker in der Folge dem Argument zugänglich, daß sich angesichts der starken Vermengung der Nationalitäten in Österreich-Ungarn das Selbstbestimmungsrecht von Völkern als eine Schimäre erweisen müßte[1074], doch das änderte nichts an der ganz anderen Prinzipien und Traditionen verhafteten amerikanischen Politik.

Währenddessen hatte der damals noch im Amt befindliche k. u. k. Minister des Äußern, Graf Burián, zur Kenntnis nehmen müssen, daß das Deutsche Reich bei der Konkretisierung der Kriegsziele durchaus nicht so weit gehen wollte wie er selbst. Das Deutsche Reich wollte eine Note hinausgeben, in der keine konkreten Vorschläge für die Aufnahme von Verhandlungen gemacht wurden. Demgegenüber meinte Burián, es sollte zumindest eine interne Festlegung geben. Es wäre ja unsinnig, in Verhandlungen eintreten zu wollen, ehe sich die Mittelmächte nicht über ihre eigene Linie geeinigt hätten. Burián wollte seine Vorschläge vom 18. Oktober 1916 nur so verstanden wissen, daß damit der eigenen Diskussion ein fester Rückhalt geboten würde. Den Feindmächten wäre auf Grund dessen zu verstehen zu geben, daß die Mittelmächte mit fest umrissenen Vorschlägen in die Verhandlungen gingen.[1075] Daraus sprach die auch Bulgaren und Türken nicht fremde Sorge, das Deutsche Reich könnte seinen Frieden auf Kosten der anderen machen. Interessanterweise war in Berlin die Überlegung eine ähnliche: Da Österreich-Ungarn mit England und Frankreich eigentlich keinen Konflikt hatte, wäre es der Donaumonarchie ein leichtes, einen Frieden auf Kosten Deutschlands zu schließen.[1076]

Bei den dann innerhalb der deutschen Führung stattfindenden Verhandlungen darüber, was in einer Kriegszielvereinbarung enthalten sein könnte, wurde der österreichische Wunsch nach einer kompletten Neuregelung der Verhältnisse auf dem Balkan akzeptiert, dafür sollte Österreich an Rußland und Italien Gebiete abtreten. Doch die dann abermals stattfindenden Verhandlungen in Berlin am 15. und 16. November brachten als Ergebnis nicht mehr und nicht weniger als komplette Uneinigkeit. Das Deutsche Reich wollte keine konkreten Kriegsziele genannt wissen und schon überhaupt keine Vereinbarung schließen, die auf eine gegenseitige Garantie des Besitzstandes hinauslief. Österreich-Ungarn wollte eine lange und detaillierte Kriegszielliste und ein gegenseitiges Garantieabkommen der Verbündeten. Schließlich waren noch Bulgarien und die Türkei mit ihren jeweiligen Wünschen zu berücksichtigen. Aber war es wirklich realistisch gedacht, daß Österreich-Ungarn etwa der Türkei deren Besitzstand in Ägypten garantieren und dafür die türkische Zusage erhalten wollte, die Hohe Pforte würde in den Friedensverhandlungen den Verbleib Südtirols bei Österreich zu ihrem Kriegsziel machen? An diesem Punkt angelangt, erachtete es der deutsche Reichskanzler für klüger, doch den amerikanischen Präsidenten zu einem Friedensschritt zu ermuntern, denn dann konnte man dem Dilemma mit der Kriegszielliste entgehen.

Der Tod Kaiser Franz Josephs bot für Österreich-Ungarn wie für das Deutsche Reich Anlaß zum Neubeginn. Die Hoffnungen, die man in Berlin in eine Initiative des amerikanischen Präsidenten gesetzt hatte, zerschlugen sich jedoch, da der am 7. November 1916 wiedergewählte Woodrow Wilson keine Neigung erkennen ließ, eine Vermittlerfunktion zu übernehmen und ganz im Gegenteil Druck auf das Deutsche Reich auszuüben begann. Dann hieß es, gleich nach dem Tod Kaiser Franz Josephs wäre ein Friedensschritt nicht angebracht, da sonst der Eindruck entstehen könnte, Kaiser Karl würde den Krieg nicht mehr fortsetzen wollen – was zwar stimmte, aber nicht gesagt werden durfte. Schließlich wartete man auf den Fall von Bukarest.

Im Grunde genommen hatte sich alles im Kreis gedreht. Es gab keine konkret abgesprochenen Kriegsziele. Die Türkei und Bulgarien waren überhaupt nur in groben Zügen informiert worden. Österreich-Ungarn versuchte auch unter dem neuen Herrscher eine bindende Vereinbarung mit dem Deutschen Reich über ein Solidaritätsabkommen zu erzielen. Alle wurden von Berlin vertröstet. Die Habsburgermonarchie erhielt von Deutschland keine Zusage, daß sich Berlin verpflichten wollte, Österreich-Ungarn seinen Besitzstand zu sichern, wie sich Österreich-Ungarn umgekehrt verpflichten wollte, den deutschen Besitzstand zu garantieren. Letzteres war angesichts des Umstands, daß das Deutsche Reich nirgends Territorium eingebüßt hatte, seine Truppen ganz im Gegenteil überall weit in Feindesland standen, allerdings eine sehr unverbindliche Angelegenheit. Doch die deutsche Weigerung wurde in Wien wohl richtig verstanden. Jetzt war man eindeutig in Zeitnot geraten. In Rußland war der Nachfolger von Ministerpräsident Stürmer, Aleksandr F. Trepov, mit Aussagen über einen unverzichtbaren Endsieg vor die Duma getreten. Außerdem hatte Rußland Konstantinopel und die Meerengen zugesagt bekommen. In Großbritannien war Premierminister Asquith durch David Lloyd George ersetzt worden, der äußerste Entschlossenheit anklingen ließ. Im Deutschen Reich drängte die Marineleitung auf eine Ausweitung des U-Boot-Kriegs. Und aus Washington verlautete, daß eine Friedensinitiative des amerikanischen Präsidenten unmittelbar bevorstünde. Wollte man tatsächlich einen eigenständigen Schritt tun, mußte sofort gehandelt werden. Jetzt ging es um Tage.

Nach einer letzten gegenseitigen Information wurde am 12. Dezember die Friedensnote der Mittelmächte den neutralen Schutzmächten, USA, Schweiz und Spanien, zur Weiterleitung an die Entente und die mit ihr verbündeten Staaten übergeben. Die wichtigste Passage lautete: „Getragen von dem Bewußtsein ihrer militärischen und wirtschaftlichen Kraft und bereit, den ihnen auferlegten Kampf nötigenfalls bis zum Äußersten fortzusetzen, zugleich aber von dem Wunsche beseelt, weiteres Blutvergießen zu verhüten und den Greueln des Krieges ein Ende zu machen, schlagen die vier verbündeten Mächte vor, alsbald in Friedensverhandlungen einzutreten. Die Vorschläge dazu, die sie zu diesen Verhandlungen mitbringen werden und die darauf gerichtet sind, Ehre, Dasein und Entwicklungsfreiheit ihrer Völker zu sichern, bilden nach ihrer Überzeugung eine geeignete Grundlage für die Herstellung eines dauerhaften Friedens. Wenn trotz dieses Anerbietens zu Frieden und Versöhnung der Kampf fortdauern sollte, so sind die vier verbündeten Mächte entschlossen, ihn bis zum siegreichen Ende zu führen. Sie lehnen aber feierlichst jede Verantwortung vor der Menschheit und der Geschichte ab."[1077]

Zehn Tage später wurde Graf Burián als Minister des Äußern abgelöst und durch Ottokar Graf Czernin ersetzt. Dabei spielte mehreres eine Rolle. Burián hatte offenbar nicht das Vertrauen des neuen Kaisers; er war „etwas verknöchert", wie es Karl ausdrückte.[1078] Das Deutsche Reich hatte stark auf seine Ablösung gedrängt, und Czernin selbst wollte dieses wichtigste Ministerium übernehmen. Dazu kam aber wohl noch etwas anderes: Kaiser Karl war über die deutsche Weigerung, ein Solidaritätsabkommen abzuschließen, erbost. Und er verständigte am Tag nach dem Scheitern der diesbezüglichen Verhandlungen seinen Schwager Sixtus Bourbon-Parma von seinem Wunsch nach einem persönlichen Gespräch. Die Arrangements sollte aber nicht der Vertrauensmann Tiszas, Burián, sondern der Vertrauensmann des Kaisers, Czernin, treffen.

Die große Ernüchterung für die illusionäre Friedenspolitik, in der noch immer von weit ausgreifenden Eroberungen geträumt wurde, kam dann Anfang 1917. Am 5. Januar langte die Antwort der Ententemächte auf die Friedensnote der Mittelmächte in Washington ein und wurde von dort der Quadrupelallianz mitgeteilt.[1079] Diese Note zerstörte nicht nur die Hoffnung auf Verhandlungen. Es wurden auch Intention und Diktion der Friedensnote verworfen. Belgien, Frankreich, Großbritannien, Japan, Montenegro, Portugal, Rumänien, Rußland und Serbien verwarfen die in der Friedensnote gebrauchte Formel vom Verteidigungskrieg. Der Krieg sei von Deutschland und Österreich-Ungarn gewollt, hervorgerufen und erklärt worden. Keine Erwähnung fanden Bulgarien und die

Türkei. Die Alliierten verlangten Wiedergutmachung und Bürgschaften. Sie hielten fest, „daß kein Friede möglich ist, solange die Wiederherstellung der verletzten Rechte und Freiheiten, die Anerkennung des Nationalitätenprinzips und des freien Bestehens kleiner Staaten nicht gewährleistet, solange keine Sicherheit geboten ist für eine Regelung, geeignet, endgültig die Ursachen zu beseitigen, die so lange Zeit hindurch die Völker bedroht haben, und die einzig wirksame Bürgschaften für die Sicherheit der Welt bieten". Hier übte man sich, genauso wie das die Mittelmächte getan hatten, in schwülstiger Notenrhetorik. Mehr als neun Zehntel der Antwort betrafen das Deutsche Reich und nur knappe Passagen Österreich-Ungarn. Nichtsdestoweniger wurden die Kriegsziele der Entente gegenüber der Donaumonarchie erstmals konkret angesprochen. Es war gleichsam die offizielle Ankündigung, daß die Zerschlagung der Habsburgermonarchie Kriegsziel der Alliierten sein würde. Und das wog viel schwerer als alles, was beispielsweise in mehreren Absätzen über Deutschland und Belgien gesagt wurde.

Karl antwortete mit einem Armee- und Flottenbefehl, in dem von den vier Königreichen gesprochen wurde, die von den österreichisch-ungarischen Soldaten und ihren Verbündeten erobert worden waren, damit waren wohl Serbien, Montenegro, Rumänien und Belgien gemeint. „Trotz alledem täuschen die feindlichen Machthaber ihren Völkern und Armeen immer wieder die Hoffnung vor, daß sich ihr Geschick doch noch wenden werde. Wohlan denn, an Euch ist's, weiter eiserne Abrechnung zu halten. Erfüllt von stolzem Vertrauen in Meine Wehrmacht stehe Ich an Eurer Spitze. Vorwärts mit Gott!"

Jetzt hieß es wieder an's Rechnen zu gehen, wie der Krieg weitergeführt werden konnte, wie die Verluste der Armeen auszugleichen waren und ob es möglich war, noch zusätzliche Kontingente auszuheben. Conrad charakterisierte die Situation der Monarchie zu Jahresbeginn 1917 damit, daß er meinte: „Wenn die Entscheidung im Frühjahr nicht zu unseren Gunsten ausfällt, können wir mit den Kräften, die uns noch verbleiben, kaum auf eine Änderung zu unseren Gunsten mehr rechnen."[1080] Mit den Zahlen des Jahres 1916 gerechnet, mußten rund 1,5 Millionen Mann ausgeglichen werden. Tisza meinte zwar, daß dies zu hoch gegriffen sei, da sich eine Katastrophe wie die von Olyka und Luck im Gefolge der Brusilov-Offensive nicht wiederholen dürfte. Doch irgendwo zwischen 1,3 und 1,5 Millionen Mann mußte man wohl oder übel präliminieren. Da aber nicht nur ausgeglichen werden sollte und sich auch hier die Folgen der Gemeinsamen Obersten Kriegsleitung zeigten, war auch zu überlegen, wie zusätzliche Divisionen aufzustellen waren. Dem sollte ein neues Landsturmgesetz dienen, durch das bereits die Siebzehnjährigen landsturmpflichtig wurden. Die Landsturmpflicht sollte auch nicht mit 50 Jahren erlöschen, sondern auch noch für die 51- bis 55jährigen gelten.[1081] Jetzt ging es allmählich um das letzte Aufgebot.

Der uneingeschränkte U-Boot-Krieg

Mit dem Einlangen der Antwort der Ententemächte und ihrer Verbündeten war zwar das Scheitern der mühselig genug zustande gekommenen Friedensinitiative der Mittelmächte evident geworden. Nichtsdestoweniger gab es noch eine Fortsetzung. Da der amerikanische Präsident am 18. Dezember 1916 vor dem Senat seine lang angekündigte Friedensbotschaft verkündet und die Kriegführenden dazu eingeladen hatte, ihre Ziele bekanntzugeben, waren das Deutsche Reich und Österreich-Ungarn neuerdings im Dilemma gewesen. Was sollte man den Amerikanern sagen? Die Liste Buriáns einfach nachzuliefern, war wohl nicht die geeignete Maßnahme. Aus diesem Grund wurde auf die amerikanische Initiative nur vage geantwortet. Da der deutsche Staatssekretär für Auswärtiges, Zimmermann, der von Jagow nachgefolgt war, nicht mehr an einen Erfolg der eigenen Aktion glaubte, wollte er eine rasche Klärung und eine damit gekoppelte ebenso rasche Entscheidung über den Beginn des uneingeschränkten U-Boot-Kriegs unter Außerachtlassung der Prisenordnung. Schließlich übermittelte Berlin den Amerikanern aber doch noch eine Liste mit recht maßvollen, allerdings nur das Deutsche Reich betreffenden Zielen.[1082] Der Ballhausplatz war davon erst verständigt worden, als der deutsche Gesandte in Washington bereits die entsprechenden Instruktionen in Händen hielt. Das Deutsche Reich hatte seine Verbündeten ganz kalt im Stich gelassen. Zugleich war auch der definitive Beschluß über den uneingeschränkten U-Boot-Krieg gefallen, der am 1. Februar 1917 beginnen sollte.

Mit der Annahme der amerikanischen Vermittlung bei der Herbeiführung eines Friedens und der Übersendung einer gemäßigten Kriegszielliste war deutscherseits der Versuch unternommen worden, es trotz des Entschlusses zum uneingeschränkten U-Boot-Krieg nicht zum Bruch mit den USA kommen zu lassen. Doch die USA honorierten diesen Trapezakt keinesfalls. Am 3. Februar wurden dem deutschen Gesandten in Washington die Pässe zugestellt. Die diplomatischen Beziehungen waren abgebrochen.

Wieder zwei Tage später, am 5. Februar 1917, ließ der österreichisch-ungarische Minister des Äußern, Graf Czernin, dem amerikanischen Außenminister Lansing eine Note übermitteln, in der er sich ausdrücklich zu der von Wilson vorgeschlagenen Formel eines Friedens ohne Sieger und ohne Besiegte bekannte und den amerikanischen Präsidenten aufforderte, die Regierungen der Ententemächte zur Annahme dieses Grundsatzes zu bewegen.[1083] Die USA brachen ihre Beziehungen zu Österreich-Ungarn nicht ab. Das aber wohl nicht so sehr wegen des Umstands, daß Czernin auf die amerikanischen Vorschläge mehr eingegangen wäre als Zimmermann, sondern deshalb, da Österreich-Ungarn tatsächlich keinen uneingeschränkten U-Boot-Krieg führen wollte, ebensowenig wie die Türkei und Bulgarien. Interessant an der Note Czernins an den amerikanischen Secretary of State, Lansing, war, daß die deutsche Regierung auch erst nachträglich davon unterrichtet wurde. Berlin und Wien hatten angesichts des Fehlens eines Solidaritätsabkommens und wechselseitiger Zusagen, für die territoriale Integrität der Reiche einzustehen, eigene Wege zu beschreiten begonnen. Während aber der deutsche Schritt eine weitere Eskalation brachte, ja wahrscheinlich jenen Schritt darstellte, der die Niederlage der Mittelmächte im Krieg brachte, ging die österreichische Führung einen anderen Weg. Und der war zweifellos vom Kaiser vorgegeben.

Was Czernin an Außenminister Lansing übermittelte, war nichts anderes als die Quintessenz der Sitzung des gemeinsamen Ministerrats vom 12. Januar 1917.[1084] Unter dem Vorsitz Kaiser Karls waren außer der polnischen Frage die Friedens- und Kriegszielfragen besprochen worden. Zwei Varianten wurden dabei behandelt, ein Maximal- und ein Minimalprogramm. Bei letzterem wollte der Kaiser nur den Lovćen, also das Bergmassiv südlich der Bucht von Cattaro, als territoriales Ziel genannt wissen. Im übrigen aber wäre die Integrität der Monarchie anzustreben und in Serbien ein Wechsel der Dynastie. Die anderen Teilnehmer der Sitzung sahen das nicht ganz so. Sie griffen – ausgenommen Graf Czernin – weiter aus und sprachen im Grunde genommen die alte Liste des Ministers Burián durch. Da ergriff wieder der Kaiser das Wort. Im Protokoll des gemeinsamen Ministerrats liest sich das folgendermaßen: „Seine Majestät geruhen sodann die Frage eines Bündnisses mit Rußland aufzuwerfen, welches Allerhöchstderselbe als sehr anstrebenswert bezeichnet, insbesondere in Anbetracht der offenbaren Unmöglichkeit einer Annäherung an die Westmächte oder an das treubrüchige Italien. Rußland sollte man etwas von Rumänien anbieten, die Türkei würde in der Meerengen-Frage mit sich reden lassen." Als dann das Minimal- und Maximalprogramm nochmals durchbesprochen wurde und der Chef des Generalstabs, Feldmarschall Conrad, das Wort erhielt, kam es recht unverblümt: Es sei zwecklos, derartige Programme aufzustellen, weil man ja noch nicht sagen könne, was bei einem Friedensschluß zu erreichen sei. Militärisch wäre ein Maximalprogramm zulässig. Was Rußland anging, war Conrad regelrecht grob und belehrend: „Rußland werde kaum auf die zwei Kardinalpunkte seines außenpolitischen Programms, d. i. den Besitz Konstantinopels und die Vereinigung aller Slaven unter seiner Oberhoheit, verzichten; der Weg nach Konstantinopel aber gehe nach Graf Ignatevs Ausspruch über Wien und Budapest." Zum Schluß resümierte der Kaiser recht eigenwillig die Debatte: „... daß in der polnischen Frage der Status quo aufrecht zu erhalten sei, daß unser Hauptkriegsziel die Erhaltung der Integrität der Monarchie bilde, daß weiter Serbien weitgehende Existenzmöglichkeiten gesichert werden müssen und daß schließlich eine Annäherung an Rußland angestrebt werden sollte". Einen letzten Punkt konnte Karl aber nicht beiseite schieben: Alle Teilnehmer des Ministerrats hatten sich für den verschärften U-Boot-Krieg ausgesprochen und wollten den nicht nur im Atlantik, sondern auch im Mittelmeer geführt wissen. Der Kaiser hatte sich diesbezüglich nicht geäußert, sondern nur die Meinungen gesammelt.

Karl und sein Außenminister vertraten aber offenbar eine andere Auffassung. Noch am selben 12. Januar sandte Czernin eine erste Demarche nach Berlin, in der das Mitspracherecht der Donaumonarchie an der Entscheidung über den U-Boot-Krieg festgestellt wurde.[1085] Der Chef des deutschen Auswärtigen Amtes, Zimmermann, beruhigte und wußte die Notwendigkeit des verschärften U-Boot-Kriegs so nachdrücklich darzustellen, daß der von Czernin nach Berlin entsandte Sektionschef Flotow ganz auf die deutsche Linie einschwenkte. Es war ein Wiederaufleben der Blufftheorie, die in der Julikrise 1914 eine so große Rolle gespielt hatte. Jetzt meinte man wieder, daß nur geblufft würde. England würde durch den uneingeschränkten U-Boot-Krieg monatlich 600.000 BRT verlieren. Das bedeutete, es würde in fünf bis sechs Monaten kapitulieren müssen. Damit kämen die Amerikaner auf jeden Fall zu spät. Das wüßten sie, und auch die Briten wüßten das, meinte man in Berlin. Sie blufften nur. Flotow war beeindruckt und überzeugt. Czernin verhielt sich „rezeptiv". Doch es war ja nicht nur Czernin, der im deutschen Sinn beeinflußt werden mußte, sondern auch Kaiser Karl. Der teilte durchaus nicht die Auffassung, daß die USA nur blufften. Daraufhin wurden Staatssekretär Zimmermann und der Chef des deutschen Admiralstabs, Admiral Holtzendorff, der hauptsächliche Befürworter des U-Boot-Kriegs, nach Wien entsandt. Karl weigerte sich, sie zur Hoftafel zuzulassen. (Da war es wieder: das Anliegen und das Emotionale, das rational Faßbare und das Unbedachte.)

Zimmermann und Holtzendorff sollten die Österreicher überzeugen. Doch außer dem Flottenkommandanten Großadmiral Anton Haus ließ sich niemand wirklich überzeugen. Nun kam wieder die Oberste Kriegsleitung ins Spiel, und eigentlich erstmals unter Kaiser Karl in einer substantiellen Frage. Da sich die militärischen obersten Gremien nicht einigen konnten, die österreichisch-ungarische Führung gegen den U-Boot-Krieg und die deutsche dafür war, mußten die Monarchen entscheiden. Bei Uneinigkeit galt, was Wilhelm II. sagte. Karl empfing schließlich Holtzendorff in Privataudienz. Und dabei erfuhr er, daß die Frage des U-Boot-Kriegs gar nicht mehr Gegenstand von Beratungen sein konnte, sie war ja längst, nämlich am 9. Januar, entschieden worden. Holtzendorff teilte dem Kaiser mit, die deutsche U-Boot-Flotte wäre bereits mit der neuen Order ausgelaufen und auch mit Hilfe von Radiotelegrafen gar nicht mehr von einer Gegenorder zu informieren. Verfahrener konnte die Situation gar nicht sein: Der Kaiser und König war düpiert worden. Man hatte nur die Alternative, einen schweren Konflikt mit Deutschland ausbrechen zu lassen, indem die deutschen U-Boote im Mittelmeer behindert wurden, oder sich zu fügen. Und Österreich fügte sich. Es fügte sich nicht zuletzt deshalb, da angesichts der Antwortnote der Entente auf die Friedensinitiative der Mittelmächte und der darin zum Ausdruck gekommenen Absicht, die Monarchie zu zerstören, ein Gefühl der Ausweglosigkeit entstanden war, die dem Habsburgerreich keine Hoffnung ließ. Und damit erhielt die Fortsetzung des Kriegs eine ganz andere Bedeutung. Hatte vor dem Krieg und in der Julikrise die Möglichkeit einer nur mehr auf ihre Kernlande beschränkten Donaumonarchie eine Rolle gespielt und war mit dem Hinweis darauf auch der Entschluß zum Krieg begründet worden, so hatte man jetzt etwas noch viel Folgenschwereres vor Augen: die Auflösung. Daher mußte der deutsche Schritt in Richtung uneingeschränkter U-Boot-Krieg wohl oder übel mitgemacht werden. Und auch die deutschen Argumente, daß nur der totale Einsatz aller Kräfte und die rücksichtslose Verwendung von Humanressourcen und materiellen Gütern den Mittelmächten noch das Überleben in diesem Krieg, ja vielleicht den Sieg bringen konnten, mußten akzeptiert werden. Czernin zog sich auf den Standpunkt zurück, daß er, wie er dem bayerischen Ministerpräsidenten Graf Hertling – der auch ein Gegner des U-Boot-Kriegs war – sagte, von diesen „technischen Dingen" nichts verstehe.[1086] Er wollte wohl glauben, was ihm Holtzendorff gesagt hatte, daß man die Engländer in fünf Monaten in die Knie zwingen könne. Und die USA? Wenn die in den Krieg einträten, dann würde sich das gegen sie wenden, da dann der U-Boot-Krieg auch gegen sie voll zur Anwendung komme.

Das stärkste Argument Holtzendorffs aber war wohl gewesen, daß er anführte, die Ententemächte würden ja bereits einen uneingeschränkten U-Boot-Krieg gegen Österreich-Ungarn führen. Sie taten das direkt und indirekt, wenn sie unter Ausnützung der

Flaggen Neutraler auf Passagierschiffen Munition transportierten oder die Prisenordnung mißachteten. Insgesamt ließen sich neun Fälle anführen, bei denen unbewaffnete Schiffe und sogar ein Spitalsschiff torpediert worden waren.[1087] Im Mittelmeer und in der Adria hatte sich überhaupt eine kaum mehr überblickbare Situation herausgebildet.

Seit dem Kriegseintritt Italiens brachte die deutsche Kriegsmarine vermehrt U-Boote in das Mittelmeer, wo sie die österreichisch-ungarischen Hafenanlagen ausnützte und auch den Versorgungs- und Geleitdienst in Anspruch nahm, den Österreich-Ungarns Seestreitkräfte zu leisten imstande waren. Doch die Deutschen hatten dem Seekrieg einen neuen Charakter gegeben. Die Ägäis und das östliche Mittelmeer waren bevorzugter Operationsraum für die deutschen U-Boote geworden. Der Seekrieg gewann merklich an Intensität. Daraufhin hatte sich auch der k. u. k. Flottenkommandant, Großadmiral Haus, mit dem Gedanken anzufreunden begonnen, daß dieser Krieg länger dauern könnte, und ermöglichte endlich auch den Bau zusätzlicher U-Boote. Allerdings gab es auch dabei Schwierigkeiten, da das ohnedies nur auf vier Boote ausgelegte Neubauprogramm von Ungarn beeinsprucht wurde, weil die Boote nicht von ungarischen Firmen mitgebaut werden sollten. Die Lösung sah dann so aus, daß die Neubauten in Pola und Linz vorgenommen und der Zusammenbau entweder in Pola oder in Fiume erfolgen sollte. Österreichische und ungarische Firmen konkurrenzierten sich auch, als man bei der Fortsetzung dieses Neubauprogramms von den bisher gebauten Booten abging und deutsche Boote zu bauen begann. Auf diese Weise entstanden zusätzlich sechs U-Boote.

Doch es war auch zu fragen gewesen, ob diese U-Boote, wenn sie in Dienst gestellt würden, überhaupt noch durch die Straße von Otranto in das Mittelmeer fahren konnten. Denn eines hatte der Kriegseintritt Italiens auf jeden Fall bewirkt: Die Seestraße von Otranto wurde noch schwerer passierbar und dank britischer und französischer Sperrmaßnahmen zu einer ausgesprochen gefährlichen Route.

Die schon 1915 begonnene Vermischung deutscher und österreichisch-ungarischer U-Boote, wobei deutsche U-Boote unter österreichischer Flagge fuhren, aber unter deutschem Kommando standen, brachte es mit sich, daß Österreich-Ungarn immer wieder Zwischenfälle zu verantworten hatte, an denen die k. u. k. Kriegsmarine so gut wie unbeteiligt war. Nach der Versenkung der „Medusa“ und des italienischen schweren Kreuzers „Amalfi“ im Juni bzw. Juli 1915 war der nächste Zwischenfall dieser Art die Versenkung des italienischen Dampfers „Ancona“ am 7. November 1915 durch das (deutsche) U 38 unter Kapitänleutnant Max Valentina gewesen. Das Boot war formell am 21. Oktober 1915 in die Liste der k. u. k. Kriegsschiffe eingetragen worden und führte die österreichisch-ungarische Flagge. Admiral Haus hatte zwar sofort die Verantwortung für die Versenkung der „Ancona“ übernommen; nichtsdestoweniger war diese Art von „Gastarbeiterschaft“ etwas, das nicht unproblematisch war. Wollte man allerdings die Fiktion aufrechterhalten, daß österreichisch-ungarische U-Boote auch im Mittelmeer operierten, dann mußte diese Art der Bündniskriegführung weitergehen.[1088] Bei der Versenkung der „Ancona“ waren aber auch einige amerikanische Staatsbürger ums Leben gekommen. Die amerikanische Regierung machte geltend, daß internationales Recht verletzt worden sei, da das Schiff nicht als Prise behandelt und den Passagieren nicht genügend Zeit zum Verlassen des Schiffs gegeben worden sei.[1089] Die USA verlangten eine Bestrafung des verantwortlichen U-Boot-Kommandanten und eine Entschädigung für die amerikanischen Staatsbürger, die zu Schaden oder ums Leben gekommen waren. Die Affäre zog sich jedoch hin, und es wurde eine Vielzahl von Noten gewechselt, ehe Außenminister Burián auch nur eine detaillierte Gegendarstellung geben konnte. Erst am 29. Dezember 1915 war es soweit, daß Burián dem amerikanischen Botschafter in Wien eine Note aushändigen konnte, in der deutlich dargestellt wurde, daß die „Ancona" zu fliehen gesucht hatte, daß die Rettungsboote ins Wasser gelassen worden waren, offenbar die Mannschaft aber vor den Passagieren das Schiff verließ. Erst nach rund einer Stunde und angesichts eines Dampfers, der mit voller Kraft auf die „Ancona" zugehalten habe, sei diese torpediert worden, und zwar so, daß sie langsam sank und den Passagieren, die vielleicht noch nicht in die Rettungsboote gelangt waren, genug Zeit gegeben wurde. Der Dampfer sei erst nach weiteren 45 Minuten gesunken.[1090]

Kaum schien dieses Problem hinlänglich dargestellt, ereigneten sich die nächsten Zwischenfälle. Wie erst im Januar 1916 bekannt wurde, war ein Schiff der „Standard Oil Company", die „Petrolite", von einem k. u. k. U-Boot gestoppt worden, wobei mehrere Schüsse abgegeben worden waren. Als der Kapitän der „Petrolite" an Bord des U-Boots kam und seine Papiere für in Ordnung befunden wurden, verlangte der Kapitän des U-Boots, daß ihm frisches Fleisch und Eier verkauft würden. Die Amerikaner lieferten schließlich das Gewünschte ohne Bezahlung, schalteten aber nach ihrer Rückkehr nach New Jersey das State Department ein und schilderten den Zwischenfall als einen Akt der Piraterie. Die österreichische Darstellung fand keinen Glauben, denn die allermeisten amerikanischen Medien und sehr viele Behörden und Einzelpersonen waren gegen die Mittelmächte eingestellt und versuchten gar nicht mehr zu differenzieren.[1091] Der Fall zog sich über Monate hin.[1092] Der nächste Zwischenfall hatte sich am 30. Dezember 1915 ereignet, als wiederum Valentina mit U 38 das Linienschiff „Persia" vor Kreta versenkte. Da der amerikanische Konsul von Aden an Bord gewesen war, erreichte die gegen die Mittelmächte gerichtete Stimmung in den USA einen neuen Höhepunkt. Deutschland und Österreich-Ungarn bestritten allerdings, für die Versenkung der „Persia" verantwortlich zu sein.[1093] Dann wurde ein russischer Frachter, die „Imperator", in der Nähe der spanischen Küste versenkt, wobei ein Amerikaner verletzt wurde. Botschafter Penfield war Dauerbesucher im Ministerium des Äußern. Er hatte auch darüber Klage zu führen, daß in den Zeitungen Österreich-Ungarns die Kritik an den USA immer mehr zugenommen hätte, wobei die Zensur tatenlos zusehe.[1094] Daß umgekehrt in den USA fast ausschließlich Negatives über Österreich-Ungarn zu lesen war und sich Organisationen ungehindert betätigen konnten, die für die Zerstörung der Monarchie eintraten, blieb dabei außer Betracht.

Die Alliierten hatten aber genauso ihre Probleme, zwischen Schiffen zu unterscheiden, die militärischen Zwecken dienten, und solchen, auf denen ahnungslose Zivilisten fuhren. 1916 wurde eine ganze Reihe von österreichisch-ungarischen Schiffen versenkt, darunter am 18. März 1916 das erwähnte Spitalsschiff „Electra". Die meisten dieser durch italienische und französische U-Boote versenkten Schiffe wurden ohne vorherige Warnung torpediert. In Österreich wurde dabei mit erheblicher Bitternis registriert, daß sich Präsident Wilson dieser Fälle nicht annahm, wohl deshalb, da auf diesen Schiffen keine amerikanischen Staatsbürger mitgefahren waren.

Insgesamt wurden 1916 durch österreichisch-ungarische U-Boote freilich nur 16

Schiffe versenkt, die meisten von ihnen kleine Küstendampfer oder Segelschiffe. Lediglich der französische Zerstörer „Renaudin“ und der italienische Kreuzer „Principe Umberto“ sowie die „Città di Messina“ besserten diese bescheidene Bilanz etwas auf. Demgegenüber verlor die k. u. k. Kriegsmarine im Verlauf des Jahres 1916 zwei U-Boote.

Die Deutschen waren da viel erfolgreicher gewesen. Schon um die Jahresmitte 1916 hatte sich feststellen lassen, daß die Erfolge vor allem deutscher U-Boote im Mittelmeer außerordentlich groß waren und die alliierte Schiffahrt in einem erheblichen Maß behinderten. Mit der Kriegserklärung Italiens an das Deutsche Reich am 28. August 1916 entfiel dann auch die Notwendigkeit, deutsche U-Boote unter österreichisch-ungarischer Flagge fahren zu lassen. Admiral Holtzendorff hatte allerdings ein gewichtiges Argument bei der Hand, warum es auch nach diesem Datum sinnvoll wäre, wenn deutsche U-Boote die rot-weiß-rote Flagge führten. Holtzendorff meinte nämlich, wenn dies nicht der Fall wäre, würde die österreichisch-ungarische Flagge vollständig aus dem Mittelmeer verschwinden.[1095] Außerdem könnte man dadurch, daß zumindest einige deutsche Boote weiterhin unter österreichischer Flagge fuhren, leichter die Anzahl der deutschen U-Boote kaschieren. Am 10. September 1916 wurden daher sechs deutsche U-Boote formell und mit einem vordatierten Vermerk in die Liste der k. u. k. Kriegsmarine aufgenommen. Drei andere U-Boote schieden allerdings aus.

Die großen deutschen Erfolge und die viel geringeren der k. u. k. U-Boote gaben natürlich zu denken und spielten bei den Beratungen über den uneingeschränkten U-Boot-Krieg eine Rolle. Vielleicht war es auch wirklich nicht ganz einfach, die Bedeutung des uneingeschränkten U-Boot-Kriegs zu erkennen und die genannten Zahlen gegen die politischen Implikationen abzuwägen. Außerdem war es wohl unmöglich, vorauszusehen, daß die deutschen Versprechungen, es würden über 40 U-Boote im Mittelmeer zum Einsatz kommen, nicht halten würden. Aber wie das bei dergleichen Gelegenheiten häufig ist, schwirrten plötzlich Zahlen durch den Raum, wurde das technisch Machbare als das auch im Kriegsalltag Realisierbare hingestellt. Die Politiker, die nicht Stellung beziehen wollten, zogen sich plötzlich auf die Position von Nichtfachleuten zurück und gaben vor, keine Aussagen machen zu können. Letztlich fanden sie sich ab oder stimmten auch aus voller Überzeugung zu. Mit der Ausweitung des uneingeschränkten U-Boot-Kriegs auch auf das Mittelmeer sollte dieses mit Ausnahme einer schmalen Schiffahrtsstraße entlang der afrikanischen Küste für die Neutralen zum maritimen Sperrgebiet werden, in dem rücksichtslos torpediert wurde. Ab dem 1. Februar 1917 mußte der Krieg auf jeden Fall ein anderer werden.

Czernin aber wollte das nicht wahrhaben. Da eine amerikanische Friedensvermittlung zwischen den großen Bündnissen obsolet geworden war, wandte sich Kaiser Karl an den spanischen Monarchen König Alfonso XIII. Der war auch gerne bereit, sich als Vermittler zur Verfügung zu stellen. Die Schwierigkeit war der spanische Ministerpräsident Graf Romañones. Da er aber als bestechlich galt, wollte ihn Czernin notfalls kaufen. Die Formel, die die österreichische Außenpolitik unter Czernin anzuwenden bemüht war, lautete nunmehr konsequent „kein Sieger und kein Besiegter“.[1096] Der Unterschied zu der parallel auch von Wilson angewendeten Formel war der, daß Czernin meinte, Europa etwa auf die Situation vor der Entfesselung des Kriegs zurückführen zu können, während Wilson damit eine neue Friedensordnung unter Zugrundelegung der Auflösung zwischen- und innerstaatlicher Traditionen Europas meinte.

Die deutsche Regierung war über die neue österreichische Politik alles andere als erbaut. Sie mißtraute insbesondere dem Fortbestand der diplomatischen Beziehungen der Donaumonarchie zu den USA, die sogar noch intensiviert worden waren, da Österreich-Ungarn gerade zum Zeitpunkt des Abbruchs der diplomatischen Beziehungen zwischen Washington und Berlin mit dem Grafen Tarnowski einen Botschafter in die USA entsandte und damit einem 14 Monate währenden Zustand, in dem Österreich-Ungarn nur durch einen Geschäftsträger vertreten gewesen war, ein Ende bereitete. Daraufhin stellte Staatssekretär Zimmermann drei Forderungen: Tarnowski sollte sein Beglaubigungsschreiben nicht überreichen. Die Habsburgermonarchie sollte bei Wilson dagegen protestieren, daß die USA die Neutralen gegen das Deutsche Reich aufhetzten. Und schließlich sollte Österreich-Ungarn im Fall eines Kriegsausbruchs zwischen den USA und dem Deutschen Reich seinen Botschafter wieder abberufen. Czernin wollte nur letzteres zugestehen.[1097]

Auf die Regierung in Washington machte die eigenständige Politik der Donaumonarchie offenbar Eindruck, denn Washington begann einen Sonderfrieden der Entente mit Österreich-Ungarn zu überlegen, noch dazu, da ja auch für Großbritannien und Frankreich die Tatsache zu Buche schlagen sollte, daß es keinen ursächlichen Konflikt mit Österreich-Ungarn gab. Der neue britische Premier, Lloyd George, sah die Angelegenheit aber unter einem anderen Aspekt und replizierte auf die entsprechenden Vorbringungen des amerikanischen Botschafters in London, Page, indem er meinte, ein derartiger Sonderfrieden würde Deutschland stärken, da es dann das immer mehr zur Last werdende Österreich-Ungarn verliere. „Deutschland wird mit der Last Österreich-Ungarns am Buckel wahrscheinlich früher aufgeben als wenn Österreich aus dem Krieg ausscheidet.“[1098] Doch Lloyd George geriet unter den Druck der hohen britischen Militärs, die den Gedanken eines Sonderfriedens mit Österreich als durchaus attraktiv ansahen. Der britische Premier willigte also in Gespräche mit der Habsburgermonarchie ein, vorausgesetzt, sie würden wirklich geheim geführt werden.[1099] Daraufhin sondierten die Amerikaner in Wien. Der amerikanische Botschafter kam zu Czernin in dessen Privatwohnung und versicherte ihm, die Entente würde im Fall eines Friedens keineswegs die Absicht hegen, Ungarn und Böhmen von der Monarchie abzutrennen.[1100] Diese kryptische Äußerung wurde von Czernin aber nicht dahingehend interpretiert, daß damit ja kein Wort zu den südslawischen und italienischen Teilen der Monarchie gesagt worden war, auch Galizien und das polnische Problem unerwähnt blieben. Der Minister hatte die Aktion grundsätzlich mißverstanden, denn er war der Ansicht, der amerikanische Botschafter habe im Auftrag einer kriegsmüden Entente gehandelt. Czernin bedeutete ihm darauf, die Donaumonarchie würde nur gemeinsam mit ihren Verbündeten in Friedensverhandlungen eintreten.[1101] Dem Minister lagen auch Informationen aus Rußland vor, die auf eine dramatische Entwicklung hindeuteten. Daher wurde das, was auf eine Zweidrittel-Monarchie hinzielte, nicht mehr weiter erwogen. Bei alledem stellte sich aber auch die Frage, ob die Monarchie so ohne weiteres aus dem Krieg austreten konnte. Es gab zwar schon schwere Versorgungsengpässe, auf der anderen Seite aber auch eine sich ungeheuer überhitzende Kriegskonjunktur. Kriegsmüdigkeit wollte Graf

Czernin keine sehen. Eine Radikalisierung einer auf Siegfrieden eingestellten Bevölkerung konnte sich jedoch genausogut gegen die eigene Führung und gegen den Monarchen wenden. Es konnte Bürgerkrieg geben. Wie würde das Deutsche Reich darauf reagieren, wie die Armeeführung? Hindenburg bezeichnete es ja 1917 als einen durchaus befriedigenden Abschluß seiner Karriere, wenn er „die deutsche Armee zum Einmarsch nach Böhmen kommandieren dürfte".[1102]

Würden sich die k. u. k. Truppen notfalls auch gegen Deutschland und würden sie sich – weiterhin – im Inneren verwenden lassen? Die Fragen waren gar nicht durchzudenken. Doch egal, was geschah und was den zum Alltag gewordenen Krieg unterbrach: es mußte einen Polarisierungs- und Radikalisierungsschub mit sich bringen.

Im März 1917 hatten sich auch in den Gesprächen zwischen den USA und Österreich-Ungarn die Themen erschöpft. Wilson hatte es von Ende Januar bis März abgelehnt, dem österreichischen Botschafter Gelegenheit zu geben, sein Beglaubigungsschreiben zu überreichen. Österreich-Ungarn wurde in der öffentlichen Meinung der USA mit dem Deutschen Reich in einen Topf geworfen, und das vor allem, als die sogenannte „Zimmermann-Depesche" bekannt wurde, die vom britischen Geheimdienst dechiffriert und umgehend den Amerikanern mitgeteilt worden war. In dieser Depesche hatte der deutsche Staatssekretär des Auswärtigen Mexiko Versprechungen gemacht, falls es in ein Bündnis mit dem Deutschen Reich willigen und die USA in einen Zweifrontenkrieg verwickeln würde. Jetzt war die amerikanische Regierung entschlossen, den Krieg unverzüglich herbeizuführen. Der amerikanische Botschafter in Wien riet seinen Landsleuten, die Monarchie zu verlassen. Am 6. April erklärten die USA dem Deutschen Reich den Krieg, nicht aber Österreich-Ungarn, dem Präsident Wilson konzedierte, daß es zwar mit Worten, aber nicht wirklich an der Kriegführung gegen die USA beteiligt sei. Der amerikanische Botschafter Penfield wurde Ende März „zur Berichterstattung einberufen", wie das so schön heißt, und der k. u. k. Botschafter in Washington, Tarnowski, erhielt am 6. April die Weisung, der amerikanischen Regierung den Abbruch der diplomatischen Beziehungen mitzuteilen, gleichzeitig aber darauf hinzuweisen, daß dies nur eine Folge des Bündnisses sei und man hoffe, nach Wiederherstellung des Friedens die traditionellen freundschaftlichen Beziehungen wiederaufzunehmen.[1103] Es waren sehr ähnliche Worte, wie sie Anfang August 1914 gesprochen worden waren.

Die Conrad-Krise

Die Friedenspolitik Kaiser Karls schien in eine Sackgasse geraten zu sein. Nach wenigen Monaten der Herrschaft mußte er sich eingestehen, daß noch so gut wie nichts von dem realisiert worden war, das er mit größter Ambition angegangen war. Das Verhältnis zum Deutschen Reich hatte sich so entwickelt, daß Österreich-Ungarn noch stärker als bis dahin an die deutsche Kriegführung gebunden worden war. In der Innenpolitik war noch kein entscheidender Durchbruch gelungen, die Außenpolitik war sowohl bei der erklärten Kriegszielpolitik wie mit der Formel vom „Frieden ohne Sieger und Besiegte“ gescheitert. Große Entscheidungen aus eigener Kraft waren nicht mehr zu erwarten. Wohl aber konnte der Tag kommen, an dem die k. u. k. Armee als letzter stabilisierender Faktor im Innern eine Rolle spielen würde. Das gab wohl auch mit den Ausschlag, daß Karl die Führung der Armee noch stärker in die eigene Hand nehmen und das Armeeoberkommando noch mehr zu seinem persönlichen Instrument umgestalten wollte. Er strebte die tatsächliche politische und militärische Führung der Monarchie an. Diese Tendenz war bei ihm so offenkundig, daß bereits zum Jahreswechsel, also nach rund einem Monat Herrschaft, die autokratischen Neigungen des Monarchen kritisiert wurden.[1104] Josef Maria Baernreither nannte es „Plötzlichkeit“, und er schrieb, Kaiser Karl gemahne ihn an Kaiser Wilhelm.[1105] Redlich wieder meinte, daß bei der Neigung Karls, den absolutistischen Herrscher hervorzukehren, auch die Lakaienhaftigkeit aller Klassen in Österreich eine Rolle spielte, daher wären 1917 die Ideen von 1850 wieder zum Tragen gekommen. Und wie im Neoabsolutismus spielte die Armee eine überragende Rolle. Daher galt es, sie voll in den Griff zu bekommen.

Karl hatte den von ihm gewünschten Ministerpräsidenten in Österreich, er hatte den von ihm gewünschten Minister des Äußern, er war der Armeeoberkommandant und hatte Erzherzog Friedrich auf eine reine Repräsentativ- und Mittlerfunktion herabgedrückt. Es muß kaum besonders betont werden, daß die Zeit vorbei war, in der das Armeeoberkommando aufwendige Denkschriften zu innen- und außenpolitischen Problemen verfaßte, denn die hatten plötzlich weder einen Verfasser noch einen Adressaten. Und der Kaiser hatte Weisung gegeben, das Armeeoberkommando nach Baden zu übersiedeln. Ein einziger hatte Widerstand geleistet und leistete noch Widerstand: Conrad von Hötzendorf. Der Feldmarschall hatte bei seiner Argumentation gegen die Übersiedlung nach Baden alles vorzubringen versucht, sogar das Unsinnigste. So hatte er dem Kaiser zu bedenken gegeben, daß bei einer Verlegung weg von Teschen alle telegrafischen Verbindungen neu hergestellt werden müßten. Um den dafür erforderlichen Draht zu bekommen, müßte aber die Erzeugung des so ungeheuer wichtigen Stacheldrahts für die Front eingeschränkt werden.[1106] Subtiler war wohl, daß in der Operationsabteilung des Armeeoberkommandos intensive Planungen für das Frühjahr anliefen, daß versucht wurde, die Deutsche Oberste Heeresleitung für eine große Offensive in Italien zu interessieren, und dann damit argumentiert wurde, daß es notwendig sei, den Verkehr mit dem in Pleß untergebrachten deutschen Hauptquartier gerade in dieser wichtigen Phase der Vorbereitung einer großen Offensive nicht zu unterbrechen.

Doch es half nichts: Am 3. und 4. Januar 1917 hatte das AOK nach Baden bzw. Bad Vöslau zu übersiedeln. Die Operationsabteilung kam abermals in ein Gymnasium, während sich der Kaiser in einer Villa auf dem Badener Hauptplatz einrichtete. Die Quartiermeisterabteilung wurde in Bad Vöslau untergebracht. Doch die Entmachtung und Umwandlung des Armeeoberkommandos zu einem ausschließlichen Instrument des Kaisers und Königs setzte sich fort. Zunächst verlor Conrad seinen Rückhalt in der Militärkanzlei, da Generaloberst Baron Bolfras um seinen Abschied bat. Sein Nachfolger, Feldmarschalleutnant Marterer, war zwar immer wieder als Stellvertreter Bolfras’ in Erscheinung getreten und hatte nicht zuletzt die wenig dankbaren Aufgaben bei Kommandoenthebungen und Maßregelungen zu übernehmen gehabt. Marterer war allerdings auch Anlaufpunkt für personelle und politische Intrigen gewesen, und er war sicherlich kein Mann des AOK. Am 8. Februar 1917 starb der Flottenkommandant Großadmiral Haus an den Folgen einer Lungenentzündung, die er sich bei einer kalten Nachtfahrt im Zug von Pleß nach Pola zugezogen hatte. Dadurch ließ sich etwas überraschend auch dieser Posten nachbesetzen, und zwar mit dem Vizeadmiral Maximilian Njegovan. Am selben Tag schuf Karl die Stellung eines „Chefs des Ersatzwesens für die gesamte bewaffnete Macht" und betraute damit den bisherigen Honvédminister Baron Hazai. Conrad protestierte nachdrücklich, was Marterer, dem wir auch für 1917 ein aufschlußreiches Tagebuch verdanken, mit dem Bemerken quittierte, „... daß sich Conrad in seiner Gottähnlichkeit gekränkt" fühle.[1107]

Der nächste Schritt war dann die am 11. Februar 1917 erfolgte Enthebung Erzherzog Friedrichs vom Posten des Stellvertretenden Armeeoberkommandanten. Die von Marterer so genannte „Erzherzog-Friedrich-Krise" schwelte seit Januar[1108], ja eigentlich seit dem 24. November 1916, als der Kaiser das Armeeoberkommando selbst übernommen hatte. Friedrich sollte den Vorstellungen der Militärkanzlei zufolge Inspektor aller Ersatz- und Neuformationen im Hinterland werden, doch der Kaiser fand an diesem Gedanken überhaupt nichts Attraktives und stellte ihn kurzerhand „zur Allerhöchsten Disposition". Friedrich wurde bis Kriegsende nur mehr fallweise zu Inspektionsreisen ausgeschickt.

Schließlich blieb noch eine, allerdings die wichtigste Veränderung: Der Kaiser wollte Conrad von seinem Posten entfernen. An sich, so sollte man meinen, wäre die Ablösung eines Generalstabschefs keine Sache von besonderer Schwierigkeit. In Deutschland waren Moltke, Falkenhayn und schließlich Hindenburg gekommen. Durch die Länge seiner Dienstzeit in dieser Funktion von 1906 bis 1911 und dann wieder von 1912 bis 1917 war Conrad aber zu einem derartigen Inbegriff geworden, daß seine Entfernung eine ganz andere Signalwirkung haben mußte. Es war allen bewußt, daß er für die militärische Führung dieses Kriegs verantwortlich war. Es hatte versteckt und weniger versteckt Kritik, ja schärfste Kritik gegeben: an seiner Truppenferne, seiner Führung ohne Rücksicht auf die Opfer, seinen Eingriffen in die Innenpolitik, ja auch an seinen persönlichen Verhältnissen. Und dennoch hatte beispielsweise der von Kaiser Karl im Januar neu ernannte Chef der Quartiermeisterabteilung, Oberst Theodor Ritter von Zeynek, bei der ersten Audienz und wohl wissend, daß der Monarch etwas anderes hören wollte, auf die Frage, ob nicht ein Wechsel in der Operationsabteilung angebracht sei, gemeint: Jeder Offizier sei ersetzbar, ausgenommen Conrad, „die überragende Führergestalt Europas".[1109] In dieser Äußerung ist jenes Übermaß an Anerkennung und Respekt erkennbar, das die Masse der Offiziere Conrad entgegenbrachte. Der neue Chef der Militärkanzlei des Kaisers, Marterer, der wohl nicht zuletzt wegen seiner gegen das alte AOK gerichteten Haltung und einer gewissen Aversion gegen Conrad Chef der Militärkanzlei geworden war, war einer der wenigen, der keine Rücksichtnahme kannte. Er wollte seinen Beitrag zur Ersetzung des „Gottähnlichen" leisten.[1110]

Der Kaiser hatte die besondere Stellung Conrads wohl einkalkuliert und sich daher dessen Enthebung bis zuletzt aufgespart. Zuerst sollte alles andere sein neues Gefüge haben. Am 22. Februar wurde Marterer zum Kaiser gerufen, der Conrads Enthebung besprechen wollte. Karl klagte Marterer gegenüber, daß es mit Conrad nicht mehr ginge. „Er ärgere ihn zu viel, mache Dummheiten, sei einseitig und lasse sich von seiner

Umgebung leiten."[1111] Es war ihm allerdings klar, daß es nicht nur darum ging, Conrad abzulösen, sondern daß man auch einen neuen Generalstabschef brauchte. Marterer plädierte für Alfred Krauß, der sich nicht nur als Generalstabschef der Südwestfront einen Namen gemacht hatte, sondern auch – wie Conrad – ein politisierender General war. Der dazu befragte Erzherzog Eugen warnte jedoch vor Krauß, den er zwar als sehr fähig, aber ebenso unbeliebt darstellte. An sich wäre das für einen Generalstabschef noch kein besonderes Handikap gewesen, doch Krauß konnte man ganz gewiß nicht als gefügig ansehen. Und das wog wohl schwerer. Also griff Karl auf einen Mann zurück, den er aus seiner Verwendung als Heeresgruppenkommandant an der rumänischen Front kannte, den General Arthur Arz von Straußenburg. Ein unpolitischer, unauffälliger und vor allem befehlstreuer Mann. Er sollte Conrads Nachfolger werden.

In diesem Augenblick sah man auch überdeutlich, wie sehr sich die hohe Generalität Österreich-Ungarns in diesem Krieg verbraucht hatte. 1914 gab es noch Spekulationen, wer Nachfolger Conrads werden könnte und ihn womöglich an Intellekt und Genie überträfe. Potiorek und Tersztyánszky waren vor allem genannt worden. Wo waren sie mittlerweile? Krauß? – unbeliebt und ein „gelehriger Pudel", wie ihn Boroević genannt hatte. Von den Armeekommandanten des Kriegsbeginns hatte sich nur Böhm-Ermolli halten können; Frank, Dankl, Auffenberg, Erzherzog Joseph Ferdinand waren abgelöst, andere, wie Pflanzer-Baltin, dort hinversetzt worden, wo sie mit der Deutschen Obersten Heeresleitung nicht allzuviel in Berührung kommen konnten. Eventuell wäre noch Feldmarschalleutnant Maximilian von Csicserics in Frage gekommen, doch der war Ungar, und der Generalstabschef sollte ein Deutschösterreicher werden. Folglich blieben nur ganz wenige übrig. An Arz hatten vielleicht die wenigsten gedacht.

Entgegen allen Befürchtungen ging dann die ganze Prozedur ohne besonders dramatische Einlagen vor sich. Conrad wurde von dem bereits kaltgestellten Erzherzog Friedrich von seiner eigenen Kaltstellung informiert. Dann meldete sich Conrad für den 27. Februar in Audienz beim Kaiser und bat, sich ganz zurückziehen zu dürfen, und nicht, wie man ihm das vorgeschlagen hatte, die Heeresgrupe Erzherzog Eugen zu übernehmen. Der Kaiser verlieh ihm das Großkreuz des Maria-Theresien-Ordens. Marterer notierte, Conrad sei gerührt gewesen. Doch er wahrte wohl nur den Anstand. Nur weigerte er sich beharrlich, das Kommando in Tirol zu übernehmen. Auch Kriegsminister Baron Krobatin, der im Auftrag des Kaisers zu Conrad geschickt wurde, um ihm das Kommando an der Südwestfront einzureden, hatte keinen Erfolg. Karl schickte schließlich Marterer, der Conrad ausdrücklich dynastische Gründe nannte und die Wirkung skizzierte, die Conrads Ernennung auf die Italiener haben müßte. Diese Argumentation verfing schließlich. Die Aussicht, gegen den „perfiden" Apenninenstaat ein hohes Kommando zu übernehmen und die ja schon in groben Zügen skizzierte große Offensive, für die auch der Einsatz deutscher Truppen in Südtirol und bei Tolmein vorgesehen war[1112], zu beginnen, war wohl das einzige, was Conrad noch reizen konnte. Daher ordnete er sich am 28. Februar 1917 neuerdings unter und gehorchte. Der Kaiser war erleichtert und überhäufte Conrad öffentlich mit Anerkennung. Krauß aber, der fast Generalstabschef geworden wäre, bekam das Kommando einer Armeegruppe an der russischen Front. Damit waren auch militärisch im großen und ganzen jene Verhältnisse geschaffen, die für die letzten eineinhalb Kriegsjahre charakteristisch sein sollten.

Daß sich mit der Enthebung Conrads und der Ernennung von General Arz aber mehr verändert hatte, als daß nur abermals ein paar Köpfe ausgetauscht worden waren, wurde sehr schnell deutlich. Das „zweite“ Armeeoberkommando befand sich, wie dann der Chef der Quartiermeisterabteilung, Oberst von Zeynek, schrieb, „in einer solchen Abhängigkeit von der Deutschen Obersten Heeresleitung, daß es nicht mehr ganz frei in seinen Entschlüssen war. Es kam dadurch ein fatalistischer Zug in die oberste Führung, der öfters als Frivolität gedeutet wurde und dem Ansehen des AOK schadete.“[1113] Da mit Conrad eine Reihe der angesehensten und wohl auch besten Leute des alten Armeeoberkommandos entfernt wurden, war es nicht weiter verwunderlich, daß sich die neue militärische Spitze nur sehr zögernd bemerkbar machte. Es waren keine größeren Offensiven geplant, und die eine, die man gemeinsam mit dem Deutschen Reich in Italien durchführen wollte, wurde von Hindenburg im Namen der Gemeinsamen Obersten Kriegsleitung abgesagt.[1114] Doch während man noch darüber beriet, wie der Krieg weiter zu führen war, geriet in Rußland plötzlich alles außer Kontrolle.

19
Die Folgen der russischen Februarrevolution

Der strategische Gleichklang

Nach zweieinhalb Jahren Krieg war bei den Kriegführenden wohl noch immer die Strategie intakt, die Operationstheorien ließen sich jedoch immer wieder in Frage stellen. Hatte man am Anfang geglaubt, es würde möglich sein, mit großräumigen Umfassungsoperationen Armeen, ja ganze Heere einzuschließen und zur Kapitulation zu zwingen, so hatte dieses Mittel in Frankreich und in Rußland versagt. Eine verfehlte Umfassung jagte die andere, so lange, bis die Fronten eine Ausdehnung erreichten, die keine Flügel mehr kannte, sondern auf Karten nur mehr als durchgehende Linie erkennbar war. Mit der entsprechenden Massierung von Streitkräften, die aufgrund des zunächst unerschöpflich scheinenden Menschenreservoirs geschaffen werden konnten, mit Drahtverhauen, Feldbefestigungen und Maschinengewehren erwiesen sich die Fronten als stabil und kaum verwundbar.[1115] Um wieder operieren zu können, wurden Formeln für den Durchbruch gesucht. Die einfachste Möglichkeit schien dabei die Massierung von Artillerie zu sein. In Flandern und am Isonzo, aber auch in Rußland kam es zu großen Artilleriekonzentrationen, um die gegnerischen Stellungen zu zerschlagen und so den Durchbruch zu schaffen. Er gelang nur in Rußland. Die geringere Dichte der Front und auf totaler Überraschung aufbauende Stöße hatten den Mittelmächten bei Tarnów-Gorlice und dann den Russen bei Luck den neuerlichen Übergang zum Bewegungskrieg ermöglicht. Beide Male waren jedoch die Offensiven wieder eingefangen worden. Sieht man daher vom Balkan ab, wo die Niederwerfungsstrategie zum Erfolg geführt hatte, so war mittlerweile die Abnützung zum Charakteristikum des Kriegs geworden. Bei Verdun wurde sie bewußt eingesetzt, ansonsten ergab sie sich mehr oder weniger – doch sie tat ihre Wirkung. Somit waren alle Kriegführenden gezwungen worden, die Ermattungsstrategie als einzige strategische Grundlage zu akzeptieren. Der Krieg fraß die Menschen, er fraß die Wirtschaft, ein Stück Vergangenheit und ein Stück Zukunft auf.

Großbritannien hatte mit seinen Blockademaßnahmen die Lähmung und Ermattung von Kombattanten und Nichtkombattanten zum Ziel. Humanität und Recht waren dabei nicht gefragt. Das Deutsche Reich und in einem bescheidenen Maß Österreich-Ungarn suchten sich durch den U-Boot-Krieg Luft zu verschaffen und die alliierten Flotten zu dezimieren. Auch dabei kamen Humanität und Völkerrecht unter die Räder.

In der Abstraktion der Kriegstheoretiker und Strategen näherte sich der Krieg daher nicht nur seiner absoluten Form, sondern er trat auch als das hervor, als das er von Clausewitz und dessen Interpreten beschrieben worden war: eine Auseinandersetzung, in der es darum ging, dem anderen seinen Willen aufzuzwingen. Der Kampfwillen sollte nachhaltig untergraben und der militärische Krieg, wenn er schon nicht unmittelbar an der Front entschieden werden konnte, in die Länge gezogen werden, um eine moralische und materielle Abnützung hervorzurufen. Die enormen Verluste, der ins Gigantische gestiegene Verbrauch der Armeen, die den größten Teil der Kriegswirtschaft in Anspruch nahmen, ließen den Willen, durchzuhalten, immer mehr abbröckeln. Der totale Krieg „zielte auf die ‚seelische Geschlossenheit' der Staaten".[1116]

Mit der Ablehnung der Friedensnote der Mittelmächte durch die Entente und der zwar noch unbestimmten, aber dennoch eindringlichen Beschreibung der alliierten Kriegsziele war klargemacht worden, daß die Alliierten mehr verlangen wollten, als ihnen die Mittelmächte ohne totale Niederringung zuzugestehen bereit waren. In London, Paris, Rom und St. Petersburg herrschte die Ansicht vor, daß jene, die einem Kompromißfrieden das Wort redeten, dabei nur die deutsche Karte spielten.[1117] Einem solchen Frieden wurde mißtraut, weil er letztlich das deutsche Potential intakt gelassen hätte und man wohl meinte, daß ein Reich wie Deutschland mit seinen autokratischen Strukturen über kurz oder lang wieder einen Krieg beginnen könnte. Der Gegensatz von Anhängern eines Verhandlungsfriedens und jenen, die den Krieg um jeden Preis fortsetzen wollten und einen Siegfrieden anstrebten, machte es geradezu unausweichlich, daß sich die Alliierten weiter radikalisierten. Die Vertreter eines Siegfriedens konnten vor allem geltend machen, daß sie ja noch eine Reihe von Möglichkeiten besaßen, den Krieg auszuweiten und vor allem an der Peripherie zu schüren. Briten und Franzosen meinten, Griechenland ohne weiteres auf ihre Seite in den Krieg bringen zu können; der Nahe und Mittlere Osten ließ sich als Kriegsschauplatz aufwerten, und dann war da immer auch die Hoffnung auf einen baldigen Kriegseintritt der USA. In der Antwort der Entente an Präsident Wilson auf dessen Vermittlungsangebot hatten sich die Ententemächte bemüht, genau jenen Ton zu treffen, von dem man hoffte, er würde bei Wilson verfangen, und mit jenen Argumenten aufzuwarten, die gerade den Amerikanern einleuchten sollten. Sie führten Krieg, teilten sie dem amerikanischen Präsidenten mit, „um Europa vom brutalen Griff des preußischen Militarismus zu befreien. Es ginge um die Befreiung der Italiener, der Slawen, der Rumänen und der Tschecho-Slowaken von fremder Herrschaft."[1118] Unabhängig davon gab der russische Zar seinen Truppen am 25. Dezember 1916 nochmals die Kriegsziele vor, indem er auf Konstantinopel und die Meerengen verwies und ein geeintes Polen in Aussicht stellte. Russen und Franzosen verständigten sich dahingehend, daß die Franzosen territoriale Wünsche Rußlands an dessen Westgrenze unterstützen würden, und ebenso zeigten die Russen Verständnis für die französische Forderung nach dem Saarland.[1119]

In dem Augenblick, da die Mittelmächte darangingen, im Gefolge ihrer Polenproklamation polnische Streitkräfte aufzustellen, wollten die Alliierten nicht zuwarten, ob dieses Unternehmen tatsächlich von Erfolg begleitet wäre. Sie begannen nun ihrerseits, in den Gefangenenlagern und Emigrantenkreisen Umschau zu halten, ob sie nicht Legionstruppen und Freiwilligenverbände aufstellen könnten. Es gab genug Polen in Frankreich und solche, die sich über Rußland herholen ließen, um auch in Frankreich eine polnische Legion ins Leben zu rufen. Ebenso gab es Tschechen, die sich zumindest im Kampf gegen deutsche Truppen verwenden ließen. Die Russen wiederum verfügten über Hunderttausende tschechische Überläufer und Gefangene und glaubten bereits Ende 1916 voraussagen zu können, daß es im Fall eines klaren Siegs der Entente eine unabhängige Tschecho-Slowakei geben würde. Um zu verhindern, daß diese in die Einflußsphäre Frankreichs gerate, sollte so rasch wie möglich eine tschechoslowakische Legion in Rußland aufgestellt werden. Es war also etwas in Bewegung gekommen Ende 1916 und Anfang 1917, wobei sowohl die Schritte der Mittelmächte als auch jene der Alliierten darauf abzielten, nicht nur Politik zu formulieren und den eigenen Standpunkt klarzumachen, sondern vor allem auch getrachtet wurde, jenen den Wind aus den Segeln zu nehmen, die meinten, es würde nicht entschlossen genug gehandelt werden.

Als die Antwort der Entente an Präsident Wilson bekannt wurde, meinte man im Wiener Kriegsüberwachungsamt, daß diese Antwort ohne weiteres in den Zeitungen Österreichs und Ungarns publiziert werden könnte, da jeder herauslesen konnte, daß es den Alliierten nicht um Frieden zu tun war.[1120] Es fanden sich denn auch sehr rasch prominente Vertreter eben jener Nationalitäten, von denen die Alliierten Präsident Wilson geschrieben hatten, daß sie zu deren Befreiung Krieg führten, bei Außenminister Czernin ein: Slowenen, Kroaten, Italiener, Tschechen, Ruthenen und Rumänen, und wiesen die Spekulationen der Entente zurück. Ganz im Gegenteil versicherten sie den Minister der Loyalität ihrer Volksstämme gegenüber dem Haus Habsburg.[1121]

Der Sturz des Zaren

In Großbritannien und Frankreich fühlte man sich angesichts der Kräfteverhältnisse der alliierten Sache recht sicher. Schon im November 1916 war auf einer Konferenz der Ententemächte in Chantilly beschlossen worden, im Februar 1917 wieder offensiv zu werden. Nachfolgende Konferenzen sollten auch die Verbündeten, Italien und Rußland, dazu bringen, rechtzeitig loszuschlagen. In Rom ging es in einer Konferenz zwischen 4. und 7. Januar 1917 um die Frage des nächsten italienischen Angriffs am Isonzo. Damit wollte man auch einem befürchteten österreichischen Angriff aus dem Trentino oder über die Schweiz zuvorkommen. Und Anfang Februar behandelte eine Konferenz in St. Petersburg die Frage des russischen Angriffstermins.[1122] Das Kernproblem schien in diesem Fall die Belieferung des zaristischen Heers mit Geschützen und Munition zu sein, angesichts der immer schlechter werdenden Leistungen der russischen Bahnen. Doch es war zu fragen, ob die Russen überhaupt noch angriffsfähig sein würden.

Zur selben Zeit verdichteten sich nämlich die Nachrichten über eine bevorstehende Revolution in Rußland. In Berlin und Wien, mehr noch in London und Paris, wurde mit deren baldigem Ausbruch gerechnet. Als die Revolution dann Mitte März losbrach, schien das zunächst lediglich auf die Bestätigung der Nachrichten hinauszulaufen.

Ebenso wie den Ententemächten ein Verhindern der Revolution unmöglich war, war seitens der Mittelmächte vorderhand nichts unternommen worden, um eine Revolution auszulösen und durch gezielte Untergrundarbeit das Terrain vorzubereiten. Dabei war eigentlich der Gedanke der bewußten Revolutionierung dem Krieg immanent und spukte seit Kriegsbeginn in den Strategiekonzepten herum. In Österreich etwa war schon 1914 daran gedacht worden, in den von Briten beherrschten arabischen Gebieten Revolten auszulösen. Umgekehrt war von Russen an die Revolutionierung Galiziens und darüber hinaus der slawischen Gebiete der Monarchie gedacht worden. Wenn aber dergleichen auch in den politischen Konzepten vorkam, dann war vom Gedanken zur Ausführung ein weiter Weg. Im Grunde genommen wurde nur sehr wenig davon verwirklicht. Und zudem lag dem allen ein ganz anderer Revolutionsbegriff zugrunde als den Umwälzungen in Rußland, die neue historische Maßeinheiten geschaffen haben. Aufstand, Auflehnung, Erhebung, nationalistische Agitation mit dem Ziel, Herrschaft zu schwächen, das war geläufig. Das Revolutionieren eines ganzen Reichs lag außerhalb der Denk- und Einflußmöglichkeiten.

Vielleicht ist uns heute Revolution als ein Phänomen in der Geschichte zu sehr vertraut, als daß wir den behutsamen Umgang mit der Revolutionssemantik im 19. und am Beginn des 20. Jahrhunderts noch nachempfinden können. Jeder hat heute seine privaten Revolutionen in Mode, Seele, Sport oder wo auch immer. Dazu kommen die diversen staatlichen Umwälzungen, rund 50 Revolutionen in der arabischen Welt, die Chinesische Kulturrevolution und Islamische Revolution, ja sogar permanente Revolutionen soll es geben, also eine Art Purzelbaum, der nichts mehr mit den plötzlichen, schicksalhaften und heftigen Veränderungen in einem Staatswesen zu tun hat, die einem historischeren Revolutionsbegriff anhaften.[1123] Aber nur diese Veränderungen werden als Element der „Beschleunigung der Geschichte“ zu definieren sein, ebenso wie nicht Kabinettskriege oder Grenzstreitigkeiten mit den von Weltkriegen ausgehenden Kräften der Beschleunigung der Geschichte gleichgesetzt werden können. Mit der Februarrevolution in Rußland begann die oftmals beschriebene Weltenwende 1917 deutlich zu werden.

Der Ausbruch der Revolution schien zunächst nur deutlich zu machen, daß es auch anderswo zu kriegsbedingten Versorgungskatastrophen gekommen war und daß die Menschen nicht mehr bereit waren, den Krieg und seine Folgen einfach hinzunehmen. Das war also durchaus kein alleiniges Phänomen in Österreich-Ungarn. Hunger, Not und soziale Ungleichheit in einem Krieg, der bereits Millionen Opfer an Toten und Verwundeten gekostet hatte, fanden allenthalben ihre Entsprechung.

Im Februar 1917 hatte sich die Kriegsmüdigkeit in Rußland in einer Weise verstärkt, die eine Fortsetzung des Kriegs bereits in Frage stellte. Die Not in Rußland ließ eine explosiv revolutionäre Stimmung entstehen. Entlang der ganzen russischen Front mehrten sich die Berichte, daß die Truppen den Befehlen nicht mehr wie bis dahin nachkamen, daß sich beispielsweise das VII. sibirische Korps südöstlich von Tarnopol geweigert hatte, die Schützengräben zu verlassen.[1124] Das Hinterland der Front und vor allem die Städte litten unter ungeheuren Versorgungsschwierigkeiten. Dann setzte Fahnenflucht ein. Tausende, ja Zehntausende Soldaten strömten in das Hinterland, in die aufgrund der Nahrungsmittelknappheit und des Zusammenbrechens des Transportwesens unterversorgten Gebiete und Städte, und erhöhten dessen Probleme.[1125] Die Fahnenflüchtigen trugen zudem eine Welle der Gewalt nach hinten. Sie wußten ja, daß auf Fahnenflucht die Todesstrafe stand, und waren bereit, sich zu wehren, ihr Leben so teuer wie möglich zu verkaufen. Sie übertrugen außerdem das Gefühl der Aussichtslosigkeit ihres Kampfes auf das Hinterland und die Städte. Der Funke sprang auf die Ersatzmannschaften und jene über, die bis dahin ein militärisches Dasein besonderer Art gefristet hatten, die Matrosen in der Ostsee. Sie waren seit Kriegsbeginn eingezogen, doch da es kaum einen Seekrieg in der Ostsee gegeben hatte, waren nur der Drill, die Schikane und schließlich schlechte Versorgung Kennzeichen ihres Dienstes geworden. Wir haben hier erstmals das Phänomen zu beobachten, daß bei der Marine durch das Nichtverwenden, durch die langen Liegezeiten und das Eingeschlossensein auf den Schiffen in den Häfen Bedingungen entstanden, die wie kaum etwas anderes ein revolutionäres Klima schufen. In Cattaro und schließlich in Wilhelmshaven waren dann sehr ähnliche Phänomene am Werk. Die russische Revolution entstand als eine Revolution der Etappe und des Hinterlands, die sich der Front mitteilte und von dort in zwei Richtungen weitergegeben wurde: wiederum nach hinten, aber auch nach vorne in die Stellungen der Feinde, der deutschen sowie der k. u. k. Truppen.

Anfang März 1917 (Februar nach dem russischen Kalender) traten in St. Petersburg die Arbeiter in den Streik. Die Petersburger Garnison sollte gegen sie eingesetzt werden. Ein Großteil der Soldaten weigerte sich, auf die demonstrierenden Arbeiter zu schießen. Der Präsident der Duma, des russischen Parlaments, schlug dem Zaren die Bildung einer neuen Regierung vor. Der Zar weigerte sich und wollte die Duma vertagen. Diese aber erklärte sich in Permanenz. Der Zar verließ daraufhin St. Petersburg und suchte im Hauptquartier des Generals Ruskij Zuflucht, der die Nordfront kommandierte. Am 15. März dankte der Zar zugunsten seines Bruders, des Großfürsten Michail, ab, der kurz darauf ebenfalls auf den Thron verzichtete. Unter der Führung des Fürsten Georgi L'vov bildete sich eine provisorische Regierung, die jedoch ihre Bündnistreue zur Entente bekräftigte und zum Kampf gegen die „reaktionären“ Mittelmächte aufrief. Doch auch der Appell an die russischen Soldaten, sich einem allfälligen Vormarsch der Deutschen und Österreicher nach St. Petersburg und weit in das Herz Rußlands entgegenzustellen, konnte keine Änderung der Situation an der Front und in der Etappe bewirken.

An der Front waren die Anzeichen der Revolution am 15. März und in den Folgetagen noch zum wenigsten erkennbar. Die Kriegstagebücher der k. u. k. Divisonen und Korps enthalten erst ab dem 21. März entsprechende Eintragungen. Man war jedoch vorgewarnt, da den Divisionen bereits am 15. März eine Meldung ihrer vorgesetzten Kommanden zugegangen war, wonach in St. Petersburg eine „Militärrevolution“ stattgefunden habe. Offenbar waren aber auch die russischen Truppen an der Front tagelang ohne gesicherte Nachrichten. Überläufer erzählten dann von ungewöhnlicher Unruhe. Gefangene berichteten, ein Regimentskommandeur habe den Zaren als „Feigling“ bezeichnet, da er nach Deutschland zu fliehen versucht hätte und verfolgt würde.[1126] Tage darauf wurde unter den russischen Soldaten die Meldung verbreitet, in St. Petersburg regiere eine Art Präsident, der die Gleichberechtigung und eine Milderung der Militärstrafen verkündet habe.[1127] Erst im April 1917 verdichteten sich die Informationen. Zeitweilig kam es zur Feuereinstellung, und schließlich gab es überhaupt nur mehr routinemäßiges Störfeuer der Artillerie. In den Stellungen der Mittelmächte hörte man Rufe und sah weiße und rote Fetzen. Sie ließen darauf schließen, daß die Revolution auf die Front übergegriffen hatte. Dann tauchten Flugblätter auf, und schließlich war an zahlreichen Stellen der Front zu beobachten, daß die Russen ohne Waffen aus ihren Gräben kamen und sich mit ihren Gegnern zu verbrüdern suchten. Oft war das auch von Erfolg begleitet, und genau in diesen Momenten wurde zumindest den österreichisch-ungarischen Kommandobehörden bewußt, daß das eine durchaus zweischneidige Angelegenheit war: Die Erscheinungen innerhalb der russischen Truppen, die Erlahmung des Kampfwillens und die Auflösungserscheinungen wurden naturgemäß mit Sympathie aufgenommen, die Zersetzung war aus naheliegenden Gründen voranzutreiben. Umgekehrt war die Verbrüderung aber nichts, das nur darauf hinausgelaufen wäre, einseitige Abscheu vor dem Krieg und ein singuläres Gefühl der Betroffenheit mitzuteilen. Als problematisch wurde die Angelegenheit in dem Augenblick erkannt, als deutlich wurde, daß jene, die sich verbrüdern wollten, auch die Revolutionierung der Soldaten der Mittelmächte betrieben.

Abordnungen russischer Soldaten kamen durch das Niemandsland und suchten Verhandlungen zu beginnen. Sie sprachen davon, ihre Offiziere abzusetzen und Soldatenräte zu wählen. Die Regierung L'vov schien ihnen durchaus gut, doch sie dürfe den Krieg nicht fortsetzen. Die Soldaten wollten nicht mehr angreifen und schlugen vor, auch Deutsche und Österreicher sollten den Kampf einstellen und eine Revolution beginnen. Auf diese Weise könnte man den Krieg ganz schnell beenden. Am 6. April 1917 wurden daher von den österreichisch-ungarischen Armeekommanden Befehle hinausgegeben, die die Abweisung aller Anbiederungsversuche zum Inhalt hatten. Solche wurden vor allem während der Osterfeiertage erwartet.[1128] Da man den Russen aber Gelegenheit geben wollte, die Revolutionierung ihrer eigenen Front voranzutreiben, befahl das Oberkommando Ost am 13. April die Einschränkung der Gefechtstätigkeit.[1129]

Das Bild war weiterhin kein einheitliches. Manche russischen Truppenteile verhielten sich ungeachtet der von den Mittelmächten verfügten Einschränkung der Kampfhandlungen weiterhin feindselig. Die Artillerie stellte durchaus nicht überall das Feuer ein, insbesondere dort nicht, wo französische, britische und – wie es hieß – japanische Soldaten an den Geschützen standen.[1130] Das führte dann dazu, daß russische Soldaten damit begannen, Informationen über das Niemandsland zu rufen. Sie gaben ihre Truppenkörper bekannt, riefen hinüber, daß sie nicht mehr schießen wollten und mit jenen, die das Feuer nicht einstellten, nichts gemein hätten. Sollten sie abgelöst werden, wollten sie überlaufen. Es gab lärmende Fröhlichkeit und immer wieder wurde mit Fähnchen gewunken.[1131]

Ob und in welchem Umfang die russische Revolution längerfristig Auswirkungen auf die Kampfkraft des russischen Heers haben würde, war aber einfach nicht festzustellen. Den Sturmtruppen entlang der gesamten Ostfront wurde daher der Auftrag gegeben, sich durch Vorstöße in die russischen Linien Klarheit zu verschaffen.[1132] Auch dabei war kein absolut zutreffendes Bild zu gewinnen. Es gab nur punktuelle Einblicke. Doch das Fazit war, daß die Gunst der Stunde genützt werden sollte, daher griffen Truppen der Mittelmächte in einigen Abschnitten an und konnten ihre Stellungen ohne große Verluste verbessern.

In dem Augenblick freilich, als von den hohen Kommanden und vor allem von den Heeresleitungen erkannt wurde, daß es sich bei dem, das ja zutreffend und von allem Anfang an „Revolution" genannt wurde, nicht um eine isolierte Erscheinung an einigen Frontabschnitten handelte, gewannen politische und strategische Erwägungen die Oberhand. Die Deutsche Oberste Heeresleitung verbot schließlich größere Unternehmungen, da die plötzlich konkret gewordenen Aussichten auf einen Sonderfrieden mit Rußland nicht gefährdet werden sollten. Deutsche und k. u. k. Truppen sollten nur reagieren, wenn es russischerseits zu Angriffen kam.

Was die Revolution zunächst einer Beurteilung entzog, war der Umstand, daß sie ja nicht etwa begonnen hatte, weil die russische Armee zu unterliegen drohte und sich dann angesichts einer Niederlage Auflösungs- und Revolutionierungstendenzen bemerkbar machten, wie das etwas später in Frankreich und schließlich in Österreich-Ungarn und Deutschland der Fall sein sollte. Die russischen Armeen waren 1916 mit Ausnahme des Rückschlags, den sie in Rumänien erlitten hatten, relativ erfolgreich gewesen. Über den Winter hatte sich die Lage vollends konsolidieren lassen. Es gab eine durchwegs ausreichende Bewaffnung, die Ententemächte lieferten fehlendes Kriegsmaterial, für das Frühjahr 1917 war die Wiederaufnahme der Offensive unter dem populären Brusilov geplant gewesen. Die rein militärische Kriegslage war es also nicht. Und genau das war das Besondere an dieser Situation.[1133]

Nun ist aber nicht nur zu fragen, warum sich die Februarrevolution zunächst einer zutreffenden Beurteilung durch jene entzog, die augenscheinlich ihre Nutznießer wurden. Ebenso ist zu fragen, warum sich diese revolutionären Entladungen nicht auch den Menschen in Österreich-Ungarn und vor allem den Soldaten an der Front in einer Weise mitteilten, daß auch sie von der Revolution mitgerissen worden wären. Es waren nicht einmal eine Verschärfung der Manneszucht und besondere disziplinäre Maßnahmen nötig. Die Truppen blieben in der Hand ihrer Führer, es gab auch keine Desertionsbewegung. Es wurde abgewartet. Wahrscheinlich kann die Antwort auf die Frage, weshalb es im Gefolge der russischen Februarrevolution keine nennenswerten Auswirkungen auf die Truppen der Mittelmächte gab, nicht mit einem einzigen Satz gegeben werden. Eine weniger menschenverachtende Führung als die russische, eine im Vergleich immer noch bessere Versorgung mit den lebenswichtigen Dingen, stärkere Siegeszuversicht und vor allem auch unvergleichbar bessere Verhältnisse in den politischen Strukturen des Hinterlandes spielten eine Rolle. Zumindest für ungarische und deutsch-österreichische Truppenkörper hatten sich weder die Ziele im Krieg noch die Voraussetzungen für den jeweils persönlichen Beitrag dazu so entscheidend gewandelt, daß sie a priori zu revolutionieren gewesen wären. Und für sie galt erst recht, daß die Armee als ungeschlagen galt, ja in Rumänien sogar außergewöhnliche Erfolge zu verzeichnen gehabt hatte. Zudem galt für die Armee im Felde genauso wie für das Hinterland, daß die Auswirkungen der Revolution nicht absehbar waren und man damit primär die Hoffnung auf einen Sonderfrieden mit Rußland oder einen allgemeinen Frieden verband. So sah man mehr oder weniger staunend zu, was sich bei einer Armee begab, die man seit fast drei Jahren zu kennen glaubte. An dieser Stelle wäre aber eine Beobachtung Viktor Frankls einzufügen, der in einer psychologischen Erweiterung von Werner Heisenbergs Thesen gemeint hat, daß schon die bloße Beobachtung eines Prozesses dazu führt, daß dieser Prozeß beeinflußt wird.[1134] Wieviel mehr erst ein Prozeß, in den man aktiv eingreift.

Frieden ohne Annexionen und Kontributionen

Angesichts der nach wie vor unklaren Situation beließen es die Mittelmächte bei der Einstellung der Kampfhandlungen und wollten nur durch Propagandamaßnahmen in jeder erdenklichen Weise die Zersetzung des russischen Heeres vorantreiben, dabei aber die eigenen Truppen möglichst isolieren, damit sie nicht vielleicht doch vom Geist der Revolution infiziert würden. Dort, wo sich das Armeeoberkommando und die Armeekommanden ihrer Truppen nicht sicher waren, wurden alle Vorkehrungen getroffen, um die Verbrüderung zu unterbinden. Zu Ostern, am 15. April 1917, kam es trotz aller Vorsichtsmaßnahmen zu ausgedehnten Verbrüderungen entlang der Front. Der Kommandant der 7. Armee, Generaloberst von Kövess, berichtete darüber: „Die Russen tauchten entlang der ganzen Linie in Gruppen auf, sie kamen mit ihren Offizieren, riefen herüber und schwenkten weiße Fahnen. Bei Sumarem schoß daraufhin die russische Artillerie auf ihre eigenen Leute."[1135] Deutsche und Österreicher gaben den Russen Flugblätter und Aufrufe zu lesen. In der Regel wurde aber so verfahren, daß den Russen Offiziere entgegengesandt wurden, die mit ihnen sprechen und sie wieder zu den eigenen Linien zurückschicken sollten.

Ende April wurde von der Deutschen Obersten Heeresleitung als Richtlinie gegenüber Rußland vorgeschlagen: Den russischen Soldaten sollte nahegelegt werden, von ihren Kommandanten einen drei- bis vierwöchigen Waffenstillstand zu fordern, um an den Wahlen teilnehmen zu können. Die Mittelmächte ihrerseits wollten von einer Offensive Abstand nehmen, wenn auch die Russen die Gefechtstätigkeit einstellten. Den Russen sollte auch gesagt werden, daß sie keine Kriegsentschädigung zu zahlen hätten und die Mittelmächte nur Grenzberichtigungen anstrebten. Das Deutsche Reich dachte dabei an Kurland und Litauen. Österreich-Ungarn, so meinte man in Berlin, sollte seine Wünsche ergänzend kundtun. Doch Kaiser Karl verfügte, daß seitens der Habsburgermonarchie den Russen mitzuteilen sei, man verlange weder Territorien noch Kriegsentschädigung.[1136]

Die Disziplin der russischen Truppen nahm rapid ab. Sie konnten den Widerspruch nicht überwinden, der darin lag, daß einerseits eine Demokratisierung des Heeres begann und sich Soldatenräte bildeten, die darüber befanden, ob Befehle von militärischen Vorgesetzten zu befolgen waren oder im Widerspruch zu noch gar nicht formulierten Beschlüssen der Sowjets der Arbeiter- und Soldatendeputierten standen, während andererseits von denen, die die Revolution zu den neuen Führern gemacht hatte, die Fortsetzung des Krieges verlangt wurde. Die meisten Soldaten hatten keine Ahnung von Demokratie und wußten nichts mit einer Idee anzufangen, die sich ihnen so kontroversiell mitteilte. Die Ehrenbezeigung gegenüber Offizieren außerhalb des Dienstes fiel weg, die traditionelle Anrede „Euer Wohlgeboren" wich der simplen Anrede „Herr". Es gab noch weniger zu essen, der Nachschub an Waffen und Munition kam zeitweilig zum Erliegen. Man benötigte offenbar auch keine Artilleriemunition mehr. Die Abschaffung der Todesstrafe für Fahnenflucht ließ rund eine Million Russen desertieren.[1137] Erst jetzt kam die folgenschwerste Maßnahme zum Tragen, mit der die deutsche Reichsführung in die russische Revolution eingriff: Aus seinem Züricher Exil wurde Vladimir I. Uljanov, genannt Lenin, zusammen mit Hunderten Emigranten in einem Sonderzug über Schweden und Finnland nach Rußland gebracht. Lenin griff augenblicklich in die Revolution ein. In der Zeitung der Bolschewiki, der „Pravda", veröffentlichte er seine Aprilthesen, zehn Punkte, in denen es unter anderem hieß, daß die Fortsetzung des Kriegs an der Seite der Alliierten die unveränderte Teilnahme an einem räuberischen, imperialistischen Krieg bedeuten würde.

Sehen wir uns die Reaktionen auf die Februarrevolution auch noch in anderen Zusammenhängen an. Da waren einmal die Hunderten Kriegsgefangenenlager in Rußland, in denen Angehörige der österreichisch-ungarischen Wehrmacht, und andere, in denen Deutsche auf das Ende des Kriegs warteten. Die Nachricht von der Revolution verbreitete sich auch hier wie ein Lauffeuer. Am 16. März waren die Kommandanten der Lager zwar noch recht unsicher, wie sich die Vorgänge in Rußland auswirken würden und wieviel sie davon den Kriegsgefangenen mitteilen durften. Doch in den Tagen darauf begannen Sonderlesungen aus den Zeitungen. Dann zogen auch in den Lagern russische Soldaten mit Musik und roten Fahnen durch, sie mengten sich unter die Gefangenen und meinten: „Jetzt vertreibt noch den Wilhelm, wie wir den Zaren vertrieben haben, dann wird kein Blut mehr fließen, und wir sind Brüder."[1138]

In den politischen Kreisen der Donaumonarchie brauchte es seine Zeit, bis die Bedeutung der Vorgänge auch nur einigermaßen erfaßt werden konnte. Bei Redlich findet sich die erste Eintragung von der Abdankung des Zaren und Zweifel darüber, ob sich Rußland weiterhin den Wünschen der Entente beugen würde, am 16. März. Am 22. schrieb er: „Über die russische Revolution gibt es noch immer keine Aufklärung. Ich finde die Dinge ähnlich einer riesigen Wiederholung des Dekabristenaufstandes von 1825. [Was, wie wir wissen, eine gewaltige Fehleinschätzung war.] Gibt es eine Möglichkeit der Organisation Rußlands auf liberal-demokratisch-parlamentarischer Grundlage? Der erste entschlossene Obergeneral wird Herr der Lage sein: ob er dann aber das Kaiserhaus wieder in die Macht setzen wird, ist allerdings die Frage."[1139] 25. März: „Die russische Revolution ist rätselhafter denn je ... Wenn ein Diktator auferstanden sein wird, werden sie ihm wieder die Hände küssen ... Inzwischen wartet alles gespannt darauf, ob das Heer Rußlands nicht bald in Zersetzung geraten wird."[1140] Genau das war die Hoffnung, die sehr rasch aufflackerte und die Menschen elektrisierte. „Auch im sonst so pessimistischen Wien wird die politische Lage jetzt im großen und ganzen günstiger beurteilt", meldete der sächsische Gesandte in Wien, Alfred von Nostitz-Wallwitz.[1141] Doch es war nur ein Aufflackern. Da zur selben Zeit die Ernährungskrise in Österreich-Ungarn mit aller Macht ausbrach, verlor man im Hinterland sehr rasch das Interesse. „Unter solchen Umständen ist die Stimmung in den breiten Schichten der Bevölkerung schlimmer als nur gedrückt; sie ist vielfach erbittert", schrieb der sächsische Gesandte schon wenige Wochen später.[1142] Und Josef Redlich dazu am 16. April: „Ich glaube noch immer nicht an ein gutes Ende der russischen Revolution. Aber ‚oben' bei uns wird man vor lauter Angst ganz sozialdemokratisch." Redlich wußte auch schon am 24. April zu berichten, was dann in den Erinnerungen Ottokar Czernins seine Bestätigung fand, daß nämlich der Minister des Äußern die sozialdemokratischen Führer Viktor Adler und Karl Renner dafür gewinnen wollte, sich in Gesprächen mit den russischen Sozialdemokraten für einen Sonderfrieden einzusetzen.[1143]

Der Chef der kaiserlichen Militärkanzlei, Feldmarschalleutnant Marterer, notierte am 21. März: „Die Revolution in Rußland und die dortigen noch gar nicht geklärten Ereignisse nehmen unsere ganze Aufmerksamkeit in Anspruch. Die Friedenspartei gewinnt in Rußland täglich mehr an Boden." Czernin sah in der russischen Revolution eine Gelegenheit, über einen präliminären Sonderfrieden mit Rußland zu einem allgemeinen Frieden zu kommen, und sollte das Deutsche Reich dabei nicht mitmachen wollen, würde Österreich-Ungarn eben einen separaten Frieden anstreben.[1144] Bethmann Hollweg hatte nämlich den Vorschlag Czernins zurückgewiesen, die Mittelmächte sollten die russische Friedensformel akzeptieren. Das schien ihm gänzlich unangebracht, denn wenn es einen Standpunkt gab, der sich vor allem innerhalb der deutschen Reichsregierung und der Obersten Heeresleitung durchzusetzen begann, dann der, daß die Revolution in Rußland zum Herausbrechen eines Gegners benutzt werden sollte, ohne dadurch etwas an der Siegfriedenspolitik Deutschlands zu ändern.

Seitens des Deutschen Reichs wurde daher die Revolutionierung Rußlands systematisch vorangetrieben. Auch militärisch und politisch Verantwortliche Österreich-Ungarns traten dafür ein, den inneren Zersetzungsprozeß in Rußland von außen her nachdrücklichst zu fördern. Feldmarschalleutnant Alfred Krauß etwa sah es als einen Fehler und als ein bezeichnendes Unverständnis seines vorgesetzten Kommandos an, daß er im Bereich seines Korps zunächst keine Propaganda beginnen sollte. Seine Meinung wurde wohl von den meisten k. u. k. Befehlshabern geteilt. Wieder war Kaiser Karl mit seiner Haltung ziemlich allein. Er fürchtete, wie dann Glaise-Horstenau schrieb, „daß die Zersetzungsarbeit, die wir bei den Russen versuchten, zum Bumerang werden könnte, der auf uns selbst zurückschnellte".[1145] Österreich tat daher entgegen manchen Intentionen nichts, was der deutschen psychologischen Kriegführung vergleichbar gewesen wäre, und war schließlich nicht einmal ausreichend informiert, um die deutschen Maßnahmen auch nur nennenswert beeinflussen zu können.

Seit das Armeeoberkommando aus Teschen wegverlegt und die Deutsche Oberste Heeresleitung ihrerseits von Pleß nach Bad Kreuznach übersiedelt war, waren die Informationen spärlich geworden. Der Südwesten Rußlands war auch schon längst nicht mehr ein österreichisch-ungarischer Kriegsschauplatz. Die dort eingesetzten k. u. k. Truppen waren primär von der Führung des deutschen Ostheeres und von der Deutschen Obersten Heeresleitung abhängig. Beide traten dafür ein, direkt an der Front, Abschnitt für Abschnitt, Sonderwaffenstillstandsverhandlungen zu führen. Damit war fürs erste die Linie bestimmt.

Die Folgen der bürgerlichen Revolution in Rußland stellten sich natürlich nicht schlagartig ein, doch allmählich griffen die Parolen, wurden variiert und adaptiert und auch in Bezug zu etwas gesetzt, das sich parallel dazu abspielte, nämlich dem Kriegseintritt der USA. Und damit sind wir wieder bei der Feststellung von der Weltenwende 1917.

Der Krieg war nun in eine Phase getreten, in der sich Entscheidungen anbahnten, die jenseits der traditionellen Diplomatie der europäischen Kabinette lagen. Doch die Reaktion darauf war eigentlich überall Hilflosigkeit. Der Sturz eines Monarchen, die Revolutionierung eines Reichs, das zwar reif für die Revolution war, das aber nur ein verhältnismäßig geringes revolutionäres Potential besaß, mußte eine gewaltige Umschichtung von Macht und zeitweilig ein Machtvakuum zur Folge haben. Das radikale Durchsetzen des nationalstaatlichen Gedankens, wie das von den USA propagiert wurde, besaß eine Sprengkraft, von der sich niemand eine Vorstellung machen konnte; denn was so einfach Selbstbestimmungsrecht der Völker hieß, war ein idealtypisches Modell, aber keine Realität. Als sich die USA zum Abbruch der diplomatischen Beziehungen und dann am 6. April 1917 zum Krieg mit dem Deutschen Reich entschlossen, begann in diesem Teil Amerikas die Kriegsindustrie erst anzulaufen und eröffnete neue Dimensionen von politischer und militärischer Macht. Denkweisen, die den europäischen teilweise zuwiderliefen, wurden in idealtypisch verformte Punktationen gepreßt. Der Krieg hatte zwar schon vorher seine außerhalb Europas liegenden Schauplätze gehabt, doch das waren Stätten exotischer Scharmützel, sieht man von der Kriegführung des Osmanischen Reichs ab. Großbritannien und Frankreich zogen aus ihren außereuropäischen Gebieten Truppen heran und vermehrten damit ihre personellen Ressourcen um ein Vielfaches. Auch die materiellen Ressourcen ließen sich auf diese Weise so steuern, daß die Ententemächte nicht zusammenbrachen. Mit dem Kriegseintritt der USA kam aber ein ganzer Kontinent ins Spiel, der sich mit seiner zunächst noch nicht abschätzbaren Macht in den Krieg warf. Der Erste Weltkrieg wurde dadurch, wie Richard Plaschka einprägsam meinte, „in seiner Wirkungsweise und Wirkungstiefe zum Ausgangspunkt von Bewegungen und Entwicklungen, die das Jahrhundertbild durchmessen haben".[1146] Desintegration, Abkehr von der multinationalen Staatlichkeit und revolutionäre Veränderung in einem anderen Sinn, als es noch die Französische Revolution gewollt hatte, waren die herausragenden Momente. Rußland stand an der Schwelle eines sozio-ökonomischen Experiments, doch man wußte noch nicht, welche Kräfte hier freigesetzt würden und welche Vernichtungskapazität sich gegen das eigene Volk wenden konnte.

Die Revolution setzte kurzzeitig die Hemmschwelle für die Massentötung hinauf. Das Verbrüdern, die plötzliche Erkenntnis, daß der Mensch im Schützengraben gegenüber eine ebenso leidende Kreatur sei, kamen wie ein Blitz. Doch es war nur ein relativ kurzer Moment, in dem das galt. Dann wurde wieder alles getan, um die Hemmschwelle herabzusetzen und den Krieg mit jener Totalität zu Ende zu kämpfen, über die man verfügte.

Man hat auch im Zusammenhang mit Krieg und Revolution die sehr naheliegende „Was-wäre-gewesen-wenn"-Frage aufgeworfen. Wie hätte sich die russische Revolution entwickelt, wenn die Revolution auf Deutschland übergegriffen und eine Regierung der Reichstagsmehrheit einen Frieden mit dem Verzicht auf Annexionen und Kontributionen akzeptiert hätte? Wäre es dann überhaupt nach der Februar- auch noch zu einer Oktoberrevolution gekommen? Wir können den Gedanken genausogut auf Österreich-Ungarn ausweiten. Wenn jene Bewegung, die in Rußland aufwallte und über die man in Österreich nicht nur Bescheid wußte, sondern nach einiger Zeit in den Zeitungen tagtäglich relativ zutreffend informiert wurde, ihre Entsprechung in Österreich gehabt hätte – was wäre gewesen, wenn? Doch bei der Verfolgung dieser kontrafaktischen Geschichtsbetrachtung können wir wohl nicht umhin, festzustellen, daß es weder im Deutschen

Reich noch in Österreich-Ungarn zum damaligen Zeitpunkt eine für die Revolution bereits aufnahmefähige Bevölkerung gegeben hat. Hier gab es wohl Not und Kriegsmüdigkeit, doch sie war offenbar noch nicht so weit gediehen, daß auch wirklich die Gefahr einer Übernahme revolutionärer Ziele bestanden hätte. Und insbesondere bleibt die Spekulation dort hängen, wo zu fragen ist, ob es eine Reichstagsmehrheit in Ungarn und eine Reichsratsmehrheit in Österreich gegeben hätte, die einen Frieden ohne Annexionen und Kontributionen nicht nur akzeptiert, sondern auch durchgesetzt hätte.

Das Besondere an den Auswirkungen der Februarrevolution war aber sicherlich auch da zu finden, wo sich die Diskussion erstmals nicht nur um die Frage des Weiterbestands der Monarchie, um Kriegsziele und das Durchhaltevermögen drehte, sondern darum, ob ein Frieden ohne Annexionen und Kontributionen überhaupt möglich war. Wenn die Habsburgermonarchie unter gleichzeitiger Anwendung des Selbstbestimmungsrechts der Völker zerfiel, dann war jeder einzelne Teil dort gefährdet, wo er – auf sich allein gestellt – Kriegszielen der Feindmächte zu begegnen hatte. Der Weltkrieg konnte in einem schier endlosen Bürgerkrieg seine Fortsetzung finden. Plötzlich zeigte sich also, daß die parallel von der russischen Revolution und von den USA gefundenen Formeln im Fall Österreich-Ungarns fast deckungsgleich waren und eine ungeheure Sprengkraft besaßen. Bei konsequenter Anwendung des Selbstbestimmungsrechts war so gut wie jede Nationalität der Monarchie davon betroffen. Ungarn betraf das in Siebenbürgen, der Slowakei und Kroatien, Österreich in Südtirol und an der Adria, die Tschechen waren in den Sudetengebieten und in Schlesien betroffen, die Polen in der Ukraine usw. Vorderhand war freilich noch nicht abzusehen, ob sich die amerikanische und die russische Formel gemeinsam oder ob sich auch nur eine von beiden durchsetzen würde. Umso mehr aber war Vorsicht geboten, ja, man hätte eigentlich alarmiert sein müssen.

Proletarier aller Länder, vereinigt euch!

Herrschte am Anfang noch Ratlosigkeit und wurde vor allem die Frage der Einflußnahme auf die Vorgänge in Rußland als ein zentrales militärpolitisches Problem gesehen, so kam nach zwei, drei Wochen der Augenblick, in dem die Rückwirkungen der Revolution auf die Mittelmächte und vor allem Österreich-Ungarn dramatisch zunahmen und zu einer ganz anderen Beurteilung der Revolution zwangen. Das allerdings nicht mehr dort, wo man es zunächst vielleicht erwartet und auch befürchtet hatte, nämlich an der Front, sondern im Hinterland. Die berühmte Proklamation des St. Petersburger (= Petrograder) Arbeiter- und Soldatenrats vom 27. März „An die Völker der ganzen Welt" mit dem Schlußaufruf „Proletarier aller Länder, vereinigt euch!" wirkte allmählich. Der Aufruf, der, als Flugblatt verteilt, über die Fronten gebracht und von den Soldaten in das Hinterland der Fronten der Mittelmächte geschleust wurde, enthielt Passagen, die eine fast suggestive Wirkung enthielten: „Wir wenden uns an unsere Brüder vom Proletariat der österreichisch-deutschen Koalition ... Von den ersten Tagen des Krieges an hat man Euch überzeugen wollen, daß Eure Waffen, die Ihr gegen Rußlands willkürliche Monarchie erhebt, Europas Kultur vor dem asiatischen Despotismus beschützen. Viele von

Euch haben darin die Entschuldigung für die Unterstützung gesehen, die Ihr dem Krieg erwiesen habt. Von nun an gilt diese Entschuldigung nicht mehr: Das demokratische Rußland kann für Freiheit und Zivilisation keine Drohung sein ... Wir fordern Euch auf: Werft ab das Joch Eurer halb despotischen Staatsordnung, so wie das russische Volk den Despotismus des Zaren abgeworfen hat; weigert Euch, eine Waffe der Annexion und der Gewalttätigkeit zu sein ... und mit harmonisch vereinter Mühe werden wir der furchtbaren Metzelei ein Ende setzen ... Ihr Arbeittragenden aller Länder! Wir reichen Euch unsere brüderliche Hand über Berge von Bruderleichen, über Ströme von unschuldigem Blute und Tränen, über rauchende Ruinen von Städten und Dörfern, über vernichtete Kulturschätze. Wir fordern Euch auf zur Wiederherstellung und Befestigung der internationalen Einigkeit. In ihr ist die Garantie unserer kommenden Siege und endgültiger Befreiung der Menschheit ... Proletarier aller Länder, vereinigt euch!" Die Signale, die von der russischen Revolution ausgingen, waren noch uneinheitlich, und sie waren vielfältig. Doch ebenso vielfältig waren ihre Adressaten.

So setzte die Revolution für Polen Signale, die über das Zweikaisermanifest vom 5. November 1916 hinausgingen. Am selben 27. März 1917, an dem der Aufruf an die „Genossen vom Proletariat und Arbeittragende aller Länder" hinausging, richtete der Petrograder Arbeiter- und Soldatenrat ein Manifest an das polnische Volk, in dem ihm völlige Unabhängigkeit versprochen wurde. Die Sowjets wünschten dem polnischen Volk Erfolg „im bevorstehenden Kampf um die Einführung eines demokratisch republikanischen Systems im unabhängigen Polen".[1147] Dieses Zugeständnis wurde zwar von der provisorischen Regierung dann zurückgenommen, doch das Signal war gegeben und aufgefangen worden. Und es blieb nicht bei Polen.

In Ungarn meldeten sich die radikalen oppositionellen Kräfte um Oszkár Jászi und Mihály Károlyi im März 1917 zum Nationalitätenproblem zu Wort und verurteilten jegliche Unterdrückung der Nationalitäten. Jászi war sich auch sicher, daß sich die Nationalitäten am russischen Modell ausrichten würden.[1148]

Ein Teil der tschechischen Emigration, die in Rußland tätig war, wurde von der Revolution direkt betroffen. Doch auch die viel bedeutendere tschechische Emigration in Großbritannien schaltete sich sofort ein. Masaryk war noch von der zaristischen Regierung die Unterstützung eines tschecho-slowakischen Komitees zugesagt worden. Jetzt sah Masaryk den Moment gekommen, viel mehr zu erreichen. Er hoffte, stärkeren Einfluß auf die Tschechen in der russischen Kriegsgefangenschaft zu gewinnen. Das war nicht zuletzt auch im Zusammenhang damit zu sehen, daß sich Masaryk wie jeder andere fragen mußte, was geschehen würde, sollte es zu einem Sonderfrieden der Mittelmächte mit Rußland kommen. Würden dann die Kriegsgefangenen heimgeschickt und zur Verstärkung der anderen Fronten dienen? Die Ankündigung der provisorischen Regierung, den Krieg auf der Seite der Entente fortsetzen zu wollen, enthob zwar die Entente scheinbar der Sorge um diese Entwicklung, doch Masaryk wollte sichergehen. Er fuhr nach Rußland und erhielt schließlich die Zusage zur Aufstellung tschecho-slowakischer Einheiten. Masaryk selbst wurde die Werbung in den Kriegsgefangenenlagern ermöglicht. Es zeigte sich freilich, daß zunächst nur ein Zehntel der etwa 210.000 Tschechen und Slowaken in Kriegsgefangenschaft bereit war, in ein tschechisches Korps einzutreten und gegen die k. u. k. und die deutschen Truppen zu kämpfen.[1149] Der Umstand, daß ein Teil von ihnen desertiert war, bedeutete nicht, daß sie auch schon auf ihre Landsleute schossen, und zudem war die Revolution auch nicht ohne Auswirkungen auf die Tschechen und Slowaken geblieben.

Im April wurden die meisten hohen Kommandos der k. u. k. Truppen angewiesen, dem Armeeoberkommando über „sozialdemokratische Symptome sowie über den Einfluß der russischen Revolution auf den Geist unserer Truppe zu melden".[1150] Das daraufhin erstellte Stimmungsbild nannte zwar meistens den Geist „sehr gut", doch es wurde durchaus differenziert. Am zweckmäßigsten wäre es, meinte die Organisationsgruppe des Armeeoberkommandos, sämtliche rumänischen, ruthenischen, serbischen und tschechischen Truppen an die Südwestfront zu schicken und gegen deutsche, ungarische, polnische und italienische Truppen auszutauschen. Doch das hatte man schon vor der russischen Revolution gewußt. Die einzige Armee, die überhaupt etwas bemerkt haben wollte, war die k. u. k. 4. Armee. Auf die zu ihr gehörende 2. Infanteriedivision war nicht immer „mit Zuversicht" zu rechnen; besonders die Ruthenen des Infanterieregiments Nr. 40 wiesen einige Sozialisten auf, „welche sich durch Unwillen und Unlust bei der Arbeit bemerkbar machen". Und die 13. Schützendivision war „wegen minderwertigem Großstadtmaterial (viele Czechen) und weniger tüchtigem Offizierskorps" nicht auf der Höhe. Im Armeeoberkommando nahm man das nicht allzu tragisch und meinte, insgesamt hätte die russische Revolution nur den Einfluß gehabt, „daß die Hoffnung auf baldigen siegreichen Frieden gehoben wurde".

Am 2. Mai 1917 wurde die provisorische russische Regierung umgebildet. Der Gedanke an einen Sonderfrieden wurde verworfen, und der neue Kriegs- und Marineminister Aleksej Kerenskij wollte die Streitkräfte in kürzester Zeit wieder einsatzbereit machen. Fahnenflucht, Befehlsverweigerung und Meuterei waren mit Zwangsarbeit zu bestrafen. Es wurde alles getan, um die Disziplin wieder zu festigen, den Offizieren wieder Ansehen und Autorität zu verschaffen. Kerenskij besuchte wochenlang die Fronttruppen und versuchte sie zu überzeugen. Er konnte auch begeistern und brachte das Kunststück zustande, daß die Armeen tatsächlich wieder einsatzbereit wurden. Schließlich wurde General Brusilov, der fast legendäre Sieger des Sommers 1916, zum Oberbefehlshaber des russischen Heeres gemacht. Und spätestens jetzt war klar, daß sich Rußland nicht so ohne weiteres aus der Front der Alliierten herausbrechen ließ, daß mit Propaganda auch nur eine begrenzte Wirkung erzielbar war und daß es offenbar nur darum ging, an welchem Frontabschnitt der Krieg wieder seine Fortsetzung finden würde. Hier schien die Revolution bereits beendet zu sein, der militärische Kriegsalltag kehrte zurück.

Die Bereitschaft der provisorischen Regierung, den Krieg fortzusetzen, konnte freilich weder für Rußland mehr als die Beendigung der ersten Phase der Revolution bedeuten, noch war die Wiederaufnahme des Kriegs gleichbedeutend damit, daß die Wirkung der Revolution auf die Mittelmächte beendet gewesen wäre. Es war ein Bann gebrochen worden. Die Argumentation der Entente und der USA, daß der Krieg nunmehr zu einem Krieg der Demokratien gegen die Autokratien geworden war, griff zwar etwas kurz, doch das Argument ließ sich nicht einfach wegfegen, es tat allmählich seine Wirkung. Vor allem konnte nicht übersehen werden, daß jene Qualifikation, die seit 1914 gegolten hatte, nicht mehr galt, daß nämlich Rußland in einem viel höheren Maß autokratisch regiert würde und die bürgerlichen Freiheiten einschränkte, als etwa Österreich-Ungarn. Nicht mehr Rußland schien der Hort der Repression zu sein, sondern Österreich. Daher war es zwingend, auf die Februarrevolution durch innenpolitische Maßnahmen zu reagieren. Ebenso erhielten die Friedensbemühungen einen anderen Akzent. Sie wurden eigenständiger, denn schließlich war auch die Bedrohung der Existenz der Habsburgermonarchie etwas, das kein Pendant hatte.

Diese veränderte Situation fand in einem sehr informativen Bericht des neuen deutschen Botschafters in Wien, Graf Botho von Wedel, ihren Ausdruck. Der meldete am 15. April dem deutschen Reichskanzler nach Berlin: „Ich habe in Deutschland oft sagen gehört, Österreich sei von uns vollständig abhängig; ob es wolle oder nicht, es habe uns zu folgen und zu gehorchen. Das war früher zutreffend. Doch wer glaubt, das wäre auch heute noch so, verkennt die Situation.“[1151] In Österreich nehme die Friedensneigung erheblich zu, und zwar ein Frieden mit oder ohne das Deutsche Reich, verbunden mit einer fast „pathologischen“ Furcht vor deutscher Dominanz.[1152]

Die deutsche Führung hatte mit einem doppelten Problem zu kämpfen. Sie versuchte nach wie vor, Rußland aus der Front der Gegner herauszubrechen, andererseits durfte dabei nicht gleichzeitig Österreich-Ungarn für die Fortsetzung des Kriegs verlorengehen. Die deutsche Kritik an der Friedensbereitschaft Österreich-Ungarns war dabei so stark und so weit verbreitet, daß das Kriegsüberwachungsamt schließlich Anfang Mai 1917 keine deutschen Zeitungen mehr nach Österreich ließ und eine verstärkte Briefzensur für Postsendungen aus dem Deutschen Reich verfügte.[1153] In Berlin war man auch nicht nur durch die offenkundigen Friedensbemühungen alarmiert, sondern fast noch mehr durch die Veränderungen in der österreichischen Innenpolitik. Dort waren die dramatischen Folgen der Februarrevolution überhaupt am stärksten zu spüren.

Ein kaiserliches Reskript vom 12. März hatte den baldigen Zusammentritt des Parlaments gefordert.[1154] Diese kaiserliche Willensäußerung war somit fast zeitgleich mit dem Ausbruch der russischen Revolution erfolgt und daher keine Folge derselben. Doch die parallelen Vorgänge in Rußland zeitigten fast augenblicklich ihre Auswirkungen.

Die Wiedereröffnung des Reichsrats

Bis in den März 1917 hatte es immer wieder Pläne zu einem Verfassungsoktroi für die österreichische Reichshälfte gegeben; die Pläne lagen sogar ausgearbeitet in den Schubladen. Plötzlich aber wurden alle diesbezüglichen Überlegungen obsolet. Da das Autokratische in Rußland unter so dramatischen Umständen ein vorläufiges Ende gefunden hatte, war es fast undenkbar, in Österreich eine derartige Gewaltmaßnahme zu setzen. Sie wäre auf stärksten Widerstand so gut wie aller nichtdeutschen Parteien, aber auch deutsch-österreichischer Parlamentarier gestoßen, die man in einem ganz anderen Zusammenhang dringend brauchte. Das galt vor allem für die Sozialdemokraten. Adler und Renner wollten sich zu Kontakten mit den russischen Sozialdemokraten nur dann hergeben, wenn die Regierung ihre Oktroipläne aufgab. Czernin versprach es und wollte den Kaiser für eine diesbezügliche Entscheidung gewinnen.[1155]

Es war aber nicht nur der Minister des Äußern, der in den Verhandlungen mit den sozialdemokratischen Führern eine geänderte Haltung erkennen ließ. Dasselbe war auch bei anderen zu beobachten, denn mit dem Ende des Zarismus fiel, wie man wußte, für die Sozialdemokraten ein eminentes Feindbild weg. Mit Hinblick auf den zaristischen Despotismus hatten die Sozialdemokraten den Krieg bis an diesen Punkt mitgetragen. Nun fiel dieser wesentliche Antrieb weg. Der Zarismus war beseitigt, Rußland, wie es schien, auf dem Weg zur Demokratie. Und nun war zu fragen, ob sich der Burgfrieden bei einer Fortsetzung des Kriegs im Osten erhalten ließ. Es gab auch noch ein besonderes Problem: Noch ehe der österreichische Reichsrat zusammentrat, sollte der Prozeß gegen Friedrich Adler beginnen.

Vielleicht hat man der Frage des Oktrois zu große Bedeutung beigemessen, denn wie sich dann zeigte, spielte diese Frage bei den nichtdeutschen Nationalitäten nur mehr eine marginale Rolle. Was sollte es für jene, die sich bereitmachten, der Monarchie eine grundsätzliche Absage zu erteilen, noch für eine Rolle spielen, ob Böhmen in Kreise eingeteilt, Galizien und Dalmatien aus der österreichischen Hälfte entlassen und der Kaiser einen Eid auf die oktroyierte Verfassung leisten würde oder nicht? Jetzt ging es bereits um mehr.

Ab dem März 1917 waren in das Reichsratsgebäude am Wiener „Parlamentsring" zuerst Krankenträger, dann Fuhrwerkspersonal, schließlich Handwerker und Reinigungskräfte gekommen, um das hier untergebrachte Lazarett zu verlegen und das Haus am Ring wieder für die Volksvertretung der österreichischen Reichshälfte herzurichten. Die Klubs bezogen ihre Sitzungsräume und bereiteten sich auf die erste Sitzung vor. Für viele sollte es ein Tag der Abrechnung werden. Die 516 Abgeordneten, alles Männer, konnten sich zwar nur auf ein Mandat berufen, das sie vor dem Krieg bekommen hatten; sie wußten aber recht genau über die Stimmung in den Nationalitäten und in den sozialen Schichten Bescheid. Und soweit es noch nötig war, wurde das letzte Quentchen Unsicherheit durch Radikalität überspielt.

Zunächst hatte der Beschluß zur Wiedereinberufung des Reichsrats elektrisierend und für manche auch alarmierend gewirkt. Letzteres beispielsweise für die tschechischen Emigrantenorganisationen, denn sie verloren ein jahrelang gebrauchtes Argument. Doch die Emigration fing sich ebenso schnell, wie sie kurz orientierungslos geworden war. Masaryk und Beneš riefen aus dem Londoner Exil die tschechischen Abgeordneten auf, sie sollten zum Mittel der Verweigerung des Budgets und der für die Kriegführung nötigen Mittel greifen. Es dürften auch nicht alle Abgeordneten in den Reichsrat zurückkehren, zumindest die Radikalen sollten fernbleiben. Sollte der Kaiser den Eid auf die Verfassung ablegen wollen, wäre dieser nicht anzuerkennen. Vielmehr seien die „historischen Rechte" der Tschechen zu verlangen.

Es war freilich wohl weniger diese Aufforderung zur Verweigerung, die die im Tschechischen Verband vereinigten Parteien in Böhmen und Mähren beeinflußte. Als Folge der russischen Februarrevolution meinten viele Tschechen, eine Umgestaltung der Monarchie wäre nun unvermeidlich. Eine Revision der Verfassung, eine parlamentarische Regierungsform und das Selbstbestimmungsrecht der Völker seien die Voraussetzung dafür. Die Absage der Radikalen an den Staat war zwar noch nicht definitiv, doch man war auf dem besten Weg dazu. Sie bemühten sich bei ihrer Vorbereitung auf die nächste Reichsratssession um ein Höchstmaß an Unterstützung in einer ganz bestimmten Gruppe, nämlich bei den Schriftstellern. Schließlich kam ein „Manifest der tschechischen Schriftsteller“ zustande, das bereits eine deutlicher Absage an den Staat enthielt.[1156]

Es war aber nicht der Einfluß von Emigrantenorganisationen und der Ententepolitik, die sich dann in der Vorbereitung der ersten Reichsratssitzung niederschlagen sollte. Es waren die lediglich aufgestauten Fragen, die sich im Verlauf des Kriegs potenziert hatten. Fragen des Oktrois interessierten nicht mehr. Es wurde auch ohne weiteres hingenommen, daß der Kaiser über Empfehlung der Regierung Clam-Martinic keinen Eid auf die Verfassung ablegen wollte. Das Kabinett hatte gemeint, es wäre dem Kaiser nicht zuzumuten, „eine Verfassung eidlich zu geloben, die sich als unbrauchbar erwiesen hatte, und zwar angesichts der Unmöglichkeit, sie auf verfassungsmäßigem Weg zu ändern und zu verbessern“.[1157] Karl beließ es dabei. Doch auch anderes entwickelte sich nicht so, wie man es vorausgedacht und vorbereitet hatte.

In der Vorbereitung der Tschechen auf den Zusammentritt des Reichsrats spielte schließlich das radikale Programm keine Rolle. Statt sich auf Detaildarlegungen der althergebrachten Rechte der Böhmen und Mährer zu verlegen, wurde schließlich für den 30. Mai 1917, den Tag, an dem die Sistierung des Parlaments nach mehr als drei Jahren ihr Ende finden sollte, der Weg gewählt, den Dualismus frontal anzugreifen. Er sei zur Unterdrückung der Völker geschaffen worden. Gefordert werden sollte die Umwandlung der „Habsburgisch-Lothringischen Monarchie in einen Bundesstaat von freien und gleichberechtigten nationalen Staaten“, basierend auf dem freien Selbstbestimmungsrecht der Völker.[1158] Der Tschechische Verband wollte zwar noch immer nicht so weit gehen, die Auflösung des Staatsverbands zu fordern, wie das die Radikalen in Übereinstimmung mit den Emigranten taten, doch was in den Reden gesagt werden sollte, mußte bedrohlich genug klingen, zumindest für jene, die an das Staatsganze glaubten.

Die südslawischen Abgeordneten wollten genauso vom nationalen Prinzip ausgehen und im Reichsrat die Vereinigung aller von Slowenen, Kroaten und Serben bewohnten Gebiete der Monarchie zu einem auf demokratischer Grundlage aufgebauten Staatskörper unter dem Zepter der regierenden Dynastie fordern.[1159] Ruthenen und Ukrainer machten deutlich, daß sie sich vom polnischen Galizien lossagen wollten. Die Polen aber sprachen von einem vereinigten und unabhängigen Polen und brachten schließlich etwas zur Sprache, das sie wie kein anderes Land betraf: Kein Kronland hatte annähernd so unter dem Krieg zu leiden gehabt wie Galizien. Die Polen wollten daher die Wiederherstellung der Zivilverwaltung, wirtschaftliche Sofortmaßnahmen und „moralische Genugtuung für die Beurteilung und Verurteilung der galizischen Verhältnisse sowie der Polen in Galizien während des Krieges“ fordern.[1160] In dieser Aufzählung war alles zusammengefaßt, was vor allem dem AOK vorzuwerfen war. Jetzt wurde nicht mehr der Einzelfall geprüft, sondern so, wie das auch das AOK gemacht hatte, pauschal geurteilt: Die Ausweitung des Kriegsgebiets, die Standgerichtsbarkeit, der militärische Statthalter, alles das sei Unrecht gewesen, wofür nun Genugtuung verlangt wurde. Auch andere klagten über die Militärbehörden und hatten durchaus Grund zur Klage. Das Vorgehen gegen Abgeordnete, die schikanös behandelt und verhaftet worden waren, kam genauso zur Sprache, wie Willkür und Grausamkeit. Naturgemäß wurde plakativ dargestellt und übertrieben. Den italienischen Abgeordneten machte wohl vor allem der Fall ihres Kollegen Cesare Battisti zu schaffen, der ebenso wie andere prominente Italiener 1915 nach Italien geflohen und in das italienische Heer eingetreten war. Battisti war Anfang Juli 1916 gefangengenommen und wenige Tage später wegen Hochverrats verurteilt und gehenkt worden.[1161]

Die deutschen Parteien, die zwar genauso zu klagen gehabt hätten, weil es auch zu Willkürakten gegen manche ihrer Abgeordneten gekommen war, sahen sich generell in die Defensive gedrängt. Sie traten den tschechischen Bestrebungen, durch die sie Millionen Sudetendeutsche bedroht sahen, genauso entgegen wie den Bestrebungen der Südslawen und Italiener.

Und immer wieder kam der Verweis auf die russische Revolution. Sie war mehr als jedes andere Ereignis der vorangegangenen Monate geeignet, zum Maßstab und Leitbild genommen zu werden. Es waren die Tschechen, die dem wieder am deutlichsten Ausdruck verliehen. So der Abgeordnete Kalina: „Die böhmische Nation begrüßt mit grenzenloser Bewunderung und Begeisterung diesen größten Sieg des brüderlichen Volkes, das mit titanischem Schlag das ganze östliche Europa befreit hat."[1162] War in den Tagen vor dem 30. Mai 1917 noch ein Festhalten am Reich erkennbar gewesen, so drohte das innerhalb von Stunden verlorenzugehen. Etliches von dem, was ohne nennenswerte Radikalität für die Eröffnungsreden vorbereitet worden war, wurde durch die nach und nach gegebenen Erklärungen und Begründungen sowie parallele Wortmeldungen abgewertet.[1163] Der sächsische Gesandte in Wien, Alfred von Nostitz, faßte die Situation in Österreich wohl nur Stunden vor Zusammentritt des Reichsrats folgendermaßen zusammen: „Die Deutschen [Österreichs], die es geradezu darauf anlegen, jedermann vor den Kopf zu stoßen, der ihnen in den Weg kommt, sind mit allen anderen Nationalitäten verfeindet ... Die Leidenschaften der Tschechen sind einerseits infolge der Vorgänge in Rußland, andererseits infolge der bekannt gewordenen, wenn auch nicht zur Ausführung gelangten Oktroyabsichten und der gegen ihre böhmischen Führer angestrengten Hochverratsprozesse erregter denn je. Die Polen sind ihrerseits verärgert, weil ihre – für die Monarchie übrigens sehr gefährlichen – Sonderforderungen ... nicht befriedigt werden sollen ... außerdem wegen vielfacher Mißgriffe der österreichischen Militärverwaltung in Galizien. Die Ruthenen wiederum fühlen sich von der Regierung den Polen preisgegeben, die Rumänen und Südslawen sympathisieren teilweise mit dem Ausland, und von den Italienern gilt das erst recht. Und diesem grollenden Meer gegenüber steht Graf Clam-Martinic mit seinem Kabinett ... auch er nicht frei von dem Dilettantismus, der mehr oder minder all den maßgebenden Persönlichkeiten des neuen Regimes anhaftet – den Allerhöchsten Herrn selbst nicht ausgenommen."[1164]

Die Nationen begannen sich nicht erst 1918, sondern bereits Ende Mai 1917 von der Habsburgermonarchie abzuwenden. Dabei kamen nicht die Fragen der gerechten Selbstbestimmung, wie das auch Viktor Adler noch wollte und anklingen ließ, sondern lediglich Fragen der realen Machtverhältnisse zum Tragen. Und die Ansprüche, die gestellt wurden, waren mit dem Erhalt des Reichs völlig unvereinbar. Wie hatte es doch der Petrograder Arbeiter- und Soldatenrat formuliert: „Wir behaupten, daß die Zeit gekommen ist ... für die Völker, die Entscheidung über Krieg und Frieden in ihre eigene Hand zu nehmen." Das galt jetzt auch für Österreich-Ungarn.

20
Sommer 1917

Clam-Martinic am Ende

Am 30. Mai 1917 also trat der österreichische Reichsrat erstmals seit 1914 wieder zusammen. Tags darauf wurde die Thronrede des Kaisers verlesen. Die Worte, die man dem Monarchen bei dieser Gelegenheit in den Mund legte und die von der österreichischen Regierung ausgearbeitet worden waren, waren freilich vor dem Wiederzusammentreten des Reichsrats formuliert worden. Sie nahmen daher mit keinem Satz auf die Äußerungen der Reichsratsabgeordneten vom Vortag Bezug.[1165] Die kaiserlichen Formulierungen, aus denen man sich Aufschluß über die Neugestaltung des Reichs erwartet hatte, waren orakelhaft, ja mehr noch, sie waren nichtssagend. Der Kaiser forderte die Abgeordneten auf, mit ihm zusammen die Vorbedingungen zu schaffen, „um im Rahmen der Einheit des Staates und unter verläßlicher Sicherung seiner Funktionen auch der freien nationalen und kulturellen Entwicklung gleichberechtigter Völker Raum zu geben". Das waren bestenfalls Gemeinplätze, und an jenem „Tag danach" waren sie auch falsch. Sie waren von einem Kabinett geschrieben worden, das bereits nach fünf Monaten am Ende war, denn die österreichische Regierung des Ministerpräsidenten Clam-Martinic stand vor dem Scheitern. Dabei hatte sie durchaus auf Erfolge hinzuweisen. Doch die Abgeordneten fragten nicht danach und rechneten gleich alles in einem ab.

Seit der Sistierung im März 1914 bzw. der Schließung des Reichsrats am 25. Juli 1914 waren statt demokratisch verabschiedeter Gesetze 158 kaiserliche Verordnungen ergangen. Durch eine Verordnung des Gesamtministeriums waren die Statthalter der österreichischen Reichshälfte zudem ermächtigt worden, Grundrechte zu suspendieren und Ausnahmeverfügungen zu erlassen. Graf Stürgkh hatte mit Hilfe des Notverordnungsrechts ein weiteres, sekundäres Notverordnungsrecht erlassen, mit dessen Hilfe 510 Verordnungen zur Steuerung der Wirtschaft ergingen.[1166] 1915 war die Wirksamkeit der Geschworenengerichte aufgehoben und damit auch der Weg freigemacht worden, um beispielsweise bei Hochverrat gleich vor Militärgerichten verhandeln zu können. Auch Kramář war zunächst von einem Militärgericht zum Tod verurteilt worden. Aus den Unterlagen, die dem Abgeordnetenhaus vorgelegt wurden und aus denen die Fülle und die Dimensionen der Ausnahmeverfügungen hervorgingen, ließ sich unschwer feststellen, wie weit der autoritäre Kurs in das Leben jedes einzelnen eingegriffen hatte. Damit wurde zusätzlich Wasser auf die Mühlen der diversen Nationalverbände und vor allem der Radikalen geleitet. Clam-Martinic wurde solcherart auch für die Maßnahmen seiner Vorgänger haftbar gemacht. Außerdem war er der massiven Kritik all jener ausgesetzt, die sich an seinen eigenen Maßnahmen zur Ausgestaltung des Dualismus stießen.

Die erste große Aufgabe, die das österreichische Kabinett angegangen war, war der Ausgleich mit Ungarn gewesen. Er lief zwar erst mit 31. Dezember 1917 aus, doch die Möglichkeit eines wirtschaftlichen Zusammenschlusses mit dem Deutschen Reich hatte schon 1915 dazu geführt, die Verhandlungen zu beginnen. Österreich wollte einen neuen Ausgleich nicht – wie bis dahin – für zehn, sondern für mindestens 20, wenn möglich 30 Jahre abschließen, die „Monarchie auf Kündigung“ in eine besser funktionierende „Kommanditgesellschaft“ umwandeln. Ungarn wollte sich dafür langfristig Vorteile sichern. Bis zur Ermordung des Grafen Stürgkh war man zwar schon recht weit gekommen, doch etliches war noch offen. Ministerpräsident Koerber waren die österreichischen Zugeständnisse dann zu weitgehend gewesen, er setzte ein Neuverhandeln durch. Als schließlich Clam-Martinic Ministerpräsident geworden war, wurde von neuem begonnen. Österreichischerseits war es vor allem der verhinderte Ministerpräsident Alexander Spitzmüller[1167], der nun als k. k. Finanzminister die Verhandlungen führte und schließlich in der wohl schwierigsten Materie, der Quotenfrage, eine Lösung erzielte. Mit Ungarn wurde vereinbart, daß sich die Leistungen der beiden Reichshälften in einem Zeitraum von 20 Jahren von 63,6 : 36,4 auf ein Verhältnis von 65,6 : 34,4 zu Lasten Österreichs verschieben sollten. Bei einer etwaigen Änderung des Territorialbestands war ein Neuverhandeln vorgesehen. Doch auch Ungarn hatte substantielle Konzessionen gemacht, vor allem dadurch, daß auf Binnenzölle und Ausgleichsabgaben verzichtet wurde. Diese Vereinbarung war am 24. Februar 1917 unterzeichnet worden.[1168] Doch der Ausgleich hatte nicht nur in beiden Reichshälften Gegner (in Ungarn sogar noch mehr als in Österreich): Da das Inkrafttreten des Ausgleichs an den Abschluß eines Vertrags mit dem Deutschen Reich über Handel, Finanzen und Verkehr gebunden war, trat er vorerst nicht in Kraft. Er trat nie mehr in Kraft.

In der Regierungserklärung des Ministeriums Clam-Martinic war aber nicht nur der Ausgleich mit Ungarn als drängendes Problem genannt worden, sondern auch die Herstellung der Verfassungsmäßigkeit. Galizien, Böhmen und Mähren waren die zentralen Probleme. Es wurde eine nationalpolitische Vorlage ausgearbeitet, „betreffend die allgemeine staatliche Verkehrssprache, dann die Landessprache und die landesüblichen Sprachen in Österreich“.[1169] Die deutsche Sprache sollte als staatliche Verkehrssprache festgesetzt werden. Für Böhmen wurden Sprachgebiete vorgesehen, und zwar ein deutsches, ein tschechisches und ein gemischtsprachiges. Der Pferdefuß war nur, daß an den Verhandlungen offiziell kein Tscheche mitgewirkt hatte. Dann war das polnische Problem drangekommen. Der Polenklub hatte einen Entwurf für den Status Galiziens ausgearbeitet, der etwa dem ungarischen Ausgleich entsprochen hätte. Bei den Verhandlungen, die zwischen den einzelnen nationalen Gruppen Galiziens und dem polnischen Regierungsmitglied, dem Landsmannminister Michael Bobrzyński, geführt wurden, zeigte sich aber nach der russischen Revolution eine beträchtliche Verhärtung. Die

Formel vom Selbstbestimmungsrecht der Völker und die Aussicht auf ein großpolnisches Reich ließen polnischerseits die Konzessionsbereitschaft schwinden. Die Gespräche liefen sich fest.

Vom k. k. Ministerpräsidenten war einige Zeit hindurch erwogen worden, mittels Oktroi wenigstens die deutsche Verkehrssprache und für Böhmen eine Einteilung in Kreise durchzusetzen. Doch Kaiser Karl ließ dem Ministerpräsidenten mitteilen, daß das Oktroi zu unterbleiben habe: Wenn der Kaiser die Verfassung auch nicht beschworen habe, halte er auch ungeschworene Pflichten viel zu hoch, als daß er sich zugunsten eines Volksstammes über sie hinwegsetzte.[1170] Diese Absage kam, als schon alles ausgearbeitet und vorbereitet war. Auf die Erwägungen des Kaisers hatte wohl auch Graf Czernin nachhaltig eingewirkt. Der Minister des Äußern hatte angesichts der Ablehnung der Sozialdemokraten in Sachen Oktroi und weil er die „Linken" andererseits für Gespräche mit den russischen Sozialdemokraten brauchte, von Zwangsverordnungen abgeraten. Jetzt war Clam am Ende seiner Möglichkeiten angelangt. Er wußte außerdem nicht mehr, wo er gleichzeitig anpacken sollte, und da er nicht delegieren konnte und sich zu viele Routineerledigungen aufhalste, reichten die Tage nicht mehr aus. Am 15. April 1917 bot Clam seinen Rücktritt an. Der Kaiser nahm die Demission nicht an und soll gesagt haben, der Rücktritt würde doch nichts nützen, da er Clam sofort wieder zum Ministerpräsidenten ernennen würde.[1171] Am Ministerrat des darauffolgenden Tages nahm auch Czernin teil, der die Ablehnung des Oktrois mit den schon bekannten Argumenten zu begründen suchte: Erstens wirke die russische Revolution herüber. Man dürfe daher jetzt nichts unternehmen, was den demokratischen Tendenzen der Zeit widerspreche. Zweitens wolle er einige prominente Sozialdemokraten zu einer Konferenz nach Stockholm schikken, wo sie sich mit russischen Sozialisten in Verbindung setzen und versuchen sollten, Friedensverhandlungen anzubahnen. Es dürfe daher im Inneren nichts gemacht werden, was von der sozialdemokratischen Arbeiterpartei nicht akzeptiert werden könne. Auch könnte man nach Durchführung des Oktroi den Russen schwerlich beweisen, daß die Slawen in Österreich nicht unterdrückt würden. Schließlich, meinte Czernin, müsse alles vermieden werden, was den Eindruck erwecke, daß Österreich in allem und jedem vom Deutschen Reich abhängig sei, da der große Krieg zu einem Kreuzzug der Welt gegen Deutschland geworden sei. Die Oktroyierung würde nämlich als ein Diktat Berlins angesehen werden. Da der Krieg aber dem Ende entgegengehe, dürfe man nicht den Eindruck erwecken, Österreich sei lediglich ein deutscher Vasall.[1172] Clam-Martinic gab vor, den Standpunkt Czernins zu teilen. Drei Minister widersprachen jedoch vehement: der Handelsminister Karl Urban, der Minister ohne Portefeuille Josef Maria Baernreither und der polnische Landsmannminister Bobrzyński; zwei Deutsche und ein Pole. Sie forderten von Clam den Rücktritt des Kabinetts. Der Ministerpräsident lehnte ab. Daraufhin wollten die drei von ihren Funktionen zurücktreten. Clam schickte sie zum Kaiser. Der lehnte prompt die Rücktrittsgesuche ab und versicherte die drei Minister seines Vertrauens. Also blieb die Regierung im Amt und mußte sich einem Abgeordnetenhaus stellen, das ihr mangelndes Durchsetzungsvermögen vorwarf.

Der allererste legislative Akt, den der Reichsrat setzte, war die Erlassung einer Geschäftsordnung, um die Abläufe einigermaßen zu straffen und der Obstruktion einen Riegel vorzuschieben. Es wurden die Wahlperioden der Abgeordneten verlängert, denn sonst hätten die meisten ja gar nicht mehr im Parlament sitzen dürfen. Schließlich wurde ein provisorisches Budget bis Dezember 1917 verabschiedet. Dann ging es aber erst so richtig los. Es waren nicht nur 181 Notverordnungen, die in Gesetze umgewandelt oder aufgehoben werden sollten; es gab eine Flut von Regierungsvorlagen, Gesetzesanträgen, Anfragen und Interpellationen. Nur der geringste Teil davon konnte bis 1918 erledigt werden. Auch der größere Teil der Notverordnungen wurde nie zum Gesetz, da die Verordnungen Ausschüssen zugewiesen wurden, bei denen sie prompt liegenblieben.

Das Ministerium Clam-Martinic hatte aber nicht nur Mißerfolge bzw. nicht zu erledigende Sachen vorzuweisen. Auf dem Gebiet der sozialen Fürsorge war ihm sogar ein regelrechter Durchbruch gelungen. Schon im Dezember 1916 hatte Clam ein sozialpolitisches Programm entworfen. Dabei ging es um die Alters- und Invalidenversorgung, die Errichtung von Kriegerheimstätten und die Jugendfürsorge. Kaiserin Zita interessierte sich besonders dafür. Von den Ministern war aber merkwürdigerweise nur der Landesverteidigungsminister Baron Georgi ein uneingeschränkter Befürworter. Schließlich wurde die Bildung eines neuen Ministeriums vorbereitet, worüber der Ministerpräsident am 31. Mai dem Kaiser Vortrag erstattete. Es sollte Ministerium für Volksgesundheit und soziale Fürsorge heißen. Doch mußten erst die Grundlagen für das neue Ressort ausgearbeitet werden, und das Ministerium Clam demissionierte dann doch früher als es das neue Ministerium gab.

Am letzten Maitag zog der polnische Landsmannminister Bobrzyński die Konsequenzen daraus, daß sich der Polenklub nach der Parlamentseröffnung unmißverständlich gegen die Regierung gestellt hatte. Es war nicht nur dem Armeeoberkommando der Vorwurf gemacht worden, daß es mittels Ausnahmegesetzgebung geschaltet und gewaltet habe; auch den Regierungen von Stürgkh über Koerber bis Clam-Martinic wurde vorgeworfen, daß sie das alles toleriert hätten und daß trotz wiederholt gemachter Versprechungen nichts geschehen sei. Der Polenklub erklärte sich nicht in der Lage, die Regierung zu unterstützen. Am 1. Juni wurde Bobrzyński enthoben.

Noch gab Clam-Martinic nicht auf. Für den 12. Juni war die erste Lesung des Budgetprovisoriums geplant. Am selben Tag wollte Clam auch eine Regierungserklärung abgeben.[1173] Er sprach von den Völkern Österreichs, die in „keinem Augenblick der Geschichte ihre unauflösliche Zusammengehörigkeit machtvoller vertreten, ihren großen Staatswillen, ihre siegreiche Kraft in Abwehr und Angriff mit elementarerer Wucht zu entfalten vermocht [haben] als in diesem Weltkampf unserer Tage“. Dann ging Clam auf die sofort ungehemmt einsetzende nationale Agitation ein. Diese Programme der Nationalitäten, meinte Clam, könnten schon aus dem Grund nicht nebeneinander verwirklicht werden, weil sie sich gegenseitig durchkreuzten und miteinander in Widerspruch stünden. Der Versuch, sie zu verwirklichen, würde neue, endlose und aussichtslose Kämpfe heraufbeschwören. Die Regierung aber habe ein Programm, das „statt des Schwankenden das Feste, statt der Teile das Ganze, statt nebelhafter verschwimmender Staatsgebilde den glücklichen, den erprobten, den kräftigen Staat“ zeige. „Das Programm der Regierung ist Österreich ... als ehrwürdige, stolze, feste und ewige Burg seiner Völker.“ Es gelte zusammenzuhalten, denn nach dem Krieg stünden gewaltige wirtschaftliche Aufgaben bevor. Genauso wichtig wie die Weiterentwicklung der Verfassung sei die Fortführung der Kriegswirtschaft bis zum glücklichen Abschluß des

Kampfes und die Vorbereitung ihrer Überleitung in die Friedensverhältnisse. Manches an der Regierungserklärung Clams war widersprüchlich, manches war unklar, und insgesamt waren kein Ziel und keine Frist genannt worden. „Die Regierung behält sich vor, im geeigneten Zeitpunkt mit eigenen umfassenden Vorschlägen hervorzutreten, wie nach ihrer Meinung zwischen den staatlichen Notwendigkeiten und den berechtigten Wünschen der Völker ein glücklicher Ausgleich hergestellt werden könnte", sagte Clam. Sieht man einmal von Syntax und Wortwahl ab, so muß man sich freilich fragen: Was hätte in einer Regierungserklärung gesagt und konkret, mit Datum, genannt werden müssen, um die Zustimmung der Abgeordneten zu finden? Im Gegensatz zu ihnen konnte der Ministerpräsident nicht mit radikalen Phrasen kommen. Er konnte nur für das Staatsganze sprechen, ja, er konnte nicht einmal zur Kriegslage konkrete Äußerungen machen oder gar ein Friedensangebot unterbreiten. Die Regierung fand mit diesem Nicht-Programm und mit den vagen Aussagen bei keiner Seite Zustimmung. Sie stand scheinbar mit leeren Händen da.[1174] Die Deutschbürgerlichen hielten sich zurück. Die slawischen Parteien liefen Sturm. Sie wären freilich bei jeder Regierungserklärung Clams Sturm gelaufen. Dabei mußten sie wissen, daß Clam keinen Handlungsspielraum hatte und daß nicht zuletzt sie selbst ihm diesen Spielraum genommen hatten. Clam erläuterte seine Vorstellungen von der österreichischen Monarchie der Zukunft, die auf dem Föderalismus beruhen würde. Er sprach von „autonomistischem Zentralismus", doch das war wohl auch nur eine etwas merkwürdige Worthülse.

Die im Abgeordnetenhaus von Anbeginn dominierende und zunehmend erbittert diskutierte Frage nach der Stellung der Nationen zum Staat und nach der Zukunft des Reichs war schließlich auch das größte Hindernis, um die unzähligen Fragen, die lediglich durch Verfügungen und Not- bzw. Ausnahmeverordnungen geregelt waren, in einer vertretbaren Zeit zu behandeln. Ja, man mußte den Eindruck gewinnen, es wäre vielen Abgeordneten gar nicht mehr wichtig gewesen. Manches ließ sich aber nicht vermeiden. Laut geltender Verfassung mußten dem Parlament die Notverordnungen, die inzwischen erlassen worden waren, zur Bestätigung oder zur Ablehnung vorgelegt werden. Die wichtigste davon war die kriegswirtschaftliche Ermächtigungsverordnung vom Oktober 1914. Die wenigsten waren damit zufrieden. Die Notverordnung konnte allerdings nicht aufgehoben werden, denn auf ihr basierten die gesamte Kriegswirtschaft einschließlich der Arbeitsverhältnisse im Krieg sowie unzählige Erlässe der Ministerien, die dann auch alle aufzuheben gewesen wären. Der Krieg hätte sich buchstäblich nicht mehr administrieren lassen. Es blieb somit nichts anderes übrig, als anstelle der Ermächtigungsverordnung, die sich auf den Notverordnungsparagraphen der Verfassung bezog, ein Ermächtigungsgesetz zu beschließen. Bei den Erwägungen über Vor- und Nachteile der bis dahin geltenden Verordnung mußte auch billigerweise anerkannt werden, daß mit ihrer Hilfe die allernotwendigsten sozialen Maßnahmen getroffen, ja erzwungen worden waren. Ein markantes Beispiel dafür war der Mieterschutz, mit dem stark in die Rechte der Hausbesitzer eingegriffen wurde. Mit Hilfe der Ermächtigungsverordnung war in einer Vielzahl österreichischer Gemeinden der Mieterschutz eingeführt worden, der vor allem aus einem beschränkten Kündigungsrecht und der Kontrolle von Mietzinserhöhungen durch Mietämter beruhte. Die politischen Landesbehörden hatten zudem den Hypothekarzinsfuß zu überwachen, um so wieder die Hausherren gegenüber den Banken in Schutz zu nehmen.[1175] Die Notwendigkeit dieser und ähnlicher Eingriffe ließ die Zustimmung zum kriegswirtschaftlichen Ermächtigungsgesetz eine sehr breite werden. Nichtsdestoweniger dauerte es noch bis zum 27. Juli 1917, ehe dieses Gesetz in Kraft treten konnte. Bis dahin wurde im Ausschuß beraten, abgestimmt, dem Herrenhaus zugewiesen, von dem zurückgewiesen, revidiert und schließlich auch mit den Stimmen der deutschen Sozialdemokraten defintiv verabschiedet.[1176] (Letzteres ist ein merkwürdiges Detail, wenn man bedenkt, daß die willkürliche Anwendung des Gesetzes in der Ersten Österreichischen Republik und sogar die Maiverfassung 1934 auf diesem Beschluß beruhten, der von den Sozialdemokraten mitgefaßt worden war. Doch das Gesetz sollte ja zunächst nur für den Krieg gelten und nicht für den Bürgerkrieg.)

Clam-Martinic hielt sich auch weiterhin an seine Generallinie, die darauf hinauslief, die Ausnahmeverfügungen drastisch einzuschränken, auf die normalen gesetzlichen Grundlagen zurückzukehren und die Redression der Armee voranzutreiben. Am 16. Juni wurde die aufgrund des Notverordnungsparagraphen erlassene Verordnung über die „Ausweitung der militärischen Gewalt auf die an die Kriegsschauplätze anschließenden Gebiete" in der bis dahin geltenden Form aufgehoben. Mit dieser Verordnung waren den Befehlshabern auch Kompetenzen der zivilen Verwaltung übertragen worden.[1177] Die Zensur wurde gelockert und auch die Versammlungs- und Vereinstätigkeit merklich liberalisiert. Um aus der durch den Rücktritt des Landsmannministers Bobrzyński und der Weigerung des Polenklubs, die Arbeit der Regierung zu unterstützen, entstandenen Krise herauszukommen, bot Clam den Polen eine Kabinettsumbildung und zwei Ministerposten an. Parallel dazu tauchte die Idee einer Konzentrationsregierung auf, in der jede Nationalität mit einem Minister vertreten sein sollte. Ebenso sollten die großen Parteien je einen Minister in die Regierung entsenden.

Diese Überlegung hatte zweifellos etwas für sich, denn in Krisenzeiten bedienen sich viele Staaten einer Konzentrationsregierung, und außerdem wäre zu erwarten gewesen, daß Entscheidungen im Ministerrat leichter gefällt werden konnten als im Parlament, wo die Öffentlichkeit immer wieder ihre demagogischen Rechte fordern mußte. Die ersten, die absagten, waren die österreichischen Sozialdemokraten, aus deren Reihen Clam-Martinic Karl Renner als Minister gewünscht hatte. Prinzipielle Erwägungen, so teilte die sozialdemokratische Führung dem Ministerpräsidenten mit, „lassen der Sozialdemokratie die Teilnahme an der Regierung eines kriegführenden Staates für ausgeschlossen erscheinen".[1178] Als nächstes lehnten die Tschechen ab. Die Polen versteckten sich hinter den Tschechen und informierten den Ministerpräsidenten, sie würden nur dann an einer Konzentrationsregierung teilnehmen, wenn alle slawischen Parteien vertreten wären. Der Führer der Südslawen, Dr. Korošec, der wegen der Teilnahme an einer Konzentrationsregierung sogar vom Kaiser in Audienz empfangen wurde, dürfte dem Monarchen zu verstehen gegeben haben, daß man die Idee an sich zwar nicht schlecht fände, doch eine Realisierung nicht unter dem gegenwärtigen Ministerpräsidenten wollte.[1179] Als Clam das erfuhr, reichte er noch am selben Tag seine Demission ein. Diesmal nahm der Kaiser an. Das österreichische Kabinett sollte nur noch bis zur Bildung einer neuen Regierung im Amt bleiben.

Die Demission des österreichischen Ministerpräsidenten trug nicht unerheblich dazu bei, die Hoffnungen auf eine gedeihliche Zukunft der Habsburgermonarchie weiter schwinden zu lassen. Vor allem resignierten die Deutschen der Monarchie.[1180] Jetzt kam alles zusammen: die wenig erfreuliche innenpolitische Situation, die Aussicht auf einen weiteren Kriegswinter, der Zorn der Bauern über die Requisitionen und andererseits der bereits stellenweise unerträgliche Hunger. Es gab zu wenig Saatgut, und schließlich machte eine ungewöhnliche Trockenheit die Hoffnungen auf eine überdurchschnittliche, ja sogar auf eine gute Ernte zunichte. Alles das ließ jegliche Zuversicht schwinden und reduzierte wohl auch die Hoffnung auf eine Änderung unter einer anderen Regierung.

Clam-Martinic wurde beauftragt, einen Nachfolger zu nominieren. Ein von vielen als besonders geeignet angesehener Kandidat war der frühere Ministerpräsident Max Vladimir Freiherr von Beck, dessen Wiederberufung ja schon mehrfach zur Debatte gestanden war; doch Clam nahm entschieden gegen ihn Stellung. Statt dessen sah er sich bei den hohen Beamten um und landete schließlich bei dem erst seit drei Wochen in seinem Kabinett amtierenden Ackerbauminister Ernst Ritter von Seidler. Seidler war bis dahin Sektionschef im Ackerbauministerium gewesen, ein zweifellos hervorragender Beamter, doch das, was man heute einen Funktionär ohne „Hausmacht“ nennen würde.[1181] Er war auch im Kabinett Clam-Martinic nur mit der provisorischen Leitung des Ackerbauministeriums betraut worden. Jetzt sollte er ein Übergangskabinett bilden. Doch wie das eben in Österreich ist: Provisorien sind ausgesprochen dauerhaft. Seidler blieb unerwartet lange, nämlich ein Jahr, Ministerpräsident. Unbeschadet dessen war aber festzustellen, daß sich seit der Umwälzung im Oktober und November 1916 das Personalkarussell zu drehen begonnen hatte. Das ständige Kommen und Gehen von Menschen, die Verantwortung tragen und aus einer Krise herausfinden sollen, ist jedoch ein bekanntes Symptom. Nicht nur die Revolution frißt ihre Kinder, auch andere Systeme sind Menschenfresser.

Das System frißt seine Kinder

Vom Wiederzusammentritt des Reichsrats gingen für die österreichische Reichshälfte aber nicht nur Impulse auf einer übergeordneten Ebene aus. Jetzt begannen auch in den Ländern merkliche politische Veränderungen, und auch hier setzten Polarisierung und Radikalisierung ein. Überall zeigte es sich, daß die von der russischen Revolution geborenen Schlagworte und Parolen haften blieben. So gut wie jeder Rumpflandtag kam auf die Vorgänge in Rußland zu sprechen, meistens dann, wenn es um den Krieg ging. In Kärnten beispielsweise sahen sich Deutschfreiheitliche und Christlichsoziale, die gegen einen Frieden um jeden Preis argumentierten, bald in offenem Konflikt mit den Sozialdemokraten, die sich, wie sie sagten, nicht weiter für die bürgerlichen Parteien „in die Bajonette treiben“ lassen wollten.[1182] Da die Behörden aber gerade gegenüber den Sozialdemokraten Zuvorkommenheit und Vorsicht zeigten, richteten sich Eifersucht und Ablehnung der anderen Parteien bald gleichermaßen gegen die Sozialdemokraten, den „neuen Liebling der Regierung“, wie auch gegen die Behörden.[1183]

Das mit dem „neuen Liebling der Regierung“ war wohl nicht wirklich stichhältig, doch daß man sich seitens der Regierung der Sozialdemokraten bedienen wollte und daher besondere Rücksicht übte, steht außer Zweifel. Auch und besonders der Minister des Äußern war sich der plötzlichen Bedeutung der Sozialdemokratie bewußt geworden und verteidigte das Liebeswerben um sie sogar gegenüber dem ungarischen Ministerpräsidenten. Sehr bezeichnend war sein Brief aus dem Frühjahr 1917 an Tisza, in dem er zur Frage der Entsendung von Renner und Adler nach Stockholm Stellung nahm. Czernin schrieb: „Entweder die bringen den Frieden, dann wird es sicherlich ein ‚sozialistischer' sein, und der Kaiser wird ihn aus der Tasche bezahlen. Das, lieber Freund, weiß ich auch. Aber wenn der Krieg nicht zu beenden ist, so wird der Kaiser noch viel mehr zahlen – verlasse Dich darauf ... Du machst, lieber Freund, einen doppelten Fehler. Erstens werden wir nach dem Kriege Sozialpolitik machen müssen, ob es dem einzelnen gefällt oder nicht, und ich halte es für unbedingt wichtig, die Sozialdemokraten dazu heranzuziehen. Die Sozialpolitik ist das Ventil, das wir aufmachen müssen, um den überflüssigen Dampf hinauszulassen – sonst explodiert der Kasten."[1184]

Auch anderes wurde so behandelt, daß man den Eindruck gewinnt, es sollte Luft abgelassen werden. Es hatte sich in fast drei Kriegsjahren, in denen immer wieder damit argumentiert worden war, daß man aus Gründen der „Einigkeit" und um keine „Schwäche" zu zeigen, so vieles aufgestaut, daß es irgendwann einmal heraus mußte. Und dann kam es unverblümt und emotionell. Manches hätte sich freilich auch bei ausgiebigeren Beratungen kaum anders darstellen lassen als etwa in den Anträgen der Tiroler Landtagsabgeordneten am 23. April 1917. Da wurde beantragt, den Kaiser telegrafisch über die Notlage Tirols zu informieren. Es kam der Antrag, Abgeordnete nach München und Berlin zu schicken, um deutsche Stellen um Nahrungsmittelzuschübe für die Tiroler Bevölkerung zu bitten. Der Abgeordnete Michael Mayr beantragte, Fremden die Lebensmittelkarten zu verweigern und schon jetzt öffentlich vor Urlaubsaufenthalten in Tirol zu warnen. Den Urlaubern würde nichts zu essen gegeben werden, Militärspitäler und Rekonvaleszentenheime – ausgenommen solche für Tiroler Truppen – sollten in andere Kronländer verlegt, alle Flüchtlinge, die in keinem geregelten Dienst- oder Arbeitsverhältnis stünden, ausgewiesen, die Höchstpreise erhöht und der Schleichhandel mit Hilfe des Militärs unterbunden werden. Alle Konsumenten, ob Offiziersmenagen oder Zivilpersonen, wären im Hinterland vollständig gleich zu beliefern. Bauern wären aus dem Soldatenstand zu entlassen, um die Landwirtschaft wieder in Ordnung zu bringen, und die Verteilung der Lebensmittel durch Landesorganisationen vorzunehmen, die von den Zentralbehörden unabhängig waren. Schließlich wollte Mayr an Ungarn die Bitte gerichtet wissen, Tirol bis zur nächsten Ernte mit Mehlprodukten auszuhelfen.[1185]

Oft hatten die Länder idente Sorgen wie die Reichshälften. Sie wurden bis in den Sommer 1917 primär mit Hilfe von kaiserlichen Notverordnungen verwaltet. Die Landeshaushalte waren zerrüttet. Die provisorischen Budgets schlossen jeweils mit Defiziten in Höhe von Millionen Kronen ab.[1186] Wo innerhalb der Länder Forderungen verschiedener Nationalitäten aufeinandertrafen, verschärften sich die Konflikte. Die Parteien radikalisierten sich, und die sich verschärfende Not machte den allermeisten zu schaffen. Manches, was in den ersten Kriegsjahren noch bereitwillig mitgemacht worden war, stieß jetzt auf Zögern, Skepsis und Ablehnung. „Gold gab ich für Eisen" war eine Kampagne gewesen, die bereitwilligst mitgemacht worden war. Alteisensammlungen hatten großartige Ergebnisse erbracht. Jetzt war nichts mehr da, das nicht gebraucht worden wäre. Doch das Hindenburg-Programm forderte seine Erfüllung. Der Blick der Heeresverwaltung fiel auf die scheinbar entbehrlichen Metalle. Am 22. Mai 1917 wurde eine neue Ablieferungsverordnung für Glocken bekanntgemacht. Sämtliche Kirchenglocken sollten abgenommen werden. Und das war bereits mehr, als man zu geben bereit war. Es gab Einwände. Doch das k. u. k. Kriegsministerium antwortete lakonisch: „Im Hinblick auf die Bestimmungen dieser Verordnung, R. G. Bl. 227, vom 22. V. 1917 und den gesteigerten Munitionsbedarf für die Armee im Felde ist es nicht möglich, über den Rahmen dieser Verordnung hinausgehende Verfügungen zu treffen."[1187] Es half nichts, der Großteil der Glocken mußte abgeliefert werden. Allein Tirol und Vorarlberg lieferten auf diese Weise von 1916 bis 1918 über drei Millionen Kilo Metall ab. Es mußten 1917 aber auch die Kupferdächer und Blitzableiter aus Kupferdraht abgeliefert werden.[1188] Leuchter, Lampen, Ziborienkronen, Kreuze von Prozessionsfahnen u. a. verfielen der Beschlagnahme.[1189] Es war daher fast ein Hohn, als dann Ende 1917 und 1918 das Glockenläuteverbot in einem Großteil des bis dahin zum Hinterland des Kriegsgebiets zählenden Bereiches aufgehoben wurde. Es gab nichts mehr zu läuten! Mittlerweile waren auch die Glockenseile abgenommen und an das Ärar zu den festliegenden Preisen verkauft worden.[1190]

Ab dem Sommer 1917 wurden die Felder bewacht. Mancherorts stellten die Bauern einen eigenen Flurschutz auf, um die Feldfrüchte überhaupt ernten zu können.[1191] Der Gegensatz zwischen Stadt und Land eskalierte. Die nichtagrarische Bevölkerung warf den Bauern vor, daß sie keine Opfer brächten und daß ihr Patriotismus nicht über die Gemeinde- bzw. Bezirksgrenzen hinausreichte.[1192] Die Polarisierung schritt fast unaufhaltsam voran. Wo man hinsah, war die Bereitschaft, in diesem Krieg weiterhin Entbehrungen auf sich zu nehmen und vor allem ohne erkennbares Ziel, ohne zu wissen, wie lange das noch so gehen würde, an die Grenzen gelangt. Teilweise wurden die Grenzen auch schon überschritten. Gruppen und Personen, die bis dahin nicht zu den Politisierern gehört hatten, Hausfrauen, Taglöhner oder Arbeiterinnen, diskutierten ausgiebig die Vorgänge in Rußland und die eigene Situation. Fast schlagartig erhielten daher die Zensurberichte des Kriegsüberwachungsamts eine andere, neue Note.[1193]

Das Hindenburg-Programm konnte in Österreich kaum mehr etwas bewirken. Die Kapazitätsausweitungen genügten in keiner Weise, um den Anforderungen auch nur annähernd zu genügen. Die Heeresverwaltung forderte ab März 1917 täglich 70.000 Stück Artilleriemunition und erhielt nur 50.000. Im August sank die Produktion sogar dramatisch auf etwas über 18.000 Stück ab. Die Konjunktur der Rüstungsbetriebe war vorüber und ebenso die Zeit der enormen Gewinne, die in dieser Industriesparte zu erzielen waren. 1916 war eine Besteuerung der Kriegsgewinne rückwirkend bis 1914 verfügt worden.[1194] Vereinzelt wurden die Dividenden zwar noch erhöht, bei der Prager Eisenindustrie-Gesellschaft etwa, die ihre Dividende für das Geschäftsjahr 1916/17 von 38 auf 40 Prozent erhöhte. Bei der Alpine Montan gab es allerdings 1917 statt der 25 Prozent im Jahr 1916 nur mehr 13 Prozent Dividende. Insgesamt ging es bereits merklich bergab, und der Rohstoffmangel machte sich immer stärker bemerkbar. Die Kapazitäten allein genügten nicht, wenn es nichts zu verarbeiten gab. Doch insofern hatte das Hindenburg-Programm und hatten auch alle anderen Notmaßnahmen des Staates Erfolg, als im ersten Halbjahr 1917 die Situation nicht erheblich schlechter wurde. Das Ganze war ein geschlossener Kreis. Gelang es, der Industrie genügend Rohmaterialien zur Verfügung zu stellen, dann konnte sie weiter produzieren, und wenn es zu keinen noch schwereren Versorgungsengpässen kam, ließ sich die Ernährung der Bevölkerung sicherstellen. Nur dann auch ließ sich ein den Staat gefährdender Loyalitätsverlust verhindern. Alles das aber hing davon ab, wie lange dieser Krieg noch dauern würde.

Im Mai 1917 kam es in Wien zu ausgedehnten Streiks und Arbeiterunruhen. Sie hatten andere Gründe als die noch ausschließlich als Hungerdemonstrationen zu bewerten gewesenen Unruhen in den ersten Monaten des Jahres oder zuvor. Jetzt machten sich die russische Revolution und der Prozeß gegen Friedrich Adler bemerkbar. Seine Anklagen gegen die Führung der Sozialdemokratie waren nicht ohne Wirkung geblieben. Warum hatten sich die Sozialdemokraten – wie alle anderen auch – im Juli 1914 von der Begeisterung der Massen fortreißen lassen? War der Burgfrieden wirklich gerechtfertigt gewesen? Welche Rolle spielten die Gewerkschaften? Die Arbeiter ließen sich nicht mehr durch die Gewerkschaften führen, und auch das Einvernehmen zwischen Kriegsministerium und Arbeitern ging sukzessive verloren. Um das Hindenburg-Programm realisieren zu können, war eine erweiterte Arbeitspflicht verfügt worden. Mit Hilfe einer kaiserlichen Verordnung sollte auch der Disziplinlosigkeit von Frauen in der Kriegsindustrie begegnet werden. Dafür wurden dann wieder Beschwerdekommissionen eingerichtet, die in Lohnfragen und bei sozialen Konflikten eingreifen sollten. Daraus leitete dann die Heeresverwaltung die Unzulässigkeit von Arbeitsniederlegungen ab. Es wären ja die Beschwerdekommissionen zur Schlichtung da. Die Kundmachungen über die Unzulässigkeit von Streiks wurden am 26. Mai 1917 erneut angeschlagen, als gerade 15.000 Arbeiter und Arbeiterinnen im Wiener Arsenal, einer der größten Produktionsstätten der staatlichen Rüstungsindustrie, in den Ausstand getreten waren.[1195] Der Anlaß war kein eminenter, wenn man die Streichung einer wöchentlichen Zubuße von ½ kg Mehl nicht als etwas sehen wollte, das in der damaligen Zeit durchaus zu Buche schlug. Letztlich kam es aber gar nicht mehr auf den Anlaß an. Die Arbeiter und Arbeiterinnen wollten sich Luft machen. Sie fühlten sich ausgebeutet.[1196] Der Beschäftigtenstand hatte sich im Lauf des Kriegs verzwanzigfacht. Statt dreißig gab es hundert Gebäude im Arsenal, ein Stahlwerk, Zinn- und Kupferhütten, riesige Fertigungsstätten für Artilleriegeschütze, in denen rund um die Uhr gearbeitet wurde. Der Ausstand war lediglich ein Alarmzeichen. Und als der Kaiser nichtsahnend an den Streikenden vorbeifuhr, grüßten sie alle ehrerbietigst. Es war eben nicht nur eine „k. u. k. Sozialdemokratie", sondern auch eine „k. u. k. Arbeiterschaft"! Die Menschen forderten einen achtstündigen Arbeitstag statt eines zehn-, zwölf- und mehrstündigen sowie eine bessere Lebensmittelversorgung bei gleichbleibender Bezahlung. Zugestanden wurden ihnen die Reduktion der Arbeitszeit auf acht Stunden an Samstagen und „tunlichste Berücksichtigung bei der Approvisionierung". Dann gingen die Arsenalarbeiter wieder an die Arbeit. Doch kurz darauf wurde bei Škoda in Pilsen, in den Munitionsfabriken am Rand des Steinfelds, in Witkowitz und Mährisch-Ostrau gestreikt. Überall mußte man „einschreiten", was auch zu einer eminenten zusätzlichen Belastungsprobe für das Militär wurde.

Der Stadtkommandant von Prag, Feldmarschalleutnant Eduard Zanantoni, verstand nur zu gut, was in den Arbeitern vorging: „Vom 31. Mai [1917] an verging kein Monat mehr, in dem ich nicht manche böse und schwere Tage in Prag erlebt hätte", notierte er in seinen privaten Aufzeichnungen. „Streik folgte auf Streik, insbesondere bei den Metallarbeitern, denen vornehmlich auch die Erzeugung der Munition oblag. Wiederholt lagen alle Fabriken Prags stille und nur mit Gewalt konnten die Arbeiter zur Wiederaufnahme der Arbeit verhalten werden ... ich hatte die Aufgabe, selbst mit Waffengewalt Ordnung zu schaffen, wenn es in den Fabriken drunter und drüber gieng ... Ich fühlte die Sorgen und Mühen des Arbeiters selbst und verstand es innerlich gut, wie ihm war, wenn er arbeiten sollte und weder er noch seine Familie etwas anständiges zu essen hatten."[1197]

Eisenbahner traten in den Ausstand, obwohl das Eisenbahnwesen militarisiert worden war. Drohungen, Bestrafungen und Beschwichtigungen brachten sie wieder dazu, ihren Dienst zu versehen. Doch die Arbeiter waren sich ihrer Unentbehrlichkeit für die Kriegführung bewußt geworden und nützten die neue Situation und das neu gewonnene Selbstverständnis. Das k. k. Landesverteidigungsministerium hatte jedoch immer seltener Erfolg mit seiner Beschwichtigungspolitik, und die Kundmachung über die Unzulässigkeit von Streiks führte fast nirgends zum gewünschten Ergebnis. Daher ging man daran, die Arbeiter regelrecht einzufangen. „Daß eine Arbeit unter solchen Auspizien keine gedeihliche und ersprießliche sein konnte, ist selbstverständlich, deshalb war ich für solche Gewaltmaßnahmen nie recht zu haben und folgte nur dem höheren Befehle und nicht dem eigenen Triebe", schrieb Zanantoni. „So mußte ich die Arbeiter wiederholt mit Gendarmerie und Militärpatrouillen zeitlich früh (5 Uhr) aus ihren Wohnungen holen und in die Fabriken abführen lassen. Welche umfassende Detailverfügungen hiezu nötig waren, wird jeder ermessen können, der weiß, daß es sich immer um Tausende und aber Tausende von Arbeitern handelte, welche in den Vorstädten Prags und in den zuweilen auch recht entfernten Dörfern der Umgebung in Hunderten von Häusern wohnten. Mir kam diese vom Kriegsministerium nahe gelegte Art des Einfangens der Arbeiter unwürdig vor."[1198]

Schließlich erfolgte am 8. Juli 1917 die allgemeine Militarisierung der Industrieunternehmen.[1199] In den kriegswichtigen Betrieben wurden Landsturmabteilungen aufgestellt. Alle wehrpflichtigen Arbeiter wurden in diese Abteilungen eingereiht und militärisch vereidigt. Außer Frauen, Arbeitern über 50 Jahren, Ausländern und Kriegsgefangenen entging fast niemand dieser Militarisierung. Alle in die Landsturmabteilungen eingereihten Arbeiter leisteten von nun an als aktive Militärpersonen ihren Dienst in den Industrieunternehmungen und unterlagen der militärischen Disziplin. Sie durften auch nicht mehr an politischen Aktivitäten teilnehmen. Damit war ausgerechnet zu einem Zeitpunkt, als man vom Ende der Militärdiktatur sprach und eine Demokratisierungswelle begonnen hatte, eine gegenläufige Bewegung eingeleitet worden, die mit einem besonders nachhaltigen Eingriff begann.

Wer auch gemeint hatte, der radikale Abbau der Militärdiktatur, die Demokratisierung und der Parlamentarismus würden vielleicht dazu beigetragen haben, ein stärkeres Engagement der breiten Bevölkerung für den Staat nach sich zu ziehen und das Interesse an den Kriegsgeschehnissen zu steigern, sah sich überrascht bis enttäuscht. Mit Hilfe der Briefzensur ließ sich feststellen, daß die Bevölkerung abseits der Front und ihres unmittelbaren Hinterlands kaum mehr Interesse für das Kriegsgeschehen aufbrachte. Da mußte sich schon etwas ganz Besonderes ereignen, um wieder Emotionen und Interesse zu wecken. Die meisten waren abgestumpft. Daß Ostgalizien freigekämpft und von den Russen geräumt worden war, daß die zehnte Isonzoschlacht tobte und es um Triest ging, wurde zwar da und dort noch als etwas empfunden, das seine Bedeutung und seine unmittelbaren Auswirkungen hatte. Doch es teilte sich kaum mehr jemandem mit, der vom Geschehen weiter weg war. Im Grunde genommen war es auch nicht verwunderlich, daß davon kaum mehr Notiz genommen wurde. Ab dem Augenblick, da der Stellungskrieg begann, die unmittelbare Erregung, die durch die Mobilmachung und dann immer wieder durch das Auftauchen neuer Kriegsschauplätze, durch besondere Erfolge oder Mißerfolge ausgelöst worden waren, verflachte das Interesse. Dieses Abstumpfen bzw. diese Übersättigung mit gleichbleibenden Nachrichten und auf der anderen Seite die eigenen Sorgen kennzeichnen wohl jeden längeren Krieg und führen dazu, daß man sich immer mehr von den militärischen Ereignissen ab- und den zivilen Bedürfnissen und den Nöten des Alltags zuwendet. Das wiederum führte schon im Ersten Weltkrieg zu einem Auseinanderleben von Front und Heimat, das sich bis zum grenzenlosen Nichtverstehen entwickeln konnte. Kaum jemand, der verstand, wie es sich in verlausten Unterkünften, in Erdlöchern, mit dem Schreien der Verwundeten und mit dem allgegenwärtigen Tod leben ließ. Und zum anderen verstanden viele Soldaten nicht, wie das Leben im Hinterland verflachen konnte und die Alltagsnot, die jeder für sich bewältigen mußte, so dominant war, daß schließlich nur mehr interessierte, ob man noch etwas Kaffee-Ersatz und Brot mit 70 Prozent Maismehlbeimengung bekommen konnte, das die Frauen in Schürzen heimtragen mußten, da es zerfiel, oder ob man ausnahmsweise etwas Fleisch und Fett ergatterte.

Der Krieg schien sich nicht mehr darum zu drehen, wie militärisch gehalten, gesiegt oder verloren wurde, sondern primär um die Sicherung der Lebensbedürfnisse. Auch ein erheblicher Teil des Schriftguts der höheren Kommandos war diesem Thema gewidmet. Und immer wieder wurde gerechnet, noch einmal gerechnet und in Gedanken zusammengekratzt, was es noch an Eßbarem gab. Dabei spielte nicht nur das eine Rolle, was im eigenen Land aufzubringen war. Fast noch mehr wurde darauf geachtet, aus den besetzten Gebieten Nahrungsmittel zu bekommen. Der Erfolg bei der Verwaltung dieser Gebiete wurde nicht zuletzt daran gemessen, was sich aus ihnen herausholen ließ.

Die Militärverwaltung in den besetzten Gebieten

Ab dem Sommer 1915 unterhielt Österreich-Ungarn Besatzungstruppen in Russisch-Polen, denen 1916 solche in Serbien, dann in Montenegro und Albanien, schließlich in Rumänien, Italien und Rußland folgen sollten. Genauso wie man nicht darauf vorbereitet war, einen langen Krieg zu führen, war man auch nicht darauf vorbereitet gewesen, über eine längere Zeit irgendwo als Besatzung zu existieren, Besatzungstruppen zu stationieren, die gesamte Verwaltung zu kontrollieren und die Länder, wenn schon nicht auszupressen, so wirtschaftlich intensiv zu nutzen. Ein für die Verwaltung gründlich vorbereitetes und geschultes Personal fehlte.[1200] Das war aber nicht das einzige Problem. In so gut wie allen Gebieten gab es konkurrierende Interessen. In Polen kreuzten sich die deutschen und die österreichisch-ungarischen Interessen, detto in Rumänien, wo noch die bulgarischen Interessen dazukamen. In Serbien war ein Interessenkonflikt zwischen Bulgarien, das eine gewisse Unterstützung durch das Deutsche Reich genoß, und Österreich-Ungarn programmiert. Damit jedoch nicht genug, erklärte die ungarische Regierung Serbien zur „ungarischen Einflußsphäre“. Nur in Montenegro und Albanien gab es diese Konkurrenz nicht. Um Montenegro und das nördliche Albanien gab es keinen Streit, denn diese Länder waren so arm, daß sie als Besatzungsgebiete und schon gar als „Kolonien“ uninteressant waren.[1201]

In Polen war am 25. August 1915 ein Militär-Generalgouvernement errichtet worden, das dann seinen Sitz in Lublin nahm.[1202] Russisch-Polen – und nur um dieses ging es – wurde also geteilt: Der Norden gehörte zur deutschen und der Süden zur österreichisch-ungarischen Besatzungszone. Unter dem Generalgouverneur agierten Kreiskommandos, Etappenstationskommandos und Gendarmeriepostenkommandos. Die Polen hatten ihre Waffen abzugeben, kurzum, es wurde eine strenge Kontrolle ausgeübt. Zur wirtschaftlichen Ausnützung des Okkupationsgebiets war eine Wirtschaftssektion eingerichtet worden. Allerdings, und dieses war den österreichisch-ungarischen Behörden offenbar ein besonderes Anliegen, wurden auch Schulen eingerichtet und wurde die medizinische Betreuung der Bevölkerung intensiviert und alles darangesetzt, um die sanitäre Versorgung zu verbessern. Dies diente zwar nicht zuletzt dazu, im Hinterland der Front die auftretenden Seuchen durch Schutzimpfungen und durch Kordons einzudämmen, doch auch der Bevölkerung kam es zugute, daß Fleckfieber, Pocken und Cholera bekämpft wurden. Im Herbst 1915 war damit begonnen worden, Zivilarbeiterabteilungen anzustellen, die vor allem im Straßen- und Eisenbahnbauwesen eine Rolle spielen sollten.[1203] Dabei konnte man auf Freiwillige zurückgreifen, da die Arbeitslosigkeit in Polen so groß war, daß überhaupt kein Mangel an Arbeitskräften zu beobachten war.

1915 ließ sich von den Ernteerträgen in Polen noch nicht sehr viel profitieren, da die Abgabe- bzw. Beschlagnahmemodalitäten noch zu wenig gut funktionierten. Kartoffeln, die es gegeben hätte, konnten wegen des Mangels an Personal und Fuhrwerken zum großen Teil nicht abtransportiert werden, daher hieß es, auf die nächste Ernte zu warten. Doch das Generalgouvernement hatte noch anderes zu bieten als nur Ernteerträge. Die Kohlenförderung ließ sich schon im August 1915 auf 553 Waggons täglich steigern.[1204] Und aus den Bergbaugebieten wurden schon 1916 insgesamt Tausende Waggons an Zink, Blei, Schwefel, Kupfer und Eisen abtransportiert. Im Sommer 1917 ließ sich dieser Teil der Kriegswirtschaft mit folgenden Zahlen darstellen: Aus Russisch-Polen wurden im Jahr 6000 Waggons Getreide, 14.000 Waggons Kartoffeln, 2000 Waggons Hartfutter, 19.000 Pferde, Millionen von Eiern, 1,7 Millionen Festmeter Holz und vor allem 300.000 Waggons Kohlen in die Donaumonarchie „abgeschoben“. Das Kohlenrevier Dabrowa deckte einen ansehnlichen Teil der von der Eisenbahn benötigten Kohle und den gesamten Kohlenbedarf der k. u. k. Armeen im Nordosten.[1205]

Trotz unbestreitbarer Verdienste und Erfolge der österreichisch-ungarischen Militärverwaltung in Polen waren Truppen und Beamte der Donaumonarchie Besatzungsmacht. Dazu kam, daß Russisch-Polen durch die Teilung in eine deutsche und eine österreichisch-ungarische Militärverwaltungszone eine Art weiterer „polnischer Teilung“ erlebt hatte, während die Bindungen an Rußland auch nicht einfach zum Verschwinden gebracht werden konnten. Das merkte man insbesondere während der Brusilov-Offensive, die sofort russophile Sentiments geweckt hatte. Es waren nicht zuletzt die Erfahrungen dieser Offensive sowie die Erinnerung an die gleich eingangs des Kriegs vom russischen Oberbefehlshaber und Großfürsten Nikolaj Nikolaevič hinausgegebene Polenproklamation, die dann die Mittelmächte bewog, am 5. November 1916 ihrerseits eine Polenproklamation zu verkünden. Zwar sollte alles, was da mit Hinblick auf ein Königreich von Habsburgs und Hohenzollerns Gnaden versprochen wurde, erst nach dem Krieg Wirklichkeit werden, aber zumindest bot man damit den Polen eine Zukunft und eine Perspektive. Da aber noch immer nichts darüber gesagt worden war, inwieweit nicht Polen abermals territoriale Veränderungen erfahren und wie seine Abhängigkeiten nach dem Krieg geregelt werden würden, war eine gewisse polnische Skepsis unausweichlich.

Österreich-Ungarn hatte noch ein übriges getan, um seine lauteren Absichten deutlich zu machen, und entließ Ende April 1917 den Militärgouverneur Feldzeugmeister Kuck. An seine Stelle kam der polnische Generalmajor Stanislaus Graf Szeptycki. Es sollte auch auf anderen Gebieten entmilitarisiert werden, allerdings zeigte schon die Installierung einer polnischen Organisation zur Getreide- und Kartoffelaufbringung, daß deren Ergebnisse weit hinter den Erwartungen der k. u. k. Militärverwaltung zurückblieben, so daß man wieder zum System der Eintreibung durch militärische Organe Zuflucht nahm.[1206] Da die Lebensmittelaufbringung und die Entnahme von lebenswichtigen Gütern aus Polen zum Nutzen der Habsburgermonarchie genauso wie zum Nutzen Deutschlands auch in Polen zunehmend Not hervorriefen, blieb die Polenproklamation der Mittelmächte letztlich wirkungslos. Schließlich verhafteten die Deutschen den Führer der polnischen Jungschützen und eine der populärsten Gestalten Polens, Józef Piłsudski, wegen staatsgefährdenden Verhaltens und setzten ihn auf einer deutschen Festung fest. Damit sank Polen 1917 wieder auf den Stand eines fast ausschließlichen Okkupationsgebiets herunter und wurde primär wegen seiner Bodenschätze und Ernteerträgnisse taxiert. Das Bild, das sich 1917 bot, war alles andere als rosig. Die Ernteergebnisse und die Aufbringung blieben hinter den Erwartungen zurück. Von den Kartoffeln wurden etwa 30 Prozent durch den harten Frost ungenießbar. Um das Brotgetreide zu strecken, wurde Lupinenmehl herangezogen. Dabei wurden die Lupinensamen in Kraftfutterfabriken „entbittert", dann getrocknet und vermahlen und dem Mehl beigemengt. In Przemyśl war es Birkenmehl gewesen, jetzt kam Lupinenmehl dazu – und alles nannte sich Brot.

Aber hatte in Russisch-Polen die österreichisch-ungarische bzw. deutsche Besetzung für manche doch nicht den bittersten Beigeschmack der Okkupation, sondern auch ein wenig den der Befreiung, so war dieser Aspekt bei der Besetzung Serbiens und der Einrichtung der dortigen Militärverwaltung mit Anfang 1916 nicht gegeben. Als am 7. Januar 1916 Feldmarschalleutnant Graf Salis-Seewis sein Amt als Generalgouverneur antrat, war er Vertreter des Kaisers und des Armeeoberkommandos. Gesetzgebende Maßnahmen, grundsätzliche Regelungen und jegliche Art von Freiheitsrechten leiteten sich vom Kaiser ab und waren dem Armeeoberkommando vorbehalten.[1207] Wie in Polen galt auch in Serbien die Dienstsprache des k. u. k. Heeres, also deutsch, als Amtssprache. In Serbien waren zwölf und schließlich 13 Kreiskommandos eingerichtet worden, die schließlich in 57 Bezirkskommandos umgewandelt wurden. Das von der österreichisch-ungarischen Militärverwaltung eingerichtete Generalgouvernement erstreckte sich im wesentlichen auf das Gebiet westlich des Morawatales und bis Mazedonien. Das ostwärts der Morawa gelegene altserbische Gebiet, Mazedonien und das Amselfeld, waren Bulgarien zur Verwaltung übergeben worden. Gerade im Norden und Westen Serbiens war durch die Offensiven des Jahres 1914 und durch den Feldzug des Jahres 1915 sehr vieles zerstört worden. Da die Not so groß war, mußte zunächst das Notwendigste zugeführt werden, um der Bevölkerung die Möglichkeit zum Überleben zu geben.[1208] Da Feldmarschall Salis-Seewis versuchte, möglichst wenig Druck auszuüben, wollte er sogar auf die Einhebung von Steuern verzichten. Damit trat das Kuriosum ein, daß Serbien das wohl einzige Land der Welt war, in dem es mitten im Krieg eine Zeitlang so gut wie keine Steuern gab.

Als Graf Tisza im Juni 1916 die drei nordwestlichen Kreise des Militärgouvernements Serbien bereiste, berichtete er anschließend Kaiser Franz Joseph über eine „zu serbophile und wirtschaftlich unfähige Verwaltung“ und beantragte die Abberufung der militärischen Spitzen. Schon im Juli wurde die bisherige Militärverwaltung des Generalgouvernements Serbien enthoben. Neuer Generalgouverneur wurde General der Infanterie Adolf Freiherr von Rhemen. Jetzt wurde zunächst einmal die eigene Truppe diszipliniert und das Okkupationsgebiet einer zentralistischen, autoritären, aber auch Autorität besitzenden Militärverwaltung unterworfen. Ein ziviler Landeskommissär, der ehemalige Sektionschef von Thallóczy, hatte die Einhebung von Steuern vorzubereiten, dann wurden Statistiken angefertigt, eine Volkszählung durchgeführt und, da es weder Grundbuch noch Katasteraufnahmen gab, eine Schätzung der Erträge vorgenommen und eine Viehzählung durchgeführt. Die Bevölkerungsverluste Serbiens, die aufgrund dieser Volkszählung erhoben werden konnten, betrugen rund 360.000 Menschen. Auf Grund des Kriegs und der Flucht des serbischen Heeres nach Albanien und weiter nach Korfu waren in einigen Kreisen nahezu 80 Prozent der Männer verschwunden.[1209] Nichtsdestoweniger produzierte Serbien dank der großen Arbeitsleistungen der Frauen landwirtschaftliche Überschüsse, die dann von der Besatzungsmacht Österreich-Ungarn nicht nur zur Ernährung der Besatzungstruppen, sondern ebenso zum Abtransport aus dem Land verwendet werden konnten.

Serbien hatte zweifellos auch Besonderes zu bieten. Die Mohammedaner der südlichen Kreise des Generalgouvernements arrangierten sich mit der österreichisch-ungarischen Besatzung recht bald und waren sogar zu einer weitgehenden Zusammenarbeit bereit. Hier wirkte wohl auch, daß der Sultan-Kalif den „Dschihad“ ausgerufen hatte, den „Heiligen Krieg“, und infolgedessen die orthodoxen Serben Feinde des mohammedanischen Glaubens waren. Die verbündeten Streitmächte des Kalifen kämpften jedoch nach Auffassung der Mohammedaner den gerechten „Heiligen Krieg“.[1210] Dazu kamen die Albaner Serbiens, die ebenso zur Unterstützung Österreich-Ungarns bereit waren. Nach dem Kriegseintritt Rumäniens machten daher albanische Notabeln den Vorschlag, in den Südkreisen sowie in den albanischen Gebieten Freiwillige anzuwerben; mohammedanische Würdenträger in anderen Kreisen, vor allem in Novi Pazar, schlossen sich dem an und erboten sich, mit ehemaligen türkischen Offizieren und Unteroffizieren Freiwilligenformationen aufzustellen. Auf diese Weise wurden auf dem Gebiet des Generalgouvernements über 8000 Freiwillige geworben. Einer weitergehenden Verwendung von serbischen Freiwilligen soll jedoch das Ministerium des Äußern einen Riegel vorgeschoben haben. Auch in Montenegro wurden mehr als 2000 Mohammedaner als Freiwillige geworben, während sich z. B. im Gouvernement Lublin für die polnische Nationalarmee unter österreichischer Führung lediglich 273 Freiwillige anwerben ließen.[1211]

In den Wäldern, bei den Straßen- und Bahnbauten, bei Verladearbeiten und in Bergwerken fanden Kriegsgefangenen-Arbeiterkompanien Verwendung. Dazu kamen dann Internierten-Arbeiterkompanien, die aus der wehrfähigen männlichen Bevölkerung rekrutiert wurden, so daß die Gesamtzahl an Arbeitern, die die Militärverwaltung in Serbien auf diese Weise aufbrachte, an die 20.000 Mann erreichte. Wenn man die k. u. k. Soldaten und die serbischen Kader bei der Arbeit sah, wie sie Äcker bestellten, Wiesen mähten, Heu preßten, Getreide droschen, Schweine mästeten und Schafe hüteten, dann mochte man sich an die Zeiten der Militärgrenze zurückversetzt meinen. Ab dem Januar 1916 waren alle serbischen Bahnlinien wieder in Betrieb, anschließend begann ein intensiver Ausbau neuer Schmalspurbahnen, um ein komplettes Netz in dem besetzten Serbien zu schaffen.[1212] Die Serben hatten es von August 1914, als das Elektrizitätswerk von Belgrad durch die österreichisch-ungarische Artillerie zerstört worden war, bis zum Oktober 1915 nicht geschafft, die elektrischen Anlagen und Leitungen wieder instand zu setzen. Den Besatzungstruppen gelang dies in drei Wochen, bis Ende Oktober 1915.[1213]

Ab dem September 1916 galt für die Bauern der Anbauzwang und für die Arbeitsfähigen die Arbeitspflicht. Jetzt ging es auch an das „Approvisionieren". Weizen und vor allem Mais brachten hohe Erträge, es wurde in vielen Gebieten erstmals Roggen angebaut und mit dem Anbau von Sonnenblumen zur Ölerzeugung begonnen. Angehörige des Militärgouvernements schwärmten noch nach dem Krieg davon, wie ungeheuer reich an landwirtschaftlichen Produkten Serbien war, und welche Vielzahl an Nahrungs- und Genußmitteln man in diesem Land aufbringen konnte. Doch da die Forderungen des Armeeoberkommandos nach Erhöhung der Ablieferungen immer stiegen, wurde auch in Serbien immer mehr auf die Substanz zurückgegriffen und nur mehr ausgebeutet.[1214] Serbien lieferte von allen okkupierten Gebieten das meiste Fleisch, nämlich bis Mitte 1917 170.000 Rinder, 190.000 Schafe und 50.000 Schweine; ferner Blei und Schwefelkies.[1215]

Wieder also mischte sich Positives mit Negativem, kamen zu den merkbaren Verbesserungen die Belastungen. Eines war aber sicherlich anzuerkennen gewesen: Die österreichisch-ungarische Militärverwaltung hat es in kürzester Zeit geschafft, die Seuchen in den Griff zu bekommen und einige große Epidemien überhaupt zu beenden. Fleckfieberseuchen hatten 1914 und Anfang1915 Zehntausende sterben lassen, dazu kamen Cholera, Ruhr und andere Epidemien, die nach ausgedehnten Impfaktionen und mit einer Verbesserung der sanitären Vorsorgen ihr Ende fanden. Die Seuchen hatten auch dazu geführt, daß es praktisch keinen Schulunterricht mehr gegeben hatte und dieser ab dem Spätherbst 1915 neu aufgebaut werden mußte. Dabei kam es wieder zu recht harten Auseinandersetzungen zwischen dem Militärgouvernement und der ungarischen Regierung, die den Schulplänen nichts abgewinnen konnte.[1216] Aber auf Dauer ließ sich die Bildungsoffensive der k. u. k. Armee nicht verhindern, und es wurden nicht nur die alten Schulen für den Unterricht hergerichtet und freigegeben, sondern auch mit teilweise neuen Lehrmitteln versehen. Es wurden Mittelschulen gebaut und in den südlichen, erst

1912 zu Serbien gekommenen Landesteilen, überhaupt erstmals ein geregelter Schulunterricht eingeführt. Alle gut gemeinten Einrichtungen konnten aber nicht verhindern, daß sich bereits Ende 1916 eine Partisanenbewegung herauszubilden begann, die eine Flucht der jungen Männer in die Berge und Wälder zu den „Komiten" bewirkte.[1217] Die Komitaci verlegten wohl die Zentren ihres Aufstands in das bulgarische Okkupationsgebiet, doch es kam auch im österreichisch-ungarischen Generalgouvernement Serbien zu Partisanenaktionen, die dann weiter um sich griffen und auch Montenegro erfaßten. Der dortige Aufstand ließ sich nie mehr ganz unterdrücken.

In Montenegro war das k. u. k. Militärgouvernement erst mit 1. März 1916 eingerichtet worden, weil auch das Land erst später als Serbien besetzt werden konnte. Generalgouverneur wurde Feldmarschalleutnant Viktor Freiherr von Weber, der seine Verwaltungsmaßnahmen in enger Anlehnung an jene des Generalgouvernements Serbien setzte. Zum Unterschied von Serbien waren die größten Teile des montenegrinischen Heeres im Land geblieben und hatten ihre Waffen versteckt. Um daher das Land überhaupt beherrschen zu können und die großteils unwegsamen Gebiete unter Kontrolle zu halten, benötigte die k. u. k. Militärverwaltung für das Generalgouvernement Montenegro weitaus mehr Besatzungstruppen als für Serbien. Dort war die Truppenstärke 1917 auf 21.000 Mann gesunken, während sie in Montenegro auf 40.000 und mehr Mann anstieg.[1218] Da Montenegro nicht in der Lage war, genügend Nahrungsmittel aufzubringen, um die eigene Bevölkerung zu versorgen, geschweige denn die zusätzlich unterzubringenden Truppen, war es notwendig, in kürzester Zeit Straßen- und Eisenbahnverbindungen zu bauen, um überhaupt die logistischen Voraussetzungen für eine Besetzung zu schaffen. Bis dahin gab es eine einzige Schmalspurbahn von Antivari nach Virpazar und eine einzige gute Straße von Cattaro nach Cetinje. Jetzt wurden zusätzliche Straßen gebaut, vor allem eine solche von Andrijevica nach Ipek (Peć) über den Čakorpaß. Von Cattaro nach Cetinje wurden eine Drahtseilbahn sowie eine Reihe von Pferdefeldbahnen gebaut. Post- und Telegrafeneinrichtungen mußten ganz neu errichtet werden, denn in ganz Montenegro befand sich nicht ein einziges brauchbares Postamt.[1219] Montenegro bezog weiterhin Nahrungsmittel aus der Donaumonarchie und lieferte lediglich geringe Fleischmengen. Einige österreichisch-ungarische Besatzungsoffiziere schienen jedoch einen beträchtlichen Ehrgeiz zu entwickeln, das Land zu modernisieren und modernes Wirtschaften zu ermöglichen. Dem Leiter der Wirtschaftssektion, Oberstleutnant Eugen von Englisch-Popparich, gelang ein regelrechter Innovationsschub. Dazu kamen die üblichen Maßnahmen zur Seuchenbekämpfung, kamen Schulgründungen und ähnliches mehr. Freilich: Österreich-Ungarn war immer noch die Besatzungsmacht. Und gegen diese erhoben sich 1917 die Montenegriner.

Das wohl schwierigste Land, in dem die k. u. k. Armee eine Militärverwaltung einzurichten hatte, war zweifellos Albanien.[1220] Hier kam es jedoch nicht zur Bildung eines Militärgouvernements, sondern lediglich zur Organisierung des Etappenraums, der teilweise Kampfraum des k. u. k. XIX. Korps blieb. Dieses hatte Albanien bis an die Vojusa besetzt. Die wenigen vorhandenen Strukturen im „Land der Skipetaren" hatte das Osmanische Reich geschaffen bzw. zurückgelassen; es war kaum etwas anderes dazugekommen. „Seine Wegelosigkeit und Ressourcenarmut, die Gefahren seines Klimas, sein Kulturzustand können mit keinem anderen Kriegsschauplatz Europas, sondern höchstens mit einem kolonialen Kriegsschauplatz verglichen werden", schrieb Oberstleutnant Georg Veith, damals Kommandant der 94. Infanteriebrigade beim XIX. Armeekorps.[1221] „Und die Armseligkeit der Mittel, die von uns auf diesem ‚Nebenkriegsschauplatz' aufgewendet werden konnten: Krasse Unterlegenheit an Zahl, fast keine schwere Artillerie, nahezu keine besonderen Kampfmittel, Mangel an Munition und Verpflegung, elende Nachschubverhältnisse, wenig oder keine Flieger, nur Improvisationen und Aushilfen aller Art, dem überlegenen, die See beherrschenden, wohlverpflegten und ausgerüsteten Gegner gegenüber." Das einzige Gesetz, das allgemeine Gültigkeit hatte, war das Gesetz der Blutrache.

Den Truppen machte vielerlei zu schaffen: die Unwegsamkeit, die reißenden Flüsse und vor allem die Sümpfe. Mit dem Einsetzen der Regenzeit im Oktober war ein normaler Verkehr in der Ebene kaum mehr möglich; die Wege wurden unbenützbar. Erst gegen Ende Mai wurden die Wegverhältnisse wieder besser, allerdings setzte dann enorme Hitze ein, die den Soldaten ihrerseits zu schaffen machte. Das größte Problem aber war die Malaria. Truppenstände und Arbeitsformationen sanken innerhalb von wenigen Wochen auf die Hälfte ihres normalen Stands, und es hatte überhaupt nichts zu besagen, daß die Militärverwaltung in Albanien schließlich an die 100.000 Mann zählte (was etwa 20 Prozent der albanischen Bevölkerung entsprach). Von diesen waren nämlich nur die albanischen Freiwilligenverbände einigermaßen verwendbar. Die hatten die Aufgabe, die auf alliierter Seite stehenden Banden in Schach zu halten, vor allem aber jene Arbeiten zu leisten, die notwendig waren, um erstmals einigermaßen dauerhafte Verbindungen in diesem Land zu schaffen. Straßen und Feldbahnen wurden gebaut, die Landwirtschaft neu zu organisieren gesucht, denn das einzige, was das Land im Überschuß produzierte, war Tabak. Jetzt wurden Baumwolle und Kakao angepflanzt, der Rizinus- und Sonnenblumenanbau begonnen. Zur Ausfuhr gelangten eher kuriose Dinge, nämlich 1917 etwa 50.000 Stück Schildkröten, ferner Brennessel, Edelkastanien, Mohnsamen und wilde Zichorie.[1222] Auch in Albanien versuchte die österreichische Militärverwaltung Bleibendes zu schaffen, nahm geologische Untersuchungen vor, um Bodenschätze aufzuspüren, modernisierte die Salinen zur Meeressalzgewinnung, führte einen fast aussichtslos scheinenden Kampf gegen die Seuchen und vor allem die Malaria, gründete Schulen und führte die allgemeine Schulpflicht ein.[1223] Im Juli 1916 wurde mit der Einführung eines einheitlichen Steuersystems begonnen, allerdings scheiterte man sehr bald bei dem Versuch, die Steuern selbst aufzubringen, daher wurde in ältester Manier die Einhebung der Zehentsteuer verpachtet.[1224]

Die einheimischen Potentaten und Notabeln verhielten sich zunächst abwartend; ein Teil schlug sich auch auf die österreichisch-ungarische Seite, doch als sie erkennen mußten, daß das bis dahin übliche System der Bereicherung, des persönlichen Machtzuwachses und der Intrigenwirtschaft nicht mehr so recht funktionieren wollte, kühlte das Verhältnis zunehmend ab. Auch der Einsatz „politischer Dispositionsgelder" an Leute wie den Mirditenkapetan Prenk Bib Doda, Irfan Bey, Achmet Zogu Bey und andere änderte da nicht viel. Und die Internierung albanischer Notabeln noch viel weniger.[1225] Hätte es den Begriff damals schon gegeben, wäre Albanien wohl als ein Entwicklungsland auf einer sehr niedrigen Stufe zu bezeichnen gewesen.

Ganz anders Rumänien. Dort beschränkte sich die österreichische Teilnahme an der

Verwaltung allerdings darauf, daß ein Generalkommissär für die wirtschaftlichen Angelegenheiten ernannt wurde, der in einem gemeinsam mit Deutschland beschickten Wirtschaftsstab mitzuarbeiten hatte. Die militärische Verwaltung in dem ja weder gänzlich besiegten noch gänzlich besetzten Land wurde ausschließlich vom Deutschen Reich wahrgenommen. Dem Oberbefehlshaber in Rumänien, Generalfeldmarschall von Mackensen, wurde als Militärgouverneur General Tülf von Tschepe beigegeben.[1226] Doch auch Türken und Bulgaren wirkten an der Okkupation Rumäniens mit. Dem Okkupationsgebiet, etwa 80 Prozent des Staatsgebiets, wurde eine Kontribution von 250 Millionen Lei auferlegt; damit waren die Kosten der militärischen Verwaltung zu decken. Der Wirtschaftsstab, in dem Österreich-Ungarn mit Deutschland paritätisch vertreten war, sollte in seinen 18 Abteilungen nicht nur für die Normalisierung der rumänischen Wirtschaft sorgen, sondern auch alles herausholen, was für die Ernährung und den Betrieb der Kriegswirtschaft im Deutschen Reich und Österreich-Ungarn erforderlich war. Da gab es Kriegsbeute, also alles, was in den staatlichen Arsenalen und in der rumänischen Kriegsindustrie vorgefunden worden war, aber auch Getreide, Holz und Erdöl. Die Aufteilung dieser Beute erfolgte durch eine „Kriegsbeutekommission" der Mittelmächte.[1227] Alle anderen Rohprodukte, Waren und Materialien wurden für beschlagnahmt erklärt und dann zu Fixpreisen angekauft. Auf diese Weise erhielt Österreich-Ungarn 54.000 Waggons Getreide, Hülsenfrüchte und Mais gegenüber 40.000 Waggons, die ins Deutsche Reich gingen, und einigen tausend, die nach Bulgarien und in die Türkei rollten. Das war natürlich eine ganze Menge, wenngleich die Bemerkung des britischen Premierministers Lloyd George, „daß der Erfolg der gesamten Wirtschaftsblockade gegen die Mittelmächte durch die Niederlage und Besetzung Rumäniens zunichte gemacht worden" sei, an den Realitäten weit vorbeiging.[1228] Wesentlich schwieriger war es nämlich, einen permanenten Zustrom von Gütern aus Rumänien sicherzustellen, denn selbstverständlich wehrte sich die Bevölkerung gegen die Beschlagnahmungen, und viele Betriebe mußten erst mühselig in Gang gesetzt werden. Eine britische Zerstörungsmission hatte Bohrtürme und Raffinierien zu vernichten gesucht, und es gelang erst nach und nach, den Betrieb an etwa 200 Erdölsonden wiederaufzunehmen.[1229] Die zur Verfügung stehende Menge belief sich auf 1000 Tonnen täglich, von denen Österreich-Ungarn ein Viertel bekommen sollte.[1230] Aus der gemeinsamen Ausbeutung Rumäniens erwuchs jedoch zusätzlicher Konfliktstoff zwischen dem Deutschen Reich und Österreich-Ungarn. Wahrscheinlich konnten sich die österreichisch-ungarischen Repräsentanten überhaupt nur deshalb einigermaßen behaupten, weil sie mit den Gegebenheiten viel eher zurechtkamen und in der Regel auch die Landessprache besser beherrschten, als das bei den Deutschen der Fall war.

Tiszas Sturz

Während aber „hinten" gerechnet und auch schon ein nächster Kriegswinter ins Kalkül gezogen wurde, war an der Front primär die Hoffnung auf Waffenstillstand und Frieden anzutreffen. Im April 1917 faßte das Kriegsüberwachungsamt die Eindrücke zusammen: „Jedenfalls muß festgestellt werden, daß nicht mehr jener Gleichmut und jene Zuversicht unter den Soldaten herrscht, wie sie früher zu beobachten waren, oder zumindest können sich die Soldaten auf Dauer nicht mehr enthalten, die stumm getragenen Leiden weiterhin zu tragen, ohne dieselben auch ihren Angehörigen mitzuteilen."[1231] Jeder wußte darum. Der Chef des Generalstabs wies im Mai 1917 darauf hin, „daß die Stimmung des Publikums in allen Teilen der Monarchie weniger von Siegeszuversicht als überwiegend von der Hoffnung und Sehnsucht nach dem Frieden beherrscht" werde.[1232] Die Zensurbehörden wollten aber auch herausgefunden haben, daß die politischen Äußerungen abnahmen. Nur der Wunsch nach Frieden kam überall durch. Die Zeitungen sollten zwar nichts über Friedenswünsche schreiben, doch wurde einer solchen Tendenz keineswegs auch nur annähernd entsprochen. Die Lockerung der Zensurmaßnahmen und die Veränderungen in der Innenpolitik hatten dazu geführt, daß auch die Zeitungen immer deutlicher Kriegsmüdigkeit anklingen ließen. Mit dem wieder beginnenden Parlamentarismus in Österreich setzte zudem eine Überprüfung der von Militärgerichten gefällten Urteile ein, womit dann das Auftauchen von Artikeln mit armeefeindlicher Tendenz Hand in Hand ging.[1233] In den sozialistischen Zeitungen, vor allem in der „Arbeiter-Zeitung", traten mehr und mehr klassenkämpferische Parolen zutage.

Statt in eine ruhigere Entwicklung überzuleiten, hatten die Maßnahmen zur Demokratisierung allenthalben eine Radikalisierung und Polarisierung zur Folge gehabt. Das war aber keine bloße Erscheinung der österreichischen Reichshälfte. Auch in Ungarn war der Anbruch einer neuen Zeit immer deutlicher geworden. Im März und April 1917 war die Atempause vorbei, die sich Graf Tisza durch die Krönung König Karls in Budapest verschafft hatte. Der ungarische Ministerpräsident und seine Partei sahen im Ausbruch der russischen Revolution eine Rechtfertigung ihrer Außen- und Innenpolitik. Der ungarischen Opposition aber schienen die Vorgänge in Rußland eine Bestätigung dafür zu sein, daß es höchste Zeit für Reformen war.[1234] Nicht einmal in Rußland wäre man ohne Demokratisierungsmaßnahmen ausgekommen! Die ungarischen Zeitungen berichteten Tag für Tag ausführlich und kaum von der Zensur behindert über die Vorgänge in Rußland. Tisza aber sah keinen Grund für einschneidendere Maßnahmen. Er stand der Entsendung ungarischer Sozialisten zur Konferenz des Internationalen Sozialistischen Büros nach Stockholm ablehnend gegenüber, und es bedurfte erst der Überredung durch Czernin, daß er seinen Widerstand aufgab und sechs Sozialisten nach Stockholm reisen ließ.[1235] Sie trafen mit ihren österreichischen Genossen Adler, Ellenbogen, Renner und anderen zusammen und vertraten wie sie die Auffassung, daß ein Frieden nicht auf Kosten der territorialen Integrität der Habsburgermonarchie geschlossen werden dürfte.[1236]

Tisza sah sich und Ungarn als Symbole für Kontinuität, Stabilität und Gewaltenteilung in einer immer chaotischer werdenden Welt. Er vertrat die Ansicht, daß „jeder Krieg die Menschen ernster, religiöser und konservativer mache".[1237] Doch seine Tage an der Spitze des ungarischen Kabinetts waren gezählt. Der calvinistische Graf war seit der Thronbesteigung des Kaisers und Königs Karl immer wieder als der nächste bezeichnet worden, der bei einer sich bietenden Gelegenheit gehen sollte. Doch dann war er doch geblieben und schien unverrückbar. Am 6. Februar 1917 war ihm bedeutet worden, daß der Monarch an seiner Stelle den Erzherzog Joseph sehen wollte. Tisza drohte, mit der ganzen von ihm angeführten parlamentarischen Mehrheit in Opposition zu gehen.[1238] Dann tauchte ein noch ganz anderes Moment auf, das über Verbleib oder Entlassung Tiszas aus dem Amt des Ministerpräsidenten entscheiden sollte. Karl hatte an König Alfonso XIII. von Spanien geschrieben und ihn um Friedensvermittlungen gebeten. König Alfonso war dazu grundsätzlich bereit, empfahl jedoch, Ministerpräsident Tisza zu entlassen, da es jeden Friedensschritt erleichtern müßte, wenn jene, die für die Entfesselung des Kriegs verantwortlich waren, nicht mehr im Amt wären.[1239] Wieder hielt Tisza dem entgegen, daß seine Entlassung eine Regierungskrise heraufbeschwören könnte und dies wohl schwerer wiegen sollte als die Tatsache, daß er bereits 1914 im Amt war. Auf diese Weise konnte man ihn nicht zum Amtsverzicht bewegen. Karl wollte in Ungarn einen weiteren Schritt zur Demokratisierung setzen und verlangte die Ausarbeitung eines neuen Wahlgesetzes. Tisza arbeitete es aus. Doch Karl war damit nicht einverstanden. Er wollte in Ungarn ein allgemeines, gleiches und direktes Wahlrecht, wie es seit 1907 in Cisleithanien galt, das aber – wie Redlich meinte – „niemand von den Magyaren in Ungarn will".[1240]

Schließlich verbiß sich Tisza regelrecht in die Wahlrechtsfrage und ließ darin so wenig Konzessionsbereitschaft erkennen, daß es für die Opposition ein leichtes war, ihn als Reaktionär hinzustellen. Tisza und die „Partei der Arbeit" verkörperten die harte Linie. Der ungarische Ministerpräsident argumentierte damit, daß erst vier Jahre zuvor in Ungarn eine Wahlrechtsreform durchgeführt worden war. Das einzige, wozu er sich verstehen wollte, war die Ausweitung des Wahlrechts auf die kleinen Grundbesitzer, die Industriearbeiter und jene, die sich im Krieg den ungarischen Ehrentitel eines „Vitéz" erworben hatten, also „Helden" waren.[1241] Karl wollte sich ebenso wie die ungarische Opposition damit nicht zufriedengeben. Demonstrationen gegen den ungarischen Ministerpräsidenten fanden immer mehr Zulauf, die Gegendemonstrationen fielen zahlenmäßig ab.[1242] Tiszas Partei war in dieser Frage gespalten, und nachdem der Kaiser und König den Ministerpräsidenten ein letztes Mal aufgefordert hatte, ihm ein neues Wahlrecht für Ungarn vorzulegen, und Tisza dies abermals abgelehnt hatte, forderte der Monarch den Ministerpräsidenten am 22. Mai 1917 zum Rücktritt auf. Tisza trat zurück.

Der Abgang des ungarischen Ministerpräsidenten blieb nicht ohne Resonanz. Vor allem im Deutschen Reich bedauerte man seine Entfernung, und der sächsische Gesandte in Wien, von Nostitz, resümierte: „Im Interesse der Monarchie hätte es aber wohl doch gelegen, den Kabinettswechsel erst nach Kriegsende eintreten zu lassen – schon mit Rücksicht auf dic überragende Bedeutung, die das Ausland der Persönlichkeit Tiszas zuerkennt ... Wer indessen die ungarischen Verhältnisse auch nur einigermaßen kennt, wird stark bezweifeln, ob das Spiel der Opposition ganz ehrlich gemeint ist, denn die Andrássy und Apponyi sind im Innern einer Emanzipation der nichtmagyarischen Nationalitäten, wie sie die Folge eines freien Wahlrechts sein würde, genauso abgeneigt wie Tisza."[1243] Das Bedauern über seinen Gang in die Opposition ließ sich mit den beiläufigen Äußerungen anläßlich des Tods von Ministerpräsident Stürgkh oder der Regierungsumbildungen in Österreich überhaupt nicht vergleichen. Es wurde ihm noch einmal attestiert, daß er die bei weitem stärkste Persönlichkeit Österreich-Ungarns gewesen sei, ein unabhängiger Geist und ein konsequenter Vertreter des Bündnisses mit Deutschland.[1244] Nur Kaiser Karl meinte, daß ihm ein Alptraum genommen sei.[1245] Auch in Ungarn schien sein Abgang nicht nur bedauert zu werden, und Zeitungen verstiegen sich dazu, anzumerken, daß sein Rücktritt einem großen militärischen Sieg gleichzusetzen wäre. Doch wer geglaubt hatte, in Ungarn würde sofort das allgemeine und gleiche Wahlrecht eingeführt werden, der sah sich gröblichst enttäuscht. Damit war Tiszas Sturz eigentlich unsinnig gewesen. Auch in Transleithanien war die Zeit des Ausgleichenwollens und des Rücksichtnehmens vorbei. Die Radikalen drängten in den Vordergrund.

21

Kerenskij-Offensive und Friedensbemühungen

Der Sommer 1917 war ein Jahrhundertsommer, „ein Sommer glühender Sonne“, wie Josef Redlich schrieb, der „die Gemüsepflanzen, Kartoffeln, Mais einfach zu Tode röstet ... Wir stehen vor der furchtbaren Aussicht, im vierten Kriegswinter bei dieser entsetzlichen Teuerung noch eine völlige Vernichtung der ganzen Kartoffel-, Rüben-, Kraut- und Gemüseernte zu bekommen ... Alle Märkte in Wien sind leer, die Gemüse- und Obstzentrale verhindert durch ihr – offenbar zugunsten der Armee-Intendanz, der Marmeladefabriken und sonstiger Großeinkäufer erfolgendes – Aufkaufen und Requirieren, daß irgend etwas von Obst und Gemüse nach Wien kommt ... unser armes Volk, übrigens auch die Arbeiter im X. und XI. Bezirk in Wien, lebt von Gurken, die viele Darmkrankheiten hervorrufen. Die Zustände werden immer drohender, furchtbarer! In Prag und Brünn gärt es in der Arbeiterschaft, in Pilsen ist das Standrecht proklamiert, ebenso in Witkowitz, in Salzburg tobt eine Organisation des Mittelstandes gegen den Fremdenverkehr! Auf alle diese und verwandte Symptome wird von Berlin aus nur ein Heilmittel empfohlen: ‚Durchhalten!‘“[1246]

Hatte man so lange durchgehalten, würde man doch noch ein wenig länger durchhalten. Bis zur nächsten Ernte, bis zu dem Zeitpunkt, da der uneingeschränkte U-Boot-Krieg England zum Frieden zwinge, bis zum Separatfrieden mit Rußland usw. Da sich jeder an bestimmte Hoffnungen klammerte und immer wieder Fristen und Daten genannt wurden, konnte die Parole vom Durchhalten noch Erfolg haben. Es gab auch ständig Veränderungen, die schwer sagen ließen, man sei an diesem oder jenem Punkt angelangt. Gerade der unentwegte Wechsel von Siegesmeldungen und Katastrophen, noch mehr aber das Auftauchen und Verschwinden von Personen erschwerte die Orientierung und erzeugte seinerseits Orientierungslosigkeit. Doch erst wenn es Hoffnungslosigkeit gab, mußten die Durchhalteparolen ihre Wirkung verlieren.

Der Seesieg in der Otrantostraße

Zu dem, was immer wieder Anlaß zur Hoffnung gab, gehörte in besonderem Maß der Seekrieg, und wenn etwas in Österreich-Ungarn überhaupt noch in der Lage war, Aufregung und Begeisterung hervorzurufen, dann Meldungen über die Ereignisse zur See. Trotz einiger unbestreitbarer Erfolge der Kriegsmarine und nicht zuletzt auch der Überwasserschiffe war das Armeeoberkommando mit der Kriegsmarine jedoch alles andere denn zufrieden. Die Kontroverse schwelte schon lange und hatte sich verschärft, als Conrad bei der Vorbereitung der Südtiroloffensive vom Flottenkommandanten Groß-admiral Haus in der zweiten Märzhälfte 1916 eine Aktion verlangt hatte, um den Italienern einen empfindlichen Schlag zu versetzen. Haus hatte dieses Ansinnen zurückgewiesen und stützte sich dabei auf eine Ausarbeitung vom Juli 1915, wonach die Hochseeflotte auch bei voller Ausnützung der Tragweite ihrer Geschütze nicht in der Lage sein würde, dem linken Flügel der österreichisch-ungarischen Landstreitkräfte nennenswerte Unterstützung zu geben.[1247] Hätte es, so Haus, eine auch noch so geringe Chance gegeben, die Landstreitkräfte zu unterstützen, wäre die Flotte selbstverständlich nicht neun Monate inaktiv geblieben. So aber würde auch die Zerstörung von Küstenbefestigungen, etwa in Venedig, die Situation der Landstreitkräfte um nichts verbessern. Demgegenüber wäre die Gefahr, der sich die Flotte aussetzen müßte, eine unvergleichlich große, denn die Italiener hätten natürlich nicht geschlafen, sondern sich durch die Anlage von Minenfeldern und durch ihre eigene Präsenz zur See so viele Verteidigungsmöglichkeiten geschaffen, daß eine derartige Aktion wohl kaum den gewünschten Erfolg haben würde. Der k. u. k. Kriegsmarine mangelte es außerdem an Zerstörern und Torpedobooten.

Diese Äußerungen zeigten, daß das Flottenbauprogramm der Kriegsmarine eigentlich seit Jahrzehnten in eine völlig falsche Richtung gegangen war.[1248] In der Adria brauchte man offensichtlich keine großen Schlachtschiffe, sondern wesentlich kleinere Einheiten, und gerade die Empfindlichkeit und die Inaktivität der Schlachtschiffe, die nicht zuletzt auch deswegen zur Untätigkeit verdammt waren, weil das Anheizen der Kessel und das Dampfaufmachen eine Angelegenheit von Tagen war, zeigten, daß hier ein falscher Weg beschritten worden war. Bei allem Ehrgeiz, es dem Deutschen Reich, Großbritannien und Frankreich gleichzutun, fehlte Österreich-Ungarn ganz einfach das nötige „Bassin“. Daher spielten in der Adria Minen eine zunehmend große Rolle, wie auch der Seefliegerei steigende Bedeutung zukam; auch eine Reihe von U-Boot-Verlusten der Alliierten ging auf das Konto der Marineflieger.[1249] So blieb es also beim einmal eingeschlagenen Kurs. Haus, der 1916 zum Großadmiral befördert wurde, ein Rang, den vor ihm und nach ihm in der k. u. k. Kriegsmarine niemand anderer erreichte, wurde ein immer stärkerer Befürworter der deutschen Seestrategie und redete schließlich auch dem uneingeschränkten U-Boot-Krieg das Wort.

Seine Argumente waren dabei, daß auch die Alliierten de facto einen uneingeschränkten U-Boot-Krieg führten und gerade die Angriffe auf österreichisch-ungarische Schiffe bewiesen, wie rücksichtslos dabei vorgegangen würde. Eine letzte Klärung der Mitwirkung der k. u. k. Kriegsmarine am uneingeschränkten U-Boot-Krieg hatte eine Konferenz in Pleß am 26. Januar 1917 gebracht. Bei dieser Gelegenheit waren sowohl

Haus als auch sein Generalstabschef, Konteradmiral Rodler, anwesend gewesen. Eines der Ergebnisse dieser Konferenz war, daß die deutschen U-Boote U 35, U 36 und U 39 weiterhin die österreichische Flagge führen sollten, obwohl sie mit einer ausschließlich deutschen Besatzung fuhren. Haus sicherte dem deutschen Admiralsstab außerdem zu, daß österreichisch-ungarische U-Boote verstärkt im Mittelmeer operieren würden.[1250] Es war Haus' letzte Entscheidung. Auf der Rückfahrt von dieser Konferenz erkältete sich der Großadmiral, wie bereits erwähnt, so stark, daß er an einer Lungenentzündung starb. Sein Nachfolger, der kroatische Admiral Maximilian Njegovan, hatte dann die Aufgabe, den uneingeschränkten U-Boot-Krieg zu beginnen.

Wie die deutschen U-Boote erreichten auch die österreichisch-ungarischen U-Boote im April 1917 ihre größten Erfolge. Mit 23.037 Tonnen war in diesem Monat ein bis dahin noch nie dagewesener Höhepunkt an Versenkungen zu verzeichnen. Danach fiel die Tonnagezahl der durch k. u. k. Boote versenkten Schiffe im Mai wieder auf etwas über 10.000 Tonnen und im Juni 1917 bereits auf wenig mehr als 6000 Tonnen ab.[1251] Dafür war nicht zuletzt die viel größere Rücksichtnahme der österreichisch-ungarischen Boote verantwortlich. Im Deutschen Reich wollte man das nicht verstehen und vor allem auch nicht mitmachen. Deutschland beschuldigte die Alliierten wohl zu Recht, Spitalsschiffe für Munitionstransporte verwendet zu haben, und leitete daraus das Recht ab, auch Spitalsschiffe der Entente angreifen zu dürfen. In Österreich-Ungarn gab es diesbezüglich geteilte Meinungen. Schließlich verbot Kaiser Karl am 21. April 1917 dezidiert, daß österreichisch-ungarische U-Boote alliierte Spitalsschiffe angriffen, und entschied weiters, daß U-Boote, die dergleichen Angriffe beabsichtigten, nicht die österreichisch-ungarische Flagge führen dürften.

Für den Seekrieg im Mittelmeer erwies sich vor allem die Seestraße von Otranto als einer der entscheidendsten Punkte. Die Alliierten hatten mit italienischen, französischen und britischen Schiffen eine Sperre aufgebaut, die zwar durchlässig blieb, aber eine erhebliche Erschwernis beim Aus- und Einlaufen in die Adria darstellte. Wohl waren sämtliche Versuche und insbesondere auch britische Bemühungen, diese Sperre so zu verstärken, daß jeglicher Verkehr unter und über Wasser unterbunden werden konnte, gescheitert, doch die Gefahr blieb. Etliche U-Boote gingen in dieser vor allem aus Schleppnetzen bestehenden Sperre verloren.[1252] Es war daher naheliegend, daß das k. u. k. Flottenkommando den Entschluß faßte, die Seesperre von Otranto zu durchbrechen. Die Aktion wurde für den 15. Mai 1917 festgelegt und sollte mit den Kreuzern „Novara", „Helgoland" und „Saida" unter dem Kommando von Linienschiffskapitän Miklos von Horthy ausgeführt werden.[1253]

Das Seegefecht begann um 3.30 Uhr in der Früh und dauerte bis Sonnenaufgang. 14 von 47 Kuttern wurden versenkt, vier weitere teilweise schwer beschädigt. Dann aber begann die Jagd auf Horthys Eskader, der es trotz einer zeitweiligen Überlegenheit von britischen, französischen und italienischen Schiffen gelang, in den Schutz der aus Cattaro herbeieilenden Schiffe zu gelangen. Schließlich drehten die alliierten Verfolger ab. Gleichzeitige Angriffe österreichisch-ungarischer U-Boote und das Legen von Seeminen vor Brindisi fügten den Alliierten zusätzliche Verluste zu, so daß dieser Tag als der zweifellos bedeutendste Seesieg in die Geschichte der österreichisch-ungarischen Seestreitkräfte in der Adria während des Ersten Weltkriegs einging.

Das wichtigste Ergebnis war wohl, daß die Seestraße von Otranto zumindest vorübergehend „durchlässig“ geworden war, denn es dauerte bis zum Juli, ehe italienische Kriegsschiffe den Schleppern mit ihren Netzen in der Seestraße wieder einigen Schutz gewähren konnten.[1254] Dazu kamen dann allerdings auch drei australische Zerstörer, und so hatte sich schon nach kurzer Zeit wieder alles zum gewohnten Bild gewandelt. Die Alliierten konnten die Straße von Otranto zwar nicht ganz schließen, und sie konnten wohl auch den Schleppern keinen totalen Schutz geben, doch in der Regel reichte es aus, wenn man die über 40 Meilen breite Seestraße in einer Länge von 24 Meilen sperrte und überwachte. Die österreichisch-ungarischen Seestreitkräfte waren nach wie vor in der Adria eingeschlossen. Gerade dieses Seegefecht hatte aber gezeigt, daß die stolzen Dreadnoughts zur Untätigkeit verdammt, mehr noch: daß sie nutzlos waren. Der Seesieg in der Otrantostraße vom Mai 1917 gehörte nach kurzer Zeit der Vergangenheit an und verblaßte auch sehr rasch angesichts der politischen Vorgänge.

Die „Hand des Kindes“

Der Rücktritt Tiszas und Clam-Martinic’, die kaum mehr überblickbaren Veränderungen, die in einem so deutlichen Gegensatz zu den ersten zweieinhalb Jahren des Kriegs standen, gingen auch nicht vorüber, ohne Auswirkungen auf das Bild des Monarchen in der Öffentlichkeit zu haben. Der Eindruck von einem liebenswürdigen, jungen, frischen, besonders höflichen und zuvorkommenden Monarchen wurde dahingehend ergänzt, daß seine Unstetigkeit und Sprunghaftigkeit kritisiert wurden, seine Unpünktlichkeit und vor allem die Art, aufgrund seiner vielen Besuchsreisen die Monarchie gewissermaßen vom Zug aus zu lenken. Es begann mit der Schilderung kleiner Episoden und einer systematisch betriebenen „Vermenschlichung“ des Monarchen[1255], Dinge, die der Kaiser vielleicht gar nicht so ungern sah. Er bemühte sich ja, in allen Bereichen Lockerungen zu erreichen, und jede Maßnahme war für sich genommen gleichermaßen richtig, wie sie auch kritisiert werden konnte. Überall herrschte Unruhe, und es bestätigte sich ein durchaus historisches Phänomen, daß es viel leichter ist, Gewalt eskalieren zu lassen und Druck – auch Unterdrückung – zu steigern, als Gewalt abzubauen und Druck wegzunehmen. Dadurch wird vermehrt Unruhe erzeugt, auf jeden Fall aber eine Krise der Zentralverwaltung ausgelöst.

War es richtig gewesen, das Parlament wieder einzuberufen? War es richtig gewesen, das Armeeoberkommando in seinem Ansehen so deutlich herabzumindern? War es richtig gewesen, daß der Kaiser die unmittelbare Verantwortung für alle militärischen und politischen Fragen übernahm? Wäre das alles vom Anfang des Kriegs an gewesen, hätte es keine Veränderung bedeutet und keine Unruhe ausgelöst. So aber wurde jeder Schritt begrüßt, abgelehnt, diskutiert, als zu spät, als falsch, zu weitreichend oder ungenügend kritisiert. Doch es gab weder Frieden noch mehr zu essen und immer nur vage Hoffnungen, daß das Durchhalten einen Sinn hätte. War es richtig, daß über kaiserlichen Befehl im März 1917 für die Soldaten die Strafe des Anbindens aufgehoben wurde, bei der ein Mann für höchstens zwei Stunden mit auf dem Rücken verschränkten Armen an einen Baum gebunden werden konnte? Im Krieg waren auch wieder Stockhiebe eingeführt worden, nicht offiziell, versteht sich. [1256] Karl verbot sie striktest. Die einen fragten sich, wieso es überhaupt noch so anachronistische Strafen gab, die anderen, wie ein renitenter Bursche ohne Militärgefängnis – denn Anbinden war nur vorgesehen, falls es kein Gefängnis gab – zur Räson gebracht werden sollte. Eine Ausweitung der Militärjustiz wurde im selben Augenblick ja ebenfalls abgelehnt. Strafkompanien kannte die k. u. k. Armee noch nicht. Am 19. Juni 1917 wurde die Strafe des Schließens in Spangen aufgehoben, bei der für maximal sechs Stunden am Tag die rechte Hand und der linke Fuß eines einfachen Soldaten (und nur gegen sie durfte diese Strafe verhängt werden) aneinandergekettet wurden.[1257] Monate später machte Kaiser Karl die Verfügungen wieder rückgängig, da ihm Anbinden und In-Spangen-Schließen doch noch harmloser vorkamen als die von der Armee nach französischem Vorbild geforderte Verschärfung der Militärjustiz. „Es war eben nicht leicht, Friedensfürst und Oberster Kriegsherr zu sein", formulierte dann Edmund Glaise-Horstenau.[1258] Andere Maßnahmen waren bei weitem weniger umstritten und vor allem auch schon längst fällig, wie die am 18. September 1917 ergehende Anordnung, daß Väter von sechs oder mehr unversorgten Kindern nicht der „ständigen feindlichen Einwirkung" ausgesetzt werden sollten. Auch wenn diese Formulierung immer noch einen großen Spielraum zuließ, war darin endlich Rücksichtnahme erkennbar.[1259] Warum aber ausgerechnet sechs Kinder?

Alle diese Veränderungen größerer und kleinerer Art ließen die Vorstellung von der Unantastbarkeit der Herrscherperson schwinden. „Karl der Plötzliche", wie man ihn im Armeeoberkommando nannte[1260], war nicht der weit über den Dingen stehende Monarch. Von der Beschreibung kleiner Schwächen bis zur Verbreitung unwahrer Gerüchte, wie z. B. der Trunksucht des Kaisers, war es nur ein kleiner Schritt.[1261] Sehr bald wurden auch Verbindungen zur Entente vermutet und dabei die Person der Kaiserin ins Spiel gebracht, von der zwei Brüder in der belgischen Armee dienten. Es fiel auch den am Hof verkehrenden Politikern, Militärs und Diplomaten auf, daß sich die Kaiserin fallweise bei hochpolitischen Besprechungen irgendwo in die Ecke setzte und zuhörte oder den Kaiser aus einem Gespräch wegrufen ließ.[1262] Die Ausbreitung von Gerüchten konnte auch der im Februar 1917 eingerichtete „Pressedienst für die Allerhöchsten Herrschaften" nicht verhindern.[1263] Bis in den Juli 1917 gab es aber kaum etwas, das massive Kritik am Monarchen ausgelöst hätte. Dann aber ließ Kaiser Karl am 2. Juli einen Amnestieerlaß für politische Delikte verkünden. Und mit einem Schlag fast brach sich der aufgestaute Unmut Bahn.

Der Kaiser hatte schon Tage vorher zu überlegen begonnen, wie die von den Militärgerichten gefällten Sprüche überprüft werden könnten. Sie seien häufig nicht nur drakonisch, sondern auch ungerecht, meinte Karl. Eine Meldung, wonach im Tiroler Kriegsgebiet eine Wirtin wegen Hochverrats zum Tod verurteilt und schließlich zu einer mehrjährigen Kerkerstrafe „begnadigt" worden sei, weil sie von Offizieren beschimpft worden war und ihrerseits zurückgeschimpft hatte, soll dann das Faß zum Überlaufen gebracht haben.[1264] Der neue Ministerpräsident, Ernst Ritter von Seidler, glaubte, daß eine Amnestie die parlamentarische Situation verbessern und damit seine Arbeit erleichtern würde. Der polnische Abgeordnete Adolf Groß hatte im Justizausschuß auch schon einen Antrag auf Überprüfung sämtlicher Militärgerichtsurteile eingebracht.[1265] Vor allem aber war von Papst und Kurie im Wege der stillen Diplomatie schon seit längerem versucht worden, Kaiser Karl zur Zurücknahme von Todesurteilen zu bewegen. Der Papst hatte bereits im Frühjahr 1916 zugunsten von 16 in Banja Luka wegen Spionage zum Tod verurteilten Serben interveniert. Da das am Widerstand des Armeeoberkommandos gescheitert war, erneuerte der Vatikan seine Bemühungen. Im Juli erweiterte der Papst seine Intervention auch auf den Führer der tschechischen Radikalen, Karel Kramář. Die Argumente des Heiligen Stuhls und wohl auch der Einfluß des aus dem Osmanischen Reich zurückgekehrten nunmehrigen Hofkaplans Alois Musil zeigten Wirkung, und schließlich nahm sich Kaiser Karl der Angelegenheit an.[1266] Ministerpräsident Seidler und der Kabinettschef des Kaisers, Polzer-Hoditz, drängten auf eine großzügige Lösung, so daß sich Karl, der damals gerade von München nach Wien unterwegs war, entschloß, am 2. Juli 1917, dem Namenstag seines Sohnes, des Kronprinzen Otto, eine weitgehende Amnestie verkünden zu lassen. Die entscheidende Passage im kaiserlichen Handschreiben an den Ministerpräsidenten lautete: „Ich erlasse den Personen, die von einem Zivil- oder Militärgericht wegen einer der folgenden im Zivilverhältnisse begangenen strafbaren Handlung verurteilt sind, die verhängte Strafe: Hochverrat ..., Majestätsbeleidigung ..., Beleidigung der Mitglieder des kaiserlichen Hauses ..., Störung der öffentlichen Ruhe ..., Aufstand ..., Aufruhr ...“[1267] Ganz wenige hatten von der Absicht des Kaisers gewußt. Uninformiert waren der Minister des Äußern und die anderen gemeinsamen Minister, engste Berater des Kaisers und das Armeeoberkommando gewesen. Schon nach wenigen Tagen war es in Wien allgemein bekannt, daß der Beschluß über die Amnestie hinter dem Rücken Czernins, der ja als Außenminister auch Minister des kaiserlichen und königlichen Hauses zu sein hatte, gefaßt worden war und er deshalb seine Demission eingereicht hatte. Sie wurde nicht angenommen. Für alle, die nicht informiert gewesen waren, war es ein Paukenschlag. Als Seidler am 3. Juli das Schreiben des Kaisers verlas, brodelte es im Saal der Abgeordneten des Reichsrats. Dann tobte das Haus. Was Seidler weiter sagte, blieb im Lärm unverständlich, es kam zu Handgreiflichkeiten.[1268]

Außer zunächst bei den Tschechen und bei den Sozialdemokraten fand die Amnestie nur schärfste Ablehnung. Karel Kramář und rund 1000 Tschechen kamen frei.[1269] Doch niemand dachte daran, diesen Schritt auch nur annähernd zu honorieren.[1270] Während Seidler im Abgeordnetenhaus die kaiserliche Willensmeinung verlas, riefen deutschnationale Abgeordnete „Lang lebe der Hochverrat!“ und „Kramář Ministerpräsident!“. Deutschösterreichische Kreise sahen in der Amnestie generell eine Bestätigung dafür, „daß ihre der Dynastie anhängende Treue immer wieder enttäuscht, die staatsgefährliche Haltung der Slaven dagegen belohnt wird“, meinte der sächsische Gesandte.[1271] Was ein Beispiel sein sollte und ein besonderes Zeichen der Versöhnung, wurde lediglich als unglückliche Geste eines unerfahrenen und verängstigten Monarchen verstanden. Jetzt wurde der Kaiser selbst lächerlich gemacht (oder hatte er es selbst getan?), denn einige der Formulierungen des Amnestieerlasses ließen sich durchaus boshaft extrapolieren: „Ich wähle den heutigen Tag ..., an welchem Mein innigstgeliebter ältester, durch Gottes Gnaden Mir geschenkter Sohn die Feier seines heiligen Namenspatrons begeht. So führt die Hand eines Kindes, welches berufen ist, dereinst die Geschicke Meiner Völker zu leiten, Verirrte ins Vaterhaus zurück.“[1272] Man spottete über die „Hand des Kindes“, die als Karls eigene und nicht die des Kronprinzen Otto verstanden wurde.[1273] Noch sprach man davon, daß der Kaiser lediglich schlecht beraten würde. Doch dieses Argument ging daneben, denn zum einen hatte sich Karl seine Berater ja eigens ausgesucht, und zum anderen entsprach die Amnestie durchaus seinen Wünschen und Vorstellungen. Karl ließ sich ja auch durch die Kritik am Amnestieerlaß vom 2. Juli nicht beirren. Anläßlich seines Geburtstags am 17. August 1917 kam die nächste Begnadigung, die diesmal 73 Soldaten betraf; 46 von ihnen waren wegen Desertion zum Tod verurteilt worden.[1274]

Karl begeisterte sich an dem Gedanken, den Forderungen der österreichischen Nationalitäten entgegenzukommen und dadurch den Frieden ohne Zerfall zu erreichen. Er beschäftigte sich eingehend mit den Föderalisierungsideen Heinrich Lammaschs, die dieser immer schärfer formulierte und dabei gegen Zentralisierungsversuche ankämpfte. Karl akzeptierte durchaus, was Lammasch hinsichtlich des Nationalitätenstaates und des Selbstbestimmungsrechts vertrat. Selbstbestimmungsrecht, so Lammasch, bedeute nicht, „daß alle die Zusammenhänge, die durch Jahrhunderte eingelebt sind, die Zusammenhänge, die wirtschaftlich tief verankert sind, zerrissen werden, bloß dem Fetisch der Sprache geopfert werden".[1275] Kaiser Karl fand auch die Gedanken des deutschen Philosophen und Pädagogen Friedrich Wilhelm Foerster sehr naheliegend, den er im Sommer 1917 aus München nach Laxenburg bat. Bei der Anbahnung der Kontakte mit Lammasch wie mit Foerster hatte der Kabinettsdirektor des Kaisers, Polzer-Hoditz, eine Rolle gespielt, was Monate später seine Entlassung nach sich ziehen sollte.[1276] Über Polzer hatte die sogenannte „Schokoladenpartei", die Österreichische Politische Gesellschaft, die von Julius Meinl maßgeblich gefördert wurde, Zugang zum Kaiser gefunden. Foerster kritisierte nachhaltig die Bismarcksche Nationalstaatsidee und meinte, daß sich auch die Donaumonarchie davon habe gefangennehmen lassen, da sie statt der alten föderalistischen Reichsidee ein zentralistisches Großmachtregime mit deutschnationaler Vorherrschaft zu verwirklichen getrachtet habe.[1277] Doch die Versuche zur Umsetzung dieser Gedankengänge scheiterten alle, und der Kaiser sah sich immer mehr dem Widerstand der meisten politischen Kräfte gegenüber. Es ging ihm so wie Lammasch, der wegen seiner Ausführungen über den inneren Frieden und die Versöhnung von seiner eigenen Partei, der deutschen Mittelpartei, schärfstens angegriffen wurde und daraufhin seinen Austritt aus der Partei vollzog.[1278]

Josef Baernreither notierte in sein Tagebuch: „Die Begnadigung der Rädelsführer jener staatsfeindlichen Richtung, die unsere Feinde ermutigte, unsere inneren Verhältnisse zerrüttete und Tausende von braven Soldaten das Leben kostete, hat unmenschlichen Schaden angerichtet und den Kaiser eines großen Teils seiner Volkstümlichkeit beraubt."[1279] Damit verwies Baernreither auf einen Faktor, den man bei der Amnestie, die ja mit Rücksicht auf die parlamentarische Situation erlassen worden war, zu wenig beachtet hatte, nämlich die Armee im Felde und die Front. Dort empfand man die Fragwürdigkeit der kaiserlichen Maßnahme überdeutlich und gewissermaßen hautnah.

Die tschechische Legion

Die Lage an der Ostfront war monatelang durch die Bemühungen um partielle Feuereinstellungen und einen allgemeinen Waffenstillstand mit den Russen gekennzeichnet gewesen. Zwar sollte die Wachsamkeit nicht nachlassen und wurden die Truppen routinemäßig beschäftigt, doch ansonst genossen die Soldaten die ungewohnte Ruhe. Noch im April war festgestellt worden, daß der Geist der Truppe durchwegs zufriedenstellend gewesen war. Dann hatte man sich um die Verpflegung gesorgt und angeregt, den Soldaten mehr und öfter Urlaub zu geben. Die Regimenter und Divisionen ließen sich weiterhin normal führen und schienen nicht von der Revolution angesteckt zu sein. Mittlerweile waren sie auch über die Vorgänge im Inneren des eigenen Landes und über die zumindest angedeutete Absage einiger Nationalitäten an den Gesamtstaat informiert. Ob das Auswirkungen auf ihr Verhalten zeigen würde, konnte man noch nicht sagen.

Der Chef des Generalstabs der Heeresgruppe Erzherzog Joseph, der deutsche General Hans von Seeckt, hatte im Mai 1917 über Aufforderung der Deutschen Obersten Heeresleitung einen Bericht über die k. u. k. Truppen zusammenzustellen, der dann am 1. Juni abging.[1280] Der Bericht stand wie viele andere auch, die zu dieser Zeit abgefaßt und von der Deutschen Obersten Heeresleitung bzw. der Reichsregierung in Berlin angefordert wurden, mit den sich hartnäckig haltenden Gerüchten über einen Krieg zwischen dem Deutschen Reich und Österreich-Ungarn in Verbindung.[1281] In diesem Bericht Seeckts wurde zwar primär dem Gegensatz Ungarns zum übrigen Reich Aufmerksamkeit geschenkt, doch allein dieses Herausgreifen der Ungarn war schon bezeichnend. Auch sie waren von den Vorgängen nicht unberührt geblieben. Der Unmut kam in vielerlei Weise durch. Die ungarischen Offiziere und Soldaten wollten sich nicht mehr von den Deutschen, Tschechen und Polen herumkommandieren lassen. Die Armee, hieß es bei Seeckt, sei stellenweise ein regelrechter Fremdkörper. Sie sei gerade in Ungarn dem politischen Streit alles andere denn entrückt, vielmehr Gegenstand des nationalen Besitzes und „Handelsobjekt der inneren Politik". Maßgeblich in der Armee sei der österreichische Einfluß, der durch die rein deutschen Länder ausgeübt würde. Doch das „Deutschtum hat weder im Staatlichen der Monarchie noch in der Armee werbende Kraft". Ungarn sei immer wieder brüskiert und benachteiligt worden, daher habe es auch „nicht annähernd das für die Armee geleistet, was von seinen physischen und moralischen Kräften zu verlangen war". Eine Folge der antiungarischen Strömung sei die Nachgiebigkeit gegenüber der tschechischen Propaganda gewesen. Auch das Polentum sei von Wien begünstigt worden, was sich wiederum in einer „schrankenlosen Unterdrückung" der Ruthenen bemerkbar gemacht habe. Seeckt stellte fest, daß das „Selbstbewußtsein und die tiefe, bald bis zum Haß, bald bis zur Verachtung gesteigerte Abneigung der Ungarn gegen die bisherige Armeeleitung stark gewachsen" sei. Er plädierte unter dem Einfluß des Heeresgruppenkommandanten Erzherzog Joseph, der seinerseits hungarophil war, für eine nationalungarische Armee. Allerdings wären die Konzessionen nicht auf andere Nationalitäten in der Armee auszudehnen.

Seeckt lag insofern auf einer Linie mit früher Gesagtem oder Geschriebenem, als er Ungarn und die Honvéd als das stabile Element der Monarchie hervorhob und besonders berücksichtigt sehen wollte. Eigentlich waren es aber mehr die Nebensätze, die Aufmerksamkeit verdienten: das Deutschtum Österreichs, das keine „werbende Kraft" mehr hätte, die Nachgiebigkeit gegenüber den Tschechen, die wohl besonders in Ungarn nicht verstanden und nicht gebilligt wurde, und die Unterdrückung der Ruthenen. Der Satz von den Konzessionen, die wohl gegenüber den Ungarn, aber nicht gegenüber anderen Nationalitäten gemacht werden dürften, war aber besonders bezeichnend, denn er ging von der Annahme einer weiterhin gleichbleibenden Reichsteilung und Herrschaft aus. Dementsprechend sollte auch die Armee aussehen. Wenn aber etwas seit dem 30. Mai 1917 feststand, dann die Tatsache, daß die Monarchie nicht mehr nur als der Machtbereich zweier Nationalitäten aufzufassen war, die sich noch mit einigem Respekt und mit Rücksicht begegneten, letztlich aber ihre Stellung und auch das Verhältnis zueinander nur auf Kosten der anderen neun Nationalitäten erhalten konnten. Das mußten die Deutschen der Monarchie wie die Ungarn zur Kenntnis nehmen. Nicht zuletzt mangelte es aber Seeckt selbst an Verständnis für Tschechen, Polen und dafür, daß sich die Soldaten aus Böhmen und Mähren, aber auch die Slowaken nicht mehr einfach disziplinieren und in andere Truppen „unterstoßen" ließen. Sie neigten immer mehr zur Desertion. In Rußland gab es mittlerweile angeblich über 300.000 tschechische und slowakische Kriegsgefangene, in Serbien waren es 30.000 gewesen, in Italien über 10.000. Das war ein Potential, das nicht ohne Auswirkungen auf die k. u. k. Armee bleiben konnte.[1282] Und zwar nicht nur dadurch, daß diese Menschen in den eigenen Reihen abgingen. Angesichts der regen Aktivitäten der tschechischen Emigration ließ sich sehr wohl annehmen, daß die Tschechen gegen ihre eigenen Landsleute eingesetzt werden konnten. Es kam nur darauf an, was man ihnen in Aussicht stellte. Dem war aber wohl nicht mehr auf die Weise entgegenzuwirken, indem man die in den Reihen der k. u. k. Armeen kämpfenden nordslawischen Truppen niederzuhalten suchte. Denn ihr Problem war ja zumeist, daß sie mittlerweile nicht mehr wußten, wofür sie kämpfen sollten.

Am 30. Juni begann unter dem neuen russischen Oberbefehlshaber Brusilov eine Offensive, die den Namen des Kriegs- und Marineministers Aleksej Kerenskij trug, die „Kerenskij-Offensive". Brusilov hatte vor, seinen Erfolg von Olyka und Luck im Juni und Juli 1916 zu wiederholen. Die russische 11. Armee sollte in Richtung Zloczów angreifen und die k. u. k. 2. Armee (Böhm-Ermolli) zum Wanken bringen. Die russische 7. Armee bekam den Raum Brzežany und die deutsche Südarmee (Bothmer) als Ziel genannt. Nach einigen Tagen sollte auch die russische 8. Armee antreten, und zwar gegen die südlich des Dnjestr stehende k. u. k. 3. Armee (Tersztyánszky). Die Ziele waren nicht sehr weit gesteckt, doch wenn sie erreicht wurden, mußten die russischen Soldaten wieder Siegeszuversicht und die Regierung Kerenskij ein höheres Maß an Zustimmung bekommen.

Bei Brzežany drangen die Russen nicht durch. Deutsche, österreichisch-ungarische und türkische Truppen errangen einen klaren Abwehrsieg. Doch in Richtung Zloczów gewannen die Russen Raum. Brusilov hatte in der Angriffsfront Divisionen versammelt, die durch die monatelange Propaganda der Mittelmächte nicht zu beeinflussen gewesen waren, entweder, weil sie sich resistent erwiesen hatten, oder aber, weil sie in Reserve gelegen und daher von der Frontpropaganda nicht zu erreichen gewesen waren.[1283] Am 30. Juni setzte das für Offensiven charakteristische Vorbereitungsfeuer der Artillerie ein.

Kurz darauf stiegen die Russen aus ihren Gräben und stürmten gegen die österreichisch-ungarischen Linien vor. Nach drei Tagen zeigten sich bei einigen k. u. k. Divisionen Auflösungserscheinungen. Bei der k. u. k. 2. Armee kam es zur Krise, als Teile der 19. Infanteriedivision zu den Russen übergingen. Am 4. Juli meldete der russische Heeresbericht: „Die tapferen Truppen der 4. finnländischen Division sowie die tschechoslowakische Brigade bemächtigten sich der mächtig befestigten feindlichen Stellungen auf den Hügeln westlich und südwestlich des Dorfes Zborów und des befestigten Dorfes Korchilow, nachdem sie drei feindliche Schützengrabenlinien durchbrochen haben. Der Gegner wich jenseits des Flusses Mala Strypa zurück ... Die tschechoslowakische Brigade nahm 62 Offiziere und 3150 Soldaten gefangen und erbeutete 15 Kanonen und viele Maschinengewehre, die zum großen Teil gegen den Feind gerichtet wurden.“[1284] In der Front tat sich ein Loch auf. Was war geschehen?

Die tschechoslowakische Brigade war systematisch aufgebaut worden. Schon 1914 hatten sich im Kiever Militärbezirk tschechische Einheiten zu formieren begonnen, die die Russen „Hussiten-Legion“, die Tschechen selbst „Tschechische Gefolgschaft“ (Česka družina) nannten.[1285] Einige Dutzend Leute begannen bereits im November 1914 damit, systematisch tschechische Kriegsgefangene einzubringen, und versuchten, sie zum Eintritt in die russische Armee zu bewegen. Monatelang war der „družina“ allerdings kein nennenswerter Erfolg beschieden gewesen. Zwar hatten tschechische Organisationen und Einzelpersonen, wie der damalige Unterleutnant Wladimir Klecanda, immer wieder Erfolg, wenn es darum ging, tschechische Soldaten zur Desertion zu überreden.[1286] Da die Russen aber deutlich gezögert hatten, tschechoslowakische Truppen aufzustellen und einzureihen, war schließlich 1916 in Aussicht genommen worden, ein tschechoslowakisches Korps zwar in Rußland zu formieren, es aber nach Frankreich zu transportieren, um dort gegen die Deutschen zu kämpfen. Das tschechische Angebot, regelrechte tschechoslowakische Heereskörper aufzustellen, stieß bei den westlichen Alliierten auf so große Zustimmung, daß schließlich die Russen noch vor der Februarrevolution einer Verlegung zustimmten. Daraufhin wurde unter den Kriegsgefangenen in Rußland intensiv geworben. Flugschriften und Aufrufe überschwemmten die Lager; es wurde auch regelrecht Druck ausgeübt.[1287] Die Veränderungen durch die bürgerliche Revolution in Rußland bewirkten dann, daß die Tschechen nun doch im Rahmen des russischen Heeres eingesetzt werden sollten. Die drei bis dahin aufgestellten tschechoslowakischen Regimenter kamen daher zum II. Korps der russischen 11. Armee des Generals Selivačev.

Zborów beleuchtete schlagartig und eigentlich ganz anders als sämtliche Vorfälle bis dahin, wie weit der innere Zerfall der k. u. k. Armee gediehen war und wie verhältnismäßig leicht man ihm von außen Nachdruck verleihen konnte. Die zwei tschechischen Regimenter der k. u. k. 19. Infanteriedivision, nämlich das Infanterieregiment Nr. 35 und das Infanterieregiment Nr. 75, hatten zunächst ganz normal gekämpft und waren sich wohl auch gar nicht bewußt gewesen, daß gegenüber die tschechoslowakische Schützenbrigade in Stellung gebracht worden war. Dann allerdings dürfte eine Kontaktaufnahme erfolgt sein, worauf es sehr rasch zur Waffenstreckung und zur Desertion von über 3000 Mann dieser Regimenter kam. Welche menschlichen Tragödien es dabei gegeben hat, blieb allerdings bis in die jüngste Zeit verborgen. Da kämpften ja nicht einfach Tschechen gegen k. u. k. Truppen, sondern Landsleute gegeneinander. Verwandte standen sich plötzlich gegenüber. Nicht alle Tschechen der 19. Infanteriedivision warfen die Waffen weg und liefen über. In einem Fall soll ein Vater seinen Sohn erschossen haben.[1288]

Für die k. u. k. Armee war die Kerenskij-Offensive bei weitem nicht zu jener Katastrophe geworden, die einen Vergleich mit Luck zugelassen hätte. Allerdings war den Russen wieder nur bei den österreichisch-ungarischen Truppen der Einbruch gelungen, und wieder war die Krise durch die Desertion von Tschechen ausgelöst worden. Und das ausgerechnet an jenem Tag, an dem die Amnestierung ihrer nationalen Führer und die Pardonierung ihrer straffällig gewordenen Konnationalen ausgesprochen worden waren. Doch es darf nicht übersehen werden, daß hier kein wirklicher Zusammenhang bestand. Denn die Verlautbarung der Amnestie erfolgte am 3. Juli, am selben Tag, als die Krise bei der 19. Division eintrat. Die Soldaten konnten von den Vorgängen in Wien noch nichts gewußt haben. Die Schlußfolgerungen, die sich an die Ereignisse bei Zborów knüpften, waren daher größtenteils unzutreffend. Dennoch: Die Optik war schief.

Wieder meldete sich der Chef des Generalstabs der Heeresgruppe Erzherzog Joseph, der deutsche General Hans von Seeckt, zu Wort, der wohl mehr als seine persönliche Meinung zum Ausdruck brachte, wenn er schrieb: „In dem Augenblick, in dem die Russen eine tschechisch-slowakische Division einsetzen, die sie aus Überläufern bilden konnten, werden deren Anstifter und Freunde begnadigt."[1289] Auch die Zeitungen schrieben über die tschechische Legion. Das „Grazer Tagblatt" etwa kommentierte das Geschehen am 6. Juli so: „Tschechische Soldaten, die in den drei Kriegsjahren entweder zum Feind übergegangen waren oder in russische Gefangenschaft gerieten, bilden im russischen Heeresverband eine Brigade, nicht etwa um im russischen Hinterland Dienst zu tun, sondern um an der Front die Waffen gegen ihr Vaterland, ja gegen ihre Volksgenossen zu erheben ... Vielleicht ist dieses Ereignis bei Zborów das schimpflichste Verbrechen, das im Kriege von Söhnen Österreichs verbrochen wurde. Daß die gefangenen Tschechen in Rußland nicht als Feinde behandelt wurden, haben wir schon lange gewußt, daß sie aber so tief sinken werden, um auf österreichischer Erde an einer von englischer und französischer Seite anbefohlenen Offensive teilzunehmen, das mußte erst in einer Zeit offenbar werden, in der die russischen Regimenter mit roten Fahnen beschenkt werden. Ist das der Dank vom Hause Libussa für die hochherzige Tat unseres Kaisers?"[1290]

Die Front mußte zurückgenommen werden. Die 19. Infanteriedivision wurde durch deutsche Truppen ersetzt, dann war die Krise fürs erste gemeistert. Doch am 6. Juli drang die russische 8. Armee (Kornilov) südlich des Dnjestr bei Stanislau vor und konnte die k. u. k. 3. Armee bis Kalusz zurückdrängen. Als Ursache wurde das Versagen der hauptsächlich aus Ungarn gebildeten 15. Infanteriedivison festgestellt. Verstärkungen von der deutschen Südarmee konnten auch hier eine Stabilisierung bringen, bis dann zusätzliche deutsche Trupen aus Siebenbürgen antransportiert wurden. In diesem Fall wurden aber nicht die Angehörigen der Division gemaßregelt, sondern die Kommandanten. Vor allem wurde der Kommandant der 3. Armee, Generaloberst Tersztyánszky, abgelöst und durch den bisherigen Kommandanten des X. Korps, General Křitek, ersetzt.

Auf die Lage an der Ostfront hatte die Waffenstreckung von 3200 Tschechen keine nachhaltigen Auswirkungen, denn schon wenige Tage später war nicht nur die Offensivkraft der Russen erschöpft, ebenso machten sich die Gegenmaßnahmen der Mittelmächte bemerkbar. Auch in diesem Fall blieb das Muster des Jahres 1916 erhalten: Tersztyánszky und andere österreichisch-ungarische Kommandanten und Stabschefs wurden abgelöst. Es wurden verstärkt deutsche Kommandierende und Stabschefs herangezogen. Deutsche Divisionen, die schon auf die ersten Anzeichen einer bevorstehenden russischen Offensive nach dem Osten verlegt worden waren, wurden in die Front eingefügt. Schließlich erfolgte am 19. Juli der Gegenangriff und traf auf die mittlerweile am Ende ihrer Kraft angelangten Russen. Auf eine stärkere Mitwirkung von k. u. k. Truppen wurde seitens des Oberkommandos Ost verzichtet.[1291]

Kerenskij und Brusilov hatten gehofft, die Offensive würde einen nachhaltigen Umschwung einleiten und auch etwas vom revolutionären Potential aufsaugen. Das hätte aber einen durchschlagenden Erfolg gefordert – und der trat nicht ein. Nach der kurzzeitigen Konsolidierung der Front griffen daher bei den Russen wieder Mutlosigkeit und Gehorsamsverweigerungen um sich. Die Fälle von Fahnenflucht, die vorübergehend aufgehört hatten, nahmen wieder rasch zu, zumal die Russen nicht nur das Scheitern der eigenen Offensive, sondern auch die Gegenoffensive der Mittelmächte zu verkraften hatten. Deutsche Truppen durchstießen die Front der russischen 11. Armee. Nach wenigen Tagen wurde die gesamte 11. Armee zum Rückzug gezwungen. Südlich davon kamen auch die Fronten der russischen 7. und der 8. Armee ins Wanken. Doch auch die deutschen und die k. u. k. Truppen hatten nicht ausreichend Kräfte, um sofort nachzustoßen und eine allgemeine Offensive zu beginnen. Daran war vor allem die verzweifelt schlechte Lage des Nachschubs schuld. Bis 1. Juni 1917 waren allein im Bereich der österreichisch-ungarischen Armeen 45.000 Pferde an Hunger und Entkräftung verendet.[1292] Da Hafer und Mais so gut wie ausschließlich für den menschlichen Bedarf reserviert worden waren, konnten die Pferde nur Gras und ganz wenig Hartfutter bekommen. Der heiße Sommer hatte außerdem das Gras verbrannt. Die Pferde fanden kaum etwas auf den Wiesen. Der Ausbau der Autotruppe schritt zwar zügig voran, doch ein weiterer Ausbau stieß schon deshalb an seine Grenzen, weil das dafür notwendige Benzin ebenfalls nicht zur Verfügung stand. Zudem war auch mehr als fraglich, wohin eine Offensive führen sollte.

Die Russen suchten ihren Zusammenbruch an der Front noch etwas hinauszuzögern. Sie führten an den beiden Flügeln im Norden und im Süden Entlastungsangriffe, doch auch diese brachten kaum Erfolge. Wieder wurden die Russen zurückgedrängt. Der Heeresgruppe Böhm-Ermolli schloß sich die 7. Armee an. Das AOK faßte die Entwicklung mit 17. August folgendermaßen zusammen: „Der Feind leistete vor der 3. Armee, besonders aber im Gebirge vor der 7. Armee vielfach sehr zähen Widerstand. Durch rasches Zugreifen der Verfolgungstruppen und durch entsprechendes Ansetzen und gegenseitige Unterstützung der Kolonnen im Gebirge wurde der fdl. Widerstand immer wieder bald gebrochen. K. u. k. Truppen nahmen am 24. Juli Stanislau, am 26. Kolomea, am 29. Zalesczyki und schließlich am 2. August früh nach erbitterten Kämpfen die Stadt Czernowitz. Verwüstungen und Plünderungen kennzeichnen den Weg der abziehenden Russen. Sehr bedeutend sind auch die zahlreichen Bahnzerstörungen, die in der Folge unseren Nachschub empfindlich beeinflußten. Besonders der Munitionsnachschub litt infolge der großen Entfernungen der Bahnendpunkte, was sich auch in den Kampfhandlungen und im Verlangsamen des Tempos der Verfolgung äußerte."[1293] Das deutsche Oberkommando Ost setzte sowohl ganz im Norden als auch in Rumänien mit der Heeresgruppe Mackensen zu begrenzten Offensivstößen an. Sie brachten nur geringe Erfolge. Auch die Möglichkeit zur Einschließung von 100.000 Russen im Raum Tarnopol scheiterte, da dafür zuwenig Soldaten zur Verfügung standen. Es kam zu Kontroversen der Frontbefehlshaber über die Weiterführung des Kriegs im Osten. Es gab Szenen, deren emotionaler Gehalt wohl nur für jene verständlich war, die über den schwelenden und teilweise auch schon offenen Konflikt zwischen Deutschen und „Austerungarn", wie sie der preußische Kriegsminister einmal genannt hatte, Bescheid wußten. Tarnopol war von preußischen Gardetruppen genommen worden. Kaiser Wilhelm eilte dorthin, um die Truppen zu belobigen. Er betrat die Stadt vor Kaiser Karl, der erst etwas später eintraf. Daraufhin wurde das k. u. k. Kriegspressequartier angewiesen, die Erfolge südlich des Dnjestr als ausschließlich österreichisch-ungarische Waffentaten zu schildern. Kaiser Karl zeichnete auch wieder Offiziere und Mannschaften seiner Armee im Übermaß und demonstrativ aus. Ostgalizien und die Bukowina waren seit 1914 von den Russen besetzt gewesen. Jetzt kamen sie wieder unter österreichische Verwaltung. War das ein Verdienst der Deutschen oder eine eigenständige österreichische Leistung? Für Österreich-Ungarn war ein Kriegsziel weggefallen, denn von da an gab es im Osten nichts mehr zurückzuerobern. Für das Deutsche Reich war das allem Anschein nach nicht der Fall. Es gab auch weiter östlich Ziele, die der Deutsche Bevollmächtigte General beim k. u. k. Armeeoberkommando, General Cramon, folgendermaßen zusammenfaßte: Deutschland und Preußen „standen am Ende eines siegreichen Kampfes und konnten nicht ohne weiteres auf Hoffnungen verzichten, die sich zudem mit den Wünschen der russischen Grenzbevölkerung deckten". Wien aber habe die Formel vom annexionslosen und kontributionslosen Frieden akzeptiert. Daß Wien „auf diese Formel einzugehen bereit sein würde, ließ sich erwarten; die unveränderte Erhaltung der Ostgrenze bedeutete für Österreich an und für sich einen recht günstigen Abschluß; war man innerlich doch schon entschlossen gewesen, Ostgalizien einem Frieden zu opfern".[1294]

Die Russen wiesen zahlenmäßig zwar noch immer erhebliche Stärken auf, doch sie zeigten so überdeutlich Zeichen des Zusammenbrechens, daß man dem inneren Zerfallsprozeß ruhig zusehen konnte. Als die Kerenskij-Offensive ihren Höhepunkt bereits überschritten hatte, kam es in St. Petersburg zu einem bolschewistischen Umsturzversuch. Er hatte zwar keinen Erfolg, doch die Regierung L'vov trat zurück und Kerenskij übernahm die Macht. Rußland steuerte auf die zweite Phase seiner Revolution zu.

Seeckt über die Donaumonarchie

Als die Sommerschlacht 1917 zu Ende war und die militärische Situation keinen Anlaß zur Beunruhigung mehr bot, schrieb Hans von Seeckt einen weiteren Bericht an den Chef des deutschen Generalstabs, Generalfeldmarschall von Hindenburg. Am 22. Juli faßte General Seeckt seine Beobachtungen zusammen.[1295] In diesem Bericht beschäftigte er sich aber nicht so sehr mit der Armee im Felde, sondern mit den politischen Verhältnissen der Donaumonarchie.

Seit längerer Zeit, verstärkt aber seit drei Monaten, so Seeckt, seien in beiden Hälften der Monarchie „Bestrebungen im Gange, welche letzten Endes die Lockerung oder Auflösung des Bündnisses mit Deutschland zum Teil zum Ziel haben, zum Teil zur Folge haben müssen". Diese Bestrebungen wirkten unmittelbar auf die Kriegführung ein. „Mit von wenigsten Stellen geahnter Stärke haben sich in Österreich selbst die Kräfte hervorgewagt, welche die Durchführung des Nationalitätenprinzips und damit die Gründung eines föderalistischen Staates als ihr Ziel erklären ... Es darf darauf hingewiesen werden, daß im österreichischen Abgeordnetenhaus von tschechischer Seite offen ausgesprochen wurde, man kämpfe auf der falschen Seite. Die Antwort war der Amnestieerlaß ... die Amnestie machte die hochverräterischen Umtriebe straffrei ... Weiteres Entgegenkommen gegen die nationalen Wünsche steht in sicherer Aussicht ... Wiederum könnte man von unserer Seite diese Entwicklung als eine innerösterreichische ansehen, wenn sie nicht in unmittelbarem Zusammenhang mit der äußeren Politik stünde. Ein Österreich mit ausschlaggebend slawischem Einfluß wird weder bündnißfähig [sic!] noch bündnißwillig sein. Auch das könnte man einer Zukunftsentwicklung überlassen, wenn nicht die gleichen deutschfeindlichen Elemente es wären, die zu einem Frieden drängten, den auf Kosten des deutschen Reiches zu schließen sie jeden Tag bereit sind." Seeckt kam dann auf die Verhältnisse in Ungarn zu sprechen. Das Aufwerfen der Wahlrechtsfrage und der Sturz Tiszas hätten alles geändert. Die Einbeziehung von Anhängern des Grafen Károly, der einen strikt demokratischen Kurs steuern wollte und auch bereit sei, die Vorherrschaft des Magyarentums zu opfern, bedeute, daß die deutschfreundlichen Elemente immer mehr zurückgedrängt würden. „Die Krone verlangt auch in Ungarn die Durchführung der Amnestie, die hier die Straffreiheit der rumänischen Hochverräter und die Niederschlagung der gegen sie schwebenden Untersuchungen bedeutet ... Die Gefahr besteht auch hier in dem Friedensverlangen des Trägers der Krone und darin, daß er geneigt scheint, bei dem Verfolgen dieses Zieles manches an sich Unerwünschte in den Kauf zu nehmen." Károly konnte vor König Karl auch aussprechen, „daß seiner Ansicht nach Österreich-Ungarn nur noch für deutsche Interessen kämpfe und je eher je besser Frieden schließen könne und müsse". Die zentrale Rolle käme naturgemäß dem Kaiser und König zu. Seeckt, der Karl lange Zeit aus nächster Nähe kennengelernt hatte und als sein Generalstabschef von ihm durchaus angetan gewesen war, revidierte sein einstiges Urteil drastisch: Karl wäre in hohem Maß beeinflußbar. Seeckt meinte, er hätte es unterschätzt, wie sehr Karl wegen des oftmaligen Versagens der k. u. k. Truppen in seinem Selbstbewußtsein erschüttert worden sei, daraus aber ein Gefühl der Abneigung gegen Deutschland entwickelt habe. „Der große Zusammenhang der Dinge ist ihm so wenig klar, wie er die Folgen seiner Maßnahmen übersieht ... Ausschlaggebend sind zur Zeit bei ihm folgende Regungen: Sorge vor der Revolution im Inneren, Sorge vor der militärischen Niederlage, Verlangen nach Frieden." Diese Ziele könnten ohne weiteres die Oberhand gegenüber der Bündnistreue gewinnen. Was dann? Auch Seeckt wußte es nicht. Er berichtete nur.

Während es im Frühjahr 1917 so ausgesehen hatte, als würde der Frieden doch zustande kommen, wurde es im Sommer 1917 immer unwahrscheinlicher, daß der Ausstieg aus dem Krieg gelingen könnte. Im April war die Formel vom Frieden ohne Annexionen und Kontributionen von der Sozialdemokratie Deutschlands und Österreich-Ungarns aufgegriffen worden, und es kam bei allerdings informellen Kontakten schon zu einer weitgehenden Annäherung. Durch den Schwenk der Russen in Richtung Fortsetzung des Kriegs sahen sich auch die Sozialdemokraten um eine gewaltige Hoffnung betrogen. Doch die Fäden verknoteten sich auch sonst in einer sehr nachhaltigen Weise. Da sich die deutsche Reichsregierung den Forderungen der Obersten Heeresleitung und des Kaisers gegenüber als nachgiebig erwiesen hatte, war es im April 1917 in Deutschland statt zu einer dramatischen Revision der Kriegsziele zu deren Fixierung gekommen. Zwar wurde gegenüber Rußland nur eine Verschiebung der Grenzen in Kurland und Litauen gefordert, ansonsten wollte sich Deutschland mit Rußland arrangieren. Dafür ließ dann die Berliner Reichsleitung nach einer ausgiebigen Kriegszieldiskussion in Bad Kreuznach unter anderem verlauten, Österreich-Ungarn sollte in Polen auf jeglichen Einfluß verzichten, die Russen sollten Ostgalizien bekommen und sich in der Moldau auf rumänische Kosten schadlos halten. Auch Österreich-Ungarn hätte dort Erweiterungsmöglichkeiten, sollte aber im übrigen trachten, seine Kriegsziele auf dem Balkan zu verwirklichen.

Außenminister Czernin hatte noch Ende April unmißverständlich und öffentlich den Verzicht der Habsburgermonarchie auf Annexionen zum Ausdruck gebracht. Die Monarchie, so teilte Czernin im Wiener Fremdenblatt am 26. April offiziell mit, beabsichtige vor allem nicht, ihr Gebiet auf Kosten Rußlands zu erweitern.[1296] Berlin machte Österreich-Ungarn daraufhin schwere Vorwürfe. Czernin aber ließ wissen, eine Revolution mache Österreich für Deutschland wertlos. Bei einer Hungerrevolte in Mähren habe das Militär bereits von der Schußwaffe Gebrauch machen müssen. 21 Tote, darunter halbverhungerte Frauen, seien auf dem Platz geblieben.[1297] Damit wollte Czernin deutlich machen, daß Österreich-Ungarn knapp vor dem Ausbruch einer Revolution stehe. Im Deutschen Reich wollte man das nicht verstehen, und der Konflikt zwischen Berlin und Wien konnte nicht aus der Welt geschafft werden. Ein wochenlanges fruchtloses Hin- und Herverhandeln, bei dem jeder gegen jeden intrigierte, war die Folge. Und erst Mitte Juni entspannte sich die Situation, als die Anzeichen der russischen Offensive erkannt wurden und Czernin verbal einlenkte, da er für den Fall des Wiederauflebens der Kämpfe die nötige Zusammenarbeit mit dem Deutschen Reich nicht aufs Spiel setzen wollte.[1298]

Doch die Probleme blieben natürlich bestehen, und die Fäden verwirrten sich noch mehr. Rußland hatte sich gegen einen Sonderfrieden ausgesprochen, doch es verlor seine Bündnisfähigkeit. Czernin hatte – ebenso wie der türkische Großwesir Taalat Pascha – im Sinn, die gegenüber Rußland zur Geltung gebrachte Formel vom Annexionsverzicht auszuweiten und auch auf den Westen auszudehnen. Er wandte sich Ende Juni an deutsche Parlamentarier, vor allem an den Zentrumsabgeordneten Mathias Erzberger und den sozialdemokratischen Abgeordneten Albert Südekum, und erklärte denen, daß die Habsburgermonarchie zu einem allgemeinen Annexionsverzicht bereit sei. Czernin gab den deutschen Parlamentariern zu verstehen, daß man mit dem Status quo einschließlich der Herausgabe der deutschen Kolonien zufrieden sein müsse. Er setzte alle Mittel der Geheimdiplomatie ein. Der bayerische Ministerpräsident Hertling, der Chef des Admiralstabs, Henning von Holtzendorff und der Abgeordnete Erzberger wurden gleichermaßen eingespannt, um den toten Punkt zu überwinden und eine wenigstens

Rußland gegenüber klare Haltung erkennen zu lassen. Czernin hatte damit keinen Erfolg. Sein Vorstoß in die innerdeutsche politische Landschaft beschleunigte aber einen Prozeß, der durch einen Konflikt um Reichskanzler Bethmann Hollweg ausgelöst worden war. Auch die deutsche Reichstagsmehrheit meldete sich mit dem Wunsch nach Herabminderung der Kriegsziele zu Wort. Bethmann Hollweg verlor den Rückhalt am Parlament. Hindenburg und Ludendorff aber machten ihren Verbleib an der Spitze der Deutschen Obersten Heeresleitung davon abhängig, daß die Regierung weiterhin die annexionistische Haltung unterstützte. Andernfalls forderten sie von Kaiser Wilhelm ihre Entlassung. Statt dessen stellte dann der deutsche Reichskanzler sein Amt zur Verfügung; der Kaiser entließ ihn. Mit Bethmann Hollweg ging ein Mann, der sich immer wieder erfolgreich gegen die Oberste Heeresleitung zur Wehr gesetzt hatte, der auch in der Formulierung der Kriegsziele einen aussichtslosen Kampf gegen die annexionistischen Wünsche der Heeresleitung gekämpft, letztlich aber immer auch um der Einheitlichkeit der Politik willen nachgegeben hatte. Da wie dort war das Problem, daß man glaubte, durch die Fortsetzung des Kriegs zumindest einige Ziele erreichen zu können. Czernin agierte dabei besonders widersprüchlich. Kaum war Berlin gegenüber der allgemeine Annexionsverzicht und die Erreichung des Status quo ausgesprochen worden, ließ Czernin im Juli die Türken wissen, daß auch Österreich-Ungarn nicht bereit sei, auf jedwede Annexion und Entschädigung zu verzichten. Freilich hatten sich mittlerweile die Voraussetzungen wieder gewandelt, weil die Kerenskij-Offensive zu beweisen schien, daß die Russen offenbar auf die Formel vom annexionslosen Frieden, die sie ja geboren hatten, verzichteten. Damit kam wieder die Frage nach dem Sinn des Kriegs in den Vordergrund, und es wurde erneut ein Siegfrieden angestrebt.

Unsicherheit herrschte auch im Lager der Entente. Die russische provisorische Regierung hatte ihren Verbündeten gegenüber den Zusammenhang zwischen Annexionsverzicht und Selbstbestimmungsrecht klarzumachen versucht. Damit wäre auf jeden Fall Österreich-Ungarn der Auflösung verfallen. Die Russen wollten eine Kriegszielkonferenz abhalten und hofften wohl auch, die westlichen Alliierten zu einer Mäßigung ihrer Ziele bewegen zu können.[1299] Dann aber gingen sie durch die gescheiterte Kerenskij-Offensive des Anspruchs verlustig, noch weiter zu den vollwertigen Verbündeten gezählt zu werden. Es gab den ersten bolschewistischen Umsturzversuch. Zu guter Letzt kam es zum Konflikt zwischen dem zum Ministerpräsidenten aufgerückten Kerenskij und dem neuen Oberkommandierenden, General Kornilov. Damit fiel Rußland allmählich nicht nur als Verbündeter, sondern auch als Verhandlungspartner für die Entente aus. Wohl aber rückte wieder die Möglichkeit einer Vereinbarung zwischen den Mittelmächten und Rußland näher. Die russische Politik war auf allgemeinen Frieden eingestellt. Doch es lag an den Westmächten, eine Entscheidung über die Fortsetzung des Kriegs zu fällen. Die Russen konnten sie nicht mehr beeinflussen.

Nach der Abwehr der Kerenskij-Offensive waren Ostgalizien und die Bukowina wieder in österreichischen Händen. Für Österreich war es also nicht mehr nötig, territoriale Konzessionen zu machen, obwohl eine Zeitlang erwogen worden war, dieses Gebiet den Russen zu geben, damit die Deutschen Kurland und Litauen bekamen. Es wurde gefeilscht und beraten, als ob man im tiefsten Frieden wäre und ein Tag, eine Woche, ein Monat mehr oder weniger keine Rolle spielten.

Friedensfühler

Die Unmöglichkeit, den politischen Verkehr zwischen den Kriegführenden wiederaufzunehmen, resultierte aus der Vielgliedrigkeit der Interessen. Zur selben Zeit, da in Rußland der Abschluß eines Sonderfriedens in den Bereich der Möglichkeit rückte und alle Anstrengungen unternommen werden sollten, um einen allgemeinen Frieden zu erreichen, führten Entwicklungsschübe innerhalb der westlichen Koalition wieder zu gegenläufigen Tendenzen. In Frankreich hatte es ausgedehnte Meutereien gegeben, nachdem der Nachfolger Joffres im Oberkommando, General Nivelle, im Frühjahr 1917 rücksichtslose Angriffe auf die deutsche Front befohlen hatte. Die Meutereien wurden niedergeschlagen, es gab zahlreiche Todesurteile. Nivelle wurde durch General Pétain ersetzt. Dann aber setzte eine Verhaftungswelle ein, um Sozialisten und Pazifisten, die sich der Formel vom annexionslosen Frieden verschrieben hatten, mundtot zu machen. Auch in Großbritannien war kein Nachlassen der Kriegsanstrengungen bemerkbar. Frankreich und Großbritannien hatten es jedoch kurze Zeit in Händen gehabt, einen Sonderfrieden mit Österreich-Ungarn zu erreichen.

Am 17. April 1917 war es über dringenden Wunsch des französischen Ministerpräsidenten Alexandre Ribot zu einem Treffen mit dem britischen Premierminister David Lloyd George gekommen. Dabei wurde der Inhalt eines Briefs Kaiser Karls erörtert, der von dessen Schwager Sixtus Bourbon-Parma der französischen Regierung streng geheim zur Kenntnis gebracht worden war.[1300] Franzosen und Briten waren sich dessen bewußt, daß ein herauszulesendes Angebot nach österreichisch-ungarischen Konzessionen und nach einem Sonderfrieden vor allem mit den Italienern zu besprechen war. Doch der italienische Außenminister Sidney Sonnino zeigte sich völlig unzugänglich. Statt aber auf ihn Druck auszuüben, begnügten sich Ribot und Lloyd George mit dem italienischen „no". Die Sache sollte noch ein Nachspiel haben.

Nachdem aus dem Sonderfrieden nichts geworden war, empfahl Lloyd George eine Änderung der Strategie: Die Alliierten sollten nicht wie bis dahin mit ihren Schwertern gegen die „stärksten Stellen der feindlichen Rüstung" eindreschen, sondern gegen die schwächsten. Statt in Flandern eine neue Offensive zu beginnen, sollte man doch alle verfügbaren Truppen nach Italien verlegen und Österreich-Ungarn aus dem Feld schlagen.[1301] Der britische Premier hatte folglich aus den Friedensbemühungen Kaiser Karls nur die Konsequenz gezogen, daß die feindliche Koalition nahe daran wäre, zu zerfallen. Würde man auf Österreich-Ungarn stärksten Druck ausüben, dann würde es zusammenbrechen. Ein nachfolgender Separatfrieden mit der Monarchie würde dann in einer Art Dominoeffekt Bulgarien, die Türkei und schließlich auch das Deutsche Reich in die Knie zwingen. Nur dadurch wäre, wie Lloyd George meinte, ein Frieden in Europa möglich, der dauerhaft sei, denn ein solcher Frieden müßte Deutschland Bedingungen auferlegen, die seine Offensivkraft entscheidend lähmten.[1302] Die Stoßrichtung der Alliierten wurde also beibehalten und versucht, den Wegfall Rußlands auszugleichen. Auch andere handelten dementsprechend.

Mit dem Ende des Zarismus in Rußland hatte Serbien seinen wesentlichen Rückhalt verloren. Rußland war es ja gewesen, das es zur Ablehnung des österreichisch-ungarischen Ultimatums überredet hatte, Rußland war es gewesen, das gemeinsam mit Serbien

Kriegsziele formuliert hatte, und Rußland war es auch gewesen, das bei den Verhandlungen um den Kriegseintritt Italiens die Interessen Serbiens zu wahren versucht hatte. Die provisorische Regierung Rußlands ließ jedoch sehr rasch erkennen, daß ihr ein Königreich Serbien kein Anliegen war und lediglich eine jugoslawische Lösung unter demokratischen Vorzeichen Unterstützung finden würde.[1303] Die serbische Exilregierung mußte sich diesen veränderten Bedingungen anpassen. Ministerpräsident Pašić lud die Vertreter des sogenannten jugoslawischen Komitees nach Korfu ein. Mitte Juni trafen die Delegationen dieses Komitees und der serbischen Exilregierung auf der Insel zusammen und verhandelten dort bis zum 20. Juli 1917. Dann hatten sie ein Übereinkommen erzielt, mit dem die Schaffung eines jugoslawischen Staates vereinbart wurde. Kroatische Kreise in Amerika waren zwar mit dem Übereinkommen nicht einverstanden, da sie fürchteten, das Abkommen würde nicht genügend Garantien gegen serbische Zentralisierungs- und Suprematiebestimmungen enthalten. Doch die „europäischen" Kroatenführer des Exils, Trumbić und Šupilo, waren durchaus damit zufrieden. Mit dem Abkommen von Korfu waren für Serben wie für Kroaten und Slowenen die Dinge anders geworden. Serbien wollte und sollte von da an nicht nur darum kämpfen, seine verlorengegangenen Gebiete zurückzuerobern und seinem Territorium allenfalls zusätzliche Gebiete einzuverleiben, sondern es sollte für ein unabhängiges Jugoslawien und die Vereinigung mit den Kroaten und Slowenen kämpfen. Und die jugoslawischen respektive kroatischen und slowenischen Vertreter hatten nicht mehr das Ziel eines trialistisch oder wie immer anders gestalteten Österreich vor Augen, sondern die Abtrennung. Die Entente aber setzte voll auf einen eigenen Siegfrieden und schien einem Verhandlungsfrieden ferner denn je zu sein.

Immer wieder fingen sich jene, die in Österreich-Ungarn Friedenspolitik machen wollten, in den Unwägbarkeiten der Bündnispolitik und auch in den Fallstricken der Innenpolitik. Das galt besonders für Kaiser Karl. Er hatte zwar mit Czernin einen Außenminister, der eine Linie vertrat, die sich letztlich auf eine Status-quo-Politik einpendelte. Auf der anderen Seite war gerade Czernin im Juni und Juli dazu übergegangen, nicht nur die deutsche Innenpolitik zu beeinflussen, sondern mehr noch die österreichische. Dabei bediente er sich wiederum der deutschen Komponente und bezog sie schließlich so stark in sein politisches Spiel ein, daß er konsequenter noch als seine Vorgänger auf die deutsche Karte setzte. Einen Separatfrieden mit der Entente verglich er einmal mit dem Selbstmord eines Mannes, der sich aus Angst vor dem Tod erschießt.[1304] Kaiser Karl wiederum fürchtete nichts mehr als einen deutschen Frieden. Das wäre „unser Ruin", hatte er schon im Mai 1917 an den Minister des Äußern geschrieben.[1305]

Czernin versuchte seine Stellung dadurch zu festigen, daß er die Kandidatur eines ihm genehmen österreichischen Ministerpräsidenten betrieb. Seidler war auch für ihn nur eine Übergangslösung. Doch die Gespräche des Kaisers zuerst mit Redlich und dann mit Lammasch alarmierten ihn. Das waren Leute der Österreichischen Politischen Gesellschaft, die ganz sicher nicht zu den Parteigängern des eigenwilligen und machtbewußten Czernin zählten. Wenige Tage bevor Lammasch im Juli zum Kaiser gerufen wurde, hatte der Völkerrechtsprofessor Czernin geraten, dem Deutschen Reich ein Ultimatum zu stellen, binnen 48 Stunden in die Abtrennung Elsaß-Lothringens zu willigen, andernfalls

Österreich-Ungarn einen Sonderfrieden abschließen werde. Prompt gab Czernin diesen Ausspruch an den deutschen Botschafter in Wien, von Wedel, weiter und fügte hinzu, er, Czernin, mache keine „Schweinereien“.[1306] Das Einwirken deutscher Verantwortlicher auf den Kaiser, die Argumente Czernins, daß die Bündnispolitik für Österreich-Ungarn eine Lebensfrage sei und ein Abweichen davon zum Untergang führen müßte, sowie die Unentschlossenheit des schon recht betagten Heinrich Lammasch ließen dann das Projekt, ihn zum Ministerpräsidenten zu machen, wieder scheitern. Abermals war eine „Julikrise“ ausgestanden. Das war aber nicht nur einfach ein Triumph des Außenministers, sondern gleichzeitig auch der Übergang zu einer Phase der Politik, in der der Außenminister, nicht aber die Außenpolitik dominierte, in der die österreichische Reichshälfte wohl verwaltet, doch nicht wirklich geführt wurde.

Czernin versuchte zwar eine Zeitlang auch noch, Max Vladimir Freiherrn von Beck als Ministerpräsidenten zu installieren, doch dann war er mit Ernst Ritter von Seidler ganz zufrieden. Er war leichter lenkbar. Aus dem Provisorium wurde das Definitivum. Was aber noch viel stärker zu Buche schlug, war der Umstand, daß der Minister den Kaiser bei dessen Friedensbemühungen nicht mehr unterstützte. Das fiel nirgends nachhaltiger auf, als nach Gesprächen, die der bayerische Professor Friedrich Wilhelm von Foerster im Auftrag von Kaiser Karl mit dem Vertrauensmann des amerikanischen Präsidenten Wilson, David Herron, geführt hatte. Bei einem Treffen in der Schweiz hatte Foerster Herron verstehen lassen, daß der österreichische Kaiser bei den Westmächten Halt für seine Reformpläne suchte. Foerster erzählte von den Schwierigkeiten, die Karl nach dem Amnestieerlaß mit seinen Ministern gehabt hätte. Der Monarch sei gesonnen, sich vom preußischen Militarismus abzuwenden. Österreich-Ungarn sei kein Deutsches Reich, sondern ein Vielvölkerstaat, in dem die Deutschen eine hoffnungslose Minderheit darstellten. Bei der Größe der Monarchie wäre die beste Lösung eine Konföderation, die als ein „Gegengift“ gegen Deutschland dienen würde.[1307]

Herron leitete die Darstellung Foersters nach London weiter. Der Münchner Professor kehrte nach Wien zurück, um dem Kaiser zu berichten. Doch hier hatte mittlerweile nicht nur Czernin seine Stellung entscheidend festigen können; auch die Deutschen waren nicht untätig gewesen. Foerster wurde nicht mehr zum Kaiser vorgelassen, und der Kabinettsdirektor Polzer-Hoditz wies ihn mit den Worten aus Dantes Inferno ab: „Lasciate ogni speranza.“[1308]

Bei der Veränderung, die an Czernins Politik, aber auch an ihm selbst zu beobachten war, spielte sicherlich das Scheitern seiner Bemühungen, in Verhandlungen mit den Ententemächten einzutreten, eine nachhaltige Rolle. Dazu kam aber auch Eifersucht, denn wenn schon er, Czernin, scheiterte, dann sollten auch die anderen keinen Erfolg haben. Der Minister des Äußern war über das vernünftige und notwendige Maß bedacht, der Alleinverantwortliche für die Politik zu sein, so daß er gegenüber allen, die nebenher Friedenssondierungen versuchten, schroff und unduldsam wurde. Er achtete auch mißtrauisch darauf, daß der Kaiser keine „Extratouren“ machte. Während des Frühjahrs war immer wieder Friedens- und Verhandlungsbereitschaft signalisiert worden. Das war eine echte und – wie sich weisen sollte – nicht mehr wiederkehrende Chance. In diesem Augenblick hätte vielleicht eine klare Verzichtspolitik, ohne sich gleichzeitig in die deutschen Verhältnisse einmischen zu wollen, aber auch eine entschlossene Reichsreform den Bestand der Monarchie retten können. Doch keiner sah das damals klar genug und handelte mit der entsprechenden Konsequenz, vor allem nicht der Minister des Äußern. Auch Lloyd George, der zeitweilig so nachdrücklich für die Zerstörung der Monarchie eintrat, wurde gerade angesichts des Niederbruchs Rußlands schwankend. Denn jetzt ging es plötzlich in ganz anderer Weise um das europäische Gleichgewicht. Italiens Sonnino fürchtete bereits, daß England Italien fallenlassen würde. Hier also wird man den Finger auf den Punkt legen können, wo das allerdings erst im historischen Rückblick zu fällende Urteil gesprochen werden kann: Im Mai und Juni 1917 machte sich Europa daran, einen der Seinen zu töten.

Kurz darauf hatte Frankreich kritische Zeiten zu durchleben und setzte nicht zuletzt aus innenpolitischen Gründen auf Unnachgiebigkeit. Italien rückte von seinen im Londoner Vertrag fixierten Forderungen nicht ab, und Rußland zeigte wieder Anstrengungen, den Krieg an der Seite der Entente fortzusetzen. Damit war die Chance, doch wieder den politischen Verkehr zu eröffnen und politischen Zweck und militärisches Ziel in Einklang zu bringen, dahin.

22

Der Pyrrhussieg: Die Durchbruchsschlacht von Flitsch-Tolmein

Das Festungssyndrom

Die vergeblichen Bemühungen, aus dem Krieg auszubrechen, ließen in Österreich allmählich ein „Festungssyndrom“ aufkommen, das breite Kreise der Bevölkerung nicht mehr verlassen sollte.[1309] Jahrelang war versucht worden, aus der Festung „auszubrechen“ und sich mit einem gewaltigen Ausfall Luft zu verschaffen. Es war nicht gelungen. Nun wurde verhandelt. Doch die Belagerer forderten die Übergabe. Das Bild ist aber unvollständig. Bei Teilen der Festungsbesatzung wuchs das Gefühl, daß sie selbst von den Befehlshabern der Festung als Geiseln genommen worden waren, daß nicht wirklich alles getan wurde, um ein Ende der Belagerung zu erreichen, um die Lebensmittelzufuhren wieder in Gang zu bringen und ein Mindestmaß an Normalität zu erreichen. Statt dessen mußten die Ausfälle fortgesetzt werden, während die Kraft und die Vorräte zu Ende gingen. Und noch eine weitere Ergänzung gibt es zu diesem Bild: Bei einigen Nationalitäten der österreichisch-ungarischen Monarchie, vor allem bei den Deutschen, entstand der Eindruck, daß man im Krieg standgehalten hatte, im Felde unbesiegt war und daß der Feind das Land von innen ausgehöhlt habe. Da brandete Haß auf. Doch meistens herrschten Lustlosigkeit, Unwillen und Gleichgültigkeit. Die in den Stimmungsberichten des Kriegsüberwachungsamts daraus gezogene Schlußfolgerung las sich wie folgt: „Apathie und Resignation ziehen immer weitere Kreise. Vollständiges Hinschwinden jeglicher Daseinsfreude, Schwinden des Sinnes für Erwerb und Tätigkeit machen sich als charakteristisches Symptom in gesteigertem Maße geltend. Diese düstere Verfassung der Gemüter färbt den Ausblick in die Zukunft und trübt auch die unbefangene Betrachtung gewisser äußerer Ereignisse. Politische Verstimmung, Verstimmung ob jeder neuen behördlichen Verfügung, ärgerliche oder gehässige Ausfälle über die bevorstehende Kriegsanleihe, über caritative Aktionen wie z. B. öffentliche Sammlungen, selbst über im Zuge befindliche Austauschaktionen erscheinen als Ausflüsse dieser Neigung.“[1310] Die Variationen über dieses „Thema“ tauchten in jeder weiteren Analyse auf.

Daß es mit Österreich-Ungarn nicht zum besten stand, war ein offenes Geheimnis. Das wußten nicht zuletzt auch die Feinde in diesem Krieg. Politiker und Zeitungen der Entente gerieten außerdem zunehmend unter den Einfluß der tschechischen und südslawischen Emigration, die alles tat, um die Situation so dramatisch wie möglich erscheinen zu lassen und propagandistisch zu überhöhen.[1311] Die Schilderungen von der Repression der Slawen und von dem Wunsch der Nord- wie der Südslawen, die österreichisch-ungarische Monarchie zu verlassen, festigten bei den Alliierten die Absicht, in der Zerschlagung Österreich-Ungarns bzw. der bewußten Förderung von Selbstauflösungstendenzen eines der wesentlichsten Kriegsziele zu sehen. Daß es dabei nicht nur um Österreich-Ungarn, sondern womöglich mehr noch um Deutschland ging, hatte schon ein dem britischen Foreign Office im Mai 1917 vorgelegtes Memorandum hervorgehoben. Da gab es zunächst durchaus Kontroversielles zu beobachten und zu erwägen: Österreich-Ungarn hänge, so hieß es, komplett von Deutschland ab, das primär daran interessiert sei, seinen Fortbestand zu sichern. Je mehr der Irredentismus zunehme, umso mehr bedürfe die Habsburgermonarchie deutscher Hilfe. Und sollte es tatsächlich zur Abtrennung von Galizien, der Bukowina und italienischer Gebiete kommen, würde letztlich nur das deutsche Element in Österreich gestärkt werden. Das war der eine Aspekt. Es gab aber noch etwas Weiteres zu erwägen: Die russische Revolution hatte diese slawische Großmacht verändert. Rußland, so meinte man in London, würde nicht mehr um den Erhalt seiner Herrschaft kämpfen, sondern – wenn überhaupt – darum, den Staaten Ost-Mitteleuropas ihre Unabhängigkeit zu sichern. Eine Reihe souveräner Staaten auf dem Balkan würde schließlich Deutschland wie Rußland den Zugang zum Mittelmeer verwehren. Damit wären die Machtverhältnisse auf dem Kontinent auch nach dem Zerfall der Habsburgermonarchie wieder einigermaßen ausgeglichen.[1312] Jetzt ging es also darum, die weitere Entwicklung abzuwarten, aber auch, so gut es ging, zu beeinflussen. Und das ließ sich gerade im Zusammenhang mit Österreich-Ungarn verhältnismäßig leicht bewerkstelligen.

Mit der Kerenskij-Offensive war für den k. u. k. Minister des Äußern, Graf Czernin, der Augenblick gekommen, die Bindung Wiens an Berlin wieder zu festigen, ja sie fester als je erscheinen zu lassen. Bis Juni 1917 hatte er die Unabhängigkeit der Politik des Ballhausplatzes von jener Berlins hervorgehoben; von Juli an betonte er die Unerschütterlichkeit des Bündnisses. In einem Punkt blieb er allerdings fest: Er trat für einen Frieden ohne Annexionen ein. In diesem Ziel sah er sich durch einen Mehrheitsbeschluß des deutschen Reichstags vom 19. Juli bestätigt und vertrat ihn auch nachdrücklich gegenüber Ludendorff, der im Gegensatz dazu eine radikale annexionistische Politik empfahl.[1313]

Czernin ging auch noch weiter: Als Ende Juli 1917 abermals Kontakte mit der Entente zustande kamen, die vom österreichischen Grafen Revertera und dem französischen Grafen Armand in Freiburg in der Schweiz geführt werden sollten, da drängte Czernin den neuen deutschen Reichskanzler Michaelis, eine Verständigung mit Frankreich auch um den Preis Elsaß-Lothringens zu suchen. Er bot den Deutschen Galizien an, falls sie auf Elsaß-Lothringen verzichten würden. Das Angebot war bereits einmal gemacht worden, und zwar von Kaiser Karl bei einem Zusammentreffen mit dem deutschen Kaiserpaar in Bad Homburg am 3. April.[1314] Damit entstand eine dem „Schlesischen Angebot" des Jahres 1915 vergleichbare Situation: Damals hatte Deutschland schlesisches Gebiet angeboten, sollte Österreich auf das Trentino gegenüber Italien verzichten. Doch so wie damals Österreich-Ungarn dieses Angebot ausgeschlagen hatte, lehnten jetzt der deutsche Reichskanzler und die deutschen Spitzenmilitärs das Angebot mit den Worten ab: „An einem Verzicht Österreichs auf Galizien liegt uns zur Zeit nichts."[1315]

Bei der Freiburger Unterredung zwischen Graf Abel Armand und Legationsrat Graf Revertera wurden dem Österreicher die Bedingungen der Entente für einen Frieden mitgeteilt: Abtretung des Trentino, die Umwandlung Triests in einen Freihafen, Rekonstruktion Polens in den Grenzen von 1772. Außerdem wurde die föderative Umgestaltung Österreichs verlangt. Aber Frankreich hatte auch Angebote zu machen: Bayern und Polen sollten in eine Abhängigkeit zu Österreich gebracht werden und Preußisch-Schlesien als Erbland an Österreich fallen. Revertera hatte auftragsgemäß mitzuteilen, daß Österreich-Ungarn keine separaten Friedensverhandlungen führen würde. Er wollte daher auch die Friedensbedingungen der Entente gegenüber dem Deutschen Reich und den anderen Verbündeten erfahren. Die Antwort kam prompt: Wiederherstellung Belgiens, Abtretung Elsaß-Lothringens, Reparationen, Neutralisierung des linken Rheinufers, Abtretung Helgolands, Öffnung von Bosporus und Dardanellen. Und als weitere Forderung an Österreich-Ungarn: Wiederherstellung Serbiens und Rumäniens; zusätzlich sollte die Habsburgermonarchie Serbien einen Hafen an der Adria einräumen. Dafür wurde Österreich nochmals zu verstehen gegeben, daß es um den Preis der Trennung von seinem großen Verbündeten die 1866 verlorene Vorherrschaft in Deutschland wiedergewinnen könnte.[1316] Obwohl Czernin zu diesen Vorschlägen nicht einmal Stellung nahm, bargen sie einige Brisanz, denn die Unterhändler der Entente rührten immer mehr an die Frage des deutsch-österreichischen Verhältnisses.

Angesichts der zunehmenden Kriegsmüdigkeit und der deutlich gewordenen Krisensymptome in der Habsburgermonarchie dürften im Deutschen Reich die zunächst sehr vagen Pläne einer militärischen Intervention gegen Österreich-Ungarn Gestalt angenommen haben.[1317] Hier ließen sich dann Denkschriften wie jene von Hans von Seeckt oder auch eine Äußerung Hindenburgs einordnen, wonach er sich einen Einmarsch nach Böhmen durchaus als krönenden Abschluß seiner militärischen Laufbahn vorstellen könnte. Was, so war zu fragen, würde das Deutsche Reich im Fall eines österreichisch-ungarischen Separatfriedens tun? Es wurde überlegt, ob die deutschen Österreicher bei einem Einmarsch deutscher Truppen nach Böhmen und Galizien revoltieren würden.[1318] Doch die Gedanken ließen sich ja weiterspinnen. An der Ostfront waren die Truppen so vermengt, daß ein Herauslösen unmöglich gewesen wäre. Wenn die Truppen überhaupt gehorcht hätten, wäre es womöglich an der Front zu einem Gemetzel der bisherigen Verbündeten gekommen. Welche wirtschaftlichen Folgen wären zu erwarten gewesen? Das Armeeoberkommando hatte am 18. Juli 1917 die wesentlichsten Daten zusammengestellt, die die materielle Lage Österreich-Ungarns skizzierten, aber auch Rückschlüsse darauf zuließen, wie wenig es möglich war, sich von Deutschland zu lösen.[1319] Die Chance, einen nächsten Kriegswinter zu überleben, hing davon ab, daß aus Polen, Rumänien und Serbien genügend Güter antransportiert werden konnten. Überall dort dominierten deutsche Truppen. Österreich-Ungarn konnte also auch wirtschaftlich nur mehr überleben, wenn Deutschland mitspielte. Was, wenn das Kohlenrevier im polnischen Dabrowa, das den Bedarf der Eisenbahnen der Monarchie und jenen der Nordostfront deckte, ausfiel? Was, wenn die rumänischen Einfuhren, die halfen, die allerärgsten Engpässe in der Versorgung zu überwinden, nicht mehr ankamen oder wenn es kein Erdöl aus Ploesti und Pitesti mehr gab? Und so hätte man fortsetzen können. Österreich-Ungarn hatte im Grunde genommen gar keine Möglichkeit, das Bündnis zu verlassen.

Die Außenpolitik der Monarchie war zur Gummizelle geworden: Nach außen hin sollten und mußten Durchhaltewillen und Durchhaltevermögen demonstriert werden. Nach innen mußte die Zuversicht genährt werden, daß die Monarchie intakt aus dem Krieg hervorgehen würde. Im Frühjahr waren Annexionsverzicht und Status quo betont, im Sommer regelrecht angeboten worden. Genauso aber war jeder bereit, die alten Kriegsziele wieder aufzugreifen und die Monarchie in Gedanken wachsen zu lassen. Im Frühjahr war das Bündnis mit dem Deutschen Reich in Frage gestellt und im Sommer war es neu beschworen worden. Was von seiten der Entente verlautete, konnte auch kaum einen Fingerzeig geben. Im Frühjahr war noch von einer Zerschlagung Österreich-Ungarns gesprochen worden. Im Sommer davon, daß nur die bereits zugesagten territorialen Abtretungen an Italien, Rumänien und Rußland unverzichtbare Voraussetzungen sein würden. Dafür hatte es dann geheißen, Österreich-Ungarn sollte sich an deutschem Gebiet schadlos halten und die Vorherrschaft in Deutschland antreten.

Für den Minister des Äußern war Anfang September der Augenblick gekommen, für sich selbst festzustellen, „daß nach der bereits erfolgten hinreichenden Betonung unserer Friedensbereitschaft es jetzt von Vorteil ist, in einer Tonart zu sprechen, welche unseren Gegnern keinen Zweifel läßt, daß wir in treuer Bundesgenossenschaft bis zum Ende durchhalten können und werden“.[1320] Er teilte den noch intakten diplomatischen Vertretungen in den nicht kriegführenden Ländern mit, daß er gesonnen sei, den Feindmächten gegenüber „sehr starke Töne“ anzuschlagen. Einige Botschafter äußerten zwar Bedenken, weil das die Brücken zwangsweise abbrechen mußte. Doch sie konnten Czernin nicht von seiner Idee abbringen. Die Entente hatte auf die Friedensfühler Österreich-Ungarns nur damit geantwortet, daß sie den Zweibund spalten wollte, und sie hatte der Donaumonarchie Bedingungen gestellt, die, so Czernin, „man bei lebendigem Leib nicht bringen könne“.[1321] Das Schlagwort von einem Österreich-Ungarn, das zerschlagen werden müßte, das der frühere kroatische Abgeordnete Hinković zu seinem Leitsatz gemacht hatte, das „Detruissez l'Autriche-Hongrie“ des Tomás Masaryk, die Agitation eines Ante Trumbić und Frano Šupilo, die in der Deklaration von Korfu den Zusammenschluß der Serben, Kroaten und Slowenen in Aussicht genommen hatten, die von den Alliierten unterstützte Agitation der Tschechen und Slowaken zielten alle in dieselbe Richtung.[1322] Jetzt sollte den Feindmächten deutlich gemacht werden, daß Österreich-Ungarn nicht daran dachte, einen Verzichtfrieden zu schließen und zudem noch den Bruch mit dem Deutschen Reich und im weiteren vielleicht einen Krieg mit dem bisherigen Bundesgenossen in Kauf zu nehmen. Denn das war ja die konsequent zu Ende gedachte hypothetische Entwicklung.

Am 2. Oktober 1917 hielt Graf Czernin in Budapest eine lange vorbereitete Rede: Falls die Entente sie dazu zwänge, würde die Monarchie den Krieg fortsetzen, das bisher verfolgte „friedfertig moderierte Programm“ revidieren und seinerseits Kriegsentschädigungen verlangen. Die übergroße Mehrzahl der Staaten der Welt wünschte den Frieden, aber einige wenige verhinderten ihn. „Mit kaltem Blute und ruhigen Nerven werden wir in diesem Falle unseren Weg weitergehen. Wir wissen, daß wir durchhalten können, durchhalten im Felde und durchhalten im Hinterlande." Czernin griff noch einen anderen Gedanken auf: Da Papst Benedikt XV. am 1. August 1917 eine Friedensbotschaft verkündet hatte, in der er zu einem Frieden aufrief, der zu einer Neuordnung Europas, einem wirksamen internationalen Schiedsgericht und zu allgemeiner Abrüstung führen sollte, ging Czernin ebenfalls darauf ein. Sehr zum Mißfallen der Berliner Verantwortlichen, vor allem auch des deutschen Kaisers, der die Äußerungen Czernins als „unglaublich" qualifizierte.[1323] In den Augen Kaiser Wilhelms war Czernin sogar mit diesen vorsichtigen Äußerungen, die eine weiter bestehende Friedensbereitschaft signalisieren, ebenso aber Entschlossenheit zur Fortsetzung des Kriegs demonstrieren sollten, zu weit gegangen. In diesem „unglaublich" war gleichzeitig die deutsche Antwort an den Papst vorweggenommen, die darauf hinauslief, deutscherseits keine substantiellen Zusagen zu machen, wohl aber alles daranzusetzen, unter Ausnützung der Wirkung der päpstlichen Botschaft den Pazifismus bei den Ententemächten zu schüren und die Friedensbewegung als propagandistische Waffe einzusetzen.[1324] Deutschland und Österreich handelten jeder für sich. Beiden war der Preis des Friedens genannt worden, beiden war er zu hoch. Umgekehrt war den Alliierten der ihnen zugemutete Siegfrieden nicht annehmbar. Also mußte der Krieg weitergehen.

Czernin blieb bei der Wahl seiner Mittel. Er wollte die Kontakte zu den Feindmächten nicht ganz abreißen lassen und gleichzeitig auf die deutsche innenpolitische Szene einwirken. Der neue deutsche Außenminister, Richard von Kühlmann, nach Gottlieb von Jagow und Arthur Zimmermann also auch schon der dritte Außenminister im Krieg, zeigte ebensowenig wie Reichskanzler Michaelis Neigung, Konzessionen zu machen und wenigstens in der Frage der Wiederherstellung der vollen Souveränität Belgiens einzulenken. Daher setzte Czernin offen und versteckt alles mögliche in Szene, um auf die deutsche Haltung einzuwirken. Im Oktober kursierten in deutschen Abgeordnetenkreisen die Aufzeichnungen des deutschen Abgeordneten Haussmann über die Gespräche mit einem geheimnisvollen „Grafen X". In den Aufzeichnungen wurde gesagt, Großbritannien könne nur Frieden schließen, wenn Belgien wirklich neutral sei. Das unklare Gerede in Deutschland falle den Österreichern auf die Nerven. „Sagen Sie es allen, daß es eine höchst kritische Stunde ist, daß die Mehrheit des Reichstages den Frieden und die Zukunft Deutschlands in der Hand hält und daß es heißt: Alle Mann an Bord."[1325] Es besteht so gut wie kein Zweifel, daß es sich bei diesem „Grafen X" um Czernin handelte. Wilhelm II. ließ daraufhin Kaiser Karl ausrichten, er würde lieber auf das Bündnis mit Österreich-Ungarn verzichten als auf Lüttich. Er würde auch, um Lüttich zu erhalten, den Krieg gegen den Willen des deutschen Volks fortsetzen.[1326] Der deutsche Militärbevollmächtigte beim k. u. k. Armeeoberkommando, Cramon, hatte noch nachzustoßen. Er sollte vom österreichisch-ungarischen Generalstabschef, Generaloberst Arz, verlangen, daß dieser Ludendorff die schriftliche Zusicherung gebe, daß sich die Donaumonarchie mit den deutschen Kriegszielen identifiziere, ansonsten würde das Deutsche Reich Österreich-Ungarn bei der geplanten Offensive gegen Italien nicht unterstützen. Das war nun glatte Erpressung. Aber General Cramon richtete Kaiser Karl nur die halbe Wahrheit aus, wie er umgekehrt die österreichische Antwort in einer beschönigenden Form nach Berlin weiterleitete. Damit war die Affäre beigelegt. Doch es blieben gegenseitige Abneigung und Mißtrauen zurück.

Czernin, der im April 1917 in einer Denkschrift vorausgesagt hatte, daß die Monarchie im Herbst 1917 am Ende sein würde, hatte insofern an Glaubwürdigkeit eingebüßt, als die Monarchie, wie man ja sehen konnte, im Herbst 1917 nicht am Ende war, daß es immer noch genug Soldaten gab, um den Krieg weiterzuführen, daß der Ausstoß der Rüstungsindustrie noch immer ausreichte, um die benötigten Waffen zu produzieren, und daß es auch immer noch gerade so viel zu essen gab, daß die Menschen am Leben blieben. Und noch eines: Es gab auch immer noch gerade soviel Hoffnung, um den Krieg weiterzuführen.

Letztlich gab es auch eine merkwürdige Koalition der Befürworter des Kriegs: Jene, die am Bestand der Monarchie interessiert waren und für diesen Bestand die Fortsetzung des Kriegs als einzige Möglichkeit ansahen, hatten in den radikalen Nationalitätenvertretern Verbündete bekommen. Denn die radikalen Nationalisten mußten davon ausgehen, daß nur die Fortsetzung des Kriegs bis zum Sieg der Entente die Habsburgermonarchie so schwächen würde, daß sie den inneren Auflösungsprozeß nicht mehr verhindern konnte. Was den Krieg anlangte, waren somit die Ziele eines Kramář und Arz, eines Beneš und Czernin durchaus ident. Das stimmungsmäßige Auf und Ab eines Masaryk spiegelte nur zu sehr die Kriegslage wider: Zeigten sich Anzeichen für Friedensgespräche oder machte Kaiser Karl einen spektakulären Schritt in Richtung Versöhnung der Nationalitäten, dann waren Masaryk und die politische Emigration in Großbritannien, Frankreich, Italien, den USA und Rußland alarmiert. Ging der Krieg weiter und zerschlugen sich die sondierenden Gespräche über ein Ausscheiden der Monarchie aus dem Krieg oder gar einen generellen Frieden und verschärfte man in Österreich-Ungarn wieder das Kriegsregime, dann entsprach dies durchaus den längerfristigen Zielen der Emigration. Sie brauchte den Krieg, und es spielte dabei fast keine Rolle, wie es um den Kriegsverlauf im Detail beschaffen war, solange die Schlachten nur überhaupt fortgesetzt wurden und die unaufhaltsame Schwächung Österreich-Ungarns zur Folge hatten.

Manchmal freilich könnte man glauben, die Geschichte hielte sich an das Erzählungsschema von Gustav Freytag. Wenn die Handlung schon lange über ihren Höhepunkt hinaus gediehen ist, und wenn man den Schluß der Erzählung bereits zu kennen glaubt, kommt noch ein Moment der letzten Spannung auf, wo wieder alles anders zu sein scheint und der bis dahin zwingend erscheinende Ausgang der Handlung eine dramatische Veränderung erfährt. Bis dann auch dieses Moment der letzten Spannung abklingt.

Die zwölfte Schlacht in letzter Stunde

Um die unklare Situation des Bündnisses zu überwinden, dachte man im Deutschen Reich daran, Österreich-Ungarn durch ein verstärktes militärisches Engagement an die Kandare zu nehmen. Dazu sollte eine Offensive gegen Italien dienen, an der sich auch deutsche Truppen beteiligen sollten, um diesem Kriegsschauplatz den Charakter des k. u. k. Privatkriegs zu nehmen. Das stellte insofern einen Schwenk in der deutschen Politik dar, als bis zum Herbst 1917 deutsche Diplomaten immer wieder zwischen Italien und Österreich-Ungarn zu vermitteln gesucht hatten, indem sie darauf hinwiesen, Österreich müßte nur Trient abtreten und Italien würde friedensbereit sein. Gleichzeitig stellte die deutsche Bereitschaft auch ein militärisches Novum dar, da sich das Deutsche Reich ja von 1915 bis 1917 geweigert hatte, Österreich am Isonzo oder in Südtirol – sieht man von der Episode mit dem „Alpenkorps" ab – mit Truppen zu unterstützen. Jetzt sollte Italien in einer gemeinsamen Offensive eine Niederlage bereitet werden. Damit ließ sich auch beweisen, daß die Entente und vor allem England nicht imstande wären, Italien wirksam zu schützen. Vielleicht war der Apenninenstaat dann friedensbereit – oder es brach eine Revolution aus, wie man ebenfalls in Rechnung stellte.[1327] Zudem wäre, meinte man in Deutschland, durch die Eroberung von italienischem Boden die österreichische Begehrlichkeit zu wecken, die dann automatisch ein Abrücken von der Formel „Frieden ohne Annexionen" bringen mußte.[1328]

Die Idee, einen vernichtenden Angriff gegen Italien zu führen, war so alt wie der Krieg gegen Italien selbst. 1916 war der österreichisch-ungarische Alleingang gescheitert. Dann waren Monate gekommen, in denen die k. u. k. Armeen alles daransetzen mußten, um die in fast regelmäßigen Abständen geführten italienischen Offensiven am Isonzo abzuwehren. Und das wurde immer schwerer. Nichtsdestoweniger beschäftigte sich die Operationsabteilung des Armeeoberkommandos bereits Anfang 1917 wieder intensiv mit Planungen zu einer neuen großen Offensive. Sie baute allerdings auf der Teilnahme von zwölf bis 16 deutschen Divisonen und 42 Artillerieregimentern auf, von denen es zunächst geheißen hatte, sie wären ab April 1917 verfügbar. Doch dann, am 25. Februar, hatte Generalfeldmarschall Hindenburg mitgeteilt, daß die Lage im Westen den Einsatz deutscher Truppen in Italien verbiete.

Als Conrad von Hötzendorf nach seiner Ablösung im Februar 1917 Heeresgruppenkommandant an der Italienfront geworden war, wurde ihm diese Ernennung damit schmackhaft gemacht, daß ihm der Chef der kaiserlichen Militärkanzlei sagte, die Italiener würden daraus sicher sofort den Schluß ziehen, Österreich-Ungarn bereite eine neue große Offensive vor. Doch die Täuschung der Italiener hielt nicht sehr lange an. Sie führten vom 10. Mai bis 4. Juni die zehnte Isonzoschlacht, die endlich die Eroberung von Triest bringen sollte. Doch den Italienern gelang wieder nur die Inbesitznahme eines Höhenrückens ostwärts des Isonzo.

Was den österreichisch-ungarischen Truppen als Abwehrerfolg erscheinen mußte, war für die Entente Anlaß zu immer schärfer werdender Kritik an der italienischen Kriegführung. „Die Österreicher leiden mehr unter dem Mangel an Essen und Trinken als unter dem Feuer der Italiener", hieß es im August 1917 in einer Wochenzusammenfassung für das britische Kriegskabinett.[1329] Dann war das Schwergewicht wieder verlagert worden. Im Juni griff die italienische 6. Armee nach Norden gegen die Hochflächen an. Es kam zur sogenannten Ortigara-Schlacht, einem ungemein verlustreichen Ringen um einen kahlen Gebirgsrücken. Am Isonzo waren die italienischen Verluste fast 170.000 Mann gewesen, davon 36.000 Tote. In der Ortigara-Schlacht zählte man 23.000 Tote und Verwundete. Die österreichisch-ungarischen Zahlen lagen deutlich darunter, doch was hatten sie schon zu besagen? Am Isonzo wurde die Strategie des „Ausblutens" noch viel konsequenter angewendet, als das bei Verdun der Fall gewesen war. Dennoch meinte der britische Generalstab, daß es vor allem an der italienischen Kriegführung lag, daß sich das Blatt nicht schon längst gewendet hatte. Statt drei oder vier Tage und Nächte mit der Artillerie Trommelfeuer zu schießen, begnügten sich die Italiener mit wenigen Stunden. Sie nützten die Situation nur ungenügend aus und kamen – für die Alliierten unverständlich – gegen die halbverhungerten k. u. k. Truppen nicht zum Erfolg. Dabei waren bis zur zehnten Isonzoschlacht auf beiden Seiten rund 600.000 Menschen gefallen oder verwundet worden. Die Toten machen in der Statistik rund ein Drittel aus. Und das Ausbluten ging immer weiter. Dabei fiel den britischen Analytikern auf, daß die k. u. k. Truppen zwar eine viel größere Kriegsmüdigkeit zeigten als die deutschen, doch von einem Brechen oder auch nur einem merklichen Sinken der Moral war man meilenweit entfernt. Es gab zwar Deserteure, doch im Vergleich mit den Erscheinungen der Front in Rußland handelte es sich um Einzelfälle. Auch die in Kriegsgefangenschaft geratenenen Soldaten bewiesen Haltung und machten in der Regel einen guten Eindruck, egal, ob Deutsche, Ungarn oder Angehörige slawischer Nationalitäten.[1330] Lediglich bei den Tschechen glaubte man ähnliche Symptome feststellen zu können wie schon zuvor in Rußland. Der italienische Generalstabschef Cadorna soll freilich gemeint haben, er würde sich deutsche Truppen als Gegner wünschen, da sie weniger fanatisch kämpften. Die Österreicher würden ihre Gegner vor allem töten wollen.[1331]

Das einzige Mittel, um die italienische Kriegführung effektiver zu machen, sahen die westlichen Alliierten nur darin, Italien noch mehr als bisher zu unterstützen und vor allem auch verstärkt mit eigenen Truppen einzugreifen. Schon im Januar 1917 lagen dem Chef des britischen Imperial General Staff, General W. R. Robertson, italienische Wünsche und Pläne für eine gemeinsame Offensive vor, doch da Flandern und Frankreich Priorität hatten, wollte der britische General die Sache nur „in Vormerkung" nehmen.[1332] Bei einer Zusammenkunft der alliierten Staatsmänner am 24. Juli in Paris wurde vom britischen Premierminister Lloyd George jedoch die Möglichkeit skizziert, eine gemeinsame Offensive der Alliierten gegen die österreichisch-ungarische Front zu führen. Es war der „weiche Unterleib", der diesen Überlegungen, scheint's, Pate stand. Dort, so meinten auch die anderen, könnte möglicherweise die Entscheidung im Krieg fallen.

Auch für die Alliierten gewann der Mittelmeerraum zunehmend an Attraktivität. Nach den ersten noch vagen Überlegungen schlug der britische Premier Lloyd George angesichts der sich für die Alliierten alles andere als befriedigend entwickelnden Kriegslage abermals vor, die Front in Frankreich nur so weit zu halten, daß die Deutschen keine Truppen abziehen könnten, im übrigen aber alles Gewicht auf die anderen Fronten zu verlegen, um die Verbündeten des Deutschen Reichs, die ja dessen Schwachstellen wären, aus dem Bündnis herauszubrechen.[1333] Die Franzosen fanden an dieser Idee aber nichts, was ihren eigenen Vorstellungen entgegengekommen wäre. Daher verlief auch diese Überlegung im Sand.

Parallel dazu griff das AOK die ja schon alten Ideen einer entscheidenden Offensive gegen Italien auf. In einer Denkschrift vom 31. Juli 1917 faßte das Armeeoberkommando seine Überlegungen dahingehend zusammen, daß nicht, wie das Conrad von Hötzendorf immer wieder forderte, ein Angriff von den Hochflächen nach Art der Südtiroloffensive 1916 versucht werden sollte, sondern eine Offensive aus dem Raum Flitsch und Tolmein. Damit verband sich die Frage nach der Teilnahme deutscher Truppen, und zudem hing eine derartige gemeinsame Offensive von der Zustimmung der Gemeinsamen Obersten Kriegsleitung, also letztlich vom deutschen Kaiser ab. Der Erste Quartiermeister des deutschen Heeres, General Ludendorff, war jedoch alles andere als begeistert von dieser Idee. Er wollte damals gerade Rumänien vollständig niederwerfen. Doch es gab auch österreichischerseits Bedenken wegen der Beistellung deutscher Truppen. Kaiser Karl schrieb diesbezüglich an Wilhelm: „Du wirst mich sicher verstehen, wenn ich ein besonderes Gewicht darauf lege, die Offensive gegen Italien nur mit Meinen Truppen zu führen. Meine ganze Armee nennt den Krieg gegen Italien ‚unseren Krieg'. Jeder Offizier hat von Jugend auf das von den Vätern ererbte Gefühl, die Sehnsucht in der Brust, gegen den Erbfeind zu kämpfen. Würden uns deutsche Truppen helfen, so würde dies niederdrückend, auf die Begeisterung lähmend wirken ... Die Zeit drängt. Durch einen erfolgreichen Stoß gegen Italien bringen wir das Kriegsende vielleicht rasch heran."[1334]

Karl schlug vor, österreichisch-ungarische Divisionen aus der Ostfront herauszulösen und durch deutsche Divisionen zu ersetzen. Das sollte ausreichen, um die Offensive führen und den „Erbfeind" weiter allein bekämpfen zu können.

Die Antwort des deutschen Kaisers vom 1. September 1917 kam etwas überraschend. Wilhelm II. hielt nichts davon, österreichisch-ungarische Divisionen aus der Ostfront herauszulösen und sie durch deutsche Truppen zu ersetzen. „Teurer Freund", schrieb er, „indem ich Dich zu der tapferen Haltung Deiner unter schwierigsten Verhältnissen gegen eine Übermacht kämpfenden, braven Isonzoarmee beglückwünsche, pflichte ich Deiner Ansicht durchaus bei, daß dort Entlastung nur durch eine kraftvolle Offensive am wirksamsten herbeigeführt werden kann." Die Deutsche Oberste Heeresleitung verweise jedoch darauf, daß k. u. k. Divisionen im Osten nicht herausgelöst werden könnten. Ein Ersatz wäre nur durch die einzige kurzfristig nach dem Osten zu verlegende operative Reserve des deutschen Heeres möglich, und die sollte nicht gegen Rußland oder Rumänien gebunden, sondern möglichst bald wieder nach dem Westen verschoben werden. Die Gesamtlage würde zwar durch eine Offensive zwischen Sereth und Pruth am nachhaltigsten beeinflußt werden, aber man könnte auch einer Offensive am Isonzo nähertreten. Wenn es die Kampfhandlungen im Raum Riga und die Jahreszeit noch zuließen, dann könnte vielleicht wirklich eine Offensive am Isonzo durchgeführt werden. „Du kannst überzeugt sein, daß es nicht nur bei meiner Armee, sondern in ganz Deutschland Jubel auslösen würde, wenn es gelänge, daß deutsche Truppen mit Deinen braven Isonzokämpfern dem wortbrüchigen Italien zu Leibe gingen. Gebe Gott, daß auch dieser Tag uns naht." Dann kam noch ein Seitenhieb auf Czernin: „Ich hoffe, daß die mögliche gemeinsame Offensive unserer verbündeten Heere auch die Stimmung Deines

Außenministers beleben wird. Zu einer anderen, wie zu einer zuversichtlichen Stimmung haben wir meines Erachtens bei Betrachtung der Gesamtlage keinen Grund. In treuer Freundschaft – Wilhelm."[1335]

Am 4. September 1917 zogen deutsche Truppen in Riga ein. Rußland war durch die inneren Vorgänge und die intermediäre Revolutionsphase gelähmt, doch militärisch war es noch immer nicht aus dem Feld geschlagen. Daher galt die Formel vom „Im Felde unbesiegt" als erstes für das kollabierende Zarenreich. Die Unmöglichkeit, den Krieg wirtschaftlich zu überstehen, den „fabriklichen Krieg" ähnlich wie den militärischen zu organisieren und zu führen, hatte die innere Auflösung Rußlands bewirkt. Nutznießer dieses Zusammenbruchs waren zunächst die Mittelmächte. Leidtragender war Italien, denn ohne den Zusammenbruch Rußlands wären die Divisionen, die dann als deutsche 14. Armee gegen Italien eingesetzt wurden, nicht verfügbar geworden. Sie wären wohl auch, wie dies Ludendorff sagte, gegen Rumänien einsetzbar gewesen. Damit hätte sich aber ihre strategische Wirkung verflüchtigt, denn die komplette Besetzung Rumäniens wäre ohne Auswirkungen auf die Gesamtlage geblieben. So aber war es möglich, Italien einen überraschenden Schlag zuzufügen und sich – wieder einmal – die Dankbarkeit Österreich-Ungarns zu sichern. Österreich-Ungarn konnte dann auch leichter dazu gebracht werden, ein regelrechtes Engagement auf einem Kriegsschauplatz einzugehen, der bis dahin ebenso als ein „deutscher" hatte gelten können, wie der italienische ein „österreichischer" gewesen war, nämlich im Westen. Der Einsatz deutscher Divisionen gegen Italien mußte somit unmittelbare Auswirkungen auf das Bündnis des Deutschen Reichs mit Österreich-Ungarn haben, eine noch stärkere Vermengung der beiden Reiche mit sich bringen und die Habsburgermonarchie zusätzlich an die deutsche Politik ketten.

In der zweiten Septemberhälfte besuchte Kaiser Karl die Heeresgruppe Conrad. Dem Feldmarschall mußte ja begreiflich gemacht werden, daß er bei der Offensive keine nennenswerte Rolle spielen würde und daß es nicht um die Verwirklichung von Conrads Lieblingsidee ging. Conrad dürfte sich bei dieser Gelegenheit kein Blatt vor den Mund genommen haben. Es hatte sich denn auch einiges aufgestaut. Conrad nahm einen Spießzettel heraus und sagte dem Kaiser alles, was gesagt werden konnte, ohne beleidigend zu werden. Das Gespräch gipfelte in der Erörterung eines Vorfalls, der erst wenige Tage zurücklag. Ein slowenischer Reserveoffizier, Ljudevit Pivko, hatte die Italiener in den Rücken der österreichisch-ungarischen Truppen auf der Hochfläche von Folgaria und Lavarone zu führen versucht. Das Unternehmen war zwar gescheitert und der Slowene endgültig desertiert, doch es hatte äußerst kritische Augenblicke gegeben. Der Kaiser meinte zu Conrad, was sich solche Leute wohl denken würden. Darauf der Feldmarschall mürrisch: „Sie werden sich denken, daß man sie ohnehin nach kurzer Zeit amnestieren wird."[1336] Es ging aber beileibe nicht mehr nur um die Reserveoffiziere. Es kriselte im ganzen Offizierskorps. Im August waren bei jenen, die „Treu bis in den Tod" geschworen hatten, so deutliche Zeichen der Resignation beobachtet worden, daß der Chef des Generalstabs, Arz von Straußenburg, einen eigenen Befehl formulierte, mit dem er den Berufsoffizieren den Glauben an die Sinnhaftigkeit des Kriegs zurückgeben und sie zum Ausharren ermuntern wollte.[1337] Daß es so weit gekommen war, sprach eigentlich schon Bände. Und ein Blick in die Gesichter der Soldaten konnte eigentlich nur mehr den Schluß zulassen, daß mit „moralischer Aufrüstung" nicht mehr sehr viel wettgemacht werden konnte. Im Herbst wurden den Regimentern die 31. bis 34. Marschbataillone zugeschoben und im September die Geburtsjahrgänge 1897 bis 1899 gemustert.[1338] Damit näherte sich der Einberufungsstand der Monarchie seit 1914 der 8-Millionen-Grenze. Parallel zu den neuen Musterungen ging die Entlassung der ältesten Jahrgänge, jener der Jahre 1867 und 1868, vor sich. Das waren aber nur mehr 37.000 Mann, also 18.500 alte Soldaten pro Jahrgang. Ein frischer Jahrgang hatte rund 100.000 Mann. Zwischen diesen beiden Zahlen lag eine Differenz von 81.500 Mann, eine Art menschlicher Verschleißziffer. Elf Isonzoschlachten waren schon geschlagen worden; bei der letzten war in vielen Abschnitten eine zumindest vierfache Überlegenheit der Italiener zu beobachten gewesen.[1339] Die Italiener verfügten über mehr Flugzeuge, Artillerie und Minenwerfer. Die österreichisch-ungarischen Truppen hatten mehrere Stellungen hintereinander ausgebaut. Die vorderste Stellung allein wies drei Linien auf, oft aber nur flache Gräben, da man sich in den Karst noch immer nicht tief eingegraben hatte. Vor den Gräben waren Drahthindernisse in Form „Spanischer Reiter". Die Soldaten fürchteten das Trommelfeuer der Artillerie und litten vor allem in der heißen Jahreszeit entsetzlich. In den Kavernen war die Luft durch Gas, Rauch, Staub, Fäkalien und Leichengeruch verpestet. Es hatte schon kollektiven Selbstmord in den Kavernen gegeben, da die Soldaten der nervlichen Anspannung nicht mehr gewachsen waren. Doch war das Trommelfeuer zu Ende, dann glaubte man das Schlimmste vorbei. Im Nahkampf wurden die Italiener am wenigsten gefürchtet. Handgranaten, Bajonette, Messer, aber auch Schlagstöcke und morgensternähnliche Prügel kamen zum Einsatz, bis auch diese Phase der permanenten Abnützungsschlacht vorüber war.[1340] Und immer noch hielt eine Hoffnung die k. u. k. Soldaten aufrecht: eine eigene Offensive gegen die Italiener.

Was im September und Oktober 1917 als Offensive gegen Italien vorbereitet wurde, hatte aber auch ganz andere als rein militärische Dimensionen und ließ die Abhängigkeit des Hinterlands von der Front in besonderer Weise hervortreten. Ganz still, fast nebenbei bereitete sich da eine Katastrophe vor. Was hier geschah, ließ sich erst am 20. Oktober 1917 auf vier Seiten nachlesen. Die Meldung mit der Geschäftszahl „AOK Op. geh. 421", die dann den handschriftlichen Vermerk erhielt: „Den Herren Gruppenchefs vorgelesen, A[d] A[cta]", war eine Zeitbombe. Unter der erwähnten Geschäftszahl wurde vom Eisenbahnreferenten des Armeeoberkommandos, Generalmajor Johann Straub, ein Überblick über die Transportsituation gegeben; gänzlich undramatisch und ohne daraus Schlußfolgerungen zu ziehen. Straub zählte auf: Von den der Monarchie zur Verfügung stehenden rund 105.000 gedeckten Güterwagen wurden für den Aufmarsch zur Offensive gegen Italien durchschnittlich 60–70 Prozent für Militärtransporte verwendet, von den 170.000 offenen Güterwagen ungefähr 40 Prozent. Durch diesen erhöhten Bedarf an Militärtransporten kam es zu einer drastischen Reduktion des zivilen Bedarfs an rollendem Material, der im Herbst aber an und für sich ein höherer war, da ja die Zuschübe für den Winter erfolgen mußten. Es galt Heizmaterial und Nahrungsmittel in großen Mengen zu transportieren. Während der Aufmarschbewegung wurden täglich 80 Züge in den Raum Villach und in das Hinterland der Isonzofront gebracht. Der Bedarf würde sich, schrieb Straub, nach Beendigung des Aufmarsches nicht vermindern, sondern erhöhen. Täglich, solange die Offensive in Gang war, müßten Munition, Verpflegsgüter, Kriegsmaterial aller Art und weitere Soldaten nach vorn und Verwundete nach hinten gebracht werden. Nun sollten aber außer der Kohle und relativ unempfindlichen Nahrungsmitteln noch vor Beginn der Frostperiode 600 bis 800 Züge mit Kartoffeln verfrachtet und in alle Richtungen geführt werden. Denn wurden die Transporte bis Wintereinbruch nicht abgeschlossen, waren die Erdäpfel nicht mehr zu transportieren; sie würden frieren. „Laut Angabe des Volksernährungsamtes und des k. k. Eisenbahnministeriums sind in der nächsten Zeit 85.000 gedeckte Güterwaggons mit Kartoffeln in Österreich allein zu verfrachten“, notierte Straub. Das hätte bei einem sofortigen Beginn der Transporte täglich 20 bis 28 Züge ergeben. Wien allein hatte in dieser Zeit einen Kartoffelbedarf von täglich 200 bis 300 Waggons. Infolge der Knappheit an rollendem Material waren aber wochenlang nur 20 bis 50 Waggons angeliefert worden. „Die Ernährungssituation der breiten Bevölkerungsschichten Wiens wird bei Fortdauer dieser geringen Kartoffelzufuhr unhaltbar. Ebenso in allen übrigen größeren Städten, wo die Verhältnisse ähnlich sind.“ Die hohe Inanspruchnahme hatte bei den Lokomotiven dazu geführt, daß die Reparaturquote auf 36 bis 40 Prozent stieg, verglichen mit 14 Prozent im Frieden. Die Schlußfolgerungen daraus: Österreich könnte sich Operationen wie die gegenwärtigen, wo ein Aufmarsch rücksichtslos und in relativ kurzer Zeit durchgeführt würde, angesichts der Verpflegssituation der großen Städte und auch der auf Zuschub angewiesenen ländlichen Gebiete nicht leisten.[1341]

Was nach einem bürokratischen Wermutstropfen aussah, der in die Hoffnungen auf einen Erfolg gegenüber Italien gegossen wurde, war viel mehr. Straub hatte zu verstehen gegeben, daß die Offensive auf Kosten des Hinterlands unternommen würde. Und es war schon jetzt auszurechnen, daß die Bindungen der Transportmittel umso länger aufrechtbleiben mußten, je größer der Erfolg wurde. Das hieß, daß keine Lokomotiven und keine Waggons vorhanden sein würden, um zivile Güter zu transportieren. Je mehr die Truppen vorne siegten, umso kritischer mußte das paradoxerweise für das Hinterland werden. Aber am 20. Oktober ließ sich an den Plänen nichts mehr ändern.

Anfang September war das Oberkommando der deutschen 14. Armee aufgestellt worden, das unter der Leitung des Generals der Infanterie Otto von Below die Offensive gegen Italien führen sollte. Um die Kampfverfahren aufeinander abzustimmen, wurden den Deutschen Mitte September hundert Exemplare der österreichischen Richtlinien für den Gebirgskrieg ausgehändigt.[1342] Aber der deutsche General und sein Stabschef Generalleutnant Krafft von Dellmensingen wollten sich durchaus nicht nur die österreichischen Gebirsgkriegserfahrungen zunutze machen. Vielmehr wollten sie etwas versuchen, das in der k. u. k. Armee wenn schon nicht verpönt, so doch aus den operativen Überlegungen weitestgehend ausgeklammert worden war, nämlich den sogenannten „Talstoß“. Dabei sollte anders als dies die österreichisch-ungarischen Truppen zumeist praktizierten und im Verlauf der Südtiroloffensive in einem bereits strategischen Ansatz versucht hatten, das Schwergewicht nicht auf den Höhenzügen der Gebirge liegen, sondern in den Tälern. Nur die Begleitoperationen sollten über die Höhen führen. Höhenstoß oder Talstoß war schon lange eine Streitfrage der Operationstheoretiker. Jetzt sollte primär versucht werden, durch die Becken und Schluchten vorzustoßen.

Natürlich kam es schon bald zu Reibereien, weil die Operation „Waffentreue“ nicht ganz so anlief, wie sich das das Oberkommando der deutschen 14. Armee und die

Deutsche Oberste Heeresleitung vorgestellt hatten. Die Deutschen bemängelten die Langsamkeit der österreichisch-ungarischen Transportbewegungen. Die Eisenbahnen fuhren zu schleppend und zu wenig weit. Der Weitertransport ging nur langsam vor sich. Die Gemütlichkeit des „Kameraden Schnürschuh“ bot wieder einmal Anlaß zur Kritik. Es klappte auch wirklich nicht alles, aber man durfte nicht übersehen, daß die Arbeiter in den Arbeitsbataillonen und die Landsturmmänner, die den Großteil der Transporte zu bewältigen hatten, ältere und ausgemergelte Männer waren. Allein die Versorgung der 14. Armee erforderte 2400 Waggonladungen. Zudem waren Zuschübe an die Isonzoarmeen und für die der deutschen 14. Armee unterstellten k. u. k. Truppen nötig. Von den Ausladestationen im Raum Villach bis Tarvis und von Aßling bis Laibach mußten Waffen, Munition und Kriegsmaterial rund 40 Kilometer weit transportiert werden, zuletzt in Räume, die von den Italienern wenn schon nicht einzusehen, so doch dauernd mit Störfeuer zu belegen waren. Zuerst kamen die Angriffsartillerie, dann eine Million Schuß Munition für die Artillerie, das schwere Kriegsgerät und die Verpflegung. Zuletzt hatte dann der Anmarsch der Infanterie zu erfolgen. Die Gebirgsstellungen wurden genauso verstärkt, wie in den Beckenlandschaften die materielle Bereitstellung erfolgte. Das heißt, daß für den Transport eines schweren Geschützes in eine Gebirgsstellung rund acht Tage erforderlich waren. Waren die Kanonen oben, dann wurden Tausende Kartuschen, Pulver und Granaten hinaufgetragen. Das brauchte seine Zeit und führte natürlich dazu, daß die Italiener aufmerksam werden mußten.

Mitte September hatten die Italiener die Verstärkung der österreichisch-ungarischen Front und den Zufluß von frischen Kräften erkannt. Allerdings nahmen sie ihre eigenen Aufklärungsergebnisse nicht ernst genug. Das Problem der Italiener war dabei, daß sie zwar mittlerweile auch schon jahrelange Erfahrungen mit den operativen Abläufen auf der k. u. k. Seite gemacht hatten, sich aber so anzugleichen bemüht gewesen waren, daß sie außer den bereits eingespielten Kampfverfahren nichts anderes beherrschten. Man kannte sich. Die Italiener waren in mittlerweile elf Isonzoschlachten, die letzte vom 18. August bis zum 15. September 1917, und in mehreren begrenzten Offensiven an der Gebirgsfront immer die Angreifer gewesen, und nur einmal, im Verlauf der Südtiroloffensive zur Verteidigung gezwungen worden. Die Österreicher hatten mit Ausnahme eben dieser Offensive immer zu verteidigen gehabt. Die Soldaten beider Seiten hatten sich auf das Überleben in den Bergen eingestellt, hatten sich im Karst einzugraben versucht und führten einen Stellungskrieg, der immer wieder von heftigen Vorstößen unterbrochen wurde. In der elften Isonzoschlacht war den Italienern dann fast der jahrelang gesuchte Erfolg gelungen. Sie waren gegen zum Teil neue, unerfahrene Truppen im Raum nördlich von Görz zu einem größeren Geländegewinn gekommen. Daraufhin hatte sich innerhalb des österreichisch-ungarischen Kommandos eine Führungskrise gezeigt, da der Kommandant der Heeresgruppe, Generaloberst Boroević, schon die Zurücknahme der gesamten Front befohlen hatte. Doch zwei Korpskommandanten, Goiginger und Scotti, hatten die Krise gemeistert. Die Erfahrung, daß die k. u. k. Front so relativ leicht zu erschüttern war, machte die Italiener sicher, und außerdem befolgten die Frontbefehlshaber auch nicht, was ihnen vom Generalstabschef des italienischen Heeres, Luigi Cadorna, an Vorsichtsmaßnahmen empfohlen wurde.

Die Alliierten erlagen insgesamt einer Fehleinschätzung, da sie die Chancen einer österreichisch-deutschen Offensive als sehr gering kalkulierten. Die Stärke der Truppen der Mittelmächte zwischen Isonzo und Natisone wurde zwar als gefährlich eingestuft und die Chance der Italiener, einem Angriff standzuhalten, nicht sehr hoch eingeschätzt. Doch was Österreich-Ungarn bewegen sollte, eine Offensive zu führen, leuchtete zumindest dem britischen Verbindungsoffizier beim Comando Supremo, General Delmé-Radcliff, nicht ein. Sie würden zu den bisherigen Verlusten noch zusätzlich schwere Einbußen erleiden und daher am Ende total geschwächt dastehen, meinte er.[1343]

Die Mittelmächte wollten in einem Abschnitt angreifen, der bis dahin zwar Frontgebiet gewesen war, nämlich im Raum zwischen Flitsch und Tolmein, wo es aber noch zu keiner größeren Operation gekommen war. Alles hatte sich auf Trient und Triest konzentriert gehabt. Bei der Planung für die Offensive aus dem Raum zwischen den beiden bisherigen großen Operationsabschnitten wurden keine weitgesteckten Ziele angesprochen. Es war lediglich vorgesehen, die Italiener aus der Flitscher Klause zu werfen und damit die südlich davon gelegenen Abschnitte zu bedrohen. Im günstigsten Fall wollte man bis zum Tagliamento vorstoßen und damit die Gefahr eines italienischen Durchbruchs nach Triest ein für allemal beseitigen. Die Gegend um Gemona und Cividale wurde als Ziel genannt.

Man beließ es freilich nicht dabei, für dieses Unternehmen nur frische Truppen zusammenzuziehen; ebenso kamen mit den Truppen Waffen zum Einsatz, die es an dieser Front entweder überhaupt noch nicht oder zumindest nicht in dieser Massierung gegeben hatte. Im Flitscher Becken, südlich davon und vor allem im Raum Tolmein wurden die Durchbruchskräfte versammelt. Mit dem Einschieben einer Armee wurde aber auch eine Artilleriemassierung erzielt, die ein Novum darstellte. 1845 Geschütze, davon fast 500 schwere und schwerste Kaliber, 44 Minenwerferbatterien, darunter die deutschen 24-cm-Minenwerfer, die die Hindernisse in der Flitscher Klause zerstören sollten, und schließlich ein deutsches Gaswerferbataillon schufen ein örtliches Übergewicht, das einem Verhältnis von 3 : 1 und mehr entsprach.

Die Gaswerfer hatten außerdem Munition zugeführt bekommen, die es zwar an der Westfront, bis dahin aber noch nicht an der italienischen Front gegeben hatte, nämlich Phosgengranaten. Dazu kamen die auch schon bisher verwendeten Giftgassorten. „Gelbkreuz“, „Blaukreuz“ und „Grünkreuz“ sollten das sogenannte „Buntschießen“ ermöglichen. Die Italiener besaßen dagegen noch keine Gasmasken.

Am 9. Oktober hatten die italienische Aufklärung und der Nachrichtendienst die Vorbereitungen nicht nur erkannt, sondern auch den Angriffsbeginn korrekt für die letzte Oktoberwoche vorausgesagt. Am Vorabend der Offensive desertierten ein rumänischer und zwei tschechische Offiziere und informierten die Italiener über den bevorstehenden Angriff und die ihnen bekannten Details der Planung. Die Italiener blieben aber weiterhin zuversichtlich, die Offensive abwehren zu können.

Als die neue Schlacht, die zwölfte am Isonzo, am frühen Morgen des 24. Oktober entbrannte, wurden die Italiener zwar nicht von der Offensive an sich überrascht, wohl aber von der Massierung der Angriffstruppen, und vor allem hatten sie so gut wie keine Möglichkeit, dem vernichtenden Feuer in dem engen Tal auszuweichen. Schneeregen und Nebel schufen zudem ideale Bedingungen für die Gaswerfer, deren tödliches Gift sich in der Schlucht ausbreitete. Dann begann der Infanterieangriff. In der Talschlucht, der Enge von Saga, durchbrach das der deutschen 14. Armee unterstellte k. u. k. I. Korps (GdI Krauß) das Grabennetz der Italiener, die teilweise durch das Giftgas getötet oder kampfunfähig waren. Südlich davon stürmten die drei deutschen Korps der 14. Armee durch die Talengen und über die Begleithöhen des Kolovrat, Monte Matajur und Monte Mia. Das Problem der über die Berge angreifenden Truppen war dabei, den Anschluß an die in den Tälern vorgehenden Divisionen nicht zu verlieren. Doch nach den ersten Durchbrüchen und angesichts des Weichens der italienischen 2. Armee ging es immer weiter voran. Hauptstoß und Begleitstöße hatten Erfolg. Der Durchbruch im Tal machte auch den Vormarsch über die Höhen möglich. Am dritten Tag der Schlacht brach die italienische Front zusammen. Nach insgesamt 72 Stunden stand die 2. italienische Armee vor der Vernichtung.

Am zweiten Tag der zwölften Isonzoschlacht schlossen sich auch die zwei Armeen der Heeresgruppe Boroević der Offensive an und drangen in Anlehnung an die adriatische Küste vor. Das zwang die italienische 3. Armee zu einem raschen Rückzug. Am Tagliamento kamen die Armeen der Mittelmächte kurz zum Stehen. Die Vernichtung der italienischen 3. Armee mißlang jedoch, da Boroević den Vormarsch deutscher Verbände in seinem Befehlsbereich zu hindern wußte und das neu gebildete Heeresfrontkommando Erzherzog Eugen nicht rasch genug eingreifen konnte.[1344] Doch es ging noch immer weiter. Am 2. November konnte die k. u. k. 55. Infanteriedivision den Tagliamento bei Cornino überschreiten. Damit war die Überwindung des Flusses in breiter Front möglich. Jetzt begann ein Wettlauf zum Piave. Die Italiener gewannen ihn, überschritten den Piave und sprengten am 9. November alle Brücken. Doch wenn man sich die Karte ansah, konnte man am besten erkennen, wie sehr sich die Situation an der italienischen Front von Grund auf verändert hatte: Die Front, die seit 1915 in unmittelbarer Nähe der küstenländischen, Kärntner und Südtiroler Grenze verlaufen war, hatte sich weit nach Südwesten bis an den Monte Grappa bei Bassano verschoben. Das Grappa-Massiv war plötzlich zum Eckpfeiler der italienischen Front geworden. Die Katastrophe der Italiener ließ sich vorderhand noch gar nicht in Zahlen fassen.

Mit dem Durchbruch bei Flitsch und Tolmein begannen einige Wochen, in denen man glauben konnte, der Krieg würde doch noch eine entscheidende Wende zugunsten der Mittelmächte nehmen. Redlich war am Sonntag, dem 28. Oktober, beim Haushofmeister des Kaisers, Fürst Konrad Hohenlohe, in der Hofburg und notierte, daß sie beide unter dem Eindruck der Siegesnachrichten von der Südwestfront standen. „Hier hofft man auf eine ‚Sedanisierung' eines Teiles der italienischen Truppen. 75.000 Gefangene sind bis jetzt gemacht worden und fast 800 Kanonen erbeutet worden. Der Kaiser verweilt in Laibach und hat das oberste Kommando über unsere und die deutschen Truppen. Was werden England und Amerika mit dem flügellahmen Italien anfangen? Für uns ist aber doch großartig, daß wir nach 3 ½ Kriegsjahren, mit deutscher Hilfe natürlich – anders ging es ja nicht – imstande sind, Italien an der einzigen Front, an der es kämpft, vernichtend zu schlagen und in vier Tagen um die Früchte von elf Isonzoschlachten zu bringen." Tags darauf: „Die Nachrichten von der italienischen Front sind märchenhaft … Ich fürchte, daß jetzt ein neuer militärischer ‚Rausch' die innere Politik befallen wird." 3. November: „Der italienische Feldzug hat zum Zweck, die Etsch-Po-Linie zu gewinnen: 100 Kilometer statt 500 Kilometer Südwestfront! Dann gehen unsere

Artillerie und unsere Landstürme an die Westfront und helfen Paris erobern. So sieht die alldeutsche Welt derzeit aus! Inzwischen bricht eine italienische Armee nach der anderen zusammen: wir haben schon über 200.000 Gefangene und über 1800 Geschütze."[1345]

Die Animositäten gegenüber dem Deutschen Reich waren jedoch keineswegs verschwunden. Ganz im Gegenteil wurde den Deutschen zum Vorwurf gemacht, daß sie im entscheidenden Augenblick den österreichisch-ungarischen Truppen die notwendige Verstärkung versagt hätten, um auch noch den Höhenrücken des Montello westlich des Piave und das Massiv des Monte Grappa zu nehmen.[1346] Unter den Truppen, die soeben gemeinsam zum Erfolg gekommen waren, herrschte in der Regel beste Kameradschaft, doch der Chef des Generalstabs hatte im Auftrag des Kaisers einen Armeebefehl zu konzipieren, der nur, um die Teilnahme der Deutschen nicht ausdrücklich erwähnen zu müssen, zum Schluß lauten sollte: „Dank an alle, alle, alle." Der Befehl wurde dann „umgedichtet", da das Armeeoberkommando einen so subtil-rüden Umgang mit dem deutschen Bundesgenossen vermeiden wollte.[1347]

Kaiser Karl fuhr eilends in das befreite Görz. Kaiser Wilhelm ließ sich auf der Höhe der Podgora durch einen Generalstabsoffizier Vortrag halten. Der bulgarische Zar Ferdinand, über den Karl und Wilhelm recht abfällig sprachen und den offenbar beide sehr wenig schätzten, kam ebenfalls angereist.[1348] Die Wende schien gekommen.

Für die k. u. k. Truppen war nicht nur die Aussicht, die Italiener bestrafen zu können, von Bedeutung gewesen, obwohl das immer noch eine Rolle spielte, sondern auch die Hoffnung auf Kriegsbeute.[1349] Zur Freude der vorwärtsstürmenden Soldaten erwies sich das italienische Hinterland tatsächlich als eine Art Paradies. Es gab vor allem Nahrungsmittel in Hülle und Fülle, darunter Dinge, die man nur mehr aus einer Jahre zurückreichenden Erinnerung kannte. Das war auch ein gewisses Hindernis für eine rasche Verfolgung. Jeder wollte sich in den italienischen Magazinen seinen Brotsack und alle Taschen füllen, ehe er weiter vorging.[1350]

Am Piave zeigte sich, daß die Italiener nicht gleichmäßig demoralisiert waren. Die 2. Armee war praktisch nicht mehr existent, doch die 3. Armee des Herzogs von Aosta, die in den Rückzug mitgerissen worden war, hatte gegenüber den Isonzoarmeen Boroevićs nur kleinere Gefechte zu bestehen gehabt und baute die Piaveverteidigung auf. Briten und Franzosen setzten sofort Kontingente in Marsch, um die Italiener zu verstärken, und schätzten die Situation ihres Bundesgenossen so ein, daß sie einen Vergleich mit den Russen und der Schlacht von Tarnów-Gorlice zogen.[1351] Sie zweifelten sogar, ob sich Italien noch einmal erholen würde, und errechneten einen sofortigen Bedarf an sechs britischen und vier französischen Infanteriedivisionen sowie gewaltigen Mengen an Artillerie und Luftwaffe, um die Italienfront wieder zu festigen. „Wir haben mit Italien eine zusätzliche Last zu tragen" notierte man im britischen Generalstab, „und außerdem ist Italien ähnlich unzuverlässig wie Frankreich", war die bemerkenswerte Schlußfolgerung. Doch man mußte ganz einfach Truppen nach dem Süden verlegen und für den Fall des Ausbruchs einer Revolution in Italien noch zusätzliche Kräfteverlegungen in Erwägung ziehen.

Entscheidender freilich als die sukzessive eintreffende alliierte Truppenunterstützung war, daß auch die Truppen der Mittelmächte nicht mehr weiter konnten, obwohl noch bis Ende November versucht wurde, den Piave zu überschreiten. Österreicher und

Deutsche hatten keine Geschütze mehr vorne und vor allem keine Munition. Der Train war nicht nachgekommen. Es wurde ausgerechnet, daß das Nachziehen des Geschützparks und der Zuschub von Munition, um wieder tätig werden zu können, bis Ende November brauchen würde. Es gab keinen Brückentrain. Wie im Osten hatten die Eisenreifen der Fuhrwerke die harten Oberflächen der Wege zerstört, der Regen weichte die Straßen auf, und die Fuhrwerke blieben stecken. Folglich bestand so gut wie keine Aussicht, die Offensive fortzusetzen. Doch die Bilanz war beeindruckend genug.

Rund 10.000 Italiener waren gefallen, 30.000 verwundet, 294.000 Mann waren in Gefangenschaft geraten, und zumindest vorübergehend sollen Hunderttausende (man nannte die Zahl von 400.000 Soldaten) weggelaufen sein, nach Hause oder nur einfach weg, um nicht mehr kämpfen zu müssen.[1352] Diesen Erfolg schrieben sich vor allem die Deutschen auf ihre Fahnen. Boroević hatte dazu nur wenig beitragen können, und auch der Erfolg der Heeresgruppe Conrad von Hötzendorf ließ sich mit dem der deutschen 14. Armee nicht im mindesten messen. Das bot dann auch eine großartige Gelegenheit, Conrad zu kritisieren. Da die Truppen seiner Heeresgruppe zwar auch weiter nach Süden vorangekommen waren, dann aber an der Linie Valstagna, Assatal zum Stehen gebracht worden waren, wurden Conrad Vorwürfe gemacht, er habe eine „Sedanisierung“ der Italiener unmöglich gemacht.[1353] Das war insofern unsinnig, als Conrad hatte Truppen abgeben müssen, lediglich demonstrieren sollte und zunächst ja überhaupt nicht daran zu denken gewesen war, daß die Truppen der Mittelmächte bis an den Piave kommen würden. Da zudem die Italiener gar nicht dazukamen, Verbände von ihrer Nordfront abzuziehen und damit Conrad ein Vordringen nach Süden zu erleichtern, hatte sich für ihn nicht sehr viel verändert.

Redlichs Bemerkungen über die „Sedanisierung“, die Conrad vermasselt habe, drückte die Ignoranz des in Wien sitzenden Beobachters aus, der nicht verstand und nicht verstehen wollte, was es heißt, ohne, wie die Durchbruchsarmee, ausreichend versorgt worden zu sein, im November in Höhen um 1500 Meter angreifen zu sollen. Am 9. und 10. November, als Conrads Truppen angriffen, fiel der erste ausgiebige Schnee. Die Truppen kamen auf der Hochfläche einige Kilometer voran, ehe sie wieder nach Asiago zurückgetrieben wurden.[1354]

Anfang Dezember kamen die Fronten zum Stehen. In Österreich-Ungarn sah man weiterhin fasziniert auf die gewaltigen Massen von Italienern, die in die Kriegsgefangenenlager strömten. Sie mußten jetzt mitversorgt, ernährt und gekleidet werden und waren im Winter auch nicht als Ersatz für die fehlenden Arbeitskräfte einzusetzen. Es war sich keiner bewußt, daß dieser militärisch zweifellos ungeheure Sieg, der von den Gefangenenzahlen bisher größte, den irgendeine kriegführende Macht im bisherigen Verlauf des Kriegs errungen hatte, in höchstem Maß ein Pyrrhussieg war. So gut durchdacht die Offensive politisch und taktisch-operativ war, so verfehlt war sie unter den Aspekten der Gesamtkriegführung. Nach der Erreichung des Piave wurde die deutsche 14. Armee wieder abtransportiert. Die Waggons dienten abermals dem Transport von Soldaten und Kriegsmaterial, während in den Lagerhäusern der Städte und größeren Ortschaften der Monarchie kaum Kohle zu finden war, es keine Kartoffeln und auch sonst kaum Nahrungsmittel gab. Hier zeichnete sich die Katastrophe ab.

Krieg mit den USA

Italien war tatsächlich an den Rand des Abgrunds gedrängt worden. Am 7. November 1917 wurde der langjährige Generalstabschef Cadorna entlassen und durch General Armando Diaz ersetzt. In den alliierten Konferenzen von Rapallo und Peschiera wurde Italien sofortige Hilfe der Entente zugesagt. Briten und Franzosen schickten zehn Divisionen nach Italien. Doch das reichte zunächst nicht aus, um die schwere Krise des italienischen Heeres und vor allem die Hoffnungslosigkeit der italienischen Politiker auszugleichen. Schon am 26. Oktober, vier Tage nach Beginn des Siegeszugs der Mittelmächte durch das Friaul, demissionierte in Rom das Kabinett Paolo Boselli und wurde vier Tage später durch das Kabinett Orlando ersetzt. Sidney Sonnino blieb Außenminister. Auch er machte eine schwere Krise durch, wie fast nicht anders zu erwarten war.

Interessanterweise dämpfte die Durchbruchsschlacht von Karfreit, das „Wunder von Caporetto“, die Lust des britischen Premiers, an dieser Nebenfront mit Macht aufzutreten. Umso wichtiger schien ihm die Schaffung eines gemeinsamen Oberkommandos der Alliierten, denn der bisherige Kriegsrat hatte die in ihn gesetzten Hoffnungen nicht erfüllt. Die Schwäche der Italiener und auch der Franzosen sowie der Ausfall der Russen ließen dann in der Konferenz von Rapallo am 7. November diese Überlegungen rasch reifen, so daß der „Oberste Kriegsrat“ der Alliierten eingerichtet wurde. Eine andere Entwicklung besaß aber noch viel größere Tragweite.

Bis Ende Oktober hatten die Italiener wenig Gefallen an einem militärischen Engagement der USA gefunden. Jetzt kam ein Hilfeschrei. Der amerikanische Botschafter in Rom, Page, depeschierte am 27. Oktober 1917 nach Washington: „Alle Berichte weisen darauf hin, daß die deutsch-österreichische Offensive ... sehr ernste Folgen zeitigt ... Wenn es die Verhältnisse erlauben, würde es hier mit großer Erleichterung gesehen werden und sehr wesentlich zur Hebung des Widerstandswillens beitragen, wenn wir Österreich den Krieg erklärten.“[1355] Am 1. November meldete Page: „Ich habe heute Morgen Sonnino getroffen. Er bemerkte in diesem inoffiziellen Gespräch, daß eine amerikanische Kriegserklärung gegen Österreich beträchtliche Auswirkungen haben würde.“[1356] Am 2. November ließ Ministerpräsident Orlando Page durch Sonnino ausrichten, „daß jegliche Hilfe, die wir [die USA] auftreiben könnten, einschließlich der Entsendung von Truppenkontingenten, dankbar angenommen würde“.[1357] 8. November: „Hier gibt es eine zunehmend lebhafte Diskussion darüber, warum wir uns nicht mit Österreich im Krieg befinden.“ Der „Giornale d'Italia“ sprach das an diesem 8. November offen aus und meinte, daß die Absenz der USA in der Koalition gegen das Haus Habsburg diese unermeßlich schwäche. 10. November: Orlando und Sonnino ließen Botschafter Page abermals nach Washington berichten, welch ungeheure Hilfe eine Kriegserklärung der USA an Österreich-Ungarn oder gar die Entsendung von Truppen bedeuten würde: „Auch 5000 Mann unter amerikanischer Flagge hätten sofort bedeutende Auswirkungen.“[1358] In Washington gärte es.

Die Krise der Alliierten im Spätherbst 1917 führte dazu, daß Präsident Wilson immer mehr zum Sprecher der Gegner der Mittelmächte wurde. Das führte auch dazu, daß Wilson seine bisherige Ablehnung aufgab und zustimmte, daß die USA auch im alliierten Obersten Kriegsrat vertreten waren. Zur Konferenz in Paris im November entsandte er seinen persönlichen Vertrauten, Oberst House.[1359]

Der italienische Botschafter in Washington, Macchi di Cellere, rief Außenminister Lansing so gut wie täglich an, um zu erfahren, ob die USA nicht endlich auch Österreich-Ungarn den Krieg erklärten. Auch die französische Regierung, die gerade in der Krise steckte, nachdem das Kabinett Painlevé am 15. November zurückgetreten war, begann auf die Amerikaner wegen einer Kriegserklärung an die Donaumonarchie einzuwirken. Theodore Roosevelt startete eine vielbeachtete Kampagne in den USA, in der er den Kriegseintritt seines Landes gegen Österreich-Ungarn forderte. Dabei war ohnedies bereits ein Schritt getan, denn die Entscheidung Wilsons, im Obersten Kriegsrat der Alliierten aktiv mitzuwirken, bedeutete, daß sich die USA an der Koordination der Operationen der alliierten Truppen beteiligten, und das natürlich nicht nur im Fall des Deutschen Reichs, sondern auch gegen dessen Verbündete, insbesondere Österreich-Ungarn. Roosevelt verfaßte einen Leitartikel, in dem er meinte, die USA lieferten Geld, Kohle und Munition an Italien, um diesem die Kriegführung gegen Österreich zu ermöglichen. „Wenn wir mit Österreich wirklich noch Frieden haben, verletzen wir unsere Pflichten als Neutraler in flagranter Weise und sollten dafür von einem internationalen Gerichtshof verurteilt werden." Sollten wir aber schon im Krieg sein, meinte Roosevelt, dann haben wir einen kardinalen Fehler gemacht, indem wir nur weich zugeschlagen haben. „Hätten wir zum Zeitpunkt des Bruchs mit Deutschland auch Österreich-Ungarn den Krieg erklärt und entsprechende Maßnahmen gesetzt, hätte es das Desaster für Cadorna wahrscheinlich nicht gegeben."[1360] In den USA wurde eine großangelegte Kampagne gegen Österreich-Ungarn begonnen, indem man es verdächtigte, ein riesiges Spionagenetz aufgezogen zu haben und Sabotage zu üben.[1361] Die Verdächtigungen waren grundlos, es gab keine organisierten nachrichtendienstlichen Tätigkeiten, doch die allgemeine Kriegshysterie kümmerte sich nicht darum und suchte ihre Opfer.

Die Amerikaner hatten jedoch beträchtliche Probleme, ihre Politik gegenüber Österreich-Ungarn zu revidieren, denn Wilson hatte noch gelegentlich der Kriegserklärung an das Deutsche Reich festgestellt, die Verbündeten Deutschlands hätten keine Kriegshandlungen gegen die USA gesetzt. Seither war österreichischerseits konsequent darauf geachtet worden, den USA keinen Vorwand zu liefern, die Feindseligkeiten zu eröffnen. Außerdem widersetzten sich in Amerika immer wieder Personen und Gruppen der pauschalen Verurteilung Österreich-Ungarns. Sie versuchten auch der tschechischen Propaganda entgegenzuwirken, die nach der Zerschlagung der Monarchie rief. Der Führer der tschechischen Exilgruppen, Tomás G. Masaryk, machte für die Schwierigkeiten bei seiner eigenen massiven Beeinflussung der amerikanischen Öffentlichkeit vor allem die Erinnerung an Kossuth und die ungarische Revolution von 1848 verantwortlich, die nach wie vor Sympathien weckte, sowie die katholische Kirche.[1362]

In Washington waren sich allerdings auch die Kriegstheoretiker in die Haare geraten. Es ging ja gerade darum, eine Entscheidung darüber herbeizuführen, wo die nach Europa gebrachten amerikanischen Truppen zum Einsatz kommen sollten. Der eine meinte, es wäre schon bei Napoleon nachzulesen, daß für den Fall, daß an einem Kriegsschauplatz ein Operationsstillstand eintrete, ein neuer Ansatzpunkt gesucht werden müsse, und der wäre am ehesten im östlichen Mittelmeer zu finden. Andere widersprachen heftig und brachten vor allem das Nachschubproblem aufs Tapet. Die Einrichtung der Versorgungslinien nach Frankreich wäre schon schwer genug gewesen, man brauchte nicht noch zusätzliche Probleme. Wilson stimmte dem zu. So aber ließ sich der Krieg gegen Österreich-Ungarn nicht beginnen.[1363] Außerdem unterstützte Wilson die Auffassung, daß eine Kriegserklärung an Österreich-Ungarn zwar die italienische Moral stärken, letztlich aber doch nur ein symbolischer Akt sein würde. Die Entscheidung müßte in Frankreich und gegen den Hauptgegner fallen.

Noch unter dem Eindruck der Weigerung des amerikanischen Präsidenten, Österreich-Ungarn den Krieg zu erklären, begann dann am 29. November 1917 in Paris die erste Konferenz des alliierten Obersten Kriegsrats, an dem auch die Amerikaner mitwirkten. Sie sahen sich besorgten und teilweise fast verzweifelten Kontrahenten gegenüber.

Der italienische Außenminister Sonnino, der sich wohl nur zu sehr bewußt war, wie das Urteil der Geschichte aussehen würde, wenn Italien den Krieg verlor, einen Krieg, in den nicht zuletzt er das Land geführt hatte, hatte seine Zuversicht eingebüßt. Den Aufzeichnungen Aldrovandi-Marescottis zufolge sagte Sonnino am 29. November: „Auf Triest hoffe ich nicht mehr. Italien wird vielleicht zerstückelt werden." Botschafter Nitti schlug in dieselbe Kerbe: „Was auch eintreten mag, wir werden noch immer aus Italien einen Industriestaat machen können." Sonnino darauf: „Es würde sich nicht mehr lohnen, darin zu leben."[1364]

Doch zwischen dem 20. November und dem 4. Dezember änderte Wilson seine Meinung. Wie schon im April 1917, als die Kriegserklärung an das Deutsche Reich bevorstand, verzichtete er auf lange Beratungen innerhalb seiner Regierung. Als er daranging, seine traditionelle Botschaft an den Kongreß zu formulieren, die am 4. Dezember zur Verlesung kommen sollte, baute er eine Empfehlung ein, der Kongreß möge den Verbündeten des Deutschen Reichs, nämlich Österreich-Ungarn, Bulgarien und der Türkei, den Krieg erklären. Schließlich berücksichtigte er Interventionen amerikanischer Missionare und amerikanischer Kultureinrichtungen in Bulgarien und der Türkei und strich aus seiner Botschaft die Erwähnung dieser Länder wieder heraus. Am 4. Dezember 1917 aber hieß es dann einigermaßen überraschend: „Ich empfehle daher ... Österreich-Ungarn den Krieg zu erklären. Österreich-Ungarn ist zur Zeit nicht Herr seiner selbst, sondern ganz einfach ein Vasall der deutschen Regierung."[1365] Der Kongreß tobte vor Begeisterung. Zwar gab es eine Reihe von Stimmen, die meinten, man hätte auch gleich Bulgarien und der Türkei den Krieg erklären sollen. Roosevelt sprach von einer Kirsche, die man mit vier Bissen aufzuessen versuche; das sei doch Unsinn. Eine Kirsche würde auf einmal in den Mund gesteckt. Doch am 7. Dezember votierte der Kongreß einstimmig für eine lediglich Österreich-Ungarn betreffende Kriegserklärung. Wieder einmal waren die Würfel gefallen.

Die Bedeutung des amerikanischen Schritts war in Österreich-Ungarn wohl nur den wenigsten klar. Der Sieg in der zwölften Isonzoschlacht und die bolschewistische Revolution in Rußland, der endlich doch Waffenstillstands- und Friedensverhandlungen im Osten folgten, ließen eine Art Sorglosigkeit entstehen. Amerika war nicht wichtig. Josef Redlich fand es nicht einmal der Mühe wert, dieses Ereignis in seinem sonst so detaillierten Tagebuch entsprechend zu erwähnen. Doch schon einen Monat später gab es ein böses Erwachen.

23
Friedensfühler im Schatten von Brest-Litovsk

Die russische Oktoberrevolution

Zwischen 6. und 8. November 1917, das war zwischen 24. und 26. Oktober russischer Zeitrechnung, rissen die Bolschewiken unter der Führung Lenins die Macht in Rußland an sich, und am Abend des 8. November billigte der Zweite Allrussische Kongreß der Arbeiter- und Soldatenräte den Friedensvorschlag der neuen Revolutionsregierung. Damit war etwas eingetreten, worauf das Deutsche Reich seit einiger Zeit mit gezielten Maßnahmen zur Revolutionierung Rußlands hingearbeitet und worauf die Mittelmächte gewartet hatten.

Im Osten war es seit September 1917 kaum mehr zu Kampfhandlungen gekommen. Im Oktober hatten sich dann die Erscheinungen des März und April 1917 wiederholt. Die Russen schränkten ihre eigenen militärischen Tätigkeiten drastisch ein. Sie verhielten sich größtenteils vollkommen ruhig, suchten Verhandlungen anzuknüpfen und baten um die Einstellung der Feindseligkeiten. Nur an einigen Abschnitten trachteten ein paar russische Offiziere oder einzelne Abteilungen, sogenannte „Todesbataillone", den Krieg weiterzuführen. Immer wieder – und auch das erinnerte an den März/April 1917 – eröffneten einzelne Batterien das Feuer und belegten die österreichisch-ungarischen und deutschen Stellungen mit Störfeuer. Um nicht durch eine Offensive der Mittelmächte überrascht zu werden, ließen die russischen höheren Kommanden die Bewegungen an der Front durch Flieger überwachen; dabei kam es häufig zu Luftkämpfen. Doch im wesentlichen verhielten sich die Mittelmächte passiv. Nur die Deutschen hatten die Situation dazu genützt, weitere Gebiete in Besitz zu nehmen: Sie okkupierten die Ostseeinseln Ösel, Moon und Dagö.

Ein einziger Abschnitt der Ostfront zeigte das unveränderte Bild einer Front im Krieg, das war der Südflügel in Rumänien. Die Revolution hatte nicht auf die Rumänen übergegriffen, und eine Zeitlang wirkte wohl auch die vom neuen französischen Premierminister Georges Clémenceau ausgesprochene Drohung, die Unterstützung Rumäniens bei künftigen Friedensverhandlungen aufzugeben, wenn Rumänien nicht bis zum letzten kämpfte. Sollte die Moldau verlorengehen, dann müßte eben in Bessarabien und auch noch weiter östlich weitergekämpft werden, ließ Clémenceau durch den Chef der französischen Militärmission in Rumänien, General Henri Berthelot, ausrichten. Doch dem rumänischen Wunsch, den Ausfall der Russen durch die Entsendung von tschechischen Legionären und serbischen Truppen auszugleichen, wurde nicht entsprochen.[1366]

Die Oktoberrevolution in Rußland veränderte die Lage dramatisch. Noch tat man sich freilich schwer, die Situation zu beurteilen. Das k. u. k. Armeeoberkommando führte die Entwicklung in Rußland vor allem darauf zurück, daß die provisorische Regierung die zunächst geweckten Hoffnungen auf einen Frieden nicht erfüllt hatte. Doch ob es den Bolschewiken gelingen würde, die Macht tatsächlich zu erobern und zu behaupten, wurde als fraglich eingestuft. Auch die Forderungen der Bolschewiken nach sofortigem Waffenstillstand und der Einleitung von Friedensverhandlungen wurde österreichischerseits lediglich als „demagogisch" eingestuft.[1367] Der Erfolg der Revolution würde von den Frontarmeen und den Kosaken entschieden, meinte das Armeeoberkommando in einer ersten Stellungnahme. Zu den Nationalitäten Rußlands aber hieß es in dieser Analyse: „Die verschiedenenVölker Rußlands, die in ihrem Streben nach Unabhängigkeit oder Autonomie bereits wesentliche Vorteile errungen haben, bereiten nunmehr den endgültigen Schlag vor. Die Ukrainier gehen mit den Bolschewiki, denn diese sind die aufrichtigsten Anhänger einer unabhängigen Ukraine. Dasselbe dürfte bei den Finnländern der Fall sein, obwohl in Finnland derzeit noch heftige Parteikämpfe zwischen den Sozialisten und den Bürgerlichen stattfinden. Die Finnländer dürften die jetzige Lage dazu ausnützen, um sich von Rußland vollständig loszutrennen. Alle Stämme der Kosaken vereinigen sich in der Sorge um ihre Zukunft zu einheitlicher Tätigkeit. Von dieser Seite dürfte den Bolschewiki, auch nach der Erlangung der uneingeschränkten Macht, die größte Gefahr drohen. Aus Sibirien liegen ebenfalls Nachrichten über Autonomiebestrebungen vor. Der Kaukasus, Litauen, Estland etc. werden die günstige Gelegenheit, nationale Vorteile zu erringen, bestimmt nicht unausgenützt vorübergehen lassen." Zur russischen Wirtschaft wurde festgestellt, daß die Agrarkomitees den Großgrundbesitz zugrunde richteten, ohne dabei den Bauernbesitz zu heben. Die Bauern hätten das Vertrauen zum russischen Papiergeld verloren und hielten das Getreide nach wie vor versteckt. Industrien würden geschlossen, die Kohlen- und Transportkrise hielten an. Streiks im Donecbecken und „in den Petroleumgebieten" wären nur mit Mühe und unter Aufwendung beträchtlicher finanzieller Mittel, die die Finanzkraft des Staats weit überstiegen, beigelegt worden.

Einschätzungen und Prognosen, die an einem Tag getroffen wurden, wurden von der Wirklichkeit des folgenden Tags bereits überholt. Am Südflügel der Front und in Rumänien gingen die Kämpfe stellenweise noch weiter, doch an den übrigen Abschnitten kamen immer mehr Abgesandte und verhandelten über örtliche Waffenstillstände. Da diese Kontaktnahmen aber zunächst von den russischen Mannschaften ausgingen, führten sie zu nichts. Den Russen wurde bedeutet, daß die Verhandlungen sofort aufgenommen werden könnten, wenn bevollmächtigte Vertreter einträfen. Parallel dazu gab es massenhaft Desertionen; auch höhere Offiziere gingen zu den Mittelmächten über. Immer mehr Russen zogen ab, rissen Lücken in die Front, verbrannten Hindernisse und zerstörten Waffen.[1368]

Was hier auf komplette Auflösung hindeutete, wurde andererseits durch die Bildung einer revolutionären Armee wieder relativiert. Schon der Punkt 2 der Aufstellungsorder ließ darauf schließen, daß die bolschewistische Regierung alles daransetzen wollte, die Macht im Staat nicht nur zu erlangen, sondern auch durch den Einsatz militärischer Mittel zu erhalten. Denn der Punkt 2 der Richtlinien für die Aufstellung der Roten Garde lautete: „Die freiwilligen Regimenter werden zu einem durch die Armee-Komitees festgesetzten Zeitpunkt durch einen Befehl an die Frontarmeen zu Regimentern Roter Garde ernannt, und von diesem Zeitpunkt an wird bei ihnen revolutionäre Disziplin und obligatorischer Dienst eingeführt; alle Freiwilligen erhalten erhöhte Löhnung. Beim Eintritt in das Regiment geht der Freiwillige vor dem ganzen Regiment die Verpflichtung ein, mindestens sechs Monate bei der Roten Garde zu verbleiben und alle Pflichten eines revolutionären Soldaten zu erfüllen ..." Und Punkt 4 lautete: „Die Freiwilligen haben nur Felddienst zu leisten, in Etappenbetrieben und für wirtschaftliche Arbeiten werden nur frei angeworbene Arbeiter verwendet." Die österreichisch-ungarischen Beobachter erhielten auch Informationen aus erster Hand über die Bestrebungen der ukrainischen Volksvertretung, der „Zentralrada", nach Unabhängigkeit, nach Aufstellung eines eigenen Heeres und Aufbau einer staatlichen Organisation. Man wußte um die Unabhängigkeitsbestrebungen bzw. -erklärungen einzelner Gebiete und Völkerschaften wie des Kaukasus, Sibiriens, Bessarabiens, Turkestans, im Schwarzmeer und im Dongebiet sowie bei den Baschkiren und den Terek-Kosaken. Estland und Weißrußland strebten eine Autonomie innerhalb des russischen Reichs an.[1369] Die Auflösung der alten und die Bemühungen zur Schaffung einer neuen Zentralgewalt gingen Hand in Hand. Auch das konnte den Mittelmächten recht sein, denn nur wenn die Bolschewiken auch die Macht hatten, ihren Führungsanspruch durchzusetzen, würde der mit ihnen auszuhandelnde Vertrag haltbar sein.

In Wien war der Friedensvorschlag des Zweiten Allrussischen Kongresses sofort publiziert worden. Im Deutschen Reich dauerte es noch einen Tag, da Ludendorff die Botschaft zunächst unterdrücken wollte. Doch sie ließ sich nicht unterdrücken. Kurz darauf war man in Berlin regelrecht alarmiert, als Kontakte zwischen deutschen Sozialdemokraten und bolschewistischen Vertretern in Schweden bekannt wurden, die die Unterstützung der Oktoberrevolution durch Deutschland zum Ziel hatten. Deutschlands Sozialisten sollten möglichst durch „große Demonstrationen und Streiks" die Bewegung in Rußland unterstützen. Scheidemann und Ebert hatten es zwar abgelehnt, der Reichsregierung, die seit 1. November 1917 unter dem bayerischen Grafen Georg von Hertling stand, auf diese Weise in den Rücken zu fallen. Doch sie erklärten sich bereit, auf Massenversammlungen einen bolschewistischen Aufruf zu verlesen und ihn durch Sympathiekundgebungen beantworten zu lassen.

Plötzlich wurde davon gesprochen, die Verhandlungen mit Rußland gleich als Friedensverhandlungen, und zwar durch Parlamentarier, zu führen. Das entsprach jedoch durchaus nicht den deutschen Vorstellungen. Bei der deutschen Reichsregierung war daher merkliche Erleichterung zu spüren, als ein russischer Funkspruch aufgefangen wurde, durch den der Rat der Volkskommissare an alle Kriegführenden einen formellen Vorschlag für einen Waffenstillstand richtete. Das, so wurde in Berlin und bei der Deutschen Obersten Heeresleitung gefolgert, würde bedeuten, daß es keinen parlamentarischen und noch viel weniger einen „sozialistischen" Frieden geben sollte. Vielmehr würden Waffenstillstands- und anschließende Friedensverhandlungen im Begegnungsbereich der Fronten zu führen sein.[1370] Dann verzögerte sich aber der formelle russische Antrag auf Einleitung von Waffenstillstandsverhandlungen, da sich der Oberkommandierende der russischen Streitkräfte, General Duchonin, weigerte, einen entsprechenden Antrag zu übermitteln. Er wurde daraufhin abgesetzt. An seiner Stelle wurde dem Fähnrich N. Krylenko das Kommando über die russischen Truppen übertragen. Der setzte dann Parlamentäre in Marsch, die Zeit und Ort für Waffenstillstandsverhandlungen vereinbaren sollten. Am 29. November war es endlich klar, daß es Waffenstillstandsverhandlungen geben würde. Es wurde vereinbart, daß sich die russische Kommission am 2. Dezember mittags an der Bahnlinie Wilna–Dünaburg einfinden und daß die Verhandlungen in Brest-Litovsk geführt werden sollten. Die Sowjets luden nochmals die Westmächte zur Teilnahme ein, doch diese ließen die entsprechende Aufforderung des Volkskommissars für auswärtige Angelegenheiten, Lev Trockij, ebenso unbeantwortet wie eine Note Lenins.

Berlin und Wien hatten trotz der vier Wochen, die zwischen der Proklamation des Zweiten Allrussischen Kongresses und dem Beginn der formellen Waffenstillstandsverhandlungen lag, ihre grundsätzlichen Auffassungsunterschiede über die einzuschlagende Politik nicht überwinden können, denn Czernin wollte über die Verhandlungen mit Rußland zu einem allgemeinen Frieden kommen und ging für den Fall allgemeiner Friedensverhandlungen mit den Ententemächten abermals von einem Annexionsverzicht aus. Das Deutsche Reich wollte da ganz anderes, machte abermals seine Kriegsziele geltend und konzedierte Zurückhaltung lediglich gegenüber Rußland, und auch da nur unter einer Reihe von Vorbehalten.

Die Regierungen in Berlin und Wien einigten sich schließlich darauf, daß zunächst einmal der Abschluß eines Waffenstillstands erfolgen sollte. Das war Sache der Militärs. In den Verhandlungen sollten daher jene Fragen ausgeklammert werden, die einer friedensvertraglichen Regelung bedurften. Diese Beratungen sollten später von Diplomaten und Politikern geführt werden. Am 3. Dezember wurden die Verhandlungen über einen formellen Waffenstillstand begonnen. Am 13. Dezember waren sie abgeschlossen. Die Waffenruhe sollte vom 17. Dezember bis zum 14. Januar währen, mit einer automatischen Verlängerung bei siebentägiger Kündigungsfrist. Die Mittelmächte sollten entsprechend diesem Vertrag keine Truppenverschiebungen an andere Fronten vornehmen dürfen, außer jenen, die bereits zum Zeitpunkt des Abschlusses des Waffenstillstands im Gang waren. Das betraf rund ein Drittel des deutschen Ostheeres, das bereits vorsorglich nach dem Westen abzutransportieren begonnen worden war.[1371]

Die Brester Verhandlungen galten nicht für die russisch-rumänische Front. Die Rumänen setzten daher die Feindseligkeiten zunächst weiter fort, obwohl sie sich der Aussichtslosigkeit ihrer Lage sicherlich bewußt waren. Südlich des Dnjestr übernahmen rumänische Truppen Stellungen, die von den Russen verlassen worden waren. Am 2. Dezember teilte der Kommandant der russischen Truppen in Rumänien, General D. G. Ščerbačev, dem Chef der französischen Militärmission, Berthelot, mit, daß vier russische Armeekorps bereits einen örtlichen Waffenstillstand abgeschlossen hätten und daß er nicht einmal mehr auf hundert loyale Soldaten zählen könnte. Die rumänische Regierung versuchte daraufhin nochmals, die Zustimmung der westlichen Alliierten zur Eröffnung von Waffenstillstandsverhandlungen zu erlangen; vergeblich. Doch König Ferdinand und Ministerpräsident Bratianu blieb gar nichts anderes übrig, als am 4. Dezember Erzherzog Joseph und Generalfeldmarschall Mackensen um Waffenruhe zu bitten. Auf diese Weise konnte Rumänien wenigstens einen Teil seines Heeres erhalten, der bei einer Fortsetzung der Kämpfe entweder aufgerieben oder kriegsgefangen genommen worden wäre. Die Verhandlungen zwischen den Mittelmächten und Rumänien wurden schon nach wenigen Tagen abgeschlossen und ein Waffenstillstand vereinbart. Der Vertrag von Focşani vom 9. Dezember 1917 beendete also auch in diesem Abschnitt der Ostfront die Kampfhandlungen. Was am 1. und 6. August 1914 bzw. am 23. August 1916 begonnen hatte, nämlich der Krieg mit Rußland und dann der mit Rumänien, schien für die Mittelmächte siegreich beendet zu sein. Doch war es nicht schon zu spät?

Neue Gespräche in der Schweiz

In Österreich-Ungarn war man elektrisiert. Josef Redlich notierte am 29. November: An diesem Vormittag hat Rußland ein Waffenstillstandsangebot gemacht. „Der Waffenstillstand soll vom 1. Dezember an gelten: wir werden 80 Divisionen abziehen und 40 an der Front lassen. Welch gewaltige Wendung! Durch Kommunisten geschaffen zur Rettung des untergehenden Europa. Wie werden England und Amerika diese Situation bestehen? Die wahrhaft große Zeit, die des Friedens, bricht vielleicht schon in den nächsten Wochen an!“[1372]

Über allem stand freilich noch das Fragezeichen, ob die Bolschewiken überhaupt die Legitimation und vor allem auch die Macht haben würden, einen Friedensvertrag abzuschließen. Doch nachdem man einmal einen Waffenstillstand vereinbart hatte, war es nur sinnvoll, weiter zu gehen und die Situation zu nützen. Die Mittelmächte konnten ganz einfach nicht zuwarten, ob der entflammende Bürgerkrieg das bolschewistische Regime wieder wegfegen würde oder nicht. Dabei hatten die Revolutionäre die Forderung nach einem Frieden ohne Annexionen, d. h. „ohne widerrechtliche Aneignung fremder Gebiete, ohne gewaltsame Einverleibung fremder Völkerschaften und ohne Entschädigungen“ als Ziel genannt.[1373] Eine Annexion lag der Interpretation der Regierung Lenin zufolge auch dann vor, wenn Völkerschaften entgegen ihrem in Presse, Volksversammlungen, Parteibeschlüssen und Aufständen geäußerten Willen das Recht der freien Meinungsäußerung versagt blieb und sie gewaltsam in den Grenzen eines Staates zurückgehalten wurden.

So sehr man in Wien auch auf Waffenstillstand und Friedensverhandlungen mit Rußland gewartet hatte, so sehr war man durch diese Interpretation von „Annexion“ alarmiert. Denn angesichts dieser Formel, die auch auf alle jene Anwendung finden sollte, die bereits in einem Reichsverband lebten, war nur zu deutlich geworden, daß die Bolschewiken auch auf die Revolutionierung der Nationalitäten Österreich-Ungarns abzielten. Und das konnte eigentlich nur eine Verschärfung der ohnedies prekären innenpolitischen Situation bringen.

Der Proklamation zufolge sollten die Friedensverhandlungen öffentlich geführt werden. Die neue Regierung wollte auch alle Geheimverträge veröffentlichen, die von der provisorischen Regierung seit der Februarrevolution abgeschlossen und gebilligt worden waren. Das konnte den Mittelmächten nur recht sein. Doch auch ihnen bereitete die Aufnahme von Friedensverhandlungen einige Probleme.

Zunächst einmal war der Augenblick gekommen, die Friedenspolitik einer generellen Revision zu unterziehen. Mehr als ein Jahr lang war versucht worden, Kontakte mit den westlichen Alliierten herzustellen. Österreich-Ungarn hatte dabei viel mehr Initiativen entwickelt und war seinerseits viel öfter Ziel von westlichen Versuchen zur Gesprächsanbahnung gewesen als das Deutsche Reich. Doch das Ergebnis war eigentlich Null. Die Habsburgermonarchie hatte auch immer wieder auf ein Zeichen gewartet, ob nicht doch noch Hoffnungen für einen allgemeinen Frieden auftauchten. Doch in dem Augenblick, als man aus innerer Notwendigkeit und um den Fortbestand der Monarchie zu gewährleisten, den deutschen Kurs zu steuern begonnen hatte, war die Unmöglichkeit auch nur eines Sonderfriedens und vollends eines allgemeinen Friedens immer augenfälliger geworden. Es wäre unsinnig, das alles nur auf Nibelungentreue reduzieren zu wollen. Die Habsburgermonarchie hatte keine Möglichkeit mehr, einen Frieden ohne die Zustimmung des Deutschen Reichs zu schließen. Die alliierten Andeutungen, Österreich-Ungarn könnte unter bestimmten Voraussetzungen sogar wieder die dominante Macht in Deutschland werden, war nichts weniger als eine Schimäre. In die Reihe der bisherigen Initiatoren von Friedenskontakten hatte sich schließlich noch Lady Walburga Paget eingereiht, eine gebürtige Sächsin, die sich teils direkt, teils über den spanischen Königshof mit Vermittlungsvorschlägen aus England gemeldet hatte. Ihre Überlegungen waren aber wohl mehr einem Haß auf Preußen denn einer autorisierten Vermittlerfunktion zuzuschreiben, doch sie traf durchaus den Tenor der bisherigen Vorschläge. Auch sie bewegte sich in einem Rahmen, der eine Art Tausch von slawischen, rumänischen und italienischen Teilen der Monarchie gegen Schlesien und eine Föderation des neuen Österreich mit süd- und mitteldeutschen Staaten vorsah. Lady Paget fügte einer solchen habsburgisch-deutschen Konföderation mit Schlesien und Bayern großzügigerweise auch noch Sachsen hinzu. Das Foreign Office lehnte derartige Friedensversuche freilich strikt ab, da man in London ebenso wie in Wien der Meinung war, solche Dinge wären nichts für Dilettanten.[1374] Wenn es schon zu Kontakten kam, dann nicht durch unautorisierte Randfiguren.

Erst im November 1917, nach dem Durchbruch der Mittelmächte in der zwölften Isonzoschlacht, zeigten die Briten ein gewisses Entgegenkommen. Außenminister Lord Balfour ermächtigte den britischen Gesandten im Haag, Sir Walter Townley, sich wieder einmal die österreichischen Vorschläge über einen Verhandlungsfrieden konkretisieren zu lassen. Doch sein österreichischer Kollege, Graf Ludwig Széchényi, hatte ihm nichts zu sagen. Damit war auch für diese Initiative das Ende gekommen. Doch es gab noch einen Kontakt, und zwar auf einer wesentlich höheren Ebene. Es war dies die Zusammenkunft zwischen dem südafrikanischen General und Staatsmann Ian Smuts und dem österreichisch-ungarischen Botschafter Graf Mensdorff-Pouilly in Genf am 18. und 19. Dezember 1917. Die Zusammenkunft kam nach längerer Vorbereitung zustande und fiel eher zufällig in die Zeit nach dem Waffenstillstand an der Ostfront und in den Beginn der Friedensverhandlungen mit Rußland.

Die Kontakte waren über Vermittlung des österreichisch-ungarischen Legationsrats

Ładisław Ritter von Skrzynno-Skrzyński zustande gekommen. Allerdings hatten auch ein ägyptischer Prinz (Mohammed Djemil Tussun Pascha), mehrere Leute mit Kontakten zu Geheimdiensten und der britische Gesandte in Bern, Sir Horace Rumbold, dessen Vater längere Zeit Botschafter in Wien gewesen war, eine Rolle gespielt. Wie die Kontakte zu bewerten sind, ist trotz der mittlerweile erfolgten Freigabe der britischen Dokumente dazu noch immer nicht ganz klar. Auf jeden Fall war auch im Vorfeld dieser Gespräche zu beobachten, daß viele Menschen den Ehrgeiz oder auch das verständliche Bestreben hatten, Kontakte herzustellen, sei es um dereinst als die großen Helden des Friedens dazustehen oder aber, um einer persönlichen Gewissenspflicht nachzukommen. Czernin willigte in einen weiteren Kontakt unter der Voraussetzung, daß britischerseits wirklich ein kompetenter Verhandler in die Schweiz entsandt würde. Die bis dahin gepflogenen Kontakte, bei denen häufig abseits jeglicher Zuständigkeit Gespräche gesucht und geführt worden waren, konnten ja nicht einmal zuverlässige Informationen über die jeweiligen Meinungsunterschiede beibringen. Britischerseits kam man noch immer nicht sehr weit. Außenminister Lord Balfour erhielt im Rahmen der Konferenz des Obersten Kriegsrats der Alliierten nur die Erlaubnis, sich anzuhören, was Österreich-Ungarn über einen Sonderfrieden zu sagen hätte.[1375] Wieder sollte nur angehört und nicht verhandelt werden. Dennoch wurde mit General Smuts ein Mann nach Genf entsandt, der nicht nur als eine Art Briefträger zu sehen war, sondern auch kompetent sprechen konnte. Smuts war Mitglied des britischen Kriegskabinetts. Er wollte, wie er noch vor seiner Abreise nach Genf in einer Denkschrift niederlegte, auf eine politische Beendigung des Kriegs hinarbeiten. Dabei ging er davon aus, daß sich die Mittelmächte als militärisch stark erwiesen hätten und daß auch der Kriegseintritt Amerikas an ihren militärischen Erfolgen nichts ändern würde. Ein rein militärischer Sieg der Entente wäre nach dem Ausfall Rußlands und dem Kräfteverfall Italiens nicht mehr zu erwarten. Alles müsse daher darauf abzielen, einen deutschen Kräftezuwachs zu verhindern. Nachdem Rußland als Gegengewicht ausgefallen sei, sollte Österreich-Ungarn an dessen Stelle treten, indem es der deutschen Vorherrschaft entzogen und zu größerer Unabhängigkeit und Stärke gebracht würde. Die Habsburgermonarchie sollte zu diesem Zweck in einen viergliedrigen Staatenbund umgewandelt werden. Galizien und Polen sollten einen Staat bilden, der Österreich und Ungarn durch eine Personal- und Wirtschaftsunion angeschlossen werden sollte. Serbien sollte durch Bosnien, die Herzegowina und Dalmatien vergrößert werden und als vierter Staat diesem neuen Staatenbund angehören. Um die italienischen Wünsche wenigstens teilweise zu befriedigen, wäre Italien das Trentino zu geben. Triest sollte Freihafen werden und Rumänien durch Teile der Bukowina und Bessarabiens vergrößert werden. Smuts vergaß aber auch auf Bulgarien nicht. Dieses sollte durch die rumänische Dobrudscha und das serbische Mazedonien vergrößert werden. Das sollte dann reichen, um zusammen mit den Ententemächten dem Deutschen Reich Paroli bieten zu können. Doch er wollte auch den Deutschen einiges zugestehen. Für die Abtretung des Elsaß (ohne Straßburg) und eines Teils Lothringens, die Räumung Nordwestfrankreichs und Belgiens wollte er Finnland, Kurland und Litauen unter deutschen Einfluß kommen lassen. Frankreich sollte außerdem den französischen Kongo als Kompensation für Elsaß-Lothringen an Deutschland verlieren. Außenminister Balfour reagierte prompt und widersprach entschieden. Smuts sollte und konnte wohl zu den österreichisch-ungarischen Fragen Stellung nehmen, nicht aber zur künftigen Gestalt des Deutschen Reichs. Und damit war das Scheitern der Gespräche eigentlich wieder programmiert, denn da sich Österreich-Ungarn auf keine Gespräche einlassen wollte, die lediglich auf einen Separatfrieden und einen nicht auszuschließenden Krieg mit dem Deutschen Reich hinausgelaufen wären, war wiederum nur eine Anhörung möglich und kein Verhandeln.

Smuts hatte aber eine Frage aufgeworfen, die Österreich-Ungarn schon lange beschäftigte und – unabhängig von den Gesprächen in Bern – gerade im Hinblick auf die Verhandlungen mit Rußland von Bedeutung waren, nämlich die Stellung eines zukünftigen polnischen Staats. Im Vorfeld der Brester Verhandlungen war ja nicht nur die Friedenspolitik der Mittelmächte einer abermaligen Prüfung und Revision zu unterziehen; dasselbe galt auch für die Kriegsziele, und dabei kam gerade Außenminister Czernin mit seiner immer wieder betonten Bereitschaft, einen annexionslosen Frieden schließen zu wollen, in Bedrängnis. Wieder einmal machte sich das polnische Problem bemerkbar. Die Dinge waren allerdings schon vor der Oktoberrevolution in Bewegung geraten.

Nochmals Polen

Seit in Österreich mit dem Wiederzusammentreten des Parlaments und noch deutlicher am Beginn der Herbstsession 1917 sichtbar geworden war, daß die Polen der Monarchie keineswegs mehr jene bedingungslosen Parteigänger der österreichischen Regierung waren, wie man dies noch bis zum Mai 1917 angenommen hatte, erhielt die polnische Frage einen anderen Akzent. Die Polen Galiziens hatten der Monarchie genauso wie die anderen Slawen eine Absage erteilt, und damit schien plötzlich alles in Frage gestellt, was im Vorfeld der Zweikaiserproklamation über das Königreich Polen ausgehandelt worden war. Damals war man davon ausgegangen, daß ein polnisches Königreich in die deutsche Machtsphäre fallen würde, Galizien aber österreichisch bleiben sollte. Nun drängten aber die Polen in Galizien auf eine Vereinigung mit den anderen Polen. Das wäre an sich noch immer im Rahmen der außenpolitischen Sandkastenspiele geblieben, da Czernin im August 1917 ein Angebot Kaiser Karls erneuerte, das schon beim Monarchentreffen in Bad Homburg vier Monate zuvor gemacht worden war und Deutschland Galizien anbot, wenn Berlin dafür auf Elsaß-Lothringen verzichtete. Zu diesem Verzicht war es aber, wie bekannt, nicht gekommen, folglich hatte Czernin sein Angebot wieder zurückgezogen. Doch die Affinität der österreichischen Polen zu einem polnischen Reich war unübersehbar. Um Galizien nicht ganz zu verlieren, gewannen plötzlich wieder Überlegungen die Oberhand, daß ein vereinigtes Polen einem österreichischen Staatsverband einzuverleiben wäre. Auch deutsche Stimmen plädierten für diese Lösung. Der Vorschlag des deutschen Botschafters in Wien, Graf Botho von Wedel, man möge in Berlin auf die austropolnische Lösung zurückkommen, zielte wohl auch darauf ab, daß damit der antideutsche Trend in Österreich gemindert werden könnte.[1376] Die Verhältnisse in Polen wurden jedoch um nichts einfacher. Österreicher und Deutsche suchten Einfluß zu gewinnen und auszubauen und gerieten sich natürlich oft in die Quere. Streitpunkte waren die Stellung des polnischen Staatsrats, die polnischen Legionstruppen, in deren Reihen auch schon 700 k. u. k. Soldaten dienten, die Eidfrage und natürlich die Zukunft Polens. Pläne von Erzherzog Karl Stephan, sich um die Regentschaft in Polen zu bemühen, waren vorderhand jedoch sicherlich unaktuell.[1377]

Doch es hatte noch eine zweite Entwicklung gegeben. Kaiser Wilhelm hatte seine Liebe für Rumänien entdeckt, wenn auch nicht im Sinne des einstmaligen Bündnisses, sondern in einer ganz anderen Weise. Der deutsche Kaiser hatte im September die rumänische Front besucht und war von den natürlichen Reichtümern dieses Landes so beeindruckt gewesen, daß er dem deutschen Reichskanzler am 23. September 1917 telegrafierte, das Deutsche Reich solle die deutsch-polnische Lösung aufgeben und statt dessen die Vorherrschaft in Rumänien anstreben. Die deutsche Reichsregierung wäre mit dieser Lösung einverstanden gewesen, die Oberste Heeresleitung erhob allerdings Einwände. Polen lag der eigenen Machtsphäre doch um einiges näher und sollte nicht nur einfach Österreich-Ungarn überlassen werden. Voraussetzung für alles weitere sollte die Vereinheitlichung des deutschen und österreichisch-ungarischen Wirtschaftsraums sein, um die beiden Reiche wirtschaftlich zu verschmelzen. Polen und Mitteleuropa wurden wieder zwei Facetten ein und desselben Problems.

Österreich-Ungarn wollte Deutschland allerdings nur Präferenzzölle zugestehen und wich allen weitergehenden Überlegungen zu einer Wirtschaftsunion aus.[1378] In mehreren Konferenzen in Wien am 22. Oktober und dann in Berlin am 5. und 6. November wurde aber insofern ein Durchbruch erzielt, als es zu einer Revision der Kriegszielabmachungen von Bad Kreuznach vom 23. April 1917 kam. Danach wurde die austropolnische Lösung unter folgenden Voraussetzungen angepeilt: Abschluß eines zwanzigjährigen Schutz- und Trutzbündnisses sowie einer Militärkonvention zwischen dem Deutschen Reich und Österreich-Ungarn, enger wirtschaftlicher Zusammenschluß der beiden Mächte, ökonomischer Anschluß Rumäniens an Deutschland, was auf eine Art Kolonialisierung Rumäniens hinausgelaufen wäre, und Garantie des Warentransits von und nach Rumänien durch Österreich-Ungarn. Ferner wurden für Kurland und Litauen Autonomien vorgesehen, bei gleichzeitigem Anschluß dieser Gebiete an das Deutsche Reich. Damit war man auch schon mitten in der Zusammenstellung der im Rahmen der Friedensverhandlungen mit Rußland und Rumänien zu erhebenden Forderungen. Der Aspekt des Siegfriedens war unübersehbar. Im Grund genommen war es aber ebenso frivol, von Annexionslosigkeit zu sprechen, wenn Österreich-Ungarn ganz Polen einstreifen wollte, und sei es in der lautersten Absicht und vielleicht in Form einer habsburgischen Sekundogenitur. Das mußte vor allem auch einmal innenpolitisch verkraftet werden.

Die Stimmung an der Jahreswende 1917/18

Die Besetzung italienischen Gebiets hatte die Lage der Monarchie nur noch verschärft. Österreich-Ungarn war weder auf die Unterbringung von ein paar hunderttausend Gefangenen noch auf die zusätzliche Verantwortung der Verwaltung italienischer Gebiete vorbereitet gewesen. So beeindruckend daher die Zahl von rund 300.000 gefangenen Italienern war, mußte getrachtet werden, sie so auf die Lager zu verteilen, daß nicht die Versorgung eines ganzen Kronlands schon aus diesem Grund zusammenbrach. Das Vorschieben der Front im Südwesten hatte zwar zu einer beträchtlichen Verkürzung der Linien geführt, aber ebenso die militärische Kontrolle der besetzten Gebiete notwendig gemacht. Und was noch zusätzliche Probleme schuf: Das Okkupationsgebiet war mittlerweile kahlgefressen worden.

Das von den Armeen der Mittelmächte nach der zwölften Isonzoschlacht eroberte Territorium umfaßte die Provinzen Udine und Belluno sowie Teile der Provinzen Venetien, Treviso und Vicenza. Dieses Gebiet, das bis Ende 1917 Etappenbereich der italienischen Armeen gewesen war, wurde nun Etappenbereich der österreichisch-ungarischen Armee.[1379] Da im Winter 1917/18 weder Personal noch Material zur Verfügung stand, um eine k. u. k. Militärverwaltung einzurichten, wurden im wesentlichen die italienischen Einrichtungen belassen und nur einige Gesetze und Verordnungen aufgehoben. Es wurde auch darauf verzichtet, einen Militärgeneralgouverneur einzusetzen und ein einheitliches Generalgouvernement zu schaffen, vielmehr wurde das eroberte italienische Gebiet den Heeresgruppenkommandos Boroević bzw. Conrad unterstellt.[1380] Am 15. Dezember 1917 schlossen Österreich-Ungarn und das Deutsche Reich ein befristetes Übereinkommen über die Verteilung von Kriegsbeute und Waren, wonach für alle nicht besonders geregelten Artikel ein Verteilungsschlüssel von 1:1 gelten sollte.

Die k. u. k. Truppen begannen einen steten Kampf mit den zivilen und militärischen Verwaltungsorganen. Die Truppenkommandos waren darauf bedacht, durch Requisition alles aufzubringen, was ihnen zur Verpflegung ihrer Soldaten abging, während die Distriktskommandos auch darauf zu achten hatten, daß die Bevölkerung nicht zugrunde ging.[1381] Der größte Teil der Industriellen, der Bankangestellten, Kaufleute, Ingenieure, Ärzte, Rechtsanwälte und Beamten sowie fast alle Bürgermeister waren geflohen; nur die Pfarrer waren geblieben. Die Bevölkerung der an der neuen Front am Piave und nordwestlich von Bassano gelegenen Orte wurde evakuiert und mußte auf andere Ortschaften verteilt werden. Es gab auch „Retorsionsmaßnahmen“, denn dort, wo die italienische Besetzung österreichischen Gebiets ihre Spuren hinterlassen hatte und vor allem Häuser geplündert und Einrichtungsgegenstände entfernt worden waren, wurde dies auf die Weise auszugleichen gesucht, daß der zurückkehrenden österreichischen Bevölkerung Möbel und Gegenstände zur Verfügung gestellt wurden, die ihrerseits bei Italienern requiriert worden waren.[1382]

Am nachhaltigsten wirkte sich aber die österreichisch-ungarische Besetzung in Italien auf Viehzucht, Ackerbau und Obstbau aus. Der Viehbestand wurde drastisch vermindert und in einer Art Gleichmacherei versucht, die in weiten Teilen der österreichischen Reichshälfte geltenden Verpflegssätze auch auf die italienische Bevölkerung dieser Gebiete anzuwenden. Da Italien bis dahin aber viel besser versorgt gewesen war, mußte beispielsweise die Festlegung der Mehlquote pro Kopf und Tag mit 150 Gramm als Katastrophe erscheinen. Doch nicht einmal diese Quanten gelangten überall zur Ausgabe, daher brach vor allem in den gebirgigen Gebieten des Okkupationsgebiets sehr bald Hunger aus. In den Fabriken, Werkstätten, Geschäften und Wohnungen wurden alle Rohstoffe beschlagnahmt, deren man habhaft werden konnte. Hausgeräte aus Kupfer und Zinn mußten, ebenso wie das in Österreich schon längst der Fall war, abgegeben werden. Vier Glockenabnahme-Detachements seilten die Glocken ab, und bei den Orgeln wurden die Pfeifen ausgebaut.[1383]

Eine besondere Art von Retorsionsmaßnahmen gab es bei Kunstschätzen. Generell war der Abtransport von Kunstschätzen aus dem italienischen Okkupationsgebiet strengstens untersagt. Besonders wertvolle Objekte wurden in Udine von einer eigens geschaffenen Kunstgruppe gesichert verwahrt. Da es aber während der italienischen Besetzung österreichischen Gebiets zum Abtransport von Kunstschätzen gekommen war, wurde ein Teil der in Italien vorgefundenen wertvollen Objekte in das Wiener Heeresmuseum gebracht, um dort als Faustpfand verwahrt zu werden.[1384]

Daß man die österreichisch-ungarischen Besatzungstruppen nicht besonders lieben würde, war von vornherein klar gewesen. Doch anders als bei den Kampftruppen wurde die Anwesenheit von Hunderttausenden Soldaten in der neuen Etappe nicht mit militärischen Notwendigkeiten erklärt, sondern in der Besatzungsmacht primär der Feind gesehen. Und das mündete nicht nur in Ablehnung, sondern in Haß, einem mitunter sehr dauerhaften Haß, der sich unter die übrigen Probleme einreihte.

Die Fronttruppen blieben von den Vorgängen im Hinterland zwar weitgehend unberührt, doch nachdem die Vorräte aufgebraucht und die Lebensmittel aufgegessen worden waren, kehrte auch für sie wieder der Alltag ein. Die Erfolge in der zwölften Isonzoschlacht hatten jedoch insofern fatale Folgen – sieht man von den zuvor geschilderten Konsequenzen für das Hinterland ab –, als eine merkliche Überschätzung der eigenen Kräfte zu beobachten war. Als daher der Chef des Generalstabs von Generalmajor Waldstätten noch vor dem Auslaufen der Offensive eine Auskunft über die Widerstandskraft und Angriffsfähigkeit der Armee im Frühjahr 1918 haben wollte, schickte ihm der Chef der Operationsabteilung eine fast überschwengliche Information:

„a) Eigene Offensivfähigkeit im Frühjahr 1918: Wie die jetzigen Ereignisse beweisen, besitzt unsere Armee nach wie vor volle Offensivfähigkeit. Sie wird im Frühjahr 1918 durch die jetzigen Erfolge noch moralisch gehoben sein. Der animalische Zug bis dahin durch den motorischen Zug noch weitergehend als bisher ersetzt sein.

b) Abwehrfähigkeit gegen feindliche Offensiven wird im Frühjahr 1918 keine geringere sein als jetzt. Die Stände dürften annähernd die gleichen sein wie jetzt, 10.000 M[aschinen]g[ewehre] werden mehr eingestellt und auch die Dotierung mit Minenwerfern wird eine ungleich reichere sein.

c) Durchhalten ohne anzugreifen: Auch dieses ist im Frühjahr 1918 gewährleistet, wenn nicht das für den Geist der Armee wie Gift wirkende Friedensgedusel der Presse etc. die Wehrmacht zersetzt. Wenn das Friedensgewinsel verstummt, Volk und Armee über die zwingende Notwendigkeit, den uns aufgezwungenen Weiterkampf zu führen, überzeugt wird (Sache einer vernünftigen Pressepolitik, Aufklärung etc.), so wird die brave Armee auch im Stellungskrieg durchhalten!“[1385]

Eine im Archiv der Militärkanzlei des Kaisers verwahrte anonyme Zuschrift vom 17. November 1917 beleuchtete die Situation in ganz anderer und schonungsloser Weise. Allerdings ging es dabei nicht um die zukünftige Haltung der Armee, sondern um die Gegenwart. „Die allgemeine Stimmung ist schlecht, nein sie ist miserabel! Und sie ist nicht allein miserabel unter den Arbeitern, sie ist es insbesondere unter dem Mittelstande, ja sogar unter dem Militär des Hinterlandes. Es sind alle Anzeichen einer trostlosen Resignation erkennbar, der geringste Anlaß, ein zufälliges Stocken in der Kohlen- oder in der Kartoffelversorgung kann dem Faß den Boden ausschlagen und einen Brand erzeugen, der auch mit Gewalt nicht eingedämmt werden kann, weil Gewalt Gegengewalt erzeugt ... Die Siege der Armee werden kaum beachtet, ein an sich unbegreiflicher Umstand, der seine Erklärung teilweise auch darin findet, daß gar nichts gemacht wird, um die Stimmung im Hinterland zu heben ... Es ist soweit gekommen, daß das Anwachsen der Gefangenenzahlen auf die Bevölkerung direkt aufreizend wirkt; sie erblickt darin lediglich eine Erhöhung der Zahl der Fresser; sie erblickt in der Erweiterung des von uns besetzten Gebietes des Feindes lediglich eine Restringierung unseres ohnedies nicht mehr ausreichenden Eisenbahnwagenparks; sie erblickt im Fortschreiten der Offensive lediglich ein Anwachsen der zu ernährenden Bevölkerung in den okkupierten Gebieten. Denn alles und alles dreht sich heute nur mehr um die Magenfrage, um den Frieden, weil von ihm eine Besserung der Ernährungsverhältnisse erhofft wird. Selbst die innenpolitischen Verhältnisse treten davor zurück. Der größte Teil der Bevölkerung hat kein Interesse für das Parlament ... Das Volk sieht, daß das Parlament statt über die Besserung der Lebensmittelversorgung über staatsrechtliche Deklarationen und Gegendeklarationen verhandelt und über dem Streit um die Aufrechterhaltung gewißer militärgerichtlicher Urteile des Volkes wahre Not vergißt ... “[1386]

Das Desinteresse an den parlamentarischen Vorgängen mochte nur zum Teil stimmen, doch daß man durch die Sitzungsergebnisse des österreichischen Reichsrats besonders ermutigt worden wäre, kann ja nun wirklich ausgeschlossen werden. Ebensowenig gingen vom ungarischen Reichstag positive Impulse aus. Reichsrat und Reichstag wurden immer mehr zu Plattformen für nationale und gegen den Gesamtstaat gerichtete Agitationen. Die Ministerpräsidenten konnten diese Entwicklung durch regelmäßige Beschwörungen nicht verhindern, auch nicht dadurch, daß sie Visionen entwickelten.

Am 25. September 1917 hatte in Wien die Herbstsession des Parlaments begonnen. In seiner Antrittsrede skizzierte Ministerpräsident Ernst Ritter von Seidler sein Regierungsprogramm. Wirtschaftlicher, kultureller und politischer Wiederaufbau wurden als Ziele genannt. Seit Kriegsbeginn wurde dem „Hohen Haus“ zum ersten Mal ein Budgetvoranschlag zur Beschlußfassung vorgelegt. Seidler hatte über die Probleme der Volksernährung, über Jugendstrafrecht, Fürsorge, Lehrerbildung, bessere Agrarpolitik, die Demobilisierung der Bauern, Verstaatlichung der Privatbahnen und vieles andere gesprochen, bevor er, taktisch recht klug, auf ein Gebiet überleitete, wo man nicht nur die Not des Kriegs und deren Behebung erkennen konnte, sondern auch den Eindruck gewinnen mußte, dieser Organismus, Österreich, wäre noch durchaus imstande, große Projekte in Angriff zu nehmen, die Zukunft zu gestalten und sich dynamisch zu präsentieren. Seidler regte eine Aktion an, um die „planmäßige, weitgreifende Ausgestaltung unserer Wasserwirtschaft“ zu beginnen. Die Regierung wollte Initiativen fördern, um den Staustufen „alle technisch möglichen Kraftquellen“ zu entnehmen ... „Das Endziel bleibt, daß ganz Österreich, wie es von einem Eisenbahnnetz durchzogen wird, so auch von einem weitverzweigten Leitungsnetz überspannt werde, das in vielfältiger Verteilung billiges Licht und billige Kraft den größten und den kleinsten Betrieben, den Ortschaften und menschlichen Wohnungen zuführen wird.“[1387] Österreich benötigte damals sicherlich Visionen, doch zum wenigsten technische. Das politische Programm war demgegenüber wenig inhaltsreich: Fortbestand des Dualismus, Kreiseinteilung der Kronländer und Bundestreue waren die Kernaussagen. Der frühere Ministerpräsident Koerber meinte zu dem Regierungsprogramm, es käme ihm vor, wie wenn man „einen katholischen und einen evangelischen Geistlichen für einen Ausgleich ihrer religiösen Weltanschauung durch eine gemeinsame Einladung zu einem opulenten Diner gewinnen“ wollte.[1388]

Das Budget wurde dank Konzessionen an Polen, Ruthenen und Rumänen für einen Zeitraum von vier Monaten angenommen. Ansonsten erfuhr das Programm Seidlers aber fast geschlossene Ablehnung. Nur der Deutsche Nationalverband und in einigen Punkten die Christlichsozialen stimmten ihm zu. Alle anderen kritisierten das Regierungsprogramm mehr oder weniger scharf. Dem Ministerpräsidenten wurde kein Spielraum gegeben. Was er an langfristigen Programmen entwickelt hatte, rührte niemanden. Was interessierte, war nur das Kurzfristige, und da hatte Seidler nichts angekündigt, was auf die divergierenden Wünsche von Nationalitäten und Parteien Rücksicht genommen hätte.

Seidler hatte auch mit seinen Bemühungen für eine Verfassungsreform kein Glück. Die Tschechen blockierten im Verfassungsausschuß die Verhandlungen einfach dadurch, daß sie den Beratungen fernblieben und damit den Wünschen der tschechischen Emigration nachkamen. Beneš hatte schon anläßlich der Ablehnung des Budgets durch den tschechischen Nationalverband nach Prag geschrieben: „Die Abstimmung gegen den Etat rief ausgezeichneten Eindruck hervor, fahret so fort ... mit Österreich über keinen Kompromiß verhandeln.“[1389]

Angesichts der Radikalisierung im Inneren, die ungeachtet der Erfolge an den Fronten und des Abschlusses des Waffenstillstands mit Rußland voranschritt, ging der Minister des Äußern immer mehr dazu über, Einfluß auf die Innenpolitik zu nehmen. Allerdings hatte er nach dem Abschluß des Waffenstillstands zunächst selbst alle Hände voll zu tun, um sich zu rechtfertigen, denn der Kaiser war von den Verhandlungen mit den Bolschewiken keinesfalls angetan. Er fürchtete wohl zu Recht, daß von Rußland Versuche zur Revolutionierung der Habsburgermonarchie ausgehen konnten, und war außerdem über mögliche Reaktionen der Sozialdemokratie besorgt, sollten die Gespräche scheitern. Czernin suchte Kaiser Karl zu beruhigen, doch die Spannungen blieben, und auch die Entfernung von Polzer-Hoditz als Kabinettschef des Kaisers, der über Betreiben Czernins verabschiedet wurde, trug nichts zur Normalisierung bei.[1390]

Czernin beschwor den seit dem 20. August 1917 amtierenden ungarischen Ministerpräsidenten Wekerle am 12. Dezember, zusätzliche ungarische Lebensmittellieferungen nach Österreich gelangen zu lassen, da man vor einer Katastrophe stehe. Wien sei nur mehr für einige Tage versorgt, schrieb er.[1391] Auf die Vorhaltungen österreichischer Vertreter wegen der als indolent kritisierten Haltung Ungarns angesichts der drohenden

Hungerkatastrophe hatte der ungarische Ernährungsminister Graf Hadik kühl erklärt: „Wenn Österreich nichts zu essen hat, soll es keinen Krieg führen."[1392] Ungarn war seit dem Rücktritt Tiszas, gerade weil es schwächere Ministerpäsidenten hatte, schon aus innenpolitischen Gründen immer weniger bereit geworden, mit seinen Erträgen die österreichische Reichshälfte mit zu versorgen. Die Getreidequoten waren in Ungarn nach dem Abgang Tiszas statt – wie es aus gesamtstaatlichen Interessen notwendig gewesen wäre – herabgesetzt sogar erhöht worden.[1393] In Österreich aber wußte man sich im Januar 1918 nicht mehr zu helfen und mußte, um die Vorräte noch einmal zu strecken, die Pro-Kopf-Quote an Mehl pro Tag von 200 Gramm auf 165 Gramm herabsetzen. Die Fleischquote wurde auf 160 Gramm pro Woche reduziert. Dazu sollte es pro Woche ein bis eineinhalb Kilogramm Kartoffeln geben, doch die waren vielerorts nicht oder nicht immer vorhanden.[1394] Schuld war aber sicherlich nicht nur der allgemeine Mangel, sondern ebenso das Unvermögen des Staats, hart durchzugreifen und die Aufbringung wie den Transport der Lebensmittel sicherzustellen. In Polen, Mähren und den alpinen Gebieten der österreichischen Reichshälfte kam man nicht einmal mehr auf 165 Gramm Mehl pro Tag. In dem zu Ungarn gehörenden Kroatien hingegen gab es 1917 noch nicht einmal Brotkarten, da Brot nicht rationiert werden mußte.[1395] Czernin war sicherlich nicht der einzige, der gegen diese Zustände zu Felde zog, doch bei ihm waren die Gründe andere als etwa bei der von der Teuerung und der Verknappung der Lebensmittel besonders betroffenen mittelständischen und ärmeren Bevölkerung, die sich in einem noch dazu sehr schneereichen und harten Winter ohne Aussicht auf bessere Versorgung fand. Für Czernin aber war ein ruhiges Hinterland eine unabdingbare Voraussetzung für die Friedensverhandlungen mit den Russen.

Die Verhandlungen in Brest

Als im Dezember 1917 die Friedensverhandlungen in Brest-Litovsk beginnen sollten, war Czernin erkrankt und mußte Botschafter Kajetan von Mérey als seinen Vertreter entsenden. Czernin gab ihm lediglich die Richtlinien mit, die für die österreichisch-ungarische Delegation verbindlich sein sollten. Der Frieden sollte militärisch gesichert sein und den Bezug von Nahrungsmitteln und Rohmaterialien aus Rußland ermöglichen. Polen war der russischen Einflußsphäre zu entziehen. Rußland sollte Nichteinmischung in die inneren Angelegenheiten Österreichs zusichern. Dann aber wurde auch ganz unmißverständlich auf die deutsche Haltung Bezug genommen: „Euer Exzellenz ist bekannt, daß der Frieden mit Rußland unter allen Umständen zustande kommen muß und daß alle Eventualitäten möglich sind ausgenommen der Zusammenbruch der Verhandlungen durch Schuld der Mittelmächte ... Von kardinaler Wichtigkeit ist natürlich, daß die maßlosen Begierden der Deutschen Obersten Heeresleitung den Frieden nicht gefährden ... Selbst ein Separatfrieden zwischen uns und Rußland wäre der Eventualität eines Scheiterns durch deutsche Wünsche vorzuziehen."[1396] Doch Mérey mußte sich diesbezüglich nicht exponieren. Czernin kam nach Brest nach, noch ehe die Verhandlungen substantiell geworden waren.

Kaum in Brest angekommen, machte er dem deutschen militärischen Chefunterhändler, Generalmajor Hoffmann, deutlich, daß Österreich-Ungarn notfalls einen Separatfrieden mit den Bolschewiken abschließen würde, sollten Deutschlands Annexionswünsche die Konferenz scheitern lassen. Diese Haltung Czernins war mit Kaiser Karl abgesprochen. Der Monarch schien entschlossen, das Bündnis mit dem Deutschen Reich aufs Spiel zu setzen. Griffen einmal amerikanische Truppen in Europa in den Krieg ein, dann würden die U-Boote nicht ausreichen, um das Gleichgewicht der Kräfte aufrechtzuerhalten, meinte der Kaiser. Czernin mußte schließlich sogar alles daransetzen, um Karl einseitige und gegen Deutschland gerichtete Schritte auszureden. Mehr noch: Er verwies auf die Notwendigkeit, die austropolnische Lösung zu akzeptieren, um das Gleichgewicht gegenüber dem Deutschen Reich aufrechterhalten zu können, denn die Deutschen waren in Brest sofort mit Forderungen nach Kurland und Litauen gekommen. Überließ man ihnen auch noch Polen, war Österreich-Ungarn selbst auch beim günstigsten Ausgang des Kriegs gegenüber dem Deutschen Reich in einer inferioren Position.[1397]

Czernin war in eine äußerst merkwürdige Situation gekommen. Er wollte und sollte Annexionslosigkeit vertreten und mußte dennoch die Loslösung Russisch-Polens und die Bildung eines polnischen Königreichs betreiben, von dem gesagt worden war, daß es in Abhängigkeit von Österreich-Ungarn kommen sollte. Tat er es nicht, würde Polen vom Deutschen Reich reklamiert werden, ohne daß der österreichische Verzicht die Verhandlungen beschleunigte. Tat er es, riskierte er den Vorwurf der Verzögerung, des Taktierens und des Annexionismus. Dabei hatte sogar der Chef des Generalstabs, Arz, Bedenken und ließ Czernin eine bemerkenswerte Stellungnahme zugehen, in der es hieß: „Die Angliederung Polens an Österreich-Ungarn betrachte ich als ein Opfer, das wir der Gesamtlage Mitteleuropas bringen; speziell vom militärischen Standpunkt ist die beabsichtigte Schaffung Polens als eine Schwächung Österreich-Ungarns zu betrachten."[1398]

Czernin war alles andere denn zuversichtlich, was die weitere Entwicklung nach einem möglichen Friedensschluß anlangte. In einem Brief, der wahrscheinlich an Tisza gerichtet war, ließ er seiner pessimistischen Sicht freien Lauf. Ein Frieden im Osten würde den Deutschen eine große Offensive im Westen ermöglichen. Österreich-Ungarn könnte gar nicht anders, als sie zu unterstützen. Der Erste Generalquartiermeister des deutschen Heeres, Erich Ludendorff, hatte das AOK auch schon informiert, daß für das Frühjahr 1918 an der deutschen Westfront ein entscheidender Waffenerfolg angestrebt werde und daß die Teilnahme von k. u. k. Divisionen und schon vorher die Zuführung österreichisch-ungarischer schwerer Artillerie willkommen wären. Das Ersuchen wurde am 15. und 23. Dezember erneuert und fand am 26. Dezember die prinzipielle Zustimmung des Kaisers.[1399]

Sollten die Deutschen Paris nehmen, würden ihre Forderungen ins Unermeßliche steigen, meinte Czernin. Die Entente müßte ganz einfach versuchen, den Krieg fortzusetzen. Was dann? Auch ein Appell an die Völker der Mittelmächte würde da nichts nützen, angesichts eines solchen Sieges würden sie vernünftigen Argumenten nicht mehr zugänglich sein.[1400]

Die augenfälligen militärischen Erfolge der Mittelmächte hatten verständlicherweise bei den Alliierten hektische Beratungen und ein Neuüberdenken ihrer Situation nach sich gezogen. Sie sahen jedoch keinen Grund, sich geschlagen zu geben. Großbritannien sah sich in seinem hartnäckigen Widerstand bestärkt, da es die härteste Zeit des U-Boot-Kriegs überstanden hatte und die Truppen General Haigs, wie etwa bei Cambrai, zumindest ausgeglichen kämpften. In Frankreich war ein Regierungswechsel erfolgt und Ministerpräsident Painlevé durch Georges Clémenceau ersetzt worden, der noch entschlossener als seine Vorgänger auf Sieg setzte. In Italien solidarisierte sich auch der ehemalige Ministerpräsident Giolitti, der seinerzeit alles versucht hatte, um Italien aus dem Krieg herauszuhalten, mit dem Kabinett Orlando. Reaktionen auf den Sieg der Mittelmächte in der zwölften Isonzoschlacht wie jene des italienischen Generalstabschefs Cadorna, der Österreich-Ungarn unter der Hand das Angebot gemacht hatte, zwar auf Trient zu verzichten, dafür aber Triest und Dalmatien zu behalten, waren ohne Kenntnis der maßgeblichen Kabinettsmitglieder gemacht und mittlerweile gegenstandslos geworden.[1401] Für die nächste Zukunft gab es in Rom allerdings nur eine einzige konkrete Hoffnung, nämlich das Eintreffen der Amerikaner. Daher mußte alles darangesetzt werden, den Zeitraum bis zum Eingreifen der amerikanischen Divisionen zu überstehen. Im Hinblick auf Rußland vereinbarten Briten und Franzosen, daß sie sich im ehemaligen Zarenreich in genau festgelegten Zonen mit Interventionstruppen einstellen wollten, weniger wohl, um die Regierung Lenin zu destabilisieren, als um die „weißen" Kräfte zu konsolidieren und auf diese Weise sowohl antideutsche als auch antibolschewistische Kräfte zu erhalten, die den Krieg gegen die Mittelmächte fortsetzen konnten. Das begann mit der Mission Berthelots in Rumänien, der im östlichen Rumänien und im südlichen Rußland mit Rumänen, Tschechen und Russen den Krieg fortzusetzen suchte. Die Briten übernahmen eine Zuständigkeit für den Kaukasus, Armenien, Georgien und Kurdistan. Zum Zweck der Ausweitung der Kriegführung und um neue Kräfte zu gewinnen, wurde den Tschechen von den Alliierten der Status regulärer Truppen zugebilligt. Die tschechoslowakische Legion wurde als militärische Organisation des Tschecho-slowakischen Nationalkomitees in Paris angesehen, das damit von den Franzosen ungeheuer aufgewertet wurde.[1402] Im Dezember waren in Frankreich erste tschechoslowakische Kontingente aufgestellt worden. Auch Italien machte den Weg zur Aufstellung tschechischer Legionstruppen frei.[1403] Die serbische Armee wiederum, die im Exil reorganisiert worden war, begann sukzessive in die Kämpfe an der griechischen Grenze und in Albanien einzugreifen und reihte 22.000 österreichisch-ungarische Kriegsgefangene serbischer, kroatischer und slowenischer Nationalität als „1. Jugoslawische Division" ein.[1404] Das alles konnte freilich vorderhand nur zur Überbrückung dienen und sollte das „Warten auf Uncle Sam" leichter machen.

Wilsons 14 Punkte

Als der amerikanische Präsidentenberater Oberst House am 18. Dezember 1917 von Paris nach Washington zurückkehrte, mußte er dem Präsidenten berichten, daß es ihm nicht gelungen sei, die Alliierten zu überreden, eine regelrechte Erklärung ihrer Kriegsziele zu formulieren. Dabei war eine solche Deklaration angesichts der russischen Proklamation über die Annexions- und Kontributionslosigkeit sowie der immer wieder auch von den Mittelmächten hinausgegebenen Friedenserklärungen in den Augen der amerikanischen Regierung höchst dringlich geworden. Daraufhin entschied Wilson, daß die USA eine selbständige Erklärung formulieren würden.[1405] House schlug ihm nur eine allgemeine Umschreibung der amerikanischen Kriegsziele vor, doch Wilson wollte ein Kriegszielprogramm formulieren, das konkrete Anliegen und vor allem auch moralische Elemente enthielt. Nicht zuletzt sollte damit auf das deutsche Volk eingewirkt werden, sich mit der Politik der deutschen Reichsregierung und der Obersten Heeresleitung kritisch auseinanderzusetzen. Die von Wilson in der Folge formulierten Punkte erschöpften sich aber durchaus nicht in einer isolierten Aufzählung amerikanischer Glaubenssätze. Sie waren auch nicht so formuliert, daß nicht ein Spielraum für nachträgliche Interpretationen geblieben wäre – denn was wäre das für eine Politik, die keine Auslegungsvarianten zuließe! Ganz entscheidend wurde aber, daß Wilsons Kriegszielkatalog vor dem Hintergrund von Brest-Litovsk verfaßt wurde. Somit war es nicht so sehr ein idealistisches Programm, sondern in erster Linie ein taktischer Winkelzug in dem großen Prozeß der psychologischen Kriegführung.

Er wurde umso wichtiger, als schon eine Woche nach der Eröffnung der Friedenskonferenz von Brest-Litovsk der sowjetische Außenkommissar Trockij einen neuerlichen Appell zum Abschluß eines generellen Friedens verkündete. Er forderte die Anwendung des Selbstbestimmungsrechts nicht nur für die Völker in Elsaß-Lothringen, Galizien, Posen, Böhmen und den südslawischen Provinzen der Habsburgermonarchie, sondern auch für die Iren und die Völker unter kolonialer Herrschaft in Ägypten, Indien, Madagaskar, Indochina und anderswo. Der amerikanische Außenminister Lansing kommentierte das mit der Feststellung, dies würde die „internationale Anarchie" bringen.[1406] Präsident Wilson war da nicht so ganz dieser Auffassung und sympathisierte durchaus mit der Selbstbestimmungsformel der Russen.[1407] Allerdings resultierte für ihn aus dem Vorgehen der neuen russischen Machthaber, daß ihn die Bolschewiken auf einem Gebiet konkurrenzierten, auf das er selbst größten Wert legte, nämlich auf dem Gebiet der moralischen Autorität. Selbstbestimmungsrecht der Völker und Annexionslosigkeit waren ja nicht nur revolutionäre Ziele mit beträchtlicher Sprengkraft, sondern entsprachen durchaus dem, was die USA als oberste Prinzipien ihrer Staatlichkeit reklamierten. Die bolschewistische Variante zielte aber zweifellos auf eine Revolutionierung der Welt ab. Und die wollte auch Wilson nicht. Daher bestärkte ihn der Appell Trockijs in seinem Entschluß, ein amerikanisches Friedensprogramm zu verkünden und damit der bolschewistischen Propaganda entgegenzuwirken.[1408] Der amerikanische Präsident wollte Punkt für Punkt seine Vorstellungen von der Einhegung des Krieges, von der machtmäßigen Beschneidung des Deutschen Reichs, von der Zukunft der Völker Österreich-Ungarns und des Osmanischen Reichs zu Papier bringen. Während er noch seine Vorüberlegungen anstellte, wurde Wilson über die Einzelheiten eines Friedensvorschlags informiert, den ein Herr Julius Meinl, ein „Kommerzialrat", wie es in dem amerikanischen Bericht aus Bern hieß, unterbreitet hatte.[1409]

Der Wiener Geschäftsmann Meinl hatte bei mehreren Reisen nach Berlin und in die neutralen Staaten, vor allem aber durch Kontakte zu amerikanischen Diplomaten und Vertrauten Wilsons nach Möglichkeiten gesucht, den Durchbruch zu einem Verhandlungsfrieden zu schaffen. Dabei ging es weniger um Österreich-Ungarn betreffende

Fragen als um die deutsch-französischen Probleme. Meinl, der sich mit Heinrich Lammasch, Josef Redlich, Friedrich Wilhelm Foerster u. a. einig wußte, hatte mit dem Geschäftsmann und Vertrauten Wilsons, David Herron, und dem amerikanischen Geschäftsträger in Bern, Hugh R. Wilson, vereinbart, daß im Umweg über die Schweiz an das Deutsche Reich mehrere Fragen gestellt werden sollten. Dabei ging es vor allem um die Gültigkeit der Reichsratsresolution vom 19. Juli 1917 und die deutsche Friedensbereitschaft, um die Erklärung Bethmann Hollwegs vom 4. August über die Rückgabe Belgiens und schließlich darum, ob Deutschland bereit wäre, Elsaß-Lothringen eine Autonomie zu gewähren. Amerikaner und Briten meinten, auf dieser Grundlage auch die Franzosen für Friedensverhandlungen gewinnen zu können. Meinl kam regelrecht elektrisiert nach Wien zurück und wollte unverzüglich Czernin in Brest-Litovsk Bericht erstatten, doch der Minister wollte ihn nicht nach Brest nachkommen lassen. Da Czernin aber zu Neujahr nach Wien kam, berichtete ihm Meinl bei dieser Gelegenheit. Schon dabei gewann er den Eindruck, Czernin sei von der Schweizer Mission Meinls alles andere als angetan. Berlin hatte bereits deutlich gemacht, daß es keinen Schritt in der von Meinl ausgehandelten Richtung unternehmen wollte. Dilettanten waren – außer bei den Amerikanern – nicht gefragt; eine Lady Paget genausowenig wie ein Julius Meinl. Tags darauf bekam Meinl einen Brief Czernins, der wie eine kalte Dusche wirken mußte. „Euer Hochwohlgeboren", hieß es da, „Ihre mündlichen Darlegungen haben mich, wie ich Ihnen bereits gesagt habe, in hohem Maße interessiert. Ich ... komme aber bei näherem Überdenken Ihrer Mitteilungen zu dem Schlusse, daß es sich aus taktisch politischen Erwägungen nicht empfiehlt, im gegebenen Momente und wohl auch für die nächste Zukunft die von Ihnen aufgenommenen Fäden fortzuspinnen. Ich beehre mich daher, das Ersuchen an Sie zu stellen, sich bis auf weiteres nicht in das Ausland zu begeben ... Empfangen Euer Hochwohlgeboren den Ausdruck meiner ..."[1410]

Im Gegensatz zu Graf Czernin war der amerikanische Präsident von den Vorschlägen Meinls sehr angetan. Wilson teilte am 1. Januar 1918 den Inhalt der Vorschläge Meinls Lansing mit und meinte, daß sie so gut wie vollständig seiner eigenen Auffassung entsprächen.[1411] Am 2. Januar 1918 übermittelte der britische Außenminister Balfour dem Präsidentenberater House einen Bericht über die Besprechung Mensdorff – Smuts, die am 18. und 19. Dezember stattgefunden hatte. Eine der Kernpassagen in diesem Bericht war, daß Mensdorff dem Vorschlag, den Nationalitäten Österreich-Ungarns Gelegenheit „zu einer autonomen Entwicklung" zu geben, durchaus zustimmend begegnet wäre und daß dies auch den Intentionen des österreichischen Kaisers entspräche. Wilson übernahm die Passage von der „Gelegenheit zu einer autonomen Entwicklung" wörtlich in seine 14 Punkte und ließ dabei nur offen, ob dies innerhalb oder außerhalb der Monarchie geschehen sollte. Der amerikanische Präsident wollte auch nicht auf bestimmte Forderungen eingehen und sparte daher in dem die Völker Österreich-Ungarns betreffenden Punkt 10 den Londoner Vertrag von 1915 und die italienischen Forderungen in Dalmatien, aber auch tschechische und slowakische Wünsche aus.[1412]

Das State Department war bis zuletzt von der Formulierung ausgeschaltet. Erst einen Tag vor der Verlautbarung rief Wilson Außenminister Lansing zu sich und gab ihm die 14 Punkte zu lesen. Der Secretary of State stimmte zu, allerdings notierte er in sein Tagebuch: „Der Präsident hat nach einer Möglichkeit gesucht, die Doppelmonarchie intakt zu erhalten. Ich halte eine solche Vorgangsweise für nicht gescheit und denke, der Präsident sollte diesen Gedanken fallen lassen und die Errichtung neuer Staaten auf dem Territorium des Kaiserreichs ins Auge fassen und die Aufteilung Österreich-Ungarns fordern. Das ist das einzig sichere Mittel, um die deutsche Vorherrschaft in Europa zu beenden."[1413] Österreich-Ungarn sollte den Vorstellungen Lansings entsprechend zum Hebel gegen Deutschland werden, und die Zerschlagung des Habsburgerreichs, die gerade damals als Kriegsziel ausgedient zu haben schien, angestrebt werden, um das Deutsche Reich langfristig zu lähmen.

Am 8. Januar 1918 verkündete Wilson seine 14 Punkte. Den Bolschewiken wurde damit eine Antwort gegeben. Ihren Parolen erwuchs fast augenblicklich Konkurrenz. Für Österreich-Ungarn aber stellte die Erklärung des amerikanischen Präsidenten eine Kombination von zerstörender und revolutionierender Kraft dar.

24
Innere Front

Die Jännerstreiks

Wäre das Begriffspaar „Triumph und Tragödie" nicht schon so abgedroschen, so müßte man es auf die ersten Wochen und Monate des Jahres 1918 anwenden. Der Zusammenbruch der Donaumonarchie begann parallel zu ihren größten militärischen und politischen Erfolgen. Fast taggleich wurden Frieden diktiert, gab es Massenstreiks, erreichten die k. u. k. Truppen bei Odessa das Schwarze Meer, zerbrach das Bündnis mit dem Deutschen Reich in seiner bisherigen Form, revoltierten Flotteneinheiten und Ersatzmannschaften. Das Ende zeichnete sich ab. Und immer wurzelte das eine im anderen und wäre ohne dieses andere nicht denkbar gewesen.

Es begann in Brest-Litovsk. Czernin hatte noch vor seiner neuerlichen Abreise zu den Friedensverhandlungen mit Rußland darauf gedrungen, daß möglichst wenig Nachrichten über den Fortgang der Verhandlungen bekanntgegeben werden sollten; insbesondere wären alle Nachrichten aus russischen Quellen, die nicht mit den Bulletins des Ministers übereinstimmten, zu zensieren und ihr Erscheinen in Zeitungen unter keinen Umständen zu gestatten. Doch diese Maßnahme hatte keinen Erfolg. Die Nachrichten drangen durch – und sie wühlten auf. Die Unruhe wuchs von Tag zu Tag.

In den ersten Januartagen flackerten in Ungarn, Siebenbürgen und Polen kurzfristige Streiks auf. An sich wäre ihnen noch keine besondere Bedeutung zugekommen, denn kurze Streiks hatte es immer wieder gegeben, 1916, 1917 und jetzt eben auch 1918. Der Anlaß dafür waren in erster Linie Versorgungsfragen. Doch diesmal mischten sich in die Streiks schon deutlich erkennbar politische Parolen, vor allem bolschewistische. In Brest-Litovsk, so hieß es, „haben die Grafen und Generale, gestützt auf das Schwert, den Friedenswillen unserer russischen Brüder brutal zurückgewiesen. Die Volksmassen aber wollen nicht Sieg noch Waffenruhm – sie wollen den sofortigen Frieden, den Frieden um jeden Preis ... Die russischen Arbeiter und Soldaten haben mit den schärfsten Mitteln des Klassenkampfes, mit Massenstreik, Meuterei und Straßenkampf, nicht nur für die eigene Freiheit gestritten! Sie haben ihr Blut vergossen für die Befreiung aller Völker der Erde von den Leiden des Krieges und vom Joch das Kapitalismus ... Proletarier aller Länder, vereinigt euch!"[1414]

Es war aber nicht nur die soziale Komponente, die die Erregung steigen ließ. Auch die Nationalitäten, vor allem die slawischen, waren aufgewühlt. Hier reichten sich die Panslawisten und jene, die sich an die Forderung nach dem Selbstbestimmungsrecht klammerten, die Hand. Tschechen und Südslawen waren sich schon im Dezember 1917 einig geworden, daß sie die Teilnahme von nichtdeutschen Nationalitätenvertretern bei den Friedensverhandlungen in Brest-Litovsk verlangen wollten. Am 6. Januar 1918 wurden sämtliche tschechischen Reichsrats- und Landtagsabgeordnete aus Böhmen, Mähren und Schlesien nach Prag zu einem „Generallandtag" einberufen, um einen Protest gegen die Haltung Österreich-Ungarns bei den Friedensverhandlungen zu formulieren. Nach dem Tag, an dem diese Versammlung stattfand, wurde das von ihr verabschiedete Schriftstück „Dreikönigsdeklaration" genannt. Durchaus wohlüberlegt und gleichermaßen Historisches wie Aktuelles ansprechend, hieß es da: „Wir czechischen Mitglieder des Reichsrates, der durch Urteile unkompetenter militärischer Gerichte um eine ganze Reihe seiner slawischen Mitglieder gebracht worden ist und zugleich wir czechischen Abgeordneten des aufgelösten und bisher nicht erneuerten Landtages Böhmens … bekräftigen nachdrücklichst als gewählte Vertreter des czechischen Volkes und dessen geknechteten und politisch mundtot gemachten slowakischen Zweiges in Ungarn unseren Standpunkt zur neuen Regelung der internationalen Verhältnisse … Wir erheben bittere Klage … und protestieren … feierlich gegen die Zurückweisung des Selbstbestimmungsrechtes der Völker bei den Friedensverhandlungen und fordern, daß im Sinne dieses Rechtes allen Völkern, damit auch dem unseren, die Teilnahme und volle Freiheit seine Rechte auf dem Friedenskongreß zu verfechten, gesichert werde."[1415]

Die „Dreikönigsdeklaration" war wohl nicht nur in den Augen der tschechischen Exilregierung die erste öffentliche revolutionäre Kundgebung. Wegen ihres staatsgefährdenden Charakters sollte sie zunächst auch nicht veröffentlicht werden. Die vorübergehende Beschlagnahme trug jedoch nur dazu bei, ihre Wirkung innerhalb der Länder der böhmischen Krone zu steigern. Das Ausland konnte anläßlich der Beschlagnahme wieder in seine früheren Anschuldigungen gegen das autokratische, die Freiheiten mit Füßen tretende Regime in Österreich zurückfallen. Die tschechischen Abgeordneten brachten wegen der Konfiskation der Dreikönigsdeklaration ein Mißtrauensvotum gegen die Regierung ein. Seidler hatte die Deklaration allerdings mittlerweile schon freigegeben und erhielt bei der namentlichen Abstimmung das Vertrauen ausgesprochen. Südslawen, Sozialdemokraten, Polen und Ukrainer hatten zusammen mit den Deutschen für den Ministerpräsidenten gestimmt.[1416]

Dreikönigsdeklaration und Arbeiterunruhen schienen weit getrennte Vorgänge, isolierte Akte mit eher zufällig identen Bezügen zu sein. Doch das Wesentliche war ja noch nicht die Bezugnahme auf die Friedensverhandlungen, ja nicht einmal die Versorgungskrise gewesen. Das Wesentliche war die Erregung an sich, die sich unterschiedlich Luft machte.

Am Morgen des 14. Januar 1918 versammelten sich die Arbeiter der Daimler-Werke in Wiener Neustadt in ihrem Fabrikshof, um gegen die neuerliche Kürzung der Mehlquote zu protestieren. Es war die schon erwähnte Herabsetzung von 200 auf 165 Gramm Mehl pro Tag für den Normalverbraucher. Die Arbeiter zogen zum Rathaus. Arbeiter anderer Fabriken schlossen sich ihnen an. Der Stadtrat telefonierte mit dem Ernährungsministerium. Minister Höfer wollte mit einer Deputation der Arbeiter sprechen. Doch zunächst kam es nicht dazu. Am nächsten Tag griffen die Streiks auf andere Industrien im Steinfeld und im Alpenvorland sowie in der Steiermark über. Dann wurden Unruhen aus Triest gemeldet. Die Arbeiterschaft ließ verlauten, sie würde die Arbeit erst dann wiederaufnehmen, wenn Mehl und Fett zur Verteilung kämen. Es sei genug da, man müsse es bloß richtig erfassen und verteilen, meinten sie. Die Streiks griffen auf Wien über, und die Forderungen wurden immer radikaler.

Der Führung der österreichischen Sozialdemokratie gelang es allerdings, der Radikalität noch einmal die Spitze zu nehmen. Es wurde ein direkter Zusammenhang zwischen den Friedensverhandlungen und der Not im Inneren hergestellt. Der Unmut wurde in vier Forderungen umgegossen: Die Regierung sollte aufgefordert werden, die Friedensverhandlungen in Brest nicht an territorialen Wünschen scheitern zu lassen. Als nächstes wurde eine gründliche Reform des Ernährungswesens gefordert, ferner das allgemeine Wahlrecht für die Gemeindevertretungen und schließlich die Aufhebung der Militarisierung für eine Reihe von Betrieben. Gleichzeitig veröffentlichte die Parteileitung in der „Arbeiter-Zeitung" Aufrufe an die Arbeiter der Lebensmittelindustrie, der Gas- und Elektrizitätswerke, der Verkehrsbetriebe sowie an die Bergarbeiter, nicht zu streiken. Dennoch drohte die Ausweitung des Streiks auf Mähren, Schlesien und Böhmen. Und immer noch glaubte man, der Hunger sei das zentrale Problem.

Czernin machte dem Kaiser heftige Vorwürfe, weil er Seidler nicht gezwungen habe, Ordnung zu schaffen. Es tauchten dieselben Vorwürfe auf wie seinerzeit gegen den Grafen Stürgkh. Czernin bat den Kaiser, den Vorsitzenden des gemeinsamen Ernährungsausschusses, General Landwehr, sofort zu Kaiser Wilhelm zu schicken und um eine Lebensmittelaushilfe zu bitten. Gleichzeitig müßte auch in Ungarn mit allergrößter Entschlossenheit vorgegangen und schonungslos requiriert werden. Tags darauf schrieb Czernin nochmals an den Kaiser und bezeichnete die Ernährungssituation als das „derzeit allerwichtigste Problem der inneren Politik, ... denn gelingt es nicht, den Ausbruch einer Hungersnot zu verhindern, ist alles verloren".[1417] Für Czernin standen die Friedensverhandlungen auf dem Spiel.

Nach Tagen erst wurde die Richtung deutlicher. Die Forderungen nach besserer Verpflegung traten deutlich zurück und wichen den ursächlicheren Forderungen nach Beendigung des Kriegs, aber auch nach Revolutionierung und nach Durchsetzung der Arbeitergewalt. Damit wurde links von der Sozialdemokratie eine Gruppe erkennbar, die wohl auch der rechten Führung der Sozialdemokraten zu schaffen machen sollte. Viktor Adler hatte es noch am 13. Januar abgelehnt, den Streik in revolutionäre Bahnen zu lenken.[1418] Es war daher dem sozialdemokratischen Parteivorstand wichtig, den Streik einzudämmen und ihn zu einem Ende zu bringen, da es sonst zu einer unkontrollierbaren Entwicklung kommen konnte. Am 15. Januar wurden auch aus Krakau Unruhen gemeldet.

Die Militärkommanden wollten durchgreifen, denn sehr viele der bestreikten Betriebe waren militarisiert. Verabredete Arbeitseinstellung wurde als Meuterei bezeichnet und den Arbeiter-Soldaten schwerste Strafen angedroht. Doch mit bloßer Gewalt war den Streiks nicht beizukommen. In dem Augenblick, da sich die lokalen Streiks zu einem Massenausstand entwickelten, war die Gewalt kein Steuerungsmittel mehr.

Allein in Österreich legten bis zum 19. Januar rund 600.000 Arbeiter ihre Arbeit nieder. Die meisten Läden schlossen, die Zeitungen, bis auf die „Arbeiter-Zeitung", stellten ihr Erscheinen ein. Es gab Demonstrationen und Straßenkrawalle. In Budapest wurden in der Nacht zum 18. Januar Straßenbahnschienen herausgerissen. Das dortige deutsche Generalkonsulat meldete: „Bewegung beginnt revolutionären Charakter anzunehmen."[1419] Die Streikenden protestierten lautstark gegen den schleppenden Fortgang der Brester Verhandlungen, man geißelte die Schroffheit und die Eroberungssucht der Deutschen. Die „Arbeiter-Zeitung" schrieb am 16. Januar, daß Rußland bereit sei, Polen, Litauen und Kurland freizugeben, wenn die dortige Bevölkerung dies wolle. Das Volk habe die Opfer des Kriegs bisher in dem Glauben getragen, einen Verteidigungskrieg zu führen. Die Fortsetzung des Kriegs zu Annexionszwecken widerspreche jedoch dem Willen der Völker Österreichs.[1420] Es drohte eine weitere Radikalisierung, und man mußte sich fragen, ob sich die russische Revolution nicht doch zur österreichischen ausweiten werde. Wie aber sollte man ihr begegnen?

Wie meistens in vergleichbaren Situationen erscholl der Ruf nach dem bedeutendsten Machtmittel eines jeden Staats, nach dem Militär. Eine Militärregierung wurde vorbereitet. Generaloberst Fürst Aloys Schönburg-Hartenstein sollte ihr Chef werden. Der Kaiser war noch nicht ganz entschlossen und stieß mit dem Vorhaben auch auf den Widerstand des Chefs des Generalstabs, Arz, und des gemeinsamen Kriegsministers Stöger-Steiner. Dennoch wurden die Vorbereitungen vorangetrieben. Schönburg und ein weiterer als besonders durchschlagskräftig angesehener General, Karl Freiherr von Bardolff, bis 1914 Chef der Militärkanzlei Franz Ferdinands, wurden in Positionen gebracht, die ihnen einen Wechsel in die Regierung jederzeit ermöglichen sollten. Schönburg wurde Generalinspektor der mobilen Truppen des Hinterlands. Zu denen zählten mittlerweile nicht nur die Ersatzformationen, vor allem Marschbataillone, sondern auch die allmählich zur Verstärkung in das Hinterland entsandten Verbände der Armee im Felde, zeitweilig über 50 Bataillone.[1421] Bardolff, der als Innenminister vorgesehen war, wurde sein Stellvertreter. Weitere Generäle wurden zu Kommandanten der mobilen Truppen des Hinterlands gemacht. Dabei wurde freilich nicht daran gedacht, daß diese Truppen selbst meutern könnten. Vielmehr sollten sie bei einer Fortsetzung der Streikbewegung und einer allgemeinen Revolutionierung der Monarchie eingesetzt werden. Schönburg-Hartenstein wäre damit in eine Kerenskij vergleichbare Position gekommen. Doch die Beilegung der Jännerstreiks und die Abscheu Kaiser Karls vor jeglicher Militärdiktatur brachten das Projekt zu Fall. Das Generalinspektorat wurde wieder aufgelöst.[1422]

Am 19. Januar empfing Seidler Viktor Adler, Karl Seitz, Karl Renner, Franz Domes und Ferdinand Hanusch als Vertreter der österreichischen Sozialdemokratie. Sie legten ihm die erwähnten vier Punkte vor, von deren Erfüllung sie ein Ende des Streiks abhängig machten: Verzicht auf territoriale Forderungen bei den Verhandlungen in Brest, Verbesserung der Ernährungssituation, die baldige Wahl von Gemeindevertretungen und eine Milderung des Militärregimes. Seidler versprach, alles zu tun, um den Frieden in Brest herbeizuführen. Aus der Besprechung heraus wurde Czernin kontaktiert, der die Erklärung abgab, er werde in Brest-Litovsk auf territoriale Forderungen verzichten. Was als Konzession an die Sozialdemokratie erscheinen mußte, war allerdings schon längst festgelegt gewesen. Auch in allen anderen Punkten wurden den Sozialdemokraten Zusagen gemacht und auch etwas Sand in die Augen gestreut.

Die Jännerstreiks hatten sich aber nicht nur auf Österreich beschränkt, sondern fanden in Ungarn ihre Entsprechung. Und auch dort endeten sie damit, daß Ministerpräsident Wekerle den Arbeitern versprach, ihre Forderungen zu erfüllen, ohne zu sagen, was er konkret unternehmen würde.[1423]

Am 21. Januar rief die Parteileitung der österreichischen Sozialdemokraten zur Wiederaufnahme der Arbeit auf. Das Ergebnis war eigentlich Null gewesen. Seidler hatte etwas zugesichert, das sich seiner Kompetenz entzog. Die Verbesserung des Ernährungswesens war an sich keine Frage von Reformen, sondern von verfügbaren Mengen. Die Wahl von Gemeindevertretungen konnte erst dann erfolgen, wenn die nationalen Wahlkreise festgelegt waren. Und bei der Aufhebung der Militarisierung von Betrieben kam man auch nicht weiter. Doch die Jännerstreiks waren erst der Auftakt gewesen.

Die Radikaleren waren mit der gefundenen Lösung keineswegs zufrieden. Sie beschimpften und malträtierten jene Genossen, die den Kompromiß ausgehandelt hatten; es kam zu tumultartigen Szenen. Karl Renner wurde in Wiener Neustadt von rabiaten Arbeitern kurzzeitig festgehalten.[1424] Dort, wo man sich an den Kompromiß nicht gebunden fühlte, vor allem in Böhmen, setzten die Streiks jetzt erst so richtig ein. Eine vorübergehende Beruhigung war lediglich in dem Augenblick zu beobachten, als man den Einsatz von Militär bzw. einen deutschen Einmarsch nach Böhmen befürchtete.[1425] Bei alldem kursierte auch noch das Gerücht, die ganze Bewegung sei auf Betreiben deutscher Sozialisten hin organisiert worden, die angesichts der Unmöglichkeit, im Deutschen Reich Stimmung für einen Kompromißfrieden zu machen, auf ihre österreichischen Genossen eingewirkt hätten.[1426]

Fortsetzung in Brest

Am 19. Januar 1918 hatte also der Minister des Äußern dem österreichischen Ministerpräsidenten nochmals versichert, daß er konsequent einen annexionslosen Frieden anstrebe. Doch wie man ja schon gelegentlich der Eröffnung der Friedensverhandlungen im Dezember gesehen hatte, ließ sich Annexionslosigkeit vielfältig auslegen.

Die Verhandlungen in Brest-Litovsk waren nach einer Unterbrechung über Neujahr, die dazu dienen sollte, eine letzte Einladung an die Westmächte zur Teilnahme an den Gesprächen zu richten, am 9. Januar wiederaufgenommen worden. Die Situation hatte sich gewandelt. Die russische Delegation wurde nicht mehr von Adolf Abramovič Joffe, sondern vom Volkskommissar für auswärtige Angelegenheiten, Trockij, geführt. Die Ukraine wollte ihre Zugehörigkeit zu Rußland aufgeben und ersuchte um separate Friedensgespräche. Und das Selbstbestimmungsrecht erwies sich als ein riesiger Stolperstein. Rußland verlangte die Beiziehung kurländischer und litauischer Vertreter, wenn Deutschland schon meinte, diese Randprovinzen wünschten sich von Rußland zu lösen. Der deutsche Chefunterhändler, General Hoffmann, der in der deutschen Delegation den radikalen Standpunkt der Obersten Heeresleitung zu vertreten hatte, kehrte Siegerallüren hervor. Nicht die Russen hätten Bedingungen zu stellen: „Das siegreiche deutsche Heer steht in Ihrem Gebiet", hielt er Trockij entgegen.[1427] Doch Trockij versuchte immer wieder, sich mit dialektischen Manövern aus der Affäre zu ziehen, und war schon zum Abbruch der Verhandlungen bereit. Lenin aber wollte deren Fortsetzung.

Czernins Position bei den Gesprächen wurde durch die Jännerstreiks und die drohende Hungerkatastrophe merklich erschwert. Seine wiederholten Erklärungen, lieber einen Sonderfrieden abzuschließen als den Frieden an deutschen Ansprüchen scheitern zu sehen, taten keine Wirkung mehr. Kaiser Karl hatte sich überhaupt nur mehr auf das Bitten verlegt. Wachsender Deutschenhaß und der weitverbreitete Glaube, Österreich-Ungarn kämpfe nur mehr für deutsche Eroberungen, sollte seinerseits aber mit Brosamen abgespeist werden, und Deutschland würde letztlich auf dem Rücken Österreichs Frieden schließen, hatten auch ihn isoliert. Da Czernin von der österreichischen Regierung und vom Chef des gemeinsamen Ernährungsausschusses und schließlich vom Kaiser bestürmt wurde, von Deutschland und Bulgarien die Lieferung von Getreide zu erreichen, konnte er auf der anderen Seite schlecht Unnachgiebigkeit zeigen.[1428] Das Deutsche Reich gewährte denn auch ein Darlehen von 45.000 Tonnen Weizenmehl, und schließlich gab es auch ein regelrechtes Abkommen über zusätzliche deutsche Lieferungen. Der Spielraum Czernins war aber neuerlich eingeengt worden.[1429] Der Minister warf Seidler vor, die Pressenachrichten über die Streiks nicht unterdrückt zu haben. Czernin kritisierte auch den ungarischen Ministerpräsidenten Wekerle scharf und trat offen für die Errichtung einer Militärdiktatur ein.[1430] Doch das konnte ihm seinen Handlungsspielraum nicht zurückgeben. Czernin wurde immer mehr an die deutsche Politik gebunden. Als erstes mußte er gegenüber der Ukraine Nachgiebigkeit zeigen. Sie beanspruchte für ihren Staat das Gouvernement Cholm aus dem russischen Teil Polens.[1431] Czernin mußte es zugestehen, auch wenn daraus unabsehbare Schwierigkeiten mit den Polen resultieren sollten. Außerdem setzten die Ukrainer die Schaffung eines eigenen Kronlands Ruthenien innerhalb der österreichisch-ungarischen Monarchie durch, das aus den ruthenischen Teilen Galiziens und der Bukowina bestehen sollte und damit ebenfalls auf Kosten eines möglichen zukünftigen polnischen Staates gehen mußte. Im Gegenzug sollte die Ukraine auf Grund separater Wirtschaftsabkommen beträchtliche Getreidemengen an die Habsburgermonarchie liefern.

Am 22. Januar 1918 berichtete Czernin im gemeinsamen Ministerrat über die Brester Verhandlungen. Er fand für sein Vorgehen nur geteilte Zustimmung. Einige Minister befürchteten das Ende der austropolnischen Lösung. Der Chef des Generalstabs bezweifelte, ob aus der Ukraine tatsächlich so viel Gertreide zu bekommen sei, wie Czernin versprochen worden war. Vor allem aber blieb die Frage offen, wie das Getreide abtransportiert werden sollte. Der Kaiser schlug sich auf die Seite Czernins. Er bekräftigte, daß die Monarchie notfalls einen Separatfrieden mit Rußland abschließen wollte, daß angesichts einer drohenden Nahrungsmittelkatastrophe den Ukrainern noch weitere Zugeständnisse gemacht und Galizien geteilt werden sollte. Die austropolnische Lösung wäre notfalls aufzugeben, denn Rumänien hätte mehr zu bieten. Karl war also offenbar zu denselben Schlüssen gekommen wie Kaiser Wilhelm. Nunmehr wollten weder das Deutsche Reich noch Österreich-Ungarn ein polnisches Königreich ins Schlepptau nehmen, dafür wollten beide Rumänien. Doch die Entwicklung ging auch darüber hinweg. Nach einer abermaligen Unterbrechung der Brester Gespräche kehrte Trockij mit der Formel „Weder Krieg noch Frieden“ an den Verhandlungstisch zurück. Außerdem waren die Bolschewiken entschlossen, dem Zerfallsprozeß Rußlands einen Riegel vorzuschieben, und reklamierten die Ukraine wieder für sich. Es kam zum Bruch zwischen der ukrainischen Zentralrada und den Bolschewiken. Die Mittelmächte aber sprachen umgehend die Anerkennung der Ukrainischen Volksrepublik aus.[1432]

Czernin machte ebenso wie den anderen Diplomaten und den Offizieren in Brest zu schaffen, daß man eigentlich nicht wußte, wieviel reale Macht die russischen Verhandler repräsentierten.[1433] Deutscherseits wurde zudem Trockij so viel Mißtrauen und Ablehnung entgegengebracht, daß der deutsche Außenminister Kühlmann Czernin und dem der österreichisch-ungarischen Delegation beigegebenen Wirtschaftsfachmann Richard Schüller den persönlichen Verkehr mit den Russen untersagen wollte. Am 7. Februar 1918 wurden Präliminarien für einen Friedensvertrag mit der Ukraine unterzeichnet, in denen bereits der Abtransport von einer Million Tonnen Getreide aus der Ukraine in Aussicht genommen wurde. Und am 9. Februar wurde in Brest der Friedensvertrag mit der Ukraine unterschrieben.[1434] Tags darauf brachen die Russen die Verhandlungen mit den Vierbundmächten ab. Die Anerkennung der Ukraine, die deutsche Absicht, noch weiter in das Baltikum vorzustoßen, und die russische Verschleppungstaktik hatten gleichermaßen zu dem Bruch beigetragen. Die Bolschewiken riefen die deutschen Soldaten zur Ermordung ihres Kaisers und der deutschen Generäle auf, und Trockij gab die bereits länger vorbereitete Erklärung ab, keinen annexionistischen Frieden zu unterzeichnen. Ungeachtet dessen würde die russische Armee demobilisiert. Er erklärte den Kriegszustand mit dem Deutschen Reich, Österreich-Ungarn, der Türkei und Bulgarien für beendet. Es herrsche „weder Krieg noch Frieden“. Die bolschewistische Delegation reiste ab.

Die Mittelmächte waren auf den Bruch nicht vorbereitet gewesen, doch sie erfingen sich rasch. Für Ludendorff stand fest, daß die Gelegenheit zum Vorstoß in das Baltikum genützt werden sollte. Ganz Estland und Livland wurden schließlich von deutschen Truppen besetzt. Ministerpräsident Seidler erklärte im Reichsrat, daß sich die Donaumonarchie an der deutschen militärischen Aktion nicht beteiligen würde. Er teilte auch mit, daß Rußland erklärt habe, mit Österreich-Ungarn nicht mehr im Kriegszustand zu sein. Doch wie sich kurz darauf erwies, bedeutete das nicht das Ende des österreichisch-ungarischen Engagements im Osten. Denn der Ukraine war nach Abschluß dessen, was Czernin so plakativ und überspitzt „Brotfrieden“ genannt hatte, mitgeteilt worden, daß sie sich im Fall einer militärischen Bedrohung durch Rußland an Österreich-Ungarn wenden sollte. Am 16. Februar kam auch prompt der Hilferuf und wurde von Czernin zu einer politischen Erpressung genützt. Er wollte militärische Unterstützung nur zusagen, wenn die Ukraine auf das ihr in Brest zugestandene Cholmer Land zumindest teilweise verzichtete. Die Grenze zwischen Polen und der Ukraine war wieder ungewiß.[1435]

Als sich jedoch das Armeeoberkommando schon bereit machte, den Vormarsch österreichisch-ungarischer Truppen in die Ukraine zu befehlen, verweigerte der Kaiser seine Zustimmung. Er sah in einem solchen Einmarsch einen Vertragsbruch. Ministerpräsident Seidler assistierte ihm, da er für die ohnedies schwache parlamentarische Unterstützung, die seine Regierung genoß, dringender denn je die Sozialdemokraten brauchte. Die Polen Österreichs waren nach dem Hin und Her wegen des Gouvernements Cholm nicht mehr bereit, der Verlängerung des Budgetprovisoriums zuzustimmen. Also mußten die Sozialdemokraten gewonnen werden, die aber ein Wiederaufleben des Kriegs im Osten strikt ablehnten. Also sollte der Vormarsch in der Ukraine unterbleiben.[1436]

Czernin kam dadurch in eine mißliche Lage, denn er hatte ja der Ukraine ausdrücklich zu verstehen gegeben, daß nicht deutsche, sondern österreichisch-ungarische Truppen einrücken würden; nur gegen diese Zusage hatte die Ukraine auf das Cholmer Land verzichten wollen – und jetzt kamen doch nur deutsche Truppen. Die Zusage der Donaumonarchie erwies sich als leere Versprechung. Damit war aber auch fraglich geworden, ob Österreich einen namhaften Anteil an der mit einer Million Tonnen Getreide bezifferten ukrainischen Sofortlieferung bekommen würde. Das Dilemma konnte kaum größer sein. Der Generalstabschef ordnete schließlich auf eigene Verantwortung die Teilnahme einiger k. u. k. Verbände an dem Vormarsch in die Ukraine an, um auf diese Weise zu retten, was noch zu retten war, und wenigstens ein bißchen Getreide einzubringen.[1437]

Daß es dann plötzlich doch wieder einen Lichtblick gab, war zum wenigsten Verdienst der Donaumonarchie. Rußland erklärte, an den Verhandlungstisch zurückkehren zu wollen. Lenin setzte die Annahme der Friedensbedingungen der Mittelmächte durch, und dies, obgleich das Deutsche Reich seine territorialen Forderungen auch auf Estland und Livland ausgeweitet hatte. Czernin konnte darauf keinen Einfluß mehr nehmen. Als Trockij wissen wollte, ob sich Österreich-Ungarn dem deutschen Vorgehen anschließe, teilte Czernin nur mit, daß die k. u. k. Regierung bereit sei, die Friedensverhandlungen gemeinsam mit ihren Verbündeten zum Abschluß zu bringen. Kein Wort mehr von Separatfrieden, denn allem Anschein nach waren die Deutschen mit ihrer Politik ja erfolgreich.

Am 25. Februar begann die letzte Phase der Verhandlungen mit Rußland. Österreich-Ungarn nahm auf die Abänderungen des bereits ausgehandelten Vertragstextes keinen Einfluß mehr. Doch da Botschafter Kajetan von Mérey im Auftrag seines Ministers der Delegation der Mittelmächte bis zuletzt angehörte und den fertigen Vertrag mit unterschrieb, übernahm Österreich-Ungarn auch die volle Verantwortung für die Bedingungen.

Rußland mußte den Frieden von Brest-Litovsk als Diktatfrieden sehen. Es war, wie der Führer der russischen Verhandlungsdelegation, Grigorij Sokolnikov, so deutlich sagte: „Der Friede, der jetzt abgeschlossen werden soll, ist nicht die Frucht einer Verständigung zwischen den beiden Parteien. Das ist ein Friede, der … uns mit den Waffen in der Hand diktiert wird.“[1438] Die Russen bekamen schließlich für die Endredaktion des Vertragstextes drei Tage eingeräumt. Am 3. März mußte der Vertrag – den deutschen Bedingungen zufolge – unterzeichnet werden. Rußland verlor zwar nur nichtrussisches Gebiet, von Finnland über das Baltikum und Polen bis Batum am Schwarzen Meer.[1439] Dennoch war es ein deutliches Signal für die Aufteilung eines Vielvölkerstaats. Der abgetrennte Randgürtel wurde entweder komplett in den Herrschaftsbereich der Mittelmächte einbezogen oder kam zumindest unter deren Protektorat. Artikel XII des Vertrags besagte, daß die beiderseitigen Kriegsgefangenen in die Heimat entlassen werden sollten. Österreich-Ungarn hatte rund 900.000 Russen, von denen 660.000 im Hinterland, davon 438.000 in der Landwirtschaft, eingesetzt waren; der Rest waren Arbeitskräfte im frontnahen Bereich.[1440] Jetzt sollte es zu einer Art Völkerwanderung kommen.

Der sogenannte Brotfrieden

Nach dem Hin und Her wegen der Teilnahme österreichisch-ungarischer Truppen am Einmarsch in die Ukraine hatte Generaloberst Arz, wie erwähnt, den „Gordischen Knoten" durchgehauen und am 26. Februar Generalfeldmarschall Hindenburg mitgeteilt, daß Österreich-Ungarn die Absicht habe, die Eisenbahnlinie nach Odessa zu besetzen.[1441] Zwei Tage später setzten sich die Truppen der k. u. k. 2. Armee in Bewegung. Der Befehlshaber für diese Aktion, Feldmarschall Böhm-Ermolli, tat, was man in solchen Fällen tut: Er instruierte seine Truppen, daß das Einrücken in das Nachbarland eine friedliche Hilfeleistung an ein befreundetes und noch nicht gefestigtes Staatswesen sei.[1442] Troß und Kampftruppen wurden auf Eisenbahnwaggons verladen und rollten nach Südosten. Friedlich war das Land, in das die k. u. k. Truppen eindrangen, aber sicherlich nicht.

Kiev, Charkov, Odessa, Šitomir und andere große Städte der Ukraine waren von Bolschewiken besetzt, die ukrainische Regierung auf der Flucht. Plötzlich ergab sich die merkwürdige Situation, daß die Alliierten und die Mittelmächte einen gemeinsamen Feind hatten: das Sowjetregime in Rußland. Doch ernsthafte Gegner konnte man die Truppen, die den Mittelmächten Widerstand leisteten, nicht nennen.

Deutsche und österreichisch-ungarische Divisionen stießen sukzessive in die Ukraine vor, wobei die Deutschen, die früher mit dem Vormarsch begonnen hatten, sicherlich die Hauptlast der Kämpfe trugen, aber auch die interessantesten Gebiete besetzten, vor allem das Donecbecken und die Krim. Gelegentlich kam es auch beim Vormarsch der k. u. k. 2. Armee noch zu Kampfhandlungen. Zusätzlich wirkten Schienenunterbrechungen verzögernd. Insgesamt aber konstatierte der k. u. k. Generalstabschef, daß die Operationen „bei der vollständigen Zerrüttung der russischen Armee, ihren empfindlichen Mängeln an geschulten Führern jeglichen Grades sowie der vollkommenen Disziplinlosigkeit der russischen Mannschaft mit besonderer Raschheit durchgeführt werden" konnten.[1443] Am 13. März standen österreichische und deutsche Truppen in Odessa. Die k. u. k. Donauflottille räumte die letzten Minen im Donaudelta und fuhr über die Sulinamündung in das Schwarze Meer ein.[1444] Die russische Schwarzmeerflotte dampfte nach Sevastopol.

Am 28. März kam eine Vereinbarung mit dem Deutschen Reich zustande, derzufolge Österreich-Ungarn die Gouvernements Podolien, Cherson und Jekaterinoslav zu besetzen hatte. Alle anderen Gouvernements fielen an die Deutschen.[1445] Freilich: Hatte man im Februar 1918 noch davon ausgehen wollen, daß sich die Verhältnisse in der Ukraine nach dem Einmarsch der Truppen der Mittelmächte relativ rasch normalisieren würden, so war das Gegenteil der Fall. Die Verwaltung war zusammengebrochen, die sogenannte Zentralrada der Ukraine konnte sich nicht durchsetzen, lokale Radas lehnten die Zusammenarbeit mit den Truppen der Mittelmächte ab. In Odessa fühlte man sich überhaupt nicht der Ukraine zugehörig. Die Bauern, die sich Land angeeignet hatten, waren wohl daran interessiert, durch die Truppen der Mittelmächte Schutz zu erhalten, damit ihnen das eben Gewonnene nicht wieder verlorenging, weigerten sich jedoch hartnäckig, Vorräte zu verkaufen.[1446] Die k. u. k. 2. Armee konnte daher nur unbedeutende Mengen aufbringen und in die Donaumonarchie transportieren. Am 25. März telegrafierte das Armeeoberkommando und schließlich am 1. April Kaiser Karl selbst an den Kommandanten der 2. Armee: „Die Aufbringung in der Ukraine ist unzulänglich. Die Fortführung des Krieges in Frage gestellt, wenn sich das Ergebnis der Requirierung nicht baldigst wesentlich bessert. Die wichtigste Aufgabe der in die Ukraine entsendeten Truppen ist die Erfassung und Absendung von Lebensmitteln. Es handelt sich nicht nur um die Versorgung der Armee, sondern in erster Linie um die Linderung der Lebensmittelnot im Hinterlande."[1447] Daraufhin kümmerte man sich nicht mehr um die von der ukrainischen Regierung erlassenen Ausfuhrverbote, sondern teilte die Besatzungszone in zwei Aufbringungsgebiete ein, in denen jeweils ein Armeekorps zuständig wurde. Danach sollten die Getreideverkehrsanstalten mit dem Abtransport beginnen. Kommissäre und Einkäufer der Kartelle schwärmten aus, um in Podolien und Cherson aufzubringen, einzukaufen und abzuschieben. Im Gegenzug sollten landwirtschaftliche Maschinen und Geräte, aber auch Textil-, Lederwaren und Papier in die Ukraine gebracht werden. An letzteren drei mangelte es aber in der Donaumonarchie selbst, so daß sich erst allmählich eine gewisse Ausgewogenheit in diesem Tausch ergab. Kurzzeitig war man in Wien auch mit den Lieferungen aus der Ukraine zufrieden. Am 5. Mai belobigte das AOK sogar Böhm-Ermolli wegen der „befriedigenden Aufbringung und dem Abschub der Nahrungsmittel aus der Ukraina".[1448] Doch gleich darauf wurde es wieder kritisch. Österreich-Ungarn und das Deutsche Reich wollten sich die ukrainischen Getreidelieferungen im Verhältnis 1: 1 und die Lebensmittellieferungen im Verhältnis 4 : 6 zugunsten Deutschlands aufteilen. Doch alles in allem beliefen sich die Abschübe auf höchstens ein Zehntel der erwarteten und vereinbarten Menge.

Über allem aber lagerte noch ein zusätzliches politisches und ein Sicherheitsproblem. In Kiev hatte sich Erzherzog Wilhelm eingefunden, der durchaus Ambitionen zeigte, die Ukraine zu einer habsburgischen Sekundogenitur zu machen. Das brachte gerade den k. u. k. Verantwortlichen zusätzliche Probleme, da diese Idee bei den Deutschen, bei der ukrainischen Regierung und selbstverständlich auch bei den Bolschewiken auf wenig Gegenliebe stieß. Die Tagebucheintragungen Feldmarschall Böhm-Ermollis erhellen mit wenigen Worten die Stimmung: „Die Tätigkeit des ... Erzherzog Wilhelm, wie dessen Sendung wird in Kiew bekrittelt und belächelt. Der E[rz]H[erzog] tritt aber auch sehr ungeschickt auf, umgibt sich mit zweifelhaften Individuen. Habe mir etwas Anderes erwartet, mich daher auch seinerzeit gegen seine Sendung gestemmt. Habe diesbezüglich dem AOK gemeldet, wird nichts nützen."[1449] Anläßlich eines Besuchs des deutschen Oberstleutnants Baron Stoltzenberg beim 2. Armeekommando am 15. Mai erzählte dieser über die „wegwerfende und spöttische Art", mit welcher die Mitglieder der Zentralrada über den Erzherzog sprachen.[1450] Erzherzog Wilhelm hatte auch einen recht bunten „Haufen“, nämlich die „Ukrainische Legion“, mitgebracht, die sich aus Ruthenen der Habsburgermonarchie rekrutierte. Doch diese Legion trug wohl nur unwesentlich dazu bei, die militärischen Verhältnisse noch weiter zu verwirren, denn in der Ukraine wimmelte es von Bewaffneten. Am 10. Mai wurde im Gouvernement Jekaterinoslav wegen des fortdauernden Aufstands gegen die Regierung der Kriegszustand verhängt[1451], und in einer Stadt wie Odessa, die damals rund 800.000 Einwohner zählte, war nicht nur ein erheblicher Teil der Bevölkerung bolschewistisch gesinnt, sondern gab es auch Zehntausende Gewehre, etliche Geschütze und Tonnen von Munition. Um die Entwaffnung dieser Leute vorzunehmen, forderte das k. u. k. 2. Armeekommando noch zusätzliche Verstärkungen an. Doch auch damit konnte das eigentliche Problem, nämlich die „Fruktifizierung“ des Brotfriedens, nicht erreicht werden.

Österreichische Kontingente rückten bis in das Donecbecken vor. Truppen der Mittelmächte standen an der Ostgrenze der Ukraine, und die Monitore der k. u. k. Donauflottille, die in das Schwarze Meer eingefahren waren, dampften Dnjepr und Bug aufwärts. Doch das Chaos konnte nicht gemindert werden.

Nun suchte man durch einen Wechsel im Kommando die Sache in den Griff zu bekommen. Feldmarschall Böhm-Ermolli wurde am 16. Mai durch General der Infanterie Alfred Krauß ersetzt und die 2. Armee in „k. u. k. Ostarmee“ umbenannt.[1452] Krauß wollte „unumschränkte Gewalt“. Doch gerade die bekam er nicht. Eine in Berlin zwischen dem Deutschen Reich und Österreich-Ungarn getroffene Vereinbarung legte fest, daß die Truppen nur dazu dienen sollten, Assistenzen beizustellen, wenn die Aufbringung durch die Organisationen des „Ukrainischen Nahrungsmittelrates“ und des „Ukrainischen Lebensmittelrates“ auf Hindernisse stoßen sollte.[1453] Jetzt ging überhaupt nichts mehr. Es war nicht einmal mehr möglich, die Truppen ausreichend zu versorgen. In die Ukraine waren nach und nach 500.000 deutsche und 250.000 k. u. k. Soldaten eingerückt, um den „Brotfrieden“ zu exekutieren. Zumindest die k. u. k. Offiziere gaben sich ganz friedensmäßig und trugen wie vor 1914 ihre schwarzen Kappen. Am 1. April 1918 wurde sogar die erste internationale Luftpostlinie der Welt – Wien–Olmütz–Krakau–Lemberg–Proskurov–Kiev – eröffnet, die mit nicht mehr fronttauglichen Militärmaschinen bis Kriegsende und schließlich bis 1921 beflogen wurde.[1454] Doch 750.000 deutsche und österreichisch-ungarische Soldaten verbrauchten täglich 300 Waggons Verpflegung, so daß kaum mehr etwas für den Abschub übrig blieb. Außerdem machten sich Untergrundorganisationen immer stärker bemerkbar, die die Ablieferungen an die Mittelmächte verhindern wollten und die Bauern beim Verstecken der Vorräte unterstützten.

Auch mit dem zweiten Land, das als niedergerungen gelten konnte und sich friedensbereit zeigte, nämlich Rumänien, ging nicht alles wie gewünscht. Ja, im Fall Rumäniens hatte auch die deutlich zu Schau getragene Absicht Österreich-Ungarns, Annexionsverzicht zu demonstrieren, einen argen Schönheitsfehler bekommen. Bei den parallel zu den Gesprächen in Brest-Litovsk mit Rumänien zu führenden Friedensverhandlungen forderte Ungarn von Rumänien „Grenzberichtigungen“, worunter vor allem die Abtretung von Turnu-Severin und einiger ertragreicher Ölfelder in Moldavien verstanden wurde. In dieser Frage herrschte zwischen Wekerle und Tisza vollste Übereinstimmung. Als Ausgleich für die an Ungarn abzutretenden Gebiete sollte Rumänien der Erwerb Bessarabiens aus der russischen Konkursmasse in Aussicht gestellt werden.

Die Vorgänge in Rußland hatten Rumänien friedensbereit gemacht, und insbesondere die von Kaiser Karl dem rumänischen König Ferdinand vor Augen geführte Bedrohung des Monarchischen verfehlte ihre Wirkung nicht. Die Kollision drohte in einem anderen Bereich, nämlich dort, wo die österreichischen und die deutschen Interessen aufeinanderprallten. Am 20. Februar telegrafierte Karl an Kaiser Wilhelm: Man könne Rumänien nicht zumuten, auf die wichtigsten wirtschaftlichen Werte, die es besitzt, zu verzichten. Außerdem würde gerade die Donaumonarchie Leidtragende eines verzweifelt hassenden Nachbarn sein.[1455] Nicht diese Formulierungen waren es freilich, die Kaiser Wilhelm zur Weißglut trieben, sondern andere Sätze. „Mir liegt die Bundestreue und der Wunsch, bis zu dem allgemeinen Frieden mit Deutschland auszuharren, nicht weniger am Herzen als Dir", schrieb Karl. „Aber ich bitte Dich nochmals dringendst, Deinen Vertretern den Auftrag zu geben, die wirtschaftlichen Forderungen nicht zu überspannen und mir in dem Bestreben zu helfen, einen definitiven Frieden mit Rumänien schließen zu können. Eine Enttäuschung auch in der rumänischen Frage würde hier eine Stimmung auslösen, die unbedingt äußerst kritische Folgen haben müßte."[1456] Wilhelm war ob der – wie er es wohl sah – Unterstellungen und der Laxheit des Bundesgenossen wütend. Seine Randbemerkungen auf diesem Telegramm spiegelten die ganze Skala der Emotionen wider: „Er droht mit Abfall. Diesen Witz kennen wir. Aber ich lasse Mir nichts gegen die Interessen Meines Landes und unter Nichtachtung der Erfolge und Verluste Meines Heeres abtrotzen. Der Abfall Österreichs schreckt Mich nicht. Es würde auf dieselbe Stufe wie Italien sinken ... Dank vom Hause Habsburg! Ein Verräter mehr!"[1457] Wilhelms Reaktion erklärte sich zum Teil daraus, daß schon seit dem Beginn der Friedensverhandlungen immer wieder davon die Rede gewesen war, Österreich-Ungarn könnte aus dem Bündnis ausscheren. Der deutsche Botschafter hatte Kaiser Karl am 5. Januar 1918 sogar direkt darauf anzusprechen gehabt und zur Antwort bekommen, „daß es doch nach den vielfachen Erklärungen über den Willen zum Frieden schwer gewesen wäre, Allerhöchst ihren Völkern die Notwendigkeit begreiflich zu machen, gegebenen Falls nur dafür weiter kämpfen zu müssen, daß Deutschland Litauen und Kurland als Siegespreis erhielte", wie das Botschafter von Wedel dann so formvollendet nach Berlin meldete.[1458] Jetzt war die Fortsetzung gefolgt. Der Staatssekretär für Auswärtiges, Kühlmann, suchte dem deutschen Kaiser die Haltung Kaiser Karls zu erläutern: „Die Vorstellung, daß Deutschland ihn und sein Reich bevormunden und vergewaltigen wolle, wird von Gegnern des Bündnisses bei Kaiser Karl geflissentlich genährt." Gerade deshalb sollte man Kaiser Karl besonders freundlich behandeln. Das war aber nur ein Aspekt. Der österreichische Kaiser war auch deshalb für Annexionslosigkeit, weil – wie er ganz offen aussprach – man ja nicht wisse, „wie die Monarchie nach dem Kriege aussehen wird".[1459]

Das Deutsche Reich blieb auch im Fall Rumäniens dem bisherigen Muster der Friedensverhandlungen treu. Da Rumänien den Wünschen und Forderungen des Vierbundes nicht zugänglich schien, wurde mit der Wiederaufnahme der militärischen Operationen gedroht. Österreich-Ungarn konnte sich dem nicht widersetzen, also suchte man das Beste daraus zu machen. Arz telefonierte mit Ludendorff, um diesen zu bewegen, das Oberkommando diesmal Erzherzog Eugen zu übertragen, da dieser nach der Auflösung des Kommandos der Südwestfront zur Disposition stand.[1460] Für den Fall der Wiederauf-

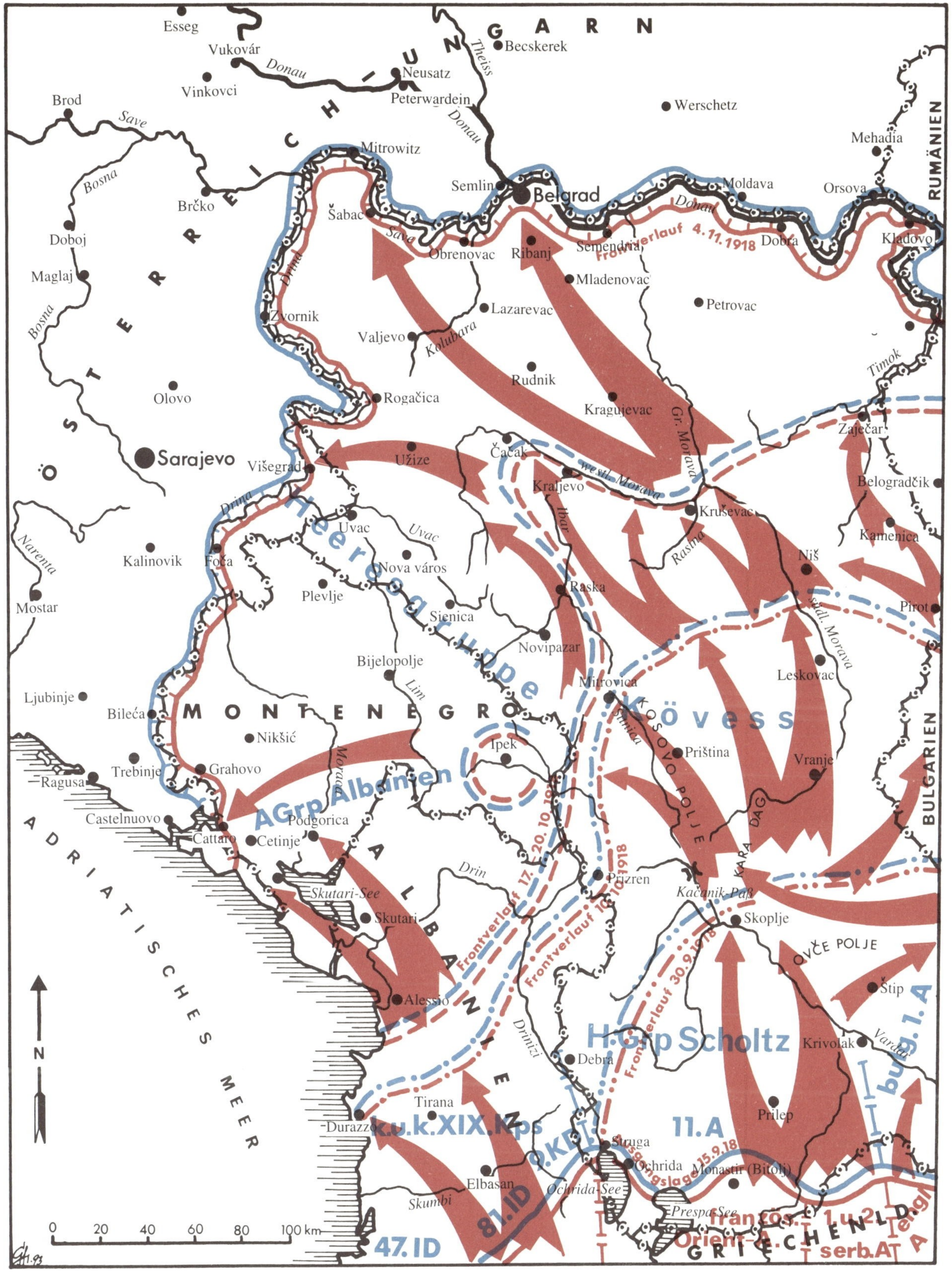

Ö S T E R R E I C H - U N G A R N
RUMÄNIEN
BULGARIEN
M O N T E N E G R O
A L B A N I E N
G R I E C H E N L D.
A D R I A T I S C H E S M E E R
Esseg
Vukovár
Vinkovci
Brod
Neusatz
Peterwardein
Becskerek
Werschetz
Mehadia
Orsova
Mitrowitz
Semlin
Belgrad
Moldava
Kladovo
Šabac
Obrenovac
Ribanj
Semendria
Dobra
Mladenovac
Petrovac
Lazarevac
Valjevo
Rudnik
Kragujevac
Zvornik
Rogačica
Brčko
Doboj
Maglaj
Olovo
Sarajevo
Višegrad
Užice
Čačak
Kraljevo
Kruševac
Zaječar
Belogradčik
Kamenica
Niš
Pirot
Uvac
Nova város
Plevlje
Foča
Kalinovik
Mostar
Sjenica
Raška
Novipazar
Bijelopolje
Mitrovica
Leskovac
Ljubinje
Bileća
Nikšić
Ipek
Priština
Vranje
Trebinje
Grahovo
Ragusa
Castelnuovo
Cattaro
Cetinje
Podgorica
Prizren
Kačanik-Paß
Skoplje
Skutari
Alessio
Štip
Krivolak
Debra
Tirana
Durazzo
Prilep
Struga
Ochrida
Monastir (Bitolj)
Elbasan
Donau
Theiss
Save
Bosna
Drina
Sava
Kolubara
Gr. Morava
westl. Morava
Ibar
Rasina
Timok
Uvac
Narenta
Lim
Morača
südl. Morava
Sitnica
Drin
Skutari-See
Drinizi
Vardar
Skumbi
Ochrida-See
Prespa-See
KOSOVO POLJE
KARA DAG
OVČE POLJE
Frontverlauf 4.11.1918
Frontverlauf 17. u. 20.10.1918
Frontverlauf 10.10.1918
Frontverlauf 30.9.1918
Ausgangslage 15.9.18
Heeresgruppe Kövess
AGrp Albanien
H.Grp Scholtz
11.A
bulg. 1.A
k.u.k. XIX. Kps
OKR
81.ID
47.ID
französ. 1 u. 2 Orient-A.
serb. A
engl. A
0 20 40 60 80 100 km
N

DER BALKANKRIEGSSCHAUPLATZ
(September – November 1918)

nahme der Kampfhandlungen wollte Arz die Forderungen gegenüber Rumänien drastisch erhöhen. „Beim Kaiser wird er wohl viel Widerstand finden", meinte dazu der Chef der Militärkanzlei, Feldmarschalleutnant Marterer, lakonisch.[1461] Doch Rumänien lenkte ein. Am 5. März 1918 wurde der Vorfrieden von Buftea abgeschlossen und zwei Tage später der Frieden von Bukarest. Dabei konnte nun auch Bulgarien seinen Preis im Krieg geltend machen: Es beanspruchte die Dobrudscha. Da das Osmanische Reich eine derartige Vergrößerung Bulgariens aber kompensiert sehen wollte, indem Bulgarien zugunsten der Türkei auf Gebiete an der Maritza verzichten sollte, drohte ein weiterer Konflikt der Vierbundmächte. Rumänien wurde schließlich nur die südliche Dobrudscha weggenommen, worauf sich Bulgarien um seinen Lohn im Krieg getäuscht sah und sehr rasch jegliches Interesse an der Fortsetzung des Kriegs an der Seite der Mittelmächte verlor. Rumänien büßte aber auch ein Stück der Moldau ein, das von Ungarn beansprucht wurde. Obwohl Czernin lange opponiert hatte, setzte Ungarn seine Forderungen durch und erreichte, daß Rumänien schließlich ein Territorium von 5000 km^2 abtreten sollte, das der ungarischen Reichshälfte zuzuschlagen war, während Österreich in der Bukowina 600 km^2 an rumänischem Gebiet erhielt. Da sich Kaiser Karl gegenüber diesen Forderungen nicht unnachgiebig gezeigt hatte, wurden die Beteuerungen vom Annexionsverzicht vollends zu einer leeren Floskel. Karl wurde solcherart und für kurze Zeit „Mehrer des Reichs". Außerdem sollten bis zum Inkrafttreten des Friedens Truppen des Vierbunds in der Walachei verbleiben.[1462] Eisenbahn, Telegraf und Post wurden von Deutschen, Österreichern und Ungarn verwaltet. Rumänien sollte auch Kriegsentschädigung zahlen. Und was noch wichtiger war: Auch aus Rumänien sollten sofort Lebensmittel an die Mittelmächte abgehen. Die Mittelmächte ihrerseits wollten Rumänien industrielle Überschußgüter und Kohle liefern. Beides erreichte nicht annähernd jene Quantitäten, die in den Verträgen standen.

Bald zeigte sich, daß auch der Frieden im Osten für Österreich-Ungarn das Problem des Überlebens nicht lösen konnte. Da der Frieden außerdem ein Fetzen Papier blieb, legte der k. u. k. Minister des Äußern die Friedensverträge weder Reichsrat noch Reichstag zur Ratifizierung vor. Österreich unternahm auch nichts, um ein Kronland Ruthenien zu schaffen, und an die Cholmer Frage wurde erst recht nicht gerührt. Der „Brotfrieden", der Frieden von Bukarest und erst recht jener mit Rußland ließen sich somit auf die Tatsache reduzieren, daß eine Front, und zwar die von der Ausdehnung her bei weitem längste Front, für die Mittelmächte weggefallen war. Frieden aber herrschte trotz der Friedensschlüsse nicht.

Mehr als eine Million deutscher und österreichisch-ungarischer Soldaten verblieben im Osten. Dreimal so viel waren freilich frei geworden. Denn alle Bemühungen der Alliierten und auch jene T. G. Masaryks, die darauf abzielten, die Ostfront zumindest partiell zu „rekonstruieren" und zu aktivieren, und sei es mit Hilfe eines tschechoslowakischen Armeekorps, scheiterten.[1463] Die Deutschen wurden ab Dezember 1917 an die Westfront gebracht. Die k. u. k. Truppen, deren Gesamtstand sich im Januar 1918 auf 4,41 Millionen Mann belief, kamen, sofern sie im Osten frei wurden, aber nur zum Teil nach Italien. Denn plötzlich war ein zusätzlicher und eminenter Bedarf an Soldaten im Inneren der beiden Reichshälften aufgetaucht. Viel mehr noch als im Januar drohte eine Revolution den Zerfall der Donaumonarchie zu beschleunigen.

Meuterei

Die russische Februar- und auch die Oktoberrevolution hatten so gut wie keine erkennbaren Auswirkungen auf die Haltung der österreichisch-ungarischen Truppen gehabt. Eine Zeitlang überdeckte auch sicherlich das Gefühl, eines der wesentlichsten Kriegsziele, nämlich den Sieg über Rußland, errungen zu haben, alle anderen Empfindungen. Und das, was den Truppen an der Ostfront mit diesem triumphalen Gefühl und der Aussicht auf ein baldiges Kriegsende das Verbleiben an der Front erleichterte, wurde den Soldaten der Südwestfront mit dem Sieg in der zwölften Isonzoschlacht beschieden. Auch sie hatten triumphiert, sich selbst überwunden und den Gegner an den Rand des Zusammenbruchs, zumindest aber in eine sichtbare Katastrophe getrieben.

Diese emotionale Unterfütterung hielt zwar etliche Wochen an, doch schon im Januar und Februar 1918 war sie erneut einer ungeheuren Ernüchterung gewichen. Das russische und das rumänische Beispiel lehrten, daß es nicht mehr Krieg geben mußte; doch in Österreich-Ungarn deutete nichts auf ein rasches Kriegsende hin. Ganz im Gegenteil hatte man schon 1917 damit begonnen, die k. u. k. Armee und die beiden Landwehren zu reorganisieren und mit neuen Kampfverfahren vertraut zu machen[1464]; der unmittelbare Vergleich mit den deutschen Truppen in der zwölften Isonzoschlacht hatte die Durchführung dieser Veränderungen beschleunigt.

Die Regimenter verloren jeweils ein Bataillon; sie hatten folglich nur mehr drei, so daß dann eine Division nur noch über zwölf Bataillone Infanterie und ein Sturmbataillon gegenüber bisher 16 Infanteriebataillonen verfügte. Die Sturmbataillone wurden taktisch besonders geschult. Die Anzahl der Maschinengewehre in den Kompanien stieg, und es wurden Maschinenpistolen eingeführt. Die gesteigerte Feuerkraft sollte ein Absinken der Kampfkraft verhindern. Auf taktischer Ebene wurden die Kampfzonen neu gestaltet. Eine „Vorfeldzone“ sollte den Gegner zur Entwicklung seiner Kräfte zwingen, ehe der Kampf in der sogenannten Großkampfzone begann, der bis in die ganz hinten liegenden Kernstellungen zu führen war. Alle Zonen bestanden aus kleinen stacheldrahtbewehrten Stützpunkten mit Maschinengewehren, Flammenwerfern und Geschützen und waren untereinander durch Gräben verbunden. Die Soldaten wurden darin ausgebildet, die neuen Kampfverfahren anzuwenden. Sie hatten dicht hinter dem eigenen Artilleriefeuer mit Handgranaten in die feindlichen Stellungen einzudringen und die Gräben aufzurollen. Die Artillerie aber war mittlerweile zur eigentlichen „Königin der Waffen“ aufgestiegen. Es hatte eine stetige Vermehrung der Geschütze gegeben. Die bei Kriegsbeginn verwendeten Muster waren großteils durch moderne Rohrrücklaufgeschütze, Feldkanonen, Feldhaubitzen, Langrohrkanonen, Gebirgskanonen und Minenwerfer ersetzt worden. Die Zahl der Batterien war erheblich vermehrt worden, und zwar so, daß eine Infanteriedivision über zwei Feldartillerieregimenter, eine Gebirgsartilleriebatterie und ein Minenwerferbataillon mit zusammen etwa 100 Rohren verfügen sollte, also annähernd doppelt so viele Geschütze je Division wie vorher. Das alles erforderte nicht nur eine entsprechende militärische Ausbildung, sondern auch einen ungebrochenen Kampfwillen. Denn es hing nicht zuletzt von den psychischen und physischen Faktoren ab, ob hier nicht nur theoretisiert, sondern auch tatsächlich für Angriff und Abwehr vorgesorgt wurde. Freilich, und das mußte jedem Soldaten auffallen, deuteten alle diese

Veränderungen auf die Fortsetzung des Kriegs hin. Und dabei paßte so manches nicht mehr zusammen.

Als das Armeeoberkommando am 21. Januar 1918 in einer „Armee-Konferenz" Bilanz zog, war dabei eigentlich nur von Sorgen und einer schweren Bedrücktheit die Rede.[1465] Auch die Wortfetzen einer Mitschrift lassen das erkennen: „Leute an der Ostfront wollen auch leben und sind, namentlich an der Ostgrenze Ungarns, nicht in leichten Verhältnissen; Erhaltungsapparat ist kaum mehr weiter zu restringieren, solange wir unsere Truppen noch in den Schützengräben halten müssen; erst wenn wir sie an die Bahn zurücknehmen können, werden sich die Verhältnisse bessern ... Albanien: Schmerzenskind des AOK ... Absorbiert eine große Anzahl von Arbeitskräften vermöge der dortigen Gesundheitsverhältnisse ... Südwesten: AOK ist der Ansicht, daß die Piave Front jetzt die entscheidende ist ... Menschenmaterial: Was sich ansammelt, wird bis zum letzten Mann zur Armee geschickt ... Wir leben von der Hand in den Mund ... Jetzt dürfte es Gesetz werden, daß sämtliche Enthebungen der 19- bis 25jährigen annulliert werden ... Verpflegung: Waldstätten sagt, mehr schreien und den Revolver ansetzen als das AOK tut, geht nicht. Die jetzige Lage ist: Die Armee im Felde hat im Durchschnitt 1–2 normale Portionen, 1 Reserve Portion; Kriegsministerium im Hinterland 2 Armeetage ... Das sind Hungerquoten, wir rutschen aber durch; dabei keine Reserven; in 14 Tagen mit dem Letzten, was dem AOK zur Verfügung steht, sind wir fertig ... Enorme Schwierigkeiten in Österreich ... Futterfrage ist überhaupt unlösbar, weil die Vorräte nicht aufgebracht werden können ... Bahnen: Unsere verschiedenen Bahnen leisten jetzt wegen Mangel an Kohle, Maschinen, schlecht rollendem Material und Unterbau nicht annähernd das, was sie vor Jahr und Tag geleistet haben ... Ermüdung und Unterernährung des Personals, Mangel an Kohle ... Ärztemangel: Zahl der Ärzte von 7500 auf 5500 gesunken." Schließlich wurde noch erwähnt, daß die Fabriken mit der Fertigung von Auszeichnungen nicht nachkämen. Doch das war ein eher marginales Problem.

Schon am 16. Januar waren vom Kriegsministerium Fronttruppen angefordert worden, um die 40.000 Mann, die für Assistenzeinsätze in der Monarchie zur Verfügung standen, zu verstärken. Und sie wurden auch bald gebraucht. Es begann jener Reigen von Assistenzeinsätzen zur Niederhaltung von Unruhen, Meutereien, aufflackernden revolutionären Bewegungen und nationalen Protesten, der bis Kriegsende nicht mehr abreißen sollte.

Im Februar kam es in Polen, vor allem in Krakau, zu Ausschreitungen. Die in Brest zunächst getroffene Vereinbarung, das Cholmer Land an die Ukraine abzutreten, war auf wütenden Protest der national gesinnten Polen gestoßen. Hatte man bis dahin in Galizien ein Zugehörigkeitsgefühl zur Habsburgermonarchie voraussetzen können und auch merkliche proösterreichische Sympathien im Generalgouvernement geortet, so war das nun mit einem Mal dahin. Jetzt brach Antiösterreichisches durch.[1466] Landesweit wurde am 18. Februar ein sogenannter nationaler Trauertag abgehalten. Die Reaktion darauf war die örtliche Verkündung des Standrechts. Doch sichtbar begann der polnische Adler den Doppeladler zu ersetzen. Die Unruhen hielten sich wohl noch in Grenzen, und wenn da und dort auch Soldaten bei den Tumulten mitmachten, blieb das militärische Gefüge des Hinterlands im großen und ganzen noch intakt. Anderswo gärte es jedoch in ganz anderer Weise. Am 1. Februar 1918 setzte in Cattaro, dem Kriegshafen der schweren Einheiten der k. u. k. Kriegsmarine, fast schlagartig die Revolution ein. Sofort mußte man an die Parallelen denken: die Meuterei in St. Petersburg und die Rolle der Matrosen in beiden Phasen der russischen Revolution. War es auch in Österreich soweit?

Wie die russische Ostseeflotte war auch die k. u. k. Kriegsmarine nur selten eingesetzt worden. Die meiste Zeit lagen die Geschwader und vor allem die Schlachtschiffdivisionen in den Buchten und Häfen vor Anker und hatten tagaus, tagein den öden Drill und die Auswüchse langer Liegezeiten zu ertragen. Seit dem Überfall auf italienische Küstenstädte bei Beginn des Kriegs mit Italien 1915 und dem Angriff auf die alliierten Sperren in der Otranto-Straße am 15. Mai 1917 hatte es kaum größere Aktionen gegeben. Lediglich einige Einheiten hatten während der zwölften Isonzoschlacht die Küste beschossen. Es hatte allerdings auch wenig erfreuliche Ereignisse gegeben. Am 5. Oktober 1917 hatten ein tschechischer und ein slowenischer Matrose die Offiziere des Torpedoboots „Tb 11" in ihren Kabinen eingesperrt und das Boot von Sebenico nach Italien gebracht. Am 10. Dezember wiederum drangen italienische Torpedoboote in den Hafen von Triest ein und versenkten das alte Schlachtschiff „Wien". Verrat dürfte im Spiel gewesen sein, so daß die Italiener ungesehen die Sperren der Hafeneinfahrt passieren konnten.[1467] Es gab hörbare Kritik am Flottenkommandanten Admiral Njegovan, dem Bequemlichkeit und Schlamperei vorgeworfen wurden. Er schien bereits aufgegeben zu haben.[1468]

Wer es sich leisten konnte, und das waren vor allem die Offiziere, pflegte seine Eigenheiten. Bären und Affen, jegliche Art von Zwei- und Vierbeinern, dienten dem Zeitvertreib; die Mannschaft fühlte sich benachteiligt. Die Menage ließ zu wünschen übrig. Statt 500 Gramm Brot gab es zeitweilig nur 400 Gramm. (Im Inneren der Monarchie war man freilich zur selben Zeit schon bei etwa 230 Gramm bzw. 300 Gramm für Schwerarbeiter angelangt.)[1469] Auch sonst gab es einiges auszusetzen. Man war sehr freigebig mit Strafen, so daß der normale Rhythmus: vier Stunden Dienst, acht Stunden frei, auch in 16 Stunden ununterbrochenen Dienst umschlagen konnte. Haftstrafen wurden wegen geringster Delikte verhängt.[1470] Am 1. Februar begann die Meuterei, bis zum Abend hatte sie von der Kreuzerdivision auf die Zerstörer- und Torpedobootflottille übergegriffen. Am Abend gaben die meuternden Matrosen ihre Forderungen bekannt: Maßnahmen zur sofortigen Einleitung eines Friedens. Frieden aufgrund der russischen Vorschläge, ohne Annexionen etc., Selbstbestimmungsrecht der Völker und loyale Antwort auf die 14 Punkte Wilsons. Demokratisierung der Regierung. Auf Kriegsdauer sollte es dann noch Erleichterungen wie Verpflegszubußen, sechs Wochen Urlaub im Jahr, mehr Zigaretten, die Erfüllung von Spezialwünschen und anderes mehr geben. Die Meuterer hatten aber nur wenig Erfolg. Der Landesbefehlshaber von Bosnien, Herzegowina und Dalmatien, Generaloberst Sarkotić, ließ die Bucht von Cattaro vom Land her zernieren. Am 2. Februar setzten sich die loyal gebliebenen Einheiten in die innere Bucht ab. Die Schiffe mit den Meuterern, die auch den Kommandanten der Kreuzerdivision, Konteradmiral Hansa, in ihrer Hand hatten, blieben in der mittleren Bucht. In die äußere Bucht aber fuhren maritime Zernierungskräfte aus Pola ein. Am 3. Februar war das Ende der Revolte gekommen. Vier Tage später wurden vier Flottenangehörige, ein Tscheche und drei Südslawen, von einem Standgericht zum Tod verurteilt und exekutiert. (Der Sarkophag mit den sterblichen Überresten der vier steht bei einer kleinen Kirche am Rand von Kotor, dem früheren Cattaro. Bis vor kurzem befanden sich Plastikkränze in den jugoslawischen Farben auf dem steinernen Grabmal.)

Dank einer sofort verhängten Nachrichtensperre und rigoroser Zensurmaßnahmen sickerte von der Matrosenrevolte so gut wie nichts durch. Die übergeordneten militärischen Interessen verhinderten auch eine Erörterung im Reichsrat. Doch für die Führung der Kriegsflotte hatte Cattaro unmittelbare Folgen. Njegovan wurde abgelöst und nach zehn Tagen durch den noch verhältnismäßig jungen Linienschiffskapitän Miklos von Horthy ersetzt, der Vizeadmiral und Flottenkommandant wurde. Von da an wurde die Kriegsmarine wieder besser geführt. Man rechnete dennoch, daß sie zwei Monate brauchen würde, um wieder einsatzbereit zu werden.[1471]

Die Meuterei auf Einheiten der Kriegsflotte in Cattaro sollte aber kein Einzelfall bleiben. Die Revolution griff auf das Hinterland und die Ersatzmannschaften über. Als sie im Befehlsbereich des Generalobersten Sarkotić begann, meinte der, es handle sich um eine von außen, von den Ententetruppen kommende und gelenkte Aktion, deren Parolen durch „hochverräterische Individuen" propagiert würden. Sarkotić hatte damit sicherlich nicht den wahren Grund erkannt. Eher traf er den Kern des Problems, wenn er an Offiziere und Unteroffiziere appellierte, ihre Vorrechte nicht auszuspielen und alles zu tun, um die Verpflegssituation zu verbessern. Die verschlechterte sich nämlich auch bei der Armee zusehends und erwies sich als kaum mehr lösbar. Das Kriegsministerium hatte schon im Dezember 1917 die Militärkommanden angewiesen, alle aufzubringenden Vorräte der Armee zuzuführen, und zwar rücksichtslos. „Verpflegssituation bei den Armeen erfordert, daß alle im Hinterland verfügbaren Mehlvorräte ohne Rücksicht auf Hinterlandsbedarf zur Armee im Felde abgeschoben werden", hatte das Kriegsministerium depeschiert.[1472] Doch die Zufuhr reichte nicht aus, und die Aufbringung war mit den bis dahin geübten Methoden nicht zu steigern. Die 2. Armee im Osten griff daher angesichts des Hungers der Soldaten zur Selbsthilfe und requirierte im Hinterland der Front. Das sollte nicht mehr aufhören, und wie es endete, sah man dann z. B. im Juni in Stryj in Galizien, wo wilde Hungerdemonstrationen aufflackerten, nachdem es in der Stadt zehn Wochen hindurch kein Mehl, zwei Wochen lang kein Brot gegeben hatte und der Zivilbevölkerung auch die letzten Kartoffeln durch militärische Requisition entzogen worden waren.[1473] Hier zeigte sich das Auseinanderleben von Front und Hinterland in seiner krassesten Form; jegliche Rücksichtnahme fiel weg. Es ging nur mehr ums Überleben.

Auch anderswo wurde requiriert. Da vor allem in Ungarn noch erhebliche Mengen von gehorteten Vorräten vermutet wurden, vereinbarte der Vorsitzende des gemeinsamen Ernährungsausschusses General Landwehr mit dem neuen ungarischen Ernährungsminister Fürst Ludwig Windisch-Graetz eine ausgedehnte Requisition in Ungarn. Landwehr wollte den Eingriff dadurch weniger schmerzhaft machen, daß er alles an Zucker, Petroleum und Tabak, was er in der österreichischen Reichshälfte noch auftreiben konnte, Ungarn als Gegenleistung zur Verfügung stellte. Doch man wußte genau, daß die Durchführung der Requisition etwa 50.000 Mann Ersatzeinheiten und zusätzliche Feldtruppen erforderte. Damit wurde für die Betroffenen, die ja nicht die Not der anderen, sondern nur das sahen, was ihnen selbst widerfuhr, der eigene Soldat zum Feind. Auf dem Land bereitete sich die stille Revolution vor.

Und die Streiks rissen nicht ab. Die böhmischen und mährischen, die ungarischen, schlesischen und polnischen Industrien, Gruben und Fabriken wurden immer wieder bestreikt. Eine Assistenzanforderung nach der anderen kam. Es gab auch Tote.[1474] Auch in den Alpenländern und Krain, in Wien – überall gärte es. Da waren es die Industriearbeiter, dort waren es die festbesoldeten Kleinverdiener, waren es auch die Frauen, die rebellierten. Wenn sich in Wien an einem Tag 150.000 Menschen anstellten, um ein wenig Fleisch, Fett, Eier oder Gemüse zu ergattern, und über 20.000 leer ausgingen, dann waren das rund 15 Prozent. Die dramatisch zunehmendeVerarmung großer Bevölkerungsteile führte auch zu Plünderungen; Geschäfte wurden demoliert.[1475] Die Feindschaft gegen das Militär wuchs. Es requirierte, es schritt bei Streiks ein und zerstreute Aufläufe. Dabei zeigte sich auch eine fatale Verläßlichkeit der Truppen: Ungarische Truppen zeigten keinerlei Scheu, wenn sie in Böhmen eingesetzt wurden, und tschechische wie bosnische Einheiten ließen sich willig bei der Unterdrückung von Streiks und Demonstrationen in Ungarn verwenden.[1476]

In dieser durch Streiks und Assistenzen gekennzeichneten Situation begann die Rückführung der Kriegsgefangenen aus Rußland. Auch wenn bei weitem nicht alle zurückkamen, war dennoch ein ungeheurer Anfall von Repatriierten zu gewärtigen.[1477] Die Gesamtzahl der österreichisch-ungarischen Kriegsgefangenen in Rußland betrug über 2,1 Millionen Offiziere und Soldaten, mehr als doppelt so viele, wie Österreich-Ungarn selbst Russen verwahrte. Die Rückkehr der Kriegsgefangenen setzte zunächst unkontrolliert ein. Etliche waren bereits nach der Februarrevolution zurückgekehrt. Die Bolschewiken hatten sie einfach entlassen. Die meisten Gefangenen blieben jedoch in den Lagern, da sie solcherart ein geordnetes Auskommen hatten. Sie fürchteten auch zu Recht, daß sie – kaum heimgekehrt – wieder Soldaten werden müßten. Ab Dezember 1917 und verstärkt ab März 1918 setzten dann die systematische Rückholung und ein verstärkter Zuzug ein. Dennoch war bis zum Sommer 1918 erst etwa eine halbe Million Mann regelrecht repatriiert worden. Für die allermeisten wurde die Rückkehr zum Schock. Das bürokratische Erfassen, die Wiedervereidigung auf Kaiser Karl, die etwa dreiwöchige Quarantäne, dann die Zuführung zu den Ersatztruppenkörpern, die Untersuchung über die Umstände der Gefangennahme und anderes mehr waren so ganz anders, als sich wohl die allermeisten die Heimkehr ausgedacht hatten, und erzeugte einen tiefen Groll. Erst dann, wenn ihre Gefangennahme als gerechtfertigt anerkannt wurde, erhielten sie einen vierwöchigen Urlaub, andernfalls wurden die Heimkehrer einer weiteren Untersuchung zugeführt oder unter dem Vorwurf der Desertion gleich verhaftet.

Das Wiedereinsetzen des militärischen Zwangs, der verspätet gewährte Urlaub, die Aussicht, wieder an die Front zu kommen und im Südwesten gegen Italien den Krieg fortsetzen zu müssen, vor allem aber auch die schlechte Versorgung ließen bei den wieder eingereihten Heimkehrern eine teilweise explosive Stimmung entstehen.[1478] Wenn der Deutsche Bevollmächtigte General beim Armeeoberkommando, August von Cramon, dann behauptete, Offiziere und Mannschaften wären wie 1915 regelrecht begierig gewesen, wieder an die italienische Front zu kommen[1479], dann kam ihm wohl insofern etwas durcheinander, als der Wunsch, an die italienische Front zu kommen, für viele nur die Hoffnung auf bessere Verpflegung, auf Beute und unter Umständen auch die Möglichkeit zur Desertion bedeutete. Auch wenn man die Heimkehrer durch eigene Propaganda-Abwehrstellen wieder umzuerziehen suchte, reichte die Indoktrination durch die russische Revolution meistens aus, um die Leute nicht nur rebellisch werden zu lassen, sondern ihnen auch die aktuellen Phrasen in den Mund zu legen. Da mußte einer auch gar nicht nennenswert mit den Bolschewiken in Berührung gekommen sein, um Parolen wie „Frieden“ und „Brot“ zu verstehen. Revolten flackerten auf: in Zurawica in Galizien am 25. April, dann in Sambor am 2. Mai. Eine Marschkompanie des Infanterieregiments Nr. 40 war als Assistenz verwendet worden, um Lebensmittel einzutreiben. Die Zivilbevölkerung hatte sich nachhaltig gewehrt, es war zu erschütternden Szenen gekommen. Es brauchte unter diesen Umständen also keiner geschulten Demagogen, um die Ersatztruppenkörper und die eben wieder eingereihten Heimkehrer revoltieren zu lassen.

Ähnlich war es in Lublin. Heimkehrer begehrten auf. Sie hatten während des obligaten vierwöchigen Urlaubs oft vergeblich ihre Angehörigen gesucht. Ihre Häuser waren zerstört, die Familien hausten zum Teil in unbeschreiblicher Not in den verlassenen Schützengräben. Sie dämmerten dahin, und die Verwaltungsbehörden taten fast nichts, um das Los der Leute zu lindern. Die ungeklärte Zukunft des polnischen Generalgouvernements verzögerte jede wirkungsvolle Maßnahme zum Wiederaufbau. Ruthenisch-polnische Gegensätze taten ein Übriges. Meist genügte ein lächerlich kleiner Zwischenfall, um dann den Bann zu brechen.[1480] In Garnisonen um Leitmeritz rebellierten Heimkehrer, ebenso in Trenčin. Ruthenen meuterten in der Slowakei. An unzähligen Plätzen flackerten gleichzeitig Unruhen auf. Doch überall waren sie zunächst relativ klein und begrenzt, auch wenn es Tote gab. Doch wenn sich dann eine Reihe von Faktoren potenzierten, dann kam es zur Explosion.

Nachträglich wurde festgestellt, was da zusammenkommen mußte: Soldaten, die aus Gebieten einer starken nationalen Bewegung kamen, deren Ersatztruppenkörper in einem nahe der eigenen Heimat gelegenen Industriegebiet disloziert waren, in dem immer wieder Streiks der Arbeiterschaft und Hungerdemonstrationen stattfanden, waren prädestiniert für eine Militärrevolte. Kam dann noch ein wenig Agitation dazu, dann genügte meistens ein Funke.[1481]

Die Explosion erfolgte in der Steiermark. In den späten Abendstunden des 12. Mai meuterten Ersatzmannschaften des Infanterieregiments Nr. 17 in Judenburg. Die Herabsetzung der Verpflegssätze, das Ausfassen neuer Uniformen, woraus unschwer ein bevorstehender Einsatz an der Front abzuleiten war, hatten genügt. In der Nacht zum 13. rissen einige Heimkehrer die vorwiegend slowenischen Ersatzmannschaften aus dem Schlaf und verkündeten, daß sie ausbrechen wollten, um nach Hause zu gehen. Der Krieg sei aus. Sie stürmten die Jesuitenkaserne, plünderten Vorratsmagazine und Munitionsdepots, dann schlugen sie sich zum Bahnhof durch. Die Fernmeldeeinrichtungen wurden zerstört. Zivilisten schlossen sich den Plünderern an. Doch das Militärkommando in Graz war bereits alarmiert und sandte Assistenzen nach Judenburg. Die Meuterei brach zusammen. Fast alle der rund 1200 Soldaten, die versucht hatten, sich in Richtung Slowenien durchzuschlagen, wurden aufgegriffen. Doch es folgte eine Rebellion in Murau und schließlich am 23. Mai eine solche in Radkersburg. Wieder waren es vor allem Slowenen, diesmal des Infanterieregiments Nr. 97. Es krachte auch in Pécs und Kragujevac, in Rumburg und wieder in Leitmeritz. Die Bilder glichen sich fast überall. Haß auf den Krieg, Haß auf jene, die ihn führten – bei deutlicher Schonung des Kaisers, der meist noch als unantastbar galt –, schlechte Versorgung und viel Alkohol. Da genügten ein paar revolutionäre Phrasen und ein Appell an das Nationalgefühl, um unter den Heimkehrern und Ersatzmannschaften den Ausbruch einer Meuterei zu bewirken.

Auch das Ende vom Lied war gleich: Assistenzmannschaften, die bewußt so ausgesucht wurden, daß sie eine andere nationale Zusammensetzung zeigten als die Meuterer, rückten an. Die Rebellionen brachen zusammen, Standgerichte und ordentliche Militärgerichte begannen zu amtieren, und wenige Tage später folgte die Exekution der Rädelsführer oder derer, die man dafür hielt. Tschechen wurden von Salzburgern erschossen, Slowaken von Bosniaken ... Die nationale Zerlegung ging so weit, daß dann auch die Angehörigen des einen Volksstamms die Meuterer der anderen Nationalität niederschossen.[1482]

Man suchte die Schuld für die Vorkommnisse herauszufinden und stellte sie meist auch recht zutreffend fest. Insbesondere wurden auch die Offiziere nicht aus ihrer Verantwortung entlassen. Sie hatten des öfteren zur Auslösung der Meutereien beigetragen und sich während der Aufstände häufig nicht gerade ruhmreich benommen. Es waren meist Reserve- und keine Berufsoffiziere gewesen, mit keiner oder geringer Fronterfahrung, die bei der Menschenführung versagten und oft völlig falsch reagiert hatten. Sie wurden zur Rechenschaft gezogen, während die Mannschaften der rebellierenden Truppenkörper rasch neu vereidigt und beschleunigt entweder an die Front oder in Garnisonen abgeschoben wurden, wo sie national isoliert waren. Noch eine weitere Konsequenz hatte sich ergeben: Man hatte nur zu deutlich vor Augen geführt bekommen und das ja auch bewußt als Mittel der Redression eingesetzt, daß die Nationalitäten aufeinander zu schießen bereit waren. Was sie einstmals geeint hatte, der gemeinsame Feind und die Zugehörigkeit zu einem Reich, war nicht mehr bindend. Sie haßten sich schon regelrecht.[1483] Und der, der für alle die Integrationsgestalt sein sollte und seit mehr als einem Jahr nichts anderes tat, als den Ausgleich zwischen den Nationalitäten herbeizuführen und den Frieden zu versuchen, der Kaiser und König, wurde nach außen hin wohl noch geachtet, doch er hatte gerade damals eine ungeheure Einbuße an Autorität erfahren. Schuld daran war die oftmals beschriebene „Sixtusaffäre“.

25
Die Junischlacht in Venetien

Die „Parma-Verschwörung“

Was als Sixtusaffäre bekannt wurde, war viel weniger wegen der ihr zugrundeliegenden Friedensfühler von Bedeutung als wegen ihres Bekanntwerdens und der dann einsetzenden Folgen. Daher war sie auch bei den Friedensbemühungen des Jahrs 1917 nur nebenbei zu erwähnen gewesen. Als Affäre gehört sie zum Jahr 1918. Die wesentlichen Daten und der Inhalt von Gesprächen und Korrespondenzen sind ausreichend bekannt.[1484]

Mitte Februar 1917 hatte sich die Mutter von Kaiserin Zita, Maria Antonia von Bourbon-Parma, mit einem ihrer Söhne, dem Prinzen Sixtus von Bourbon-Parma, in Neuchâtel in der Schweiz getroffen. Die Herzogin sprach vom Friedenswillen ihres Schwiegersohns, über den Sixtus bereits durch den Jugendfreund Kaiser Karls, Graf Tamás Erdödy, informiert war. Sixtus meinte allerdings, um eine Friedensaktion einzuleiten, brauche man etwas Konkretes. Er schrieb seiner Mutter auf: Elsaß-Lothringen, Belgien, Serbien. Zu allen drei Punkten sollte sich der Kaiser äußern. Karl schrieb daraufhin am 17. März einen Brief, in dem er, wie gewünscht, auf alle drei Punkte einging: Österreich-Ungarn habe kein Interesse an Serbien, Belgien solle wieder souverän und Elsaß-Lothringen an Frankreich gegeben werden. Sixtus gab den Brief am 31. März 1917 dem französischen Staatspräsidenten Poincaré weiter. Kurz darauf kam es am 19. April 1917 in St. Jean de Maurienne zu Gesprächen zwischen dem französischen Ministerpräsidenten Ribot, dem britischen Premier Lloyd George und dem italienischen Außenminister Sonnino.[1485] Letzterer wurde gefragt, ob er unter der Voraussetzung von Sonderfriedensverhandlungen mit Österreich-Ungarn vom Londoner Vertrag Abstriche machen würde, doch Sonnino winkte kategorisch ab. Nichtsdestoweniger ersuchte Ribot Prinz Sixtus, mit Kaiser Karl direkt in Kontakt zu treten. Der Besuch fand im Mai statt. Czernin, der bis dahin nichts von der Vorgeschichte gewußt hatte, wähnte in dem Besuch von Sixtus und dem ihn begleitenden Xavier Bourbon-Parma den ersten Kontakt. In den Gesprächen ging es um die Möglichkeit eines Sonderfriedens. Der Minister blieb jedoch reserviert und gab schließlich nur eine maschinschriftliche Notiz aus der Hand, auf der er namens der kaiserlichen und königlichen Regierung eine einseitige Gebietsabtretung

Österreich-Ungarns ablehnte und im Fall eines Friedens Garantien für die Integrität der Donaumonarchie verlangte. Kaiser Karl aber schickte am 9. Mai einen zweiten Brief an seinen Schwager, in dem er abermals zum Ausdruck brachte, er sehe in der deutschen Weigerung, auf Elsaß-Lothringen zu verzichten, das größte Friedenshindernis. Auch über die italienischen Forderungen könnte man sprechen. Dann versiegte der Kontakt. Nicht aber vielleicht, weil ihn Kaiser Karl nicht hätte fortsetzen wollen, sondern deshalb, da Franzosen und Briten mit ihrem Wunsch, in konkrete Gespräche und Verhandlungen einzutreten, bei den Italienern nicht durchdrangen. Es waren freilich nur ganz wenige Menschen, die über das erste und das zweite Schreiben des österreichisch-ungarischen Monarchen informiert waren – und sie schwiegen.

Erst fast ein Jahr später, nach Brest-Litovsk und nach dem Scheitern aller Friedensversuche nach dem Westen hin, angesichts einer Situation, in der vor allem der k. u. k. Minister des Äußern glaubte, besonderes Wohlverhalten gegenüber dem Deutschen Reich und gesteigerte Bündnistreue zeigen zu müssen[1486], wurde aus dieser lapidaren Vorgeschichte ein Skandal.

Das Deutsche Reich schien nach der Verlegung der Truppen aus dem Osten an die Westfront auch dort den entscheidenden militärischen Erfolg erzwingen zu wollen. Am 21. März 1918 begann die Schlacht in Frankreich, die „Michael-Offensive". Czernin hatte in diesem Zusammenhang nicht nur für die Verlegung österreichisch-ungarischer Truppen an die Westfront, sondern auch für die Unterstützung der deutschen Offensive durch einen neuerlichen Angriff der k. u. k. Truppen in Italien plädiert, damit die Alliierten ihre dortigen Kräfte nicht ungehindert abziehen und nach Frankreich verschieben konnten. Czernin tat noch mehr. Er setzte eine Zeitungskampagne gegen die Meinl-Gruppe und vor allem gegen Lammasch in Szene, um diese Berlin und ihm gleichermaßen unangenehme Gruppe zu diskreditieren. Schließlich drohte er dem Kaiser gegenüber mit seinem Rücktritt, sollte dieser seine Friedenskontakte fortsetzen wollen und sich dabei nicht seines Ministers bedienen.[1487]

Karl hatte tatsächlich noch einmal versucht, Gespräche mit den Amerikanern zu beginnen, und sich dabei an Heinrich Lammasch gewendet. Der tat, was von ihm verlangt wurde, und brachte den gewünschten Kontakt zustande. In der Tat reagierte Präsident Wilson auch damit, daß er eine konziliante Interpretation seiner 14 Punkte und vor allem des Punkts 10 vornahm. Wilson tat das umso lieber, als er mit großer Enttäuschung hatte feststellen müssen, daß außer Österreich-Ungarn keiner der Kriegführenden wirklich positiv auf seine Erklärung vom 8. Januar 1918 reagiert hatte. Also ließ der amerikanische Präsident Österreich-Ungarn für den Fall eines Sonderfriedens auch noch eine umfangreiche Finanzhilfe der USA zusagen.[1488] Doch Czernin konnte, weil er über die Hintergründe nicht informiert war, mit den veröffentlichten amerikanischen Äußerungen nichts anfangen. Da er aber bald merkte, daß hinter dieser Angelegenheit Lammasch steckte, desavouierte er den Völkerrechtler beim Kaiser. Der wollte seine eigene Rolle nicht preisgeben und ließ Lammasch unschön fallen.

Schließlich hielt Czernin am 2. April vor dem Wiener Gemeinderat eine Rede, die nicht nur dazu diente, die außenpolitische Situation zu skizzieren, sondern auch eine Abrechnung Czernins mit seinen Gegnern enthielt. Er geißelte die ungarischen und deutschen Vertreter eines nackten Siegfriedens genauso wie die Pazifisten vom Zuschnitt

Lammaschs, die Tschechen und die Hochverräter.[1489] Dann aber formulierte er in Richtung Westmächte: „Herr Clémenceau hat einige Zeit vor Beginn der Westoffensive bei mir angefragt, ob ich zu Verhandlungen bereit sei und auf welcher Basis. Ich habe sofort im Einvernehmen mit Berlin geantwortet, daß ich hierzu bereit sei und gegenüber Frankreich kein Friedenshindernis erblicken könne als den Wunsch Frankreichs nach Elsaß-Lothringen. Es wurde aus Paris erwidert, auf dieser Basis sei nicht zu verhandeln. Daraufhin gab es keine Wahl mehr." Der Minister hatte dem Kaiser die Rede vorgelegt und sie genehmigt bekommen. Kaum war die Rede bekannt geworden, replizierte der französische Ministerpräsident. Nicht Frankreich habe wegen Verhandlungen angefragt, sondern Österreich-Ungarn. Czernin dachte nun, der Franzose hätte die Gespräche der Grafen Armand und Revertera gemeint. Clémenceau erwiderte abermals: Bereits zwei Monate zuvor sei von einer wesentlich höher gestellten Persönlichkeit als Revertera der Versuch zur Gesprächsanbahnung erfolgt, dafür gebe es ein Beweisstück. Jetzt meinte Czernin wieder, daß Clémenceau die maschinschriftliche Notiz im Sinn hatte, die Czernin dem Prinzen Sixtus mitgegeben hatte. Wieder glaubte der Minister des Äußern den französischen Staatsmann öffentlich belehren und bloßstellen zu können. Doch dann veröffentlichte die „Agence Havas" unter Berufung auf Clémenceau einen Bericht, daß Kaiser Karl schriftlich das Anrecht Frankreichs auf Elsaß-Lothringen anerkannt habe.

Kaiser Karl wies das entrüstet zurück. Alles sei Lüge. Er würde sich aber mit einem „Kerl wie Clémenceau" nicht auf weitere Diskussionen einlassen. Die Franzosen veröffentlichten daraufhin die Briefe. Karl sprach von Fälschung und beschwor gleichzeitig seinen Minister des Äußern, die Verantwortung für die Briefe und die Affäre zu übernehmen. Czernin lehnte das ab. Er drohte mit Selbstmord und führte Karl abermals das Gespenst eines deutschen Einmarsches nach Böhmen und Tirol vor Augen.[1490] Und dann ging Czernin aufs Ganze. Er wollte den Monarchen nicht nur aus der Außenpolitik verdrängen, sondern ihn politisch wenn möglich zur Gänze ausschalten. Daher plädierte er dafür, Karl sollte sich für einige Zeit von der Herrschaft zurückziehen und die Regentschaft entweder Erzherzog Friedrich oder Erzherzog Eugen übertragen.[1491] Er glaubte dazu raten zu können, da bei den Habsburgern das dynastische Interesse schon deutlich durchzuschlagen begonnen hatte. Erzherzog Friedrich und dessen Frau, die Erzherzogin Isabella, die beide sicherlich nicht zu den glühenden Bewunderern des Kaisers gehörten, sondern den Neffen eher skeptisch sahen, hatten unmittelbar zuvor gegenüber dem Deutschen Bevollmächtigten General beim Armeeoberkommando, Cramon, gemeint, „die Dynastie des Hauses Habsburg" sei „hart am Abgrund" und der „Zerfall der Donaumonarchie ... unvermeidlich", wenn nicht noch eine jähe Kehrtwendung komme.[1492]

Schon am 14. April 1918 sollte die Ministerkonferenz stattfinden, um über die Regentschaft zu beraten. Doch Karl war mittlerweile – offenbar von der Kaiserin – wieder der Rücken gestärkt worden, und er weigerte sich, „karenziert" zu werden. Nach einer heftigen Auseinandersetzung demissionierte Czernin.

Die im Zusammenhang mit der Sixtusaffäre zu stellenden Fragen kreisen eigentlich nur um zwei Probleme: Zum einen, ob darin wirklich jener habsburgische Verrat zu erblicken ist, als den ihn vor allem die deutsche Historiographie – auch ein Gerhard Ritter – darzustellen bemüht war. Und zum anderen, ob Czernin nicht im Interesse der

Monarchie und eingedenk der Tatsache, daß er ja nicht nur Minister des Äußern, sondern auch Minister des kaiserlichen und königlichen Hauses war, die Verantwortung hätte auf sich nehmen müssen.[1493] Bei der Beurteilung der deutschen Haltung wird wohl dahingehend zu relativieren sein, daß es wenig sinnvoll war, Kaiser Karl wegen seiner ja nie verhehlten Friedensneigung Vorwürfe zu machen; Elsaß-Lothringen war auch in den Überlegungen deutscher Politiker nicht sakrosankt. Czernin selbst, der für die Deutschen plötzlich zum Helden geworden war, hatte ebenfalls im Frühjahr 1917 die Frage Elsaß-Lothringen aufs Tapet gebracht. Karl war auch, wie u. a. sein zweiter Brief an Sixtus beweist, bereit, österreichischerseits territorialen Verzicht zu leisten. Schließlich sollte auch nicht übersehen werden, daß das alles im Frühjahr 1917 geschehen war. Was aber die Haltung Czernins anlangte, war in Rechnung zu stellen, daß er zwischen der Loyalität gegenüber dem Kaiser und anderen Verantwortlichkeiten zu wählen hatte. Nicht zuletzt hat der verstorbene österreichische Historiker Robert Kann auf den Umstand aufmerksam gemacht, daß der Minister nicht nur dem Kaiser, sondern auch dem Parlament verantwortlich war und schlecht eine Aktion decken konnte, die sich außerhalb seines Einfluß- und Kenntnisbereichs abgespielt hatte. Einiges deutet allerdings darauf hin, daß Czernin im Lauf der Affäre durchaus erkannt hatte, welche Rolle Kaiser Karl dabei gespielt hatte; doch er wollte nicht zurückstecken. Er wollte den Kaiser bloßstellen. Der verstrickte sich denn auch in Widersprüche, suchte sich mit lediglich formal richtigen Behauptungen zu schützen, wonach nicht er der Schreiber des ersten Briefs gewesen sei. Damit mochte es auch seine Richtigkeit gehabt haben, denn der Schreiber war wohl der Hofkaplan Alois Musil gewesen.[1494] Doch das sagte natürlich nichts über Intention und Verfasserschaft aus. Czernin nötigte den Monarchen zu einem Ehrenwort, nichts mit der Sache zu tun gehabt zu haben. Seine Drohung mit Selbstmord kam bei dem stark religiös denkenden Monarchen einer glatten Erpressung gleich.[1495] Doch das Fatale war: Der Kaiser gab ihm dieses Ehrenwort. Mehr noch: Er händigte Czernin ein Schriftstück aus, in dem stand: „Ich gebe meinem M[inister] des Äußern mein kaiserliches Ehrenwort, daß ich nur einen Brief an den Prinzen Sixtus Bourbon-Parma geschrieben habe ... Baden, 12. 4. 1918." Aus einer Aktion, deren politische und moralische Berechtigung durchaus gegeben war, wurde durch einen unbedachten Akt der psychologischen Kriegführung, durch Unehrlichkeit und Prestigedenken auf allen Seiten eine Affäre.

Fast mit einem Schlag war das Ansehen der kaiserlichen Zentralgewalt vernichtet. Das war viel schlimmer als eine Regierungskrise in einer der Reichshälften. In das Vakuum, das sich für die Deutschösterreicher und die Ungarn der Monarchie auftat, strömte abermals das Deutsche Reich ein. Und dort, wo Deutschland dieses Vakuum nicht füllen konnte, wo ihm die deutsche Definition dieses Kriegs als einer Auseinandersetzung zwischen Slawen und Germanen selbst im Weg stand, bildeten sich die künftigen ostmittel- und südosteuropäischen Nationalstaaten heraus. Es war ein Sturz ins Nichts.

Die Armee war empört. Der österreichisch-ungarische Botschafter in Berlin, Prinz Gottfried Hohenlohe, solidarisierte sich mit Czernin und wollte von seinem Posten zurücktreten. Er meinte, der Kaiser hätte wie ein „Schuljunge" gehandelt.[1496] Der zurückgetretene Minister sah sich einer ungeheuren Sympathiewelle gegenüber. Zeitungen lobten ihn, Kollegen, aber auch Gegner zollten ihm Respekt. In Innsbruck und Salzburg wurde nach seinem Rücktritt schwarz beflaggt.[1497] Nie während seiner Amtszeit hatte er auch nur annähernd so viel Zustimmung gefunden. Sogar in der Beurteilung der Tschechen kam Czernin gut weg, und Edvard Beneš bezeichnete ihn später als den letzten Außenminister, der noch österreichisch-ungarische Politik betrieben habe. Seine Nachfolger, Burián und Andrássy, wären nur mehr die „Liquidatoren eines ruinierten Unternehmens“ gewesen.[1498]

Obwohl sich Karl beeilt hatte, Kaiser Wilhelm zu versichern, das Ganze wäre eine schamlose Fälschung der Entente gewesen, und sein Dementi in dem vielzitierten Satz gipfeln ließ: „Unsere weitere Antwort sind Meine Kanonen im Westen“, gelang es ihm nicht, das Odium von Lüge und Verrat abzustreifen. Generaloberst Arz soll dem Deutschen Bevollmächtigten General, Cramon, gegenüber gesagt haben: „Ich habe erfahren, daß mein Kaiser lügt.“ Cramon wurde zum Kaiser gerufen. Der gab ihm ein Schriftstück zu lesen, das er als den Entwurf für den Brief an seinen Schwager Sixtus bezeichnete, und in diesem Entwurf stand tatsächlich nicht alles so, wie es in dem veröffentlichten Brief gestanden war. Karl, so war darin zu lesen, würde alles aufbieten, um die französischen Ansprüche nach dem Elsaß zu befriedigen, wenn diese Ansprüche gerecht wären, „mais ils ne le sont pas“.[1499] Aber wie das derartige Entwürfe an sich haben, blieb die Frage offen, ob der entscheidende Satz im ausgefertigten Schreiben nicht doch gefehlt hatte oder aber ob nicht der Entwurf „nachgefertigt“ worden war. Cramon meinte, der einzige Weg, die Sache zu bereinigen, wäre, daß Karl um eine Zusammenkunft mit Kaiser Wilhelm nachsuchte, um Entschuldigung bitte, die Prinzen von Parma verbanne und „alle hiesigen Maßnahmen politischer wie militärischer Natur unter deutsche Kontrolle stellt. Vertrauen kann man jetzt nicht mehr haben, also müssen wir Garantien fordern“, depeschierte Cramon am 14. April an Hindenburg.[1500]

Die Folgen der Sixtusaffäre waren vielfältig. Doch nicht nur in Österreich-Ungarn und für das Bündnis der Mittelmächte. Ebenso erschütterte die „Czernin-Clémenceau-Affäre“, wie man sie im Westen nannte, Großbritannien, Frankreich und Italien, und die führenden Staatsmänner dieser Staaten hatten einige Zeit alle Hände voll zu tun, um die Sache herunterzuspielen und zu vertuschen. Vor allem im britischen Unterhaus wurde Außenminister Balfour mit Anfragen förmlich bombardiert. Der Minister replizierte tagelang mit der Formel, daß diese Angelegenheit nicht Gegenstand von Frage und Antwort im Unterhaus sein könnte. Dann wurde eine geheime Analyse vorgenommen, bei der sich die Spitzen des britischen Kabinetts wohl eingestanden, daß eine wahrscheinlich einmalige Chance vertan worden war, als man 1917 dem italienischen Wunsch, keine Sonderfriedensverhandlungen mit Österreich-Ungarn zu führen, entsprochen hatte. In der zeitlichen Abfolge ließ sich folgendes festhalten:[1501]

Am 17. April 1917 hatten sich in Folkestone der britische Premierminister Lloyd George und der französische Ministerpräsident Ribot getroffen. Der Franzose hatte dringend um das Treffen ersucht und übergab seinem britischen Kollegen eine Abschrift des ersten Sixtus-Briefs. Ribot nötigte Lloyd George das Versprechen ab, auch gegenüber Mitgliedern des britischen Kabinetts darüber nichts verlauten zu lassen. Nur der König durfte informiert werden. Am 18. April kam Lloyd George nach Paris, wo er sich mit Prinz Sixtus traf. Tags darauf fand die schon erwähnte Zusammenkunft mit Ribot und dem italienischen Ministerpräsidenten Orlando sowie Außenminister Sonnino in einem Eisenbahnwaggon bei St. Jean de Maurienne statt. Vor allem Sonnino war einem Separatfrieden mit Österreich-Ungarn strikt abgeneigt. Ribot und Lloyd George wiederum verschwiegen den Italienern den Inhalt des Briefs von Kaiser Karl und versteckten sich hinter dem Gebot der Geheimhaltung. Nach Paris zurückgekehrt, hatten sich Ribot und Sixtus abermals getroffen. Daraufhin kam letzterer nach Laxenburg, der zweite Brief mit Datum vom 9. Mai 1917 wurde geschrieben und Ribot ausgehändigt, der wiederum Lloyd George verständigte. Da beide mit dem Ergebnis von St. Jean de Maurienne unzufrieden waren, wollten sie ein Treffen von König George und Präsident Poincaré mit König Vittorio Emanuele zustande bringen. Obwohl gegenüber den Italienern kein Wort verlautete, daß dabei über Österreich-Ungarn gesprochen werden sollte, machte Sonnino umgehend Ausflüchte und sah für seinen König keine Notwendigkeit zu einem derartigen Treffen. Lloyd George drohte die Geduld zu verlieren. Man „sollte es Baron Sonnino nicht erlauben, einem möglichen Sonderfrieden mit Österreich im Weg zu stehen". Wenn schon der italienische König nicht zu einer Konferenz zu bekommen war, dann müßte eben Sonnino kommen. Die Absicht, auf die österreichischen Vorschläge einzugehen, wurde schließlich formell im britischen Kriegskabinett diskutiert und gemeint, man müßte diese Chance ganz einfach ergreifen, denn käme es zu diesem einen Frieden, dann würde sich auch das Deutsche Reich dem Druck nach einem allgemeinen Frieden nicht mehr widersetzen können.

Die Idee eines Treffens der Monarchen und des französischen Staatspräsidenten wurde in der Folge fallengelassen und eine Zusammenkunft der Ministerpräsidenten anberaumt. In Italien wußte man aber offensichtlich genau, worum es gehen würde, daher informierte Baron Sonnino gleich vorweg, daß er nicht zustimmen würde, sollte die Frage eines Sonderfriedens mit Österreich auf die Tagesordnung gesetzt werden. Nach einigen wieder von Italien geforderten Terminverschiebungen fand die Konferenz schließlich am 25. und 26. Juli 1917 in Paris statt.

Doch dabei kamen die Sixtus-Briefe nicht zur Sprache. Es wurde zwar ausgiebig darüber diskutiert, wie man Österreich-Ungarn friedensbereit machen könnte, es wurde über verstärkte britisch-französische Truppenhilfen für Italien gesprochen, um Triest zu erobern. Damit wäre jene Stadt einzunehmen, die herzugeben sich auch Kaiser Karl geweigert hatte. Die übrigen italienischen Forderungen würden ohnedies erfüllt werden. Doch dann setzten sich die Franzosen mit ihren Vorstellungen durch, statt gemeinsam am Karst und Richtung Triest anzugreifen, die Offensive in Flandern zu erneuern. Jetzt sprach niemand mehr über die in den Sixtus-Briefen enthaltenen Friedensvorschläge. Solange, bis dann die Affäre da war und alle trachteten, sich mit Lügen und bestenfalls Halbwahrheiten über die Runden zu retten. Das galt nicht zuletzt für die Franzosen, denn die „Czernin-Clémenceau-Affäre" war ja auch vor dem Hintergrund der 14 Punkte Präsident Wilsons zu sehen. Der amerikanische Präsident war zutiefst enttäuscht gewesen, daß sich Clémenceau und Lloyd George im alliierten Obersten Kriegsrat durchgesetzt und den Beschluß erwirkt hatten, trotz der von Österreich-Ungarn deutlich gemachten Friedensbereitschaft keinen Schritt in Richtung Beendigung des Kriegs zu machen.[1502] Jetzt drohte zudem publik zu werden, daß die Friedensbemühungen durchaus nicht nur an der sturen Haltung der Mittelmächte und an deren Forderungen nach einem Siegfrieden gescheitert waren.

Noch im April 1918 wurde ein Komitee eingesetzt, das im Auftrag der außenpolitischen Kommission des alliierten Obersten Kriegsrats zu untersuchen hatte, ob 1917 entscheidende Fehler gemacht worden waren, so daß es nicht zu einem Sonderfrieden mit Österreich-Ungarn gekommen war. Am 9. Mai 1918 stimmte das Komitee über den Bericht der Kommission und deren Schlußfolgerungen ab: 14 Mitglieder stimmten dem französischen Antrag zu, wonach festzustellen war, daß die französisch-österreichischen Gespräche zu keinem Zeitpunkt die Möglichkeit zum Abschluß eines Separatfriedens geboten hätten; fünf Mitglieder waren anderer Ansicht und stimmten dagegen.[1503]

Im nachhinein, als die „Czernin-Clémenceau-Affäre" auch in der italienischen Kammer behandelt wurde, stellte Sonnino seine Rolle so dar, als ob er immer im vollen Einklang mit den Alliierten agiert hätte und nie etwas zu verhandeln gewesen wäre. Doch dabei nahm es der italienische Außenminister mit der Wahrheit nicht allzu genau. Ebenso aber wie Lord Balfour im britischen Unterhaus schmetterte er zu guter Letzt die Anfragen der Abgeordneten der Kammer einfach ab. Es war nichts gewesen, weil nichts gewesen sein durfte!

In Österreich-Ungarn konnte man nicht so ohne weiteres wieder zur Tagesordnung übergehen. Das Ansehen des Kaisers war ruiniert. „Krise in Österreich, Krise in Ungarn", schrieb der Schweizer Gesandte Bourcart nach Bern. „Die Verstimmung über den Abgang des Grafen Czernin ist in deutsch-österreichischen Kreisen eine tiefgehende, die Popularität des Kaisers hat schwer gelitten, die der Kaiserin noch mehr."[1504] Für das Bündnis resultierte, daß das Deutsche Reich keine Rücksichtnahme mehr kannte. Das Bündnis in seiner alten und mühsam genug aufrechterhaltenen Form war tot. Kaiser Wilhelm war geradezu froh über die Sixtusaffäre, denn jetzt konnte er das Habsburgerreich endlich des Verrats überführen.[1505] Dem General Cramon, der zur Berichterstattung nach Spa und Avesnes gefahren war, soll Kaiser Wilhelm gesagt haben: Im Grunde seiner Seele glaube er Karl kein Wort mehr. „Mein Vertrauen ist dahin."[1506] Wilhelm verlangte, daß Karl käme und sich entschuldigte. Außerdem müßte er in schriftlicher Form und im Beisein des neuen Ministers des Äußern, Graf Burián, versprechen, fortan ohne Wissen des deutschen Kaisers mit keiner Macht mehr Fühlung aufzunehmen oder Angebote zu machen. Das Bündnis müßte vertieft und erweitert und die Bereitschaft zu einer sehr engen Militärkonvention ausgesprochen werden. Wilhelm schwang sich zum moralischen Richter über einen Monarchen auf, dessen Reich er selbst als kaum mehr existent angesehen und sich befriedigt gezeigt hatte, daß sich Ungarn so deutlich loszulösen bemüht war.[1507] Aber er zählte weiterhin auf Dankbarkeit und konnte immer wieder eine lange Rechnung präsentieren, in der die politische, die militärische und materiell-finanzielle Hilfe des Deutschen Reichs für die Donaumonarchie aufschien.

Am 12. Mai brach Karl zum Canossagang nach Spa auf und tat das, was die Deutschen schon lange gefordert hatten. Während Kaiser Wilhelm von Berlin nach Spa fuhr, erreichte ihn die Nachricht von einem angeblichen weiteren Brief Kaiser Karls an den Prinzen Sixtus, dessen Veröffentlichung dazu dienen sollte, Deutsche und Österreicher noch mehr zu entfremden. Wilhelm tat diese Veröffentlichung aber sofort als Fälschung ab.[1508] Nichtsdestoweniger trug der Zwischenfall dazu bei, daß der österreichische Monarch der Begegnung mit besonderer Nervosität entgegensah. Dann wurde einen Tag lang beraten, ehe die Erweiterung des Bündnisses, vor allem im wirtschaftlichen

Bereich, beschlossen und als eigentlich wichtigstes Schriftstück eine Militärkonvention unterzeichnet wurde. Karl begab sich damit in volle Abhängigkeit gegenüber dem Deutschen Reich. Aus der Obersten *gemeinsamen* Kriegsleitung wurde eine „Oberste Kriegsleitung". Von Gemeinsamkeit war nicht mehr die Rede. Der amerikanische Außenminister Lansing meinte dazu, Karl habe sein Erstgeburtsrecht hergegeben und er habe jeglichen Respekt verloren.[1509] Damit schien die Sixtusaffäre abgeschlossen.

Die Reaktionen der Feindmächte ließen an Deutlichkeit aber nichts zu wünschen übrig. Die Enthüllungen führten dazu, daß die Möglichkeiten weiterer Friedensgespräche schlagartig zerstört waren. Innerhalb weniger Wochen überprüften die Ententemächte noch einmal ihre Haltung gegenüber Österreich-Ungarn und kamen zu dem Entschluß, das Selbstbestimmungsrecht der Völker der Habsburgermonarchie im vollsten Umfang anzuerkennen. Auch für die Amerikaner resultierte die Entscheidung, die Unabhängigkeitsbestrebungen der Tschechen und Südslawen anzuerkennen, unmittelbar aus der Sixtusaffäre.[1510] Das Todesurteil über die Monarchie war gefällt.

Der Zusammenbruch der Rüstungsindustrie

Zwei Tage nach der Demission Czernins ernannte Kaiser Karl Czernins Vorgänger, den Grafen Burián, zu dessen Nachfolger. Der „etwas verknöcherte" Burián mochte dabei primär Genugtuung empfunden haben, sprach von notwendigem Vertrauen, das ihm der Kaiser entgegenbringen müsse, und davon, das „politische Rettungswerk für die Monarchie weiter zu versuchen".[1511] Für Friedensbemühungen, dessen war sich Burián im klaren, standen die Chancen extrem schlecht. Die Deutschen bauten ausschließlich auf den Sieg ihrer Waffen und hatten soeben damit begonnen, im Westen die Flandernoffensive mit dem Ziel der Trennung der britischen von den französischen Streitkräften zu führen. Österreich-Ungarn war diskreditiert und hatte so sehr an Verhandlungsfähigkeit und Glaubwürdigkeit eingebüßt, daß die Gespräche schon aus diesem Grund nicht mehr weitergeführt werden konnten. Die allermeisten Fäden waren zerrissen. Nach der Sixtusaffäre war an eine Fortsetzung der Kontakte vorerst nicht zu denken. Außerdem war der neue Außenminister der Überzeugung, Österreich-Ungarn wäre noch durchaus nicht am Ende. Die Alliierten ihrerseits hatten wohl auch keinen Grund mehr, Verhandlungen über einen österreichischen Sonderfrieden zu führen. Vielmehr bauten sie auf die amerikanische Hilfe, konnten sich sagen, daß der uneingeschränkte U-Boot-Krieg sein Ziel verfehlt hatte und daß gerade die Situation Österreich-Ungarns so prekär geworden war, daß man dieses scheinbar schwächste Glied in der Kette der Mittelmächte über kurz oder lang sprengen könnte. Alle sprachen nur von Kampf und Sieg und bauten auf Radikalität und Totalität. Österreich-Ungarn hatte allerdings auch auf diesem Gebiet nur mehr wenig zu bieten.

Es mehrten sich auch die Anzeichen dafür, daß gerade jene, die vor kurzem noch hohe Verantwortung getragen hatten, die Sache der Monarchie bereits verloren gaben. So wurde in London aufmerksam registriert, daß einige hocharistokratische Familien Güter in Böhmen und Mähren verkauften. Den Anfang machte Heinrich Graf Clam-

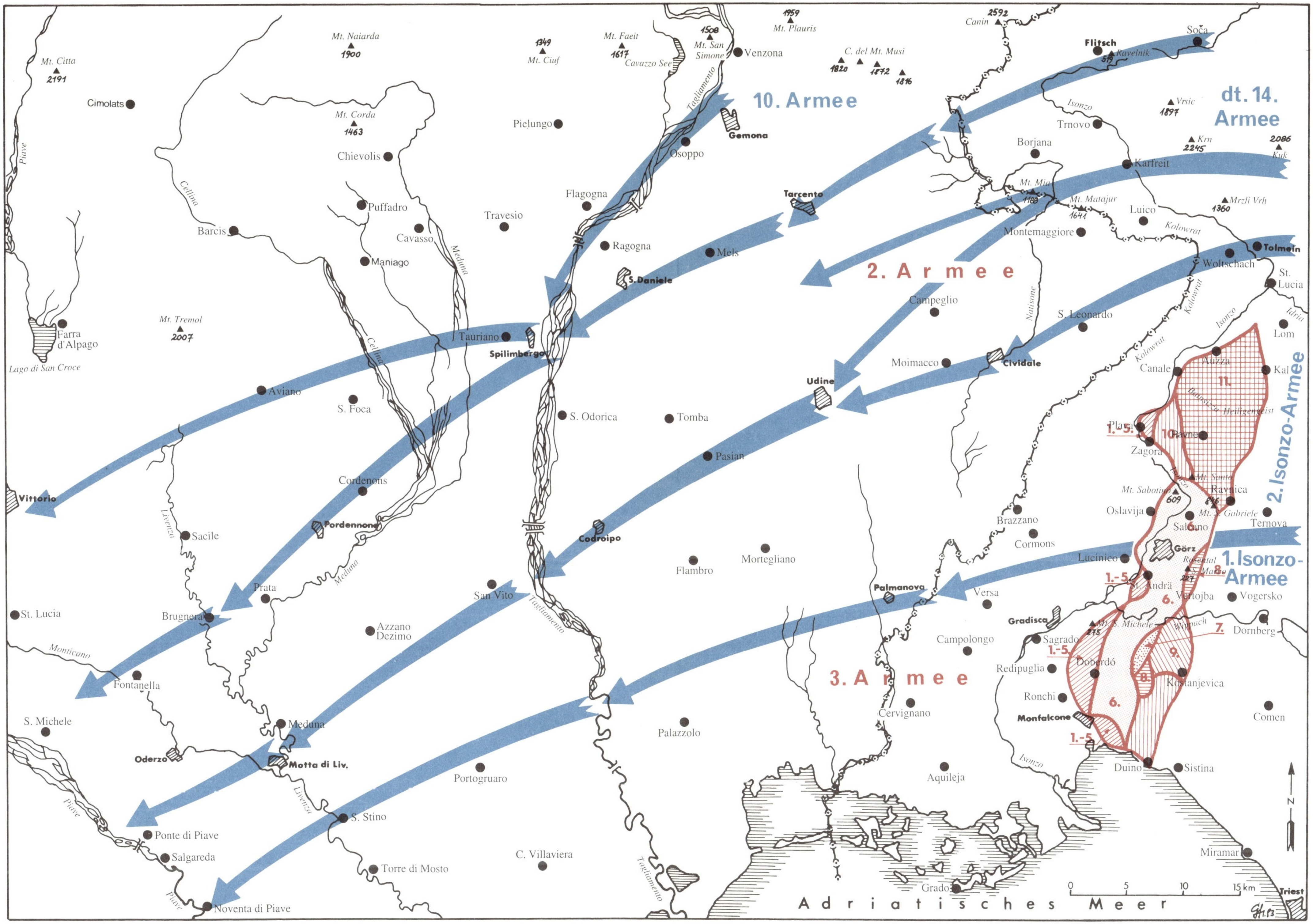

Italienische Raumgewinne in der 1. bis 11. Isonzoschlacht

Deutscher und österreichischer Raumgewinn in der 12. Isonzoschlacht

DIE ZWÖLF ISONZOSCHLACHTEN
(Juni 1915 – Dezember 1917)

Martinic. Ihm folgte Graf Czernin, dann kam Graf Manfred Clary, und man wunderte sich in London eigentlich nur darüber, daß nicht auch Fürst Schwarzenberg an den Verkauf seiner Güter ging.[1512]

Es gärte an allen Ecken und Enden, und das nicht nur unter den Nationalitäten und den unteren sozialen Schichten irgendwo in einer fernen Ecke des Reichs, sondern auch für jeden sichtbar, buchstäblich vor der Haustür und bei denen, die bisher zumindest nach außen nichts anderes als Durchhaltewillen und Solidarität hatten erkennen lassen. Der politischen Führung Tirols wurde „aufrührerischer" Nationalismus vorgeworfen.[1513] Im oberösterreichischen Innviertel schrieben die Bauern an die Kirchentüren: „Boarisch warn mer, boarisch wolln mer wieder sein." Die oberösterreichischen Bauern waren erbittert wegen der zunehmend rücksichtslosen Requisitionen, zumal sie glaubten, daß die Tschechen mehr geschont würden.[1514] Es wurde beobachtet, daß Bauern in der Nacht ihre eigenen Feldfrüchte „stahlen", sie an Händler verkauften und in der Früh den angeblichen Diebstahl meldeten.[1515] Ja sogar bei den Kriegsanleihen wollte man herausgefunden haben, daß nur mehr ganz bestimmte Kreise zeichneten und etwa das steirische Kleinbürgertum nicht mehr zu motivieren war, da es über die politischen Verhältnisse zutiefst erbittert war und nach dem kaiserlichen Amnestieerlaß und vollends nach der Sixtusaffäre nur mehr Ablehnung erkennen ließ.[1516] Dieser Blick in die habsburgischen Erblande ist deshalb aufschlußreich, weil er zeigt, daß selbst diese immer als besonders zuverlässig geltenden Länder drauf und dran waren, Kaiser und Reich die Treue aufzusagen. Jetzt zeigte auch die Militarisierung des Hinterlands keine nennenswerten Auswirkungen mehr, denn da das Militär so sichtbar mit eigenen eminenten Problemen zu kämpfen hatte, wurden seine Omnipotenz und Omnipräsenz nicht mehr gefürchtet.

Die Zeichen von Auflösung, Preisgabe und Resignation standen in einem scheinbar krassen Gegensatz zu den Gegebenheiten an der Front und den nach wie vor imponierenden Daten, mit denen die Armee aufzuwarten hatte. Doch das war schon der berühmte Koloß auf tönernen Füßen. Anfang des Jahres 1918 zählte die k. u. k. Wehrmacht fast viereinhalb Millionen Mann, davon fast drei Millionen in den Reihen der Armee im Felde.[1517] Tatsächlich an der Front eingesetzt waren allerdings nur mehr 915.000 Mann, das heißt, daß auf einen Mann „vorne" fünf Mann „hinten" kamen. Österreichisch-ungarische Truppen standen an der Ostgrenze der Ukraine, bei Galatz an der Donaumündung, im Süden Mazedoniens, an den Grenzen Venetiens und mit einigen Kontingenten in Palästina. Doch der Zustand der Armee im Felde und noch mehr die Situation bei den eineinhalb Millionen Soldaten im Inneren der Monarchie konnte nur mehr mit großer Sorge gesehen werden.

Der Ersatzbedarf des Ärars an Menschen ließ sich nur mehr zur Hälfte decken. Um der nationalistischen Agitation entgegenzuwirken, war nochmals entmischt, verworfen und fremd-disloziert worden. Waren etwa in den Kaiserjägerregimentern 1915 noch bis zu 48 Prozent Italiener gewesen, so waren dies jetzt höchstens sechs Prozent. Manche Truppenkörper, die einstmals einen hohen Anteil bestimmter Nationalitäten gehabt hatten, waren „entnationalisiert" worden. Dafür gab es Neuformierungen wie die „Südwestbataillone", in denen beispielsweise die Italiener zusammengefaßt wurden. Die kamen aber nicht an der Südwestfront zum Einsatz, sondern in der Ukraine und in der Bukowina.[1518] Unter den Verlusten machten Erkrankungen bald 90 Prozent aus, und auch wenn man dabei berücksichtigt, daß aufgrund der Abnahme der Kampfhandlungen die Zahl der Toten und Verwundeten sehr stark zurückging, war die Zahl alarmierend: Die ausgemergelten Menschen zeigten nur mehr geringe Widerstandskraft. Im September 1917 war sogar ein weibliches Hilfskorps geschaffen worden, um zusätzliche Soldaten für die Front freizubekommen. Zunächst meldeten sich dafür rund 28.000 Frauen; doch auch dadurch ließen sich nicht wesentlich mehr Männer in die Schützengräben bringen.[1519]

Die Ersatzbataillone meldeten in regelmäßigen Abständen die festgestellten Disziplinwidrigkeiten, und da gab es keine Besserungen mehr. In Prag etwa hatte das Platzkommando in dem ja noch als „ruhig" geltenden Dezember 1917 knapp 5000 Beanstandungen, darunter 676 Fälle von Desertion, gemeldet.[1520] Dagegen außer in exemplarischen Fällen vorzugehen, war unmöglich. Man mußte froh sein, noch die Marschbataillone und -schwadronen zusammenstellen zu können und an die Front abgehen zu lassen sowie den Wünschen der Betriebe nach „Kommandierungen" zu entsprechen. Dennoch stieg Monat für Monat die Zahl der stillgelegten Betriebe. Sie hatten keine Arbeiter mehr, keine Rohstoffe oder keine Energie. Und die Desertionen stiegen sprunghaft an.

Ab dem Sommer 1917 hatte sich ein immer stärkeres Metalldefizit bemerkbar gemacht. Die Eisenzuwendungen wurden um ein Viertel gesenkt. Kohlenmangel führte dazu, daß Großbetriebe der Stahlindustrie ihre Produktion ab dem 1. Mai 1918 stillegen mußten. Ersatzmetalle konnten einige Engpässe überwinden helfen, doch der Produktionsverlust war gewaltig. Dann fehlten seltene Metalle, wie z. B. Mangan, was wiederum einen Rückgang der Stahlerzeugung nach sich zog. Alles das hatte nachhaltige Auswirkungen auf die Munitionserzeugung. Nach der Ablieferung der Kirchenglocken und nach mehr als drei Jahren Sammlung von Buntmetallgegenständen ließen sich 1918 zur Kupfergewinnung außer einigen wenigen noch verbliebenen Dachblechen nur mehr Schaufensterrahmen und Türklinken aus Messing heranziehen. Also wurden die vom Militär zu stellenden Metallaufbringungskommissionen angewiesen, auch diese Gegenstände einzusammeln. Wie im Deutschen Reich, wo sie bereits beschlagnahmt worden waren, verfielen solcherart auch in Österreich die Türschnallen dem Kriegsbedarf.[1521]

Die Kohlenproduktion ging dramatisch zurück. Die Erschöpfung der Arbeiter durch die Überbeanspruchung, die schlechte Ernährung und schließlich das Einsetzen der Streiks ließen die Produktion schrumpfen. Dann waren wieder keine Waggons verfügbar, um die auf Halde liegende Kohle abzutransportieren. Verglich man die Leistung eines Hochofenarbeiters 1916 und 1917, dann zeigte sich, daß er im einen Jahr noch 365 Tonnen und im anderen Jahr nur mehr 225 Tonnen produzieren konnte.[1522] Die sinkende Produktion konnte aber nicht nur auf zu geringe Lebensmittelrationen, zu hohe Arbeitsbelastung und Rohstoffmängel zurückgeführt werden, es spielte auch anderes eine Rolle. Die Arbeiter waren auch durch höhere Löhne und Sozialleistungen nicht mehr zur Arbeit zu bringen. Der Zwangscharakter der Militarisierung führte nur noch dazu, die Widersetzlichkeiten zu steigern. Die Arbeiter interessierten sich kaum mehr für etwas; Diskussionen über Kriegsziele und die Lage an den Fronten hatten schon längst aufgehört, ein Thema zu sein. Sie wollten Frieden, Normalität und – soweit sie durch nationalistische Argumente ansprechbar waren – die Verwirklichung nationalistischer Ziele.

So wie bei den Soldaten zu beobachten war, daß sich immer größere Scharen im Hinterland aufhielten, sich „verirrten“, ihr Truppenkörper nach Urlauben erst möglichst spät wiederfanden, Krankheiten und Gebrechen möglichst exzessiv dargestellt und genutzt wurden, um wegzukommen von einem teils schon verhaßten Militär, den Krieg zu fliehen, nahmen auch unter den Arbeitern die Krankenstände in einem weitaus überproportionalen Ausmaß zu.

Nach den politischen Umwälzungen der ersten Monate des Jahres 1918, nach den aufflackernden Revolten und großen Streiks, nach dem Friedensschluß mit der Ukraine, mit Rußland und Rumänien und schließlich nach der Sixtusaffäre stellte sich die Frage nach der weiteren Rolle Österreich-Ungarns im Krieg mit aller Eindringlichkeit. Die zwölfte Isonzoschlacht gehörte zwar auch schon längst der Vergangenheit an, doch man stand weiterhin am Piave und in den Sieben Gemeinden, an jenen Linien, die Anfang Dezember 1917 erreicht und mittlerweile ausgebaut worden waren. Es war die einzige Front, wo sich vielleicht noch irgend etwas erreichen ließ, denn etwas mußte man ja wohl tun, wenn schon kein Frieden zustande kam. Daher wurde in Österreich-Ungarn gerade nach der schweren Demütigung durch die Sixtusaffäre genau jener Gedanke gefaßt, der wie nichts anderes dazu beitragen mußte und dazu beigetragen hat, auch das letzte Bollwerk, nämlich die Armee, zu zerstören. Doch diese Einsicht war nicht vorhanden, auch wenn es gerade unter den Militärs scharfe Kritiker einer neuerlichen Offensive gab. Wichtiger aber war, daß man mit einer solchen Offensive wieder initiativ werden wollte, die Truppen beschäftigen und dem langsamen Zerfall vielleicht begegnen konnte. Außerdem hoffte man, auf diese Weise von anderen Problemen abzulenken. So hatte Ungarn bereits im Januar 1918 überdeutlich den Wunsch nach einer eigenen nationalen Armee geäußert. Dafür konnten durchaus plausible Gründe angeführt werden; die Angelegenheit war auch nicht von ungefähr gekommen, denn General Seeckt hatte ja bereits im Sommer 1917 von diesbezüglichen Andeutungen berichtet. Eine Offensive schien daher ein probates Mittel zu sein, um dem sukzessiven Zerfall der Armee vorzubeugen. Dieses Argument wurde dann auch vom Kaiser verwendet.[1523]

Die Idee zur letzten Offensive

Es war natürlich verlockend, abermals eine Offensive gegen Italien zu beginnen, denn die Erfahrungen der zwölften Isonzoschlacht sprachen scheinbar für sich: Ein großer Erfolg war errungen und die Truppen mitgerissen worden, für Wochen waren sie der drückendsten Versorgungsprobleme ledig, während Italien an den Rand des Zusammenbruchs gebracht worden war. Wenn sich das wiederholen ließ und Italien vielleicht wirklich kapitulierte, dann wäre das einem Triumph gleichgekommen. Bei genauerem Hinsehen mußte es sich freilich zeigen, daß bestimmte Grundvoraussetzungen nicht gegeben waren. Die Regierung Orlando hatte nach einigen schwierigen Wochen im November und Dezember 1917 das Heft wieder fest in der Hand. Die Unterdrückung pazifistischer und sozialistischer Tendenzen, eine noch rigoroser als bis 1917 ausgeübte Zensur und die Durchsetzung der militärischen Ordnung im Hinterland hatten die Unruhen im Ansatz erstickt. Die italienische militärische Führung, die im Herbst 1917 Tendenzen hatte erkennen lassen, daß sie revoltieren und die Macht übernehmen wollte, war wieder fest in der Hand der politischen Führung. Es hatte seither auch kein Anzeichen mehr gegeben wie im Herbst 1917, als das Comando Supremo dem k. u. k. Armeeoberkommando die Bereitschaft zu einem Sonderfrieden signalisiert hatte.[1524] Die noch in Italien lebenden Deutschen und Staatsangehörigen Österreich-Ungarns waren in den süditalienischen Städten Aquila, Avellino, Benevento und Cosenza interniert worden.[1525] Italien war mittlerweile auch zu einem britischen, französischen und amerikanischen Kriegsschauplatz geworden. Die Ankunft der britischen und französischen Divisonen hatte fast augenblicklich positive Auswirkungen auf Truppen und Hinterland gehabt.[1526] Die italienische Armee war reorganisiert und durch kleinere Offensivstöße wieder zuversichtlicher geworden. Sowohl auf der Hochfläche von Asiago und Arsiero, im Gebiet des Monte Grappa wie auch am Piave waren britische und französische Truppen in den Linien aufgetaucht. Bereits im Januar 1918 war es den britischen Fliegerkräften gelungen, die österreichisch-ungarische Luftüberlegenheit zu beenden. Damals waren 28 k. u. k. Maschinen bei nur vier britischen Verlusten abgeschossen worden.[1527] Es hatte aber auch im Lager der Mittelmächte eine interessante Veränderung gegeben. Waren bisher österreichisch-ungarische Alleingänge von den deutschen Führern mit Mißtrauen, Ablehnung und kaum verhohlener Kritik begleitet gewesen, hatte Hindenburg am 15. März 1918 in einem Telegramm deutlich gemacht, daß er für eine österreichisch-ungarische Offensive in Italien dankbar wäre, um den Alliierten das Abziehen von Truppen aus Italien und deren Verschiebung nach dem Westen unmöglich zu machen. Schon am folgenden Tag depeschierte Arz dem deutschen Generalstabschef, daß er in Gesprächen mit Conrad und Boroević das Datum eines Angriffs zu fixieren bemüht sein werde. Und am 27. März hieß es bereits verbindlich: „Ich beehre mich, Euer Exzellenz mitzuteilen, daß ich mit allen personellen und materiellen Mitteln der k. u. k. Armee einen Angriff gegen Italien führen werde. Die Vorbereitungen für diese Operation werden bis Ende Mai zum Abschluß gebracht sein. Als Ergebnis dieser Operation, die uns bis an die Etsch führen sollte, erwarte ich den militärischen Zusammenbruch Italiens."[1528]

Intern versprühte Arz deutlich weniger Optimismus. Er schätzte die Leistungsfähigkeit der k. u. k. Truppen offenbar so gering ein, daß er bei der Vorbereitung für die ja nun zugesagte und auch ungefähr terminisierte Offensive alle Pläne verwarf, die zwar auf eine entscheidende Operation hinausliefen, aber viel zu riskant schienen. So hatte Conrad schon im Januar 1918 zu drängen begonnen, daß er mit seiner aus der 10. und der 11. Armee bestehenden Heeresgruppe aus dem Norden, vom Astico- und Brentatal aus, nach Süden vorstoßen könnte. Das sollte die Italiener in eine vernichtende Schlacht treiben. General Krauß, damals noch Kommandant des Monte-Grappa-Abschnitts, der ebenfalls in die Planungen einbezogen wurde, wollte einen noch weiter ausholenden operativen Vorstoß unternehmen, beiderseits des Gardasees vorbrechen und anschließend etwa dort die Italiener zur letzten und alles entscheidenden Schlacht zwingen, wo Radetzky 1848 seinen Feldzug so erfolgreich geführt hatte. Arz aber war das alles zu riskant. Er verwies auf den Piave und wollte in einem Abschnitt südlich des Montellogebiets den Fluß überwinden und anschließend zur Etsch vorrücken.[1529] Als erstes verwarf Arz den Operationsplan Krauß'. Die Operation aus dem Raum Asiago hätte zwar bei ihrem Gelingen einen totalen Sieg bringen können, doch sie hing von sehr vielem, nicht zuletzt von der Fähigkeit ab, den Truppen den benötigten Nachschub rechtzeitig zuzuführen und dann auch aufrechtzuerhalten. Außerdem war abzusehen, daß die Operation von den Hochflächen und gegen das Grappa-Massiv viel mehr Anforderungen an Kommandanten und Soldaten stellen würde als die Operation in der Piave-Niederung. Nur sie, so meinte Arz, würde die Möglichkeiten der Habsburgermonarchie nicht überfordern.

Der Chef des Generalstabs konnte aber an seinem Vorgänger nicht vorbei, und Conrad setzte schließlich durch, daß Arz einen Angriff zwischen Astico und Piave befahl. Die Heeresgruppe Boroević sollte die Offensive mit der Isonzoarmee und der 6. Armee durch einen Vorstoß in Richtung Treviso unterstützen. Kaum hatte Conrad erfahren, daß er die Offensive führen sollte, gab er seinen Kräftebedarf bekannt: 30 ½ Divisionen, rund zehn Korps also, und damit doppelt so viele Soldaten als seine Armeen zum damaligen Zeitpunkt hatten. Conrad wurde am 11. April ins Armeeoberkommando nach Baden gerufen. Er gab sich skeptisch und glaubte an keinen Erfolg. Das Armeeoberkommando wollte ihm zwar Verstärkungen zuführen, doch bei weitem nicht so viele, wie er gefordert hatte.[1530] Wo die fehlenden Divisionen herzubekommen waren? Conrad wußte sofort eine Lösung: Man mußte sie nur den Isonzoarmeen wegnehmen. Außerdem wollte er die Offensive doch weiter im Westen zwischen Astico und Brenta, also aus dem Raum Asiago, führen. Das legte er auch dem Kaiser, Arz und dem Chef der Operationsabteilung, General Waldstätten, ausführlich dar. Keiner schrieb die Ergebnisse der Beratung sofort auf, es gab kein Protokoll, und jeder begann nun munter drauflos-, um-, quer- und gegenzuplanen. Arz und Waldstätten waren weiterhin für einen Angriffsschwerpunkt weiter im Osten zwischen Astico und Piave. Bei der Besprechung hatte der Kaiser Conrads Ideen zugestimmt; kaum war Conrad aber wieder in Trient, begannen Arz und Waldstätten, den Kaiser wieder umzustimmen und für ihre Ideen zu erwärmen. Es war ein zwar bekanntes, aber dennoch unerfreuliches Spiel: Wer immer dem Kaiser eine Idee unterbreitete und sie zu vertreten wußte, machte die Erfahrung, daß ihm Karl zustimmte. Solange, bis ein nächster kam.

Die Konferenz in Baden fand am Höhepunkt der Sixtusaffäre statt. Kaiser Karl sah sich mit der Möglichkeit eines Thronverzichts und einer Regentschaft konfrontiert – und jetzt kamen Conrad, der die Offensive etwas weiter westlich, und Arz, der die Offensive etwas weiter östlich führen wollte. Karl war trotz einer unbestreitbaren militärischen Erfahrung in Fragen der großen operativen Führung sicherlich überfordert. Sobald er Conrads Plan zugestimmt hatte, kümmerte er sich nicht mehr um die Anlage im großen. Das war ja auch wirklich die Aufgabe von Arz und des Leiters der Operationsabteilung. Beide aber rückten von ihrer Planung nicht ab und begannen Conrads Konzept dadurch zu hintertreiben, daß sie ihm die Truppenverstärkungen und Nachschubgüter vorenthielten. Das Armeeoberkommando spielte aber ein noch merkwürdigeres Spiel: Es entschied nicht von sich aus darüber, wie die Offensive zu führen sei, sondern vertrat nach außen hin den Plan Conrads, während es gleichzeitig bekanntgab, über die Kräfteverteilung wäre erst dann zu befinden, wenn auch die Heeresgruppe Boroević ihren Bedarf bekanntgegeben hätte. Damit wurde die Entscheidung scheinbar von den Wünschen Boroevićs abhängig gemacht. Als ihn Waldstätten am 15. April aufsuchte, um seine Wünsche zu erfahren, bewies Boroević, wie bei Kenntnis seiner Persönlichkeit auch gar nicht anders zu erwarten war, keine wie immer geartete Selbstverleugnung. Er stimmte Conrad insofern zu, als er sagte, die Offensive könne nur mit einem Schwerpunkt geführt werden. Der aber hätte bei den am Piave konzentrierten Kräften seiner beiden Armeen zu liegen.[1531] Waldstätten informierte ihn, daß der Beginn der Offensive für Mitte Juni geplant sei. Boroević nahm's zur Kenntnis. Im Grund seines Herzens war er aber gegen eine Offensive. Er hatte eine Art Schützengrabenmentalität entwickelt und war mittlerweile zur Überzeugung gelangt, Österreich-Ungarn könnte nicht nur keine Offensive mehr führen, sondern wäre überhaupt nicht mehr in der Lage, den Krieg militärisch fortzusetzen.[1532]

Als die Dinge so weit gediehen waren, kam Waldstätten ein Zufall zu Hilfe. Die 11. Armee (Generaloberst Graf Scheuchenstuel) der Heeresgruppe Conrad, der dem Plan Conrads zufolge die wichtigste Rolle zukommen sollte, meldete, daß sie mit ihrem Artillerieaufmarsch nicht vor dem 10. Juli fertig sein könne.[1533] Am 25. April übermittelte Boroević seinen Plan zur Offensive an das Armeeoberkommando und trieb damit das an sich schon frivole Spiel um die Offensive in Venetien weiter: Ein Mann, der schon grundsätzliche Zweifel an der Kampffähigkeit der k. u. k. Truppen angemeldet hatte, der ebenso prinzipiell keine Offensive mehr führen wollte, verlangte, daß, sollte dennoch ein Angriff begonnen werden, das Schwergewicht der Offensive gefälligst bei seinen Truppen am Piave liegen müßte! Conrad, der möglicherweise die Offensivfähigkeit der österreichisch-ungarischen Truppen wirklich überschätzte und seit 1914 mehrfach Beweise für überzogene Planungen geliefert hatte, begann einen erbitterten Kampf um seine Idee und deren Realisierung. Und das Armeeoberkommando, das diese unsinnige Situation heraufbeschworen hatte, tat alles, um das Dilemma noch zu steigern. Dabei darf man auch nicht außer acht lassen, daß dieses Armeeoberkommando zum ersten Mal auf sich allein gestellt eine größere Offensive plante, denn alles, was 1917 angefallen war, einschließlich der zwölften Isonzoschlacht, war nicht primär als planerisches Produkt des Armeeoberkommandos anzusehen gewesen. Jetzt aber ging es um eine große Offensive – die letzte Österreich-Ungarns, wie wir wissen.

Der Waffenbund

Boroević hatte bei seinem Operationsplan vom 25. April auch die Flotte nicht vergessen, doch Vizeadmiral Horthy, der neue Flottenchef, winkte ab. Er konnte ebensowenig wie sein Vorgänger im Verlauf der zwölften Isonzoschlacht ein wirkungsvolles Eingreifen von der See her zusagen.[1534] Boroević meinte, Conrads Plan sei wegen der Geländeschwierigkeiten in den Sieben Gemeinden zum Scheitern verurteilt; Conrad nannte den operativen Ansatz Boroevićs „irrational". Hatte die ursprüngliche Planung nach einem seriösen Kräftekalkül ergeben, daß mit den zur Verfügung stehenden Kräften ein Angriff entlang einer Front von 35 bis 40 Kilometern möglich schien, so war mittlerweile das Angriffsgeschehen gedanklich auf eine Front von 300 Kilometern ausgeweitet worden, sollten doch beide Armeen Conrads und beide Armeen Boroevićs aktiv werden. Conrad hatte 16 Divisionen zur Verfügung gehabt und doppelt so viele verlangt. Boroević war bei seinen Stärkeberechnungen von 14 Infanteriedivisonen ausgegangen und verlangte 23 bis 24, um damit nur die erste Phase der Offensive zu bewältigen. Beide erhielten nur Bruchteile des Geforderten. Bei der Artillerie ergaben sich überall enorme Fehlbestände, und nicht zuletzt fehlten 20.000 Zugpferde.[1535] Eine Berechnung des Armeeoberkommandos über die notwendigen Eisenbahntransporte ergab, daß der Italienfront raschest das in Rußland freigewordene Material zugeschoben werden mußte. Das bedeutete 1050 Züge zusätzlich, die unter günstigsten Voraussetzungen in 50 Tagen geführt werden konnten, und auch das nur, wenn es keinen Kohlenengpaß oder Eisenbahnerstreiks gab, vor allem aber auch nur, wenn es zu einer weitestgehenden Einstellung des zivilen Verkehrs kam. Selbstverständlich war auch die normale Versorgung der Fronttruppen aufrechtzuerhalten. Das hieß, daß eine Infanteriedivision im Tag durchschnittlich 70 Tonnen Verpflegsgüter, 30 Tonnen Munition und 30 Tonnen aller möglichen Rüstungs- und Verbrauchsgüter bekommen mußte, immer vorausgesetzt, es handelte sich um einen Stellungskrieg ohne besondere Höhepunkte.[1536] Man verlegte Bataillone aus dem Tiroler Raum an den Isonzo und umgekehrt, das Hinterland der Front glich einem Ameisenhaufen, und der vermehrte Militärtransport ließ die Kohlenvorräte weiter schrumpfen.[1537] Damit war man abermals dort, wo man bereits vor und während der zwölften Isonzoschlacht war: Ein derartiger Aufmarsch mußte zwangsweise auf Kosten des zivilen Hinterlands gehen, eines Hinterlands, dessen Versorgung etwa zur selben Zeit kollabierte. Schließlich leistete sich das Armeeoberkommando noch einen kapitalen Fehler, indem es den Zuschub an Mannschaften gleich einsetzen ließ, während die zusätzlichen Versorgungsgüter danach eintreffen sollten. Der Grund für den so früh einsetzenden Mannschaftstransport lag wohl nicht zuletzt darin, daß angesichts der Meutereien im Hinterland die Soldaten möglichst rasch in den Frontbereich gebracht werden sollten. Die Folgen aber waren nicht bedacht worden: Die Verstärkungen bewirkten, daß der Verpflegungsbedarf der Front von Tag zu Tag wuchs. Große Mengen an Nahrungsmitteln, die ohnedies schwer genug für die Offensive aufgebracht und an die Front transportiert worden waren, wurden dort stante pede aufgegessen.[1538] Es war ein fruchtloser Kreislauf, bei dem schließlich nicht die Front, sondern das Hinterland als erstes zusammenzubrechen drohte.

Mitte April hatte der Vorsitzende des gemeinsamen Ernährungsausschusses, General Ottokar Landwehr, die Versorgung der Krisenregionen nur mehr dadurch aufrechterhalten können, daß er auf die Sicherheitsvorräte des Kriegshafens Pola, nämlich 20 Waggons Mehl, zurückgegriffen hatte. Doch auch das reichte nur für Tage. Landwehr wandte sich mit einem dramatischen Appell an die Deutsche Oberste Heeresleitung. Er wollte eine sofortige Umverteilung der rumänischen Getreidemengen. Die Deutschen lehnten Verhandlungen ab. Daraufhin ließ Landwehr am 30. April deutsche Getreideschlepper, die die Donau heraufkamen und 2455 Waggons Mais geladen hatten, durch österreichisch-ungarische Truppen aufbringen. Das sollte helfen, die Lage in Wien und bei der Armee noch einmal in den Griff zu bekommen. Die Empörung im Deutschen Reich war gewaltig, nichtsdestoweniger zeigten sich die Deutschen verhandlungsbereit.[1539] Mehr noch: Sie mußten ihren Ärger und ihren Zorn über den österreichischen

Kraftakt hinunterschlucken, denn die Offensive in Frankreich, in die man so viele Hoffnungen gesetzt hatte, mußte am 9. April eingestellt werden. Die Zuversicht der Obersten Heeresleitung, einen entscheidenden Sieg über die Alliierten zu erringen, waren damit begraben worden. Das ließ auch dem Verbündeten gegenüber Zurückhaltung angeraten sein. Es hinderte Kaiser Wilhelm freilich nicht zur Gänze daran, seine Trümpfe auszuspielen. Am 10. Mai reiste Kaiser Karl in Begleitung seines Außenministers und des Generalstabschefs nach Spa, um Kaiser Wilhelm zu treffen. Hauptthemen: die Sixtusaffäre und das deutsch-österreichische Bündnis.

Karl wußte, daß er Konzessionen machen mußte, denn es war nicht damit getan, daß „seine" Kanonen den Alliierten im Westen die Antwort auf die Affäre gaben. Die deutschen Stellen hatten ein um das andere Mal deutlich gemacht, daß sie Garantien verlangten und nicht einfach Versprechungen. Und es kam ihnen zugute, daß Karl die Reise nach Spa äußerst bedrückt antrat. Der Empfang war eher frostig, doch dann zeigten sich die Deutschen überraschend großzügig. Es kam zum Abschluß des „Waffenbundes", der Österreich-Ungarn noch stärker an die deutschen Entscheidungen band, als dies bis dahin die Gemeinsame Oberste Kriegsleitung getan hatte.

Der Waffenbund war deutscherseits wohl überlegt worden. Vor allem war der deutsche Entwurf so formuliert worden, daß sich die Vereinbarungen innerhalb der Kommandogewalt der Herrscher bewegten, um parlamentarische Beratungen darüber in Österreich-Ungarn zu vermeiden. Im übrigen aber war auch deshalb lange an der Vereinbarung gefeilt worden, weil man Österreich-Ungarn kein Schlupfloch lassen wollte.[1540] Es wurde eine gemeinsame Kommandobehörde geschaffen und die Vereinheitlichung des Wehrwesens einschließlich einer Standardisierung der Waffen vereinbart. Punkt 2 der „Grundlagen für den Waffenbund" besagte: „Jeder waffenfähige Mann muß die Schule des Heeres durchlaufen." Um die Truppe zu entlasten, sollten Formationen von Mindertauglichen gebildet werden. Das war eine Bestimmung, die erhebliche Auswirkungen auf die Innenpolitik der Donaumonarchie haben mußte, da die Wehrkraft ja bis zum Krieg bei weitem nicht komplett ausgeschöpft worden war. Die wichtigste Bestimmung schließlich war ein detaillierter Plan zu einem Offiziersaustausch. Damit sollte eine weitestgehende Angleichung der Ausbildung der Offiziere erfolgen. Bei diesem Punkt forderte der Erste Generalquartiermeister des Deutschen Heeres, General Ludendorff, nachträglich, daß jüdische Offiziere vom Austausch ausgeschlossen sein sollten.[1541] Die Verhandlungen im Deutschen Großen Hauptquartier in Spa fanden ihre Ergänzung in parallelen Verhandlungen in Berlin, wo es um konkrete Wirtschaftsfragen ging. Das Deutsche Reich sagte die Lieferung von 10.000 Waggons Getreide aus dem Osten zu, ließ sich das aber durch den deutschen Oberbefehl in der ganzen Ukraine, den teilweisen Abzug der k. u. k. Truppen aus dem Osten, erhöhte Viehlieferungen und die Abgabe aller Eier aus der Ukraine und Rumänien ausgleichen.[1542] Es wurde vereinbart, sofort Gespräche über eine Zollunion aufzunehmen. Dann kam wieder die polnische Frage aufs Tapet, ja ihr wurde sogar ein gewisser Vorrang eingeräumt, da die Militärkonvention erst wirksam werden sollte, wenn die polnische Frage gelöst war. Wie sich bald zeigte, war sie aber nicht mehr zu lösen; nicht zuletzt verhinderten die Deutschen selbst eine Lösung.[1543]

Die Alliierten erfuhren zwar die Bestimmungen des Waffenbundes und der anderen

Vereinbarungen von Spa und Berlin nicht, doch sie vermuteten zu Recht, daß Kaiser Karl eine „Art Kapitulation einer selbständigen Außen- und Militärpolitik unterzeichnet habe".[1544] Mehr noch als die konkreten Vereinbarungen mußte die Tatsache auffallen, daß Österreich-Ungarn unlösbar mit dem Deutschen Reich verbunden worden war. In den Augen der Alliierten hatte die Donaumonarchie damit den letzten Spielraum eingebüßt.

Die Reaktion der Alliierten bestand zunächst darin, daß sie den Vertretern der österreichischen Emigration bindende Zusagen machten. Nicht nur die Selbstbestimmung sollte gewährt, sondern auch die deutsch-österreichische Dominanz beendet werden. Damit reagierten die Alliierten auf die Resolutionen eines Mitte April 1918 in Rom abgehaltenen Kongresses der „unterdrückten Völker" der Habsburgermonarchie, an dem Polen, Rumänen, Tschechen, Südslawen und Italiener teilgenommen hatten. Unter den italienischen Delegierten war auch der Redakteur des „Popolo d'Italia", ein gewisser Benito Mussolini. In der abschließenden Resolution hatte es geheißen:

„1. Jedes dieser Völker proklamiert sein Recht, seine eigene und einheitliche Nation zu bilden oder diese Einheit zu vervollkommnen sowie die völlige politische und wirtschaftliche Unabhängigkeit zu erreichen ...

2. In der Österreichisch-Ungarischen Monarchie erblicken alle diese Völker ein Werkzeug der deutschen Herrschaft, das größte Hindernis zur Verwirklichung der eigenen Ansprüche und Rechte ...

3. Der Kongreß erkennt als Folge aller dieser Umstände die Notwendigkeit des gemeinsamen Kampfes gegen den gemeinsamen Feind, damit jedes Volk seine eigene völlige Befreiung und völlige nationale Einheit des Staates erringe."[1545]

Die konkreten Ziele des Kongresses bedurften nur noch der Anerkennung durch die Alliierten und der Bestätigung durch einen Friedensvertrag. Der Führer der tschechischen Emigration, Tomás Masaryk, trat eine Triumphfahrt durch amerikanische Städte an. Am 30. Mai 1918 unterschrieb er den Pittsburgher Vertrag, der den Slowaken einen eigenen Landtag in der zu gründenden Tschecho-Slowakei und autonome Verwaltung zusicherte. Am 9. Juni bestätigte die französische Regierung das Recht der Tschechen und Slowaken auf Unabhängigkeit und anerkannte den tschecho-slowakischen Nationalrat in Paris als „erste Grundlage einer künftigen Regierung". Von da war es nur mehr ein kleiner Schritt zur Anerkennung der tschechoslowakischen Legionen als „verbündete Truppen".[1546] Die Alliierten gingen von 60.000 tschechoslowakischen Legionssoldaten in den asiatischen Teilen Rußlands aus. 200 bis 300 Tschechoslowaken dienten in der britischen Armee und 12.000 bei den Italienern.[1547] Letztere sollten auch an der Piavefront eingesetzt werden, wenn die Kämpfe dort wieder aufflammten. Auch aus südslawischen Kriegsgefangenen und Überläufern waren Kontingente in Bildung, die auf Seite der Alliierten eingesetzt werden sollten, um das Gefüge des habsburgischen Heeres weiter zu erschüttern. Der britische Delegierte beim Comando Supremo, General Delmé-Radcliff, sah bereits eine vollständige „Paralysierung" Österreich-Ungarns in greifbare Nähe gerückt: „Das Auseinanderbrechen der österreichisch-ungarischen Militärmaschinerie ist eine reale Möglichkeit", meinte er.[1548] Um das Überlaufen noch attraktiver zu machen, wurde die alliierte Propaganda ganz darauf abgestimmt. Eine interalliierte Propagandakommission, die dem italienischen Oberkommando in Padua angegliedert war, veröffentlichte eine Wochenzeitung, die in tschechischen, polnischen, serbischen, kroatischen und rumänischen Versionen aus Flugzeugen über den österreichisch-ungarischen Linien abgeworfen wurde. Flugblätter wurden mit Raketen und Gewehrgranaten verschossen. Im Niemandsland wurden Lautsprecher und Grammophone aufgestellt. Es wurden sogenannte „Kontaktpatrouillen" gebildet, die meist aus Deserteuren bestanden und ihr Material „mit wunderbarem Erfolg" verteilten. Daß die Verfahren Wirkung zeigten, ließ sich daran ablesen, daß immer mehr Fahnenflüchtige mit Flugblättern in der Tasche aufgegriffen wurden.[1549] Die k. u. k. Front begann abzubröckeln, noch ehe die Offensive begonnen worden war.

Der Angriff

Beim Besuch Kaiser Karls in Spa war die österreichisch-ungarische Offensive in Italien ein sehr wesentlicher Besprechungspunkt gewesen. Das Deutsche Reich mahnte ihren Beginn ausdrücklich an, denn Deutschland wollte seinerseits abermals im Westen angreifen und die Alliierten zumindest daran gehindert wissen, Truppen aus Italien nach Frankreich und Belgien zu verschieben.

Für die zeitliche Planung der österreichisch-ungarischen Offensive spielte auch die Nachricht eine Rolle, die Amerikaner wären bereits auf dem Weg nach Italien. Eile tat scheinbar not – doch in Wirklichkeit beschränkten sich die amerikanischen Kontingente vorerst auf Sanitätspersonal wie jenen Ernest Hemingway, der dann im Juni 1918 verwundet wurde, sowie Piloten, die zum Teil mit britischen Maschinen mitflogen und dabei die Einsatzbedingungen kennenlernten.[1550]

Nachrichten von der Wiederaufnahme der deutschen Offensive in Richtung Kanalküste und vom möglichen Abzug der Alliierten aus Italien, ebenso aber Gerüchte über eine bevorstehende österreichisch-ungarische Offensive lösten in Italien schwerste Besorgnisse aus. Bei der Auswertung von Gefangenenaussagen durch die k. u. k. Stellen zeigte sich ein bemerkenswerter moralischer Tiefstand der Alliierten, von dem auch Franzosen nicht ausgenommen waren, wie man aus Äußerungen von Kriegsgefangenen schließen konnte, die bei Asiago eingebracht worden waren. Doch konnte das schon alles aufwiegen, was sich auf österreichisch-ungarischer Seite tat?

Die Deutsche Oberste Heeresleitung verstärkte den Druck auf das k. u. k. Armeeoberkommando, endlich die Offensive zu beginnen. Jetzt mußte eine Entscheidung über den Schwerpunkt getroffen werden. Ein erstes Anzeichen war die Verteilung der Fliegerkräfte. Conrad bekam 50 Jagdflugzeuge und 90 Beobachtungsmaschinen zugewiesen.[1551] Er beschwerte sich prompt und meinte, es wäre lächerlich, ihm für den Hauptangriff weniger Flugzeuge als Boroević zur Verfügung zu stellen. Das Armeeoberkommando konterte mit der Behauptung, im Gebirge hätten die Flugzeuge bei weitem nicht jene günstigen Einsatzbedingungen wie in der Ebene. Doch erst Anfang Mai wurde die Haltung des AOK deutlich; Conrad sollte im Glauben belassen werden, er würde mit seiner 11. Armee (GO Graf Scheuchenstuel) den Hauptangriff führen; tatsächlich aber sollten beide Heeresgruppen, also die Boroevićs und jene Conrads, völlig gleichrangige

Angriffshandlungen ausführen. Ein Kompromiß, mit dem das Scheitern der Offensive eigentlich schon vorprogrammiert war.

Beide Heeresgruppen wurden verstärkt, die Isonzoarmeen etwas mehr als die Armeen Conrads. Bis zuletzt wahrten Arz und Waldstätten jedoch darüber Schweigen, daß sie nicht daran dachten, Conrads Angriffsplan zu realisieren, und daß sie die Armeereserve zur Verfügung des Armeeoberkommandos so disponiert hatten, daß sie praktisch nur die Heeresgruppe Boroević erreichen konnte. Bis zum letzten Tag vor dem Angriff gab es Einwände und wurde für Verwirrung gesorgt. Conrad wollte bis zum 15. Juni schlagbereit sein, Boroević bis zum 25. Das AOK entschied für den 15. Juni. Der Kommandant des XXIV. Korps, Feldmarschalleutnant Ludwig Goiginger, äußerte Bedenken, den westlich des Piave gelegenen Höhenrücken des Montello auszusparen, denn von dort aus konnten die Italiener das gesamte Angriffsgebiet des Piave einsehen und beherrschen. Daraufhin sollte Goiginger den Montello nehmen, erhielt aber für diese eigentlich alles entscheidende Operation keine zusätzlichen Soldaten. Am 13. Juni meldete Boroević, daß das Wetter schlechter und schlechter würde. Ein Gaseinsatz wäre bei diesem Wetter in der Ebene nutzlos, außerdem schwelle der Piave ständig an. Er wollte eine Verschiebung des Angriffs um drei Tage, doch es mußte beim 15. bleiben, denn mittlerweile hatte schon ein Ablenkungsangriff von Conrads 10. Armee (FM Frh. v. Krobatin) am Tonalepaß begonnen und waren die Truppen der k. u. k. 11. Armee bereits in ihre Ausgangsstellungen eingerückt. Ein Rückführen aus den Sturmstellungen hätte katastrophale psychologische Folgen gehabt.[1552] Außerdem war auch schon der Kaiser im Angriffsraum eingetroffen und hatte sein Hauptquartier in einem Sonderzug im Schnalstal bei Meran bezogen. In seiner Begleitung war der Generalstabschef, Generaloberst Arz, während der Chef der Operationsabteilung, Generalmajor Waldstätten, sein Hauptquartier in Belluno aufgeschlagen hatte. Der Rest des Armeeoberkommandos war in Baden gelassen worden.

Intuitiv spürten es wohl viele, daß es um die Entscheidung ging, daß alles riskiert würde, und demgemäß wurden auch mehr Hoffnungen und Sorgen laut als bei vergleichbaren Offensiven. Aber war die Junioffensive überhaupt vergleichbar? Sie wurde mit vier Armeen begonnen, mehr als jemals im Verlauf des ganzen Kriegs bei einer Offensive Österreich-Ungarns auf einem einzigen Kriegsschauplatz zusammenwirken sollten. Zahlenmäßig war es überhaupt die größte Kampfhandlung. Mehr Soldaten, mehr Kanonen, mehr Flugzeuge ... Doch die Soldaten waren geschwächt, hatten kein Ziel mehr vor Augen, außer daß endlich Frieden würde, und die Artillerie hatte weniger Munition als früher, und wenn alles verbraucht war, dann war das Ende da. Die Unterversorgung hatte voll auf die Frontarmeen übergegriffen. Im Februar war die Brotversorgung der Isonzoarmeen kurzzeitig komplett zusammengebrochen. In der Regel gab es etwa ein Drittel der vorgesehenen kohlehydrathältigen Nahrung. Fleisch, praktisch nur Pferdefleisch, gab es nur alle paar Tage in unzureichenden Mengen. Der Hunger führte zu Disziplinlosigkeit und Apathie. Bei den nicht-ungarischen Truppenkörpern griff immer wieder Empörung um sich, wenn mitanzusehen war, daß ungarische Truppenkörper, die direkt aus der ungarischen Reichshälfte versorgt wurden, bessere Rationen erhielten als die anderen.[1553] Soldaten baten ihre Kommandanten, Stoßtruppunternehmen führen zu dürfen, um sich bei den Italienern etwas Nahrung zu holen.[1554] Das Armeeoberkommando gab schließlich in einer Propagandaanweisung die Parole aus, man sollte den österreichisch-ungarischen Soldaten sagen, sie hätten bei einem Gelingen der Offensive nicht nur das Recht, sondern die Pflicht, Kriegsbeute zu machen und nach Hause zu schicken, um auch ihren Angehörigen das Leben leichter zu machen. Es gab auch immer mehr Geldbelohnungen. Für das Einbringen eines französischen Kriegsgefangenen wurden einer ungarischen Patrouille 50 Kronen gezahlt. Für den beglaubigten Abschuß eines feindlichen Flugzeugs bekam die Mannschaft einer Fliegerabwehrkanone 500 Kronen gezahlt. Ein Pilot, der eine feindliche Maschine abschoß, erhielt 500 bis 1000 Kronen und einer, der ein anderes Flugzeug zur Landung im eigenen Hinterland zwang, 3000 Kronen.[1555] Mit diesem Betrag wurde nicht nur die Erbeutung eines modernen Kriegsmittels abgegolten, sondern auch der Erfolg einer verhinderten Luftaufklärung honoriert. Die Einblicke bis weit in das Hinterland ließen sich allerdings nicht verhindern, und auch die österreichisch-ungarischen Fliegerkräfte trachteten, möglichst viele Aufklärungsergebnisse nach Hause zu bringen.

Für die Junioffensive sollten alle verfügbaren Fliegerkräfte zum Einsatz gebracht werden. Theoretisch waren das 395 Jagd-, 198 Aufklärungs- bzw. Schlachtflugzeuge und 30 Bomber.[1556] Die Alliierten hatten wohl weniger Jagdmaschinen, dafür aber erheblich mehr Aufklärer und Bomber. Was aber noch wichtiger war: Sie hatten die besseren Maschinen. Die Flugzeuge der k. u. k. Luftfahrtruppe waren teilweise veraltet und litten wegen der für den Motorenbau immer häufiger verwendeten Ersatzstoffe sehr stark unter technischen Defekten. Die Lebensdauer einer Maschine belief sich durchschnittlich nur mehr auf vier Monate. Piloten und Beobachter klagten über die Langsamkeit der Maschinen, vor allem der „Hansa-Brandenburg C. I“. Besser entsprachen die „Aviatik C. I“, „Phönix C. I“ und „Ufag C. I“, alles einmotorige Aufklärer bzw. Bombenflugzeuge. Dem Luftkrieg in Italien waren aber eigentlich nur mehr die „Phönix“-Maschinen gewachsen. Dazu kamen Probleme mit den Maschinengewehren, deren geringe Schußfolge zu schaffen machte, schlechte Munition und nicht explodierende Bomben. Fliegen war schon lange kein Abenteuer mehr, sondern ein enormes Risiko, für das es zu wenige Piloten und auch zu wenig Bodenpersonal gab.

Sorgen bereiteten der österreichisch-ungarischen Führung generell die physische Ermattung der Soldaten und deren moralischer Zustand. Nationalistische Parolen, das Wirken der Auslandsvertretungen, aber auch der eigenen Vertreter in Reichsrat und Reichstag hatten merklich Wirkung gezeigt, die durch den Einsatz von Legionären noch verstärkt wurde. Wie schon in Rußland standen auch in Italien den tschechischen k. u. k. Truppen tschechische Legionstruppen gegenüber, nicht viele, doch man wußte um ihre Existenz. Wurde man auf österreichisch-ungarischer Seite eines Legionärs habhaft, wurde er sofort füsiliert.[1557] Schließlich verstärkten noch die Heimkehrer aus der russischen Kriegsgefangenschaft die Kriegsmüdigkeit. Zwischenfälle wie bei der Marschkompanie des Infanterieregiments Nr. 25 waren bezeichnend. Soldaten schossen wahllos während ihres Transports aus dem fahrenden Zug. Ein Reservebataillon des Infanterieregiments Nr. 71 meuterte und konnte erst durch andere Truppen mittels Maschinengewehrfeuer und Artillerie wieder diszipliniert werden.[1558] Es war aber weder zutreffend noch gerechtfertigt, von bolschewistischem Gedankengut zu sprechen, wohl aber führten die Verdächtigungen und die disziplinären Ahndungen dazu, daß die Leute bockig und schließlich renitenter und radikaler wurden als zuvor. In den Nächten vor Beginn der Offensive desertierten wahrscheinlich Hunderte Soldaten und informierten die Italiener. Außerdem hatten die Italiener die frontnahen Leitungen der österreichisch-ungarischen Feldtelefone angezapft und waren daher auf dem laufenden.[1559] Die Alliierten mußten folglich gar keine großen Truppenverschiebungen in letzter Minute mehr vornehmen, da bereits alles abwehrbereit war. Die Kenntnis von der Angriffsstunde der „Operation Albrecht" ermöglichte es den Alliierten auch, rechtzeitig die vordersten Linien zu räumen, so daß das österreichisch-ungarische Artilleriefeuer ins Leere gehen mußte.

Die Heeresgruppen am Isonzo und in Tirol hatten sich wochenlang auf die Offensive vorbereitet. Conrad träumte von einem Vormarsch auf Venedig. Boroević wollte über Treviso nach Padua. Doch die schon erwähnte Verlangsamung war so stark zu spüren, daß der Zuschub von Menschen und Material erst allmählich erkennbar wurde. Das Ansammeln der Waffen, der Munition und vor allem der Menschen brachte die üblichen Probleme mit sich, nur trat an die Stelle der Sorge, wie lange eine solche Massierung aufrechterhalten werden konnte, die, wie lange sich die Truppen der nationalistischen und der Friedenspropaganda gegenüber resistent erweisen würden, und wie lange man sie überhaupt ernähren konnte. Bei der 5. Infanteriedivision etwa notierte Oberst Karl Schneller, der frühere Italienreferent des AOK: „Von allen Seiten Anzeichen, daß die tschechische und südslawische Propaganda immer tiefer in unsere Armee eindringt ..., die Leute haben auf unsere Mannschaft und die russischen Kriegsgefangenen verderblich eingewirkt."[1560] Die letzte Bemerkung zeigte einen zusätzlichen und bei der Vorbereitung überhaupt nicht beachteten Aspekt dieser Offensive auf: Da Österreich-Ungarn infolge des Friedensvertrags von Brest-Litovsk verpflichtet war, die russischen Kriegsgefangenen zu repatriieren, dabei aber nach Kategorien vorgegangen wurde, war es wohl das letzte Mal, daß man sich die Arbeitsleistung der russischen Kriegsgefangenen zunutze machen konnte. Es waren also auch die friedensvertraglichen Verpflichtungen, die ein Verschieben der Offensive nicht angeraten sein ließen. Denn bis zum Herbst sollten alle Russen nach Hause transportiert werden.

Am 13. Juni begann am Tonalepaß der Angriff, der zur Ablenkung der Italiener gedacht war. Die Heeresgruppe Conrad trat in Aktion. Doch seit dem 11. Juni regnete es in Strömen. Die Truppen traten naß und ohne großen Schwung an. Soldaten des 4. Kaiserjägerregiments waren noch knapp vorher zu den Italienern übergelaufen. Es waren, wie dann abschätzig und doch erleichtert festgestellt wurde, Tschechen. Die meisten zeigten sich wohl auch wenig beeindruckt vom Tagesbefehl des Heeresgruppenkommandanten Feldmarschall Conrad. Er war erst unmittelbar vor Angriffsbeginn ausgegeben worden und begann wie jener berühmte Befehl Napoleons 1796, indem der Befehlshaber den Soldaten die Herrlichkeiten der italienischen Tiefebene vor Augen stellte.[1561]

Der Angriff am Tonale war ein kompletter Fehlschlag. Die Italiener fühlten sich so wenig bedroht, daß sie nicht einmal erkennbare Truppenverschiebungen vornahmen, um ihre Kräfte an diesem Abschnitt zu verstärken. Um 3 Uhr früh des 15. Juni begann dann der Hauptangriff auf der Hochfläche der Sieben Gemeinden. Italiener, Briten und Franzosen lagen hier in gut ausgebauten Stellungen. Die Front zog sich hin bis zum Massiv des Monte Grappa, der in der traditionellen Manier des Gebirgskriegs angegriffen werden sollte. Die Alliierten wußten über den Zeitpunkt des Angriffs Bescheid und begannen mit heftigem Artilleriestörfeuer. Die österreichisch-ungarische Artillerie setzte um Stunden später ein. Ihr Feuer und auch das Giftgas, das verwendet wurde, blieben ohne nennenswerte Wirkung. Dann begann der Infanterieangriff. Zwei Korps, das I. (GdI Kosak) und das XXVI. (GdI v. Horsetzky), berichteten, sie hätten nur vier Tote gefunden, die Opfer der Artillerie geworden waren, sowie 36 Gaskranke.[1562] Abgesehen von einigen Ausnahmen, darunter vor allem das k. u. k. VI. Armeekorps, kamen die meisten Korps kaum über ihre Ausgangsstellungen hinaus. Im großen und ganzen brachen Conrads Hoffnungen bereits am ersten Angriffstag in sich zusammen. Mangelnde Artillerieunterstützung, das Anrennen gegen gut ausgebaute und zäh verteidigte Stellungen kosteten viele Opfer. Gerade jene Truppenkörper, die ihr Bestes geben wollten und auch begrenzte Erfolge hatten, bezahlten das mit hohen, ja exorbitanten Verlusten. Die 52. Infanteriebrigade verlor zwei Drittel ihrer Soldaten. Das Feldjägerbataillon 22 zählte zuletzt nur noch acht Soldaten.[1563] Die 11. Armee hielt zwar auch in den Folgetagen den Druck auf die italienische Front aufrecht, doch daß die Offensive der Heeresgruppe Conrad gescheitert war, stand schon am 15. Juni fest, als Boroevićs Truppen antraten.

Die Heeresgruppe Boroević hatte als ersten Feind den wild dahinfließenden, auf das Dreifache angeschwollenen Piave, der das Übersetzen und den Brückenschlag zur Hölle machte. Die Artillerie hatte nicht genug Munition zugeschoben bekommen, um über längere Zeit ein wirkungsvolles Feuer zu unterhalten. Eine Stunde vor dem Beginn der Artillerievorbereitung nebelten sich die Batterien ein. Dann sollte ein zweistündiges Gasschießen einsetzen und anschließend ein dreistündiges Wirkungsschießen. Um 3.15 Uhr kam der Angriffsbefehl. Und fast überall machte man dieselben Beobachtungen: Die Munition war teilweise schlecht, und es gab mehrere schwere Zwischenfälle mit fehlerhafter Munition. Das Artilleriefeuer wurde außerdem nur unzureichend gelenkt, da es nicht zu beobachten war. Die Fliegertruppe sah sich einer doppelten Überlegenheit der Alliierten gegenüber. Den Bodentruppen war eine effektive Luftunterstützung versprochen worden, doch die Fliegerkompanien konnten dieses Versprechen nur in wenigen Fällen einlösen. Italiener, Briten und Franzosen verwickelten die k. u. k. Jagdflugzeuge, Aufklärer und Bomber in zahllose Luftkämpfe. Die Phosphorgeschosse der alliierten Fliegerabwehrkanonen setzten die Leinenbespannungen der Flugzeuge in Brand, so daß Maschine um Maschine verlorenging. Die wassergekühlten Maschinengewehre der Jagdflieger froren in größerer Höhe, und es gab kaum funktionierende Nachrichtenverbindungen. Das alles offenbarte mehr als bloßes operatives Versagen und die katastrophale Arbeit eines Armeeoberkommandos und rivalisierender Heeresgruppenkommandanten: Die k. u. k. Armee hatte nicht mehr die Möglichkeit, mit den Alliierten auf dem Sektor der modernen Kriegs- und Führungsmittel mitzuhalten. So wie sich das deutsche Heer mittlerweile einer Vielzahl von „Tanks“ gegenübersah, denen weder eigene Panzer in ausreichender Zahl noch wirkungsvolle Panzerabwehrwaffen entgegengesetzt werden konnten, wurde die k. u. k. Armee mit der Technologie und dem Rüstungsstand einer Zeit konfrontiert, der sie nicht mehr gewachsen war.

Die Junischlacht in Venetien zerfiel auch am Piave bereits innerhalb weniger Stunden in isolierte Einzelgefechte mit denkbar wechselndem Erfolg. Bei San Doná di Piave gelang es dem XXIII. Korps (GdI v. Csicserics), den reißenden Fluß zu übersetzen und die Kriegsbrücke, die natürlich sofort von der alliierten Artillerie beschossen und vorrangiges Ziel für die Bomber wurde, intakt zu halten. Der Übergang dieses Korps hätte allerdings nur eine Demonstration sein sollen, um die alliierten Kräfte von der nördlich stehenden 6. Armee (GO Erzherzog Joseph) abzuziehen. Doch gerade in deren Abschnitt gelang es kaum, Brückenköpfe zu bilden und längere Zeit zu halten. Die Italiener hatten eine tiefgestaffelte Verteidigungszone geschaffen, die nur dann erfolgreich anzugreifen war, wenn man von Steilfeuerwaffen unterstützt wurde. Wo das nicht der Fall war, kam die Infanterie nicht voran und erlitt schwerste Verluste. Die alliierten Flieger stürzten sich auf die wenigen Brückenköpfe. Meist waren die Luftabwehrgeschütze zu weit verstreut, um wirksam werden zu können. Wo ein Kommandant versiert genug war, sie entsprechend zu konzentrieren, wie der Major Alfred Jansa, da schossen sie nach und nach 14 Flieger ab oder zwangen sie zur Landung.

Was die Armeen einschließlich der Kommandanten am Piave nicht wissen konnten, war, daß am 16. Juni Oberst Ottokar Pflug, der Chef des Waffen- und Munitionswesens des Armeeoberkommandos, an Generalmajor Waldstätten depeschierte, daß am Morgen dieses Tages 29 Züge mit Nachschub an die Front abgingen; danach würde nur mehr sporadischer Zuschub möglich sein. Es drohe die „Wehrlosigkeit" des gesamten Heeres, wenn nicht Sofortmaßnahmen das Ärgste verhüteten.[1564] Den Truppen war ja gesagt worden, zwischen Brenta und Etsch oder sonst irgendwo im italienischen Hinterland würden sie alles finden, was sie brauchten, Nahrungs- und Kriegsmittel.[1565] Erreichten die Soldaten diese Ziele nicht, dann konnte der Krieg nicht mehr den Krieg nähren. Im Armeeoberkommando wußte man daher schon am zweiten Tag der Piaveschlacht, daß nur mehr deren Abbruch eine Katastrophe verhindern konnte.

14 Divisionen waren über den Piave gekommen. Sie kämpften teils in den Niederungen, teils auf dem Höhenrücken des Montello, über dem sich dann auch ausgedehnte Luftkämpfe abspielten. Der Montello war überhaupt der einzige Abschnitt, in dem sich ein Erfolg abzeichnete. Die Italiener hatten aus Furcht vor dem österreichisch-ungarischen Gasangriff in einigen Abschnitten die Stellungen fluchtartig verlassen, nicht ahnend, daß das Gas diesmal fast wirkungslos sein würde. Auf diese Weise konnte das k. u. k. XXIV. Korps (FML Goiginger) Artillerie erbeuten, die sonst gar nicht zur Verfügung gestanden wäre, da sie nicht über den Piave gebracht werden konnte. Das Korps drang unerwartet rasch auf dem Montellorücken vor. Boroević forderte zur Unterstützung Goigingers aus der Reserve des Armeeoberkommandos zwei weitere Divisionen an. Waldstätten verweigerte sie ihm.[1566] Auch dem Armeekommandanten, Erzherzog Joseph, gelang es nicht, Reserven für seine erfolgreichen Truppen zugeschoben zu bekommen. Er schrieb darüber: „Am Nachmittag [des 15.] war der höchste Punkt des Montello in eigenem Besitz, doch da bereits traten riesige Verluste bei der Überschiffung ein, wir konnten wie vorausgesehen den Angriff nicht nähren und blieb er stehen, die herrlichen Truppen wegen Körperschwäche mußten sich eingraben ... Der Nachschub ist völlig steckengeblieben, weil keine Überschiffungsmittel da waren, mit knapper Not konnte ich etwas Munition hinüberschaffen, kämpften ja schon manche Bataillone mit blanker Waffe ... Der Montello ein Leichenfeld!"[1567] Feldmarschall-

leutnant Goiginger versuchte allerdings dem Kaiser bei dessen Frontbesuch am 20. Juni klarzumachen, daß es gefährlicher und verlustreicher wäre, den Montello wieder aufzugeben und über den Piave zurückzugehen, als dort zu bleiben. Nichtsdestoweniger wurde ihm noch am selben Tag der Rückzug befohlen – wie allen anderen auch.

Als die Soldaten wieder in ihre Ausgangsstellungen zurückkamen und sich zur Verteidigung einrichteten, waren sie am Ende ihrer Kräfte und verständlicherweise zutiefst deprimiert. Alles schien umsonst gewesen zu sein. Vor allem aber war es der so augenfällige Wandel, der nahezu unerklärlich schien: Noch im November 1917 hatte man die Italiener vor sich hergetrieben, war ihnen überlegen gewesen und hatte sie auch waffenmäßig beherrscht. Jetzt mußte man sich nur die Stellungnahme der k. u. k. 6. Armee betreffend die Kräfteverhältnisse in der Luft hernehmen, um zu wissen, wie viel es geschlagen hatte. Da hieß es: „Die Albrechtskämpfe haben bezüglich des beiderseitigen Kräfteverhältnisses der Luftstreitkräfte unzweifelhaft erwiesen, daß die Überlegenheit auf Seite unserer Gegner ist ... Doch nicht allein von der zahlenmäßigen Überlegenheit hängt der Kampf um die Luftüberlegenheit ab, sondern auch von den flugtechnischen Eigenschaften der Flugzeuge, der Qualität der Besatzung und der Art des Einsatzes ... Seit Januar 1918 wurden vom AOK der 6. Armee 155 A[ufklärungs]- und 227 J[agd]-Flugzeuge zugewiesen. Hievon gingen infolge feindlicher Einwirkung 14 A- und 16 J-Flugzeuge und hauptsächlich infolge minderer Durchbildung der Piloten 101 A- und 168 J-Flugzeuge in Verlust“[1568]; 269 von 382 Flugzeugen – mehr als zwei Drittel!

In die letzte Phase der Piaveschlacht mischten sich bereits massive deutsche Forderungen nach Einstellung der Offensive. Am 21. Juni erklärte Hindenburg: „Vom Standpunkt der Obersten Kriegsleitung spreche ich daher meinen Standpunkt dahin aus, daß die österreichisch-ungarische Armee ihre Angriffe in Italien einstelle und alle hiedurch verfügbar werdenden Kräfte dem westlichen Kriegsschauplatz zuführt.“ (Darüber wird noch zu berichten sein.) Etwas obenhin war darauf zu sagen: Wenn die Deutschen die Versorgung einiger Divisionen an der Westfront übernahmen, brauchte man sich wenigstens über deren Verpflegung keine Sorgen mehr zu machen. Auch die mehr als 11.000 Gefallenen und 25.000 Vermißten schlugen verpflegsmäßig nicht mehr zu Buche. Doch so konnte nicht bilanziert werden! Über 80.000 österreichisch-ungarische Soldaten waren verwundet worden. Die Gesamtverluste der Junischlacht in Venetien betrug somit über 118.000 Menschen. Dazu kamen ungeheure Mengen an Waffen und Ausrüstungen, die verlorengegangen waren, war alles in Rechnung zu stellen, was verschossen und verbraucht und nicht mehr einbringbar war. Und nicht einmal die erhoffte Verpflegung hatte man sich beim Feind holen können.

Am Vorabend der Piaveoffensive hatte Österreich noch 430 Waggons Getreide zur Verfügung gehabt. Ab dem 17. Juni war für Wien kein Mehl mehr vorhanden.[1569] Das Deutsche Reich wollte auch nicht mehr helfen, da die Mehlaufbringungen in der Ukraine und Rumänien nur einen Teil dessen erbracht hatten, was man sich erhofft und einkalkuliert hatte. Daraufhin erklärte Kaiser Karl die Berliner Vereinbarungen vom Mai 1918 für ungültig.[1570] Es wurde immer chaotischer. Da wurden einige Waggons Getreide aufgebracht, herum- und zugeschoben, dort waren es einige Kartoffeln. In Ungarn wurde requiriert, gleichzeitig aber eine Hilfsaktion auf freiwilliger Basis durchgeführt, nach dem Motto: Budapest hilft Wien. Die Volksküchenaktionen wurden ausgeweitet und etwa in Wien um 100.000 Essen täglich mehr für die Ärmsten ausgegeben. Das „mehr“ signalisierte aber nur zu deutlich die katastrophale Situation. Alles wurde vorzusorgen gesucht, um das Getreide zum frühestmöglichen Zeitpunkt zu ernten, gleich zu dreschen und zu mahlen, um einen Monat früher in der Lage zu sein, Mehl aus der neuen Ernte bereitzustellen. Daß das ein Vorgriff auf das Jahr 1919 war, wußte jeder, doch es hieß ja, das Heute zu überleben, und da spielte das Morgen keine Rolle.

Die Alliierten nannten die Junioffensive teilweise zutreffend eine „Hungeroffensive“.[1571] Sie hatte für die Westmächte eine wichtige Entscheidung gebracht, da sie Österreich-Ungarn zu Recht für nachhaltig geschwächt hielten und damit zunächst die Notwendigkeit entfiel, amerikanische Truppen nach Italien zu bringen. Der amerikanische Verbindungsoffizier in Italien, General Swift, informierte General Pershing, daß vorderhand kein Bedarf an amerikanischen Kampftruppen für Italien bestünde. Es sollten alle Kontingente der US-Expeditionary Force nach Frankreich geschickt werden.[1572]

26
Das Dämmerreich

Gericht über Österreich-Ungarns letzte Offensive

Während der Piaveoffensive gehörte zu den eher raren Gepäckstücken im kaiserlichen Hofzug ein Marschallstab, den deutsche Offiziere gespendet hatten und der Kaiser Karl nach Gelingen der Offensive in Vicenza oder sonstwo auf dem zu erobern gehofften Territorium überreicht werden sollte.[1573] Der Marschallstab blieb unausgepackt.

Die Junischlacht in Venetien hatte mit einer Niederlage für die k. u. k. Truppen geendet und war insofern zur Katastrophe geworden, als dem letzten intakten Machtinstrument der Habsburgermonarchie der Todesstoß versetzt worden war. Die Erkenntnis, daß diese Offensive ein Führungschaos offenbart hatte, war allgemein. Die Soldaten, die auch bei dieser Offensive immer wieder ihr Bestes gegeben und sich aufgeopfert hatten, verloren das Vertrauen in die mittlere Führung, diese wiederum jenes in die höhere Führung, und schließlich mußte man zur Kenntnis nehmen, daß dies eine Offensive gewesen war, bei der letztlich das Armeeoberkommando sowie die Kommanden der Isonzofront und der Tiroler Front gegeneinander geplant hatten. Eine Offensive war gescheitert, bei der von der Katastrophe im Inneren abgelenkt und dennoch nichts riskiert werden sollte und die schließlich zum falschen Zeitpunkt begonnen und mitunter elend geführt worden war. Statt am Ende einen zumindest begrenzten Erfolg zu erzielen oder sich bei den Alliierten wenigstens für einige Wochen mit Verpflegsgütern und militärischen Verbrauchsgütern einzudecken, waren die letzten strategischen Reserven verbraucht worden. Die Verluste an Menschen hielten sich dabei fast die Waage: Knapp 70.000 k. u. k. Soldaten, die tot oder kriegsgefangen waren, standen 84.000 Italiener und Alliierte gegenüber. Allein im Bereich der Heeresgruppe Conrad hatten sich Zehntausende Italiener gefangennehmen lassen.[1574] Damit war wenigstens erreicht worden, daß Italien vorübergehend keine Möglichkeit zu einer eigenen Offensive mehr hatte. Doch abgesehen davon ließ sich in Österreich-Ungarn nur negativ bilanzieren.

Vier k. u. k. Armeen hatten an der Junioffensive teilgenommen, auch sie natürlich nicht im vollen Umfang. Zehnmal mehr Soldaten hatten irgendwo im Hinterland die Rolle von mehr oder minder gut informierten Zuschauern gespielt und meinten nunmehr, bereits längst gefällte Urteile bestätigt zu sehen. Jetzt hieß es ironisch, das von Kaiser

Karl so nachdrücklich verhängte Duellverbot sei deshalb ergangen, weil ansonsten die Frontoffiziere die Generalstäbler alle umgebracht haben würden, und ein Mann, der eine der obersten Militärbehörden als „Idiotenanstalt“ bezeichnete, sei „nicht wegen Beleidigung, sondern wegen Hochverrats militärischer Geheimnisse verurteilt worden“.[1575] Das Schlimmste war, daß nunmehr auch alle jene, die bis dahin die Reichsidee vertreten und letztlich für dieses Reich gekämpft hatten, die Hoffnung aufgaben. Anfang Juli 1918 war die österreichisch-ungarische Monarchie konkursreif.

Es nützte gar nichts, daß Kaiser Karl ein Opfer brachte, das ihm sicherlich nicht allzuschwer gefallen war: Er enthob am 11. Juli Conrad von Hötzendorf des Kommandos der nach ihm benannten Heeresgruppe und verlieh ihm den Grafentitel und den Ehrenposten eines Obersten sämtlicher Garden.[1576] Damit setzte der Kaiser nur „einem längst verblaßten Feldherrnruhm das ehrenvolle Grabmal“, meinte der sächsische Gesandte in Wien, von Nostitz.[1577] Conrad aber war durchaus nicht der Hauptschuldige an dem Debakel gewesen, denn schließlich hatte er nur seine operative Vorstellung in Vorschlag bringen können. Die Entscheidung, welchen operativen Ansatz man wählen sollte und wo das Schwergewicht zu liegen hätte, war beim Armeeoberkommando gelegen. Der Chef des Generalstabs, Arz von Straußenburg, bot denn auch konsequenterweise seinen Rücktritt an[1578], denn er war in einem hohen Maß für das Planungsdebakel verantwortlich. Der Kaiser wollte ihn jedoch in seiner Stellung belassen. Der Chef der Operationsabteilung, Baron Waldstätten, sah allerdings keine Ursache für persönliche Konsequenzen.

Schon bei den ersten Wortmeldungen im ungarischen Abgeordnetenhaus konnte man feststellen, daß es eine bittere und emotionelle Abrechnung geben würde. „Leichtsinn und Gewissenlosigkeit“ war der Tenor der Stellungnahmen. Manch einen, so den Grafen Viktor Széchényi, der als Schwadronskommandant und Ordonnanzoffizier die Kämpfe der 1. Kavalleriedivision mitgemacht hatte, beschäftigte aber nicht nur die Frage nach Führungsfehlern und logistischen Mängeln; er führte auch einen besonders krassen Fall von schlechter Menschenführung an, da der Kommandant der Isonzoarmee, Generaloberst Freiherr von Wurm, der 1. Kavalleriedivision angesichts ihres Zurückgehens und trotz des Verlusts von 5000 Husaren angeblich nichts anderes zu sagen gewußt hatte, als: „Ich drücke den Truppen wegen ihrer geringen Widerstandsfähigkeit mein Bedauern aus.“[1579]

Am 9. Juli 1918 richtete dann der Wiener Reichsratsabgeordnete A. M. Kemeter namens der Deutschen Zentrumspartei und in seiner Eigenschaft als Leitungsmitglied des Verbands der Deutschnationalen Parteien an den k. k. Minister für Landesverteidigung Czapp von Birkstätten, den Nachfolger des langjährigen Ministers Georgi, 23 Fragen zu den Ursachen des Scheiterns der Piaveoffensive. Er tat das, um Unterlagen für eine Geheimsitzung des Abgeordnetenhauses zu bekommen, die am 22. und 23. Juli stattfinden und die Junischlacht in Venetien zum Gegenstand haben sollte. So „schmerzlich“ die Antworten vielleicht auch ausfallen würden, wollte Kemeter dennoch möglichste Offenheit: Warum war die erste Offensive, die Österreich-Ungarn seit dem Mai 1916 allein durchgeführt hatte, ohne Erfolg geblieben? War es richtig, daß die „einmütige, selbstlose und daher einheitliche Zusammenarbeit der Armeeführer“ gefehlt hatte, daß Feldmarschall Baron Kövess und eine Reihe anderer maßgeblicher Leute aus der Militärhierarchie von der Offensive dringend abgeraten hatten? „War es nicht ein Fehler, die Offensive an der ganzen Front zu führen, statt an einer oder einigen besonders gut geeigneten Stellen mit einem wuchtigen, entscheidenden Schlag vorzugehen?“ Hatte es zu wenig Munition gegeben, war die Fliegerwaffe tatsächlich inferior, warum waren nicht Blaukreuz und Gelbkreuz eingesetzt worden, wieso hatte das Sanitätswesen im Raum Trient versagt, wie hoch beliefen sich die Offiziersverluste insbesondere unter den höheren Rängen? „Gedenkt man, die in Etappe und Hinterland überflüssigerweise angesammelten und nicht vernünftig verwendeten Menschenmassen der für Heer und Volk gleichermaßen so überaus notwendigen Berufsarbeit zuzuführen, z. B. die beim Kader des Eisenbahnregimentes zu Tausenden angesammelten Eisenbahner, die seit vielen Monaten jeder vernünftigen, zweckentsprechenden Tätigkeit entzogen sind?“ Und als letzter Punkt: „Es möge ernstlich darangegangen werden, daß auch höhere Offiziere mit Mitteilungen über die Vorbereitung militärischer Aktionen vorsichtig seien.“[1580] Aus der Interpellationsbeantwortung wurde ein dickes Buch. Trotz der Aufforderung zur Offenheit wurde vom Armeeoberkommando eine Reihe von Punkten nicht beantwortet und anderes nur sehr allgemein behandelt, was zur Folge hatte, daß der Landesverteidigungsminister im Abgeordnetenhaus recht gut, das AOK hingegen schlecht wegkam.[1581]

Die allmählich verfügbar werdenden Denkschriften der an der Piaveoffensive beteiligten hohen Kommanden stellten dann noch viel deutlicher und inhaltsreicher die Gründe für den Mißerfolg dar, als dies in den dem österreichischen Reichsrat und dem ungarischen Reichstag übermittelten Materialien zum Ausdruck kam. Schwachstellen, Unzulänglichkeiten und groteskes Versagen waren offenbar allgegenwärtig gewesen.[1582] Auch eine Inspektionsreise des früheren Armeeoberkommandanten, Erzherzog Friedrich, der vom Kaiser nach Italien geschickt worden war und darüber Aufzeichnungen und Meldungen verfaßte, ließ etliches von den wahren Gründen erahnen.[1583] Manches war so offenkundig, daß es jeder einzelne Soldat wußte. Der Deutsche Bevollmächtigte General beim Armeeoberkommando, General Cramon, der selbst Augenzeuge des Scheiterns gewesen war und sich ausgiebig über das – wie ihm schien – planlose Herumreisen des Kaisers hinter der Front mokierte, bekam zahllose Zuschriften, in denen er über Vorfälle an und hinter der Front informiert wurde.[1584] Generaloberst Fürst Schönburg-Hartenstein, der Kommandant des IV. Korps der Isonzo-Armee, verfaßte ein umfangreiches Manuskript, das dem Kaiser in aller Offenheit, ja teilweise direkt aggressiv die katastrophale Situation von Staat und Heer sowie die Notwendigkeit eines sofortigen Friedens vor Augen führen sollte.[1585] Der Kaiser nahm das alles zur Kenntnis und sah darüber hinweg, daß die Zurückhaltung ihm gegenüber und der gewohnte Respekt geschwunden waren; er wurde ebenso attackiert wie das Armeeoberkommando. Und die Zahl derer, die ihn für die Misere persönlich verantwortlich machten und ihm seine Unentschlossenheit, seine Fehler und seine charakterlichen Schwächen zum Vorwurf machten, stieg von Tag zu Tag.

Das vorletzte Kabinett Cisleithaniens

Einer, der wohl wußte, wie es in der Umgebung des Kaisers und in Österreich zuging, der ehemalige Minister des Äußern Ottokar Graf Czernin, schrieb zur Zeit der Piaveoffensive an den ehemaligen ungarischen Ministerpräsidenten Graf Tisza: „Wir werden den Krieg wegen der österreichischen Wirren verlieren; dann verliert ihn aber Ungarn mit, und wenn ich Ungar wäre, würde ich nicht so ruhig der zunehmenden österreichischen Anarchie zusehen ... Ich bin fürchterlich pessimistisch geworden in letzter Zeit; in Österreich geht es schauderlich zu, besonders in Böhmen und ‚Südslavien' – der Anfang vom Ende, wenn es so weitergeht; ein kopfloses, planloses Herumstolpern, mit dem einzigen Plan, den Seidler zu erhalten."[1586] Doch Ministerpräsident Seidler ließ sich nicht mehr halten, und sein Dilemma war nur der Ausdruck der allgemeinen Misere.

Wenn man sich die letzten Tage und Wochen der Regierung Seidler ansieht, hat man fast den Eindruck, daß hier nur mehr dilettiert wurde und das noch dazu mit einiger Willkür. Der Ministerpräsident wider Willen, Seidler, zog aus dem „Waffenbund" mit dem Deutschen Reich ähnliche Schlüsse wie das Ausland. Er sah in dieser Vereinbarung und der Aktivierung der Obersten Kriegsleitung die endgültige Hinwendung zu einem deutschen Kurs und wollte diesen innerhalb der österreichischen Reichshälfte konsequent durchsetzen. Seidler ließ es auf einen offenen Bruch mit den Slawen ankommen und oktroyierte am 19. Mai die Kreiseinteilung für Böhmen.[1587] Damit sollten tschechische und deutsche Kreise verwaltungsmäßig getrennt werden, eine Maßnahme, die – auch von den Tschechen – bis dahin unterschiedlich, aber durchaus nicht nur negativ aufgenommen worden war. Doch die Verlautbarung in der außerparlamentarischen Zeit in Form einer Regierungsverfügung mußte ungeheuer herausfordern. Es sprach kein Tscheche mehr darüber, daß die Sache auch ihr Gutes hatte und daß man damit ein lästiges Problem losgeworden war. Jetzt ging es ausschließlich darum, die Regierung in der schärfsten Form anzugreifen. Der Zeitpunkt war auf jeden Fall falsch gewählt gewesen, denn in Verbindung mit den Ergebnissen des Treffens von Spa und den Besprechungen in Berlin wurde der Schritt Seidlers als nackter reichsdeutscher Kurs empfunden, und den wollten die Slawen ganz sicher nicht mitmachen.

Es waren nicht nur die Tschechen, die das Kabinett Seidler dann zum Sturz brachten, sondern vor allem die Polen. Zwei Tage nach dem Treffen von Spa beschloß der Polenklub, das nächste Budget zu verweigern. Dieses sollte bis zum 30. Juni verabschiedet werden. War das nicht der Fall, dann drohten abermals Ausnahmeverfügungen und das Ende des Parlamentarismus. Seidler bat den Kaiser, demissionieren zu dürfen. Der Kaiser verweigerte seine Zustimmung. Seidler mußte weiter im Amt bleiben und handelte immer unkontrollierter. Ab 1. Juli wurde der Staatshaushalt ohne parlamentarische Genehmigung geführt. Daraufhin trat eine Obmännerkonferenz der Parteien zusammen und beschloß die Tagesordnung für die nächste Sitzung des Reichsrats. Vorweg standen zwei Punkte: die erste Lesung des Budgetprovisoriums und eine Ministeranklage gegen Seidler und Innenminister Toggenburg.

Bei der Reichsratseröffnung am 16. Juli 1918 erinnerte Seidler an sein Regierungsprogramm. Er hatte zweifellos recht, wenn er den slawischen Parteien und vor allem den

Tschechen vorwarf, sie wären zu keiner Zusammenarbeit bereit gewesen, die Tschechen hätten es abgelehnt, die „Kommission für die Verfassungsrevision“ zu beschicken. Mit der Kreiseinteilung sei begonnen worden, die nationalen Siedlungsgebiete voneinander verwaltungsmäßig abzugrenzen und Vorbedingungen für die Autonomie der Völker nach dem Krieg zu schaffen. Das war alles gut und richtig gesagt. Dann aber setzte Seidler fort: „Und wenn in dem Umstand, daß die Regierung von dem so lange und geduldig angestrebten Einvernehmen der Nationen endlich absah, die Andeutung eines deutschen Kurses erblickt wird, so liegt es mir ferne, dem entgegentreten zu wollen. Denn wenn es einen politischen Kurs in Österreich gibt, so kann es nur ein solcher sein, der den berechtigten Interessen des deutschen Volkes vollen Schutz gewährt. Das Rückgrat dieses vielgestaltigen Staates ist nun einmal das deutsche Volk und wird es immer bleiben.“[1588] Das war eine Kampfansage.

Das Haus tobte. Seidler war aber offenbar bereit, noch weiter zu gehen, ja, er setzte alles auf eine Karte. Die Kampfansage an die Slawen sollte nur dazu dienen, die Stimmung anzuheizen. Da am 23. Juli die Debatte über das Versagen der Armee und einzelner Generäle während der Piaveoffensive beginnen sollte, war mit den Deutschradikalen vereinbart worden, Tumulte zu beginnen, so daß dann ein Vorwand gegeben war, um den Reichsrat neuerlich aufzulösen. Dann sollte in einer Art Neuauflage der Zivildiktatur à la Stürgkh mittels kaiserlicher Patente regiert werden. Die Minister eines solcherart regierenden österreichischen Kabinetts sollten radikale Vertreter des deutschnationalen Lagers sein. Polizei und vor allem Militär sollten die Bevölkerung niederhalten.

Da gab es eine eigentlich unerwartete Lösung. Der Polenklub gab dem Präsidenten des Abgeordnetenhauses bekannt, er würde dem nächsten provisorischen Budget zustimmen, doch nur unter der Voraussetzung, daß Seidler endlich zurücktrete. Seidler demissionierte umgehend, und der Kaiser nahm den Rücktritt des Kabinetts an. Nichtsdestoweniger ergriffen die Tschechen noch die Gelegenheit, auch im Plenum des Abgeordnetenhauses die Ministeranklage zu fordern und zu begründen. Sie blieben zwar in der Minderzahl, da ein Teil der Polen der Abstimmung fernblieb und die Sache außerdem bereits unaktuell geworden war. Doch das Ende der Regierung Seidler konnte gar nicht spektakulärer sein.[1589] Es fiel außerdem mit der geheimen Debatte über die Piaveschlacht zusammen, in der es Anklage über Anklage hagelte und auch vor dem Kaiser und vor allem vor der Kaiserin nicht haltgemacht wurde. Die „Italienerin“ wurde kaum verhüllt des Verrats bezichtigt. Es war die Stunde der Demagogen.

Im Augenblick des Rücktritts zeigte es sich, daß Seidler offenbar in vollstem Einvernehmen mit Kaiser Karl gehandelt hatte, denn der Kaiser ernannte ihn nicht nur zu seinem Kabinettsdirektor, sondern wünschte auch, daß „die von Seidler verfolgte Richtung“ beibehalten würde.[1590] Das forderte jener Kaiser, der als Erbe der Gedankengänge Erzherzog Franz Ferdinands galt, der die Verständigung mit den Slawen gesucht, in Österreich die Rückkehr zum Parlamentarismus erreicht und noch ein Jahr zuvor alles darangesetzt hatte, um die Bindungen an das Deutsche Reich zu lockern; ein Kaiser, der noch wenige Monate zuvor versucht hatte, einen Friedensschluß zu erreichen, und der angesichts der Verhandlungen mit Rußland damit gedroht hatte, daß Österreich-Ungarn einen Separatfrieden schließen würde. Jetzt galt das alles nicht mehr.

In einem Punkt hatte Karl seine Haltung jedoch nicht revidiert: Er wollte selbst Einfluß nehmen und Politik wie Heerwesen gestalten. Daher wurde nicht vielleicht ein einflußreicher und profilierter Politiker zum Nachfolger Seidlers nominiert, sondern einer, der wohl parlamentarische Erfahrung besaß und einige gute Beziehungen zu nichtdeutschen Politikern unterhielt, aber keine nennenswerten politischen Ziele verfolgen durfte und sich bedingungslos dem deutschen Kurs unterzuordnen hatte. Die Wahl fiel auf den früheren Unterrichtsminister Max Hussarek von Heinlein.

Hussarek nannte als Nahziele seiner Politik einen polnisch-ruthenischen Ausgleich und einen Modus vivendi mit den Südslawen. Diesbezüglich wies ihn der Kaiser jedoch an, das Einvernehmen mit Ungarn zu suchen, und damit war dieses Anliegen eigentlich nicht mehr realisierbar. Hussarek meinte, es müßte möglich sein, sich mit Polen bzw. Ruthenen und Südslawen zu einigen; dann wären die Tschechen isoliert. Daraufhin würden sich die katholischen Böhmen und Mährer wohl der Regierung anschließen; solcherart wäre ein föderalistisches Programm realisierbar. Dergleichen Überlegungen waren freilich nicht unbedingt neu, sie waren bereits in der Zeit vor dem Krieg durch die Köpfe gegeistert und seit Stürgkh auch immer wieder aufgewärmt worden. Hussareks Programm lief jedoch nicht auf nationale Autonomien hinaus, sondern auf einen Föderalismus.[1591] Im übrigen war aber wohl den meisten klar, daß Hussarek sich primär als Beamter des Kaisers sah, der dem Monarchen zu Gehorsam verpflichtet war und ausführte, was ihm Karl auftrug. Er konnte sich dabei auch nicht im mindesten schmeicheln, der für die österreichische Reichshälfte maßgebliche Berater des Kaisers zu sein; er war nur einer von ihnen, und er konnte genausowenig wie die engeren Berater des Kaisers der um sich greifenden ziellosen Hektik steuern.

Der neue Ministerpräsident wollte zunächst mit einem Beamtenkabinett regieren, die meisten Ministerien so besetzt lassen, wie er sie von Seidler übernommen hatte, und erst ab dem Herbst Parlamentarier einbauen, mit denen an die Verfassungsreform gegangen werden sollte. Die Tschechen waren nicht mehr zu gewinnen, machten jedoch eine geringfügige Konzession, indem sie eine „loyale Opposition" zusicherten.[1592] Auch der Polenklub versprach Unterstützung, während Hussarek nur von einem Teil der deutschen Parteien positive Zusagen erhielt. Die Südslawen blieben in Opposition. Hussarek tat daher das einzige, was in seiner Lage machbar war: Er betätigte sich als eine Art Beschwichtigungshofrat und gab eine nichtssagende, lediglich an den Patriotismus appellierende Regierungserklärung ab. Als er allerdings Gerechtigkeit gegenüber allen Volksstämmen und sozialen Schichten beschwor, lösten die radikalen deutschen Vertreter einen Tumult aus. Da der Ministerpräsident aber ihre Unterstützung brauchte, gab er schließlich sein stilles Einverständnis zu allen Forderungen der Deutschradikalen, die die rasche Realisierung der Verordnung über die Kreiseinteilung verlangten. Solcherart erreichte Hussarek eine Majorität für das nächste provisorische Budget, das bis 31. Dezember 1918 bewilligt wurde.[1593] Es war das letzte Budget des habsburgischen Österreich.

Die Radikalen geben den Ton an

War das aber überhaupt noch mehr als ein historischer Begriff? Das Land war in Aufruhr. Die Eisenbahner, Telefon- und Telegrafenämter Polens hatten zeitweilig den Dienst eingestellt. Beamte streikten, und damit wankte dieser Pfeiler eines sich nach wie vor josephinisch verstehenden Beamtentums. Das Militärkommando Krakau verlangte die Verhängung des Standrechts für Zivilisten. Rechtsunsicherheit griff um sich; die militärische Ordnung löste sich auf.[1594] Zivile und militärische Behörden befehdeten sich. Der Klerus war zu einem erheblichen Teil nationalen politischen Ideen verpflichtet. In Polen gab es eine militärische Untergrundorganisation, die Polska Organizacja Wojskowa (POW), die sich aus dem im Februar 1918 vom Armeeoberkommando aufgelösten Polnischen Hilfskorps gebildet hatte.[1595] Soldaten polnischer Truppenteile des gemeinsamen Heeres und der Landwehr desertierten zunehmend zur POW und gingen in den Untergrund. In Galizien waren in der ersten Jahreshälfte 1918 mehr als 35.000 Deserteure verhaftet worden, was darauf schließen ließ, daß ein Mehrfaches dieser Zahl unentdeckt blieb.[1596] In den Militärkommandobereichen Krakau und Przemyśl wurden die Deserteure zu einer Landplage.[1597] Offiziere der früheren polnischen Legion wirkten als Agitateure innerhalb der österreichisch-ungarischen Armee und suchten polnische Soldaten zur Fahnenflucht zu bewegen.[1598] Der polnische Untergrund transportierte die Soldaten auf russisches Territorium, wo man offenbar besonders gefahrlos organisieren und operieren konnte, und begann dort polnische Korps zu formieren. Man sah das nur als konsequent an, da Österreich-Ungarn ja in der Zweikaiserproklamation über Polen dessen Eigenstaatlichkeit zugebilligt hatte. In Polen wußte man sich in einer relativ günstigen Situation, als das Deutsche Reich im August 1918 eine Art Gegenoffert zur austropolnischen Lösung machte: Deutschland wollte Polen das auch von der Ukraine beanspruchte Cholmer Land zubilligen und bot eine Militärkonvention, freien Zugang zum Meer und etliches andere.[1599] Polen hatte sich also zwischen dem Deutschen Reich und Österreich zu entscheiden. Setzte es auf die deutsche Karte, waren Cholm, größere Küstenabschnitte und Deutschlands „schimmernde Wehr“ geboten. Willigte Polen in eine Personalunion mit Österreich-Ungarn, dann war der Erwerb Galiziens wahrscheinlich. Doch war es überhaupt noch realistisch, auf eine austropolnische Lösung zu warten? Als die Deutschen das Angebot erhöhten und schließlich im September 1918 auch Litauen versprachen, war die austropolnische Lösung für die Polen uninteressant geworden. Österreich-Ungarn würde nicht mehr die Macht haben, irgendeine Lösung durchzusetzen.

Während aber die österreichischen Polen bis zuletzt verhandelten und zumindest nach außen hin eine teilweise Unterstützung der österreichischen Regierung erkennen ließen, war das bei den Tschechen nicht mehr der Fall. Sie waren schon 1917 auf Ablehnungskurs gegangen und hatten sich immer mehr radikalisiert. Eine Woche vor Hussareks Regierungsantritt bildete sich der „Tschechische Nationalausschuß“, der es sich zum Ziel setzte, die Übernahme der Regierung in einem selbständigen tschechoslowakischen Staat vorzubereiten. Die Weichen dazu waren im Ausland durch die Emigration gestellt worden, der Pittsburgher Vertrag regelte das Verhältnis zwischen Tschechen und Slowaken. Und der radikale Tschechenführer, Karel Kramář, 1915 wegen Hochverrats angeklagt und verurteilt, 1917 begnadigt, setzte sich an die Spitze dieses Nationalausschusses. Die Tschechen hüteten sich freilich, den letzten Anstoß zur neuerlichen Auflösung des österreichischen Parlaments zu geben, doch sie verweigerten konsequent die Zusammenarbeit. Als dann die Ententemächte beginnend mit Juni 1918 und die USA Anfang September die Tschecho-Slowakei als kriegführende Macht anerkannten, fiel praktisch jede Notwendigkeit weg, den Schein zu wahren. Auch wenn für eine völkerrechtliche Anerkennung noch nicht alle Voraussetzungen gegeben waren, so ließ sich doch ein Territorium bezeichnen, auf das sich die Anerkennung erstrecken konnte, und nicht zuletzt konnten Tschechen und Slowaken in Österreich wie in Ungarn geltend machen, daß der tschechoslowakische Staat auch über Streitkräfte verfügen würde, die von den Alliierten als verbündete Streitmacht anerkannt worden waren und als Legionstruppen bereits auf der Seite der Alliierten kämpften.

Der k. k. Ministerpräsident Hussarek seinerseits begann schon Ende Juli damit, die nationale Trennung der Deutschen von den Tschechen voranzutreiben und das deutsche Siedlungsgebiet aus dem Staatsverband des Königreichs Böhmen herauszulösen.[1600] Tschechischerseits sprach man von „Landeszerreißung".[1601] Am 14. September erbat dann der nächste k. k. Innenminister, Edmund Freiherr von Gayer, die Zustimmung des österreichischen Ministerrats zu einer Verordnung über die Teilung des Königreichs Böhmen. Zwei Tage später genehmigte der Ministerrat die Verordnung. Dabei begann das Schlagwort von der nationalen Selbstbestimmung zu kursieren und wurde dazu verwendet, die von deutschnationaler Seite betriebene Teilung zu rechtfertigen. Anschließend wurde mit den konkreten organisatorischen Arbeiten begonnen, die eine Änderung der politischen Amtsbezirke und die Einsetzung von Kreisregierungen bringen sollten. Die tschechische Staatsidee ließ sich nicht mehr einschränken; man konnte nur noch den nationalen Bestand sichern oder nackte Gewalt anwenden. Hussarek tat ersteres. Und er handelte damit zumindest in Übereinstimmung mit den deutsch-freiheitlichen, deutschnationalen und christlichsozialen Kreisen der deutschen Teile der Monarchie. Diese hielten in allen Ländern „Volkstage" ab und verlangten, wie Mitte Juni 1918 der Wiener Bürgermeister Weiskirchner, „daß Dämme aufgerichtet werden, um unseren Besitz zu wahren".[1602] Es wurden Gesetze gefordert, die den Ankauf von deutschem Grund und Boden durch Nichtdeutsche verhindern sollten, und der Ausbau des deutschen Schulwesens, das durch das Eindringen Zehntausender Juden aus Galizien und der Bukowina der „Verfremdung" preisgegeben sei. Die „unermeßlichen Opfer" sollten nicht umsonst gewesen sein. Man wollte weiter in „unerschütterlicher Treue" zum Deutschen Reich halten. Es sollte keinen tschechischen und keinen südslawischen Staat geben, Tirol ungeteilt und Triest der Schiffahrt erhalten bleiben. Vom Wiener Rathaus wehten die Fahnen des Deutschen Reichs und die Farben der Revolution von 1848.[1603] Ein Mann wie Prälat Ignaz Seipel verspürte dabei größtes Unbehagen. Doch andere Vertreter der Christlichsozialen, wie etwa in Oberösterreich Prälat Hauser, machten weiter mit den Deutschnationalen gemeinsame Sache. Auch bei einem Politiker wie dem Vorarlberger Jodok Fink spielte plötzlich das Jahr 1848 eine Rolle, allerdings nur insofern, als er am 12. August am Dornbirner Volkstag meinte, den Bürgern würde die Treue zur Dynastie und zum Staat leichterfallen, wenn in Osterreich nicht mehr die vormärzliche Überlieferung dominierte.[1604] Auch das war ein Signal.

Hussarek konnte sich auch den südslawischen Bestrebungen nicht entgegenstemmen und mußte vor dem Dilemma kapitulieren, das sich aus dem Umstand ergab, daß man wohl voraussetzte, Kroatien-Slawonien, Bosnien, Herzegowina und Dalmatien in eine südslawische Lösung einzubeziehen, dabei aber die Slowenen ignorierte. Diese begannen sich jedoch auch immer deutlicher für die jugoslawische Lösung auszusprechen.[1605] Die seit dem Juni 1918 im Verband der alliierten Saloniki-Armee kämpfende „jugoslawische Division" setzte sich auch nicht nur aus Serben und Kroaten, sondern auch aus Slowenen zusammen. Zudem befanden sich Slowenen auch unter jenen ehemaligen k. u. k. Kriegsgefangenen, die nicht aus Rußland nach Hause zurückgekehrt waren, sondern den Weg zu den westlichen Alliierten und zur serbischen Armee gesucht hatten.[1606] Die Slowenen hatten bis dahin stets als besonders monarchietreu gegolten. Mittlerweile gaben auch bei ihnen die Radikalen den Ton an. Die Mitschuld der Wiener Regierung war dabei unübersehbar. Da sie den Wünschen der gemäßigten und nach wie vor habsburgisch-loyalen Gruppen um Dr. Šusteršić nicht nachgab, konnten die Nationalisten um Dr. Korošec die Oberhand gewinnen. Der Landesbefehlshaber in Bosnien und Herzegowina, General Sarkotić, war da viel realistischer als die Wiener Regierung und forderte auch die Einbeziehung der Slowenen in eine jugoslawische Lösung. Bei den Überlegungen zur Reichsreform im Süden kam jedoch als zusätzliche eminente Erschwernis dazu, daß Kroatien zu Ungarn und Slowenien zu Österreich gehörte, während für Bosnien und die Herzegowina immer noch der k. u. k. Finanzminister zuständig war. Jeder, der sich zu Wort meldete, sah nur Teilaspekte, und daher fand es Hussarek nur recht und billig, Ungarn zu Zugeständnissen an Kroatien zu drängen, ohne freilich das Slowenenproblem auch nur zu erkennen.

Für Ungarn war mit der südslawischen Lösung auch die Frage eines Zugangs zum Meer verbunden. Im Rahmen eines einheitlichen Wirtschaftsraums der Habsburgermonarchie hatten derartige Fragen keine vorrangige Bedeutung. Was aber, falls es den nicht mehr gab? Verhandlungen Hussareks mit dem ungarischen Ministerpräsidenten Wekerle über die südslawische Frage endeten am 30. August damit, daß Wekerle seinem österreichischen Amtskollegen sagte: „Bei uns in Ungarn sind neun Zehntel im Staatswesen in Ordnung und da muten Sie mir zu, Ihretwegen auch meine neun guten Zehntel in Unordnung zu bringen."[1607] Doch mit so kräftigen Äußerungen hätte Wekerle wohl nicht aufwarten sollen, denn auch in Ungarn gärte es.

Angesichts der Kriegslage und der Verhältnisse bei den k. u. k. Truppen war es fast unerklärlich, jedenfalls aber illusorisch, daß der Chef des Generalstabs mit Datum 21. Juli 1918 ein Memorandum abschloß, das sich nochmals mit den Kriegszielen Österreich-Ungarns befaßte. Er setzte damit die Ergebnisse einer Besprechung der Militärgeneralgouverneure für Serbien und Montenegro, Rhemen und Clam-Martinic, mit dem Landesbefehlshaber von Bosnien-Herzegowina und Dalmatien, Generaloberst Freiherr von Sarkotić, vom 13. und 14. Mai um. Alle drei hatten sich für die Angliederung Serbiens und Montenegros an die Habsburgermonarchie ausgesprochen, eventuell unter Zusammenfassung mit Bosnien, der Herzegowina und Dalmatien in Form eines „Reichslandes".[1608] Nun kann man bei einigem guten Willen ja noch verstehen, daß die Militärgouverneure und der Landesbefehlshaber auch noch im Mai 1918 solche Gedanken entwickeln konnten. Doch die autorisierte Weitergabe eines derartigen

Papiers grenzte doch wohl an Realitätsverlust. Arz sprach von „... völliger Angliederung Serbiens an die Monarchie ..., völliger Angliederung Montenegros an die Monarchie ..., Schaffung eines selbständigen Albaniens und in der Folge ... Schaffung eines Balkanstaatenbundes unter unserer Führung". Der Chef des Generalstabs begründete auch, weshalb er zu dieser dem Minister des Äußern übermittelten Forderung kam: „Der Verwirklichung meiner Ansicht", schrieb er, „stand bis vor kurzem das Schlagwort ‚Ohne Annexionen, ohne Kriegsentschädigungen' gegenüber. Es ist – nach dem Bekanntwerden eines Teiles der Kriegsziele der Entente –, Gott sei Dank, vergessen und verschwunden. Der Sieger hat das Recht, die Folgen des Sieges nach seinem Urteil und seinem Gutdünken aufzustellen. Und die Sieger auf der Balkanhalbinsel sind wir, das wird uns niemand streitig machen."[1609] Doch Arz hinkte der Entwicklung um mindestens einige Monate nach.

Österreichisch-ungarische Truppen an der Westfront

Am 21. Juni, noch während der Junischlacht in Venetien, hatte die Deutsche Oberste Heeresleitung auf die Entsendung österreichisch-ungarischer Truppen an die Westfront zu drängen begonnen. Es sollten nicht nur mehr Artillerieabteilungen sein wie seit 1914, sondern Infanterie. Denn im Westen brauchte man zweifellos mehr als jene neun k. u. k. Feldartillerieregimenter, die dort mittlerweile im Einsatz standen.[1610] Fünf bis sechs Infanteriedivisionen sollten „zunächst" dem deutschen Westheer zur Verfügung gestellt werden, darunter absolut keine tschechischen Truppen.[1611] Kaiser Karl und das k. u. k. Armeeoberkommando stimmten zwar nicht sofort zu, doch das Scheitern am Piave und die deutsche Argumentation, daß angesichts der sich in Frankreich versammelnden amerikanischen Kräfte die Entscheidung im Westen fallen würde, leuchtete ein. „Das Herbeiführen einer Gesamtentscheidung gegen einen sich in Frankreich dauernd verstärkenden Feind bedingt, daß auch wir alles an anderer Stelle irgendwie entbehrliche hier zusammenfassen ... Vom Standpunkt der Obersten Kriegsleitung spreche ich daher meinen Standpunkt dahin aus, daß die österreichisch-ungarische Armee ihre Angriffe in Italien einstellt und alle hiedurch verfügbar werdenden Kräfte dem westlichen Kriegsschauplatz zuführt", telegrafierte Generalfeldmarschall Hindenburg an Generaloberst Arz.[1612] Was lange Zeit als unmöglich und unerwünscht gegolten hatte, schien nicht zuletzt unter den Bedingungen des Waffenbunds selbstverständlich. Doch in der endlich gegebenen Zustimmung zur Entsendung war nicht nur ein Eingehen auf die deutschen Wünsche zu sehen. Mehr noch kam dabei die Überlegung zum Tragen, daß auf diese Weise Initiative und Aktivität gezeigt werden konnten. Das war aus psychologischen Gründen wichtig, da solcherart über die Niederlage hinweggegangen werden konnte. Die Soldaten kamen weniger zum Nachdenken. Und schließlich wollte das Deutsche Reich eine neuerliche Mehlaushilfe für Österreich erst dann zugestehen, wenn über die Verlegung von k. u. k. Truppen nach dem Westen entschieden war. Kurz darauf wurden die ersten beiden Divisionen in Marsch gesetzt; zwei weitere folgten im September.[1613] Auch ein Korpskommando wurde verlegt, das dann als XVIII. Korps (FML Goiginger) die k. u. k. Truppen führen sollte. Allerdings begann auch Italien zur selben Zeit damit, Truppen nach Frankreich zu verlegen. Dort ging es ums Ganze.

Die Ankunft der ersten Truppen im Raum St. Mihiel blieb den Angehörigen der k. u. k. 1. und der 35. Infanteriedivision überdeutlich in Erinnerung. Sie hatten schon vorher mehrfach mit deutschen Truppen zusammengewirkt und waren von der Disziplin, Tapferkeit und effizienten Führung der Deutschen überzeugt. Jetzt aber wurden sie mit dem Ruf „Kriegsverlängerer" empfangen.[1614] Ähnlich wurden übrigens auch jene deutschen Eingreiftruppen begrüßt, die nach dem Tankdurchbruch der Alliierten zwischen Avre und Ancre am 8. August in die Lücke geworfen wurden und denen dann auch Schmährufe wie „Kriegsverlängerer" und „Streikbrecher" entgegenschallten.[1615]

Die k. u. k. Truppen wurden zunächst in den Kampfverfahren geschult, die im Westen angewendet wurden. Sie erhielten ihre Bewaffnung und Ausrüstung ergänzt. Jede Division erhielt rund 200 britische Beute-Maschinengewehre. Doch die physischen Mängel, die desolate Adjustierung und auch die Eindrücke der neuen Front ließen sich nicht ausgleichen und verwischen.[1616] Die österreichisch-ungarischen Divisionen machten somit nicht nur Erfahrungen auf einem neuen und für sie ungewohnten Kriegsschauplatz, sondern sahen obendrein, daß auch die deutsche Moral am Ende war, daß die Soldaten ausgezehrt und abgekämpft waren. In manchem war die Situation im Westen sogar noch schlimmer als die in Italien, da die materielle Überlegenheit der Alliierten noch mehr ins Auge stach und vor allem auch die kriegstüchtigen und voll aufgefüllten amerikanischen Divisionen die eigene Unterlegenheit überdeutlich werden ließen.

Schon am 12. September 1918 erlitt die k. u. k. 35. Infanteriedivision in der Schlacht von St. Mihiel gegen französische und amerikanische Kräfte schwere Verluste. Von der vorwiegend aus Siebenbürger Deutschen, Rumänen und Ungarn bestehenden Division wurden 99 Offiziere und 3268 Mann getötet, verwundet oder gefangengenommen.[1617] (Der Kommandant, FML von Podhoránszky, war allerdings nicht zu Schaden gekommen, denn er konsumierte gerade einen sechswöchigen Urlaub.) Die westlichen Alliierten waren seit dem Juli Monat für Monat um 250.000 amerikanische Soldaten verstärkt worden. Sie verfügten über eine materielle Übermacht, die bei Panzern und Flugzeugen schon regelrecht erdrückend war, waren weitaus besser ernährt und mußten sich um die Moral der Soldaten so gut wie keine Sorgen mehr machen. Dazu kamen jene taktischen Erfahrungen, die der Krieg mit sich gebracht hatte, etwa die, daß es nur mehr eine kurze, dafür umso heftigere Artillerievorbereitung gab, die Truppen so früh zum Sturm antraten, daß sie das deutsche Sperrfeuer unterlaufen konnten und Stellung um Stellung systematisch aufrollten.[1618] Jetzt konnten auch die k. u. k. Truppen im Westen ein Lied davon singen. Und anders als bei so vielen Gelegenheiten konnten auch die deutschen Truppen nicht mehr helfen. Das erfuhr auch die k. u. k. 1. Infanteriedivision (FML Metzger), die Anfang Oktober 1918 in die Kämpfe geworfen wurde, sich aufopferungsvoll gegenüber drei alliierten Divisionen schlug, doch schon nach einigen Tagen und nach einem Luftangriff von 125 Maschinen auf die Stellungen der Division aus der Front genommen werden mußte. Sie hatte über die Hälfte ihres Standes eingebüßt.[1619] Damit kam für Österreich-Ungarn der letzte Halt ins Wanken. Gemeinsame Kriegsleitung, Waffenbund, deutscher Kurs und schließlich überhaupt das Ausharren im Krieg waren letztlich damit begründet worden, daß das Deutsche Reich den Sieg der Mittelmächte garantierte, daß man bis zum Endsieg ausharren müßte und dann der Frieden diktiert würde. Jetzt kam es anders und ließ sich nur mehr feststellen: Die Deutschen in Frankreich und Flandern waren ebenso wie die Österreicher und Ungarn in Italien – am Ende.

Bei den österreichisch-ungarischen Truppen in Italien war man in einer Art „Isonzomentalität" wieder zur Defensive übergegangen. Einige Zeit hindurch spukte zwar noch der Gedanke herum, daß die Offensive erneuert werden könnte. Generalmajor Waldstätten machte den Raum zwischen Brenta und Piave einschließlich des Monte Grappa zum Gegenstand einer neuerlichen Operationsstudie. Wie seinerzeit Conrad wollte er eine Offensive mit rund dreißig Divisionen aus dem Norden führen[1620], doch dergleichen diente wohl eher dazu, die deprimierte Stimmung zu heben, als daß hier noch Realitätssinn gewaltet hätte. Noch hielt die Disziplin bei den Fronttruppen im großen und ganzen, und wo es zu größeren Problemen kam, suchte man ihnen durch sogenannte „Disziplinzüge" abzuhelfen. Die Leute, die auf diese Weise bestraft wurden, kamen vornehmlich auf gefährlichere Außenposten und in die vordersten Linien. Dort waren sie jedoch anderen Anfechtungen ausgesetzt. Die sich verschlimmernde Situation der österreichisch-ungarischen Truppen blieb den Italienern natürlich nicht verborgen. Sie machten Gefangene, erzielten kleine Geländegewinne und rechneten damit, daß Österreich-Ungarn in absehbarer Zeit Frieden um jeden Preis schließen müßte. Um den Zerfall zu fördern und womöglich zu beschleunigen, intensivierten die Italiener ihre Propagandatätigkeit. Sie mischten geschickt Wahres und Falsches, berichteten auf Flugblättern von schweren österreichischen Verlusten, bezogen sich auf eine Meldung der „Neuen Zürcher Zeitung" vom 23. Juni, wonach in Österreich die Revolution ausgebrochen sei. Bei der Heeresgruppe Conrad (später Heeresgruppe Erzherzog Joseph) wurde verbreitet, die Heeresgruppe Boroević würde abgezogen, um die Revolution im Inneren bekämpfen zu können. Das Armeeoberkommando hatte alle Hände voll zu tun, um der Propaganda entgegenzuwirken und den Truppen zu sagen, das und jenes stimme nicht, wahr sei vielmehr ...[1621]

Das Gerücht bemächtigte sich auch wieder der Kaiserin Zita. Sie hätte die Piaveoffensive verraten gehabt und wäre daher zusammen mit ihrer Mutter, der Herzogin von Parma, in Schloß Gödöllő in der Nähe von Budapest interniert worden. Andere wiederum wußten zu erzählen, die Kaiserin habe sich nach dem Ende der Piaveschlacht viel mehr um die italienischen als um die österreichisch-ungarischen Verwundeten gekümmert.[1622] Der k. u. k. Kriegsminister Stöger-Steiner griff ein, um der unsinnigen Tratscherei ein Ende zu bereiten, doch geschah dies wohl weder in der geeigneten Form noch war davon eine nachhaltigere Wirkung zu erwarten. Stöger-Steiner kanzelte zunächst die Generalität ab: „Es ist mir nicht faßbar, daß in einem richtig geleiteten und geführten Offizierskorps die Saat für solche Verunglimpfungen reifen könne und daß es dem Einflusse der hohen und höchsten Vorgesetzten, vornehmlich der Generalität, nicht möglich sein sollte, derlei verderbliche Auswüchse im Keim zu ersticken." In der Kundmachung an die Offiziere („Zur eigenhändigen Eröffnung durch den Kommandanten. Nicht zu verlautbaren im Militärkommandobefehl") hieß es dann etwas mißverständlich: „Es ist mir aus verläßlicher Quelle zur Kenntnis gekommen, daß in jüngster Zeit über Vorkommnisse an der Front und im Hinterlande selbst von Offizieren in der leichtfertigsten Art gedankenlose und in ihrer Art maßlose Kritik geübt wird, die bedauerlicherweise sogar vor dem geheiligten und unverantwortlichen [sic!] Oberhaupt der Monarchie, unserem Allerhöchsten Kriegsherrn, und Allerhöchstdessen erlauchter Gemahlin, der Kaiserin und Königin, nicht Halt machen." Die Offiziere sollten derlei Gerüchtemacherei nicht nur entgegentreten, sondern auch die Verbreitung verhindern und notfalls zur Anzeige bringen.[1623] Der Befehl tat wohl kaum seine Wirkung.

D'Annunzio über Wien

Manches, was italienischerseits in Szene gesetzt wurde, um propagandistisch zu wirken, ließ sich selbst durch noch so mächtige Dementis nicht aus der Welt schaffen. Am 9. August überflogen sieben italienische Flugzeuge unter der Führung Gabriele d'Annunzios in rund 2000 Meter Höhe Wien. Erst nachdem die Italiener statt der vielleicht erwarteten Bomben Flugblätter abgeworfen hatten und bereits wieder auf dem Rückweg waren, wurde ihre Identität erkannt. Doch sie konnten weder beschossen werden, noch erreichten österreichisch-ungarische Maschinen die Italiener auf dem Rückflug. Sofort nach dem Abwerfen der Flugblätter wurde damit begonnen, sie einzusammeln. Am Abend sollen bereits für ein Flugblatt 500 Kronen geboten worden sein. Man konnte lesen: „Wiener! Lernt die Italiener kennen. Wenn wir wollten, wir könnten ganze Tonnen von Bomben auf euere Stadt hinabwerfen ... Wollt ihr den Krieg fortführen? Tut es, wenn ihr Selbstmord begehen wollt. Was hofft ihr? Den Entscheidungssieg, den euch die preußischen Generale versprochen haben? Ihr Entscheidungssieg ist wie das Brot aus der Ukraine: Man erwartet es und stirbt, bevor es ankommt ... Hoch lebe die Freiheit! Hoch lebe Italien! Hoch lebe die Entente!"[1624] Es wurde eine peinlich genaue Untersuchung angesetzt, weshalb d'Annunzio unangefochten bis Wien hatte fliegen können, doch war keine direkte Schuldzuweisung möglich. Auf jeden Fall war Wien mit einer Facette des Kriegs in Berührung gekommen, die für die Front und das weitere Kriegsgebiet schon längst alltäglich geworden war, nämlich der Flugblattpropaganda. In den Augen der westlichen Fachleute für psychologische Kriegführung war d'Annunzios Methode freilich veraltet, denn wie einer der wichtigsten Mitarbeiter von „Crew House", dem Sitz des britischen „Enemy Propaganda Department", Henry Wickham-Steed, festgestellt hatte: „Es hat keinen Sinn, Propagandaschriften in verschiedenen Teilen der Welt abzuladen und darin zu erklären, was für ein edles Volk wir sind ... Das interessiert die Leute nicht."[1625] Wichtiger wäre es gerade im Fall Österreich-Ungarns, die Propaganda auf den Nationalitätenkonflikt abzustimmen und den Zerfall zu beschleunigen. Wickham-Steed hatte daher empfohlen, die Propaganda ganz auf die radikalen Wünsche der Nationalitäten abzustimmen und die Auflösung der Habsburgermonarchie in Aussicht zu stellen. Es sollte die Unzufriedenheit geschürt, es sollten die Nationalitäten gegeneinander aufgehetzt werden, um Aufstände auszulösen. Damit wäre Österreich-Ungarn zu ruinieren und mit ihm Deutschland.

Auch wenn die alliierte Propaganda vielleicht nur einen geringen Anteil am inneren Zerfall Österreich-Ungarns hatte, entsprach deren Inhalt mehr und mehr den Vorgaben

Steeds. Die Folge war, daß bei der Armee im Felde Eifersüchteleien, Aversionen und nationalistische Erregung immer weiter um sich griffen. Die deutschen Truppenkörper argwöhnten, daß sie immer an den Brennpunkten eingesetzt würden; sie müßten das ausbaden, was die anderen verschuldet hatten. Für die Magyaren galt, was Graf Tisza schon zwei Jahre zuvor festgestellt hatte, als er sich gegen angeblich ungarnfeindliche Tendenzen in der Armee gewendet und als deren Grund die vielen tschechischen Offiziere im k. u. k. Generalstab angeführt hatte.[1626] Jetzt bezichtigten ungarische Soldaten die ihnen beigegebene tschechische und polnische Artillerie des absichtlichen Kurzschießens, so daß die Granaten in die eigenen Stellungen fielen. Umgekehrt wurden wieder ungarische Geschützmannschaften von Tschechen und Polen wegen schlecht liegenden Feuers verdächtigt.[1627] Mißtrauen und Abneigung wuchsen schlagartig. Die Kanoniere traf zwar die geringste Schuld an den Problemen der Artillerie, vielmehr verschlechterte sich die Qualität der Artilleriemunition praktisch mit jeder Lieferung, und die Batterien mußten, wenn sie sichergehen wollten, nicht auf die eigenen Linien zu schießen, erheblich überhalten. Aber wer wußte schon so genau, ob da nicht auch Absicht im Spiel war, wenn die Geschosse dann in den eigenen Stellungen einschlugen? Dabei hatten die Geschütze ohnedies nur mehr durchschnittlich vier Schuß pro Tag zur Verfügung[1628]; die Alliierten verfeuerten die dreifache Menge.[1629] Doch allein dieses kleine Beispiel zeigt, wie sehr Eifersüchteleien, Vorwürfe, ja Feindschaft in den Reihen der k. u. k. Armee Einzug gehalten hatten. Manches konnte auch durch die Propaganda nicht mehr verstärkt und vor allem nicht drastischer gezeichnet werden.

Die Soldaten waren nicht nur schwach, sie waren auch unterernährt, und im Sommer 1918 begannen die epidemischen Erkrankungen unter ihnen in einem erschreckenden Maß zuzunehmen. Erste Vorboten der großen und tödlichen Grippewelle des Winters 1918/19, der sogenannten „Spanischen Grippe“, machten sich bemerkbar. Das Infanterieregiment Nr. 73 meldete, daß das Durchschnittsgewicht seiner Soldaten 55 Kilogramm betrug.[1630] In ihrer Hoffnungslosigkeit begingen mehr und mehr Soldaten Selbstmord.[1631] Immer mehr griffen Krankheiten um sich. In den Küstenregionen, im Raum der Piavemündung, breitete sich Malaria aus. Zeitweilig meldete die Heeresgruppe Boroević täglich rund 700 neue Malariafälle.[1632] Von den 15 Divisionen der Isonzoarmee hatten sieben Divisionen am 1. September einen Stand von weniger als einem Drittel ihrer vorgesehenen Stärke. Die gesamte Italienfront war auf einen Stand von knapp über 500.000 Mann abgesunken.[1633] Die Alliierten waren rund dreifach überlegen, und es wurden ihrer immer mehr, denn jetzt kamen in Italien doch auch Amerikaner zum Einsatz. Es war zwar nur ein Regiment, doch das Gerücht machte aus ihnen zwei bis drei Divisionen.[1634]

Mitte August 1918 reiste Kaiser Karl mit seinem Generalstabschef abermals nach Spa zu Kaiser Wilhelm. Kaiser Karl hatte nach dem „Schwarzen Tag des deutschen Heeres“, dem 8. August, den Deutschen Bevollmächtigten General beim Armeeoberkommando, von Cramon, rufen lassen und den Wunsch geäußert, möglichst bald mit dem deutschen Monarchen zu einer persönlichen Aussprache zusammenzutreffen. Karl meinte, daß das „Mißgeschick am Piave“ in Österreich keinen solchen Eindruck hervorgerufen hätte wie die Wendung im Westen. Cramon kommentierte das damit, daß er meinte, Kaiser Karl würde immer „schlapper“.[1635] Karl wollte, daß Kaiser Wilhelm nach

Österreich kommen sollte, doch der erklärte, unabkömmlich zu sein. Karl sollte doch wieder ihn besuchen. Am 13. August fuhr die österreichisch-ungarische Delegation von Baden ab. Dieses Treffen hatte nichts mehr von „Canossa“ an sich, denn Karl traf einen gleichermaßen der Niederlage entgegenbangenden deutschen Kaiser. Allerdings meinte Kaiser Wilhelm, der Zeitpunkt für ein Verhandlungsangebot wäre sehr schlecht, man sollte doch zuwarten, bis der deutsche Rückzug zum Stehen käme und man den Ententemächten zeigen könnte, die Deutschen würden ihnen noch immer schwere Verluste zufügen können.[1636] Karl schloß eine auch nur begrenzte Offensive in Italien kategorisch aus. Er hatte auch vorher schon ein neuerliches militärisches Vorgehen gegen Rumänien, das seine Demobilisierung hinauszögerte, abgelehnt.[1637] Der Krieg war verloren, was sollten da noch weitere militärische Demonstrationen? Als Arz bei der Besprechung mit der deutschen Heeresleitung Hindenburg und Ludendorff auf deren Ausführungen entgegenhielt, ein Siegfrieden wäre nicht mehr im Bereich der Möglichkeit, widersprachen ihm die Deutschen zumindest nicht mehr.[1638] Die Vertreter der Deutschen Obersten Heeresleitung meinten jedoch, sie müßten einige Frontverkürzungen vornehmen, um gesicherte Stellungen beziehen und dann über den Frieden verhandeln zu können. Auch bei den Bedingungen für einen Frieden zeigten sich die Deutschen erstmals moderater: Frieden auf Grundlage des Status quo wäre als Verhandlungsgrundlage zu nennen, meinten sie. Doch das war bestenfalls „Schnee vom letzten Jahr“. Ungeachtet dessen wurde noch ausführlich darüber debattiert, ob man einen Friedensschritt so, wie es die Deutschen wollten, über einen Neutralen, nämlich Holland, beginnen oder einen direkten Vorstoß unternehmen sollte, wie das Graf Burián vorschlug.[1639] Doch auch das war nur die Wiederholung einer bereits müßig gewordenen Debatte. Die Deutsche Oberste Heeresleitung tat noch immer, als ob man das alles in Ruhe durchbesprechen könnte und die Lage noch alles andere als hoffnungslos wäre. Ja, deutscherseits täuschte man sich wohl auch noch immer über die tatsächliche Lage Österreich-Ungarns hinweg. Das ging so weit, daß dann Ludendorff Ende Oktober 1918, als die Front bereits in Auflösung war, noch einige k. u. k. Gebirgsbrigaden für die Vogesen anforderte.[1640]

Nach der Rückkehr aus Spa feierte Kaiser Karl am 17. August in Reichenau seinen 31. Geburtstag. „Auf der Feststimmung lastete schwerer Druck“, meinte General von Cramon.[1641] Doch es wurde nicht nur ein Dutzend Theresienritter dekoriert, der Kaiser bekam endlich auch den schon lange aufgehobenen deutschen Marschallstab überreicht. Dann forderte wieder der Alltag seine Rechte. Auch des Kaisers Geburtstag war nicht mehr das, was er einmal gewesen war.

Am 21. August kam Generalmajor Waldstätten nach Belluno, wohin er die Generalstabschefs der Heeresgruppen und Armeen gebeten hatte. Er wollte zwar auch Boroević sprechen, doch der meldete sich krank. In Belluno gab Waldstätten einen ungeschminkten Überblick über die Kriegslage, insbesondere informierte er die Kommandanten und Chefs auch über die Lage in der Heimat. Österreich-Ungarn war hilflos. Feldmarschalleutnant von Willerding, der Stabschef der Heeresgruppe Erzherzog Joseph, stellte schließlich die Frage, die sich wohl allen aufgedrängt haben mußte: Warum hatte der Chef des Generalstabs nicht schon längst die Konsequenzen gezogen? Waldstätten erläuterte, Arz habe dem Kaiser sehr wohl seinen Rücktritt angeboten, der aber habe ihn nicht angenommen. Darauf die Obersten und Generäle: Das sei doch nicht genug. Er hätte zurücktreten müssen, auch wenn das der Kaiser nicht wünschte. Und jeder der möglichen Nachfolger Arz' hätte genauso zurücktreten müssen, ja besser gar nicht annehmen dürfen, solange, bis der Kaiser zur Räson gekommen wäre.[1642] Von der Kriegsmarine war niemand in Belluno anwesend gewesen. Doch das Bild, das etwa Admiral Horthy von der Flotte hätte zeichnen können, hätte sich nur in Details von jenem der k. u. k. Armee unterschieden.

Der Untergang der „Szent István"

Auch für die Kriegsmarine hatte es einen konstanten Verfall und schwere Einbußen gegeben. Seit 1917 hatten sich die Alliierten im Mittelmeer und in der Adria zur Aufrechterhaltung ihres Nachschubs in den Nahen und Mittleren Osten sowie nach Italien und zur Salonikifront, ähnlich wie im Atlantik, großer Konvois zu bedienen begonnen. Die Sicherung dieser Konvois nahm zwar die größte Kapazität der Seestreitkräfte in Anspruch, doch das lohnte sich. Nach dem Kriegseintritt der USA wurden zusätzlich zu den britischen, französischen und italienischen Seestreitkräften auch amerikanische Zerstörer in diese Geleitschutzoperationen einbezogen. Den Alliierten war allerdings bewußt, daß dieser Schutz nur ein bedingter war und daß es letztlich darauf ankam, die deutschen und österreichisch-ungarischen Über- und Unterwasserstreitkräfte so empfindlich zu treffen, daß die Bedrohung für die alliierte Schiffahrt reduziert würde. Die Bekämpfung der Seestreitkräfte der Mittelmächte war dadurch zu verbessern gesucht worden, daß man – vor allem in der zweiten Jahreshälfte 1917 – alles daransetzte, um den Funkverkehr genau zu überwachen und nach Tunlichkeit die Sprüche zu entziffern.

Deutsche, Österreicher und Ungarn waren trotz sporadischer Erfolge mit der Entwicklung des Seekriegs im Mittelmeer schon lange nicht mehr zufrieden. Deutsche Statistiker hatten errechnet, daß die Tonnagezahlen der von den U-Booten versenkten Schiffe pro Boot und Tag ständig im Sinken waren. Allein wenn man sich die österreichisch-ungarischen Versenkungsziffern des Herbsts 1917 ansah, mußte das zu denken geben. Im Oktober 1917 waren noch herausragende 12.000 Tonnen Schiffsraum versenkt worden, im November 4000; im Dezember 1917 hatte es keine einzige Versenkung gegeben. Die Deutschen waren auch zunehmend besorgt wegen der alliierten Luftbedrohung für Pola und Cattaro.

Am 12. November 1917 hatte Kaiser Wilhelm Pola besucht und vergeblich versucht, den Flottenkommandanten Admiral Njegovan zu überreden, die Großkampfschiffe stillzulegen und die Mannschaften für andere Zwecke zu verwenden.[1643] Der Besuch Kaiser Wilhelms fand zu einem Zeitpunkt statt, als die Durchbruchsschlacht von Flitsch-Tolmein geschlagen war und österreichisch-ungarische und deutsche Truppen über den Tagliamento gingen und bis zum Piave vorstießen.

Das war natürlich auch für die alliierte Flottenpräsenz im Mittelmeer nicht ohne Folgen geblieben. Italien hatte seine Verbündeten um zusätzliche Hilfe gebeten und wollte diese insbesondere auch zur See bekommen. Als erstes reagierten die Briten, die zwei Monitore in die Lagunen von Venedig einfuhren ließen. Italien hatte aber auch

Japan um die Entsendung von Zerstörern gebeten. Diesem Ersuchen konnte nicht entsprochen werden, wohl aber gaben Briten und Franzosen den Italienern den guten Rat, mit ihren eigenen Seestreitkräften aktiver zu werden. Britische Zerstörer waren 70 Prozent der Zeit auf See, während die Italiener einen größeren Teil der Zeit in den Häfen lagen.[1644] Aber natürlich hatten die Ententemächte die Sorge Italiens verstanden, daß die österreichisch-ungarischen Truppen vielleicht durch eine Landung in der Gegend von Rimini oder durch einen Angriff auf Venedig die Erfolge der zwölften Isonzoschlacht noch erweitern wollten. Die Alliierten sorgten sich auch, daß Italien gezwungen sein könnte, sich aus Albanien zurückzuziehen. Für den Fall eines Ausscheidens Italiens aus dem Krieg war sogar überlegt worden, wie man sich alliierterseits der italienischen Flotte bemächtigen konnte.[1645] Doch alle diese Besorgnisse waren grundlos gewesen.

Die Situation Italiens hatte die Alliierten jedoch weiterhin beschäftigt. Auf einer Seekriegskonferenz Ende November und Anfang Dezember 1917 wies der italienische Ministerpräsident Orlando darauf hin, daß die italienische Rüstungsindustrie mangels Kohlen nicht mehr arbeiten könne, und hoffte, von den alliierten Marinen eine Kohlenaushilfe von zumindest 100.000 Tonnen zu bekommen. Briten und Franzosen waren zwar nicht in der Lage gewesen, die italienischen Wünsche zu erfüllen, doch sie konnten gar nicht anders, als zusätzliche Aufgaben in der Seekriegführung zu übernehmen. Die k. u. k. Kriegsmarine schien aber keinerlei Gefahr mehr darzustellen. Abgesehen von kleineren Aktionen verabsäumte es Njegovan, die alliierten Flotten in der Adria zu stören. Es kam weder zu einer Unterbrechung der Verbindungen noch zu größeren Seegefechten, vergleichbar etwa dem in der Otrantostraße. Gelegentlich beschossen alte Schlachtschiffe italienische Stellungen an der Küste. Mit der Versenkung der „Wien" hatte aber dann das Unheil über die k. u. k. Kriegsmarine hereinzubrechen begonnen.

Als nächstes kam es in Cattaro zur Revolution, dann wurde Njegovan abgelöst und durch Linienschiffskapitän Horthy ersetzt. Horthy begann damit, die Flotte auf Einsätze vorzubereiten, selbst wenn dabei nicht sehr viel mehr herauskommen sollte, als daß die Leute beschäftigt waren; so wurde zumindest einem der Gründe für die Meuterei entgegengewirkt. Ein sehr wesentliches Moment für jede Verwendung der Flotte war freilich die Kohlensituation. Die k. u. k. Kriegsmarine verfügte in Pola über 95.000 Tonnen Kohle, allerdings verbrauchte sie, wenn sie unter Dampf stand, in einer Stunde 1000 Tonnen.[1646] Ältere Schiffe wurden außer Dienst gestellt und desarmiert. Besonderes Augenmerk wurde Cattaro zugewendet, wo man seit dem Herbst 1917 einen alliierten Angriff fürchtete. Im April 1918 fragte Kaiser Karl bei Horthy an, ob eventuell ein österreichisches U-Boot in das Schwarze Meer entsendet werden könnte. Horthy sprach sich dagegen aus; nicht zuletzt verwies er darauf, daß die österreichisch-ungarische Flagge im Schwarzen Meer ohnedies präsent sei, da ja die Einheiten der Donauflottille dorthin gekommen waren.

Im Frühjahr 1918 hatte der Seekrieg in der Adria andere Formen anzunehmen begonnen. Italiener und Österreicher versuchten sich durch kleine Überfälle, durch Landungsoperationen und durch das Eindringen in die Kriegshäfen Abbruch zu tun. Die alliierten Maßnahmen zum Schutz ihrer Schiffahrt, vor allem das Geleitschutzsystem sowie die Intensivierung der U-Boot-Bekämpfung taten ihre Wirkung. Die Deutschen verloren allein im Januar 1918 mehr U-Boote als im gesamten Jahr 1917.[1647] Im Mai

1918 nahmen die deutschen U-Boot-Verluste im Mittelmeer abermals sprunghaft zu. Die Briten verstärkten ihre Luftangriffe gegen Cattaro, die eine größere Wirkung hatten, als den Briten selbst bewußt war.[1648] Die Notwendigkeit, Schutzmaßnahmen zu ergreifen und nur unter ganz bestimmten Bedingungen aus- und einlaufen zu können, verlangsamte die Seekriegführung enorm und hemmte vor allem auch die U-Boote.

In dieser Situation wollte Konteradmiral Horthy seinen Raid gegen die Otrantosperre wiederholen. Diesmal sollte aber nicht nur eine relativ kleine Eskadre, sondern auch die Schlachtschiffgruppe Verwendung finden. Das Unternehmen war für den 11. Juni geplant. Am Abend des 8. Juni verließ die erste Schlachtschiffgruppe mit zwei Schiffen der „Tegetthoff-Klasse" Pola. Horthy selbst fuhr auf dem Flottenflaggschiff „Viribus Unitis". Die zweite Schlachtschiffgruppe mit den Schlachtschiffen „Szent István" und „Tegetthoff" verließ Pola am Abend des 9. Juni. Doch die Alliierten waren gewarnt. Die Zunahme des Funkverkehrs und vermehrte Fliegertätigkeit hatten sie auf eine bevorstehende Aktion aufmerksam gemacht. Noch vor Morgengrauen des 10. Juni feuerten italienische Torpedoboote (MAS) zwei Torpedos auf die „Szent István" ab. Das Schlachtschiff war so schwer getroffen, daß es nach weniger als drei Stunden sank. Daraufhin brach Horthy die Aktion ab, denn das Überraschungsmoment war zweifellos verlorengegangen. Die Wende im Seekrieg war damit nur zu augenfällig geworden. Weniger bedeutend war, daß auch die Amerikaner einen U-Boot-Jagdverband in das Mittelmeer entsandten, um sich an der Sperre der Otrantostraße zu beteiligen.[1649] Diese größtenteils mit Freiwilligen und im Seekrieg völlig unerfahrenen Männern besetzten Schiffe stellten nur eine optische Vermehrung der alliierten Präsenz dar. Es gelang ihnen bis Kriegsende wohl keine einzige Versenkung eines U-Boots.

Nach dem Scheitern der Piaveoffensive verschlechterte sich auch für die k. u. k. Kriegsmarine die Situation wöchentlich, ja fast täglich. Der Nachschub über See für das k. u. k. XIX. Korps, das dann in Armeegruppe „Albanien" umbenannt wurde, war bereits extrem gefährdet. Andere Nachschub- und Evakuierungsmöglichkeiten gab es aber nicht. Die Loyalität der Truppen nahm ständig ab. Die U-Boote erzielten kaum mehr Erfolge. Die Deutschen konnten den Ausfall der österreichisch-ungarischen Boote bei weitem nicht mehr wettmachen, und auch eine Steigerung der Zahl der Boote im Mittelmeer auf insgesamt 28 im August 1918 (darunter UB 128 unter dem Kommando von Kapitänleutnant Canaris) blieb ohne Auswirkungen, da immer weniger Boote einsatzbereit waren. Horthy bezeichnete die Flotte zwar nach wie vor als verwendbar und meinte auch die Folgen der Revolte in Cattaro überwunden zu haben. Allerdings wies er darauf hin, daß der ständige Geleitdienst für die Konvois, die die Adriaküste auf und ab fuhren und vor allem Albanien zu erreichen suchten, die Torpedobootflottille extrem beanspruchten. Da keine Neubauten zu gewärtigen waren, schien auch der Zusammenbruch der Flotte in absehbarer Zeit unausweichlich. Am 17. Oktober befahl das Armeeoberkommando den österreichisch-ungarischen U-Booten die Beendigung des Handelskriegs und wies sie an, sich nur mehr für die Verteidigung der dalmatinischen Häfen bereitzuhalten.[1650] Die alliierten Flottenverbände bewegten sich zu dieser Zeit schon weitgehend frei in den Gewässern des Mittelmeers. Sie setzten sogar ihre Schlachtschiffe ein, um die albanische Küste anzugreifen und die österreichischen Häfen zu blockieren. Die letzte größere Aktion der k. u. k. Seestreitkräfte war die Beschießung des Hafens von

Durazzo am 2. Oktober, die für diesen Hafen zwar ohne nennenswerte Wirkung blieb, aber doch einem k. u. k. U-Boot unter Linienschiffsleutnant Hermann Rigele Gelegenheit gab, einen britischen Kreuzer zu torpedieren.[1651] Damit war auch für die k. u. k. Kriegsmarine das Ende gekommen.

Front und Hinterland

Nach der Besprechung in Belluno waren die Generäle fassungslos und machten ein ums andere Mal deutlich, daß sie weder den Generalstabschef noch den Kaiser verstanden. Allerdings zeigten die Reaktionen auch, daß zumindest die hohen Kommandanten, die ja als durchschnittlich gut informiert gelten mußten, unter einem beträchtlichen Realitätsverlust litten, der eigentlich unerklärlich war. Sie fühlten sich verraten und hatten weder den Willen noch die Möglichkeit mehr, die Nachrichten aus dem Inneren der Monarchie von der Front fernzuhalten. Lange Zeit hatte die Abschirmung funktioniert und waren durch die Filter militärischer und ziviler Instanzen kaum einmal Informationen über die Vorgänge im Inneren der Monarchie zu den Soldaten durchgekommen. Doch allmählich war eine Vernetzung eingetreten, die eine Abschirmung der Front vom Hinterland ohnedies kaum mehr zuließ.

Mehr und mehr Angehörige des Landsturms waren zur Arbeit in die kriegswichtigen Betriebe kommandiert worden und ergänzten dort die Enthobenen und sogenannten „Kriegsleister“, die auf Kriegsdauer an ihren Arbeitsplätzen bleiben mußten. Die Landsturmleute, die häufig Fronterfahrung mitbrachten, wußten natürlich, was „draußen“ vorging. Und sie wußten auch die Anzeichen zu deuten. Umgekehrt erfuhr man auch an der Front immer detailreicher, was sich in Etappe und Hinterland zutrug. Deserteure hatten an diesem Informationsfluß großen Anteil. Das Vorgehen gegen die Fahnenflüchtigen war fast sinnlos geworden. Erfahrungen aus Ungarn, wo in einigen Gebieten das Standrecht wegen Desertion seit Herbst 1914 galt, ließen die Fragwürdigkeit dieser Maßnahme nur zu augenfällig werden. Es hatte sich nichts geändert, und auch die Ausweitung des Standrechts auf weitere Gebiete der Monarchie, darunter sogar die Verkündung des Standrechts für Desertion in Budapest selbst, hatten keinen Erfolg gehabt. Nichtsdestoweniger wollte Kaiser Karl im Juli 1918 auch in Wien das Standrecht verkündet wissen. Kriegsministerium und Landesverteidigungsministerium widersprachen nachdrücklichst.[1652] Vor allem ließ sich auch durch die Androhung von exemplarischen Strafen der Nachrichtenfluß nicht mehr unterbinden.

Daß es Hunger gab, war allgemein bekannt. Manches aber war kaum vorstellbar. Etwa, daß die Not bei den Armeen in Italien so weit gehen konnte, daß sich Bosniaken in den besetzten italienischen Gebieten nicht mehr zeigen wollten, weil sie keine komplette Uniform mehr hatten, daß die Soldaten in zerfetzten und bunt zusammengewürfelten Uniformstücken apathisch in ihren Stellungen hockten, daß die Lazarette keine Krankenkleidung mehr hatten und die Leute nackt in ihren Betten lagen. Als Oberstleutnant Slavko Kvaternik, nachmals ein bekannter Kroatenführer, über Auftrag der 6. Armee ein Bild dieser Armee entwarf und das durch Fotos untermalte, war das, was sie zeigten, fast nicht zu glauben.[1653] Es war auch naheliegend, daß von vielen Offizieren und Soldaten geargwöhnt wurde, daß es „denen hinten“ weitaus besser ginge, daß sich Unfähigkeit mit Korruption und vor allem politischen Machenschaften mischten, die alle zu Lasten der Soldaten und der Front gingen. Was machte es da schon aus, daß dann im Oktober 1918 verlautete, die hohen Kommanden wollten verstärkt darauf dringen, daß sich die Offiziers- und die Mannschaftsmenage annäherten, also Offiziere und Soldaten dasselbe zu essen bekamen?[1654] War das irgendwo noch nicht der Fall, dann war es eigentlich ein Skandal; wo es aber ohnedies schon längst praktiziert wurde, ließ sich nur mehr der Gleichklang der Unzulänglichkeit feststellen. Wenn dann noch schwache Witze kursierten wie der: „Treffen sich zwei Zivilisten im Hinterland. Fragt der eine: Was meinst du, wie lange der Krieg noch dauern wird? Antwortet ihm der andere: Das ist schwer zu sagen. Die wirklichen Helden sind schon längst gefallen, die cleveren Typen haben sich schon längst gedrückt oder vom Militärdienst befreien lassen – und Gott weiß, wie lange die Idioten, die noch draußen liegen, kämpfen können“[1655], dann reichte wohl bei keinem mehr das Verständnis, um dergleichen komisch zu finden. Zur Erhaltung der Manneszucht wurde eine Reihe von Zeitungen, die „staatsgefährliche Tendenzen“ enthielten, von der Postbeförderung zur Armee im Felde ausgeschlossen.[1656] Da ein Großteil der Presse eine heftige Kampagne für den Frieden begonnen hatte und die Armee als das Haupthindernis für einen solchen bezeichnete, steigerten manche Blätter ihre Agitation bis zu einer zügellosen Armeefeindlichkeit.[1657] In gelegentlichen Zeitungsausschnittsammlungen des Kriegspressequartiers dominierten Artikel mit armeefeindlichen Äußerungen und solche, in denen das Bündnis mit Deutschland angegriffen wurde.[1658] Im Mai schon hatte das Armeeoberkommando mit Pressezusammenstellungen begonnen, die beweisen sollten, „daß es in erster Linie unsere Zeitungen sind, die den Geist der Armee und das Staatsinteresse untergraben und geeignet sind, unseren Feinden zu dienen und den Krieg zu verlängern“.[1659] Die Dolchstoßlegende, die ja schon lange latent vorhanden war, erhielt ihren letzten Schliff, und lang gehegte Aversionen schlugen in Haß um.

Unter diesen Umständen war es fast verwunderlich, daß schließlich im September und Oktober 1918 noch die Bataillone und Schwadronen der 43. und der 44. Marschformationen zusammengestellt werden konnten. Doch es waren die letzten Ersatztruppen, die da an die Front abgehen sollten. Viele von denen, die hier eingereiht wurden, waren ehemalige Kriegsgefangene, die aus Rußland heimgekehrt waren. Und obwohl sie allen Grund gehabt hätten, von Aussichtslosigkeit und unsinnigen Opfern zu sprechen, ließen sie kaum einmal etwas verlauten. Die Eindrücke, die sie mitbekommen hatten, waren jedoch unvergleichlich. Nach vielleicht Jahren der Kriegsgefangenschaft hatten sie die Revolution kennengelernt, waren dann nach Hause gebracht, überprüft, auf Urlaub geschickt und neu eingereiht worden. Und während sie in den Kasernen antraten, Standeskontrollen über sich ergehen ließen, ein wenig Gefechts- und Formaldienst wiederholten und ihre Ausrüstung vervollständigten, herrschte außerhalb der Kasernen eine ganz andere Wirklichkeit. Als daher beispielsweise in Prag das 43. Marschbataillon des Infanterieregiments Nr. 68 formiert wurde, häuften sich dieVorfälle. Die Soldaten verließen die Kasernen, sprachen die Eidesformel nicht nach, gaben auf dem Weg zum Bahnhof Schüsse in die Luft ab und zeigten ungeheure Verbitterung. Als man den Gründen dafür nachging, zeigte sich, daß sie es nicht mehr verstehen konnten, warum die

Requisitionen ungerecht durchgeführt wurden, warum ihre Angehörigen elend versorgt waren und sich eine fürchterliche Protektionswirtschaft breitgemacht hatte. Besonders aufgebracht waren die Soldaten über die zahlreichen Enthobenen, die es sich „gerichtet" hatten und jetzt noch über diejenigen spotteten, die abermals an die Front abgingen. „Nur mehr die Narren kämpfen, die Klugen bleiben zu Hause", hieß es.[1660] Außerdem mußten sie wohl das Gefühl haben, daß sie etwas versäumen würden.

Das Stadtbild von Prag wurde nicht nur durch streikende Arbeiter, sondern auch durch die „bummelnden" Studenten geprägt. Die Studenten von vier Hochschulen, deutsche und tschechische, provozierten sich gegenseitig. Es kam zu Zusammenrottungen, Schlägereien und Reibungen sonder Zahl.[1661] Seit den Maitagen 1918 ging es in Prag drunter und drüber, und die Tschechen zeigten bereits deutlich antidynastische und revolutionäre Tendenzen. Der Stadtkommandant, Feldmarschalleutnant Zanantoni, war sich der Explosivität der Lage nur zu sehr bewußt. „Tausende von Menschen, Sokoln in ihren Uniformen, Damen im Nationalkostüm, durchzogen Tag und Nacht die mit Tausenden von rot-weißen Fahnen beflaggten Straßen der Stadt, sangen nicht mehr die Volkshymne, sondern nur die tschechische Hymne und das Hetzlied ‚Hej slovene', schreiben aufreizende und gehässige Artikel gegen Kaiser und Staat und ließen im Nationaltheater nur solche Stücke aufführen, die den tschechischen Staat verherrlichten, die Monarchie aber verunglimpften."[1662] Daraufhin war Offizieren und Soldaten der Besuch des Nationaltheaters und die Teilnahme an Straßenumzügen und sonstigen Versammlungen verboten worden. Die ganze Garnison stand Tag und Nacht in den Kasernen in strenger Bereitschaft; den Soldaten wurde der freie Ausgang gestrichen.

Aus dieser Atmosphäre und mit diesen unauslöschlichen Bildern in den Köpfen marschierten dann die Ersatzmannschaften zu den Bahnhöfen. Sicherheitshalber durften die Soldaten der Marschbataillone während ihres Transports an die Front keine Gewehrmunition bei sich haben. Die Munition blieb bis zum Eintreffen in den Ausladestationen in Verwahrung der Unteroffiziere.[1663] Die Desertionen stiegen nochmals sprunghaft an. Im Frühjahr waren schon rund 30.000 als sogenannte „grüne Kader" hinter der Front in einer Art Niemandsland untergetaucht gewesen. Jetzt stieg ihre Zahl auf mehrere hunderttausend Mann.[1664] In Mähren schätzte man 40.000 bis 70.000 Mann, in Böhmen 25.000, in Dalmatien 10.000 usw.[1665] Im Bereich des Militärkommandos Graz waren im August rund 6000 Soldaten festgenommen worden; die meisten von ihnen Deserteure.[1666] In Budapest wurden Ende Mai Razzien durch das Militär durchgeführt und an die 1000 Personen aufgegriffen, von denen die meisten Deserteure waren. Im Juni waren die Einsätze zum Aufgreifen von Fahnenflüchtigen auf eine Reihe von ungarischen Komitaten ausgedehnt worden. Daraufhin wurden wieder Tausende festgenommen. Zunehmend mischten sich auch entsprungene Kriegsgefangene darunter. „Magyar Hirlap", „Az Est", „Agramer Tagblatt" und andere Zeitungen berichteten fast täglich von Festnahmen, doch die Abschreckung war gering. Auf Desertion stand die Todesstrafe. Sie wurde freilich nicht häufig vollstreckt. Die meisten, die dann wegen Desertion exekutiert wurden, waren schon sechs-, siebenmal entflohen. Auch die Zahl derer, die zum Feind überliefen, nahm erklärlicherweise zu. Die Alliierten versprachen beste Behandlung und vor allem ausreichende Verpflegung. Alle Fahnenflüchtigen sollten erst einmal ausgiebig essen können.[1667] Das war die Konsequenz daraus, daß die Auswertung der Gründe für Desertionen ergeben hatte, daß zumindest vor dem Sommer viermal so viele Leute wegen des Hungers desertiert waren als aus nationalistischen Gründen.[1668] Für die Alliierten in Italien war es dennoch fast unerklärlich, daß nicht noch mehr k. u. k. Soldaten desertierten. Sogar der Einsatz tschechoslowakischer Truppen hatte nicht dazu geführt, daß es zu Massendesertionen gekommen war.[1669] Doch diejenigen, die weiter ausharrten, wurden immer mehr von Bitternis und Hoffnungslosigkeit erfüllt, und der Zorn auf jene, von denen sie sich verraten und im Stich gelassen fühlten, wuchs ins Unermeßliche.

Angesichts dieser Tristesse rang sich Kaiser Karl dazu durch, den schon länger erörterten und auch in Spa besprochenen Friedensschritt zu setzen. Er sah sich dazu umso mehr berechtigt, als es deutsche Überlegungen gab, einen neuerlichen Feldzug gegen Rumänien zu führen, da dieses die Bedingungen des Friedensvertrags von Bukarest noch immer nicht erfüllt hatte und vor allem mit der Abrüstung zuwartete. Karl ersuchte General Cramon, nach Spa zu telegrafieren, daß Österreich-Ungarn den geplanten Friedensschritt allein machen würde, wenn sich das Deutsche Reich nicht ungesäumt zu einer gleichen Aktion entschließen könne.[1670] Cramon erhielt von der Deutschen Obersten Heeresleitung zur Antwort, er hätte alles aufzubieten, um den österreichisch-ungarischen Schritt zu verhindern. Kaiser Karl gegenüber begründete Cramon die Bitte um Zuwarten damit, daß er meldete, die rückgängigen Bewegungen der deutschen Truppen in Frankreich und Belgien seien noch nicht ganz abgeschlossen. Karl sollte also noch ein paar Tage zuwarten. Doch die Deutschen zögerten immer wieder und weiter hinaus. Schließlich beauftragte Karl den Minister des Äußern am 14. September 1918 mit der Absendung der Friedensdemarche. Kaiser Wilhelm wurde nur mehr über den bereits vollzogenen Schritt verständigt. Der deutsche Kaiser konnte lediglich nachträglich „Bedauern" und „Erstaunen" zum Ausdruck bringen.[1671]

Nach der Note vom 14. September konnte niemand mehr zweifeln, daß Österreich-Ungarn einen bedingungslosen Frieden wollte. Die Alliierten zeigten sich jedoch gänzlich ungerührt und reagierten wieder nur mit der Feststellung, zunächst einmal müßte sich das Deutsche Reich ergeben, dann erst könnte auf Österreich-Ungarn eingegangen werden. Der französische Staatspräsident gab überhaupt keine direkte Antwort, sondern verwies auf eine im „Journal Officiel" abgedruckte Senatsrede, die am Schluß die Worte enthielt: „Auf zum fleckenlosen Sieg."[1672] Hindenburg wiederum wußte nur zu antworten, daß es Pflicht der österreichisch-ungarischen Truppen an der Westfront sei, weiterzukämpfen, bis eine Lösung gefunden sei.[1673] Jetzt ging alles in Richtung letzter Angebote, letzter Proklamationen und schließlich der Auflösung.

27
Der Krieg wird Geschichte

Es liegt nahe, eine Darstellung des Endes der österreichisch-ungarischen Monarchie damit zu beginnen, daß man sich den Ereignissen zuwendet, die dieses Ende unmittelbar herbeigeführt haben. Doch der Finger wird dabei trotz der augenfälligen Vorgänge in Italien, der inneren und der Wirtschaftskrise, ganz woanders hingelegt werden müssen: Es waren die Kapitulation Bulgariens und das Ende auf dem Balkan, die den Zusammenbruch einleiteten. Denn dadurch wurde Ungarn bedroht, und das wiederum bewog die ungarischen Verantwortlichen, ihre Verbände von Italien nach Hause zu beordern. Das wiederum gab den Anstoß zur Auflösung der Italienfront. Es ist eine recht einfache Kausalität, die hier zutage tritt. Doch letztlich geht es dabei nur mehr um Details des Todes des Doppeladlers. Die großen Abläufe waren nicht mehr veränderbar. Hier konnte nur mehr etwas seinen Lauf nehmen. Die Auflösung der Habsburgermonarchie hat daher nichts vom Beigeschmack des „Großen Finales" an sich. Es war ein eher stiller Tod. Und es war auch durchaus nicht jene „Katastrophe", die etwa Edmund Glaise von Horstenau zu beschreiben suchte.[1674] Ja, manches an dem Zusammenbruch erscheint kleinlich, dumm und würdelos – auf allen Seiten. Das Pathos gesellte sich erst in der Retrospektive dazu.

Der militärische Zusammenbruch Bulgariens begann am 14. September 1918. In den Zeitungen Österreich-Ungarns wurde er freilich durch fast zwei Wochen verschwiegen. Dann erst erfuhr man durch schon gewohnt kryptische Äußerungen, daß die Ententetruppen der Salonikifront unter dem Kommando des französischen Generals Franchet d'Espérey ihren Durchbruch nach Norden ausweiten konnten. Die Straßenverhältnisse, wurde erklärt, behinderten eine rasche Zuführung von Kräften der Mittelmächte. Die Vorgänge in Mazedonien würden auch Auswirkungen auf die österreichisch-ungarischen Positionen in Albanien haben. Die Situation sei gefährlich.[1675] Mit diesen sehr allgemeinen Formulierungen sollte auf die Möglichkeit eines unmittelbar bevorstehenden bulgarischen Waffenstillstands aufmerksam gemacht werden. Jetzt sah plötzlich alles auf diese jahrelange Nebenfront.

Die Alliierten hatten beträchtliche Koordinationsschwierigkeiten gehabt, ehe sie mit ihrer Offensive anfangen konnten. Serben und Franzosen wollten sie so früh wie möglich beginnen; Briten und Italiener mußten dazu erst überredet werden.[1676] Vor allem die

Briten hatten gehofft, Bulgarien auf rein diplomatischem Weg und ohne neuen Waffengang zum Ausscheiden aus dem Krieg bewegen zu können.[1677] Das war nicht der Fall. Doch als dann am 14. September der Angriff begann, führte er sehr rasch zum Erfolg. Mit einer ungeheuren Feuerüberlegenheit, serbische Truppen an der Spitze, griffen die Alliierten die aus deutschen, österreichisch-ungarischen und bulgarischen Truppen bestehende Heeresgruppe des deutschen Generals von Scholtz an. Am 17. und 18. September zeigten sich bei der bulgarischen 2. Division Auflösungserscheinungen. Die bulgarische Armee wollte auch gar nicht mehr kämpfen, daher lag das Schwergewicht der Abwehr von vornherein bei den deutschen und österreichisch-ungarischen Verbänden. Aber auch die deutsche 11. Armee mußte sehr rasch aus der Gegend des Ochrida-Sees und von Prilep Richtung Skopje (Üsküb) zurückgenommen werden, während die Bulgaren noch am Vardar zu verteidigen suchten. Am Morgen des 25. September überschritt britische Kavallerie die bulgarische Grenze. Eine demokratische Revolution begann, und der König hatte kaum mehr verläßliche Truppen zur Verfügung. Bulgarien ersuchte um die sofortige Entsendung deutscher und österreichisch-ungarischer Verstärkungen und pochte dabei auf die Militärkonvention von 1915. Das k. u. k. Armeeoberkommando in Baden sagte auch sofort die Entsendung von zwei Divisionen zu, ließ aber das Ministerium des Äußern vertraulich wissen, daß dazu 1000 Züge notwendig seien. Angesichts der Eisenbahnsituation würde der Transport drei bis vier Wochen dauern.[1678] In Sofia, Berlin und Wien war man sich dessen wohl bewußt, daß das zu spät sein würde. Die bulgarische Regierung sandte am 26. September eine Waffenstillstandsdelegation in das Hauptquartier General Franchet d'Espéreys, versuchte noch zu taktieren und deutete sogar einen Frontwechsel Bulgariens an. Der Franzose zeigte sich desinteressiert.[1679] Bulgarien blieb nur eine bedingungslose militärische Kapitulation. Am 29. September wurde ein formeller Waffenstillstand geschlossen. König Ferdinand teilte den verbündeten Monarchen das Geschehene mit. Kaiser Karl reagierte in seinem Antwortschreiben mit der etwas irrationalen Frage, ob der Schritt Bulgariens unwiderruflich sei. Doch er konnte sich die Antwort eigentlich selbst geben und strich noch im Konzept seiner Depesche die obligate Schlußformel „In treuer Freundschaft" eigenhändig durch.

Mit der Kapitulation Bulgariens fiel ein Großteil jener Truppen aus, die bis an die albanische Grenze gestanden waren, denn Bulgarien hatte ja seinerzeit große Gebiete der Balkanhalbinsel nördlich der griechischen Grenze besetzt gehabt, um seine territorialen Forderungen zu unterstützen. Der Kommandant der österreichisch-ungarischen Armeegruppe Albanien, Generaloberst Pflanzer-Baltin, begann einen mühevollen Rückzug mit serbischen, britischen und französischen Truppen an seiner linken Flanke, Italienern und dem Meer auf der anderen Seite. In Serbien aber war es den deutschen und österreichisch-ungarischen Truppen auch nicht möglich, sich den Alliierten entgegenzustemmen. Es wurden zwar eiligst Truppen aus Italien und der Ukraine nach dem Balkan verlegt. Doch hier halfen offenbar nur mehr radikale Maßnahmen.

Generaloberst von Arz schlug Kaiser Karl vor, alle verfügbaren österreichisch-ungarischen Kräfte, nämlich fünf Infanterie- und eine Kavalleriedivision, mit drei bis fünf deutschen Divisionen die kürzeste Linie von der Adria zur Donau besetzen und eine Front aufbauen zu lassen, die von Skutari über Ipek, Mitrovica und Niš nach Vidin führen sollte. Auf diese Weise wäre das Generalgouvernement Serbien abzuschirmen gewesen. Diese Streitmacht sollte als Heeresgruppe unter das Kommando von Feldmarschall Hermann von Kövess kommen. Sollte auch diese Linie nicht zu halten sein, müßten die Truppen auf die Vorkriegsgrenzen von Drina, Save und Donau zurückgehen.[1680] Als Kövess am 4. Oktober in seinem neuen Hauptquartier in Belgrad eintraf, hatte Bulgarien den Waffenstillstand abgeschlossen, die alliierte Hauptmacht war auf 28 Divisionen angewachsen, zu denen noch zwei italienische Divisionen in Albanien kamen, und die eigenen Kräfte waren erst im Antransport. Jetzt war Ungarn unmittelbar bedroht, so wie seit 1914 nicht mehr. Die Masse der ungarischen Truppen lag allerdings in Italien. Eine aussichtslose Situation, in der Kövess bereits nach wenigen Tagen den Entwurf für ein Waffenstillstandsabkommen ausarbeiten ließ.[1681]

Während die Front auf dem Balkan zusammenzubrechen begann, gab es im Inneren des habsburgischen Vielvölkerreichs die letzten Versuche, den Gesamtstaat zu retten und für die Volksgruppen einen auch für sie akzeptablen Modus vivendi zu finden.

Das Kaisermanifest

Mit dem gemeinsamen Ministerrat vom 27. September 1918 wurde der letzte Abschnitt eingeleitet. Kaiser Karl eröffnete ihn mit einer Aufforderung an die Regierungen beider Reichshälften: „Im Zusammenhang mit der außenpolitischen Lage dränge sich die Notwendigkeit einer Rekonstruktion im Innern, namentlich im Hinblick auf die südslawische Frage auf, welche den Gegenstand der Erörterungen zu bilden hätte.“ Minister Burián wurde noch deutlicher: Man müsse schnell handeln, wenn man vermeiden wolle, „daß die Völker ihr Schicksal selbst in die Hand nehmen“.[1682] Statt sich aber nun entschlossen und im Geist einer gemeinsamen Idee, gemeinsamer Geschichte und den enormen Problemen angemessen zu verhalten, wurde lediglich herumgedoktert.

Man sollte freilich über die Menschen, die keine Lösung mehr fanden und auch teilweise fassungslos den Ereignissen gegenüberstanden, nicht vorschnell urteilen, denn angesichts des Loslösungswillens der Nationalitäten der Habsburgermonarchie und des Zerstörungswillens ihrer Gegner war es wohl niemandem mehr möglich, eine Lösung zu finden, die auch nur für einen Staatenbund getaugt hätte. Auch ein Mann wie der ehemalige ungarische Ministerpräsident Graf Tisza war rat- und fassungslos, als er nach Sarajevo kam, um mit den politischen Führern Bosniens und der Herzegowina über die Zukunft zu sprechen.[1683] Die Herren Sola, Jojkic, Dimovic und andere überreichten ihm schließlich ein Memorandum, das Tisza nur mehr empörend fand. Er versuchte es mit einer Standpauke: „Ich kann wirklich nicht sagen, worüber ich mich mehr wundern soll in dieser Denkschrift, ob über den unpassenden und ungeziemenden Ton, denn, meine Herren, so schreibt man nicht. Oder über die Absurdität des Inhalts. Ich möchte hier nicht weiter in die Sache eingehen, aber ich muß Einzelnes doch hervorheben. Die Herren sagen, daß die Idee der nationalen Einheit der Kroaten, Serben und Slovenen zu einem Dogma ihres nationalen Wesens geworden ist … Das sind Phrasen, die sich sehr schön in einer Volksversammlung, in einem Leitartikel ausnehmen, Phrasen, die geeignet sind, das Spiel unserer Feinde zu machen, aber nicht geeignet, neue Ordnung zu schaffen …

Dann sagen Sie weiter, daß die Verständigung mit Ungarn von zwei gleichberechtigten und staatlichen Völkern geschaffen werden soll. Leben Sie denn in einer Welt der Träume ... Da machen Sie die Rechnung ohne den Wirt! Vielleicht gehen wir zugrunde, aber seien Sie versichert, bevor wir zugrunde gehen, werden wir die Kraft haben, die Männer zu zermalmen, die sich im Inland dazu hergeben, um das Spiel unserer Feinde zu machen ..." An dieser Stelle sagte einer der bosnischen Vertreter „hajdemo" (= wir gehen). Tisza blieb allein zurück.[1684]

Bei dem erwähnten gemeinsamen Ministerrat wurde allerdings ungarischerseits das südslawische Problem nach wie vor als eine weitgehend österreichische, also nicht ungarische Angelegenheit gesehen. Es ginge, meinte der ungarische Ministerpräsident Sándor Wekerle, vor allem um die Zukunft Bosniens und der Herzegowina. Diese beiden Provinzen sollten selbst entscheiden, zu welcher der beiden Reichshälften sie kommen wollten; eine Debatte darüber war nicht mehr notwendig. Damit hatte Wekerle offenbar alles gesagt, was zu sagen war. Über Kroatien gab es, scheint's, gar nichts zu sagen, über Siebenbürgen und zu anderen Fragen wohl auch nicht. Im übrigen war es dem ungarischen Ministerpräsidenten offenbar wichtiger, in Ungarn zu versichern, daß trotz der bulgarischen Katastrophe der Schutz des Königreichs gewährleistet sei. Wekerles österreichischer Amtskollege Hussarek meinte auch nur, er würde in Kürze vor dem österreichischen Abgeordnetenhaus sein diesbezügliches Programm entwickeln. Das tat er auch und sprach am 1. Oktober das Wort von der „nationalen Autonomie" aus, das seiner Auffassung nach allerdings kein Selbstbestimmungsrecht sein, sondern autonome Ansatzpunkte für eine Rekonstruktion der österreichischen Länder bieten sollte.[1685]

Nationale Autonomie sollte Gleichberechtigung und Selbstbestimmung in nationalen und kulturellen Angelegenheiten innerhalb eines Siedlungsgebiets sein. Damit kam Hussarek nicht über die Vorschläge und Maßnahmen seines Vorgängers Seidler hinaus.[1686] Auch ein weiterer gemeinsamer Ministerrat am 2. Oktober brachte keine konkreten Ergebnisse. Es wurde lediglich darüber gesprochen, daß die geplante staatsrechtliche Erklärung des Kaisers zur südslawischen Frage in Form eines Handschreibens an die beiden Ministerpäsidenten hinausgehen sollte. Wieder war nur ein Teilaspekt angesprochen worden, und wieder kam es zu keiner Einigung. Der – wie wir wissen – letzte Versuch, durch die Regierungen der Reichshälften eine gemeinsame Lösung der Verfassungsfrage für die Gesamtmonarchie zu erzielen, war gescheitert. Jetzt wollte der Kaiser selbständig handeln.

Auch die Deutschen Österreichs meldeten sich zu Wort: die Sozialdemokraten, die am 3. Oktober die Anwendung des Selbstbestimmungsrechts auch für die Deutschen Österreichs gefordert hatten, und die Christlichsozialen, die am 9. Oktober für die Umwandlung Österreichs in einen Bund freier nationaler Gemeinwesen eintraten.[1687] Solche gab es de facto bereits, nachdem sich am 6. Oktober der Nationalrat der Slowenen, Kroaten und Serben gebildet hatte und sich auch die Polen abzumelden begannen: Am 7. Oktober forderte der Warschauer Regentschaftsrat den Anschluß aller polnischen Gebiete an einen souveränen polnischen Staat. Konnte unter diesen Voraussetzungen überhaupt noch einmal gegengesteuert werden?

Kaiser Karl war auch eine Empfehlung des Generalstabschefs Arz von Straußenburg zugegangen, in der dieser dafür plädierte, die Verfassungsfrage für die gesamte Monarchie durch ein kaiserliches Manifest zu regeln[1688], denn im Armeeoberkommando war man offenbar nicht mehr willens, die ineffiziente Politik der politischen Vertreter der beiden Reichshälften weiterhin untätig mitanzusehen. Dem Armeeoberkommando kam dabei zugute, daß einer der engsten Berater des Kaisers in innenpolitischen und Verfassungsfragen, Baron Johann Andreas Eichhoff, als Vertreter des Innenministeriums im AOK tätig war. In Baden war daher schon Mitte September ein Entwurf für ein kaiserliches Manifest ausgearbeitet worden, und Arz hatte es dem Kaiser übergeben. Der aber wartete noch weiter zu. Bis ihn dann eine Krise zu handeln zwang bzw. auch die Möglichkeit des eigenständigen Handelns gab.

Am 11. Oktober demissionierten gleichzeitig die Regierungen Hussarek und Wekerle. Sie wurden zwar mit der Fortführung der Geschäfte betraut, doch sie hatten nur mehr eingeschränkte Handlungsfähigkeit. Vor allem in Ungarn zeigte sich eine Radikalisierung durch jene Gruppen, die sich jeglicher „subdualistischer“ oder trialistischer Lösung und einem föderalistischen Umbau der Donaumonarchie widersetzten. Sie stellten – der ehemalige ungarische Ministerpräsident Graf Tisza an der Spitze – den Ausgleich in Frage. Am 11. Oktober übernahm auch Wekerle diesen Standpunkt: „Wir können konstatieren, daß wir nicht jenem Österreich gegenüberstehen, mit welchem wir in der Vergangenheit Abmachungen getroffen haben. Selbst der Verteidigungspflicht könnte Österreich in der neuen Form nicht mehr entsprechen.“[1689] Was hier gesagt wurde, trug schon deutliche Züge einer eminenten Staatskrise; doch offensichtlich waren auch radikale Formulierungen von Leuten, die sich jahrelang als Hüter der Gemeinsamkeit erwiesen hatten, nicht mehr ausreichend, um einer noch stärkeren Radikalisierung und Emotionalisierung Einhalt zu gebieten. „Frieden, Demokratie, Unabhängigkeit“ waren die Schlagworte der Zeit. In Ungarn brach die Stunde des linken Flügels der Opposition an und mit ihr der kurze Triumph der „Unabhängigkeits- und 48er Partei“ unter Graf Mihály Károly.[1690]

Der Kaiser nützte die Regierungskrisen und finalisierte ein Manifest, das sich freilich mittlerweile zu einem Dokument entwickelt hatte, das vor allem den deutschnationalen Standpunkt berücksichtigte. Es stand nicht mehr der Entwurf des Armeeoberkommandos zur Debatte, sondern ein Entwurf deutschnationaler Abgeordneter.[1691] Beratungen darüber, die auch mit Tschechen und Südslawen geführt wurden, zeigten schon am 12. Oktober, daß sie das Manifest ablehnen würden. Der Kaiser konnte also gar nicht erwarten, mit dem Manifest einen Ausgleich der nationalen Gegensätze einzuleiten. Doch für ihn gab es kein Zurück mehr. Das Manifest sollte ja auch eine Art Vorleistung für den Abschluß eines Friedens auf Grundlage der 14 Punkte Wilsons sein.

Seit dem Friedensangebot vom 14. September war überlegt worden, wie man den USA beweisen konnte, daß die Annahme der 14 Punkte Wilsons durch Österreich-Ungarn wirklich ernst gemeint sei.[1692] Den Alliierten war schließlich am 4. Oktober nochmals ein Vorschlag zum Abschluß eines Waffenstillstands gemacht worden. Der Vorschlag kam als gemeinsame Aktion des Deutschen Reichs, Österreich-Ungarns und der Türkei zustande. Jetzt überschlugen sich die Mittelmächte mit ihren Angeboten zu einem Waffenstillstand. Für Österreich-Ungarn, das dabei vor allem auf die amerikanische Karte setzte, galt die längst revisionsbedürftige Auffassung Außenminister Buriáns, wonach die USA – im Gegensatz zu allen anderen Mächten – aus ausschließlich idealistischen Gründen in den Krieg eingetreten seien.[1693] Am Tag nach der Absendung des Waffenstillstandsangebots hatte Generaloberst Arz die Bildung einer Waffenstillstandskommission angeordnet, die sich in Trient auf Abruf bereithalten sollte. Sie wurde von General der Infanterie Viktor von Weber gebildet und sollte zehn Personen umfassen, acht k. u. k. und zwei deutsche Offiziere.[1694] Webers Instruktion ging dahin, zu einem noch festzulegenden Zeitpunkt mit den Italienern in Verhandlungen über einen Waffenstillstand einzutreten. Es sollte lediglich eine Feuereinstellung ausgehandelt werden. Das Armeeoberkommando übersandte einige Tage später auch einen Entwurf der gewünschten Bedingungen zu Lande und zur See. Den Vorstellungen des AOK entsprechend, sollte eine längerfristige Rücknahme der Front, im Idealfall innerhalb von acht (!) Monaten ausgehandelt werden. Triest sollte österreichisch bleiben. Weber ergänzte noch dahingehend, daß weitere italienische Konzessionen dadurch erreicht werden könnten, daß man die Entlassung der italienischen Kriegsgefangenen hinauszögerte.[1695] Balkanfragen sollten nicht diskutiert werden, denn für den Balkan wurde eine eigene Waffenstillstandskommission unter Generalmajor Wladimir Laxa gebildet. In den Instruktionen für Weber und Laxa hielt Arz weiters fest, daß alles vermieden werden sollte, was den Eindruck erwecken könnte, die Monarchie wäre nicht mehr in der Lage, den Krieg fortzuführen. Es sollte also nichts darüber verlauten, daß die Truppen nicht mehr einsetzbar und das Hinterland in Auflösung begriffen waren.[1696]

Vom Armeeoberkommando war auch noch anderes überlegt worden: Um guten Willen zu demonstrieren, sollten gegebenenfalls die Truppen aus dem Venetianischen zurückgezogen werden. Das schien umso eher angebracht, als die USA am 6. Oktober auf das Waffenstillstandsangebot der Mittelmächte durch eine Note an die deutsche Regierung geantwortet hatten. Präsident Wilson nannte darin als Vorbedingung für die Aufnahme von Verhandlungen die Rücknahme der Truppen der Mittelmächte von den noch besetzten fremden Territorien.[1697] Wie der österreichisch-ungarische Verbindungsoffizier bei der Deutschen Obersten Heeresleitung, Generalmajor Klepsch-Kloth von Rhoden, meldete, wollte das deutsche Auswärtige Amt dieser Forderung entsprechen, da die Lage an der Westfront ohnedies äußerst instabil war. In Baden und Wien sorgte sich aber offenbar zu diesem Zeitpunkt noch niemand darüber, daß Wilson zwar den Deutschen eine Antwort gesandt hatte, nicht aber Österreich-Ungarn.[1698] Nur Burián dürfte sich dessen bewußt geworden sein, denn er notierte am 10. Oktober: „Wir müssen uns um einen Waffenstillstand für Deutschland bemühen unter der Bedingung, daß auch wir einen erhalten."[1699] Er erinnerte den k. u. k. Botschafter in Berlin auch daran, daß das Deutsche Reich verpflichtet wäre, Österreich-Ungarn gegen Bestrebungen zu seiner Auflösung in Schutz zu nehmen.[1700] Der deutsche Kurs zeigte noch ein letztes Aufflackern.

Was die geforderte Zurücknahme der Fronten anlangte, sah Österreich-Ungarn keine Schwierigkeiten, Albanien, Serbien, Montenegro und die Ukraine zu räumen. Über die Räumung Rumäniens und Polens müßte aber wohl erst mit dem Deutschen Reich verhandelt werden.[1701] Im Fall Italiens kreisten die Überlegungen des Armeeoberkommandos um zwei Varianten: Ging man rasch zurück, um sofort die Vorbedingungen für die Aufnahme von Waffenstillstandsgesprächen zu erfüllen, mußten die letzten Vorräte zurückgelassen werden. Begann man aber mit deren Abtransport und ließ die

Truppen als letztes zurückgehen, dann würde sich die Räumung über lange Zeit, zumindest mehrere Wochen, hinziehen. Arz selbst traute den österreichisch-ungarischen Armeen in Italien aber überhaupt nicht mehr zu, einen geordneten Rückzug bewerkstelligen zu können. Sie würden sich sofort auflösen. Und da man sie nicht zurücknehmen konnte, wurden die Truppen dort belassen, wo sie waren. Arz konnte schließlich nur mit Mühe vom Minister des Äußern davon abgehalten werden, mit Italien sofortige Waffenstillstandsverhandlungen einzuleiten.[1702]

Das Armeeoberkommando wurde von seiner Nachrichtenabteilung am 9. Oktober informiert, daß am 15. Oktober in Paris ein Kongreß der Alliierten zusammentreten würde, auf dem bindende Vereinbarungen bezüglich der künftigen Lösung des Nationalitätenproblems in Österreich-Ungarn getroffen und insbesondere auch die Grenzen eines südslawischen Staates festgelegt werden sollten.[1703] Jetzt hieß es rasch handeln, wenn man ein kaiserliches Manifest über den Umbau der Donaumonarchie noch als Vorleistung hinausbringen wollte.

Hussarek stellte überraschend seine Bedenken bezüglich der Hinausgabe des kaiserlichen Manifests zurück. Damit erwies er dem Kaiser einen großen Dienst, denn so sehr Karl auch bestrebt gewesen war, die gleichzeitige Regierungskrise in Österreich und Ungarn zu nützen, ebenso suchte er schon Tage später Zustimmung für sein Manifest. Am 15. Oktober tagte wieder ein gemeinsamer Ministerrat beim Kaiser, in dem es zur Approbation des sogenannten „Völkermanifests" kam. Das hieß freilich nicht, daß nicht noch nachträglich geändert wurde. Der amtierende ungarische Ministerpräsident Wekerle traf erst nach dem Kronrat in Wien ein und erreichte die Einfügung, daß die im Manifest versprochenen Änderungen „unbeschadet der Rechte der ungarischen Krone" erfolgen sollten.[1704] Vieles blieb im Manifest unausgesprochen und manches war unausgegoren. Das böhmische Problem konnte nicht aufgrund der nationalen Selbstbestimmung gelöst werden; die auf Ungarn bezugnehmenden Passagen relativierten die Aussagen, die die Südslawen betrafen; aufgrund eines Einspruchs der österreichischen Rumänen mußte noch bei der Endredaktion die Sonderbehandlung der Bukowina aus dem Text genommen werden. Der Völkerrechtler Heinrich Lammasch, der gerade über seine Einbeziehung in die Regierung verhandelte, wollte den Schlußsätzen noch einen die Friedensabsicht besonders herausstreichenden Ton geben. Und da das Manifest ja in erster Linie als ein Instrument der Waffenstillstands und Friedenspolitik gedacht war, wurde dem Wunsch ebenfalls entsprochen.[1705] Und so hieß es dann:

„An Meine getreuen österreichischen Völker! Seitdem Ich den Thron bestiegen habe, ist es Mein unentwegtes Bestreben, allen Meinen Völkern den ersehnten Frieden zu erringen sowie den Völkern Österreichs die Bahnen zu weisen, auf denen sie die Kraft ihres Volkstums, unbehindert durch Hemmnisse und Reibungen zur segensreichen Entfaltung bringen und für ihre geistige und wirtschaftliche Wohlfahrt erfolgreich verwenden können. Das furchtbare Ringen hat das Friedenswerk bisher gehemmt ... Nun muß ohne Säumnis der Neuaufbau des Vaterlandes ... in Angriff genommen werden ... Österreich soll dem Willen seiner Völker gemäß zu einem Bundesstaate werden." Durch die Neugestaltung würden die Integrität der Länder der ungarischen Krone nicht berührt und der Lösung der polnischen Frage nicht vorgegriffen werden. Triest war eine Sonderstellung zugedacht. Es gelte, so das Manifest, alle Kräfte zu vereinigen und mit dem unverzüglichen Neuaufbau Österreichs und Ungarns zu beginnen. „So möge unser Vaterland gefestigt durch die Eintracht der Nationen, die es umfaßt, als Bund freier Völker aus den Stürmen des Krieges hervorgehen. Der Segen des Allmächtigen sei über unserer Arbeit, damit das große Friedenswerk, das wir errichten, das Glück aller Meiner Völker bedeutet.“[1706]

Die Auflösung beginnt

Während das Völkermanifest noch endredigiert wurde, fand in Baden abermals eine Besprechung sämtlicher Generalstabschefs der Armeen statt.[1707] Es gab eine seltene Übereinstimmung: Der Waffenstillstand würde noch vor dem Winter zustande kommen. Zwei Voraussetzungen müßten allerdings geschaffen werden: Rückzug aus den besetzten Gebieten bis zur Erreichung der Vorkriegsgrenzen und Maßnahmen zu einer sofortigen Demobilisierung der Mannschaften. Anschließend debattierten die Stabschefs darüber, wo die Monarchie nach Wirksamwerden des Selbstbestimmungsrechts ihre Grenzen haben würde. Offenbar hegte aber niemand Zweifel darüber, daß es den Staat noch geben würde, von dem sie sprachen. Während die Stabschefs in Baden berieten, begann die Heeresgruppe Boroević damit, die Munition nach hinten abzutransportieren. Damit wurde die Absetzbewegung eingeleitet. Die Befürchtungen, daß damit der Startschuß zur Auflösung gegeben worden sein könnte, waren unüberhörbar. General Weber warnte davor, mit der Absetzbewegung zu beginnen, ohne gleichzeitig über einen Waffenstillstand zu verhandeln. Doch er mußte weiterhin in Trient verbleiben.

Tags darauf, es war der 15. Oktober, gab das Armeeoberkommando mittels offenem Funkspruch bekannt, daß die Monarchie bereit sei, ihre Truppen auf die Vorkriegsgrenzen zurückzuziehen, um dort die Ergebnisse der Verhandlungen einer Friedenskonferenz abzuwarten. Außerdem sollten die italienischen Kriegsgefangenen, die sich noch in den zu räumenden Gebieten befanden, freigelassen werden. Was als Geste des Entgegenkommens erschien, war aber gleichzeitig eine notwendige Maßnahme, um die Italiener nicht weiter versorgen oder gar noch transportieren zu müssen.[1708]

Damit schien die militärische Aktion eingeleitet zu sein. Jetzt mußte die politische Aktion ihre Wirkung tun. Der Kaiser hatte wohl gemeint, ein Manifest hinauszugeben, das als ein Versprechen an seine Völker für den Zeitraum gedacht war, wenn der Krieg endgültig vorbei sei. Doch die Reaktionen auf das Völkermanifest ließen keinen Zweifel darüber, daß niemand mehr zuwarten wollte. Das Manifest wurde als Signal zur Auflösung verstanden. Tisza verkündete: „Wir haben den Krieg verloren.“ Als ein Mitglied des ungarischen Reichstags sagte: „Die Heimat ist in Gefahr. Der ungarische Soldat muß zurückkehren und sein Vaterland verteidigen“, erntete er heftigen Applaus.[1709] Und die Nationen der österreichischen Reichshälfte reagierten, indem sie die endgültige Loslösung begannen. Da aber keiner wußte, wie die neuen Staaten beschaffen sein würden, welche Grenzen und welche Konflikte sie haben würden, wollten alle ihre Soldaten nach Hause rufen. Jetzt schlug plötzlich das zum Schaden aus, was aus früheren inneren Notwendigkeiten lange und nach den Revolten des Frühjahrs zusätzlich konsequent praktiziert worden war: Man hatte, um die Truppen nicht territorial zu dislozieren, sie möglichst so verteilt, daß Einheimische und Truppen nicht dieselbe Nationalität hatten. Außerdem waren die Regimenter noch stärker durchmischt worden. Jetzt wurden aber Soldaten der eigenen Nation gebraucht, und daher wurde an sie die Aufforderung zur Rückkehr gerichtet. In dem Augenblick freilich, da ein Bataillon oder Regiment einem solchen Ruf folgte, brachen ganze Divisionsabschnitte zusammen. Für manche Soldaten und vor allem für die Offiziere stellte der Eid, den sie geleistet hatten, ein letztes Hemmnis dar, dem Ruf der Heimat zu folgen. Sie hatten einen Eid auf den Monarchen geleistet, in dem es hieß: „Wir schwören bei Gott dem Allmächtigen einen feierlichen Eid, Seiner Apostolischen Majestät, unserem Allerdurchlauchtigsten Fürsten und Herrn, Karl von Gottes Gnaden Kaiser von Österreich, König von Böhmen usw. und Apostolischer König von Ungarn treu und gehorsam zu sein ... So wahr uns Gott helfe. Amen." Der Kaiser entband die Soldaten und Offiziere nicht ihres Eides. Das taten die neu entstehenden Staaten. Sie nahmen sich das Recht, den Eid auf den Kaiser und das Land aufzuheben und die Soldaten ihrerseits und für einen neuen Staat in Pflicht zu nehmen.

Am 20. Oktober langte endlich die kaum mehr erwartete Antwort Wilsons auf das österreichische Waffenstillstandsangebot vom 4. Oktober ein. Wilson ließ mitteilen, daß er dem Vorschlag für einen Frieden auf Grundlage der 14 Punkte nicht zustimmen könnte, da sich seit der Verkündung derselben im Januar 1918 so vieles ereignet habe, daß sich dadurch auch für die USA Konsequenzen ergeben hätten. Die USA hätten anerkannt, daß „der Kriegszustand bestehe zwischen den Tschecho-Slowaken und den Reichen von Deutschland und Österreich-Ungarn und daß der tschecho-slowakische Nationalrat eine de facto kriegführende Regierung sei, ausgestattet mit der höchsten Befugnis, um die militärischen und politischen Angelegenheiten der Tschecho-Slowakei zu leiten. Die amerikanische Regierung hat auch in vollstem Maße die Berechtigung der nationalen Bestrebungen der Südslawen nach Freiheit anerkannt. Der Präsident ist daher nicht mehr in der Lage, die bloße Autonomie dieser Völker als Grundlage für einen Frieden anzunehmen."[1710]

Damit war noch einmal gesagt worden, daß sich die USA mit der Haltung der Ententemächte solidarisierten und den Krieg mit Österreich-Ungarn erst dann beenden wollten, wenn es diesen Staat nicht mehr gab. Freilich war nicht alles, was dann kam, in der Absicht der Alliierten gelegen. Doch wer vermochte schon damals, das Ende eines Prozesses der Auflösung und Neubildung präzise vorauszusagen? Vielleicht war auf alliierter Seite noch anzunehmen gewesen, daß Österreich und Ungarn eine Realunion beibehalten würden. Doch auch das wurde in eben diesen Tagen obsolet. Der alte und schließlich wiederbestellte ungarische Ministerpräsident Wekerle versuchte zwar kurzzeitig, Stimmung für eine Beibehaltung des Dualismus mit sehr weitgehenden Rechten Ungarns zu machen. Ja, er plädierte sogar für eine bloße Personalunion. Doch der Oppositionsführer, Graf Mihály Károly, zog die Glaubwürdigeit des Ministerpräsidenten in Zweifel und zudem die Fähigkeit der Regierung zum Friedensschluß.[1711] Die Radikalen wollten noch weiter gehen. Damit war nicht nur evident geworden, daß Ungarn die Realunion aufgekündigt hatte, sondern daß es auch kaum mehr Möglichkeiten für eine Personalunion gab.

Eine solche war, wenngleich ganz anders, schon längere Zeit überlegt worden. Unter

Zugrundelegung eines polnischen Staats, eines ungarischen, eines illyrischen und eines österreichischen Staats, die jeder für sich als habsburgische Königreiche geschaffen werden sollten, wäre über vier Königen ein Kaiser gestanden, der diesen Titel ohne staatsrechtliche Stellung führen sollte.[1712] Ein schöner, ein habsburgischer Traum!

Kaiser Karl wollte die Ungarn beruhigen und dabei den ersten Schritt in Richtung dieser habsburgischen Reiche machen. Er verfügte, daß sein Vetter Erzherzog Joseph, der in Ungarn sehr populär war, das Kommando der Balkanfront, der Heeresgruppe Kövess, übernehmen sollte. Statt ihm wurde Feldmarschall Baron Kövess Kommandant der Heeresgruppe in Tirol. Karl selbst reiste nach Ungarn. Äußerer Anlaß war die Eröffnung der Universität in Debrecen.[1713] Doch primär ging es um den Versuch, Ungarn für die Habsburgermonarchie zu retten. Wenig zuvor hatte man noch, wie das Graf Gyulá Andrássy tat, davon ausgehen können, daß Österreich und Ungarn in einem Nachkriegseuropa wenigstens eine gemeinsame Außenpolitik führen würden. Jetzt wurde eigentlich nur mehr davon gesprochen, daß diese beiden Länder einen gemeinsamen Monarchen haben würden.[1714] Daß Polen, Tschechen, Südslawen und Italiener nicht mehr zu halten waren, wurde bereits als selbstverständlich angenommen. Und die Deutschen der Monarchie? Die deutschen Abgeordneten Österreichs traten am 21. Oktober im niederösterreichischen Landhaus in Wien zusammen und konstituierten sich als Volksvertretung eines Landes Deutsch-Österreich. Ein zwanziggliedriger Nationalausschuß sollte Regierung und Verwaltung übernehmen und die konstituierende Nationalversammlung vorbereiten. Auch die Deutschen Österreichs bereiteten sich auf den Zerfall vor.

Man wußte freilich noch nicht, ob es ein totaler Zerfall sein würde. Als staatliches Gebilde hätte auch ein Österreich-Ungarn in Form eines Staatenbundes noch immer eine gewisse Größe gehabt. Um den Zusammenhalt zu wahren, war aber Mächtigkeit im territorialen Sinn zu wenig – dazu bedurfte es auch der Macht. Und die war nicht mehr vorhanden. Als in Debrecen die Kaiserhymne, die sogenannte „Volkshymne" gespielt wurde, gab es heftige Erregung.[1715] In Budapest gab es offene Demonstrationen. Graf Károly verlangte am 20. Oktober den sofortigen Friedensschluß, die Heimbeförderung der ungarischen Soldaten und die Ernennung eines ungarischen Außenministers. Letzteres klang merkwürdig, denn Graf Burián war ja Ungar. Was die radikalen Magyaren damit meinten, war jedoch, daß aufgrund der Reduktion Österreich-Ungarns auf eine Personalunion auch die gemeinsamen Ministerien ein Ende gefunden hatten. Burián demissionierte. Der Kaiser ernannte jedoch einen neuen gemeinsamen Minister des Äußern, der ja auch gleichzeitig Minister des kaiserlichen und königlichen Hauses sein sollte, nämlich Graf Gyulá Andrássy. Er war der Sohn jenes Gyulá Andrássy, der 1879 mit Bismarck den Zweibundvertrag geschlossen hatte; außerdem war er der Schwiegervater Graf Mihály Károlys.

Burián hatte während der letzten Woche seiner Amtsführung nur noch einen Ausweg gesehen: die Aufkündigung des Zweibunds und den Abschluß eines Sonderfriedens. Er wußte sich dabei mit Tisza eines Sinnes, der den Fortbestand des Bündnisses mit dem Deutschen Reich schon deshalb in Frage stellte, da die Tschechen und die Südslawen, somit also mehr als die Hälfte der österreichischen Reichshälfte, zur Entente tendierten.[1716] Plötzlich waren auch wieder die 1917 so aktiv gewesenen Gruppen auf den Plan getreten, die einen Sonderfrieden vermitteln wollten. Die Meinl-Gruppe, aber auch jener etwas undurchsichtige Ładisław von Skrzyński, der bei der Anbahnung der Kontakte von Mensdorff und Smuts eine wichtige Rolle gespielt hatte. Er telegrafierte am 24. Oktober 1918 nach Wien, Frankreich und Großbritannien hätten ein bestimmtes Interesse an Österreich: Frankreich wollte nicht, daß das Deutsche Reich nach dem Zerfall der Monarchie noch um Deutsch-Österreich erweitert würde. Großbritannien sei an einem losen Staatenbund unter Führung der Habsburger interessiert, wäre aber ebensowenig wie Frankreich dazu bereit, etwas für Österreich zu tun, solange es der Verbündete des Deutschen Reichs sei.[1717] Doch das war bestenfalls „kalter Kaffee". Burián konnte nichts mehr tun, um die Probe aufs Exempel zu machen. Das mußte dem neuen Minister des Äußern überlassen bleiben. Der hatte, während in Ungarn noch die Regierungskrise schwelte, zumindest in Österreich einen neuen Ansprechpartner gefunden, denn am 25. Oktober ernannte der Kaiser Heinrich Lammasch zum österreichischen Ministerpräsidenten.[1718]

Lammasch fand kein Österreich mehr vor. Sein einziges Ziel konnte die friedliche Liquidierung sein.[1719] In Agram hatte sich schon ein südslawischer Nationalrat gebildet, der einen eigenen Staat proklamiert hatte. Die meisten polnischen Abgeordneten befanden sich nicht mehr in Wien und im Reichsrat, sondern waren nach Warschau gereist. Überall zeigten sich Auflösung und das Ende von Institutionen, die eine älter, die andere jünger. In Prag hatte die Situation sogar etwas Tragikomisches an sich. Es hatte schon lange gebrodelt. Der Stadtkommandant, Feldmarschalleutnant Zanantoni, befürchtete ein ums andere Mal den Ausbruch von Gewalttätigkeiten, doch es war noch nichts wirklich Schlimmes geschehen, auch wenn man das Gefühl hatte, auf einem „Pulverfaß" zu leben. Die Truppen der Garnison „waren das Konsigniert- und immerwährende Bereitsein schon müde". Am 10. Oktober wurde Zanantoni zum Statthalter, dem Grafen Coudenhove, gerufen, der ihm mitteilte, am 14. Oktober würde die Ausrufung der Republik bevorstehen. Coudenhove bat den Stadtkommandanten, „alles zu tun, um die Ausrufung der Republik wenigstens in Prag, der Landeshauptstadt, zu verhindern". Auf seine Bedenken, daß der Stadtkommandant bis zum 14. Oktober nur über einige Bataillone verfügte, stellte Coudenhove dem Feldmarschalleutnant die ganze in Prag befindliche Gendarmerie sowie die staatliche Polizei der Stadt „zur Disposition".[1720] Zanantoni verzichtete allerdings auf die Polizei, da sie so gut wie ausschließlich aus Tschechen bestand und ihm zu wenig verläßlich erschien. Für den 14. Oktober standen ihm schließlich sieben Assistenzbataillone, jedes mit zirka 600 bis 800 Mann, zur Verfügung; weitere drei Assistenzbataillone waren ihm als Verstärkung zugesagt worden.

Zanantoni verteilte seine Truppen in den frühen Morgenstunden des 14. Oktober in Prag so, daß bereits ab fünf Uhr morgens die Zugänge zur inneren Stadt durch Militär versperrt waren. Als sich die Trupps sammelten und unter der Führung von Klofáč zum Altstädter Ring ziehen wollten, um dort die Republik auszurufen, sahen sie sehr bald die Unmöglichkeit ein und verschoben dieses Ereignis. Auch am 15. und am 16. Oktober ließ der Prager Stadtkommandant die Stadt absperren. Es kam zu keinen Zwischenfällen, allerdings waren nach der Verkündung des Völkermanifests des Kaisers alle weiteren Maßnahmen zur Unterbindung einer Republiksausrufung sinnlos geworden. Schon am 14. Oktober war dem Statthalter von Böhmen, Graf Coudenhove, auf seine Frage, wie er sich verhalten sollte, von Wien aus geantwortet worden: „Jedes Blutvergießen vermeiden, keinen Eklat machen und den Übergang zum Nationalstaate friedlich in die Wege leiten."[1721]

Im Hinterland und an der Front begann fast gleichzeitig die Auflösung. Am 20. Oktober hatten in Jagodina, Kragujevac, Orsova und Turnu-Severin ungarische, galizische und tschechische Truppenkörper gemeutert, die aus der Ukraine und dem Osten Rumäniens hierher verlegt worden waren.[1722]

Am 23. Oktober hatten kroatische Mannschaften des Infanterieregiments Nr. 79 in Fiume gemeutert, hatten die Honvéds entwaffnet und die Stadt unter ihre Kontrolle gebracht. Es war ein eher einfacher, unblutiger Vorgang! Was in Fiume geschah, setzte sich wie ein Lauffeuer fort. Kaiser Karl reagierte ungewöhnlich rasch und zielstrebig. Da sich die Ausschreitungen auch auf die Seebezirkskommanden und Kriegshäfen ausweiteten, entschloß sich der Kaiser, seine Kriegsflotte einfach dem neu gegründeten südslawischen Staat zu übergeben. Die Donauflottille sollte an Ungarn gehen, und alle Matrosen, die nicht südslawischen Nationalitäten angehörten oder Ungarn waren, unverzüglich entlassen werden.[1723] Fast schlagartig besaß Österreich-Ungarn keine Kriegsmarine mehr. Das Sterben des Landheeres ging langsamer vor sich.

Das Kaisermanifest vom 16. Oktober hatte auch innerhalb der Armee die Erregung ungeheuer gesteigert, allerdings wurde dadurch keine Desertionswelle ausgelöst. Vielmehr wollten die nationalen Gruppen innerhalb der Armee beisammen bleiben: In unsicheren Zeiten sucht man ja immer Rückhalt und Geschlossenheit. Die Italiener taten verständlicherweise alles, um den Zersetzungsprozeß zu fördern. Sie überschütteten die österreichisch-ungarischen Linien mit Flugblättern, in denen sie zur Meuterei aufriefen und für den Fall des Überlaufens rascheste Heimkehr, Frieden und Selbstbestimmung versprachen.[1724] Sie hatten damit allerdings nicht viel Erfolg, denn der nationale Zersetzungsprozeß machte sich in dieser allerletzten Kriegsphase vor allem durch Verweigerung bemerkbar. Bei der Armeegruppe Belluno weigerten sich die Soldaten, aus ihren Retablierungen in die Front einzurücken. Sie wollten nicht noch in den letzten Stunden sterben.[1725] Am 22. Oktober verweigerte das Agramer Honvédinfanterieregiment Nr. 25. Am 23. Oktober kündigten Ungarn und Südslawen der Heeresgruppe Boroević an, sie würden nicht mehr kämpfen. Für sie gelte es, ihre Heimatländer zu verteidigen. Und das war eben nicht mehr die österreichisch-ungarische Monarchie.[1726] Auch im Hinterland kam es zur Verweigerung.

Das Armeeoberkommando sah darin vorerst lediglich ein „Phänomen". Es informierte die Armeekommanden, daß sich im Raum Wien 200 tschechische Soldaten geweigert hätten, weiterhin in der Kaserne zu bleiben. Sie argumentierten geschickt damit, daß sie nicht mehr dem Armeeoberkommando unterstünden und nicht mehr an ihren Eid gebunden seien, sondern der neuen tschechischen Regierung gehorchen müßten. Das war ein rechtliches Problem. Das Armeeoberkommando informierte über dieses „Phänomen" und wies die hohen Kommanden an, alles zu unternehmen, damit die Front von ähnlichen Vorfällen verschont bliebe.[1727]

Da die Anzeichen auf eine unmittelbar bevorstehende italienische Offensive schließen ließen, wandte sich der Kaiser am 23. Oktober mit einem Telegramm an den Papst: „Anzeichen mehren sich, daß die italienische Offensive gegen uns bevorsteht. Wir sehen derselben mit Ruhe und Zuversicht entgegen. Da aber der Krieg nicht in Venetien entschieden wird und doch bald seinem Ende entgegen gehen dürfte, so bitte ich Eure Heiligkeit, der italienischen Regierung nahezulegen, aus reinen Menschlichkeitsgründen diesen Plan aufzugeben. Durch diese Tat könnten Eure Heiligkeit vielen Tausenden Menschen das Leben retten."[1728] Das Telegramm blieb ohne Erfolg.

Der letzte Angriff der Alliierten

Das italienische Heer hatte trotz der über Monate zu beobachten gewesenen Auflösungserscheinungen bei den k. u. k. Truppen weder im August noch im September 1918 die Möglichkeit gesehen, eine entscheidende Offensive zu beginnen. Obwohl Marschall Foch, der Vorsitzende des alliierten Obersten Kriegsrats, schon längst auf eine energische italienische Offensive gedrängt hatte, antwortete ihm Ministerpräsident Orlando noch am 24. September, eine solche wäre zu riskant, und die italienischen Truppen würden erst im Frühjahr 1919 eine entscheidende Offensive führen können. Ein früherer Angriff würde von der Entsendung zusätzlicher zehn britischer und französischer Divisionen abhängen. Eine Offensive im Herbst wäre nur dann denkbar, wenn Foch ausdrücklich die Verantwortung dafür übernehmen würde.[1729] Doch der Zusammenbruch Bulgariens hatte auch für die Italiener die Situation grundlegend geändert. Außerdem übernahm Marschall Foch tatsächlich die Verantwortung für eine sofortige Offensive in Italien. Das italienische Oberkommando wurde angewiesen, eine solche vorzubereiten und am 16. Oktober zu beginnen. Die italienischen Staatsführer begriffen, daß es ihre Position wesentlich verbessern mußte, wenn die italienischen Truppen bei Abschluß eines Waffenstillstands möglichst weit vorgerückt waren und tunlichst auch die von Italien beanspruchten Gebiete erreicht hatten. Das war keine Frage des Kriegs mehr, sondern eine solche des Friedens. Doch der Termin ließ sich nicht halten. Es sollte eine Woche später sein.

Dabei war es im Grunde genommen eine recht ungefährliche Angelegenheit, denn die k. u. k. Truppen in Italien waren allein im September um rund 100.000 Mann schwächer geworden. Nur mehr 400.000 „Schwarz-Gelbe" waren da, um dem letzten italienischen Ansturm zu begegnen.[1730] Von denen standen zudem nur rund ein Drittel an der Front. An sich trafen sich sogar die Gedankengänge von Alliierten und Österreichern in dem Punkt, als die Ententetruppen eine Offensive planten, während die k. u. k. Armeen am 17. Oktober über die Modalitäten eines großen strategischen Rückzugs berieten. Die Isonzoarmee sollte in den Raum Laibach abziehen, die Armeegruppe Belluno nach Kärnten, die k. u. k. 6. Armee in die Steiermark, die 10. und 11. Armee nach Nord- bzw. Osttirol.[1731] Doch da bis dahin nichts geschehen war, war es zu spät.

Am 24. Oktober 1918 eröffneten die Italiener an der Gebirgsfront ihre Offensive. Es war der Jahrestag des Beginns der Durchbruchsschlacht von Flitsch-Tolmein. Ein Jahr nach seiner schweren und katastrophal scheinenden Niederlage traten die Italiener zusammen mit Ententetruppen an, um der Habsburgermonarchie den Todesstoß zu versetzen. Überfallsartig setzte im Grappa-Massiv, am Monte Tomba, das Artilleriefeuer ein. Wenig später feuerten Tausende Geschütze entlang der ganzen Front. Dabei zeigte sich aber tatsächlich ein Phänomen: Die angegriffenen Truppen verteidigten sich so, als ob es keine zusammenbrechende Front und keine auseinanderdriftende Heimat gebe. Sie taten das, was Truppen meistens tun, wenn sie angegriffen werden: Sie kämpfen um ihr Leben. Die militärische Ordnung bot noch ein Minimum an Sicherheit. Es gab Regimenter mit Ausfällen von 30 bis 70 Prozent.[1732] Polen, Ruthenen, Tschechen und Ungarn kämpften auch dann, wenn sie schon längst deutlich gemacht hatten, daß das nicht mehr ihr Krieg war. Die Meldung des Armeeoberkommandos an den Kaiser, daß die Offensive wie erwartet begonnen, man aber keinen Grund zur Besorgnis habe, mußte freilich nach nur wenigen Stunden als verfrüht angesehen werden.

Die Italiener hatten nicht erwartet, schon am ersten Tag mit ihrer Offensive Erfolg zu haben. Doch daß es letztlich nur eine Frage der Zeit war, mußte jedem klar sein. Die Verluste der k. u. k. Truppen waren hoch, zu hoch – und sie konnten nicht ersetzt werden. Das einzige, was den k. u. k. Truppen zugute kam, war der Umstand, daß sie sich monatelang auf diese Kämpfe vorbereitet hatten. In Südtirol war eine sogenannte „Winterstellung" vorbereitet worden, auf die man zurückfallen konnte. Doch jegliche Planmäßigkeit hatte ein Ende, als an eben diesem 24. Oktober eine neuerliche Weisung der ungarischen Regierung an die Honvéds und ungarischen Angehörigen des gemeinsamen Heeres einlangte, unverzüglich nach Hause zurückzukehren.[1733] In Budapest hoffte man, mit Hilfe der aus der Südwestfront gezogenen ungarischen Soldaten die Balkanfront festigen und die Gefahr für Ungarn im Süden abwenden zu können. Am zweiten Tag der italienischen Offensive begannen die österreichisch-ungarischen Truppen Gelände aufzugeben. Ihre Kampfkraft und der Wille, noch weiter standzuhalten, nahmen fast stündlich ab. Bataillone sanken auf die Stärke von Kompanien ab. Manche Truppenkörper hatten keinen Offizier, der nicht zumindest verwundet gewesen wäre.[1734] Jetzt sollten die letzten Reserven in die Abwehr geworfen werden, doch Truppenkörper auf Truppenkörper weigerte sich. Am 24. Oktober meuterte das Gebirgsschützenregiment Nr. 2 in Laibach. Neben fast allen ungarischen Truppen weigerten sich schließlich auch die bis zuletzt loyalen tschechischen Truppen, nochmals ins Feuer zu gehen. Die Mannschaften der 13., 26. und 43. Landesschützendivision sowie der 29. Infanteriedivision, der mährischen 5. Infanteriedivision und andere auch verlangten abzurücken. Zwei kroatische Divisonen, die 42. und die 57., meuterten ebenfalls.[1735] Nur vereinzelt gelang es, ein paar Leute zu überreden, gemeinsam nach vorn zu gehen. Die anderen blieben, wo sie waren, oder begannen den Rückmarsch nach Hause.[1736] Befehle galten so gut wie nichts mehr, und es ließ sich auch so gut wie niemand mehr durch Appelle an Kameradschaft, Treue, Ehrgefühl oder was auch immer dazu überreden, den Fronttruppen zu Hilfe zu kommen. Diese kämpften isoliert ums Überleben und wurden schließlich im Stich gelassen. Aber wer sollte wem einen Vorwurf machen?

Am 26. Oktober dehnten die Italiener ihre Offensive auf die Armeegruppe Belluno aus, nicht sehr nachdrücklich zwar, doch es genügte. Die österreichisch-ungarische Front hielt wohl noch stand, doch die Verluste waren hoch und die Munition ging zu Ende. Die Armeegruppe Belluno meldete, daß sie nur mehr für einen Kampftag Munition hätte.[1737] Es gelang sogar noch, Reserven nach vorne zu bringen, dafür brachte niemand die Verwundeten zurück. Zur Überraschung aller wurde sogar noch ein Gegenangriff begonnen. Die Soldaten gehorchten und die Italiener wichen zurück. Dann aber gab es keine

Munition mehr, und die Armeegruppe war reif zur Waffenstreckung. Die Italiener blieben freilich, wo sie waren.[1738] Jetzt zeigte sich wieder ein anderes Phänomen: Die Truppen hatten die Kämpfe ausgehalten, doch kaum ließ der Druck nach, gerieten sie in eine andere Streßsituation. Sie erhielten ihre Post, erfuhren manches von den Vorgängen zu Hause und stellten fest, daß sie alleingelassen worden waren, während die anderen nach Hause abrückten. Nun, da sie auch nicht mehr um das eigene Überleben kämpften, waren sie nicht mehr zu halten. Als schließlich die Eliteformationen der österreichischen Alpenländer, Kaiserjäger, Kaiserschützen, Kärntner, Salzburger und Oberösterreicher, erfuhren, daß sie dazu verwendet werden sollten, abziehende ungarische Kräfte zu ersetzen, rebellierten auch sie.[1739] In der Meldung des Heeresgruppenkommandos Tirol vom 26. Oktober hieß es: „Kaum zum Marsch auf die Hochfläche der sieben Gemeinden befohlen, verweigerte indessen die Mehrzahl auch dieser Truppen – zweifellos angesteckt durch das rasch bekanntgewordene Versagen der ungarischen Regimenter und bestärkt durch ihre Straflosigkeit – den Gehorsam."[1740] Die Tiroler Front und die Armeegruppe Belluno waren keine militärischen Faktoren mehr.[1741]

Dann griff die alliierte Offensive auf die Piavefront über, und auch sie war nach einem weiteren Tag nicht mehr zu halten. Am Piave zeigte es sich freilich, daß die Italiener gar nicht so sehr begierig waren, vorwärts zu stürmen.[1742] Sie gingen nur zögernd vor, ohne Nachdruck und Triumph. Briten und Franzosen waren es, die schließlich die italienische 8. Armee in die Mitte nahmen und die k. u. k. Front attackierten. Sie wollten den Sieg auch auskosten.

Am 27. Oktober gewannen sie Brückenköpfe östlich des Piave. Normalen militärischen Abläufen zufolge wäre am 28. von den österreichisch-ungarischen Truppen ein Gegenangriff zu machen gewesen. Die Divisionen waren vorhanden und sollten sich bereitstellen, doch sie meuterten. Das Wort „Meuterei" paßt aber eigentlich nicht für die meist ganz ruhig gegebenen Auskünfte, nicht mehr antreten, sondern heimkehren zu wollen. Da war nichts mehr von der emotionalen Grundstimmung der April- und Mai-Rebellionen desselben Jahres zu spüren, vom wilden, trotzigen Aufbegehren. Die Soldaten gehorchten nur nicht mehr. Damit war freilich die Lage der Fronttruppen hoffnungslos. Die Alliierten kamen unschwer voran. Schließlich konnte ein Kommando wie jenes der k. u. k. 6. Armee nicht mehr führen, denn niemand wußte, welche Truppen noch vorhanden und befehlstreu waren bzw. welche bereits nach Hause marschierten.[1743] Die Front löste sich auf, und die Allierten stießen einfach durch.

Zwei Tage nach seinem Amtsantritt hatte der Minister des Äußern, Graf Andrássy, dem k. u. k. Botschafter in Berlin, Gottfried Hohenlohe, eine Botschaft Kaiser Karls an Kaiser Wilhelm übersandt. Karl teilte darin mit, er habe den unabänderlichen Entschluß gefaßt, innerhalb der nächsten 24 Stunden um einen Waffenstillstand oder Sonderfrieden zu bitten. Am 28. Oktober ging dieses Ersuchen hinaus. Der deutsche Botschafter in Wien, Graf Wedel, hatte wohl noch gebeten, die Depesche vorher zu sehen, doch die entscheidende Passage war in dem ihm gegebenen Konzept nicht enthalten gewesen, nämlich der Satz, daß Österreich-Ungarn um Verhandlungen bitte, ohne die Ergebnisse irgendwelcher anderen Verhandlungen abzuwarten.[1744] Generaloberst von Arz faßte die Situation in einem Telegramm an Generalfeldmarschall von Hindenburg zusammen: „Erschüttert melde ich Euer Exzellenz die eingetretenen Verhältnisse: Truppen ohne

Unterschied der Nationalität von über 30 Divisionen weigern sich, weiter zu kämpfen! Teile einzelner Regimenter verlassen eigenmächtig Stellung, ein Rgt. der Reserve ist abmarschiert. Marschformationen sind nicht zur Einreihung zu bewegen. Ungarische Truppen erklären, unter keinen Umständen weiter zu kämpfen, verlangen ihre Heimbeförderung, weil Heimat in Gefahr und Feind vor den Grenzen ihres Vaterlandes. Kommandanten sind machtlos. Bewunderungswürdig kämpfen die in Stellung befindlichen Truppen, weil sie infolge von Kampfhandlung politisch noch nicht verseucht sind. Ihre Kampfkraft erlahmt. Zuführen von Reserven oder Ablösung ausgeschlossen, da Truppen nicht an Front heranzubringen. Marinemannnschaft erklärt, am 1. November Schiffe zu verlassen, alles zu teilen und hat Soldatenräte gebildet. Einstimmig verlangen höhere Führer sofortigen Waffenstillstand, weil ansonsten Anarchie unausbleiblich und Bolschewismus unaufhaltbar. Lebensmittelzufuhr versagt, Bahnbetrieb in manchen Landesteilen kaum noch aufrechtzuerhalten, Lage im Hinterland verworren und trostlos. Unter diesen Umständen muß gerettet werden, was noch möglich. Da es auf Stunden ankommt, muß rasch gehandelt werden. Der Weg Wilsons ist zu lang. Kommission versucht Verbindung mit ital. Heeresleitung, um über Waffenstillstand zu verhandeln. Schweren Herzens mache ich diese Mitteilung. E[uer] E[xzellenz] gehorsamster v. Arz, GO."[1745]

Zerfall und Ende waren absehbar. Der schweizerische Gesandte in Wien, C. D. Bourcart, formulierte es in seinem letzten Bericht aus der Habsburgermonarchie am 31. Oktober kurz so: „In der gewesenen Doppelmonarchie herrscht das Chaos."[1746] Österreich-Ungarn war aus dem Bundesverhältnis ausgeschieden.[1747] Der Kaiser wollte freilich die Verantwortung zum Abschluß des Waffenstillstands nicht allein und vielleicht überhaupt nicht tragen. Er suchte zunächst den Weg zu beschreiten, den Friedensschritt durch eine Volksbewegung unterstützen zu lassen. Karl berief den Wiener Bürgermeister Weiskirchner zu sich und legte ihm nahe, am Abend des 28. Oktober in Wien „spontane" Demonstrationen zu organisieren, um solcherart Zustimmung zum kaiserlichen Schritt zu zeigen. Weiskirchner lehnte ab.[1748] Doch damit war die Angelegenheit nicht beendet. Sie erhielt merkwürdige, fast peinliche Züge.

Der Waffenstillstand in der Villa Giusti

Die Kommission des Generals von Weber, die seit Anfang des Monats in Trient bereitstand, dann kurzzeitig entlassen und wieder zusammengerufen worden war, wurde angewiesen, Kontakte mit den Italienern herzustellen. Spätestens jetzt hätte es auffallen müssen, daß der Kommission ausschließlich Offiziere angehörten. Wo aber waren die Diplomaten? Jahrelang hatten dem Armeeoberkommando Vertreter des Ministeriums des Äußern angehört. Die Übersiedlung nach Baden hatte das unnötig gemacht. Doch wenn man schon meinte, ein Waffenstillstand sei ausschließlich Sache der Militärs, dann wäre es doch naheliegend gewesen, der Kommission jemanden beizugeben, der sowohl Politiker als auch Diplomat und tunlichst Offizier in der Reserve war. Dergleichen Leute gab es zur Genüge. Doch keiner von ihnen wurde für die Waffenstillstandskommission nominiert, was nur den Schluß zuläßt, daß jenes Ministerium des Äußern, das zwar kräftig mitgeholfen hatte, den Krieg zu entfesseln, sich bei dessen Beendigung beträchtliche Zurückhaltung auferlegte.

General von Weber wurde noch instruiert, daß er alle Bedingungen akzeptieren könnte, außer solche, welche die Ehre der Armee nicht zuließen oder die auf eine totale Entrechtung hinausliefen. Während sich also die Waffenstillstandskommission in Marsch setzte, wies das Armeeoberkommando die Heeresgruppe Boroević an, auszuharren. Man müsse die Front halten, bis der Waffenstillstand abgeschlossen sei. Boroević antwortete lakonisch, daß er in der gegebenen Situation nichts versprechen könnte.[1749] Am 29. Oktober kam ein Mitglied der Waffenstillstandskommission, Hauptmann Ruggera, zu den italienischen Linien. Obwohl die Gruppe weithin sichtbar eine weiße Fahne mitführte, wurde sie beschossen. Es dauerte Stunden, bis man in der Lage war, ein Schreiben auszuhändigen, in dem der Wunsch nach Abschluß eines Waffenstillstands zum Ausdruck kam. Ruggera kehrte nach Rovereto zurück. Den ganzen Tag über kam keine Antwort. Das Armeeoberkommando sandte schließlich einen offenen Funkspruch und gab den Italienern zudem bekannt, daß bei einem Abzug der k. u. k. Truppen aus Venetien weitgehende Zerstörungen durchgeführt werden müßten. Die Italiener gaben zu verstehen, daß sie den Funkspruch empfangen hatten, doch gleichzeitig stellten sie die Gültigkeit der Vollmachten der österreichisch-ungarischen Waffenstillstandskommission in Frage. Schließlich akzeptierten sie General von Weber doch.[1750] Italien wollte die Verhandlungen aber nur eröffnen, wenn Österreich-Ungarn zur Kenntnis nehme, daß die Aufnahme von Gesprächen nicht bedeute, daß die Alliierten ihre Operationen unterbrechen würden. Das Armeeoberkommando willigte ein. Es konnte gar nicht anders. Eine Woche vorher wäre Österreich-Ungarn wohl noch handlungsfähiger gewesen – doch es war eben schon der 30. Oktober 1918. Und die Italiener ließen sich jetzt ganz bewußt Zeit.

An diesem Tag erreichten sie Vittorio Veneto. Während verhandelt wurde, konnten sie den abziehenden und sich auflösenden Truppen folgen, da und dort deren Rückzug beschleunigen, sie überholen, Gefangene machen und die angestrebten Grenzen erreichen. Weber durfte mit den Mitgliedern der österreichisch-ungarischen Kommission am 31. Oktober die italienischen Linien überschreiten. Zwei deutsche Offiziere, Oberst Schäffer von Bernstein und Hauptmann Heinz Guderian, wurden von den Italienern aber zurückgeschickt, obwohl sie bei Val Lagarina Beglaubigungsschreiben vorwiesen, in denen sie von Generalfeldmarschall Hindenburg ermächtigt wurden, an den Waffenstillstandsverhandlungen mitzuwirken.[1751] Weber und die Seinen wurden in die Villa das Senators Giusti in der Nähe von Padua gebracht. Es war dies das Gästehaus der italienischen Heeresleitung, die in Abano Terme untergebracht war.[1752] Die alliierte Delegation sollte aber erst am 1. November eintreffen. Sie stand unter der Leitung des stellvertretenden italienischen Generalstabschefs, Generalleutnant Pietro Badoglio. Badoglio hatte aber noch keine Bedingungen mit. Die wurden erst vom Alliierten Obersten Kriegsrat in Versailles ausgearbeitet und würden, so Badoglio, am 2. November in Padua eintreffen. Es ging aber doch ein wenig schneller. Tatsächlich trafen sie dann doch schon in der Nacht zum 2. ein. Kurzgefaßt lauteten die „Allerheiligenbedingungen“ so: 1. Unverzügliche Einstellung der Feindseligkeiten. 2. Komplette Demobilisierung, Rückzug aller

Truppen von der Front und Abrüstung der österreichisch-ungarischen Armee nach dem Krieg auf 20 Divisionen. Rückzug aller österreichisch-ungarischen Truppen von den seit 1914 besetzten Territorien und Rückzug aus dem Gebiet südlich des Brenners innerhalb eines noch später festzulegenden Zeitraums. Besatzungsrechte für die Alliierten und Bewegungsfreiheit innerhalb Österreich-Ungarns. Die Alliierten machten auch klar, daß sich der abzuschließende Vertrag auf alle k. u. k. Fronten erstrecken sollte. Ein separates Verhandeln mit General Laxa über die Waffenstreckung auf dem Balkan war daher unnötig. Ruggera brachte die Bedingungen über die österreichischen Linien zurück. Sie wurden nach Baden durchgegeben.

Im Armeeoberkommando war man erschüttert. Es sollte ja nur ein Waffenstillstand abgeschlossen werden und jetzt wurde eine Kapitulation gefordert. Ein besonders kritischer Punkt war jener, in dem die Alliierten volle Bewegungsfreiheit innerhalb des österreichisch-ungarischen Territoriums verlangten. Das bedeutete, daß sie über österreichisches Gebiet auch das Deutsche Reich angreifen konnten, das ja noch keine Waffenstillstandsverhandlungen eingeleitet hatte. Karl versicherte Kaiser Wilhelm in einem Telegramm, er würde sich an die Spitze der noch loyalen österreichisch-ungarischen Truppen stellen und notfalls persönlich den Alliierten den Durchzug verwehren. Wilhelm depeschierte zurück, er sei überzeugt, daß sich die deutsch-österreichischen Soldaten mit dem Kaiser an der Spitze „wie ein Mann" erheben würden.[1753] Der Doppelsinn der Formulierung war wohl nur so hineingerutscht.

In Budapest gab es Straßenschlachten. Schon am 25. Oktober waren 300 bis 400 Offiziere an der Spitze einer Studentendemonstration zur Burg marschiert. Mit gezückten Säbeln und „Vivat"-Rufen hatten sie die Polizeiabsperrungen durchbrochen und die Nationalflagge gehißt. Von Tag zu Tag steigerte sich die Erregung. Anders als Feldmarschalleutnant Zanantoni in Prag ließ der Budapester Stadtkommandant General Lukachich in die Menge feuern.[1754] Sturmkompanien sollten das Hauptquartier des Revolutionsrats stürmen, doch sie taten nichts dergleichen. Am 31. Oktober schien die „bürgerliche" Revolution gesiegt zu haben: Erzherzog Joseph, der als „homo regius" fungierte, ernannte Mihály Károly zum Ministerpräsidenten. Am selben Tag erschossen ein paar Soldaten den Grafen Tisza in dessen Haus in Pest.[1755] Dabei gab es eine Parallele zum Mord am Grafen Stürgkh: Die Soldaten machten den ungarischen Ministerpräsidenten persönlich für den Krieg verantwortlich und nahmen Rache. Doch sie mußten niemanden mehr aufrütteln. Man zweifelte, daß Karl die Stephanskrone behalten würde.

In Prag war am 28. Oktober die Republik ausgerufen worden, womit Spekulationen, die den Herzog von Hohenberg, den älteren Sohn Erzherzog Franz Ferdinands, als möglichen König von Böhmen genannt hatten, hinfällig geworden waren. In Deutsch-Österreich aber demonstrierte man für den Anschluß an das Deutsche Reich, obwohl der deutsche Botschafter, Graf Wedel, dringend von derartigen Kundgebungen abriet. Sie würden die Sache nur noch komplizierter machen. Deutsch-Österreich solle besser als unabhängiger Staat zu existieren beginnen und erst nach einigen Friedensjahren deutscher Bundesstaat werden.[1756] Alle schienen es eilig zu haben, neue Staaten zu gründen, und nur wenige kümmerten sich noch um das, was Reichsangelegenheiten waren. Auch der Abschluß des Waffenstillstands schien eine lästige Formalität zu sein, bei der die Verantwortung hin und her geschoben wurde und sich dann jeder ausreden konnte. Der letzte k. u. k. Minister des Äußern, Graf Andrássy, tat noch ein übriges, um die Gemeinsamkeiten zu beenden, und demissionierte am 2. November. Nicht aber, weil er vielleicht gemeint hätte, dem Ministerium käme unter diesen Umständen keine Bedeutung mehr zu, oder weil er sich nicht imstande sah, den Bruch mit dem Deutschen Reich zu vollziehen, nein! Graf Andrássy glaubte nicht im Amt bleiben zu können, weil sein Schwiegersohn Graf Károly für die Ermordung Tiszas mitverantwortlich gemacht wurde. Also trat Andrássy zurück.

General Weber war in der Villa Giusti geblieben und wartete die Rückkehr seiner Kuriere und die Antwort aus Baden ab. Bis Mittag des 2. November erwarteten die Alliierten eine Antwort. Der Zeitpunkt verstrich. Der Kaiser berief die Parteiführer des deutsch-österreichischen Staatsrats zu sich. Das Parlament sollte über die Annahme der Bedingungen entscheiden. Doch der Versuch, die Verantwortung abzuwälzen, mißlang. Viktor Adler sagte unverblümt: Der Krieg sei vom Kaiser begonnen worden, nun sollte er auch von „jenen Faktoren", die für seine Entfesselung verantwortlich waren, beendet werden. Darauf konnte Kaiser Karl sehr einfach sagen, daß auch er nicht zu den „Faktoren" gehörte, die den Krieg begonnen hatten.

Ungarn verhandelte überhaupt nicht mehr mit. Dort waren die Radikalen und Pazifisten an der Macht. Der königlich-ungarische Kriegsminister der Regierung Károly, Belá Linder, hatte am 1. November alle Ungarn an der Front zur Waffenstreckung aufgefordert.[1757] War zu fragen, ob dies überhaupt in seine Kompetenz fiel. Die militärischen Angelegenheiten waren ja gemeinsame Reichsangelegenheit. Wenn das Gesamtreich Waffenstillstand schließen sollte und sich alle darauf ausredeten, daß dies die Nachfolger des Reichs nichts anginge, dann durfte man doch vorderhand auch nicht den k. u. k. Kriegsminister und das Armeeoberkommando einfach beiseite schieben. Generaloberst Arz hielt den Befehl Linders bis zum 2. November zurück; dann gab er ihn an die Heeresgruppenkommanden weiter und fügte für die Befehlshaber hinzu, daß die ungarische Regierung und die Ungarn für diese Maßnahme die volle Verantwortung trügen. Boroević war da ganz anderer Ansicht und telegrafierte umgehend an Waldstätten, seiner Ansicht nach würde die volle Verantwortung weiterhin auf den Schultern der Armeeführer liegen.[1758] Daraufhin relativierte Arz seine frühere Depesche: Er habe mit der Verweisung auf den Befehl des Belá Linder nur die Situation illustrieren wollen.

Während man sich in Wien und Baden noch um eine Entscheidung herumdrückte, Verantwortung delegieren wollte und niemand zu finden war, der noch Verantwortung zu übernehmen bereit war, während auch Andrássy zurücktrat, traf ein Telegramm des italienischen Generalstabschefs ein, in dem es hieß, die Alliierten würden die Annahme der Bedingungen bis 3. November Mitternacht verlangen. Sei dies nicht der Fall, so wäre das Angebot hinfällig und die Offensive würde mit voller Macht fortgeführt werden.[1759] Eine halbe Stunde vor Mitternacht des 2. November ermächtigte der Kaiser den Chef der Operationsabteilung, Waldstätten, an General von Weber zu telegrafieren, die Bedingungen sollten angenommen werden; Punkt 4 über die freien Durchmarschmöglichkeiten allerdings unter Protest.

Der letzte Armeeoberkommandant

Nun aber ging nicht nur alles seinen vorbestimmten Weg, sondern wurde zur Groteske. Die Italiener hatten unter Punkt 1 des Waffenstillstandsvertrags die sofortige Einstellung der Feindseligkeiten gefordert. Das konnte natürlich nur ab dem Augenblick gelten, da der Vertrag gültig wurde. Noch aber waren ja die Unterhändler unterwegs und der Vertrag nicht unterschrieben. Arz aber telegrafierte am 3. November 1918 um 1.20 Uhr morgens an alle Armeekommanden: „Waffenstillstandsbedingungen der Entente wurden angenommen. Alle Feindseligkeiten zu Lande und in der Luft sind unverzüglich einzustellen. Details der Feuereinstellungsbedingungen werden bekannt gegeben.“[1760]

Der Kaiser unternahm einen letzten Versuch, die Verantwortung für den Waffenstillstand mit irgend jemandem zu teilen und daraus nicht nur eine Aktion der Krone werden zu lassen. Noch einmal wurde mit dem deutsch-österreichischen Staatsrat verhandelt, doch dieser weigerte sich abermals. Daraufhin befahl der Kaiser dem Generalstabschef die Rücknahme des Befehls zur Feuereinstellung. Doch der Befehl war bereits durchgegeben worden. Stunden später hatten ihn bereits die Soldaten in den vordersten Linien mitgeteilt bekommen. Arz tat jedoch, was der Kaiser von ihm verlangte.

Die Heeresgruppe Tirol protestierte unverzüglich: Das Telegramm über den sofortigen Waffenstillstand sei schon an die unterstehenden Kommanden weitergegeben worden. Der Befehl könne ganz einfach nicht rückgängig gemacht werden. Chaos wäre die Folge.[1761] Daraufhin sollte die Verfügung über den Waffenstillstand nur nicht mehr weiter verbreitet werden. Bei der Heeresgruppe Boroević war das ohnedies noch nicht der Fall gewesen.

Der Kaiser glaubte allerdings doch einen Weg gefunden zu haben, wie er selbst der Verantwortung für den Abschluß des Waffenstillstands entkommen konnte. Er wollte den Oberbefehl niederlegen. Er beschwor den Generalstabschef, den Oberbefehl zu übernehmen, und händigte ihm am 3. November um 3 Uhr morgens ein liniertes Blatt mit den handgeschriebenen Worten aus: „Lieber Generaloberst Baron Arz. Ich ernenne Sie zu meinem Armeeoberkommandanten. Karl.“[1762] Arz weigerte sich. Er begründete es damit, daß er als „Chef eines preußischen Regiments und getreu seiner bisher bekundeten Gesinnung“ nicht die Verantwortung für einen Waffenstillstand übernehmen könne, der den Bündnispartner so eminent bedrohe. Daraufhin wurde die Szene vollends peinlich: Der Kaiser bestimmte einen General zum Oberbefehlshaber, der davon gar nichts wußte, nämlich den Kommandanten der Heeresgruppe in Tirol, Feldmarschall Baron Kövess. Der freilich war noch gar nicht in Tirol, sondern auf dem Balkan, wo er das Kommando seiner Heeresgruppe an Erzherzog Joseph übergeben sollte. Arz hatte mitzuteilen: „S[eine] M[ajestät] hat gestern am 2. November den F. M. Baron Kövess zum Armeeoberkommandanten ernannt. Bis zum Eintreffen desselben hat GO Arz ihn zu vertreten.“[1763] Tatsächlich war die Ernennung Kövess’ erst am 3. November, und zwar nach 3 Uhr morgens, möglich gewesen. Die Datumskorrektur erfolgte nachträglich; es war aber nur eines von mehreren korrigierten Daten während dieser Tage. Mit der Nennung des 2. November sollte die Fiktion geschaffen werden, nicht der Kaiser, sondern der neue Armeeoberkommandant, Hermann Kövess von Kövessháza, hätte den

Waffenstillstand abgeschlossen. Damit schloß sich ein merkwürdiger Bogen: Am Anfang des Kriegs war das „Gefecht“ bei Temes Kubin gestanden, das nie stattgefunden hatte. Am Ende stand ein Waffenstillstand, den jemand verantworten sollte, der gar nicht wußte, daß er österreichisch-ungarischer Armeeoberkommandant war.

Währenddessen hatte auch General von Weber wieder aktiv werden können. Man hatte ihm seitens der Alliierten das offizielle Waffenstillstandsdokument übergeben. Er war über die Zustimmung zur Annahme informiert worden und meldete als offizielle Zeit der Unterzeichnung den 3. November 1918, 15 Uhr. Weber hielt seine vorbereitete förmliche Ansprache: „Das k. u. k. Armeeoberkommando hat mich in den frühen Morgenstunden ermächtigt ... Zur selben Zeit hat das kaiserliche und königliche Armeeoberkommando das österreichisch-ungarische Heer angewiesen, die Feindseligkeiten einzustellen.“[1764] Badoglio antwortete lakonisch, es sei dem italienischen Oberkommando nicht möglich, die italienischen Truppen sofort über den Waffenstillstand zu informieren. Man benötige dazu 24 Stunden; eine diesbezügliche Klausel sei dem Vertrag angefügt worden. Weber hatte von dieser Klausel seit dem 2. November durchaus gewußt und die Bestimmung auch nach Baden melden lassen, hatte darauf jedoch noch keine Antwort bekommen. Der General konnte das Armeeoberkommando nicht mehr erreichen. Badoglio aber sagte, die österreichisch-ungarische Delegation habe die Bedingungen sofort anzunehmen, sonst würden die Verhandlungen als abgebrochen gelten. General von Weber unterschrieb.[1765]

Die Italiener hatten 24 Stunden verlangt, um alle Truppen über den Waffenstillstand zu verständigen. Das war sicherlich großzügig bemessen. Auf dem Balkan, für den der Waffenstillstand auch galt, brauchte es beispielsweise nur sechs Stunden, um die Truppen von der Feuereinstellung zu verständigen, und das unter mindestens so widrigen Umständen wie in Italien. Die Argumentation mit der notwendigen Frist stand also auf denkbar schwachen Beinen. Doch die Bedingung war bekannt gewesen, und ein Armeeoberkommando, das noch kompetent geführt worden wäre, hätte den Pferdefuß wohl auch erkannt und seinen Truppen nicht befohlen, das Feuer einzustellen, bevor die Fristen nicht ausgehandelt und die Abläufe festgelegt waren. Letztlich ist es nicht sehr sinnvoll, die italienische Vorgangsweise und den dann groß herausgestrichenen Sieg von Vittorio Veneto zu kritisieren und zu belächeln. Italien hatte nur ganz kalt seine Chancen gewahrt und verbessert – und das k. u. k. Armeeoberkommando hatte ihm dazu jegliche Handhabe geliefert. Die Ursachen für die Gefangennahme von 400.000 Soldaten (tatsächlich waren es 360.000)[1766], die ihre Waffen am 3. November niederlegten, umstellt und in Gefangenschaft abgeführt wurden, lag nicht darin, daß Italien vertragsbrüchig oder – um ein Wort des Jahrs 1915 zu gebrauchen – perfid gewesen wäre. Ein k. u. k. Armeeoberkommando, das nicht in der Lage war, eine einmonatige Vorbereitungszeit zu nutzen und die Vorbedingungen und Bedingungen eines Waffenstillstands in allen Details zu überlegen, das nicht in der Lage gewesen war, die notwendigen technischen Einrichtungen zu schaffen, um mit der Delegation Kontakt zu halten, und das schließlich voreilig und unbedacht seine Weisungen gab – dieses Armeeoberkommando muß letztlich als der Hauptschuldige an dem Desaster von Vittorio Veneto bezeichnet werden.

Es ist auch sicherlich nicht zutreffend, wenn dann behauptet wurde, das wäre pure Absicht gewesen, um den Italienern die Sorge für 400.000 Mann aufzuhalsen, vor allem die Sorge, diese Menschen zu ernähren.[1767] Es handelte sich wohl ausschließlich um ein Versagen des AOK. Die Folgen waren bemerkenswert: Da es im Waffenstillstandsvertrag hieß, die Frontlinie wäre jene, die sich aus der Verbindungslinie zwischen den vordersten britischen und italienischen Truppen ergebe, ließen die Alliierten bewaffnete Patrouillen möglichst weit vorstoßen. Das k. u. k. Armeeoberkommando hatte zwar noch versucht, die Truppen darüber zu informieren, daß der Waffenstillstand erst am 4. November um 15 Uhr in Kraft treten würde. Doch meistens ließen die k. u. k. Truppen die Alliierten ungehindert passieren. Wohl aber versuchten sie ihnen begreiflich zu machen, daß schon Waffenstillstand sei. Italiener und Briten schienen begriffsstützig zu sein und fuhren weiter.[1768] Sie fuhren nach Triest, in das Kanaltal und Richtung Brenner. Proteste wegen der Gefangennahme aller von den Italienern überrundeten k. u. k. Truppen wurden einfach mit dem Hinweis beantwortet, daß der Vertrag ja von bevollmächtigten Vertretern des Armeeoberkommandos unterzeichnet worden sei. Dem war schwer zu widersprechen.

108.000 Soldaten aus den deutschen Ländern der Monarchie, davon rund 30.000 aus jenem Gebiet, das dann Deutsch-Österreich werden sollte, wurden gefangengenommen. Ferner 83.000 Tschechen und Slowaken, 61.000 Südslawen, 40.000 Polen, 32.000 Ruthenen, 25.000 Rumänen und 7000 Italiener. Die Ungarn waren zum Großteil bereits abgezogen gewesen. Italiener, Briten und Franzosen hatten also, was nicht ohne Pikanterie war, mit Masse Soldaten ihrer neuen Verbündeten und auch einige neue Landsleute gefangengenommen.

Am 4. November verließ Oberst Karl Schneller Abano Terme, um das unterschriebene Exemplar des Waffenstillstandsvertrags nach Wien zu bringen. Er glaubte, die Reise am ehesten über Vorarlberg bewerkstelligen zu können. Daß er nichtsdestoweniger erst am 8. November in Wien eintraf[1769], kennzeichnet das Chaos in anschaulicher Weise.

Te Deum laudamus

Der Waffenstillstand erstreckte sich, wie erwähnt, auch auf die anderen Fronten, an denen österreichisch-ungarische Truppen standen, auf den Balkan und die deutsche Westfront. Dort herrschte begreifliche Verwirrung. Denn das Deutsche Reich hatte noch keinen Waffenstillstand abgeschlossen, ja noch nicht einmal mit den Verhandlungen darüber begonnen. Die Truppen des ehemaligen Verbündeten Österreich-Ungarn wurden nach hinten abgeschoben.

Auf dem Balkan, wo man vom Inhalt der Verhandlungen in der Villa Giusti so gut wie nichts erfuhr, war der Rückzug weitergegangen. Am 1. November sprengten k. u. k. Truppen die Eisenbahnbrücke bei Belgrad, die somit in diesem Krieg zum dritten Mal zerstört wurde. Tags darauf stand von der Heeresgruppe Feldmarschall Kövess, die schon längst eine Heeresgruppe Erzherzog Joseph hätte sein sollen, kein Soldat mehr auf serbischem Boden.[1770] Kövess erfuhr am 4. oder gar erst am 5. November, daß er zum Armeeoberkommandanten ernannt worden war. Er fuhr auf der Donau nach Wien. Währenddessen forderte und bekam Ungarn neue, eigene Waffenstillstandsverhandlungen, weil es sich vom Vertrag in der Villa Giusti nicht betroffen fühlte. Der Waffenstillstand erstreckte sich selbstverständlich auch auf die Kriegsmarine. Der Kaiser hatte die Hochseeflotte jedoch bereits vor Abschluß des Waffenstillstands, am 31. Oktober, an den neuen südslawischen Staat übertragen, und der dachte nicht daran, Italien die Flotte auszuliefern. Der letzte k. u. k. Flottenkommandant, Konteradmiral Miklos von Horthy, verabschiedete sich mit einem Flottenbefehl, in dem er der Hoffnung Ausdruck verlieh, daß die Südslawen, die auf den Schiffen verblieben, einen „starken Schutz der gemeinsamen Küste" ausüben würden. Horthy wollte offenbar noch nicht wahrhaben, daß Ungarn und Kroatien keine gemeinsame Küste mehr haben würden. Die südslawische Flottenführung hatte aber andere Sorgen, als daß sie sich zu diesem Problem geäußert hätte.

Italien fühlte sich durch die Übergabe der k. u. k. Flotte düpiert.[1771] Es konnte dagegen zwar nicht sehr viel unternehmen, doch zumindest die Freude des neuen Staats der Serben, Kroaten und Slowenen sollte getrübt und die Gefahr einer mächtigen jugoslawischen Flotte gebannt werden. Ein italienisches Kommando, das noch gegen die k. u. k. Marinebasis in Marsch gesetzt worden war, wurde im Hafen von Pola abgesetzt, nützte die geschwundene Wachsamkeit und brachte am 1. November unter dem Flottenflaggschiff „Viribus Unitis" zwei Minen an, mit denen der Dreadnought versenkt wurde. Obwohl die Besatzung noch gewarnt worden war, ging mit dem Schlachtschiff nicht nur ein Großteil der Besatzung, sondern auch der erste jugoslawische Flottenkommandant, Kapitän Janko von Vuković, unter.[1772] Damit war weithin sichtbar geworden, daß zwischen Italien und Jugoslawien ein Konflikt um die Vorherrschaft in der Adria und den Besitz der adriatischen Küstenregion ausgebrochen war, der sämtliche pessimistischen Prognosen über die Zukunft der Länder der Habsburgermonarchie zu bestätigen schien.

Ein Mitglied des Büros des britischen Kriegskabinetts, Hauptmann L. S. Amory, der seit 1915 reichliche Erfahrungen mit Balkanfragen gesammelt hatte[1773], beschrieb das Szenario in einem eindringlichen Memorandum für Außenminister Balfour so: Käme es zur Bildung souveräner Nationalstaaten in Mitteleuropa, dann „verwandeln wir Mitteleuropa im Handumdrehen in einen neuen Balkan". Sein Lösungsvorschlag zielte auf eine Donaukonföderation, die auch durchaus in der Lage sein würde, sich gegen deutsche Dominanzbestrebungen zur Wehr zu setzen. Dem Hauptmann wurde zwar vehement widersprochen[1774], doch plötzlich war auch Italien ganz auf den Erhalt einer Restmonarchie bedacht. Es sollte kein selbständiges Deutsch-Österreich geben, sondern einen Staat, der auch Kroatien, Slowenien und Dalmatien einschließe. Die Slawen müßten in der Überzahl sein, um einen Zusammenschluß Deutsch-Österreichs mit dem Deutschen Reich zu verhindern.[1775] Und während schon wieder geschossen wurde und der Krieg in die Nachkriegszeit überging, kursierten noch jene Waffenstillstandsbedingungen, die tschecho-slowakische und jugoslawische Vertreter auf einer Konferenz in Bern Ende Oktober ausgearbeitet hatten. Darin hieß es, daß es nicht nur darum gehen könne, militärische Bestimmungen für einen Waffenstillstand zu vereinbaren. Die österreichisch-ungarische Waffenstillstandskommission hätte die Unabhängigkeit der Tschecho-Slowakei und Jugoslawiens anzuerkennen. An den nordslawischen Staat sollten Böhmen, Mähren, Schlesien und die „tschechoslowakischen Länder" Ungarns fallen. An den jugoslawischen Staat wären u. a. abzutreten: Kärnten mit den Bezirken

Hermagor, Villach, Klagenfurt (ausgenommen der Raum Feldkirchen), Völkermarkt und Wolfsberg, die südliche Steiermark von der Koralpe bis zum Nordrand von Radkersburg, dann das Gebiet von Zala und Vas bis St. Gotthard, das serbokroatische Gebiet nördlich der Drau, die Batschka, das Banat, sofern es zur serbische Vojvodina gehörte, Kroatien, Slawonien mit Fiume sowie Bosnien-Herzegowina und Dalmatien. Das Gebiet zwischen Leitha und Donau sowie der Verlauf der Raab sollten durch internationale Truppenkontingente besetzt werden, um die Verbindung zwischen der Tschecho-Slowakei und Jugoslawien herzustellen und der Tschecho-Slowakei den Zugang zum Meer zu ermöglichen.[1776] Das Papier war in der Villa Giusti nicht verwendet worden, doch es meldete überdeutlich die Wünsche für die Zeit „danach“ an.

Den Ländern, die zur Habsburgermonarchie gehört hatten, war nur eines gemeinsam: Sie mußten ihr Verhältnis zueinander klären. Doch sie schieden sich bereits in der Stunde der Auflösung des Reichs in Sieger und Besiegte. Nord- und Südslawen waren Sieger, obwohl sie diesen Krieg als Teil der österreichisch-ungarischen Monarchie durchkämpft, durchlitten und erlebt hatten. Österreich und Ungarn waren Besiegte.

In einer Nische der Geschichte waren aber auch noch der Monarch, das kaiserliche und königliche Haus, die letzte kaiserlich-königliche Regierung, das k. u. k. Armeeoberkommando und liquidierende Reichsbehörden zurückgeblieben. Viele von ihnen kamen am 4. November im Wiener Stephansdom zusammen. Es war der Namenstag des Kaisers, der gefeiert werden sollte. Kardinal Piffl zelebrierte ein Hochamt. Die Mitglieder der kaiserlich-österreichischen Regierung waren fast vollzählig versammelt. Es war kein Requiem für das Reich, sondern ein „Tedeum“. Am Schluß wurde die Volkshymne, das „Gott erhalte“, gesungen. Redlich fand, es wäre ein schreiender Gegensatz zwischen den Worten „führ' er uns mit weiser Hand“ und der Revolution draußen gewesen.[1777] „Gut und Blut für unsern Kaiser, Gut und Blut fürs Vaterland“, das mochte noch hingehen als eine Art „Bilanz des Weltkriegs“. Doch die ganze Szene war unwirklich.

Epilog

Als sich nach und nach in allen Ländern der Habsburgermonarchie der Umsturz vollzog, wollten ihn zwar immer noch viele nicht wahrhaben, doch ein Blick auf die Straßen sagte eigentlich alles. Unabsehbare Mengen zogen durch die Straßen Wiens, Prags, Budapests und der anderen Hauptstädte. Dabei ging man aber nicht „Revolution schauen", sondern wollte dabei sein, wenn sich in der Mitte Europas Nationalstaaten bildeten und von jedem einzelnen auch gleich ein Bekenntnis zu einem Staat gefordert wurde. Wer noch deutlich zu machen suchte, daß er sich noch immer der kaiserlichen und königlichen Regierung verpflichtet sah, lief Gefahr, handgreiflich an neue Realitäten gemahnt zu werden. Die Szenen unterschieden sich nur wenig: In der einen Stadt waren es die nationalen Radikalen und in der anderen die politisch und ideologisch Fanatisierten. Eine nicht zu unterschätzende Gruppe waren alle jene, die zwar nicht durch Ideologien und Nationalstaatsdenken zu radikalisieren gewesen waren, sondern einfach nicht mehr Krieg haben wollten. Mitten hinein kamen die von den Fronten zurückkehrenden Soldaten, die das revolutionäre Potential vermehrten. Greifen wir uns nochmals die Prager Szene in den letzten Oktober- und ersten Novembertragen des Jahres 1918 heraus, über die der nun schon ehemalige Stadtkommandant schrieb: „Von Zucht und Disciplin war keine Rede mehr ... Niemand leistete mehr den militärischen Gruß; Anrempelungen aller Offiziere, ob weißrot oder schwarzgelb waren auf der Tagesordnung. Über Nacht entstand eine wilde Soldateska. Alle Fabriken lagen still. Alles war beflaggt; in all-Slavischen und roten Farben. Rote Fähnchen trugen Arbeiter und Soldat. Jung und alt, Mann und Frau, freuten sich des Tages der ersehnten Freiheit, des Tages an dem das verhaßte Joch der Habsburger abgeschüttelt wurde. Hätte man irgendeinen roten Fahnen-Träger befragt, in was dieses Joch eigentlich bestanden hat, ich bin überzeugt, keiner hätte zutreffende Antwort geben können."[1778]

Mittlerweile sind tausendfach Antworten gegeben worden, wurde ihnen ebenso tausendfach widersprochen, und je nachdem, welche politische Entwicklung eines jener Länder, die einmal zur Habsburgermonarchie gehört haben, genommen hat, und welche politische Richtung gerade an der Macht war, wurden und werden die Ergebnisse historischer Forschung mehr oder weniger beachtet. Daß man immer wieder verleitet war, den Verlust an europäischer Mitte zu bedauern, war keinesfalls späte Einsicht, sondern primär tagespolitischer Stoßseufzer, denn ebenso sicher gab es zu keiner Zeit die

Bereitschaft, etwas rückgängig zu machen. Die Staatenrevolution im Donauraum, die mit dem Zerfall der Habsburgermonarchie Hand in Hand ging, war ein irreversibler Akt.

Das Armeeoberkommando hatte eine bedingungslose Kapitulation abgeschlossen, doch dahinter stand kein staatliches Gebilde mehr, und es war dann lediglich ein Konstrukt, ein neues Österreich und ein neues Ungarn herauszupicken und ihnen die Kriegsschuld zuzuweisen. Die Kapitulation von 1918 wurde von den 52 Millionen Menschen der sich auflösenden Habsburgermonarchie durchaus unterschiedlich, keinesfalls aber als etwas erlebt, das ein ähnliches kollektives Empfinden ausgelöst hätte wie die Entfesselung des Kriegs. Doch egal, wie man dazu stand, jeder Nachfolgestaat und im Grunde genommen jeder einzelne mußte mit dem Vergangenen fertig werden. Da und dort wurde Kriegsgerät transformiert: Aus Gasmasken fertigte man Siebe, aus Stahlhelmen Kochtöpfe, Uniformen wurden mit wenigen Handgriffen zu Zivilkleidern. Doch die Unsicherheit war so groß und das Problem der neuen Grenzziehung so drängend, daß sich in allen Ländern auch gleich wieder neue Heere bildeten. Es dauerte noch lange, ehe sich der Krieg nur mehr in den Archiven und vor allem in den Museen nachvollziehen ließ. Dort wurde, wenngleich mit unterschiedlicher Betonung und jeweiliger nationaler Hervorhebung, zumindest einiges von der einstmaligen politischen und geistigen Ordnung rekonstruiert. Dabei kam primär wohl nicht der Aspekt des Habsburgerreiches als gemeinsame Heimstatt vieler Völker zum Tragen, sondern der einer Notgemeinschaft, die viereinhalb Jahre Krieg durchlebt hatte.

In den Museen wurde der Krieg zu rekonstruieren gesucht, im Gegenständlichen ebenso wie im Bildlichen. Und dabei kam noch einmal alles vor: der Ausmarsch und die ungeheure Kriegsbegeisterung, die ersten Gefechte und die großen Operationen, die Menschenmühle der Abnützungsschlachten, die vielen Kriegsschauplätze, der Wandel in der Uniformierung, der Ausrüstung und Bewaffnung. Unzählige Gemälde versuchten die Realität zu transformieren, und Hunderttausende von Fotos gaben diese Realität in ebenso vielen Details wieder. Doch es war nicht die Wirklichkeit des Lebens, die dabei zum Vorschein kam! Denn diese entzog sich mehr und mehr. Der Tod des Doppeladlers gehörte schon bald einer anderen Wirklichkeit an.

Anmerkungen

[1] Der Staatsvertrag mit Österreich findet sich im Staatsgesetzblatt, Jg. 1920, Ausg. 21. 7. 1920, 80. Stück, 303. Die letztgenannten und nicht immer leicht auffindbaren Verträge als Publikation des US-Senats: Peace Treaties, Senate Doc. No 7 (Washington 1921).

[2] Dwight E. Lee, The Outbreak of the World War. Who Was Responsible? (Boston 1963), 64–67.

[3] Der aktuelle Forschungsstand sowie sehr wesentliche Literaturhinweise finden sich bei Wolfdieter Bihl (Hg.), Deutsche Quellen zur Geschichte des Ersten Weltkrieges (Ausgewählte Quellen zur deutschen Geschichte der Neuzeit – Freiherr-vom-Stein-Gedächtnisausgabe XXIX, Darmstadt 1991). Eine Zusammenfassung der wichtigsten Standpunkte nach der von Fritz Fischer ausgelösten Kontroverse um die Ursachen des Kriegsbeginns 1914 findet sich in dem Sammelband: Erster Weltkrieg. Ursachen, Entstehung und Kriegsziele, hg. Wolfgang Schieder (= Neue Wissenschaftliche Bibliothek 32, Köln–Berlin 1969). Der dabei weniger berücksichtigte österreichisch-ungarische Aspekt findet sich zunächst in älteren Werken, vor allem: Mathilde Uhlirz, Handbuch der Geschichte Österreichs und seiner Nachbarländer Böhmen und Ungarn, Bd. 3 (Weltkrieg 1914–1918, Graz–Leipzig–Wien 1940). Ferner: Hans Uebersberger, Österreich zwischen Rußland und Serbien. Zur südslawischen Frage und der Entstehung des Ersten Weltkrieges (Köln–Graz 1958); Roderich Gooß, Das Wiener Kabinett und die Entstehung des Weltkrieges. Mit Ermächtigung des Leiters des Deutschösterreichischen Staatsamtes für Äußeres auf Grund aktenmäßiger Forschung dargestellt (Wien 1919).

[4] Der vor allem von Kurt Riezler, dem Vertrauten des deutschen Reichskanzlers Bethmann Hollweg, gebrauchte Terminus findet sich u. a. in dem Aufsatz von Gerhard Ritter, Riezlers Theorie des kalkulierten Risikos und Bethmann Hollwegs politische Konzeption in der Julikrise 1914, in: Erster Weltkrieg, hier 244.

[5] Das dem Generaladjutanten Kaiser Franz Josephs, Graf Paar, zugeschriebene Bonmot bei Johann Christoph Allmayer-Beck, Marksteine der Moderne. Österreichs Beitrag zur Kultur- und Geistesgeschichte des 20. Jahrhunderts (Wien–München–Zürich–New York 1980), 23.

[6] Die quellenmäßige Basis für Untersuchungen zur Außenpolitik der Monarchie vor dem Krieg bilden die neun Bände der von Ludwig Bittner herausgegebenen Serie: Österreich-Ungarns Außenpolitik von der bosnischen Krise 1908 bis zum Kriegsausbruch 1914 (= Veröffentlichungen der Kommission für Neuere Geschichte Österreichs 26, Wien–Leipzig 1930).

[7] Eine eingehende Untersuchung und auf hervorragender Quellenkenntnis beruhende Arbeit über die österreichisch-ungarische Außenpolitik vor dem Krieg ist: Samuel R. Williamson, Austria-Hungary and the Origins of the First World War (London 1991). Hier auch vor allem die englischsprachige weiterführende Literatur.

[8] Dazu Heinrich Friedjung, Das Zeitalter des Imperialismus 1884–1914, Bd. 2 (Berlin 1922), 215–236.

[9] Hans Uebersberger, Österreich zwischen Rußland und Serbien. Zur südslawischen Frage und der Entstehung des Ersten Weltkrieges (Köln–Graz 1958), 20f. Die entsprechenden Dokumente in: Österreich-Ungarns Außenpolitik I, v. a. Nrn. 40–79.

[10] Zu Suttner die Biographien von Beatrix Kempf, Bertha von Suttner (Wien 1964), und Brigitte Hamann, Bertha von Suttner (München 1986). Umfassend zur Friedensbewegung vor dem Ersten Weltkrieg: Überlegungen zum Frieden, hg. Manfried Rauchensteiner (Wien 1987).

11 Österreich-Ungarns Außenpolitik III, Nr. 2567. Dazu auch Uebersberger, Österreich, 65.

12 John Leslie, Österreich-Ungarn vor dem Kriegsausbruch. Der Ballhausplatz in Wien im Juli 1914 aus der Sicht eines österreichisch-ungarischen Diplomaten, in: Deutschland und Europa in der Neuzeit (= Festschrift für Karl-Otmar Frh. v. Aretin, Stuttgart 1988), 663. Hier auch die wichtigste weiterführende Literatur.

13 Zur Person Franz Ferdinands, vor allem aber zu seinem Einfluß auf die Politik: Georg Franz, Erzherzog Franz Ferdinand und die Pläne zur Reform der Habsburger Monarchie (= Südosteuropäische Arbeiten 35, Brünn–München–Wien 1943). Sehr eingehend und analytisch: Robert A. Kann, Franz Ferdinand Studien (Wien 1976). Zur Person auch Friedrich Weissensteiner, Franz Ferdinand. Der verhinderte Herrscher (Wien 1983).

14 Zu Berchtold die zweibändige Biographie von Hugo Hantsch, Leopold Graf Berchtold, Grandseigneur und Staatsmann, 2 Bde (Graz–Wien–Köln 1963).

15 Uebersberger, Österreich, 76.

16 Ebenda, 79. In diesem Zusammenhang finden sich auch konkrete Hinweise auf die britische Haltung in einem deutsch-französischen Krieg.

17 Über die Rolle der Balkanstaaten, aber auch jener des sogenannten „europäischen Konzerts" informiert der Band: East Central European Society and the Balkan Wars, ed. Béla K. Király, Dmitrije Djordjevic (= War and Society in East Central Europe XVIII, Boulder–New York 1987).

18 Uebersberger, Österreich, 88f. Ferner die kaum beachtete Haltung Rußlands gegenüber Österreich während der Balkankriege bei: Samuel R. Williamson, Military Dimensions of Habsburg-Romanov Relations During the Era of the Balkan Wars, in: East Central European Society and the Balkan Wars, 317–337. Hier auch ausführliche Belegstellen.

19 Leslie, Österreich-Ungarn vor dem Kriegsausbruch, 664f. Der Berliner Kriegsrat bei: Fritz Fischer, Griff nach der Weltmacht. Die Kriegszielpolitik des kaiserlichen Deutschland 1914/18 (Sonderausgabe Düsseldorf 1967), 45. Dazu kritisch: Egmont Zechlin, Probleme des Kriegskalküls und der Kriegsbeendigung im Ersten Weltkrieg, in: Erster Weltkrieg, 150f. Sehr eingehend ferner: John C. G. Röhl, An der Schwelle zum Krieg: Eine Dokumentation über den „Kriegsrat" vom 8. Dezember 1912, in: Militärgeschichtliche Mitteilungen, Heft 1 (1977), 77–134.

20 Williamson, Austria-Hungary, 10.

21 Vgl. auch Militärgeschichtliche Mitteilungen 1/1977.

22 Uebersberger, Österreich, 109.

23 Schicksalsjahre Österreichs 1908–1919. Das politische Tagebuch Joseph Redlichs, bearb. von Fritz Fellner, 2 Bde (Graz–Köln 1953; zit.: Redlich, Tagebuch).

24 Synodalarchiv Budapest, Nachlaß Tisza, Karton 6/20. Zur Frage Siebenbürgen auch das – allerdings einseitig den rumänischen Standpunkt unterstreichende – Buch von Milton G. Lehrer, Transsylvania. History and Reality (Silverspring 1986).

25 Uebersberger, Österreich, 158.

26 Der Wortlaut aus der Erinnerung niedergeschrieben in: Feldmarschall Conrad, Aus meiner Dienstzeit 1906–1918, Bd. 3 (Wien–Leipzig–München 1922), 456–460, das Folgende bis 467.

27 Uebersberger, Österreich, 185.

28 József Galántai, Die österreichisch-ungarische Monarchie und der Weltkrieg (Budapest 1979), 169f.

29 Conrad, Dienstzeit, Bd. III, 456f.

30 Ebenda, 420 und 463.

31 Williamson, Austria-Hungary, 12.

32 Fischer, Griff nach der Weltmacht, 16–23. Derselbe, Weltpolitk, Weltmachtstreben und deutsche Kriegsziele, in: Erster Weltkrieg, 71–87.

33 Williamson, Austria-Hungary, 164f.

34 Ebenda, 171. Zum Vergleich die entsprechenden Abschnitte in Hantsch, Berchtold. Die Einschätzung des österr.-ungar. und rumänischen Verhältnisses schwankt zwischen Ungeschicklichkeit seitens der Donaumonarchie und krassem Opportunismus Rumäniens.

35 Das Zitat von Josef von Baechlé aus dem Jahr 1908 bei Gerald Stourzh, Die Gleichberechtigung der Volksstämme als Verfassungsprinzip 1848–1918, in: Die Habsburgermonarchie 1848–1918, hg. Österr. Akademie der Wissenschaften, Bd. III: Die Völker des Reichs (Wien 1980), 1199, Anm. 146.

36 Ebenda, 1202.

[37] Zbynek A. Zeman, Der Zusammenbruch des Habsburgerreiches 1914–1918 (Wien 1963), 18.
[38] Ebenda, 18.
[39] Ebenda, 22.
[40] Ebenda, 29.
[41] Zusammenfassend und mit Hinweisen v. a. auf tschechische und englischsprachige Literatur: Victor S. Mamatey, The Union of Czech Political Parties in the Reichsrat, 1916–1918, in: The Habsburg Empire in World War I. Essays on the Intellectual Military, Political and Economic Aspects of the Habsburg War Effort, ed. Robert A. Kann, Béla K. Király, Paula S. Fichtner (= East European Monographs 23, Boulder–New York 1977), 3–28.
[42] Zeman, Zusammenbruch, 35. Ein solches Agentennetz bestand wohl auch, mehr aber noch die Sorge vor einem solchen. Das war denn auch mit einer der Gründe für die radikalen und teilweise nur mehr unsinnigen Maßnahmen der österreichisch-ungarischen Militärbehörden vom August bis Dezember 1914.
[43] Zu dessen Rolle im Krieg vor allem: Karel Pichlík, Bez Legend, 2. Aufl. (Prag 1991).
[44] Zeman, Zusammenbruch, 38.
[45] Gábor Vermes, István Tisza, The Liberal Vision and Conservative Statecraft of a Magyar Nationalist (= East European Monographs 174, New York 1985), 186f.
[46] Robert A. Kann, Geschichte des Habsburgerreiches 1526–1918 (Wien–Köln–Graz 1974), 390.
[47] Rudolf Sieghart, Die letzten Jahrzehnte einer Großmacht (Berlin 1932), 128.
[48] Vom nächsten Krieg, in: Archiv für Sozialwissenschaft und Sozialpolitik Bd. LVII (1927), 56f.
[49] Dieter Senghaas, Überlegungen zur gegenwärtigen Militarismus-Problematik, in: Militarismus, hg. Volker Berghahn (Neue Wissenschaftliche Bibliothek 83, Köln 1975), 125.
[50] Rudolf Kiszling, Das Nationalitätenproblem in der Habsburgermonarchie, in: Der Donauraum, Heft 2 (1959), 26.
[51] Joh. Christoph Allmayer-Beck, Die bewaffnete Macht in Staat und Gesellschaft, in: Die bewaffnete Macht (= Die Habsburgermonarchie 1848–1918, hg. Österr. Akademie der Wissenschaften, Bd. V, Wien 1987), 116.
[52] Kiszling, Nationalitätenproblem, 87f.
[53] Peter Broucek, Zu den militärischen Beziehungen im Zweibund. Ein Bericht über den Stand der Forschung, in: 15. Österreichischer Historikertag, Salzburg 1981. Tagungsbericht (Salzburg 1983), 84f.
[54] Zu allem: Sieghart, Die letzten Jahrzehnte, 128–148.
[55] Ebenda, 148–153.
[56] Redlich, Tagebuch I, 222f.
[57] Kann, Habsburgermonarchie, 390.
[58] Margarete Grandner, Kooperative Gewerkschaftspolitik in der Kriegswirtschaft. Die freien Gewerkschaften Österreichs im Ersten Weltkrieg (= Veröffentlichungen der Kommission für neuere Geschichte Österreichs 82, Wien–Köln–Weimar 1992), 57.
[59] Ebenda, 50f.
[60] Ebenda, 46f.
[61] Ebenda.
[62] Gernot D. Hasiba, Das Notverordnungsrecht in Österreich (1848–1917). Notwendigkeit und Mißbrauch eines „Staatserhaltenden Instruments“ (Wien 1985), 150f.
[63] Herbert Matis und Karl Bachinger, Österreichs industrielle Entwicklung, in: Die Habsburgermonarchie 1848–1918, hg. Österr. Akademie der Wissenschaften, Bd. I: Die wirtschaftliche Entwicklung (Wien 1973), 59.
[64] K. B. Winogradow – J. A. Pissarew, Die internationale Lage Österreich-Ungarns 1900 bis 1918, in: Fritz Klein (Hg.), Österreich-Ungarn in der Weltpolitik 1900 bis 1918 (Berlin 1965), 31.
[65] Heinrich Benedikt, Die wirtschaftliche Entwicklung der Franz-Joseph-Zeit (Wien–München 1958), 176.
[66] Winogradow – Pissarew, Die internationale Lage, 32.
[67] Francis R. Bridge, From Sadowa to Sarajevo (Boston 1972), 372.
[68] Gerhard Stadler, Die Rüstungsindustrien der Donaumonarchie und ihre Exporte nach Lateinamerika, geisteswiss. Diss. (Wien 1985), 3–43f.
[69] Ebenda.
[70] Sehr eingehend František Janáček, Největší zbrojovka monarchie. Škodovka v dějinách ve Škodovce 1859–1918 (Praha 1990).

71 James Joll, The Origins of the First World War (London–New York 1984), 15.

72 Ergänzungsheft 4 zum Werk „Österreich-Ungarns letzter Krieg“ (Wien 1932), 1–58.

73 Norman Stone, The Eastern Front 1914–1917 (London–Sidney etc. 1975), 71.

74 Fritz Franek, Probleme der Organisation im ersten Kriegsjahre, in: Ergänzungsheft 1 zum Werk „Österreich-Ungarns letzter Krieg“ (Wien 1930), 18, Anm. 1.

75 Ebenda.

76 Franz Schubert, Haben Rüstungen den Weltkrieg verursacht?, in: Ergänzungsheft 4 zum Werk „Österreich-Ungarns letzter Krieg“ (Wien 1932), 59.

77 Die vollständigste Übersicht mit Stichtag 28. 6. 1914 findet sich bei Maximilian Ehnl, Die österreichisch-ungarische Landmacht nach Aufbau, Gliederung, Friedensorganisation, Einteilung und nationaler Zusammensetzung im Sommer 1914, in: Ergänzungsheft 9 zum Werk „Österreich-Ungarns letzter Krieg“ (Wien 1934), hier 5.

78 Anton Wagner, Der Erste Weltkrieg (= Truppendienst-Taschenbuch 7, 2. Aufl., Wien 1981), 16f und 23.

79 Zur Gliederung und Verteilung der Einheiten sowie zu den technischen Daten der Flugzeuge vor allem der Katalog der Sonderausstellung im Heeresgeschichtlichen Museum, „Fliegen 90/71“, Teil 1, bearb. von Erich Gabriel (Wien 1971), hier bes. 152.

80 Über die Entwicklung der k. u. k. Kriegsmarine, vor allem über das Flottenbauprogramm, Budgetanteile, Rekrutierung und Stärkeverhältnisse informiert Hans Hugo Sokol, Österreich-Ungarns Seekrieg 1914–1918 (Zürich–Leipzig–Wien 1933), hier bes. 19–40. Zur politischen Geschichte: Lothar Höbelt, Die Marine, in: Die Habsburgermonarchie 1848–1918, hg. Österr. Akademie der Wissenschaften, Bd. V: Die bewaffnete Macht (Wien 1987), hier v. a. 720–724.

81 Dazu Olaf Richard Wulff, Die österreichisch-ungarische Donauflottille im Weltkriege 1914–1918 (Wien–Leipzig 1934), 11–13.

82 Norman Stone, Army and Society in the Habsburg Monarchy, 1900–1914, in: Past and Present Nr. 33 (1966), 95.

83 Ebenda.

84 Ebenda, 99. Umfassender István Deák, Der k. (u.) k. Offizier 1848–1918 (Wien–Köln–Weimar 1991), bes. 215–224. Das gedruckte statistische Material findet sich im Militär-Statistischen Jahrbuch für das Jahr 1911 (Wien 1912), bes. 143–152. Die Angaben von Deák weichen bewußt von jenen des Militär-Statistischen Jahrbuchs ab und nennen bei den Berufsoffizieren nur 55,0 Prozent Deutsche, dafür 16,2 Prozent mit gemischter Nationalität. So richtig es wahrscheinlich ist, die statistischen Angaben zu korrigieren, wird das aber mit Hilfe eines einzigen Jahrgangs von Leutnanten nur schwer möglich sein. Der höhere Prozentsatz des Militär-Statistischen Jahrbuchs geht vom Bekenntnis zur Nationalität aus und wird daher in diesem Fall eher heranzuziehen sein.

85 Galántai, Österreichisch-ungarische Monarchie, 149.

86 Dazu umfassend Rudolf Neck, Arbeiterschaft und Staat im Ersten Weltkrieg 1914–1918, 2 Bde (Wien 1964).

87 Die Ausschreibung erfolgte am 2. 1. 1913. Es sollten Beiträge zum Thema „Der Irrtum und die Schädlichkeit der sozialdemokratischen Lehre“ eingesendet werden. Als erster Preis waren 1000 Kronen ausgesetzt. Über den Abschluß wurde nicht mehr berichtet. Das Ausschreiben dürfte ein Mißerfolg gewesen sein.

88 Die Autorenschaft vieler Beiträge ist nicht zu klären, doch kann davon ausgegangen werden, daß eine größere Zahl von Offizieren und Generalstabsoffizieren für die Armeezeitung schrieb.

89 Alf Lüdtke hat in einer interessanten Arbeit für den von Volker Berghahn herausgegebenen Band „Militarismus“ auf die Schwäche des Begriffs hingewiesen und ihn als „typisches Beispiel für das Dilemma historischer Begriffsbildung“ hingestellt.

90 Die Große Politik der Europäischen Kabinette 1871 bis 1914. Sammlung der Diplomatischen Akademie des Auswärtigen Amtes, hg. Johann Lepsius, Albrecht Mendelssohn-Bartholdy und Friedrich Thimmel, Bd. 39 (Berlin 1927), Nr. 15734.

91 Redlich, Tagebuch I, 178.

92 Dazu Fritz Fellner, Der Dreibund. Europäische Diplomatie vor dem Ersten Weltkrieg (= Österreich-Archiv, Wien 1960).

93 Stephan Verosta, Theorie und Realität von Bündnissen. Heinrich Lammasch, Karl Renner und der Zweibund (1897–1914), (Wien 1971).

94 Fritz Fellner, Der Dreibund, in: Österreichische Militärische Zeitschrift, Sonderheft (1964), 5.

95 Ebenda.

96 Williamson, Austria-Hungary, 82–99. Vom selben Autor: Vienna and July 1914: The Origins of the Great War Once More, in: Essays of World War I. Origins and Prisoners of War, ed. S. R. Williamson, Peter Pastor (= East European Monographs 126, New York 1983).

97 Hans Jürgen Pantenius, Der Angriffsgedanke gegen Italien bei Conrad von Hötzendorf. Ein Beitrag zur Koalitionskriegführung im Ersten Weltkrieg (= Dissertationen zur neueren Geschichte 15, I und II, Köln–Wien 1984), 66.

98 Ebenda, I, 68.

99 Ebenda, I, 70.

100 Winogradow – Pissarew, Die internationale Lage, 17.

101 Conrad, Dienstzeit I, 43.

102 Manfried Rauchensteiner, Die Entwicklung der Kriegstheorie von 1814 bis 1914, in: International Commission of Military History, XVII Congreso internacional de ciencias historicas, Madrid 1990, Actas I (Madrid 1992), 83.

103 Ebenda.

104 Diesen Vorwurf erhebt schon Pantenius, Der Angriffsgedanke I, 465f.

105 Lothar Höbelt, Schlieffen, Beck, Potiorek und das Ende der gemeinsamen deutsch-österreichisch-ungarischen Aufmarschpläne im Osten, in: Militärgeschichtliche Mitteilungen, Heft 2 (1984), 21ff.

106 Ebenda, 3–30. Eine mehrmals zur Drucklegung gedachte Arbeit von Oskar Wolf Schneider von Arno, Geschichte des österreichisch-ungarischen Generalstabes (Kriegsarchiv, Wien, Nachlaß B 197:6) blieb unpubliziert, ist aber in diesem Fall heranzuziehen, v. a. Heft 9.

107 Conrad, Dienstzeit, v. a. Bd. IV, ferner Pantenius, Der Angriffsgedanke. Die große operative Sicht bei Manfried Rauchensteiner, Zum operativen Denken in Österreich 1814–1914, Teil 6: Der Vor-Weltkriegszyklus, in: Österreichische Militärische Zeitschrift, Heft 1 (1975), 46–53.

108 Pantenius, Der Angriffsgedanke I, 470.

109 Ebenda.

110 August von Cramon, Unser österreichisch-ungarischer Bundesgenosse im Weltkrieg (Berlin 1920), 43.

111 Michael Salewski, Moltke, Schlieffen und die Eisenbahn, in: XVII Congreso internacional, a. a. O., I, 33–48.

112 Vgl. v. a. Gerhard Ritter, Staatskunst und Kriegshandwerk. Das Problem des „Militarismus" in Deutschland, Bd. 2 (München 1960), bes. 245–266.

113 Rauchensteiner, Zum operativen Denken, a. a. O., 46–59.

114 Conrad selbst am besten verfolgbar in seinem (nicht abgeschlossenen) autobiographischen Werk „Aus meiner Dienstzeit", besonders aber in den privaten Aufzeichnungen, hg. Kurt Peball (Wien–München 1977). Das Conrad-Bild u. a. bei Oskar Regele, Feldmarschall Conrad, das jedoch viel zu sehr von der Absicht, das Prestige zu wahren, beherrscht ist.

115 Hans Meier-Welcker, Strategische Planungen und Vereinbarungen der Mittelmächte für den Mehrfrontenkrieg, in: Österreichische Militärische Zeitschrift, Sonderheft II (1964), 15–22.

116 Fritz Fellner, Die „Mission Hoyos", in: Recueil des travaux aux assises scientifiques internationales: Les grandes puissances et la serbie à la veille de la Première guerre mondiale, IV, Nr. 1 (Beograd 1976), 387–418.

117 Zur Ambivalenz der Äußerungen wieder: Meier-Welcker, Strategische Planungen, 19.

118 Gerhard Ritter, Die Generalstäbe und der Kriegsausbruch. Präventivkriegsideen im Österreichischen Generalstab, in: Erster Weltkrieg, 283–308.

119 Diether Degreif, Operative Planungen des k. u. k. Generalstabs für einen Krieg in der Zeit vor 1914 (1880–1914), phil. Diss. (Mainz 1983), 301f. Degreif meint freilich, daß die Planung des k. u. k. Generalstabs ebenso starr gewesen sei wie jene des deutschen und des russischen Generalstabs. Doch das Fehlen einer Berücksichtigung der österreichischen Friedensdislokation wie auch ein Ausklammern der politischen Faktoren machen diese Schlußfolgerung fragwürdig.

120 Für die drei erstgenannten Staaten: Jack Snyder, The Ideology of the Offensive. Military Decision Making and the Disasters of 1914 (Ithaca–London 1984). Zur Conrad-Schule vgl. Rauchensteiner, Entwicklung der Kriegstheorie, 82–85.

121 Eine der Hauptthesen von Fischers „Griff nach der Weltmacht" bzw. „Krieg der Illusionen".
122 Williamson, Vienna and July 1914, 19.
123 Fellner, Dreibund, 63–73.
124 Diesem Argument, zunächst von Fritz Fischer vorgebracht und von ihm wie von Imanuel Geiss vertieft, wurde in der Folge vor allem von Egmont Zechlin, Karl Dietrich Erdmann und Gerhard Ritter widersprochen. Die Argumente zusammenfassend in: Erster Weltkrieg, v. a. 29–104 und 149–164.
125 Die Sammlung der Argumente und deren Gegenüberstellung wieder am besten verfolgbar in der Anthologie: Erster Weltkrieg, 29–198.
126 Ebenda.
127 Fischer, Krieg der Illusionen, 46f.
128 Egmont Zechlin, Probleme des Kriegskalküls und der Kriegsbeendigung im Ersten Weltkrieg, in: Erster Weltkrieg, hier 168.
129 Williamson, Vienna and July 1914, 22.
130 Ebenda.
131 Carl von Clausewitz, Vom Kriege, 8. Buch, 5. Kapitel, hier nach der 18. Aufl. (Bonn 1973), 984.
132 Hans-Ulrich Wehler, „Absoluter" und „totaler Krieg". Von Clausewitz bis Ludendorff, in: Geschichte und Militärgeschichte. Wege der Forschung, hg. Ursula von Gersdorff (Frankfurt/M. 1974), hier 288.
133 Die eingehendste und quellenmäßig gut abgestützte Arbeit über das Attentat ist: Friedrich Würthle, Die Spur führt nach Belgrad. Die Hintergründe des Dramas von Sarajewo 1914 (Wien–München–Zürich 1975). Ergänzend dazu vom selben Autor: Dokumente zum Sarajewoprozeß. Ein Quellenbericht (= Mitteilungen des Österreichischen Staatsarchivs, Erg.-Bd. 9, 1978).
134 Galántai, Monarchie und Weltkrieg, 207.
135 Carl von Bardolff, Soldat im alten Österreich. Erinnerungen aus meinem Leben (Jena 1938), 132.
136 Dazu umfassend: Rudolf Jeřábek, Potiorek. Ein General im Schatten von Sarajevo (Graz–Wien–Köln 1991).
137 Ottokar Graf Czernin, Im Weltkriege (Berlin–Wien 1919), 63.
138 Redlich, Tagebuch I, 235.
139 Würthle, Die Spur, 192–195, und neuerlich: François Fejtö, Requiem für eine Monarchie. Die Zerschlagung Österreich-Ungarns (Wien 1991), 344f.
140 Conrad, Dienstzeit, Bd. IV, 17f.
141 Leslie, Österreich-Ungarn vor dem Kriegsausbruch, 666.
142 Ebenda, 668.
143 Galántai, Monarchie und Weltkrieg, 232f.
144 Robert A. Kann, Kaiser Franz Joseph und der Ausbruch des Weltkrieges. Eine Betrachtung über den Quellenwert der Aufzeichnungen von Dr. Heinrich Kanner, in: Sitzungsberichte der Österreichischen Akademie der Wissenschaften, philos.-histor. Klasse, 274. Band, 3. Abhandlung (Wien–Köln–Graz 1971).
145 Hier wäre auf die entsprechenden Abschnitte bei Degreif, Operative Planungen; Rauchensteiner, Entwicklung der Kriegstheorie, und Meier-Welcker, Strategische Planungen, hinzuweisen. Zudem große Abschnitte von Conrad, Dienstzeit, Bd. III.
146 William Jannen, The Austro-Hungarian Decision For War in July 1914, in: Essays on World War I: Origins and Prisoners of War, ed. Samuel R. Williamson and Peter Pastor (= East European Monographs 126, New York 1986), 55–81.
147 Fellner, Mission Hoyos, 398.
148 Ebenda.
149 Williamson, Austria-Hungary, 194f.
150 Galántai, Monarchie und Weltkrieg, 235.
151 Ebenda, 239.
152 Ebenda, 244.
153 Fellner, Mission Hoyos, 413, Anh.
154 Österreich-Ungarns Außenpolitik, Bd. VIII, Nr. 10058.
155 Die Edition der Riezler-Tagebücher besorgte K. D. Erdmann 1972 (= Deutsche Geschichtsquellen des 19. und 20. Jahrhunderts 48). Zur Kontroverse und zum Forschungsstand: Winfried Baumgart, Die Julikrise und der Ausbruch des Ersten Weltkrieges 1914 (= Texte zur Forschung 44, Darmstadt 1983), Einleitung.

[156] Hillgruber, Um Bethmann Hollweg, in: Erster Welkrieg, 243.
[157] Ebenda, 245.
[158] Galántai, Monarchie und Weltkrieg, 249.
[159] F. R. Bridge, From Sadowa to Sarajevo, 375, und Norman Stone, Hungary and the Crisis of July 1914, in: Journal of Contemporary History, Vol. 1 (1966), 153–170.
[160] Protokolle des gemeinsamen Ministerrates der österreichisch-ungarischen Monarchie, hg. von Miklos Komjáthy (Budapest 1966), Ministerrat vom 7. 7. 1914, 141–150.
[161] Fellner, Mission Hoyos, 403, und Ministerratsprotokoll zum 7. 7. 1914.
[162] Synodalarchiv Budapest, Nachlaß Tisza, Karton 6, datiert Budapest 8. 7. 1914.
[163] Kriegsarchiv Wien (= KA), Nachl. B/61 (Hubka), Nr. 25: Wenn Kriegsgefahr droht, 76f.
[164] Ebenda, 66, Anm. 3.
[165] Fellner, Mission Hoyos, 404.
[166] Österreich-Ungarns Außenpolitik, Bd. VIII, Nr. 10252 und vor allem Nr. 10253. Ferner Würthle, Die Spur, 138f.
[167] Dazu vor allem die schon erwähnte Dokumentenpublikation von Würthle, Sarajewoprozeß.
[168] Joll, The Origins, 12.
[169] Archiv des Auswärtigen Amtes Bonn, R 8672: Geheimakten betreffend Militär- und Marineangelegenheiten Österreichs, Bd. 1, Nr. 73, Schreiben an Waldersee, 15. 7. 1914.
[170] Fellner, Mission Hoyos, 395, sowie: November 1918 auf dem Ballhausplatz. Erinnerungen Ludwigs Freiherrn von Flotow, bearb. von Erwin Matsch (Wien–Köln–Graz 1982), 320.
[171] Cormons, Schicksale, 165.
[172] Heinrich Drimmel, Die Antipoden, Die neue Welt in den USA und das Österreich vor 1918 (Wien–München 1984), 197.
[173] Cormons, Schicksale, 166.
[174] Hantsch, Berchtold II, 589.
[175] Der Text der Ministerratssitzung in der Edition von Komjáthy, 150–154. Ferner: Walter Goldinger, Österreich-Ungarn in der Julikrise 1914, in: Österreich am Vorabend des Ersten Weltkrieges (Graz–Wien–Köln 1964). Eine Zusammenfassung der Forschungslage auch bei Bihl, Deutsche Quellen, v. a. Einleitung. 1–10.
[176] Williamson, Austria-Hungary, 209.
[177] Şerban Rădulescu-Zoner, Rumänien und der Dreibund 1878–1914 (= Bibliotheca Historica Romanie, Studien 65, Bucureşti 1983), 291.
[178] Szápáry an Berchtold, 27. 7. 1914, zit. nach: Baumgart, Julikrise und der Ausbruch, 160.
[179] Fritz Fischer, Deutschland und der Ausbruch des Weltkrieges, in: Erster Weltkrieg, 46. Die Vorstellungen Kaiser Wilhelms vom „Faustpfand“ Belgrad, in: Baumgart, Julikrise, 163f und 168f.
[180] Fellner, Mission Hoyos, 406f.
[181] Fischer, Deutschland und der Ausbruch, 35.
[182] Ebenda, 36.
[183] Ebenda.
[184] John F. V. Keiger, France and the Origins of the First World War (London 1983), 145ff.
[185] Zara S. Steiner, Britain and the Origins of the First World War (London 1977), 215ff.
[186] Baumgart, Julikrise, 118f und 122.
[187] Dazu Şerban Rădulescu-Zoner, România în fata crizei internationale din Iulie 1914, in: Revista de istorie 1/1973 (Bukarest), 81–99. Für den Hinweis auf rumänische Veröffentlichungen zur Julikrise sowie die Überlassung und Übersetzung von rumänischen Dokumenten bin ich Prof. Dr. Dumitru Preda, Bukarest, sehr verbunden.
[188] Public Record Office, London (= PRO) FO 371/2158/33674, Sir Horace Rumbold an Foreign Office, 24. 7. 1914.
[189] Leslie, Österreich-Ungarn vor dem Kriegsausbruch, 679.
[190] Fischer, Deutschland und der Ausbruch, 39.
[191] Ebenda, 40.
[192] PRO 371/2159/33474. Depesche des britischen Botschafters in Rom über eine Information, die der serbische Geschäftsträger dem italienischen Außenminister San Giuliano am 28. Juli gegeben hatte.

193 Wladimir Baron Giesl, Zwei Jahrzehnte im Nahen Orient. Aufzeichnungen, hg. Generalmajor Ritter von Steinitz (Berlin 1927), 271.
194 Leslie, Österreich-Ungarn, 675.
195 Goldinger, Österreich am Vorabend, 62.
196 Fellner, Mission Hoyos, 406f.
197 Leslie, Österreich-Ungarn, 683.
198 KA, Nachlaß B/6, Kopie der Kriegserinnerungen von FML Eduard Zanantoni (künftig: KA, Tagebuch Zanantoni), 233.
199 In diesem Zusammenhang soll Dr. Leopold Auer vom Haus-, Hof- und Staatsarchiv sowie Dr. Peter Broucek vom Kriegsarchiv in Wien ganz besonders gedankt werden, die sich um die nicht immer leicht auffindbaren Dokumente bemüht haben.
200 HHStA, PA I, Karton 496, Liasse XLVII, Krieg 1914–1918, 1a.
201 Albert Freiherr von Margutti, Kaiser Franz Joseph. Persönliche Erinnerungen (Wien–Leipzig 1924), 414.
202 Zu Erzherzog Friedrich siehe: Manfried Rauchensteiner, Erzherzog Fritzl, der stille Habsburger, in: Die Presse, Spectrum, 20. 12. 1986, 1f.
203 Emil Ratzenhofer, Die Festsetzung des 1. Mobilisierungstages in Österreich-Ungarn im Sommer 1914, in: Berliner Monatshefte, Oktober (1936), 801–805, bes. 804.
204 Baumgart, Julikrise, 152f (= Dok. Nr. 89).
205 PRO FO 371/1900/48877, Bunsens Bericht an das Foreign Office vom 1. 9. 1914.
206 Baumgart, Julikrise, 157 (= Dok. Nr. 95).
207 Fischer, Griff, 66.
208 Kreiger, France and the Origins, 157f.
209 Mantelnote zur Kriegserklärung, in: Österreich-Ungarns Außenpolitik, Bd. VIII, Nr. 10855.
210 Ebenda.
211 KA, Neue Feldakten (= NFA), Schachtel 757.
212 Rudolf Kiszling, Die Kriegserklärung Österreich-Ungarns an Serbien, in: Berliner Monatshefte, Dezember (1930), 82.
213 KA, Nachlaß B/61 (Hubka), Nr. 32, Beilage zum Schreiben vom 30. 6. 1957.
214 PRO FO 371/2158/34312, Telegr. Bunsen an Grey, 27. 7. 1914.
215 Österreich-Ungarns Außenpolitik, Bd. VIII, Nr. 10873.
216 Ebenda, Nr. 10892.
217 Kiszling, Kriegserklärung, 82.
218 KA, Nachlaß Hubka, Nr. 25, Manuskript: Wenn Kriegsgefahr droht.
219 Österreich-Ungarns Außenpolitik, Bd. VIII, Nr. 11015.
220 KA, Nachlaß B/61, Hubka, Nr. 32, Brief vom 30. 6. 1957.
221 So auch der Inhalt des Schreibens Kaiser Wilhelms an Staatssekretär von Jagow vom 28. 7. 1914 (= Baumgart, Julikrise, 163f, Nr. 101).
222 PRO FO 371/2159/34474, Rodd an Grey, 28. 7. 1914.
223 Fischer, Griff, 76. Der Inhalt des „Weltbrandtelegramms" auch in: Baumgart, Julikrise, 172ff, Dok. Nr. 109.
224 Baumgart, Julikrise, 196f, Nr. 133.
225 Ebenda, 192f, Nr. 128. Die Behandlung der deutschen Demarche im gemeinsamen Ministerrat am 31.7. in: Ministerratsprotokolle (= Komjáthy), 154–158.
226 Nachdem sich Italien auch von der Erklärung Österreich-Ungarns, keine territorialen Forderungen gegen Serbien zu erheben und auch Montenegro aussparen zu wollen, nicht beindruckt zeigte, ging das Ministerium des Äußern noch einen Schritt weiter und versicherte Italien, auch im Fall eines Kriegs mit Montenegro das Lovćen-Massiv südlich von Cattaro nicht anzugreifen. Damit wurde der Verzicht auf eine strategische Position ausgesprochen. Vgl. dazu HHStA, PA I, Liasse Krieg, geh. XLVII/1a,c „Italien" (November 1914). Dazu: Bruno Vigezzi, L'opinione pubblica Italiana e la Francia nell'estate 1914, in: La France et l'Italie pendant la Première Guerre Mondiale. Actes du Colloque (Grenoble 1976), 33.
227 HHStA, PA I, Krieg 1914–1918, Liasse XLVII 1a, Abschrift eines Schreibens von Berchtold an Tisza, 24. 8. 1914.
228 Fischer, Griff, 77f; Baumgart, Julikrise, 196, Nr. 132, sowie Conrad, Dienstzeit, Bd. IV, 151f.
229 Ministerratsprotokolle, 31. 7. 1914 (= Komjáthy, 154–158).

[230] HHStA, PA I, Liasse Krieg, geh. XLVII, 1a,c „Frankreich" (Oktober 1914).
[231] Maximilian Polatschek, Österreichisch-ungarische Truppen an der Westfront 1914/1918 (phil. Diss. Wien 1974), 7–11.
[232] PRO FO 371/1900/48877, Bericht Bunsen an das Foreign Office, 1. 9. 1914.
[233] HHStA, PA I, Karton 497, Liasse Krieg, geh. XLVII, 1a,c „England" (November 1914).
[234] Polatschek, Österreichisch-ungarische Truppen, 12ff.
[235] HHStA, PA I, Karton 497, Liasse Krieg, geh. XLVII, 1a,c „Japan" (November 1914).
[236] Ebenda. Die Japaner hatten allerdings, wie sich später herausstellte, versucht, bei der Kaperung der österreichisch-ungarischen Schiffe und der Behandlung der Besatzung rücksichtsvoll vorzugehen.
[237] Dazu Michael Howard, Europe on the Eve of the First World War, in: The Coming of the First World War, ed. J. R. Evans and Hartmut Pogge von Strandmann (= Oxford 1988), 5.
[238] Ebenda.
[239] Ebenda.
[240] L. L. Farrar, Jr., Reluctant Warriors: Public Opinion on War during the July Crisis 1914, in: East European Quarterly, Nr. 4 (1982), 421.
[241] Ebenda, 438.
[242] Rudolf G. Ardelt, Die österreichische Sozialdemokratie und der Kriegsausbruch 1914. Die Krise einer politischen Elite, in: Jahrbuch für Zeitgeschichte 1979, hg. Österreichische Gesellschaft für Zeitgeschichte (Wien 1981).
[243] Roland N. Stromberg, Redemption by War. The Intellectuals and 1914 (Lawrence/Kansas 1982), 56f, ferner: Kriegsbegeisterung und mentale Kriegsvorbereitung. Interdisziplinäre Studien, hg. Marcel von der Linden und Gottfried Mergner (= Beiträge zur politischen Wissenschaft 61, Berlin 1991), hier v. a. der allerdings einseitige Beitrag von Wolfgang Kruse, Die Kriegsbegeisterung im Deutschen Reich zu Beginn des Ersten Weltkrieges. Die emotionale Bewegung Ende Juli und Anfang August 1914 auf einige „frustrierte Intellektuelle" zurückführen zu wollen, ist nicht unbedingt sinnvoll.
[244] Ebenda, 57.
[245] KA, Kriegsüberwachungsamt (= KÜA), August 1914.
[246] Hugo von Hofmannsthal, Ottonie Gräfin Degenfeld, Briefwechsel (Frankfurt/Main 1974, 304f). Dazu auch Evans, The Habsburg Monarchy, 50.
[247] Zitiert nach Franz Herre, Kaiser Franz Joseph von Österreich. Sein Leben – seine Zeit (Köln 1978), 452.
[248] Rudolf G. Ardelt, Die österreichische Sozialdemokratie, 96. Dazu auch: Alfred Pfabigan, Austromarxismus und Kriegsgesinnung, in: Österreich und der Große Krieg 1914–1918. Die andere Seite der Geschichte, hg. Klaus Amann und Hubert Lengauer (Wien 1989), 90–95.
[249] Stromberg, Redemption, 127.
[250] Zitiert nach Heinz Meier, Die österreichischen Christlichsozialen während des Ersten Weltkrieges, phil. Diss. (Wien 1966), 4.
[251] Günther Ramhardter, Geschichtswissenschaft und Patriotismus. Österreichische Historiker im Weltkrieg 1914–1918 (= Österreich-Archiv, Wien 1973), 13.
[252] May, Passing I, 87.
[253] HHStA, PA I, Karton 952, Liasse Krieg 25c, Schreiben des österreichisch-ungarischen Gesandten in der Schweiz, Baron Gagern, an Graf Alexander Hoyos, Bern, 23. 11. 1914.
[254] Hans Weigel, Walter Lukan, Max D. Peyfuss, Jeder Schuß ein Ruß. Jeder Stoß ein Franzos. Literarische und graphische Propaganda in Deutschland und Österreich 1914–1918 (Wien 1983), 29. Die Auswahl Weigels, wenngleich mit Vorbedacht vorgenommen, ist gleichzeitig ein gutes Beispiel für die patriotische Propaganda und das emotionale Erlebnis von Dichtern und Schriftstellern.
[255] Redlich,Tagebuch I, 236.
[256] Ebenda, 239.
[257] Ebenda, 240.
[258] Ebenda.
[259] József Litkei, Ausbruch des Ersten Weltkrieges in Ungarn und Mobilmachung und Aufmarsch der Armee der Monarchie unter besonderer Berücksichtigung der Rolle der ungarischen Einheiten, Seminararbeit beim Verfasser (Univ. Wien, WS 1991/92), 26.
[260] Mateja, Oberösterreich, 22.

261 Österreich-Ungarns letzter Krieg, Bd. I, 80.
262 Ludwig Hesshaimer, Miniaturen aus der Monarchie. Ein k. u. k. Offizier erzählt mit dem Zeichenstift, hg. Okky Offerhaus (Wien 1992), 79.
263 Redlich, Tagebuch I, 241.
264 Leo Valiani, The End of Austria-Hungary (London 1973), 74.
265 Die Szene bei: Vermes, Tisza, 234.
266 Valiani, The End, 75.
267 Details in den Dissertationen von Mateja und Eigentler über Oberösterreich und Tirol. Einige Angaben auch bei: Binder, Vorarlberg, und Doliner, Kärnten.
268 Redlich, Tagebuch I, 91.
269 Dieser quer durch die österreichische historische Literatur verfolgbaren Feststellung widersprach Robert A. Kann, Geschichte des Habsburgerreiches 1526–1918 (Wien–Köln–Graz 1977), v. a. 437, der wohl zu Recht meinte, daß Stürgkh „von seinem pragmatischen Standpunkt aus guten Grund für seine Entscheidung“ hatte.
270 Redlich, Österreichische Regierung, 113.
271 Christoph Führ, Das k. u. k. Armeeoberkommando und die Innenpolitik in Österreich 1914–1917 (= Studien zur Geschichte der österreichisch-ungarischen Monarchie, 7, Graz–Wien–Köln 1968), 17ff. Die Verordnung für Dalmatien im RGBl. Nr. 153. Ergänzend: Redlich, Österreichische Regierung, 117.
272 Redlich, Österreichische Regierung, 118ff.
273 Ebenda, 123.
274 Führ, Armeeoberkommando, 27.
275 Redlich, Österreichische Regierung, 129f.
276 Steiermärkisches Landesarchiv, Graz, Nachlaßdepot FML Herbert Graf Herberstein, Manuskript Kriegserinnerungen (1. Teil: 28. 8.–11. 11. 1914), 2. Das Manuskript weist in diesem Teil einige Streichungen und Änderungen auf, die die ursprüngliche Aussage mildern sollten.
277 Rauchensteiner, Erzherzog Fritzl, a. a. O.
278 Führ, Armeeoberkommando, 25.
279 Giesl, Zwei Jahrzehnte, 277.
280 Imperial War Museum, London, Manuscript Collection 87/13/1, Bericht von Eugene Wason (Jr.).
281 Eine Sammlung der letzten Nachrichten vor Kriegsausbruch findet sich in KA, AOK 1914, Evidenzbüro 3506.
282 Dazu Degreif, Operative Planungen, 113–223, hier bes. 214. Die Frage, welche Auswirkungen und welches Ausmaß die Spionagetätigkeit von Oberst Redl hatte, ist sicherlich noch nicht zur Gänze geklärt. Jüngste Einblicke des Verfassers in die Bestände des Kriegshistorischen Archivs in Moskau lassen jedoch den Schluß zu, daß sich die Angaben Redls nur als besonders wichtig einstufen lassen, mengenmäßig allerdings nur einen Bruchteil der den Russen zur Verfügung gestandenen Informationen ausmachten. Zudem liegt die Vermutung nahe, daß es noch mindestens einen weiteren hochrangigen Informanten für die Russen in den Reihen des k. u. k. Generalstabs gegeben haben muß, da in Moskau auch ein Originalexemplar eines Kriegsfalls „M“ (= Montenegro) aufliegt, der erst Ende 1912 ausgearbeitet wurde und zu dem Redl keinen Zugang mehr gehabt hatte.
283 Manuskript dieser am 26. 5. 1913 gehaltenen Besprechung im Besitz des Verfassers.
284 Degreif, Operative Planungen, 283.
285 Ebenda, 292.
286 Zur nationalen Zusammensetzung vgl.: Ehnl, Die österreichisch-ungarische Landmacht, a. a. O.
287 Norman Stone, Eastern Front 1914–1917 (London–Toronto 1975), 71. Detailliert bei Kerchnawe, Die unzureichende Kriegsrüstung, 8.
288 Degreif, Operative Planungen, 222.
289 Zum Folgenden: Norman Stone, Die Mobilmachung der österreichisch-ungarischen Armee 1914, in: Militärgeschichtliche Mitteilungen, Heft 2 (1974), hier 78.
290 Ebenda, 79.
291 Dazu Horst Haselsteiner, Die Affäre Putnik, in: Österreichische Osthefte, Heft 3 (1974), 238–244
292 KA, KM, Präs. 1914, 40-11/5-2, Befehlsschreiben des Kaisers vom 28. 7. 1914.

293 Zu diesem Problem sind vor allem die Studien (Manuskript) von Kalman Kéri, Kritische Betrachtungen zum Eisenbahnaufmarsch, von Interesse (Kriegsarchiv Wien).
294 Zum Folgenden wieder Stone, Mobilmachung, 83.
295 KA, Tagebuch Zanantoni, 250f.
296 Kurt Peball, Der Feldzug gegen Serbien und Montenegro im Jahre 1914, in: Österreichische Militärische Zeitschrift, Sonderheft I (Wien 1965), 22.
297 KA, Nachlaß B/3 (Dankl), Nr. 5/1 (1914) (künftig: KA, Tagebuch Dankl), 1.
298 KA, Nachlaß B/509 (Schneller), Nr. 2/1, Kriegstagebücher des Obersten Karl Schneller (künftig: KA, Tagebuch Schneller), 4.
299 KA, MKSM Sep. Fasz. 91, Tagebuch Marterer 23. 7. 1914–28. 8. 1916, hier 1. 8. 1914 (künftig: KA, Tagebuch Marterer).
300 Zum Gesamtkomplex: Kéri, Kritische Betrachtungen, a. a. O.
301 Stone, Eastern Front, 76.
302 Dazu: Peball, Der Feldzug, vor allem aber Jeřábek, Potiorek, 107–117. Hier auch sehr ausführlich die weiterführende Literatur.
303 KA, Tagebuch Dankl (1914), 2.
304 Ebenda, 15.
305 Franz Forstner, Przemyśl. Österreich-Ungarns bedeutendste Festung (= Militärgeschichtliche Dissertationen Österreichischer Universitäten 7, Wien 1987), 141.
306 Ebenda, 150.
307 Herbert Steiner, Lenin in Österreich, in: Österreichische Osthefte, Heft 3 (1970), 145–153.
308 Ebenda.
309 Steiermärkisches Landesarchiv, Deposit Herberstein, Kriegserinnerungen FML Herbert Graf Herberstein, 10. Für die Benützung des Nachlasses, der an die Genehmigung der Familie Herberstein gebunden ist, habe ich dieser sowie Dr. Heinrich Purkarthofer zu danken.
310 Ebenda, 12.
311 Ebenda, 15.
312 Ebenda, 16.
313 Ebenda, 18.
314 Heinrich Mast, Die Aufklärungstätigkeit der österreichisch-ungarischen Kavallerie bei Kriegsbeginn 1914, in: Österreichische Militärische Zeitschrift, Sonderheft I (Wien 1965), 12.
315 Conrad, Aus meiner Dienstzeit, Bd. IV, 877.
316 Mast, Die Aufklärungstätigkeit, 13.
317 Jeřábek, Potiorek, 109.
318 Die Angaben über die effektive Stärke der Balkanstreitkräfte schwanken erheblich. Insgesamt werden die Zahlenangaben in der österreichischen Literatur aber sehr stark nach unten abgerundet. Für die 5. Armee werden 80.000 und für die 6. Armee 60.000 Mann angegeben (Peball). Geht man von der Kriegsgliederung und den Zahlenangaben in Österreich-Ungarns letzter Krieg, Bd. I, 62–80, aus, ergibt sich ein anderes Bild. Bei bloßer Einrechnung der 5. und 6. Armee sollten rund 250.000 Mann verfügbar gewesen sein. Unter Einrechnung der kompletten 2. Armee 340.000 Mann. Dazu kamen noch die gleichbleibenden territorialen Kräfte. Tatsächlich verblieben dann 275 Bataillone etc. Mit den im Generalstabswerk angegebenen Stärken von 1000 Mann pro Bataillon ergibt das auf jeden Fall erheblich höhere Stände. Bei den niedrigeren Angaben kann es sich folglich nur um die reinen Gefechtsstärken gehandelt haben. Zu den (wiederum anderen) Zahlen auch Jeřábek, Potiorek, 108.
319 Peball, Der Feldzug gegen Serbien, 22. Über den Feldzug dann umfassend: Österreich-Ungarns letzter Krieg 1914–1918, hg. vom Österreichischen Bundesministerium für Heereswesen, Bd. 1 (Wien 1930) und Kartenband.
320 Jeřábek, Potiorek, 111.
321 Ebenda, 114.
322 Slezské Muzeum Opava (Troppau), Nachlaß Böhm-Ermolli, Persönliche Aufzeichnungen, 1–11. Die Aufzeichnungen liegen als Mikrofilm im Wiener Kriegsarchiv und werden derzeit von Marian Zgórniak für eine Bibliographie Böhm-Ermollis ausgewertet.

323 Zu dieser Kommission vgl.: Wolfgang Doppelbauer, Zum Elend noch die Schande. Das altösterreichische Offizierskorps am Beginn der Republik (= Militärgeschichtliche Dissertationen Österreichischer Universitäten 9, Wien 1988). Der Bericht Giesls in KA, Kommisionsakten B72/19.

324 KA, Kriegserinnerungen Zanantoni, 256.

325 Tagebuch Böhm-Ermolli, 16.

326 KA, AOK, Op. Fasz. 679, Tagebuch AOK, 23. 7.–27. 8. 1914.

327 HHStA, PA I 499, geh. XLVII, 2b, Telegr. Berchtold an Giesl Nr. 9, 20. 8. 1914.

328 Ebenda, geh. XLVII, 2, Telegr. Giesl an Berchtold, 21. 8. 1914.

329 KA, Tagebuch Marterer, Vormerkung zum 6. 8. 1914.

330 KA, Manuskripte zur Geschichte des Weltkriegs, Manuskript Regenauer: Balkan 23, 36.

331 Ebenda, 37.

332 HHStA, PA I 499, geh. XLVII, Telegr. Conrad an Berchtold, 25. 8. 1914.

333 Jeřábek, Potiorek, 139–142.

334 Konrad Leppa, General von Conrads Kampf um die Balkanstreitkräfte 1914, in: Wissen und Wehr, Berlin, Jg. 1930, Heft 8, 483–503, hier bes. 500.

335 Ebenda, 501.

336 Gerhard Oberkofler und Eduard Rabofsky, Tiroler Kaiserjäger in Galizien, in: Historische Blickpunkte. Festschrift für Johann Rainer (Innsbruck 1988), 505–527.

337 Über diese Phase der Einleitungsschlachten informiert Österreich-Ungarns letzter Krieg, I, 155–338, ferner Konrad Leppa, Die galizische Schlacht, in: Ergänzungsheft 2 zum Werke „Österreich-Ungarns letzter Krieg" (Wien 1931), 9–28. Prägnant zusammengefaßt bei Wagner, Der Erste Weltkrieg, hier 47–53.

338 KA, Tagebuch Dankl, 43.

339 Conrad, Dienstzeit, Bd. IV, 563f.

340 Ebenda, 647.

341 J. F. C. Fuller, The Conduct of War, 1789–1961 (London 1962), 154.

342 Raimondo Luraghi, The Coming of the Industrial Warfare and its Misunderstanding by the European Staffs in World War I, in: Stuttgart 19.–24. August 1985, Acta No 10 der Internationalen Kommission für Militärgeschichte, hg. Militärgeschichtliches Forschungsamt (Freiburg 1986), 216.

343 André Beaufre, Die Revolutionierung des Kriegsbildes. Neue Formen der Gewaltanwendung (Stuttgart 1973), hier v. a. 34.

344 Zitiert nach: Raimondo Luraghi, The Coming, 217f.

345 Robert Wegs, Die österreichische Kriegswirtschaft 1914–1918 (Wien 1979), 93.

346 Friedrich Adler, Vor dem Ausnahmegericht, hg. J. W. Brügel (Wien 1967), 14.

347 Ebenda, 18.

348 Grandner, Kooperative Gewerkschaftspolitik, 74–79. Auch dazu gab es Parallelen. Eine vergleichende Untersuchung wäre zweifellos lohnend. Die in dem Band Kriegsbegeisterung und mentale Kriegsvorbereitung benannten Beispiele sind wohl zu sehr willkürlich.

349 Werner Dietschy, Wiener Neustadt, ein Zentrum der Rüstungsindustrie während des Ersten Weltkrieges, Dipl.-Arbeit Wirtschaftsuniversität (Wien 1976), 15.

350 Wegs, Kriegswirtschaft, 112.

351 Ebenda, 94.

352 Ebenda.

353 Richard Riedl, Die Industrie Österreichs während des Krieges, hg. Carnegie-Stiftung, Österreichische und ungarische Serie (Wien–New Haven 1932). Die umfassende Darstellung in diesem Band ist nach wie vor unübertroffen.

354 Ebenda, 16–23.

355 Ebenda, 26.

356 Ebenda, 43.

357 HHStA, PA I 815, Liasse Krieg, Berchtold an Conrad, 25. 8. 1914.

358 Ebenda, Stürgkh an Conrad, 25. 3. 1915.

359 Grandner, Kooperative Gewerkschaftspolitik, 59–66.

360 Ebenda, 81.

361 Ebenda, 82. Zu den Erscheinungen in den Ländern u. a. die Dissertationen von Doliner, Eigentler und Mateja.

362 Grandner, Kooperative Gewerkschaftspolitik, 84f.

363 Helmut Meelich, Die Kriegswirtschaft Österreich-Ungarns 1914–1918. Wirtschaftsorganisation und Versorgungspolitik im Ersten Weltkrieg, wirtschaftswiss. Dissertation (Wien 1976), 119.

364 Robert Mateja, Oberösterreich im I. Weltkrieg 1914–1918, phil. Diss. (Innsbruck 1948), 45–86, 160ff.

365 Grandner, Kooperative Gewerkschaftspolitik, 85ff.

366 Riedl, Die Industrie Österreichs, 116.

367 Wegs, Kriegswirtschaft, 24.

368 Ebenda, 33f.

369 Dietschy, Wiener Neustadt, 13.

370 Wegs, Kriegswirtschaft, 117.

371 Ebenda, 120.

372 Das Nachfolgende nach KA, MKSM 1914, Nr. 2862, vom 25. 9. 1914. Das bis Kriegsende gebaute Muster war das MG System Schwarzlose 1907/12.

373 Oswald Kostrba-Skalicky, Die Luftstreitkräfte Österreich-Ungarns im Ersten Weltkrieg, in: Weltkrieg 1914–1918. Heereskundlich-kriegsgeschichtliche Betrachtung siebzig Jahre danach. Materialien zu einem Vortragszyklus der Gesellschaft für österreichische Heereskunde, als Manuskript gedr. (Wien 1988/89), 135.

374 Wegs, Kriegswirtschaft, 107.

375 Josef Redlich, Österreichische Regierung und Verwaltung im Weltkrieg, hg. Carnegie-Stiftung, österreichische und ungarische Serie (Wien–New Haven 1925), 152.

376 Ebenda, 140.

377 Ebenda, 141.

378 Zitiert nach: Meier, Die österreichischen Christlichsozialen während des Ersten Weltkrieges, 4.

379 Mateja, Oberösterreich, 62.

380 Dazu Redlich, Österreichische Regierung, v. a. die Kapitel IV und V. Hier finden sich auch die Ursprünge so wichtiger Begriffe wie „Kriegswirtschaft“ oder „innere Front“.

381 Steiner, Militärischer Dienst, 82.

382 Pirquet, Volksgesundheit 1, 138.

383 Steiner, Militärischer Dienst, 82, sowie: Wilhelm Raschofsky, Militärärztliche Organisation und Leistungen der Feldspitäler der österreichisch-ungarischen Armee im Kriege 1914–1918, in: Volksgesundheit im Krieg, a. a. O., 114.

384 Herbert Hirt, Die historische Entwicklung der Sanitätsschulen Österreichs I: Von den Anfängen bis 1938 (Wien 1985), 52.

385 F. Herrmann, Organisatorische Aspekte des Sanitätsdienstes im deutschen und österreichisch-ungarischen Heer 1914–1918, in: Wehrmedizinische Monatsschrift Heft 9 (1983), 383.

386 Raschofsky, Feldspitäler, 117.

387 Dazu das als Seminararbeit entstandene Manuskript von Brigitte Biwald, Verwundetenversorgung und Begräbniswesen [1914–1918] (Wien 1991) in der Bibliothek des Heeresgeschichtlichen Museums, hier 19f.

388 Biwald, Verwundetenversorgung, 128–135.

389 Steiner, Militärischer Dienst, 81.

390 Ebenda.

391 Kriegserinnerungen Herberstein, 349.

392 Biwald, Verwundetenversorgung, 153.

393 Ebenda, 158.

394 Zu diesem Komplex: Joachim Giller, Hubert Mader, Christine Seidl, Wo sind sie geblieben ...? Kriegerdenkmäler in Österreich (= Schriften des Heeresgeschichtlichen Museums 12, Wien 1992).

395 Dazu: Eduard R. v. Steinitz und Theodor Brosch von Aarenau, Die Reichsbefestigung Österreich-Ungarns zur Zeit Conrads von Hötzendorf (= Ergänzungsheft 10 zum Werke „Österreich-Ungarns letzter Krieg“, Wien 1937).

396 Genauere Angaben dazu bei: Forstner, Przemyśl, v. a. 146–161.

397 Steinitz und Aarenau, Reichsbefestigung, 64.

398 Erich Hillbrand, Der Brückenkopf Wien im Ersten Weltkrieg, in: Mitteilungen des Österreichischen Staatsarchivs, Bd. 14 (Wien 1961), 139.

399 Hillbrand, Brückenkopf Wien, 142.

400 Dazu wieder: Steinitz und Brosch, Reichsbefestigung. Viel wichtiger und auf breitester Quellenbasis gearbeitet die in Vorbereitung befindliche geisteswiss. Dissertation von Willibald Rosner über die österreichischen Befestigungen gegen Italien.

401 Zitiert nach der für Organisation und Arbeitsweise generell heranzuziehenden Arbeit von Klaus Mayer, Die Organisation des KPQ beim k. u. k. AOK im Ersten Weltkrieg 1914–1918, phil. Diss. (Wien 1963), 18. Ferner Hildegund Schmölzer, Die Propaganda des Kriegspressequartiers im Ersten Weltkrieg, phil. Diss. (Wien 1965).

402 Hesshaimer, Miniaturen aus der Monarchie. Unter den in jüngerer Zeit erschienenen autobiographischen Aufzeichnungen zweifellos eine der herausragendsten.

403 Kriegserinnerungen Herberstein, 31.

404 Ebenda, 33.

405 August von Cramon, Paul Fleck, Deutschlands Schicksalsbund mit Österreich-Ungarn. Von Conrad von Hötzendorf zu Kaiser Karl (Berlin 1932), 40.

406 Gemeinsamer Ministerrat, 19. 8. 1914 (= Komjáthy, 171).

407 Ebenda.

408 HHStA, PA I, Liasse Krieg 1914–1918, geh. XLVII, 2b, Unsere Beschwerde beim A. O. K. wegen einiger hieramtlichen Anfragen, Dezember 1914.

409 Ministerratsprotokolle 20. 9. 1914 (= Komjáthy, 183).

410 I. I. Rostunow, Die Mobilmachung der russischen Armee im Ersten Weltkrieg und ihr Einfluß auf die Gesellschaft, in: Stuttgart 19.–24. August 1985 (= Commission International d'Histoire Militaire, Acta 10, Freiburg 1986), 131–136. Hier auch weiterführende Literatur.

411 KA, Nachlaß B/1000 (Kövess), Nr. 28, Schreiben Conrads an Kövess, 7. 9. 1914.

412 Ebenda, Nr. 481, Brief Kövess' an seine Frau, 4. 9. 1914.

413 KA, KM, Präs. 1914, 1-4/22.

414 KA, MKSM 1914, 69-6/8-17, Schreiben Erzherzog Friedrichs an den Kaiser vom 17. 9. 1914.

415 Stone, Eastern Front, 90.

416 KA, Tagebuch Schneller, 49.

417 KA, MKSM 1914, 69-6/8-26, Telegr. Erzherzog Friedrichs an den Kaiser, 24. 9. 1914.

418 KA, MKSM 1914, 69-6/8-30, A. H. Befehlsschreiben, 1. 10. 1914.

419 KA, Tagebuch Marterer, Eintragung zum 12. 9. 1914.

420 KA, KM Präs. 1–133/1. Auch in diesem Fall milderte der Kaiser den Abgang durch ein Handschreiben, in dem er ihm seine „besondere Anerkennung" zum Ausdruck brachte und bedauerte, daß sich Auffenberg krank melden mußte. Außerdem behielt er sich die Wiederverwendung vor. Zu Auffenberg vgl. seine Autobiographie und: Josef Ullreich, Moritz von Auffenberg-Komarów, Leben und Wirken 1911–1918, phil. Diss. (Wien 1961).

421 Ministerratsprotokolle 7. 9. 1914 (= Komjáthy, 176).

422 Karl-Heinz Janßen, Der Kanzler und der General. Die Führungskrise um Bethmann Hollweg und Falkenhayn 1914–1916 (Göttingen 1967), 23.

423 Gerhard Ritter, Die Zusammenarbeit der Generalstäbe Deutschlands und Österreich-Ungarns vor dem Ersten Weltkrieg, in: Zur Geschichte und Problematik der Demokratie. Festgabe für Hans Herzfeld (Berlin 1958), 547f.

424 KA, Tagebuch Schneller, 61. Schneller bezog sich auf eine Mitteilung von Hauptmann Moritz von Fleischmann, dem bei der deutschen 9. Armee eingeteilten k. u. k. Vertreter.

425 Benedikt, Damals im alten Österreich, 287.

426 KA, MKSM, sep. Karton 58, Conrad an Bolfras, 17. 10. 1914.

427 Ebenda, 27. 10. 1914.

428 KA, Tagebuch Schneller, 71.

429 Adolf Wild von Hohenborn. Briefe und Tagebuchaufzeichnungen des preußischen Generals als Kriegsminister und Truppenführer im Ersten Weltkrieg, hg. Helmut Reichold und Gerhard Granier (= Schriften des Bundesarchivs 34, Boppard am Rhein 1986), 32.
430 Wild von Hohenborn, 39.
431 Ebenda, Anm. 3.
432 KA, Tagebuch Marterer, Eintragung zum 18. 10. 1914.
433 KA, MKSM, Nr. 96 und 97 ex 1914.
434 Janßen, Der Kanzler, 34.
435 Ebenda, 42. Ende November wurde die Zimmermannsche Konzeption vollends deutlich.
436 Kriegserinnerungen Herberstein, 102.
437 Craig, Krieg, Politik, Diplomatie, 76.
438 HHStA, PA I, Karton 499, geh. XLVII, 2b, Resümee eines Gesprächs mit dem Chef des Generalstabes, 2. 11. 1914.
439 Beispielhaft die Aufzeichnungen von Robert Trimmel, hier zitiert nach: Erwin A. Schmidl, The Boer War and Military Reforms (= War and Society in East Central Europe 28, Lanham–New York–London 1988), 203f.
440 Kriegserinnerungen Herberstein, 101.
441 Benedikt, Damals im alten Österreich, 282.
442 Kriegserinnerungen Herberstein, 108.
443 HHStA, PA I, Karton 498, geh. XLVII, Berchtold an Giesl, 16. 10. 1914.
444 Dazu Fritz Fellner, Der Plan einer „Vortragsmission Redlich–Apponyi" in den Vereinigten Staaten von Amerika, in: Beiträge zur neueren Geschichte (= Festschrift Adam Wandruszka, Wien 1974). Die Akten dazu in HHStA, PA I, 940.
445 HHStA, PA I, 940, Schreiben Redlichs an Baron Musulin, 16. 9. 1914.
446 Die umfassendste Darstellung ist nach wie vor der voluminöse Band von Hans Hugo Sokol, Österreich-Ungarns Seekrieg 1914–1918 (Zürich–Leipzig–Wien 1933), hier 75–85.
447 Sokol, Seekrieg, 67–74.
448 Zur Ordre de Bataille der operativen Flotte vgl.: Beilage V von Sokol, Österreich-Ungarns Seekrieg.
449 Paul G. Halpern, The Naval War in the Mediterranean 1914–1918 (Annapolis 1987), 37–39.
450 Ebenda, 40.
451 Valiani, The End, 76.
452 Ebenda.
453 Doppelbauer, Zum Elend noch die Schande. Vor allem die Untersuchung gegen FML Alois Pokorny vermittelt einen entsprechenden Einblick, 155–170.
454 Jeřábek, Potiorek, 164.
455 Valiani, The End, 75.
456 KA, Tagebuch Marterer, 16. 8. 1914.
457 Alois Schupp, Rechtslehre, bearbeitetet im Auftrag des k. u. k. Reichskriegsministeriums für die k. u. k. Kadettenschulen (Wien–Leipzig 1906), 67.
458 Über die Vorgänge in Serbien und Montenegro informiert Jeřábek, Potiorek, 162–165. Die Geiselnahmen und Repressalien der Russen während der Besetzung Galiziens wurden von Baron Leopold Andrian in einem umfassenden Bericht vom 26. 7. 1915 geschildert, HHStA, PA I, Liasse Krieg, Karton 1064.
459 Kriegserinnerungen Herberstein, 56, und KA, Tagebuch Schneller, 49.
460 Zitiert nach: Gerhard Oberkofler und Eduard Rabofsky, Hans Kelsen im Kriegseinsatz der k. u. k. Wehrmacht (= Rechtshistorische Reihe 58, Frankfurt/Main u. a. o. J.), 32.
461 Führ, Das k. u. k. Armeeoberkommando, 27.
462 Ebenda, 30.
463 Ebenda, 32.
464 Valiani, The End, 80.
465 Synodalarchiv Budapest, Nachlaß Tisza, Karton 10, Referat zu AOK op. 2078, 26. 11. 1914.
466 Zitate bei Rudolf Jeřábek, Die Brussilowoffensive 1916. Ein Wendepunkt der Koalitionskriegführung der Mittelmächte, phil. Diss., 2 Teilbde (Wien 1982), 26f.
467 KA, Tagebuch Marterer, Eintragungen zum 8. und 12. 12. 1914.

468 Über die Teilungspläne vgl. Kapitel 8: Der erste Kriegswinter.

469 Dazu Wolfdieter Bihl, Die Beziehungen zwischen Österreich-Ungarn und dem Osmanischen Reich im Ersten Weltkrieg, in: Österreichische Osthefte 1 (Wien 1982), 33–52, hier 35.

470 Charles E. J. Fryer, The Royal Navy on the Danube (= East European Monographs 232, Boulder–New York 1988), 20f.

471 Jeřábek, Potiorek, 170.

472 KA, Kriegserinnerungen Zanantoni, 300.

473 Die wörtlichen Zitate bei: Peball, Der Feldzug gegen Serbien und Montenegro, 28; andere bei: Jeřábek, Potiorek, v. a. 173–181.

474 Jeřábek, Potiorek, 170.

475 Die im Privatbesitz befindlichen Aufzeichnungen von Potiorek wurden dem Autor von Dr. Jeřábek freundlicherweise in auszugsweisen Abschriften zur Verfügung gestellt.

476 Das Folgende bei: Egon Erwin Kisch, Schreib das auf, Kisch (Berlin 1930), 211–214.

477 Kaiser Franz Joseph verwand es nicht, daß der Bulgarenzar Frau Katharina Schratt den Hof gemacht hatte. In der Folge zeigte er dem Coburger gegenüber unverhohlene Abneigung.

478 Kisch, Schreib das auf, 214f.

479 KA, Tagebuch Marterer, 10. 12. 1914.

480 Ebenda.

481 KA, KM, Präs. 1914, 83-18/13.

482 Deák, Der k. (u.) k. Offizier, 233.

483 Ludwig Thallóczy, Tagebücher, 23. VI. 1914–31. XII. 1914, hg. Ferdinand Hauptmann und Anton Prasch (Graz 1981), 284.

484 Mateja, Oberösterreich, 82.

485 Arthur J. May, The Passing of the Habsburg Monarchy, 2 Bde. (Philadelphia 1966), hier Bd. 1, 102.

486 Foreign Relations of the United States, Supplement 1915: The World War (Washington 1928), 10, Bericht Penfield, 29. 1. 1915. Zur Person die sehr kritische Sicht von Heinrich Drimmel in den entsprechenden Abschnitten von: Die Antipoden.

487 Valiani, The End, 81.

488 Ebenda, 89f.

489 PRO FO 371/1900/67456, Protokoll vom 5. 11. 1914.

490 Arthur J. May, Woodrow Wilson and Austria-Hungary to the End of 1917, in: Festschrift für Heinrich Benedikt zum 70. Geburtstag, hg. Hugo Hantsch und Alexander Novotny (Wien 1967), 216.

491 May, Woodrow Wilson, 218.

492 Gustav Gratz, Richard Schüller, Die äußere Wirtschaftspolitik Österreich-Ungarns, Mitteleuropäische Pläne, hg. Carnegie-Stiftung, österreichische und ungarische Serie (Wien–New Haven 1925), 261ff.

493 Stanislaw Stomma, Die Hoffnungen und Mißerfolge der „österreichischen" Orientierung der Polen im Ersten Weltkrieg, in: Nationale Vielfalt und gemeinsames Erbe in Mitteleuropa, hg. Erhard Busek und Gerald Stourzh (Wien–München 1990), 118f.

494 HHStA, PA I, Liasse Krieg 1914–1918, geh. XLVII/1c, Memoires, Hauptexemplar der Denkschrift.

495 Ebenda, Memoire des Botschafters Graf Forgách vom 10. 1. 1915, 1–40. Dazu: Fritz Fellner, Zwischen Kriegsbegeisterung und Resignation – ein Memorandum des Sektionschefs Graf Forgách vom Januar 1915, in: Beiträge zur allgemeinen Geschichte. Alexander Novotny zur Vollendung seines 70. Lebensjahres gewidmet (Graz 1975), 153–162.

496 Ebenda, Denkschrift Andrians und Stellungnahmen von Mérey, Szápáry u. a.

497 Dazu umfassend und die sehr stark wechselnden Präferenzen und Standpunkte herausarbeitend: Heinz Lemke, Allianz und Rivalität. Die Mittelmächte und Polen im Ersten Weltkrieg (Wien 1977).

498 KA, Tagebuch Schneller.

499 May, Passing I, 145.

500 Das Zitat bei Jeřábek, Brussilowoffensive, I, 40. Beispiele für diese Haltung auch bei Wild von Hohenborn und anderen.

501 Janßen, Kanzler, 63.

502 Ebenda.

503 Ebenda, 65.

504 KA, Tagebuch Marterer, Eintragungen zum 6. und 16. 1. 1915.
505 Ebenda, 1. 2. 1915.
506 Janßen, Kanzler, 71–79.
507 KA, MKSM, sep. Karton 58, Conrad an Bolfras, 1. 2. 1915.
508 KA, Kriegserinnerungen Zanantoni, 327.
509 Bis zur Fertigstellung der Dissertation von Graydon A. Tunstall vom selben Autor: Die Karpatenschlachten 1915 (I und II), in: Truppendienst, Hefte 2 und 3 (Wien 1990)
510 KA, Kriegserinnerungen Zanantoni, 329–333.
511 Emil Ratzenhofer, Verlustkalkül für den Karpatenwinter 1915 (= Ergänzungsheft 1 zum Werk „Österreich-Ungarns letzter Krieg", Wien 1930), 31–41.
512 Tunstall, Karpatenschlacht II, 226f.
513 Siegmund Knaus, Manuskript: „Die Winterschlacht in den Karpathen 1915" (im Besitz des Verfassers).
514 KA, Nachlaß B/15 (Kundmann), Nr. 2: Tagebuch, ee sowie 14., 17. und 26. 3. 1915.
515 Valiani, The End, 94.
516 Eine präzise Darstellung der Vorgänge bei: Richard G. Plaschka, Zur Vorgeschichte des Überganges von Einheiten des Infanterieregiments Nr. 28 an der russischen Front 1915, in: Österreich und Europa (Graz–Wien–Köln 1965), 455–464. Als zusätzliche dokumentarische Quelle, die ein klares Plädoyer für die Soldaten des IR 28 enthält, ist das im Nachlaß Dankl (KA, Nachlaß B/3, Nr. 11) enthaltene Manuskript „Mehr Klarheit und Wahrheit" aus dem Jahr 1937 heranzuziehen.
517 HHStA, PA I, Karton 499, geh. XLVII, 2, Conrad an Burián, 29. 3. 1915.
518 KA, Tagebuch Kundmann, n bis q, Brief Conrads an Bolfras vom 5. 3. 1915.
519 Jeřábek, Brussilowoffensive I, 45.
520 Holger W. Herwig, Disjoined Allies: Coalition Warfare in Berlin and Vienna, 1914, in: The Journal of Military History 54 (Lexington 1990), 265–280.
521 KA, MKSM, Nr. 1392, vom 15. 4. 1915
522 Ebenda.
523 Janßen, Kanzler, 87.
524 Ebenda, 88.
525 Ebenda, 104.
526 Stone, Eastern Front, 128.
527 Schweizerisches Bundesarchiv, Bern, E 27, Nr. 12659, Bericht Bridler, 38–41.
528 Stone, Eastern Front, 136. Die Durchbruchsschlacht in sämtlichen Phasen eingehend in: Österreich-Ungarns letzter Krieg, Bd. II, 315–504 und das Kartenwerk.
529 Wild von Hohenborn, Briefe und Tagebuchaufzeichnungen, 65.
530 Jeřábek, Brussilowoffensive I, 60.
531 KA, Tagebuch Schneller, 389.
532 Redlich, Tagebuch II, 39. Redlich nennt das Manifest „ausgezeichnet und würdig".
533 Eine umfassende Darstellung der italienischen Politik bei: Brunello Vigezzi, L'Italie di fronte alla prima guerra mondiale (Milano–Napoli 1966).
534 Umfassend auch: Aldrovandi Marescotti, Der Krieg der Diplomaten (München 1940), ferner: Luigi Albertini, The Origins of the War of 1914, Bd. 3 (London–New York–Toronto 1957).
535 Dazu vor allem: I Documenti Italiani, Serie V, 1914–1918, Bd. 1 (Roma 1954), ferner die entsprechenden Dokumente in Österreich-Ungarns Außenpolitik, Bd. VIII; hierzu auch Péter Hanák, Die ungarischen Staatsmänner und der Kriegseintritt Italiens, in: Österreichische Osthefte, Heft 4 (Wien 1969), 197–215.
536 Ministerratsprotokolle zum 31. 7. 1914 (= Komjáthy, 154–158).
537 Ebenda.
538 Hanák, Die ungarischen Staatsmänner, 202.
539 Ministerratsprotokolle zum 8. 8. 1914 (= Komjáthy, 159–166), hier 161.
540 Dazu die Lehramtshausarbeit von Hermann Möcker, Die Haltung Italiens von der Neutralitätserklärung bis zur Intervention (Wien 1962).
541 May, Passing I, 178.
542 Ebenda, 183.
543 Ebenda, 199.

544 Zitiert nach Möcker, Die Haltung, 22.
545 Ebenda, 23. Die „ermüdenden und unaufrichtigen" Verhandlungen in Entsprechung dieser Prämisse auch in der Darstellung von Silvio Furlani „Das Risorgimento", in: Adam Wandruszka, Silvio Furlani, Österreich und Italien. Ein bilaterales Geschichtsbuch (Wien–München 1973), hier 232.
546 Aldrovandi Marescotti, Der Krieg der Diplomaten, 61.
547 Zur weniger beachteten Haltung Rumäniens: Rădulescu-Zoner, Rumänien und der Dreibund 1878–1914.
548 Möcker, Die Haltung, 57 und Anm. 205.
549 Dazu die Dissertation von Peter Schuster, Henry Wickham-Steed und die Habsburgermonarchie (= Veröffentlichungen der Kommission für neuere Geschichte Österreichs 53, Wien–Köln–Graz 1970). Zusätzliche Aspekte bei: Thomas Angerer, Henry Wickham-Steed, Robert William Seton-Watson und die Habsburgermonarchie, in: Mitteilungen des Instituts für österreichische Geschichtsforschung, Bd. 99 (Wien 1991), 435–473.
550 Möcker, Die Haltung, 75.
551 Ebenda, 78.
552 Ebenda, 78.
553 Valiani, The End, 124ff.
554 Möcker, Die Haltung, 81.
555 Hantsch, Berchtold II, 723, Tagebuchaufzeichnungen zum 11. 1. 1915.
556 Redlich, Tagebuch II, 19, zum 27. 1. 1915.
557 Ebenda, 11.
558 Ebenda, 19.
559 Synodalarchiv Budapest, Nachlaß Burián, Schreiben Conrads an Burián, 12. 2. 1915.
560 Egmont Zechlin, Das „schlesische" Angebot und die italienische Kriegsgefahr 1915, in: Geschichte in Wissenschaft und Unterricht 9 (1963), 533–556.
561 Stephan Graf Burián, Drei Jahre aus der Zeit meiner Amtsführung im Kriege (Berlin 1923), 38f.
562 Möcker, Die Haltung, 90.
563 Ebenda, 92f.
564 Redlich, Tagebuch II, 22.
565 Ebenda.
566 Ebenda.
567 Ebenda, 29.
568 Burián, Drei Jahre, 34, berichtet, der Herzog von Avarna habe ihm dies schon bei ihrer ersten Begegnung nach der Ernennung Buriáns gesagt.
569 Valiani, The End, 110.
570 Zitiert bei: Zechlin, Angebot, 555.
571 Ministerratsprotokolle zum 18. 6. 1915 (= Komjáthy 233–266), hier 243.
572 Zechlin, Angebot, 551.
573 KA, Tagebuch Schneller, 315.
574 Ebenda, 316.
575 HHStA, PA I, Karton 499, Liasse Krieg, geh. XLVII, 2, Conrad an Burián, 2. 4. 1915. Ferner: KA, AOK, Op. 8657. Vgl. dazu auch: Ritter, Staatskunst III, 81.
576 KA, MKSM, sep. Karton 58, Conrad an Bolfras, 31. 5. 1915.
577 Wild von Hohenborn, Briefe und Tagebuchaufzeichnungen, 57.
578 KA, Tagebuch Schneller, 320.
579 Ebenda, 324.
580 KA, Tagebuch Kundmann, 21. 4. 1915.
581 Wild von Hohenborn, Briefe und Tagebuchaufzeichnungen, 60.
582 KA, Tagebuch Kundmann, 24. 4. 1915.
583 HHStA, PA I, Karton 499, geh. XLVII, 2, Telegr. Conrad an Burián, 30. 4. 1915.
584 May, Passing I, 197.
585 Möcker, Haltung, 105.
586 Friedrich Engel-Janosi, Österreich und der Vatikan, 2. Bd. (Wien 1960), 234f.

587 Ebenda, 235. Wohl ein typischer Fall von selektiver Wahrnehmung. Allerdings konnte man im Ministerium des Äußern angesichts der täglichen Halbwahrheiten der diplomatischen Vertretungen fast nicht anders reagieren.
588 KA, Tagebuch Schneller, 324.
589 Ebenda, 351.
590 Synodalarchiv Budapest, Nachlaß Burián, Schreiben von Max Wladimir Baron Beck an Burián, 9. 5. 1915.
591 Möcker, Die Haltung, 134.
592 KA, Tagebuch Kundmann, 16. 5. 1915.
593 Ebenda, 25. 5. 1915.
594 Möcker, Die Haltung, 141. Mit dieser Einladung in das deutsche Hauptquartier sollte wohl auch der Groll über die – der deutschen Auffassung nach – viel zu wenig flexible Haltung Österreich-Ungarns unterstrichen werden.
595 KA, Tagebuch Schneller, 355.
596 Friederike Maria Brunner, Die deutschsprachige Flugblatt- und Plakatpropaganda der österreichisch-ungarischen Monarchie im Ersten Weltkrieg, phil. Diss. (Wien 1971).
597 Alle Zitate aus den Briefen Conrads an Bolfras in: KA, MKSM, sep. Fasz. 58.
598 Eigentler, Tirol, 25.
599 KA, Tagebuch Marterer zum 27. 4. 1915.
600 Eigentler, Tirol, 195ff.
601 Die Angaben bei: Lawrence Sondhaus, In the Service of the Emperor. Italians in the Austrian Armed Forces 1814–1918 (= East European Monographs 291, New York 1990), 104.
602 Ebenda, 105.
603 Eigentler, Tirol, 11. Die noch ohne Akteneinsicht geschriebene Dissertation ist ebenso wie die parallel dazu entstandenen Arbeiten von Binder, Mateja und Doliner nach wie vor heranzuziehen. Für Tirol sollte der in Vorbereitung befindliche Band „Klischees im Tiroler Geschichtsbild" einige zusätzliche Erkenntnisse bringen.
604 Ebenda, 26.
605 Ebenda, 29.
606 Ingo Binder, Vorarlberg im Ersten Weltkrieg 1914–1918, phil. Diss. (Innsbruck 1959), 33. Zu den Vorarlberger Standschützen auch der Beitrag von Erwin Fitz, Frontgeschehen gegen Italien in Südtirol, in: 1914–1918. Vorarlberg und der Erste Weltkrieg. Quellen und Darstellung, hg. Gerhard Wanner (Schloß Hofen o. J.), 39–49.
607 Eigentler, Tirol, 199f.
608 Ebenda, 201.
609 Ebenda, 32.
610 KA, MKSM 1974, vom 26. 5. 1915.
611 Ronge, Kriegs- und Industriespionage.
612 Pantenius, Der Angriffsgedanke I, 613.
613 Ebenda, 615.
614 Diesbezügliche Überlegungen stellte Lothar Höbelt im Rahmen des 19. Österreichischen Historikertags (Graz 1992) an.
615 Fryer, Royal Navy, 111–118, der in diesem Zusammenhang vor allem die Rolle der britischen Marinemission in Serbien beschreibt.
616 Pantenius, Der Angriffsgedanke I, 555.
617 KA, MKSM, Conrad an Bolfras, 28. 5. 1915
618 Conrad an Bolfras, in: KA, Tagebuch Kundmann unter diesem Datum.
619 Alfred Krauß, Die Ursachen unserer Niederlage, 3. Aufl. (München 1923), 208.
620 Falkenhayn an Conrad, 11. 6. 1915, in: KA, Tagebuch Kundmann unter diesem Datum.
621 Ebenda, 12. 6. 1915.
622 KA, Tagebuch Schneller, 385.
623 KA, Tagebuch Marterer zum 11. 6. 1915.
624 KA, Tagebuch Schneller, 385.

625 Die genaue Gliederung und Kräfteverteilung im Werk: „Österreich-Ungarns letzter Krieg" Bd. II, Beilage XIV.

626 Umfassende Angaben dazu im italienischen Generalstabswerk, Stato Maggiore, 205, ferner: John Whittam, The Politics of the Italian Army 1861–1918 (London 1977), v. a. 191–209. Zur italienischen Geschichtsschreibung über den Weltkrieg seit 1945: Giorgio Rochat, L'Italia nella prima guerra mondiale: problemi die interpretazione e ipotesi di ricerca oggi, in: Rivista di storia contemporanea, Fasz. 2 (1976), 161–207.

627 Katalog Fliegen 90/71, 128. Ferner: Georg Gassner, Die österreichisch-ungarische Fliegertruppe im Einsatz an der Südwestfront 1915–1918, phil. Diss. (Wien 1980), hier bes. 88f.

628 Georg Veith, Die Isonzoverteidigung, in: Ergänzungsheft 3 zum Werke „Österreich-Ungarns letzter Krieg" (Wien 1932), 19.

629 Katalog Fliegen 90/71, 135. Umfassend Peter Schupita, Die k. u. k. Seeflieger. Chronik und Dokumentation der österreichisch-ungarischen Marineluftwaffe 1911–1918 (Koblenz 1983), hier v. a. ab 166.

630 Über die Hintergründe der „Lusitania"-Affäre und vor allem die mißbräuchliche Verwendung des Dampfers sowie die politischen Aktionen informiert eingehend das Buch von Colin Simpson, Die Lusitania. Amerikas Eintritt in den Weltkrieg (Frankfurt/Main 1973).

631 Cramon, Schicksalsbund, 105.

632 Glaise-Horstenau, General im Zwielicht I, 356.

633 Krauß, Ursachen, schildert diese Episode und übt gleichzeitig heftige Kritik an der Befehlsführung der 5. Armee.

634 Pantenius, Der Angriffsgedanke II, 653.

635 KA, Tagebuch Schneller, 401.

636 Pantenius, Der Angriffsgedanke II, 661.

637 Oswald Gschließer, Aus dem Tagebuch eines Unbekannten. Kriegserlebnisse eines vor 50 Jahren an der Isonzofront Gefallenen, in: Wiener Monatshefte, 39. Jg. (1965), 6.

638 Vgl. dazu: Veith, Isonzoverteidigung, a. a. O.

639 Über diese Kontroverse aus jüngerer Zeit: Günther Reinhart, Die erste und zweite Isonzoschlacht unter besonderer Berücksichtigung der vorangegangenen politischen Ereignisse, Dipl.-Arbeit an der Universität Wien (1990), 111ff.

640 KA, Tagebuch Schneller, 17. 8. 1915.

641 Ebenda.

642 Zur Charakteristik von Boroević die Arbeit von Eduard F. Hoffmann, Feldmarschall Svetozar Boroević von Bojna. Österreich-Ungarns Kriegsfront an den Flüssen Isonzo und Piave, geisteswiss. Diss. (Wien 1985).

643 KA, Tagebuch Schneller, 493.

644 Glaise-Horstenau, General im Zwielicht I, 356.

645 KA, Tagebuch Schneller, 438.

646 History of the Great War. Military Operations Italy, 1915–1919, comp. J. E. Edmonds (London–Nashville 1991), 13f.

647 Über die Verhältnisse während und nach der zweiten Isonzoschlacht die Arbeiten von Reinhart und Veith.

648 KA, Tagebuch Schneller, 423.

649 Ebenda, 480.

650 Zur Audienz Conrads beim Kaiser am 26. 7. 1915 die Eintragungen im Tagebuch Kundmann zu diesem Tag, 173.

651 Zu diesen Kontakten umfassend: Peter Schubert, Die Tätigkeit des k. u. k. Militärattachés in Bern während des Ersten Weltkrieges (= Studien zur Militärgeschichte, Militärwissenschaft und Konfliktforschung 26, Osnabrück 1980).

652 Pantenius, Der Angriffsgedanke II, 691.

653 Ebenda, 695.

654 Synodalarchiv Budapest, Nachlaß Tisza, Karton 14/15, 216f.

655 Pantenius, Der Angriffsgedanke II, 705.

656 Franz Conrad von Hötzendorf, Private Aufzeichnungen, hg. Kurt Peball (Wien 1977), 94 und 115.

657 Wegs, Kriegswirtschaft, 53. Die Zahlen auch bei: Gustav Stolper, Das mitteleuropäische Wirtschaftsproblem (Wien 1918), 34.

658 Dazu: Sigrid Augeneder, Arbeiterinnen im Ersten Weltkrieg. Lebens- und Arbeitsbedingungen proletarischer Frauen in Österreich (Wien 1987), 26f.
659 Wegs, Kriegswirtschaft, 54f.
660 Ebenda, 55.
661 Die Aktion „Gold gab ich für Eisen" war sicherlich eine der wirkungsvollsten und stellte auch einen beachtlichen Erfolg der Kriegspropaganda dar.
662 Wegs, Kriegswirtschaft, 57f.
663 Ebenda, 86f.
664 Ebenda, 110.
665 Peter Schubert, Die Tätigkeit, 459ff, sowie derselbe, Der österreichisch-italienische Gegensatz im Spiegel der Militärattachéberichte aus Bern (1908–1915), in: Mitteilungen des Österreichischen Staatsarchivs, 33. Jg. (1977), 247–262, hier 256.
666 Katalog Fliegen 90/71, 128 sowie Anhang I, 305–308.
667 Wegs, Kriegswirtschaft, 121.
668 Military Operations Italy, 16.
669 Redlich, Österreichische Regierung, 180f.
670 Wegs, Kriegswirtschaft, 142, und Richard Riedl, Die Industrie Österreichs während des Krieges, hg. Carnegie-Stiftung (Wien–New Haven 1932), 98.
671 Wegs, Kriegswirtschaft, 43f.
672 Kriegserinnerungen Herberstein, 108.
673 Bernhard Denscher, Gold gab ich für Eisen. Kriegsplakate 1914–1918 (Wien–München 1987).
674 Wegs, Kriegswirtschaft, 42.
675 Ebenda.
676 Dazu: Wolfdieter Bihl, Die Beziehungen zwischen Österreich-Ungarn und dem Osmanischen Reich im Ersten Weltkrieg, in: Österreichische Osthefte, 24. Jg., Heft 1 (Wien 1982), 41.
677 Grandner, Kooperative Gewerkschaftspolitik, 145.
678 Ebenda, 146.
679 Zu den Kriegsgefangenen vgl. u. a. die Dissertationen von Petra Rappersberger, Rudolf Koch und Peter Hansak (vgl. Bibliographie).
680 Augeneder, Arbeiterinnen, 19.
681 Grandner, Kooperative Gewerkschaftspolitik, 150.
682 Wegs, Kriegswirtschaft, 97.
683 Augeneder, Arbeiterinnen, 10–14.
684 Wegs, Kriegswirtschaft, 96. Die diesbezüglichen Aussagen des Direktors Sonnenschein von der Witkowitzer Bergbau- und Eisenhütten-Gewerkschaft werden durch den Vergleich mit der Verwendung von Frauen bei der Munitionserzeugung obsolet.
685 Wegs, Kriegswirtschaft, 96.
686 Augeneder, Arbeiterinnen, 53ff.
687 Dazu auch die Einführung von Brigitte Holl im Ausstellungskatalog „Die Frau im Krieg" (Heeresgeschichtliches Museum, Wien 1986).
688 Grandner, Kooperative Gewerkschaftspolitik, 177f.
689 KA, MKSM 69-24/1.2 ex 1915 und 69–22/1 ex 1916, 17. 9. 1916 und andere, mit Bezugnahme auf Vorgänge seit Dezember 1915.
690 KA, MKSM 69-22/1 ex 1916, Extraktbogen, Bemerkung der MKSM.
691 Augeneder, Arbeiterinnen, 17.
692 Hecht, Fragen zur Heeresergänzung, 311.
693 Ebenda, 312.
694 Führ, Armeeoberkommando, 35ff.
695 Ebenda. Inhalt, Behandlung und Auswirkungen dieses Memorandums 35–43.
696 Ebenda, 48.
697 KA, MKSM, Conrad an Bolfras, 21. 5. 1915.
698 Führ, Armeeoberkommando, 55. Das Regiment wurde mittels einer kaiserlichen Entscheidung am 16. 7. 1915 aufgelöst.

699 Conrad an Bolfras, 7. 6. 1915, in: KA, Tagebuch Kundmann unter diesem Tag.
700 Führ, Armeeoberkommando, 63ff.
701 Brief Conrad an Bolfras in: KA, Tagebuch Kundmann, 7. 6. 1915.
702 Führ, Armeeoberkommando, 74.
703 Der Komplex des Vermögensentzugs und die rechtlichen Probleme von Sühnemaßnahmen bei Hochverrat wieder bei: Führ, Armeeoberkommando, 99–109.
704 Meier, Christlichsoziale, 7.
705 Zit. nach Theodor Freiherr von Kathrein (1842–1916), Landeshauptmann von Tirol. Briefe und Dokumente zur katholisch-konservativen Politik um die Jahrhundertwende. Aus dem Nachlaß hg. und kommentiert von Richard Schober (Innsbruck 1992), 63.
706 Führ, Armeeoberkommando, 81–90.
707 KA, Nachlaß B/1000 (Kövess), Nr. 222, Biographie Géza v. Kövess', 59.
708 Vgl. dazu die als Manuskript veröffentlichte Hamburger Magisterarbeit von H. Jürgen Ostler, Soldatenspielerei? Vormilitärische Ausbildung bei Jugendlichen in der österreichischen Reichshälfte der Donaumonarchie 1914–1918, hg. Militärhistorischer Dienst, Wien, Sonderreihe Bd. 1 (Wien 1991). Ergänzend dazu: Barbara Holzer, Die politische Erziehung und der vaterländische Unterricht in Österreich zur Zeit des Ersten Weltkriegs, Dipl.-Arbeit, Univ. Wien (1987).
709 Ostler, Soldatenspielerei, 47.
710 Holzer, Die politische Erziehung, 73.
711 Otto Glöckel, Die Wehrhaftmachung der Jugend (Wien 1916), 4. Dazu Ostler, Soldatenspielerei, 53.
712 Ostler, Soldatenspielerei, 55.
713 Führ, Armeeoberkommando, 133, mit Bezugnahme auf ein Schreiben des AOK vom 19. 8. 1915.
714 Ostler, Soldatenspielerei, 58ff.
715 Ebenda, 84.
716 Ebenda, 96.
717 Ebenda, 105f.
718 Ebenda, 109.
719 Führ, Armeeoberkommando, 140.
720 Ebenda, 142.
721 Ebenda.
722 KA, Faszikel Statistik 1914–1918, v. a. Kriminal-Statistik des k. u. k. Heeres und der k. u. k. Kriegsmarine. Das Strafverfahren 1914–1916.
723 KA, Tagebuch Kundmann, 20. 9. 1915.
724 Führ, Armeeoberkommando, 166.
725 Ebenda, 165ff.
726 HHStA, PA I, Karton 497, Liasse Krieg, geh. XLVII/1a, c, 116.
727 Meier, Christlichsoziale, 10.
728 Hecht, Heeresergänzung, 313.
729 Dazu: Fischer, Griff nach der Weltmacht, 158–169, und v. a.: Kraft, Staatsraison und Kriegführung im kaiserlichen Deutschland (Göttingen 1980), 93f.
730 Kraft, Staatsraison und Kriegführung, 95.
731 Ebenda.
732 KA, Tagebuch Schneller, 395.
733 Sehr anschauliche Schilderungen auch bei: Hesshaimer, Miniaturen, 91–94.
734 Ebenda, 93.
735 Ebenda, 99f.
736 Ebenda, 110.
737 Der Einsatz von Chlorgas bei Ypern gilt als der erste Großeinsatz von chemischen Kampfstoffen im Ersten Weltkrieg. Es waren wohl schon von den Franzosen im Verlauf des Jahres 1914 Bromessigester-Granaten verschossen worden, doch diese setzten zwar einen erstickenden, aber keinen giftigen Kampfstoff frei. Noch vor Jahresende 1915 wurde mit der Verwendung von Phosgen begonnen und diesem dann Diphenylchlorarsin beigegeben, um die Gasmasken der Alliierten zu „durchbrechen". Zur Kriegführung mit Giftgas vgl. Robert Harris und Jeremy Paxman, Eine höhere Form des Tötens. Die unbekannte Geschichte der B- und C-Waffen (München 1985), hier bes. 13–33.

[738] KA, Tagebuch Kundmann, 26. 7. 1915.
[739] KA, Tagebuch Marterer, 23. 6. 1915.
[740] Vgl. dazu auch: Österreich-Ungarns letzter Krieg, Bd. II, 588–609.
[741] Wild von Hohenborn, Briefe und Tagebuchaufzeichnungen, 78.
[742] Jeřábek, Brussilowoffensive I, 73.
[743] KA, Tagebuch Kundmann, 26. 7. 1915.
[744] Burián im Gespräch mit Conrad am 26. 7. 1915, zit. nach: KA, Tagebuch Kundmann unter diesem Datum.
[745] Stone, Eastern Front, 187f.
[746] Janßen, Kanzler, 150.
[747] Ebenda, 150f.
[748] Ebenda, 136.
[749] KA, MKSM, Conrad an Bolfras, 11. 8. 1915.
[750] Kraft, Staatsraison, 107.
[751] Jeřábek, Brussilowoffensive I, 80.
[752] Stone, Eastern Front, 190.
[753] Hecht, Heeresergänzung, 250f.
[754] KA, MKSM, Conrad an Bolfras, 21. 7. 1915.
[755] Die Offensive ausführlich in: Österreich-Ungarns letzter Krieg, Bd. III, 51–184.
[756] Hesshaimer, Miniaturen, 124.
[757] KA, Tagebuch Kundmann, 28. 8. 1915.
[758] KA, Tagebuch Schneller, 3. 9. 1915.
[759] Jeřábek, Brussilowoffensive I, 87.
[760] Ebenda, 93.
[761] Die erwähnten Tagebücher und zudem: Jeřábek, Brussilowoffensive I, 94.
[762] KA, Tagebuch Kundmann, 13. 9. 1915.
[763] KA, Tagebuch Schneller, 13. 9. 1915.
[764] HHStA, PA I, Karton 499, geh. XLVII/2b–13.
[765] KA, Tagebuch Schneller, 17. 9. 1915, und Glaise-Horstenau, General im Zwielicht I, 358.
[766] Kraft, Staatsraison, 112ff.
[767] Stone, Eastern Front, 190.
[768] Ebenda.
[769] KA, Tagebuch Schneller, 23. 9. 1915, ferner Jeřábek, Brussilowoffensive I, 99.
[770] Stone, Eastern Front, 149.
[771] Ebenda, 191.
[772] Ebenda.
[773] Jeřábek, Brussilowoffensive I, 105.
[774] KA, Nachlaß 1014 (Martiny), Kriegstagebuch, 24. 9. 1915.
[775] KA, Tagebuch Schneller, 23. 9. 1915.
[776] Jeřábek, Brussilowoffensive I, 108.
[777] Ebenda. Dazu auch: Fritz Franek, Die Entwicklung der österreichisch-ungarischen Wehrmacht in den ersten zwei Kriegsjahren (Ergänzungsheft 5 zum Werke „Österreich-Ungarns letzter Krieg", Wien 1933).
[778] KA, Tagebuch Marterer, 26. 9. 1915.
[779] KA, MKSM, Conrad an Bolfras, 4. 10. 1915.
[780] KA, Tagebuch Kundmann, 5. 8. 1915.
[781] Ebenda, 4. 9. 1915.
[782] Zu diesem Fragenkomplex: Anne Christine Holden, Bulgaria's Entry in the First World War. A Diplomatic Study, 1913–1915, Ph. D. University of Illinois (1976; Druck: University Microfilm Internationals, Anne Arbor 1992).
[783] Holden, Bulgaria's Entry, 154–183.
[784] Janßen, Kanzler, 152f.
[785] KA, Tagebuch Kundmann, 17. 9. 1915.
[786] KA, MKSM, Conrad an Bolfras, 4. 10. 1915.
[787] Zum Folgenden: Wagner, Der Erste Weltkrieg, 117–123, und ausführlicher: Österreich-Ungarns letzter Krieg, Bd. III, 187–325.

788 Hesshaimer, Miniaturen, 136.
789 KA, Tagebuch Kundmann, 20. 11. 1915.
790 Ebenda, 15.–17. 11. 1915.
791 KA, MKSM 25-1/5, 1915, Nr. 4252.
792 Die Gründe dafür und die Conradsche Interpretation ausführlich in: Aus meiner Dienstzeit, Bd. V. Dazu auch: Conrad, Private Aufzeichnungen, u. a. 77, 155, 267f.
793 Bundesarchiv–Militärarchiv Freiburg i. Br., Nachlaß N266 Aufzeichnungen (Cramon) 43a.
794 HHStA, PA I, Karton 497, Liasse XLVII, geh., 1a–c, 264–270.
795 KA, Tagebuch Kundmann, 22. 11. 1915.
796 Kriegserinnerungen Herberstein, 114.
797 Ebenda, 328.
798 Ebenda, 345.
799 KA, Tagebuch Schneller, 29. 12. 1915.
800 Jeřábek, Brussilowoffensive I, 126.
801 KA, MKSM, Conrad an Bolfras, 28. 12. 1915.
802 Das notierte Schneller in seinem Tagebuch schon zum 3. 12. 1915.
803 Friedrich Naumann, Mitteleuropa (Berlin 1915). Zur Diskussion im Deutschen Reich: Fischer, Griff, 208–239.
804 Gustav Gratz und Richard Schüller, Die äußere Wirtschaftspolitik Österreich-Ungarns. Mitteleuropäische Pläne, hg. Carnegie-Stiftung, österreichische und ungarische Serie (Wien–New Haven 1925).
805 Dazu grundlegend Fritz Fellner, Denkschriften aus Österreich. Die österreichische Mitteleuropa-Diskussion in Wissenschaft und Politik 1915/16, in: Geschichte zwischen Freiheit und Ordnung. Gerald Stourzh zum 60. Geburtstag, hg. E. Brix, Th. Fröschl und J. Leidenfrost (Graz–Wien–Köln 1991), 145–162.
806 Ramhardter, Geschichtswissenschaft, 33.
807 Ebenda, 32.
808 Ebenda, 35.
809 Ebenda, 37.
810 Ebenda, 39.
811 Fellner, Denkschriften aus Österreich, 149.
812 Denkschrift aus Deutsch-Österreich. Als Manuskript gedruckt (vertraulich; Leipzig 1915), 5f.
813 Dazu Andrej Mitrovic, Die Balkanpolitik der Ballhausbürokratie im Ersten Weltkrieg (1914–1916), in: Gesellschaft, Politik und Verwaltung in der Habsburgermonarchie, hg. F. Glatz und R. Melville (= Veröffentlichungen des Instituts für Europäische Geschichte Mainz, Abteilung Universalgeschichte, Beiheft 15, Stuttgart 1987), 343–373.
814 Fellner, Denkschriften aus Österreich, 156.
815 Bihl, Die Beziehungen, 40.
816 Dazu: Karl Johannes Bauer, Alois Musil. Wahrheitssucher in der Wüste (Wien–Köln 1989), 204–275.
817 Bihl, Die Beziehungen, 41.
818 Wild von Hohenborn, Briefe und Tagebuchaufzeichnungen, 96–99.
819 Ebenda, 102.
820 Ramhardter, Geschichtswissenschaft, 41.
821 Schweizerisches Bundesarchiv, Bern, 2300 Wien, Nr. 31, Bericht Gesandter Bourcart an das Politische Departement, 15. 1. 1916.
822 Gratz-Schüller, Wirtschaftspolitik, 9ff.
823 Ramhardter, Geschichtswissenschaft, 39f.
824 Gratz-Schüller, Wirtschaftspolitik, 18f.
825 Das Konvolut in: KA, MKSM 25-1/5, ex 1916. Die „Sylvesterdenkschrift" auch im Synodalarchiv Budapest, Nachlaß Tisza, Karton 14/15, 226, 1–9. Dazu auch KA, Tagebuch Schneller, 31. 12. 1915.
826 KA, Tagebuch Schneller, 31. 12. 1915.
827 Ministerratsprotokolle vom 7. 1. 1916. Beilage (= Komjáthy, 352–391).
828 KA, MKSM 25-1/5 ex 1915, Vortrag Conrad, Op. Nr. 16.560, vom 10. 10. 1915 und ergänzende Stücke bis Op. Nr. 18.400, 26. 11. 1915.
829 KA, MKSM 25-1/5 ex 1915, Schreiben Conrads an den Kaiser, 22. 11. 1915, Op. Nr. 18.260.

830 Ministerratsprotokolle zum 7. 1. 1916. (= Komjáthy, 352–391).

831 KA, MKSM, Conrad an Bolfras, 11. 1. 1916.

832 Zum Problem des Kulminationspunkts vgl. John Tashjean, Zum Kulminationsbgriff bei und nach Clausewitz, in: Clausewitz, Jomini, Erzherzog Carl. Eine geistige Trilogie des 19. Jahrhunderts und ihre Bedeutung für die Gegenwart (Wien 1988), 50–73.

833 KA, Tagebuch Kundmann, 24. und 28. 12. 1915.

834 Die Schilderung eines österreichischen Kriegsgefangenen, der diesen Zug mitmachte, bei: Wenzel Ruzicka, Soldat im Vielvölkerheer (Freilassing 1987). Die Erinnerung an diesen Zug wird vor allem im montenegrinischen Adrijevica auch bildlich wachgehalten.

835 KA, Tagebuch Schneller, 9. 1. 1916.

836 Ebenda, 15. 1. 1916.

837 KA, Tagebuch Kundmann, 11. 1. 1916. Die Formel von der „bedingungslosen Kapitulation" ist also nicht eine ausschließlich amerikanische Tradition, sondern findet sich in dem Zusammenhang in der österreichischen Terminologie. Auch die daraus abgeleiteten Konsequenzen entsprachen bereits jenen, die dann Normen des totalen Kriegs, vor allem ab 1943, werden sollten.

838 Ebenda, 29. 1. 1916.

839 Ebenda, 26. 1. 1916. Der Erzherzog vertrat einen solchen Standpunkt auch nachhaltig gegenüber dem deutschen Reichskanzler Bethmann Hollweg.

840 Ebenda, 14. 2. 1916.

841 Ebenda, 25. 3. 1916.

842 Der Inhalt der Gespräche ausführlich im Tagebuch Kundmann, 26. 1. 1916.

843 Dazu: Redlich, Österreichische Regierung, 249–256.

844 Ebenda, 254.

845 Redlich, Tagebuch II, 115, 15. 5. 1916.

846 Zeman, Zusammenbruch, 97.

847 PRO FO 371/2602: The War 1916.

848 Zeman, Zusammenbruch, 86.

849 Peter Schuster, Henry Wickham-Steed und die Habsburgermonarchie (Veröffentlichungen der Kommission für neuere Geschichte Österreichs 53, Wien 1970), 172. Diese Argumentation wurde schließlich von der britischen wie von der gesamten alliierten Politik übernommen. Sie sollte aber letztlich nur etwas bemänteln, das ganz andere Wurzeln hatte.

850 Zeman, Zusammenbruch, 99.

851 Ebenda. Dieselben Aussagen auch bei: Valiani, The End of Austria-Hungary, und Fejtö, Requiem.

852 Schuster, Wickham-Steed, 175.

853 Zeman, Zusammenbruch, 99, und Péter Hanák, The British Press and Austria-Hungary 1914–1918 (London 1962).

854 Glaise-Horstenau, General im Zwielicht I, 367.

855 Pantenius, Der Angriffsgedanke II, 717.

856 Ebenda, 718.

857 Ebenda, 736.

858 Ebenda, 738. Der Text der Denkschrift Conrads bei: Hermann Wendt, Der italienische Kriegsschauplatz in europäischen Konflikten. Seine Bedeutung für die Kriegführung an Frankreichs Nordostgrenze (= Schriften der Kriegsgeschichtlichen Abteilung im Historischen Seminar der Friedrich-Wilhelm-Universität Berlin, Heft 11, Berlin 1936).

859 KA, Tagebuch Kundmann, 3. 12. 1915.

860 Cramon, Aufzeichnungen, 51a.

861 Walther Schaumann, Die Bahnen zwischen Ortler und Isonzo 1914–1918 (Wien 1991).

862 Glaise-Horstenau, General im Zwielicht I, 373.

863 KA, Tagebuch Kundmann, 14. 2. 1916.

864 Ebenda, 16. 2. 1916.

865 KA, Tagebuch Schneller, 25. 2. 1916.

866 Gerhard Artl, Die österreichische Südtiroloffensive 1916 (= Militärgeschichtliche Dissertationen österreichischer Universitäten 2, Wien 1983), 70.

867 Die Kontroverse ausführlich bei: Halpern, Naval War, 286f. Die Schlußfolgerung Conrads in: KA, AOK, Op. 22.332, vom 17. 3. 1916.
868 KA, Tagebuch Kundmann, 20. 4. 1916.
869 Ebenda, 24. 4. 1916.
870 KA, Tagebuch Schneller, 23. 4. 1916.
871 Artl, Südtiroloffensive, 94, und freundliche Mitteilung des Autors. Zur Kontroverse um den Angriffsbeginn auch: Pantenius, Angriffsgedanke II, 884–911. Hier auch Ablichtungen von metereologischen Meldungen.
872 Glaise-Horstenau, General im Zwielicht I, 363.
873 KA, MKSM, Conrad an Bolfras, 2. 5. 1916.
874 Artl, Südtiroloffensive, 102.
875 Ebenda, 102f. Zur Geheimhaltung gegenüber dem Deutschen Reich: Pantenius, Angriffsgedanke II, 861–866.
876 KA, Tagebuch Kundmann, 13. 5. 1916.
877 Artl, Südtiroloffensive, 113.
878 Ebenda, 123.
879 Ebenda, 122.
880 Piero Pieri, La Prima Guerra Mondiale 1914–1918 (Torino 1947), 198f.
881 Artl, Südtiroloffensive, 133.
882 Ebenda, 139.
883 KA, MKSM, Conrad an Bolfras, 21. 5. 1916.
884 Ebenda, 23. 5. 1916.
885 Redlich, Tagebuch II, 117.
886 Artl, Südtiroloffensive, 151.
887 Jeřábek, Brussilowoffensive I, 204.
888 Kriegserinnerungen Herberstein, 347, der dies von der 10. Kavallerie-Truppendivision berichtet (Eintragung zum 19. 2. 1916).
889 Jeřábek, Brussilowoffensive I, 220.
890 KA, Op. geh. Nr. 3, 19. 6. 1916.
891 Ebenda.
892 Jeřábek, Brussilowoffensive I, 262.
893 Falkenhayn an Cramon, 5. 6. 1916, zit. nach Jeřábek, Brussilowoffensive II, 312.
894 Zur Gliederung der Armee vgl. Österreich-Ungarns letzter Krieg, Bd. IV, Beilage 2.
895 Gonda, Verfall, 293. Das Regiment setzte sich 1914 aus 67 Prozent Tschechisch- und 31 Prozent Deutschsprechenden zusammen.
896 Wild von Hohenborn, Briefe und Tagebuchaufzeichnungen, 160f.
897 Ebenda, 162.
898 Jeřábek, Brussilowoffensive II, 310.
899 Kriegserinnerungen Herberstein, 375.
900 Ebenda, 380.
901 KA, Tagebuch Schneller, mehrere Eintragungen, vor allem zum 16. 3. 1916. Die Kritik an der Anwesenheit von Frauen in Teschen bezog sich in erster Linie auf die Frau des Generalstabschefs, Gina Conrad von Hötzendorf.
902 Ebenda, 4. 7. 1916.
903 Jeřábek, Brussilowoffensive II, 317.
904 KA, Tagebuch Kundmann, 8. 6. 1916.
905 Cramon, Aufzeichnungen, 2r.
906 KA, Nachlaß B/151 (Zeynek), Nr. 2: Das Leben eines österreichisch-ungarischen Generalstabs-Offiziers, 166f.
907 KA, AOK, Op. 26.200, Telegramm vom 17. 6. 1916.
908 Kriegserinnerungen Herberstein, 382f.
909 Jeřábek, Brussilowoffensive II, 352.
910 Ebenda, 361.
911 Dazu Janßen, Kanzler, 210–214.

[912] BAMA, Cramon, Aufzeichnungen, 3a.
[913] Zit. nach: Hecht, Heeresergänzung, 276. Brief Tiszas an Stürgkh vom 28. 1. 1916.
[914] Ebenda, 281f.
[915] Doppelbauer, Zum Elend noch die Schande, 181.
[916] Ebenda, 182.
[917] Ebenda, 183.
[918] Jeřábek, Brussilowoffensive II, 400.
[919] Redlich, Tagebuch II, 126f. Unter anderem bezog sich Redlich bei dieser Feststellung auf den Journalisten Paul Schulz.
[920] Der Bericht an die Militärkanzlei (69–2/6, 1916) gedr. bei: Janßen, Kanzler, 299ff.
[921] KA, MKSM, Conrad an Bolfras, 19. 7. 1916.
[922] Jeřábek, Brussilowoffensive II, 406.
[923] BAMA, Cramon, Aufzeichnungen, 4a,r.
[924] Ebenda.
[925] Jeřábek, Brussilowoffensive II, 407, und Janßen, Kanzler, 356f.
[926] Jeřábek, Brussilowoffensive II, 409.
[927] Kriegserinnerungen Herberstein, 392.
[928] Ebenda, 386ff.
[929] BAMA, Cramon, Aufzeichnungen, 6r.
[930] KA, Tagebuch Schneller, 18. 7. 1916.
[931] Kriegserinnerungen Herberstein, 396.
[932] Österreich-Ungarns letzter Krieg, Bd. IV, 698–703.
[933] Die Einzelheiten bei: Lothar Rendulic, Der Gasangriff auf der Hochfläche von Doberdó, in: Militärwissenschaftliche und technische Mitteilungen, 11/12 (1926). Zum Gaseinsatz allgemein und zur Verwendung der verschiedenen Kampfstoffe im Ersten Weltkrieg: Olaf Groehler, Der lautlose Tod. Einsatz und Entwicklung deutscher Giftgase von 1914 bis 1945 (Reinbek b. Hamburg 1989).
[934] Jeřábek, Brussilowoffensive II, 430.
[935] Reaktionen auf die Angriffe der ungarischen Opposition u. a. im Tagebuch Schneller, 24. 8. 1916.
[936] BAMA, Cramon, Aufzeichnungen, 11r.
[937] Vgl. dazu die Bemerkungen bei: Jeřábek, Brussilowoffensive II, 440.
[938] KA, AOK, Op. geh. 10. Dazu auch KA, Tagebuch Kundmann, 25. und 26. 6. 1916.
[939] KA, MKSM 69–6/23–2, 1916.
[940] Gonda, Verfall, 295.
[941] Dazu der Brief Wilds vom 4. August, in: Wild von Hohenborn, Briefe und Tagebuchaufzeichnungen, 186.
[942] KA, Tagebuch Schneller, 19. 8. 1916.
[943] Jeřábek, Brussilowoffensive II, 455, der sich dabei auf Cramon bezieht.
[944] Ebenda, 457.
[945] KA, MKSM 69–2/10–1, 1916, Chiffre-Telegramm, Teschen, 23. 8. 1916.
[946] BAMA, Cramon, Aufzeichnungen, 12a.
[947] Kriegserinnerungen Herberstein, 400, wo das Promemoria im Wortlaut enthalten ist.
[948] Ebenda, 403.
[949] Ebenda, 404.
[950] Ebenda, 405.
[951] Jeřábek, Brussilowoffensive II, 465.
[952] Ebenda, 466.
[953] KA, Tagebuch Schneller, 4. 9. 1916.
[954] BAMA, Cramon, Aufzeichnungen, 12a.
[955] Archiv des Auswärtigen Amtes (AA), Bonn, Botschaft Wien, geheim, Band 8/I. L. 118743–118750.
[956] Gonda, Verfall, 296.
[957] Ebenda, 298.
[958] Andreas Hillgruber, Der historische Ort des Ersten Weltkriegs, in: Stuttgart, 19.–24. August 1985 (Freiburg 1986), 425. Ebenso in Gregor Schöllgen (Hg.), Flucht in den Krieg. Die Außenpolitik des kaiserlichen Deutschland (Darmstadt 1991), 230–249.

959 Ebenda, 420–437.
960 Österreich-Ungarns letzter Krieg, Bd. VI, 46f. Dazu auch: Hecht, Heeresergänzung, 287–306.
961 Die Ersatzzuführung mittels monatlich zu bildender Marschformationen war auch einer der Kritikpunkte, die Fürst Ludwig Windisch-Graetz in einer Geheimsitzung des ungarischen Abgeordnetenhauses am 16. September 1916 vorbrachte.
962 Das Nachfolgende hauptsächlich nach Erwin Steinböck, Ausrüstung des österreichischen Soldaten im Ersten Weltkrieg, in: Weltkrieg 1914–1918. Heereskundlich-Kriegsgeschichtliche Betrachtungen siebzig Jahre danach, Materialien (als Manuskript vervielfältigt, Wien 1988), 81–102.
963 Deák, K. (u.) k. Offizier, 234f.
964 Katalog Fliegen 90/71, 188f.
965 Dazu vor allem: Wolfgang Steglich, Bündnissicherung oder Verständigungsfrieden. Untersuchungen zum Friedensangebot der Mittelmächte vom 12. Dezember 1916 (= Göttinger Bausteine zur Geschichtswissenschaft 28, Göttingen 1958).
966 Ebenda, 22f.
967 Ebenda, 23.
968 Ebenda, 31.
969 Synodalarchiv Budapest, Nachlaß Tisza 14/15, 222ff.
970 Der Text als Manuskript gedruckt (Leipzig 1915), hier 71. Dazu auch: Paul R. Sweet, Germany, Austro-Hungary and Mitteleuropa: August 1915 – April 1916, in: Festschrift für Heinrich Benedikt (Wien 1957), 186.
971 Zeman, Zusammenbruch, 106.
972 Synodalarchiv Budapest, Nachlaß Tisza, 14/15, 222ff, Brief vom 29. 12. 1915.
973 Dazu: Vermes, Tisza, 340f.
974 Jeřábek, Brussilowoffensive II, 508.
975 Ebenda, 509.
976 Ebenda, 510.
977 KA, MKSM 1-3/200. Der Kaiser nahm in dieses Schreiben Einblick. Auf seine Weisung wurde dann eine Abschrift des Briefs Außenminister Burián zur Verfügung gestellt. Damit verlor der Brief vollends den Charakter eines Privatschreibens.
978 BAMA, Cramon, Aufzeichnungen, 3a.
979 Kriegserinnerungen Herberstein, 416.
980 Ein als „streng vertraulich" gekennzeichnetes Exemplar dieser Rede im Nachlaß Herberstein, Graz.
981 Vermes, Tisza, 343f.
982 Ebenda, 345.
983 Ebenda, 355.
984 Gonda, Verfall, 197.
985 Zeman, Zusammenbruch, 117.
986 Ebenda, 118.
987 Eingehend dargestellt bei Gonda, Verfall, 296, wo u. a. auch die Vorschläge Baron Stoltzenbergs an Ludendorff vom September 1916 behandelt werden.
988 Kriegserinnerungen Herberstein, 419.
989 Peter Broucek, Die deutschen Bemühungen um eine Militärkonvention mit Österreich-Ungarn (1915 bis 1918), in: Mitteilungen des Instituts für österreichische Geschichtsforschung, 87. Bd. (1979), 451.
990 Gonda, Verfall, 301.
991 Ebenda, 300f.
992 Ebenda, 301.
993 AA Bonn, R 22230, Österreich, geh. 70, 231–234.
994 May, Passing I, 291.
995 Ebenda, 342.
996 Zum Folgenden: Alexander Fussek, Ministerpräsident Karl Graf Stürgkh, phil. Diss. (Wien 1959), 166ff.
997 Rudolf G. Ardelt, Der Prozeß gegen Friedrich Adler, in: Sozialistenprozesse, hg. Karl Stadler (Wien–München–Zürich 1986), 182–229, hier bes. das abgedruckte ärztliche Gutachten, in dem die Vorbereitung und die Überlegungen dargestellt sind.

998 KA, MKSM 28–2/24, Nr. 1. 299/T. Z. K., Meldung GM von Vivenot an die Militärkanzlei vom 21. 10. 1916.
999 Dazu: Adler, Vor dem Ausnahmegericht, und Ardelt, Der Prozeß gegen Friedrich Adler, 181–232.
1000 May, Passing I, 343.
1001 Beide Stellen in den persönlichen Aufzeichnungen Tiszas und Buriáns im Synodalarchiv Budapest.
1002 AA Bonn, R 8552, Österreich 70 geh. 172f, Tschirschky an Auswärtiges Amt, Telegr. Nr. 370 vom 21. 10. 1916.
1003 KA, MKSM, Conrad an Bolfras, 22. 10. 1916.
1004 Jeřábek, Brussilowoffensive II, 609.
1005 KA, MKSM 9–2/3, Chiffre-Telegr., Bozen, 22. 10. 1916.
1006 Ebenda, Chiffre-Telegr., 23. 10. 1916.
1007 Redlich, Tagebuch II, 150.
1008 Ebenda, 152.
1009 Das zeigte sich auch noch 1917, als Kaiser Karl die Bildung eines Friedenskabinetts mit Lammasch, Redlich und Foerster überlegte, diese in der „Österreichischen politischen Gesellschaft" gegen Mitteleuropa und für den Frieden Stellung bezogen und schärfste Ablehnung und wütende Proteste der deutschen Gruppen herausforderten. Vgl. dazu: Ramhardter, Geschichtswissenschaft, 68.
1010 Ramhardter, Geschichtswissenschaft, 156f.
1011 Dazu: Richard Charmatz, Dr. Ernst von Koerber, in: Österreichische Rundschau, 49. Bd., H. 4 (Nov. 1916), 145f.
1012 Redlich, Österreichische Regierung, 257.
1013 May, Passing I, 345.
1014 Gonda, Verfall, 136.
1015 Ebenda, 196.
1016 Ebenda, 303.
1017 Ebenda. Damit ging von denselben Kreisen, die schon am Sturz Stürgkhs gearbeitet hatten, ein Anstoß zur Militarisierung der Verwaltung aus.
1018 Redlich, Österreichische Regierung, 242.
1019 Zeman, Zusammenbruch, 118.
1020 Redlich, Tagebuch II, 160.
1021 Ebenda, 162.
1022 May, Passing I, 435.
1023 Cramon-Fleck, Deutschlands Schicksalsbund, 159f.
1024 Kriegserinnerungen Herberstein, 120f.
1025 Cramon-Fleck, Deutschlands Schicksalsbund, 169f, gibt ein Beispiel dafür, das solcherart eine Ergänzung zu den bekannten Problemen der Sixtusaffäre darstellt.
1026 May, Passing I, 438.
1027 Redlich, Österreichische Regierung, 244f.
1028 KA, Kriegserinnerungen Zanantoni, 436.
1029 Nicht nur zum Text des Armee- und Flottenbefehls, sondern auch zum Vorgang des Entwerfens und Verlautbarens siehe: Helmut Hoyer, Kaiser Karl und Feldmarschall Conrad von Hötzendorf. Ein Beitrag zur Militärpolitik Kaiser Karls (= Dissertationen der Universität Wien 70, Wien 1972), 72.
1030 Ebenda.
1031 Tagebuch Wille, 256. (Das Tagebuch wurde dem Verfasser liebenswürdigerweise von Dr. Joh. Christoph Allmayer-Beck zur Verfügung gestellt.)
1032 Kriegserinnerungen Herberstein, 373.
1033 Glaise-Horstenau, General im Zwielicht I, 385.
1034 Hoyer, Kaiser Karl, 70.
1035 Zu diesem Problemkreis vgl. Broucek, Die deutschen Bemühungen um eine Militärkonvention, hier 455f.
1036 Hoyer, Kaiser Karl, 131f.
1037 Ausführliche Schilderungen in den Kriegserinnerungen Herberstein, 428–431.
1038 Wegs, Kriegswirtschaft, 123.
1039 Die entsprechenden Daten bei: Wegs, Kriegswirtschaft, 119–122.

1040 Ebenda, 78.
1041 Ebenda, 122ff.
1042 Redlich, Tagebuch II, 164.
1043 Ebenda, 167. Redlich meint allerdings, die diesbezüglichen Probleme wären von Koerber provoziert worden, da er das kaiserliche Handschreiben initiiert habe.
1044 Ebenda, 165f.
1045 Kaiser Karl, Persönliche Aufzeichnungen und Erinnerungen, hg. Erich Feigl (Wien–München 1984), 205.
1046 Ebenda, 203.
1047 Cramon, Aufzeichnungen, 53a.
1048 Die entsprechenden Hinweise in den Aufzeichnungen von Cramon, hier v. a. 52r.
1049 Der Begriff findet sich bei: Loewenfeld-Russ, Die Regelung der Volksernährung im Kriege, hg. Carnegie-Stiftung, Wirtschafts- und Sozialgeschichte des Weltkrieges, österreichische und ungarische Serie (Wien–New Haven 1926), 55.
1050 Johann E. Pattera, Der gemeinsame Ernährungsausschuß 1917–1918, phil. Diss. (Wien 1971), 27.
1051 Loewenfeld-Russ, Volksernährung, 61.
1052 KA, Tagebuch Schneller, 26. 1. 1917.
1053 Országos Levéltár (Staatsarchiv Budapest), Halbamtliche Schriften des ungarischen Ministerpräsidenten, Karton 467.
1054 Dazu Marion Breiter, Hinter der Front. Zum Leben der Zivilbevölkerung im Wien des Ersten Weltkriegs, geisteswiss. Diss. (Wien 1991), hier bes. 64–67.
1055 Breiter, Hinter der Front, 67.
1056 KA, Nachl. B/75 (Bolfras), Mappe C, f. 358f.
1057 Ebenda, Bericht Höfer an Conrad, 12. 11. 1916.
1058 Vermes, Tisza, 271.
1059 Pattera, Ernährungsausschuß, 31.
1060 Loewenfeld-Russ, Volksernährung, 106.
1061 Ebenda, 111.
1062 Ebenda.
1063 Redlich, Tagebuch II, 174.
1064 Pattera, Ernährungsausschuß, 36.
1065 Ottokar Landwehr von Pragenau, Hunger. Die Erschöpfungsjahre der Mittelmächte 1917/18 (Zürich–Leipzig–Wien 1931), 11.
1066 KA, Tagebuch Schneller, 3. 12. 1916, wo die im Umweg über das türkische Hauptquartier eingelangten Berichte und Depeschen wiedergegeben sind.
1067 Ausführlich zum Folgenden: Österreich-Ungarns letzter Krieg, Bd. V, 223–358. Zusammenfassend: Wagner, Erster Weltkrieg, 207–218, und Kiszling, Die hohe Führung, 125–144, ferner v. a. die Erinnerungen von Arz, Falkenhayn und Mackensen.
1068 Eine sehr gute Zusammenfassung des Feldzugs findet sich in dem (nicht veröffentlichten) Lehrbehelf von Mario Duić, Der Krieg gegen Rumänien 1916, hg. Heeresgeschichtliches Museum/Militärwissenschaftliches Institut (Wien o. J.).
1069 Redlich, Tagebuch II, 162.
1070 Conrad von Hötzendorf, Private Aufzeichnungen, 236.
1071 Steglich, Bündnissicherung, 60.
1072 Ingeborg Meckling, Die Außenpolitik des Grafen Czernin (= Österreich-Archiv, Wien 1969), 27f. Hier wird auch eine diesbezügliche Einschätzung des US-Gesandten in Wien Penfield an Staatssekretär Lansing vom 3. 6. 1916 zitiert. Vgl. dazu auch: Betty Miller-Unterberger, The United States, Revolutionary Russia and the Rise of Tschechoslovakia (North Carolina–London 1989).
1073 Dazu Harley Notter, The Origins of the Foreign Policy of Woodrow Wilson (Baltimore 1937), 373.
1074 Meckling, Czernin, 42f.
1075 Steglich, Bündnissicherung, 68.
1076 Ebenda, 70.
1077 Nachzulesen z. B. in der Neuen Freien Presse, 12. 12. 1916, Abendausgabe, S. 1.
1078 Kaiser Karl, Persönliche Aufzeichnungen, 203.

1079 Neue Freie Presse, 7. 1. 1917.
1080 May, Passing I, 448.
1081 Hecht, Heeresergänzung, 418–428, hier bes. 424.
1082 Steglich, Bündnissicherung, 175f.
1083 Ebenda, 178f.
1084 Ministerratsprotokolle (= Komjáthy, 440–458).
1085 Meckling, Czernin, 16.
1086 Ebenda, 23.
1087 Halpern, Naval War, 309.
1088 Ebenda und Anm.
1089 Foreign Relations 1915, The War, 623ff.
1090 Ebenda, 655–658.
1091 Zahlreiche Beispiele für parteiisches Verhalten der USA und vor allem auch die Rolle und Schreibweise der Zeitungen in den USA finden sich bei: Drimmel, Antipoden, 401–425.
1092 Foreign Relations 1916, The War, 160–177, 277f.
1093 Ebenda, 143–149.
1094 Ebenda, 273–276, Bericht Penfield, 20. 5. 1916.
1095 Halpern, Naval War, 252.
1096 Meckling, Czernin, 36f.
1097 Ebenda, 39.
1098 Foreign Relations 1917, Suppl. 1, 41ff, Page an Lansing 11. 2. 1917.
1099 Arthur J. May, Woodrow Wilson and Austria-Hungary to the End of 1917, in: Festschrift für Heinrich Benedikt zum 70. Geburtstag, hg. Hugo Hantsch und Alexander Novotny (Wien 1957), 228.
1100 Meckling, Czernin, 45.
1101 Ebenda, 46.
1102 Wilhelm Deist, Militär und Innenpolitik im Weltkrieg 1914–1917, 785.
1103 Meckling, Czernin, 51.
1104 Redlich, Tagebuch II, 174. Eine diesbezügliche Äußerung machte A. F. Pribram am 29. 12. 1916.
1105 Ebenda, 176.
1106 Hoyer, Kaiser Karl, 82.
1107 KA, Tagebuch Marterer, 9. 2. 1917.
1108 Reinhold Lorenz, Aus dem Kriegstagebuch des Generaladjutanten Freiherrn von Marterer, in: Österreich und Europa. Festgabe für Hugo Hantsch (Graz–Wien–Köln 1965), 491.
1109 KA, Aufzeichnungen Zeynek, 188f.
1110 Lorenz, Tagebuch Marterer, 493.
1111 KA, Tagebuch Marterer, 22. 2. 1917.
1112 Dazu: KA, Tagebuch Schneller, Anfang Januar bis 25. 2. 1917 (= 1060 bis 1112). Aus den Ausarbeitungen Schnellers, den Abänderungen des Chefs der Operationsabteilung, General Metzger, sowie den Anmerkungen Conrads zu der Operationsskizze geht hervor, daß an einen Angriff aus zwei Richtungen gedacht war, bei dem das Schwergewicht wiederum in Südtirol liegen sollte. Legt man diese Studie auf die zwölfte Isonzoschlacht 1917 und auf die Piave-Offensive 1918 um, so sind für beide Operationen bereits wesentliche Elemente vorweggenommen.
1113 KA, Aufzeichnungen Zeynek, 190.
1114 KA, Op. geh. Nr. 234. Hindenburg begründete das mit Munitionsmangel und wies darauf hin, daß sich die Mittelmächte generell defensiv verhalten würden.
1115 André Beaufre, Die Strategie des Jahres 1917, in: Österreichische Militärische Zeitschrift, Sonderheft 1917 (1967), 68.
1116 Ebenda, 70.
1117 Valiani, The End, 143.
1118 Ebenda, 159.
1119 Ebenda, 163.
1120 Darin wurde allerdings die immer weniger restriktive Haltung des Kriegsüberwachungsamtes deutlich.
1121 Valiani, The End, 174.

1122 Zusammenfassend: Hans Meier-Welcker, Die militärischen Planungen und ihre Ergebnisse 1917/18, in: Weltwende 1917. Monarchie – Weltrevolution – Demokratie, hg. Hellmuth Rößler (Göttingen 1965).

1123 Vgl. dazu: Gerhard Schulz, Zum historischen Wandel von Revolutionsbegriff und Revolutionsverständnis, in: Revolution und Krieg. Zur Dynamik historischen Wandels seit dem 18. Jahrhundert (Paderborn 1989), 189–209.

1124 Österreich-Ungarns letzter Krieg, Bd. VI, 88.

1125 Boris Meissner, Die russische Revolution und ihre Folgen, in: Österreichische Militärische Zeitschrift, Sonderheft 1917 (1967), 55–62, hier 56.

1126 KA, Kriegstagebuch der k. u. k. 1. Armee, Eintragung zum 22. 3. 1917.

1127 Ebenda, 29. 3. 1917.

1128 KA, Kriegstagebuch der k. u. k. 5. und 36. Infanteriedivision zum 6. 4. 1917.

1129 KA, Kriegstagebuch der k. u. k. 5. Division, 13. 4. 1917.

1130 Österreich-Ungarns letzter Krieg, Bd. VI, 95, und KA, Kriegstagebuch des k. u. k. I. Korps, Tagebuch Nr. 13, 7.–30. 5. 1917.

1131 KA, Kriegstagebuch des k. u. k. I. Korps, Tagebuch Nr. 13, 7.–30. 5. 1917.

1132 Österreich-Ungarns letzter Krieg, Bd. VI, 95.

1133 Gottfried Schramm, Die russische Armee als politischer Faktor vor der Februarrevolution (1914–1917), in: Militärgeschichtliche Mitteilungen 2/1975, 33.

1134 Viktor E. Frankl, Die Sinnfrage in der Psychotherapie. 3. Aufl. (München 1981), 45.

1135 Galántai, Hungary, 230.

1136 KA, AOK, Op. geh. 253 und 253/II, 30. 4. und 1. 5. 1917.

1137 Anton Wagner, Das russische Heer und die Revolution, in: Österreichische Militärische Zeitschrift, Sonderheft 1917, 62–67.

1138 Franz Tomsche, Kriegstagebuch 1914–1920, Manuskript, übertragen von Arnulf Weittenhiller (Klagenfurt 1984); Expl. der Bibliothek des HGM. Das Lager, in dem sich die Szene zutrug, war in der Nähe von Irkutsk.

1139 Redlich, Tagebuch II, 197.

1140 Ebenda, 197f.

1141 Der Zerfall der europäischen Mitte. Staatenrevolution im Donauraum. Berichte der sächsischen Gesandtschaft in Wien, 1917–1919, hg. Alfred Opitz und Franz Adlgasser (= Quellen zur Geschichte des 19. und 20. Jahrhunderts, hg. Fritz Fellner, Bd. 5, Graz 1990), 16, Bericht 121, vom 25. 3. 1917.

1142 Zerfall der europäischen Mitte, 24, Bericht 1970, vom 30. 4. 1917.

1143 Czernin, Im Weltkriege (Berlin–Wien 1919).

1144 L. L. Farrar, Jr., Seperate Peace – General Peace – Total War. The Crisis in German Policy during the Spring of 1917, in: Militärgeschichtliche Mitteilungen 2 (1976), 56.

1145 Glaise-Horstenau, Ein General im Zwielicht I, 413.

1146 Richard G. Plaschka, Zum Kriegsbild des Ersten Weltkriegs. Eröffnungsbild, Wandel und Wirkungsbild, in: Stuttgart, 19.–24. August 1985, 62f.

1147 Kazimierz Sobczak, Die Auswirkungen der Revolutionen in Rußland 1917 und in Deutschland 1918 auf die Wiedergeburt des polnischen Staates im Jahre 1918, in: Stuttgart: 19.–24. August 1985, 365.

1148 Vgl. dazu: Holger Fischer, Oszkar Jászi und Mihály Károlyi (= Studia Hungarica 17, München 1978).

1149 Zeman, Zusammenbruch, 142. Zu bezweifeln sind jedoch beide Zahlenangaben. Die Zahl der Tschechen in russischer Kriegsgefangenschaft dürfte höher gewesen sein, und es ließen sich wohl auch mehr anwerben. Der Prozentsatz könnte stimmen.

1150 KA, Op. geh. Nr. 246.

1151 Garry William Shanafelt, The Secret Enemy: Austria-Hungary and the German Alliance, Ph. D. Univ. of California (1974), 181 (Rückübersetzung aus dem Englischen).

1152 Ebenda.

1153 Schweizerisches Bundesarchiv, Bern, 2300 Wien, Nr. 32, Schreiben des Schweizerischen Gesandten in Wien, C. D. Bourcart, an das Politische Departement, 7. 5. 1917.

1154 May, Passing II, 640.

1155 Redlich, Tagebuch II, 202, 24. 4. 1917.

1156 Zeman, Zusammenbruch, 132f.

1157 Joseph Maria Baernreither, Der Verfall des Habsburgerreiches und die Deutschen. Fragmente eines politischen Tagebuches 1897–1917, hg. Oskar Mitis (Wien 1938), 223.
1158 Zeman, Zusammenbruch, 135f.
1159 Ebenda, 138.
1160 Baernreither, Fragmente, 224.
1161 Sondhaus, In the Service, 107. Viel umfassender Claus Gatterer, Erbfeindschaft Italien–Österreich (Wien 1972).
1162 Gonda, Verfall, 200.
1163 Ebenda, 201.
1164 Zerfall der europäischen Mitte, 37, Bericht 214 vom 30. 5. 1917.
1165 Felix Höglinger, Ministerpräsident Heinrich Graf Clam-Martinic (= Studien zur Geschichte der österreichisch-ungarischen Monarchie 2, Wien 1964), 185.
1166 Zum gesamten Komplex der mit Hilfe des 14 getroffenen Maßnahmen siehe: Hasiba, Notverordnungsrecht, hier v. a. 153–164.
1167 Zu Spitzmüller die Dissertation von Christine Baumgartner, Dr. Alexander Spitzmüller von Harmersbach, phil. Diss. (Wien 1967).
1168 Höglinger, Clam-Martinic, 128ff.
1169 Zum gesamtem Komplex: Stourzh, Die Gleichberechtigung, v. a. das Kapitel: Gleichberechtigung und Sprachenrecht, 1041–1147.
1170 Höglinger, Clam-Martinic, 147.
1171 Ebenda, 148.
1172 Zur Ministerratssitzung: Spitzmüller, Und hat auch Ursach, 217f, ferner: Redlich, Tagebuch II, 202.
1173 Höglinger, Clam-Martinic, 191.
1174 Ebenda. Hier auch die Regierungserklärung.
1175 Grandner, Kooperative Gewerkschaftspolitik, 257–264.
1176 Ebenda, 226.
1177 Höglinger, Clam-Martinic, 195.
1178 Brügel, Geschichte der Sozialdemokratie 5, 285.
1179 Höglinger, Clam-Martinic, 199.
1180 KA, Kriegsüberwachungsamt 112.908: Stimmung und wirtschaftliche Lage der österreichischen Bevölkerung im Hinterland; Junibericht 1917.
1181 Zu Seidler die Dissertation von Brigitte Kosnetter, Ernst Ritter von Seidler (Wien 1963).
1182 Doliner, Kärnten, 212.
1183 Ebenda.
1184 Zit. nach Grandner, Kooperative Gewerkschaftspolitik, 309 und Anm. 5340.
1185 Eigentler, Tirol, 114.
1186 Ebenda, 114–117.
1187 Zit. bei: Eigentler, Tirol, 325.
1188 Ebenda, 321.
1189 Neben den Aktionen der Kriegsmetall-Sammlung gab es auch „Woll- und Kautschukwochen“, jegliche Art von Materialspenden für das Rote Kreuz und immer wiederkehrende Kriegsanleihen, insgesamt acht.
1190 Eigentler, Tirol, 180.
1191 Ebenda, 336.
1192 Mateja, Oberösterreich, 87.
1193 Dazu Péter Hanák, Die Volksmeinung während des letzten Kriegsjahres in Österreich-Ungarn, in: Die Auflösung des Habsburgerreiches. Zusammenbruch und Neuorientierung im Donauraum, hg. Richard G. Plaschka und Karlheinz Mack (= Schriften des Österreichischen Ost- und Südosteuropainstituts 3, Wien 1970), 62.
1194 Grandner, Kooperative Gewerkschaftspolitik, 221.
1195 Ebenda, 267.
1196 Die darauf bezugnehmenden Meldungen und Depeschen vom 22.–25. 5. 1917 in: KA, MKSM 28–2/17. Zur Entwicklungsgeschichte des Artilleriearsenals im Ersten Weltkrieg: Josef Gerdenitsch, Das Wiener Arsenal. Wirtschaftliche und militärische Bedeutung 1918–1927, phil. Diss. (Wien 1967), 5ff.

1197 KA, Kriegserinnerungen Zanantoni, 424.

1198 Ebenda, 438f. Zanantoni wurde mit 1. August 1917 pensioniert, aber in seiner Stellung als Stadtkommandant von Prag belassen.

1199 Grandner, Kooperative Gewerkschaftspolitik, 267ff.

1200 Dazu das in der Reihe der Carnegie-Stiftung erschienene Sammelwerk, Die Militärverwaltung in den von österreichisch-ungarischen Truppen besetzten Gebieten, hg. Hugo Kerchnawe (Wien–New Haven 1928), hier die Einleitung, 3.

1201 Kerchnawe, Militärverwaltung, 6.

1202 Dazu: Rudolf Mitzka, Die k. u. k. Militärverwaltung in Russisch-Polen, in: Militärverwaltung, 9.

1203 Mitzka, Russisch-Polen, 19.

1204 Ebenda, 23.

1205 HHStA, PA I XLVII 2b,20, AOK/Q 100.071 geh., 18. 7. 1917.

1206 Mitzka, Russisch-Polen, 37.

1207 Hugo Kerchnawe, Die k. u. k. Militärverwaltung in Serbien, in: Die Militärverwaltung in den von österreichisch-ungarischen Truppen besetzten Gebieten, a. a. O., 57.

1208 Ebenda, 62.

1209 Ebenda, 84.

1210 Eine indirekte Anerkennung dieser Haltung der Mohammedaner wurde im Mai 1918 deutlich, als Kaiser Karl über Antrag des k. u. k. Kriegsministeriums die Bildung eines Aktionskomitees zur Erbauung einer Moschee in Wien genehmigte. – KA, MKSM 48–4/2, Präs. Nr. 16697, 30. 5. 1918.

1211 Kerchnawe, Militärverwaltung in Serbien, 99.

1212 Ebenda, 112ff.

1213 Auch in anderen Städten Serbiens wurde die Stromversorgung wiederhergestellt. Die E-Werke waren jedoch bis 1918 militarisiert.

1214 Kerchnawe, Militärverwaltung in Serbien, 158ff.

1215 HHStA, PA I XLVII 2b,20, AOK/Q 100.071 geh. 18. 7. 1917.

1216 Kerchnawe, Militärverwaltung in Serbien, 226f.

1217 Der Aufstand war nicht zuletzt Folge der von den Bulgaren betriebenen ethnischen „Säuberungen".

1218 Kerchnawe, Die Militärverwaltung in Montenegro und Albanien, in: Die Militärverwaltung in den von den österreichisch-ungarischen Truppen besetzten Gebieten, a. a. O., 272.

1219 Kerchnawe, Militärverwaltung in Montenegro, 274.

1220 Dazu die umfassende Dissertation von Helmut Schwanke, Zur Geschichte der österreichisch-ungarischen Militärverwaltung in Albanien (Wien 1982).

1221 Dazu Gernot Sattler, Oberst Georg Veith (1875–1925), Dipl.-Arbeit, Univ. Wien (1991), 49.

1222 Kerchnawe, Militärverwaltung in Montenegro und Albanien, 297.

1223 Schwanke, Zur Geschichte, 146–364.

1224 Angaben dazu in einem ansonsten sehr unergiebigen Bestand des Albanischen Staatsarchivs, Tirana, (ungeordneter Mikrofilmbestand). Die Benützung durch den Autor erfolgte im Juli 1990. Dazu auch Schwanke, Zur Geschichte, 224f.

1225 Schwanke, Zur Geschichte, 443–462.

1226 Felix Sobotka, Der Anteil Österreich-Ungarns an der Militärverwaltung in Rumänien 1917 bis 1918, in: Die Militärverwaltung in den von österreichisch-ungarischen Truppen besetzten Gebieten, a. a. O., 306.

1227 Sobotka, Militärverwaltung in Rumänien, 312.

1228 Zit. nach: Thomas Stein, Zur Frage der rumänischen Landwirtschaft im Ersten Weltkrieg, in: Österreichische Osthefte, Jg. 21 (1979), H. 2, 120.

1229 Sobotka, Militärverwaltung in Rumänien, 314.

1230 Ebenda.

1231 Zit. nach: Gustav Spann, Zensur in Österreich während des I. Weltkrieges 1914–1918, phil. Diss. (Wien 1972), 334.

1232 Ebenda, 339.

1233 Ebenda, 340.

1234 Galántai, Hungary, 226f.

1235 Ebenda, 236f.

1236 Ebenda, 237.
1237 Ebenda, 241.
1238 Vermes, Tisza, 397.
1239 Galántai, Hungary, 245.
1240 Redlich, Tagebuch II, 207. Er folgerte nicht zu Unrecht, daß daraus eine Reihe von Verwicklungen entstehen würde.
1241 Galántai, Hungary, 241.
1242 Ebenda, 245f.
1243 Zerfall der europäischen Mitte, 37f, Bericht 224 vom 30. 5. 1917.
1244 Vermes, Tisza, 402.
1245 Spitzmüller, Und hat auch Ursach, 227.
1246 Redlich, Tagebuch II, 226.
1247 Halpern, Naval War, 286f.
1248 Höbelt, Kriegsmarine, in: Die bewaffnete Macht, hg. Akademie der Wissenschaften, Die Habsburgermonarchie 1848–1918, Bd. V (Wien 1987).
1249 Dazu: Peter Schupita, Die k. u. k. Seeflieger. Chronik und Dokumentation der österreichisch-ungarischen Marineluftwaffe 1911–1918 (Koblenz 1983). Die Kriegseinsätze, Erfolge und Verluste der Jahre 1914 bis 1918 auf den Seiten 161–246.
1250 Halpern, Naval War, 310. Damit sollte vor allem der alliierte Schiffsverkehr auf der Route von Malta nach Cerigo unterbunden werden.
1251 Ebenda, 312.
1252 Es konnte zwar nur der Verlust eines k. u. k. Unterseeboots nachweislich der Sperre zugeschrieben werden. Andere Verluste waren nicht mit absoluter Sicherheit nachzuweisen, liegen aber nahe.
1253 Halpern, Naval War, 358–367, sowie ausführlich: Österreich-Ungarns Seekrieg, 376–393.
1254 Halpern, Naval War, 364.
1255 Spann, Zensur, 361.
1256 KA, MKSM 85-1/30, 2. 3. 1917.
1257 Ebenda, 85-1/30-3, 19. 6. 1917.
1258 Zit. nach: Glaise-Horstenau, Die Katastrophe, 109.
1259 Doppelbauer, Zum Elend, 190.
1260 Glaise-Horstenau, General im Zwielicht I, 398.
1261 Dazu: Arthur Polzer-Hoditz, Kaiser Karl. Aus der Geheimmappe seines Kabinettschefs (Zürich–Leipzig–Wien 1929), 274ff.
1262 Auch bei Redlich, Tagebuch II, 216, im Zusammenhang mit seinem langen Gespräch in Laxenburg geschildert.
1263 Spann, Zensur, 363.
1264 Zerfall der europäischen Mitte, 55f, Bericht 316 vom August/September 1917.
1265 Kosnetter, Seidler, 32–42.
1266 Engel-Janosi, Österreich und der Vatikan, 282. Zur Rolle Musils: Bauer, Musil, 284.
1267 Kosnetter, Seidler, 37ff.
1268 Redlich, Tagebuch II, 228. Die Darstellung von Redlich, auch Seidler habe nichts gewußt, ist falsch. Dazu: Kosnetter, Seidler, 35f.
1269 Hoyer, Kaiser Karl, 152.
1270 Lammasch im Herrenhaus am 28. 2. 1918, zit. bei: Meckling, Czernin, 92.
1271 Zerfall der europäischen Mitte, 56, Bericht 316 vom August/September 1917.
1272 Glaise-Horstenau, Die Katastrophe, 108.
1273 Ebenda, 108.
1274 KA, MKSM 85-1/150, 17. 8. 1917.
1275 Rede Lammaschs im Herrenhaus am 28. 6. 1917, zit. nach: Meckling, Czernin, 83.
1276 Meckling, Czernin, 98f.
1277 Ebenda, 84. Zur Rolle Meinls auch zahlreiche Eintragungen bei Redlich, Tagebuch II.
1278 Meckling, Czernin, 82.
1279 Baernreither, Der Verfall des Habsburgerreiches, 235.

1280 Hans Meier-Welcker, Die Beurteilung der politischen Lage in Österreich-Ungarn durch Generalmajor von Seeckt im Sommer 1917, in: Militärgeschichtliche Mitteilungen, Heft 2 (1968), 89ff.
1281 Meckling, Czernin, 95.
1282 Die Zahlen finden sich in einem Dossier über die tschechische Frage, das Eduard Beneš im Oktober 1917 dem Foreign Office in London zuleitete (PRO WO 106/2864/207243). Auch wenn die darin enthaltenen Angaben teilweise falsch sind, stellt das Dossier einen interessanten Überblick dar.
1283 HHStA, Karton 500, PA I, geh. XLVIII 2b, 20, Zusammenstellung des AOK für den Minister des Äußern: Über die Lage II, 6. 7. 1917.
1284 Das Verhalten der Tschechen im Weltkrieg, hg. Deutschnationale Geschäftsstelle (Wien 1918), 348.
1285 Gerburg Thunig-Nittner, Die tschechoslowakische Legion in Rußland. Ihre Geschichte und ihre Bedeutung als politisch-geistiger Faktor bei der Entstehung der tschechoslowakischen Republik (= Marburger Ostforschungen 30, Wiesbaden 1968), 10.
1286 Thunig-Nittner, Die tschechoslowakische Legion, 15.
1287 Ebenda, 21.
1288 Mitteilung von Prof. Mudra, Prag, an den Verfasser. Eine entsprechende Legendenbildung kann allerdings nicht ganz ausgeschlossen werden.
1289 Meier-Welcker, Die Beurteilung der politischen Lage, 95.
1290 Das Verhalten der Tschechen im Weltkrieg, 349. Dazu auch: Kurt Peball, Um das Erbe. Zur Nationalitätenpolitik des k. u. k. Armeeoberkommandos während der Jahre 1914 bis 1917, in: Österreichische Militärische Zeitschrift, Sonderheft 1917 (Wien 1967), 28–39.
1291 Kiszling, Die hohe Führung, 181.
1292 KA, PA I, geh. LXVII 2b, 20, Bericht AOK über die wirtschaftliche Situation der Armee im Felde, 18. 8. 1917.
1293 KA, AOK, Op. geh. 390, 19. 8. 1917.
1294 Cramon, Bundesgenosse im Weltkriege, 120.
1295 Meier-Welcker, Die Beurteilung der politischen Lage, 99–105.
1296 Wolfgang Steglich, Die Friedenspolitik der Mittelmächte 1917/18, Bd. I (Wiesbaden 1964), 78.
1297 Ebenda, Friedenspolitik, 79. Ferner vom selben Autor: Die Friedensversuche der kriegführenden Mächte im Sommer und Herbst 1917. Quellenkritische Untersuchungen, Akten und Vernehmungsprotokolle (= Quellen und Studien zu den Friedensversuchen des Ersten Weltkrieges 4, Stuttgart 1984).
1298 Steglich, Friedenspolitik, 106.
1299 Ebenda, 111.
1300 PRO FO 371/3134/195784, Memorandum des Foreign Office vom 7. Juli 1917 über die Genesis und Abläufe der Separatfriedensgespräche.
1301 Ebenda.
1302 Steglich, Friedensbemühungen, 130.
1303 Valiani, The End, 195.
1304 Meckling, Czernin, 87.
1305 Ebenda.
1306 Wedel an Michaelis, Bericht Nr. 226, 20. 7. 1917, zit. nach: Meckling, Czernin, 96.
1307 Über die Gedankengänge Foersters und Lammaschs auch die Berichte von Nostitz in: Zerfall der europäischen Mitte, 51–59, Berichte 282, 302, 304 und 316, alle aus dem August und September 1917. Ferner die Arbeiten von Steglich, Friedenspolitik, a. a. O., und Friedensversuche.
1308 Meckling, Czernin, 99, und Friedrich Wilhelm Foerster, Erlebte Weltgeschichte 1869–1953. Memoiren (Nürnberg 1953), 239.
1309 Dazu: Salewski, Der Erste Weltkrieg – ein deutsches Trauma, 169–185.
1310 KA, KÜA, 4877, Stimmung und wirtschaftliche Lage (Oktoberbericht), 10. 11. 1917.
1311 Dazu die sehr stark auf den Erinnerungen von Jan Hajšman aufbauende Arbeit von Mark Cornwall, News, Rumor and the Control of Information in Austria-Hungary, 1914–1918, in: History 1 (1992), 50–64.
1312 PRO FO 371/2862/97435, Memorandum on Austro-Hungary's Inner and Foreign Policy, 11. 5. 1917.
1313 Meckling, Czernin, 132, Anm. 13.
1314 Ebenda, 183.
1315 Ursachen des deutschen Zusammenbruches, 2. Abt., Bd. 12, 205.

1316 Meckling, Czernin, 136.
1317 Broucek, Deutsche Bemühungen, 459.
1318 Redlich, Tagebuch II, 228. Die Eintragung vom 20. 8. 1917 bezieht sich auf eine Äußerung Czernins.
1319 HHStA, PA I, Karton 500, LXVII 2b, 20, Darstellung der materiellen Lage der Armee im Felde, AOK, 18. 7. 1917.
1320 Meckling, Czernin, 139.
1321 Czernin, Im Weltkriege, 235.
1322 Josef Matl, Die slawische propagandistische Widerstands- und Untergrundbewegung gegen den Habsburgerstaat seit 1917, in: Österreichische Militärische Zeitschrift, Sonderheft 1917 (1967), 40f.
1323 Meckling, Czernin, 142.
1324 Ebenda, 146.
1325 Zit. nach: Meckling, Czernin, 155.
1326 Ebenda, 156.
1327 Über die diversen Friedensfühler, Abtretungsgerüchte und Revolutionsspekulationen informieren die Aktenstücke im HHStA, PA I, Karton 511, geh. XLVII, 5g, Separat-Verständigungen mit Italien 1915 bis 1918.
1328 Broucek, Deutsche Bemühungen, 460.
1329 PRO War Office (WO) 106/318 Weekly Summaries 1917, hier 23. 8. 1917.
1330 PRO WO 106/1513 Nr. 18, Note on the Strategic Situation, 7. 7. 1917.
1331 PRO WO 106/1515, Nr. 33, Note on the Man Power and Internal Conditions of the Central Powers, 1. 9. 1917.
1332 PRO WO 106/1511, Memorandum Robertson, Januar 1917.
1333 Diese Überlegungen stellte der britische Premier in einem Schreiben an Präsident Wilson vom 20. 9. 1917 an. Vgl. dazu: Mamatey, The United States and Central Europe, 153.
1334 Arthur Arz (von Straußenburg), Zur Geschichte des großen Krieges 1914–1918. Aufzeichnungen (Wien–Leipzig–München 1924), 171.
1335 Ebenda, 172.
1336 Glaise-Horstenau, General im Zwielicht I, 432.
1337 Hecht, Heeresergänzung, 479.
1338 Ebenda, 486.
1339 Dazu der sehr interessante Bericht des schweizerischen Majors Guggisberg über die Bereisung der Isonzofront nach der elften Isonzoschlacht, Schweizerisches Bundesarchiv, Bern, E 27, 12678, September 1917, 21–29.
1340 Bericht Guggisberg, 23.
1341 KA, AOK, Op. geh. Nr. 421, 20. 10. 1917.
1342 Dabei dürfte es sich um die dann 1918 in 17 Einzelheften gedruckten und unter dem Titel „Gebirgskrieg" herausgegebenen Erfahrungen gehandelt haben, die als Manuskript vorlagen.
1343 PRO WO 106/1515, Nr. 32, Report Delmé-Radcliff 1442A, vom 21. 10. 1917.
1344 Kiszling, Die hohe Führung, 194.
1345 Redlich, Tagebuch II, 241.
1346 Ludwig Jedlicka, Ende und Anfang. Österreich 1918/19. Österreich und die Bundesländer (= Politik konkret, Salzburg 1969), 8f.
1347 Glaise-Horstenau, General im Zwielicht I, 436.
1348 Ebenda, 436.
1349 Max von Hoen, Geschichte des ehemaligen Egerländer Infanterie-Regiments Nr. 73 (Wien 1939), 518.
1350 Ronald Wayne Hanks, The End of an Institution: Austro-Hungarian Army in Italy, 1918, Ph. D. (Houston/Rice 1977), 66.
1351 PRO WO 106/1516, The Situation in Italy, 15. 11. 1917.
1352 Alfred Krauß, Das Wunder von Karfreit, im besonderen der Durchbruch bei Flitsch und die Bezwingung des Tagliamento (München 1926), 66.
1353 Redlich, Tagebuch II, 417.
1354 Hanks, The End, 74.
1355 Foreign Relations, 1917, Supplement 2 (Washington 1931), 282.

1356 Ebenda, 286.
1357 Ebenda, 286f.
1358 Ebenda, 302.
1359 Mamatey, United States, 153.
1360 Roosevelt, War Time Editorials, 55f, zit. nach: Mamatey, United States, 157.
1361 Ebenda.
1362 T. G. Masaryk, Die Weltrevolution. Erinnerungen und Betrachtungen 1914–1918 (Berlin 1925), 274f.
1363 Mamatey, United States, 158f.
1364 Aldrovandi Marescotti, Krieg der Diplomaten, 214f.
1365 Mamatey, United States, 160.
1366 Glenn E. Torrey, Romania Leaves the War: The Decision to Sign an Armistice, December 1917, in: East European Quaterly, 3 (1989), 284f.
1367 HHStA, PA I, geh. XLVII 2b, 20, AOK, Op. geh. 430, Über die Lage (VII), 15. 10.–15. 11. 1917.
1368 Ebenda, Op. geh. 897, Über die Lage (IX), vom 29. 1. 1918.
1369 Ebenda.
1370 Steglich, Friedenspolitik der Mittelmächte, 242.
1371 Ebenda, 245–248.
1372 Redlich, Tagebuch II, 247f.
1373 Steglich, Friedenspolitik der Mittelmächte, 237.
1374 Steglich, Die Friedensversuche der kriegführenden Mächte im Sommer und Herbst 1917, XXVIII–XLVII.
1375 Ebenda, CXX.
1376 Shanafelt, Secret Enemy, 240.
1377 Dazu auch Emmerich Seiwald, Die österreichische Polenpolitik zwischen den beiden russischen Revolutionen im Kriegsjahr 1917, phil. Diss. (Wien 1977).
1378 Zu diesem Fragenkomplex: Steglich, Die Friedenspolitik der Mittelmächte 1917/18, Bd. I (Wiesbaden 1964), 232–236.
1379 Hermann Leidl, Die Verwaltung des besetzten Gebietes Italiens (November 1917 bis Oktober 1918), in: Die Militärverwaltung in den von österreichisch-ungarischen Truppen besetzten Gebieten, a. a. O., 318f.
1380 Ebenda, 320. Sie hatten ihre Maßnahmen aufeinander abzustimmen, doch es gab durchaus regionale Unterschiede.
1381 Ebenda, 323.
1382 Ebenda, 326.
1383 Ebenda, 353.
1384 Ebenda. Der Rücktransport nach Italien wurde von einer italienischen Kommission noch 1918 veranlaßt und durchgeführt.
1385 KA, AOK, Op. geh. Nr. 424, 28. 10. 1917.
1386 KA, MKSM 93-2/68, vom 17. 11. 1917.
1387 Kosnetter, Seidler, 64–72.
1388 Zitiert nach Friedrich Kleinwaechter, Der Untergang der österreichisch-ungarischen Monarchie (Leipzig 1920), 67.
1389 Kosnetter, Seidler, 102.
1390 Shanafelt, Secret Enemy, 242.
1391 Ebenda, 249.
1392 Pattera, Ernährungsausschuß, 115.
1393 Ebenda, 117.
1394 Loewenfeld-Russ, Im Kampf gegen den Hunger, 84.
1395 Pattera, Ernährungsausschuß, 121.
1396 Shanafelt, Secret Enemy, 250, sowie Meckling, Czernin, 263.
1397 Shanafelt, Secret Enemy, 252.
1398 KA, AOK, Op. geh. Nr. 586, 13. 12. 1917.
1399 Österreich-Ungarns letzter Krieg, Bd. VII, 24.
1400 Shanafelt, Secret Enemy, 251.
1401 Miller-Unterberger, The United States, 54.

[1402] Mamatey, United States, 175.

[1403] Zur Aufstellung tschechischer Einheiten in Italien vgl. Johann Rainer, Die Anfänge des tschechoslowakischen Heeres in Italien 1917–1919, in: Beiträge zur neueren Geschichte Österreichs, hg. H. Fichtenau und E. Zöllner (Wien 1974), 493–502.

[1404] Erwähnt bei: Wolfdieter Bihl, Der Weg zum Zusammenbruch. Österreich-Ungarn unter Karl I. (IV.), in: Österreich 1918–1938, hg. E. Weinzierl und K. Skalnik, Bd. 1 (Graz–Wien–Köln 1984), 35.

[1405] Miller-Unterberger, United States, 87–96, ferner Mamatey, United States, 171.

[1406] Mamatey, United States, 174.

[1407] Miller-Unterberger, United States, 91f.

[1408] Mamatey, United States, 174.

[1409] Ebenda.

[1410] Heinrich Benedikt, Die Friedensaktion der Meinlgruppe 1917/18. Die Bemühungen um einen Verständigungsfrieden. Nach Dokumenten, Aktenstücken und Briefen (= Veröffentlichungen der Kommission für neuere Geschichte Österreichs 48, Graz–Köln 1962), 202f.

[1411] Nähere Erläuterungen zur Aktion Meinls kamen allerdings erst am 8. 1. 1918 zur Kenntnis der Washingtoner Stellen, also zu spät, um noch von Wilson berücksichtigt zu werden. Dazu Miller-Unterberger, United States, 92.

[1412] Miller-Unterberger, United States, 96, die auch auf die Reaktionen in Rom und bei den tschecho-slowakischen Emigranten eingeht.

[1413] Mamatey, United States, 184.

[1414] Richard G. Plaschka, Horst Haselsteiner, Arnold Suppan, Innere Front. Militärassistenz, Widerstand und Umsturz in der Donaumonarchie 1918, 2 Bde. (Wien 1974), hier Bd. I, 60. Zu den Jännerstreiks auch Ernst Winkler, Der große Jänner-Streik (Wien 1968).

[1415] Zit. nach: Kosnetter, Seidler, 105f.

[1416] Ebenda, 111.

[1417] Meckling, Czernin, 278.

[1418] Plaschka, Haselsteiner, Suppan, Innere Front I, 61.

[1419] Meckling, Czernin, 273.

[1420] Ebenda, 274.

[1421] Zur genauen Stärke und Fluktuation: Plaschka, Haselsteiner, Suppan, Innere Front I, 174–181.

[1422] Zu einer möglichen Militärregierung: ebenda, 159–166, sowie Glaise-Horstenau, General im Zwielicht I, 455, und Johannes Mende, Carl Freiherr von Bardolff, phil. Diss. (Wien 1984).

[1423] Vermes, Tisza, 425.

[1424] Plaschka, Haselsteiner, Suppan, Innere Front I, 72.

[1425] Ebenda, 75.

[1426] Schweizerisches Bundesarchiv, Bern, 2300 Wien, Nr. 33, Schreiben des Schweizer Gesandten in Wien, C. D. Bourcart, an das Politische Departement, 24. 1. 1918.

[1427] Bihl, Österreich-Ungarn und die Friedensschlüsse von Brest-Litovsk (Wien–Graz–Köln 1970), 57.

[1428] Ebenda, 84f.

[1429] Ebenda, 84.

[1430] Ebenda.

[1431] Dazu: Klaus Kindler, Die Cholmer Frage 1905–1918 (= Europäische Hochschulschriften III, Bd. 424, Frankfurt/Main–New York–Paris 1990), 297.

[1432] Bihl, Österreich-Ungarn und die Friedensschlüsse, 97.

[1433] Diese Feststellung traf Sektionschef Richard Schüller. Dazu: Johann Rainer, Die Friedensverhandlungen von Brest-Litowsk aus der Sicht von Richard Schüller, in: Innsbrucker Historische Studien 10/11 (1988), 335.

[1434] Dazu umfassend: Stephan M. Horak, The First Treaty of World War I. Ukraine's Treaty with the Central Powers of February 9, 1918 (East European Monographs 236, Boulder–New York 1988).

[1435] Bihl, Österreich-Ungarn und die Friedensschlüsse, 109.

[1436] Ebenda, 110.

[1437] Ebenda, 111.

[1438] Ebenda, 114.

1439 Die Bestimmungen des Vertrags bei: Bihl, Österreich-Ungarn und die Friedensschlüsse, im Anhang, 146–149.

1440 Österreich-Ungarns letzter Krieg, Bd. VII, 45.

1441 Ebenda, 118.

1442 Ebenda.

1443 KA, AOK, Op. geh. Nr. 1296, „Über die Lage XI", 22. 3. 1918.

1444 Wulff, Donauflottille, 136f.

1445 Alfred Krauß, Franz Klingenbrunner, Die Besetzung der Ukraine 1918, in: Die Militärverwaltung in den von den österreichisch-ungarischen Truppen besetzten Gebieten, a. a. O., 364f.

1446 Krauß, Klingenbrunner, Besetzung der Ukraine, 368f.

1447 Ebenda, 371.

1448 Nachlaß Böhm-Ermolli, Tagebuchaufzeichnungen 1914 bis 1918, 184.

1449 Böhm-Ermolli, Tagebücher, 186.

1450 Ebenda, 191f.

1451 Ebenda, 187.

1452 Krauß, Klingenbrunner, Besetzung der Ukraine, 380.

1453 Ebenda, 382.

1454 Katalog Fliegen 90/71, 203.

1455 Meckling, Czernin, 302.

1456 Gonda, Verfall, 383.

1457 Zit. nach: Meckling, Czernin, 289.

1458 Archiv der Auswärtigen Amtes, Wien – Geheim, Bd. 62, E 283372–75, 5. 1. 1918.

1459 KA, Tagebuch Marterer, Bd. 5 (1918), 7. 1. 1918.

1460 Ebenda, 26. 2. 1918.

1461 Ebenda, 2. 3. 1918.

1462 Österreich-Ungarns letzter Krieg, Bd. VII, 15ff.

1463 Dazu wesentliche Teile des Buchs von Miller-Unterberger, United States, sowie Jaroslav Křížek, T. G. Masaryk a moznost obnovy v'ychodní fronty v léte 1918, in: Historie a voenství, 1/1992, 19–45.

1464 Zur Neuorganisation vor allem Joh. Christoph Allmayer-Beck, Heeresorganisation vor 50 Jahren, in: Österreichische Militärische Zeitschrift, Sonderheft 1917 (1967). Zum Kampfverfahren: August Pitreich, Die Entwicklung unseres Kampfverfahrens vom Kriegsbeginn bis zur Gegenwart, in: Militärwissenschaftliche Mitteilungen, Jg. 1935, Nrn. 1–5. Ferner: Kiszling, Die hohe Führung, 201–209.

1465 Der Inhalt dieser Armee-Konferenz auszugsweise in: KA, Tagebuch Schneller, 1167–1177.

1466 Marian Zgórniak, Der Zusammenbruch der militärischen Organisation Österreich-Ungarns im Jahre 1918 in Polen, in: Die Auflösung des Habsburgerreiches, 298.

1467 Halpern, Naval War, 411.

1468 Ebenda, 447.

1469 Dazu Loewenfeld-Russ, Volksernährung, 345 (Brotkarte für November 1917), und Plaschka, Haselsteiner, Suppan, Innere Front I,110.

1470 Das brachten die vor dem Standgericht Angeklagten nach der Niederschlagung der Revolte vor. Vgl. Plaschka, Haselsteiner, Suppan, Innere Front I, 142.

1471 Halpern, Naval War, 449.

1472 Zit. nach: Plaschka, Haselsteiner, Suppan, Innere Front I, 209.

1473 Ebenda, 272.

1474 Ebenda, 265f, der Vorfall von Somsaly am 7. 4. 1918.

1475 Ebenda, 273.

1476 Karel Pichlík, Das Ende der österreichisch-ungarischen Armee, in: Österreichische Osthefte 5 (1963), 355.

1477 Zur Rückführung der österreichischen Kriegsgefangenen: Inge Przybilovski, Die Rückführung der österreichisch-ungarischen Kriegsgefangenen aus dem Osten in den letzten Monaten der k. u. k. Monarchie, phil. Diss (Wien 1965).

1478 Dazu eingehend: Otto Wassermeier, Die Meutereien der Heimkehrer aus russischer Kriegsgefangenschaft bei den Ersatzkörpern der k. u. k. Armee im Jahre 1918, phil. Diss (Wien 1968). Unter Verwendung dieser Arbeit auch der entsprechende Abschnitt in: Plaschka, Haselsteiner, Suppan, Innere Front I.

1479 Cramon, Bundesgenosse, 268.
1480 Plaschka, Haselsteiner, Suppan, Innere Front I, 311.
1481 Pichlík, Das Ende, 358.
1482 Richard G. Plaschka, Die revolutionäre Herausforderung im Endkampf der Donaumonarchie, in: Die Auflösung des Habsburgerreiches, 21.
1483 Exemplarisch beim Einschreiten des IR 37 in Murau (Steiermark) zu zeigen.
1484 Zusammenfassend und vor allem auch die Aufzeichnungen Czernin-Baernreithers benützend: Robert A. Kann, Die Sixtusaffäre und die geheimen Friedensverhandlungen Österreich-Ungarns im Ersten Weltkrieg (= Österreich-Archiv, Wien 1966).
1485 Dazu auch Fejtö, Requiem, 234.
1486 Shanafelt, Secret Enemy, 278.
1487 Ebenda, 282.
1488 Miller-Unterberger, United States, 107.
1489 Dazu ausführlich: Meckling, Czernin, 340–358.
1490 Ebenda, 350.
1491 Ebenda, 351.
1492 Gonda, Verfall, 385.
1493 Diese Auffassung vertritt vor allem Kann in seiner Arbeit über die Sixtusaffäre.
1494 Bauer, Musil, 288.
1495 Shanafelt, Secret Enemy, 286, und Friedrich Funder, Vom Gestern ins Heute. Aus dem Kaiserreich in die Republik (Wien 1953), 563.
1496 Shanafelt, Secret Enemy, 290.
1497 Zerfall der europäischen Mitte, 147, Bericht 210 vom 8. 5. 1918.
1498 Meckling, Czernin, 355.
1499 Cramon, Aufzeichnungen, 62a.
1500 Meckling, Czernin, 353.
1501 PRO FO 371/3134/195784, Proceedings in Regard to a Seperate Peace with Austria, 3–15.
1502 Miller-Unterberger, United States, 104.
1503 PRO FO 371/3134/83287, Telegramm aus Paris an das Foreign Office, 9. 5. 1918.
1504 Schweizerisches Bundesarchiv, Bern, 2300 Wien, Nr. 33, Schreiben Bourcarts an das Politische Departement, 1. 5. 1918.
1505 Gonda, Verfall, 385.
1506 Cramon, Aufzeichnungen, 64a.
1507 Meckling, Czernin, 290.
1508 Cramon, Aufzeichnungen, 66r.
1509 Mamatey, United States, 257.
1510 Kann, Sixtusaffäre, 55.
1511 Burián, Drei Jahre, 233.
1512 PRO FO 371/3133/104207, Weekly Memorandum, 12. 6. 1918.
1513 Redlich, Tagebuch II, 273.
1514 Meier, Christlichsoziale, 115.
1515 PRO FO 371/3133/146018, H. Rumbold an Foreign Office, Bern 23. 8. 1918.
1516 Meier, Christlichsoziale, 115.
1517 Dazu: Pichlík, Das Ende der österreichisch-ungarischen Armee, 351–369. Die genauen Angaben über die Stärkeverhältnisse in: Österreich-Ungarns letzter Krieg, Bd. VII, 41.
1518 Sondhaus, In the Service, 108f.
1519 Hecht, Heeresergänzung, 497f.
1520 Vojenský historický archiv, Prag, 4. Abt., Pres 1918, 62 6/1–69.
1521 Wegs, Kriegswirtschaft, 73.
1522 Ebenda, 101.
1523 Bardolff, Soldat, 313.
1524 Hanks, The End, 93. Hanks zitiert an dieser Stelle einen Aufsatz von Charles Maechling, Jr., The Sixtus Affair, 1917, in: History Today, Vol. 23, No 11 (Nov. 1973), 763.

1525 KA, AOK, Op. geh. 897, Über die Lage IX, 29. 1. 1918.
1526 Detailliert dazu: Military Operations Italy, 88–145.
1527 Alexandra Ward, The Participation of British Troops in the War in Italy during 1918, in: La Prima Guerra Mondiale e il Trentino, ed. Sergio Benvenuti (Rovereto 1980), 82f. Ergänzend und vor allem auch die logistische Situation berücksichtigend: Military Operations Italy, bes. 131–145.
1528 Hanks, The End, 94.
1529 Zu den operativen Ideen: Hanks, The End, 103ff.
1530 Ebenda, 113.
1531 Ebenda, 122.
1532 Ebenda, 123. Dazu auch Peter Fiala, Die letzte Offensive Altösterreichs. Führungsprobleme und Führungsverantwortlichkeit bei der österreichisch-ungarischen Offensive in Venetien, Juni 1918 (= Militärgeschichtliche Studien 3, Boppard a. Rhein 1967), hier 42f.
1533 Hanks, The End, 122.
1534 Die Abläufe bei der k. u. k. Kriegsmarine im Detail in: Sokol, Seekrieg, 489f. Ergänzend: Halpern, Naval War, 452f.
1535 Hanks, The End, 129.
1536 Ebenda, 131.
1537 Ebenda, 89.
1538 Ebenda, 132.
1539 Landwehr, Hunger, 192.
1540 BAMA, Nachlaß Cramon, N266/50, Entwürfe für Bestimmungen über den deutsch-österreichischen Waffenbund.
1541 Broucek, Die deutschen Bemühungen, 466f.
1542 Arz, Zur Geschichte, 252f.
1543 Zu den Verhandlungen in Spa vgl. Burián, Drei Jahre, 242–245, und Arz, Zur Geschichte, 250ff.
1544 Broucek, Die deutschen Bemühungen, 465.
1545 Gonda, Verfall, 247.
1546 Zeman, Zusammenbruch, 222.
1547 PRO FO 371/3135/82126, Übersicht der tschechoslowakischen Truppenverbände auf alliierter Seite, 30. 4. 1918.
1548 PRO FO 371/3135/90542, Radcliff an Undersecretary Robert Cecil.
1549 M. L. Sanders, M. Taylor, Britische Propaganda im Ersten Weltkrieg 1914–1918 (Berlin 1990), 185.
1550 Hanks, The End, 143.
1551 Ebenda, 144.
1552 Die Bereitstellung und der Angriff der Heeresgruppe Conrad ausführlich in: Österreich-Ungarns letzter Krieg, Bd. VII, 235–260.
1553 Hanks, The End, 167.
1554 Ebenda, 167.
1555 Ebenda, 190.
1556 Irmgard Pangerl, Die Luftkämpfe über dem Montello. Die Tradition der Fliegertruppe, in: Truppendienst 6 (1988), 611–617.
1557 Tagebuchaufzeichnungen Oberleutnant Eugen Lang (Privatbesitz, Wien).
1558 Fiala, Letzte Offensive, 15, und Hanks, The End, 187.
1559 Ward, The Participation, 86.
1560 KA, Tagebuch Schneller, 10. 6. 1918, 1229.
1561 Ebenda, 12. 6. 1918, 1230.
1562 Hanks, The End, 207.
1563 Ebenda, 215, sowie Anton Hainzl, Das ehemalige Egerländer Feldjägerbataillon Nr. 22 im Weltkrieg 1914–1918 (Reichenberg 1935), 227ff.
1564 Fiala, Letzte Offensive, 100.
1565 Schreiben Erzherzog Josephs an Generaloberst von Seeckt vom 4. 8. 1918, zit. bei: Jedlicka, Ende und Anfang. Österreich 1918/19. Wien und die Bundesländer (= Politik konkret, Salzburg 1969), 18–23.
1566 Hanks, The End, 247.

1567 Zit. nach: Jedlicka, Ende und Anfang, 21.
1568 Peter Schiemer, Die Albatros-(Oeffag-)Jagdflugzeuge der k. u. k. Luftfahrttruppen (Graz 1984), 217.
1569 Landwehr, Hunger, 229.
1570 Ebenda, 233f.
1571 Hanks, The End 91.
1572 Ebenda, 260, und United States Army in World War 1917–1919: Military Operations of the American Expeditionary Forces, Vol. VI (Washington 1948), 529.
1573 Cramon, Bundesgenosse, 176.
1574 Hanks, The End, 257.
1575 Zerfall der europäischen Mitte, 160, Bericht 329 vom 19. 7. 1918.
1576 Das diesbezügliche Handschreiben des Kaisers bei: Hoyer, Kaiser Karl, 161. Damit folgte Conrad in dieser Ehrenfunktion dem langjährigen Chef des Generalstabes und mittlerweile nachträglich zum Generaloberst beförderten Grafen Friedrich Beck-Rzikowsky.
1577 Zerfall der europäischen Mitte, 159, Bericht 329 vom 19. 7. 1918.
1578 Arz, Zur Geschichte, 277. In dem Zusammenhang erwähnt Arz, daß auch Feldmarschall Boroević hätte enthoben werden sollen; Arz habe sich jedoch gegen jede Enthebung, auch gegen die Conrads, ausgesprochen.
1579 KA, MKSM 25-1/11 ex 1918, Memorandum für Ministerpräsident Wekerle, 18. 7. 1918.
1580 KA, MKSM 69-6/14-2, AOK, Op. Nr. 146.427, 22. 7. 1918.
1581 Glaise-Horstenau, General im Zwielicht I, 482.
1582 Die Auflistung der Darstellungen bei Fiala im Quellenverzeichnis.
1583 KA, MKSM 69-6/14-3, 26. 6. 1918.
1584 BAMA, Cramon, Aufzeichnungen, 80a.
1585 Die Geschichte dieser (nicht erhaltenen) Denkschrift ausführlich dargestellt bei: Glaise-Horstenau, General im Zwielicht I, 483.
1586 Synodalarchiv Budapest, Nachlaß Tisza, Karton 5, Fasz. 17.
1587 Helmut Rumpler, Max Hussarek, Nationalitäten und Nationalitätenpolitik in Österreich im Sommer des Jahres 1918 (= Studien zur Geschichte der österreichisch-ungarischen Monarchie 4, Graz–Köln 1965), 23.
1588 Ebenda, 25.
1589 Kosnetter, Seidler, 197–207.
1590 Rumpler, Hussarek, 27.
1591 Ebenda, 30, mit der Schlußfolgerung: „... kann man den Zweifel nicht unterdrücken, ob der Kaiser noch alle Zusammenhänge überblickte."
1592 Ebenda.
1593 Ebenda, 35.
1594 Dazu umfassend Plaschka, Suppan, Haselsteiner, Innere Front, v. a. Bd. 2.
1595 Rumpler, Hussarek, 44.
1596 Pichlík, Der militärische Zusammenbruch, 258.
1597 Ebenda.
1598 Rumpler, Hussarek, 44f.
1599 Kindler, Cholmer Frage, 337–348.
1600 Rumpler, Hussarek, 70.
1601 Ebenda, 71.
1602 Meier, Christlichsoziale, 118.
1603 Reichspost Nr. 273, 17. 6. 1918.
1604 Meier, Christlichsoziale, 122.
1605 Rumpler, Hussarek, 79.
1606 PRO FO 371/3135/107968, Angaben des jugoslawischen Komitees bei der britischen Regierung über die Stärke des „Serbisch-kroatisch-slowenischen Freiwilligenkorps" sowie die jugoslawische Division.
1607 Zit. nach: Rumpler, Hussarek, 96.
1608 KA, AOK, Op. geh. 2168, Resümee der Besprechungen und Details.
1609 HHStA, PA I, Karton 500 XLVII 2b, 20, AOK. Op. geh. 1689, 21. 7. 1918.
1610 Polatschek, Österreichisch-ungarische Truppen, 53–61.

1611 Ebenda, 68.
1612 Ebenda, 70.
1613 Mit den ersten Transporten wurden die k. u. k. 1. und die 35. Infanteriedivision verlegt. Als zweite Tranche folgten die k. u. k. 106. Infanteriedivision und die 37. Honvéd-Infanteriedivision.
1614 Hanks, The End, 302, sowie Peter Feldl, Das verspielte Reich. Die letzten Tage Österreich-Ungarns (Wien–Hamburg 1968), 262.
1615 Cramon, Bundesgenosse, 174.
1616 Paul von Hindenburg, Aus meinem Leben (Leipzig 1920), 383f.
1617 Polatschek, Österreichisch-ungarische Truppen, 94ff.
1618 Eine gute Zusammenstellung der Veränderungen in Taktik und Waffenwirkung bei Hans Linnenkohl, Vom Einzelschuß zur Feuerwalze. Der Wettlauf zwischen Technik und Taktik im Ersten Weltkrieg (Koblenz 1990), hier bes. 209–280.
1619 Polatschek, Österreichisch-ungarische Truppen, 105–110.
1620 Hanks, The End, 303.
1621 Ebenda.
1622 Ebenda, 306.
1623 KA, MKSM 10-2/1-1, KM Präs. Nr. 22.805, 3. 7. 1918.
1624 KA, MKSM 11-2/10, Meldungskonvolut mit Beilagen.
1625 Sanders, Taylor, Britische Propaganda, 182.
1626 KA, Tagebuch Schneller, 598, Vormerkung zum 25. 1. 1916.
1627 Hanks, The End, 309.
1628 Ebenda, 311.
1629 Ward, The Participation, 87.
1630 Hoen, Geschichte des Egerländer IR 73, 663.
1631 Hanks, The End, 312.
1632 Ebenda, 310.
1633 Ebenda.
1634 Ebenda, 313.
1635 BAMA, Cramon, Aufzeichnungen, 84a.
1636 Ebenda, 84r.
1637 Ebenda, 82a und r.
1638 Hanks, The End, 313.
1639 Cramon, Bundesgenosse, 174f.
1640 Arz, Zur Geschichte, 328f.
1641 Cramon, Bundesgenosse, 176.
1642 Hanks, The End, 316.
1643 Dabei ging es wohl nicht um die verhältnismäßig modernen Schlachtschiffe, sondern um die verbliebenen alten Schlachtschiffe und Kreuzer.
1644 Halpern, Naval War, 402.
1645 Ebenda, 404.
1646 Ebenda, 449.
1647 Ebenda, 453.
1648 Ebenda, 456.
1649 Ebenda, 503.
1650 Ebenda, 538.
1651 Rigele erhielt dafür das Ritterkreuz des Militär-Maria-Theresien-Ordens. Dazu: Der Militär-Maria-Theresien-Orden. Die Auszeichnungen im Weltkrieg 1914–1918, hg. Carl Frh. von Bardolff, 2. Aufl. (Wien 1944), 265f.
1652 KA, MKSM 78-1/1-3, August 1918.
1653 Hanks, The End, 318f.
1654 KA, Tagebuch Schneller, 1274, 3. 10. 1918.
1655 Zit. nach: Hanks, The End, 321.
1656 Spann, Zensur, 372.

1657 Ebenda, 369.
1658 Ebenda, 370.
1659 Ebenda, 371.
1660 Vojenský historický archiv, 4. Abt. 1918 56 1/4–99, Schreiben des Kriegsministers Stöger-Steiner an den ungarischen Ministerpräsidenten Wekerle, 4. 9. 1918.
1661 KA, Kriegserinnerungen Zanantoni, 446.
1662 Ebenda, 447.
1663 PRO FO 371/3136/195784, Notes on the Situation in Austria-Hungary, August 1918, 6.
1664 Hanks, The End, 317. Die hier genannte Zahl von 100.000 Soldaten ist wohl zu nieder und dürfte allein für Polen zutreffen.
1665 PRO FO 371/3136, Notes on the Situation in Austria-Hungary, a. a. O., August 1918, 9f.
1666 Pichlík, Der militärische Zusammenbruch, 258.
1667 Hanks, The End, 317.
1668 PRO FO 371/3136, Notes on the Situation in Austria-Hungary, a. a. O., August 1918, 18.
1669 Ebenda, 5.
1670 Cramon, Bundesgenosse, 177.
1671 Der Wortlaut des Telegramms aus Spa bei: Cramon, Bundesgenosse, 178.
1672 Ebenda, 180.
1673 Hanks, The End, 327.
1674 So der Titel seines 1929 erschienen Buches.
1675 András Siklós, Revolution in Hungary and the Dissolution of the Multinational State 1918 (Budapest 1988), 13.
1676 Dazu Bogdan Krizman, Der militärische Zusammenbruch auf dem Balkan im Herbst 1918, in: Österreichische Osthefte 5 (1968), 268–293.
1677 Johannes Legler, Die Endphase des Ersten Weltkrieges auf dem Balkan, unveröffentl. Lehramtshausarbeit, Univ. Wien (1977), 16.
1678 Krizman, Der militärische Zusammenbruch, 276.
1679 Ebenda, 278.
1680 Ebenda, 280.
1681 Der Text bei Krizman, Der militärische Zusammenbruch, 281f.
1682 Ministerratsprotokolle 27. 9. 1918 (= Komjáthy, 680–687).
1683 Der Vorgang ist auch bei Jurj A. Pisarev geschildert: Die Befreiungsbewegung der südslawischen Völker Österreich-Ungarns in den Jahren 1917 und 1918 und die Entwürfe einer Reform der Donaumonarchie, in: Die Auflösung, 191.
1684 Synodalarchiv Budapest, Nachlaß Tisza, Karton 20/21, 159, 1ff.
1685 Dazu: Helmut Rumpler, Das Völkermanifest Kaiser Karls vom 16. Oktober 1918. Letzter Versuch zur Rettung des Habsburgerreiches (= Österreich-Archiv, Wien 1966), 21.
1686 Rumpler, Völkermanifest, 23.
1687 Arz, Zur Geschichte, 321.
1688 Rumpler, Völkermanifest, 25 und 74ff.
1689 Zit. nach: Rumpler, Völkermanifest, 33.
1690 Vermes, Tisza, 442–452. Der Höhepunkt ihres Einflusses kam am 31. 10. 1918 mit der Ernennung Károlys zum Ministerpräsidenten.
1691 Rumpler, Völkermanifest, 37.
1692 Ebenda, 42.
1693 Shanafelt, Secret Enemy, 309.
1694 KA, AOK, Op. geh. Nr. 2032 vom 21. 10. 1918 und Op. geh. Nr. 2071 vom 30. 10. 1918.
1695 Ludwig Jedlicka, Der Waffenstillstand von Villa Giusti in der österreichischen Geschichtsschreibung, in: Innsbruck–Venedig. Österreichisch-italienisches Historikertreffen 1971 und 1972, hg. Adam Wandruszka und Ludwig Jedlicka (Wien 1975), 87.
1696 Hanks, The End, 334.
1697 Ebenda, 335.

1698 Die Friedensnote bei Bihl, Deutsche Quellen, 475, Nr. 218. Über die Antwort 477f, Nr. 221. Die Tatsache, daß Österreich-Ungarn von der amerikanischen Regierung keiner Antwort gewürdigt wurde, legte man in Wien kurioserweise positiv aus. Vgl. dazu: Arz, Zur Geschichte, 310.

1699 Shanafelt, Secret Enemy, 309.

1700 Ebenda.

1701 Arz, Zur Geschichte, 308f.

1702 Rumpler, Völkermanifest, 42.

1703 Ebenda, 42f.

1704 Ebenda, 56.

1705 Ebenda, 62.

1706 Der Text bei: Rumpler, Völkermanifest, im Anhang, 88–91.

1707 Hanks, The End, 337.

1708 Ebenda, 338.

1709 Vermes, Tisza, 444.

1710 Zit. nach: Burián, Drei Jahre, 304.

1711 Siklós, Revolution in Hungary, 32f.

1712 Arz, Zur Geschichte, 326.

1713 Die Schilderung dieser Reise mit interessanten Details in sprachlich allerdings wenig ausgewogener Form in: Kaiser Karl, Persönliche Aufzeichnungen, 244ff.

1714 PRO FO 371/3134/179471, Telegramm Lord Actons, Bern, an das Foreign Office, 22. 10. 1918.

1715 Arz, Zur Geschichte, 330.

1716 Schweizerisches Bundesarchiv, Bern, 2300 Wien, Nr. 33, Schreiben Bourcarts an das Politische Departement, 14. (tatsächlich 18.) 10. 1918.

1717 Shanafelt, Secret Enemy, 311.

1718 Dazu: Redlich, Tagebuch II, 308. Redlich wurde Finanzminister im Kabinett Lammasch.

1719 Dazu auch: Fritz Fellner, Der Zerfall der Donaumonarchie in weltgeschichtlicher Perspektive, in: Die Auflösung, a. a. O., 34.

1720 KA, Kriegserinnerungen Zanantoni, 454f.

1721 Ebenda, 464.

1722 Pichlík, Der militärische Zusammenbruch, hier 260.

1723 Bruno Wagner, Der Waffenstillstand von Villa Giusti 3. November 1918, phil. Diss. (Wien 1970), 214.

1724 Otto Gallian, Monte Asolone (Graz 1933), 138.

1725 Österreich-Ungarns letzter Krieg, Bd. VII, 592.

1726 Ebenda, 591.

1727 KA, AOK, Op. geh. Nr. 2036, 22. 10. 1918.

1728 Arz, Zur Geschichte, 333f.

1729 Hanks, The End, 329.

1730 Pichlík, Der militärische Zusammenbruch, 258.

1731 KA, Tagebuch Schneller, 1280, 17. 10. 1918.

1732 Gallian, Monte Asolone, 151.

1733 Hanks, The End, 347.

1734 Gallian, Monte Asolone, 172f.

1735 Pichlík, Der militärische Zusammenbruch, 362.

1736 Hanks, The End, 348.

1737 Ebenda, 349.

1738 Ebenda, 350.

1739 Glaise-Horstenau, Katastrophe, 351.

1740 KA, AOK, Op. geh. Nr. 2205, k. u. k. H. Gr. Kdo in Tirol 55.000/200.

1741 Arz, Zur Geschichte, 343.

1742 Hanks, The End, 356.

1743 Ebenda, 359.

1744 Shanafelt, Secret Enemy, 313.

1745 KA, AOK, Op. geh. Nr. 2058. Das Telegramm ist zweifellos vom 28. Oktober, obwohl es mit 29. datiert wurde. Die Empfangsbestätigung wurde aber mit 28. gegeben, und ebenso datiert die Antwort Hindenburgs vom 28.

1746 Schweizerisches Bundesarchiv, Bern, 2300 Wien, Nr. 33, Schreiben Bourcarts an das Politische Departement, 31. 10. 1918.

1747 Polatschek, Österreichisch-ungarische Truppen, 127.

1748 Wagner, Der Waffenstillstand von Villa Giusti, 209.

1749 Hanks, The End, 362.

1750 Eine etwas abweichende Darstellung bei: Luigi Mondini, Der Waffenstillstand von Villa Giusti und seine Folgen, in: Innsbruck–Venedig, a. a. O., 65f.

1751 Mondini, Der Waffenstillstand, 66, und KA, AOK, Op. geh. Nr. 2071, 30. 10. 1918.

1752 Glaise-Horstenau, Die Katastrophe, 412.

1753 Hanks, The End, 367, und KA, AOK, Op. geh. Nr. 2091.

1754 Tibor Hetés, Der militärische Zusammenbruch und Ungarn, in: Die Auflösung, a. a. O., 295.

1755 Vermes, Tisza, 453.

1756 Schweizerisches Bundesarchiv, Bern, 2300 Wien, Nr. 33, Schreiben Bourcarts an das Politische Departement, 31. 10. /1. 11. 1918.

1757 Das diesbezügliche Schreiben Linders und die Weitergabe durch Arz bei: Jedlicka, Ende und Anfang, 49f.

1758 Hanks, The End, 369.

1759 Ebenda, 371.

1760 KA, AOK, Op. geh. 2101, 3. 11. 1918.

1761 Hanks, The End, 372.

1762 Das Schreiben im Nachlaß Arz, KA, B/63.

1763 Wagner, Der Waffenstillstand von Villa Giusti, 227. Wagner meint, die Angabe 2. November sei ein Irrtum, es sollte 3. November heißen. Das Datum ist aber wohl bewußt falsch gesetzt worden, um den Anschein zu erwecken, daß bereits der neue Armeeoberkommandant den Waffenstillstand abgeschlossen hätte.

1764 Der Wortlaut genau bei: Wagner, Der Waffenstillstand von Villa Giusti, 151f.

1765 Zu den verfahrensrechtlichen Fragen: Jedlicka, Der Waffenstillstand, 95.

1766 Vor der Kapitulation hatten die Italiener bereits 80.000 österreichisch-ungarische Soldaten gefangennehmen können. In der Zahl von 436.674 Kriegsgefangenen, die die Italiener als offizielle Zahl nannten, sind die seit dem 24. Oktober Gefangengenommenen enthalten. Dazu auch: Emil Ratzenhofer, Der Waffenstillstand von Villa Giusti und die Gefangennahme Hunderttausender, in: Ergänzungsheft 2 zum Werke „Österreich-Ungarns letzter Krieg" (Wien 1931), bes. 48ff.

1767 Jedlicka, Der Waffenstillstand, 97.

1768 Ward, The Participation, 94.

1769 KA, Tagebuch Schneller, Nachtrag für 1918, 17f.

1770 Legler, Die Endphase, 68.

1771 Dazu sehr eingehend: Johann Rainer, Die Besetzung Polas durch Italien am Ende des 1. Weltkrieges, in: Beiträge zur neueren Geschichte, a. a. O., 163–171.

1772 Eine Gedenktafel, die an dieses Ereignis erinnert, findet sich seit einiger Zeit im Marinesaal des Heeresgeschichtlichen Museums in Wien.

1773 Fryer, The Royal Navy, 74f.

1774 PRO 371/3137, Brief Amerys an Balfour, 22. 10. 1918.

1775 PRO FO 371/3136/152437, Bericht Erskines an Balfour, Rom, 5. 9. 1918.

1776 PRO FO 371/3137/195857, The Conditions of the Armistice (s. d.).

1777 Redlich, Tagebuch II, 313.

1778 KA, Kriegserinnerungen Zanantoni, 482.

Zur Entstehung dieser Arbeit

Die Anfänge dieses Buches reichen in das Jahr 1987 zurück. Damals begann ich eine über drei Semester reichende Vorlesung an der Wiener Universität über Österreich-Ungarn und den Ersten Weltkrieg. Dabei ging es darum, eine Gesamtdarstellung zu geben, also die politischen ebenso wie die militärischen und sozialgeschichtlichen Ereignisse zu berücksichtigen. Eine derartige Zusammenschau, die sich auf jahrzehntelange Detailforschungen stützen konnte, war in Österreich trotz des Abstands von einem Dreivierteljahrhundert seit dem Krieg nicht vorhanden. Es ging also nicht darum, die militärischen Ereignisse isoliert zu betrachten oder auch eine ausschließlich politischen, sozialgeschichtlichen oder anderen der Zeit zwischen 1914 und 1918 innewohnenden Aspekten verpflichtete Darstellung zu geben, sondern zu kompilieren und zu generalisieren. Im Verlauf der Arbeit bereiste ich – sofern ich sie nicht schon kannte – die meisten Schauplätze. Eine Reise nach Albanien wurde 1990 dank der Förderung durch die Österreichische Akademie der Wissenschaften möglich. Mit den Studenten von zwei Seminaren machten wir Exkursionen nach Oberitalien und Galizien, um einiges besser verstehen zu können, das sich in Hörsälen nur denkbar unvollständig nachvollziehen läßt.

Bei der weiteren Durcharbeitung des Themas war das Ziel, die quellenmäßige Basis zu erweitern. Das geschah vor allem durch die Berücksichtigung der Akten des Wiener Haus- und Hofarchivs, die mir von Hofrat Dr. Gerhard Rill und meinem langjährigen Freund Hon.-Prof. Dr. Leopold Auer bereitgestellt wurden. Die meisten Akten waren im Wiener Kriegsarchiv einzusehen, wobei den Direktoren Hofrat Dr. Erich Hillbrand und Hofrat Dr. Rainer Egger, vor allem aber ebenfalls einem langjährigen Freund, Dr. Peter Broucek, zu danken ist. Die Bibliothek des Kriegsarchivs, insbesondere deren Direktor Dr. Adolf Gaisbauer, stellte einen Großteil der Literatur bereit. An ausländischen Archiven konnte ich das Bundesarchiv in Bern, das Public Record Office in London, das Archiv des Auswärtigen Amtes in Bonn und das Bundesarchiv/Militärarchiv in Freiburg im Breisgau benützen, wobei mir bei letzterem ein besonders lieber Kollege, nämlich der Direktor Oberst Dr. Manfred Kehrig, behilflich war. Ergänzende Archivstudien ließen sich im Kriegsarchiv in Prag dank der Hilfe von Dr. Petr Klucina, im Országos Levéltár sowie im Synodalarchiv der reformierten Kirche in Budapest durchführen, wofür ich Dr. Imre Ress besonders zu danken habe. Einige Akten konnte ich schließlich im (alten) Kriegsarchiv in Moskau sowie im Staatsarchiv in Tirana einsehen.

Während der Fertigstellung des Manuskripts haben der frühere Direktor des Heeresgeschichtlichen Museums, Hofrat Dr. Joh. Christoph Allmayer-Beck, sowie mein Kollege und Freund Dr. Erwin Schmidl Kapitel für Kapitel gelesen und mich auf viele verbesserungswürdige Stellen hingewiesen. Beiden dafür zu danken, ist mir ein besonderes Bedürfnis. Herwig Mackinger half mir beim Heraussuchen der Fotos im Wiener Kriegsarchiv. Franz Gruber, der eine jahrzehntelange Erfahrung als Grafiker der Zeitschrift „Truppendienst" hat, übernahm dankenswerterweise die Reinzeichnung der Skizzen. Schließlich hat Renate Geron einen beträchtlichen Teil der Schreibarbeiten durchgeführt, während Dr. Franz Forstner in bewundernswerter Weise an der Vereinheitlichung der Text- und Anmerkungsteile gearbeitet hat. Ohne sie wäre die Arbeit ebensowenig zustande gekommen wie ohne die Mithilfe der „Verlagsmannschaft".

Meine Frau aber hat es hingenommen, daß ich mehrere Jahre hindurch oft viele Monate kein Wochenende und keinen Abend mit ihr verbrachte und mich auch im Urlaub irgendwo in den „Schluchten des Balkan" verirrte. Sie hat obendrein einen erheblichen Anteil an der Detailarbeit, die ich ohne ihre Hilfe sicherlich nicht rechtzeitig zu Ende gebracht hätte.

Marianne und unseren Kindern, Giselheit, Meinhard und Albrecht, möchte ich daher dieses Buch widmen.

Im Text sind möglichst wenige Abkürzungen verwendet worden, die außerdem immer wieder aufgelöst werden oder wegen ihrer Geläufigkeit keiner Auflösung bedürfen. Quellenhinweise und Archivsiglen finden sich bei den Ersterwähnungen im Anmerkungsapparat.

Gedruckte Quellen und Literatur

Eine Auswahl

Ableitinger, Alfred, Ernest von Koerber und das Verfassungsproblem im Jahre 1900. Österreichische Nationalitäten- und Innenpolitik zwischen Konstitutionalismus, Parlamentarismus und oktroyiertem allgemeinem Wahlrecht (= Studien zur Geschichte der Österreichisch-ungarischen Monarchie 12, Wien–Köln–Graz 1973)

Adler, Emanuel, Das Arbeitsrecht im Kriege, in: Die Regelung der Arbeitsverhältnisse im Kriege, hg. Ferdinand Hanusch und Emanuel Adler, Carnegie-Stiftung, Österreichische und ungarische Serie (Wien–New Haven 1927)

Adler, Friedrich, Vor dem Ausnahmegericht (Jena 1923)

Aichelburg, Vladimir, Österreichisch-ungarische Unterseeboote 1905–1918. Eine militärtechnische Studie, phil. Diss. (Wien 1975)

Derselbe, Die Unterseeboote Österreich-Ungarns, 2 Bde. (Graz 1981)

Albertini, Luigi, The Origins of the War of 1914, 3 Bde. (London–New York–Toronto 1957)

Aldrovandi-Marescotti, Luigi, Der Krieg der Diplomaten (München 1940)

Allmayer-Beck, Johann Christoph, Der Sommerfeldzug von 1914 gegen Rußland, in: Österreichische Militärische Zeitschrift, Sonderheft I (Wien 1965)

Derselbe, Heeresreorganisation vor 50 Jahren, in: Österreichische Militärische Zeitschrift, Sonderheft 1917 (Wien 1967)

Derselbe, Marksteine der Moderne. Österreichs Beitrag zur Kultur- und Geistesgschichte des 20. Jahrhunderts (Wien–München–Zürich–New York 1980)

Derselbe, Die bewaffnete Macht in Staat und Gesellschaft, in: Die bewaffnete Macht (= Die Habsburgermonarchie 1848–1918, hg. Österreichische Akademie der Wissenschaften, Bd. V, Wien 1987)

Andrássy, Julius Graf, Diplomatie und Weltkrieg (Berlin–Wien 1920)

Andritsch, Johann, Die Meuterei in Judenburg im Mai 1918 (Judenburg 1968)

Angerer, Thomas, Henry Wickham Steed, Robert William Seton-Watson und die Habsburgermonarchie. Ihr Haltungswandel bis Kriegsanfang im Vergleich, in: Mitteilungen des Instituts für österreichische Geschichtsforschung, 99. Bd. (Wien 1991)

Ara, Angelo, L'Austria-Ungheria nella politica americana durante la prima guerra mondiale (Roma 1973)

Derselbe, Die Vereinigten Staaten zwischen Italien und Österreich von der amerikanischen Kriegserklärung an Österreich-Ungarn bis zur Friedenskonferenz, in: Innsbruck–Venedig. Österreichisch-italienisches Historikertreffen 1971 und 1972, hg. Adam Wandruszka und Ludwig Jedlicka (Wien 1975)

Ardelt, Rudolf G., Der Prozeß gegen Friedrich Adler, in: Sozialistenprozesse. Politische Justiz in Österreich 1870–1936, hg. Karl R. Stadler (Wien–München–Zürich 1986)

Derselbe, Die österreichische Sozialdemokratie und der Kriegsausbruch 1914. Die Krise einer politischen Elite, in: Jahrbuch für Zeitgeschichte 1979, hg. Österreichische Gesellschaft für Zeitgeschichte (Wien 1981)

Artl, Gerhard, Die österreichisch-ungarische Südtiroloffensive 1916 (= Militärgeschichtliche Dissertationen österreichischer Universitäten 2, Wien 1983)
Artner, Gerhard, Die österreichischen Eisenbahnen im Ersten Weltkrieg, Dipl.-Arbeit, Hochschule für Welthandel (Wien 1973)
Arz, Generaloberst Arthur, Zur Geschichte des großen Krieges 1914–1918. Aufzeichnungen (Wien–Leipzig–München 1924)
Atlas der Donauländer, hg. Josef Breu, Registerband, bearb. Elisabeth Tomasi (Wien 1989)
Augeneder, Sigrid, Arbeiterinnen im Ersten Weltkrieg. Lebens- und Arbeitsbedingungen proletarischer Frauen in Österreich (= Materialien zur Arbeiterbewegung 46, Wien 1987)
Baernreither, Joseph Maria, Der Verfall des Habsburgerreiches und die Deutschen. Fragmente eines politischen Tagebuches 1897–1917, hg. Oskar Mitis (Wien 1938)
Bardolff, Carl Freiherr von, Soldat im alten Österreich. Erinnerungen aus meinem Leben (Jena 1938)
Batowski, Henryk, Pläne zur Teilung der Habsburgermonarchie im Ersten Weltkrieg. Eine Zusammenfassung, in: Österreichische Osthefte, 10. Jg, Heft 3 (Wien 1968)
Bauer, Ingrid, „Tschikweiber haum's uns g'nennt ...". Frauenleben und Frauenarbeit an der „Peripherie" (= Materialien zur Arbeiterbewegung 50; Wien 1988)
Bauer, Karl Johannes, Alois Musil. Wahrheitssucher in der Wüste (Wien–Köln 1989)
Baumgart, Winfried (Hg.), Die Julikrise und der Ausbruch des Ersten Weltkrieges 1914 (= Texte zur Forschung 44, Darmstadt 1983)
Baumgartner, Christine, Dr. Alexander Spitzmüller von Harmersbach, phil. Diss. (Wien 1967)
Baumgartner, Lothar, Die K. (u.) K. Kriegsmarine im 1.Weltkrieg (= Militaria Austriaca, Folge 10, Wien 1992)
Bavendamm, Dirk, Roosevelts Weg zum Krieg. Amerikanische Politik 1914–1939 (Frankfurt/M.–Berlin 1989)
Beaufre, André, Die Strategie des Jahres 1917, in: Österreichische Militärische Zeitschrift, Sonderheft 1917 (Wien 1967)
Benedikt, Heinrich, Die wirtschaftliche Entwicklung der Franz-Joseph-Zeit (Wien–München 1958)
Derselbe, Die Friedensaktion der Meinlgruppe 1917/18. Die Bemühungen um einen Verständigungsfrieden. Nach Dokumenten, Aktenstücken und Briefen (= Veröffentlichungen der Kommission für neuere Geschichte Österreichs 48, Graz–Köln 1962)
Derselbe, Damals im alten Österreich. Erinnerungen (Wien–München 1979)
Bethmann Hollweg, Theodor von, Betrachtungen zum Weltkriege, 2 Teile (Berlin 1922)
Bihl, Wolfdieter, Österreich-Ungarn und der „Bund zur Befreiung der Ukraina", in: Österreich und Europa (= Festgabe für Hugo Hantsch, Graz–Wien–Köln 1965)
Derselbe, Eine Quelle zur österreichisch-ungarischen Persienpolitik 1914–1916, in: Militärgeschichtliche Mitteilungen, hg. vom Militärgeschichtlichen Forschungsamt (Freiburg 1978)
Derselbe, Die Beziehungen zwischen Österreich-Ungarn und dem Osmanischen Reich im Ersten Weltkrieg, in: Österreichische Osthefte, 24. Jg., Heft 1 (Wien 1982)
Derselbe, Der Weg zum Zusammenbruch. Österreich-Ungarn unter Karl I. (IV.), in: Österreich 1918–1983, hg. E. Weinzierl und K. Skalnik, Bd. 1 (Graz–Wien–Köln 1983)
Derselbe (Hg.), Deutsche Quellen zur Geschichte des Ersten Weltkrieges (= Ausgewählte Quellen zur deutschen Geschichte der Neuzeit – Freiherr vom Stein Gedächtnisausgabe XXIX, Darmstadt 1991)
Bihl, Wolfdieter – *Jung*, Peter – *Lukan*, Walter – *Regius*, Bertram, Czernowitz im Ersten Weltkrieg. Aus dem Tagebuch des k. k. Landesgerichtsrates Dr. Alfons Regius, in: Österreichische Osthefte, 27. Jg., Heft 2 (Wien 1985)
Bilgeri, Benedikt, Geschichte Vorarlbergs, Bd. IV: Zwischen Absolutismus und halber Autonomie (Wien–Köln–Graz 1982)
Binder, Ingo, Vorarlberg im Ersten Weltkrieg 1914–1918, phil. Diss. (Innsbruck 1959)
Bittner, Ludwig, Graf Friedrich Szápáry, in: Berliner Monatshefte (Berlin 1936)
Blüdnikow, Bent, Denmark during the First World War, in: Journal of Contemporary History (London–Newbury Park–New Delhi 1989)
Brandl, Franz, Kaiser, Politiker und Menschen. Erinnerungen eines Wiener Polizeipräsidenten (Wien 1936)
Breiter, Marion, Hinter der Front. Zum Leben der Zivilbevölkerung im Wien des Ersten Weltkrieges, geisteswiss. Diss. (Wien 1991)

Bridge, Francis Roy, From Sadowa to Sarajevo. The Foreign Policy of Austria-Hungary, 1866–1914 (London–Boston 1972)
Derselbe, Great Britain and Austro-Hungary 1906–1914: A Diplomatic History (Trowbridge 1972)
Derselbe, The Habsburg Monarchy among the Great Powers, 1815–1918 (Oxford 1990)
Broucek, Peter, Die deutschen Bemühungen um eine Militärkonvention mit Österreich-Ungarn (1915–1918), in: Mitteilungen des Instituts für österreichische Geschichtsforschung, 87. Bd. (Wien 1979)
Derselbe, Ein General im Zwielicht. Die Erinnerungen Edmund Glaises von Horstenau, Bd. I (= Veröffentlichungen der Kommission für neuere Geschichte Österreichs 67, Wien–Köln–Graz 1980)
Derselbe, Aus den Erinnerungen eines Kundschaftsoffiziers in Tirol 1914–1918, in: Mitteilungen des österreichischen Staatsarchivs, 33. Bd. (Wien 1980)
Derselbe, Zu den militärischen Beziehungen im Zweibund 1879–1914. Ein Bericht über den Stand der Forschung, in: 15. östereichischer Historikertag, Salzburg 1981 (Salzburg 1983)
Brunner, Friederike Maria, Die deutschsprachige Flugblatt- und Plakatpropaganda der österreichisch-ungarischen Monarchie im Ersten Weltkrieg 1914–1918, phil. Diss. (Wien 1971)
Brusatti, Alois, Die wirtschaftliche Situation Österreich-Ungarns am Vorabend des Ersten Weltkriegs, in: Österreich am Vorabend des Ersten Weltkrieges (Graz–Wien 1964)
Burián, Stephan Graf, Drei Jahre aus der Zeit meiner Amtsführung im Kriege (Berlin 1923)
Cassels, Lavender, Der Erzherzog und sein Mörder. Sarajevo, 28. Juni 1914 (Wien–Köln–Graz 1988)
Cazan, Gheorghe Nicolae, Rumänien und der Dreibund 1878–1914, in: Bibliotheca Historica Romaniae (Studien), 65. Bd. (Bukarest 1983)
Clausewitz, Carl von, Vom Kriege, hg. Werner Hahlweg, 18. Aufl. (Bonn 1973)
Cles, Denise, Die Propagandatätigkeit Gabriele d'Annunzios gegen Österreich-Ungarn 1914–1918, phil. Diss. (Wien 1972)
Conrad, Feldmarschall Franz (von Hötzendorf), Aus meiner Dienstzeit 1906–1918, 5 Bde. (Wien–Leipzig–München 1921–1925)
Derselbe, Private Aufzeichnungen. Erste Veröffentlichung aus den Papieren des k. u. k. Generalstabs-Chefs, hg. Kurt Peball (Wien–München 1977)
Cormons, Ernest U. (d. i. Emanuel Urbas), Schicksale und Schatten. Eine österreichische Autobiographie (Salzburg o. J. [1951])
Corni, Gustavo, Die Bevölkerung von Venetien unter der österreichisch-ungarischen Besetzung 1917/1918. Ein „Versäumnis" der Geschichtsschreibung, in: Zeitgeschichte, 17. Jg., Heft 7/8 (Wien 1990)
Cornwall, Mark, News, Rumor and the Control of Information in Austria-Hungary, 1914–1918, in: History, vol. 77 (1992)
Craig, Gordon A., Krieg, Politik und Diplomatie (Wien 1968)
Cramon, August von, Unser österreichisch-ungarischer Bundesgenosse im Weltkrieg (Berlin 1920)
Cramon, August von, *Fleck*, Paul, Deutschlands Schicksalsbund mit Österreich-Ungarn. Von Conrad von Hötzendorf zu Kaiser Karl (Berlin 1932)
Cromwell, Richard S., Russia's Collapse in World War I: The Military and Economic Impact on the Central Powers, in: East European Quarterly VII, Nr. 3 (1973)
Czedik, Alois, Zur Geschichte der k. k. österreichischen Ministerien 1861–1916, Bd. IV (Teschen–Wien–Leipzig 1920)
Czernin, Ottokar von, Im Weltkriege (Berlin–Wien 1919)
Dan, Maria Masau, Introduzione, in: Questioni di guerra (Gorizia 1990)
Daniel, Ute, Arbeiterfrauen in der Kriegsgesellschaft. Beruf, Familie und Politik im Ersten Weltkrieg (= Kritische Studien zur Geschichtswissenschaft 84, Göttingen 1989)
Das Schwarz-Gelbe Kreuz. Wiener Alltagsleben im Ersten Weltkrieg (= Katalog zur 214. Wechselausstellung der Wiener Stadt- und Landesbibliothek, hg. Franz Patzer, Wien 1988)
Das Verhalten der Tschechen im Weltkriege, hg. Deutschnationale Geschäftsstelle (Wien 1918)
Deák, István, The Social and Psychological Consequences of the Disintegration of Austria-Hungary in 1918, in: Österreichische Osthefte, 22. Jg. (Wien 1980)
Derselbe, Der k. (u.) k. Offizier 1848–1918 (Wien–Köln–Weimar 1991)
Degreif, Diether, Operative Planungen des k. u. k. Generalstabes für einen Krieg in der Zeit vor 1914 (1880–1914), phil. Diss. (Mainz 1983)

Deist, Wilhelm, Militär und Innenpolitik im Weltkrieg 1914–1917 (= Quellen zur Geschichte des Parlamentarismus und der politischen Parteien, 2. Reihe, 2. Bd., Düsseldorf 1970)
Denscher, Bernhard, Gold gab ich für Eisen. Österreichische Kriegsplakate 1914–1918 (Wien 1987)
Der Militär-Maria-Theresien-Orden. Die Auszeichnungen im Weltkrieg 1914–1918, hg. Carl Frh. von Bardolff, 2. Aufl. (Wien 1944)
Der Zerfall der europäischen Mitte. Staatenrevolution im Donauraum. Berichte der sächsischen Gesandtschaft in Wien 1917–1919, hg. Alfred Opitz und Franz Adlgasser (= Quellen zur Geschichte des 19. und 20. Jahrhunderts, hg. Fritz Fellner, Bd. 5, Graz 1990)
Deutsch, Franz, Die Lage der österreichischen Arbeiterschaft im Ersten Weltkrieg, Dipl.-Arbeit, Wirtschaftsuniversität (Wien 1978)
Die Auflösung des Habsburgerreiches, Zusammenbruch und Neuorientierung im Donauraum, hg. Richard G. Plaschka und Karlheinz Mack (= Schriftenreihe des österreichischen Ost- und Südosteuropa-Instituts 3, Wien 1970)
Die nationale Frage in der Österreichisch-Ungarischen Monarchie 1900–1918, hg. Péter Hanák (Budapest 1966)
Die „Tegetthoff"-Klasse. Österreich-Ungarns größte Schlachtschiffe. Eine Bild-Dokumentation der Arbeitsgemeinschaft für österreichische Marinegeschichte (Wien–Mistelbach 1979)
Dietschy, Werner, Wiener Neustadt, ein Zentrum der Rüstungsindustrie während des Ersten Weltkrieges, Dipl.-Arbeit, Wirtschaftsuniversität (Wien 1976)
Diószegi, István, Einige Bemerkungen zur Frage der österreichisch-ungarischen Ostpolitik, in: Österreich-Ungarn in der Weltpolitik 1900 bis 1918, hg. Fritz Klein (Berlin 1965)
Dirrheimer, Günther, Erläuterungen zu den Uniformbildern der österr.-ung. Armee im Ersten Weltkrieg, in: Österreichische Militärische Zeitschrift, Sonderheft 1917 (Wien 1967)
Ditsche, Uta, Die österreichische Revolution von 1918 in sozialgeschichtlicher Sicht, phil. Diss. (Graz 1967)
Dolezal, Günter, Baron (Graf) Burián als Außenminister. Die Verhandlungen mit Deutschland über Polen 1915 und 1916 sowie 1918, phil. Diss. (Wien 1965)
Doliner, Hans, Das Land Kärnten im Weltkrieg 1914–1918, phil. Diss. (Innsbruck 1951)
Doppelbauer, Wolfgang, Zum Elend noch die Schande. Das altösterreichische Offizierskorps am Beginn der Republik (= Militärgeschichtliche Dissertationen österreichischer Universitäten 9, Wien 1988)
Drimmel, Heinrich, Die Antipoden. Die neue Welt in den USA und das Österreich vor 1918 (Wien–München 1984)
East Central European Society and the Balkan Wars, ed. Béla K. Király, Dmitrije Djordjevic (= War and Society in East Central Europe 18, Boulder–New York 1987)
Ehnl, Maximilian, Die österreichisch-ungarische Landmacht nach Aufbau, Gliederung, Friedensorganisation, Einteilung und nationaler Zusammensetzung im Sommer 1914 (= Ergänzungsheft 9 zum Werke „Österreich-Ungarns letzter Krieg", Wien 1934)
Eigentler, Ernst, Tirol im Inneren während des Ersten Weltkrieges von 1914–1918, phil. Diss. (Innsbruck 1954)
Engel-Janosi, Friedrich, Österreich und der Vatikan, 2. Bd. (Wien 1960)
Derselbe, Die Friedensbemühungen Kaiser Karls mit besonderer Berücksichtigung der Besprechungen des Grafen Revertera mit Comte Armand, in: Raports IV, hg. Österreichische Geschichtsvereine (Horn 1965)
Erster Weltkrieg. Ursachen, Entstehung und Kriegsziele, hg. Wolfgang Schieder (= Neue Wissenschaftliche Bibliothek 32, Köln 1969)
Etschmann, Wolfgang, Theorie, Praxis und Probleme der Demobilisierung 1915–1921, phil. Diss. (Wien 1979)
Evans, R. J. W. – *Strandmann* Pogge Hartmut v. (Hg.), The Coming of the First World War (Oxford 1988)
Falls, Cyril, The Battle of Caporetto (Philadelphia–New York 1966)
Farrar, L. L., Jr., Carrot and Stick: German efforts to conclude a separate peace with Russia, November 1914 – December 1915, in: East European Quarterly, 10. Jg., Nr. 2 (1976)
Derselbe, Separate Peace – General Peace – Total War. The Crisis in German Policy during the Spring of 1917, in: Militärgeschichtliche Mitteilungen, hg. Militärgeschichtliches Forschungsamt 20. Jg. Nr. 2 (Freiburg 1976)
Derselbe, Reluctant Warriors: Public Opinion on War during the July Crisis 1914, in: East European Quarterly, Jg. 16, Nr. 4 (1982)

Feigl, Erich, Zita. Kaiserin und Königin, 5. Aufl. (München 1991)

Fejtö, François, Requiem für eine Monarchie. Die Zerschlagung Österreich-Ungarns (Wien 1991)

Feldl, Peter, Das verspielte Reich. Die letzten Tage Österreich-Ungarns (Wien–Hamburg 1968)

Fellner, Fritz, Der Dreibund. Europäische Diplomatie vor dem Ersten Weltkrieg (= Österreich Archiv, Wien 1960)

Derselbe, Der Zerfall der Donaumonarchie in weltgeschichtlicher Perspektive, in: Die Auflösung der Habsburgermonarchie. Zusammenbruch und Neuorientierung im Donauraum, hg. Richard G. Plaschka und Karlheinz Mack (= Veröffentlichungen des österreichischen Ost- und Südosteuropa-Instituts 3, Wien 1970)

Derselbe, Der Plan einer „Vortragsmission Redlich-Apponyi" in den Vereinigten Staaten von Amerika, in: Beiträge zur neueren Geschichte, hg. Heinrich Fichtenau und Erich Zöllner (= Festschrift Adam Wandruszka, Wien–Köln–Graz 1974)

Derselbe, Zwischen Kriegsbegeisterung und Resignation – ein Memorandum des Sektionschefs Graf Forgách vom Jänner 1915, in: Beiträge zur allgemeinen Geschichte. Alexander Novotny zur Vollendung seines 70. Lebensjahres gewidmet (Graz 1975)

Derselbe, Die „Mission Hoyos", in: Recueil des travaux aux assises scientifiques internationales: Les grandes puissances et la Serbie à la veille de la Première guerre mondiale, IV, Nr. 1 (Beograd 1976)

Derselbe, Aus der Denkwelt eines kaiserlichen Botschafters a. D. Die Briefe des Grafen Monts an Josef Redlich aus den Jahren 1914/15, in: Mitteilungen des Österreichischen Staatsarchivs, 31. Bd. (= Festschrift Richard Blaas, Wien 1978)

Derselbe, Heinrich Friedjung – Ein österreichischer Ahnherr der „Oral History", in: Deutschland und Europa in der Neuzeit (= Festschrift Karl Otmar Freiherr von Aretin, Stuttgart 1988)

Derselbe, Denkschriften aus Österreich. Die österreichische Mitteleuropa-Diskussion in Wissenschaft und Politik 1915/16, in: Geschichte zwischen Freiheit und Ordnung. Festschrift Gerald Stourzh (Graz–Wien–Köln 1991)

Fester, Richard, Die politischen Kämpfe um den Frieden (1916–1918) und das Deutschtum (München–Berlin 1938)

Fiala, Peter, Die letzte Offensive Altösterreichs. Führungsprobleme und Führerverantwortlichkeit bei der öst.-ung. Offensive in Venetien, Juni 1918 (= Militärgeschichtliche Studien, hg. Militärgeschichtliches Forschungsamt 3, Boppard/R. 1967)

Fischer, Fritz, Griff nach der Weltmacht, Die Kriegszielpolitik des kaiserlichen Deutschland 1914/18. Sonderausgabe (Düsseldorf 1967)

Fischer, Holger, Oszkár Jászi und Mihály Károly. Ein Beitrag zur Nationalitätenpolitik 1918 bis 1919, (= Studia Hungarica. Schriften des Ungarischen Instituts München 17, München 1978)

Foerster, Friedrich Wilhelm, Erlebte Weltgeschichte 1869–1953 (Nürnberg 1953)

Foreign Relations (= Papers relating to the Foreign Relations of the United States), Supplement: The World War, vols. 1914, 1915, 1916, 1917, 1918 (Washington 1928–1932)

Forstner, Franz, Przemyśl. Österreich-Ungarns bedeutendste Festung (= Militärgeschichtliche Dissertationen Österreichischer Universitäten 7, Wien 1987)

Franek, Fritz, Probleme der Organisation im Ersten Kriegsjahre, in: Ergänzungsheft 1 zum Werke „Österreich-Ungarns letzter Krieg" (Wien 1930)

Frankl, Viktor E., Die Sinnfrage in der Psychotherapie, 3. Aufl. (München 1981)

Franz, Georg, Erzherzog Franz Ferdinand und die Pläne zur Reform der Habsburger Monarchie (= Südosteuropäische Arbeiten 35, Brünn–München–Wien 1943)

Freiler, Johann, Die soziale Lage der Wiener Arbeiter in den Jahren 1907–1918, phil. Diss. (Wien 1966)

Frick, Adam, Erinnerungen eines Alt-Österreichers 1883–1975 (Wien o. J.)

Friedjung, Heinrich, Das Zeitalter des Imperialismus 1884–1914, 3 Bde. (Berlin 1919–1922)

Fryer, Charles E. J., The Royal Navy on the Danube (= East European Monographs 232, Boulder–New York 1988)

Funder, Friedrich, Vom Gestern ins Heute. Aus dem Kaiserreich in die Republik (Wien 1953)

Führ, Christoph, Das k. u. k. Armeeoberkommando und die Innenpolitik in Österreich 1914–1917 (= Studien zur Geschichte der Österreichisch-ungarischen Monarchie 7, Graz–Wien–Köln 1968)

Fuller, J. F. C., The Conduct of War, 1789–1961 (London 1962)

Furlani, Silvio, L'immagine dell'Austria in Italia dal 1848 alla prima guerra mondiale, in: Rivista trimestrale di studi storici, 24. Jg., Nr. 3 (1988)
Fussek, Alexander, Ministerpräsident Karl Graf Stürgkh, phil. Diss. (Wien 1959)
Fyfe, Albert J., Understanding the First World War. Illusions and Realities (= American University Studies, Series IX, vol. 37, New York–Bern–Frankfurt/M.–Paris 1988)
Gabriel, Erich, Fliegen 90/71 (= Katalog zur Sonderausstellung im Heeresgeschichtlichen Museum, Wien 1971)
Galántai, József, Die Außenpolitik Österreich-Ungarns und die herrschenden Klassen Ungarns, in: Österreich-Ungarn in der Weltpolitik 1900 bis 1918, hg. Fritz Klein (Berlin 1965)
Derselbe, Die österreichisch-ungarische Monarchie und der Weltkrieg (Budapest 1979)
Derselbe, Hungary in the First World War (Budapest 1989)
Gall, Franz, Adjustierung, Rüstung und Waffen der österr.-ung. Armee im Jahre 1914. Ein kurzgefaßter Überblick, in: Österreichische Militärische Zeitschrift, Sonderheft II (Wien 1964)
Gassner, Georg, Die österreichisch-ungarische Fliegertruppe im Einsatz an der Südwestfront 1915–1918, phil. Diss. (Wien 1980)
Geiss, Imanuel, Der lange Weg in die Katastrophe. Die Vorgeschichte des Ersten Weltkriegs 1815–1914 (München–Zürich 1980)
Gerdenitsch, Josef, Das Wiener Arsenal. Die politische, wirtschaftliche und militärische Bedeutung 1918 bis 1927, phil. Diss. (Wien 1967)
Geschichte des Landes Tirol, Bd. 3: Josef *Fontana*, Vom Neubau bis zum Untergang der Habsburgermonarchie [1848–1918], Bozen 1987)
Geyer, Dietrich, Krieg und Revolution: Rußland und Deutschland 1917/18, in: Revolution und Krieg. Zur Dynamik historischen Wandels seit dem 18. Jahrhundert, hg. Dieter Langwiesche (Paderborn 1989)
Giesl, Wladimir Baron, Zwei Jahrzehnte im Nahen Orient. Aufzeichnungen, hg. Generalmajor Ritter von Steinitz (Berlin 1927)
Giller, Joachim – *Mader*, Hubert – *Seidl*, Christina, Wo sind sie geblieben ...? Kriegerdenkmäler und militärisches Totengedenken in Österreich (= Schriften des Heeresgeschichtlichen Museums 12, Wien 1992)
Glaise-Horstenau, Edmund, Die Katastrophe. Die Zertrümmerung Österreich-Ungarns und das Werden der Nachfolgestaaten (Zürich–Leipzig–Wien 1929)
Glock, Robert, Die österreichische Sozialdemokratie und der Weltkrieg, phil. Diss. (Wien 1951)
Glöckel, Otto, Die Wehrhaftmachung der Jugend (Wien 1916)
Goldinger, Walter, Österreich-Ungarn in der Julikrise 1914, in: Österreich am Vorabend des Ersten Weltkrieges (Graz–Wien 1964)
Gonda, Imre, Über das Verhältnis Deutschlands zur österreichisch-ungarischen Monarchie in den Kriegsjahren 1916 bis 1917, in: Österreich-Ungarn in der Weltpolitik 1900 bis 1918, hg. Fritz Klein (Berlin 1965)
Derselbe, The Austro-Hungarian Monarchy and the Unrestricted Submarine Warfare, in: Acta Historica Academiae Scientiarum Hungaricae, Nr. 21 (Budapest 1975)
Derselbe, Verfall der Kaiserreiche in Mitteleuropa. Der Zweibund in den letzten Kriegsjahren (1916–1918), (Budapest 1977)
Gooch, John, Army, State and Society in Italy, 1870–1915 (Houndmills–London 1989)
Gooß, Roderich, Das Wiener Kabinett und die Entstehung des Weltkrieges. Mit Ermächtigung des Leiters des Deutsch-österreichischen Staatsamtes für Äußeres auf Grund aktenmäßiger Forschung dargestellt (Wien 1919)
Derselbe, Das österreichisch-serbische Problem bis zur Kriegserklärung Österreich-Ungarns an Serbien, 28. Juli 1914 (Berlin 1930)
Gordon, Michael R., Domestic Conflict and the Origins of the First World War: The British and the German Cases, in: Journal of Modern History, Nr. 46 (1974)
Grandner, Margarete, Kooperative Gewerkschaftspolitik in der Kriegswirtschaft. Die freien Gewerkschaften Österreichs im Ersten Weltkrieg (= Veröffentlichungen der Kommission für neuere Geschichte Österreichs 82, Wien–Köln–Weimar 1992)
Gratz, Gustav – *Schüller*, Richard, Die äußere Wirtschaftspolitik Österreich-Ungarns. Mitteleuropäische Pläne, hg. Carnegie-Stiftung, österreichische und ungarische Serie (Wien–New Haven 1925)

Groehler, Olaf, Der lautlose Tod. Einsatz und Entwicklung deutscher Giftgase von 1914 bis 1945 (Reinbek b. Hamburg 1989)
Großserbische Umtriebe vor und nach Ausbruch des Ersten Weltkrieges, I. Der Fall Jeftanović-Šola-Gavrila, bearb. Fritz von Reinöhl (Veröffentlichungen des Reichsarchivs Wien, Wien 1944)
Gschließer, Oswald, Aus dem Tagebuch eines Unbekannten. Kriegserlebnisse eines vor 50 Jahren an der Isonzofront Gefallenen, in: Wiener Monatshefte, 39. Jg. (1965)
Guillen, P., La France et l'Italie pendant la première guerre mondiale (Grenoble 1976)
Haas, Hanns, Österreich-Ungarn als Friedensproblem. Aspekte der Friedensregelung auf dem Gebiet der Habsburgermonarchie in den Jahren 1918–1919, phil. Diss. (Salzburg 1968)
Habsburg-Lothringen, Michael S., Die bayerisch-österreichisch-ungarischen Beziehungen 1914 bis 1918, phil. Diss. (Wien 1977)
Hainzl, Anton, Das ehemalige Egerländer Feldjägerbataillon Nr. 22 im Weltkrieg 1914–1918 (Reichenberg 1935)
Halpern, George C., The Naval War in the Mediterranean 1914–1918 (Annapolis 1987)
Hanak, Harry, Great Britain and Austria-Hungary during the First World War. A Study in the Formation of Public Opinion (London 1962)
Hanák, Péter, Die ungarischen Staatsmänner und der Kriegseintritt Italiens. Beiträge zur Außenpolitik Österreich-Ungarns in der Zeit von Juli 1914 bis Mai 1915, in: Österreichische Osthefte, 11. Jg. Heft 4 (Wien 1969)
Derselbe, Die Volksmeinung während des letzten Kriegsjahres in Österreich-Ungarn, in: Die Auflösung des Habsburgerreiches. Zusammenbruch und Neuorientierung im Donauraum (Wien 1970)
Hanks, Ronald Wayne, The End of an Institution: The Austro-Hungarian Army in Italy, 1918, Ph. D. (Rice 1977)
Derselbe, Vae Victis! The Austro-Hungarian Armeeoberkommando and the Armistice of Villa Giusti, in: Austrian History Yearbook, Bd. 14 (1978) (Minnesota 1980)
Hannak, Jacques, Im Sturm eines Jahrhunderts. Eine volkstümliche Geschichte der Sozialistischen Partei Österreichs (Wien 1952)
Hans, J., Zum Waffenstillstand von Villa Giusti, 1918, in: Carinthia I (= Geschichtliche und volkskundliche Beiträge zur Heimatkunde Kärntens, 153. Jg., Nr. 3 u. 4, Klagenfurt 1963)
Hansak, Peter, Das Kriegsgefangenenwesen während des 1. Weltkriegs im Gebiet der heutigen Steiermark, geisteswiss. Diss. (Graz 1991)
Hantsch, Hugo, Leopold Graf Berchtold. Grandseigneur und Staatsmann, 2 Bde. (Graz–Wien–Köln 1963)
Derselbe, Die kritischen Wochen vom Thronfolgerattentat bis zum 28. Juli 1914, in: Österreichische Militärische Zeitschrift, Sonderheft II (Wien 1964)
Derselbe, Die Spannungen zwischen Österreich-Ungarn und Serbien–Rußland 1908–1914, in: Österreich am Vorabend des Ersten Weltkrieges (Graz–Wien 1964)
Harris, Robert – *Paxman*, Jeremy, Eine höhere Form des Tötens. Die unbekannte Geschichte der B- und C-Waffen (München 1985)
Haselsteiner, Horst, Die Affäre Putnik, in: Österreichische Osthefte, Jg. 16, Heft 3 (Wien 1974)
Hasiba, Gernot D., Das Notverordnungsrecht in Österreich (1848–1917). Notwendigkeit und Mißbrauch eines „Staatserhaltenden Instruments“ (Wien 1985)
Hausmann, Astrid, Die amerikanische Außenpolitik und die Entstehung der österreichischen Republik von 1917–1919, phil. Diss. (Wien 1972)
Hautmann, Hans, Die Anfänge der linksradikalen Bewegung und der Kommunistischen Partei Deutsch-Österreichs 1916–1919, phil. Diss. (Wien 1968)
Derselbe, Kriegsgesetze und Militärjustiz in der österreichischen Reichshälfte 1914–1918, in: Justiz und Zeitgeschichte, hg. Erika Weinzierl und Karl R. Stadler (Wien 1977)
Derselbe, Die Arbeiter von Wien in der revolutionären Periode 1917 bis 1919, in: Helmut Konrad, Karin M. Schmidlechner, Revolutionäres Potential in Europa am Ende des Ersten Weltkrieges (= Böhlaus zeitgeschichtliche Bibliothek 16, Wien 1991)
Hecht, Rudolf, Fragen zur Heeresergänzung der gesamten bewaffneten Macht Österreich-Ungarns während des Ersten Weltkrieges, phil. Diss. (Wien 1969)
Herre, Franz, Kaiser Franz Joseph von Österreich. Sein Leben – seine Zeit (Köln 1978)

Herrmann, F., Organisatorische Aspekte des Sanitätsdienstes im deutschen und österreichisch-ungarischen Heer 1914–1918, in: Wehrmedizinische Monatsschrift 9 (1983)
Herwig, Holger H., Disjoined Allies: Coalition Warfare in Berlin and Vienna, 1914, in: The Journal of Military History (Lexington 1990)
Hesshaimer, Ludwig, Miniaturen aus der Monarchie. Ein k. u. k. Offizier erzählt mit dem Zeichenstift, hg. v. Okky Offerhaus (Wien 1992)
Hetés, Tibor, Der militärische Zusammenbruch in Ungarn, in: Die Auflösung des Habsburgerreiches. Zusammenbruch und Neuorientierung im Donauraum (Wien 1970)
Hillbrand, Erich, Der Brückenkopf Wien im Ersten Weltkrieg, in: Mitteilungen des österreichischen Staatsarchivs, Bd. 14 (Wien 1961)
Hiller, Gerhard, Die Entwicklung des österreichisch-serbischen Gegensatzes 1908–1914, phil. Diss. (Halle/Saale 1934)
Hillgruber, Andreas, Riezlers Theorie des kalkulierten Risikos und Bethmann Hollwegs politische Konzeption in der Julikrise 1914, in: Erster Weltkrieg. Ursachen, Entstehung und Kriegsziele (Köln–Berlin 1969)
Derselbe, Der historische Ort des Ersten Weltkriegs, in: Stuttgart 19.–24.August 1985, CIHM Acta No 10 (Freiburg 1986)
Hindenburg, Paul von, Aus meinem Leben (Leipzig 1920)
Hirt, Herbert, Die historische Entwicklung der Sanitätsschulen in Österreich I: Von den Anfängen bis 1938 (Wien 1985)
History of the Great War. Military Operations Italy 1915–1919, comp. J. E. Edmonds et al. Reprint (London–Nashville 1991)
Höbelt, Lothar, Schlieffen, Beck, Potiorek und das Ende der gemeinsamen deutsch-österreichisch-ungarischen Aufmarschpläne im Osten, in: Militärgeschichtliche Mitteilungen, 36. Bd., Heft 2 (1984)
Derselbe, Die Kriegsmarine, in: Die Habsburgermonarchie 1848–1918, hg. Akademie der Wissenschaften, Bd. V: Die bewaffnete Macht (Wien 1987)
Hoen, Max v., Geschichte des ehemaligen Egerländer Infanterie-Regiments Nr. 73 (Wien 1939)
Hoffmann, Eduard, Feldmarschall Boroević von Bojna. Österreich-Ungarns Kriegsfront an den Flüssen Isonzo und Piave, geisteswiss. Diss. (Wien 1985)
Hofmannsthal, Hugo von, Ottonie Gräfin *Degenfeld*, Briefwechsel (Frankfurt/Main 1974)
Höglinger, Felix, Ministerpräsident Heinrich Graf Clam-Martinic (= Studien zur Geschichte der österreichisch-ungarischen Monarchie 2, Graz–Köln 1964)
Holden, Anne Christine, Bulgaria's Entry in the First World War. A Diplomatic Study, 1913–1915, Ph. D. (Illinois 1976)
Holl, Brigitte, Die Frau im Krieg. Katalog zur Sonderausstellung im Heeresgeschichtlichen Museum (Wien 1986)
Holzer, Barbara, Die politische Erziehung und der vaterländische Unterricht in Österreich zur Zeit des Ersten Weltkrieges, geisteswiss. Diplomarbeit (Wien 1987)
Hölzle, Erwin, Der Geheimnisverrat und der Kriegsausbruch 1914, in: Studien zum Geschichtsbild (= Historische Hefte der Ranke-Gesellschaft 28, Göttingen 1973)
Horak, Stephan M., The First Treaty of World War I. Ukraine's Treaty with the Central Powers of February 9, 1918 (= East European Monographs 236, Boulder–New York 1988)
Howard, Michael, Europe on the Eve of the First World War, in: The Coming of the First World War, ed. J. R. Evans and Hartmut Pogge von Strandmann (Oxford 1988)
Hoyer, Helmut, Kaiser Karl I. und Feldmarschall Conrad von Hötzendorf. Ein Beitrag zur Militärpolitik Kaiser Karls (= Dissertationen der Universität Wien 70, Wien 1972)
Hubatsch, Walther, Germany and the Central Powers in the World War 1914–1918 (Universtity of Kansas 1963)
Huber, Leopold, Die Universität Wien 1914–1918, phil. Diss. (Wien 1977)
Im Felde unbesiegt. Erlebnisse im Weltkrieg, erzählt von Mitkämpfern, 3. Bd.: Österreich, hg. Hugo Kerchnawe (München 1923)
Islamov, T. M., Aus der Geschichte der Beziehungen zwischen Österreich und Ungarn am Anfang des 20. Jahrhunderts, in: Österreich-Ungarn in der Weltpolitik 1900 bis 1918, hg. Fritz Klein (Berlin 1965)
Janáček, František, Největší zbrojovka monarchie. Škodovka v dějinách ve Škodovce 1859–1918 (Praha 1990)

Janßen, Karl Heinz, Der Kanzler und der General. Die Führungskrise um Bethmann Hollweg und Falkenhayn (1914–1916) (Göttingen 1967)

Jedlicka, Ludwig, Die Gegensätze zwischen Deutschland und England–Frankreich, in: Österreich am Vorabend des Ersten Weltkrieges (Graz–Wien 1964)

Derselbe, Der Einfluß der britischen Wehr- und Außenpolitik in der Vorgeschichte des Ersten Weltkrieges, in: Österreichische Militärische Zeitschrift, Sonderheft II (Wien 1964)

Derselbe, Zur Vorgeschichte der Offensive von Flitsch-Tolmein. Die Verhandlungen der Verbündeten, in: Österreichische Militärische Zeitschrift, Sonderheft 1917 (Wien 1967)

Derselbe, Ende und Anfang. Österreich 1918/19. Wien und die Bundesländer (= Politik konkret, Salzburg 1969)

Derselbe, Der Waffenstillstand von Villa Giusti in der österreichischen Geschichtsschreibung, in: Innsbruck–Venedig. Österreichisch-italienische Historikertreffen 1971 und 1972, hg. Adam Wandruszka und Ludwig Jedlicka (Wien 1975)

Jeismann, Karl-Ernst, Das Problem des Präventivkrieges im europäischen Staatensystem mit besonderem Blick auf die Bismarckzeit (o. O. 1957)

Jeřábek, Rudolf, Die Brussilowoffensive. Ein Wendepunkt der Koalitionskriegführung der Mittelmächte, geisteswiss. Diss., 2 Teilbde (Wien 1982)

Derselbe, Militär und Politik in der ersten Jahreshälfte 1916. Mit einem Anhang über die Überlieferungsform in Gabelsberger Stenographie, Hausarbeit am Institut für österr. Geschichtsforschung (Wien 1983)

Derselbe, Potiorek. Ein General im Schatten von Sarajevo (Graz–Wien–Köln 1991)

Joll, James, The Origins of the First World War (London–New York 1984)

Jung, Peter, Die Präsenz der k. u. k. Kriegsmarine in der Türkei im Ersten Weltkrieg in den Akten des Kriegsarchivs, in: Scrinium 38 (Wien 1988)

Derselbe, Der k. u. k. Wüstenkrieg (Graz–Wien–Köln 1992)

Kaiser Karl, Persönliche Aufzeichnungen, Zeugnisse und Dokumente, hg. Erich Feigl (Wien–München 1984)

Kammerer, Manfred, Die österreichisch-russischen Beziehungen in den Jahren 1900–1914 an Hand österreichischer und deutscher Quellen, phil. Diss. (Graz 1982)

Kann, Robert A., Die Sixtusaffäre und die geheimen Friedensverhandlungen Österreich-Ungarns im Ersten Weltkrieg (= Österreich Archiv, Wien 1966)

Derselbe, Kaiser Franz Joseph und der Ausbruch des Weltkrieges. Eine Betrachtung über den Quellenwert der Aufzeichnungen von Dr. Heinrich Kanner, in: Sitzungsberichte der Österreichischen Akademie der Wissenschaften, philos.-histor. Klasse, 274. Bd., 3. Abhandlung (Wien–Köln–Graz 1971)

Derselbe, Geschichte des Habsburgerreiches 1526–1918 (= Forschungen zur Geschichte des Donauraumes 4, Wien–Köln–Graz 1974)

Derselbe, Franz Ferdinand Studien (= Veröffentlichungen des österreichischen Ost- und Südosteuropa-Instituts 10, Wien–Köln–Graz 1976)

Derselbe, Trends in Austro-German Literature during World War I. War Hysteria and Partriotism, in: The Habsburg Empire in World War I, ed. Robert A. Kann, Béla K. Király, Paula S. Fichtner (= East European Monographs 23, Boulder–New York 1977)

Kanner, Heinrich, Der Schlüssel zur Kriegsschuldfrage. Ein verheimlichtes Kapitel der Vorkriegsgeschichte (München 1926)

Kantorowicz, Hermann, Gutachten zur Kriegsschuldfrage 1914 (Frankfurt/M. 1967)

Kathrein, Theodor Freiherr von (1842–1916), Landeshauptmann von Tirol. Briefe und Dokumente zur katholisch-konservativen Politik um die Jahrhundertwende. Aus dem Nachlaß herausg. und kommentiert von Richard Schober (Innsbruck 1992)

Keiger, John F. V., France and the Origins of the First World War (London 1977)

Keithly, David M., Did Russia also have War Aims in 1914?, in: East European Quarterly, 21. Jg., Nr. 2 (1987)

Kerchnawe, Hugo, et al., Die Militärverwaltung in den von österreichisch-ungarischen Truppen besetzten Gebieten, hg. Carnegie-Stiftung, österreichische und ungarische Serie (Wien–New Haven 1928)

Kindler, Klaus, Die Cholmer Frage 1905–1918 (= Europäische Hochschulschriften Reihe III, Bd. 424, Frankfurt/M.–Bern–New York 1990)

Király, Béla K. – *Djordjevic*, Dmitrije (ed.), East Central European Society and the Balkan Wars (= War and Society in East Central Europe 18, Boulder–New York 1987)

Király, Béla K., Elements of Limited and Total Warfare, in: The Habsburg Empire in Wold War I (= East European Monographs 23, Boulder–New York 1977)
Kirchmayr, Hans, Aus den Erinnerungen eines österreichischen Offiziers; Herbst 1918, in: Zeitgeschichte, 17. Jg., Heft 6 (Wien 1990)
Kisch, Egon Erwin, Schreib das auf, Kisch! Das Kriegstagebuch von Egon Erwin Kisch (Berlin 1930)
Kiszling, Rudolf, Die Kriegserklärung Österreich-Ungarns an Serbien, in: Berliner Monatshefte, Dezember (1930)
Derselbe, Kriegspläne und Aufmärsche der k. u. k. Armeen sowie der Feindheere im Sommer 1914, in: Österreich am Vorabend des Ersten Weltkrieges (Graz–Wien 1964)
Derselbe, Die österr.-ung. Armee in den letzten Dezennien vor 1914, in: Österreichische Militärische Zeitschrift, Sonderheft II (Wien 1964)
Derselbe, Die hohe Führung der Heere Habsburg im Ersten Weltkrieg, hg. Bundesministerium für Landesverteidigung (Wien o. J.)
Klein, Anton, Die inneren Verhältnisse der Österreichisch-ungarischen Monarchie am Vorabend des großen Völkerringens, in: Österreich am Vorabend des Ersten Weltkrieges (Graz–Wien 1964)
Klein, Fritz, Probleme des Bündnisses zwischen Österreich-Ungarn und Deutschland am Vorabend des Ersten Weltkrieges, in: Österreich-Ungarn in der Weltpolitik 1900 bis 1918, hg. Fritz Klein (Berlin 1965)
Kleinwaechter, Friedrich, Der Untergang der österreichisch-ungarischen Monarchie (Leipzig 1920)
Koch, Rudolf, Das Kriegsgefangenenlager Siegmundsherberg 1915–1919 (= Dissertationen der Universität Wien 151, Wien 1981)
Köfner, Gottfried, Hunger, Not und Korruption. Der Übergang Österreichs von der Monarchie zur Republik am Beispiel Salzburgs (Salzburg 1980)
Komjáthy, Miklós, Über die Amtsgebarung der österreichisch-ungarischen Monarchie zur Zeit des Ersten Weltkrieges, in: Österreich-Ungarn in der Weltpolitik 1900 bis 1918, hg. Fritz Klein (Berlin 1965)
Konrad, Helmut, *Schmidlechner*, Karin (Hg.), Revolutionäres Potential in Europa am Ende des Ersten Weltkrieges. Die Rolle von Strukturen, Konjunkturen und Massenbewegungen (= Böhlaus zeitgeschichtliche Bibliothek 16, Wien 1991)
Kosáry, D., Zur Kritik des ungarischen Nationalismus, in: Österreich-Ungarn in der Weltpolitik 1900 bis 1918, hg. Fritz Klein (Berlin 1965)
Kosnetter, Christine, Ministerpräsident Dr. Ernst Ritter v. Seidler, phil. Diss. (Wien 1963)
Kostrba-Skalicky, Oswald, Die Luftstreitkräfte Österreich-Ungarns im Ersten Weltkrieg, in: Weltkrieg 1914 bis 1918. Heereskundlich-kriegsgeschichtliche Betrachtung siebzig Jahre danach. Materialien zu einem Vortragszyklus der Gesellschaft für österreichische Heereskunde, als Manus. gedr. (Wien 1988/89)
Kraft, Heinz, Staatsraison und Kriegführung im kaiserlichen Deutschland 1914–1916. Der Gegensatz zwischen dem Generalstabschef von Falkenhayn und dem Oberbefehlshaber Ost im Rahmen des Bündniskrieges der Mittelmächte (Göttingen 1980)
Krauß, Alfred, Die Ursachen unserer Niederlage. Erinnerungen und Urteile aus dem Weltkrieg, 3. Aufl. (München 1923)
Derselbe, Das Wunder von Karfreit, im besonderen der Durchbruch bei Flitsch und die Bezwingung des Tagliamento (München 1926)
Krauß, Alfred, *Klingenbrunner*, Franz, Die Besetzung der Ukraine 1918, in: Die Militärverwaltung in den von den österr.-ungar. Truppen besetzten Gebieten, hg. Carnegie-Stiftung (Wien–New Haven 1928)
Kray, Stefan Baron, Im Dienste der Kabinettskanzlei während des Weltkrieges. Episoden und Charakterbilder aus dem Leben der Kaiser Franz Joseph und Karl. Reflexionen eines ehemaligen Hofsekretärs der k. u. k. Kabinettskanzlei (Budapest 1937)
Kriegsbegeisterung und mentale Kriegsvorbereitung. Interdisziplinäre Studien, hg. Marcel van der Linden und Gottfried Mergner (= Beiträge zur politischen Wissenschaft 61, Berlin 1991)
Krizman, Bogdan, Der militärische Zusammenbruch auf dem Balkan im Herbst 1918, in: Österreichische Osthefte, 10. Jg., Heft 5 (Wien 1968)
Derselbe, Austro-Hungarian Diplomatic Activity on the Eve of the Collapse of the Monarchy, Autumn 1918, in: East European Quarterly, 5. Jg., Nr. 1 (1971)
Křížek, Jaroslav, T. G. Masaryk a moznost obnovy v ychodní fronty v léte 1918, in: Historie a voenství, 41. Jg., Heft 1 (1992)

La prima guerra mondiale e il Trentino. Convegno Internazionale promosso dal Comprensorio della Vallagarina, c. d. Sergio Benvenuti (Rovereto 1980)

Kruse, Wolfgang, Die Kriegsbegeisterung im Deutschen Reich zu Beginn des Ersten Weltkrieges. Entstehungszusammenhänge, Grenzen und ideologische Strukturen, in: Kriegsbegeisterung und mentale Kriegsvorbereitung (Berlin 1991)

La France et l'Italie pendant la première guerre mondiale. Actes Colloque (Grenoble 1976)

Lagrange, Hugues, Strikes and the war, in: Strikes, wars, and revolutions in an international perspective, ed. Leopold H. Haimson and Charles Tilly (New York 1989)

Landwehr, Ottokar v. Pragenau, Hunger. Die Erschöpfungsjahre der Mittelmächte 1917/18 (Zürich–Leipzig–Wien 1931)

Lasswell, Harold D., Die Kasernenstaats-Hypothese heute, in: Militarismus, hg. Volker R. Berghahn (= Neue Wissenschaftliche Bibliothek 83, Köln 1975)

Lee, Dwight E., The Outbreak of the First World War. Who Was Responsible? (Boston 1963)

Legler, Johannes, Die Endphase des Ersten Weltkrieges auf dem Balkan, Hausarbeit Univ. Wien (Wien 1977)

Leidl, Hermann, Die Verwaltung des besetzten Gebietes Italiens (November 1917 bis Oktober 1918), in: Die Militärverwaltung in den von österreichisch-ungarischen Truppen besetzten Gebieten, hg. Carnegie-Stiftung (Wien–New Haven 1928)

Leitgeb, Herwig, Die Ministerpräsidentschaft Dr. Ernest v. Koerbers in den Jahren 1900–1904 und Oktober–Dezember 1916, phil. Diss. (Wien 1951)

Lemke, Heinz, Allianz und Rivalität. Die Mittelmächte und Polen im Ersten Weltkrieg (bis zur Februarrevolution), (Wien–Köln–Graz 1977)

Derselbe, Die Regierung Stürgkh und die Pläne zur Teilung Galiziens, in: Österreich-Ungarn in der Weltpolitik 1900 bis 1918, hg. Fritz Klein (Berlin 1965)

Leppa, Konrad, General von Conrads Kampf um die Balkanstreitkräfte 1914, in: Wissen und Wehr, Heft 8 (Berlin 1930)

Derselbe, Die galizische Schlacht, in: Ergänzungsheft 2 zum Werke „Österreich-Ungarns letzter Krieg" (Wien 1931)

Leslie, John, Österreich-Ungarn vor dem Kriegsausbruch. Der Ballhausplatz in Wien im Juli 1914 aus der Sicht eines österreichisch-ungarischen Diplomaten, in: Deutschland und Europa in der Neuzeit (= Festschrift für Karl Otmar Freiherr von Aretin zum 65. Geburtstag, Stuttgart 1988)

Linke, Horst Günther, Rußlands Weg in den Ersten Weltkrieg und seine Kriegsziele 1914–1917, in: Militärgeschichtliche Mitteilungen, Bd. 32, Nr. 2 (1982)

Linnenkohl, Hans, Vom Einzelschuß zur Feuerwalze. Der Wettlauf zwischen Technik und Taktik im Ersten Weltkrieg (Koblenz 1990)

Loewenfeld-Russ, Hans, Die Regelung der Volksernährung im Kriege, hg. Carnegie-Stiftung, österreichische und ungarische Serie (Wien–New Haven 1926)

Derselbe, Im Kampf gegen den Hunger. Aus den Erinnerungen des Staatssekretärs für Volksernährung 1918 bis 1920, hg. Isabella Ackerl (Wien 1986)

Lorenz, Reinhold, Aus dem Kriegstagebuch des Generaladjutanten Freiherrn von Marterer, in: Österreich und Europa. Festgabe für Hugo Hantsch (Graz–Wien–Köln 1965)

Derselbe, Kaiser Karls Friedensbestrebungen, in: Österreichische Militärische Zeitschrift, Sonderheft 1917 (1967)

Derselbe, Kriegsziele und Friedenstendenzen während des Ersten Weltkrieges in Österreich (= Festschrift Franz Loidl zum 65. Geburtstag, hg. Viktor Flieder, 2. Bd., Wien 1970)

Derselbe, Graf Stefan Tisza und die politischen Symbole des Dualismus, in: Beiträge zur neueren Geschichte Österreichs (= Festschrift für Adam Wandruszka, Wien–Köln–Graz 1974)

Lucas, James S., Austro-Hungarian Infantry 1914–1918 (London 1973)

Lüdtke, Alf, Militärstaat und „Festungspraxis", in: Militarismus, hg. Volker R. Berghahn (= Neue Wissenschaftliche Bibliothek 83, Köln 1975)

Lunzer, Heinz, Hofmannsthals politische Tätigkeit in den Jahren 1914 bis 1917, phil. Diss. (Wien 1978)

Luraghi, Raimondo, The Coming of the Industrial Warfare and its Misunderstanding by the European Staffs in World War I, in: Stuttgart, 19.–24. August 1985, Acta No 10 der Internationalen Kommission für Militärgeschichte, hg. Militärgeschichtliches Forschungsamt (Freiburg 1986)

Macchio, Karl Frh. v., Momentbilder aus der Julikrise 1914, in: Berliner Monatshefte, Nr. 10 (Berlin 1936)
Mader, Hubert, Duellwesen und altösterreichisches Offiziersethos (= Studien zur Militärgeschichte, Militärwissenschaft und Konfliktforschung, hg. Werner Hahlweg, 31, Osnabrück 1983)
Maechling, Charles, Jr., The Sixtus Affair, 1917, in: History Today, Bd. 23, No 11 (1973)
Mai, Gunther, Burgfrieden und Sozialpolitik in Deutschland in der Anfangsphase des Ersten Weltkrieges (1914/15), in: Militärgeschichtliche Mitteilungen, 20. Jg. Nr. 2 (1976)
Mamatey, Victor S., The United States and East Central Europe 1914–1918. A Study in Wilsonian Diplomacy and Propaganda (Princeton–New Jersey 1957)
Derselbe, The Union of Czech Political Parties in the Reichsrat, 1916–1918, in: The Habsburg Empire in World War I. Essays on the Intellectual, Military, Political and Economic Aspects of the Habsburg War Effort, ed. Robert A. Kann, Béla K. Király, Paula S. Fichtner (= East European Monographs 23, Boulder–New York 1977)
Margutti, Albert Frh. v., Kaiser Franz Joseph I. und sein Hof. Erinnerungen und Schilderungen aus den nachgelassenen Papieren eines persönlichen Ratgebers, hg. Josef Schneider (Wien 1919)
Derselbe, Kaiser Franz Joseph. Persönliche Erinnerungen (Wien–Leipzig 1924)
Mast, Heinrich, Die Aufklärungstätigkeit der österr.-ung. Kavallerie bei Kriegsbeginn 1914, in: Österreichische Militärische Zeitschrift, Sonderheft I (Wien 1965)
Mateja, Robert, Oberösterreich im I. Weltkrieg 1914–1918, phil. Diss. (Innsbruck 1948)
Matis, Herbert, Leitlinien der österr. Wirtschaftspolitik, in: Die Habsburgermonarchie 1848–1918, hg. Akademie der Wissenschaften, Bd. 1: Die wirtschaftliche Entwicklung, hg. Alois Brusatti (Wien 1973)
Derselbe und *Bachinger*, Karl, Österreichs industrielle Entwicklung, in: Die Habsburgermonarchie 1848 bis 1918, hg. Akademie der Wissenschaften, Bd. I (Wien 1973)
Matl, Josef, Die slawische propagandistische Widerstands- und Untergrundbewegung gegen den Habsburgerstaat seit 1917, in: Österreichische Militärische Zeitschrift, Sonderheft 1917 (1967)
Matsch, Erwin, November 1918 auf dem Ballhausplatz. Erinnerungen Ludwig Freiherrn von Flotows des letzten Chefs des österreichisch-ungarischen Auswärtigen Dienstes 1895–1920 (Wien–Köln–Graz 1982)
May, Arthur J., The Habsburg Monarchy 1867–1914 (Cambridge 1951)
Derselbe, The Passing of the Habsburg Monarchy, 2 Bde. (Philadelphia 1966)
Derselbe, Woodrow Wilson and Austria-Hungary to the End of 1917, in: Festschrift für Heinrich Benedikt zum 70. Geburtstag, hg. Hugo Hantsch und Alexander Novotny (Wien 1967)
Mayer, Klaus, Die Organisation des Kriegspressequartiers beim k. u. k. Armeeoberkommando im Ersten Weltkrieg 1914–1918, phil. Diss. (Wien 1963)
Mayerhofer, Christine, Die österreichisch-ungarische Militärverwaltung in den besetzten Gebieten Italiens, November 1917 – Oktober 1918, phil. Diss. (Wien 1970)
Mayreder, Rosa, Tagebücher 1873–1937, hg. Harriet Anderson (München 1988)
Meckling, Ingeborg, Die Außenpolitik des Grafen Czernin (= Österreich Archiv, Wien 1969)
Meelich, Helmut, Die Kriegswirtschaft Österreich-Ungarns 1914–1918. Wirtschaftsorganisation und Versorgungspolitik im Ersten Weltkrieg, wirtschaftswiss. Diss. (Wien 1976)
Meier, Heinz, Die österreichischen Christlichsozialen während des Ersten Weltkrieges, phil. Diss. (Wien 1967)
Meier-Welcker, Hans, Strategische Planungen und Vereinbarungen der Mittelmächte für den Mehrfrontenkrieg, in: Österreichische Militärische Zeitschrift, Sonderheft II (Wien 1964)
Derselbe, Die militärischen Planungen und ihre Ergebnisse 1917/18, in: Weltwende 1917. Monarchie. Weltrevolution. Demokratie (Göttingen–Berlin–Frankfurt–Zürich 1965)
Derselbe, Die Beurteilung der politischen Lage in Österreich-Ungarn durch Generalmajor von Seeckt im Sommer 1917, in: Militärgeschichtliche Mitteilungen, 13. Bd., Heft 2 (Freiburg 1968)
Meissner, Boris, Die Russische Revolution und ihre Folgen, in: Österreichische Militärische Zeitschrift, Sonderheft 1917 (Wien 1967)
Mende, Johannes, Carl Freiherr von Bardolff, geisteswiss. Diss. (Wien 1984)
Miller-Unterberger, Betty, The United States, Revolutionary Russia and the Rise of Czchechoslovakia (North Carolina–London 1989)
Mitrovic, Andrej, Die Kriegsziele der Mittelmächte und die Jugoslawienfrage 1914–1918, in: Die Donaumonarchie und die südslawische Frage von 1848 bis 1918 (= Texte des ersten österreichisch-jugoslawischen Historikertreffens Gösing 1976), (Wien 1978)

Derselbe, Die Balkanpolitik der Ballhausbürokratie im Ersten Weltkrieg (1914–1916), in: Gesellschaft, Politik und Verwaltung in der Habsburgermonarchie, hg. F. Glatz und R. Melville (= Veröffentlichungen des Instituts für Europäische Geschichte Mainz, Abteilung Universalgeschichte, Beiheft 15, Stuttgart 1987)

Mitzka, Rudolf, Die k. u. k. Militärverwaltung in russisch Polen, in: Die Militärverwaltung in den von Österreich-Ungarn besetzten Gebieten, hg. Carnegie-Stiftung, österreichische und ungarische Serie (Wien–New Haven 1928)

Mondini, Luigi, Der Waffenstillstand von Villa Giusti und seine Folgen, in: Innsbruck–Venedig. Österreichisch-italienische Historikertreffen 1971 und 1972, hg. Adam Wandruszka und Ludwig Jedlicka (Wien 1975)

Möcker, Hermann, Die Haltung Italiens von der Neutralitätserklärung bis zur Intervention, Lehramtshausarbeit, Univ. Wien (Wien 1962)

Naumann, Friedrich, Mitteleuropa (Berlin 1915)

Neck, Rudolf, Arbeiterschaft und Staat im Ersten Weltkrieg 1914–1918, 2 Bde. (Wien 1964)

Netea, Vasile, The Year 1918 in Romania, in: East European Quarterly, Nr. 1 (1969)

1914–1918. Vorarlberg und der Erste Weltkrieg. Quellen und Darstellung, hg. Gerhard Wanner (Schloß Hofen o. J.)

Nikov, N., Zur Geschichte der Beziehungen zwischen Bulgarien und Österreich-Ungarn während des Ersten Weltkrieges, in: Österreich-Ungarn in der Weltpolitik 1900 bis 1918, hg. Fritz Klein (Berlin 1965)

Notter, Harley, The Origins of the Foreign Policy of Woodrow Wilson (Baltimore 1937)

Oberkofler, Gerhard, Tiroler Kaiserjäger in Galizien, in: Historische Blickpunkte. Festschrift für Johann Rainer (Innsbruck 1988)

Oberkofler, Gerhard – *Rabofsky*, Eduard, Hans Kelsen im Kriegseinsatz der k. u. k. Wehrmacht. Eine kritische Würdigung seiner militärtheoretischen Angebote, in: Rechtshistorische Reihe, 58. Bd. (Frankfurt/M.–Bern–New York–Paris o. J.)

O'Connor, Martin, Air Aces of the Austro-Hungarian Empire 1914–1918 (Mesa, Arizona 1986)

Occleshaw, Michael, Armour Against Fate. British Military Intelligence in the First World War (London 1989)

Österreich am Vorabend des Ersten Weltkriegs, hg. Institut für Österreichkunde (Graz–Wien 1964)

Österreich-Ungarn in der Weltpolitik, hg. Fritz Klein (Berlin 1965)

Österreich-Ungarns Außenpolitik von der Bosnischen Krise 1908 bis zum Kriegsausbruch 1914. Diplomatische Aktenstücke des österreichisch-ungarischen Ministeriums des Äußern, 9 Bde. (= Veröffentlichungen der Kommission für Neuere Geschichte Österreichs 26, Wien–Leipzig 1930)

Österreich-Ungarns letzter Krieg, hg. Bundesministerium für Heerwesen und Kriegsarchiv, 7 Text- und 7 Kartenbände, Register (Wien 1930–1938)

Ostler, Jürgen, Soldatenspielerei? Vormilitärische Ausbildung bei Jugendlichen in der österreichischen Reichshälfte der Donaumonarchie 1914–1918, als Manuskript gedruckt (= Militärhistorischer Dienst, Wien, Sonderreihe Bd. 1, Wien 1991)

Otetea, A. – *Berindei*, D. – *Campus*, E. – *Fotino*, N. – *Muresan*, C., Die internationale Lage und die Außenpolitik Österreich-Ungarns in den ersten zwei Jahrzehnten des 20. Jahrhunderts, in: Österreich-Ungarn in der Weltpolitik 1900 bis 1918, hg. Fritz Klein (Berlin 1965)

Pangerl, Irmgard, Die Luftkämpfe über dem Montello – Die Tradition der Fliegertruppe, in: Truppendienst, Heft 6 (Wien 1988)

Pantenius, Jürgen, Der Angriffsgedanke gegen Italien bei Conrad von Hötzendorf. Ein Beitrag zur Koalitionskriegsführung im Ersten Weltkrieg, 2 Halbbde. (= Böhlaus zeitgeschichtliche Bibliothek 15/I u. II, Köln–Wien 1984)

Paskaleva, Virginia, Über den wirtschaftlichen Einfluß Österreich-Ungarns in Bulgarien 1878 bis 1918, in: Österreich-Ungarn in der Weltpolitik 1900 bis 1918, hg. Fritz Klein (Berlin 1965)

Pattera, Johanna E., Der gemeinsame Ernährungsausschuß 1917–1918, phil. Diss. (Wien 1971)

Peball, Kurt, Der Feldzug gegen Serbien und Montenegro im Jahre 1914. Armeen zwischen Tragik und Größe, in: Österreichische Militärische Zeitschrift, Sonderheft I (1964)

Derselbe, Höhenangriff oder Talstoß?, in: Truppendienst, Heft 5 (Wien 1978)

Derselbe, Führungsfragen der österreichisch-ungarischen Südtiroloffensive im Jahre 1916, in: Mitteilungen des österreichischen Staatsarchivs 31 (= Festschrift Richard Blaas, Wien 1978)

Derselbe, Um das Erbe. Zur Nationalitätenpolitik des k. u. k. Armeeoberkommandos während der Jahre 1914 bis 1917, in: Österreichische Militärische Zeitschrift, Sonderheft 1917 (Wien 1967)
Pfabigan, Alfred, Austromarxismus und Kriegsgesinnung, in: Österreich und der Große Krieg 1914–1918. Die andere Seite der Geschichte, hg. von Klaus Amann und Hubert Lengauer (Wien 1989)
Pichlík, Karel, Das Ende der österreichisch-ungarischen Armee, in: Österreichische Osthefte, Jg. 5, Heft 5 (1963)
Derselbe, Der militärische Zusammenbruch der Mittelmächte im Jahre 1918, in: Die Auflösung des Habsburgerreiches. Zusammenbruch und Neuorientierung im Donauraum (Wien 1970)
Derselbe, Bez Legend, 2. Aufl. (Prag 1991)
Pieri, Piero, La Prima Guerra Mondiale 1914–1918 (Torino 1947)
Pirquet, Clemens (Hg.), Volksgesundheit im Krieg, 2 Bde., hg. Carnegie-Stiftung, österreichische und ungarische Serie (Wien–New Haven 1926)
Pisarev, Jurj A., Die Befreiungsbewegung der südslawischen Völker Österreich-Ungarns in den Jahren 1917 und 1918 und die Entwürfe einer Reform der Donaumonarchie, in: Die Auflösung des Habsburgerreiches. Zusammenbruch und Neuorientierung im Donauraum (Wien 1970)
Pitreich, August, 1914. Die militärischen Probleme unseres Kriegsbeginnes. Ideen, Gründe und Zusammenhänge (Wien 1934)
Derselbe, Die Entwicklung unseres Kampfverfahrens vom Kriegsbeginn bis zur Gegenwart, in: Militärwissenschaftliche Mitteilungen, Hefte 1–5 (1935)
Plaschka, Richard G., Cattaro – Prag. Revolte und Revolution. Kriegsmarine und Heer Österreich-Ungarns im Feuer der Aufstandsbewegung vom 1. Februar bis 28. Oktober 1918 (= Veröffentlichungen der Arbeitsgemeinschaft Ost 3, Graz–Köln 1963)
Derselbe, Zur Vorgeschichte des Überganges von Einheiten des Infanterieregiments Nr. 28 an der russischen Front 1915, in: Österreich und Europa. Festgabe für Hugo Hantsch zum 70. Geburtstag (Graz–Wien–Köln 1965)
Derselbe, Die revolutionäre Herausforderung im Endkampf der Donaumonarchie, in: Die Auflösung der Habsburgermonarchie. Zusammenbruch und Neuorientierung im Donauraum (Wien 1970)
Derselbe, Zur Motivation im „Partisanen"- und Guerillakrieg, in: Beiträge zur neueren Geschichte Österreichs, hg. Heinrich Fichtenau und Erich Zöllner. Festschrift Adam Wandruszka (Wien–Köln–Graz 1974)
Plaschka, Richard G., *Haselsteiner*, Horst, *Suppan*, Arnold, Innere Front. Militärassistenz, Widerstand und Umsturz in der Donaumonarchie 1918, 2 Bde. (Wien 1974)
Pokorny, Dagobert, Die Wiener Tagespresse und ihre Einflußfaktoren im Ersten Weltkrieg 1914–1918, phil. Diss. (Wien 1950)
Polatschek, Maximilian, Österreichisch-ungarische Truppen an der Westfront 1914/1918, phil. Diss. (Wien 1974)
Polzer-Hoditz, Arthur Graf, Kaiser Karl. Aus der Geheimmappe seines Kabinettschefs (Zürich–Leipzig–Wien 1929)
Porro, Felice A. A., La Guerra Nell'Aria, 4. ed. (Milano 1937)
Preradovich, Nikolaus, Der Erste Weltkrieg und die Osteuropapolitik der Zentralmächte unter besonderer Berücksichtigung der Stellung des Erzherzog-Thronfolgers Franz Ferdinand, in: Arbeits- und Förderungsgemeinschaft der ukrainischen Wissenschaft e. V., Mitteilungen Nr. 2 (München 1965)
Protokolle des Gemeinsamen Ministerrates der Österreichisch-Ungarischen Monarchie (1914–1918), hg. Miklós Komjáthy (= Publikationen des Ungarischen Staatsarchivs II, Quellenpublikationen 10, Budapest 1966)
Przybilovszki, Inge, Die Rückführung der österreichisch-ungarischen Kriegsgefangenen aus dem Osten in den letzten Monaten der k. u. k. Monarchie, phil. Diss. (Wien 1965)
Questioni di Guerra. Ciclo di Conferenze 1918–1988 (Gorizia 1988)
Rădulescu-Zoner, Şerban, Rumänien und der Dreibund 1878–1914 (= Bibliotheca Historica Romanie, Studien 65, Bucureşti 1983)
Rainer, Johann, Die Anfänge des tschechoslowakischen Heeres in Italien 1917–1919, in: Beiträge zur neueren Geschichte Österreichs, hg. H. Fichtenau und E. Zöllner (Wien 1974)
Derselbe, Die Friedensverhandlungen von Brest-Litowsk aus der Sicht von Richard Schüller, in: Innsbrucker Historische Studien 10/11 (Wien 1988)

Ramhardter, Günther, Geschichtswissenschaft und Patriotismus. Österreichische Historiker im Weltkrieg 1914–1918 (= Österreich Archiv, Wien 1973)

Rappersberger, Petra, Das Kriegsgefangenenlager Freistadt 1914–1918, geisteswiss. Diplomarbeit (Wien 1988)

Raschovsky, Wilhelm, Militärärztliche Organisation und Leistungen der Feldspitäler der österreichisch-ungarischen Armee im Kriege 1914–1918, in: Volksgesundheit im Krieg, hg. Carnegie-Stiftung, österreichische und ungarische Serie (Wien–New Haven 1926)

Ratzenhofer, Emil, Verlustkalkül für den Karpatenwinter 1915 in: Ergänzungsheft 1 zum Werke „Österreich-Ungarns letzter Krieg" (Wien 1930)

Derselbe, Der Waffenstillstand von Villa Giusti und die Gefangennahme Hunderttausender, in: Ergänzungsheft 2 zum Werke „Österreich-Ungarns letzter Krieg" (Wien 1931)

Derselbe, Die Festsetzung der ersten Mobilisierungstage in Österreich-Ungarn im Sommer 1914, in: Berliner Monatshefte (1936)

Rauchensteiner, Manfried, Die Entwicklung der Kriegstheorie in Österreich 1814–1914, in: International Commission of Military History, XVII Congreso internacional de ciencias históricas, Madrid 1990, tomo 1 (Madrid 1992)

Derselbe (Hg.), Überlegungen zum Frieden (Wien 1987)

Redlich, Josef, Österreichische Regierung und Verwaltung im Weltkrieg, hg. Carnegie-Stiftung, österreichische und ungarische Serie (Wien–New Haven 1925)

Rees, H. Lois, The Czechs during World War I (especially 1917–1919). Economic and Political Developments leading toward Independence, Ph. D. (Ohio 1990)

Regele, Oskar, Feldmarschall Conrad. Auftrag und Erfüllung 1906–1918 (Wien–München 1955)

Derselbe, Gericht über Habsburgs Wehrmacht. Letzte Siege und Untergang unter dem Armee-Oberkommando Kaiser Karls I. – Generaloberst Arz von Straußenburg (Wien–München 1968)

Reinhart, Günther, Die erste und zweite Isonzoschlacht unter besonderer Berücksichtigung der vorangegangenen politischen Ereignisse, geisteswiss. Dipl.-Arbeit (Wien 1990)

Rendulic, Lothar, Der Gasangriff auf der Hochfläche von Doberdo, in: Militärwissenschaftliche und technische Mitteilungen, 11/12 (1926)

Riezler, Kurt, Tagebücher, Aufsätze, Dokumente, eingel. und hg. von Karl Dietrich Erdmann (= Deutsche Geschichtsquellen des 19. und 20. Jahrhunderts 48, Göttingen 1972)

Ritter, Gerhard, Die Zusammenarbeit der Generalstäbe Deutschlands und Österreich-Ungarns vor dem Ersten Weltkrieg, in: Zur Geschichte und Problematik der Demokratie. Festgabe für H. Herzfeld (Berlin 1958)

Derselbe, Staatskunst und Kriegshandwerk, Bde. 2 und 3 (München 1960 und 1964)

Rochat, Giorgio, Lo scontro politico sulla guerra nell'estate 1919, in: Rivista di storia contemporanea (o. O. 1976)

Derselbe, L'Italia nella prima guerra mondiale: problemi di interpretazione e ipotesi di ricerca oggi, in: Rivista di storia contemporanea, Fasz. 2 (Torino 1976)

Röhl, John C. G., An der Schwelle zum Weltkrieg: Eine Dokumentation über den „Kriegsrat" vom 8. Dezember 1912, in: Militärgeschichtliche Mitteilungen 21. Bd. (1977)

Ronge, Max, Kriegs- und Industriespionage. Zwölf Jahre Kundschaftsdienst (Wien–Leipzig 1933)

Roth, Jack J. (Hg.), World War I. A turning point in modern history. Essays on the significance of the War (New York 1967)

Rothenberg, Gunther E., The Army of Francis Joseph (West Lafayette, Indiana 1976)

Derselbe, The Austro-Hungarian Campaign Against Serbia in 1914, in: The Journal of Military History, 53. Jg., Nr. 2 (1989)

Rotter-le Beau, Fritz, Feldmarschalleutnant Aurel von le Beau, phil. Diss. (Wien 1959)

Roucek, Joseph S., The problems connected with the departure of Karl the last from central Europe, in: East European Quarterly, Jg. 15, Nr. 4 (1982)

Rumpler, Helmut, Die Kriegsziele Österreich-Ungarns auf dem Balkan 1915/16, in: Österreich und Europa. Festgabe für Hugo Hantsch zum 70. Geburtstag (Graz–Wien–Köln 1965)

Derselbe, Max Hussarek. Nationalitäten und Nationalitätenpolitik in Österreich im Sommer des Jahres 1918 (= Studien zur Geschichte der österreichisch-ungarischen Monarchie 4, Graz–Köln 1965)

Derselbe, Das Völkermanifest Kaiser Karls vom 16. Oktober 1918. Letzter Versuch zur Rettung des Habsburgerreiches (= Österreich Archiv, Wien 1966)

Rutkowski, Ernst, Die Flucht österreichisch-ungarischer Offiziere, Unteroffiziere und Mannschaften aus der italienischen Kriegsgefangenschaft während des Ersten Weltkrieges, in: Mitteilungen des österreichischen Staatsarchivs 31 (= Festschrift Richard Blaas, Wien 1978)
Ruzicka, Wenzel, Soldat im Vielvölkerheer (Freilassing 1987)
Salewski, Michael, Der Erste Weltkrieg – ein deutsches Trauma, in: Revue Internationale d'Histoire Militaire Nr. 63 (Freiburg 1985)
Derselbe, Moltke, Schlieffen und die Eisenbahn, in: International Commission of Military History, XVII Congreso internacional de ciencias históricas, Madrid 1990. Actas, tomo I (Madrid 1992)
Sanders, M. L., *Taylor*, Philip M., Britische Propaganda im Ersten Weltkrieg 1914–1918 (Berlin 1990)
Sattler, Gernot, Oberst Georg Veith (1875–1925), geisteswiss. Dipl.-Arbeit (Wien 1991)
Schalek, Alice, Am Isonzo. März bis Juli 1916 (Wien 1916)
Schaumann, Walther, Die Bahnen zwischen Ortler und Isonzo 1914-1918. Vom Friedensfahrplan zur Kriegsfahrordnung (Wien 1991)
Schaumann, Walther, *Schubert*, Peter, Südwestfront. Österreich-Ungarn und Italien 1915–1918 (Klosterneuburg [1992])
Schicksalsjahre Österreichs 1908–1919. Das politische Tagebuch Josef *Redlichs*, hg. Fritz Fellner, 2 Bde. (= Veröffentlichungen der Kommission für neuere Geschichte Österreichs 39 und 40, Graz–Köln 1953–1954)
Schieder, Wolfgang (Hg.), Erster Weltkrieg, Ursachen, Entstehung und Kriegsziel (= Neue Wissenschaftliche Bibliothek 32, Köln–Berlin 1969)
Schiemer, Peter, Die Albatros (Oeffag)-Jagdflugzeuge der k. u. k. Luftfahrttruppen (Graz 1984)
Schmidl, Erwin A., Militärische Berührungspunkte zwischen Österreich beziehungsweise der Donaumonarchie und den Vereinigten Staaten von Amerika 1776–1984, in: Blätter für Heereskunde (Wien 1986)
Schmidt, Heide-Irene, Wirtschaftliche Kriegsziele Englands und interalliierte Kooperation. Die Pariser Wirtschaftskonferenz 1916, in: Militärgeschichtliche Mitteilungen, 29. Bd. (1981)
Schmidt, Ulrike, Die Beziehungen Österreich-Ungarns zu Rumänien vom 1. VIII. 1914 bis zum Kriegseintritt Rumäniens, phil. Diss. (Wien 1961)
Schmölzer, Hildegund, Die Propaganda des Kriegspressequartiers im Ersten Weltkrieg, phil. Diss. (Wien 1965)
Schöllgen, Gregor (Hg.), Flucht in den Krieg? Die Außenpolitik des kaiserlichen Deutschland (Darmstadt 1991)
Schramm, Gottfried, Die russische Armee als politischer Faktor vor der Februarrevolution (1914–1917), in: Militärgeschichtliche Mitteilungen, 18. Bd. (1975)
Schubert, Franz, Haben Rüstungen den Weltkrieg verursacht?, in: Ergänzungsheft 4 zum Werke „Österreich-Ungarns letzter Krieg“ (Wien 1932)
Schubert, Peter, Der österreichisch-italienische Gegensatz im Spiegel der Militärattachéberichte aus Bern (1908–1915), in: Mitteilungen des österreichischen Staatsarchivs, 33. Bd. (1977)
Derselbe, Die Tätigkeit des k. u. k. Militärattachés in Bern während des Ersten Weltkrieges 1914–1918 (1919), (= Studien zur Militärgeschichte, Militärwissenschaft und Konfliktforschung 26, hg. Werner Hahlweg, Osnabrück 1980)
Schulz, Gerhard, Zum historischen Wandel von Revolutionsbegriff und Revolutionsverständnis, in: Revolution und Krieg. Zur Dynamik historischen Wandels seit dem 18. Jahrhundert, hg. Dieter Langewiesche (Paderborn 1989)
Schupita, Georg, Die k. u. k. Seeflieger. Chronik und Dokumentation der österreichisch-ungarischen Marineluftwaffe 1911–1918 (Koblenz 1983)
Schuster, Peter, Henry Wickham Steed und die Habsburgermonarchie (= Veröffentlichungen der Kommission für neuere Geschichte Österreichs 53, Wien–Köln–Graz 1970)
Schwanke, Helmut, Zur Geschichte der österreichisch-ungarischen Militärverwaltung in Albanien (1916 bis 1918), phil. Diss. (Wien 1982)
Seiwald, Emmerich, Die österreichische Polenpolitik zwischen den beiden russischen Revolutionen im Kriegsjahr 1917, phil. Diss. (Innsbruck 1977)
Senghaas, Dieter, Überlegungen zur gegenwärtigen Militarismus-Problematik, in: Militarismus, hg. Volker Berghahn (1975)
Seth, Ronald, Caporetto. The Scapegoat Battle (London 1965)

Shanafelt, Garry William, The Secret Enemy: Austria-Hungary and the German Alliance, 1914–1918, Ph. D. (Univ. of California 1974)
Sieghart, Rudolf, Die letzten Jahrzehnte einer Großmacht. Menschen, Völker, Probleme des Habsburger-Reichs (Berlin 1932)
Siklós, András, Revolution in Hungary and the dissolution of the multinational state 1918, in: Studia Historica 189. Bd. (Budapest 1988)
Simpson, Colin, Die Lusitania. Amerikas Eintritt in den Weltkrieg (Frankfurt/Main 1973)
Snyder, Jack, The Ideology of the Offensive. Military Decision Making and the Disasters of 1914 (Ithaca–London 1984)
Sobczak, Kazimierz, Die Auswirkungen der Revolutionen in Rußland 1917 und in Deutschland 1918 auf die Wiedergeburt des polnischen Staates im Jahre 1918, in: Stuttgart, 19.–24. August 1985 (= CIHM Acta No 10, Freiburg 1986)
Sobotka, Felix, Der Anteil Österreich-Ungarns an der Militärverwaltung in Rumänien 1917 bis 1918, in: Die Militärverwaltung in den von österreichisch-ungarischen Truppen besetzten Gebieten, hg. Carnegie-Stiftung, österreichische und ungarische Serie (Wien–New Haven 1928)
Sokol, Hans Hugo, Österreich-Ungarns Seekrieg 1914–1918 (Zürich–Leipzig–Wien 1933)
Sondhaus, Lawrence, In the Service of the Emperor. Italians in the Austrian Armed forces 1814–1918 (= East European Monographs 291, New York 1990)
Spann, Gustav, Zensur in Österreich während des I. Weltkrieges 1914–1918, phil. Diss. (Wien 1972)
Spence, Richard B., Yugoslavs, the Austro-Hungarian Army, and the First World War, Ph. D. (Santa Barbara 1981)
Spitzmüller, Alexander, Und hat auch Ursach es zu lieben (Wien–München–Zürich 1955)
Stadler, Gerhard A., Die Rüstungsindustrien der Donaumonarchie und ihre Exporte nach Lateinamerika, geisteswiss. Diss. (Wien 1985)
Steglich, Wolfgang, Bündnissicherung oder Verständigungsfrieden. Untersuchungen zu dem Friedensangebot der Mittelmächte vom 12. Dezember 1916 (= Göttinger Bausteine zur Geschichtswissenschaft 28, Göttingen–Berlin–Frankfurt/M. 1958)
Derselbe, Die Friedenspolitik der Mittelmächte 1917/18, Bd. I (Wiesbaden 1964)
Derselbe, Die Friedensversuche der kriegführenden Mächte im Sommer und Herbst 1917. Quellenkritische Untersuchungen. Akten und Vernehmungsprotokolle (= Quellen und Studien zu den Friedensversuchen des Ersten Weltkriegs 4, hg. W. Steglich, Stuttgart 1984)
Steglich, Wolfgang – *Winterhager*, Wilhelm E., Die Polenproklamation vom 5. November 1916, in: Militärgeschichtliche Mitteilungen, 23. Bd. (1978)
Stein, Thomas, Zur Frage der rumänischen Landwirtschaft im Ersten Weltkrieg, in: Österreichische Osthefte, 21. Jg., Heft 2 (1979)
Steinböck, Erwin, Ausrüstung des österreichischen Soldaten im Ersten Weltkrieg, in: Weltkrieg 1914–1918. Heereskundlich-kriegsgeschichtliche Betrachtungen siebzig Jahre danach, Materialien, als Manuskript vervielfältigt (Wien 1988)
Steiner, Herbert, Lenin in Österreich, in: Österreichische Osthefte, 12. Jg. Heft 3 (1970)
Steiner, Zara Z., Britain and the Origins of the First World War (London 1977)
Steinitz, Eduard Ritter von, und *Brosch*, Theodor von Arenau, Die Reichsbefestigung Österreich-Ungarns zur Zeit Conrads von Hötzendorf (= Ergänzungsheft 10 zum Werke „Österreich-Ungarns letzter Krieg“, Wien 1937)
Stöckelle, Gustav, Der Feldzug von Limanowa-Łapanów 1.–20. Dezember 1914. Abschluß der Herbstkämpfe gegen Rußland, in: Österreichische Militärische Zeitschrift, Sonderheft I (1965)
Derselbe, Die zweite Offensive gegen Italien. Die entscheidenden Tage der 12. Isonzoschlacht vom 24. bis 27. Oktober 1917, in: Österreichische Militärische Zeitschrift, Sonderheft 1917 (1967)
Stomma, Stanislaw, Die Hoffnungen und Mißerfolge der „österreichischen“ Orientierung der Polen im Ersten Weltkrieg, in: Nationale Vielfalt und gemeinsames Erbe in Mitteleuropa, hg. Erhard Busek und Gerald Stourzh (Wien–München 1990)
Stone, Norman, Hungary and the Crisis of July 1914, in: Journal of Contemporary History, Jg. I, Nr. 3 (1966)
Derselbe, Army and Society in the Habsburg Monarchy, 1900–1914, in: Past & Present. A Journal of Historical Studies, Nr. 33 (1966)

Derselbe, Die Mobilmachung der österreichisch-ungarischen Armee 1914, in: Militärgeschichtliche Mitteilungen, 16. Bd., Nr. 2 (1974)
Derselbe, The Eastern Front 1914–1917 (London–Sydney–Auckland–Toronto 1975)
Stourzh, Gerald, Die Gleichberechtigung der Volksstämme als Verfassungsprinzip 1848–1918, in: Die Habsburgermonarchie 1848–1918, hg. Akademie der Wissenschaften, Bd. III: Die Völker des Reiches (Wien 1980)
Striffler, Robert, Der Minenkrieg in Tirol 1917. Colbricon, Buso del Oro, Marmolata (= Schriftenreihe zur Zeitgeschichte Tirols 8 (Nürnberg 1988)
Stromberg, Roland N., Redemption by War. The Intellectuals and 1914 (Kansas 1982)
Stupperich, Robert, Karl Holl und die Generation des Ersten Weltkrieges (nach unveröffentlichten Feldpostsendungen), in: Historische Zeitschrift, 248. Bd., Nr. 2 (1989)
Sweet, Paul R., Germany, Austro-Hungary and Mitteleuropa: August 1915 – April 1916, in: Festschrift für Heinrich Benedikt zum 70. Geb., hg. Hugo Hantsch und Alexander Novotny (Wien 1957)
Taitl, Horst, Kriegsgefangen. Österreicher und Ungarn als Gefangene der Entente, Bd. 1: Postverhältnisse, Zensuren, Stempelabbildungen, Bewertungen und Hintergrundinformationen, Selbstverl. (Dornbirn 1992)
Tashjean, John, Zum Kulminationsbegriff bei und nach Clausewitz, in: Clausewitz, Jomini, Erzherzog Carl. Eine geistige Trilogie des 19. Jahrhunderts und ihre Bedeutung für die Gegenwart (Wien 1988)
Thallóczy, Ludwig, Tagebücher, 23. VI. 1914–31. XII. 1914, hg. Ferdinand Hauptmann und Anton Prasch (= Zur Kunde Südosteuropas II/8, Graz 1981)
The Habsburg Empire in World War I. Essays on the Intellectual, military, political and economic aspects of the Habsburg war effort, ed. Robert A.Kann, Béla K. Király and Paula S. Fichtner (= East European Monographs 23, Boulder–New York 1976)
Thunig-Nittner, Gerburg, Die tschechoslowakische Legion in Rußland. Ihre Geschichte und ihre Bedeutung als politisch-geistiger Faktor bei der Entstehung der tschechoslowakischen Republik (= Marburger Ostforschungen 30, Wiesbaden 1968)
Todorowa, Z., Über die Politik Österreich-Ungarns gegenüber Bulgarien (1878 bis 1912), in: Österreich-Ungarn in der Weltpolitik 1900 bis 1918, hg. Fritz Klein (Berlin 1965)
Tokody, G., Zur Frage der politischen Beziehungen zwischen Österreich-Ungarn und Deutschland von 1900 bis 1914, in: Österreich-Ungarn in der Weltpolitik 1900 bis 1918, hg. Fritz Klein (Berlin 1965)
Tomsche, Franz, Kriegstagebuch 1914–1920 (Klagenfurt 1984)
Torrey, Glenn E., Romania Leaves the War: The decision to sign an armistice, December 1917, in: East European Quarterly, Jg. 23, Nr. 3 (1989)
Treadway, John D., The Falcon and the Eagle. Montenegro and Austria-Hungary 1908–1914 (West Lafayette 1983)
Tunstall, Graydon A., *Tunstall*, George C., Die Karpatenschlachten 1915 (I und II), in: Truppendienst 2 und 3 (1990)
Uebersberger, Hans, Österreich zwischen Rußland und Serbien. Zur südslawischen Frage und der Entstehung des Ersten Weltkrieges (Köln–Graz 1958)
Uhlirz, Mathilde, Handbuch der Geschichte Österreichs und seiner Nachbarländer Böhmen und Ungarn, Bd. 3: Weltkrieg 1914–1918 (Graz–Leipzig–Wien 1940)
Ullreich, Josef, Moritz von Auffenberg-Komarów. Leben und Wirken 1911–1918, phil. Diss. (Wien 1961)
Ullrich, Volker, Entscheidung im Osten oder Sicherung der Dardanellen: das Ringen um den Serbienfeldzug 1915. Beitrag zum Verhalten von Politik und Kriegführung im Ersten Weltkrieg, in: Militärgeschichtliche Mitteilungen, 32. Bd., Heft 2 (1982)
Valiani, Leo, Die internationale Lage Österreich-Ungarns 1900 bis 1918, in: Österreich-Ungarn in der Weltpolitik 1900 bis 1918, hg. Fritz Klein (Berlin 1965)
Derselbe, La dissoluzione dell'Austria-Ungheria (Milano 1966)
Derselbe, The End of Austria-Hungary (London 1973)
Veith, Georg, Die Isonzoverteidigung, in: Ergänzungsheft 3 zum Werke „Österreich-Ungarns letzter Krieg" (Wien 1932)
Vermes, Gábor, István Tisza, The Liberal Vision and Conservative Statecraft of a Magyar Nationalist (= East European Monographs 184, New York 1985)

Verosta, Stephan, Theorie und Realität von Bündnissen. Heinrich Lammasch, Karl Renner und der Zweibund (1897–1914) (Wien 1971)
Vigezzi, Brunello, L'Italie di fronte alla prima guerre mondiale (Milano–Napoli 1966)
Wagner, Anton, Zur Entwicklung der Kriegspläne Deutschlands und Österreich-Ungarns gegen Rußland bis 1914, in: Österreich am Vorabend des Ersten Weltkrieges (Graz–Wien 1964)
Derselbe, Das russische Heer und die Revolution, in: Österreichische Militärische Zeitschrift, Sonderheft 1917 (Wien 1967)
Derselbe, Der Erste Weltkrieg (= Truppendienst Taschenbuch 7, 2. Aufl., Wien 1981)
Wagner, Bruno, Der Waffenstillstand von Villa Giusti 3. November 1918, phil. Diss. (Wien 1970)
Wallace, Stuart, War and the Image of Germany. British Academics 1914–1918 (Edinburgh 1988)
Wanner, Gerhard, Die Bedeutung der k. u. k. Gesandtschaft und des Militärattachements in Stockholm für die Beziehungen zwischen Schweden und Österreich-Ungarn während des Ersten Weltkrieges (= Studien zur Militärwissenschaft, Militärgeschichte und Konfliktforschung, hg. Werner Hahlweg, Osnabrück 1983)
Ward, Alexandra, The Participation of British Troops in the War in Italy during 1918, in: La Prima Guerra Mondiale e il Trentino, ed. Sergio Benvenuti (Rovereto 1980)
Wassermair, Otto, Die Meutereien der Heimkehrer aus russischer Kriegsgefangenschaft bei den Ersatzkörpern der k. u. k. Armee im Jahre 1918, phil. Diss. (Wien 1968)
Wegs, Robert J., Die österreichische Kriegswirtschaft 1914–1918 (Wien 1979)
Wehler, Hans-Ulrich, „Absoluter" und „totaler Krieg". Von Clausewitz bis Ludendorff, in: Geschichte und Militärgeschichte. Wege der Forschung, hg. Ursula von Gersdorff (Frankfurt/M. 1974)
Weigel, Hans, *Lukan*, Walter, *Peyfuss*, Max D., Jeder Schuß ein Ruß. Jeder Stoß ein Franzos. Literarische und graphische Kriegspropaganda in Deutschland und Österreich 1914–1918 (Wien 1983)
Wendt, Hermann, Der italienische Kriegsschauplatz in europäischen Konflikten. Seine Bedeutung für die Kriegführung an Frankreichs Nordostgrenze (= Schriften der Kriegsgeschichtlichen Abteilung im Historischen Seminar der Friedrich Wilhelm Universität Berlin, Heft 11, Berlin 1936)
Whittam, John, The Politics of the Italian Army 1861–1918 (London 1977)
Wild von Hohenborn, Adolf, Briefe und Tagebuchaufzeichnungen des preußischen Generals als Kriegsminister und Truppenführer im Ersten Weltkrieg, hg. Helmut Reichold und Gerhard Granier (= Schriften des Bundesarchivs 34, Boppard/Rhein 1986)
Williamson, Samuel R., Vienna and July 1914, in: Essays on World War One. The Origins and Prisoners of War, ed. Samuel Williamson, Peter Pastor (= East European Monographs 126, New York 1983)
Derselbe, Austria-Hungary and the Origins of the First World War (London 1991)
Winkler, Ernst, Der große Jänner-Streik (Wien 1968)
Winkler, Wilhelm, Die Totenverluste der öst.-ung. Monarchie nach Nationalitäten. Die Altersgliederung der Toten. Ausblicke in die Zukunft (Wien 1919)
Winogradow, K. B. – *Pissarew*, J. A., Die internationale Lage der österreichisch-ungarischen Monarchie in den Jahren 1900 bis 1918, in: Österreich-Ungarn in der Weltpolitik 1900 bis 1918, hg. Fritz Klein (Berlin 1965)
Wohlgemuth, Edith, Prinz Johannes von und zu Liechtenstein als letzter k. u. k. Marineattaché in Rom 1912 bis 1915, in: Mitteilungen des österreichischen Staatsarchivs 31 (= Festschrift Richard Blaas, Wien 1978)
World War I. A Turning Point in Modern History, ed. Jack J. Roth (= Borzoi Studies in History, New York 1967)
Wulff, Olaf Richard, Die österreichisch-ungarische Donauflottille im Weltkriege 1914–1918 (Wien–Leipzig 1934)
Wrangel, Alexis, The End of Chivalry. The Last Great Cavalry Battles 1914–1918 (New York 1982)
Würthle, Friedrich, Die Spur führt nach Belgrad. Die Hintergründe des Dramas von Sarajevo 1914 (Wien–München-Zürich 1975)
Derselbe, Dokumente zum Sarajewoprozeß. Ein Quellenbericht (= Mitteilungen des Österreichischen Staatsarchivs, Ergänzungsband 9, Wien 1978)
Wysocki, Josef, Die österreichische Finanzpolitik, in: Die Habsburgermonarchie 1848–1918, hg. Akademie der Wissenschaften, Bd. I: Die wirtschaftliche Entwicklung, hg. Alois Brusatti (Wien 1973)
Zechlin, Egmont, Das „Schlesische Angebot" und die italienische Kriegsgefahr 1915, in: Geschichte in Wissenschaft und Unterricht, Heft 9 (1963)

Zeller, Ingrid, Die Tagebücher der Flügeladjutanten Kaiser Franz Josephs I., phil. Diss. (Wien 1969)
Zeman, Zbynek A., Der Zusammenbruch des Habsburgerreiches 1914–1918 (Wien 1963)
Zgórniak, Marian, Der Zusammenbruch der militärischen Organisation Österreich-Ungarns im Jahre 1918 in Polen, in: Die Auflösung des Habsburgerreiches. Zusammenbruch und Neuorientierung im Donauraum (Wien 1970)
Derselbe, Die Polen im österreichisch-ungarischen Heer während des Ersten Weltkriegs, in: Zeszyt Naukowe Uniwersytetu Jagiellonskiego, Bd. 90 (Kraków 1989)
Zivojinovič, Dragan R., The Emergence of American Policy in the Adritatic: December 1917–April 1919, in: East European Quarterly, 1. Jg., Nr. 3 (1967)
Zöllner, Erich, Geschichte Österreichs. Von den Anfängen bis zur Gegenwart, 8. Aufl. (Wien 1990)

Chronik

1914

28. Juni: Ermordung des österreichisch-ungarischen Thronfolgers und Generalinspektors der gesamten bewaffneten Macht, Erzherzog Franz Ferdinand, und seiner Gemahlin Sophie durch bosnisch-serbische Attentäter.

8. Juli: Abschluß nationaler Ausgleichsverhandlungen in Galizien (durch den Kriegsausbruch nicht mehr realisiert).

23. Juli: Befristete Demarche Österreich-Ungarns an Serbien.

25. Juli: Abbruch der diplomatischen Beziehungen Österreich-Ungarns zu Serbien. Beginn der Generalmobilmachung in Serbien.

28. Juli: Kriegserklärung Österreich-Ungarns an Serbien.

29. Juli: Teilmobilmachung in Rußland.

30. Juli: Beginn der Generalmobilmachung in Rußland.

31. Juli: Deutsches Ultimatum an Rußland.

1. August: Beginn der Mobilmachung in Frankreich und im Deutschen Reich. Deutsche Kriegserklärung an Rußland.

3. August: Deutsche Kriegserklärung an Frankreich.
Neutralitätserklärungen Italiens und Rumäniens.

4. August: Deutscher Einmarsch in das neutrale Belgien.
Kriegserklärung Großbritanniens an das Deutsche Reich.

5. August: Kriegserklärung Montenegros an Österreich-Ungarn.

6. August: Kriegserklärung Serbiens an das Deutsche Reich.
Kriegserklärung Österreich-Ungarns an Rußland.

8. August: Tod von Papst Pius X.

9. August: Beginn einer französischen Offensive im Elsaß.

10. August: Verhängung der Blockade über die montenegrinische Küste durch Österreich-Ungarn.

11. August: Kriegserklärung Frankreichs an Österreich-Ungarn.

12. August: Kriegserklärung Großbritanniens an Österreich-Ungarn.
Beginn der österreichisch-ungarischen Offensive gegen Serbien. Der ungarische Ministerpräsident Tisza spricht sich gegen eine trialistische Lösung zugunsten der Tschechen aus. Es bleibt beim Dualismus Österreich-Ungarns.

16. August: Der k. u. k. Kreuzer „Zenta“ vor Cattaro von französischen Seestreitkräften versenkt.

20. August: Beginn des deutschen Vormarsches in Lothringen.
Einmarsch deutscher Truppen in Brüssel.

23. August: Beginn der Schlacht von Kraśnik (bis 25. August).
Kriegserklärung Japans an das Deutsche Reich und Beginn der Belagerung von Tsingtau (Einnahme am 7. November 1914).

26. August: Beginn der Schlacht bei Komarów (bis 1. September).
27. August: Kriegserklärung Japans an Österreich-Ungarn.
2. September: Eroberung von Lemberg durch russische Truppen.
3. September: Kardinal Giacomo Marchese della Chiesa wird Papst Benedikt XV.
5. September: Beginn der Schlacht an der Marne (bis 9. September).
8. September: Zweite Offensive österreichisch-ungarischer Verbände gegen Nordwest- und Westserbien.
14. September: Generalleutnant Erich von Falkenhayn löst Generaloberst Helmuth von Moltke als deutschen Generalstabschef ab.
Beginn der Räumung von Czernowitz durch die k. u. k. Truppen.
23. September: Geheimer Neutralitätsvertrag zwischen Rumänien und Italien.
9. Oktober: Einnahme der belgischen Festung Antwerpen durch deutsche Truppen.
10. Oktober: Tod König Carols I. von Rumänien. Sein Nachfolger wird König Ferdinand I.
22. Oktober: Kriegseintritt des Osmanischen Reiches an der Seite der Mittelmächte.
28. Oktober: Deutsche Seestreitkräfte (türkischem Kommando unterstellt) greifen russische Häfen im Schwarzen Meer an.
November (bis Juli 1915): Prälat Dr. Musil unternimmt eine Expedition zu den Stämmen der Arabischen Halbinsel, um sie gegen die Briten aufzuwiegeln.
1. November: Kriegserklärung Rußlands an das Osmanische Reich.
2. November: Kriegserklärung Serbiens an das Osmanische Reich.
Großbritannien erklärt die gesamte Nordsee zum Kriegsgebiet.
5. November: Kriegserklärung Großbritanniens und Frankreichs an das Osmanische Reich.
7. November: Besetzung von Basra durch britisch-indische Truppen und Beginn des Vormarsches auf Bagdad.
16. November: Beginn der 3. österreichisch-ungarischen Offensive gegen Serbien.
Schlacht um Łódź (bis 17. Dezember).
1. Dezember: Schlacht bei Limanowa-Lapanów führt zum Rückzug zweier russischer Armeen (bis 15. Dezember).
2. Dezember: Einnahme Belgrads durch k. u. k. Truppen.
3. Dezember: Beginn der serbischen Gegenoffensive.
15. Dezember: Rückzug der letzten österreichisch-ungarischen Truppen von serbischem Gebiet.
21. Dezember: Das k. u. k. U-Boot „U 12" versenkt in der Straße von Otranto das französische Schlachtschiff „Jean Bart".
Dezember: Tomás G. Masaryk, Führer der Exiltschechen, erläutert in Rom seinen „Korridorplan".

1915

9./10. Januar: Posener Abkommen über die deutschen und österreichisch-ungarischen Interessensgebiete in Russisch-Polen.
13. Januar: Ablösung des Grafen Leopold Berchtold durch Stefan Graf Burián von Rajecz als k. u. k. Minister des Äußern.
23. Januar: Winterschlacht in den Karpaten (bis Ende März). Schwere Verluste des österreichisch-ungarischen Heeres.
29. Januar: Beginn der Winterschlacht in den Masuren (bis 27. Februar).
4. Februar: Der deutsche Admiralstab erklärt das Seegebiet um Großbritannien zum Kriegsgebiet.
Ein Vorstoß osmanischer Truppen gegen den Suezkanal bleibt erfolglos.
6. Februar: Rumänisch-italienisches Defensivbündnis.
16. Februar: Beginn der Schlacht in der Champagne (bis 19. März).
19. Februar: Britisch-französischer Flottenangriff gegen die Dardanellen.
22. März: Kapitulation der österreichisch-ungarischen Festung Przemyśl.
2. April: Osterschlacht in den Karpaten (bis 20. April). Übergang von Einheiten des vor allem aus Tschechen bestehenden Infanterieregiments Nr. 28 zu den Russen.
22. April: Erster Einsatz von Chlorgas durch deutsche Truppen im Gebiet von Ypern.

25. April: Beginn der alliierten Landungen im Dardanellengebiet (Halbinsel Gallipoli).
26. April: Londoner Vertrag zwischen Italien und der Entente.
2. Mai: Beginn der Durchbruchsschlacht von Tarnów-Gorlice.
4. Mai: Aufkündigung des Dreibundvertrages durch Italien.
7. Mai: Besetzung von Libau durch deutsche Truppen.
Versenkung des britischen Passagierdampfers „Lusitania“ durch ein deutsches U-Boot.
23. Mai: Kriegserklärung Italiens an Österreich-Ungarn. Die k. u. k. Flotte greift die italienische Küste von Rimini bis Bari an.
3. Juni: Przemyśl von deutschen und österreichisch-ungarischen Truppen wieder erobert.
22. Juni: Lemberg von deutschen und österreichisch-ungarischen Truppen wieder besetzt.
23. Juni: Beginn der 1. Isonzoschlacht (bis 7. Juli).
17. Juli: Beginn der 2. Isonzoschlacht (bis 10. August).
30. Juli: Besetzung von Lublin durch österreichisch-ungarische Truppen.
5. August: Besetzung von Warschau durch deutsche Truppen.
14. August: Beginn einer italienischen Offensive im Raum von Flitsch und Tolmein.
26. August: Beginn der sogenannten „schwarz-gelben“ Offensive gegen Rußland. Einnahme von Brest-Litovsk durch deutsche Truppen.
1. September: Einrichtung eines k. u. k. Militärgouvernements in Kielce (ab 1. Oktober in Lublin).
6. September: Abschluß einer Militärkonvention zwischen dem Deutschen Reich, Österreich-Ungarn und Bulgarien.
20. September: Beginn der Offensive deutscher und österreichisch-ungarischer Truppen gegen Rowno (bis 13. Oktober).
5. Oktober: Landung britischer und französischer Truppen in Saloniki. Verletzung der griechischen Neutralität.
6. Oktober: Offensive deutscher und österreichisch-ungarischer Verbände gegen Serbien.
Feststellung des gemeinsamen Ministerrats in Wien, wonach die nationale Struktur und der staatsrechtliche Aufbau Österreich-Ungarns keine Gebietserweiterungen vertragen würden.
8. Oktober: Eroberung von Belgrad.
14. Oktober: Kriegserklärung Bulgariens an Serbien. Angriff zweier bulgarischer Armeen gegen Serbien.
18. Oktober: Beginn der 3. Isonzoschlacht (bis 5. November).
22. Oktober: Österreichisch-ungarische Verbände überschreiten die Drina. Bulgarische Verbände halten den Vormarsch französischer Truppen im Vardartal auf.
10. November: Beginn der 4. Isonzoschlacht (bis 11. Dezember).
Unterredung Buriáns mit Bethmann Hollweg: Berlin ist für einen Separatfrieden mit Serbien.
25. November: Niederlage des serbischen Heeres auf dem Amselfeld (Kosovo polje). Rückzug der Serben über Montenegro nach Albanien (bis 26. Februar).
Dezember: Friedensinitiativen der sogenannten Meinl-Gruppe.
22. Dezember: Das k. u. k. Militärgeneralgouvernement Belgrad wird eingerichtet.
27. Dezember: Beginn der Neujahrsschlacht in der Bukowina.

1916

4. Januar: Österreichisch-ungarische Offensive gegen Montenegro.
8. Januar: Räumung der Halbinsel Gallipoli durch die Alliierten.
11. Januar: Besetzung des Lovćen-Massivs (Montenegro) durch österreichisch-ungarische Truppen.
13. Januar: Besetzung von Cetinje durch österreichisch-ungarische Truppen.
23. Januar: Bedingungslose Kapitulation Montenegros. K. u. k. Truppen beginnen den Einmarsch in Albanien.
28. Januar: Bildung einer montenegrinischen Exilregierung in Neuilly-sur-Seine.
21. Februar: Beginn der Schlacht um die Festung Verdun in Nordfrankreich.
29. Februar: Besetzung von Nordalbanien durch Verbände des k. u. k. Heeres abgeschlossen.
11. März: Beginn der 5. Isonzoschlacht (bis 16. März).

16. März: Schwere Kämpfe im Adamello-Gebiet, Sprengung des Col di Lana.
29. April: Kapitulation britisch-indischer Truppen bei Kut el Amara (am Tigris).
15. Mai: Beginn der österreichisch-ungarischen Südtiroloffensive („Strafexpedition").
31. Mai: Seeschlacht im Skagerrak.
2. und 3. Juni: Teschener Konferenz. Cholm wird dem k. u. k. Verwaltungsgebiet zugeschlagen.
4. Juni: Beginn der russischen Sommeroffensive (Brusilov-Offensive). Bis 31. August schwere Verluste des k. u. k. Heeres.
6. bis 22. Juni: Blockade Griechenlands durch die Entente; am 21. Juni Demobilisierung der griechischen Armee.
16. Juni: Ende der Schlacht in Südtirol.
24. Juni: Beginn der Somme-Schlacht in Nordfrankreich (bis 26. November).
4. August: Beginn der 6. Isonzoschlacht (bis 17. August). Görz von italienischen Truppen erobert.
23. August: Kriegserklärung Italiens an das Deutsche Reich.
27. August: Kriegserklärung Rumäniens an Österreich-Ungarn. Beginn einer rumänischen Offensive gegen Siebenbürgen.
28. August: Kriegserklärung des Deutschen Reichs an Rumänien.
29. August: Generalfeldmarschall von Hindenburg löst General von Falkenhayn als Chef des deutschen Generalstabes ab.
September: Getreideernte in Österreich-Ungarn auf die Hälfte des Friedensertrages gesunken. Schwere Versorgungsprobleme in der österreichischen Reichshälfte.
1. September: Kriegserklärung Bulgariens an Rumänien.
14. September: Beginn der 7. Isonzoschlacht (bis 17. September).
22. September: Beginn der Gegenoffensive deutscher und österreichisch-ungarischer Truppen in Siebenbürgen.
Rückeroberung des Karpatenkammes durch k. u. k. Truppen (bis 2. November).
9. Oktober: Beginn der 8. Isonzoschlacht (bis 12. Oktober).
21. Oktober: Der k. k. Ministerpräsident Karl Graf Stürkgh wird von Friedrich Adler erschossen. Nachfolger Stürkghs wird Ernest von Koerber.
31. Oktober: Beginn der 9. Isonzoschlacht (bis 4. November).
5. November: Proklamierung eines selbständigen Königreichs Polen durch das Deutsche Reich und Österreich-Ungarn.
15. und 16. November: Deutsch-österreichisch-ungarische Kriegszielkonferenz in Berlin.
19. November: Die tschechischen Parteien im österreichischen Reichsrat proklamieren die Bildung einer „Tschechischen Union".
21. November: Tod Kaiser Franz Josephs I. Sein Nachfolger wird Kaiser Karl I.
6. Dezember: Eroberung von Bukarest durch Truppen der Mittelmächte.
12. Dezember: Friedensangebot der Mittelmächte an die Alliierten (am 30. Dezember abgelehnt).
13. Dezember: Rücktritt der Regierung Koerber.
18. Dezember: Vergeblicher Friedensaufruf des amerikanischen Präsidenten Woodrow Wilson.
20. Dezember: Neuer k. k. Ministerpräsident wird Heinrich Graf Clam-Martinic. Ottokar Graf Czernin neuer k. u. k. Minister des Äußern.

1917

Januar bis Mai: Vertrauliche Friedensangebote Kaiser Karls an die Alliierten durch Prinz Sixtus von Bourbon-Parma. Italien lehnt Verhandlungen über einen Sonderfrieden ab.
10. Januar: Besetzung der Walachei durch Truppen der Mittelmächte abgeschlossen.
Note Frankreichs, Großbritanniens, Rußlands und Italiens betreffend die alliierten Kriegsziele. Genannt werden die Befreiung der Italiener, Südslawen, Rumänen, Tschechen und Slowaken von fremder Herrschaft.
12. Januar: Kronrat unter dem Vorsitz Kaiser Karls: Integrität der Monarchie, weitgehende Existenzmöglichkeiten für Serbien, Annäherung an Rußland notwendig; Status quo in der polnischen Frage.

1. Februar: Beginn des uneingeschränkten U-Boot-Krieges.
27. Februar: General der Infanterie Arz von Straußenburg löst Generaloberst Conrad von Hötzendorf als Chef des Generalstabes des k. u. k. Heeres ab.
Bildung eines gemeinsamen Ernährungausschusses für beide Reichshälften, der dem Kaiser direkt unterstellt ist.
März: Memorandum Czernins über eine allgemeine Friedensanbahnung.
12. März: Beginn der (bürgerlichen) Revolution in Rußland.
15. März: Zar Nikolaj II. von Rußland dankt ab.
16. März: Kriegszielgespräche Czernins mit Bethmann Hollweg in Wien.
26. und 27. März: Kriegszielbesprechungen in Berlin.
6. April: Kriegserklärung der USA an das Deutsche Reich.
Beginn der französischen (Nivelle-)Offensive in Frankreich.
16. April: Ankunft Lenins in St. Petersburg.
19. bis 21. April: Englisch-französisch-italienische Konferenz in St. Jean de Maurienne. Ein Sonderfrieden mit Österreich-Ungarn wird abgelehnt.
23. April: Kriegszielbesprechung in Bad Kreuznach zwischen dem Deutschen Reich und Österreich-Ungarn
12. Mai: 10. Isonzoschlacht (bis 5. Juni).
15. Mai: Seegefecht in der Otrantostraße.
27. Mai: Beginn der Schlacht in Flandern (bis 3. Dezember).
30. Mai: Wiederzusammentritt des österreichischen Reichsrats.
10. Juni: Italienische Offensive im Gebiet der Sieben Gemeinden (Ortigaraschlacht; bis 29. Juni).
12. Juni: Abdankung König Konstantins I. von Griechenland auf Druck von Briten und Franzosen.
15. Juni: Moritz Graf Esterházy Nachfolger Tiszas als ungarischer Ministerpräsident.
23. Juni: Ernst Seidler von Feuchtenegg Nachfolger von Clam-Martinic als k. k. Ministerpräsident.
27. Juni: Griechenland tritt der Entente bei.
29. Juni: Offensive des russischen Heeres in Weißrußland (Kerenskij-Offensive).
2. Juli: Kriegserklärung Griechenlands an das Deutsche Reich, Österreich-Ungarn, Bulgarien und das Osmanische Reich.
Kaiser Karl erläßt eine Amnestie für politische Delikte.
Einsatz einer tschechischen Brigade bei Zborów im Rahmen der Kerenskij-Offensive.
16. bis 18. Juli: Bolschewistischer Aufstand in St. Petersburg scheitert.
19. Juli: Beginn der Gegenoffensive der Mittelmächte an der Ostfront.
Friedensresolution des deutschen Reichstags.
20. Juli: Vertrag von Korfu zwischen Serben und Kroaten über die Errichtung eines Königreiches der Serben, Kroaten und Slowenen.
24. Juli: Entlastungsangriffe rumänischer und russischer Truppen bei Focşani.
August (bis März 1918): Wiederholte Friedenskontakte zwischen österreichisch-ungarischen Emissären mit Briten und Franzosen.
Erlassung des Kriegswirtschaftlichen Ermächtigungsgesetzes.
1. August: Vergeblicher Friedensappell Papst Benedikts XV.
17. August: Friedensbrief von Heinrich Lammasch an den britischen Lordkanzler.
18. August: Beginn der 11. Isonzoschlacht (bis 13. September).
20. August: Sándor Wekerle neuer ungarischer Ministerpräsident als Nachfolger von Moritz Graf Eszterházy.
25. August: Demission des Provisorischen Staatsrats des Königreichs Polen.
24. Oktober: Beginn der 12. Isonzoschlacht. Deutsche und österreichisch-ungarische Truppen erzielen einen Durchbruch bei Flitsch und Tolmein. In der Folge Vormarsch bis an den Tagliamento.
5. und 6. November: Berliner Kriegszielkonferenz.
7. November: Beginn der bolschewistischen Revolution in Rußland.
10. November: Deutsche und österreichisch-ungarische Truppen erreichen den Piave.
20.–29. November: Alliierter Großangriff bei Cambrai mit „Tanks“.

3. Dezember: Beginn von Waffenstillstandsverhandlungen zwischen den Mittelmächten und Rußland.
7. Dezember: Kriegserklärung der USA an Österreich-Ungarn.
9. Dezember: Besetzung Jerusalems durch britische Truppen.
Waffenstillstand zwischen den Mittelmächten und Rumänien in Focşani.
15. Dezember: Waffenstillstand zwischen den Mittelmächten und Rußland in Brest-Litovsk.
22. Dezember: Beginn von Friedensverhandlungen zwischen den Mittelmächten und Rußland.
Dezember bis Februar 1918: Friedenssondierungen zwischen österreichisch-ungarischen und britischen Vertretern.

1918

3. bis 25. Januar: Jännerstreiks in Österreich-Ungarn. Nach und nach sind über 700.000 Arbeiter im Ausstand.
6. Januar: „Dreikönigsdeklaration" der tschechischen Abgeordneten.
8. Januar: Friedensbotschaft von US-Präsident Wilson („14 Punkte").
19. Januar: Widersetzlichkeiten bei Marschformationen des k. u. k. Infanterieregiments Nr. 26 in Maria-Theresiopel (Subotica).
1. Februar: Matrosenrevolte im k. u. k. Kriegshafen von Cattaro. Nach der Niederschlagung vier Todesurteile vollstreckt (bis 3. Februar).
9. Februar: Friedensvertrag der Mittelmächte mit der Ukrainischen Volksrepublik.
11. Februar: Die tschechischen Parteien fordern die Gründung eines tschechischen demokratischen Landesteils in den historischen Grenzen Böhmens und Mährens.
18. Februar: Besetzung der baltischen Provinzen durch deutsche Truppen (bis 4. März).
28. Februar: K. u. k. Truppen beteiligen sich am Einmarsch in die Ukraine.
Ende Februar: Kaiser Karl will die 14 Punkte Wilsons mit Einschränkungen anerkennen.
1. März: Versenkung des k. u. k. Großkampfschiffes „Szent István" in der Straße von Otranto.
3. März: Friedensvertrag von Brest-Litovsk zwischen den Mittelmächten und Rußland.
14. März: Besetzung Odessas durch Verbände der Mittelmächte.
20. März: Eisenbahnerstreik in Pilsen.
21. März: Deutsche Frühjahrsoffensive in Belgien und Frankreich (bis 17. Juli).
1. April: Der erste Luftpostverkehr der Welt wird auf der Strecke Wien–Olmütz–Krakau–Lemberg–Kiev aufgenommen.
3. April: Beginn der deutschen Intervention in Finnland auf seiten der Nationalisten.
8. April: Kongreß der unterdrückten Völker (Österreich-Ungarns) in Rom (bis 11. April).
12. April: Clémenceau veröffentlicht den (ersten) „Sixtusbrief". Kaiser Karl leugnet ihn ab. Der Minister des Äußern, Czernin, tritt zurück.
25. April: Heimkehrermeutereien in Böhmen, Mähren und Galizien (bis 5. Juli).
1. Mai: Slowakische Arbeiter fordern das Selbstbestimmungsrecht für die Slowaken.
7. Mai: Abschluß des Friedensvertrages von Bukarest zwischen den Mittelmächten und Rumänien.
12. Mai: Kaiser Karl in Spa: Planung eines langfristigen, engen, politischen Bündnisses mit dem Deutschen Reich.
Meutereien in Judenburg, Murau, Fünfkirchen, Rumburg und Radkersburg (bis 24. Mai).
30. Mai: Vertrag von Pittsburgh (USA) zwischen dem tschechischen Emigrantenführer T. G. Masaryk und amerikanischen Slowakenführern.
2. Juni: Meutereien in Kragujevac.
15. Juni: Beginn der Piaveschlacht. Die letzte Offensive des k. u. k. Heeres scheitert (bis 25. Juni).
3. Juli: Sultan Mohammed VI. neuer Herrscher des Osmanischen Reichs.
6. Juli: Beginn der alliierten Offensive in Albanien (bis 13. Juli).
17. Juli: Zar Nikolaj II. wird mit seiner Familie von Bolschewisten erschossen.
19. Juli: Wahlrechtsänderung in Ungarn.
24. Juli: Österreichisch-ungarische Gegenoffensive in Albanien (bis 26. August).
25. Juli: Max Freiherr Hussarek von Heinlein wird neuer österreichischer Ministerpräsident.

8. August: Schlacht von Amiens (bis 11. August).
Beginn des Zusammenbruchs der deutschen Front in Frankreich.

9. August: Anerkennung der Tschechoslowakei als kriegführende Nation durch Großbritannien.

14. August: Besuch Kaiser Karls in Spa.

14. September: Friedensnote Kaiser Karls „An alle".

15. September: Alliierte Offensive an der Mazedonienfront (bis 29. Oktober).

18. September: Beginn der alliierten Offensive in Palästina.

24. September: Deutsch-österreichisch-ungarische Besprechungen über die polnische Frage.

26. September: Masaryk proklamiert in Paris einen selbständigen tschechoslowakischen Staat.

29. September: Waffenstillstand zwischen Bulgarien und den Alliierten.
Generalfeldmarschall Hindenburg verlangt von der deutschen Reichsregierung Schritte zum Abschluß eines Waffenstillstands.

1. Oktober: Beginn der Räumung Albaniens durch österreichisch-ungarische Truppen.

2. Oktober: Besetzung von Damaskus durch britische Truppen.
Südslawen streben einen eigenen unabhängigen Staat an.

3. Oktober: Beginn der Räumung Serbiens durch deutsche und österreichisch-ungarische Truppen.

4. Oktober: Zar Ferdinand I. von Bulgarien dankt zugunsten seines Sohnes Boris ab.
Friedensnote Österreich-Ungarns an US-Präsident Wilson.

6. Oktober: Konstituierung eines Nationalrates der Slowenen, Kroaten und Serben in Agram.

14. Oktober: Konstituierung einer tschechoslowakischen Regierung in Paris.

16. Oktober: Völkermanifest Kaiser Karls.

18. Oktober: Konstituierung eines ukrainischen Nationalrates in Lemberg. Wilson lehnt die österreichisch-ungarische Friedensnote ab.

20. Oktober: Meutereien von österreichisch-ungarischen Feldeinheiten.

21. Oktober: Konstituierung einer provisorischen Nationalversammlung Deutschösterreichs.

23. bis 26. Oktober: Besuch des Kaiserpaars Karl und Zita in Debrecen. Der ungarische Reichstag beschließt die Loslösung von Österreich.

24. Oktober: Beginn der alliierten Offensive am Piave.
Rücktritt Buriáns. Graf Gyulá Andrássy d. J. wird letzter k. u. k. Minister des Äußern.
Einsetzen von Massendesertionen und Plünderungen.

26. Oktober: Kaiser Karl löst das Bündnis mit dem Deutschen Reich.

27. Oktober: Bildung der letzten kaiserlich-österreichischen Regierung unter Heinrich Lammasch.

28. Oktober: Proklamation eines selbständigen tschechoslowakischen Staates in Prag.
Anschluß der polnischen Gebiete Österreich-Ungarns an den polnischen Staat.

30. Oktober: Waffenstillstand zwischen dem Osmanischen Reich und den Alliierten.
Einrichtung eines provisorischen Staatsrats und einer deutschösterreichischen Regierung.

31. Oktober: Übergabe eines Großteils der k. u. k. Kriegsmarine an den südslawischen Staat.
Der ehemalige ungarische Ministerpräsident István Graf Tisza wird ermordet.

1. November: Versenkung des (ehemaligen) k. u. k. Flaggschiffes „Viribus Unitis" durch italienische Kampfschwimmer.
Bildung einer selbständigen ungarischen Regierung unter Graf Mihály Károlyi.
Serben besetzen Belgrad.

2. November: Rücktritt des letzten österreichisch-ungarischen Ministers des Äußern Graf Andrássy.

3. November: Abschluß des Waffenstillstands von Villa Giusti zwischen Österreich-Ungarn und den Alliierten (am 4. November in Kraft getreten).

6. November: Besetzung von Teilen Tirols und Salzburgs durch deutsche Truppen (Rückzug bis 10. November).
Die k. u. k. Donauflottille läuft in Budapest ein.

7. November: Revolution in München; Flucht des bayerischen Königs.

9. November: Abdankung Kaiser Wilhelms II.

11. November: Verzichtserklärung Kaiser Karls auf Teilnahme an den Staatsgeschäften. Unterzeichnung des Waffenstillstandes zwischen dem Deutschen Reich und der Entente in Compiègne.

12. November: Ausrufung der Republik Deutschösterreich durch die provisorische Nationalversammlung.

Personen- und Ortsregister

ABKÜRZUNGEN IM REGISTER

alban.	albanisch(er)
amerikan.	amerikanisch(er)
bayer.	bayerisch(er)
brit.	britisch(er)
Dt.	Deutsch(er)
dt.	deutsch(er)
französ.	französisch(er)
ital.	italienisch(er)
jugosl.	jugoslawisch(er)
k. k.	kaiserlich-königlich(er)
kroat.	kroatisch(er)
k. u.	königlich-ungarisch(er)
k. u. k.	kaiserlich- und königlich(er)
osman.	osmanisch(er)
österr.	österreichisch(er)
päpstl.	päpstlich(er)
poln.	polnisch(er)
preuß.	preußisch(er)
röm.	römisch
rumän.	rumänisch(er)
russ.	russisch(er)
schweiz.	schweizerischer
serb.	serbisch(er)
südslaw.	südslawisch(er)
tschech.	tschechisch(er)
ungar.	ungarisch(er)
württemb.	württembergisch(er)
zionist.	zionistisch(er)

BILDNACHWEIS

Bildarchiv der Österreichischen Nationalbibliothek (Wien) 2, 33, 40;
Österreichisches Staatsarchiv/Kriegsarchiv (Wien) 20, 25, 27;
Vojenský Historický Archiv (Prag) 1, 3, 8, 11, 16, 18, 28, 30, 44, 47, 48;
Heeresgeschichtliches Museum (Wien) alle übrigen.

Europa nach den Pariser Friedensverträgen